浙江文化年鑑

2017

《浙江文化年鉴》编纂委员会 编

杭州 浙江工商大学出版社
ZHEJIANG GONGSHANG UNIVERSITY PRESS

图书在版编目(CIP)数据

浙江文化年鉴. 2017 /《浙江文化年鉴》编纂委员
会编. —杭州：浙江工商大学出版社，2018.12
　　ISBN 978-7-5178-3037-5

　　Ⅰ. ①浙… Ⅱ. ①浙… Ⅲ. ①地方文化－文化事业－
浙江－2017－年鉴 Ⅳ. ①G127.55－54

　　中国版本图书馆 CIP 数据核字(2018)第 253061 号

浙江文化年鉴 2017
ZHEJIANG WENHUA NIANJIAN 2017

《浙江文化年鉴》编纂委员会 编

责任编辑	沈　娴
封面设计	林朦朦
责任校对	费一琛　刘　颖
责任印制	包建辉
出版发行	浙江工商大学出版社
	（杭州市教工路 198 号　邮政编码 310012）
	（E-mail：zjgsupress@163.com）
	（网址：http://www.zjgsupress.com）
	电话：0571－88904980,88831806（传真）
排　　版	杭州朝曦图文设计有限公司
印　　刷	杭州恒力通印务有限公司
开　　本	889mm×1194mm　1/16
印　　张	53
字　　数	1493 千
版印次	2018 年 12 月第 1 版　2018 年 12 月第 1 次印刷
书　　号	ISBN 978-7-5178-3037-5
定　　价	398.00 元

编 辑 说 明

一、"浙江文化年鉴"系列由浙江省文化和旅游厅主持编纂,是社会各界和国内外关心支持文化工作的人士了解和研究浙江文化的信息资料工具书,具有资政、存史、交流、宣传浙江文化的作用。

二、《浙江文化年鉴2017》主要记载2016年1月1日至12月31日期间发生的主要文化事件。为便于读者了解事情始末,个别条目所记时间适当上溯或延伸。

三、《浙江文化年鉴2017》设图记、特载、特辑、专文、概览、概况、大事记、厅属单位建设发展、市县(市、区)文化工作、文献资料、统计资料、附录12个部类。

四、本年鉴设双重检索系统,书前有详细目录,书后备有主题索引,范围详及条目。英文目录内容详及篇目。为方便读者查阅和保存,配有光盘。

五、本年鉴所收内容(含图片)均由浙江省文化和旅游厅、省文物局各处(室)和厅属各单位,各市、县(市、区)文化广电新闻出版局提供并经各单位领导审核,涉及的全省性统计数字以省文化和旅游厅计财处及有关处(室)核准的数字为依据;厅直属各单位和市、县(市、区)各局的有关数字以本单位和本市、县(市、区)局提供为准。

六、本年鉴编纂出版工作得到浙江省文化和旅游厅、省文物局各处室,厅直属各单位及全省各市、县(市、区)文化广电新闻出版局的高度重视和积极配合,在此谨表谢意。因编辑水平所限,书中难免有不足之处,敬请有关方面和广大读者批评指正。

《浙江文化年鉴》编辑部

2018年11月

◆3月26日晚，正在埃及访问的中共中央政治局委员、国务院副总理刘延东（右二）参观了中国丝绸博物馆在开罗举办的"丝绸之路与丝路之绸"展览

◆8月25日,全国人大常委会副委员长陈竺(左三)参观嘉兴南湖革命纪念馆

◆4月15日,中宣部副部长蒋建国(左五)在浙江省委常委、宣传部部长葛慧君(右四)陪同下到乌镇调研

◆1月24日晚,文化部部长雒树刚(二排右八)和卡塔尔文化、艺术与遗产大臣库瓦里(二排右十)出席2016中卡文化年开幕式演出,并与演员合影留念

◆5月8日,浙江音乐学院成立大会上,文化部副部长董伟(右)和浙江省委书记夏宝龙(左)共同为浙江音乐学院揭牌

◆1月20日，文化部副部长项兆伦出席在宁波召开的全国文化市场管理工作会议并讲话

◆4月27日，文化部副部长项兆伦(前排左二)、浙江省人民政府副省长郑继伟(前排左三)观看第十一届中国(义乌)文化产品交易会上的浙江省非物质文化遗产"百工坊"瓯塑传承人现场表演

◆4月15日,文化部副部长王铁(右二)、浙江省人民政府副省长郑继伟(左二)共同鸣响汽笛,为东亚文化之都·2016宁波活动揭幕

◆12月7日晚,文化部副部长丁伟出席东亚文化之都·2016宁波活动闭幕式并宣布活动闭幕

◆6月5日,国家网信办副主任任贤良(左一)到乌镇调研世界互联网大会场馆建设工作

◆8月11日,浙江省委书记夏宝龙(左二)考察浙江美术馆

◆7月30日,浙江省人民政府代省长车俊(中)考察浙江省博物馆

◆3月31日,浙江省委常委、宣传部部长葛慧君(中)到浙江自然博物园核心馆区项目现场检查工作

◆7月22日，浙江省委常委、宣传部部长葛慧君(右二)与环球健康与教育基金会主席肯尼斯·贝林(中)一行一同参观"狂野之地——肯尼斯·贝林世界野生动物展"

◆10月20日，浙江省委常委、宣传部部长葛慧君到浙江图书馆召开文化事业单位法人治理工作座谈会

◆1月1日起，杭州图书馆先后联合新华书店庆春路购书中心、解放路购书中心开展"悦读"服务，市民可在购书中心服务专柜办理借阅手续，将新书借回家

◆1月20日，浙江婺剧艺术研究院赴哥斯达黎加、秘鲁两国开展为期14天的"欢乐春节"活动。图为哥斯达黎加当地学生向婺剧演员学习婺剧基本功

◆1月，浙江话剧团有限公司国家艺术基金2015年度舞台艺术创作资助项目、话剧《凤凰》启动全省巡演，并在东阳演出期间下乡支教

◆2月1日,2016丽水市"乡村春晚"暨乡村文化旅游精品线路开通启动仪式在景宁畲族自治县举行

◆2月25日,浙江京剧团新排神话猴戏《大闹天宫》作为2016年浙江省属院团新年演出季的压轴演出,在杭州剧院上演

◆3月23日至5月9日，由文化部外联局、浙江省文化厅、卡塔尔博物馆局主办，中国丝绸博物馆承办的"丝路之绸——中国丝绸艺术"展在卡塔尔博物馆举办

◆3月27日，中国越剧110周年诞辰暨"越看越来电"2016首届中国越剧电影展开幕式在浙江小百花越剧团"九五剧场"举行

◆4月6日，第十届台湾·浙江文化节台州文化周在台北开幕

◆4月7日,金华浦江虞宅乡"美丽非遗进礼堂"。图为文溪女子舞龙队浦江滚地龙表演

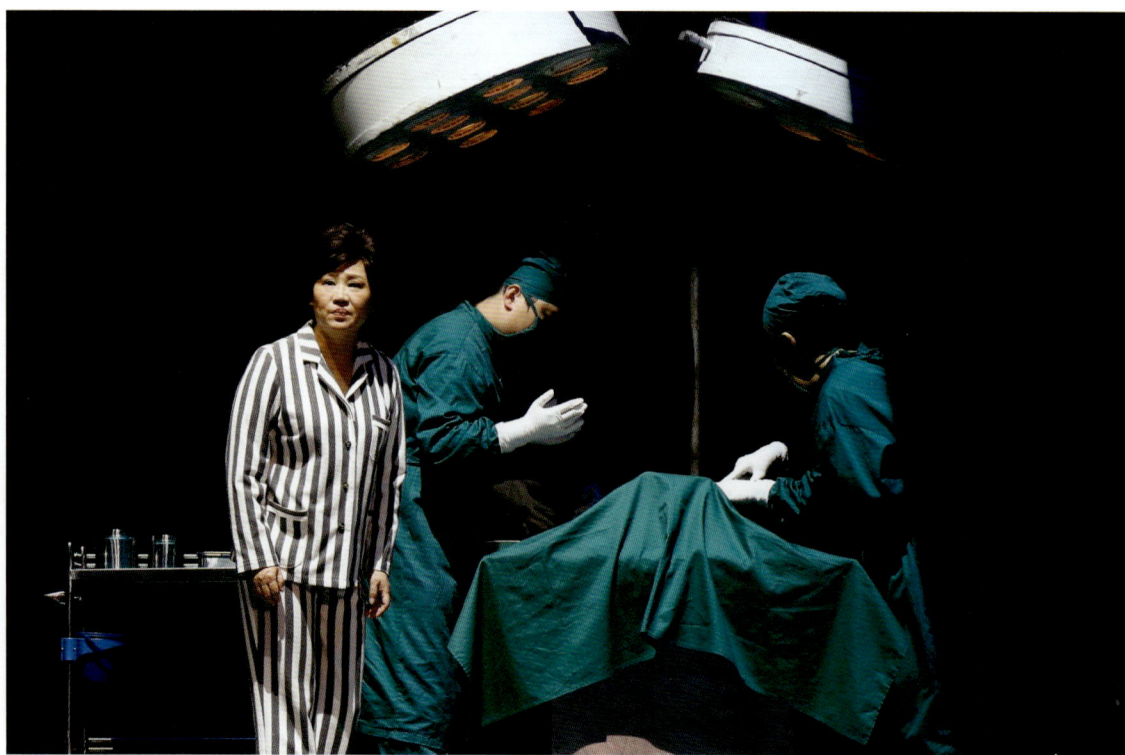

◆4月14日至28日,2016年"西湖之春"艺术节暨杭州市新剧(节)目会演在杭州各大剧场举行。图为艺术节开幕大戏《生命密码》剧照

◆4月27日，"美丽浙江·欣赏香港——浙江文化美食旅游节"开幕，浙江省文化厅组织浙江小百花越剧团、浙江京剧团、浙江歌舞剧院有限公司、浙江曲艺杂技总团有限公司精干力量参演

◆4月27日至30日，第11届中国（义乌）文化产品交易会在义乌举行

◆5月8日，绍兴民间艺术团赴韩国参加2016"多彩大邱"庆典活动

◆5月11日，浙江省文化厅召开省级文化系统"两学一做"学习教育动员部署会

◆5月12日至14日，浙江小百花越剧团赴澳门参加第二十七届澳门艺术节。图为演出期间澳门文化局局长吴卫鸣（右四）等与《牡丹亭》演员合影

◆5月17日，国家艺术基金2015年度传播交流推广资助项目、话剧《谁主沉浮》巡演新闻发布会在上海东方艺术中心剧场举行

◆5月23至25日,全省公共文化服务体系示范区(项目)创建工作培训班暨学习交流会在温州市鹿城区召开

◆6月13日至26日,浙江古籍保护成果展在浙江图书馆曙光路总馆一楼展厅举办

◆6月20日,浙江省人民政府组织召开全省文物工作电视电话会议

◆6月22日，浙江音乐学院第一次教职工代表大会暨工会会员代表大会召开

◆6月22日至27日，浙江绍剧艺术研究院赴港参加"2016中国戏曲节"交流演出

◆6月30日，桐庐县举办庆祝中国共产党成立95周年暨红军长征胜利80周年歌咏大赛

◆7月2日，由温州大学、韩国汉文学会、温州市社会科学界联合会、文成县人民政府联合举办的"东方古典学的新视野"国际学术讨论会暨刘伯温文化座谈会在文成县召开

◆7月10日，温州市文化广电新闻出版局下属温州女声合唱团在俄罗斯索契第九届世界合唱节上荣获无伴奏民谣组冠军和女声组亚军

◆7月12日，庆祝中国共产党成立95周年全国美术作品展览嘉兴展暨第四届"红船颂"全国美术活动中的"红船精神·美术解读"全国美术创作研讨会在嘉兴举办

◆7月12日，台州博物馆开馆

◆7月23日，浙江小百花越剧团《寇流兰与杜丽娘》在英国伦敦孔雀剧场首演，演出后驻英大使刘晓明（左四）与导演郭小男（左五）、主演茅威涛（左三）等合影

◆8月7日，浙江青少年交响乐团在法国参加青年乐团艺术节演出

◆10月12日至17日，浙江歌舞剧院大型舞剧《生命舞迹·素写》应邀赴澳大利亚和霍巴特演出，以舞蹈形式向澳洲观众展示中国传统之美和个性的先锋创意。图为演员合影

◆10月13日晚，第三届浙江省合唱节在宁波市江北区开幕

◆10月13日至11月23日，"清风徐来——浙江扇子与风筝工艺展"在悉尼举办。图为当地学生学习湖州风筝制作技艺

◆10月14日，浙江美术馆推出"长征与遵义会议"纪念红军长征胜利80周年展览

◆10月18日晚，浙江省纪念红军长征胜利80周年交响合唱音乐会"长征组歌"在浙江音乐学院启幕

◆10月19日，第二期阿拉伯国家文博专家研修班开班仪式在中国丝绸博物馆举行

◆10月31日，第十一届中国艺术节闭幕式暨第十五届文化部文华奖颁奖晚会上，绍兴越剧演员吴凤花荣获文化部第十五届文华表演大奖

◆10月，湖州市举办纪念钱山漾遗址考古发掘60周年系列活动。图为文物专家鉴定钱山漾出土文物

◆11月2日至5日，长兴百叶龙赴卡塔尔参加"中卡文化年"中国文化节演出

◆11月4日至6日，2016首届"全球越剧戏迷嘉年华"在绍兴举办

◆11月10日，"国际视野下的博物馆发展之路"国际学术研讨会在浙江省博物馆开幕

◆11月13日晚，国家艺术基金2015年度资助项目"八秒之声"合唱团巡演项目结项汇报音乐会在浙江音乐学院举行

◆11月15日，浙江省第十三届戏剧节中的浙江省新农村建设题材小戏展演上演

◆11月16日，浙江交响乐团为第三届世界互联网大会进行伴宴演出

◆11月17日晚，由中共浙江省委宣传部主办、省文化厅承办、浙江京剧团创作并联合浙江省多家戏曲院团共同演出的大型中国戏曲艺术秀《国色天香》在乌镇大剧院亮相，为参加2016年乌镇世界互联网大会的各国嘉宾献上了一场戏曲盛宴

◆12月2日，浙江文化艺术智库论坛暨2016浙江省文化市场发展论坛在杭州举办

◆ 12 月 3 日，2016国际艺术教育高端研讨会在浙江音乐学院召开。图为闭幕式上世界艺术教育联盟等组织负责人和参演人员合影留念

◆ 12 月 4 日，全省文化（文物）系统"12·4"国家宪法日暨全国法制宣传日主会场活动在杭州西湖区举行

◆ 12 月 8 日,中共浙江省文化厅直属机关第九次代表大会召开

◆12月15日，浙江好腔调·满园春——第三批浙江省传统戏剧之乡授牌仪式暨"非遗薪传"传统戏剧获奖剧目专场活动在绍兴市文化馆举行

◆12月16日，浙江省暨宁波市文化市场综合执法"双随机"抽查监管工作全面推行启动仪式在宁波举行

◆12月21日，悦江新远影城开业

目 录

特 载

特 辑

大事记

厅属单位建设发展

市、县（市、区）文化工作

文献资料

统计资料

附　录

索　引

Contents

Contents

Special Articles

Overview

Summary

Professional Arts

Public Culture

Librarianship

Intangible Cultural Heritage Protection

Cultural Market Management

Memorabilia

The Construction and Development of Subordinate Institutions

Cultural Work in Cities, Counties (Cities and County-level Cities)

Documentary Materials (Excerpt)

Statistic Materials

Appendices

Index

特　载

ZHEJIANG CULTURE YEARBOOK

浙江省文化发展"十三五"规划

为推动"十三五"时期我省文化繁荣发展,努力建成文化强省,根据《浙江省国民经济和社会发展第十三个五年规划纲要》《文化部"十三五"时期文化改革发展规划》等要求,结合实际,制定本《规划》。

本《规划》中文化的范畴,主要指省政府文化行政部门职能范围内的全省戏剧、音乐、舞蹈、曲艺、杂技、美术、书法、摄影等文学艺术事业,图书馆、文化馆、美术馆、博物馆、非遗馆和基层综合性文化服务中心等社会文化事业,文化艺术领域的公共文化服务,文化产业领域的演艺娱乐业、动漫游戏业、网络文化和数字文化服务业、艺术品和工艺美术经营业、创意设计业、文化旅游业、文化会展业等门类,文化遗产保护,对外和对港澳台文化交流等领域。

一、发展基础与环境

"十二五"时期是我省从文化大省迈向文化强省的跨越期,文化建设取得显著成绩。文化服务大局积极主动,在弘扬社会主义核心价值观、建设"两富""两美"现代化浙江、促进"五水共治"等中心工作中发挥了积极作用;艺术创作取得丰硕成果,有近百部(个)优秀作品在国内外重大艺术评比中取得佳绩;公共文化服务体系基本实现城乡全覆盖,基本公共文化服务标准颁布实施,公共文化产品和公共文化服务渠道进一步拓宽,公共文化服务效能稳步提升;公共文化设施建设取得重大进步,浙江音乐学院建成投用,浙江小百花艺术中心、中国丝绸博物馆改扩建工程、浙江自然博物园核心馆区等重大文化设施建设正在推进,全省文化行政主管部门归口管理的各级博物馆、美术馆、图书馆、文化馆(站)全面实现免费开放;文化体制改革取得重要进展,我省被文化部确定为全国公共文化服务标准化、基层综合性文化服务中心建设、公共文化机构法人治理结构改革试点省份;文化遗产保护取得重要成果,杭州西湖文化景观和大运河(浙江段)先后列入世界遗产名录,我省入选国家级非物质文化遗产名录项目数量连续四批位居各省(区、市)首位;文化产业和文化市场不断发展壮大,全省文化产业增加值占 GDP 比重超过 5%,文化产业已成为我省国民经济的支柱性产业;对外、对港澳台文化交流成效显著,我省已与 150 个国家和地区开展了文化交流活动,其中,浙江交响乐团赴巴西参加庆祝中国和巴西建交 40 周年庆典系列活动,得到了习近平主席的高度评价;文化人才培养工作形成体系,大力推进各类文艺人才培养计划,人才工作机制不断创新。"十二五"时期浙江文化持续快速发展,为"十三五"文化发展奠定了坚实的基础。

"十三五"时期,文化建设的宏观环境发生重大变化,我省文化发展进入新阶段。从总体看,文化建设仍处于大有可为的重要战略机遇期,文化在促进经济社会持续健康发展方面的作用将更加突出。从国际看,我国的经济实力和综合国力达到新高度,国际地位不断提升,随着"一带一路"战略的实施,中华文化的国际吸引力和影响力将进一步扩大,浙江文化作为中华文化的重要组成部分,将更多参与国际文化交流与合作。从国内看,中央高度重视文化建设,文化强国建设持续推进,一系列政策文件陆续出台,文化建设的战略地位进一步凸显;经济发展进入新常态,结构调整加快,发展动力转换,文化产业越来越成为经济结构调整的重要支点和转变经济发展方式的重要着力点;深化改革全面推进,政府职能进一步转变,治理能力进一步提高,将有效破解发展束缚,社会力量参与文化建设越来越广泛,为文化发展营造良好的政策环境和社会环境。从省内看,我省将处于高水平全面建成小康社会的决胜阶段和努力建成文化强省的攻坚时期,文化对社会风尚的引领作用日益凸显,让人民享有健康丰富的精神文化生活将成为重要任务。从文化发展走向看,文化与其他行业的融合趋势越来越明显;"互联网+"时代的到来和高新科技的日益发展,导致文化生产方式和传播方式面临深刻变革,给文化发展带来巨大空间。

同时,必须清醒地认识到,我省文化发展仍存在一些亟待解决的问题:文化产品和服务与人民群众日益增长的文化需求还不适应,广受欢迎的精品力作还不多,文化产品的数量、质量有待提高;公共文化服务水平与构建现代公共文化服务体系的要求还不适应,存在一定程度的城乡差距、区域差距和人群差别,统筹协调发展能力有待增强;文化产业的实力、竞争力与浙江经济发展水平还不适应,文化外贸发展相对滞后,对经济增长和转型升级的贡献率有待提升;文化遗产保护与构建优秀传统文化传承体系还不适应,抢救保护任务依然繁重,合理利用机制有待健全;文化治理能力与文化强省建设的需要还不适应,文化资源配置效率不够高,社会力量参与文化建设的广度和深度还不够,文化发展方式有待进一步转变;文化人才与文化快速发展还不适应,拔尖艺术人才匮乏,经营管理人才紧缺,文化人才队伍建设有待进一步加强。因此,要准确把握"十三五"时期文化建设的发展规律和本质特征,以法治的思维、改革的方法和创新的手段,补齐短板,加快发展,努力打造浙江文化升级版,加快建成文化强省。

二、指导思想、基本原则和总体目标

(一)指导思想

深入贯彻习近平总书记系列重要讲话精神,以创新、协调、绿色、开放、共享五大发展理念为引领,以"八八战略"为总纲,以"干在实处永无止境,走在前列要谋新篇"为新使命,以传承中华优秀传统文化、培育社会主义核心价值观、弘扬浙江精神为主线,以改革创新、科技进步为动力,以完善文化治理体系、提升文化治理能力为着力点,进一步提升浙江文化发展品质,进一步提升人民群众幸福感,进一步扩大浙江文化影响力,充分发挥以文化人、以文惠民、以文强省的作用,为我省高水平全面建成小康社会、建设"两富""两美"现代化浙江提供强有力的文化支撑。

(二)基本原则

1.坚持正确导向。以人民为中心,以社会主义核心价值观为引领,坚持社会效益优先,发展先进文化,创新传统文化,扶持大众文化,引导流行文化,改造落后文化,抵制有害文化,巩固基层文化阵地,促进在全社会形成积极向上的精神追求和健康文明的生活方式,提高公民素质和全社会文明程度。

2.坚持创新发展。适应高水平全面建成小康社会的新要求,紧跟经济结构转型升级、新型城镇化、现代信息技术和"互联网+"的发展步伐,加强文化理念创新、制度创新、发展方式创新和文化科技创新,培育发展新动力,拓展文化发展和传播空间。

3.坚持协调发展。统筹全省主要文化资源,整体推进文化各领域之间协调发展,着力推动文化建设城乡之间、区域之间、人群之间协调发展,补齐文化各领域发展短板。促进文化与经济、社会的协调发展。

4.坚持绿色发展。树立"文化+"理念,加强生态文化建设,加快推进特色小镇文化建设,建设一批文化特色小镇,促进文化与其他领域深度融合,提高经济中的文化品质,提升文化产业增加值在国民经济中的比重。积极转变文化发展方式,实现更高质量、更有效率、更加公平、更可持续的发展。

5.坚持开放发展。坚持引进来和走出去并重,走出去与走进去并举,兼收并蓄各国优秀文明成果,积极推动浙江文化走出去,构建多层次、宽领域对外、对港澳台文化交流格局,全面提高文化开放水平。

6.坚持共享发展。坚持以人为本,加强文化供给侧改革,做出更有效的制度安排,不断提高基本公共文化服务均等化水平和群众文化参与度,促进文化消费,推动文化发展成果共享,使全体人民有更多获得感、认同感和幸福感。

(三)总体目标

到2020年,努力建成文化强省,文化治理能力明显增强,文化发展环境明显改善,文化品质明显提升,浙江文化影响力明显扩大,基本建成全国公共文化服务示范区、文艺精品创作繁荣区、文化产业发展先行区、文化遗产保护模范区、优秀文化人才集聚区、文化体制机制创新区,文化发展主要指标位居全国前列,成为在全国具有重要影响力的文化发展示范区域。

——形成文化更加主动服务大局的局面。围绕中心更加紧密,服务大局更加有力,弘扬社会主义核心价值观更加有效,文化的功能与作用发挥更加充分,为经济建设、政治建设、社会建设和生态文明建设提供有力的支撑。

——基本建立城乡一体、区域均衡、人群均等的现代公共文化服务体系。基本公共文化服务标准体系进一步完善，文化产品和文化服务更加丰富，精准供给水平显著提高，文化阵地覆盖率、文化资源利用率、文化服务普及率、社会力量参与率、人民群众满意率达到新的水平，初步实现均等化。

——打造有全国影响力的文艺精品创作基地。精品创作力、人才培育力、市场营销力、品牌塑造力、政策推动力明显增强，艺术生产投资机制、管理机制、激励机制进一步完善，有社会影响的精品力作数量明显增加，形成一批全国知名的文化品牌和文化团队，建成长三角地区越剧传承发展的核心区域和全国越剧文化中心。

——建设具有浙江特色、优势明显的优秀传统文化传承体系。文化遗产安全保障能力进一步增强，文化遗产保护传承机制进一步完善，文化遗产有效利用率和科技保护水平进一步提升，保护优势、制度优势、利用优势进一步扩大，持续走在全国前列。

——构建结构合理、特色明显、竞争力强的现代文化产业发展体系和现代文化市场体系。着力优化布局、结构、产品、政策、服务，文化产业发展环境进一步完善，文化产业结构更加合理，文化市场更加繁荣有序，文化科技支撑更加有力，文化消费持续扩大，文化产业对经济转型升级的贡献率明显加大。

——创建多渠道、宽领域、多形式、多层次的对外、对港澳台文化工作格局。积极参与国家对外文化交流活动，每年与"一带一路"沿线国家开展文化交流活动。

对外、对港澳台文化交流由数量扩张转向质量提升，文化艺术产品和服务贸易出口不断加大，浙江文化对外影响力持续扩大。

——形成层次清晰、特色鲜明的文化人才体系。艺术教育体系趋于完善，文化人才培育、引进力度持续加大，高层次人才队伍发展壮大，基层文化队伍结构明显改善，推动实现人才数量多、人才类型多、育才手段多、招才方式多、用才平台多，使浙江成为富有创造活力的文化人才高地。

——建立科学有效的文化治理体系与运行机制。全面深化文化体制改革取得重要成果，文化政策法规进一步完善，政府职能进一步转变，文化治理能力明显增强，文化法治水平有效提升，形成浙江文化发展体制机制新优势。

"十三五"浙江文化发展主要指标

类别	指标名称	2020 年目标值	属性
全国公共文化服务示范区创建	市、县级公共文化设施建设目标	市有五馆（文化馆、图书馆、博物馆、非遗馆和美术馆），县有四馆（文化馆、图书馆、博物馆、非遗馆或展示场所）	约束性
	农村文化礼堂和社区文化家园建成率（%）	35 和 10	约束性
	人均年观看文博展览、文艺表演（场次）	4.5	预期性
	县级公共图书馆人均藏书或总藏量（册）	1 或 500000	约束性
	提升公共文化服务重点市、县（个）	20	约束性
全国文艺精品创作繁荣区创建	推出优秀原创作品（部）	100	预期性
	年均全国性获奖奖项（个）	1	预期性
	年均入选国家艺术基金项目（个）	10	预期性
	年均抢救地方戏曲传统剧目（部）	20	预期性
全国文化产业发展先行区创建	文化部门管理的文化产业增加值年均增长率（%）	10	预期性
	实施国家、省级文化领域科技创新项目（个）	45	预期性
	国家文化产业创新实验区（个）	1	预期性
	国家文化金融合作实验区（个）	1	预期性
	文化服务贸易占文化走出去次数比重（%）	8	预期性

类别	指标名称	2020 年目标值	属性
全国文化遗产保护模范区创建	新增世界文化遗产(处)	1	预期性
	国家一、二、三级博物馆占博物馆总数的比重(%)	20	预期性
	省级非物质文化遗产名录项目总数(项)	1200	预期性
	国家文化生态保护实验区新增(个)	1	预期性
	建设非遗主题小镇总数(个)	30	约束性
	建设传统戏剧之乡总数(个)	50	约束性
全国优秀文化人才集聚区创建	高级专业技术资格人员(名)	3500	预期性
	打造优秀文化创新团队(个)	50	预期性
	培养"浙江省文化厅优秀专家"(名)	100	预期性
	培训基层文艺骨干人员(万人次)	10	约束性
	培养和资助优秀青年创作、表演、管理人才(名)	300	约束性
全国文化体制机制创新区创建	建立公共文化机构法人治理结构单位(个)	150	预期性
	政府面向社会购买公共文化服务资金(亿元)	5	约束性
	新设立省级文化基金(个)	2	预期性
	创建省级基层公共文化服务创新项目(个)	30	预期性
	培育文化志愿者品牌团队(个)	100	约束性

三、主要任务

(一)坚持率先发展,构建现代公共文化服务体系

公共文化设施布局合理,互联互通,公共文化服务内容和手段更加丰富,服务质量显著提升,公共文化服务体制机制进一步完善,公共文化服务提供主体和提供方式更加多元,基本建成覆盖城乡、便捷高效、保基本、均等化的全国公共文化服务示范区。

——推进公共文化服务标准化建设。全面落实《浙江省基本公共文化服务标准(2015—2020年)》,构建省级标准为基础、行业标准为支撑和项目技术标准为补充的标准体系。根据城镇化发展趋势和城乡常住人口需求,统筹规划各级公共文化服务设施的整体布局。探索建立群众文化需求反馈机制,开展公共文化"菜单式"服务,完善公共文化服务项目与内容标准化建设。提升公共文化设施免费开放水平。县级以上公共文化机构配齐工作人员,乡镇综合文化站工作人员不少于1—2人,村(社区)公共服务中心设有由政府购买的公益文化岗位。发展壮大文化志愿者队伍。

专栏1:重大文化设施建设工程

1. 省级重点项目:之江文化中心、中国丝绸博物馆改扩建、浙江自然博物园核心馆区、浙江省考古遗产展示园等。

2. 市级重点项目:杭州市群众文化活动中心、杭州非物质文化遗产保护中心、杭州美术馆、宁波市文化馆、宁波市非物质文化遗产中心、宁波市图书馆新馆、宁波市河海博物馆、温州市美术馆、温州市非物质文化遗产展示馆、湖州市美术馆、湖州市非物质文化遗产展示馆、嘉兴美术馆、嘉兴市马家浜遗址公园(马家浜文化博物馆)、绍兴市美术馆、金华市美术馆、金华市非物质文化遗产展示馆新馆、衢州市文化艺术中心、衢州市图书馆、舟山市图书馆、台州市大剧院、台州市非遗馆、丽水市图书馆新馆等。

3. 县级重点项目:余杭区文化艺术中心、北仑文化中心、平阳县文化艺术中心、德清"瓷之源"博物馆、长兴太湖博物馆、平湖市博物馆迁建、嘉善图书馆博物馆、嵊州市博物馆、义乌大剧院、义乌市博物馆新馆、义乌市美术馆、开化县"五馆合一"项目、临海市文化艺术中心、玉环博物馆图书馆新馆、遂昌县城市文化综合体、景宁山哈宫(畲族非遗馆)等。

出台政策:制订省级文化系统相关文化设施建设规划。

专栏 **2**：公共文化设施优化计划

1. 实现市有五馆（文化馆、图书馆、博物馆、非遗馆和美术馆），县有四馆（文化馆、图书馆、博物馆、非遗馆或展示场所）。

2. 乡镇（街道）建有综合性文化中心。乡镇（街道）综合文化站特级站和一级站比例 1/3 以上。服务人口在 5 万人（含）以上、3—5 万、3 万人以下的乡镇（街道）综合文化站，建筑面积分别不低于 1500 平方米、1000 平方米、500 平方米，室外活动场地不低于 600 平方米。

3. 未设立文化礼堂的行政村建有建筑面积不少于 100 平方米、室外活动场地不少于 300 平方米、因地制宜配置器材的文化活动中心；社区建有"文化家园"，不具备条件的建有面积不低于 100 平方米的文体活动中心。

4. 县级图书馆、文化馆国家一级馆比例 90％以上。省级中心镇或常住人口超过 10 万的乡镇（街道）设立图书分馆。鼓励 24 小时自助图书馆建设。

5. 建设一个全省图书馆共享、面积约 3 万平方米的储备书库。采用高密度自动仓储，由浙江图书馆承担管理职责，供全省范围内图书馆和读者共享利用，以满足全省性的文献储存保障和共享需求。

——推进公共文化服务均衡发展。统筹全省文化资源，破除制约资源流动的体制屏障，健全全省图书馆联盟、文化馆联盟、美术馆联盟、博物馆联盟等平台，完善资源共建共享。提升重点市、县基本公共文化服务水平。推进公共图书馆、文化馆总分馆建设。坚持公共文化资源向基层倾斜、向偏远地区倾斜、向弱势群体倾斜，深化流动文化加油站、文化走亲、文化联动等形式多样的流动服务机制，把公共文化服务送到群众家门口。优化特殊群体基本文化权益，积极开展面向老年人、未成年人的公益性文化活动，将外来务工人员文化供给纳入常住地公共文化服务体系。

专栏 **3**：基本公共文化服务均等化工程

1. "走亲下乡"项目。每年组织送演出下乡不少于 1 万场，送图书下乡不少于 100 万册次，送讲座、展览下乡不少于 600 场。组织开展"文化走亲"活动不少于 500 场。

2. 群众性文化活动项目。每个县（市、区）每年组织开展规模较大的群众文体活动不少于 12 次；每个乡镇（街道）每年举办文化节、读书节、运动会等文化体育活动不少于 6 次；每个行政村（社区）每年组织群众性文化体育活动不少于 2 次。

3. 公共文化机构公益服务项目。公共博物馆、公共美术馆每年分别举办免费展览不少于 6 次，每年举办公益培训或讲座不少于 6 次；公共图书馆、文化馆每年分别举办免费展览展示不少于 4 次。图书馆、文化馆每年举办公益培训或讲座不少于 12 次；乡镇综合文化站每年举办公益培训不少于 6 次。

出台政策：制订促进我省公共文化服务均等化的相关政策。

——推进公共文化服务数字化发展。建设基于全省公共文化服务体系的大数据中心，建立面向全省的文化资讯查询和文化服务交互信息平台。建设云环境下的公共文化智能服务系统，县级以上公共文化场馆建成面向群众的、交互性的公共文化空间展示及应用服务平台。加快智慧文化社区建设，将丰富的数字文化资源传输到基层综合性文化服务中心，实现"一站式"服务。推动公共图书馆、文化馆等公共文化机构对馆藏资源进行数字化加工。开展古籍数字化、珍贵文献影印出版工作。

专栏 **4**：公共数字文化建设计划

1. 推进公共文化机构数字化建设。统筹实施全国文化信息资源共享、公共电子阅览室、数字图书馆、数字文化馆建设等项目，构建标准统一、互联互通的公共数字文化服务网络，在基层实现共建共享。

2. 开发特色数字文化产品。加强公共文化大数据采集、存储和分析处理。利用微博、微信、微视频、云客户端等微传播模式，与支付宝、腾讯、百度等各类平台、渠道加强合作。

3. 加强古籍与民国文献保护。整理出版全省专题古籍书目，形成《中华古籍总目·浙江卷》。建设全省古籍修复网络，扩大古籍基础修复工作面，培养高尖古籍修复人才，提高古籍修复实验室水平。开展碑帖、信札、舆图等古籍以外的历史文献普查工作，完成 1949 年前形成的文献普查，建立浙江历史文献数字资源数据库，建立浙江历史文献保护体系。

4. 支持地方数字文化建设。重点支持杭州智慧文化服务平台、湖州"文化有请、专家有约"网络平台、嘉兴"互联网＋"公共文化云平台、绍兴"百姓有约"网络平台、金华"金华文化"移动发布平台、衢州流动文化加油站网络服务平台、舟山"淘文化"、"定海文化超市"、台州"公共阅读＋"等。

——推进公共文化服务社会化发展。鼓励和支持社会力量参与公共文化服务体系建设。完善政府向社会力量购买公共文化服务机制,逐年提高政府购买公共文化服务额度,拓宽政府购买公共文化服务范围。推广运用政府和社会资本合作等模式,促进公共文化服务提供主体和提供方式多元化。探索推进重大文化设施项目的所有权与经营权分离,鼓励专业第三方机构参与公共文化设施的投资建设、提升改造、运营

管理等,探索PPP等形式在文化设施运营管理中的创新应用。加强对文化类行业协会、基金会、民办非企业单位等社会组织参与公共文化建设的引导、扶持和管理。

——推进公共文化服务品牌建设。推动推广具有鲜明特色和社会影响力的服务项目。有效开展全民阅读,营造学习社会。深化农村文化礼堂"建、管、用、育"机制,深化精神家园建设。继续开展国家公共文化服务体系示范项目、省级公共文化服务体系示

范项目创建工作和省级文化强镇、省级文化示范村(社区)评选工作。实施基层特色文化品牌建设,推进民间文化艺术之乡、地方戏曲保护特色地区等项目。推出一批代表浙江水平、群众喜闻乐见的精品佳作和具有浙江特色的公共文化服务项目。支持湖州"文化街景"、绍兴水乡文化景观带、丽水"生态文化绿廊"等特色文化服务项目建设。

专栏 5:农村文化礼堂提升计划

1.年均建成1000家,全省建成文化礼堂10000家,占全省行政村总数35%左右。
2.完善人才队伍、内容供给、运行保障三大机制,加强文化礼堂品牌建设,真正建成农民群众的"精神家园"和当代乡村的"精神文化地标"。

(二)打造精品力作,推动文化艺术繁荣发展

坚持以人民为中心的创作导向,大力弘扬社会主义核心价值观,不断加强文化艺术原创能力建设,积极推动文化艺术创新,集中打造一批具有时代特征、地域特点的文化艺术精品,扶持培育一批活跃在国内外演出舞台的知

名文艺团体和优秀文艺人才,努力创建全国文艺精品创作繁荣区。

——坚持精品战略。打造一批代表浙江文化形象、富于浙江地域特色、达到国内一流水准、深受人民群众喜爱的精品佳作。聚焦中华民族伟大复兴的"中国梦",汲取浙江悠久丰厚的历史文

化资源,在推动各艺术门类全面繁荣发展的基础上,着力抓好塑造浙江改革开放时代形象的当代艺术精品工程建设。加强题材规划,推出一批具有鲜明时代特色、深受人民群众喜爱的精品力作。开展"深入生活、扎根人民"主题实践采风活动。

专栏 6:"时代抒怀"——当代舞台艺术精品工程

1.优秀创作题材项目。以迎接中国共产党建党100周年和中华人民共和国成立70周年为契机,加强浙江当代舞台艺术精品创作题材库建设,统筹谋划100个左右优秀创作题材。
2.优秀原创剧本项目。以优秀原创戏剧剧本政府购买计划和全省中青年编剧扶持计划为抓手,加强浙江当代舞台艺术原创剧本创作扶持,征集储备50个左右优秀原创剧本。
3.优秀新创作品项目。以中国越剧艺术节和浙江省戏剧节、音乐舞蹈节、曲艺杂技魔术节为平台,加强浙江当代舞台艺术精品创作生产,年均创作排演6台左右优秀新创作品。
4.舞台艺术精品项目。以中宣部全国精神文明建设"五个一工程"和文化部"中国文化艺术政府奖"为目标,积极参加国内国外重大文化艺术活动,推出5部左右代表性的浙江当代舞台艺术精品。

出台政策:实施《浙江省舞台艺术精品创作生产五年行动计划(2013—2017)》并新制订后5年行动计划;制订全省艺术创作题材规划。

——加强传播推广。办好中国越剧艺术节等重点文化艺术活动。深化文化直通车下基层、"雏

鹰计划"优秀儿童剧和高雅艺术民族艺术进校园、"新年演出季"等公益性演出活动。创新艺术传

播渠道,打造艺术院团演出品牌,扶持"浙江省舞台艺术院线",推进精品驻场演出,引导国办文艺

院团、国有剧场与社会各方力量形成"场团一体、多方受益"的舞台艺术精品演出院线，激活舞台艺术演出市场，力争实现全省舞台艺术精品惠民性演出年均1000场以上。扶持畲族"三月三民歌节"等地方性文化品牌活动，打造全国畲族"文化高地"。

——推进艺术创新。加强创新型艺术团队建设，提高文化艺术自主创新能力。在全省推行"签约艺术家制度"，面向海内外知名艺术家开展多种形式的柔性合作，积极引入省外艺术名家参与浙江文化精品创作，力争5年内签订10位左右"浙江省签约艺术家"。进一步完善艺术创新激励政策，对在重大艺术赛事中取得佳绩的集体和个人予以表彰。推行重大文艺活动项目公开招标和政府采购。用好国家艺术基金。按照"政府主导、社会参与、独立运转"的原则，筹划设立浙江艺术发展基金。支持温州建立温州艺术发展基金、温商私募艺术基金。

——支持戏曲传承发展。完善全省地方戏曲传承发展工作体系，构建分级管理、分类指导、分步实施的工作机制，形成有利于地方戏曲活起来、传下去、出精品、出名家的良好环境。开展地方戏曲剧种普查，建设一批地方戏曲生态保护地，抢救一批濒危剧种、命名一批传统戏剧之乡、确立一批传承基地、扶持一批重点院团、推出一批优秀剧目、培养一

批戏曲名家、开展一批重大活动、形成一批戏剧品牌。制订实施《浙江省传统戏剧精品创作生产规划（2016—2020年）》。研究制订越剧、婺剧等代表性地方戏曲剧种中长期发展规划。每年推动建设1个以上各具特色的"戏曲谷""戏曲小镇"。扶持嵊州市越剧传承保护基地建设。

——加强文艺评论研究。依托省内高校和文化艺术研究机构，建设一支有深厚理论功底和专业思维的文艺评论队伍，形成符合国家文化发展战略、顺应时代要求的文艺评论体系。提高文艺评论对艺术生产的指导性及二者的融合度，发挥文艺评论对大众艺术审美趣味的导向作用。建设中国越剧学术研究基地。加强全省艺术研究院（所）建设，拓展职能，提升效能，发挥文艺研究在文艺创作、文化决策咨询、文化活动策划等方面的作用。支持杭州建设杭州文艺研究基地和嘉兴开展"嘉兴书学"研究工程。

——推进美术工作。加强对全省美术工作的统筹指导，推动美术创作、研究、评论工作和美术人才队伍建设。研究制定《浙江省公共美术馆管理办法》。制定《浙籍美术名家馆藏作品展览展示五年规划》，实施浙籍美术名家作品引聚展示工程，以浙江美术馆、浙江省博物馆为龙头，梳理不同历史时期有重大影响的浙籍美术名家名录，有计划地开展引聚工作，征集浙籍美术名家的作品

和资料文献，分批、分步展示馆藏的浙籍美术名家作品，提升全省公共美术馆馆藏作品的展览和利用水平。

（三）加大文化遗产保护利用力度，构建优秀传统文化传承体系

积极探索文化遗产保护利用工作新思路，建立依法管理、创新传承、基础全面、重点突出、全民共享的现代文化遗产保护利用体系，持续推进文化遗产资源活起来、动起来、传下去、传开去，弘扬优秀传统文化，努力创建全国文化遗产保护模范区。

——夯实文博事业发展基础。全面摸清文物资源家底，继续推进文物保护单位"四有"等基础工作，不断增强安全保障能力。推进文化遗产理论研究、基层文博事业发展水平评估、世界文化遗产申报与管理、文物平安工程、文物资源GIS地理信息系统建设、文物执法监察"天地一体"系统研发、文物保护科技创新能力提升、浙江省考古遗产展示园建设等工作，创新文保工程审批管理、博物馆运行评估、文物考古研究、文物安全监管与执法监察、文保资金配置、社会文物及新型遗产保护管理等方面的体制机制，构建比较完善的文物法律法规体系和规范标准体系，基本形成政府主导有力、部门协作有为、社会参与有序的文物保护管理新机制。

专栏 7：文物平安工程

1.古遗址类、古墓葬类防盗、监控系统项目。对省级以上文物保护单位中存在盗掘、盗挖风险的古遗址、古墓葬类文物保护单位,推进基于卫星 GPS 技术的远程监控、防入侵探测为核心的安全技防系统标准建设。

2.古建筑类、近现代类代表性建筑消防设施项目。对省级以上文保单位中的建筑类、近现代类代表性建筑中存在消防安全隐患的约 330 处,根据国家文物局《文物建筑防火设计导则(试行)》的要求进行消防基础设施建设,提高预警和自我救护的能力水平。

3.古建筑类、近现代类代表性建筑防雷设施项目。根据国家文物局颁布的《文物建筑防雷工程勘察设计与施工技术规范(试行)》,对全省古建筑类、近现代类代表性建筑省级以上文物保护单位中约 350 处,开展必要的防雷设施保护。

4.古建筑类、近现代类代表性建筑技防设施项目。对全省古建筑类、近现代类代表性建筑省级以上文物保护单位,开展安全技防设施保护。

5.文物库房、安全技防建设项目。以文物风险单位中国有文物收藏单位文物库房、安全技防等安全基础设施新建、改造为重点,持续改善和提升文物收藏的安全条件。

出台政策：制订完善文物保护管理政策制度体系和安全防范规范标准体系。

专栏 8：重点文物保护和考古管理计划

1.重点文物保护工程项目:完成新叶村乡土建筑修缮工程、诸葛长乐村民居(三期)修缮工程、河阳乡土建筑修缮工程、石仓乡土建筑修缮工程、碗窑村乡土建筑修缮工程、嘉业堂藏书楼和小莲庄修缮工程、衢州城墙修缮工程、浙江大学之江校区(三期)修缮工程等一批重点文物保护工程项目。

2.世界文化遗产保护和管理:重点推进海上丝绸之路、良渚古城遗址保护展示,争取将海上丝绸之路(宁波段)、良渚古城遗址纳入"十三五"期间我国世界遗产申报正式提名项目。做好全省世界文化遗产预备名单管理工作,积极推动浙江青瓷窑遗址、江南水乡古镇、明清城墙、浙闽木拱廊桥等保护管理及申遗前期准备工作。做好西湖、大运河后申遗时代相关工作,建立健全世界文化遗产保护管理长效机制。积极争取将钱塘江海塘、矾山矾矿遗址等项目纳入我国世界文化遗产预备名单。

3.考古管理工作:开展以课题规划为导向的主动性考古项目,实施钱塘江中上游、金衢盆地、浙东南沿海地区等区域性和浙江早期新石器时代遗址、城址等专题性地下古文化遗址的考古调查勘探项目。积极开展公共考古,启动并争取建成浙江省考古遗产展示园。大力推进东海水下文化遗产保护抢救。拓展水下考古与水下文化遗产保护领域,重点实施"甬舟地区涉水文化遗产资源调查"项目。关注浙江海域重大涉水型建设工程,适时开展抢救性水下考古工作,探索建立有效介入机制。

出台政策：完善农村文物建筑和传统村落保护利用土地、资金补偿和建筑产权流转政策,研究政府土地出让前先期开展考古调查发掘制度。

——构建非遗保护传承工作新格局。坚持"保护为主、抢救第一、合理利用、传承发展"的工作方针,探索建立现代非遗保护传承体系,推动非遗保护工作从单个项目保护向整体性保护转变,从注重项目申报评审向规范化管理转变,从被动保护向增强传承活力转变,促进非遗与现代生活融合。进一步强化省、市、县三级名录体系建设,建立非遗保护发展评估监督机制,推进非遗代表性名录的依法管理和科学保护。实施非遗中青年传承人群研修研习培训项目,推进代表性传承人队伍的梯队建设。制订和实施《浙江传统工艺振兴计划》等专项性保护传承措施。实施濒危非遗项目抢救性记录和数据化保存工程,建设综合性非物质文化遗产数据库。完善整合我省非物质文化遗产保护工作载体,推进省级非遗保护示范项目建设,探索非遗整体性保护新路子。加快推进省、市、县综合性非物质文化遗产馆建设进程,每年建设 1 个非物质文化遗产生态保护区,建设一批传统节日标志地和非物质文化遗产展示中心。

专栏 9：非遗代表性项目保护传承工程

1.名录体系建设项目。积极申报人类非物质文化遗产代表作名录和国家级非物质文化遗产代表性名录。继续实施生产性保护和整体性保护措施,省级以上非遗"八个一"保护措施全覆盖:一个保护方案、一个专家指导组、一个工作班子、一个传承基地、一个展示平台、一套完备的档案、一册普及读物、一系列保护政策,实行一项一策。

2.抢救性记录和数据化保存项目。省、市、县三级共完成 100 位省级以上代表性传承人的抢救性记录和数字化保存,完善综合性省级非遗数据库建设。

　　3.中青年传承人群研培项目。重视对中青年传承人群的培养,形成代表性传承人梯队,全省完成10000名非遗传承人群研修、研习和培训。

　　4.非遗保护示范项目。力争设立"浙江省非物质文化遗产保护成果奖",每年培育10个以上省级非物质文化遗产保护示范项目。

　　5.非遗评估监督项目。探索非遗保护发展评估监督机制,建立省级非遗保护发展综合指数,推进非遗科学规范管理。

　　6.传统工艺振兴项目。制订传统工艺振兴扶持政策措施,推进30个非遗主题小镇建设。

　　7.传统戏剧保护项目。开展"百千万"计划,在全省形成100个"戏剧广场"(戏剧角);公布100所戏剧传承学校(大、中、小学);培育100个濒危剧种民间剧团(剧社);重点培养100名濒危剧种青年传承人;重点支持恢复和排演100部传统剧目。开展"千名弟子共传承"和"万场大戏送乡亲"活动。

　　出台政策:修订《浙江省非物质文化遗产保护条例》。

　　——增强文化遗产事业融合发展和服务能力。提升文物保护单位开放利用率。推进历史文化名城名镇名村(街区)和传统村落保护利用工作。加强考古遗址公园建设。促进可移动文物"一普"成果共享,打造博物馆陈列展览精品,优化博物馆社会教育功能,推动博物馆衍生产品开发。大力推进文物对外交流活动。进一步开展非遗整体性保护和生产性保护,加快文化旅游融合发展,将非遗保护与美丽乡村建设、农村文化礼堂建设结合起来,使非遗工作与群众生产生活结合起来,提升非遗工作的社会认同和参与。继续办好舟山群岛·中国海洋文化节、中国·嘉兴端午民俗文化节、公祭大禹陵、兰亭书法节等重大活动。

专栏10:文物保护和活化利用计划

　　1.传统村落保护利用。协调指导松阳县实施国家文物局传统村落整体保护利用试验区工作,推广松阳县传统村落保护利用经验,合理适度利用传统村落,有效改善村民生产生活条件,探索建立政府主导、部门联动、村民主体的传统村落保护利用管理模式。

　　2.文物建筑活化利用培育。开展浙江省文物保护单位保护利用优秀案例征集评选。在全省征集部分已维修但仍处闲置状态的国有文物建筑,向社会公开征集利用方案。

　　3.考古遗址公园建设。争取将大窑龙泉窑遗址、上林湖越窑遗址等已有较好工作基础的大遗址,列入"十三五"期间国家考古遗址公园名单或立项名单。

　　4.浙江省文物资源地理信息系统(GIS)建设。基于地理信息系统(GIS)整合我省现有不可移动文物基础数据和资料并逐步电子化,形成较完善的不可移动文物基础数据平台,实现政府部门、社会公众对文物基础数据的查询、知识普及、使用及监测等功能。

　　5.可移动文物活化利用。推动可移动文物"一普"成果共享,推出一批精品陈列展览,年均举办展览1000个,争取"十三五"时期有三个陈列入选全国博物馆陈列展览精品项目。

　　6.全省博物馆教育活动。开展博物馆免费开放最佳做法推介,深化博物馆未成年人教育活动,构建全省博物馆教育活动项目库。

专栏11:"美丽非遗乡村行动"计划

　　1.美丽乡村建设非遗保护。每年打造6个民俗文化村,推进乡村非遗整体性保护。

　　2.美丽非遗进礼堂。开展"美丽非遗进礼堂百村行"活动:整理提升一批特色项目;指导建立一批乡村非遗馆;培育一批非遗特色表演队伍;培养一批非遗传承人;拍摄一批"寻找乡村记忆"纪录片;推出一批非遗保护传承示范案例。

　　3.美丽非遗志愿者行动。在各市、县(市、区)以及高校中建立非遗保护志愿服务组织50个以上,全省非遗志愿者社团会员数达到10000人以上。

　　(四)推动文化产业转型升级,构建完善现代文化市场体系

　　把握经济发展新常态下文化产业发展新机遇、文化市场新动态,大力实施"互联网＋""文化＋"发展战略,培育壮大文化产业市场主体,提升管理服务水平,规范市场经营行为,健全现代文化产业体系和现代文化市场体系,努力创建全国文化产业发展先行区。

　　——优化产业结构布局。创新演艺娱乐、动漫游戏、网络文化和数字文化服务、艺术品和工艺美术、创意设计、文化会展、文化旅游等七大行业提升推进机制。

突出优势产业引领带动作用,整合行业发展资源,提高文化产业规模化、集约化、专业化水平,确保优势产业在全国领先地位。促进木雕、根雕、石刻、文房、青瓷、宝剑等相关历史经典产业发展和特色小镇建设。加强产业区域布局,推进地区特色文化建设,培育特色文化产业集聚区。

专栏 12：文化产业转型升级工程

1. 文化产业主体培育项目。实施小微文化企业扶持计划,培育一批成长型中小微文化企业;实施文化企业上市培育计划,推动一批文化企业和文化企业集团上市;实施文化产业园区提升计划,推动管理服务规范化制度化;认定一批省级文化产业示范基地园区,申报推荐国家级文化产业示范基地园区。

2. 文化产业融合发展项目。实施"互联网+""文化+"计划,促进文化产业与科技、金融、旅游、制造业、电商等融合,重点培育一批文化创意和设计服务与相关产业融合发展的骨干企业,着力打造一批文化与科技融合示范项目、示范园区。

3. 文化产业平台建设项目。建设文化产业综合服务平台,提升一批文化产业会展品牌,培育一批文化金融服务机构,建设一批文化产业研究基地,扶持一批文化产业中介服务机构。

4. 地区特色文化建设项目。重点推进杭州白马湖创意园区、杭州运河天地文化创意产业园、宁波和丰创意广场、宁波"阿拉梦工厂"电影文化创意基地、温州文化旅游融合区、嘉兴江南文化创意特色中心、绍兴"古越三绝"文化产业、浙江横店影视产业实验区、金华市高新技术产业园区、衢州儒学文化区、舟山市朱家尖观音文化创意园。

出台政策：制定《文化产业转型升级三年计划》及相关配套政策措施。

——促进产业融合发展。深化文化产业与相关产业融合发展,培育新型文化业态。促进文化产业与制造业融合发展,提高产品附加值,提升产业贡献度。促进文化产业与科技融合发展,发挥移动互联网、云计算、大数据、物联网等新一代信息技术的推动作用。促进文化产业与电商融合发展,发挥阿里巴巴集团、浙中信息产业园等龙头企业(园区)优势,创新商业模式。促进文化产业与金融融合发展,拓宽融资渠道,完善文化企业融资服务链,创新文化金融配套服务机制。促进文化产业与旅游融合发展,推出一批与浙江精神气质吻合、代表浙江形象的文化旅游产品。

专栏 13：文化科技支撑计划

1. 健全省级文化科研课题管理体制。每年有 50 个以上厅级文化科研项目立项。

2. 完善国家级文化科技项目(课题)申报管理。做好国家社科基金艺术学项目、文化部文化创新项目、国家文化创新工程、国家文化提升计划等国家级文化科技项目(课题)申报和管理,每年力争 7 个以上项目立项。

3. 建设省级文化与科技协同创新机制。加强对文化领域省重大科技专项等重点项目的申报和管理力度,每年力争有 7 个以上项目立项,并实现项目的成果转化。

4. 建设中国艺术科研所(院)浙江协同创新平台。推进浙江艺术科技研究中心建设,探索文化科技"政产学研用"协同创新浙江模式。建成全省文化科技综合查询咨询平台和文化科技专家库。

5. 制定《加强文化科技创新体系建设的指导意见》。积极探索 O2O 模式下的文化科技成果交易机制,加强省文化科技领军型创新创业团队的引进和培育。

——搭建产业发展平台。增强服务意识,创新服务机制,建设一批包括会展交易、技术支撑、投资融资、知识产权保护、信息咨询等功能的文化产业综合服务平台。推动中国(义乌)文化产品交易会、中国国际动漫节等重要会展转型发展。扶持杭州中国"动漫之都"、宁波国家级动漫原创基地等国家级文化产业基地发展。制定文化产业园区标准,建立园区评价体系,推进重点文化产业园区知识产权服务中心建设。打造"众创空间",培育引领创客文化。发挥高校、科研院所科研资源、人才资源集聚优势,推动文化产业研究中心、基地建设。支持地方推进文化保税区建设。

——建设现代文化市场体系。充分发挥市场在文化资源配置方面的积极作用,建立多层次文化产品和要素市场。推动文化产品供给侧结构改革,加强内容建设,丰富产品供给,优化文化消费发展环境,促进文化消费转型升级。建立健全市场准入和退出机制,降低市场准入门槛,鼓励各类市场主体公平竞争、优胜劣汰。消除地区壁垒和行业壁垒,促进文化资源合理流动,推进文化市场一体化、规范化、信息化建设。

专栏 14：文化市场培育引导计划

1. 文化市场信用管理与分级监管。建立健全文化市场信用管理制度，加强文化市场信用信息数据库建设，建立文化市场分级监管制度，基本形成与其他部门信用信息交互共享及联合惩戒机制。

2. 上网服务行业转型升级。深入推进互联网上网服务营业场所开展转型升级试点工作，鼓励上网服务场所探索多种业态和经营方式，改善环境，优化服务，提升行业整体形象。

3. 加强文化市场行业协会建设。制定《加快推进文化市场行业协会建设的意见》，更好地发挥行业协会在行业管理中的作用。

4. 民营文艺表演团体扶持。通过联合办学、省地合作等方式，5 年培训民营文艺表演团体管理和从业人员 4000—4500 人次。推出民营文艺表演团体"优秀剧目"，建设民营文艺表演"优秀剧团"。打造民营文艺表演团体品牌标杆，培育和壮大富有浙江特色的民营演艺产业。

5. 搭建全省数字化文化消费培育平台。在"浙淘文化供需平台"上开辟全省数字化文化消费培育平台，通过有效身份认证，向省内户籍人口发放公益性文化消费券，激发群众文化消费意愿，力争实现有效文化消费年均 1 亿元。

——强化文化市场监管。深入开展文化市场"平安浙江"专项行动，推进完善"双随机"抽查机制，探索建立文化市场监管信用体系，加强审批引导和事中事后监管，提升文化市场监管效能。加强文化市场综合执法机构和队伍标准化规范化建设，加强执法条件保障，推进"文化市场综合执法规范化示范区"创建，强化文化市场执法装备信息化建设和信息共享，完善文化市场技术监管平台，全面落实"智慧监管"。加强部门协作联动，夯实基层基础，发挥文化市场管理志愿者队伍等社会力量，实行群防群治。推进江浙沪文化综合执法协作。

专栏 15：文化市场智能监管建设计划

1. 推广网络文化智能监管系统。实现网站内容自动抓取、网站信息数据调用和网站违规提示报警等功能，对所有网站进行 24 小时自动巡查。通过智能化网络监管，降低执法成本，提高网络文化监管的针对性和有效性。

2. 推进现场执法办案系统。升级执法办案软硬件系统，实现现场执法文书的"无纸化"。执法人员携带办案终端，通过系统预设的各类案情，快速制作现场笔录和询问笔录，就地打印执法文书，完成一整套执法程序。

（五）提高文化开放水平，构建新型对外、对港澳台文化工作格局

坚持政府统筹、社会参与、官民并举、市场运作，统筹地方和中央、政府和民间、国内和国外等各方资源，构建多渠道、宽领域、多形式、多层次的工作格局，提升浙江文化竞争力、影响力，使我省的对外、对港澳台文化工作走在全国前列。

——办好重大文化交流活动。积极参与国家组织实施的大型对外文化活动，确保我省每年参与文化部和有关国家举办的文化年（艺术节）、"欢乐春节"、中阿合作论坛等活动。响应国家"丝绸之路经济带"和 21 世纪"海上丝绸之路"倡议，推进与丝绸之路沿线国家的文化交流、文化传播和文化贸易。扩大国际合作，积极融入区域交流，以促进城市文化发展为支点，推动宁波"东亚文化之都"建设，加强与东亚文化交流与合作。配合省委、省政府重大涉外活动，统筹策划和实施文化项目。深化对港澳台文化交流与合作，充分发挥市、县资源优势，每年完成对外、对港澳台文化交流项目 400 个，提升浙江文化对外影响力。

——丰富文化交流活动内涵。立足我省地域文化和资源优势，提升"美丽浙江文化节""台湾·浙江文化节"等系列对外和对港澳台文化品牌内涵，广泛宣传中国梦和中华文化核心价值理念，大力推动我省文化艺术和非物质文化遗产走出去。深化内容建设，对传统文化资源用现代技术手段和形式进行包装、演绎，将文化资源转化成信息化的产品，创作出既代表我国民族文化又为国际文化市场所欢迎的优秀产品。用易于理解、认同和接受的手段传播中华优秀文化，塑造我省良好国际形象。

——拓展对外文化交流贸易平台。建设对外文化贸易创业创新支撑平台，探索文化产品跨境电子商务试点和对外文化贸易众创空间试点建设。完善《浙江省商业演出展览出口指导目录项目管理办法》，扶持文化产品和服务以商业方式走出去。借助浙江国际贸易平台优势，加快我省对外文化交流和贸易项目库建设，探

索新型文化产品营销模式,拓展境外文化市场。组织文化企业参加国际知名专业会展、洽谈会和双边、多边国际文化产业领域对话,推介文化企业积极参与中外友好文化年、艺术节等文化交流活动。

专栏 16:"一带一路"文化交流与合作工程

1.国家级对外文化交流参与项目。围绕国家总体文化外交战略,借助国家级对外文化交流平台,向"一带一路"沿线国家传播我省文化艺术发展成果。每年参与和执行国家文化年(艺术节)、"欢乐春节"、承办阿拉伯博物馆研修班等文化交流项目。

2."美丽浙江文化节"品牌提升项目。立足浙江地域特色文化和资源优势,打造和提升"美丽浙江文化节"品牌,提高品牌活动的亲切感、吸引力和认可度,每年确定1个"一带一路"重点沿线国家举办"美丽浙江文化节"活动。

3.对外文化贸易服务平台建设项目。完善浙江省对外文化交流和贸易项目库,加强我省对外文化贸易统计工作。利用我国驻"一带一路"沿线国家的使领馆、沿线国家驻华使领馆、中国海外文化中心及我省已有合作资源,进一步拓宽企业营销渠道。

4.人文学术交流推动项目。鼓励和扶持我省文博、学术机构与沿线国家的相关机构建立联系,合作开展丝绸之路沿线出土文物的研究与保护。建设国际丝路之绸研究中心,推动"海上丝绸之路"保护申遗工作。鼓励和扶持我省文化艺术领域的专家学者参与有关"一带一路"主题的国际思想领域的对话和交流。

出台政策:制定《加强对外和对港澳台文化工作实施意见》《加快发展对外文化贸易指导意见》。

(六)建立多层次人才培养体系,打造文化人才集聚高地

培养和造就一支适应文化强省建设需要的文化艺术人才队伍,确保人才规模不断壮大、人才素质整体提高、人才结构更趋合理、人才成长环境逐步优化,努力创建全国优秀文化人才集聚区。

——完善艺术教育体系。统筹推进浙江音乐学院、浙江艺术职业学院及其他艺术院校发展,按照"分层推进""错位发展""良性互动"的原则,形成多门类、多学科、多层次的艺术教育体系。鼓励文艺院校与优秀社会资源合作,与国内外知名的院校、院团、文化集团合作办学。支持艺术院校与文艺院团、公共文化服务单位开展"订单式"联合培养。建设浙江省文化干部网络学院,构建"互联网十"远程教育模式,推进全省文化干部和专业技术人员继续教育工作。

——深化文化拔尖人才培养。实施"千人计划""文化名家暨四个一批人才"和浙江"五个一批人才""浙江省151人才"等重点人才培养计划,加强高层次人才、重点专业人才培养。实施"浙江省文化创新团队""浙江省文化厅优秀专家"培育项目,提升文化领军人才创作创新能力与团队组织能力。实施青年艺术人才"新松计划"、省属舞台艺术拔尖人才推广计划、中青年编剧编导扶持计划。培育和引进高层次的文化管理、学术、交流、运营人才。完善厅局领导联系专业骨干人才制度,充分发挥人才在管理决策、重大项目、行业咨询等方面的作用。

——优化文化人才整体素质。提升全省文化系统党政人才领导水平和执政能力。完善年轻干部培养机制,推进省级文化系统优秀年轻干部后备梯队培养工作。实施更加开放的人才政策,建立全方位、多层次的人才培养机制,利用定向培养、公开招聘、业外引进等多种方式,培养一批创新型、复合型、科技型的文化人才。开展"群星"培育计划,加强群文艺术门类创作人才的培养。继续实施基层公共文化队伍素质提升工程,大力发展文化志愿者、文化社工队伍。加强戏曲、非遗、文博等传统文化保护人才的培养。加强新型文化产业人才队伍建设,培育文化产业创新人才。

——改进文化人才管理体制。健全人才培养开发、评价发现、流动配置、激励保障机制,建立人才评价考核指标体系。完善经营性文化单位管理体制机制,鼓励企业文化人才通过技术、专利、品牌入股,探索高层次文化人才协议工资制和项目工资制等多种分配方式。建立科学有效的文化事业单位专业技术人才招聘和引进机制。创建文化人才与文化艺术、产业的对接平台,完善各类人才创新创业扶持政策。鼓励行政机关与事业单位、改制院团与国有文化企业、省级文化系统与市县文化系统人才双向合理流动。

专栏 17：文化人才培育工程

1. 高层次文化专业人才引进项目。每年从系统外引进 2—5 名高端专业技术人才，其中浙江音乐学院和浙江艺术职业学院，每年争取引进 1—2 名具有国际领先学术水平和专业能力的海内外高层次人才；建立健全系统内人才交流机制。

2. "浙江省文化创新团队""浙江省文化厅优秀专家"培育项目。在公共文化、文化艺术、文化产业、文化市场、文化遗产等领域，评选出 100 名"浙江省文化厅优秀专家"。力争实现 1—2 个省文化厅优秀专家带出 1 个创新团队，打造 50 个左右优秀文化创新团队。

3. 艺术人才培养项目。实施全省青年艺术人才培养"新松计划"，举办 5 期中青年创作人才高级研修班，扶持培养 100 名青年创作人才，发现推出 100 名青年表演人才，培训提高 100 名艺术管理人才，申报国家艺术基金青年艺术创作人才资助项目 50 个。实施"文艺浙军"打造计划，每年推出若干名浙江省舞台艺术中青年领军人才，通过推出代表性作品、拍摄制作个人艺术电视专题片等形式，力争 5 年内初步形成一支德艺双馨、结构合理的文艺浙军。开设越剧男女班和京昆传承班。

4. 基层文化队伍素质提升项目。省本级组织培训全省文化行政部门分管领导，文化馆、图书馆、博物馆馆长，文化执法队长等基层文化干部及基层艺术院团业务骨干，每年培训 10 批次共 1000 人次以上。各市、县文化部门分批分层培训基层文化馆、图书馆、博物馆、文化执法业务干部，乡镇文化员及业余文艺骨干，每年培训基层文化从业人员 2 万名以上。

5. 非遗管理人员培训项目。建立分级负责的培训体系，确保各级非遗管理人员轮训一遍。培训非遗管理人员 1000 人次以上。

6. 文物保护人才培训项目。依托国家文化遗产保护科技区域创新联盟（浙江省），培养高层次文化遗产保护创新型领军人才。每年以实训方式开展古建修缮、考古发掘、文物修复、复制拓印等多门类培训，培训各类技能人员 100 人以上。加强县级文博单位负责人培训，每年开办 5 个培训班次，培训人数 200 人以上。

7. 文化产业人才支撑项目。实施文化产业人才引培计划，引进一批文化产业领军人才和创新团队，培养一批文化产业青年人才和创新团队。引导在浙高校加快文化产业相关学科建设。鼓励发展文化产业职业教育。设立文化产业人才数据库，健全文化产业人才评估体系、激励机制和保障制度。推进文化产业创新实训基地、文化科技"产学研"协同创新基地建设。

出台政策：制定浙江省文化创新团队、浙江省文化厅优秀专家评选相关政策，制定《省属舞台艺术拔尖人才培养计划》。

（七）全面深化改革，完善文化治理体系

全面深化文化体制改革，坚持问题导向和效果导向，不断增强改革的系统性、整体性、有效性、协同性。以改革为动力，建立科学有效的文化管理体制和运行机制，提升文化治理能力，形成浙江文化发展体制机制新优势，努力创建全国文化体制机制创新区。

——深化文化管理体制改革。进一步转变政府职能，简政放权，放管结合，优化服务，按照政企分开、政事分开原则，推动文化行政部门由办文化向管文化转变。按照中央精神，深化文化市场综合执法改革，指导推动市级与县级综合执法机构理顺关系。加强行业协会和其他文化类社会组织建设，逐步引导承接政府转移的部分职能，推进承接购买公共文化服务。支持推进舟山群岛新区海洋文化名城建设、义乌市国际贸易综合改革试点文化共建、嘉善县推进县域科学发展示范点文化共建、浦江县协调推进"四个全面"战略布局试点县建设。

——深化国家公共文化服务试点改革。积极推进我省基本公共文化服务标准化均等化建设，全面落实《浙江省关于加快构建现代公共文化服务体系的实施意见》。加快推进公益性事业单位法人治理结构改革，推动文化馆、图书馆、博物馆、美术馆、农村文化礼堂等公共文化机构开展法人治理结构改革，创新运行机制，组建理事会，吸纳有关方面代表、专业人士、服务对象参与管理，增强事业单位发展活力。积极推动以文化礼堂为代表的基层综合性文化服务中心建设，丰富基层群众的精神文化生活。

——深化国有文艺院团改革。落实完善文化体制改革各项配套政策，加大对转企改制国有文艺院团的扶持力度，加快解决改制院团的历史遗留问题。推动保留事业体制的文艺院团理顺管理体制，改革创新内部机制，探索企业化管理，进一步完善运行机制。探索国有文艺院团社会化改革，引入社会力量参与经营管理，谋划推动国有文艺院团在戏曲生态保护区建设、金融科技合作、媒体和互联网融合、产业化等方面的积极探索和改革尝试。加快分类推进职称制度改革步伐，进一步改进事业单位岗位管理模式，深化绩效工资改革。

——深化经营性文化单位改革。推动已转制的文化企业建立现代企业制度，完善法人治理结构，加快公司制、股份制改造，增强市场竞争能力,形成符合现代企业制度要求、体现文化企业特点的资产组织形式和经营管理模式,切实提高导向把控、资本运作和市场经营能力,打造一批有实力的国有或国有控股文化企业。积极推进省级演艺资源整合,完善演艺产业链,增强演艺市场竞争力。推动新远集团健全现代企业管理制度,整合资源、盘活资产,做大做强主导产业,积极拓展新业务,办好浙江文化艺术品交易所,开发新远艺术汇等新产业,打造剧院院线产业链,提升盈利能力。

专栏18:文化体制机制改革创新工程

1.公共文化机构法人治理改革创新项目。在浙江图书馆、温州市图书馆全国公共文化机构法人治理结构改革试点和省文化厅试点的基础上,点面结合,在全省公共文化机构(图书馆、博物馆、美术馆、文化馆、农村文化礼堂等)全面推进法人治理改革创新,切实发挥好理事会作用,促进公共文化机构的发展提升。

2.民办文化发展促进项目。出台推动民办文化发展的政策措施,加强向社会力量购买公共文化服务,拓宽社会力量"办文化"路径。

3.百越文化创意有限公司项目。浙江小百花越剧院(浙江小百花越剧团)通过吸引社会力量和民营资本,共同出资组建"百越文化创意有限公司",运营管理浙江小百花艺术中心,探索国办文艺院团发展文化产业经营新思路。

出台政策:制定全省公共文化机构法人治理相关配套政策,《浙江省鼓励和引导民间资本进入公共文化领域的实施意见》。

四、保障措施

(一)加强组织领导

完善统筹协调机制。从"五位一体"全面建成小康社会的战略高度,充分认识文化建设的重大意义,把文化建设摆在全局工作的重要位置,切实把文化工作纳入各级政府重要议事日程,纳入国民经济和社会发展总体规划。完善协调机制,充分发挥各部门职能作用,在政策衔接、标准制定和组织实施等方面加强统筹、整体设计、协调推进。

建立责任督查制度。围绕规划的总体目标和重点任务,制订工作方案,明确任务实施的分级责任和时间表、路线图,集中力量推进工作落实。建立规划实施动态监测、定期通报制度,开展规划实施评估,做好中期评估和期末评估。坚持全面从严治党新要求,落实党风廉政建设"两个责任",强化责任追究。

(二)强化财政保障

加大资金支持力度。扩大公共财政对文化建设的投入规模,建立与我省经济发展水平相适应、与财政能力相匹配、与文化强省建设需求相对应的文化投入机制,力争做到"保证财政投入的增幅高于本级财政经常性收入增长幅度"。推进落实社区公共文化设施建设从城市住房开发投资中提取1%的规定。提高各级彩票公益金用于文化事业比重。进一步扩展资金来源渠道,加大政府性基金与一般公共预算统筹力度,积极探索基金制扶持方式。

提高文化投入效益。完善经费保障和运行机制,规范资金使用管理。将购买公共文化服务资金纳入各级政府财政预算,通过政府购买、项目补贴、定向资助、贷款贴息等多种手段,建立政府主导、社会参与的多元文化投入机制。强化文化投入的过程管理,加强文化投入的前期论证和可行性分析预测,加强文化投入的事中监管和事后评价机制。加大财政投入向农村以及公共文化服务重点市、县倾斜力度,发挥公共财政"兜底线、补短板"的积极作用,促进城乡、区域、人群均衡发展。

(三)健全政策法规

完善文化政策体系。加强制度顶层设计,为文化改革发展提供政策支持。进一步放宽准入门槛、引入竞争机制、打造合作平台、落实优惠政策,鼓励民间资本参与文化建设。推动落实文化产业发展的财政扶持、税收减免、土地使用、人才引进培养等方面的优惠政策,引导民间资本、外资依法进入文化产业,鼓励金融机构关注文化产业发展,构建多元化、多渠道投融资体系。进一步健全文物保护和非物质文化遗产保护政策措施,强化对保护传承的政策扶持力度。加大已有支持对外文化贸易各项优惠政策的落实力度,加强文化企业和文化产品在进出口环节的知识产权保护。推进我省文化发展智库平台建设。

加强文化法制建设。加快文化立法工作,将文化建设的重大政策措施适时上升为法规规章,为文化强省建设提供法制保障。出台《浙江省公共文化服务保障条例》,推动制定《浙江省文化产业促进条例》,修订《浙江省非物质文化遗产保护条例》。积极推进民营文艺表演团体、非物质文化遗产生态区保护、乡镇综合文化站等方面立法调研论证起草工作。健全重大决策合法性审查制度，完善法律顾问制度。

（四）完善考核评估

构建科学的考评制度。以效果为导向，探索制订政府文化建设考核指标，将其列入各级政府效能和领导干部政绩考核体系。建立浙江省基本公共文化服务标准化均等化建设达标机制，完善评价指标体系。建立公共文化机构绩效考评制度，加强对重大文化项目资金使用、实施效果、服务效能等方面的监督和评估。探索文化产品、文化服务的质量监测体系，研究制订公众满意度指标，建立群众评价反馈机制和第三方评价机制。

强化对考评结果的运用。加强考评结果的有效传递与反馈，推动文化行政部门提升文化治理能力，推动公共文化机构及时优化公共服务。建立文化项目承接主体的服务信用档案，逐步形成诚信奖励、失信惩戒的长效机制。推动单位考评结果与个人绩效紧密挂钩，进一步强化组织的激励约束机制，提升文化行政部门和公共文化机构的工作效率。

（省文化厅）

出色完成杭州 G20 峰会服务保障工作

全省文化系统把服务保障 G20 峰会作为一项重大政治任务来抓，紧扣"办成一届精彩、成功、具有里程碑意义的峰会"这个目标，以高度的政治自觉和坚定的文化自信全力以赴投入峰会筹备工作，不折不扣地完成各项任务：积极承担杭州 G20 峰会国宴伴奏演出，浙江交响乐团、浙江音乐学院夜以继日地进行创作与排练，奏出了最精彩的乐章，得到各国元首和领导人高度赞扬；抽调省级文化系统优质艺术力量，全力参与"最忆是杭州"峰会文艺晚会，以美妙绝伦的表演惊艳世界；中国丝绸博物馆、浙江美术馆等文化交流点，精心策划推出了"锦程：中国丝绸和丝绸之路""锦绣世界：国际丝绸艺术展"等展览以及互动项目，为峰会来宾和杭州市民提供了一系列高水平的艺术体验，深受 G20 领导人配偶团喜爱；根据峰会筹备工作领导小组部署，认真细致做好阿根廷政要团的接待工作，得到了阿根廷方面高度评价。同时，与文化部市场司联合开展"浙江及毗邻地区 G20 峰会文化市场安全保障工作"，形成了安全护城河；组织文艺演出为峰会工作营造良好氛围。文化系统在峰会服务工作中付出了巨大艰辛，也获得了重大荣誉。习总书记赞扬"文艺演出精彩纷呈，向世界展示了中国精神、中国力量"，夏宝龙书记、车俊代省长、葛慧君部长、赵一德书记等多位省领导对文化系统服务保障工作做出批示表扬，外交部专门发来了感谢信。省文化厅和浙江交响乐团还被省委、省政府评为先进集体。

（厅办公室综合）

浙江文化为第三届世界互联网大会添彩

11 月 16 日至 18 日，第三届世界互联网大会在水乡乌镇举行。浙江文艺团队用美妙的音乐和国粹戏剧，为大会添彩。11 月 16 日晚，浙江交响乐团为大会"乌镇之夜·桥"招待晚宴演奏了一场伴宴音乐会，上演了 20 多首中国及世界各国经典曲目。11 月 17 日晚，由省委宣传部主办，省文化厅承办，浙江京剧团创作，联合全省多家艺术院团共同演出的中国戏曲艺术秀《国色天香》，在乌镇大剧院亮相，为世界互联网大会嘉宾献上了精美璀璨的戏曲盛宴。

（浙江交响乐团、浙江京剧团）

二十四节气入选人类非遗　浙江多个项目在列

11月30日，联合国教科文组织保护非物质文化遗产政府间委员会正式通过决议，"二十四节气——中国人通过观察太阳周年运动而形成的时间知识体系及其实践"列入联合国教科文组织人类非物质文化遗产代表作名录，其中包括浙江省衢州市柯城区九华立春祭、遂昌县班春劝农、三门县三门祭冬及杭州市拱墅区半山立夏节。

（厅非遗处）

温州市成功列入国家历史文化名城

5月4日，国务院办公厅公布《国务院关于同意将浙江省温州市列为国家历史文化名城的批复》。批复指出，温州市历史悠久，文化遗存丰富，历史街区特色鲜明，传统风貌保持完好，保存有独特的"山水斗城"格局。

（温州市文化广电新闻出版局）

教育部批准成立浙江音乐学院

3月1日，教育部批准成立浙江音乐学院，为全日制普通本科高校，以本科教育为主，同时承担研究生培养任务。浙江音乐学院由浙江省政府举办，归口省文化厅管理，浙江省政府、文化部共建。5月8日，举行浙江音乐学院成立大会，省委书记夏宝龙和文化部副部长董伟共同为浙江音乐学院揭牌。副省长郑继伟宣读教育部、省政府建校批文，并与董伟签署省部合作共建浙江音乐学院协议。

（浙江音乐学院）

完成公共文化服务3项全国试点工作

公共文化服务标准化试点工作和基层综合性文化服务中心试点工作均以第一名的成绩通过文化部验收，并被作为示范地区全国推广。温州市图书馆、浙江图书馆两个全国法人治理结构试点单位分别以第一名和第二名的成绩通过文化部验收。

（厅公共文化处）

浙江省"一市两项目"入选第二批国家公共文化服务体系示范区(项目)

10月26日,第二批国家公共文化服务体系示范区(项目)颁牌仪式在安徽铜陵举行。嘉兴市被命名为国家公共文化服务体系示范区,杭州市余杭区"乡镇综合文化站服务效能提升工程"和绍兴市"电视图书馆绍兴模式"被命名为国家公共文化服务体系示范项目。

(厅公共文化处)

浙江省积极参加"欢乐春节"活动　推动浙江文化"走出去"

浙江省文化厅积极组织优秀文化团队参加由文化部会同国家相关部委、驻外机构共同推出的海外"欢乐春节"庆祝活动,推动浙江文化更好地"走出去"。2016年,共组派9个团组、259人次,先后赴亚洲、南美洲、大洋洲、非洲的12个国家、17个城市,举办演出活动64场,组派团队规模之大、出访国家范围之广居历年之最。

(厅外事处)

宁波市圆满举办"东亚文化之都"系列活动

"东亚文化之都·2016宁波"活动年以春夏秋冬为节点,分别以"传承""绽放""和睦""共享"为主题,全年各部门、各县(市、区)及社会各界共举办文化、教育、宗教等各类活动217项。

(宁波市文化广电新闻出版局)

宁波市被列为首批国家文化消费试点城市

6月23日,宁波市成为浙江省唯一入选的国家首批文化消费试点城市。宁波市通过实施重点项目和搭建重点平台,加强文化消费供给,丰富文化消费业态,拓展文化消费空间,积极引导文化消费。继续深入推进文化金融合作,在文化部深化文化金融合作专题研讨会上介绍经验。积极推进文化文物单位文创产品开发试点工作,宁波博物馆、宁波市图书馆、宁波美术馆被纳入国家文化创意产品开发试点单位。杭州湾新区滨海欢乐假期小镇、宁海森林温泉小镇、北仑梅山海洋金融特色小镇入选浙江省特色小镇文化建设示范点。

(宁波市文化广电新闻出版局)

宁波市海曙区舞蹈作品《阿婶合唱团》荣获全国群星奖

10月14日至23日，由宁波市海曙区文化馆打造的舞蹈作品《阿婶合唱团》代表浙江省赴西安参加第十七届全国群星奖决赛，并获得第十七届"群星奖"，是浙江省唯一获奖作品。本届群星奖是文艺评奖制度改革后的首次评选，全国5000余个作品参加了初选，评奖数量仅20个，音乐、舞蹈、戏剧、曲艺4类作品各5个。

（宁波市海曙区文化广电新闻出版局、厅公共文化处）

绍兴越剧演员吴凤花获第十五届文华表演奖

10月31日，绍兴市优秀越剧演员、戏剧"二度梅"获得者吴凤花荣获"中国艺术节文华表演奖"。此次全国共有10名演员获文华表演奖，根据得票数量，吴凤花位列第二，也是全国唯一入选的越剧演员。

（绍兴市文化广电新闻出版局、厅艺术处）

"余杭良渚古城外围大型水利工程的调查与发掘"获评2015年度全国十大考古新发现

5月16日，"2015年度全国十大考古新发现"在北京揭晓，"余杭良渚古城外围大型水利工程的调查与发掘"入选。这是自1991年该评选活动开展以来我省第17项获选项目。

（省文物局文物保护与考古处）

浙江昆剧团举办纪念建团60周年系列活动

2016年是浙江昆剧团建团60周年，适逢汤显祖和莎士比亚逝世400周年、浙昆《十五贯》晋京演出60周年，浙江昆剧团举办了纪念庆贺演出活动，包括召开昆剧《十五贯》与当代昆剧传承发展暨浙江昆剧团60年艺术成就回顾与展望研讨会，举办"浙沪苏"三地联动演出活动等。

（浙江昆剧团）

浙江公布首批 20 个特色小镇文化建设示范点名单

12月5日，全省特色小镇文化建设现场会召开。会上公布了首批特色小镇文化建设示范点，上城南宋皇城小镇、余杭梦想小镇、拱墅天子岭静脉小镇等20个特色小镇入选。这些小镇在文化建设创新上，亮点突出，既有文化遗产保护的内容，也有产业发展的典型，更有公共文化服务的经验，有一定的样本意义。

（厅政策法规处）

全省地方戏曲剧种普查启动

2月25日，全省地方戏曲剧种普查工作动员培训大会在杭州召开，浙江省地方戏曲剧种普查正式启动。成立了以省文化厅厅长金兴盛任组长的省普查工作领导小组，领导小组秘书处设在省文化厅艺术处，在浙江省文化艺术研究院成立省普查办公室，建立剧种普查群，完善普查工作联络员制度，明确普查员工作职责，全省地方戏曲剧种普查工作取得阶段性成果。省普查办公室提交的教育创研机构系列报表样板（浙江艺术职业学院）和演出团体系列报表样板（永嘉昆剧团）得到了全国普查办的高度评价。

（厅艺术处）

浙江省文化厅面向社会力量购买戏曲剧本

浙江省文化厅印发《关于政府向社会力量购买戏曲剧本的实施细则》，在全国率先开展政府向社会力量购买戏曲剧本活动，从全国范围征集购买13个戏曲剧本，受到中宣部、文化部关注。此举创新戏曲剧本供给模式，准确把握需求，充分发挥政府主导作用，有序引导社会力量参与服务供给，为省内戏曲艺术表演团体提供表演剧本，为剧作者的优秀剧本找到排演的契机，串联起社会力量和戏曲艺术表演的供需端，形成改善戏曲发展的合力，开创戏曲传承发展新局面。

（厅艺术处）

中共浙江省文化厅直属机关第九次代表大会召开

12月8日，中共浙江省文化厅直属机关第九次代表大会在杭州胜利召开。大会审议通过了省文化厅直属机关第八届委员会工作报告，选举产生了厅直属机关第九届委员会和直属机关第六届纪律检查委员会。根据大会选举办法,经党代表无记名投票,王涛、任群、吴莘超、张伟波、陈浩、周丽芳、徐洁、黄健全、戴言等9位同志当选厅直属机关第九届党委委员,任群、李巧玲、杜群、杜毓英、沈岳明等5位同志当选厅直属机关第六届纪委委员。其中,黄健全同志当选厅直属机关党委书记,任群同志当选厅直属机关党委副书记、纪委书记,吴莘超同志当选厅直属机关党委专职副书记。

（厅直属机关党委）

特　辑

ZHEJIANG CULTURE YEARBOOK

2016年全省文化广电新闻出版局长会议

【概况】 1月29日，省文化厅组织召开2016年全省文化广电新闻出版局长会议。会议以习近平总书记系列重要讲话精神为指引，认真贯彻落实中央和省委、省政府近年来关于文化建设的重大决策部署，回顾总结了2015年主要工作，研究部署了2016年重点任务。省文化厅党组书记、厅长金兴盛在会上做工作报告。厅党组成员、副厅长、省文物局局长陈瑶主持会议并做总结讲话。厅领导褚子育、黄健全、杨越光、柳河、蔡晓春、李莎、吴志强，各市、县（市、区）文化广电新闻出版局局长，省文化厅、省文物局机关各处室和厅属各单位主要负责人出席会议。

2015年全省文化系统以创建全国文化发展示范区为目标，以"三严三实"为要求，改革创新、务实进取，各项工作取得新成效。一是文化政策谋划与"十三五"规划编制工作取得积极成果，谋划起草了一系列重要政策文件。二是文艺创作生产呈现新气象，我省30个项目获国家艺术基金资助，成功举办了浙江省纪念中国人民抗日战争暨世界反法西斯战争胜利70周年系列活动。三是现代公共文化服务体系打开新局面，牵头制定了我省《关于加快构建现代公共文化服务体系的实施意见》和其实施标准。四是传统戏曲保护与传承迈出重要步伐，率先制定实施了《浙江省传统戏剧保护振兴计划》。五是基本公共文化服务标准化、基层综合性文化服务中心建设和公共文化机构法人治理结构三项全国改革试点工作取得积极进展。六是文化遗产保护成效明显，我省第一次全国可移动文物普查藏品报送进度达97.51%，探索了非遗主题（实验）小镇建设。七是文化产业和文化市场实现新发展，研究制定了我省《关于扶持木雕根雕石刻产业传承发展的指导意见》和《关于扶持文房产业传承发展的指导意见》。八是对外文化交流工作有效服务大局，多次受到文化部，省委、省政府领导和我国驻外使馆的表扬。九是重大文化设施建设态势良好，浙江音乐学院校园建成投用，中国丝绸博物馆改扩建工程、浙江小百花艺术中心项目、浙江自然博物园核心馆区等项目整体推进。十是各项保障建设进一步加强。2015年，我省文艺创作、公共文化服务体系构建、公共文化机构法人治理、对外文化交流、古籍保护、文化法治等工作分别在全国会议上做了经验交流。

金兴盛指出，2016年是实施"十三五"规划的开局之年，是我们党成立95周年、红军长征胜利80周年，也是一系列重大文化政策的落实之年。全省文化系统要深入学习贯彻习近平总书记系列重要讲话精神，紧紧围绕"五位一体"总体布局和"四个全面"战略布局，紧扣省委、省政府中心工作，树立和贯彻创新、协调、绿色、开放、共享的发展理念，坚持以人民为中心，以社会主义核心价值观为引领，以改革创新和科技进步为动力，着力提高文化治理能力，提升文化发展品质。一要抓"十三五"规划稿的完善，二要抓重要文化政策的落实，三要抓G20峰会的服务，四要抓艺术精品的创作，五要抓改革的深化与扩面，六要抓优秀传统文化传承体系的构建，七要抓文化产业和文化市场的发展，八要抓重大文化设施建设的推进，九要抓对外和对港澳台文化的交流，十要抓文化干部人才队伍的建设。

金兴盛强调，要深入贯彻党的十八届五中全会提出的创新、协调、绿色、开放、共享五大发展理念，以五大理念引领文化新发展：一要在创新发展中激发文化活力，二要在协调发展中推动文化均衡发展，三要在绿色发展中充分发挥文化的重要作用，四要在开放发展中提高文化竞争力和影响力，五要在共享发展中实现文化惠民。金兴盛要求全省文化系统坚持正确方向、坚持率先发展、坚持精准发力、坚持廉洁从政，以更严的标准、更实的作风，全面做好2016年工作，努力实现"十三五"文化建设良好开局。

与会代表还听取了浙江音乐学院筹建情况汇报，一同参观了浙江音乐学院（筹）校园。

（厅办公室）

在2016年全省文化广电新闻出版局长会议上的讲话

省文化厅党组书记、厅长　金兴盛

（2016年1月29日）

同志们：

这次全省文化广电新闻出版局长会议的主要任务是，深入贯彻习近平总书记系列重要讲话精神，深入贯彻中央和省委、省政府近年来关于文化建设的重大决策部署，深入贯彻全国宣传部长会议、全国文化厅局长会议和全省宣传思想工作会议精神，总结2015年工作，部署2016年任务。下面，我代表省文化厅党组讲四点意见。

一、关于2015年的主要工作

过去一年，是"十二五"收官和"十三五"谋划之年，也是文化政策密集出台、文化强省建设加快推进的一年。在省委、省政府的坚强领导下，全省文化系统深入贯彻习近平总书记系列重要讲话精神，以创建全国文化发展示范区为目标，以"三严三实"为要求，改革创新、务实进取，各项工作取得新成效，得到了文化部领导、省领导和上级部门的充分肯定。在中央繁荣发展社会主义文艺推进会上，夏宝龙书记作为全国省委书记的唯一代表做了典型发言。我省文艺创作、公共文化服务体系构建、公共文化机构法人治理、对外文化交流、古籍保护、文化法治等工作分别在全国会议上做了经验交流。回顾一年来的工作，主要有以下几方面特点：

一是文化政策谋划与"十三五"规划编制工作取得积极成果。围绕贯彻落实中央和省委、省政府关于文化建设的重大决策部署，深入开展调研，积极谋划起草了一系列重要政策文件。目前，经省委办、省府办或多部门联合正式下发的已有6个，即将下发的还有4个，为加快推动文化发展提供了有力的政策保障。积极谋划"十三五"时期的总体思路、重大工程、重大项目和重大政策，已完成了《浙江省文化发展"十三五"规划》初稿，正在广泛征求意见。

二是文艺创作生产呈现新气象。深入贯彻习总书记文艺工作座谈会重要讲话精神，全省文艺创作日益活跃。围绕重大创作题材，推出了话剧《凤凰》、京剧《东极英雄》等一批优秀作品。我省30个项目获国家艺术基金资助，立项率在省区市中居第4位。成功举（承）办了浙江省纪念中国人民抗日战争暨世界反法西斯战争胜利70周年系列活动并承担了全国纪念抗战胜利70周年优秀剧目巡演华东（南）片的组织工作、第八届全国儿童剧优秀剧目展演、第五届浙江曲艺杂技魔术节、李岚清同志篆刻书法素描艺术展、第二届世界互联网大会文艺演出等重大艺术活动。浙江美术馆高票入选文化部第二批国家重点美术馆，跻身全国一流美术馆行列。

三是现代公共文化服务体系打开新局面。推动成立省公共文化服务体系建设协调组，牵头制订我省《关于加快构建现代公共文化服务体系的实施意见》和《实施标准》，制定实施《五年行动计划》。指导推动金华、衢州、丽水等10个重点市、县制定实施为期两年的提升计划，起草了我省《关于推进基层综合性文化服务中心建设的实施意见》。积极组织开展公共文化服务体系示范区（项目）、文化强镇、文化示范村（社区）评选和复查工作。深入实施基层文化队伍素质提升工程，全省培训基层文化队伍12万余人次。成立了省文化志愿者总队。

四是传统戏曲保护与传承迈出重要步伐。我省率先制定实施了《浙江省传统戏剧保护振兴计划》，每年安排1620万元用于全省56个传统戏剧非遗项目的保护传承和越剧艺术的振兴发展。我省《关于支持戏曲传承发展的实施意见》和《关于振兴发展越剧的指导意见》即将出台。推进传统戏剧非遗项目分级保护，命名了第二批浙江省传统戏剧之乡20个，组织举办了"浙江好腔调"系列专场演出、全省传统戏剧经典剧目展演等活动。

五是3项全国改革试点取得

积极进展。我省较早出台了全国最全面、最系统的基本公共文化服务省级标准,目前,全省已有嘉兴、台州、绍兴等38个市、县(市、区)制定相关实施意见或工作方案,63个正在制订中;杭州、舟山等57个市、县(市、区)建立了协调机制;共制定了96个地方标准,其中与质监部门联合制定的7个。积极推动以农村文化礼堂为核心的基层综合性文化服务中心建设,3年累计建成农村文化礼堂4928个,提供了2000多项服务"菜单",开展了"百名专家联百村"四季行动,省本级专题培训农村文化礼堂人员1000余人次,还开展了百名图书馆长进礼堂宣讲中华优秀传统文化故事、非遗进礼堂等系列活动,有效丰富了文化礼堂的内涵。推动公共文化机构法人治理结构改革,全省已有49家文化事业单位成立了理事会,其中,浙江图书馆率先制定公共图书馆事业法人组织章程,为全国公共图书馆改革提供了一种样本;温州市图书馆事业单位法人治理结构改革取得新突破,组建了基金会,改革步伐领跑全国同类项目。

六是文化遗产保护成效明显。我省第一次全国可移动文物普查藏品报送进度达97.51%。上虞禁山早期越窑遗址被列入"2014年度全国十大考古新发现",湖州钱山漾文化遗址被命名为"世界丝绸之源"。指导推动传统村落保护利用,松阳县被国家文物局列为全国唯一的传统村落保护利用试验区。开展了从线上到线下的博物馆展览交流。成立了"国际丝路之绸研究联盟"。指导推动了各地平安工程的实施,

进一步强化文物行政执法监察工作。召开学习实践习总书记浙江非遗保护重要批示十周年座谈会。成功举办了2015年非遗电视春晚、第七届中国(浙江)非物质文化遗产博览会等活动。探索了非遗主题(实验)小镇建设。

七是文化产业和文化市场实现新发展。研究制定了我省《关于扶持木雕根雕石刻产业传承发展的指导意见》和《关于扶持文房产业传承发展的指导意见》,促进相关历史经典产业和特色小镇发展。推动义乌文交会转型升级,第10届义乌文交会实现洽谈交易额50.67亿元。19个项目成功入选文化部文化产业重点项目库,29个文化产业项目得到中央专项资金补助8653万元。我省获批成立国内首个文化科技协同创新平台,与省科技厅建立科技协同创新机制,2个专项、7个文化科技重大项目被纳入省重点研发计划。改进文化市场审批服务,全面落实文化市场主体准入"先照后证"制度。积极探索文化市场综合执法规范化、监管信息化创新机制,开展了"清网""护苗""打违"三大行动,全省文化市场保持了平稳有序、规范发展的良好态势。

八是对外文化交流工作有效服务大局。围绕国家重大外交活动、"一带一路"倡议和对台工作大局,组派艺术团参加了南非"中国年"、庆祝中泰建交40周年、中英文化交流年等活动,赴丝绸之路沿线国家卡塔尔和巴林演出,赴爱尔兰、土耳其、南非和我国台湾举办了浙江文化节,圆满完成文化部海外"欢乐春节"演出任务,组派3个艺术团赴美洲、非洲

6国共演出31场,观众人数逾7万人,多次受到文化部、省委、省政府领导和我国驻外使馆的表扬。宁波市成功当选为2016年"东亚文化之都"。

九是重大文化设施建设整体推进。浙江音乐学院校园建成投用,学院筹建工作通过全国高校设置评委会评审,得到了各级领导和社会各界的充分肯定;中国丝绸博物馆改扩建工程顺利结顶;浙江小百花艺术中心项目即将结顶;浙江自然博物园核心馆区工程开工建设;之江文化中心项目地块征迁等工作正式启动。全省各地一大批大型文化设施建成投入,成为公共文化服务的重要阵地。

十是各项保障建设进一步加强。"三严三实"专题教育活动扎实开展,文化系统在巩固和拓展党的群众路线教育实践活动成果、守纪律讲规矩、推动文化改革发展上取得了实效。严格落实党风廉政建设"两个责任",下发了《关于进一步加强党风廉政建设和反腐败工作的意见》,召开廉政警示教育大会,保持正风肃纪高压态势。深化厅属单位建设工作,建立了厅属单位"一把手"交流例会制度。建立了基层文化艺术人才引进的绿色通道,切实解决了长期困扰基层"人岗不匹配"问题。

总的来看,过去一年,我省文化工作在重点突破中实现了整体推进,"十二五"时期各项任务圆满收官,为"十三五"我省文化改革发展奠定了坚实的基础。这是全省文化系统广大干部职工团结奋斗、积极作为的结果。我代表省文化厅党组,向在座的各位,向

全省文化系统广大干部职工致以衷心的感谢！

但是，我们也要清醒地认识到，面对文化建设新阶段、新常态、新要求，我们的文化发展理念有待更新，文化治理能力有待加强，文化管理体制机制有待完善，公共文化服务效能有待提升，市场化、社会化、品牌化运作手段有待强化，文化科技应用有待推进，文化资源的管理与利用有待改进，一批重大文化政策有待细化落实，文化系统廉政风险防控体系和安全生产责任体系有待健全。这些都需要我们高度重视，并在今后的工作中采取有效措施加以解决。

二、以五大理念引领文化新发展

做好2016年和未来5年文化工作，要以习近平总书记系列重要讲话精神为指引，深入贯彻党的十八届五中全会提出的创新、协调、绿色、开放、共享的五大发展理念，将其内化为文化建设的新思路，引领文化的新发展。

一要在创新发展中激发文化活力。文化创新是全社会创新的思想文化条件，是文化改革发展的不竭动力。当前，文化建设必须研究落实高水平全面建成小康社会的新要求，适应经济结构转型升级、新型城镇化、现代信息技术和"互联网＋"的发展步伐，加强文化理念创新、制度创新、发展方式创新。要不断释放文化新需求，创造文化新供给，推动新技术在文化领域的应用，拓展文化发展和传播的空间，努力实现浙江文化率先发展。

二要在协调发展中推动文化均衡发展。增强发展协调性，必须在协调发展中拓宽发展空间，在加强薄弱领域中增强发展后劲。一方面，文化要和其他领域协调发展。文化建设作为社会主义精神文明的重要组成部分，要坚持"以文化人"这条主线，为两个文明协调发展做出新贡献。另一方面，文化自身也要协调发展，在补齐短板、兜好底线上下功夫，着力解决文化发展城乡、区域、人群之间不平衡问题。

三要在绿色发展中充分发挥文化的重要作用。转变资源消耗型的发展模式，建设"两美"浙江，文化承担着新的使命和责任。大力发展文化产业，更多依靠创意、版权、品牌，有利于大幅度减少物质形态的消耗和排放，实现产业结构的优化。要树立"文化＋"理念，推动文化与经济深度融合，提高经济中的文化品质，提升文化产业在国民经济中的比重。同时，文化自身也要转变发展方式，实现更高质量、更有效率、更加公平、更可持续的发展。

四要在开放发展中提高文化竞争力和影响力。发展多层次、宽领域对外文化交流格局，兼收并蓄各国优秀文明成果，积极推动浙江文化走出去，是建设文化强省必须坚持的发展路径。要改变"重迎合轻主导、重形式轻效果、重动态轻静态、重政府轻民间、重交流轻贸易"现象，坚持引进来和走出去并重、走出去与走进去并举，努力开创文化交流、文化传播和文化贸易新局面。

五要在共享发展中实现文化惠民。中国特色社会主义文化，本质上是人民共建共享的文化。要坚持以人为本，做出更有效的制度安排，加强文化"供给侧"改革，不断提高基本公共文化服务均等化水平和群众文化参与度，提供更为丰富的文化消费选择，推动文化发展成果共享，使全体人民有更多获得感和幸福感。

三、关于2016年重点工作任务

2016年是实施"十三五"规划的开局之年，是我们党成立95周年、红军长征胜利80周年，是孙中山先生诞辰150周年、辛亥革命105周年，也是一系列重大文化政策的落实之年。做好2016年文化工作的总体思路是：深入学习贯彻习近平总书记系列重要讲话精神，紧紧围绕"五位一体"总体布局和"四个全面"战略布局，紧扣省委、省政府中心工作，树立和贯彻创新、协调、绿色、开放、共享的发展理念，坚持以人民为中心，以社会主义核心价值观为引领，以改革创新和科技进步为动力，着力提高文化治理能力，提升文化发展品质，推动文化强省建设迈上新台阶，努力实现"十三五"文化改革发展的良好开局。

一是要抓"十三五"规划稿的完善。深入学习贯彻党的十八届五中全会、省委十三届八次全会和省人大通过的《浙江国民经济和社会发展十三五规划纲要》精神，加强上下规划对接，进一步调整完善"十三五"时期文化建设的重点任务、重点项目和重要措施，正式制定实施《浙江省文化发展"十三五"规划》，为"十三五"文化改革发展发挥指引作用。

二是要抓重要文化政策的落实。近年来，中央和省委、省政府关于文化建设的政策文件密集出台。我们要认真贯彻已经制定的我省《关于加快构建现代公共文化服务体系的实施意见》和《实施标准》，开展全省基本公共文化服务标准化考核，推动《浙江省公共文化服务保障条例》的出台；贯彻落实我省《关于扶持木雕根雕石刻产业传承发展的指导意见》和《关于扶持文房产业传承发展的指导意见》，推进相关历史经典产业和特色小镇发展。同时，还要加快制定出台我省《关于支持戏曲传承发展的实施意见》和《关于振兴发展越剧的指导意见》《关于做好政府向社会力量购买公共文化服务工作的实施意见》等一系列政策文件，切实用好用活政策，加快推动文化发展。

三是要抓 G20 峰会的服务。高水准完成国际峰会系列文艺活动筹备任务，指导杭州市办好一台"给各国元首和贵宾留下深刻印象"的文艺晚会。同时，组织艺术单位办好晚宴伴宴系列文艺活动和元首配偶文化交流服务活动，加强 G20 峰会召开期间和召开前大型文化活动和大型文化场馆的管理，开展"平安浙江"文化市场专项行动，努力为 G20 峰会做出文化的贡献。

四是要抓艺术精品的创作。深入贯彻落实习总书记文艺工作座谈会重要讲话精神和省委《关于繁荣发展社会主义文艺的实施意见》，完善中长期文艺创作规划，实施浙江当代舞台艺术精品工程。加强创作题材规划，建立健全艺术精品创作题材库，确定一批省级重点题材。围绕庆祝建党 95 周年、纪念红军长征胜利 80 周年、孙中山先生 150 周年诞辰、辛亥革命 105 周年和迎接 2017 年党的十九大召开等主题，

论证、创作、提高一批原创精品，举办庆祝建党 95 周年系列文艺演出。近期重点抓好话剧《凤凰》、越剧《吴越王》、交响乐《鲁迅》、京剧《血染泸定桥》、婺剧《宫锦袍》等作品的创作。面向全国实施优秀原创戏曲剧本政府购买计划，深入实施全省中青年编剧扶持计划，推出一批优秀剧本。积极参与第十一届中国艺术节，办好浙江省第十三届戏剧节等示范性文艺活动。推动文艺评奖制度改革，压缩群众文艺评奖项目，打造浙江省群众文艺品牌奖项"兰花奖"。争取设立浙江艺术发展基金。推动全省公共美术馆建设和全省国有画院美术创作、研究工作，完成全省美术馆藏品普查工作。

五是要抓改革的深化与扩面。深化基本公共文化服务标准化、基层综合性文化服务中心建设、公共文化机构法人治理结构三项全国改革试点。督促指导各地制定落实基本公共文化服务标准化均等化实施方案，以图书馆、文化馆等省级行业标准为主体，其他地方行业标准为特色，建立我省公共文化服务行业标准化体系。推进公共文化服务重点市县建设，出台考核办法，提升重点区域文化建设"短板"。召开全省公共文化机构法人治理结构改革推进会，进一步扩大覆盖面，鼓励各地探索建立符合本地实际的理事会制度。配合出台《浙江省基层综合性文化服务中心建设实施意见》，新增农村文化礼堂（文化公园）1000 个，进一步丰富农村文化礼堂的内涵。深化文艺院团改革，支持国办院团、国有剧场通过项目制等多种形式，探索艺术创

作生产演出新型合作方式。贯彻落实《关于进一步深化文化市场综合执法改革的意见》，建立网络文化智能监管系统，提高综合执法水平。

六是要抓优秀传统文化传承体系的构建。深入领会贯彻习总书记关于推动中华优秀传统文化创造性转化和创新性发展的一系列重要讲话精神。贯彻落实全国文物工作会议精神和《国务院关于进一步加强文物工作的指导意见》，全面落实文物保护主体责任，推动文物工作由抢救性保护向预防性保护转变，切实提升文物保护利用水平。全面完成浙江省第一次全国可移动文物普查任务。探索研究政府土地出让前先期开展考古调查发掘制度。全面推进文物平安工程。开展 2015 年度全省基层文物博物馆事业发展水平评估工作。深入抓好农村文化礼堂、传统村落整体保护利用、非遗主题（实验）小镇等重要载体建设，深入挖掘生产方式、生活情景、传统习俗、民间工艺等文化元素，鼓励支持非遗传承人开展传习活动，推动农村优秀传统文化和古村落文明的活态传承。振兴传统工艺，推出一批省级生产性保护基地，实施我省非遗中青年传承人群研修培训计划。加快推进浙江省古籍保护计划，完成全省古籍普查，加强对古籍修复、保存和利用。参与实施"浙学创新工程"，努力推出一批浙江文化研究成果。

七是要抓文化产业和文化市场的发展。围绕"把文化创意产业培育成万亿产业"的新目标，研究推动文化创意产业发展的相关政策措施，培育新型文化业态，推

动文化产业结构优化升级。深化义乌文交会等文化产业服务平台建设。搭建文化金融服务平台，争创国家文化金融合作实验区。发挥我厅与省科技厅的工作会商机制和中国艺术科研所浙江协同创新平台的作用，推动一批文化与科技协作项目落地，培育建设省级文化科技重点实验室。继续推动上网服务、游艺娱乐等行业转型升级。进一步落实对民营文艺表演团体的扶持措施。启动实施文化市场黑名单管理制度。

八是要抓重大文化设施建设的推进。扎实推动浙江自然博物园核心馆区、中国丝绸博物馆改扩建工程、浙江小百花艺术中心三个在建重点项目，确保中国丝绸博物馆改扩建工程在G20峰会前投入使用；争取浙江小百花艺术中心项目在G20峰会前完成墙体施工、室外景观等施工建设，2016年底前投入使用；争取浙江自然博物园核心馆区项目在2016年底完成建筑主体结顶。谋划和推进浙江省之江文化中心、浙江省文物考古成果展示中心等一批重大项目。指导全省各地抓好重大文化设施的建设、管理与利用工作。

九是要抓对外和对港澳台文化的交流。贯彻落实中办国办《关于进一步加强对外和对港澳台文化工作的意见》，积极参与国家文化外交活动，实施"一带一路"文化交流计划，赴"一带一路"沿线国家卡塔尔、埃及举办文化交流活动，筹备申报联合国教科文组织二类机构——国际丝路之绸研究中心，在中阿合作论坛框架下举办阿拉伯国家文博专家研修班。积极配合国家海外"欢乐

春节"活动。赴澳大利亚、新西兰举办"浙江文化节"活动，实施第十届"台湾·浙江文化节"。指导办好汤显祖与莎士比亚逝世400周年纪念活动、"东亚文化之都"系列活动。推动优秀文化产品和服务走向国际市场。

十是要抓文化干部人才队伍的建设。加强艺术教育体系建设，继续抓好浙江音乐学院内涵建设，争取与文化部签订省部共建协议，发动全省文化系统协同推动艺术基础教育。实施优秀文化专业技术拔尖人才培养深造计划。开展首批"浙江省文化创新团队"和首批"浙江省文化厅优秀专家"评选活动。推出第三批省属舞台艺术拔尖人才培养对象，举办2016"新松计划"全省青年舞蹈演员大赛、第3期全省中青年创作人才（导演）高级研修班。深入实施基层文化队伍素质提升工程。培育壮大文化志愿者队伍，进一步完善管理制度。加大干部教育、培训和实践锻炼力度。

四、关于做好2016年工作的几点要求

做好2016年文化工作，对于实现"十三五"时期文化建设目标具有重要意义。要以更严的标准、更实的作风，切实将各项目标任务落到实处。在此，提几点要求：

一是要坚持正确方向。文化工作具有很强的意识形态属性，文化系统是意识形态工作重要部门。坚持什么样的方向，是干好文化工作的首要前提。因此，要始终坚持正确的政治方向，深入学习贯彻习近平总书记系列重要讲话精神，深入学习贯彻党的路线方针政策和中央决策部署，严格遵守政治规矩和政治纪律；要

始终坚持先进文化的前进方向，把培育践行社会主义核心价值观作为根本任务，把社会效益放在首位，努力实现两个效益的统一；要始终坚持服务大局的重要方向，主动融入中心工作，积极谋划切入点，努力在服务大局中体现价值、提升站位；要始终坚持服务群众的根本方向，深入了解群众文化需求，进一步提升公共文化服务效能，切实提升文化惠民的质量。

二是要坚持率先发展。去年5月，习总书记亲临浙江考察指导，对浙江提出了"干在实处永无止境，走在前列要谋新篇""更进一步、更快一步，继续发挥先行和示范作用"的新要求新期待。经过"十二五"的快速建设，我省文化发展水平有了明显的提升，许多工作走在全国前列，为干好今后的工作打下了较好的基础。省文化厅党组把创建具有全国影响力的文化发展示范区作为今后一个时期的奋斗目标，全省文化系统要强化前列意识和担当精神，树立起全国一流的工作标尺，用实干凝聚实效，用创新创造优势，占据新一轮发展的制高点。

三是要坚持精准发力。文化工作历史欠账较多，当前，文化工作正迎来了难得的发展机遇。首先要善用政策。政策是文化工作加速提档的助推器。要利用好近年来密集出台的政策性文件，主动争取相关部门支持，努力营造良好的文化发展环境。其次要善谋项目。文化工作越来越忌讳平庸化。富有创意的好项目往往能产生品牌效应和倍增效益。近年来各地成功谋划的"文化走亲""文化直通车""淘文化"等项目就

是实证。要强化谋划意识,努力设计出创意性、牵引性强的项目,加强项目储备和推广,形成有力的工作抓手。再次要善解问题。文化工作历史遗留的问题和面临的新问题很多。要坚持问题导向,找准着力点和突破口,努力补齐短板,破除发展障碍。要加强安全管理,营造平安稳定的文化发展环境。

四是要坚持廉洁从政。近年来,文化系统发生了一些违法违纪的案件,给了我们深刻的教训。要认真贯彻落实全面从严治党的各项要求,巩固拓展党的群众路线教育实践活动和"三严三实"专题教育成果,统筹推进党的建设,落实党建工作责任制,做到党的建设与业务建设同部署、同推进、同考核。深入学习贯彻《中国共产党廉洁自律准则》和《中国共产党纪律处分条例》,严格落实党风廉政建设"两个责任",加大监督执纪力度,筑牢防腐拒变的防线。

同志们,今年是"十三五"的新起点,全省文化工作任务繁重、责任重大。借用一下习总书记在新年贺词中的一句话"只要坚持,梦想总是可以实现的!"让我们在省委、省政府的正确领导下,切实增强文化自觉与文化自信,勇于开拓,锐意进取,为实现"十三五"文化建设良好开局共同努力。

农历新年将至,借此机会,提前祝大家工作顺利、生活愉快、阖家幸福!

2016 年度浙江省级文化系统干部大会暨厅属单位"一把手"工作交流例会

【概况】 2月15日上午,省文化厅召开了省级文化系统干部大会暨厅属单位"一把手"工作交流例会。省文化厅党组书记、厅长金兴盛在会上总结了2015年主要工作,动员省级文化系统全体干部职工强化"六个思维",全力以赴抓好2016年各项工作任务,努力实现"十三五"良好开局。省文化厅党组成员、副厅长、省文物局局长陈瑶主持会议,厅领导褚子育、黄健全、杨越光、柳河、蔡晓春、吴志强出席会议。省文化厅和省文物局机关全体人员、厅属各单位领导班子成员共180余人参加会议。

金兴盛指出,2015年省级文化系统打了不少主动仗,工作有创新、有亮点、有突破,为全省文化系统发挥了示范带头作用,为加快文化强省建设做出了积极贡献。一是坚持服务大局,围绕纪念中国人民抗日战争暨世界反法西斯战争胜利70周年、"中国梦"、弘扬浙商精神等主题,紧扣国家外交大局和"三改一拆""五水共治"等中心工作,组织开展了一系列卓有成效的文化活动。二是突出走在前列,基本公共文化服务省级标准的制定、传统戏剧的保护传承、传统村落的保护利用、非遗主题小镇的建设等多方面工作,体现了浙江特色和前列优势。三是狠抓克难攻坚,注重攻克政策难题,积极谋划起草了一系列重要政策文件;积极破解重大文化设施建设难题,浙江音乐学院校园工程等建成投用。四是紧扣改革创新,三项全国改革试点取得积极进展。五是注重从严管理,深入开展"三严三实"专题教育,加强党风廉政建设,进一步健全了管理制度、完善运行机制。

金兴盛强调,2016年是实施"十三五"规划的开局之年,做好本年工作,对"十三五"发展至关重要,要以正确的思维和科学的方法全面落实各项任务。一是要加强政治思维,要强化政治定力,切实肩负起文化部门的政治担当,主动服务意识形态和中心工作,高质量做好G20国际峰会文化服务,充分发挥文化贡献。二是要加强融合思维,主动融入经济转型升级,主动融入中心工作,主动加强文化与科技、金融等支撑要素的融合,进一步拓展发展空间和发展路径。三是要加强政策思维,学透、用好一系列新出台的文化政策,确保政策真正落到实处,充分释放政策红利。四是要加强短板思维,深入开展查找"短板"专项工作,主动"补齐短板",夯实高水平发展的基础。五是要加强创新思维,深化文化体制机制改革,推动文化内容与形式创新,加强新技术的运用,进一步释放文化活力。六是要加强共建思维,提供优质的文化共享,建立健全政府向社会力量购买公共文化服务机制,大力发展文化非营利组织,发动社会力量广泛参与文化建设。

金兴盛要求,2016年文化改革发展任务很重,省级文化系统广大干部是全省文化建设的"领头雁",要认真落实习近平总书记对我省提出"干在实处永无止境、走在前列要谋新篇"的新使命和"更进一步、更快一步,继续发挥先行和示范作用"的总要求,强化勤学善谋的风气,强化敢于担当的精神,强化比学赶超的意识,强化廉洁自律的品行,锤炼和凝聚起更好的精神气质,站在新的起点上发力冲刺,不断追求新境界,努力实现新突破。

会上,表彰了厅属单位和厅局机关2015年度考核为"优秀"的单位、处室和个人;厅党组与厅属单位主要负责人签订了《省级文化系统党风廉政建设2016年度责任书》和《2016年度省级文化系统社会治安综合治理和消防安全责任书》;浙江艺术职业学院等6家厅属单位主要负责人交流汇报了2015年重点工作。

（厅人事处）

在 2016 年度浙江省级文化系统干部大会暨厅属单位"一把手"工作交流例会上的讲话

省文化厅党组书记、厅长　　金兴盛

（2016 年 2 月 15 日）

同志们:

春节刚过,我们就召开省级文化系统干部大会,共同分享成果,明确目标任务,这已经成为一个好的工作惯例。首先,我代表厅党组给大家拜个晚年,祝大家在新的一年里,身体健康,工作顺利,万事如意! 刚才厅党组与厅属单位签订了党风廉政建设责任书、社会治安综合治理和消防安全责任书,并对2015年考核优秀的单位、处室和个人进行了表彰。在此,我代表厅党组对受表彰的先进集体和先进个人表示祝贺,希望在新的一年里再接再厉、再创佳绩,也希望其他单位和同志们向先进学习,共同努力实现"十三五"文化发展良好开局。下面,我代表厅党组,讲三方面意见。

一、充分肯定 2015 年工作取得的成绩

过去一年,省级文化系统的同志们很努力、很辛苦,打了不少主动仗、漂亮仗,工作有创新、有亮点、有突破,为全省文化系统发挥了示范带头作用,为加快文化强省建设做出了积极贡献。刚才,6家单位主要负责人做了很好的发言,工作亮点很多,而且图文并茂,听后令人深受鼓舞和启发,精神为之振奋。这6家单位是去年省级文化系统谋事创业、开拓进取的一个缩影,其他厅属单位的工作也是可圈可点。过去一年,省级文化系统工作有以下五个特点:

一是坚持服务大局。省级文化系统把融入大局、服务大局作为重大任务。围绕纪念中国人民抗日战争暨世界反法西斯战争胜利70周年,浙江京剧团、浙江交响乐团、浙江歌舞剧院有限公司、省文化馆等单位推出了京剧《东极英雄》、交响音乐会《胜利之歌》、音乐舞蹈专场《和平三部曲》、"历史不会忘记"经典歌曲合唱晚会等一批优秀作品和艺术活动,省文物局加快推进全省抗战文物的认定公布、保护规划编制、抗战文物保护展示工程、抗战纪念馆筹建和抗日战争主题展览等各项工作,省博物馆、浙江美术馆、浙江图书馆等单位纷纷举办了主题展览活动,我省还承担了全国纪念抗战胜利70周年优秀剧目巡演华东(南)片的组织工作,一系列活动激发了社会爱国热情。围绕"中国梦"、弘扬浙商精神等主题,浙江话剧团有限公司推出了话剧《凤凰》,浙江小百花越剧团、浙江话剧团有限公司、浙江曲艺杂技总团有限公司、浙江音乐学院等,先后成功举(承)办了第二届世界互联网大会文艺演出、第八届全国儿童剧优秀剧目展演、第五届浙江曲艺杂技魔

术节、李岚清同志篆刻书法素描艺术展等重大艺术活动，促进了艺术繁荣，服务了中心工作。围绕国家外交大局，组织多项高规格、高水平的对外文化交流活动。有关院团成功参加南非"中国年"、中泰建交40周年、2015中英文化交流年"中国文化季"、"丝绸之路"沿线国家演出、海外"欢乐春节"演出等活动，获得外交部、文化部、省委、省政府和驻外使馆的表扬。围绕"三改一拆""五水共治"等中心工作，省文化馆、浙江图书馆等单位和各地文化部门一起，举办了浙江省"三改一拆"成果展、"文化治水"文艺演出等一系列活动，为助推中心工作营造了良好的社会氛围。

二是突出走在前列。我省较早出台了全国最全面、最系统的基本公共文化服务省级标准。我省30个项目获国家艺术基金资助，立项率在省区市中居第4位（其中省本级有越剧《吴越王》、昆剧《大将军韩信》、群舞《凳之龙》、评弹《胡雪岩传奇》等13个项目入选）。率先制定实施了《浙江省传统戏剧保护振兴计划》，并研究起草了我省《关于支持戏曲传承发展的实施意见》和《关于振兴发展越剧的指导意见》，我厅传统戏剧非遗项目保护工作得到了夏宝龙、李强、葛慧君、郑继伟等省领导的批示肯定。我省第一次全国可移动文物普查的进度走在全国前列，省文物考古研究所等单位考古发掘的上虞禁山早期越窑遗址被列入"2014年度全国十大考古新发现"，湖州钱山漾文化遗址被命名为"世界丝绸之源"，松阳县被国家文物局列为全国唯一的传统村落保护利用试验区，首次

开展全省非国有博物馆运行评估，中国丝绸博物馆提出的建立国际丝路之绸研究中心被列入省"十三五"规划纲要，浙江自然博物馆"十二五"时期新增藏品38799件，去年参观人数突破了200万人次。我省非遗战线率先探索了非遗主题小镇建设，省非遗保护中心打造的浙江非遗博览会进一步打响了品牌。我省获批成立国内首个文化科技类部省协同创新平台。浙江美术馆跻身全国一流美术馆行列。在文化部2013—2015年度全国文化市场综合执法案卷评查中，获得了全国"十佳案卷""优秀案卷"和"规范案卷"全部3个奖项。省文化信息中心积极抓好网站管理，厅机关门户网站获文化部政府网站群绩效评估"年度最佳奖"。

三是狠抓克难攻坚。注重攻克政策难题，围绕贯彻落实中央和省委、省政府关于文化建设的重大决策部署，深入开展调研，积极谋划起草了一系列重要政策文件。目前，经省委办、省府办或多部门联合正式下发的已有构建现代公共文化服务体系、推动历史经典产业发展、保护传承戏剧艺术等方面的6个文件，即将下发的还有4个，为加快推动文化发展提供了有力的政策保障。厅局机关各处室与省文化艺术研究院等单位积极谋划《浙江省文化发展"十三五"规划》，目前规划编制工作进入了完善、论证阶段。积极破解重大文化设施建设难题，浙江音乐学院（筹）校区建设工程建成投用，"去筹"获全国高校设置评议委员会专家组高票通过，得到了各级领导和社会各界的充分肯定；中国丝绸博物馆改扩建

工程顺利结顶；浙江小百花艺术中心项目基本结顶；浙江自然博物园核心馆区工程开工建设；浙江省之江文化中心项目前期工作正式启动。

四是紧扣改革创新。3项全国改革试点取得积极进展，省级现代公共文化服务体系实施意见和省级标准出台后，目前，全省已有38个市、县（市、区）制定相关实施意见或工作方案，63个正在制订中。积极推动以农村文化礼堂为核心的基层综合性文化服务中心建设，3年累计建成农村文化礼堂4928个，文化系统提供了2000多项服务"菜单"，省文化馆开展了"百名专家联百村"四季行动，浙江艺术职业学院专题培训了农村文化礼堂人员，浙江昆剧团推动昆曲走进农村文化礼堂，省非遗保护中心组织了非遗进礼堂活动，有效丰富了文化礼堂的内涵，增强了影响力与吸引力。推动公共文化机构法人治理结构改革，全省已有49家文化事业单位成立了理事会，其中，浙江图书馆率先制定公共图书馆事业法人组织章程，为全国公共图书馆改革提供了一种样本。深化国有文艺院团改革，指导推动省属院团研究制订了中长期发展规划，加快转型发展。去年，浙江话剧团有限公司、浙江曲艺杂技总团有限公司、浙江越剧团等院团的演出场次和演出收入创近几年来新高。指导推动新远集团深化改革，做大做强主营业务，创新经营项目，影院年度票房收入破亿元。积极探索文化市场综合执法规范化、监管信息化创新机制，全省文化市场保持了平稳有序、规范发展的良好态势。省文物局和省文

物监察总队积极推进文物平安工程、"天地一体"文物执法监察预警系统建设，省文物鉴定审核办公室严格抓好文物进出境审核管理和涉案文物鉴定，为全省文物安全提供了有力保障。

五是注重从严管理。深入学习贯彻习近平总书记系列重要讲话，部署开展了"三严三实"专题教育，省级文化系统在巩固和拓展党的群众路线教育实践活动成果、守纪律讲规矩、推动文化改革发展上取得了实效。加强党风廉政建设，厅党组制定下发了《关于进一步加强党风廉政建设和反腐败工作的意见》，召开廉政警示教育大会，组织处级干部党章党规党纪集中轮训，推动省级文化系统纪检监察队伍建设，强化监督执纪，保持正风肃纪高压态势。针对巡视发现的问题深入开展"五大整改行动"，进一步健全管理制度、完善运行机制。制定下发了《关于进一步加强省级文化系统干部队伍建设的实施意见》，建立了优秀年轻干部培养选拔工作机制，认真抓好领导干部个人事项报告工作，及时调整了厅属单位干部队伍，有效地改善了干部队伍的结构层次。深化厅属单位建设工作，建立了厅属单位"一把手"交流例会制度。

在肯定成绩的同时，我们也要清醒地看到，省级文化系统还存在着不少问题与困难：有的单位缺乏前列意识和进取精神，没有以全国领先的高标准来自我要求，未能充分发挥省级文化单位的龙头示范作用；有的单位缺乏宏观意识和全局意识，局限于本单位的业务发展，对全省面上工作的指导与推动不够；有的单位对新情况新问题研究不深入，创新动力不够，习惯于用老方法老经验想问题、做工作；有的单位管理制度不健全，监督管理不到位，作风建设和廉政建设存有漏洞。对这些问题，我们要高度重视，采取有力措施认真加以解决。

二、以科学的方法全面落实今年各项任务

今年是实施"十三五"规划的开局之年，做好今年工作，对"十三五"发展至关重要。今年的工作要点已经印发给各单位各处室，我在全省文化广电新闻出版局长会议上也已做了部署。今天，我着重对做好今年文化工作的思路和方法跟大家做一些探讨。

一是要加强政治思维。文化工作具有很强的意识形态属性，强化政治思维是干好文化工作的前提。一方面，要强化政治定力。深入学习贯彻习近平总书记系列重要讲话精神，坚持正确的政治方向，认真落实党建责任制、党风廉政建设责任制和意识形态工作责任制，坚守政治规矩和政治纪律，确保文化系统广大党员干部在思想上、政治上、行动上与以习近平同志为总书记的党中央保持高度一致。另一方面，要切实肩负起文化部门的政治担当。要围绕服务意识形态和社会主义核心价值观宣传工作，加强主旋律作品创作和文化阵地管理，强化核心价值观的宣传普及；要围绕我们党成立95周年、红军长征胜利80周年以及孙中山先生诞辰150周年、辛亥革命105周年等重要时间节点，论证、创作、提高一批原创精品，广泛开展形式多样的文艺展演、展览、展示活动，努力营造良好的社会氛围；要围绕今年G20峰会在杭州举办，全力以赴抓好艺术创作与演出、展览展示、文化交流、文化场馆与文化市场管理等工作，充分发挥文化贡献；要围绕"一带一路"倡议，积极参与国家海外"欢乐春节"活动，办好"浙江文化节"、汤显祖与莎士比亚逝世400周年纪念活动等，持续为国家外交大局服务。

二是要加强融合思维。文化具有极强的渗透性和融合性，当前既是"互联网＋"的时代，也可以说是"文化＋"的时代。文化只有更加广泛地融入中心工作及其他领域的发展，才能进一步拓展发展空间和发展路径，才能充分发挥功能，提升价值。首先，要主动融入经济转型升级。文化产业是绿色经济，是经济转型升级的重要支点。省领导提出"要把文化创意产业培育成万亿产业"。我们要加快推动文化与经济深度融合，进一步提升文化产业对国民经济的贡献率。今年要围绕文化系统主管的六大重点产业门类，加强服务平台建设，强化科技支撑，落实扶持政策，积极推动转型升级，进一步凸显文化系统对文化产业发展的主导权。也要找准特色小镇建设的着力点，更加主动地融入，努力为特色小镇建设增添文化内涵、注入文化动力。其次，要主动融入中心工作。紧扣"高水平全面建成小康社会""三改一拆""五水共治"等中心工作，积极谋划切入点，努力在服务中心中体现价值、提升站位。再次，要主动加强文化与科技、金融等支撑要素的融合。主动争取多部门支持与合作，积极搭建服务平台，着力完善科技与金融支撑体系,赋予传统文化业态"创意""创新"内核,努力实现文化发展方式转变和升级换代。

三是要加强政策思维。在今年的全省文化广电新闻出版局长会议上,我提出今年是一系列重大文化政策的落实之年。以往,文化系统总是抱怨文化工作缺政策、少资金。近年来,已经出台和即将出台的文化政策密集程度可以说是前所未有。首先,要学深学透政策。我们一定要珍视政策,深入开展专题学习,看清政策背后一些深层次的东西,把政策的精髓吃透,注重学习成果转化,提高政策执行的水平。特别是与政策文件相关的单位和处室,绝不能停留于只知道文件名,要努力做到把握具体内容,做到如数家珍。其次,要用好用足政策。今年我们要重点贯彻《中央关于繁荣发展社会主义文艺的意见》《国务院关于进一步加强文物工作的指导意见》等一系列中央政策和我省已经制定的《关于繁荣发展社会主义文艺的实施意见》《关于加快构建现代公共文化服务体系的实施意见》《关于扶持木雕根雕石刻产业传承发展的指导意见》《关于扶持文房产业传承发展的指导意见》等一系列省级政策,加强对各地的指导与督促,确保政策真正落到实处,充分释放政策红利。再次,要进一步谋划好政策。今年还有《关于支持戏曲传承发展的实施意见》和《关于振兴发展越剧的指导意见》等一系列政策文件和《浙江省文化发展"十三五"规划》要出台,《浙江省公共文化服务保障条例》立法要推进,相关处室和单位要强化研究,加强争取,积极抓好政策的

落地,努力为文化改革发展提供更多的硬支撑。

四是要加强短板思维。"短板"思维来源于管理学中经典的"短板原理",即决定木桶容量的往往不是最高的那块木板,而是最短的那块。尽管我省的文化工作走在全国前列,但是文化事业发展总体落后于我省经济社会发展水平,而且文化事业各门类发展不均衡,存在不少短板。省委将于今年4月召开十三届九次全会,主要任务是研究部署补齐我省各项事业发展的"短板",省委要求各单位于2月底前报送查找"短板"情况。近期,我们要深入开展查找"短板"专项工作。一方面,要"找准短板"。强化问题导向,对照我省地处沿海改革开放前沿的目标与位置,对照"走在前列、要谋新篇"的责任与使命,对照全国文化发展示范区这个标准,努力找出薄弱环节,找准问题症结所在。另一方面,要主动"补齐短板"。既要认认真真找准短板,也要扎扎实实补好短板。今年要从推进公共文化服务重点市县建设入手,出台考核办法,提升重点区域文化建设"短板"。除此之外,各单位各处室要紧抓"短板"问题,以高的标准、严的要求和实的举措,切实补齐短板,夯实高水平发展的基础。

五是要加强创新思维。文化创新是全社会创新的思想文化条件,是文化改革发展的不竭动力。只有主动拆掉思维里的围墙,不断推动文化创新,才能进一步形成浙江文化发展新优势。首先,要推进文化体制机制改革创新。要制订2016年深化文化体制改革工作计划,重点谋划推动一批

改革突破项目。重点深化基本公共文化服务标准化、基层综合文化服务中心建设、公共文化机构法人治理结构三项全国改革试点,协调推进浙江越剧团、浙江小百花越剧团、浙江京剧团、浙江昆剧团四团独立建制工作,深化文化市场综合执法改革,开展艺术评奖改革。同时,继续大力构建艺术教育体系,推进浙江音乐学院、浙江艺术职业学院内涵建设,深化校团合作办学、省地合作共建。其次,要推动文化内容与形式创新。要加强创意设计,谋划一批新项目、新抓手,改造提升一批传统的工作载体,努力形成工作品牌。比如,要加强文化"供给侧"改革,改变单一的送文化模式,增强互动与指导,多提供适销对路的文化产品与服务。再次,要加强新技术的运用。适应现代信息技术和"互联网+"的发展步伐,加强文化科研工作,发挥我厅与省科技厅的工作会商机制和中国艺术科研所浙江协同创新平台的作用,推动一批文化与科技协作项目落地,培育建设省级文化科技重点实验室,努力运用文化科研最新成果提升文化工作整体成效。

六是要加强共建思维。文化工作如果仅靠文化系统单兵推进,已远远不能适应文化强省建设的需要。只有发动社会力量广泛参与,发挥人民群众的主体作用,文化强省建设才能真正强起来。首先,要提供优质的文化共享。今年要指导督促各地全面制订构建现代公共文化服务体系实施意见或实施方案,开展全省基本公共文化服务标准化考核,以标准化推动基本公共文化服务的

均等化，促进我省城乡公共文化服务的新一轮提升，让广大群众在文化共享中增强文化共建的意愿。其次，要建立健全政府向社会力量购买公共文化服务机制。促进政府自身运作方式的改革，认真实施刚出台的《关于做好政府向社会力量购买公共文体服务工作的实施意见》，为社会力量参与公共文化服务提供有效路径，鼓励和引导社会力量进入公共事业领域，发挥社会力量在提供公共文化服务、改善社会文化治理方面的作用，激发整个社会的文化活力和文化创造力。再次，要大力发展文化非营利组织。进一步支持和指导民营文艺表演团体、民营博物馆、民营美术馆的发展，进一步提升浙江民办文化发展优势。培育壮大各类文化志愿者队伍，进一步完善管理制度。

三、以更好的精神气质肩负起新使命

去年，有句很火的网络流行语叫"关键看气质"。今年文化改革发展任务很重，省级文化系统广大干部是全省文化建设的"领头雁"，要进一步强化责任担当，锤炼和凝聚起更好的精神气质，模范地抓好各项工作。

一要强化勤学善谋的风气。当今社会，科学技术日新月异，知识更新不断加快，人们所掌握知识的"保质期"越来越短，"折旧率"越来越快。学习是立身之本、立业之基，是一个人需要用一辈子去坚持的事情。当前，重点要深入学习贯彻习近平总书记系列重要讲话精神、十八大以来治国理政新理念新思想新战略和文化工作系列新政策，切实增强道路自信、理论自信、制度自信和文化自信。同时，要坚持学用结合，形成善于思考、超前谋划的思维习惯，精心设计一系列有创意的项目和载体，努力做到善谋善干，善做善成。

二要强化敢于担当的精神。"十三五"我省发展总的目标是高水平全面建成小康社会，与之相适应，我们要高水平建成文化强省，成为在全国具有重要影响力的文化发展示范区域。敢于担当就是要树立一流的目标，必须以"归零"的心态，站在新的起点上发力冲刺，不断追求新境界，努力实现新突破；敢于担当就是要提升执行效率，养成严格执行和认真落实的行动自觉，对中央和省委、省政府的重大部署，对一系列重大文化政策，对厅党组的重要决策，要切实做到真抓实干、一抓到底，体现办事的速度和力度；敢于担当就是要敢于克难攻坚，文化工作基础薄弱，发展的支撑要素不是很有力，因此，不能敷衍塞责、怕事躲事，而是要始终保持一股闯劲、冲劲与韧劲。

三要强化比学赶超的意识。习近平总书记去年在浙江考察时期盼浙江"干在实处永无止境、走在前列要谋新篇""更快一步、更进一步，继续发挥先行示范作用"，这为我省各项工作设定了坐标，明确了方向。各单位各处室要树立敢比的勇气，比一比精神状态，比一比工作成绩，比一比在全国的影响力，比出差距，比出动力；要树立善学的态度，今年要在省级文化系统学习弘扬"浙音建设精神"，努力做到"勤恳敬业、事必尽善"，把各方面力量都凝聚起来，齐心协力、共推发展；要树立赶超的信心，已经走在全国前面的，要把长板拉得更长，把优势做得更大，努力实现自我超越；暂时偏后的，要强化团队建设，凝聚战斗力，有针对性地制订赶超目标与措施，努力做到后来居上。

四要强化廉洁自律的品行。全面从严治党是"四个全面"的重要内容之一，是十八大以来中央治国理政的重要特点。要认真贯彻落实全面从严治党的各项要求，巩固拓展党的群众路线教育实践活动和"三严三实"专题教育成果，持续深入推进党的思想政治建设和作风建设。要落实党建工作责任制，建立健全党组织负责人三级述职制度，强化基层党组织整体功能。要时刻绷紧廉洁自律这根弦，深入学习贯彻《中国共产党廉洁自律准则》和《中国共产党纪律处分条例》，认真落实党风廉政建设"两个责任"，加强对关键环节和重点领域的监督，强化廉政风险防控，进一步形成干净干事的良好氛围。

全省繁荣文艺精品创作推进会

【概况】 2月24日下午,省文化厅组织召开全省繁荣文艺精品创作推进会。省级有关部门、全省各市文广新局负责人、各市县文艺院团负责人、部分创作骨干代表近100人参加会议。省文化厅厅长金兴盛做重要讲话,副厅长杨越光主持会议。

近年来,我省文艺精品创作取得了显著成绩,开启了一个新的阶段。一是政策引领有力。颁布实施了《浙江省舞台艺术精品创作五年规划》及《五年行动计划》,清晰地描绘出浙江文艺精品创作的路线图、时间表,有力发挥了引领与促进作用。率先制定实施了《浙江省传统戏剧保护振兴计划》,我省《关于支持戏曲传承发展的实施意见》和《关于振兴发展越剧的指导意见》也即将出台。二是创作日益活跃。涌现出越剧《我的娘姨我的娘》《二泉映月》《德清嫂》《屈原》《大唐骊歌》、话剧《凤凰》、京剧《东极英雄》、昆剧《大将军韩信》、交响音乐会《胜利之歌》、歌剧《红帮裁缝》、舞剧《王羲之》、民族管弦乐《富春山居图随想》等一批新创作品,营造了全省舞台艺术创作的新气象。去年我省30个项目入选2015年国家艺术基金,获助资金3350万元,立项率和获助资金在全国各省(自治区、直辖市)中居第4位。

三是艺术人才培养取得重要进展。浙江音乐学院"去筹"获全国高校设置评议委员会专家组通过。浙江艺术职业学院积极探索院团合作、院地合作新模式,发挥人才培育基地作用。"新松计划"、拔尖艺术人才培养计划等带动形成了青年艺术人才培养的"浙江模式"。四是系列重大艺术活动助推艺术创作。近年来,成功举办第三届中国越剧艺术节、第二届世界互联网大会文艺活动、第八届全国儿童剧优秀剧目展演、浙江省纪念中国人民抗日战争暨世界反法西斯战争胜利70周年文艺演出等。以重大艺术活动为平台,活跃城乡艺术舞台,丰富人民群众精神文化生活,全省文艺舞台呈现出繁荣、活跃的景象。五是群众文艺创作形成热潮。各级文化馆面向农村文化礼堂,加大辅导力度,有力推动了基层创作。近年来,全省原创村歌600余首,歌颂了美丽农村和幸福生活。同时,会议客观分析了我省文艺精品创作存在的"短板",主要是精品力作创作、优秀人才培养、经费投入力度、场馆设施建设、政策保障、艺术评价体系等有待加强、提高和完善。

会议提出,要牢牢把握文艺精品创作的主动权。把繁荣文艺精品创作作为文化强省建设的中心环节,厘清工作思路、采取有力措施,抓住主动权、打好主动仗,努力开创文艺工作新局面。加强文艺精品创作,要着力解决好"导向"问题、"题材"问题、"人才"问题、"评价"问题、"市场"问题、"活力"问题以及"环境"问题。

会议强调,要切实加强繁荣文艺精品创作的组织化和保障水平。全省文化系统要迅速将思想和行动统一到中央和省委的决策部署上来,切实加强对文艺精品创作的组织领导、总体规划及投入,集中力量、集聚资源,精心谋划、精心组织,着力推出一批有筋骨、有道德、有温度、艺术震撼力强的优秀作品,努力形成我省文艺创作生产新的"高峰"。各级文化行政部门和艺术生产单位要加强艺术创作生产规划,做到规划一批、储备一批、创作一批、提高一批。

会上,金兴盛还就全省地方戏曲剧种普查工作做了动员。此次剧种普查工作,是国家文化部部署的一次全国性剧种普查工作,意义重大、任务繁重、时间紧迫,各市文化广电新闻出版局要高度重视,切实担负起组织实施工作,完善普查工作体系,充实普查工作人员,保障普查工作经费,精心开展普查工作。

(厅艺术处)

在全省繁荣文艺精品创作推进会上的讲话

省文化厅党组书记、厅长　金兴盛

（2016 年 2 月 24 日）

同志们：

中央和省委对文艺工作高度重视，2014 年 10 月 15 日，习近平总书记主持召开了文艺工作座谈会并发表了重要讲话，一年后的 2015 年 10 月，中共中央出台了《关于繁荣发展社会主义文艺的意见》，并召开繁荣发展社会主义文艺推进会，我省夏宝龙书记作为全国省委书记的唯一代表做了典型发言。近年来，省委也相继召开了文艺工作座谈会和繁荣发展社会主义文艺推进会，并于上个月的 22 日正式通过了《关于繁荣发展社会主义文艺的实施意见》。该文件是我省当前和今后一段时间繁荣发展文艺的一个纲领性文件，提出了以创作生产优秀作品为中心环节，以全面实施繁荣文艺七大工程为抓手，大力推进文化精品战略，对推进繁荣发展社会主义文艺工作进行全面部署。

今天会议的主要任务是深入贯彻落实中央和省委关于文艺工作重要精神，研究部署如何进一步推动我省文艺精品创作，提升和加强艺术创作工作的组织化水平。刚才，8 位同志分别代表不同地区、不同部门，从各自的工作角度和艺术领域，做了很好的发言。下面，就进一步推进全省文艺精品创作，我谈几点意见。

一、充分认识繁荣文艺精品创作的重要性和紧迫性

今年是"十三五"的开局之年，也是贯彻省委《关于繁荣发展社会主义文艺的实施意见》的起步之年，我们必须要充分认识当前繁荣文艺精品创作的重要性和紧迫性，切实肩负起文化部门的责任担当，以艺术为笔，为时代描摹，为浙江添彩。

（一）文化工作要实现"围绕中心、服务大局"，需要打造一批时代佳作

一部优秀的文艺作品，往往能够感召人心、引领风尚、催人奋进，发挥着春风化雨、润物无声的独特作用。党的十八大以来，省委、省政府以"八八战略"为总纲，一张蓝图绘到底，从"五水共治""浙商回归""三改一拆""四换三名"到"特色小镇""一打三整治"，如何让省委、省政府的重大决策部署深入人心、达成共识、赢得支持，需要文化艺术的潜移默化和宣传舆论的鼓劲造势。同时，文化部门也是意识形态工作的相关重要部门，2014 年，夏宝龙书记到省级文化系统调研时指出："文化系统是我们党加强意识形态工作的重要力量，要发挥文化系统在意识形态属性领域的积极作用。"通过文艺作品立体形象的舞台呈现、寓教于乐的艺术感染，能够助推中心工作，实现以文载道、以文化人。

（二）进一步满足人民群众精神文化生活新需求，需要提供一批优秀文艺作品

2 月 1 日，经省人大审议后发布的《浙江省国民经济和社会发展第十三个五年规划纲要》明确提出，今后五年总的目标是要"高水平全面建成小康社会"，同时要实现"中国梦和社会主义核心价值观更加深入人心，公民文明素质和社会文明程度显著提高。文化公共服务体系更加健全"。这一发展阶段，文化对社会风尚的引领作用日益凸显，让人民享有健康丰富的精神文化生活，将成为重要任务。这就需要我们不断提供更高水平、更高质量的优质文化产品，实现以文育人、以文惠民。

（三）进一步加快浙江文化强省建设，需要推出一批精品力作

创作生产优秀作品是文化强省建设的基础工程和核心任务，不论是公共文化服务，还是文化产业发展，抑或是国际文化市场竞争，其核心要素就要看是否拥有优秀作品。因此，从某种意义上讲，文化强省的建成与否，关键要看我们有没有一批标志性的精品力作，有没有一批响当当的文化名家。这就需要我们潜心艺术事业、把握艺术规律，登"高原"、攀"高峰"，促进文化事业和文

产业两翼齐飞,实现以文兴业、以文强省。

二、客观分析近年来我省文艺精品创作取得的成绩与存在的"短板"

党的十八大以来,我省文艺精品创作开启了一个新的阶段。主要有以下发展特点:

一是政策引领有力。颁布实施了《浙江省舞台艺术精品创作五年规划》及《五年行动计划》,清晰地描绘出浙江文艺精品创作的路线图、时间表,有力地发挥了引领与促进作用。同时,率先制定实施了《浙江省传统戏剧保护振兴计划》,每年安排1620万元用于全省56个传统戏剧非遗项目的保护传承和越剧艺术的振兴发展。我省《关于支持戏曲传承发展的实施意见》和《关于振兴发展越剧的指导意见》即将出台。

二是创作日益活跃。越剧《我的娘姨我的娘》《二泉映月》《德清嫂》《屈原》《大唐骊歌》、话剧《凤凰》、京剧《东极英雄》、昆剧《大将军韩信》、交响音乐会《胜利之歌》、歌剧《红帮裁缝》、舞剧《王羲之》、民族管弦乐《富春山居图随想》等一批新创作品陆续涌现,营造出我省舞台艺术创作的新气象。去年我省30个项目入选2015年国家艺术基金,获助资金3350万元,立项率和获助资金在省区市中居第4位。

三是艺术人才培养取得重要进展。浙江音乐学院"去筹"获全国高校设置评议委员会专家组通过,即将获批正式建校。浙江艺术职业学院积极探索院团合作、院地合作新模式,发挥人才培育基地作用。"新松计划"、拔尖艺术人才培养计划等带动形成了青年艺术人才培养的"浙江模式"。

四是系列重大艺术活动助推艺术创作。近年来,成功举办第三届中国越剧艺术节、第二届世界互联网大会文艺活动、第八届全国儿童剧优秀剧目展演、浙江省纪念中国人民抗日战争暨世界反法西斯战争胜利70周年文艺演出等。以重大艺术活动为平台,活跃城乡艺术舞台,丰富人民群众精神文化生活,全省文艺舞台呈现出繁荣、活跃的景象。

五是群众文艺创作形成热潮。各级文化馆面向农村文化礼堂,加大辅导力度,有力推动了基层创作。近年来,全省原创村歌600余首,歌颂了美丽农村和幸福生活。

但是,在看到成绩的同时,我们也要客观冷静地查找和对待我省文艺精品创作中存在的"短板":一是精品力作依然不多。有持久影响力的精品力作还不多,艺术作品的原创能力较弱,新创作品的观众满意度和市场占有率不高,无法形成有效供给。二是优秀人才依然匮乏。艺术生产单位的经营管理人才极度短缺,中青年创作人才青黄不接,艺术领军人才后继乏人,具备国家级水准的艺术创新团队凤毛麟角。三是经费投入依然不足。艺术创作生产经费捉襟见肘,从业人员待遇普遍较低,演出场次补贴入不敷出。四是场馆设施依然落后。演出排练场地无法保障,一团一场目标任重道远,国有剧场利用差强人意。五是政策保障依然不强。文化政策的保障力度不够,面向全社会的创作扶持资助平台有待搭建,转企改制院团管理体制机制需要理顺。六是艺术评价

体系有待重建。文艺评奖制度亟待改革,艺术评论队伍亟待加强。这些"短板"的存在,就是我们工作努力的方向和突破口。我们必须要尊重艺术规律,鼓励艺术创新,充分发挥市场在配置艺术资源要素上的决定性作用,不断增强繁荣文艺精品创作的外部推动力和内在驱动力。

三、牢牢把握文艺精品创作的主动权

当前,中央和省委对文艺工作做出了重要决策部署,人民群众对艺术精品的渴望越来越强烈,我们必须要把繁荣文艺精品创作作为文化强省建设的中心环节,厘清工作思路、采取有力措施,抓住主动权、打好主动仗,努力开创文艺工作新局面。我想,加强文艺精品创作,要着力解决以下几方面问题:

一是要解决好"导向"问题。解决好"为谁抒写、为谁抒情、为谁抒怀"的问题,是繁荣文艺精品创作的首要问题和重要前提。习近平总书记在文艺工作座谈会上强调:"社会主义文艺从本质上讲,就是人民的文艺。文艺要反映好人民心声,就要坚持为人民服务、为社会主义服务这个根本方向。这是党对文艺战线提出的一项基本要求,也是决定我国文艺事业前途命运的关键。文艺不能在市场经济大潮中迷失方向,不能在为什么人的问题上发生偏差,否则文艺就没有生命力。"一部好的作品,应该是歌颂光明、抒发理想,鞭挞丑恶、抵制低俗,既能沁人心脾、又能发人深省、更能催人奋进。在艺术创作中,我们必须要牢牢把握社会主义先进文化的前进方向,坚持以人民为中

心，以社会主义核心价值观为引领，以中国精神为灵魂，以中国梦为时代主题，以中华优秀传统文化为根脉，以创新为动力，在题材规划、剧本论证阶段，就要下好先手棋、抓住主动权；在内容构思、人物塑造、艺术手法上，在创作伊始就要校好准星、对好焦距、打好底色；在作品的价值取向、精神内涵和审美风格上，既讲好国家民族宏大故事，又讲好百姓身边日常故事，见人、见事、见精神。

二是要解决好"题材"问题。题材是艺术创作之基，剧本是一剧之本。因此，要加强选题规划，持续推进浙江省舞台艺术精品创作题材库建设，每年开掘和规划10至20个重点创作题材，供全省各创作研究机构和艺术生产单位选择。深入挖掘重大革命和历史题材、当代现实题材、浙江本土题材，鼓励原创作品，努力创作出有思想深度、艺术高度的艺术精品。深入实施浙江省中青年编剧扶持工程，完善青年编剧人才库，持续扶持和资助优秀原创剧本。实施优秀原创剧本政府购买计划，面向全国征集购买优秀戏曲剧本。积极拓宽视野，探索"浙江省签约艺术家制度"，面向海内外知名艺术家开展多种形式的柔性合作。突出创作重点，凝聚创作力量，打造一批具有全国影响力的精品力作。今年重点要围绕庆祝建党95周年、纪念红军长征胜利80周年、纪念孙中山诞辰150周年等重大主题，以评选第一批浙江省当代舞台艺术精品工程重点作品为抓手，创作推出一批重大革命历史题材作品；要以备战第11届中国艺术节和省第13届戏剧节为契机，新创排演和加工提高一批戏剧新作，繁荣我省的戏剧舞台；要以贯彻落实《浙江省传统戏剧保护振兴计划》和省政府办公厅《关于支持戏曲传承发展的实施意见》为抓手，挖掘整理一批地方戏曲传统剧目。

三是要解决好"人才"问题。艺术创作，说到底是人的艺术。没有艺术家们的创新创造，就没有文艺舞台的万紫千红。繁荣文艺精品创作，就必须打造一支德艺双馨、勇于追求的文艺浙军。我们要大力完善以浙江音乐学院、浙江艺术职业学院为龙头的雁阵式艺术教育体系，持续推进浙江音乐学院内涵建设，争取文化部的支持，签订《省部共建协议书》，承接国家级教学、科研、赛事等重大项目，拓宽办学视野，加快跻身全国一流高校行列；深化浙江艺术职业学院教学改革；推动相关艺术学校建设，形成层次清晰、各具特色、覆盖完整的艺术教育体系，不断提升我省文艺人才队伍的造血能力。深入实施"新松计划""拔尖人才培养计划""群星计划""中青年创作人才培养计划"，花大力气自主培养我省编剧、导演、作曲等紧缺艺术创作人才。大力培养艺术创新团队。

四是要解决好"评价"问题。当前，我们在艺术创作生产中存在着低端产品供大于求、高端产品供不出来的现象。一些作品，故事情节大同小异，艺术风格千篇一律，舞台呈现似曾相识，人物塑造随心所欲，思想情感脱离生活，既不能启迪心灵，也无法陶冶性情。久而久之，既砸了自己的牌子，也伤了整个舞台艺术的底子。这就要求我们必须重建艺术评价体系，通过校正艺术标尺助推艺术创作的结构性提升。一方面，要改革文艺评奖制度。改变目前全省性文艺评奖活动过多过滥的现状，以较大力度清理压缩现有文艺奖项，重塑政府文艺评奖活动的权威性和公信力，让那些为评奖而创作、靠评奖来生财的情况不再发生。另一方面，要重建艺术评价体系。支持开展健康的、严肃的文艺批评，加强高素质文艺评论队伍建设，推动扶持文艺评论阵地建设。鼓励从剧本结构、导演调度、音乐设计、舞美灯光、舞蹈语汇等艺术本体层面进行建设性批评和争鸣的文艺评论，改变长期以来重评奖、轻评论的局面。

五是要解决好"市场"问题。优秀的艺术产品要与市场形成良性互动，才能具有持久的生命力。要打通艺术创作生产的上下游环节，主动面向群众、面向市场抓创作生产，更加注重发挥国有剧场、演出经纪机构对艺术创作生产的需求引导，防止需求端与供给端的脱节。实施优秀文艺产品推广计划，提升文艺作品传播力，努力形成一批知名品牌。积极培育舞台艺术作品的消费需求，形成规模化、常态化的消费市场和人群，形成刺激和倒逼艺术创作生产的需求驱动，改变政府投入、政府消费的"内循环模式"。鼓励国有剧团、国有剧场协同发展，探索建立浙江舞台艺术院线，培育演艺消费市场；鼓励社会力量参与政府文化演出活动，吸引社会资本进入文化消费市场；鼓励各类文化特色小镇建设，通过"文化＋"等模式，扩大文化消费需求的边界。

六是要解决好"活力"问题。灵活的艺术生产机制，是有效释放艺术活力的保障。要从改革艺术投入机制入手，转变政府艺术创作生产投入模式，加强对艺术创作投资的绩效评估和收益回报；加大对指令性、主题性创作任务的投入保障，解决艺术生产单位的后顾之忧。积极引入社会资本参加艺术创作生产，探索艺术"众筹"模式和"订单式"模式。完善艺术创作生产的前置论证机制和考核激励机制，普遍性地建立艺术委员会等论证评估机构，规范艺术创作生产的前置论证评估程序，加大对优秀作品的事后激励补偿力度。完善和创新演出营销机制，推行互联网售票方式，逐步建立全省互联互通的演出营销大数据共享体系，用数据说话，靠数据分析。

七是要解决好"环境"问题。我们抓艺术创作不能局限于文化系统，要拓宽视野，努力营造尊重艺术创造的良好环境，激发全社会的艺术创造力。一方面，要积极创造良好的社会环境。争取设立浙江艺术发展基金，参照国家艺术基金及其他省级艺术基金的做法，按照"政府主导、社会参与、独立运转"的原则，以财政资金为支撑，吸纳其他社会资金，面向全社会扶持资助优秀艺术项目和个人，搭建更加公平、更加开放、更有活力的艺术评估扶持平台。深化国有文艺院团改革，探索项目制、股份制、联盟制等艺术生产样式，创新艺术产品的投资主体、利益共享等要素，调动社会力量参与艺术创作的积极性、主动性。另一方面，要大力营造民主宽松

的创作环境。尊重文艺工作者的首创精神，给他们提供艺术创作的广阔空间，让他们尽情挥洒自己的艺术才情。充分调动他们的创作热情，为他们深入基层蹲点采风创造必要的条件。要坚持"百家争鸣、百花齐放"的方针，尊重不同的艺术见解，开展健康的艺术争鸣，让艺术家们在艺术的碰撞中产生灵感和火花。

四、切实提高繁荣文艺精品创作的组织化和保障水平

繁荣文艺精品创作，是今年文化系统的一项重要任务。全省文化系统要迅速将思想和行动统一到中央和省委的决策部署上来，集中力量、集聚资源，精心谋划、精心组织，着力推出一批有筋骨、有道德、有温度、艺术震撼力强的优秀作品，努力形成我省文艺创作生产新的"高峰"。

一是要切实加强对文艺精品创作的组织领导。各级文化行政部门要把文艺精品创作纳入重要议事日程，履行好艺术创作工作的主体责任，加强宏观指导，把好创作导向，加强对本地区、本部门文艺精品创作的组织领导和统筹协调，提高文艺精品创作的组织化水平。要选优配强艺术生产单位的领导班子，把那些德才兼备、熟悉文艺工作规律、能同文艺工作者打成一片的干部充实到领导岗位上来，发挥他们的聪明才智。要建立健全艺术生产单位文艺精品创作的考核激励机制，要强化文化行政部门的责任意识和担当精神，各市文化广电新闻出版局的"一把手"要作为文艺精品创作

的第一责任人，分管领导作为具体责任人，切实担负起文艺精品创作的领导责任。

二是要切实加强对文艺精品创作的总体规划。各级文化行政部门和艺术生产单位要加强艺术创作生产规划，做到规划一批、储备一批、创作一批、提高一批。借此机会，我就明天召开的全省地方戏曲剧种普查工作动员培训会作一个强调。这一次的剧种普查工作，是文化部部署一次全国性剧种普查工作，意义重大、任务繁重、时间紧迫，各市文化广电新闻出版局要高度重视这项工作，切实担负起组织实施工作，完善普查工作体系，充实普查工作人员，保障普查工作经费，精心开展普查工作。到6月底，我会专题听取厅艺术处和省普查工作办公室的情况汇报，了解各地区、各部门的普查工作进度。

三是要切实加大对文艺精品创作的投入。各级文化行政部门，要积极争取当地党委政府和宣传部门的支持，整合完善各项文艺扶持政策，加大对文艺精品创作的投入。要用好国家艺术基金这个扶持资助平台，精心设计、积极申报，争取得到国家艺术基金的经费扶持。截至今天，离2016年度国家艺术基金项目申报最后期限3月1日还剩下最后的几天，希望各地区、各部门好好地再梳理一下，看看还有没有可以申报的项目抓紧通过网上申报窗口予以提交。要善于鼓励和引导社会力量参与艺术生产，拓展文艺精品创作的资金来源。

浙江省公共文化服务体系建设协调组会议

【概况】3月4日下午,浙江省公共文化服务体系建设协调组会议在浙江音乐学院召开。浙江省公共文化服务体系建设协调组召集人、省文化厅厅长金兴盛出席会议。来自省级24个部门的协调组成员和联络员参加会议。会议由省文化厅副厅长柳河主持。

会议回顾总结了2015年协调组工作,沟通协商了协调组2016年的主要任务及职责分工。金兴盛做重要讲话。他充分肯定了协调组成立以来,成员单位为推动我省公共文化服务体系建设做出的积极努力,也对协调组下一阶段的工作提出了四点要求:一是加强统筹协调。要继续完善工作机制,切实在规划、政策、项目、督查、考评等方面发挥作用。二是明确各自责任。各成员单位要把年度责任分解的落实作为重中之重,抓紧细化目标任务,倒排时间进度,强化督促检查,做到按时保质保量完成既定任务。三是实现合作共赢。要逐步统筹相关资源,不断拓展公共文化服务外延,丰富服务内涵,创新服务机制,带动各相关部门和领域融入公共文化服务体系建设,形成整体推进格局。四是推广典型经验。各成员单位要充分调动地方党委政府和本系统各单位的积极性和创造性,发现和总结改革创新典型,通过现场经验交流会和工作推进会等形式,宣传推广创新经验,以点带面,引领现代公共文化服务体系建设发展。

会后,与会代表还参观了浙江音乐学院。

(厅公共文化处)

在浙江省公共文化服务体系建设协调组会议上的讲话

省文化厅党组书记、厅长,省公共文化服务体系建设协调组组长　金兴盛

(2016年3月4日)

同志们:

这次省公共文化服务体系建设协调组会议的主要任务是,深入贯彻落实近年来中央和省委、省政府关于构建现代公共文化服务体系的一系列决策部署,总结前一阶段协调组的主要工作,研究部署下一阶段重点任务。下面,讲三点意见:

一、协调组成立以来为推动我省公共文化服务体系建设做出了积极的努力

去年是构建现代公共文化服务体系的布局之年,也是基本公共文化服务标准化均等化的推动之年。中办、国办先后印发了关于加快构建现代公共文化服务体系、做好政府向社会力量购买公共文化服务、推进基层综合性文化服务中心建设等一系列政策文件,为我们做好公共文化服务工作提供了有力的政策支撑。一年来,协调组成员单位密切配合、积极作为,做了大量卓有成效的工作,有力推动了我省现代公共文化服务体系建设。去年,文化部先后在我省召开全国公共文化服务体系创建东部城市经验交流会、全国公共文化机构法人治理结构试点工作经验交流会等会议,对浙江工作给予充分肯定。

(一)协调工作机制运转顺利

协调组自去年4月成立以来,召开了1次联络员会议,3次以函件形式审议通过了《浙江省公共文化服务体系建设协调组成员单位职责分工》《浙江省公共文化服务体系建设协调机制工作方案》和《浙江省公共文化服务体系

建设协调组议事规则》,对《加快构建现代公共文化服务体系的实施意见》《浙江省实施基本公共文化服务标准化均等化行动计划（2015—2020年）》《关于推进基层综合性文化服务中心的实施意见》进行了反复研讨,为政策文件的顺利出台奠定了扎实的基础。

省协调机制的顺利运行起到了积极的示范作用。到目前为止,各地已有57个市县已建立了协调机制、44个市县正在筹划中。从目前已经成立的市县看,很多选择了由政府领导担任协调组负责人,极大提升了协调组的统筹效率。

（二）制度设计和政策研究取得成效

在协调组全体成员的共同努力下,我省现代公共文化服务顶层制度设计初见端倪。一是《关于加快构建现代公共文化服务体系的实施意见》（以下简称《实施意见》）经省委、省政府审议后正式印发。《实施意见》对我省加快现代公共文化服务体系建设,推进基本公共文化服务标准化均等化做出了全面部署。二是《浙江省实施基本公共文化服务标准化均等化行动计划（2015—2020年）》（以下简称《行动计划》）经省委、省政府领导同意后,由协调小组办公室印发。《行动计划》以"十大工程"为抓手,深入推进"三个均等",四个"标准化",构建"五大体系",把《实施意见》提出的各项任务分解到各个单位,明确时间表和路线图。三是《关于政府向社会力量购买公共文体服务的实施意见》由省政府办公厅正式印发,内容涵盖公益性文体产品的创作与传播、公益性文体活动

的组织与承办、中华优秀传统文化与民族民间传统体育的保护传承与展示、公共文体设施的运营和管理、民办文体机构提供的免费或低收费服务及对外、对港澳台文体交流等6个方面49项。四是《浙江省公共文化服务保障条例》立法工作取得积极进展,在省人大教科文卫委员会牵头推动下,已正式成立调研组,赴嘉兴、衢州等地开展立法调研,并形成法律草案,正在进一步征求意见和修改完善。目前,《浙江省公共文化服务保障条例》已被省人大列入2016年度一类立法预备项目。

此外,省质监局组织多个高校开展课题调研,形成了《基本公共文化服务标准化建设调研报告》,为我省公共文化服务标准化建设提出了建设思路。省发改委启动《基本公共服务体系"十三五"规划》编制工作,把推进公共文化服务体系建设作为重要内容之一。省新闻出版广电局印发《浙江省加快构建新闻出版广播影视公共服务体系的实施方案》、省财政厅印发《浙江省政府向社会力量购买服务指导目录（2016年度）》、省体育局印发《浙江省社会体育指导员管理办法》等,都从本领域贯彻落实公共文化服务体系建设要求提出了明确的目标和政策依据。

（三）文化惠民效益得到提升

一是加强公共文化服务重点市县建设。从10个重点市县建设入手,推动制订实施为期两年的提升计划,努力补齐重点区域文化建设"短板"。二是继续深化公共文化场所免费开放。全省国办图书馆、文化馆（站）、博物馆、

美术馆免费向社会开放,并按照省定标准,在服务内容、服务数量等方面有了质的提升。三是不断强化文化资源流动共享。去年全省文化系统共送戏下乡1.78万场,送书235万册次,送讲座展览4140场,开展文化走亲1270场。省妇联向64所学校的留守儿童提供漂流图书10000余册,开展培训1878场次。四是积极推动公共文化服务供需对接。省文化厅挖掘全省文化系统资源,组织编印《浙江省文化礼堂供给服务菜单》,对全省范围内的2000多项文化资源进行分类整理,印发给各地文化礼堂,供基层选择使用。省科协在各地农村文化礼堂举办报告讲座1490场次、科技培训1911场次、科普演出展览1137场次。五是稳步提高数字资源的共建共享能力。目前已建成1个省分中心、11个市支中心、83个县级支中心、44886个基层服务点、1764个公共电子阅览室,基本建成覆盖全省各级公共图书馆分布式虚拟专网。推出浙江文化通等App应用平台,为群众提供搜索文化活动资源等服务。杭州、嘉兴、丽水、湖州、舟山和浙江文化馆等地（单位）也先后建立了基于互联网技术的公共文化服务平台。

同时,省体育局推动出台《推进公共体育设施和学校体育场地设施向社会开放》,推动3422所学校向社会开放体育场地设施,符合条件的学校开放率达到100%,鼓励民办学校向社会开放体育场地设施。省教育厅印发《2015年度高雅艺术进校园活动计划》,推动校园文化建设,提高师生人文素养。省委宣传部牵头

举办浙江省首届全民阅读节,积极营造"处处可学、人人皆学、时时能学"的社会氛围。省总工会印发《推动基层工会广泛开展群众性职工文体活动的意见》,积极繁荣基层文化生活,提高一线职工的文化素养,等等,都从一个侧面推动了我省现代公共文化服务体系建设,弘扬了社会正能量。

(四)改革创新实现重要突破

一是积极承担文化部国家级三项试点的改革任务。开展公共文化服务标准化研究与建设,较早出台了全国最全面、最系统的基本公共文化服务省级标准;积极推动以农村文化礼堂为核心的基层综合性文化服务中心建设,累计建成农村文化礼堂4945个;我省公共文化机构改革迈出了重要步伐,全省共有49家单位成立了理事会,其中,浙江图书馆率先制定公共图书馆事业法人组织章程,为全国公共图书馆改革提供了一种样本。二是积极推动社会力量参与公共文化服务体系建设。省政府办公厅正式转发了《省文化厅等部门关于政府向社会力量购买公共文体服务的实施意见》。嘉善魏塘、鹿城蒲鞋市、鄞州区文体中心等10多个基层文化站(中心)委托社会力量管理,解决基层文化设施人员不足、效能不高等问题;舟山、杭州萧山等地推动大型文化活动公开招标制度,吸引社会力量参与公共文化产品供给,解决公共文化内容单一、数量不多等问题;省文化厅成立文化志愿者总队,鼓励和吸引文化志愿者参与公共文化服务体系建设,解决公共文化服务从业人员不足、专业水平不均衡等问题。三是指导推动了公共文化

需求表达和决策参与机制建设。杭州下城区建立了公共文化服务与活动动态跟踪制度和满意度调查体系,让老百姓全程参与公共文化的评价。景宁县以群众文化需求为第一导向,积极创新信息公开机制,保障群众参与文化建设的知情权、参与权、话语权、决策权和监督权。

同时,省人力社保厅发出通知,为基层文化事业单位招聘从业人员打开绿色通道,对开考比例、录取方式、考试方式等问题进行了特别规定,为基层文化专业人员的录用提供了便利。省体育局推动出台《加快发展体育产业促进体育消费的实施意见》,鼓励多元主体组建职业体育俱乐部,通过社会力量的参与夯实竞技体育后备人才培养。这些做法,都是促进现代公共文化服务体系建设的有益尝试。

(五)基本公共文化服务标准体系初见雏形

在省定基本公共文化服务标准的基础上,指导相关单位制定行业标准,推动行业服务规范化。到目前为止,全省共制定了96个地方标准,其中与质监部门联合制定7个,内容涉及公共文化服务内容、设施运行规范、服务保障、公共文化服务考核等各个领域。如浙江图书馆起草《浙江省公共图书馆服务标准》并报省质监局作为地方标准立项,目前已完成起草工作上报省质监局;杭州市余杭区发布国内第一个乡镇综合文化站公共服务规范地方标准;嘉兴市发布《嘉兴市公共图书馆中心馆——总分馆服务体系标准》,推动各级各类图书馆对照服务标准进行一系列改革和提升;

宁波市镇海区发布《基层公共文化服务规范》,着眼于当地公共文化服务的特色与亮点,制定了各个领域相关的规范;杭州下城区《社区公共文化服务评估规范》实现了公共文化资源和评价的全方位公开。

同时,省新闻出版广电局制定下发《加快构建新闻出版广播影视公共服务体系的实施方案》,就新闻出版广电领域落实公共文化服务提出项目标准。省民政厅下发《社会公共服务信息平台运行规则(试行)》,对面向居民个人、家庭以及社会公共事务提供服务的信息化平台明确了建设标准。

这些成绩的取得,是协调组成员单位共同努力的结果。在此,我谨代表省文化厅、省公共文化服务体系建设协调组对各成员单位表示衷心的感谢!

二、2016年公共文化服务体系建设协调组的主要任务

2016年是贯彻落实《实施意见》精神、全面深化《行动计划》、加快构建现代公共文化服务体系的重要之年。李强省长在《政府工作报告》中提出,要加快构建现代公共文化服务体系,促进基本公共文化服务标准化、均等化。我们考虑,协调组要围绕以下几个重点安排全年工作:

(一)推动《实施意见》的贯彻落实

省委办公厅、省政府办公厅出台的《实施意见》,明确了我省加快构建现代公共文化服务体系的方向目标以及实现路径;省公共文化服务体系建设协调组制定的《行动计划》对贯彻落实《实施意见》做了具体部署,明确了每个成员单位的工作任务和职责,下

一步重要的是抓落实。省文化厅将每年牵头制定《浙江省实施基本公共文化服务标准化均等化年度工作分解》，就《行动计划》提出的各项任务具体到项目，落实到单位，明确完成时间，确保各项任务落到实处。希望各成员单位根据各自职责分工，研究制定细化本系统的工作方案和分工方案，完善相关配套政策，一级抓一级，层层抓落实，认真做好本系统内的贯彻落实和督查工作。今年年底，省文化厅将会同各成员单位，对《实施意见》的贯彻落实情况进行专项督察。

（二）推动公共文化资源的统筹整合

长期以来，促进公共文化资源整合是一个老生常谈的问题。基层公共文化资源中存在的多头管理、业务重叠、重复建设、孤岛运行、资源分散等问题已得到一定重视，但受传统行政体制的制约，未能有效整合。建立公共文化服务体系建设协调机制，成立公共文化服务体系建设协调组，就是为了充分调动各部门的积极性，合理配置文化资源，实现优势互补。下一步，我们将提请省政府办公厅出台《关于推进基层综合性文化服务中心的通知》，就推动公共文化资源有效整合提出具体设想。文件代拟稿前期征求了各成员单位的意见，大家提出的意见建议也都被采纳进了文件中。意见出台后，我们将全面摸底本系统公共文化服务资源存量，研究设计整合方案，从组织体系、经费机制、资源配置、人员保障等方面进行深度整合，统筹推动跨部门、跨行政层级、跨区域组织体系的共建共享、互联互通。

同时，也要整合公共文化资源，大力指导推动重点市县公共文化服务体系建设，努力提升我省整体发展水平。

（三）提高基层公共文化服务能力

构建现代公共文化服务体系的重点在基层，难点也在基层。坚持公共文化服务重心下移、资源下移、服务下移，一直是我们努力的方向。下一步，各成员单位要在以下3个方面进行探索和研究：一要进一步完善覆盖城乡的基层公共文化设施网络，坚持建管用一体，推动基层公共文化设施切实提高服务效能、发挥综合效益。二要结合各单位的实际情况，加快实施一批重点文化惠民工程，进一步丰富基层文化资源，充分满足人民群众的文化需求。这次提交各单位讨论的《责任分解》就是一种尝试。三要切实提高基层文化人才队伍素质。把基层文化人才培养作为公共文化服务体系建设的关键环节，加强在职培训，提高基层公共文化从业人员的职业道德、职业素养和专业技能，夯实公共文化服务体系建设的基础。

（四）推动公共文化服务体系的社会化建设

《实施意见》提出，要通过几年的努力，形成"政府、市场、社会共同参与公共文化服务体系建设的格局"。各部门要认真贯彻落实《关于做好政府向社会力量购买公共文化服务工作的实施意见》精神，指导各地切实加大政府购买公共文化服务力度，鼓励社会力量参与公共文化服务，提高服务效率和水平。要积极探索创新社会资本和政府合作模式，有

效增加公共文化产品和服务的供给主体。积极培育文化领域非营利组织，探索引入社会组织和专业人士参与基层公共文化设施管理运营，切实提高公共文化服务水平。

（五）加快推进公共文化立法工作

党的十八届四中全会将"公共文化服务保障法"作为重点立法任务，是党和国家对公共文化事业高度重视的现实举措，更是公共文化事业走向依法发展的重要起点。国家层面，今年已经启动《公共文化服务保障法》和《公共图书馆法》的立法程序，《公共文化服务保障法》提交全国人大常委会审议，《公共图书馆法》开始公开征求意见。下一步，我们将从理论和实践层面积极推动这项工作的实施。一方面，认真研究我省各地公共文化服务体系建设中的典型经验，为立法提供现实依据和实现可能；另一方面，深入学习国家即将出台的《公共文化服务保障法》，确保立法工作顺利推进。需要强调的是，立法工作涉及面广，专业性强，协调组各成员单位一定要全力配合省人大教科文卫委，积极参与到立法进程中来，推动这部地方法规尽快出台，使我们干起工作来腰杆更硬、底气更足。

（六）将公共文化服务体系建设纳入各部门"十三五"规划

各成员单位要认真总结评估"十二五"时期公共文化服务体系建设工作，全面摸清家底，特别是要找准薄弱环节，在"十三五"规划的研究和编制工作中提出解决思路。要积极推动将现代公共文化服务体系建设纳入各部门专项

规划。要结合全面建成小康社会的要求，深入开展涉及公共文化服务的"十三五"规划重要指标研究，提出具有科学性、代表性的若干重要指标。要积极研究谋划一批民生分量重、社会关注度高、边际带动性强的公共文化项目，纳入"十三五"规划项目的总盘子，充分发挥对事业发展的龙头带动作用。

三、进一步发挥协调组作用，推动我省公共文化服务体系建设继续走在全国前列

（一）加强统筹协调

省公共文化服务体系建设协调组作为推进现代公共文化服务体系建设的重要协调机构，承担着贯彻落实省委决策部署的重要责任。要继续完善工作机制，切实在规划、政策、项目、督查、考评等方面发挥作用。省文化厅作为牵头单位，将继续发挥好沟通联络和信息交流的中枢作用，积极协调配合各有关部门研究制订相关政策措施、做好重大项目的协调和资源共建共享工作。各部门也要根据各自职责和职能分工，发挥各自优势，加强资源整合，协同推进工作，形成强大合力。

（二）明确各自责任

当前，现代公共文化服务体系建设的思路和重点已经很清晰，《行动计划》提出了贯彻落实《实施意见》的总体思路、重点任务和实施步骤，对未来一段时间的部署、推进工作做出了初步安排。年度责任分解更是把每年的推进项目进行了细致梳理。各成员单位要以协调机制为动力，心往一处想，劲往一处使，把抓落实作为重中之重，抓紧细化目标任务，倒排时间进度，强化督促检查，做到按时保质保量完成既定任务。

（三）实现合作共赢

协调组成员单位要树立全省公共文化服务体系建设"一盘棋"思想，本着"资源共享、优势互补、互惠互利、共同发展"的原则，逐步统筹整合宣传文化系统和社会相关资源，不断拓展公共文化服务外延，丰富服务内涵，创新服务机制，带动各相关部门和领域融入公共文化服务体系建设，形成整体推进格局。特别是在贯彻落实《实施意见》过程中，在实施重大公共文化建设项目过程中，我们要摒弃部门利益和部门思维，发挥各自部门的特点和工作优势，逐步深化部门合作关系，努力形成完整、有力、高效的管理机制。

（四）推广典型经验

现在各地各部门在公共文化服务体系建设方面已经创造了很多好的经验。协调组各成员单位要充分调动地方党委政府和本系统各单位的积极性和创造性，发现和总结改革创新典型，通过现场经验交流会和工作推进会等形式，宣传推广创新经验，以点带面，引领现代公共文化服务体系建设发展。

2016 年度浙江省级文化系统"两优一先"表彰暨厅属单位"一把手"工作交流例会

【概况】　6月28日下午，省文化厅召开省级文化系统"两优一先"表彰暨厅属单位"一把手"工作交流例会，表彰两年来省级文化系统涌现出来的优秀共产党员、优秀党务工作者和先进基层党组织，共同庆祝中国共产党成立95周年。同时，开展了厅属单位"一把手"第三次工作交流。厅党组书记、厅长金兴盛在会上讲话，厅党组副书记、副厅长陈瑶主持会议，厅领导褚子育、柳河、端木义生、蔡晓春、李莎出席会议。厅（局）机关全体干部、厅属单位领导班子全体成员和省级文化系统"两优一先"受表彰代表参加会议。

会上，金兴盛回顾了中国共产党的光辉历程，总结了近年来省级文化系统党的建设工作，并号召省级文化系统各级党组织要以高度的政治责任感推进党的建设。要牢固树立"抓好党建就是最大政绩"的观念，落实全面从严治党主体责任；要坚持思想建党，扎实推进"两学一做"活动，确保习近平总书记系列重要讲话精神落地生根；要落实全面从严治党的要求，坚持不懈地开展党风廉政建设；要树立"党建＋"的理念，主动将党建工作紧密地融入文化工作中去，提高党建工作牵引力，更好地服务于文化强省建设。

金兴盛对下半年重点任务进行了部署。他指出，要突出重点，力求实效，实现"十三五"良好开局。一要紧扣杭州 G20 峰会这一重点，自觉地、高质量地完成文化部门的各项任务，努力为峰会增添文化内涵、做出文化贡献。二要突出改革创新主线，深化公共文化服务三项全国改革试点，确保高质量通过文化部验收。深化我省文化市场综合执法改革。推进向社会购买公共文化服务。三要抓住繁荣发展主题，加强文艺精品创作，积极参与第十一届中国艺术节，举办浙江省第十三届戏剧节。加强现代公共文化服务体系建设，推进基本公共文化服务重点市县建设，完成年度新增 1000 个农村文化礼堂（文化公园）计划。同时，对标全国一流的目标，全面推动文化建设各领域

繁荣发展。四要打好"补短板"主动仗，持续开展"找短板、补短板活动"，下大力气解决一批重点难点问题，为文化强省建设夯实基础。五要守住廉洁自律底线，严格落实党风廉政建设"两个责任"，强化问题整改，推进内控建设，切实规范权力运行，提高服务效能。

上半年，省级文化系统取得了较为明显的工作成效。围绕杭州 G20 峰会、庆祝中国共产党成立 95 周年和红军长征胜利 80 周年等重大主题，积极筹备，主动作为。紧扣省政府"特色小镇"部署，研究制定了《关于加快推进特色小镇文化建设的若干意见》。颁布实施了《浙江省文化发展"十三五"规划》。浙江音乐学院正式获批建立，省政府与文化部签订省部共建协议。《省政府办公厅

关于支持戏曲传承发展的实施意见》正式印发。基本公共文化服务标准化、基层综合性文化服务中心建设和公共文化机构法人治理结构三项全国改革试点工作取得了阶段性的显著成果。文化遗产保护利用全面加强。文化产业和文化市场实现新发展。对外及对港澳台文化交流成效明显。重大文化设施建设持续推进。党风廉政建设进一步加强。

会上，省文物监察总队、省博物馆、省文化信息中心、浙江越剧团、浙江曲艺杂技总团有限公司、浙江新远文化产业集团有限公司 6 家厅属单位主要负责人先后交流了上半年主要工作情况。会前，组织学习传唱《共产党员廉洁自律歌》。

（厅办公室）

在 2016 年度浙江省级文化系统"两优一先"表彰暨厅属单位"一把手"工作交流例会上的讲话

省文化厅党组书记、厅长　金兴盛

（2016 年 6 月 28 日）

同志们：

今天，我们在这里召开会议，表彰两年来省级文化系统涌现出来的优秀共产党员、优秀党务工作者和先进基层党组织，共同庆祝中国共产党成立 95 周年。同时，开展第三次厅属单位"一把手"工作交流。首先，我代表厅党组向受到表彰的先进集体和优秀个人表示热烈的祝贺，向系统各级党组织和全体共产党员致以诚

挚的问候，向恪尽职守、辛勤工作的广大文化工作者表示衷心的感谢！

下面我代表厅党组讲几点意见：

一、以高度的政治责任感推进文化系统党的建设

中国共产党走过了 95 年的光辉历程。95 年来，中国共产党始终以中华民族伟大复兴为己任，带领全国各族人民不断取得

革命、建设、改革的伟大胜利，实现了中华民族的历史性进步，为民族和人民做出了历史性贡献。党的十八大以来，我国在经济、政治、文化、军事、外交、党建等各方面，都出现了令人振奋的新气象、新局面。习总书记说："现在，我们比历史上任何时期都更接近中华民族伟大复兴的目标，比历史上任何时期都更有信心、有能力实现这个目标。"

近几年来，省级文化系统党的建设持续加强，各级党组织紧紧围绕全面从严治党这条主线，做了大量卓有成效的工作，取得了显著的成绩。一是组织建设更加健全。创新党支部建设，统筹党建与业务工作，大力发展年轻党员，补充新鲜血液，使党组织进一步发展壮大。二是思想建设更加扎实。强化理论武装，深入学习习近平总书记系列重要讲话精神和中央、省委一系列重要文件和重要部署，增强了"四个自信"。组织活动丰富多彩，"三会一课"和微型党课等活动扎实开展，组织生活会更加健全。树立一批身边的典型，发挥了示范作用。三是作风建设更加深入。近年来，开展了党的群众路线教育实践、"三严三实"教育实践和"两学一做"教育等活动，思想作风和工作作风有了较大的转变。四是党风廉政建设更加有力。落实党风廉政建设"两个责任"，加强廉政教育，完善廉政制度，强化责任追究，加大监督和案件查处力度，党风廉政建设有了较大的加强。明天，我们还将召开省级文化系统基建项目管理及廉政建设工作会议。但是，我们也清醒地认识到我们的工作还存在不少"短板"和问题，还需加强反思，切实采取有力措施，进行弥补和改进。下一步，我们要进一步加大力度，坚持不懈地推进省级文化系统党的建设：一要牢固树立"抓好党建就是最大政绩"的观念，切实把全面从严治党主体责任放在心上、扛在肩上、抓在手上、落实在行动上；二要坚持思想建党，扎实推进"两学一做"活动，确保习近平总书记系列重要讲话精神在文化系统落地生根；三要落实全面从严治党的要求，坚持不懈地开展党风廉政建设，主动接受驻厅纪检组的监督，教育督促广大党员干部严格遵守党的政治规矩和廉政纪律；四要树立"党建＋"的理念，主动将党建工作紧密地融入文化工作中，有效扩大党建工作覆盖面，不断创新党建形式，提高党建工作牵引力，更好地服务于文化强省建设。

二、回顾总结上半年主要工作

时间过得很快，转眼之间2016年即将过半。各单位都要对照年初的目标，认真总结，查找原因，完善措施。刚才，6家单位汇报了半年以来的主要工作，给人总的感觉是围绕中心、突出重点、主动作为，不仅展示了丰硕的工作成果，也呈现出了良好的工作状态。除了以上6家单位以外，其他厅属单位的工作也是可圈可点。总的来说，上半年省级文化系统工作有以下特点：

一是服务大局积极有为。筹备杭州G20峰会是中央交给浙江的一项重大任务，省文化厅承担多项任务。厅属有关单位和厅机关有关处室紧扣大局、积极作为，全身心投入相关工作，目前，文化相关的各项筹备工作取得积极进展和明显成效。中国丝绸博物馆、浙江美术馆和浙江音乐学院相关场馆设施的维修改造已基本如期完成，正在进行布展等工作。浙江交响乐团和浙江音乐学院创作团队积极开展伴宴演出曲目编排和排练，目前正根据中央领导的意见进行新一轮调整。浙江艺术职业学院、浙江歌舞剧院有限公司、浙江音乐学院、浙江小百花越剧团等抽调优秀师生和演职人员，积极参与杭州市主办的峰会专场文艺晚会。省文化厅还承担了对口接待一个国家代表团的任务，目前正在制订方案，开展准备工作。此外，省属文艺院团正在筹办举办"迎峰会"系列文艺专场演出，包括戏曲、声乐、器乐、舞蹈、杂技等五场。省博物馆、浙江自然博物馆、浙江图书馆等单位也积极筹备了专题展览，努力为G20营造良好氛围。厅市场处和省文物局安全处、省文物监察总队等部署开展了平安护航G20文化市场安全生产综合整治行动和文物安全大排查大整治专项行动。省文化信息中心开展了G20省级文化系统网站安全统一防范行动。

同时，围绕庆祝中国共产党成立95周年和红军长征胜利80周年等重大主题，浙江音乐学院、省文化馆、浙江歌舞剧院有限公司、浙江话剧团有限公司、浙江曲艺杂技总团有限公司、浙江京剧团、浙江艺术职业学院和浙江交响乐团等单位，认真参与举办"永远跟党走"浙江省庆祝中国共产党成立95周年文艺晚会、浙江省庆祝中国共产党成立95周年暨红军长征胜利80周年优秀作品展演等活动。此外，紧扣省政府"特色小镇"建设战略部署，研究制定了《关于加快推进特色小镇文化建设的若干意见》，努力在特色小镇建设中做出文化的贡献。紧扣全省经济社会发展大局，颁布实施了《浙江省文化发展"十三五"规划》。

二是艺术事业发展增添新动力。浙江音乐学院正式获批建立，省政府与文化部签订省部共建协议，为文化强省建设提供了重要的人才培育基地。《省政府办公厅关于支持戏曲传承发展的实施意见》正式印发，我省地方戏曲剧种普查全面启动。加强主旋律作品和重点剧目的创作、传播与推广，浙江交响乐团、浙江京剧团、浙江小百花越剧团、浙江越剧团、浙江话剧团有限公司、浙江昆剧团等单位，推出了交响合唱音乐会《长征组歌》、京剧现代戏《大渡河》、纪念汤显祖莎士比亚逝世400周年主题越剧《寇流兰与杜丽娘》、省地合作越剧《张玉娘》等一批新剧目，组织了政论体话剧《谁主沉浮》全国巡演，举办了纪念越剧诞辰110周年和《十五贯》晋京演出60周年等系列活动。精心做好2016年度国家艺术基金申报工作，我省资助项目复评较去年增长93%。成功举办了"新松计划"全省青年舞蹈演员大赛，发现和推出了一批优秀青年舞蹈表演人才。

三是现代公共文化服务体系建设扎实推进。基本公共文化服务标准化、基层综合性文化服务中心建设和公共文化机构法人治理结构三项全国改革试点工作取得了阶段性的显著成果。全省已经出台各类行业标准和项目标准109个，开发了公共文化服务标准化动态评估系统；《省政府办公厅关于推进基层综合性文化服务中心建设的实施意见》正式出台，今年前5个月新增农村文化礼堂412家，全省累计建成5371家；全省共有57家公共文化机构成立了理事会。督促推进了10个公共文化服务重点市县建设。成立了全国首家省级公共文化管理学院。部署开展了2016年度全省公共图书馆全民阅读节十大系列活动。

四是文化遗产保护利用全面加强。全省文物工作会议召开。继续推进良渚古城遗址申遗前期准备工作和"海上丝绸之路"联合申遗相关工作，宁波市被列为参与海丝申遗城市之一。余杭区瓶窑镇良渚古城遗址外围水利系统考古调查与发掘获评"2015年度全国十大考古新发现"和"中国田野考古一等奖"。在松阳正式启动了"拯救老屋行动"项目。省博物馆和浙江自然博物馆的两个展览获全国博物馆十大陈列展览精品奖。圆满完成迎接国务院消防安全考核组考评我省文物工作。加强非遗传承人群培训，助推传统工艺振兴。成功举办了第11届浙江省非物质文化遗产节和中国义乌文交会浙江省非物质文化遗产展。

五是文化产业和文化市场实现新发展。部署推动了木雕根雕石刻产业和文房产业的传承发展。持续推动义乌文交会转型升级，本届文交会实现洽谈交易额52.04亿元，同比增长2.7%。组织举办第四届动漫衍生品授权交易活动，总授权金额2.09亿元，较上届增长32%。组织认定17家文化企业为省文化产业示范基地。与省科技厅共同确定了3个文化领域省重大科技项目。推荐杭州市、宁波市申报国家文化消费试点城市。新远集团稳步提升主营业务，积极拓展文交所等新业务。作为全国试点省份，研究制定了《关于在我省试行文化市场黑名单管理办法的实施方案》。

六是对外及对港澳台文化交流成效明显。积极参与国家文化外交活动，赴"一带一路"沿线国家卡塔尔、埃及举办文化交流活动。支持宁波市举办"东亚文化之都"活动。共组派了9个团组先后赴亚洲、南美洲、大洋洲、非洲的12个国家、17个城市开展"欢乐春节"活动，组派团队规模、出访国家范围居历年之最。密切配合省委、省政府重大涉外活动，承担了"美丽浙江·欣赏香港"浙江文化旅游美食节活动开幕式演出。三个项目成功入选文化部港澳台办2016年度对港澳文化交流重点项目。上半年，共实施对外及对港澳台文化交流项目471起。

七是重大文化设施建设持续推进。中国丝绸博物馆改扩建项目竣工验收。浙江小百花艺术中心项目主体结构结顶。浙江自然博物园核心馆区项目进入基础结构施工，预计9月底前主体结构结顶。浙江之江文化中心项目已经获得了项建书的批复，正式启动了规划及城市设计方案的公开征集和竞赛，拟通过政府采购方式确定PPP专业咨询机构编制社会力量参与的方案。浙江美术馆馆舍维修项目第一阶段计划完成。

八是党的建设全面加强。扎实开展"两学一做"学习教育。主动对接完成省纪委向我厅派驻纪检组工作，并初步建立了一支省级文化系统纪检干部队伍。对党员提出了负面清单、对基层党组织提出了责任清单。对9家厅属单位开展2015年度"公务支出公款消费"专项审计。加强廉政教育，召开了省级文化系统干部警示大会，开展了厅属单位负责人廉政谈话，每周向厅管干部发送"廉言纪语"廉政短信。

三、认真抓好下半年各项重点工作

做好下半年工作，要突出重点，力求实效，努力实现"十三五"良好开局。

（一）紧扣G20峰会这一重点

距离峰会的举办仅剩下两个多月，各项筹备工作进入验收提升阶段。接下来，我们要重点做好以下几方面的工作：一要抓好交流点的维修改造和布展等工作。目前，中国丝绸博物馆、浙江音乐学院和浙江美术馆相关场馆设施的维修改造已基本完成，接下来要抓紧做好布展等相关工作，提前进行试运行。二要抓好伴宴演出的调整与排练工作。根据杨洁篪国务委员的指示与要求，抓紧抓好曲目调整，确保进度和艺术质量。三要主动帮助杭州市办好文艺晚会。做好艺术院校师生参演人员的暑期安排，确保文艺晚会参演人员时间档期。四要做好氛围营造工作。省属文艺院团要办好"迎峰会"系列文艺专场演出，省级大型公益性公共场馆要办好专题展览，努力为G20峰会营造良好氛围。五要确保全省文化领域平安稳定。自5月31日起，原则上暂停省内涉外文艺演出的审批；自6月30日起，原则上暂停省内大型文化活动和群众性文化活动。同时，要加强文化市场执法检查，深入开展"平安护航G20峰会文化市场安全生产综合整治行动"。厅属各单位要从本单位实际出发，根据上次省级文化系统反恐维稳及安全生产工作会议的部署，深入抓好反恐维稳及安全生产工作，坚决打赢"平安护航G20峰会大会战"。5月下旬，厅办公室（安全保卫部）对省级文化系统营业性公众聚集场所安全生产情况进行了集中检查，对存在的问题发出了整改通知书。请相关单位抓紧整改，及时将整改情况报厅办公室（安全保卫部）。

（二）突出改革创新主线

深化基本公共文化服务标准化均等化、基层综合性文化服务中心建设、公共文化机构法人治理结构三项全国改革试点，确保高质量通过文化部验收。贯彻落实中办、国办《关于进一步深化文化市场综合执法改革的意见》精神，深化我省文化市场综合执法改革。推进向社会购买公共文化服务，完善公共文化服务政府采购和资助目录。支持国办院团、国有剧场通过项目制等多种形式，探索艺术创作生产演出新型合作方式。制定《省文化厅向社会力量购买戏曲剧本的实施办法》，启动2016年度向社会力量购买戏曲剧本工作。继续推进简政放权工作，落实新一轮商事制度和审批制度改革相关工作。

（三）抓住繁荣发展主题

加强文艺精品创作，积极参与第十一届中国艺术节，举办浙江省第十三届戏剧节。推出第三批省属舞台艺术拔尖人才培养对象，实施第3期全省中青年编剧扶持计划。加强现代公共文化服务体系建设，推进基本公共文化服务重点市县建设，指导做好国家级和省级公共文化服务体系示范区（项目）创建工作，完成年度新增1000个农村文化礼堂（文化公园）计划，召开公共数字文化国际（浙江）论坛，启动浙江省公共图书馆三年提升计划，出台《浙江省文化馆服务规范》。加强文化遗产保护利用，认真贯彻全省文物工作会议精神，加紧研究制定《关于进一步加强文物工作的实施意见》等政策性文件，继续推进我省第一次全国可移动文物普查工作，深入实施全省文物平安工程，加强传统村落保护利用工作，举办第二届博物馆陈列展览交流会。命名第三批浙江省传统戏剧之乡，实现56个传统戏剧项目全覆盖。举办推进非遗主题（实验）小镇建设。办好第八届中国（浙江）非遗博览会和省级传统戏剧非遗项目展演专场。加强文化产业和文化市场发展，深入推进特色小镇文化建设工作，指导我省国家文化消费试点地区做好试点工作。启动全省文化市场管理领导小组办公室恢复组建及运行工作。启动实施文化市场黑名单管理制度。加强对外和对港澳台文化交流，在澳大利亚、新西兰和中国台湾举办"浙江文化节"活动，组织举办汤显祖、莎士比亚逝世400周年纪念活动。推进重大文化设施建设，争取浙江自然博物园核心馆区项目在年底完成建筑主体结顶，浙江小百花艺术中心项目年底前建成，完成浙江省之江文化中心项目工程设计、PPP等前期工作，谋划九莲庄改造等项目。

（四）打好"补短板"主动仗

4月底，省委召开十三届九次全会，出台了《关于补短板的若干意见》。全会强调，补短板是一项系统工程，既是攻坚战，又是持久战。今年以来，我们部署开展了"找短板"专项行动，已经找出了不少"短板"。文化系统要结合实际，持续开展"找短板、补短板活动"。我多次强调：一要从与经济社会发展是否协调上找短板，二要从中央、省委对文化工作的要求上找短板，三要从人民群众对文化需求上找短板，四要从与全国改革发展先进标杆的比较上找短板，五要从文化领域各板块工作是否均衡上找短板。针对查找出来的问题，要落实责任，明确时间，下大力气解决一批重点难点问题，切实把省委决策部署贯彻落实好，为文化强省建设夯实基础。

（五）守住廉洁自律底线

省委和省纪委对省级文化系统建设高度重视，向我们派驻了纪检组，为推动我们党风廉政建设提供了机构保障和力量支撑。今年上半年，继姚颂和、邵安强案件之后，我们身边又发生了一起违纪案件。同时，在对9家厅属

单位2015年度"公务支出公款消费"专项审计中，也发现了不少问题。这些都说明了我们省级文化系统廉政建设还存在不少薄弱环节，必须要引起我们高度重视。党风廉政建设是"1"，其他各项工作是后边的"0"，如果没有党风廉政建设的"1"，其他工作做得再好也都是"0"。一是廉政责任要到位。厅属各单位要真正把纪律和规矩挺在前面，严格落实党风廉政建设"两个责任"，"一把手"要担负起亲自主抓、直接推动、全面落实的总责、主责，班子其他成员要按照"一岗双责"要求切实担当分管责任。要把廉政建设纳入"两学一做"中去，学深学透廉政规定和相关法规，树廉洁之心，做廉洁之人。二是问题整改要到

位。对9家厅属单位审计发现的问题，要逐条进行整改。其他单位也要引以为戒，开展自查自改。机关纪委要抓好督查。三是内控建设要到位。要根据省财政厅、审计厅和人社厅《关于加强行政事业单位内部控制建设的通知》精神，加强省级文化系统行政事业单位内部控制建设，强化内部流程控制，加强廉政风险防范，切实提高行政事业单位内部治理水平和权力运行效能。

同志们，今年下半年是具有特殊意义的半年。做好下半年的工作，意义重大、任务艰巨。我们要深入开展"两学一做"学习教育，进一步改进作风，提升效能，努力为办好G20峰会、加快文化强省建设做出新贡献！

2016 年全省市级文化广电新闻出版局长座谈会

【概况】 7月25日至26日，省文化厅在杭州召开2016年全省市级文化广电新闻出版局长座谈会。会议以习近平总书记系列重要讲话精神为指引，认真学习贯彻省委十三届九次全会和全国文化厅局长座谈会精神，总结上半年主要工作，部署下半年重点工作任务，研究提出了文化系统查补短板的举措，努力加快文化强省建设。省文化厅党组书记、厅长金兴盛出席会议并讲话，省文化厅党组副书记、副厅长陈瑶主持会议，厅领导褚子育、黄健全、柳河、端木义生、蔡晓春、刁玉泉、李莎、任群，全省各设区市及义乌

市文化广电新闻出版局局长，省文物局副局长，厅局机关各处室和厅属各单位主要负责人出席会议。

金兴盛全面总结了全省文化系统上半年主要工作，充分肯定了各项工作取得的新进展新成效，并对下半年重点任务进行部署。他指出，下半年工作要突出重点，力求实效，努力实现"十三五"良好开局。一是要全力以赴服务保障杭州G20峰会。二是要加强文艺精品创作。三是要着力提升公共文化服务水平。四是要全面深化文化体制改革。五是要加强文化遗产保护利用。六是

要推进文化产业和文化市场发展。七是要持续推动文化走出去。八是要推进重大文化设施建设。

金兴盛从发展要素支撑、体制机制、文化业务工作、文化治理能力等四个方面，对我省文化改革发展存在的短板进行查摆与分析。他指出，全省文化系统要强化问题导向和短板意识，着力补齐短板、拉高标杆，积极培育我省文化发展新优势。一要用好政策。大力落实和谋划文化政策。积极争取文化立法。充分利用好省委、省政府相关的重要考核机制。二要深化改革。进一步转变

政府职能。深化公共文化服务三项全国改革试点任务。深化国有文艺院团改革。推动社会化改革。三要突破重点。提升公共文化设施网络服务效能。推进基本公共文化服务标准化均等化。强化文化艺术原创能力建设。推动文化产业转型升级。加强文化市场监管。提高文化遗产保护利用水平。提升文化"走出去"的质量与效果。四要厚植优势。着力形成产品优势、人才优势、创新优势、品牌优势、管理优势，夯实高水平发展基础。

金兴盛强调，文化系统建设直接关系到文化事业的发展繁荣。当前，要扎实推进"两学一做"学习教育活动，切实增强政治意识、大局意识、核心意识和看齐意识，强化道路自信、理论自信、制度自信和文化自信。同时，狠抓执行落实，加强廉政建设，促进干事创业，努力形成比学赶超的良好氛围。

会上，与会代表分组进行了座谈，交流了"十三五"时期主要发展思路，对补齐工作短板进行了探讨，并就改进我省文化工作提出意见与建议。会议期间，与会代表还参观学习了中国丝绸博物馆专题展览等。

（厅办公室）

在 2016 年全省市级文化广电新闻出版局长座谈会上的讲话

省文化厅党组书记、厅长　金兴盛

（2016 年 7 月 25 日）

同志们：

这次会议的主要任务是，以习近平总书记系列重要讲话精神为指引，认真学习贯彻省委十三届九次全会和全国文化厅局长座谈会精神，总结今年上半年主要工作，部署下半年重点工作任务，研究分析我省文化改革发展存在的短板，努力补齐短板、拉高标杆，加快建成文化强省。下面，我谈四个方面意见。

一、关于上半年工作总结和下半年重点工作任务

半年多来，全省文化系统以创建全国文化发展示范区为目标，以服务保障 G20 为中心，改革创新、积极进取，着力抓好文化强省建设重点任务，各项工作取得新进展新成效。

一是服务大局积极有为。筹备杭州 G20 峰会是今年中央交给浙江的一项重大任务，文化系统承担了办好峰会专场文艺晚会、各国元首欢迎晚宴和多场双边会见伴奏演出、峰会相关文化交流、对口接待一国代表团、确保文化市场平安稳定、营造迎接 G20 峰会良好文化氛围等任务，目前各项筹备工作取得积极进展和明显成效。围绕庆祝中国共产党成立 95 周年等重大主题，举办"永远跟党走"文艺晚会、专题优秀作品展演等活动，得到了省领导的高度评价。紧扣"特色小镇"部署，制定实施了《关于加快推进特色小镇文化建设的若干意见》。围绕经济社会发展大局，率先在全国文化系统颁布实施了《浙江省文化建设"十三五"规划》。

二是艺术事业发展增添新动力。浙江音乐学院正式获批建立，省政府与文化部签订省部共建协议。《省政府办公厅关于支持戏曲传承发展的实施意见》正式印发，全省地方戏曲剧种普查取得阶段性成果，新华社内参专门报道了浙江戏曲保护经验。加强主旋律作品的创作、传播与推广，推出了交响合唱音乐《长征组歌》、京剧现代戏《大渡河》、纪念汤显祖和莎士比亚逝世 400 周年主题越剧《寇流兰与杜丽娘》等一批优秀作品，组织了政论体话剧《谁主沉浮》全国巡演，举办了纪念越剧诞辰 110 周年和《十五贯》晋京演出 60 周年等系列活动。精心做好 2016 年度国家艺术基金申报工作，我省获资助立项数 36 项，较去年增长了 20%。成功举办了"新松计划"全省青年舞蹈演员大赛等。

三是现代公共文化服务体系建设扎实推进。公共文化服务三项全国改革试点工作取得了阶段性的显著成果。全省已经出台各类行业标准和项目标准 111 个；

《省政府办公厅关于推进基层综合性文化服务中心建设的实施意见》正式出台，上半年新增农村文化礼堂 604 家，全省累计建成 5563 家；全省共有 57 家公共文化机构成立了理事会。丽水、金华、衢州等 10 个公共文化服务重点市县持续推进提升计划。嘉兴市和绍兴市、余杭区创建国家公共文化服务示范区和项目，均以高分通过专家评审。丽水"乡村春晚"、温州"城市书房"、舟山"淘文化"、杭州"悦读计划"、湖州"文化走亲"等公共文化服务品牌，广受媒体关注。同时，成立了全国首家省级公共文化管理学院。部署开展了 2016 年度全省公共图书馆全民阅读节十大系列活动。

四是文化遗产保护利用全面加强。深入贯彻习近平总书记和李克强总理重要批示精神，全省文物工作会议召开。推进良渚古城遗址申遗和"海上丝绸之路"联合申遗相关工作，宁波市被列为参与海丝申遗城市之一。余杭区瓶窑镇良渚古城遗址外围水利系统考古调查与发掘获"全国十大考古新发现"和"中国田野考古一等奖"。温州市被列为国家历史文化名城。在松阳县正式启动了"拯救老屋行动"项目。省博物馆和浙江自然博物馆获全国博物馆十大陈列展览精品奖。圆满完成迎接国务院考核组考评我省文物系统消防安全的有关工作。加强非遗传承人群培训，助推传统工艺振兴。成功举办了第 11 届浙江省非物质文化遗产节、浙江省非物质文化遗产传统工艺品及衍生品设计大展等。

五是文化产业和文化市场实现新发展。中国（义乌）文交会持续转型升级，本届文交会实现洽谈交易额 52.04 亿元，同比增长 2.7%。组织举办第四届动漫衍生品授权交易活动，总授权金额 2.09 亿元，较上届增长 32%。组织认定 17 家文化企业为省文化产业示范基地。18 个项目入围中央财政文化产业专项资金资助重大项目。宁波市成功入选了第一批国家文化消费试点城市。与省科技厅共同确定了 3 个文化领域省重大科技项目。动漫产业管理和服务标准通过省级地方标准立项。作为全国试点省份之一，率先研究制定了《文化市场黑名单管理办法实施方案》。

六是对外和对港澳台文化交流成效明显。积极参与国家文化外交活动，赴"一带一路"沿线国家卡塔尔、埃及举办文化交流活动。宁波市成功举办了"东亚文化之都"系列活动。共组派了 9 个团组先后赴亚洲、南美洲、大洋洲、非洲的 12 个国家开展"欢乐春节"活动，举办演出活动 64 场，我省组派团队规模、出访国家范围居历年之最。密切配合省委、省政府重大涉外活动，承担了"美丽浙江·欣赏香港"浙江文化旅游美食节活动开幕式演出等。我省 3 个项目成功入选 2016 年度全国对港澳文化交流重点项目，居全国各省区市之首。

七是重大文化设施建设态势良好。中国丝绸博物馆改扩建项目总体竣工验收。浙江小百花艺术中心项目主体结构结顶。浙江自然博物园核心馆区项目进入基础结构施工。浙江之江文化中心项目建书已获批复，正式启动了规划及城市设计方案的公开征集和竞赛。浙江美术馆馆舍维修项目第一阶段计划全部完成。同时，衢州中国儒学馆、台州市博物馆、湖州市美术馆、丽水市图书馆新馆、嘉兴市图书馆二期工程、义乌博物馆新馆和美术馆等一批市县重大文化设施建设也正在积极推进。

八是党的建设和队伍建设全面加强。扎实开展"两学一做"学习教育。创新党支部建设。完善党组织负责人"三级述职"制度，对基层党组织加强分级管理。主动对接完成省纪委向我厅派驻纪检组工作，初步建立了一支省级文化系统纪检干部队伍，全面加强党风廉政建设和反腐败工作。开展 2015 年度"公务支出公款消费"专项审计。加强廉政教育，开展了厅属单位负责人廉政谈话，每周以"廉言纪语"向厅管干部发送廉政短信，召开了省级文化系统干部警示大会。完善领导干部个人重大事项报告制度。推动干部能上能下。部署实施了浙江省文化创新团队和浙江省文化厅优秀专家培育项目。

下半年，全省文化系统要着力抓好以下几项重点工作：

一是要全力以赴服务保障杭州 G20 峰会。距离 G20 举办只有 1 个多月，筹备工作进入最后冲刺阶段。要紧紧围绕 G20 任务清单，高质量完成 G20 文艺晚会、伴奏演出、文化交流、对口接待一国代表团等重点任务。各地要切实肩负起管理主体责任，深入开展"平安护航 G20 文化市场安全生产综合整治行动"和全省文物安全大排查大整治专项行动，加强大型文化活动和大型公共文化设施的管理，各单位都要从实际出发全面加强安全管理，加强干部教育,确保全省文化领域平安稳定。举办"迎峰会"专题展览展示,努力为 G20 营造良好氛围。

二是要加强文艺精品创作。抓好重点作品的创作与修改加工。积极参与第十一届中国艺术节,举办浙江省第十三届戏剧节。制定《省文化厅向社会力量购买戏曲剧本的实施办法》。加强省属文艺院团与地方文艺院团的扶持性合作。推进全省地方戏曲剧种普查,加强戏曲传播。推出第三批省属舞台艺术拔尖人才培养对象,实施第 3 期全省中青年编剧扶持计划。加强全省公共美术馆建设和全省国有画院美术创作、研究工作。

三是要着力提升公共文化服务水平。指导推进 10 个公共文化服务重点市县建设。开展基本公共文化服务标准化数据跟踪平台建设。指导做好国家级和省级公共文化服务体系示范区(项目)创建工作。完成年度新增 1000 个农村文化礼堂计划。加强乡镇综合文化站利用工作。召开公共数字文化国际(浙江)论坛。启动浙江省公共图书馆三年提升计划。配合做好《浙江省公共文化服务保障条例》立法工作。出台《浙江省文化馆服务规范》。

四是要全面深化文化体制改革。深化公共文化服务标准化、基层综合性文化服务中心建设、公共文化机构法人治理结构三项全国改革试点,确保高质量通过文化部验收。研究制定《关于进一步深化文化市场综合执法改革的实施意见》,深化文化市场综合执法改革。认真贯彻中央全面深化改革领导小组刚刚审议通过的

《关于加强文化领域行业组织建设的指导意见》,加强文化类社会组织的培育和管理工作。推进向社会购买公共文化服务,完善公共文化服务政府采购和资助目录。支持国办院团、国有剧场通过项目制等多种形式,探索艺术创作生产演出新型合作方式。

五是要加强文化遗产保护利用。认真贯彻习总书记等中央领导同志的批示精神,推进良渚遗址保护与申遗工作。继续做好"海上丝绸之路"联合申遗相关工作。继续推进浙江省第一次全国可移动文物普查工作。完成第七批省级文保单位遴选与评估工作,并提请省政府批准公布。深入实施全省文物平安工程。加强传统村落保护利用工作。举办第二届博物馆陈列展览交流会。研究起草《关于加强文物工作的实施意见》,制定出台《浙江省文物保护单位保护区划划定规程(试行)》等。开展非物质文化遗产法贯彻情况检查。组织第五批省级非遗代表性项目评审。命名第三批浙江省传统戏剧之乡,实现 56 个传统戏剧项目全覆盖。推进非遗主题(实验)小镇建设。办好第八届中国(浙江)非遗博览会和省级传统戏剧非遗项目展演专场。

六是要推进文化产业和文化市场发展。深入推进特色小镇文化建设工作。日前,国家发改委等多部门联合发文部署特色小镇建设。各地各单位要认真贯彻特色小镇文化建设文件精神,找准切入点,努力为特色小镇注入文化内涵。积极开展国家文化消费试点。做好我省国家级文化产业示范园区(基地)申报推荐工作。做好文化领域 PPP 项目的征集

和报送工作。完善省文化科技专家库和全省文化科技综合查新咨询平台。做好全省文化市场管理领导小组办公室恢复组建及运行工作。启动实施文化市场黑名单管理制度。完成全国文化市场技术监管与服务平台接口对接工作。研究落实全省网吧监管系统研发使用工作。

七是要持续推动文化走出去。继续实施"澳大利亚·美丽浙江文化节"系列交流活动。在卡塔尔举办中国文化节,并在我省举办中卡摄影采风创作展览。组织举办汤显祖、莎士比亚逝世 400 周年纪念活动。办好第十届"台湾·浙江文化节"。举办"中阿合作论坛"框架内"阿拉伯国家文博专家研修"项目。研究起草《关于加强对外和对港澳台文化工作的实施意见》。

八是要推进重大文化设施建设。争取浙江自然博物园核心馆区项目在年底完成建筑主体结顶;力争浙江小百花艺术中心项目年底前建成;完成浙江省之江文化中心项目工程设计、PPP 等前期工作;谋划浙江考古遗产展示园、九莲庄厅属地块改造等项目。各地也要加强对"十三五"文化设施建设的谋划,争取将重大设施建设纳入地方规划的重点项目。

二、关于我省文化改革发展存在的短板

4 月底,省委召开十三届九次全会,出台了《关于补短板的若干意见》。今年以来,我们部署开展了"找短板"专项行动,找出了不少"短板"。有些是长期以来积累的,有些是不适应新形势造成的;有些是全国文化系统普遍存

在的，有些是浙江特别明显的。概括起来有以下几方面：

（一）发展要素支撑方面存在的短板

一是文化立法比较滞后。我省文化立法起步晚，缺少规划，文化立法总体薄弱。在公共文化服务保障、促进文化产业发展等重要领域，仍缺乏法律法规的有力支撑。二是文化投入缺乏制度保障。近年来，我省文化投入持续增长，但仍然存在总量偏小、比重偏低，地区投入差距大等问题。文化投入缺乏制度保障和刚性约束，与地方经济增长挂钩的文化事业发展经费增长机制仍未建立。三是文化人才队伍总体实力不够强。当前我省文化人才队伍依然存在高层次人才偏少、专业人才极度短缺、基层文化队伍力量薄弱、一些乡镇文化员未能"专职专用"等问题。

（二）体制机制方面存在的短板

一是文化体制改革中深层次矛盾凸显。自2003年开始，我省作为中央文化体制改革综合试点，起步早，改革进度和成效走在了全国前列。但随着改革向纵深推进，一些深层次问题和矛盾日渐凸显，如转企改制中人员身份转换、社保衔接、国有文化资产管理体制、落实公共财政保障问题等，制约了改革进一步推进。二是文化企事业单位的管理体制机制运行不顺畅不高效。已经转企改制的文化企业，尚未建立完善的现代企业制度，距离合格的市场主体还有较大差距。一些公益性事业单位管理行政化倾向明显，运行机制不灵活，内部活力不够，服务质量和效率不高。三是

社会力量参与文化建设的机制不健全。社会力量参与文化建设和营运仍零星分散，政策导向不明显，尚未形成规模，政府、市场、社会之间的良性互动机制也没有形成。

（三）文化业务工作方面存在的短板

一是文化基础设施建设欠账较多。部分经济欠发达地区的文化设施相对落后。浙江省基层公共文化服务动态评估数据显示，县级文化馆、图书馆总面积排名，排前10位的县（市、区）平均面积32760平方米，排后10位的平均面积只有3393平方米，相差近10倍。文化设施建、管、用未能有机结合，有的设施没有充分发挥作用，有的设施长期被挪用。二是公共文化服务还不够均衡。城乡、区域、人群不均等的情况依然存在。此外，还存在两种失衡：一种是"逆向失衡"，部分城区文化服务滞后；另一种是"供需失衡"，所提供的文化产品和服务与群众文化需求，存在供求矛盾和结构性短缺。三是文艺精品力作不多。艺术作品的原创能力较弱，艺术创新乏力，缺乏具有全国影响力的精品力作，艺术市场开拓困难。四是文化遗产安全形势仍比较严峻，合理利用还不足。偷盗古墓葬、古遗址、古建筑构件及走私文物等违法活动屡禁不止，建设性破坏文物的事件时有发生，一些传统技艺后继乏人，文化遗产资源利用远远不够。五是文化产业发展水平总体不高。许多文化企业存在低小散问题，集聚在生产复制环节，处于价值链的低端，产品档次和科技含量偏低，文化产品附加值低。六是文

化市场体系还不够健全。合格的市场主体还不够，要素市场不健全，平台建设滞后，市场监管形势严峻，网络直播平台低俗色情等违法新形态正在滋长。七是文化走出去的方式方法还比较单一。存在重迎合、轻主导；重政府、轻民间；重交流、轻贸易；重动态、轻静态等情况，具有核心竞争力的对外文化产品相对较少。

（四）文化治理能力方面存在的短板

一是政府职能转变不够彻底。近年来虽然简政放权的力度比较大，但是政府职能转变还不到位，增效提质的效果还不够明显，尚未真正实现由"办文化"向"管文化"转变。二是公共文化资源配置效率不够高。文化产品供给与群众文化需求存在脱节，部分文化设施布局不合理，管理运营水平低下，利用不足，还不能有效满足人民群众多样化的文化需求。三是管理观念、方式都不能完全适应社会主义市场经济的要求。市场机制的运用不够充分，文化宣传推广手段欠缺，在对外文化交流中掌握和运用国际规则的本领还不够强。

三、关于补齐短板、拉高标杆

针对上述的主要短板，下一步，我们要着力补齐短板，积极培育我省文化发展新优势。

一要用好政策。文化政策是补短板的重要保障。一是要大力落实和谋划文化政策。运用好近年来中央和省委、省政府密集出台的一系列文化新政策，提高政策执行水平，确保政策真正落到实处，充分释放政策红利。同时，加强政策研究与谋划，继续争取出台更多具有含金量的文化发展

政策,努力为文化改革发展提供支撑。二是要积极争取文化立法。配合推动《浙江省公共文化服务保障条例》和《浙江省文化产业发展促进条例》等地方性法规的出台,做好《浙江省非物质文化遗产条例》等法规的修订。三是要充分利用好省委、省政府相关的重要考核机制。如省委意识形态工作年度责任制考核,包含了文化建设内容,可借势推动各地党委、政府提升对文化工作的重视程度,强化文化建设。

二要深化改革。一是要进一步转变政府职能。深入推进"四张清单一张网"工作,简政放权,放管结合,优化服务。按照中央精神,深化文化市场综合执法改革,指导推动市级与县级综合执法机构理顺关系。二是要深化公共文化服务三项全国改革试点任务。构建以省级标准为基础、行业标准为支撑和项目技术标准为补充的标准体系。全面推进以农村文化礼堂为代表的基层综合性文化服务中心建设。深化公共文化机构法人治理结构改革,推动更多的文化事业单位组建理事会。三是要深化国有文艺院团改革。加大对转企改制国有文艺院团的扶持力度,加快解决改制院团的历史遗留问题。推动保留事业体制的文艺院团理顺管理体制,改革创新内部机制,探索企业化管理。探索国有文艺院团社会化改革,引入社会力量参与经营管理。四是要推动社会化改革。完善政府向社会力量购买公共文化服务机制,推广运用政府和社会资本合作等模式,促进公共文化服务提供主体和提供方式多元化。探索推进重大文化设施项目

的所有权与经营权分离,探索PPP等形式在文化设施运营管理中的创新应用。

三要突破重点。一是要提升公共文化设施网络服务效能。坚持建设与管理利用并举,"十三五"期间努力实现市有五馆(文化馆、图书馆、博物馆、非遗馆和美术馆),县有四馆(文化馆、图书馆、博物馆、非遗馆或展示场所)。全省文化礼堂达10000家。同时,制定和完善各类文化设施的服务标准,全面提升利用率和服务效率。二是要推进基本公共文化服务标准化均等化。全面落实《浙江省基本公共文化服务标准(2015—2020年)》。推动文化精准扶贫,着力提升重点市县的公共文化服务水平。改进公共文化服务供给机制,促进文化供给与群众需求对接。建设云环境下的公共文化智能服务系统。健全全省图书馆联盟、文化馆联盟、美术馆联盟、博物馆联盟等平台,完善资源共建共享。三是要强化文化艺术原创能力建设。加强浙江当代舞台艺术精品创作题材库建设和浙江当代舞台艺术原创剧本创作扶持,积极推动文艺创新,重点打造一批具有地域特点和市场影响力的艺术精品,重点培育一批知名文艺团体和优秀文艺人才。加强文艺评论研究。四是要推动文化产业转型升级。围绕省委提出的"把文化产业培育成为万亿产业"的目标,创新演艺娱乐、动漫游戏、网络文化和数字文化服务、艺术品和工艺美术、创意设计、文化会展、文化旅游等七大行业提升推进机制。深化文化产业与相关产业融合发展,培育新型文化业态。推动文化文物单位文

化创意产品开发。建设文化产业发展综合服务平台。五是要加强文化市场监管。降低准入门槛,大力培育文化市场主体,引导文化市场转型升级。完善现代文化市场体系,促进文化消费。推动全省文化市场综合执法队伍建设。加强市场信用体系建设,研究制定文化市场分级分类等管理办法。加大对非法网络表演行为的整治。六是要提升文化遗产保护利用水平。进一步增强文化遗产安全保障能力,完善文化遗产保护传承机制。加强文物建筑活化利用,探索建立政府主导、部门联动、村民主体的传统村落保护利用管理模式;进一步加强非遗生产性保护,推动传统手工艺振兴,努力在文化遗产合理利用上有明显突破。七是要提升文化"走出去"的质量与效果。建立对外文化交流项目遴选机制,加强优秀项目打造与储备,进一步完善浙江省对外文化交流项目库。拓展文化交流渠道,在艺术指导和人才培养等方面加大对民间文化交流的扶持力度。把文化贸易作为对外文化交流的重要途径,建设对外文化贸易创业创新支撑平台。

四要厚植优势。"十三五"期间,我们的奋斗目标是努力建成文化强省,文化发展主要指标位居全国前列,成为在全国具有重要影响力的文化发展示范区域。要实现这个目标,我们必须要夯实工作基础,培育发展优势。一是要形成产品优势。深入实施精品工程,提高艺术自主创新能力,努力打造一批深受群众喜爱和市场欢迎的精品力作,加强优秀作品传播推广,为公共文化服务、文

化产业发展和对外文化贸易等领域的发展提供支撑。二是要形成人才优势。统筹推进浙江音乐学院、浙江艺术职业学院及其他艺术院校发展，进一步完善艺术教育体系。加大文化人才培育、引进力度，重点深化文化拔尖人才培养，发展壮大高层次人才队伍。改善基层文化队伍结构。三是要形成创新优势。营造鼓励创新环境，推动思想观念、体制机制、方式手段创新。加强创新型艺术团队建设。加强基层创新经验推广。加强文化科研及应用工作。四是要形成品牌优势。注重文化资源挖掘利用，各地都要打造一批地方特色品牌，同时加强各业务领域核心品牌培育，形成浙江文化品牌群。五是要形成管理优势。进一步改进文化管理方式，加强文化资源的有效统筹与配置，强化文化发展的研究与谋划，增强文化治理能力，推动现代文化治理体系建设。

四、关于进一步加强文化系统建设

文化系统建设直接关系到文化事业的发展与繁荣。在此，我对进一步加强文化系统建设再提几点要求：

一要推进"两学一做"。要坚持学深学透，学好党章党规，学好习总书记系列重要讲话精神，当前尤其要抓好习总书记在庆祝中国共产党成立95周年大会上讲话精神的学习贯彻，切实增强政治意识、大局意识、核心意识和看齐意识，强化道路自信、理论自信、制度自信和文化自信，深刻理解文化自信的内涵与要求，提升文化工作者的自豪感和使命感，更加积极主动地投身文化建设。

二要狠抓执行落实。今年是实施"十三五"规划的开局之年，是G20峰会在我省举办的特殊之年，也是一系列文化政策的落实一年。要重视加强文化系统执行能力建设，建立主体明确、层级分明、具体量化的工作责任制，强化督促检查，确保高质量完成各项工作任务。

三要促进干事创业。文化工作正处于提升期、强化期和创新期，文化部门承担的任务越来越重。去年以来，省文化厅推出了厅属单位"一把手"工作交流例会制度，每季度召开一次，每次6家单位，亮一亮成绩，比一比贡献，

这一做法助推了比学赶超的氛围，得到了许多干部的认可。接下来，不仅要坚持好这项制度，还要进一步谋划设计出一些新的载体，促使文化系统广大干部职工提高拼搏攻坚意识，跑出加速度、打赢主动战。

四要加强廉政建设。近几年，省级文化系统相继发生了一些违法违纪案件，各地也发生了一些违纪案件，教训非常深刻，这些都说明了我们文化系统党风廉政建设还存在不少薄弱环节，必须要引起我们高度重视。各地各单位要严格落实党风廉政建设"两个责任"，在抓常抓细抓实上下功夫，明确任务清单，不断完善廉政制度，持续开展廉政教育，定期进行廉情分析，加强单位内部控制建设，强化廉政风险防范，勇于问责，敢于处理，努力确保文化系统风清气正。

同志们，我省文化建设正处于重要的发展节点。我们要强化责任担当，切实增强文化自觉和文化自信，以扎实的作风和显著的成效迎接G20峰会的胜利召开，加快推进文化强省建设！

全省特色小镇文化建设现场会

【概况】 为进一步推进特色小镇文化建设相关工作，12月5日，省文化厅在余杭召开了全省特色小镇文化建设现场会，省文化厅厅长金兴盛出席会议并讲话。

金兴盛要求全省文化系统加强工作主动性，立足长远、因地制宜，充分发掘当地资源潜力，充分依托当地建筑特色、产业特点、历史传统、人文性格等，走综合利用之路，使小镇发展有文化资源依托，文化资源有历史机遇新生，人民群众有实际利益可见，使特色小镇文化建设具备长久和旺盛的生命力。同时，树立国际化思维，全球化视野，把特色小镇文化建设放在全球化、放在"一带一路"等国家对外开放战略的高度，积

极发挥 G20 峰会后续效应，不断增强对外交流的力度和广度，打造全球视野的特色小镇文化元素。

会上将上城南宋皇城小镇（原吴山宋韵小镇）、余杭梦想小镇、拱墅天子岭静脉小镇、杭州湾新区滨海欢乐假期小镇、宁海森林温泉小镇、北仑梅山海洋金融特色小镇、丝绸小镇（吴兴片区）、湖州南浔湖笔小镇等 20 个在文化建设上有创新亮点的特色小镇公布为首批特色小镇文化建设示范点。这些小镇既有文化遗产保护的内容，也有产业发展的典型，更有公共文化服务的经验，有一定的样本意义。

省文化厅作为省特色小镇规划建设工作联席会议办公室成员单位，积极贯彻省委、省政府高质量推进特色小镇规划建设的工作

部署，在上半年研究出台了《关于推进特色小镇文化建设的若干意见》，明确了推进特色小镇文化建设的重点任务，并提出了 8 个方面的具体举措。一段时间以来，全省文化系统在推进特色小镇文化建设上开展了各自的探索和实践，在文化遗产保护、传统经典文化产业发展、公共文化服务配套、特色小镇文化活动策划举办等方面取得了一定成效，在全省层面和各市、县层面初步建立了特色小镇文化建设的工作架构和工作机制，打开了特色小镇文化建设的良好局面。下一步，省文化厅将继续深入推进特色小镇文化建设，建立和完善相关工作机制，探索特色小镇文化建设评价指标体系建设，综合特色小镇文化产业发展、文化遗产保护开发、公共文

化服务配套、文化品牌打造、文化活动策划、文化交流促进等各方面的文化建设任务，并根据各特色小镇的不同情况，因地制宜、科学合理地开展特色小镇文化建设的分类指导和分类评价，促进特色小镇的文化建设规范化、制度化、长效化。同时组织开展特色小镇文化建设展览、记者采风、特色小镇文化论坛等相关活动，编印《浙江特色小镇文化建设成果巡礼》画册，进一步增强特色小镇文化建设工作的影响力。

新华社、中国文明网、中新网、凤凰新闻、华夏经纬网、新浪新闻、网易新闻、搜狐新闻、《浙江日报》、浙江卫视、浙江在线等媒体对现场会及首批特色小镇文化建设示范点进行了报道。

（厅政策法规处）

在全省特色小镇文化建设现场会上的讲话

省文化厅党组书记、厅长　金兴盛

（2016 年 12 月 5 日）

同志们：

召开这个会议主要目的是研究文化系统如何服务省委、省政府工作大局，在特色小镇建设中进一步发挥文化的作用和力量，推动特色小镇建设持续发展。刚才，我们对 20 个特色小镇文化建设抓得比较好的单位进行了授牌，同时又有余杭、宁波的杭州湾新区、南浔、桐乡、莲都 5 个地方介绍了经验，这些对如何进一步发挥特色小镇建设中的文化建设具有积极参考意义。下面，我代

表厅党组讲几方面意见：

特色小镇建设是我省贯彻落实习总书记"在适应和引领新常态中做出新作为"的重要举措，是省委、省政府转型升级组合拳的重要一环。特色小镇是相对独立于市区，具有明确产业定位、文化内涵、旅游和一定社区功能的发展空间平台，是"产、城、人、文"的综合体。2015 年启动这项工作以来，已有 79 个特色小镇列入了省级创建名单，还有 51 个特色小镇列入了省级培育名单，我省的

特色小镇建设得到了中央的高度认可，并进行了国家层面的推广。

省文化厅作为浙江省特色小镇规划建设工作联席会议办公室成员单位，积极贯彻省委、省政府工作部署，在今年上半年研究出台了《关于推进特色小镇文化建设的若干意见》。作为全省开展特色小镇文化建设的指导性文件，明确了推进特色小镇文化建设的重点任务，并提出了 8 方面的具体举措。一段时间以来，全省文化系统在推进特色小镇文化

建设上开展了各自的探索和实践,在文化遗产保护、传统经典文化产业发展、公共文化服务配套、特色小镇文化活动策划举办等方面取得了一定成效,在全省层面和各市、县层面初步建立了特色小镇文化建设的工作架构和工作机制,打开了特色小镇文化建设的良好局面。

但从前阶段的工作实践上看,一些同志在"特色小镇文化建设"这个概念上还有模糊的地方,一些同志反映这项全新的工作开展难度较大,找不到工作的切入点和着力点,而且,各地在工作的重视程度上、主动性上存在差异、工作的成效上也存在不平衡。所以今天这个会既是思想的动员会,也是业务的培训会,更是工作的推进会。主要就是来给大家统一思想、理清思路,接下来大家还将参观余杭梦想小镇和梦栖小镇,观看特色小镇群众文艺展演和摄影展览,我想大家一定会有所收获的。

一、充分认识特色小镇文化建设的重要意义

经济发展新常态下,浙江的传统产业升级需要新的载体、社会资本投资需要新的渠道、创新智力项目转化需要新的平台、地方政府抓经济发展需要新的途径、社会公共服务提升需要新的抓手。省委、省政府审时度势,找准了各方面的需求和力量的最佳结合点,创造性地提出了推进特色小镇建设的战略构想。

建设特色小镇,既意味着推动资源整合、项目组合和产业融合的实现,也意味着创业创新主体心理的满足、价值的实现,文化认同和文化凝聚力的强化。在

《浙江省特色小镇规划建设工作联席会议办公室成员单位工作职责》中,明确规定了省文化厅的工作职能:"具体负责历史经典产业特色小镇文化内涵的挖掘,七大产业特色小镇文化内涵的打造。整合本部门资源,支持特色小镇强化文化功能建设。"省文化厅的工作职责,我理解也是全省文化系统的工作职责,所以我们文化系统在特色小镇建设中担负着重要的任务。如何理解文化建设对特色小镇建设的重要意义,我用下面5个词来概括。

(一)文化能够为特色小镇"塑魂"

从某种意义上来说,特色小镇是一种新型的共同体,而任何一个共同体都需要赖以维系的共同精神纽带,作为这个共同体得以延续发展、持续发展的精神基础,这种精神基础就会成为引领这个共同体发展的灵魂。特色小镇也需要一个灵魂,这个灵魂不是高楼大厦,也不是某一种优势产业,而恰恰是文化,只有文化能为特色小镇"塑魂"。有了这个共同的认知,形成精神纽带,特色小镇建设才可以持续、永久。这个文化包含了哪些方面,我们应该怎么去植入,我觉得有以下几个方面:第一是核心文化,就是社会主义核心价值观。第二是历史传统文化,每一个特色小镇都要独有的文化、文脉,我们要进行挖掘、整理,比如民俗文化,包括农耕文化、嫁娶文化等,这些非物质文化遗产在特定区域的居民中有共同的认知感,它可以发挥凝聚人心的作用。又比如名人文化,还有很多其他的非物质文化遗产,都是祖宗留下来的文化基因,

具有独特性。第三是激发人们参与热情的发展理念,每一个特色小镇都有激发这一个共同体的所有人们热情参与的发展理念,正是这种发展理念引领着小镇的发展,比如余杭的梦栖小镇,作为服务于高端装备制造业前端的设计产业为特征的特色小镇,把"多元、包容、开发、跨界"作为小镇建设的理念,成为激发人们参与热情的共同发展理念,还有云栖小镇,围绕云计算产业的特点,提出构建"共生、共融、共享"的生态体系,成为小镇所有企业的共同价值观,这些文化反映了时代性。第四是公共文化,公共文化服务于特色小镇的所有员工和居民,在中央和省关于公共文化服务体系建设的系列政策文件中,都有一系列的要求,包括公共文化服务设施的建设、活动的开展、产品的提供、机制的完善等等,这些都是特色小镇文化建设的内容。我们重视这种灵魂的塑造,才能使特色小镇所有的居民、员工有一种对小镇的精神认同、情感认同。

(二)文化能够为特色小镇"兴业"

文化也是一种资源,这些资源利用得好、开发得好,可以富一方百姓。很多非遗项目和文物遗存都能够合理开发利用。如省政府确定的十大历史经典产业,茶叶、丝绸、黄酒、中药、青瓷、木雕、根雕、石雕、文房四宝等,都属于非遗生产性保护的范畴。很多特色小镇都是以这些非遗项目的产业化保护为特征而建立起来的,如龙泉的青瓷小镇,以青瓷的设计、制作、销售为特征,同时带动旅游、养生;还有善涟的湖笔小

镇,以湖笔的设计、制作、销售,以及文化的弘扬为特征;还有黄酒小镇、丝绸小镇、开化的根缘小镇、龙游的红木小镇、东阳的红木小镇等等,都是以非遗项目生产性保护为特征建设的小镇;还有以戏曲为主的两个特色小镇,一个是汤显祖戏剧小镇,汤显祖是昆曲的鼻祖,他创作的《牡丹亭》历时400多年,常演常新,另一个嵊州的越剧小镇,都是把文化的资源、文化的元素进行产业化发展的典型。总之,特色小镇建设,产业是一个平台支撑,很多特色小镇都是围绕文化产业为主打造自己的特色产业结构,或者至少文化产业是特色小镇产业发展的重要组成部分。文化产业可以给特色小镇带来长期的繁荣和人口的集聚,所以说文化可以为特色小镇兴业。

(三)文化能够为特色小镇"育人"

许许多多的文化遗产体现的是重民本、守诚信、求大同、行孝道的优秀传统思想精华和道德精髓。这些思想精华和道德精髓依然具有时代价值,是社会主义核心价值观的重要源泉。通过文化遗产的传承和弘扬,通过文化活动的潜移和默化,能够使人的素质进一步提高,人的文化内涵进一步丰富。比如天台的和合文化小镇,和合文化是中华民族传统文化中的瑰宝,当地原来信访形势较为复杂,后来通过弘扬合和文化,促进了社会的和谐,很多矛盾通过协商和正当渠道解决在当地,上访大为减少。所以说文化能够为特色小镇育人,只有具备一流素质的人,才能建设一流的特色小镇。

(四)文化能够为特色小镇"添乐"

文化具有启迪人的心智与心灵作用,能够为人民群众提供丰富的文化生活。非遗传承项目、公共文化服务、文化市场消费,都能够丰富特色小镇居民的精神文化生活,为特色小镇人口集聚、安居乐业做出重要贡献,所以说文化能够为特色小镇添乐。如果小镇光有产业,没有精神文化生活,就难以集聚人口,因为人既有物质生活需要,更有精神文化需求,而且精神文化的需求一定程度上要高于物质生活需要,我们只有提供高质量的文化服务和产品,才能让当地的居民和员工快乐起来、幸福起来。

(五)文化能够为特色小镇"扬名"

特色小镇要有自己的特色,树立自己的品牌。文化特色是根本的特色。经济的特色可能是暂时的,但是,文化的特色是根本的、长远的。文化品牌随着时间的推移,越是能够发出它耀眼的光彩。比如,改革开放之初很多地方以某种产品闻名全国,但几十年后,很多产品的人气不复存在,逐渐淡出人们的记忆。但是文化品牌,如龙泉的青瓷和宝剑、东阳的木雕、青田的石雕、杭州的丝绸等等,这些品牌只会随着时间的推移越来越有韵味。文化品牌是根本,文化遗产、文化活动能够为特色小镇打出响亮的文化品牌,为特色小镇扬名。扬名之后,财富也就自然而然会来。总之,特色小镇文化建设是文化发挥对经济社会促进作用的重要抓手,我们要充分认识到文化在特色小镇建设当中的作用,只有认识到文化的作用和功能,我们的工作才可能会更有目标,更有动力,最后也会更有成效。

二、充分认识特色小镇文化建设面临的形势任务

在《关于推进特色小镇文化建设的若干意见》中,我们分类列举了八大类的工作作为特色小镇文化建设的重点内容,从一段时间的工作实践情况看,各地开展文化建设的情况各不相同,有较大的差异性。总的来看,情况是好的,工作全面启动,成效初步显现,主要表现在以下五个方面:

(一)特色小镇文化建设构建了初步的工作机制

省文化厅成立特色小镇文化建设领导小组,各个业务处室明确了年度工作目标和工作计划,深入开展了特色小镇文化建设的工作调研和分类指导,与省委宣传部、发展改革委、经信委、审计厅、旅游局等省级有关部门建立了工作的沟通机制,今天有关部门的相关业务处室负责同志也应邀参加了会议。各地分别成立了特色小镇文化建设领导小组和联席会议等类似机构,制订了特色小镇文化建设的工作目标和工作计划,如温州瓯海区还专门制定了《时尚智造小镇文化建设规划》,刚才交流的几个单位也都提到了规划先行。特色小镇文化建设整体的工作机制已经初步构建。

(二)文化产业发展上形成了氛围和机制

省政府出台了关于推进历史经典文化产业发展的系列政策,其中省文化厅牵头起草了扶持"木雕根雕石刻产业"和"文房产业"传承发展两个指导意见,并把特色小镇作为历史经典文化产业发展的主阵地,分别组织召开了特色小镇"木雕根雕石刻产业"和"文房产业"现场推进会,初步形成了推进发展历史经典文化产业特色小镇的工作机制。省文化厅与省旅游局联合起草了推进龙泉青瓷和宝剑产业发展的政策意见,在龙泉青瓷小镇和宝剑小镇探索文旅融合发展的有效途径。围绕特色小镇开展了文化生态区和非遗景区的创建,充分利用文化资源开发旅游产业的思路深入人心,文旅融合发展在特色小镇建设中找到了一条可行之路。

(三)文化遗产保护开发得到重视

作为特色小镇考核的重要指标之一,非遗的保护传承在特色小镇建设中得到了高度的重视,如上城区南宋皇城小镇进驻非遗项目20多个,在特色小镇中形成了非遗集中展示和活态传承基地。特色小镇建设范围内的文化遗存遗迹保护开发工作也取得了显著的成绩,如余杭梦想小镇中整合了"四无粮仓"、仓前历史街区、章太炎故居等成为小镇建设的核心元素之一。

(四)公共文化服务配套工程开始逐步推进

很多特色小镇,如余杭艺尚小镇、玉环智能家居小镇、景宁畲乡小镇等,在建设规划开始就把公共文化服务的配套工程纳入其中,文化艺术中心、剧院、图书馆、博物馆、展示馆等一大批工程在各个特色小镇开始建设,部分已经投入使用。

(五)文化品牌打造涌现良好典型

部分特色小镇在文化活动策划、文化对外交流方面开展了探索,乌镇戏剧节、古堰画乡国际音乐节等特色小镇文化活动的影响力显著增强。省文化馆、浙江美术馆等也围绕特色小镇文化建设举办了特色小镇群众文艺展演、特色小镇题材音乐新作展演、系列专题展览等活动,为特色小镇文化品牌的打造奠定了良好基础。部分文化艺术主题特色小镇打造潜力巨大,如遂昌汤显祖戏剧小镇、嵊州越剧小镇等,虽然并不在全省第一、第二批特色小镇建设目录内,但当地政府和文化行政主管部门审时度势,主动谋划,突出文化要素,拓展文化外延,发挥文化作用,打造文化艺术主题特色小镇,作为全省特色小镇的后备建设团队,也具有较大的发展潜力。

前期我厅政策法规处牵头开展了特色小镇文化建设情况问卷调查和专题调研,我们发现,在特色小镇建设的过程中,也逐渐暴露出了与原来设想中不相符的一些问题,省厅下发《关于推进特色小镇文化建设的若干意见》后,各市及县市区在贯彻落实文件精神,推进特色小镇文化建设上也出现了参差不齐的局面,在工作的重视程度,措施的落实情况上差距较大:

一是各级各部门对特色小镇文化建设的认识还有待进一步提高。据统计,前两批特色小镇创建和培育对象中,县级特色小镇建设领导机构中把文化行政主管部门列为成员的只有53.4%,造成特色小镇文化建设的缺位,很容易影响特色小镇的发展。县域内有特色小镇建设任务的文化行政主管部门专门成立特色小镇文化建设领导小组的仅占32%。有些文化行政主管部门对特色小镇文化建设的参与度非常低,仅限于每年参加几次领导小组例会,部分文化行政主管部门甚至从未参与当地特色小镇文化建设。针对这一情况,当地文化行政部门一定要主动向党委、政府主要领导汇报,去争取工作的参与,这方面省里已经做出了榜样、提出了要求,各地一定要认真参照执行。

二是特色小镇文化产业发展后劲不足。文化产业企业,特别是经典历史产业企业的利润率普遍较低,自身积累能力不是很强,新的文化产业项目的投资周期又普遍较长,基本回本期在5年以上,甚至往往需要8—10年,产业自我滚动发展的速度受到很大的限制。文化产业企业往往缺少可以评估质押的优质资产,在融资中往往也处于弱势地位,很多文化产业政策中的金融优惠政策难以真正落到实处。民间资本投入文化产业也往往集中于投资回报快的少数几个行业,在投资总额大、周期长的大型文化产业项目上,民间资本的投资意愿仍然不足,且民间借贷成本高、风险大,极大制约了特色小镇文化产业的发展壮大。省委提出了要把文化产业培育成万亿级产业,文化产业的发展潜力很大,对经济的贡献也很大。大家要进一步加大宣传、营造氛围,共同研究增强文化产业发展后劲的对策措施。

三是当前特色小镇文化建设的内容比较单一。受考核政策影响,当前很多特色小镇文化建设以省级特色小镇考核指标中列入的非遗工作为主。在自发开展的其他方面文化工作也主要围绕产业为中心，偏向于传统经典历史文化产业的项目打造，偏向于文化遗产的开发利用，在公共文化服务配套、文化品牌打造等短期内见不到经济效益、长期却事关特色小镇持续发展的工作重视不够、措施较少。

四是小镇文化特色有千篇一律的趋势。在产业和业态的布局上，"云""时尚"等概念遍见于各特色小镇的名称和规划，容易形成业态的简单复制和产业的同质竞争。在文化特色的打造上，也处于自发形成的初级阶段，很多都是依靠企业家的文化情结，打造的有些所谓"文化"太新、太时尚，经不起专家和内行人的推敲和考证。有文化部门自始至终的参与，有目的、有策划、有深度的文化品牌打造模式还是凤毛麟角。

对于这些问题，我们文化行政主管部门要认真反思，研究措施，积极应对，有效整改。

三、进一步推进特色小镇文化建设取得更大成效

（一）统一思想认识，完善工作机制

各地文化行政主管部门都要建立和完善特色小镇文化建设的组织机构，探索建立适合自己的工作机制，适时谋划出台当地关于特色小镇文化建设的政策意见。要以更强的主动性参与特色小镇建设，不等不靠、不推不诿，主动联系、主动策划、主动设计、主动配套，科学编制建设规划，自己出题、自己答题、自设目标、自加压力，以作为赢得当地党委政府对文化工作的重视，提升文化在党委政府工作序列中的地位。厅相关处室要探索特色小镇文化建设评价指标体系建设，综合特色小镇文化产业发展、文化遗产保护开发、公共文化服务配套、文化品牌打造、文化活动策划、文化交流促进等各方面的文化建设任务，并根据各特色小镇的不同情况，因地制宜、科学合理地开展特色小镇文化建设的分类指导和分类评价，促进特色小镇的文化建设规范化、制度化、长效化。

（二）结合职能工作，融入小镇建设

其实在特色小镇建设中，很多文化建设的工作我们本来就是在开展的，本来也是需要投入的，如文化礼堂等公共文化设施建设，文物和非遗的保护，文艺活动的组织开展等，在这些工作的开展过程中，要始终关注特色小镇，能与特色小镇建设相结合的一定要主动去结合。如有些特色小镇都是依托原有的特色产业集聚地发展而来，本来就有良好的文化工作基础，只要善于梳理整理，很快就能取得特色小镇文化建设的良好成绩，还有些特色小镇是规划新建的，随着产业和人口的集聚，正好为我们配套建设公共文化服务设施、促进文化消费提供了良好的契机。

（三）根据文化特质，谋划自选动作

小镇建设中一定要有自选动作，要形成自己的独特文化气质，不能千镇一面，不能盲目追求最大、最新、最先进、最流行，要立足长远、因地制宜，充分发掘当地资源潜力，充分依托当地建筑特色、产业特点、历史传统、人文性格等，走综合利用之路，使小镇发展有文化资源依托，文化资源有历史机遇新生，人民群众有实际利益可见，使特色小镇文化建设具备长久和旺盛的生命力。同时要树立国际化的思维，拥有全球化的视野，把特色小镇文化建设放在全球化、放在"一带一路"沿线国家等对外开放政策的高度，积极发挥G20峰会后续效应，不断增强对外交流的力度和广度，打造全球视野的特色小镇文化元素。

（四）加强横向联系，善于借鉴学习

要在全省层面上建立特色小镇文化建设工作交流的机制，各地特色小镇文化建设的优秀经验除了要通过这次会议进行推广交流外，还要通过厅信息平台、文化月刊等进行日常的推广和交流。其他职能处室，也要在加强全省文化系统工作交流衔接上下功夫，如产业处要探索研究特色小镇文化产业的合作平台，交流信息、共享资源、互补发展，避免同质竞争，形成特色小镇文化产业发展的整体战略格局。各特色小镇也可以加强互相间的学习交流。各地文化部门要加强与特色小镇管理机构的联系协调，积极反映基层文化建设存在的问题，提出科学的意见建议，同时组织开展相互的学习交流，变闭门造车为合作发展，使浙江的特色小镇文化建设走出一条百花齐放的繁荣之路。

同志们，2017年是我省特色小镇建设三年计划的收官之年，做好明年的工作，责任重大，意义深远。让我们紧扣省委、省政府中心工作，在2017年进一步深化特色小镇文化建设，发挥文化对经济社会发展的有效推动作用，为建设"两富""两美"浙江做出积极贡献。

中共浙江省文化厅直属机关第九次代表大会

【概况】 在全省上下深入学习贯彻党的十八届六中全会和省委十三届十次全会精神之际，省文化厅直属机关第九次代表大会于12月8日在杭州胜利召开。大会审议通过了省文化厅直属机关第八届委员会工作报告，选举产生了厅直属机关第九届委员会和厅直属机关第六届纪律检查委员会。省委副秘书长、省直机关工委书记施利民专程到会祝贺并讲话。厅党组书记、厅长金兴盛做主旨讲话。厅党组成员、副厅长、厅直属机关党委书记黄健全向大会作第八届厅直属机关党委工做报告。陈瑶、褚子育、柳河、端木义生、刁玉泉、李莎、任群等厅领导出席会议。

施利民对省级文化系统4年来的党建工作给予了充分肯定，并对省级文化系统各级党组织提出4点要求：一要强化思想教育。要进一步筑牢看齐的根基，做到思想建党先行，在学深、悟透上下足功夫，做到内化于心、外化于行，牢固树立"四个意识"，自觉坚定"四个自信"。二要强化履职尽责。要进一步促进党建融入中心，增强省级文化系统党建工作的政治敏锐性、落实自觉性和工作有效性，围绕厅党组部署，切实履行省文化厅作为文化主管部门所承担的教育宣传职能。三要强化作风建设。要始终保持从严治党的工作态势，根据文化系统实际梳理出省级文化系统党内制度

规定，强化纪律刚性。四要强化自身建设。要进一步落实机关党建的主体责任，强化自律意识、标杆意识和表率意识，切实做到党建工作和中心工作一起谋划、一起部署、一起考核，将党建各项工作落实到党支部层面，通过打造学习型、服务型、创新型党组织，发挥出基层党组织坚强的战斗堡垒作用，强化机关党建整体功能。

金兴盛对过去四年来系统党建工作围绕服务中心、建设队伍两大核心任务，在服务文化产业发展、文化设施建设、文化体制改革、文化遗产保护、文化人才培养等方面取得的成绩、发挥的作用给予充分肯定。他要求，省级文化系统各级党组织要牢牢把握党的十八大以来全面从严治党的战略部署。他强调，党建抓实了就是生产力、抓细了就是凝聚力、抓强了就是战斗力。当前我省正处在加快建设文化强省、创建全国文化发展示范区的关键时期，要深刻认识党建工作的重要性，切实抓紧抓实党建工作，推动党建工作与业务工作紧密结合，充分发挥党组织"聚人心、保稳定、促发展"的重要作用和党员的先锋模范作用，为我省文化事业加快发展、率先发展提供强大的组织保障和作风保障。他希望新一届厅直属机关党委和纪委，继承发扬优良传统，积极开拓、锐意进取，在过去成绩的基础上拉高标杆、补齐短板，乘十八届六中全会

推进全面从严治党的东风，以归零心态，抓实抓好新时期省文化厅直属机关党建工作。他指出，抓好党建工作，要始终做到"五个坚持"：一是坚持党建统领。要树立"党建强则工作强"的理念，坚持党建、业务同频共振，充分发挥基层党组织的政治核心作用，进一步推动党建形式创新、制度创新和理论创新。二是坚持从严要求。要进一步增强"四个意识"，以理论学习坚定政治思想，做到政治从严、生活从严、纪律从严、监督从严、问责从严。三是坚持问题导向。要深刻认识党风中存在的问题，对"病痛"早发现早治疗早解决。四是坚持领导带头。领导干部要率先垂范、以身示范，扛牢业务、党建两个责任，以更实的举措推动党建工作与中心工作、业务工作紧密结合。五是坚持引领发展。以党建促进文化事业改革发展是厅机关党建工作的最终目的，要让党建引领文化发挥出更深层持久的力量。

黄健全在《坚决落实全面从严治党各项要求 努力提高省级文化系统党建工作水平》的工作报告中，对厅直属机关第八届党委会4年来的工作做了全面总结。4年来，省级文化系统党建工作坚持以党的十八届中央历次全会、中纪委全会和省委全会精神为指导，牢牢把握"服务中心、建设队伍"两大核心任务，严肃党内政治生活，强化管党治党责任，

在强化"四个意识"、坚定"四个自信"、加强作风建设和组织建设、落实党风廉政"两个责任"以及强化机关文化建设等方面取得了显著成效。报告提出今后四年机关党建工作的主要任务:一要立足思想建党,切实强化理论武装和思想政治建设;二要立足基层基础,切实规范党内政治生活;三要立足抓早抓小,切实加强党风廉政建设;四要立足制度规范,切实提高党建工作科学化水平;五要立足党建引领,切实发挥统战和群团组织作用。

来自省级文化系统厅局机关、院校、文博图书、文艺院团和文化产业等25家单位的160多名代表认真听取了施利民书记和金兴盛厅长的讲话,审议通过了

黄健全副厅长所做的《工作报告》。大会认为,工作报告全面总结了厅直属机关党委四年来的工作,内容翔实、实事求是、文字精练、重点亮点突出。工作报告提出的今后几年省级文化系统党建工作的基本思路和目标任务,体现了党的十八大以来中央和省委对全面加强和改进新形势下党的建设的新部署新要求,符合省级文化系统党建工作实际和全体党员的愿望,对推动今后几年省级文化系统党建工作向"建成文化强省"目标迈进具有较强的指导意义。大会要求,省级文化系统各级党组织、全体党员要更加紧密地团结在以习近平同志为核心的党中央周围,高举中国特色社会主义伟大旗帜,全面贯彻落实

党的十八届六中全会和省委第十三届十中全会精神,充分发挥共产党员的先锋模范作用和党组织的战斗堡垒作用,为推动文化改革大发展、推动文化强省事业大繁荣做出更大贡献。

根据大会选举办法,经党代表无记名投票,王涛、任群、吴莘超、张伟波、陈浩、周丽芳、徐洁、黄健全、戴言等9位同志当选厅直属机关第九届党委委员,任群、李巧玲、杜群、杜毓英、沈岳明等5位同志当选厅直属机关第六届纪委委员。其中,黄健全同志当选厅直属机关党委书记,任群同志当选厅直属机关党委副书记、纪委书记,吴莘超同志当选厅直属机关党委专职副书记。

（厅直属机关党委）

在中共浙江省文化厅直属机关第九次代表大会上的讲话

省文化厅党组书记、厅长　金兴盛

（2016 年 12 月 8 日）

同志们:

召开厅直属机关第九次党代会,是贯彻落实中央和省委关于从严治党战略部署、推进省级文化系统党的建设的一件大事。经过大会主席团和全体代表的共同努力,本次党代会圆满完成了大会各项议程,即将胜利闭幕。在此,我代表省文化厅党组,向全体与会代表表示诚挚的问候! 向大会选举产生的省文化厅直属机关党委第九届委员会和第六届纪律检查委员会表示热烈祝贺!

黄健全同志在大会上所做的工作报告,实事求是地总结了省文化厅直属机关第八次党代会以来的工作,并对当前和今后一个时期党建工作进行了全面部署。施利民书记充分肯定了我们的工作,认为省级文化系统党建工作走在省直机关前列,他从省直机关党建全局出发,对省级文化系统落实管党治党责任、提升党建水平提出了要求和期望。各级党组织要认真抓好贯彻落实。下面,我代表厅党组,就加强机关党建工作讲几点意见。

一、牢牢把握党的十八大以来全面从严治党的战略部署要求

全面从严治党,是"四个全面"战略布局的重要组成部分,是以习近平同志为核心的党中央治国理政最鲜明的特征。党的十八大以来,党中央高度重视党要管党、从严治党,做出系列重大部署,开辟了党的建设新境界。特别是今年10月召开的十八届六中全会对全面从严治党进行了专题研究,系统总结党的十八大以来全面从严治党的理论和实践,审议通过了《关于新时期党内政

治生活的若干准则》和《中国共产党党内监督条例》，并就新形势下加强党的建设做出新的重大部署，提升了全面从严治党新高度。11月25日至26日，省委召开十三届十次全会，深入学习贯彻党的十八届六中全会精神，审议通过《中共浙江省委关于认真学习贯彻党的十八届六中全会精神从严加强干部队伍建设的决定》，要求清醒认识和把握浙江当前所处的历史方位，紧紧扭住事关干部队伍建设的重大问题精确制导、精准发力，努力打造绝对忠诚、干事担当、干净自律、充满活力的干部队伍。

党的十八大以来，以习近平同志为核心的党中央推进全面从严治党，有以下主要部署：一是从严加强思想理论武装。突出抓好习近平总书记系列重要讲话精神的学习贯彻，深入开展理想信念教育和党性党风党纪教育，坚定道路自信、理论自信、制度自信和文化自信，保证全党思想统一、步调一致。二是从严加强作风建设。以制定实施八项规定为切入口，突出问题导向，聚焦解决"四风"问题，扎实开展党的群众路线教育实践活动、"三严三实"专题教育和"两学一做"学习教育，推动党风政风明显好转。三是从严加强反腐倡廉建设。强化党委（党组）主体责任和纪委（纪检组）监督责任，充分发挥巡视"利剑"作用，坚持"老虎""苍蝇"一起打，依纪依法严惩腐败，强化问责追责，保持惩治腐败高压态势。四是从严加强党内政治生活。强化党内政治生活的基本规范，严格党内组织生活制度，加强党员教育管理，落实基层党建工作责任

制，推进基层服务型党组织建设，不断夯实党的执政基础。五是从严管理监督干部。从严把好选人用人关，着力破解"唯票、唯分、唯GDP、唯年龄""带病提拔"等问题，强化党组织把关作用，集中整治超职数配备、"裸官"、干部档案造假等突出问题，推进干部能上能下，健全日常管理监督机制，打造忠诚、干净、担当的干部队伍。六是从严加强制度建设。健全党内法规制度体系，推进党的建设制度改革，提高制度治党、依规管党的水平。党的十八大以来中央出台或修订的党内法规已有55部，超过现行150多部中央党内法规的1/3。

习近平总书记指出，全面从严治党，必须增强管党治党意识、落实管党治党责任，最重要莫过于抓紧落实党建工作责任制。各级党组织要严格落实从严治党主体责任和领导干部"一岗双责"，牢固树立"抓好党建是本职、不抓党建是失职、抓不好党建是不称职"的思想，切实增强推进全面从严治党的主动意识、主业意识、主责意识，推动党建工作与业务工作紧密结合，进一步强化责任担当、层层传导压力、严肃追责问责，真正把从严治党责任承担好、落实好。

二、充分肯定过去4年机关党建工作所取得的成绩

过去4年，是我省文化事业加快发展、全面提升的重要4年。一是紧扣创建全国文化发展示范区这个目标，我省文化工作服务经济社会发展大局、服务国家外交大局有力有效。配合"五水共治""三改一拆"等转型升级组合拳，创作了一大批接地气的文艺

作品，对推动省委、省政府中心工作的实施，起到了很好的作用。围绕建党95周年、抗日战争暨反法西斯战争胜利70周年、中华人民共和国成立65周年等重大纪念日、节日开展主题文艺晚会，得到了社会高度肯定。围绕G20峰会外交大局，出色完成了文艺演出、文化交流、接待服务、文化市场保障等任务，得到省领导的高度评价。2014年浙江交响乐团配合习总书记的国事访问，在巴西举办专场音乐会，得到习总书记的高度评价。还有世界互联网大会，文艺演出得到外宾的高度赞扬等。二是艺术创作在国内外重大艺术评比中屡获大奖，许多作品入选国家舞台艺术精品工程、中宣部"五个一工程奖"。三是公共文化服务体系基本实现城乡全覆盖，农村文化礼堂建设成为全国示范。四是文化产业发展成为我省国民经济的支柱性产业，全省文化产业增加值占全省GDP比重已经超5.81%。五是文化体制改革取得重要进展，列入全国试点的3项改革获得了文化部和省委宣传部的高度评价。六是文化遗产保护取得重要成果。文物普查工作排在全国前列，大运河申遗获得成功，海上丝绸之路的申遗和良渚申遗前期工作也取得了比较好的进展，列入国家级非物质文化遗产名录项目数量全国第一，56个传统戏剧的保护得到省委、省政府主要领导的高度评价。七是文化人才培养工作形成体系。"新松计划""耕山播海"等文化艺术人才队伍培养形成了品牌，浙江艺术职业学院成立全国首家公共文化管理学院，拔尖艺术人才和基层公共文

化管理者培养取得积极成效。同时，干部队伍得到了很好的建设。八是浙江音乐学院、中国丝绸博物馆、浙江小百花艺术中心、浙江自然博物园核心馆区等一大批重大文化设施建成投用或正在推进建设。

这些成绩的取得，归根到底离不开机关党建工作强有力的保障与支持。4 年来，在厅党组和厅直属机关党委的领导下，省级文化系统各级党组织深入学习贯彻习近平总书记系列重要讲话精神，严格执行中央八项规定和省委"28 条办法""六个严禁"，扎实开展党的群众路线教育实践、"三严三实"专题教育、"两学一做"学习教育等重要活动，全面推进了思想、组织、作风、制度和党风廉政建设。正是有了党建工作这个基础，有了基层党组织的战斗堡垒作用，有了党员的先锋模范作用，浙江文化工作才走在了前列、赢得了赞誉。

实践证明，党建抓实了就是生产力，党建抓细了就是凝聚力，党建抓强了就是战斗力。当前，我省正处在加快建设文化强省、创建全国文化发展示范区的关键时期，文化系统改革发展的任务很重，需要破解的难题很多。我们要深刻认识党建工作的重要性，切实抓紧抓实党建工作，充分发挥党组织"聚人心、保稳定、促发展"的重要作用和党员的先锋模范作用，努力为浙江文化走在前列提供强大的组织保障和作风保障。

三、进一步提升省级文化系统党建工作水平

希望新一届机关党委和纪委继承发扬优良传统，积极开拓、锐意进取，在过去成绩的基础上拉高标杆、补齐短板，乘十八届六中全会推进全面从严治党之东风，以归零心态，抓实抓好新时期厅直属机关党建工作，为我省文化事业加快发展、率先发展提供新的动力、贡献新的力量。如何加强和推进党建工作，我谈谈几方面意见：

第一，坚持党建统领。一要树立"党建强则工作强"的理念，把党建工作放在更加重要的位置。二要以党建工作为纲，坚持党建、业务同部署同考核，让党建工作与业务工作同频共振。三要充分发挥基层党组织的政治核心作用，各级党组织一定要成为真正的战斗堡垒，齐心协力抓党建、促发展。四要进一步推动党建工作形式创新、制度创新和理论创新。

第二，坚持从严要求。一要做到政治从严，以理论学习坚定政治思想。要牢固树立"四个意识"，特别是核心意识和看齐意识。文化工作意识形态属性很强，我们要坚定地在思想上政治上行动上同以习近平同志为核心的党中央保持高度一致。政治从严还要做到政治生活从严，严肃党内政治生活，包括我们的民主生活会、支部组织生活，认真用好批评与自我批评这个武器。二要纪律从严，首先要有规矩意识、纪律意识，把纪律和规矩挺在前面，对违反纪律的苗头要抓早抓小，运用好监督执纪"四种形态"，使违纪问题解决在萌芽状态。三要监督从严。这四年来，省级文化系统发挥审计监督、谈话监督、群众监督、纪检监督等各种监督手段，监督是有力的，今后还要继续

运用好方方面面的监督手段。四要问责从严，针对不抓党建、抓不好党建的要严肃问责。只要从这几个方面从严了，我相信我们的党建工作一定会有新的提升。

第三，坚持问题导向。这几年，省级文化系统在党的建设方面取得了许多成绩，但我们要保持清醒的头脑，清醒地认识到在党的建设方面还存在的问题，清醒地认识到随着新形势的变化我们在党的建设和党风廉政建设中新出现的问题。厅党组已经做出表率，每年两次进行党风廉政建设形势分析，各处室、各单位也要坚持落实廉政制度，研究汇报业务工作要同步研究汇报党建工作，对还未形成明显苗头的问题要"治未病"，做到早发现早解决。

第四，坚持领导带头。关键少数就是指县处级以上的领导干部，我们要抓好党建，首先就要抓好党员领导干部。我们省级文化系统县处级以上的领导干部有近 200 名，要强化党建意识，率先垂范，以身示范，扛牢业务、党建两个责任，以更实的举措推动党建工作与中心工作、业务工作紧密结合。

第五，坚持引领发展。以党建促进文化事业改革发展是厅机关党建工作的最终目的，抓好党建是为了更好地推进党的事业发展。《共产党宣言》明确提出，共产党的目的就是促进人的全面发展，这是共产党人的使命。现在我们文化事业改革发展任务很重，务必要坚定文化自信。文化自信是更基础更广泛更深厚的自信，是更基本更深层更持久的力量。坚定文化自信是事关国运兴衰、事关文化安全、事关民族精神

独立性的大问题。我们作为文化工作者就应该本着高度的使命感来促进我省文化事业的改革发展,为文化事业贡献我们应有的力量。

做好新形势下文化系统的党建工作,责任重大,任务艰巨。让我们紧密团结在以习近平同志为核心的党中央周围,以高度的政治责任感、良好的精神状态和扎实的工作作风,不断推进直属机关党的建设各项工作,加快文化强省建设,以优异的成绩迎接党的十九大和省第十四次党代会的胜利召开!

专 文

ZHEJIANG CULTURE YEARBOOK

浙江省基本公共文化服务 2020 标准研究

党的十八届三中全会决定提出"建立公共文化服务体系建设协调机制,统筹服务设施网络建设,促进基本公共文化服务标准化、均等化"。2014 年,中央全面深化改革领导小组和国务院分别对构建现代公共文化服务体系,推进基本公共文化服务标准化均等化做出了部署。要统筹城乡和区域文化均等化发展,加快形成覆盖城乡、便捷高效、保基本、促公平的现代公共文化服务体系。促进公共文化服务均等化,必须以标准化为抓手,明确各级政府的责任和义务,建立以均等化为导向的公共文化投入机制,以资源配置均等化促进公共文化服务均等化。

浙江省高度重视基本公共文化服务标准化、均等化工作,积极探索公共文化领域推进标准化建设的实施路径和操作策略。2014 年底,文化部把浙江省列为全国公共文化服务体系标准化建设试点。省委、省政府先后将这项工作列入省委全面深化改革领导小组"2015 年浙江省重点突破改革项目"和省委文化体制改革专项小组"2015 年重点突破改革项目"。

一、浙江省推进基本公共文化服务标准化的工作基础

浙江作为 2003 年全国首批文化体制改革综合试点省,经过 10 多年的探索和实践;已成为全国文化体制改革的先进地区,文化综合发展指数列全国第 3 位,为全面推进基本公共文化服务标准化奠定了扎实的工作基础。

(一)经济发展优势

浙江作为东部沿海发达省份,改革开放以来,经济发展较快,为文化发展提供强了有力的支撑。2015 年,浙江人均收入 40393 元,位居全国第三,其中农民人均收入 21125 元,在全国省、自治区中首个"破两万",并蝉联"31 连冠";城、乡居民收入的比值为 2.07,为全国各省、自治区最低。近几年文化事业费占财政支出比重保持在 0.8% 左右,连续 4 年位居全国第一。

(二)文化建设优势

浙江是较早提出文化大省建设目标的省份,1999 年,我省在全国率先提出建设文化大省的战略目标,经过 10 多年的努力,取得了一系列令人瞩目的成就。浙江省文化厅提出了"三以六区"目标,统筹规划公共文化设施的数量、布局与结构,逐步建立形成了覆盖全省范围的、科学合理的公共文化服务体系。

(三)区域领先优势

浙江省是我国较早关注和重视基本公共文化服务标准化工作的省份之一。早在 2008 年,浙江启动全国首个《基本公共服务均等化五年行动计划(2008—2012)》。省文化厅作为"十大工程"之一的"文体普及工程"主要实施单位,按照"基本、平等、普遍、均衡"的要求,从促进公共文化设施、产品、人才队伍、服务群体、绩效考核等方面均等着手,有力促进了基本公共文化服务均等化;2014 年 8 月浙江省政府出台《关于加快建设标准强省的意见》,要求充分发挥标准在引领发展、推动创新中的基础性作用,重点加强公共文化领域的标准工作。

(四)研究先行优势

2014 年,郑继伟副省长把"实施基本公共文化服务体系标准化均等化的路径研究"作为调研课题,先后采集 2008—2012 年间的全省基层公共文化服务评估数据,召开各类会议 19 次,深入基层调研 10 次以上,发放调查问卷 10000 份,采集近 12 万个数据,初步确定了基本公共文化服务的范围和标准,提出了基本公共文化服务均等化的重点和加强基本公共文化服务标准化均等化的实施路径,为全面推进公共文化服务标准化试点工作奠定了扎实的理论基础。

二、浙江省推进基本公共文化服务标准化的主要目标

到 2020 年,基本建成以省级标准为基础,地方标准为主体,行业服务标准和项目技术标准为补充的基本公共文化服务标准体系。文化设施网络进一步完善,管理利用水平明显提升;文化产品和文化服务更加丰富,按需供给水平明显提高;公共文化服务

队伍不断壮大,公共文化服务能力明显增强;公共文化服务机制持续创新,政府、市场、社会共同参与公共文化服务体系建设的格局逐步形成,整体水平位居全国前列。

三、浙江省推进基本公共文化服务标准化的总体思路

（一）推进"三个均等"

一是区域均等。通过有效的内生发展和积极的帮扶措施,推动26个县和10个基本公共文化服务标准化重点市县实现基本公共文化服务的跨越式发展,补齐区域短板,全省基本公共文化服务达到一个新的高度。二是城乡均等。以加快农村基本公共文化设施建设、产品供给、服务改善和完善城市社区文化服务为重点,科学配置公共文化资源,实现资源下沉,让城乡群众享受到基本均等的公共文化服务。三是人群均等。以老年人、未成年人、残疾人、外来务工人员、农村留守妇女儿童、生活困难群众等特殊群体为重点,采取针对性措施,根据不同需求提供有针对性的服务,使

全体民众享受到标准化的基本公共文化服务。

（二）实现"四个标准化"

一是设施建设标准化。制定落实公共文化设施建设和设备配置标准,推进公共文化设施的规范化建设。二是服务管理标准化。对公共文化服务体系进行规划建设,通过标准化增强服务效能。三是政府保障标准化。明确各级政府在保障基本公共文化服务中的义务和责任,为各级政府实施基本公共文化服务标准化均等化提供决策依据。四是考核评价标准化。建立科学的基本公共文化服务评价机制,对政府和公共文化机构的服务工作进行绩效评估和基本公共文化服务均等化指数评价。

（三）构建"五大体系"

一是设施网络体系。以城乡人口发展和分布为依据,以基层文化设施建设为重点,以流动文化和数字文化为补充,坚持规模适当、功能优先、经济适用、便捷便利,构建完善的五级公共文化设施体系。二是服务标准体系。

构建以省级基本标准为基础,行业服务标准和项目技术标准等为补充的基本公共文化服务标准体系,实现服务的科学化、规范化、标准化。三是产品供给体系。构建以阅读、视听、活动为主体的基本公共文化服务产品供给体系,实现读书、看报、听广播、看电视、看电影、看戏、体育健身、文化鉴赏、参与文化活动和享有数字文化等公共文化产品的均等化供给。四是服务管理体系。创新管理体制机制,推动公共文化机构的服务和管理城乡一体化、评估和考核规范化,建立符合浙江实际的基本公共文化服务管理体系。五是服务保障体系。强化政策引领,落实政府在财政投入、公共政策制定、人才保障等方面的责任,构建政府主导、社会参与、全民共享的基本公共文化服务保障体系。

四、浙江省基本公共文化服务2020标准

（一）服务项目与内容
（详见表1）

表1 浙江省基本公共文化服务项目与内容标准

项目	内容	标　准
基本服务项目	读书看报	1.公共图书馆免费开放,每周开放时间不少于56小时;乡镇公共电子阅览室开放时间不少于28小时;农家书屋每周开放时间不少于40小时。
		2.县级公共图书馆人均藏书1册以上,或总藏量不少于50万册;人均年新增藏书量不少于0.05册。农家书屋图书不少于1200种、1500册,报刊不少于10种,年新增图书不少于60种。
		3.市、县(市、区)公共图书馆每年组织送书下乡1万册次;县级公共图书馆对乡镇图书分馆每年流通不少于4次。县级以上人民政府每年指导举办1次全民阅读活动。
		4.在城镇主要街道、公共场所、居民小区等人流密集地点设置阅报栏或电子显示屏,提供时政、"三农"、科普、文化、生活等方面的信息服务。
	收听广播	5.乡镇有线广播联网率达到100%,有线对农广播覆盖率达到80%;农村有线广播村村响每天播出次数不少于2次,每次不少于30分钟。
		6.为全民提供突发事件应急广播服务。
		7.通过直播卫星,免费提供17套广播节目,通过无线模拟,免费提供不低于6套广播节目,通过数字音频,免费提供不低于15套广播节目。

续　表

项目	内容	标　　准
基本服务项目	观看电视	8. 有线电视联网率达100%(海岛包括微波方式),农村有线数字电视实际入户率达90%以上;电视自办对农栏目每周达3档(含)以上,平均每档不少于10分钟。
		9. 通过直播卫星提供25套电视节目,通过地面数字电视提供不低于15套电视节目,未完成无线数字化转换的地区,提供不少于5套电视节目。在城市和有线电视通达的农村地区,为城乡低保户免费提供基本有线(数字)电视节目。
	观赏电影	10. 为农村群众提供数字电影放映服务,合理调整放映结构,其中每年国产新片(院线上映不超过两年)比例不少于1/3。
		11. 为中小学生每学期提供2部爱国主义教育影片。
	看戏	12. 根据群众需要,通过政府采购等方式,平均每年为每个乡镇(街道)送地方戏曲等文艺演出5场以上。
		13. 国有剧院每年举办公益性演出不少于12场。
	设施开放	14. 公共图书馆、文化馆(站)、公共博物馆(非文物建筑及遗址类)、公共美术馆等公共文化设施免费开放,基本服务项目健全。
		15. 未成年人、老年人、现役军人、残疾人和低收入人群参观文物建筑及遗址类博物馆实施门票减免,文化遗产日免费参观。
		16. 公园、绿地等公共场所全民健身器材免费使用。
		17. 学校、工人文化宫、体育馆、青少年宫、妇女儿童活动中心、科技馆等文体设施向公众免费开放,开放时间和免费项目由地方政府制定。
	文体活动	18. 每个县(市、区)每年组织开展群众文体活动不少于12次;每个乡镇(街道)每年举办文化节、读书节、运动会等文体活动不少于6次;每个村(社区)每年组织群众性文体活动不少于2次。
	展览展示	19. 公共博物馆、公共图书馆、文化馆、公共美术馆每年分别举办免费展览不少于4次。
	文化走亲	20. 市、县(市、区)每年组织跨区域文化走亲5次。
	数字文化	21. 县(含)以上公共文化设施内免费提供Wi-Fi,公共电子阅览室免费提供上网服务。
		22. 通过手机、电脑等网络终端可以享受到数字文化服务。
	培训讲座	23. 公共图书馆、文化馆每年举办公益培训或讲座不少于12次;乡镇综合文化站每年举办公益培训不少于6次。
		24. 公共博物馆、公共美术馆每年举办公益培训或讲座不少于6次。
硬件设施	图书馆(室)	25. 市政府所在地常住人口超过150万的设置一座大型公共图书馆;其他市设置中型公共图书馆。
		26. 县(市、区)政府所在地设置一座独立建制、部颁二级以上的公共图书馆。
		27. 省级中心镇或常住人口超过10万的乡镇(街道)设立图书分馆。
		28. 村(社区)设置图书室(含农家书屋)。
		29. 乡镇(街道)、村(社区)建有标准配置的公共电子阅览室或文化共享工程基层服务点。
	文化馆	30. 市设置中型文化馆。
		31. 县(市、区)政府所在地设置一座独立建制、部颁二级以上的文化馆。
	博物馆非遗馆	32. 市、县(市)建有一座国有公共博物馆,其中市博物馆建筑面积6000平方米以上,县(市)博物馆建筑面积4000平方米以上。
		33. 市、县(市、区)设立独立建制的非遗展览展示场所(馆)。
	美术馆	34. 市建有公共美术馆。

项目	内容	标 准
硬件设施	乡镇综合文化站	35.乡镇(街道)建有单独设置的综合文化站。
		36.服务人口在5万人(含)以上的乡镇(街道)综合文化站,建筑面积不低于1500平方米,其设备配置、活动开展、人员配备、综合管理等达到《乡镇(街道)文化站建设标准》;服务人口3—5万的乡镇(街道)综合文化站,建筑面积不低于1000平方米,室外活动场地不低于600平方米;服务人口3万人以下的乡镇(街道)综合文化站,建筑面积不低于500平方米,室外活动场地不低于600平方米。
	文化礼堂(文化活动室)	37.村建设农村文化礼堂,面积不少于200平方米,其中讲堂不少于50平方米,具备演出、展览、科普、广播、阅读、影视、信息共享、体育健身等功能;尚未建设文化礼堂的村,结合基层服务综合设施建设,整合闲置中小学校等资源,建有建筑面积不少于100平方米、室外活动场地不少于300平方米、因地制宜配置器材的文化活动中心。
		38.社区建有面积不低于100平方米的文体活动中心,具备条件的建有文化公园。
	广电设施	39.县级以上设立符合建设标准的广播电视播出机构和广播电视发射(监测)台。
		40.乡镇设广电站(含有线电视机房和广播站),村建成广播室,设备配置达到省颁标准。
		41.137千瓦功率(含)以上大中型海洋捕捞船,安装接收中星9号直播卫星电视设备。
	体育设施	42.全省人均公共体育设施1.5平方米。县级以上设立公共体育场;乡镇(街道)建设全民健身中心,省级中心村建设全民健身广场,社区(居住区)建设健身点(可与文化礼堂或文化活动中心合建)。
	流动设施	43.开展流动文化服务。根据实际配备流动文化设施设备。
	辅助设施	44.公共文化场所为残疾人配备无障碍设施。有条件的公共文化场所配备安全检查设备。
人员配备	人员编制	45.县级以上公共文化机构按照职能和当地人力资源社会保障、编委办等部门核准的编制数量配齐工作人员。
		46.乡镇(街道)综合文化站配备编制人员1—2名,规模较大的乡镇适当增加;村(社区)公共服务中心设立由政府购买服务的公益文化岗位。
	业务培训	47.县级以上公共文化机构从业人员每年参加脱产培训时间不少于15天;乡镇(街道)、村(社区)基层文化专兼职人员每年参加集中培训时间不少于5天。
	文化团队	48.各乡镇(街道)拥有相对稳定并经常开展活动的各类文体团队不少于3支;每个村(社区)至少建立1支经常性群众文体团队。
	文化志愿者	49.市、县、乡三级建立具有一定数量的文化志愿者队伍。

（二）标准实施

1.本标准是我省颁布的底线标准,各市、县(市、区)要按照本标准,制定实施方案,确保标准实施落到实处。标准以县为基本单位推进落实。

2.本标准从2015年起开始实施,各相关部门要根据职责分工,分别制定公共图书馆、文化馆、广播电视、新闻出版、体育等领域的行业标准,全面提升行业服务水平。按照简明、易行、科学、规范的要求,制定全民阅读活动、大型文化活动、文化走亲、送戏下乡等公共文化服务项目标准。

3.各级政府依据本标准提供相应的资金保障;省财政通过专项转移支付对基本公共文化服务保障资金予以补助;省财政根据绩效考核情况对成绩优秀的县(市、区)予以奖励。

4.建立浙江省公共文化服务标准化动态评估系统,对县(市、区)基本公共文化服务在设施建设、服务供给、资金投入等方面工作情况进行年度评估。建立群众评价和反馈机制,制定群众公共文化服务满意度指标,探索实施公共文化服务第三方评价机制。评价每年开展一次,并发布评价报告。鼓励县(市、区)对乡镇公共文化服务标准化建设实施动态评估。

五、浙江省推进基本公共文化服务标准化的主要做法

坚持以推动基本公共文化服务标准清晰、管理规范、群众满意为目标,通过标准制定、组织实施、监督评估等环节，建立以省级标准为基础、地方标准为主题、行业服务标准和项目技术标准为补充的基本公共文化服务标准体系，形成运转顺畅、协调高效的标准化工作机制，切实提高服务效能，推动公共文化服务均等化。

（一）强化机制保障

一是加强组织保障。2015年3月，经省委、省政府领导同意，省文化体制改革领导小组研究，成立浙江省公共文化服务体系建设协调组。协调组由省文化厅等24个厅（局）组成，省文化厅厅长担任召集人。研究制定了协调组工作方案、议事规则和部门职责，明确要求，落实责任。同时，公共文化服务标准化试点工作被列入省委全面深化改革领导小组的"重点突破改革项目"。二是强化政策保障。浙江省委办公厅、省政府办公厅印发《关于加快构建现代公共文化服务体系的实施意见》（以下简称《实施意见》），并附《浙江省基本公共文化服务标准（2015—2020年）》（以下简称《浙江标准》）。同时，制定了配套的《浙江省实施基本公共文化服务标准化均等化行动计划（2015—2020年）》，以"十大工程"为抓手，深入推进"三个均等"、四个"标准化"，构建"五大体系"，把《实施意见》提出的各项任务分解到各个单位，明确时间表和路线图。三是强化经费保障。《实施意见》明确规定：强化基本公共文化服务的财政预算约束，强化财政投入的刚性；形成合理的分级保障机制，以县级政府为主体，省财政通过专项转移支付对基本公共文化服务保障资金给予补助。2013年，跨部门整合省

文化厅（文物局）、省广电局、省新闻出版局等用于基本公共文化服务的各项专项资金达4亿多元，统一设立浙江省基本公共文化服务专项资金，按专项性一般转移支付方式，用于补助基层公共文化设施建设、公共文化设施维护运行和管理、公共文化设施免费开放、农村文化活动、特殊群体公共文化权益保障、文化人才队伍建设等方面。补助的政策充分考虑了全省经济发展水平差，届时可根据各地实际，对重点文化建设领域加大投入。如2015年开始，省财政每年安排5000万元专项资金用于公共文化服务重点市县建设。

（二）抓好示范带动

浙江省在宁波市鄞州区、嘉兴市、台州市等三个国家公共文化服务体系示范区（创建单位）和省级公共文化服务体系示范区中全面开展试点工作，积极推动示范区开拓创新，引领公共文化服务标准化全面发展。依托六个国家公共文化服务体系示范项目和浙江省公共文化服务体系示范项目，重点抓好公共文化服务领域文化馆和图书馆两条主线的标准化工作。鼓励公共文化服务领域的特色项目和创新项目进入公共文化标准化试点工作体系。宁波市鄞州区着眼于当地公共文化服务的特色与亮点，出台《镇级公共文体场馆服务规范》。嘉兴市在2015年6月8日，率先高规格（以中共嘉兴市委、嘉兴市人民政府）出台《关于全面构建现代公共文化服务体系加快推进国家示范区创建的实施意见》。台州市按照示范区创建东部标准和省标，就高不就低，结合实际，制定了系

列指标。杭州市余杭区与质量技术监督局联手，发布了国内第一个乡镇综合文化站公共服务规范地方标准。绍兴研制了数字电视图书馆服务标准规范。温州发布了城市书房建设标准和管理规范。在示范带动的基础上，省文化厅加强对试点工作的统筹协调，先后多次召开试点工作现场会和推进会，推动试点工作。

（三）补齐发展短板

一是补齐区域发展短板。在对全省公共文化服务发展进行科学评估的基础上，省政府确定泰顺、磐安、龙游、开化、天台、庆元、遂昌等7个县和金华、衢州、丽水等3个市为公共文化服务提升重点市县。确立重点市县成为浙江全面推进公共文化服务标准化的重要措施。省政府通过转移支付、结对帮扶等方式，集中实施一批文化设施、广播电视、数字服务等重点项目，大力提升重点市县公共文化发展水平。二是补齐城乡发展短板。通过制定图书馆总分馆、文化馆总分馆、乡镇综合文化站、流动文化服务、文化礼堂建设等公共文化服务标准，加大对农村的公共文化服务配送，提升基层公共文化服务能力。通过基本公共文化服务标准化建设，使公共文化资源下沉，促进基本公共文化服务的城乡均等。三是补齐人群发展短板。要求在制定公共文化服务各项标准时，要重点保障低收入群体、农民工群体和残疾人群体等的权益，推动弱势群体平等参与文化活动，共享公共文化服务。

（四）建设数字文化

一是建设数字文化设施。制定数字文化场馆建设标准，大力

推进数字图书馆、数字文化馆、数字博物馆、数字美术馆和网络剧场建设，建设起平湖市数字文化馆、丽水市莲都区数字文化馆等一批在全国有特色的实体数字文化场馆。二是丰富数字文化资源。利用全国文化信息资源共享工程，建设公共数字文化服务体系，实现数字化公共文化服务的互联互通与共建共享，支撑和促进现代公共文化服务体系建设。目前全省可共享资源容量达123TB。2015年浙江网络图书馆访问量达1135.8万次，电子书阅读52万次，文献传递29万次，期刊下载330.6万篇。三是打造数字文化平台。充分运用现代互联网技术，构建以需求为导向的公共文化服务供需平台。嘉兴市"文化有约"整合资源，在全国首创推出了"团购式"公共文化服务网络平台；舟山建立全国首个公共文化服务社会化运作平台——"淘文化网"；宁波市江东区以"互联网＋公共文化服务"的方式，推出"阿拉文化空间"网络平台，"零距离"配送公共文化服务。四是创新数字文化服务手段。创新"浙江文化通""淘文化""文化有约"等数字文化服务手段，如浙江省图书馆开发"浙江文化通"公共数字文化移动服务平台，汇集了全省各类公共文化服务机构的各种文化信息，免费提供文化咨询、数字阅读、图书查询等公益服务，仅2015年，浙江文化通客户端下载量达5.4万个，点击量达205.2万余次。浙江省图书馆还入驻支付宝钱包城市服务，提供书刊查询、续借预约等常规服务。

（五）加强监督考核

一是加强督查。公共文化服务标准化等三项试点督查工作被列入"2016年浙江省重大改革项目督查工作计划"。坚持专项督察与部门自查相结合、督察与第三方评价相结合、督察结果公开与社会监督相结合，严明改革推进责任，狠抓改革督察落实，全力推动改革举措早落地、早见效。省文化厅分别于2015年12月和2016年5月开展了两次专项督查。二是强化过程管理。试点实施过程中，浙江省文化厅多次召开会议，对贯彻落实《实施意见》和标准化试点工作进行部署，要求全省文化系统抓住重要契机，认真学习、宣传、贯彻《实施意见》，扎实推进试点工作。三是及时评估反馈。省文化厅组织专家组建立公共文化服务标准化检查和评估制度，定期组织检查评估，形成评价报告。统一制作专题，把各地出台的实施意见和工作方案全部上网，对各地出台情况进行"亮相"。

六、浙江省推进基本公共文化服务标准化的政策建议

（一）强化政府在公共文化服务体系建设中的主导作用

现代公共文化服务体系建设是维护人民群众基本文化权益、满足人民群众基本文化需求的重要保障，是促进社会和谐稳定的必然要求，也是政府义不容辞的责任。一要把加快构建现代公共文化服务体系纳入本地区国民经济和社会发展总体规划，列入重要议事日程，切实加强组织领导，并结合实际完善相关配套政策，确定实施方案、规划或行动计划，明确时间表、路线图，健全责任，协同推进，狠抓落实，务求实效。二要建立健全公共文化服务财政保障机制，按照基本公共文化服务标准，落实提供基本公共文化服务项目所必需的资金，保障公共文化服务体系建设和运行。三要加强公共文化服务队伍素质建设，着力培养一支结构合理、体系健全、素质较高，能够适应现代公共文化服务体系建设与发展需要的人才队伍。四要全面落实国家公共文化服务相关的法律法规，有效对接文化体制改革重大政策，制定实施《浙江省公共文化服务保障条例》等地方性法规规章。

（二）加强公共文化资源的统筹整合

长期以来，基层公共文化资源中存在多头管理、业务重叠、重复建设、孤岛运行、资源分散等问题，虽然已得到一定重视，但受传统行政体制机制制约，未能有效整合，目前仍处于以个案实践寻求解决之道的探索阶段，未能得到整体性解决。要全面摸底基层公共文化服务资源存量，研究设计整合方案，从组织体系、经费机制、资源配置、人员保障等方面进行深度整合，统筹推动跨部门、跨行政层级、跨区域组织体系的共建共享、互联互通。要加快构建基层综合性文化服务中心建设，整合居家养老、党员教育、科技普及等部门资源，完善公共文化服务设施网络，不断提高基层综合性文化设施的社会效益。

（三）推动公共文化服务体系的社会化建设

构建现代公共文化服务体系，必须坚持以政府为主导，以民间资本和社会力量为补充。一要制定相关政策措施，鼓励和引导民间资本通过投资或捐助设施设备、兴办实体、资助项目、赞助活动、提供产品和服务等方式参与公共文化服务体系建设。二要将民间资本举办文化机构和建设公共文化设施纳入经济社会发展规划、城乡建设规划、土地利用规划、年度土地利用计划,合理安排用地需求,符合划拨用地目录的依法划拨。三要落实政府购买公共文化服务政策,公布购买目录,政府购买公共文化产品、项目、岗位的资金列入财政预算,有效完善政府购买公共文化服务机制。四要大力支持社会力量投资、捐助公共文化服务体系建设,健全公开透明的社会捐赠管理制度。五要创新公共文化设施管理模式,探索开展公共文化设施社会化运营试点,对于政府举办的公共文化设施,在明晰产权的基础上,提倡通过公开招投标,以承包、联营、合资、合作等方式,交由具备一定资质的社会组织、企业或有能力的个人等民间资本运营或管理。通过几年的努力,形成政府、市场、社会共同参与公共文化服务体系建设的格局。

（四）创新基层公共文化服务管理模式

畅通人民群众参与公共文化服务治理的渠道,提升基层公共文化服务效率。一是鼓励乡镇、街道等基层文化单位探索法人治理等适合自身发展的管理体制。二是推动公共文化服务参与式管理,通过评议、建议、表决等方式,建立畅通有效的民意表达渠道,引导城乡群众参与公共文化项目规划、建设、管理和监督,有效保障群众的文化选择权、参与权和自主权。三是将公共文化服务纳入基层社会服务网格管理,鼓励区域内的单位、企业和社会组织参与基层公共文化服务体系建设,开展社区文化志愿服务。四是推动城乡文化互动,丰富文化资源供给,增强基层文化发展活力。

（五）加强基层公共文化服务队伍建设

加强政策落实和制度保障,完善选拔、使用、激励、评价机制,吸引优秀人才充实基层公共文化服务队伍。一是适应工作需要,实事求是地确定公共文化机构编制并进行动态调整,对现有机构编制难以满足免费开放工作需要的公益性文化事业单位要合理增加编制。二是推广"县级文化员下派""村（社区）文化管理员"制度,设立城乡基层公共文化服务岗位,落实由公共财政补贴的工作人员,经费列入财政预算。三是将公共文化服务专业人才培养纳入国民教育体系,探索建立学科体系。四是加强公共文化服务队伍培训,实施在岗人员轮训制度,新增人员培训上岗。五是推动文化志愿者广泛参与现代公共文化服务体系建设,逐步构建以省文化志愿者总队为骨干,市（县）文化志愿者和条线文化志愿者队伍为基础,社会各界人士参与广泛、内容丰富、形式多样、机制健全的文化志愿服务体系。

（金兴盛、刁玉泉、任群、倪巍、仲建忠、张卫中、汪仕龙）

全省未定级国有博物馆运行现状调研报告

浙江是博物馆大省,据统计,全省参加并通过年检的博物馆共有 285 座,其中国有博物馆 163 座（包括 44 座行业博物馆）,非国有博物馆 122 座。全省有国家一级博物馆 4 座、二级博物馆 15 座、三级博物馆 30 座,定级博物馆总数量与广东省并列全国第一。

博物馆运行评估是规范博物馆管理,提高博物馆运行水平,推动博物馆体制机制创新,促进博物馆事业发展的重要途径。近年来,国家文物局先后组织开展了国家一、二、三级博物馆和非国有博物馆的运行评估工作。从博物馆管理与发展建设、藏品管理、科学研究、陈列展览与社会教育、公共关系与服务五大方面展开评估。进一步明晰博物馆的发展方向,规范其管理水平,引导博物馆向专业化、规范化方向发展,全面提升专业水准、服务水平和社会形象,达到"以评促建,以评促改"的运行评估目的。

为构建完善并覆盖全省的博物馆运行评估机制和体系,促进我省博物馆全面、健康发展,浙江省文物局于 2015 年组织开展了全省未定级国有博物馆运行评估试点研究工作。制定完成了《浙江省未定级国有博物馆运行评估规则》《浙江省未定级国有博物馆运行评估指标体系》《浙江省未定级国有博物馆运行评估评分细则》《浙江省未定级国有博物馆运行评估申报书》；研究开发了"浙江省未定级国有博物馆运行评估管理系统"平台。在此基础上，省文物局于 2016 年组织实施并完成全省未定级国有博物馆运行评估工作。这是我省乃至全国首次开展的未定级国有博物馆运行评估，具有探索和创新意义。

一、运行评估的基本情况

我省除了已开展运行评估的国家一、二、三级博物馆和非国有博物馆外，尚有未定级的国有博物馆 116 座，占全省博物馆总数的 40.7%。一些正在建设或改扩建的博物馆未参加这次评估，实际参加本次运行评估的馆计 99 座，占未定级国有博物馆总数的 85.3%。

运行评估遵循《浙江省未定级国有博物馆运行评估规则》和《浙江省未定级国有博物馆运行评估指标体系》的规定，采用定性评估与定量评估相结合的原则，即定性评估针对博物馆藏品管理的能力、学术研究的水准、陈列展览的质量、社会服务的效果、管理能力和团队成员素质的提高等，进行综合评判；定量评估是针对博物馆的藏品管理、科学研究、陈列展览、教育活动、安全管理、人才培养等可以量化的指标进行统计的数据核查。

此次运行评估基本情况如下：

（一）综合得分

参加运行评估的博物馆共 99 家，其中一家为非国有博物馆（误报），实际参加评估 98 家。评估平均得分 58.19 分。其中，得分 80 分以上的博物馆有杭州工艺美术博物馆、杭州西湖博物馆、宁波帮博物馆等 21 个，占 21.21%；60—79 分有杭州名人纪念馆、普陀区博物馆、永康市博物馆等 31 个，占 31.31%；50—

59 分的有 13 个，30—49 分的有 22 个，30 分以下的有 12 个。

从整体的评估结果看，综合得分在 60 分以上的馆占一半稍多，50 分以下的馆占 34.34%，包括 7 座得分在 20 分以下的馆，反映出有相当一部分博物馆的整体运行情况不甚理想。

（二）定性、定量评估

1.定性评估

定性评估是运行评估的主要方面，占整个评估权重的 65%。这是由 3 名专家根据各个馆申报材料，依据评估指标体系和评分细则对定性评估内容独立进行评价打分。此次运行评估定性部分平均得分为 54.81 分，其中得到 80 分以上的有杭州工艺美术博物馆、杭州西湖博物馆、安吉县博物馆等 10 个，占 10.10%；50—79 分的有杭州市萧山跨湖桥遗址博物馆、新昌博物馆、瑞安市博物馆、金华市博物馆等 53 个，占 53.54%；30—49 分的有 21 个，占 21.21%；30 分以下的有 15 个，占 15.15%。

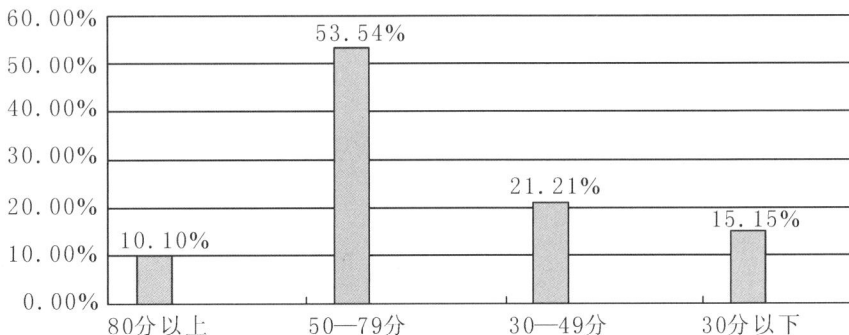

图 1　浙江省未定级国有博物馆定性评估各分数段占比

2.定量评估

定量评估是汇总各个博物馆评估申报书中的有关量化数据，运用"浙江省未定级国有博物馆运行评估管理系统"进行处理，自

动生成的评估分值，评估权重 35%。本次运行评估定量部分平均得分为 64.46 分。其中 80 分以上的博物馆有杭州工艺美术博物馆、景宁畲族自治县畲族博物

馆、良渚博物院等 34 个，占 34.34%；50—79 分的有嘉兴美术馆、磐安茶文化博物馆、洞头先锋女子民兵连纪念馆等 41 个，占 41.41%；30—49 分的有绍兴陆

游纪念馆、大韩民国临时政府杭州旧址纪念馆、周尧昆虫博物馆等13个,占13.13%;30分以下的有泰顺县博物馆、西湖博览会博物馆、永康市五金博物馆等11个,占11.11%。

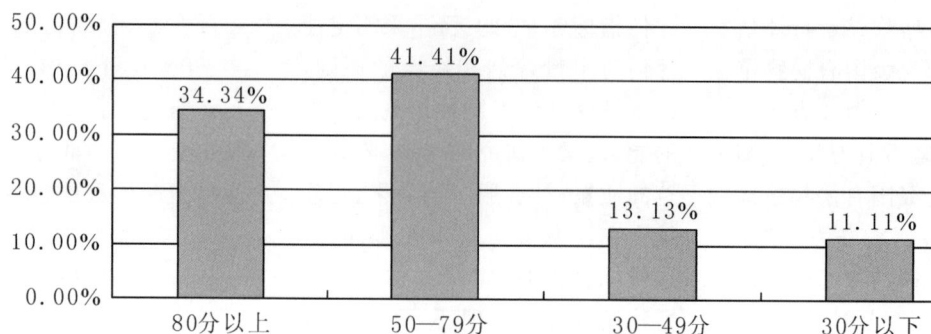

图2 浙江省未定级国有博物馆定量评估各分数段占比

（三）定性部分一、二级指标得分情况分析

运行评估定性部分的一级指标包括藏品管理、科学研究、陈列展览与社会教育、公共关系与服务、博物馆管理与发展建设5项,从得分率（表1）可以看出,各个馆较为重视博物馆的管理与发展建设,其次是藏品管理、陈列展览与社会教育,这三项指标的得分率均在50%以上,其中博物馆的管理及发展建设方面达到74.10%;而在公共关系与服务、科学研究方面得分率均低于50%,尤其是科学研究,其权重设置是评估指标体系五大一级指标项中最低的,只有10分,然而就是这样得分率也只有31.50%;最能表现博物馆社会功能的公共关系与服务得分率只有46.00%,得分显然偏低。

表1 定性部分一级指标得分情况

一级指标项	权重	平均得分	得分率
藏品管理	15	8.95	59.67%
科学研究	10	3.15	31.50%
陈列展览与社会教育	35	18.69	53.40%
公共关系与服务	20	9.20	46.00%
博物馆管理与发展建设	20	14.82	74.10%

定性部分二级指标共有16项,得分率在60%以上的8项,占一半,最高的是"安全管理"和"制度建设",分别为79.90%、75.78%,这两项均属"博物馆管理与发展建设"一级指标项。

其次是"发展规划""藏品保管""藏品搜集""博物馆讲解""基本陈列""人才培养"。最低得分的是"代表性研究成果""学术活动",分别只有25.71%、37.58%,均属"科学研究"一级指标项。另外在"网络及新媒体""观众服务""临时展览""藏品保护"等方面也表现不佳,详见表2。

表2 定性部分二级指标得分率

一级指标	二级指标	得分率
藏品管理	藏品搜集	63.21%
	藏品保护	47.83%
	藏品保管	65.82%

一级指标	二级指标	得分率
科学研究	学术活动	37.58%
	代表性研究成果	25.71%
陈列展览与社会教育	基本陈列	61.31%
	临时展览	43.05%
	博物馆讲解	62.93%
	教育项目	50.41%
公共关系与服务	公共关系	51.58%
	观众服务	41.02%
	网络及新媒体	40.77%
博物馆管理与发展建设	发展规划	68.18%
	制度建设	75.78%
	安全管理	79.90%
	人才培养	60.71%

（四）不同类别博物馆得分

根据参评博物馆的性质，大体可以分为四类：文博系统综合博物馆 27 座，文博系统专题博物馆 16 座，文博系统纪念类馆 31 座，行业博物馆 24 座。

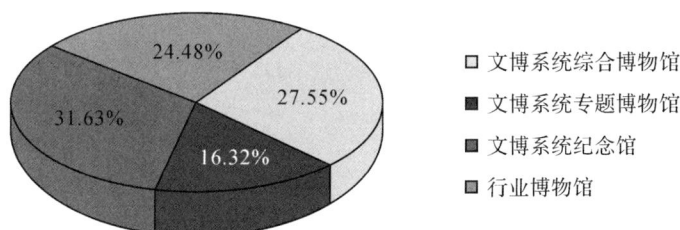

图 3　各类博物馆占比

总得分率由高至低分别为文博系统专题博物馆 73.71%，文博系统综合博物馆 64.56%，行业博物馆 52.84%，文博系统纪念类馆 48.76%。

定性分得分率分别为文博系统专题博物馆 69.27%，文博系统综合博物馆 60.66%，行业博物馆 50.77%，文博系统纪念类馆 45.3%。

定量分得分率分别为文博系统专题博物馆 81.98%，文博系统综合博物馆 72.23%，行业博物馆 56.68%，文博系统纪念类馆 55.19%。

可以看出文博系统专题博物馆和综合博物馆得分靠前，文博系统纪念类馆和行业博物馆与前两类馆得分有明显差距，尤其是文博系统纪念类馆与前者的差距更大。

二、未定级国有博物馆运行的成效

根据运行评估，可以看出我省未定级国有博物馆运行取得的一些成效，主要体现在以下方面：

（一）重视博物馆管理与发展建设

未定级国有博物馆都普遍较重视博物馆的管理与发展建设，这是 5 项一级指标中得分率最高的，达到 71.4%，其余均未超过60%。在这指标项中得分最高的是安全管理（79.90%）和制度建设（75.78%）两个方面，说明大多数馆都意识到这是博物馆功能作用正常发挥的基础保障。在博物馆管理与发展建设的另两项二级指标，即发展规划、人才培养方面得分也在 60% 以上，体现了未定级国有博物馆把博物馆运行管理的专业化水平建设放在各项工作的首要位置。

（二）藏品保管与征集工作较为突出

在评估的 5 个一级指标项中，藏品管理得分率为 59.6%，位居第二，说明博物馆对藏品管理工作也比较重视，尤其在藏品保管和藏品搜集方面较为突出，得分率分别为 65.82% 和 63.21%。反映出多数馆对藏品保管制度建设、账目管理、围绕办馆需求开展的藏品征集都较为重视。

（三）基本陈列和讲解服务表现较好

这是陈列展览与社会教育一级指标下的两个二级指标，得分率分别为 61.31% 和 62.93%，均超过 60%，说明博物馆对于基本陈列和与之配套的讲解工作的重视，这是博物馆传统的功能，能够保证博物馆正常开放及基本作用的发挥。

（四）文博系统专题馆和综合馆专业化程度较高

文博系统专题馆和综合馆总分得分率分别在 73.71%、64.56%，定性、定量分也都在 60% 以上，高出其他两类馆 10 个百分点以上。其中专题馆的定性得分率是 69.27%，定量得分率达 81.98%。体现了文博系统专题博物馆以及综合博物馆的综合能力明显高于另外两类馆。

三、面临的问题

评估数据可以看出未定级国有博物馆面临的一些问题和制约因素，主要是：

（一）科研工作是突出短板

98 家未定级国有博物馆的定性一级指标得分率中，科学研究最低，得分率仅 31.5%，其中代表性研究成果得分率只有 25.7%，这两项是所有一、二级评估指标项目中得分率最低的。说明科研是博物馆具有瓶颈性质的制约性弱项，反映出专业人才短缺的实际状况。

科学研究是保证博物馆正确发挥教育和欣赏功能的必要基础，是影响博物馆综合水平的重要因素。博物馆的收藏水准、陈列与展览的科学性和艺术性、社会教育的功效往往取决于其科学研究的能力和水平。如果说藏品是博物馆一切活动的物质基础，那么科学研究就是博物馆可持续发展的动力。

（二）公共服务创新能力不足

公共关系和服务项得分率仅 46%，仅次于科学研究方面。整体上反映出未定级国有博物馆仍然是比较封闭的机构，难以真正实现与社会的有效互动，与开放、共享的时代潮流不相适应。在此定性评估二级指标中"公共关系"稍好，为 51.58%，而"网络与新媒体""观众服务"得分率分别只有 40.77% 和 41.02%。体现出博物馆在利用新型媒体提升文化传播水平和公众服务、文化产品开发等方面特别需要加强。

（三）临时展览与教育项目有待提升

定级评估中陈列展览与社会教育得分率也比较低（53.30%），其中二级指标的"临时展览"仅43.05%，"教育项目"是 50.41%，均在 60% 以下，拖了此一级指标项的后腿。可以看出有不少博物馆在这两项工作上的不足。

（四）藏品保护基础有待夯实

定性评估指标中，藏品保护这个二级指标也是一个比较明显的得分低谷，平均得分率仅为 47.83%。说明博物馆在制定科学合理的藏品养护、修复计划，有针对性地开展对藏品养护和修复，以及对藏品保存环境和预防性保护等方面仍亟待加强。

四、思考、对策与建议

（一）重视人才培养，加强科研支撑

博物馆作为城市与社区公共文化服务的重要设施，既是学习的工具，也是人力资源发展的重要的支撑机构。要加强博物馆人才队伍的建设，以及相关的支撑保障措施，注重人才的引进、培养和锻炼，增强博物馆可持续发展能力。

博物馆科研是博物馆所有工作的灵魂。加强博物馆科研，提高博物馆对发展资源的认识水平和整合能力，使博物馆的运行目标切实建立在对博物馆工作规律、结构功能、内部与外部条件的综合分析与把握上，使运行目标的实现建立在科学的工作方法上。既要加强博物馆藏品的研究，更应对博物馆藏品的保护和修复、与博物馆发展直接相关的问题如博物馆教育、博物馆展览及信息传播等理论研究、对国外博物馆的研究以及博物馆学的研究等，多出有创新力和影响力的科研成果，并提高科研成果的应用价值。

（二）提升陈展水平，强化教育服务

陈列展览是博物馆向社会奉献的最重要的精神文化产品，是博物馆开展社会教育和公共服务、实现社会职能的主要载体和手段。充分发挥博物馆在建设优秀传统文化传承体系、弘扬中华优秀传统文化、丰富人民精神文化生活中的重要作用，始终坚持公益属性，突出科学品质。重视临时展览，尤其是原创性临时展览，这是吸引观众多次走入博物馆重要因素。同时，促进馆际交流与合作，整合藏品、展览、人才、技术等资源，策划优秀展览，并开展巡回展出，努力实现形式设计与内容设计和谐统一，突出文物、标本主角地位和观赏性，突出陈列展览的真实性和知识性。

博物馆应当提高服务的能力，提升服务的质量和规范性。更加注重在展览和教育项目中对公众精神与文化生活的主动引导，在内容上科学高雅，在形式上为群众所喜闻乐见，博物馆的展览和社会教育项目应该充分发挥其实物性、体验性、互动性、参与性等博物馆特征，努力在使命与责任、过去、现在与未来以及大众化与专业性之间寻求契合点，同时更全面地向社会开放，积极主动融入社区和社会发展，以平等、合作、共赢的心态，有效地吸收、整合社会资源，积极探索更开放的发展模式，承担起公益性文化教育机构的社会使命与责任。合理运用现代科技手段，正确定位和引导，以便和博物馆以物证为

特点的展览及其他传播教育等社会服务相辅相成，为公众提供更多更好的服务。

（三）完善评估体系，全面健康发展

评估不仅对把握博物馆运行的一般状况，而且对一些特点和问题，都提供了很好的了解的机会，如我省未定级国有博物馆大多分布在市县，很多博物馆还承担着当地的文物保护管理工作，人员少、工作量大，较之大博物馆的资源明显偏少，基础相对比较薄弱，工作环境和条件相对困难，尤其是在专业技术人才、科研能力和经费投入及运行管理方面的差距更为明显。通过评估可以发现，除了领导重视、发展环境、资源、投入等外部性因素之外一些好的做法，可以使博物馆表现出较好的运行能力和较高的水平：具有正确的服务社会的意识；定位准确，突出特色；重视展示传播和社会教育工作；藏品积累厚实，或充分利用相关资源；注重人才队伍建设和重视科研能力培养；重视管理与改革创新。

评估工作的目的是以评促建，合理评估博物馆运行状况是

实现博物馆规范化管理和科学发展的重要手段。因此，对评估工作本身的总结反思也非常必要，不断提高评估的针对性和精确度，各种不同类型的博物馆的运行评估既有共性，也有特殊性，既不能消灭特殊性，同时也要达成对作为博物馆的共同特性、基本规律的认识，真正促进博物馆的全面发展。强化博物馆运行评估工作的引导作用。探索对不同类型博物馆实行不同的运行评估指标权重，研究"分级分类管理""分层分级评估"办法；酌情修改完善运行评估指标体系及考察要点和评分细则，如临时展览项目中代表性临时展览与一般临时展览的区别及其权重等。加大激励力度，促进后进上位，鼓励政府、社会加大对博物馆关注和投入，并调动博物馆自身的积极性。

近年来博物馆发展迅速，博物馆正面临着难得的发展机遇期，一方面体现在中央领导的高度重视，另一方面是博物馆业务水平、功能及质量的迅速提升，在促进社会文化与经济发展中发挥着越来越重要的作用。

（柳河、杨新平、杨文庆）

文化＋特色小镇建设的有效路径研究

经济发展新常态下,传统产业升级需要新的载体、社会资本投资需要新的渠道、创新智力项目转化需要新的平台、地方政府抓经济发展需要新的途径、社会公共服务提升需要新的抓手、供给侧改革需要新的动力,浙江省委、省政府审时度势,找到了各方面的需求和力量的最佳结合点,在全国率先提出了建设特色小镇的战略构想。

特色小镇是相对独立于市区,具有明确产业定位、文化内涵、旅游和一定社区功能的发展空间平台,具有产业定位明确、多种功能融合、体制机制灵活、人文气息浓厚、生态环境优美的内涵,区别于行政区划单元和产业园区。从2015年开始,浙江省政府先后公布了第一批、第二批特色小镇建设名单,第三批特色小镇名单也正在审定中。习近平总书记、李克强总理充分肯定了浙江建设特色小镇的举措。住建部、发改委和财政部于2016年7月联合下发了《关于开展特色小镇培育工作的通知》,提出到2020年,在全国培育1000个左右各具特色、富有活力的休闲旅游、商贸物流、现代制造、教育科技、传统文化、美丽宜居等特色小镇,引领带动全国小城镇建设。多个省市也纷纷学习浙江经验,推出了关于建设特色小镇的政策意见,在全国掀起了特色小镇建设的热潮。

文化建设是特色小镇建设的重要内涵和基本元素。在浙江打造的特色小镇中,有1/3到1/2的小镇是基于文化元素推进产业或者直接依托于文化资源。浙江省文化厅作为浙江省特色小镇规划建设工作联席会议办公室成员单位,积极贯彻省委、省政府工作部署,在2016年上半年研究出台了《关于推进特色小镇文化建设的若干意见》(浙文法〔2016〕7号),作为全省开展特色小镇文化建设的指导性文件,明确了推进特色小镇文化建设的重点内容和工作措施。同时作为历史经典产业类特色小镇牵头指导部门,积极参与省特镇办对特色小镇进行的审核验收等各项工作,2016年底召开了全省特色小镇文化建设现场会,评选公布了第一批20个特色小镇文化建设示范点,举办了特色小镇群众文艺展演,开展了特色小镇歌曲创作、摄影比赛、专题展览等一系列活动,2017年还将举办全省特色小镇文化建设论坛。一段时间以来,全省文化系统在推进特色小镇文化建设上开展了各自的探索和实践,在文化遗产保护、传统经典文化产业发展、公共文化服务配套、特色小镇文化活动策划举办等方面取得了相当大的成效,在全省层面和各市、县层面初步建立了特色小镇文化建设的工作架构和工作机制,打开了特色小镇文化建设的良好局面。

一、文化＋特色小镇建设的重要意义

在特色小镇建设的过程中,文化是特色小镇建设的灵魂支撑,特色小镇建设是推进文化建设跨越发展的一大契机,特色小镇与文化建设必然形成一种共生共荣的关系,这是特色小镇建设与文化建设各自的内涵所决定的。

(一)从特色小镇建设的"初心"看文化＋特色小镇建设的重要意义

"文化＋"是特色小镇建设的战略选择,谋划建设特色小镇,把其作为在经济新常态下促进经济社会发展的重要载体,初心之一,就是在特色小镇中实现"产城人文"融合发展。特色小镇建设的生命力就在于"特色"的体现,而特色小镇的"特色"体现始终离不开"文化＋"。

1.小镇特在"产"的优势。文化产业是特色小镇建设的重要组成部分,文化能够为特色小镇"兴业"。文化也是一种资源,这些资源利用得好、开发得好,可以富一方百姓。很多非遗项目和文物遗存都能够合理开发利用。如省政府确定的十大历史经典产业,茶叶、丝绸、黄酒、中药、青瓷、木雕、根雕、石雕、文房四宝等,都属于非遗生产性保护的范畴。很多特色小镇都是以这些非遗项目的产业化保护为特征而建立起来的。

2.小镇特在"城"的风格。小

镇形成独特的建筑风格和风光特色同样离不开文化的元素,很多特色小镇都是以文物保护单位作为核心的景点,结合历史街区、古村落等形成建筑风格,如杭州余杭梦想小镇以四无粮仓、章太炎故居所在的历史街区为核心区域,许多新规划建设的特色小镇建筑也能依托产业特色和当地文化气质进行设计,如丽水景宁畲乡小镇,虽为新建建筑,但始终体现畲族建设的风格样式,无处不在体现文化的存在。

3. 小镇特在"人"的气质。而人的气质要靠文化来塑造,文化能够为特色小镇"育人"。许许多多的文化遗产体现的是重民本、守诚信、求大同、行孝道的优秀传统思想精华和道德精髓。这些思想精华和道德精髓依然具有时代价值,是社会主义核心价值观的重要源泉。通过文化遗产的传承和弘扬,通过文化活动的潜移和默化,能够使人的素质进一步提高,人的文化内涵进一步丰富。只有具备一流素质的人,才能建设一流的特色小镇。

4. 小镇特在"文"的内涵。也就是说特色小镇需要文化灵魂的支撑,文化能够为特色小镇"塑魂"。从某种意义上来说,特色小镇是一种新型的共同体,而任何一个共同体都需要赖以维系的共同精神纽带,作为这个共同体得以延续发展、持续发展的精神基础,这种精神基础就会成为引领这个共同体发展的灵魂。特色小镇也需要一个灵魂,这个灵魂不是高楼大厦,也不是某一种优势产业,而恰恰是文化,只有文化能为特色小镇"塑魂"。有了这个共同的认知,形成精神纽带,特色小镇建设才可以持续、永久。

(二)从特色小镇建设的现实需要看文化＋特色小镇建设的重要意义

1. 特色小镇考核指标中明确了文化建设的基本任务。目前浙江的特色小镇考核指标中,明确涉及文化工作的指标有 3 个:一是省级非遗传承人的数量;二是公共文化基础设施的面积,三是文化旅游功能融合度。2 个是量化指标,1 个是定性指标。因此,所有的特色小镇建设无法剥离文化建设的工作内容。

2. 特色小镇的长久发展离不开"文化＋"的重要作用。特色小镇的文化建设在 3 年的建设期限内可能还看不到直接的经济社会效益,但从长期看,特色小镇的文化必然决定着特色小镇的发展前景和生命力。如旅游功能和效益的实现必然需要文化资源为基础,人口的集聚必然需要完备的包括文化、教育、医疗等的社区功能配套,企业凝聚力的提高必然需要建设高端的企业文化。

二、浙江探索文化＋特色小镇建设路径的几种主要模式

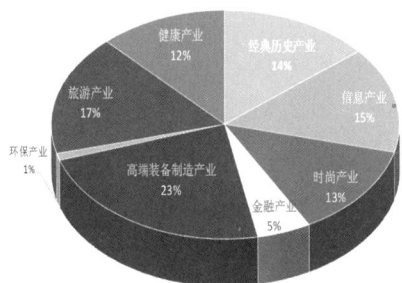

图 1 第一、二批 78 个省级特色小镇中各产业占比

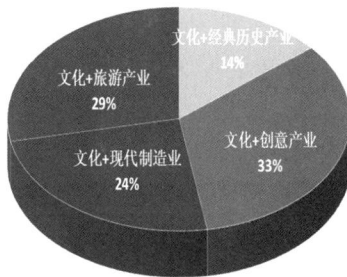

图 2 第一、二批 78 个省级特色小镇中"文化＋"模式占比

(一)文化＋经典历史产业发展模式

主要是通过促进发展经典历史文化产业,形成特色小镇的核心产业优势,树立独一无二的文化品牌,实现文化＋特色小镇建设。这一类型为浙江省打造文化产业特色小镇的重点,包括西湖龙坞茶镇、湖州丝绸、南浔湖笔、绍兴黄酒、龙游红木、常山赏石、开化根雕、龙泉青瓷、青田石雕等特色小镇,约占全省第一、二批特色小镇创建名单的 14％,其做法可大致概括为以下几个方面:

一是传承发展经典历史文化产业为小镇建设的核心资源。在小镇建设中注重发挥传统产业的区域代表性和历史传承性,强化区域性公共品牌管理,支持龙头企业申请注册商标、申请知名商号,扩大产品知名度,提升产业影响力。把提升品质战略作为产业发展的内涵和支撑,建立起科学管理体系,全面把控产品品质。

不囿于小众化消费圈子,而是以艺术性、欣赏性,以及实用性、功能性为要求,提升产品品味,既以传统方式,又采用现代元素生产经营历史经典产品,从而建立起满足大众消费要求的广阔市场。以融合理念推动历史经典产业在种植业、制造业、服务业之间的高度结合。如龙泉青瓷小镇,在传承传统浸入式上釉和龙窑烧制技艺的同时,积极运用现代工艺技术改进传统烧制技艺,以求提高品质的稳定性,生产出品质媲美世界顶级产品的青瓷作品。

二是统一规划建筑风格。多数小镇通过一系列的基础设施改造、修旧如旧,形成了与产业结构、地理特征、文化传统、人文个性相符合的小镇特色文化建筑风格;将转移有碍观瞻企业,关停污染排放企业,并对腾出的空间进行分割改造,择优选取文化产业相关企业入驻,将旧厂房改造成文化创意园等方式,融于创意、文化、旅游等产业中,生成积极的放大效应,提升小镇文化吸引力。如龙游红木小镇,集中建设统一风格的太姆殿、育恩堂、万姓宗祠、至诚楼、九龙汇宝、紫檀宫、圣树宾馆、培训楼、接待楼、游客中心等,形成了小镇建设的整体建筑风格,树立了小镇建设的形象。

三是实现功能的文旅融合。经典历史文化产业的特色小镇都把文化创意与旅游功能的拓展作为小镇建设的重中之重。通过将地区的名山、名水、名景、名史、名人、名食相融合,将地区风土人情汇入小镇中,围绕旅游的吃、住、娱、游、购、行"六要素",吸引境内外游客。如湖州南浔湖笔小镇,推进湖笔小镇游客集散中心建设

工程结合中国湖州国际湖笔文化节、蒙恬会、含山蚕花节、文房四宝等系列活动,2016年善琏镇已完成国家3A级景区创建,2017年将争创国家4A级旅游景区。

(二)文化＋创意产业发展模式(包括信息产业、时尚产业、金融产业)

主要是通过文化元素打造现代创业平台,创新开发文化遗产,实现文化＋特色小镇建设。这一类型的特色小镇是结合网络经济和文创产业优势重点打造的特色小镇,以杭州最为集中,包括上城玉皇山南基金小镇,下城跨贸小镇,余杭梦想小镇、艺尚小镇、梦栖小镇,西湖云栖小镇、艺创小镇等,其做法可大致概括为以下几个方面:

一是依托文化遗存建设特色创业园区。现代创意产业园区需要生态良好、环境优美,依托历史遗存、历史街区,以及与历史遗存建筑风格一脉相承设计建设的创意产业园区,具有独一无二的文化魅力,能涵养创业团队的文化素养,激发创意灵感。如余杭梦想小镇依托近20处各级各类历史文化遗存的有效保护和合理利用,构建了小镇的核心建筑区域。

二是依托文化资源开发特色文化创意产品。在小镇建设中,积极探索传统工艺、文化、产业、设计融合发展的四位一体发展路径,充分利用全省馆藏文物资源和浙江特色历史文化元素、符号,与特色文化前沿创意观念相结合,开发浙江特色的文化创意产品。如余杭艺尚小镇与浙江丝绸博物馆加强对接,在服装及饰品设计上大量体现丝绸文化元素,打造现代创意文化产品。

三是依托文化服务留住和培养文化创意人才。打造文创人才培养平台,推动文创人才增量提质,充分发挥高层次文创人才在各领域的引领作用,带动文创产业快速发展。如余杭区举办"创意蓝海计划"上海实践研讨班、深圳实践研讨班,着力发挥文创人才的创新作用。配套图书阅览、艺术欣赏、展览展示等文化服务功能,使文化创意人才在特色小镇的工作生活环境更加优化。如余杭艺尚小镇建设过程中着力打造文化艺术中心和书香余杭·创意客厅项目,营造一种现代都市特别缺乏的"慢生活"体验氛围。

(三)文化＋现代制造业模式(包括高端装备制造业、环保产业)

主要是通过在现代制造业为基础打造的特色小镇中,以工业遗存和工业创意设计两种文化元素为重点,实现文化＋特色小镇建设。这一类型是浙江块状经济类产业园区转型升级打造特色小镇中体现文化内涵的主要模式,包括海宁皮革时尚小镇、桐乡毛衫时尚小镇、诸暨袜艺小镇、江山光谷小镇、临海时尚眼镜小镇、玉环生态互联网家居小镇等,其做法可大致概括为以下几个方面:

一是以文化遗存和工业遗存为资源,打造文化特质工业园区。在小镇建设中注重结合历史文化遗存设计园区的整体建筑风格,并利用工业遗存打造特色文化景观带和工业文化展览体验馆,在工业园区中突出文化内涵的挖掘打造。如诸暨袜艺小镇,深入挖掘袜艺文化,收集和袜有关古诗词,考证袜子的历史演变,整理袜子变迁史,收集了清朝、民国年间

的老袜子、老袜机等,筹资 2000 余万元建成袜艺文化体验馆。

二是以工业创意设计为主打造特色文化产业,服务特色小镇核心产业。在现代制造业小镇设立文化创意设计中心,培育与孵化一支专注于产业提升的设计师团队,为特色小镇的产业推进、传统产业转型发展提供更多的人才资源储备和产业化发展路径探索,为设计服务业与传统产业的深度融合发展提供经验支持。如玉环生态互联网家居小镇创建楚洲人才梦工场,融合“工匠、企业家、产品”3 个方面,以文化为魂设计时尚家居,聚合了 25 家创业创新团队、120 余名创意人才,已为 450 余家中小企业和 6000 余名本土青年提供了科研攻关、品牌创意等服务,创造直接经济产值 1.2 亿元。

三是以公共文化服务和文化休闲产业配套构建产业工人良好生活环境。现代制造业特色小镇属于人力资源集中型向科技文化集中型发展模式的过渡升级,在现阶段仍然集聚了大量的产业工人,需要在特色小镇主动建设配套图书阅览、文化培训等公共文化服务,支持电影院、网吧等大众消费类文化休闲产业发展,提供文化消费产品,为产业工人营造良好生活环境。如瓯海文化部门为时尚智造小镇员工配送排舞、木偶、书法等培训课程,丰富员工的业余文化生活,营造了良好的生活环境。

(四)文化＋旅游产业发展模式(包括旅游产业、健康产业)

主要是通过充分挖掘文化遗迹、非物质文化遗产,打造特色文化活动品牌,促进文旅融合,实现

文化＋特色小镇建设。这一类型为浙江省范围最广的文化＋特色小镇建设模式,所有特色小镇都有打造 3A 级以上景区的建设目标,在概念上交叉涵盖了其他类型的特色小镇,这其中以旅游为主产业的特色小镇大致包括上城南宋皇城小镇、桐庐健康小镇、杭州湾新区滨海欢乐假期小镇、宁海森林温泉小镇、文成森林氧吧小镇、桐乡乌镇互联网小镇、景宁畲乡小镇等,其做法可大致概括为以下几个方面:

一是以文化遗存和非物质文化活态传承为特色小镇文化旅游的核心资源。把参观文化遗存、体验非物质文化遗产作为特色小镇旅游的主要内容,通过展示文化遗存和非物质文化的科学价值、历史价值、艺术价值、社会价值、文化价值、生态价值、美学价值等,体现小镇的旅游特色。如莲都古堰画乡小镇,以国保通济堰和历史文化村落为小镇建设的核心区域,建设了古堰公园式步行街,小镇的历史文化特质十分明显。又如上城南宋皇城小镇,已集聚中医药、特色美食、制作技艺等各级各类非遗项目 40 多个,汇集国家及省市区各级非遗传承人 50 多人。已成为杭州非物质文化遗产保护、传承和体验集聚区。

二是打造特色文化活动品牌,培养特色小镇文化旅游核心竞争力。通过策划特色性文化节会,开拓对外文化交流,用动态的文化活动,活化特色小镇旅游产品,在国内外打响文化旅游品牌,形成集聚效应,培养小镇旅游的特色优势竞争力,确保特色小镇文化旅游产业的持续繁荣。如乌

镇互联网小镇每年举办的乌镇戏剧节,2016 年共有来自 13 个国家和地区的 22 台剧目近 80 场特邀剧目陆续登场,18 支青年戏剧创作团队展开角逐多个戏剧奖项,近 2000 场次的“古镇嘉年华”表演,6 场小镇对话、5 个戏剧工作坊、3 个戏剧主题展以及 5 场戏剧峰会,此外,世界互联网大会的成功举办并永久落户,打造了乌镇国际文化的响亮品牌。又如莲都古堰画乡小镇着力打造全省乃至全国最具特色的“巴比松”油画产业基地,建设丽水巴比松美术馆,为各类美术作品提供交流展示平台,组织画家走进小镇采访创作,组织多种主题的油画展,让画家和画作成为特色小镇建设的景点,成为真正的“画乡”。

三是依托文化遗产开发特色旅游产品。利用中华传统优秀文化元素和地方文化特色要素,运用现代科学技术和开发理念,开发打造特色旅游产品,在旅游中渗透优秀文化的传承。如宁波杭州湾滨海欢乐假期小镇总投资 128 亿元打造寓意“过去、现在、未来”的美丽中国三部曲。展示非遗文化的东方神画主题园于 2016 年 4 月 16 日正式开园,通过 VR 技术讲述东方文化,让游客通过身临其境的“历险”,在“女娲补天”“长城绝恋”“千古蝶恋”“决战金山寺”“天河之恋”等 VR 项目中了解中国传统故事,领略跨越 5000 年的中华文明的奇幻画卷,感受和弘扬“中国梦”正能量。

四是依托对外文化交流进行旅游推介。利用各类对外文化交流平台,充分发挥文化在国际交流中的独特作用,进行特色小镇

旅游产品的针对性推介，打开国内外两个旅游市场。如乌镇互联网小镇在2014年中法建交50周年之际，两地分别于5月、7月举办文化展览并进行旅游推介活动，之后连续两年开展中法文化交流，以展馆、互访进行旅游推介，开展文化、旅游、经济等全方位交流、探讨，形成系列卓有成效合作项目，成为两地文明共融、相互促进典范，为双方旅游打造国际化品牌奠定基础。此外，在日本福冈市召开的"2014亚洲都市景观奖颁奖礼暨经验介绍交流会"上，乌镇荣获"2014年亚洲都市景观奖"，乌镇作为唯一入选的小镇，与亚洲各国城市进行文化交流，进一步叫响了文化旅游品牌。

三、当前特色小镇文化建设的一些误区

（一）认识上的误区

1. 特色小镇社区功能的配套无足轻重。很多特色小镇在把主要精力用于产业项目招商建设的同时，没有兼顾小镇社区配套功能的实现。特色小镇区别于产业园区，需要相对集中的社区功能配套为小镇集聚人口服务，主要包括公共文化服务、教育、基本医疗卫生服务、基本服务业等的配套，其中公共文化服务也是一项重要且基本的社区配套功能，必须始终予以重视，全程谋划建设。

2. 现代制造业小镇不需要文化建设。在特色小镇建设工作刚推进的过程中，很多特色小镇管理机构和文化行政主管部门都存在一个重大的误区，认为只有经典产业类特色小镇、创意类特色小镇、旅游类特色小镇才需要文化建设，高端装备制造业和环保

产业等现代制造业类特色小镇不存在文化建设的任务，也不需要文化部门的参与。但有人的地方必然需要文化，现代制造业集中了大量的从业人员，包括大量的高层次人才，同时作为3A级以上的景区也会吸引一定的小镇游客，这些人群都有文化生活的需要，必然离不开文化建设的配套。

（二）实践中的误区

1. 一些特色小镇建设领导机构中没有文化部门的一席之地。据统计，浙江前两批特色小镇创建和培育对象中，县级特色小镇建设领导机构中把文化行政主管部门列为成员的只有53.4%，县域内有特色小镇建设任务的文化行政主管部门专门成立特色小镇文化建设领导小组的仅占32%。有些文化行政主管部门对特色小镇文化建设的参与度非常低，仅限于每年参加几次领导小组例会，部分文化行政主管部门甚至从未参与当地特色小镇文化建设，文化＋特色小镇建设的有效路径缺乏政府部门的主动指导和主动探索。

因此，小镇建设的规划因为没有文化部门事先参与，就缺少公共文化设施建设等内容；小镇文化遗存的保护开发因为没有征求文化专家的意见，所以不尽合理；小镇文化活动的组织上没有文化部门的积极参与，所以缺乏主题文化活动或者文化活动呈现低层次的特点。

2. 特色小镇文化建设中只重视考核指标。浙江省级特色小镇考核指标体系中，关于文化建设的内容单一，仅涉及非遗工作和公共文化设施建设两个方面，无法科学客观评价特色小镇文化建

设成果。在这种情况下，部分特色小镇文化建设就只围绕这两个方面进行考虑，也是造成文化行政主管部门在特色小镇建设中参与度不高的重要原因。

3. 文化服务的能力配套没有跟上。现有条件下急需补齐的特色小镇开展文化建设能力短板，也是文化＋特色小镇建设路径实现的主要障碍，主要集中在以下几个方面：

一是特色小镇文化建设的思路需要进步创新。在加强文化遗产保护传承，提升特色小镇文化品质，在产业特色中叠加文化功能方面缺乏开创性的思路。

二是小镇文化建设中大量缺乏文化产业人才。缺乏挖掘当地文化资源、提供创作、编排剧目、文艺演出、微电影拍摄等文化服务的专业人才；缺乏在特色小镇环境布置、村落民宿改造、艺术氛围营造方面提供指导设计，创新乡土资源的利用与开发的专业人才；缺乏高端文化艺术人才，特别是文化创意专业人才，帮助特色小镇开发、设计和制作具有地方特色的旅游商品。

三是需要打造更多的创新创业平台。加强文创植入业态，丰富小镇业态发展。打造互联网创客、艺术创客、农业创客、教育创客、休闲服务创客等各类新业态，建立创客基地。

四是特色小镇与艺术高校等合作机制需要进一步健全完善。探索建立艺术教育实践基地、美术写生创作基地等，举办书画展、摄影展等主题展览，派遣高校相关专家参与开发系列文化创意产品。

四、特色小镇文化建设的他山之石

(一)其他省市特色小镇文化政策

1. 特色小镇·江苏篇

江苏在苏州纳米技术、无锡微电子、泰州医药城、南京"无线谷"等九大创新载体中融入旅游、文化与社区功能,探索多种功能叠加的新思路,进一步优化省内创新创业空间载体的功能;围绕创新创业空间载体的产业定位,结合所在地的历史文化和资源禀赋,编制"产业、文化、旅游"一体、"生产、生活、生态"融合、"项目、资金、人才"匹配的建设规划。

2. 特色小镇·天津篇

到2020年,天津市将创建10个市级实力小镇、20个市级特色小镇,在现代产业、民俗文化、生态旅游、商业贸易、自主创新等方面竞相展现特色,建设成一镇一韵、一镇一品、一镇一特色的实力小镇、特色小镇、花园小镇。与以往示范镇相比,天津特色小镇具有四大特色。一是重运营、轻开发。二是重市场、轻行政。三是重颜值、低成本。四是重制度、轻蓝图。

3. 特色小镇·贵州篇

贵州省委、省政府提出建设100个示范小城镇的战略,建设了一批旅游小镇、白酒小镇、茶叶小镇等各具特色的小城镇。贵州坚持民生为本,立足建设小康小城镇,在全国率先开展以镇为单位,全面小康社会创建工作,制定了《贵州省100个示范小城镇全面小康统计监测工作实施办法》,建立了以镇为单位的全面小康统计监测指标体系,保障了小城镇社区功能的实现,极大地促进了示范小城镇全面小康的进程。

(二)国外知名小镇文化建设情况

1. 美国:将文化建设纳入城镇化通盘考虑

美国政府在推进城镇化过程中非常重视文化建设,将文化作为体现城市特色、发展当地经济、促进多元文化的重要手段。

一是城市规划充分体现文化特色。注重塑造鲜明的城市建筑风貌。很多城市通过法律法规,强制要求把富有地域文化特色的文化元素和符号体现到老城改造和新城开发中。如美国旧金山早在1972年的《城市总体规划》中,就授权城市规划署对新建筑开发位置、高度、体量、风格等方面进行管控,以免建成后成为城市的累赘。加强历史文化遗产保护。以加利福尼亚州为例,加州颁布的财税法授权地方政府与历史建筑业主签约,对其维护和修缮历史建筑给予财产税减免的奖励;加州颁布的环境质量影响法要求开发项目在建设前必须进行环境质量影响(包括对历史文化资源影响)评估等。

二是重视社区公共文化服务建设。美国法律规定,凡属政府系统开办的公共文化设施内的任何活动,都不能收费,必须义务为纳税人服务。社区图书馆和文化中心是以纳税人的钱建起来的公共设施,必须免费向社区纳税人开放,其日常办公经费和活动经费则主要由政府投入。由于美国政府规定赞助公益文化事业可以抵税,很多企业和基金会也乐于为这些机构捐款或提供赞助。另外,美国人对社区都有比较强的归属感和共同受益感,很多人自愿为这些社区图书馆和文化中心做义工,不收取任何报酬。

三是注重城镇化与文化产业的融合。美国的很多小城镇围绕自身文化优势发展文化产业,如俄勒冈州山麓小镇阿什兰,位于旧金山和波特兰之间,人口不到2万人,却因创办于1935年的"俄勒冈州莎士比亚艺术节"闻名于世,成为全美戏剧爱好者的必到之地。当地艺术画廊、剧院林立,南俄勒冈大学坐落于此,每年长达10个月的莎士比亚艺术节演出季吸引游客多达35万人次,居民人均旅游业税收收入是全美平均水平的4倍。

2. 法国:大力培育城市文化品牌

法国的城市化进程并非只体现在修路铺桥、大兴土木等硬件建设上,更重要的是注重营造城市文化环境,培育城市文化品牌,从而提升城市生活品质和竞争力。法国许多城市都精心培育各类艺术节和电影节,形成城市文化特色和品牌效应。如阿维尼翁艺术节、昂古莱姆漫画节、安纳西动漫节、戛纳国际电影节等,这些特色文化活动都已有超过半个世纪的历史,经过长期不懈的努力,成了国际知名度很高的文化品牌,其文化影响力大大推进了本地区的城市化进程。

如戛纳位于法国东南部,面积不到20平方公里,人口仅7.1万,昔日只是一个名不见经传的小渔村。在某种意义上来说,是电影节成就了戛纳今日的辉煌。首届戛纳国际电影节于1946年举行,如今已成为世界上最大和最重要的电影节之一。长期以来,法国中央和地方政府一直对电影节给予扶持和资助。1949年兴建了第一座电影宫,1979年增建卢米埃尔宫,之后又开辟了拥有30多个展厅、面积1.3万平方米的大型电影交易市场。资料显示,戛纳电影节每年至少吸引6万名电影界专业人士和20万名游客,电影节所创造的直接经济价值达2亿欧元,间接经济价值达7亿欧元。每年有4000多部影片在此交易,销售额达10亿美元。

电影节的举办为这座小城增加了就业机会。正是在电影节的带动下,戛纳逐渐形成了以商业展销为主体、以吸引游客为目的的经济模式,拉动了文化场馆建设、餐饮业、运输业、旅游业等城市化进程。据统计,全年的旅游收入已占到戛纳市财政收入的一半。从长远来看,这种经济效益是可持续发展的,所带来的社会效益以及文化软实力难以估量。为此,当地政府和民众更加高度重视城市文化环境、人文气息的营造,增强城市魅力。

3.意大利维罗纳:把古镇视作公共文化服务空间

意大利古城维罗纳坐落于阿尔卑斯山南麓,被阿迪杰河环抱。因气候宜人风景秀丽,早在古罗马时期就已成为度假胜地,恺撒、但丁等历史文化名人都曾在这里留下自己的旅行足迹,罗密欧和朱丽叶的爱情故事更为其平添了无限浪漫的色彩。每年来自全球的300多万游客使这座古城焕发出蓬勃生机。

维罗纳对古罗马圆形竞技场的利用极具创造性,与其他城市仅将其作为古迹加以保护不同,维罗纳将其用于歌剧表演已有很长一段历史。市政府通过定期举办歌剧节等形式,对露天歌剧这一古老艺术形式加以推广,每年都有超过50万人到此欣赏歌剧,使这座外表破落的古老建筑再次焕发生机。

成功处理由旅游业带来的社会问题是维罗纳旅游持续发展的关键因素所在。游客大量涌入虽然带来巨大交通压力和历史文化遗迹保护等难题,但只有把旅游业看作一项真正的公共服务事业之后,才能真正保证旅游业的可持续健康发展。

五、有效推进文化＋特色小镇建设的未来路径

(一)进一步理顺工作机制

一是完善特色小镇建设领导小组,始终让文化部门全程参与特色小镇的规划、建设;二是补充特色小镇管理机构的组成人员,把文化建设专业类人才吸引进管理机构;三是谋划设立特色小镇文化建设的智库等,与特色小镇相关的文化专家建立和保持工作联系,在规划建设文化设施等过程中得到专业性的指导意见。

(二)进一步厘清工作清单

表1 特色小镇文化建设任务清单

必答题	1.一个文化规划	制定特色小镇文化建设专项规划
	2.一场文化活动	策划定期举行的特色小镇主题文化活动
	3.两项文化遗产保护展示	修缮开放小镇范围内文化遗存、活态展示非物质文化遗产
	4.三种基本公共文化设施	建设特色博物馆、图书馆(或流动图书室)、小镇客厅中的文化展示区
选答题	1.其他公共文化设施	建设文化馆、剧院、美术馆、展览馆、非遗馆、戏曲角等
	2.文化消费产业	布局电影院、书店、网咖等
	3.文化创意产业	引入文化产业企业、文化创意设计中心等
	4.职工文化中心	配套企业内职工文化活动场所
加分题	1.开展文化交流	开展境内外文化交流活动,展示特色小镇文化风采
	2.打造整体文化品牌	讲好小镇故事,增强小镇知名度、美誉度
	3.形成小镇建筑风格	形成与产业结构、地理特征、文化传统、人文个性相符合的整体建筑风格

(三)进一步完善评价体系

结合这两年特色小镇建设的实际情况,针对补齐短板、坚持效果导向的要求,浙江省文化厅积极探索制定《特色小镇文化建设评价办法》,综合特色小镇文化产

业发展、文化遗产保护开发、公共文化服务配套、文化品牌打造、文化活动策划、文化交流促进等各方面的文化建设任务,并根据各特色小镇的不同情况,更加因地制宜、科学合理地开展特色小镇文化建设的分类指导和分类评价,作为省委、省政府对特色小镇考核验收中,评价文化建设方面成效的重要依据,促进特色小镇的文化建设规范化、制度化、长效化。

(四)进一步整合文化资源

一是善于盘活现有文化资源。整合利用小镇建设范围内的原有各类公共文化设施。如文成森林氧吧小镇,整合小镇范围内原有的1个镇文化活动中心和8个农村文化礼堂,布局图书阅览、非遗展示、文化展览、文化培训等

功能,未大量建设新的文化场馆,文化服务的配套却得以实现。

二是善于一建多用布局文化设施。在新建公共文化设施时,一建多用统筹考虑文化服务功能的实现。如余杭梦想小镇、仙居神仙氧吧特色小镇等,在小镇客厅及小镇游客服务中心大厅设立多个图书阅览角,公共文化设施面积指标大幅增长;又如黄岩模具小镇,在建设企业员工宿舍区的过程中,规划配套设置企业职工文化活动室。

三是善于整合多方力量投资文化设施。善于整合政府和市场多方的力量投资文化设施,通过政策引导,积极鼓励民营企业参与公共文化设施建设和公共文化产品供给。如合作利用私人藏品设立小镇特色博物馆,整合企业

产品展示馆设立小镇特色展览馆,积极引入文化消费企业、文化演艺企业等,使特色小镇的文化服务功能得以实现。

(五)进一步打造文化品牌

特色小镇要通过特色产业、特色风景和特色文化活动,积极打造特色文化名片,形成品牌效应,扩大和引导文化消费,不断增加市场份额,增强文化消费的连续性,使文化消费成为长期消费,消费为特色小镇文化产业发展提供坚定支撑。在文化品牌的培育上,重视创新意识的培养,实现从文化制造业为主向文化创意产业为主的价值链升级,促进特色小镇文化产业升级发展。

(蔡晓春、骆戚、郭驰)

浙江省乡镇综合文化站可持续发展调研报告

乡镇综合文化站是公共文化服务体系中至关重要的一环,是立足基层、承上启下、面向基层开展、综合性文化服务的重要阵地。为优化我省乡镇综合文化站的资源配置,提升利用资源利用和服务效能,促进科学发展,省文化厅组织开展专题调研。调研组通过听取汇报、查阅资料、实地察看、集体座谈、个别访谈等形式开展调研,搜集、掌握资料,查找短板。

一、浙江省乡镇综合文化站建设的基本情况

近年来,在文化部的关心支持下,在浙江省委、省政府的重视

下,浙江省乡镇综合文化站建设取得了持续发展,呈现出不断上升的良好态势。

(一)政策不断完善

浙江省委、省政府高度重视农村文化建设工作,出台了一系列政策措施,加强乡镇综合文化站建设。先后制定《浙江省乡镇综合文化站评估定级标准》,连续6次开展乡镇综合文化站评估定级工作。印发《关于进一步加强乡镇综合文化站建设的意见》。省委办公厅、省政府办公厅印发《浙江省关于加快构建现代公共文化服务体系的实施意见》,将乡

镇文化站设施、人员、活动、开放时间等写入《浙江省基本公共文化服务标准(2015—2020年)》。制定出台《浙江省推进基层综合性文化服务中心建设的实施意见》。开展了浙江省文化强镇评选活动,从2015年开始以省政府名义表彰,对乡镇文化站设施、投入、活动、人员提出了更高的要求。各市均制定出台《关于加快构建现代公共文化服务体系的实施意见》。各地还结合"十三五"规划的编制,将乡镇综合文化站建设工作纳入了当地的经济社会发展总体规划。

（二）设施不断完善

全省有 1339 个乡镇综合文化站，其中特级 86 个，一级 258 个，二级 386 个，三级 336 个；覆盖率 99.33%，平均面积 2399 平方米，全省建成图书馆乡镇分馆 557 个、文化广场 26109 个。

表 1　全省乡镇综合文化站设施状况一览表

| 市 | 个数 | 设施面积 | | | 等级 | | | | |
		总面积（万平方米）	平均面积（平方米）	小于 500 平方米的文化站数量	特级	一级	二级	三级	未定级
全省	1339	321.29	2399	66	86	258	386	336	273
杭州	191	50.19	2628	1	41	59	53	37	1
宁波	147	72.94	4962	0	15	78	45	9	0
温州	143	54.03	3778	13	9	19	61	27	27
嘉兴	72	19.08	2650	2	6	16	21	6	23
湖州	69	16.14	2339	4	11	25	20	13	0
绍兴	114	21.66	1900	1	4	26	49	32	3
金华	156	34.20	2192	6	0	5	40	60	51
衢州	106	8.96	845	8	0	1	13	40	52
舟山	39	5.72	1465	0	0	9	25	5	0
台州	129	22.29	1728	6	0	12	33	46	38
丽水	173	16.09	930	25	0	8	26	56	83

（三）队伍不断壮大

全省共有综合文化站工作人员近 5000 人，其中 3349 名有正式事业编制，占到队伍比重的 67.76%，站均 3.69 人；大专以上学历的人员超过 80%，中级以上职称的人员接近 30%。大力实施农村文化队伍素质提升工程，省本级每年培训文化站站长 300 名，市县每年培训基层文化业务骨干 1 万人次。

表 2　全省乡镇文化站文化队伍建设情况一览表

| 市 | 文化站数量 | 编制数 | 实际人数 | | | | 其中 | | | |
			在编人数	编外人数	合计	站均工作人员数	大专以上学历	所占比例（%）	中级以上职称	所占比例（%）
全省	1339	3509	3349	1825	4942	3.69	4112	83.21	1396	28.25
杭州市	191	515	498	561	1079	5.65	904	83.78	268	24.84
宁波市	147	302	258	517	523	3.56	466	89.10	147	28.11
温州市	143	742	721	62	819	5.73	598	73.02	191	23.32
嘉兴市	72	196	187	163	434	6.03	241	55.53	65	14.98
湖州市	69	207	167	46	205	2.97	186	90.73	40	19.51
绍兴市	114	297	287	156	376	3.30	271	72.07	126	33.51
金华市	156	325	313	77	389	2.49	332	85.35	190	48.84
衢州市	106	163	137	46	191	1.80	138	72.25	91	47.64
舟山市	39	87	71	38	118	3.03	98	83.05	14	11.86
台州市	129	478	421	116	466	3.61	362	77.68	103	22.10
丽水市	173	327	289	43	342	1.98	296	86.55	161	47.08

（四）创新实践不断涌现

浙江省在乡镇文化站建设和运行管理中,不断出现一些探索创新。一是标准化建设创新。杭州市余杭区制定发布了《乡镇（街道）综合文化站公共服务规范》地方标准（以下简称《标准》）,是全国首个乡镇综合文化站公共服务地方标准,《标准》内容涵盖了文化站保障群众基本文化权益而需要履行的宣传教育、阵地服务、辅导培训、群众业余文体团队建设、群众文化体育活动开展、文化遗产保护、协助管理文化市场等相关服务项目。二是文化站队伍建设创新。海盐县实施文化员下派员制度,县文化馆向镇（街道）下派文化员,做到全覆盖,提高乡镇文化站的专业服务能力。海宁市将乡镇文化站专职人员配备与服务人口规模匹配挂钩,积极探索镇（街道）文化站专职工作人员编制量化制度。三是社会力量参与管理探索。温州市鹿城区、宁波鄞州区、嘉善县、玉环县等地近20个乡镇（街）综合文化站委托社会力量进行标准化管理,取得了较好的社会效益。以嘉善县魏塘街道为例,以项目招标的形式,在明确服务内容和要求的基础上,委托社会公益组织管理街道文体中心,年投入30万元,每年完成中大型公益活动项目48个,活动150场次（不包括电影放映）,服务接近20万人次。四是以乡镇公共文化评估提升乡镇文化站效能。温岭、萧山、平阳、普陀等10多个县级文化部门设立科学的指标体系,开发基层公共文化评估系统,对乡镇公共文化服务进行评估,评估结果公开发布,以激励乡镇政府加强基层公

共文化服务体系建设,提升乡镇文化站建设水平和服务效能。

二、乡镇综合文化站建设短板

（一）区域不平衡明显

一是从总量上看,未达到《浙江省基本公共文化服务标准（2015—2020年）》最低500平方米要求的文化站还有一定比例,个别地方甚至是空白。二是区域发展不平衡,丽水、衢州、金华等地低于全省平均值,与杭州、宁波、嘉兴等地相比差距更为明显;全省面积小于500平方米的文化站绝大多数位于偏远山区和海岛区。三是各类经济开发区、风景名胜区成为综合文化站建设的短板。杭州、嘉兴、湖州等地面积小于500平方米的文化站全部处于经济开发区、风景名胜区等经济功能主体地区。四是经费投入差异较大。2015年,全省乡镇文化站文化活动经费投入近5.5亿元,站均投入41万元,但部分经济欠发达地区投入不足,丽水市站均投入仅为10万左右,衢州市站均投入仅为15万左右,山区县和海岛县站均投入不足10万。

（二）运行效能有待进一步提升

一是服务内容单一。一些文化站开展的公共文化服务的内容和形式大多沿袭着原有的图书借阅、文艺辅导,节日文化活动组织、配合中心工作开展文化活动等传统内容和形式,优秀文化资源缺乏,资源整合乏力,服务领域狭窄。二是开放时间不合理。一些文化站不能结合当地群众生活实际,未能做到错时开放,免费开放实际效果有待提高。三是服务供需脱节。少数文化站由于体制

原因,文化员基本服务于乡镇行政工作,较少时间去了解农村不同人群的文化需求,农村公共文化服务在需求和供给上存在着脱节现象,一些文化干部用心不专,职责不清,仅是文化站的"看门人"。四是存在设施被移用、挪用现象。部分文化站与乡镇政府合建,存在设施的空间布局不合理,造成设施的利用率较低。也有的文化站被移用、挪用,乡镇文化站舍成了政府或其他部门办公场所,无法开展免费开放。

（三）队伍专业化建设仍需加强

全省综合文化站文化队伍"不专业、不专心、不专职"的问题还普遍存在。一是文化员在编不在岗、交叉兼职。较多乡镇文化站站长都同时兼任乡镇其他工作,文化工作成了"副业"。二是专业服务水平不高。尽管全省乡镇文化站工作人员在大专以上学历的超过80%,但文化、文艺相关专业的很少,乡镇（街道）文化站具有中级及以上职称人员所占比例不到30%。三是文化业务能力不强。文化阵地的管理能力、文化产品的策划能力、文化活动的组织、协调能力等方面还有欠缺。四是基层队伍建设不稳。个别文化站人员因待遇保障未落实不安心工作。也有部分文化员因无专业特长,也无文艺爱好,不安心文化站工作,甚至把文化站工作作为进入其他单位的"跳板"。

三、对策建议

（一）以规范化优化乡镇综合文化站资源配置

通过标准化推进乡镇综合文化站建设发展。一是要以县（市、区）为主体,深入贯彻《国务院办

公厅关于推进基层综合性文化服务中心建设的指导意见》，按照《基本公共文化服务标准》，督促各地制定本地区乡镇综合文化站的建设标准、服务标准、管理标准和评价标准，确保乡镇文化站错时开放、规范服务、精准服务。二是建议在公共文化相关法规中，明确乡镇综合文化站的法律地位，确保乡镇综合文化站的公益性文化设施不被挪用、挤占。三是要完善考评体系。把乡镇综合文化站建设工作纳入对乡镇党委、政府领导班子的综合考核体系。建立以绩效为核心，以群众满意度为准则的评估体系，制订以乡镇综合文化站建设为主要内容的乡镇（街道）文化工作考评办法和实施细则，以静态考核与动态评价相结合的方式综合评定，提升考核的时效性和科学性。

（二）健全乡镇综合文化站管理体制

现行的乡镇文化站管理体制较为复杂，文化站归属于乡镇社会事业发展中心，文化部门直接管理、独立法人地位的等各种情况均有。创新文化站管理机制，探索适合各地实际的综合文化站管理体制尤其重要。有条件的地区，可推行乡镇综合文化站独立法人管理机制。从慈溪、嵊州、龙泉等少数地方的乡镇综合文化站独立法人文化站运行情况看，这些地方切实解决了普遍存在的管理体制不顺、人员在编不在岗等突出问题，文化站运行效能较高。有条件的地方，要分步推进乡镇综合文化站机构独立设置，并进行事业单位法人登记。不具备独立法人设置的，实行县、镇共管方式，县级文化部门和乡镇政府对综合文化站进行共同管理，县级文化部门主要负责业务指导、业务考核、人员培训考核，乡镇主要保障运行经费，基础设施建设。

（三）创新乡镇综合文化站运营机制

一是加大对综合文化站建设运行的保障力度。要将综合文化站日常运行经费列入当地财政支出预算。按照基本公共文化服务标准，科学测算乡镇综合文化站运行经费，在确保综合文化站人员经费、办公经费的前提下，强化制度性的活动投入保障。二是推广乡镇综合文化站成功运行模式。推广实施图书馆、文化馆总分馆制，破解乡镇综合文化站"各自为政，运行脱节，资源分割"的困境，建立统一的统筹协调、管理运行、考核激励机制，实现网点布局、设备资源、人员队伍、产品供给、考核管理、岗位培训、经费保障、形象标识等方面的有效统一，增加文化站之间的交流，有效解决文化站运行中的"孤岛问题"；积极探索延时开放、错时开放、菜单式服务等举措，提升设施利用率和基本文化服务项目群众满意度。三是鼓励社会力量参与。要制定相关的优惠政策，鼓励社会力量参与乡镇综合文化站建设与服务，形成公共财力与社会力量各有侧重、相互补充、共享共建、协力推进乡镇综合文化站建设的良性局面。积极推行委托管理，鼓励各地采用政府向社会组织购买服务的方式，或通过委托社会组织、业余文体团队管理运行乡镇综合文化站，有效提升服务效能。

（四）加大基层文化资源整合力度

要完善功能布局，重点完善以下基本功能：综合活动功能、图书阅览功能、综合培训功能、数字化文化服务功能、展览展示功能，组织开展非物质文化遗产项目的集中展示，以及书画和摄影等作品的展览。要有效整合资源，重点整合拓展体育健身、广播宣传、共享工程、农家书屋、村村通、党员远程教育、农民技能培训、少儿假期教育等公共资源。由于乡镇综合文化站承担着多种文化服务职能，涉及文化艺术、教育、科技、体育等多个方面，为确保规划项目能够顺利推进，并使乡镇综合文化站的各项功能得以充分发挥，需要地方多个部门共同协作，明确任务分工，落实相关责任，形成乡镇综合文化站建设的强大合力，要将共青团、妇女儿童、工会等部门的相关文化资源整合到乡镇综合文化站，提高资源利用率。

（五）创新基层公共文化服务供给模式

在完善书刊阅览、文艺排练、非遗展示、辅导培训、书画展览等基本公共文化服务的基础上，引导社区策划一批面向大众、参与面广、服务面广的特色文化服务项目或品牌文化体育活动。大力弘扬中华优秀传统文化，依托传统节假日，定期组织开展经典诵读、礼乐教化、国学普及、道德实践等活动，加大对地方乡土文化、历史人物、风土人情的展示宣传教育力度。要以群众需求为导向，推广实施"菜单式""订单式"公共文化服务。要适应数字化发展的要求，为基层群众提供数字阅读、公共信息文化娱乐和技能培训等数字公共文化服务。创新服务方式，利用现代信息技术和互联网等新兴媒体，依托文化共享工程、数字文化馆、数字图书馆等数字资源平台,建设数字文化站;利用微信、微博等社交新媒体,创新综合文化站服务方式,增强基层公共文化的感染力。

(六)加强基层文化队伍建设

根据乡镇人口规模和文化建设实际需要确定乡镇综合文化站编制,配备专职业务人员和管理人员。每个乡镇综合文化站配备编制人员1—2名,规模较大的乡镇适当增加,要确保文化员专职专人专用,尤其是要防止和杜绝随意性的调岗、借用等现象。将公共文化服务专业人才培养纳入国民教育体系,充分发挥好公共文化管理学院作用,培养基层公共文化专业人才。实施公共文化创新团队培育工程,培养一批扎根基层、服务群众的领军人才。优化乡镇文化员招录用方式,推广"专业技术考试＋统一考试"的做法,把好乡镇文化员队伍"入口关"。推广文化员下派制度,加大对综合文化站人才队伍的体系化支撑力度。要加大业余文化团队建设,组建文化志愿者队伍,研究制定业余文体团队建设标准,依托基层乡土文化能人、中小学教师和其他文艺爱好者,建立文化志愿者队伍,弥补人员不足、不专的短板。进一步加强乡镇文化员队伍培训,实施在岗人员轮训制度,做好新增人员上岗培训工作。

(任群、张一彦、李如明、毛炳聪)

概　览

ZHEJIANG CULTURE YEARBOOK

浙 江 文 化 概 览

浙江地处中国东南沿海、长江三角洲地区南翼，毗邻上海市和江苏、安徽、江西、福建等省，向有"鱼米之乡、丝茶之府、文物之邦、旅游胜地"之美誉。全省陆域面积 10.55 万平方公里，海域总面积 26 万平方公里，海岸线总长 6486.24 公里，居全国首位。境内有面积 500 平方米以上岛屿 2878 个，是中国岛屿最多的省份。

浙江的名称，最早见于《山海经·海内东经》。唐肃宗乾元元年（758），置浙江西道和东道两节度使，分辖浙江以西（长江以南）十州和以东八州，这是浙江作为行政区域名称之始。南宋（1127—1279）建都临安（今杭州），历时 152 年。元代丙午年（1366）置江浙行中书省，明初改元制为浙江承宣布政使司，辖 11 府 1 州 75 县，清康熙初年改称浙江省，省界区域基本定型，沿用至今。

浙江有雁荡山、普陀山、雪窦山、天目山、天台山等名山，有杭州西湖、千岛湖、绍兴东湖、嘉兴南湖等名湖，有钱塘江、楠溪江等名江。京杭大运河穿越浙江北部，在杭州与钱塘江汇合。

浙江属亚热带季风气候，四季分明，光照充足，雨量充沛。年平均气温 15℃—18℃。按单位面积计算，浙江水资源量居全国第四位。

浙江素有中国"东南植物宝库"之称，树种资源丰富。"活化石"银杏等 50 多种野生植物列入国家珍稀植物保护名录。已知野生动物 1900 种，其中列入国家重点保护野生动物名录的有 120 多种。浙江矿产以非金属矿产为主。已发现的固体矿产 113 种，叶蜡石、明矾石探明资源储量居全国第一位，萤石、伊利石列第二位。东海大陆架蕴藏着丰富的石油和天然气资源，开发前景良好。浙江海域渔业资源丰富，舟山群岛是中国最大的海洋渔业基地。

改革开放以来，历届省委、省政府团结带领全省人民艰苦奋斗、开拓创新，走出了一条具有浙江特色的发展路子，浙江经济快速发展，社会全面进步，城乡面貌发生了巨大变化，实现了从资源小省向经济大省的历史性跨越，人民生活实现了由基本温饱向全面小康的历史性跨越。2016 年，全省生产总值 46485 亿元，居全国第四位，比上年增长 7.5%；全省人均生产总值 83538 元（按年平均汇率折算为 12577 美元），比上年增长 6.7%。2016 年，财政总收入 9225 亿元，比上年增长 7.7%；财政一般公共预算收入 5302 亿元，同口径增长 9.8%。城乡居民生活继续改善，2016 年全省城镇居民人均可支配收入 47237 元，农村居民人均纯收入 22866 元，扣除价格因素，分别比上年实际增长 6% 和 6.3%。

浙江风光秀丽，旅游资源丰富。浙江有 18 处国家级风景名胜区和 41 处省级风景名胜区，总量居全国首位。国家级和省级历史文化名城、自然保护区、森林公园、地质公园、湿地公园和重点文物保护单位等旅游资源的数量均居全国前列。

浙江省有杭州、宁波两个副省级城市，温州、湖州、嘉兴、绍兴、金华、衢州、舟山、台州、丽水等 9 个地级市，下设 36 个市辖区、20 个县级市和 34 个县。2016 年，全省常住人口 5590 万人，比上年末增加 51 万人。浙江属少数民族散杂居省份，在浙江居住的人口中已包含全部 56 个民族，世居浙江的少数民族主要是畲族，全省畲族常住人口 16.6 万人。浙江丽水市的景宁畲族自治县是全国唯一的畲族自治地方。

浙江历史悠久，是中国古代文明的发祥地之一。长兴七里亭旧石器早期遗址的考古发现表明，早在 100 万年前浙江就已出现了人类活动。境内已发现新石器时代遗址百余处，最著名的有距今 4000—5000 年的良渚文化、距今 5000—7000 年的河姆渡文化、距今 6000 多年的马家浜文化、距今 7000—8000 年的跨湖桥文化、距今 10000 年的上山文化，其中在良渚遗址还发现了 5000 年前中国最大的古城。

浙江文物古迹众多。全省有世界文化遗产 2 处，国家级历史文化名城 9 座,省级历史文化名城 11 座;中国历史文化名镇 20 个,中国历史文化名村 28 个;省级历史文化街区、名镇、名村 278 处。全省有全国重点文物保护单位 231 处,省级文物保护单位 627 处。第三次全国文物普查中全省共登录不可移动文物 73943 处,其中新发现 61728 处。全省现有各类博物馆 270 个,其中民办博物馆 117 个。杭州西湖文化景观成为我国列入《世界遗产名录》独一无二的湖泊类文化遗产,填补了世界遗产中以“文化名湖”为主要价值特征的湖泊类遗产空白。

浙江的藏书之盛自古闻名。杭州文澜阁、宁波天一阁、瑞安玉海楼、湖州嘉业堂等著名藏书楼在保存与传播文献典籍、培养人才、促进学术研究等方面成就卓越。始建于明嘉靖四十年(1561)的天一阁是中国现存年代最早的私家藏书楼。同时,浙江也是中国兴办近代图书馆较早的省份之一,1902 年绍兴古越藏书楼的建立,标志着中国私立藏书楼向公共图书馆的过渡,而 1903 年在原杭州藏书楼(1900 年建立)基础上扩充改建的浙江图书馆,则是中国最早建立的省级公共图书馆之一。目前全省共有县级以上的公共图书馆 101 个,公共图书馆人均藏书量为 1.04 册。

浙江的戏剧艺术底蕴丰厚,是中国南曲戏文的诞生地,并拥有越、婺、绍、瓯、甬、姚、湖等多个剧种。越剧是中国主要剧种之一,20 世纪初发源于浙江嵊县(今嵊州市),曲调优美婉转、细腻抒情。早期越剧全部由女演员演出,中华人民共和国成立后,提倡男女合演,越剧得到迅速发展并日益成为国内最具影响的地方剧种之一。新世纪以来,浙江创作生产了一大批优秀剧目,越剧《陆游与唐琬》、昆剧《公孙子都》、越剧《梁山伯与祝英台》、京剧《藏羚羊》、话剧《谁主沉浮》等先后入选国家舞台艺术精品工程重点资助剧目。越剧《五女拜寿》、昆剧《十五贯》荣获文化部优秀保留剧目大奖。

浙江书画名家辈出,自成一派,影响深远。书画艺术成就在中国书画史上占有极其重要的地位。历史上曾出现王羲之、吴镇、赵孟頫、吴昌硕等浙籍书画大家,现当代又出现了黄宾虹、潘天寿、沙孟海等知名书画家。成立于 1928 年的中国美术学院(前身为国立艺术院),是中国最早的美术高等教育学校,如今已成为美术人才辈出的摇篮之一。创建于 1904 年的西泠印社是中国最早的以研究印学为主的学术团体和专业金石书画出版机构,在国内外享有很高的声誉。绍兴兰亭因东晋(317—420)大书法家王羲之曾在此作《兰亭集序》而成为中国的“书法圣地”。

浙江浓郁的乡土风情孕育了绚丽多姿的民间艺术。“三雕一塑”即东阳木雕、青田石雕、温州黄杨木雕和瓯塑蜚声中外;剪纸、刺绣、染织、编织和灯彩丰富多彩;而以嘉兴秀洲、宁波慈溪和舟山为代表的农民画和渔民画则充满了生活劳作气息。浙江民间的音乐、舞蹈、戏曲、曲艺独具浓郁的地域特色。浙江有 8 个项目入选联合国教科文组织公布的《人类非物质文化遗产名录》,2 个项目入选联合国教科文组织公布的《急需保护的非物质文化遗产名录》,上榜数居全国第一;在国务院公布的四批国家级非物质文化遗产名录中,浙江共有 217 项入选,入选数量居全国第一。

浙江自古人文荟萃、文风鼎盛、代有人出。自东汉以来,载入史册的著名浙江籍文学家已逾千人,约占全国的六分之一。举凡思想家王充、王阳明、黄宗羲、龚自珍,诗人贺知章、骆宾王、孟郊、陆游,科学家沈括,戏剧家李渔、洪昇等都是杰出代表。20 世纪,中国文学巨匠鲁迅、茅盾,教育家蔡元培,著名科学家茅以升、竺可桢、钱学森、陈省身,以及李叔同、王国维、夏衍、艾青、徐志摩、陈望道、马寅初、金庸等一批名人均为浙江人。中华人民共和国成立以来的全国“两院”院士(学部委员)中,浙江籍人士占近五分之一。

浙江省委、省政府高度重视文化建设,对文化建设做出了一系列重大部署。1999 年,提出了建设文化大省的战略目标。2000 年,颁布了《浙江省建设文化大省纲要》。2001 年,出台了《关于建设文化大省的若干文化经济政策》。2002 年,将建设文化大省、发展文化经济写入省党代会报告,并召开全省文化工作会议。2003 年,部署了文化体制改革综合试点工作。2004 年,出台了《关于深化文化体制改革加快文化产业发展的若干意见》。2005 年,省委做出了《关于加快建设文化大省的决定》,全面实施文化建设“八项工程”。2006 年,省政府出台《浙江省文化建设“四个一批”规划(2008—2012)》。2007 年,省政府召开全省农村文化工作会议,部署实施“新农村文化建设十项工程"。2008年,省委召开工作会议,制定出台了《浙江省推动文化大发展大繁荣纲要(2008—2012)》。2009年,省政府办公厅印发《关于加快发展民营文艺表演团体的意见》。2010年,省委专门成立了由省委书记任组长的文化建设小组。2011年,省委召开十二届十次全会专题研究部署文化强省建设,出台了《中共浙江省委关于认真贯彻党的十七届六中全会精神大力推进文化强省建设的决定》;省政府出台了《浙江省文化产业发展规划(2010—2015)》《浙江省文化服务业"十二五"发展规划》。2012年,省委召开第十三次党代会,将文化建设作为实现物质富裕精神富有的现代化浙江的重要目标。2013年,省委、省政府召开全省文化产业发展大会,出台了《关于进一步加快发展文化产业的若干意见》。2015年,省委办公厅、省政府办公厅印发《关于加快构建现代公共文化服务体系的实施意见》。2016年,省政府办公厅出台《关于推进基层综合性文化服务中心建设的实施意见》。这些举措有力地推动了浙江省文化工作持续快速发展,多项工作走在全国前列。

(娄国建)

概　况

ZHEJIANG CULTURE YEARBOOK

2016年浙江省
文化工作

2016年，在省委、省政府的坚强领导下，全省文化系统以习近平总书记系列重要讲话精神为指引，以扎实开展"两学一做"学习教育、推进全面从严治党为动力保障，紧扣人民群众的文化需求，紧扣杭州G20峰会等大事要事，紧扣文化强省建设任务，抓重点、推改革、补短板，许多工作取得了新突破、新进展、新成效，实现了"十三五"良好开局。

一、服务大局有力有效

杭州G20峰会和第三届世界互联网大会两大服务保障工作出色完成。杭州G20峰会是近年来我国主办的级别最高、规模最大、影响最深远的国际盛会。全省文化系统把服务保障峰会作为一项重大政治任务来抓，紧扣"办成一届精彩、成功、具有里程碑意义的峰会"这个目标，按照省委、省政府提出的要求，以高度的政治自觉和坚定的文化自信全力以赴投入峰会筹备工作，不折不扣地完成各项任务：积极承担杭州G20峰会国宴伴奏演出，浙江交响乐团、浙江音乐学院夜以继日地进行创作与排练，奏出了最精彩的乐章，得到各国元首和领导人高度赞扬；抽调省级文化系统优质艺术力量，全力参与"最忆是杭州"峰会文艺晚会，以美妙绝伦的表演惊艳世界；中国丝绸博物馆、浙江美术馆等文化交流点，精心策划推出了"锦程：中国丝绸和丝绸之路""锦绣世界：国际丝绸艺术展"等展览以及互动项目，

为峰会来宾和杭州市民提供了一系列高水平的艺术体验，深受G20领导人配偶团喜爱；根据峰会筹备工作领导小组部署，认真细致做好阿根廷政要团的接待工作，得到了阿根廷方面的高度评价。同时，与文化部市场司联合开展"浙江及毗邻地区G20峰会文化市场安全保障工作"，形成了安全护城河；组织文艺演出为峰会工作营造良好氛围。文化系统在峰会服务工作中付出了巨大艰辛，也获得了重大荣誉。习总书记赞扬"文艺演出精彩纷呈，向世界展示了中国精神、中国力量"，夏宝龙书记、车俊代省长、葛慧君部长、赵一德书记等多位省领导对文化系统服务保障工作做出批示表扬，外交部专门发来了感谢信。省文化厅和浙江交响乐团还被省委、省政府评为先进集体。积极参与第三届世界互联网大会，精心组织创排中国戏曲艺术秀《国色天香》，承担欢迎晚宴伴宴演出，并参与会议论坛筹备组织工作，为第三届世界互联网大会的成功举办贡献了文化力量。

重大主题文艺服务有声有色。围绕庆祝中国共产党成立95周年、纪念红军长征胜利80周年主题，积极组织重大革命历史题材作品创作，开展主题文化活动。精心举办"永远跟党走"浙江省庆祝中国共产党成立95周年专场文艺演出、浙江省纪念红军长征胜利80周年交响合唱音乐会，开展浙江省庆祝中国共产党成立95周年暨红军长征胜利80周年优秀作品展演，组织话剧《谁主沉浮》全国巡演，复排红色经典作品《长征组歌》，创作排演京剧《大渡河》、婺剧《血路芳华》，

承办"长征与遵义会议：纪念红军长征胜利80周年展览"。全省各地也联动举办了系列主题活动，营造了良好社会氛围。

二、现代公共文化服务体系进一步完善

重大文化设施建设整体推进。中国丝绸博物馆改扩建项目和浙江美术馆环境整治及内部提升改造项目顺利完成并投入使用，出色完成了杭州G20峰会的接待任务，也为广大群众提供了高水平的公共文化服务。浙江自然博物园核心馆区建设工程于年初正式开工，土建工程主体结构结顶，全面展开砖墙砌筑和设备安装工程，同步推进展陈设计和展品征集工作。浙江小百花艺术中心项目土建工程结束，外墙立面幕墙基本完成。浙江省之江文化中心项目已经完成了地块征迁、总体规划及城市设计（修建性详规）的方案竞赛、评选，同步推进实施项目选址论证、项目PPP部分的方案、项目可研等前期工作。浙江话剧艺术剧院、浙江音乐厅等一批改造项目均有不同程度的进展。

公共文化服务"三项试点"取得积极成效。"三项试点"顺利通过文化部验收，得到了文化部验收组的充分肯定。其中，公共文化服务标准化和基层综合性文化服务中心建设试点工作被文化部作为示范地区予以宣传推广。推进公共文化服务标准化建设，省质量技术监督局批准发布了《公共图书馆服务规范》省级地方标准，《浙江省文化馆服务规范》已在论证完善中；全省101个市、县（市、区）全部制定出台贯彻落实现代公共文化服务体系的实施意

见,已经出台各类行业标准和项目标准112个,全省初步构建起以省定标准为主体,地方标准为基础,行业标准和项目为补充的公共文化服务标准化体系;配合省政府办公厅下发《关于推进基层综合性文化服务中心建设的实施意见》;持续推进农村文化礼堂建设,农村文化礼堂建设连续4年列入省政府为民办实事项目,据初步统计,2016年新建1568个,累计建成6527个;开展农村文化礼堂"四季行动""百名教授回乡走进百家文化礼堂"等系列活动,举办农村文化礼堂业务建设专题培训班6期,推出内含2100多项服务内容的文化礼堂服务"菜单",不断丰富服务内容,形成礼堂文化。两个国家级试点单位浙江图书馆和温州市图书馆理事会运行不断深化,其中温州市图书馆理事会参与了国家公共文化服务示范项目——"城市书网"建设,探索成立"温州市图书馆发展"基金会,吸纳社会资本参与图书馆建设;推广法人治理结构试点经验,全省已有57家文化事业单位建立法人治理结构,占全省文化事业单位的13.4%。

公共文化短板得到有效弥补。推进公共文化服务重点市县建设,制定《关于加强基本公共文化服务重点市县有关工作的意见》《公共文化服务重点市县季度督查通报制度》,配合召开全省公共文化服务重点市县建设工作推进会,强化督导推动。10个重点市县得到了整体推进,公共文化设施有了明显提升,公共文化服务明显加强。启动乡镇综合文化站服务效能提升工作,大力整改"挪用"问题,在全省范围内开展

乡镇综合文化站服务效能抽查和督察,文化部"乡镇综合文化站服务效能建设"经验交流活动在浙江举行。

公共文化供给进一步丰富。基层文化阵地进一步健全,全省建成县级以上文化馆102家、公共图书馆98家,县图书馆乡镇分馆557个,实现乡镇综合文化站、村级文化活动室全覆盖,公共图书馆虚拟网络基本全覆盖。制定实施了《浙江省公共图书馆三年提升计划》。持续开展文化下乡活动,全省组织送文艺演出下乡1.95万场,送书下乡258万册,送讲座送展览4560场,开展"文化走亲"活动1380场。组织举办了浙江省新农村建设题材小戏会演、浙江省第三届合唱节、第七届中国梦·乡村诗歌大赛、浙江省新农村建设题材歌词大赛、第七届十大城市戏曲票友联赛等展演赛事,丰富群众文化生活,推动作品创作。开展2016年度全省公共图书馆全民阅读节十大系列活动,全省各级公共图书馆精心策划了1233场丰富多彩、别具特色的活动,为全省广大群众献上一场精美的"阅读盛宴"。深入实施文化信息资源共享工程、数字图书馆推广工程、公共电子阅览室建设计划,进一步完善了数字文化服务网络。

公共文化管理运行机制不断完善。发挥省公共文化服务体系建设协调组带头示范作用,全省所有市县全部成立了公共文化服务体系建设协调组。推进公共文化服务体系示范区(项目)创建工作,鼓励管理运行机制创新,嘉兴市和"余杭区乡镇综合文化站服务效能提升工程""电视图书馆绍

兴模式"高分通过国家示范区(项目)验收。省政府办公厅转发了省文化厅等部门《关于政府向社会力量购买公共文体服务的实施意见》,改进了政府提供公共文化服务方式,推动了公共文化服务社会化发展。

三、全省文艺创作日益活跃

艺术创作成果丰硕。加强文艺创作规划引导,加大创作扶持力度,推动弘扬主旋律、传播正能量的现实题材作品创作,文艺创作势头强劲。在2016年国家艺术基金申报中,浙江共有36个项目获得立项资助,较2015年度增长20%,受助资金总额为2579万元。昆剧《大将军韩信》、越剧《二泉映月》、话剧《凤凰》3台剧目入选第十五届文华大奖全国终评,越剧演员吴凤花获第十五届文华表演奖,舞蹈《阿婶合唱团》获第十七届"群星奖"。越剧《吴越王》入选文化部2016剧本扶持工程。创排"两美"浙江原创歌曲音乐会,唱响主旋律、传播正能量。举办纪念越剧110周年诞辰和浙江昆剧团《十五贯》晋京演出60周年等系列活动,促进了艺术创作。

加大对原创剧本以及创作主体的支持力度。实施优秀剧本政府采购计划,委托浙江艺术职业学院面向社会力量购买戏曲剧本,得到了全国剧作者的热烈响应,择优采购了13个优秀剧本。面向社会力量购买戏曲剧本,创新了戏曲剧本供给模式,串联起社会力量和戏曲艺术表演的供需端,得到了中宣部和文化部的好评。同时,继续开展全省中青年编剧扶持计划,资助扶持省内中青年编剧人才剧本创作实践,8

个优秀原创剧本入选年度剧本扶持项目，其中《戚家军传说》剧本创作项目已被采用，并成功首演。

戏曲保护传承实现新突破。积极配合省政府办公厅印发了《关于支持戏曲传承发展的实施意见》。全省地方戏曲剧种普查工作取得阶段性成果。在文化部公布的2016年度"中华优秀传统艺术传承发展计划"戏曲专项扶持项目名单中，浙江有15个项目入选。精心举办省第十三届戏剧节，控制规模、压缩奖项、创新办节模式，完善专家评价、观众评议、舆论评述，集中展示了浙江省近三年来涌现的优秀戏剧作品和艺术新人。加强戏曲传承传播，举办了第十四届江浙沪闽四省越剧大展演，组织全省各类各级戏曲表演团体送戏进农村文化礼堂、送戏曲讲座进学校。

全省美术工作进一步加强。习总书记在《习近平自述文艺心路》中以浙江美术馆为例，谈到"重要建筑特别是标志性建筑应当有中国风格、中国气派"，为浙江省美术馆事业发展注入了动力。推动和加强全省公共美术馆建设和全省国有画院美术创作、研究工作。抓好我省美术馆藏品普查工作和全国美术馆馆藏精品展入选项目实施。在2016年全国美术馆馆藏精品展出季活动中，潘天寿纪念馆、宁波美术馆的专题展览被评为优秀展览，省文化厅被评为优秀组织单位。支持浙江美术馆发挥国家重点美术馆引领示范作用，带动全省公共美术馆建设规划。浙江美术馆全年举办各类展览44个，学术活动10余场，公共教育活动近200场，新增藏品3055件，观众达50余万人次，被中宣部等七部委评为"全国公共文化设施开展学雷锋志愿服务首批示范单位"。

四、文化产业和文化市场持续发展

文化产业发展势头强劲。组建了推动木雕根雕石刻和文房产业发展的协调机构，分别召开了两个现场推进会，推动木雕根雕石刻、文房重点产业地与特色小镇的经验交流和项目对接。制定实施了《关于加快推进特色小镇文化建设的若干意见》，确定了第一批全省特色小镇文化建设示范点，推进特色小镇文化建设试点工作，努力为特色小镇建设注入文化内涵。持续推动中国（义乌）文交会、中国国际动漫节转型升级，其中第十一届中国（义乌）文交会实现洽谈交易额52.04亿元（其中外贸成交额32.67亿元），同比增长2.7%；第十二届中国国际动漫节实际成交及达成签约交易、意向合作项目948项，涉及金额129.37亿元。成功推荐宁波市列入第一批国家文化消费试点城市。认定17家文化企业为省文化产业示范基地。确定浙江图书馆、宁波市图书馆和宁波美术馆等3家单位为文化创意产品开发试点单位。组织举办第四届动漫衍生品授权交易活动，达成17项授权交易，总授权金额2.09亿元，较上届增长32%。由浙江中南卡通股份有限公司牵头发起申报的《动画渲染管理与服务平台规范》通过省级地方标准立项，这在国内同行业中尚属首个。推动文化与科技融合创新，文化领域3个项目入选省重大科技项目。做好国家级文化科技项目（课题）申报和管理工作，浙江省全年共有19个国家社科基金艺术学项目立项，占全国立项项目总数的9.18%。

文化市场更加规范有序。加强引导，优化服务，促进市场繁荣发展。全年省文化厅共办理经营性互联网文化单位、演出经纪机构等的设立许可、变更及相关事项1240件。拟定杭州、宁波、绍兴、金华等市作为重点城市，推动文化娱乐行业转型升级。积极扶持民营文艺表演团体发展，组织开展2016年度民营文艺表演团体"优秀剧目""优秀剧团"评选，举办浙江省民营文艺表演团体展演活动，培训民营文艺表演团体人员8期700余人。紧紧围绕杭州G20峰会、第三届世界互联网大会等重大活动任务，扎实深入地做好文化市场安全专项保障工作，协调抓好文化市场安全防范工作，严查政治性非法出版物，严打非法演出，有效确保全省文化市场稳定有序。同时，积极开展了"清网""护苗""打违"3个专项行动。据统计，全年全省共受理举报投诉1334件，检查文化经营场所223620家次，查获违规场所5292家次；停业整顿193家次，吊销许可证52家次，办结案件3596件，向公安机关移送案件54件，震慑效应明显。创新文化市场管理机制，在全国率先试行文化市场黑名单管理制度，同时启动了全省文化市场指挥监控中心建设，修订了全省《文化市场突发事件应急管理办法》和《文化市场突发事件应急处置预案》，建立了"江浙沪"文化市场行政执法区域合作机制。

五、文化遗产保护利用全面推进

文物工作成效明显。在中央领导同志专门就文物工作做出重要指示批示和国务院召开全国文物工作会议后,第一时间组织开展了传达学习和宣传贯彻活动,及时提请省政府召开了全省文物工作电视电话会议,并起草了《关于进一步加强文物工作的实施意见》。全面完成第一次全国可移动文物普查数据登录、审核、上报工作。良渚古城遗址申遗前期准备工作扎实推进。传统村落保护利用工作持续开展。审批省级文保单位保护工程立项45项,竣工验收省级以上文保单位维修工程23项。"余杭区瓶窑镇良渚古城遗址外围水利系统考古调查与发掘"获"2015年度全国十大考古新发现""2011—2015年度中国田野考古一等奖"。温州市被列为国家历史文化名城。报请省政府审定公布了第五批省级历史文化街区、名镇、名村132处。松阳县被中国文物保护基金会列为"拯救老屋行动"项目唯一整县推进试点县。组织开展全省未定级博物馆运行评估,举办了第二届博物馆陈列展览交流会。浙江省博物馆"中兴纪胜——南宋风物观止"、浙江自然博物馆"生命·超越——中原文化中的动物映像"获全国博物馆十大陈列展览精品奖。中国丝绸博物馆、省古建研究院获国家文物局"十二五"文物保护科技创新二等奖。浙江省博物馆等5家博物馆被国家文物局列为博物馆文化创意产品开发试点单位。文物平安工程绩效逐步显现,全省文物安全事故明显下降。加强文物执法工作,在全省范围内部署开展"文物法人违法案件专项整治行动(2016—2018年)"。省文物监察总队被中宣部、司法部授予"六五"普法先进集体称号。启动了全省基层文博事业发展水平评估工作。加强古籍保护,全省共计完成古籍普查32万条236万册,全省完成率为94.4%。

非物质文化遗产保护不断取得新进展。二十四节气入选人类非遗代表作目录,我省4个保护单位在列。认真组织第五批省级非物质文化遗产代表性项目评审和第五批国家级非遗传承人申报工作。实施非遗传承人群研修培训计划,举办了9个国家和6个省级培训、研修班。启动濒危戏剧师带徒项目,在高校设立国家级代表性传承人工作室。命名了第三批浙江省传统戏剧之乡,开展了"浙江好腔调"系列展演活动。将嵊州市列为浙江省非遗生态保护区试点地区,探索传统戏剧非遗项目区域整体性保护新路径。完成首批10位国家级非遗代表性传承人抢救性记录,启动了省级非遗代表性传承人抢救性记录工作。积极振兴传统工艺,举办了浙江省传统手工艺品及衍生品创意设计大展、2016大匠至心·杭州论坛和"非遗薪传"系列活动,探索传统技艺工作站建设,命名了第二批省级非遗生产性保护基地。通过办好第十一届浙江省非物质文化遗产节和第八届浙江·中国非物质文化遗产博览会、义乌文交会浙江省非物质文化遗产展等,不断增强非遗影响力,推进非遗保护工作融入现代生活。探索建立全省非遗保护工作绩效评估机制,编制完成了《浙江省非物质文化遗产保护发展指数评估指标数据(2015年度)》。

六、文化体制机制改革和政策研究不断深化

重点领域改革持续推进。深化行政审批制度改革,作为公共服务事项梳理四家试点省级单位之一,编制了《省级公共服务事项目录和办事指南表》,并梳理了市、县两级公共服务事项清单样本;加强事中事后监管,建立完善"双随机、一公开"制度,做到放管并重、宽进严管。深化国有文艺院团改革,继续推进浙江越剧团、浙江小百花越剧团、浙江京剧团、浙江昆剧团4团独立建制工作,支持浙江小百花越剧团参与组建"百越文化创意有限公司",梳理省属改制院团改革遗留问题。谋划组建浙江省剧院管理中心,成立全省演出剧院联盟。认真贯彻中办、国办《关于进一步深化文化市场综合执法改革的意见》,起草了《关于进一步深化文化市场综合执法改革的实施意见》,在全省全面推行文化市场"双随机"抽查监管。启动浙江省古建筑设计研究院改革工作。

政策研究工作进一步加强。在全国文化系统中较早制定实施了《浙江省文化发展"十三五"规划》,明确了"十三五"时期我省文化发展目标和重点任务。配合省人大做好《浙江省公共文化服务保障条例》立法调研工作,该条例已列入省人大2017年一类立法项目。围绕近年来中央对文化工作的重要政策和重要部署,紧密结合我省实际,积极谋划贯彻落实政策,配合省政府办公厅起草印发了《关于支持戏曲传承发展的实施意见》等3个政策性文件,

还有多个文件正在完善中。探索与文化部中国艺术科技研究所、北京大学、省社科院、浙江大学、浙江工商大学、浙江图书馆信息中心等高等院校和科研机构合作开展文化课题调研。启动文化智库建设。

七、对外和对港澳台文化交流成效明显

浙江文化服务国家外交大局富有成效。组织开展了多项高规格、高水平的对外文化活动,有力地服务了国家整体外交。积极参与我国与"一带一路"沿线重点国家埃及、卡塔尔两国开展的国家文化年活动。赴埃及举办"丝绸之路与丝路之绸"展览和"中华霓裳"丝绸服饰秀活动,国务院副总理刘延东出席了相关活动并给予充分肯定;作为中卡文化年活动的重点承办省份,全年执行"中国节"等项目4起,文化部部长雒树刚对浙江艺术团做出了高度评价。积极参与国家海外"欢乐春节"活动,共组派了9个团组、259人次,先后赴亚洲、南美洲、大洋洲、非洲的12个国家、17个城市,举办演出活动64场,组派团队规模、出访国家数量居历年之最。以汤显祖和莎士比亚逝世400周年纪念年为契机,组派浙江小百花越剧团携《寇流兰与杜丽娘》赴英法德奥4国访演,组派浙江昆剧团携《牡丹亭》参加"2016第七届香港中国戏曲节"和英国爱丁堡艺术节活动,大力向世界推介汤显祖文化,深化国际文化交流。

对外文化交流活动积极活跃。密切配合省委、省政府重大涉外活动,圆满完成了"美丽浙江·欣赏香港"浙江文化旅游美食节活动开幕演出等任务。精心组织实施浙江文化交流品牌项目,成功举办了"2016新西兰·美丽浙江文化节""2016澳大利亚·美丽浙江文化节"活动。支持和指导宁波市举办2016"东亚文化之都"系列活动,扩大浙江文化在日韩的影响力。继续承办文化部中阿合作论坛框架下项目——阿拉伯国家文博专家研修班活动,举办第六届"非洲学员(陶艺)培训班",推进浙江与阿拉伯国家、非洲国家人文交流。全年实施对外文化交流项目832起。

对港澳台文化交流深入开展。赴台举办"第十届台湾·浙江文化节"活动,持续打响台湾·浙江文化节品牌。浙江京昆艺术中心"昆剧《紫钗记》及经典折子戏赴港参加中国戏曲节"等3个项目入选文化部对港澳文化交流重点项目,入选项目数量占全国重点交流项目的20%,居各省之首。组织12家优秀文博单位、动漫和创意设计企业参展第14届香港国际授权展"中国内地馆",为我省拓展对外、对港澳台文化贸易提供了平台。全年实施对台文化交流项目115起,对港澳文化交流项目67起。

八、文化人才队伍建设进一步加强

艺术教育不断改革创新。浙江音乐学院正式获批建立,正式纳入全国30所独立设置本科艺术院校艺术类专业招生序列,省政府与文化部签订省部共建协议,联合印发了《关于共建浙江音乐学院的意见》,3个学科被列为省一级学科建设计划,硕士研究生培养单位申报工作取得积极进展,课程建设、教考分离、统一实习等教学模式改革迈出坚实步伐,与奥地利萨尔茨堡莫扎特音乐学院、英国皇家音乐学院和皇家北方音乐学院签订了相关合作协议或备忘录,与德清县、舟山市普陀区等地建立合作关系。浙江艺术职业学院不断创新教学改革,《新一代戏曲传承人群培养的"三联模式"》获省级教学成果奖一等奖,全国第一家省级公共文化管理学院——浙江公共文化管理学院在浙江艺术职业学院挂牌成立,加大对非遗研究基地建设与名家工作室的扶持力度,赵松庭笛子艺术纪念馆正式建成开馆,筹建江南丝竹音乐研究中心。浙江音乐学院、浙江艺术职业学院等艺术院校积极参与杭州G20峰会文艺晚会、庆祝建党95周年系列活动,发挥了独特优势和重要作用。

人才培养持续加强。文化文物各领域人才培养与干部培训工作持续推进,不断推出新载体、新抓手、新项目。实施"浙江省文化创新团队"培育项目,评选出首批浙江省文化创新团队(入围)34个。实施全省文化馆系统紧缺人才培养深造项目,面向全省文化馆系统选拔了22名优秀骨干人才,参加为期一年的首期舞蹈编导、戏剧编导紧缺人才高级研修班。强化主创队伍培育,委托浙江艺术职业学院举办了第3期全省中青年创作人才(导演)高级研修班。举办2016"新松计划"全省青年舞蹈演员大赛,发现和推出了一批优秀的青年舞蹈演员。实施第3期全省中青年编剧扶持计划,扶持培养本土中青年编剧人才。组织第一批省属舞台艺术

拔尖人才培养对象成果展示活动,引领示范全省舞台艺术拔尖人才培养工作。继续实施基层文化队伍素质提升工程,全省文化部门培训基层文艺骨干达2万人次。分别组织了为期2个月和3个月的文保、考古两个实训班,推动"把技术留在基层"。

九、党的建设和干部队伍建设全面推进

党的建设与党风廉政建设明显加强。扎实开展"两学一做"学习教育,党员干部的政治意识、大局意识、核心意识、看齐意识明显增强,干事创业的精神状态进一步提振。落实党组织负责人三级述职制度,加强党建考核,评定了14个五星级党组织,13家基层组织入选省直机关服务型基层党组织。督促指导15家基层党组织完成换届整改,开展党费收缴专项检查、党员组织关系集中排查等,推动基层组织规范化建设。以厅机关党总支换届改选为契机,将支部建在处室上。召开省级文化系统第九次党代会。省委和省纪委向省文化厅派驻了纪检组,促进了省级文化系统党风廉政建设。健全党务和纪检干部队伍,明确50人以上单位至少要配备1名以上专职党务纪检干部。重视对党员干部的廉政教育,召开了省级文化系统干部警示大会、省级文化系统新提任处级干部集体廉政谈话会,每周以"廉言纪语"向厅管干部发送廉政短信。制定《省级文化系统行政事业单位内部控制建设实施方案》,制定了《省级文化系统招投标"黑名单"管理办法》《厅属艺术单位乐器采购及使用管理暂行办法》等管理制度。修订完善《浙江省省

级文化系统企事业单位厅管干部经济责任审计办法》,对浙江艺术职业学院等9家单位进行公务支出公款消费专项审计。强化对重点领域、重点部位、重点环节的廉政风险防控,重点查办了以权谋私、顶风作案的腐败案件。厅党组向省纪委报送了《开创省级文化系统党风廉政建设与反腐败工作新局面》的报告,得到了任泽民书记的批示肯定。

干部队伍管理进一步规范。认真贯彻落实《党政领导干部选拔任用工作条例》,注重规范程序、加强监督,不断完善选人用人机制。全年选拔任用厅管处级干部21人,交流调整厅属单位主要负责人5人,做到程序规范,公道正派。积极推动干部能上能下工作,大力整治为官不正、为官乱为,对2名违纪干部进行了岗位调整,不断提高选人用人的公信度。对16名厅管处级干部的个人有关事项报告情况进行了抽查,对存在的问题进行批评教育和诫勉谈话。坚持厅属单位"一把手"工作交流例会制度,研究制定《浙江省文化厅关于深化厅属企业负责人薪酬制度改革的实施意见》,进一步完善厅属单位绩效考核办法,着力规范厅属单位人员公开招聘工作。修订了《浙江省文化厅机关处室年度工作目标考核办法》。

（厅办公室）

2016年浙江省文物工作

2016年,是文物事业发展进程中极不平凡的一年。习近平总

书记、李克强总理专门就文物工作做出了重要指示批示,国务院召开了全国文物工作会议并出台了《关于进一步加强文物工作的指导意见》,为做好新时期的文物工作指明了方向。全省文物系统紧扣加快文物强省建设这一战略任务,以党的十八大、十八届三中、四中、五中、六中全会精神和习近平总书记系列重要讲话精神为指引,深入开展"两学一做"学习教育活动,牢固树立政治意识、大局意识、核心意识、看齐意识,始终坚持"创新、协调、绿色、开放、共享"的发展理念,集中精力抓重点,深化改革求突破,真抓实干促发展,全力推动浙江省文物事业改革发展迈上新台阶,实现"十三五"时期的良好开局。

一、认真学习贯彻党的十八届六中全会精神,全面贯彻落实中央领导同志重要指示批示精神和全国、全省文物工作会议精神,积极谋划和加快推进文物强省建设重点工作

（一）屡创佳绩亮点多

在全国文物工作会议上,郑继伟副省长就浙江省文物执法督查工作经验做典型交流发言。在2016年全国文物行政处罚案卷评查中,浙江省文物系统1个案卷入选十佳案卷,4个案卷被评为优秀案卷,省文物局获得"优秀组织奖"。大遗址保护"良渚模式"获充分肯定,成为国家文物局大遗址保护培训班授课内容。在"2015年度全国十大考古新发现"评选活动中,"余杭区瓶窑镇良渚古城遗址外围水利系统考古调查与发掘"入选;在"2011—2015年度中国田野考古奖"评选中,"余杭区瓶窑镇良渚古城遗址

外围水利系统考古调查与发掘"荣获一等奖，"绍兴市越国王陵及贵族墓考古勘探与发掘""宁波市渔山'小白礁Ⅰ号'水下考古发掘"项目荣获三等奖。在第十三届（2015年度）全国博物馆十大陈列展览精品推介评选中，浙江省博物馆"中兴纪胜——南宋风物观止"、浙江自然博物馆"生命·超越——中原文化中的动物映像"获十大陈列展览精品奖，杭州博物馆"最忆是杭州——杭州通史陈列"获十大陈列展览优胜奖。因文物普法工作业绩显著，省文物监察总队被中宣部、司法部授予"六五"普法先进集体称号。中国丝绸博物馆、浙江省古建筑设计研究院承担的科技项目荣获国家文物局"十二五"文物保护科技创新二等奖。浙江自然博物馆承担的"浙江省恐龙化石地质遗迹调查与评价"获国土资源科学技术二等奖。

（二）强化党建抓学习

成立了省文物局机关党总支，并以处室为单位分别成立党支部，推动局机关各级领导干部更好地履行"一岗双责"，使局机关党建工作明显加强，全面落实党风廉政责任制，实现党风廉政建设与文物工作同部署、同推进。持续深入开展"两学一做"专题教育活动，认真学习贯彻党的十八届六中全会精神和《关于新形势下党内政治生活的若干准则》《中国共产党党内监督条例》《中国共产党纪律处分条例》《中国共产党问责条例》等重要文件精神。启动局机关内部控制体系建设，开展党员组织关系集中排查和党费补缴工作，组织召开了支部民主生活会，举行了党建知识竞赛，组织开展了老干部党员走基层调研活动。

（三）注重谋划抓落实

在中央领导同志专门就文物工作做出重要指示批示和国务院召开全国文物工作会议后，第一时间组织开展了多种形式的传达学习和宣传贯彻活动，及时提请省政府组织召开了全省文物工作电视电话会议。同时，完成了《关于进一步加强文物工作的实施意见（送审稿）》的起草工作。出台了《浙江省文物博物馆事业"十三五"规划》。

（四）围绕中心做好服务

作为文化交流备选点的中国丝绸博物馆，按时完成改扩建工程实现对外开放，同时推出了"锦程：中国丝绸和丝绸之路""锦绣世界：国际丝绸艺术展"等体现中华传统文化、艺术时代前沿的展览项目，其他文博单位尤其是在杭各文博展馆也都举办了富有特色的展览和活动，为峰会来宾和杭州市民提供了高水平的艺术体验。此外，开展了持续5个月的全省文物安全大排查大整治专项行动，为G20营造了安全大环境。围绕"纪念建党95周年""红军长征胜利80周年"等主题，部署推动各级文博单位举办有关主题展览和纪念活动，并按照国家文物局统一部署，大力推进革命文物保护利用工作，传承弘扬长征精神。根据省委、省政府统一部署，积极助推嘉善县域科学发展观示范点建设、浦江县贯彻"四个全面"战略布局试点县建设和安吉县"两山"理论实践示范县创建工作，大力推进"特色小镇"建设相关历史文化资源的保护传承利用。完成办理2016年度人大建议、政协提案27件，其中省领导领衔主办重点提案两件。

（五）聚焦重点深化改革

按照省政府部署，积极推进行政审批制度改革，认真做好文物系统权力清单比对规范、责任清单修订、公共服务事项梳理、共享数据资源归集、文物领域信用体系建设等工作，初步建立了事中事后"双随机"抽查监管工作机制。进一步推进博物馆理事会制度改革，召开全省博物馆理事会建设工作座谈会。启动浙江省古建筑设计研究院改革工作和全省文物博物馆事业发展水平评估（2015年）工作。会同省编委办开展相关调研，努力寻求机构队伍建设新突破。

（六）狠抓进度完成"一普"

进一步加强普查数据审核、普查总结报告编制等业务培训和有关单位普查进度的督促检查，全面完成浙江省第一次全国可移动文物普查数据登录、审核、上报以及普查验收总结工作。普查共调查各类各级国有单位44780家，确认国有可移动文物收藏单位652家，登录国有可移动文物938104件/套。浙江省国有收藏单位数量和登录文物总数，分别位居全国第3位和第9位。

（七）突出重点推进世界文化遗产申报管理

按照中央领导同志关于良渚遗址保护申遗工作重要批示精神，全力推进良渚古城遗址申遗的前期准备工作。协调推进"海丝"申遗工作，着力推动宁波、龙泉等地做好5处申遗点申遗文本、专项规章编制及保护展示、环境整治等各项工作。加快建立大运河保护管理长效机制，协调大运河沿线各地完善日常管理机制，完成大运河缓冲区调整，做好保护区划内开发建设项目的控制工作。

（八）分步有序抓好传统村落保护利用

继续探索传统村落和乡土建筑保护利用新模式，指导松阳县实施中国文物保护基金会资助的"拯救老屋行动项目"，资助私人产权传统村落文物建筑修缮，已有50余幢建筑顺利开工。协调推进国保省保集中成片传统村落整体保护利用工作，建德新叶等首批项目实施完成并获得了国家文物局检查组的好评；积极开展武义县俞源村等第二批项目，基本完成保护利用总体方案和相关文物保护工程技术方案的审批工作。此外，浙江省有225个村列入了第四批中国传统村落名录。

二、进一步加强不可移动文物保护与考古管理，有效改善不可移动文物保存状况

（一）大遗址保护与考古工作成果丰硕

全面总结了安吉古城、绍兴越国贵族墓主动性考古项目成果，有序推进湖州毗山遗址等大遗址考古调查发掘工作。安吉上马坎遗址保护规划、大窑龙泉窑瓦窑垟遗址保护展示工程获国家文物局立项。良渚遗址、上林湖越窑遗址、大窑龙泉窑遗址、临安城遗址、安吉龙山古城遗址被列入国家文物局《大遗址保护"十三五"专项规划》。省级考古遗址公园管理措施不断完善，浙江省省级考古遗址公园标识系统设计方案初步编制完成。依法实施慈溪上林湖后司岙窑址、嘉兴子城遗址、黄岩宋墓等38项考古发掘项目并获得重要成果。余杭小古城遗址等6项五年考古工作规划编制完成并上报国家文物局。安吉龙山八亩墩抢救性发掘项目正式启动并被列为国家文物局"十三五"重点资助项目。水下考古工作进一步拓展，国家水下文化遗产保护宁波基地能力水平不断提升，成功承办了"中国水下考古工作方法与成果研讨会"，启动了"浙江海防遗存考古调查（宁波）"课题研究工作。

（二）文保单位保护管理扎实有效

累计审查、上报全国重点文保单位修缮、展示工程立项申请25项。受国家文物局委托，审批全国重点文保单位保护维修方案和施工图53项。审查省级以上文保单位修缮方案及施工设计50余项，审批省级文保单位保护工程立项45项，竣工验收省级以上文保单位维修工程23项。强化文保单位"两划"范围内建设项目管控，审查上报涉及全国重点文保单位建设控制地带建设项目19项，审批涉及省级文保单位建设控制地带建设项目17项，处理文保单位异地迁移事项2项。基本完成第七批省级文保单位申报推荐工作，形成申报推荐名单提请省政府批准公布。初步编制完成《浙江省文物保护单位保护区划划定办法》及相关技术导则。编制完成并备案省级以上文保单位记录档案255份，评选出优秀记录档案25份，全省省级以上文保单位记录档案编制及备案完成率达79％。积极推进省级以上文保单位保护规划编制工作，组织专家审查全国重点文保单位保护规划3项，审查考古遗址公园规划1项。

（三）文保工程资质管理不断加强

完成2014—2015年度全省文物保护工程资质单位年检，审核并上报文物保护工程一级施工资质单位业务范围增项1家，审批新增文物保护工程乙、二级资质单位5家、业务范围增项1家，备案审核新增文物保护工程丙、三级资质单位24家。进一步加强了委托下放各设区市执行的文物保护工程丙、三级资质许可事项的指导和监管。

（四）历史文化名城、名镇、名村保护工作有序推进

协同省住房与城乡建设厅做好历史文化名城、名镇、名村（街区）申报和保护工作，温州市成功列入国家历史文化名城，全省中国历史文化名城增至9座。配合做好第五批省级历史文化街区、名镇名村申报工作，提请省政府批准公布了第五批省级历史文化街区、名镇、名村132处。配合完成住建部、国家文物局对龙泉申报国家历史文化名城的实地评估。配合省民政厅开展"千年古镇古村"的申报评审工作。

三、进一步优化博物馆建设与管理，加快推进博物馆现代公共文化服务体系建设

（一）博物馆建设与管理水平进一步提升

中国丝绸博物馆完成改扩建并实现对外开放，浙江自然博物园核心馆区建设有序推进，浙江省博物馆新馆建设全面启动。台州博物馆、文成博物馆建成开放，实现了设区市级综合博物馆全覆盖。指导推动临安、黄岩、武义等10余个县（市、区）博物馆建设和有关行业博物馆建设,积极推动博物馆数字化和智慧博物馆建设工作。进一步加强馆藏文物管理,对全省各国有文物收藏单位的藏品管理情况进行了全面检查。组织开展全省未定级博物馆运行评估工作,实现了浙江省各级各类博物馆运行评估全覆盖。根据国家文物局部署,开展了国家一级博物馆定级评估申报工作,杭州博物馆、温州博物馆进入公示名单。进一步促进博物馆馆际间藏品资源的整合共享,举办了第二届博物馆陈列展览交流会,开展从线上到线下的交流。积极推进全省博物馆公共文化服务标准化建设,编撰《全省博物馆教育服务手册》。

(二)博物馆陈列展览精品项目深入实施

组织开展第十届(2015年度)全省博物馆陈列展览精品项目申报评选工作,评选出"高山仰止——纪念黄宾虹诞辰150周年系列展"等陈列展览精品奖11项、"纪念吴茀之诞辰115周年——吴茀之艺术文献展"等陈列展览优秀奖6项。

(三)博物馆文化产品开发工作亮点频现

组织省内34家博物馆组团参加第十一届中国(义乌)文化产品交易会,集中展示和宣传推广全省博物馆衍生产品开发成果。浙江省博物馆、浙江自然博物馆、中国丝绸博物馆、杭州博物馆、宁波博物馆被国家文物局列为博物馆文化创意产品开发试点单位。组织参加全国"文博单位文化创意产品开发工作推进会",浙江省博物馆作为典型,在会上介绍了文创产品开发经验。

(四)社会文物管理工作不断强化

召开了2016年浙江省文物鉴定委员会年会,增补了鉴定委员。做好文物拍卖标的审核工作,共审核文物拍卖经营活动25场,审核文物拍卖标的22372件(套)。做好文物拍卖经营资质管理工作,完成2014—2015年全省文物拍卖企业资质年审工作,召开了全省文物拍卖管理工作座谈会。根据国家文物局安排,组织承办了浙沪苏文物市场与文物鉴定服务"放管服"改革工作座谈会。

四、持续推进文物安全监管和执法监察工作,不断提升文物安全保障水平

(一)文物安全形势稳中向好

全省文物平安工程加快推进,文物平安工程绩效逐步显现,全省文物安全事故明显减少,全年未发生省级以上文保单位火灾、盗窃和破坏事故。列入全国文物消防安全百项工程的6个单位已全面启动各项工作,其中4项已经通过方案审批,缙云河阳村项目已完成一期工程。列入2016年度全国重点文保单位安防消防防雷工程项目实施计划的各项目进展顺利,10项方案通过审批。圆满完成国务院对省政府2015年度消防考核的相关工作,文物系统作为本次考核的4个重点之一,接受了考核组的全面考评并获得好评。

(二)文物安全监管与执法监察能力明显提升

根据国家文物局统一部署,在全省范围内部署启动了"文物法人违法案件专项整治行动

(2016—2018年)"。部署开展了全省博物馆展示场所玻璃安全隐患检查整改工作。依托省、市、县三级文物行政执法机构,深入开展文物执法巡查工作,有力打击文物违法行为,组织开展了台州辖区内海域文化遗产联合执法巡查活动。全面启动浙江省"天地一体"文物执法监察预警系统省级平台研发及试点工作,初步实现了执法预警功能。

(三)文物保护科技支撑能力不断增强

完成了2017年度浙江省文物保护科技项目申报及评审、"十二五"文物保护科学和技术创新奖评选申报等工作。根据国家文物局要求,组织相关单位按时提交国家文物保护科技和技术研究课题项目评估验收材料。积极推进中国丝绸博物馆申报联合国教科文组织二类中心工作,中国丝绸博物馆向联合国教科文组织正式表达了申建意愿。组织召开纺织品文物保护国家文物局重点科研基地第五次学术委员会会议和国际丝路之绸研究联盟第一次年会。石窟寺文物数字化保护国家文物局重点科研基地落户文物保护科技创新联盟(浙江省)成员单位浙江大学文化遗产研究院。

五、不断加强文博人才培养和文物宣传工作,进一步完善文物事业发展支撑体系

(一)持续加大文博人才培养力度

中国丝绸博物馆研究馆员周旸入选科技部中青年科技创新领军人才。基层文博人才培养工作力度持续加大,承办了全国考古项目负责人岗前培训班和国家文物局2016年度全国文物安全管

理人员培训班(浙江片区);举办了2016年度全省田野考古培训班、2016年度全省文保实训班、全省第八期文物保护工程从业人员上岗培训班、文物保护工程资质管理人员培训班、全省文物局长培训班、全省博物馆教育与文创业务培训班、全省非国有博物馆馆长培训班、全省博物馆讲解员培训班、全省文博管理干部培训班、全省文物执法监察业务骨干学习班等一系列文博人才培训班,并不断创新培训方式,有效提升培训工作实效。

(二)努力扩大浙江文物事业影响力

在2016年"文化遗产日""5·18国际博物馆日"期间,分别在金华、杭州举办了主场系列宣传活动。同时,充分利用杭州G20峰会的有利契机,推动全省各级文博机构,利用各类媒体平台,积极推介浙江文化遗产资源及其价值内涵,大力宣传全省文物保护成果,推动保护成果为民共享。主办了"稻作农业起源国际学术研讨会暨上山文化命名十周年""良渚遗址考古发现八十周年学术研讨会""博物馆+与跨界融合学术研讨会"等学术活动。首次开展了文物保护利用优秀案例征集推介活动,评选出杭州清泰第二旅馆等18处不可移动文物保护利用优秀案例,并通过各类媒体平台进行推介宣传,以总结推广成功经验和做法。开展了全省首届(2015年度)博物馆十佳青少年教育项目推介评选、2016年度浙江省重要考古发现评选活动,举办了公众考古分享会。

(省文物局综合处)

专业艺术

【概况】　2016年,全省艺术工作以满足人民群众精神需求为出发点,服务中心、把握大局,在艺术生产、重大活动、人才建设、文化惠民等各个方面取得明显成效。全省艺术工作蓬勃开展,艺术创作生产成果丰硕,人才队伍建设得到加强,重大艺术活动开展活跃。概括起来主要有,重大任务四战四捷、精品创作持续繁荣、人才培养继续推进、戏曲传承政策引领、党建统领院团发展、文化惠民积极创新、美术工作不断提升。全省舞台艺术和美术事业发展总体呈现欣欣向荣、充满活力的良好局面。

【重大艺术活动】　杭州G20峰会是近年来我国主办的级别最高、规模最大、影响最深远的国际盛会。全省文化系统把服务保障峰会作为一项重大政治任务来抓,紧扣"办成一届精彩、成功、具有里程碑意义的峰会"这个目标,按照省委、省政府提出的要求,以高度的政治自觉和文化自信全力以赴投入峰会筹备工作,高水平完成G20峰会服务保障工作,承担的各国元首欢迎晚宴国宴伴宴演出、"最忆是杭州"文艺晚会、浙江美术馆文化交流点展览、喜迎G20峰会系列专场演出均圆满成功,受到省委主要领导的高度评价。精心创作排演庆祝建党95周年"永远跟党走"专场文艺演出、纪念红军长征胜利80周年《长征组歌》交响合唱音乐会,展示出浙江省舞台艺术演出最高水平。圆满完成第三届世界互联网大会乌镇峰会"国色天香"专场文艺演出、欢迎晚宴伴奏演出重大指令性演出任务,受到好评,省委常委、宣传部部长葛慧君还专门做出批示。

【艺术精品创作】　紧紧围绕"中国梦"、纪念中国共产党成立95周年和红军长征胜利80周年等重大主题,以国家艺术基金项目申报工作为切入口,广泛开展文艺创作,取得丰硕成果。加大文艺创作扶持力度,全省文艺创作日益活跃。紧紧围绕学习贯彻习近平总书记在全国文艺工作座谈会上的重要讲话精神,全省专业剧团大力推动弘扬主旋律、传播正能量的现实题材作品创作,推出了"浙江告诉你""两美浙江"原创歌曲演唱会、京剧《大渡河》等一批现实题材作品,进一步唱响主旋律、传播正能量,全省舞台艺术精品创作持续繁荣。艺术精品创作取得显著成绩,在第十五届文华大奖全国入选终评的58台剧目中,昆剧《大将军韩信》、越剧《二泉映月》、话剧《凤凰》3台剧目榜上有名,入选数量在各省份中位居前列,其中昆剧《大将军韩信》、越剧《二泉映月》是入选剧目中唯一的昆曲和越剧。越剧演员吴凤花获第十五届文华表演奖,得票数位列第二名,也是全国唯一入选的越剧演员。以浙江省第十三届戏剧节为平台,推出《血路芳华》《花木兰》《橘红满山香》等40余台新创剧目。

【国家艺术基金项目申报】　我省国家艺术基金申报工作再创佳绩,共有36个项目获得国家艺术基金立项资助,受助资金总额为2579万元,其中省本级艺术院团受助资金占了近一半。入选总数量比2015年多6项,再次实现了国家艺术基金申报项目的全覆盖,实现了受资助单位和个人数量的较大突破。根据国家艺术基金评审报告显示,与2015年度相比,申报项目量增加了2846项,增幅64.7%,而通过率较上一年度下降了近6%。在竞争激烈的情况下,浙江省还是交出了令人满意的成绩单。浙江京剧团《兰陵王》入选大型舞台剧和作品创作资助项目,浙江美术馆《水印千年——中国水印版画大展》在传播交流推广类别中成功立项,填补了我省前两年在此资助类别无成功立项的空白。至此,省属文艺院团均有剧目入选国家艺术基金资助项目。从整体数据上来看,全省共申报项目210项,进入复评85项,最终成功立项36项,全国排名第十,申报立项率约为17.1%,复评立项率约为42.3%。从入选题材和种类来看,反映了浙江省近年艺术创作工作的特点。这也是近年来浙江省文艺创作主体多元化的表征,出作品不局限于专业院团,各路"高手"都有展示的舞台。

【剧本创作扶持】 加大对原创剧本以及创作主体的支持力度,实施优秀剧本政府采购计划,征集、扶持和储备一批优秀剧本,扶持基层院团剧本创作,进一步培养艺术创作队伍。制定《省文化厅向社会力量购买戏曲剧本的实施办法》,委托浙江艺术职业学院面向社会力量购买戏曲剧本,得到了全国剧作者的热烈响应,共收

到主要来自浙江、北京、上海、辽宁、山东、陕西等11个省(区、市)申报的剧本近百个。在全国率先开展政府向社会力量购买戏曲剧本活动,从全国范围征集购买13个戏曲剧本,受到中宣部、文化部关注。此举创新戏曲剧本供给模式,准确把握需求,充分发挥政府主导作用,有序引导社会力量参与服务供给,为省内戏曲艺术表演团体提供表演剧本,为剧作者的优秀剧本找到排演的契机,串联起社会力量和戏曲艺术表演的供需端,形成改善戏曲发展的合力,开创戏曲传承发展新局面。此外,继续开展全省中青年编剧扶持计划,资助扶持省内中青年编剧人才剧本创作实践,省中青年编剧扶持计划2015年剧本扶持项目入选的8个优秀原创剧本,内容涉及现实题材、历史题材、人文题材等,其中《戚家军传说》剧本创作项目已被省内剧团采用,并成功首演。

【戏曲保护传承】 浙江支持戏曲传承发展一系列创新举措,被新华社专题报道,编入《国内动态清样》。

出台戏曲传承发展实施意见。草拟了关于传承和发展浙江省地方戏曲实施方案,以省政府办公厅名义印发了《关于支持戏曲传承发展的实施意见》。《意见》突出"六个扶持",提出进一步健全戏曲艺术传承发展工作体系,加强越剧、婺剧、绍剧等代表性地方戏曲剧种发展规划,完善戏曲艺术走进群众、走向民间、走入市场的工作方法,提升人才培养、观众培植、市场培育的能力,持续推动戏曲艺术发展。

开展地方戏曲剧种普查。2月,全省地方戏曲剧种普查工作动员培训大会在杭州召开,标志着我省地方戏曲剧种普查正式启动。成立以省文化厅厅长金兴盛任组长的省普查工作领导小组,以统筹协调普查工作中的重大问题,领导小组秘书处设在省文化厅艺术处,在浙江省文化艺术研究院内成立了省普查办公室,建立了剧种普查群,完善了普查工作联络员制度,明确了普查员工作职责,全省地方戏曲剧种普查工作取得阶段性成果。省普查办公室提交给全国普查办公室的教育创研机构系列报表样板(浙江艺术职业学院)和演出团体系列报表样板(永嘉昆剧团)得到了全国普查办的高度评价。

精心举办省第十三届戏剧节。以浙江省第十三届戏剧节为平台,推动全省剧目的创作生产。控制规模、压缩奖项,创新办节模式、加强省市协作,完善专家评价、观众评议、舆论评述的艺术评价机构,集中展示浙江省近三年来涌现的优秀戏剧作品和艺术新人,探索省戏剧节新的办节模式。此次戏剧节,除省级院团外,初赛地点大多设在各剧团所在地方,方便当地群众参与。戏剧节汇聚了杭州、宁波、温州、绍兴、金华、舟山、衢州等地区以及省本级一批优秀的戏剧新作,展现出全省戏剧创作欣欣向荣、戏剧人才后继有人的喜人局面。此外,精心选拔了5台近年浙江省创作的在全国性重大艺术评比、展演活动中取得优异成绩、富有浓郁地域特色、体现浙江当代人文精神的舞台艺术精品佳作在戏剧节期间集中展示演出。积极探索"开门

办节"，充分利用微博、微信等新媒体资源，吸引公众特别是年轻人群的关注。初赛阶段组委会增加群众投票环节，在决赛期间还专门招募4位观众评委，这也让本届戏剧节成为浙江省戏剧节创办33年以来在评奖机制上改革力度最大的一届。

【人才队伍建设】 从人才培养的自身规律出发，立足自主培养，兼顾引进合作，努力打造一支德艺双馨、服务人民的文艺浙军。

强化主创队伍培育。继续加强全省主创人员培养工作。落实《浙江省舞台艺术精品创作生产规划五年行动计划》要求，委托浙江艺术职业学院开办第3期全省中青年创作人才(导演)高级研修班，全省专业艺术院团、院校、文化馆的15名学员在浙江艺术职业学院进行了为期11天的学习活动。通过作品交流研讨、名家讲座授课、实地采风等多样化的学习形式，开阔眼界，增长见识，领略当代导演创作新趋势，拓宽导演创作的思路。

强化青年人才培养。实施第3期全省中青年编剧扶持计划，组织开展中青年编剧学习座谈、观摩采风活动，通过剧本创作项目资助和定向委约创作等多种方式，扶持培养本土中青年编剧人才。举办2016"新松计划"全省青年舞蹈演员大赛，发现和推出一批优秀青年舞蹈演员，完成"新松计划"系列青年演员大赛收官之战。本次大赛自2015年11月启动申报工作，共收到全省5个市和省本级共18家单位、120多名选手的参赛申请，分职业与非职业组，涵盖了专业院团、大专院校、文化馆站及社会各行各业。经过初赛、复赛、决赛三轮评比，一批颇具实力、各具风格的优秀青年舞蹈人才崭露头角，其中不乏具备全国水准的选手，展示了浙江舞蹈事业年轻力量的艺术风采。

强化推出拔尖人才。有计划地选拔和推出省属舞台艺术拔尖人才培养对象，通过多种方式培养和推出浙江省舞台艺术未来的领军人才。组织第一批、第二批省属舞台艺术拔尖人才培养对象成果展示活动，引领示范全省舞台艺术拔尖人才培养工作。

强化人才培养调研。贯彻落实《中共浙江省委关于繁荣发展社会主义文艺的实施意见》精神，实施文艺浙军培育工程，打造文艺人才高地，全省范围内开展文艺浙军人才队伍建设专题调研，厘清文艺人才队伍建设工作思路。摸清浙江省文艺人才持有现状，结合《中共中央关于深化人才发展体制改革的意见》，着眼我省文艺发展的实际需要，为高层次文艺人才培养与引进的政策调整、优势适度强化，以及"文艺浙军"建设重点，提供佐证与建议。

【文化惠民】 开展文化惠民演出服务。开展省属院团新年演出季、雏鹰计划优秀儿童剧进校园、民族艺术高雅艺术进校园、钱江浪花艺术团文化直通车下基层、省属院团公益性送戏下乡等文化惠民演出活动，将高品质的精神食粮送到人民群众身边，让人民共享文化事业大发展大繁荣的成果。全省各国办院团深入学习习近平总书记在全国文艺座谈会上的讲话精神，牢记文艺工作者的使命担当，为基层群众送去精神食粮。

组织院团送戏下乡。改革省属院团公益性送戏下乡工作机制，组织省属院团深入基层送服务，进一步满足基层群众对优质公共文化产品的需求。元旦期间，省属文艺院团分多条线路奔赴全省革命老区、贫困山区、海岛渔村演出，引领和带动全省专业剧团将优秀的文艺精品送入千家万户。浙江话剧团深入基层、走进校园，安排雏鹰计划112场；浙江曲艺杂技总团有限公司赴杭州萧山、富阳等26个地区送上53场魔术、曲艺专场或综合文艺晚会；浙江美术馆"流动美术馆"项目"碧水流觞——'五水共治'书法邀请展"走进丽水，持续展览23天；浙江京剧团赴路桥剧院、嵊州文化礼堂等5地开展了10场《飞虎将军》演出；浙江越剧团"越剧精品折子戏"等19场专场演出送至缙云县，鄞州姜山、五乡，余姚泗门；浙江歌舞剧院有限公司安排7场歌舞、民乐专场走进乌镇、临安昌化镇；浙江京昆艺术中心安排了《西园记》《烂柯山》等10场昆剧到东阳、龙游等地演出，让老百姓在家门口就能欣赏到专业剧团的高水准演出。

举办省属院团新年演出。在提高剧目品质的同时，精准安排演出档期时间，从大年初五开始，8家省属院团14台大戏轮番上演，整个新年演出季观众上座率、票房收益率、观众满意度、品牌创新度均明显提升。演出涵盖了越剧、京剧、儿童剧、音乐剧、交响乐、舞蹈、曲艺、杂技、魔术等多个门类，满足了不同观众群体的观赏需求。实行末位淘汰制度，淘汰了去年末位两家单位的演出，新增受观众欢迎的演出，平均上座率超过85%，得到广大观众和各类媒体的好评。通过政府补贴，降低演出成本，平抑演出票价，平均票价不超过80元，实现了社会效益和经济效益双丰收。新年演出季观众达1.48万人次，比去年增加了20%；票房收益24.4万元，较去年增长了50%，"文化过年"渐成杭城风潮，健康有序的文化消费市场进一步形成。

【美术工作】 浙江美术馆被中央文明办评为"全国学雷锋志愿服务首批示范单位"。全年共举办各类展览32个，学术活动10余场，公共教育活动近200场，新增藏品3054件，观众达50余万人次。浙江美术馆已授予全省15家美术馆为"流动美术馆"单位，先后在海宁、淳安、江山、嘉兴、宁波、嘉善等地举办了9场活动。

获文化部2015年全国美术馆四大奖项，浙江省文化厅被评为优秀组织单位，浙江美术馆自主策划举办的"痕迹：浙江现代版画系列展"被评为全国美术馆馆藏精品展出季优秀展览，"艺游证道——马一浮书法展"被评为2015年度国家重点美术馆优秀展览项目，"艺游乡里——乡村艺术公开课"被评为优秀公共教育项目。"傅狷夫藏近现代书画作品捐赠"和"杨可扬版画捐赠"两宗藏品征集项目通过文化部2016年国家美术作品收藏和捐赠奖励项目评选，荣获80万元奖励。"心香·飞梦——傅狷夫的艺术世界特展"项目入选文化部2016年度全国美术馆馆藏精品展出季。经过几年的积累，逐渐形成了如"碧水流觞——'五水共治'书法巡回展""刻画鲁迅——馆藏鲁迅题材藏品展""我的父亲邓小平——邓林摄影展""浙江美术馆馆藏近现代书画名家精品（复制）展"等一批广受欢迎的品牌展览，深受基层群众喜爱。

浙江美术馆把藏品普查列为重点工作，加派人员，集中精力，在完成全馆2万余件作品普查的同时，全力以赴做好全省普查工作的督查指导工作。扎实推进《浙江通志·美术卷》编纂工作，为"百年文脉"研究打下扎实的理论准备和资料积累基础。是年，新增资料卡片2000余张，新增资料长编100余万字，初稿第一稿完成率为80%。

（吕黛芬）

链接：

2016年浙江省文化系统专业艺术门类在国际和全国性及华东区域性专业艺术评比中获奖情况

评比活动名称	获奖剧（节）目名称	获奖类别及等次	获奖单位或个人
第十五届文华表演奖（第十一届中国艺术节）		文华表演奖	吴凤花（绍兴柯桥小百花艺术中心）
第26届"上海白玉兰戏剧表演艺术奖"	绍剧《相国志》	上海白玉兰戏剧表演艺术奖主角提名奖	胡建新（浙江绍剧艺术研究院）
	婺剧《红灯记》	上海白玉兰戏剧表演艺术奖新人主角奖	李烜宇（浙江婺剧艺术研究院）
国家艺术基金2016年度资助项目	京剧《兰陵王》	大型舞台剧和作品创作资助项目	浙江京昆艺术中心（浙江京剧团）
	婺剧《乌孝词》		义乌市婺剧保护传承中心
	越剧《青藤狂歌——徐渭》		绍兴市演出有限公司
	话剧《聆听弘一》		杭州文化广播电视集团
	儿童剧《皇帝的新衣》		浙江话剧团有限公司
	小舞剧《生命舞迹》	小型剧（节）目和作品创作资助项目	浙江歌舞剧院有限公司
	重奏曲《国色》		
	杂技《墨荷》		浙江曲艺杂技总团有限公司
	版画《水印千年之湖山胜概》	美术创作资助项目	应金飞（浙江美术馆）

评比活动名称	获奖剧(节)目名称	获奖类别及等次	获奖单位或个人
国家艺术基金2016年度资助项目	音乐作曲	青年艺术创作人才资助项目	邬娜(浙江交响乐团)
	舞蹈舞剧编导		刘福洋(浙江歌舞剧院有限公司)
	越剧《我的娘姨我的娘》	传播交流推广资助项目	浙江小百花越剧院(浙江越剧团)
	海路遗风·越剧万里行		宁波市小百花越剧团有限公司
	舞剧《遇见大运河》		杭州歌剧舞剧院有限公司
	水印千年——中国水印版画大展		浙江美术馆
	昆剧《十五贯》娄阿鼠戏曲丑行表演培训班	艺术人才培养资助项目	浙江京昆艺术中心(浙江昆剧团)
	越剧《五女拜寿》表演人才培养		浙江小百花越剧院(浙江小百花越剧团)

公 共 文 化

【概况】　截至2016年底,全省建成县级以上文化馆102家、公共图书馆102家;县图书馆乡镇分馆610个、农村文化礼堂6527家;实现乡镇综合文化站、村级文化活动室全覆盖。县级图书馆、文化馆、乡镇综合文化站平均面积分别达到8065平方米、6261平方米、2689平方米。公共文化产品日益丰富,服务方式不断创新,服务效能不断提升,全省各地涌现了一大批在国内有影响的公共文化服务示范地区和活动品牌。

【完成3项全国试点工作】　公共文化服务标准化试点工作和基层综合性文化服务中心试点工作均以第一名的成绩通过文化部验收,并被作为示范地区向全国推广。温州市图书馆、浙江图书馆两个全国法人治理结构试点单位分别以第一名和第二名的成绩通过文化部验收。

公共文化服务标准化试点方面。全省初步构建起以省定标准为主体,地方标准为基础,行业标准和项目为补充的公共文化服务标准化体系。全省101个市、县均制定出台贯彻落实现代公共文化服务体系的实施意见,已出台各类行业标准和项目标准112个,其中由质监部门发布的12个。细化《浙江省基本公共文化服务标准(2015—2020年)》,建立"浙江省基本公共文化服务标准化数据跟踪平台",把省标各项要求落实到平台中。实时跟踪计算各地上报数据,为各地文化行政主管部门提供考核数据参考平台。

基层综合性文化服务中心建设试点方面。配合省政府办公厅制定《浙江省人民政府办公厅关于推进基层综合性文化服务中心建设的实施意见》,从总体目标、加强规划建设、提升服务功能、创新运行管理机制、加强组织领导等方面,对加快推进浙江省基层综合性文化服务中心建设做出部署。农村文化礼堂按照"五有三型"标准,充分整合老年活动中心、青年之家、妇女之家、农村科普活动站等设施资源,拓展农村文化礼堂功能,提高使用效益。

公共文化机构法人治理结构试点方面。两个国家级试点单位浙江图书馆和温州市图书馆理事会在图书馆运行中发挥的作用逐步显现。浙江图书馆重大人事、财务及发展规划、工作计划通过理事会研究确定,决策管理和监督保障更加科学规范。温州市图书馆理事会参与组建温州市图书馆发展基金会,吸纳社会资本参与图书馆建设,为城市书房、城市书站、城市书巴的选址和建设方案出谋划策。全省已有57家文化事业单位建立法人治理结构,占全省文化事业单位的13.4%。在试点工作取得初步成效的基础上,研究拟订了《关于推进文化事业单位法人治理结构结构建设工作的指导意见(征求意见稿)》。

链接：

浙江省发布《关于推进基层综合性文化服务中心建设的实施意见》

6月1日，浙江省政府办公厅印发《关于推进基层综合性文化服务中心建设的实施意见》（以下简称《实施意见》），从总体目标、加强规划建设、提升服务功能、创新运行管理机制、加强组织领导等方面，对加快推进浙江省基层综合性文化服务中心建设做出部署。明确提出，"到2020年，全省建成布局合理、功能齐全、服务规范、保障有力、群众满意度较高的基层综合性文化服务中心体系，推动浙江省公共文化服务水平继续位居全国前列。"

《实施意见》指出，基层综合性文化服务中心建设主要采取盘活存量、调整置换、集中利用等方式进行，不搞大拆大建。乡镇综合文化站重在挖掘内部潜力，完善公共文化服务功能，提升服务能力和水平。村（社区）综合性文化服务中心主要依托村（社区）党组织活动场所、城乡社区综合服务设施、文化活动室、闲置中小学校、新建住宅小区公共服务配套设施以及其他城乡综合公共服务设施进行集合建设。

《实施意见》强调，基层综合性文化服务中心建设要整合不同部门、分散孤立、用途单一的基层公共文化资源，实现人、财、物统筹使用。将宣传文化、党员教育、科学普及、普法教育、体育健身等纳入基层综合性文化服务中心，提升基层公共文化服务效能。要加快基层综合性文化设施标准化建设，制定基层综合性文化服务中心基本服务项目目录，围绕政策宣传、教育培训、文化娱乐、体育健身等内容，明确服务种类、数量、规模和质量要求，为城乡居民提供大致均等的基本公共文化服务。

《实施意见》提出，基层综合性文化服务中心建设要建管用一体发展。要推动县级以上优质文化资源下沉、服务延伸，加强省市文化体育机构、专业文艺团体与基层综合性文化服务中心结对帮扶，探索图书馆和文化馆总分馆制度。要建立村（社区）综合性文化服务中心由市县统筹规划、乡镇（街道）组织推进、村（社区）自我管理的工作机制。探索开展基层综合性文化服务中心社会化运营试点，对于政府建设的基层公共文化设施，在明晰产权的基础上，提倡通过公开招投标，以承包、联营、合资、合作等方式，由具备一定资质的社会组织、企业或有能力的个人运营或管理。建立畅通有效的民意表达渠道，引导群众参与基层公共文化项目的规划、建设、管理和监督，有效保障群众的文化选择权、参与权和自主权。

【推进各项重点工作】 推进公共文化服务重点市县建设。制定出台《关于加强基本公共文化服务重点市县有关工作的意见》《公共文化服务重点市县季度督查通报制度》，把对重点市县的督查指导工作制度化、经常化，做到"季度一自查、半年实地查、一年一通报"。建立厅领导联系重点市县工作机制，组织开展了9位厅领导带队的重点县建设进度督查工作。配合省政府召开全省公共文化服务重点市县建设工作推进会，副省长郑继伟出席会议并做重要讲话，对重点市县下步工作提出了要求。至是年底，10个重点市县90个文化建设项目，总投入16.5亿元，其中总投入500万元以上项目30个，已开工17个，完工4个。

加强农村文化礼堂建设。全年共建成农村文化礼堂1465家。通过强化资源整合，创新管理机制，提升服务效能，有效推进了农村文化礼堂建设。把农村文化礼堂建设纳入浙江省基本公共文化服务专项补助资金的使用范围和绩效考核的重要指标，从资金投入上强化保障。通过开展"百名专家联百村四季行动""百名教授回乡走进百家文化礼堂"等系列活动，丰富农村文化礼堂活动内容。建立基层群众需求反馈机制，实现送文化下基层从由上而下向上下互动转变。编制服务菜单，推出内含2100多项服务内容的全省农村文化礼堂服务供给"菜单"，供基层群众自主"点单"。

组织开展先进示范评选工作。第二批国家示范区（项目）顺利通过验收，嘉兴市"1＋5＋X＋2"系列制度设计研究成果荣获第二批国家公共文化服务体系示范区创建城市制度设计研究最高奖，以东部地区第一的成绩顺利通过示范区验收专家评审。杭州市余杭区"乡镇综合文化站服务效能提升工程"以东部地区第一的成绩通过示范项目验收专家评审。"电视图书馆绍兴模式"以高分顺利通过示范项目验收专家评审。组织开展"浙江省民间艺术之乡"评选，改变了省级民间艺术之乡一次三年有效的做法，代之以动态管理机制，全省共评选出省级民间艺术之乡47个。组织开展第三批省级重点古籍保护单位和珍贵古籍名录评选工作，3家单位被列为省级重点古籍保护单位，184部古籍被列入浙江省珍贵古籍名录。全省共计完成古籍普查32万条236万册，完成率为94.4%。

提升乡镇综合文化站服务效能。组织开展第六次全省乡镇综合文化站定级工作，经各县自评、市复评和省复核，全省1362个乡镇综合文化站中，有1316个乡镇综合文化站参加评定，上等级率超过90%。组织开展乡镇文化镇被挪用问题整改，制定下发《关于落实省委深改组2016年度督察意见的通知》，提出具体整改要求，督促相关地区及时排出被挪用的文化站清单，制定整改方案，并将"乡镇综合文化站每周开放时间达标率"列入省委、省政府对11个市补齐公共服务有效供给短板工作考核指标。制定《关于开展乡镇综合文化站服务效能抽查工作的通知》，在全省范围内开展乡镇综合文化站服务效能抽查工作。配合余杭区承办好文化部"乡镇综合文化站服务效能建设"经验交流会，余杭区代表我省做了"创新建设模式　健全管理机制——充分发挥乡镇综合文化站公共服务效能"主题交流，分享了乡镇综合文化站服务效能建设的"余杭模式"。

继续加强基层文化队伍建设。出版浙江省农村文化礼堂建设培训实用教材。分批次开展培训工作，举办农村文化礼堂业务建设系列培训、全省文化志愿者人员培训、全省公共图书馆馆长培训、全省文化馆馆长培训等20多期示范性培训班，培训2000余

人次。市县文化部门面向农村组织培训文艺骨干22万余人次。向连续从事图书馆工作30年及以上的人员颁发荣誉证书，充分调动全省公共图书馆工作人员的积极性和创造性。选派业务骨干赴美国开展现代公共阅读服务培训，开阔公共图书馆从业人员的国际视野。会同厅人事处拟定图书资料、群众文化系列高级职称理论知识考试大纲及参考书。配合做好2016年度两个系列高级职称评审材料申报的组织工作。

链接：

全省公共文化服务重点市县建设工作推进会召开

8月12日上午，省政府在杭州梅地亚宾馆召开全省公共文化服务重点市县建设工作推进会。副省长郑继伟出席会议并做重要讲话。省政府副秘书长李云林主持会议。会议听取了10个公共文化服务重点市县（含市辖区）政府分管领导文化工作情况汇报，省文化厅厅长金兴盛、省财政厅副厅长金慧群、省新闻出版广电局副局长王国富分别发言，就重点市县建设提出了具体的工作要求。省文化厅副厅长刁玉泉、副巡视员任群以及公共文化服务重点市县文化、财政部门负责人参加了会议。

郑继伟充分肯定了一年来10个公共文化服务重点市县提升工作所取得的成绩，认为整体工作得到有效推进，文化设施短板有了明显提升，文化体制不断得到创新。他指出，开展公共文化服务重点市县建设，补好短板，抬高底部，推进基本公共文化服务均衡发展，是省委、省政府确定

的重点工作，也是2016年省委深化改革领导小组确定的社会事业补短板的重要内容。他强调，进入公共文化服务重点市县建设中期，从前期督察情况来看，还存在进度差异大、重视程度不一、项目开工比例不高、资金保障水平低等问题，要加以重视、予以解决。他要求，要把公共文化服务重点市县建设当作一项重要抓手，在认识上再提高，补齐投入不足的短板，集中人力、物力，推动资源下沉，建立好考核验收办法。

金兴盛详细介绍了前期省文化厅在重点市县中期督察中发现的问题，指出各地在投入总量、推进力度、投入方向、重大文化设施项目建设进度、县乡两级文化机构建设等5个方面存在不平衡现象，并提出了下一步工作思路。一是要在思想上高度重视。二是坚持底线标准，全面完成省标任务。三是创新机制提升水平。金慧群分析了各重点市县在财政投入方面存在的问题，并提出了2016、2017年"文化支出增幅高于一般性公共预算支出增幅""公共文化支出占比达到全省平均水平"两个要求。王国富从推动读书看报、听广播看电视、看电影三方面对重点市县提出了工作要求。

【丰富公共文化产品供给】 文化惠民活动持续开展。全省联动开展送文化下乡、文化走亲等活动。全省组织送文艺演出下乡1.95万场次，送书下乡258万册，送讲座、送展览4560场，开展文化走亲活动1380场。利用文化馆、文化广场、农村文化礼堂等场所，广泛开展形式多样、内容丰富的群

众性文化活动。以文艺赛事推动作品创作,先后举办浙江省新农村建设题材小戏会演、第七届中国梦·乡村诗歌大赛、浙江省新农村建设题材歌词大赛、第七届十大城市戏曲票友联赛等展演赛事,增加优秀节目储备。积极开展"群星奖"参赛作品遴选,选送《带鱼煮冬菜》等8个节目参加全国第十七届"群星奖"复赛,其中群舞《阿婶合唱团》获第十七届"群星奖"。

全民阅读活动丰富多彩。全省98家公共图书馆围绕"图书馆之夜"、第十二届浙江省未成年人读书节、"全家共读一本书"、公布"阅读之星"、评选"读者最喜爱的乡镇(街道)图书分馆"、评选"优秀阅读推广人"、发布浙江省公共图书馆2015年度阅读报告、开展"图书馆就在我身边"征文、数字阅读大闯关、"图书馆随手拍"摄影大赛等10个主题活动,精心策划了1233场活动。

公共数字文化建设有序推进。举办"十二五"公共数字文化建设展,展示我省"十二五"期间公共数字文化在网络、资源、人才培养、基层服务等方面的成果。举办公共数字文化论坛,赴安徽省开展"数字文化走亲"活动,举办浙皖文化走亲系列——专题片摄制实战培训。推出数字资源联合建设项目,组织宁波、舟山、嘉兴、衢州市级馆实施数字化加工联合采购。完成《浙江学堂》专题片和《浙江文化名人》专题片出版。推进全省开发区公共电子阅览室建设工作,完成8个开发区电子阅览室(示范点)建设。新增安吉县图书馆、长兴县图书馆、江山市图书馆等16个图书馆联通

全省虚拟网,单向连通率达93%。与国家图书馆联动,组织全省公共图书馆开展"网络书香过大年"活动,参与5万余人次。

【完善公共文化政策】 加快文化立法进程。配合省人大先后召开公共文化服务立法工作座谈会和公共文化服务立法写作组会议,研究讨论《浙江省公共文化服务保障条例》(第三稿)的修改意见,研究公共文化服务立法时间进程,讨论通过了公共文化服务立法领导小组和起草小组的组建方案,并对下一阶段工作进行了责任分工。

制订省级行业标准。组织起草我省《公共图书馆服务规范》,并经省质量技术监督局批准发布(DB33/T 2011—2016)。这是我省公共图书馆行业制定的首个技术标准,对加快构建全省公共文化服务体系,促进基本公共文化服务标准化、均等化具有重要作用。组织专家起草《浙江省文化馆服务规范》,并多次论证形成送审稿。

制定浙江省公共图书馆3年提升计划。制定、印发了《浙江省公共图书馆三年提升计划》,计划通过3年的努力,着力培育一批在国内有知名度和影响力的公共图书馆,推动我省公共图书馆整体水平走在全国前列。

规范文艺评奖制度。按照《关于开展省级文艺评奖清理规范工作的通知》要求,开展文化系统文艺评奖制度改革调研,摸排、梳理往年群众文化评奖情况。拟定《浙江省群众文艺评奖改革的思路与设想》。

(汪仕龙)

图书馆事业

【概况】 截至2016年底,全省有县以上公共图书馆102个,其中省级馆1个、市级馆14个(包括市级少儿馆3个)、县级馆87个。是年,全省公共图书馆财政拨款10.68亿元;总藏量6969万册,人均藏书1.25册;外借册次6520万册;总流通9788万人次;人均购书经费3.52元;总建筑面积106万平方米,平均建筑面积约1.04万平方米。全省各级文化行政部门和公共图书馆广泛开展了送书下乡活动,全年送书下乡258万余册,送讲座、展览下乡4560余场。

【推动图书馆标准化建设】 颁布浙江省首个省级公共图书馆地方服务标准《公共图书馆服务规范》(DB33/T 2011—2016),为构建浙江省公共图书馆业务标准化体系和浙江省公共文化服务标准化试点工作做出了贡献。积极参与全国公共图书馆标准化工作,浙江图书馆成为中国图书馆学会公共图书馆分会图书馆标准化工作委员会挂靠单位。圆满完成文化部第六次公共图书馆评估定级试评估任务,为第六次公共图书馆评估标准的制定贡献了浙江智慧。

【推进全民阅读工作】 推动全省全民阅读节系列活动深入开展,联动全省98家公共图书馆,以"图书馆就在我身边"为主题,举办了"4·23图书馆之夜"、浙江省公共图书馆2015年度阅读报告发布等10个系列、2000余场

丰富多彩、别具特色的阅读活动。全民阅读节系列活动为是年首次推出的大型阅读推广活动,品牌标识度高,社会影响力广泛,浙江卫视、新华网、人民网、浙江在线等30余家媒体予以报道。

【推进信息服务工作】　为政府机关领导提供定题服务32项,专题报告33份,其中《2016公共文化服务标准化及综合性文化服务中心建设工作的媒体监测》获省文化厅领导批示表扬。向省委办公厅提供对策类报告10份,信息专报629期。为省委、省政府资源平台提供《关注长三角》5639篇,《文化透视》2761篇。做好人大、政协两个履职平台的日常服务工作,为省人大代表履职平台各栏目提供信息资料565期(篇),为省政协提供信息资料534期(篇)。

【推进服务向基层延伸】　发起并联合全省百家公共图书馆统一行动,在百个文化礼堂同时举行"百名教授回乡走进百家文化礼堂"活动,开展国学讲座,培育孝道礼仪。浙江图书馆第二家村级分馆龙游县沐尘村分馆建成开放,分馆功能齐全,布局合理,与浙江图书馆互联互通,受到当地居民和各级政府部门领导的好评。

【创新服务手段】　深入实施"互联网＋"行动计划,实现远程办证和小额费用的移动支付。支付宝在线办证量占同期总办证量的40％,移动支付占同期总支付的45％。首次引入社会征信体系,对于芝麻信用650分以上的浙江用户免押金办证。通过支付宝服务窗、微信服务号等移动端服务

平台,实现图书到期提醒、活动发布、数字资源访问、服务数据可视化显示等功能,实现了全省用户的无差别服务。

【推进特殊群体服务】　举办第十二届浙江省未成年人读书节,以"戏曲阅读经典"为主题开展各类活动1465场,近95万人参与。启动"书香传家,阅读继世"浙江图书馆"60＋阅读计划",开展了晨读会、茶文化讲座等多形式活动30余场,老年读者累计参与300余人次。启动"数字时代 我们一起前行——老年人信息素养提升活动"。深化视障读者活动内容和形式,在第33个国际盲人节联合浙江卫视、浙江电台音乐调频共同举办"文化自信 演绎精彩"主题公益活动,邀请亚妮和山西左权县"没眼人"跟300多位视障读者一起参与,社会反响热烈。

（黄志宁）

非物质文化遗产保护

【概况】　2016年,全省非遗工作以"十三五"为新的工作起点,深入贯彻落实党的十八届五中全会和习近平总书记系列重要讲话精神,紧扣浙江文化"三以六区"建设目标,着力推进浙江优秀传统文化传承体系建设(非遗工作),突出传统工艺振兴、传统戏剧保护和民俗文化弘扬,加强科学规范管理,推动转型发展,各项工作取得新进展,实现了"十三五"浙江非遗保护工作的良好开局。

【明确浙江非遗新时期工作思路】　编制非遗保护发展"十三五"规

划。根据《浙江省文化发展"十三五"规划》和《文化部关于进一步加强非物质文化遗产保护工作的指导意见》,编制出台了《浙江省非物质文化遗产保护发展"十三五"规划(2016—2020年)》,明确了"十三五"时期全省非遗保护发展的指导思想、基本原则、总体目标、工作任务、保障机制,为"十三五"时期浙江非遗保护事业描绘了全新蓝图。

召开全省"十三五"县域非遗保护工作现场推进会。为进一步推动县域非遗保护规划与制度建设,发挥县(市、区)在全省非遗保护工作中的关键作用,在绍兴柯桥召开全省"十三五"县域非遗保护工作现场推进会暨2016下半年非遗保护工作会议,围绕全省县域非遗保护工作,总结梳理"十二五"期间全省非遗保护工作成效,交流推广县域非遗保护工作经验,研究探讨"十三五"时期我省非遗工作新路径,推进非遗保护事业健康发展。厅党组副书记、副厅长陈瑶出席会议并讲话,对我省非遗保护发展"十三五"规划编制提出了重要指导性意见,并全面部署"十三五"非遗保护工作的总体思路和创新方向。

【完善项目名录体系】　组织开展有关申报评审工作。组织第五批省级非物质文化遗产代表性项目评审。坚持以评审程序的公正性、项目价值的代表性、名录建设的科学性、保护工作的导向性为准则,经各地推荐申报、资格审查、专家评审、厅长办公会议审议、公示等环节,从239个入审项目中最终产生98项(涉及106个申报地),提请省政府公布。扎实

开展第五批国家级非遗传承人申报工作。指导有关申报地文化主管部门,对 95 位代表性传承人申报文本中的部分表项内容进行修改完善,努力提高申报成功率,推进代表性传承人梯队建设,为我省国遗项目的保护传承提供保障。

做好人类非遗项目履约报告的撰写和提交工作。在充分协调、深入调研的基础上,精心组织两项入选联合国教科文组织急需保护的非遗名录项目(木拱桥营造技艺、木活字印刷术)和两项入选人类非遗代表作名录(中国传统蚕桑丝织技艺、龙泉青瓷传统烧制技艺)履约报告的撰写工作。木拱桥营造技艺、木活字印刷术履约报告提交联合国教科文组织审议,中国传统蚕桑丝织技艺、龙泉青瓷传统烧制技艺履约报告草稿提交文化部外联局审核。

组织召开"二十四节气"保护传承座谈会。11 月 30 日,"二十四节气——中国人通过观察太阳周年运动而形成的时间知识体系及其实践"入选联合国教科文组织人类非物质文化遗产代表作名录,我省三门县的"三门祭冬"、衢州市柯城区的"九华立春祭"、遂昌县的"班春劝农"、杭州市拱墅区的"半山立夏节"4 个非遗项目成为其中的组成部分。12 月 22 日,省文化厅在三门县召开专题座谈会,对"二十四节气"入选人类非遗代表作的意义、相关地区的履约责任、开展保护传承工作的方向等进行深入研讨,统一了各地认识,明确了下一步努力的方向。

非遗活态传承在泰顺廊桥修复行动中发挥重要作用。浙江非遗保护坚持活态传承,积极培养传承人群,成果日益彰显,泰顺县有"木拱桥传统营造技艺"国家级传承人 1 人、省市县级传承人 4 人,还成立了 4 支造桥团队,近年来已新建 18 座木拱廊桥,廊桥营造队伍日益壮大。国家文物局同意泰顺木拱桥营造技艺代表性传承人及其团队作为廊桥修复的重要技术骨干。国家、省级专家指导廊桥抢修方案设计、工程实施,泰顺本地传承人及团队支持廊桥复建,各项工作有序推进。

【深化传统戏剧保护行动】 探索传统戏剧非遗项目区域整体性保护新路径。把传统戏剧保护与文化生态保护区工作探索结合起来,根据嵊州市建立"中国越剧诞生地——嵊州越剧文化生态区"的要求,将嵊州市列为浙江省非物质文化遗产生态保护区试点地区。

全面落实传统戏剧振兴计划各项任务。一是启动濒危戏剧师带徒项目。深化浙江省濒危剧种守护行动,强化传承人才培养,开展非遗传统戏剧类师带徒项目辅导培训。举办"浙江好腔调"传统戏剧濒危项目青年传承人培训班,组织全省 56 个非遗传统戏剧类项目省级以上代表性传承人学徒及其他热爱传统戏剧艺术的人员共 55 人参训。组织传统戏剧专家巡回辅导团,对濒危传统剧种展开实地辅导。建立濒危戏剧项目国家级代表性传承人工作室,开展在校授课、招收学徒、相应剧种资料收集和研究等工作。二是深入开展"浙江好腔调"56 个传统戏剧系列展演活动和千名弟子共传承、万场大戏送乡亲活动。继续实施"五个一百",即在全省培育 100 个戏剧广场或戏剧角、100 所戏剧传承学校、100 家濒危剧种民间剧团剧社、100 名濒危剧种青年传承人、100 部濒危剧种传统剧目。三是健全 56 个传统戏曲非遗项目名录体系。组织开展第三批传统戏剧之乡评审,命名第三批浙江省传统戏剧之乡 15 个,推动对 56 个传统戏剧项目的全覆盖。开展第九个"服务传承人月"活动。

链接:

第三批浙江省传统戏剧之乡名单

(共 15 个)

编号	项目名称	申报类别	申报单位
1	瓯剧	传统戏剧特色市	温州市人民政府
2	提线木偶戏	传统戏剧特色县(区)	苍南县人民政府
3	药发木偶戏		泰顺县人民政府
4	婺剧		龙游县人民政府
5	绍兴目连戏		绍兴市越城区人民政府

编号	项目名称	申报类别	申报单位
6	甬剧	传统戏剧特色镇（乡、街道）	宁波市江东区人民政府福明街道办事处
7	永嘉乱弹		永嘉县巽宅镇人民政府
8	马灯戏		永嘉县溪下乡人民政府
9	单档布袋戏		平阳县山门镇人民政府
10	茶灯戏		遂昌县高坪乡人民政府
11	马灯戏	传统戏剧特色村	衢州市衢江区横路街道东方村村民委员会
12	花鼓戏		桐乡市州泉镇马鸣村村民委员会
13	绍兴目连戏		嵊州市黄泽镇前良村村民委员会
14	单档布袋戏		三门县亭旁镇上鲍村村民委员会
15	湖剧	传统戏剧保护责任单位	湖州市非物质文化遗产保护中心

推进非遗代表性传承人抢救性记录工作。按照文化部《关于国家级非物质文化遗产抢救性记录工作的通知》要求，选定汪世瑜（昆曲）、郑兰香（婺剧）等10位国家级非遗代表性传承人作为首批抢救性记录对象，并基本完成首批记录工作，着手开展第二批抢救性记录工作。启动省级非遗代表性传承人抢救性记录工作。

【实施传统工艺振兴】　稳步实施非遗传承人群研修培训计划。实施"中国非物质文化遗产传承人群研修培训计划"。依托我省3所国家级培训试点院校办好9个国家培训研修班。其中浙江师范大学举办木雕技艺、青瓷烧制技艺培训班4期，浙江艺术职业学院举办剪纸技艺、书画装裱古籍修复技艺、瓷器烧制技艺培训班4期，中国美术学院举办瓷器烧制技艺、雕刻技艺、传统服饰研修班3期，面向全国范围培训传承人共510名。同时，向文化部推荐3批15名省级传承人到各省院校参加8个门类的研修活动。

此外，根据文化部要求，我省的3所参与院校利用暑期时间，开展了一轮回访学员活动，及时总结积累经验，更有针对性地实施研培计划。启动全省非遗传承人群研培工作。了解掌握传统工艺非遗传承人群基本情况，加强传承教学基地和非遗研究基地建设，研究制订浙江省非遗中青年传承人群研修研习培训计划。选择温州大学、浙江音乐学院等6所省内高校为试点实施单位，举办木雕技艺、剪纸技艺、传统民居营造技艺、木偶戏、雕版印刷技艺、印染技艺等6个方向的培训班，并根据承办项目存续情况、传承人群培训需求以及承办单位教学优势，精确设置培训预期，进一步提升非遗传承人群的传承意识和传承水平。

举办浙江省传统手工艺品及衍生品创意设计大展。为鼓励支持设计企业参与传统工艺精品和衍生品的开发，举办了"匠·无界"浙江省非物质文化遗产传统工艺品及衍生品设计大赛，吸引了省内外众多手工艺大师和新锐设计师参与。大赛优秀作品在宁波国际会展中心展出，这是传统工艺走进现代生活、现代设计走进传统工艺发展理念的一次全新尝试，社会反响巨大。

积极探索传统技艺工作站建设。4月29日，文化部副部长项兆伦带领非遗司、产业司等相关人员，在东阳召开传统营造技艺工作站建设座谈会，省文化厅会同东阳市政府根据文化部要求，提出了一系列关于建立东阳传统营造技艺工作站的设想，并正式行文提交文化部非遗司。

协助召开"中国传统工艺振兴计划"座谈会。积极协助文化部非遗司在杭州市余杭区召开"中国传统工艺振兴计划"座谈会。清华大学、中国美术学院、南京大学、上海大学、苏州工艺美术职业技术学院等高校传统工艺美术领域的专家学者，上海朵云轩、苏绣、杭州王星记扇子、铜雕、婺州窑、衢州麻饼等代表性传承人及相关保护单位、生产性保护基地代表等20多人，围绕传统工艺的振兴畅所欲言、献计献策，为

《中国传统工艺振兴计划（征求意见稿）》的修改完善提出了宝贵意见。

组织省级非遗生产性保护基地评审工作，命名第二批省级生产性保护基地65家。

【弘扬民俗文化】 通过办好第十一届浙江省非物质文化遗产节主场城市活动和第八届中国（浙江）非物质文化遗产博览会等，加大非遗保护宣传力度，增强非遗影响力，推进非遗保护工作融入现代生活。

非遗节活动丰富精彩。围绕"在继承中发展，在发展中继承"的主题，举办第十一届浙江省非物质文化遗产节暨2016"文化遗产日"主场城市（嘉兴）系列活动。嘉兴主场活动含"流水潺湲"浙江省非物质文化遗产传统音乐会、"魅力非遗'粽'意嘉兴"非遗特色活动、2016中国·嘉兴端午民俗文化节相关活动以及"浙里繁华"桐乡蓝印花布端午系列展三大板块活动。同时，组织全省各地举办形式多样的"文化遗产日"专题系列活动，据不完全统计，各级组织开展各类非遗保护宣传及传承活动280多项，直接参与"文化遗产日"的群众达20余万人次，营造了文化遗产保护的浓厚氛围，有力推进了我省非遗保护事业发展。

成功举办第八届浙江·中国非物质文化遗产博览会。本届博览会以"继承传统，融入生活"为主题，以"先人智慧，工匠精神，生活状态"为呈现内容，以"三馆二区一论坛"为主体框架，国内17个省、市、自治区的147个参展项目368位代表性传承人、工艺美

术大师携作品、衍生产品参展参演。博览会努力创新形式、丰富内涵，举办以"让传统工艺重返当代日常生活"为主题的"2016传统工艺振兴·杭州论坛"，就探索有效促进传统工艺振兴的途径和方法组织了4个文化沙龙，形成了《杭州共识》；举办"非遗薪传"浙江传统服饰展评活动。博览会上，来自全国的非遗项目得到了精彩呈现，并通过各路新闻媒体得到了更大范围的传播，开幕3天时间内，网易直播点击量就达到了53万余人次。

办好中国义乌文交会浙江省非物质文化遗产展。在第11届中国（义乌）文化产品交易会期间，举办浙江非物质文化遗产"百工坊"展示展演活动。活动以"传承工匠技艺，弘扬工匠精神"为主题，以推进浙江传统手工艺振兴、打造"浙江传统手工艺强省"为目标，充分展现浙江"百工"独特魅力和浙江"工匠"智慧结晶，呈现浙江"百工之乡"独领风骚的工匠技艺。"百工坊"设"一馆二坊一舞台"，即工匠技艺坊技艺演示、独具匠心馆作品展示、百工生活坊非遗大卖场、七巧玲珑坊游戏互动体验和百姓非遗大舞台节目表演五大块，邀请了省内近百个非物质文化遗产传统技艺、传统美术、传统戏曲项目传承人举办展示、展演、展销活动，内容丰富、精彩纷呈、亮点突出。

组织参展第四届中国非物质文化遗产博览会。以"非遗走进现代生活"为主题的第四届中国非物质文化遗产博览会在山东济南举办。我省组织推荐了30余项国家级以上非遗名录项目、30余名省级以上代表性传承人以及

40多位非遗保护工作者、传承人参展。文化部副部长项兆伦、非遗司有关领导等对我省参展项目给予极大关注与肯定。博览会开展当天，浙江非遗大受青睐，得到了现场观众的诸多好评。

加强浙江非遗对外宣传。以杭州G20峰会为契机，加大浙江非遗对外宣传力度，制作浙江非遗项目保护公益宣传片，编印"浙里繁花"浙江非遗宣传手册（修订版），努力扩大浙江非遗影响力。编辑出版《"浙里繁花"浙江非遗印象》，作为省委宣传部"印象浙江"丛书的一部分，展示浙江形象，讲好浙江故事。本书选取62个与生活息息相关、具有一定区域代表性的非遗项目，按项目在生活中的位置，分成"故事""表演""技艺""味道""养生""节日"6个版块，表现10个非遗门类项目，并出版了中英文化对照版。

【整理非遗保护成果】 推进《浙江通志·非物质文化遗产卷》编纂工作。从西湖区聘请3人从事资料收集和编纂工作，从省非遗保护专家库中抽调14人成立改稿小组，明确分工职责，任务倒排，时间倒逼，进一步加快工作进度，制订编纂工作进程计划，多次召开编纂工作碰头会、非遗保护专家讨论会、编纂工作分析会、试写稿改稿会，做好初稿起草工作。

做好国遗丛书编撰工作。继续开展浙江省非物质文化遗产国遗丛书编纂工作，做好《浙江省非物质文化遗产代表作丛书》第三批国家级非遗项目第二批次28本书稿编纂出版工作。启动《浙江省非物质文化遗产代表作丛书》第四批国家级非物质文化遗

产名录项目 30 个书目编纂出版工作。配合做好《浙江通志·运河卷》民俗部分编纂工作。

编印《2015 年浙江省非遗保护工作十件大事》。编写 2015 年度全省非物质文化遗产保护工作年度 10 件大事图册，较好地记录和体现了 2015 年度全省非遗保护工作中出现的大事要事。

完成省非遗教学传承基地优秀案例集编印工作。开展全省非遗传承教学基地建设经典课件案例评选工作，编印《浙江省非遗教学传承基地优秀案例汇编》，总结省级非遗传承教学基地工作经验，加大基地间的交流，扩大成功经验的影响，促进非遗教学传承基地建设的规范化、制度化。

开展传承人故事征文活动。为反映非遗代表性传承人对技艺精益求精、坚韧不拔的精神，弘扬优秀传统文化，传播正能量，与省委党刊《今日浙江》联合发起"匠心逐梦"浙江省非遗传承人故事征文活动，收到投稿 80 余篇，陆续在《今日浙江》刊发。

【优化非遗保护工作环境】　开展全省《非物质文化遗产法》贯彻落实情况检查。在组织全省各地自查与互查的基础上，对全省 5 年来贯彻落实《非物质文化遗产法》情况进行梳理总结，并组织力量对温州、湖州、嘉兴等 3 个市以及苍南、长兴、嘉善等 3 个县进行重点抽查。8 月 26 日，通过浙江文化信息网、浙江非物质文化遗产网，向社会公布了《浙江省贯彻落实〈非物质文化遗产法〉情况自查报告》，全面系统地总结了浙江省自《非物质文化遗产法》颁布以来非遗保护工作的成功做法，汇集了

全省非遗保护成果的主要数据。

发布全省非遗保护发展指数指标数据。为推动我省非遗保护工作转型升级，促进非遗保护工作成效进一步量化，以浙江非遗统计数据年报系统为依托，探索建立全省非遗保护工作绩效评估机制，编制完成《浙江省非物质文化遗产保护发展指数评估指标数据（2015 年度）》，并向社会公开发布。该数据从非遗名录管理、传承人管理、非遗基地建设、抢救性保护、制度建设、队伍建设、非遗馆建设、经费投入、活动宣传、信息化建设和创新工作等 11 个方面，反映了浙江省区域性非遗保护情况。该项创新举措受到了文化部领导的高度评价，并列入文化部 2016 文化工作重点调研课题。

（薛　建）

文化市场管理

【概况】　2016 年，全省各级文化市场管理部门认真贯彻落实中央和省委、省政府决策部署，以围绕中心、服务大局、规范有序、促进发展为主线，积极主动作为，在深化综合执法改革，规范市场经营秩序，促进市场繁荣发展等方面取得了新成绩，多项工作继续走在全国前列。

【围绕中心服务大局】　紧紧围绕杭州 G20 峰会、世界互联网大会等重大活动任务，扎实深入做好文化市场安全保障工作。与文化部文化市场司联合在杭州召开了"浙江及周边毗邻地区 G20 峰会文化市场安全保障工作会议"，协

调浙江及周边毗邻地区抓好文化市场安全防范工作。在全省明确 G20 峰会结束前各地查处的文化市场违规行为的行政处罚可采用自由裁量范围内的上限依法处理。重点在文化场所安全、文化内容安全和找补安全短板三方面抓好落实。从 5 月底开始，严控省内涉外大型文艺演出的审批和全省大型商业演出的举办。6 月初起，在全省组织开展文化市场重点督查及交叉执法活动。6 月 14 日至 30 日，抽调文化市场执法精干力量，由省文化厅厅长金兴盛、副厅长黄健全带队对全省各地文化企业和经营场所进行集中暗访。针对暗访中发现的问题，专门下发《全省文化市场暗访情况的通报》，要求各地限期抓好问题整改，全面加强文化市场管理，省委常委、宣传部部长葛慧君，副省长郑继伟均批示肯定。7 月 27 日至 29 日，部署开展第二轮全省文化市场暗访。8 月起，按照每周一次的频率将暗访常态化，督促各地执法机构加强检查巡查频率，落实监管责任。11 月 3 日，召开全省毗邻嘉兴地区保障第三届世界互联网大会文化市场安全工作会议。会后组织了对嘉兴、桐乡、乌镇等地文化场所的暗访检查，并及时做了情况反馈。是年，全省受理举报投诉 1334 件，检查文化经营场所 22.36 万家次，查获违规场所 5292 家次；停业整顿 193 家次，吊销许可证 52 家次。

【深化综合执法改革】　根据中办、国办《关于进一步深化文化市场综合执法改革的意见》，先后起草了省两办《关于进一步深化文

化市场综合执法改革的实施意见》和起草说明，并经相关单位征求意见和省文化厅党组研究讨论，报省文改办审议。

加强执法办案指导。开展联系基层、下基层指导办案活动。在文化部 2016 年全国文化市场综合执法案卷评查中，获全国"十大案件"1 个、"重大案件"4 个，是获奖数量最多的省份。推行文化市场分级分类监管机制，在文化部向全国转发的 6 个文化市场分级分类管理经验材料中，杭州市萧山区互联网上网服务营业场所分级管理办法（试行）和台州市椒江区文化市场星级管理工作实施方案入选。狠抓执法规范提升。从执法办案场所规范、涉案财物管理、案卷质量评审、阳光执法公示、执法过错整改、举报办理规范等 6 个方面着手，有效提高文化市场监管能力和执法办案水平。在全国率先制定出台了《文化市场行政案件评查评分标准》，制作了《浙江省文化市场行政执法行为规范手册》，拍摄制作了网吧、KTV、电子游戏三类文化市场主要场所的执法检查规范化视频。12 月 16 日，在宁波举行了浙江省文化市场综合执法"双随机"抽查监管工作启动仪式。推行举报受理首问责任制，制定出台《文化市场举报电话受理规范用语》。

强化执法机制健全。建立应急预案纳入机制，重新拟定了全省《文化市场突发事件应急管理办法》和《文化市场突发事件应急处置预案》，通过和省政府应急办的联系协调，把文化市场突发事件应急处置纳入全省应急体系。建立安全保障协作机制。在文化部协调指导下，进一步加强杭州

G20 峰会和世界互联网大会影响力覆盖的周边地区协作互助关系，建立涉及重大活动文化市场安保的沟通桥梁。建立安全保障协作通讯联络机制和跨省重大案情即时通报机制。建立"江浙沪"文化市场行政执法区域合作机制。联合江苏省文化厅、上海市文化市场行政执法总队起草了《江浙沪文化市场行政执法合作协议》，共同建立"江浙沪"文化市场行政执法区域合作平台。

加大执法基础建设。执法人员素质提升方面，举办全省文化市场执法队长培训班、浙陕两省文化执法交流培训班、案件评审人员培训班、年终考评人员培训班、大型活动安保培训班等 5 个培训班，参加人员近 400 人次。是年，全省共举办各类培训班 25 期，培训总人数达 2000 余人次。信息数据采编报送方面，共接收全省文化市场综合执法信息 9021 篇，编发信息简报 6801 篇，上报各类统计报表 53 张。信息化建设方面，重新梳理"浙江省文化市场数字化网络监管系统"各项功能，实现与全国文化市场网络监管系统、浙江政务服务网、"信用浙江"网、"平安浙江"网的互联互通；部署开展全省网吧监管系统安装工作。

【促进市场繁荣发展】 严格履行职责，规范审批行为。一是依法履职审批。全年办理经营性互联网文化单位、演出经纪机构等的设立许可、变更及相关事项 1240 件，其中新设立经营性互联网文化单位 281 家，演出经纪机构 58 家，审批（备案）国外及港澳台演出团体和个人演出活动 641 批

次。3 月 1 日至 3 月 31 日，依法对全省 144 家网络文化经营单位及演出经纪机构进行了延续换证。二是依法组织备案。转发文化部关于贯彻实施《艺术品经营管理办法》的通知，认真组织开展艺术品经营单位备案工作，于 8 月 31 日完成统计并上报文化部。三是加强督促检查。按照《文化部关于对文化市场政策落实和行政审批规范化情况开展督查的通知》（文市函〔2016〕342 号）部署，从 8 月底开始对全省各级文化审批及行业管理部门进行监督检查。

拓展管理职能，推动市场发展。一是推动文化娱乐行业转型升级。转发了《文化部关于推动文化娱乐行业转型升级的意见》（文市发〔2016〕26 号），拟定杭州、宁波、绍兴等市作为文化娱乐行业转型升级重点城市，要求各重点城市文化行政部门分别确定 3—5 家参加试点的歌舞娱乐转型升级示范场所和游戏游艺转型升级示范场所。二是推动民营文艺表演团体素质提升。组织开展 2016 年度民营文艺表演团体"优秀剧目""优秀剧团"评选工作，杭州新青年歌舞团股份有限公司音乐剧《寻找雷锋》等 4 部剧目被评选为"优秀剧目"，温州哈哈京剧艺术团等 4 家剧团被评选为"优秀剧团"。开展 2016 年浙江省民营文艺表演团体展演活动，荟萃全省 11 台民营文艺表演团体舞台艺术佳作，分杭州、东阳两地展演。继续加强与浙江艺术职业学院协作，强化对全省民营文艺表演团体培训力度，全年培训京剧老旦、老生、小丑、音响人员、戏曲音乐人员、化妆人员、折子戏演

员,越剧演员,婺剧演员等 8 期 700 余人。三是推动文化市场区域一体化建设。江浙沪两省一市文化行政部门联合召开了长三角地区文化市场一体化建设座谈会。第二十三届江浙沪演出业务洽谈会暨第八届长三角国际演出项目洽谈会在杭州召开,浙江省演出经营单位 200 人、全国 420 人参加。

规范行业经营,完善信用管理。一是强化文化企业自主管理。一方面加强培训,分三批对 95 家新设立的网络文化企业 307 名内容审核人员进行培训,督促做好网络文化内容自审管理工作。另一方面加强交流,分行业召开经营单位座谈会,倾听意见,改善管理。二是完善文化市场信用管理。按照《文化部办公厅关于印发〈文化市场黑名单管理办法〉(试行)的通知》(办市发〔2016〕1 号)和《浙江省失信黑名单制度建设工作方案》(浙发改法规〔2014〕936 号)有关要求,在全国率先出台了省级《文化市场黑名单管理工作方案》。全省 11 个市均已完成实施方案制定,杭州市文广新局在文化市场诚信体系建设中的相关经验得到了中宣部领导的批示肯定,并在中宣部、中央文明办召开的"建设核心价值构建诚信社会"现场交流会上做了交流。

（王　华）

政 策 法 规

【概况】 2016 年,全省政策法规工作坚持围绕中心、服务大局,主动谋划、积极有为,统筹兼顾、团结协作,完成"十三五"规划发布、特色小镇文化建设推进等重点工作,政策调研建立了常态化机制,文化体制改革稳步深化,法制工作创新思路,文化市场执法指导监督职能稳妥交接,圆满完成各项工作任务。

【圆满完成"十三五"规划编制】认真统筹推进《浙江省文化发展"十三五"规划》修改完善工作,做好"十三五"期间文化发展的顶层规划和设计。通过书面征求意见、基层调研、召开各类座谈会、组织专家论证等方式,广泛征求意见,经过 30 稿大的修改,按时与省发改委联合印发了《浙江省文化发展"十三五"规划》。规划文本获得了有关领导、专家和相关部门、基层单位的好评。

【谋划推动特色小镇文化建设】围绕省委、省政府工作大局,认真调研、积极谋划、创新思路,谋划推动特色小镇文化建设。

集中力量、认真调研、广泛联系、十易其稿,出台了《浙江省文化厅关于加快推进特色小镇文化建设的若干意见》,促进特色小镇文化建设,获得了厅领导的表扬。和《浙江文化月刊》编辑部合作,推出特色小镇报道专栏。

开展全省特色小镇调查工作。组织人员赴全省各地特色小镇开展现场调研,走遍了全省近 60 个特色小镇,下发调查表,收集分析全省第一、第二批创建和培育特色小镇,以及部分文化特色明显的其他特色小镇中文化建设与发展等方面的基本情况和数据,全面总结特色小镇文化建设成绩、经验和存在问题,宣传和推广优秀典型。

加强与省发改委、经信委、审计厅、旅游局等省级有关部门的联系协调,建立了工作沟通平台。统筹协调其他相关处室,在推动特色小镇发展文化创意产业、传承发展历史经典产业、建设公共文化设施、提升公共文化服务、保护利用文化遗产、加强对外文化交流和文化贸易,指导特色小镇文化活动开展等方面取得初步成效。

召开全省特色小镇文化建设现场会,参与组织全省特色小镇群众文艺展演,交流特色小镇文化建设经验,确定首批全省特色小镇文化建设示范点,统一思想认识,推广示范经验,进一步发挥文化行政主管部门主观能动性,推进特色小镇文化建设工作取得更大成效。

【建立完善全省文化系统大调研格局】 完善全省文化系统"大调研"制度,发文通报 2016 年全省文化系统调研课题和厅领导重点课题,编印了《调查与思考——2015 年度浙江省文化系统调研成果汇编》《全省文化市场综合执法先进经验资料汇编》,编辑整理了十八大以来全国、全省及各地市的文化政策汇编,调研工作获得了文化部政策法规司的肯定。

探索与文化部中国艺术科技研究所、省委党校、浙江省社科院、浙江大学、浙江工商大学、浙江图书馆信息服务中心等高等院校和科研机构合作开展文化课题调研,筹划文化智库建设。与浙江图书馆信息服务中心合作,收集编印了《浙江省文化研究组织机构资料汇编》《全省特色小镇文化建设政策及新闻报道汇编》《文化的魅力——G20 峰会与浙江文化》等资料。

完成《当前我省文化领域意识形态工作形势及对策》《特色小镇文化建设成效、问题及建议》《以特色小镇为主阵地振兴浙江历史经典文化产业》《"文化＋"助力特色小镇新梦想》等调研文章。

【牵头协调文化体制改革】 结合省委深改领导小组、省文改领导小组工作要求，对省文化厅文化体制改革工作进行统筹安排，制定、印发了《省文化厅深化文化体制改革 2016 年主要任务分解方案》，明确主要改革任务，并将各项任务分解，落实责任。

继续推进浙江越剧团、浙江小百花越剧团、浙江京剧团、浙江昆剧团 4 团独立建制工作，就相关工作与文化部改革办、省文改办、省编办等对接汇报，起草了省长专题报告。

梳理省属改制院团改革遗留问题。向省政府办公厅报送了《省级文化系统改制单位社会保障问题与对策》，得到副省长熊建平批示，省人力社保厅对反映的问题进行了研究并专门与省文化厅进行了沟通对接，并就省属改制院团原事业编制人员养老保险等问题与省文改办对接。

牵头对省文化厅领导和党组提出的重大改革事宜进行调研、协调，分别完成了《关于浙江越剧团与胜利剧院推进改革调研情况及有关建议的报告》《浙江音乐学院和浙江越剧团合作改革报告》《浙江省文化厅招待所、杭州电影拍摄基地事改企改制可行性报告》《浙江省剧院管理中心组建方

案》《杭州剧院和胜利剧院撤并存在问题报告》《浙江演艺集团组建方案》等改革报告和改革方案，为领导决策提供参考。

紧紧围绕简政放权、方管结合、优化服务，牵头深入推进省文化厅"四张清单一张网"工作。对清单实行动态管理，重新梳理了权力清单和责任清单，增加了擅自从事互联网上网服务营业场所活动行政处罚权和查封扣押相关物品行政强制权；梳理了公共文化服务清单，作为公共服务事项梳理 4 家试点省级单位之一，编制了《省级公共服务事项目录和办事指南表》，并梳理了省、市、县三级公共服务事项清单样本；加强事中事后监管，建立完善"双随机、一公开"制度，做到放管并重、宽进严管；做好浙江省政务服务网数据推送工作。

【积极推进全省法治文化建设】 统筹部署法治政府建设（依法行政）工作。印发《做好 2016 年度法治政府建设（依法行政）工作的通知》和《浙江省文化厅 2016 年度法治政府建设（依法行政）工作任务分解方案》，明确任务，提出要求，落实责任。

切实抓好文化普法工作。举办省级文化系统合同法普法讲座，制定了《全省文化（文物）系统"七五"（2016—2020 年）法治宣传教育工作实施方案》，策划了 12·4 全国宪法日全省文化系统法治宣传教育活动，并在杭州西湖区举办了主会场活动。

认真推进文化立法工作。向省政府报送《关于浙江文化立法工作的调研和思考》，得到副省长郑继伟的批示。配合公共文化处

做好《浙江省公共文化服务保障条例》立法调研起草工作，并已列入省人大 2017 年一类立法项目。积极支持景宁县人大和文化部门《景宁县公共文化服务保障条例》的先行先试工作。

【狠抓信息工作】 全力做好处室各类信息的报送工作，提高全体人员对信息工作的重视度、敏感性和参与度，全年在省法制办录用信息 231 篇，厅局得分第一；在省文化厅政务信息考核中，得分名列前茅。文化体制改革、特色小镇文化建设、文化立法等方面的 5 篇政策类信息被《浙江政务信息（省长专报）》采用，其中《关于我省地方文化立法的调研和思考》《省级文化系统改制单位社会保障问题与对策》两篇信息获省领导批示。

（周　颖）

文化产业与科技

【概况】 2016 年，全省文化产业与科技工作以建设"文化产业发展先行区"和"文化科技创新实验区"为目标，着力提升文化产业发展的规模化、集约化、专业化水平，不断提高科技在文化建设中的创新驱动和融合发展水平，推动文化产业转型升级和文化科技创新发展。是年，全省文化及相关产业实现增加值 3230 亿元，同比增长 13.1％，占 GDP 比重 6.8％。

【推动历史经典产业传承发展和特色小镇建设】 组织召开了全省文化系统文化产业工作会议，部署推动相关历史经典产业和特

色小镇建设工作。按照《浙江省人民政府办公厅关于扶持木雕根雕石刻产业传承发展的指导意见》（浙政办发〔2015〕121号）和《浙江省人民政府办公厅关于扶持文房产业传承发展的指导意见》（浙政办发〔2015〕122号）要求，组建推动木雕根雕石刻和文房产业发展协调机构，对省级相关部门进行职责分工。同时，在东阳召开全省木雕根雕石刻产业传承发展与特色小镇建设现场推进会，在湖州南浔召开全省文房产业传承发展与特色小镇建设现场推进会，推动木雕根雕石刻、文房重点产业地与特色小镇的经验交流和项目对接。

【推进第11届中国（义乌）文化产品交易会转型升级】　4月27日至30日，第11届中国（义乌）文化产品交易会在义乌国际博览中心举办。该交易会由文化部、浙江省人民政府、中国国际贸易促进委主办，浙江省文化厅、浙江省文化产业促进会、中国国际贸易促进委员会浙江省分会、义乌市人民政府承办。交易会以"传统文化与时尚生活"为主题，设国际标准展位3360个，展位面积6万平方米，来自15个国家和地区及国内19个省市的1300家企业参展，吸引了93个国家和地区的11.65万名客商及观众到会；实现洽谈交易额52.04亿元，同比增长2.7%，其中外贸成交额32.67亿元。

【提升第12届中国国际动漫节影响力】　4月27日至5月2日，由国家新闻出版广电总局、浙江省人民政府主办的第12届中国国际动漫节在杭州白马湖会展中心举办。参展参会的中外企业机构2531家、客商展商和专业人士5300余名；参加动漫节各项活动的有138.15万人次；实际成交及达成签约交易、意向合作项目948项，涉及金额129.37亿元。动漫节消费涉及金额22.26亿元，总计151.63亿元，对外影响力持续扩大。

【开展文化产业示范基地认定和文化产业项目申报】　认定省文化产业示范基地17家，推动文化企业发挥典型示范和带动引领作用。组织申报2016年度中央财政文化产业发展专项资金项目54个，其中获得资金支持的项目18个，资金总额达到3860万元，支持项目和支持金额居全国前列。配合文化部《2016中国文化产业重点项目手册》浙江省项目的收集整理和申报工作，全省20个项目入选。

【推动文化消费试点和文化创意产品开发试点工作】　经申报、评审，杭州市、宁波市先后被列入国家级文化消费试点城市，试点工作有序推进。根据文化部、国家文物局公布的文化文物单位文化创意产品开发试点单位名单，中国美术学院美术馆、浙江图书馆、中国丝绸博物馆、浙江省博物馆、浙江自然博物馆、杭州博物馆、宁波市图书馆、宁波博物馆、宁波美术馆等9家单位被列为文化创意产品开发试点单位。各试点单位根据相关要求，积极探索文化文物单位文创产品开发新思路、新途径。

【培育和发展动漫产业】　浙江省产品类项目（宁波大慈文化传播有限公司《布袋小和尚》第二季）、创意类项目（杭州蒸汽工场文化创意有限公司《呀！小鬼》）入选"2016年弘扬社会主义核心价值观动漫扶持计划"。年审、认定动漫企业20家，并配合文化部做好2016年国家动漫扶持计划申报工作和各类动漫人才培训工作。组织举办第四届动漫衍生品授权交易活动，近20家动漫企业和100多家生产制造企业参加，达成17项授权交易，总授权金额2.09亿元，较上届增长32%。受文化部委托，编撰出版《中国动漫产业发展案例研究》。由浙江中南卡通股份有限公司牵头发起申报的《动画渲染管理与服务平台规范》通过省级地方标准立项，成为国内同行业首个批准立项的标准。

【加强人才队伍建设与相关课题研究】　举办为期4天的全省文化系统文化产业行政管理干部培训班，围绕浙江政府产业基金设立与运作、中央财政文化产业专项资金申报规范、数字文化创意产业发展战略研究等内容，引导文化产业管理干部研究分析文化产业发展形势与前沿方向。落实年度重点课题调研，配合完成《文化系统管理的文化产业发展情况调研报告》，完成《2016浙江文化产业发展报告》《文化产业与科技工作政策汇编》，以及《浙江文化产业发展中的金融促进机制、效应与对策研究》课题调研。

【加强对浙江新远文化产业集团的考核指导】　坚持社会效益为

先,社会效益与经济效益相统一的原则,完善新远集团年度绩效考核机制,建立下属单位负责人履行社会效益追究制度。推进集团薪酬制度改革,建立公平公正、科学合理、灵活可控的激励机制。是年,集团实现净利润 1778.75 万元,营业利润总额 732.69 万元。年终实际收取房租达到 100%,资产负债率实际完成情况低于期初水平,国有资产保值增值率大于 100%。同时,启用云平台技术打通集团旗下主营影院的卡券使用关口,全力打造新天地新远影城和悦江新远影城,其中悦江影城 12 月 21 日投入运营,为全国首个 DTS:X 临境音影城,也是滨江区块唯一一家拥有 IMAX 影厅的影院项目。

【创新驱动文化科技融合】 按照《浙江省科技厅 浙江省文化厅推进文化事业和文化产业科技协同创新合作备忘录》精神,推动文化事业、文化产业重点领域和关键环节精准对接、精准服务。完成浙江省文化领域省重大科技专项设计方案,形成雕刻产业 2D/3D 图像自动转换引擎及雕刻石材科技鉴定关键技术研究等 3 个文化领域省重大科技项目。推动中国艺术科研所浙江协同创新平台成立浙江协同创新平台学术委员会。联合省科技厅开展文化科技工作调研,召开文化科技需求工作座谈会。开展国家社科基金艺术学项目、文化部文化创新项目、国家文化创新工程、国家文化提升计划等国家级文化科技项目(课题)申报和管理工作。是年,全省 7 个项目获文化部文化艺术研究立项、3 个项目获国家社科

基金后期资助立项,19 个项目获国家社科基金艺术学项目立项。其中,浙江师范大学《中国传统音乐表演体系研究》获得重大项目立项。立项数比 2015 年度增长 28%,占全国立项项目总数的 9.18%,名列全国前茅。国家文化创新工程项目《丝绸织锦文化创意与工艺创新及示范推广》《基于实景三维 GIS 的历史文化名镇(村)现代保护与开发示范研究》,国家文化科技提升计划项目《黑胎哥窑开片青瓷复烧工艺研究》顺利通过文化部组织的验收。全年共完成国家社科基金艺术学项目结题 8 项。组织开展第二批文化部重点实验室申报推荐工作,浙江理工大学"丝绸产品设计数字化技术实验室"被公布为文化部重点实验室,实现了我省文化部重点实验室零的突破。组织实施省文化厅厅级科研项目申报和管理工作,受理厅级文化科研项目申报 328 个,立项 107 个,完成历年厅级项目结题 57 个。

(方学斌)

对外、对港澳台工作

【概况】 2016 年,实施对外、对港澳台文化交流项目 1014 起,交流人数 8347 人次。引进项目 860 起,交流人数 6498 人次;派出项目 154 起,交流人数 1849 人次。获得省部领导批示及驻外使领馆表扬 15 项。

【中卡文化年】 3 月 22 日至 25 日,省文化厅厅长金兴盛率文化代表团赴卡塔尔举办"中卡文化年"活动。卡塔尔文化、艺术与遗

产大臣库瓦里表示,演出展示了中国文化,开创了"中卡文化年"良好开端。同时,"丝路之绸——中国丝绸艺术展"在卡塔尔博物馆艺术展览馆展出,卡塔尔阿勒萨尼公主给予高度评价。11 月初,在多哈举办"中国节"活动,是中国首次在西亚地区举办的大型户外主题活动,也是卡塔尔历年来与他国举办文化年活动中最为成功的一次,吸引了 4.46 万余名当地民众参与,盛况空前。是年,省文化厅执行中卡文化年重要项目 8 起,交流人数 150 人次。

【中埃文化年】 3 月 26 日至 30 日,省文化厅厅长金兴盛率文化代表团赴埃及举办"中埃文化年"丝绸展演活动,扩大了中华文化的影响,同时有力地配合了国务院副总理刘延东对埃及的访问。

【"美丽浙江·欣赏香港"浙江文化旅游美食节】 4 月 26 日至 28 日,受省委统战部邀请,省文化厅组织浙江京剧团、浙江曲艺杂技总团、浙江小百花越剧团、浙江歌舞剧院有限公司一行 37 人,赴香港参加"美丽浙江·欣赏香港"浙江文化旅游美食节活动开幕演出,受到香港各界好评。

【2016 新西兰·中国——美丽浙江文化节】 7 月 6 日至 16 日,2016 新西兰·中国——美丽浙江文化节暨浙江创意设计展在新西兰首都惠灵顿举办。活动由浙江省文化厅、新西兰中国文化中心与惠灵顿市政府共同举办。6 日,惠灵顿市市长西莉亚·瓦德布朗,中国驻新西兰大使王鲁彤,浙江省政府新闻办公室主任来颖

杰、省文化厅副厅长蔡晓春,新西兰国家博物馆馆长等各界名流约120人出席开幕式。创意设计展征集省内20余位设计师作品,展出作品以"融"为主题,以全新的"再设计"为亮点,以丝、陶、纸、木、竹为原料,结合了浙江特色文化元素设计,体现了现代科技与传统手工技艺的完美融合。

【杭州 G20 峰会服务保障工作】
9月4日至5日,G20峰会在杭州召开。省级文化系统多家单位参与杭州 G20 峰会的服务保障工作。浙江交响乐团、浙江音乐学院承担杭州 G20 峰会国宴伴奏演出,得到各国元首和领导人高度赞扬。"最忆是杭州"文艺演出给参会者留下了美妙回忆,杭州市文广新局、浙江音乐学院、浙江艺术职业学院、浙江小百花越剧团等单位均参与其中。中国丝绸博物馆在峰会期间以全新的场馆面貌接待了多国总统夫人参访,并负责布置在中国美院举办的丝绸展览,深受 G20 领导人配偶团喜爱。省文化厅承担阿根廷政要团礼宾接待工作,得到阿根廷方面高度评价。中共中央总书记、国家主席习近平赞扬"文艺演出精彩纷呈,向世界展示了中国精神、中国力量"。省委书记、省人大常委会主任夏宝龙,以及车俊、葛慧君、赵一德等多位省领导对文化系统服务保障工作做出表扬,外交部专门发来感谢信。省文化厅和浙江交响乐团还被省委、省政府评为先进集体。

【首届丝绸之路(敦煌)国际文博会】 9月20日至10月10日,组织参加首届丝绸之路(敦煌)国际文博会,举办"丝绸的故事——从丝绸之源到丝绸之路"主题展。主题展反映了丝绸之路的起源、历史传承和丝绸文化的发展,展示了浙江作为丝绸之源的独特地位,在"一带一路"建设中唯一以文化交流合作作为主题的国家级平台和国际化盛会上,传播好浙江声音。

【捷克、奥地利专场音乐会】
9月30日至10月7日,组派浙江音乐学院国乐团一行59人,赴捷克和奥地利举办专场音乐会。省委书记、省人大常委会主任夏宝龙出席在捷克布拉格举办的音乐会并致辞。捷克众议院议长哈马切克,中国驻捷克大使马克卿,捷中友协及捷克国家资源署、外交部、交通部等官员,各国驻捷克使节及华人华侨代表等观看了演出。

【第三届世界互联网大会服务保障工作】 11月16日至18日,第三届世界互联网大会在浙江乌镇举办。省文化厅组织参与服务保障工作。精心组织创排中国戏曲艺术秀"国色天香",承担欢迎晚宴伴宴演出,并参与会议多个论坛的筹备组织工作,为第三届世界互联网大会成功举办贡献了文化力量。

【海外"欢乐春节"活动】 春节期间,组派9个优秀文艺团组259人次,先后赴亚洲、南美洲、大洋洲、非洲的12个国家17个城市执行国家海外"欢乐春节"任务,举办演出活动64场。其中,浙江艺术团在"中国—卡塔尔文化年"开幕式和科威特古林艺术节上的演出广获赞誉;浙江婺剧团在秘

鲁和哥斯达黎加10天连演7场,为"欢乐春节"活动和中国文化走进当地民众发挥了积极作用。文化部特致函浙江省委、省政府表示衷心感谢。在文化部召开的两次"欢乐春节"工作会议上,浙江省均作为先进省份做经验发言。

【对外文化交流】 优化对外合作结构模式,弘扬"一带一路"开放包容和互学互鉴精神,通过国家级合作机制开展深层次人文交流与合作,通过开展研修培训、采风创作等项目,推动文化交流与文明对话。作为《中以创新合作三年行动计划(2015—2017)》活动内容,3月31日至4月9日,浙江音乐学院承办第二届以色列"现代舞编舞大师班",以色列著名现代舞编导专家为来自全国舞蹈专业院团和艺术学校的近百名学员授课。在中阿合作论坛框架下举办第二届阿拉伯国家文博专家研修班和第八届"意会中国"阿拉伯知名艺术家采风创作及成果展活动,向来自阿尔及利亚、阿联酋、埃及、巴勒斯坦、毛里塔尼亚、摩洛哥、突尼斯、科威特、苏丹、黎巴嫩等10个国家文博机构的14名专家传递中国在馆藏文物保护领域的经验和成果,阿曼、伊朗等9个阿拉伯国家12名知名画家创作的作品在阿拉伯国家和地区巡展,进一步加深中阿人民的相互理解和友谊。6月1日至30日,协助文化部推进非洲文化培训"千人计划","对非文化培训基地"浙江省文化馆举办第六届"非洲学员(陶艺)培训班",来自莱索托、尼日利亚、坦桑尼亚的9名陶艺艺术家到杭州进行陶艺创作交流。12月初,杭州爱乐乐团承接

老挝交响乐团演奏员一行20人来华培训项目，在杭州开展了为期90天的培训。

【对港澳台文化交流】1月11日至13日，组织全省12家文博单位、动漫和创意设计企业参加第14届香港国际授权展"中国内地馆"展会活动，来自220多家机构的383名代表与浙江参展单位洽谈合作事宜，达成初步合作意向70余项，较2015年增长80%。指导和协助浙江省博物馆、浙江音乐学院、浙江省文物考古研究所、浙江昆剧团等多家单位发挥专业优势开拓交流形式，深化交流内涵，在戏曲、文博领域交流及院团合作和产业互动方面取得务实成效。6月15日至30日，浙江京昆艺术中心携昆剧《紫钗记》及经典折子戏，浙江绍剧艺术研究院携"绍剧猴戏"及经典折子戏等，赴港参加中国戏曲节；10月25日至12月27日，宁波博物馆举办"跨越海洋——中国海上丝绸之路文化遗产精品联展"，3个项目入选文化部全国对港澳文化交流重点项目，入选项目数量占全国重点交流项目的20%，居各省之首。赴台举办"第十届台湾·浙江文化节"，举办台州乱弹戏曲折子戏专场演出、台州风情摄影艺术作品展、非物质文化遗产展览及非遗传承人现场技艺展示、音乐讲座等表现台州人文历史风情的文化活动。面向青年重点开展对台交流，赴台湾正修科技大学、台湾剑潭青年会馆、台湾交通大学等地举办"新艺新声"两岸青年视觉艺术交流展。引进台湾两大表演艺术团体到中国美术学院、浙江音乐学院和浙江艺术

职业学院等高校交流演出。组派浙江话剧团、浙江婺剧艺术研究院、浙江艺术职业学院赴台中、台北等地演出，举办"禅意文心"浙江书画交流展，举办两岸青少年自然探索夏令营活动。

【宁波"东亚文化之都"建设】浙江省与日本和韩国在文化、教育、体育、旅游、经贸等各个领域举办交流活动100余项，展现浙江省文化改革发展新面貌，促进与"东亚文化之都"城市间的互通互融。宁波"东亚文化之都"建设活动丰富中日韩文化领域务实合作内涵，推动宁波城市文化建设和发展，增进了浙江省与周边国家的相互了解与友谊。

【2016澳大利亚·美丽浙江文化节】加强部省对外文化工作联动，与澳大利亚悉尼中国文化中心建立年度合作关系，资源共享、平台共建，共同举办"2016澳大利亚·中国浙江文化节"，策划组织开展11项文化交流活动。7月8日至8月10日，"2016澳大利亚·美丽浙江文化节"、浙江文化创意设计展暨"美丽浙江"摄影图片展分别在澳大利亚中国文化中心举办。10月12日至17日，浙江歌舞剧院有限公司现代舞"生命舞迹·素写"在悉尼州立剧院和澳洲最古老的剧场霍巴特皇家剧院上演，1600多名艺术爱好者观看，霍巴特市副市长罗纳德·克里斯蒂写信感谢，表示这是他多年来看到的最有激情、最具活力、最美的演出之一。此外，"清风徐来——扇子与风筝"工艺美术展、"华服与时尚——中国丝绸服装秀"、"江南丝竹情韵"民乐

演出、非遗工作坊、文化讲座等活动展示了中国传统与当代文化的魅力，在当地掀起一股中国风。

【文化交流与互鉴】支持遂昌县举办汤显祖文化节暨汤显祖—莎士比亚逝世400周年纪念系列活动。组派浙江昆剧团分别于6月15日至21日、8月16日至26日携《牡丹亭》参加"2016第七届香港中国戏曲节"和英国爱丁堡艺术节活动。6月30日至7月10日，余杭滚灯艺术团赴巴勒斯坦访演。平阳合唱团参加在俄罗斯举办的第九届（索契）世界合唱比赛，获得两个银奖。绍兴博物馆"文化绍兴——千年江南水城"展览赴意大利，展现了千年古城绍兴的深厚文化底蕴。7月19日至8月10日，组派浙江小百花越剧团携《寇流兰与杜丽娘》赴英法德奥四国访演。推进浙江音乐学院与英国皇家音乐学院、英国北方皇家音乐学院、英国诺丁汉大学音乐学院、奥地利萨尔茨堡莫扎特音乐学院交流与合作。8月25日至10月25日，中国美术学院举办第二届"杭州纤维艺术三年展"，成为当代艺术的城市名片。西泠印社名家作品美国展作为"2016年跨越太平洋——中国艺术节"活动揭幕展，高水平展示中华文化艺术。鲁迅文化基金会发起的"鲁迅与泰戈尔：跨时空对话"在绍兴文理学院开坛。9月5日至12月5日、9月22日至25日，中国丝绸博物馆分别与日本、韩国、俄罗斯、意大利、墨西哥等国博物馆合作举办"锦绣世界：国际丝绸艺术展"及国际学术研讨会。10月9日至29日、10月23日至11月12日，"文化遗产保护

与利用"和现代公共阅读服务培训班赴英国和美国培训,学习和借鉴国外先进理念、技术与方法,探索适合浙江省文化遗产保护与利用及公共文化事业的有效途径。10月至11月,中国丝绸博物馆配合基本陈列"锦程:中国丝绸与丝绸之路"和临展"锦绣世界:国际丝绸艺术展"成功举办"丝路之夜"系列主题活动。

参与第十一届义乌文交会、第十届杭州文化创意产业博览会、第十二届中国国际动漫节、第五届中国西湖国际魔术交流大会等。第四届乌镇戏剧节上,来自德国、法国、俄罗斯、西班牙、日本、波兰、瑞士、澳大利亚、立陶宛、罗马尼亚等13个国家和地区的22台剧目演出近80场,是乌镇戏剧节历年之最。接待阿拉伯国家艺术节主席团、中东欧16国艺术节主席团和美国中大西洋基金会代表团到乌镇学习交流。

【对外文化贸易】 鼓励和扶持全省文化企事业单位赴国外开展商业性演展活动,对入选《浙江省商业演出展览文化产品出口指导目录》的项目继续给予奖励。浙江曲艺杂技总团有限公司、浙江歌舞剧院有限公司、浙江昆剧团及浙江省博物馆、浙江自然博物馆等省属单位在开展对外交流中注重以商业运作模式"走出去",创涉外收入近140万元。支持杭州创意设计中心积极建设两岸文化创意产业合作实验区,推进文创成果转化及品牌推广,20多家台湾文创企业签约入驻。

【对外、对港澳台文化事务管理】 对全省交流项目进行规范管理,并做好指导与服务工作。履行涉外、涉港澳台营业性演出审批会办职责,确保对外、对港澳台文化活动有序开展。同时,严格执行因公临时出国(境)管理规定,抓好行前教育,加强对因公出访团组的审核把关和监督检查,提升出访质量。加强平台和渠道建设,积极推介浙江省优秀文化艺术项目入选海外中国文化中心资源库。

(杨　惠、胡耀丹)

文 物 保 护

【概况】 2016年,全省文物保护工作继续以全面提升浙江省不可移动文物保护、利用和管理水平为目的,加大文物保护力度。

一、抓好世界文化遗产保护与管理工作

继续推进良渚古城遗址申遗前期准备。按照中央领导同志关于良渚遗址保护申遗工作重要批示精神,扎实推进良渚古城遗址环境整治、遗址本体保护展示、申遗文本材料修改完善和宣传片拍摄等申遗前期准备工作。申遗文本再次上报国家文物局,调整完善遗产区服务点功能布局方案,着手遗产展示中心建设方案编制,完成良渚博物院展陈改造工程,有序推进环境整治各项工作。

抓好"海上丝绸之路"申遗工作。根据国家文物局统一部署,全面启动"海上丝绸之路"申遗工作,明确作为我国2018年项目组织申报。宁波保国寺、天童寺、永丰库、慈溪上林湖越窑遗址、龙泉大窑金村遗址等列入首批"海丝"申遗点。有序推进环境整治、遗址保护展示等工作,着力推动宁波、慈溪、龙泉等参与"海丝"申遗的城市制定申遗点环境整治和展示方案并逐步实施。

继续做好大运河后申遗时代相关工作,建立大运河保护管理长效机制。协调大运河沿线各地尽快完善行之有效的日常管理机制,根据联合国教科文组织第38届世界遗产委员会会议对大运河项目的审议结果,巩固遗产档案和监测体系,完成大运河缓冲区调整,控制大运河保护区划内的开发建设项目。是年,全省组织审查、转报大运河保护区划内的开发建设项目17项。配合完成全国政协大运河保护管理监督性调研。杭州、宁波等地启动大运河控制性详规编制工作。

二、强化大遗址保护和考古管理工作

组织做好安吉古城、绍兴越国贵族墓等2项主动性考古项目的成果总结,有序推进湖州毗山遗址、慈溪上林湖和上虞曹娥江中游越窑遗址等大遗址考古调查发掘工作,为编制大遗址保护规划、实施遗址保护展示工程提供基础资料。安吉上马坎遗址保护规划、大窑龙泉窑瓦窑垟遗址保护展示工程等获国家文物局立项。良渚遗址、上林湖越窑遗址、大窑龙泉窑遗址、临安城遗址、安吉龙山古城遗址被列入国家文物局《大遗址保护"十三五"专项规划》。审查考古遗址公园规划1项。继续完善省级考古遗址公园管理措施,初步编制完成浙江省省级考古遗址公园标识系统设计方案。

积极倡导并组织实施学术目的明确的考古项目,组织编制了余杭小古城遗址、绍兴宋六陵、湖州下菰城遗址等6项五年考古工作规划上报国家文物局。安吉龙山八亩墩抢救性发掘列入国家文物局"十三五"重点资助项目并正式启动。宁波市文物考古研究所继续深化"走出去"战略，参与北京地区基本建设工程地下文物勘探、发掘工作。依法实施慈溪上林湖后司岙窑址、嘉兴子城遗址、黄岩宋墓等41项考古发掘项目，获得重要考古成果。"余杭区瓶窑镇良渚古城遗址外围水利系统考古调查与发掘"获得"2015年度全国十大考古新发现"，并荣获"2011—2015年度中国田野考古"一等奖，"绍兴市越国王陵及贵族墓考古勘探与发掘"及"宁波市渔山'小白礁Ⅰ号'水下考古发掘"项目获得"2011—2015年度中国田野考古"三等奖。

根据国家统筹安排，积极参与全国其他地区重要水下考古活动，继续与上海合作，完成长江口海域年度水下考古调查工作，多次派员参加江苏、福建、上海、安徽、辽宁等地重大水下考古活动，启动实施"浙江海防遗存考古调查（宁波）"课题。组织编制《慈溪上林湖越窑遗址后施岙水域水下考古调查项目工作方案》《2016年舟山海域水下考古调查项目工作方案》《慈溪潮塘江元代沉船保护修复方案》等，均得到国家文物局批准。完善提升国家水下文化遗产保护宁波基地能力水平建设，承接完成"中国水下考古工作方法与成果研讨会"。评选2016年度浙江重要考古发现8项。

三、扎实做好文物保护工程管理等基础工作

受国家文物局委托，认真开展全国重点文物保护单位保护方案的审查与批准工作。累计审查、上报全国重点文物保护单位修缮、展示工程立项申请28项；审批全国重点文物保护单位保护维修方案和施工图62项。组织3次省级以上文物保护单位保护方案集中审查。审查省级以上文保单位修缮方案及施工设计60余项，审批省级文保单位保护工程立项46项。组织对嵊州市崇仁建筑群之当典台门和文园台门修缮工程、平阳县顺溪古建筑群修缮工程、柯岩造像及摩崖题刻抢险加固工程（一期）等23项省级以上文保单位维修工程实施竣工验收。

做好文保单位保护区划内建设项目管控。组织力量对新河闸桥群、永昌堡等一批省级以上文保单位保护范围、建设控制地带内建设项目方案进行审查或论证，审查并向国家文物局上报涉及全国重点文物保护单位建设控制地带建设项目22项，审批涉及省级文物保护单位建设控制地带建设项目18项。

处理文物保护单位异地迁移事项2项。基本完成第七批省级文物保护单位申报推荐工作，形成申报推荐名单提请省政府批准公布。编制《浙江省文物保护单位保护区划划定办法》及相关技术导则。完成并备案了全国重点文物保护单位记录档案112份，省级文物保护单位143份，档案完成及备案比例为全省省级以上文物保护单位总数的79%。开展全省文物保护单位优秀记录档案评选活动，评选优秀记录档案25份。积极推进省级以上文保单位保护规划编制工作，组织专家审查全国重点文保单位保护规划5项，省级文物保护单位1项。组织开展泰顺廊桥灾后应急抢险及修复工作，并会同省水利厅专题研究和部署全省文物防洪减灾工作。稳步推进浙江省文物资源地理信息系统GIS管理平台建设，启动全省石窟寺及石刻类文物健康状况调研评估工作。

着力推进文物保护单位合理利用工作，开展全省不可移动文物保护利用优秀案例征集推介活动。在全省评选推介杭州清泰第二旅馆等18处不可移动文物保护利用优秀案例，总结推广成功经验和做法，进一步提高全省不可移动文物的开放利用水平。在全省范围内开展省级以上文物保护单位开放利用推介名录的调查填报工作。

加强文物保护工程资质管理。完成2014—2015年度全省文物保护工程资质单位年检。审核并向国家文物局上报文物保护工程一级施工资质单位业务范围增项1家，审批新增文物保护工程乙、二级资质单位5家、业务范围增项1家，备案审核新增文物保护工程丙、三级资质单位30家、业务范围增项1家。进一步加强委托下放各设区市执行的文物保护工程丙、三级资质许可事项的指导和监管。启动浙江省文物保护工程资质单位征信系统平台建设工作。

承办国家文物局组织的全国考古项目负责人岗前培训工作，组织开展了2016年度全省田野考古实训班和全省文保实训班，举办了全省第八期文物保护工程从业人员上岗培训班。

四、推进中国传统村落保护利用工作

继续探索传统村落和乡土建筑保护利用新模式。指导松阳县实施国家文物局传统村落整体保护利用试验区相关工作及中国文物保护基金会资助的"拯救老屋行动项目",资助私人产权传统村落文物建筑修缮。协调推进国保和省保单位集中成片传统村落整体保护利用工作。分步有序推动建德新叶、诸暨斯宅等首批项目的文物维修、环境整治、展示利用及民居改善等工作。10月,国家文物局组织检查组对浙江省首批传统村落保护利用项目进行检查、验收,对取得的保护利用成果给予了高度评价。与此同时,积极开展武义县俞源村、苍南县碗窑村、兰溪市诸葛村等第二批传统村落保护利用项目,基本完成保护利用总体方案和相关文物保护工程技术方案审批工作。浙江省225处传统村落入选第四批中国传统村落保护名录。

五、协同省建设厅做好历史文化名城、名镇、名村保护工作

4月22日,国务院批复同意将温州市列为国家历史文化名城,至此,浙江省国家历史文化名城数量增至9个。配合省建设厅做好第五批省级历史文化街区、名镇名村申报工作,召开专家论证会,并会同报请省政府审定公布了第五批省级历史文化街区、名镇、名村132处。启动第七批中国历史文化名镇名村申报工作。参与天台县、永康象珠镇等历史文化名镇、名村保护规划评审。配合省民政厅开展"千年古镇古村"申报评审工作。

【贯彻全国文物工作会议精神】深入贯彻落实中央领导关于文物保护重要指示批示和全国文物工作会议精神,依据《国务院关于进一步加强文物工作的指导意见》,牵头做好浙江省《关于进一步加强文物工作的实施意见》编制,完成了文本起草、意见征求等环节,由浙江省政府出台。

【完成省级以上文物保护单位保护范围和建设控制地带划定工作】 截至3月底,根据各市、县(市、区)人民政府工作进度分3次上报省政府批准公布,完成了我省所有231处全国重点文物保护单位和624处省级文物保护单位的保护范围和建设控制地带的划定任务。与此同时,委托杭州市城市规划设计研究院承接了《浙江省文物保护单位保护范围和建设控制地带划定导则》课题项目,并于3月组织召开了省级专家审查会议,原则通过了《浙江省文物保护单位保护范围和建设控制地带划定导则(审查稿)》。

【启动"拯救老屋行动"项目】 4月14日,由中国文物保护基金会发起的"拯救老屋行动"项目在浙江省松阳县古市镇山下阳村正式启动。项目旨在探索构建由社会组织与地方政府合力推动私人产权文物建筑保护利用的体系,是解决私人产权不可移动文物建筑修缮资金短缺的创新之举,计划首期投入资金4000万元,力求为私人产权低级别不可移动文物的保护修缮和利用,积累可复制可推广的经验,形成传统村落保护的新模式,并有效促进民生改善。项目拟在两个年度内全面完成,

并委托浙江省古建筑设计研究院承担技术团队工作,负责制定修缮导则、工程造价评估标准,施工现场技术指导以及"松阳匠人"之古建筑工匠培训。

【浙江3项考古发掘项目荣获田野考古奖】 5月14日,中国考古学会组织评选的"2011—2015年度中国田野考古奖"发布公示。在37个田野考古发掘入围项目中,遴选产生21项"中国田野考古奖"。我省入围的4项考古发掘中3项榜上有名,浙江省文物考古研究所主持的"余杭区瓶窑镇良渚古城遗址外围水利系统考古调查与发掘"荣获一等奖,"绍兴市越国王陵及贵族墓考古勘探与发掘"获三等奖,宁波市文物考古研究所主持的"宁波市渔山'小白礁Ⅰ号'水下考古发掘"获得三等奖。良渚的水利系统的发现和确认具有重要的学术价值,它是中国现存最早的大型水利工程,将中国水利史的源头推到了距今5000年左右。良渚水利系统作为良渚古城的组成部分,在中国和世界文明史研究上具有重要意义。

【公布浙江省文物保护单位优秀记录档案名单】 5月27日,浙江省文物局公布了大运河之洋关旧址等25份优秀记录档案名单。此次公布的优秀档案名单是通过专家审查、评议,从已完成备案的第六批、第七批全国重点文物保护单位和第六批省级文物保护单位记录档案中评选出的。优秀记录档案的评选,对进一步提高我省文物保护单位记录档案编制能力,宣传推广文物保护单位记录

档案编制经验和规范,充分发挥文物保护基础成果在推进文化强省工作中的积极作用等方面具有重要意义。

【良渚古城外围大型水利工程的调查与发掘获评 2015 年度全国十大考古新发现】 5月,由中国文物报社和中国考古学会共同主办的 2015 年度全国十大考古新发现评选结果揭晓,良渚古城外围大型水利工程的调查与发掘成功入选。良渚古城外围大型水利工程分布于良渚古城西北部,是迄今所知中国最早的大型水利工程,也是世界上最早的拦洪水坝。水坝由 11 条人工堤坝组成,可以分为山前长堤、谷口高坝和平原堤坝 3 个部分。水坝的年代大致相当于良渚文化的早中期,距今 5100—4700 年。该水利系统证实了良渚古城由内而外具有宫城、王城、外郭和外围水利系统的完整都城结构,是世界上已发现的结构保存最完整的早期都城系统。

【全省文物工作电视电话会议】 6月20日,省政府组织召开全省文物工作电视电话会议。副省长郑继伟出席并发表讲话。会议由省政府副秘书长李云林主持。省文化厅厅长金兴盛,省文物局局长柳河,省历史文化遗产保护管理委员会成员单位、省文化厅属文博单位负责人在杭州参加了主会场会议。各市、县(市、区)政府文物工作分管领导及有关部门负责人在各分会场参加会议。省财政厅、省建设厅、省文化厅、杭州市、宁波市、松阳县负责人在会上做了交流发言,省农办、省发改

委、温州市、海宁市、浦江县提交了会议材料,做了书面交流。会议传达学习了习近平总书记和李克强总理重要指示批示和全国文物工作会议精神,总结交流了浙江省"十二五"时期文物事业发展成就和经验,研究部署了当前和此后一个时期的文物工作任务。

【公布全省不可移动文物保护利用优秀案例】 是年,浙江省文物局组织开展了全省不可移动文物保护利用优秀案例征集活动,依据《浙江省不可移动文物保护利用优秀案例征集规则(试行)》相关规定,经县级文物行政管理部门申报,设区市文物行政主管部门审核汇总,评审组专家评议推荐,并经浙江文物网公示,6月,评选出杭州清泰第二旅馆等 18 项保护利用优秀案例。不可移动文物保护利用优秀案例评选对于进一步提高全省不可移动文物的开放利用水平,总结推广不可移动文物保护利用的经验和做法具有重要推动作用。

【全省市级文物局长座谈会】 7月20日至21日召开。省文化厅党组成员、省文物局局长柳河出席会议并讲话。全省各设区市、义乌市文物行政主管部门领导及业务处室负责人、省直各文博单位主要负责人、杭州良渚遗址管委会有关负责人、省文物局机关处室负责人等 40 余人参会。与会代表围绕学习贯彻习近平总书记、李克强总理关于文物保护重要指示批示和全国、全省文物工作会议精神体会,结合当前文物事业发展中存在的突出问题进行了交流。

【良渚遗址申遗工作领导小组会议】 7月29日,省政府组织召开良渚遗址申遗工作领导小组会议,传达贯彻国家领导人和省领导关于良渚遗址保护和申遗工作的一系列重要指示批示精神,研究部署省级层面推进良渚遗址申遗相关工作。副省长郑继伟做重要讲话。会议由省政府副秘书长李云林主持,省委宣传部、省财政厅等 14 个厅局和杭州市、余杭区人民政府有关负责人参会。会上,省文化厅厅长金兴盛传达了中央和省领导的重要指示批示,省文物局局长柳河汇报了良渚遗址保护申遗的背景条件和良渚遗址申遗领导小组成员单位的职责分工情况说明,余杭区区长、杭州良渚遗址管委会主任朱华汇报了良渚遗址保护和申遗工作情况。与会各成员单位从各自工作职能出发,纷纷表示将进一步加大支持力度,主动推进良渚遗址申遗工作,自觉履行省政府交办的职责任务。

【国家文物局指导廊桥灾后修复保护工作】 9月15日,受第 14 号台风"莫兰蒂"影响,浙江泰顺普降暴雨,全国重点文物保护单位薛宅桥、文重桥、文兴桥被冲垮。9月21日上午,国家文物局副局长宋新潮一行在浙江省文物局局长柳河、温州市副市长郑朝阳等人陪同下,先后赶赴泰顺县筱村镇、泗溪镇等地,听取救灾工作汇报,查勘廊桥受灾情况,指导修复工作。要求在修复工程中,按照文物保护要求,做到最少干预,还原文物的真实性,尽可能用原构件,对损坏的构件进行墩接、拼补,并考虑到桥体与周边环境

的相互关系,寻求水利等部门的多方协作。

【省文物局完成"十三五"规划编制】 是年,省文物局对"十三五"规划文本进行多次修改完善,书面征求了省历史文化遗产保护管理委员会成员单位、基层文博单位意见,召开了专家论证会,并据此对规划文本进行了再次修改完善,于9月中旬全面完成了规划的编制及发布工作。

【2016年度浙江省田野考古培训班】 10月9日,2016年度浙江省田野考古培训班在杭州开班。各市、县(市、区)的25名文物工作者参训。培训班课程分为理论培训和工地实践两个方面。12月30日,培训班结业典礼在杭州举行,省文物局局长柳河出席结业典礼。通过3个月的田野考古培训,学员们的田野考古技能和水平得到明显提升,基层文物保护队伍力量得到切实加强,为促进全省文物保护和考古事业发展培养了有生力量。

【2016年度浙江省文物保护实训班】 10月14日至12月14日,由浙江省文物局主办、省古迹遗址研究协会(筹)承办的2016年度浙江省文物保护实训班在杭州举行,全省各地的15名文物业务人员参训。实训班分为课堂教学和现场实训两部分,分别在杭州和武义俞源开展。培训内容包括文物保护工程流程及相关法律法规、基本技能学习、现场勘查、测绘实训,以及勘察报告和维修方案编写,邀请了国内、省内文物保护方面的权威专家授课,内容充

实、有针对性。实训班使学员的专业管理水平和业务能力得到快速提升,也培养了一批不可移动文物保护的地方骨干力量。

【良渚遗址考古发现八十周年学术研讨会】 为进一步挖掘良渚遗址的历史文化内涵,推动学术界深入研究良渚遗址和良渚文化在中华文明起源与发展过程中的地位和作用,同时也为良渚遗址考古、保护和申遗工作提供助力,11月24日至26日,良渚遗址考古发现八十周年学术研讨会在杭州召开。来自60余家考古文博单位、高校、新闻媒体的150余位代表参会。与会专家回顾了良渚遗址考古研究八十年来的历程,从不同角度进行了学术交流,共商传承良渚文明、保护良渚遗址的大计。他们指出,良渚遗址的考古研究为"中华文明是由多个地方不同文化相互关联、相互作用、相互影响发展而成"的观点提供了充分实证,揭示了中华文明伟大而独特的魅力,在中华五千年文明史中具有突出的重要地位。

【2016年度浙江8项重要考古发现】 12月1日,由浙江省考古学会主办的2016年度浙江重要考古发现评议会在省文物考古研究所召开。会议对2016年度全省范围内开展的考古发掘、调查和勘探项目进行遴选,通过单位推荐、专题汇报及专家讨论的形式,最终评议出良渚古城遗址城内考古发掘、上林湖后司岙秘色瓷窑址、嘉兴子城遗址、杭州市常青古海塘遗址、宁波市大榭遗址、明州罗城遗址、宁波市上水岙窑

址、温州苍南海防城址勘探8个项目作为2016年度浙江考古重要发现。12月17日,在西湖博物馆举办2016年度浙江重要考古发现公众分享会,良渚古城遗址等4项成果参与了分享活动,引起了参与者的浓厚兴趣。

【第七批省保单位申报推荐工作】 第七批省级文物保护单位申报推荐工作于2015年8月开展,全省各市、县(市、区)共申报了399处不可移动文物。为确保评审工作科学、客观、全面,省文物局成立了第七批省级文物保护单位申报推荐专家组,在一年多时间内先后进行了初审、实地考察与复审,最终经投票表决,形成《浙江省第七批省级文物保护单位推荐名单》,征询浙江省历史文化遗产保护管理委员会各成员单位意见后,于12月上报省政府,确保申报推荐工作顺利开展。

【基层文物博物馆事业发展水平(2015年度)评估】 在试评估的基础上进一步优化调整,对全省各县(市、区)文博事业2015年度发展水平实施评估,完成了指标修订、填报系统维护等环节,将评估办法下发至各市、县(市、区);撰写《浙江省基层文物博物馆事业发展水平评估调研报告》,通过全省各县(市、区)文博事业发展水平的横向参照,促进基层文物保护主体责任得到更好落实。

【优化专项资金管理】 指导全省各市、县(市、区)文物部门完成2016年度中央资金申报,获国家重点文物保护专项资金补助项目53个,下达补助资金8729万元;

完成 2016 年中央资金项目绩效目标申报；完成 2015 年度全省各地公共博物馆运行和服务情况考核评价，以及 2017 年度浙江省文化遗产保护转移支付市县因素分配、省本级专项资金分配和预算编制；对全省 2014 年至 2015 年度中央及省级文物保护专项资金使用情况开展专项检查和抽查；多渠道争取资金，为泰顺廊桥等不可移动文物争取到中央受灾文物抢险资金 100 万元，省财政抢救专项补助资金 500 万元，为文物资源地理信息系统和传统村落保护利用工作争取到省长专项资金 110 万元；完成了"十二五"期间国家重点文物保护专项资金使用情况专项检查。

【推进系统体制机制改革创新】 按照省政府办公厅统一部署，牵头完成"四张清单一张网"建设专项督察的自查和省文物局机关责任清单修订，及时更新维护浙江政务服务网行政权力事项有关信息。进一步推进全省文物系统体制机制改革创新，启动浙江省古建筑设计研究院改革，会同省编委办开展相关调研，努力寻求机构队伍建设新突破。

【加强文物宣传】 组织开展文化遗产日主场城市（金华）活动，并积极联系浙江日报、钱江晚报、浙江在线等媒体开展宣传。完成了省文物局机关微信公众号建设，认真办好"一网一刊一年鉴"，充分利用自有宣传平台和各类媒体，做好重大事件及重要活动的宣传展示，以及舆论监测和引导。全年发布文博信息 7046 条，编辑浙江文物工作信息 2137 条，定期更新省政府网站"信息公开"等栏目，发布信息 103 条。

（徐竞之、叶大治）

博物馆事业

【概况】 2016 年，全省博物馆工作以党的十八届五中、六中全会精神和习近平总书记系列重要讲话精神为指引，根据国家文物局、浙江省文化厅和省文物局的部署，围绕年初制定的工作目标，开拓创新，真抓实干，圆满地完成了各项工作任务，取得显著成效。

一、加强博物馆建设与管理水平，推动并完善博物馆体系建设

（一）继续推动浙江特色的博物馆体系构建

支持并配合做好中国丝绸博物馆改扩建工程和浙江自然博物园建设。中国丝绸博物馆改扩建工程于 9 月完工，重新对外开放，并在杭州 G20 峰会期间接待了众多与会外国嘉宾，全面更新提升后的陈列展览展示了中国传统丝绸技艺与文化。调研指导松阳传统村落生态博物馆建设。组织召开临安博物馆、黄岩博物馆、嘉善县博物馆陈列大纲论证会。指导浦江县、嘉善县博物馆建设。调研指导嘉善县巧克力小镇建设。指导淳安、临安、富阳、慈溪、永嘉、嘉善、上虞、义乌、武义、龙游、临海、玉环等博物馆（或新馆）建设和相关行业的博物馆建设。推动博物馆数字化和智慧博物馆的探索和建设。

（二）组织开展全省未定级博物馆运行评估工作

全省 99 家未定级国有博物馆参加运行评估，省文物局组织的评估专家组从藏品管理、科学研究、陈列展览与社会教育、公共关系与社会服务、博物馆管理与发展建设等方面对各馆进行评估，并根据评估结果，对部分评估单位进行现场复核。全省建立了覆盖各级各类博物馆的运行评估体系，科学评价各博物馆的实际运行状况，有效总结经验、分析问题、强化监督、规范管理，实现自我完善，推动全省博物馆体制机制创新，促进浙江省博物馆事业发展。

（三）积极组织国家一级博物馆定级评估工作

推荐杭州博物馆、温州博物馆参加国家一级博物馆定级评估，经国家一级博物馆定级评估专家委员会评定和现场复核，两家单位均已进入国家一级博物馆公式名单。至此，全省一级馆数量达到 6 家，位居全国前列。

（四）促进非国有博物馆健康发展

委托浙江省博物馆举办全省民办博物馆馆长培训班，指导非国有博物馆规范化发展，提升非国有博物馆管理水平与公共服务能力。

（五）推进博物馆理事会制度建设探索工作

在嘉兴召开全省博物馆理事会建设工作座谈会，总结交流浙江省博物馆理事会制度建设试点工作经验，部署下一阶段全省推进博物馆理事会建设工作任务。

（六）加强馆藏文物管理工作

针对普查中发现的家底不清、账物不符、保管不力等问题，浙江省文物局专门印发《关于进一步加强馆藏文物藏品管理工作的通知》,对全省各文物收藏单位的藏品管理情况在各馆自查的基础上进行抽查,从藏品管理制度、藏品管理责任、藏品保管条件等方面,组织专家实地检查,编撰了《全省馆藏文物藏品管理工作检查情况报告》。审批博物馆借展一级文物和博物馆馆藏文物修复方案。

二、强化博物馆服务能力建设,提高博物馆公共文化服务水平

(一)进一步深化博物馆免费开放工作

举办全省博物馆讲解员培训班。培训班邀请北京、上海、南京等地国内著名博物馆社会教育领域的资深专家授课,180 多位学员参加培训。以博物馆教育和博物馆文创产品开发为主题,在绍兴举办全省博物馆专业人员业务培训班,进一步强化全省博物馆行业人才队伍建设,提升全省博物馆公共文化服务水平。积极开展博物馆文化产品开发工作。组织全省文物系统参加第十一届中国(义乌)文化产品交易会,省内34 家博物馆携上千种博物馆衍生产品组团参加,集中展示全省博物馆衍生产品开发成果,宣传推广博物馆文化。浙江省博物馆、浙江自然博物馆、中国丝绸博物馆等 5 家博物馆被国家文物局列为博物馆文化创意产品开发试点单位。参加全国文博单位文化创意产品开发工作推进会,浙江省博物馆做典型发言,介绍文创产品开发经验。

(二)进一步强化博物馆陈列展览精品意识

进一步充实完善全省博物馆陈列展览交流平台,召开全省博物馆陈列展览交流会,以更好地促进资源共享,提供更多的公共文化服务产品;组织参加全国第十三届(2015 年度)全国博物馆十大陈列展览精品推介评选,浙江省博物馆"中兴纪胜——南宋风物观止"、浙江自然博物馆"生命·超越——中原文化中的动物映像"获十大陈列展览精品奖,杭州博物馆"最忆是杭州——杭州通史陈列"获十大陈列展览优胜奖。组织开展第十届(2015 年度)全省博物馆陈列展览精品项目申报评选工作。"高山仰止——纪念黄宾虹诞辰150 周年系列展"等陈列展览获精品奖,"纪念吴茀之诞辰 115 周年——吴茀之艺术文献展"等陈列展览获优秀奖。组织举办第二届博物馆陈列展览交流会,开展从线上到线下的交流(即"OTO"模式),积极发挥平台作用,促进博物馆馆际间藏品资源的整合共享。

(三)进一步提升博物馆公共文化服务能力

组织全省开展形式多样的活动庆祝 2016 年"5·18 国际博物馆日"。在杭州举办 2016 年"5·18国际博物馆日"主会场系列活动,推介表彰全省首届(2015年度)博物馆十佳青少年教育项目和优秀青少年教育项目;召开2016 年度浙江省博物馆学会学术论坛;推出"博物馆与文化景观"公益摄影大赛暨优秀摄影作品展;组织杭州市 20 家博物馆联合开展"百场活动喊你来参与——'携手5·18 喜迎 G20'"博物馆教育月活动。省博物馆学会组织召开了"'博物馆＋'与跨界融合"学术研讨会,就让博物馆更好地适应社会和承担更多的社会责任的话题做了深入探讨。

三、完善文物保护科技合作模式,有效提升文物保护科技支撑能力

(一)认真做好文物保护科技相关工作

完成 2017 年度浙江省文物保护科技项目申报及评审工作。完成"十二五"文物保护科学和技术创新奖评选的申报工作。根据国家文物局要求,督促全省相关单位按时提交国家文物保护科技和技术研究课题项目评估验收材料。经申报推荐、形式审查、专家评议和公示等环节,中国丝绸博物馆技术部副主任、纺织品文物保护国家文物局重点科研基地专职副主任、研究馆员周旸入选科技部中青年科技创新领军人才,这是全国文博行业专业人员首次入选。

(二)推进国际丝路之绸研究中心申报联合国教科文组织二类中心工作

副省长郑继伟亲自拜访全委会主席郝平和秘书长杜越,面洽中心建设事宜。省文化厅组织召开二类中心建设咨询会,联合国教科文组织中国相关机构到会。中国丝绸博物馆赴法国巴黎拜会联合国教科文组织相关部门,正式表达申建意愿。组织召开纺织品文物保护国家文物局重点科研基地第五次学术委员会会议和国际丝路之绸研究联盟第一次年会。

(三)多项科技保护项目获奖

在 12 月 10 日召开的全国文物科技工作会议上,中国丝绸博物馆"基于丝肽—氨基酸的脆弱丝织品接枝加固技术研究"、浙江省古建筑设计研究院"古代建筑营造传统工艺科学化研究"项目

分获"十二五"文物保护科学和技术创新奖二等奖,石窟寺文物数字化保护入选第六批国家文物局重点科研基地认定名单。

四、全力推进第一次全国可移动文物普查工作,全面完成年度目标

(一)做好数据审核、修改工作

赴国家文物局数据中心导出全省已在国家普查平台登录的数据,以便有关收藏单位及时完成离线数据报省普查办审核工作。继续组织专家开展全省普查数据离线审核工作,及时反馈专家审核意见。协助各收藏单位及时完成平台数据的在线修改。各地普查办完成普查平台数据的在线审核报送。

(二)加快数据采集登录的扫尾工作

积极督促指导浙江大学、中国美术学院、浙江图书馆、浙江美术馆等收藏单位按照要求尽快完成文物的信息采集登录。

(三)加强普查的组织和保障

参加在北京召开的2016年度全国省级普查办主任工作会议暨普查数据审核与普查总结报告编制培训班。举办全省普查数据审核与普查总结报告编制培训班,贯彻落实全国会议精神,明确年度工作重点目标,全面完成普查数据的登录审核报送,开展普查总结,公布普查成果,做好普查宣传,提供社会服务。

五、简政放权、放管结合、优化服务,做好社会文物管理工作

以文物拍卖标的为核心,做好文物拍卖经营活动管理工作。审核文物拍卖经营活动35场,审核文物拍卖标的31580件(套),撤拍95件(套)。做好文物拍卖经营资质管理工作,完成2014—2015年全省文物拍卖企业资质年审工作。召开全省文物拍卖管理工作座谈会。省商务厅、省工商局,省文物鉴定审核办、省文物监察总队、省拍卖协会和有关设区市文物行政部门负责人及全省30余家文物拍卖企业负责人参加会议。根据国家文物局安排,在杭州召开浙沪苏文物市场与文物鉴定服务"放管服"改革工作座谈会。转发国家文物局印发的《文物拍卖管理办法》,并提出浙江省贯彻实施意见。

召开2016年第六届浙江省文物鉴定委员会年会,新增补鉴定委员2名。

【景宁畲族自治县畲乡民俗博物馆正式开馆】 5月18日,景宁畲族自治县畲乡民俗博物馆正式开馆。开馆仪式上,民间收藏家向畲乡民俗博物馆捐赠了畲族传统服饰、礼品盒等藏品。同时还开展了非遗技艺现场展示、发放"5·18国际博物馆日"宣传单与畲乡民俗博物馆的简介等活动,还举行了文博知识有奖问答,吸引了广大市民积极参与。

畲乡民俗博物馆收藏了2万余件畲族民间文化艺术珍品,藏品包括畲族服饰、银饰、畲族古老的日常生活生产用品、石柱、刺绣等。自2014年以来,丽水市博物馆与景宁畲族博物馆对其实施帮扶,使整个畲乡民俗博物馆展区更规范、有序,更好地展现出畲族独特的文化魅力。

【温州市瓯海区博物馆正式开馆】 5月25日,瓯海博物馆举行开馆仪式,并向文物捐赠者代表颁发藏品收藏证书。

瓯海区博物馆建筑面积4000平方米,位于瓯海区行政管理中心10号楼,珍藏了包括5件一级品、14件二级品在内的2500余件珍贵文物。作为保护、研究和展示文化遗产的传播机构,新馆以先进理念为引领,突出数字化建设,通过3D动画播放、拼接投影、大型互动触摸屏、电视视频播放等多媒体互动形式,全方位、多角度地展示展品。同时,引进两个临时展览,分别是瓯海潮涴·张如元书画文献展、十里红妆·宁绍婚俗中的红装家具。博物馆的落成开馆,是瓯海区打造文化新高地,填补文物展馆空白的重要举措。

【全省第一次全国可移动文物普查数据审核与普查总结报告编制培训班】 6月2日在杭州举办。全省各级普查办、各有关省属以上单位负责人及业务骨干约200人参训。

培训班上,简要回顾了我省2015年的普查工作情况,对是年的工作目标进行了部署,并就做好下阶段工作提出具体要求。根据4月14日在北京召开的2016年度全国省级普查办主任工作会议精神,今年全省普查的重点工作是全面完成普查数据的登录审核报送,开展普查总结,公布普查成果,做好普查宣传,提供社会服务。来自浙江省普查办、杭州市普查办的同志分别就普查数据审核要求、普查数据网上审核常见问题及普查总结报告编制进行了详细讲解。

【台州市博物馆正式开馆】　7月13日,台州市博物馆正式开馆,填补了台州撤地设市以来没有市级综合性博物馆的空白。台州市领导王昌荣、张兵、元茂荣等出席开馆仪式并参观博物馆。

台州市博物馆位于市民广场西北侧,馆内建筑面积近12500平方米,总展陈面积约6000平方米。博物馆分四层,一层是临时展厅,用于引进国内外精品特色展览;二层为"山魂海魄"厅,讲述台州古老的历史文化故事;三层是"大地情怀"厅,陈列台州民俗和非物质文化遗产;四层为民间收藏专题展厅。其中"山魂海魄"和"大地情怀"为该馆两大基本陈列。台州市博物馆的建成开放,有助于进一步引领台州文博事业快速发展,增强广大市民对于台州的历史认同感、归宿感,激发广大市民热爱家乡、建设家乡的使命感、责任感,助推台州跨越发展。

【全省博物馆讲解员培训班】　10月24日至26日在杭州举行。由省文物局主办,省博物馆承办,共190多名讲解员参加了培训,成为浙江省有史以来规模最大、参与人数最多的一次讲解员培训班。

培训班邀请了北京、上海、南京等地国内著名博物馆社会教育领域的资深专家授课,分别讲述当代博物馆使命和博物馆教育理念下的博物馆讲解工作,做好讲解员工作的几个要素,展览讲解稿与竞赛讲解稿的撰写,新形势下的博物馆社会教育与服务工作,以及礼仪和普通话指导训练的课程。同时,培训班还组织学员分组策划博物馆教育活动,由授课老师进行点评。本次培训班课程设置兼顾新老讲解员,对讲解员具有明确的工作指导意义。

【全省博物馆理事会建设工作座谈会】　11月17日至18日在嘉兴召开。省文化厅党组成员、省文物局局长柳河出席会议。全省各设区市文物行政主管部门负责人、省直各博物馆主要负责人、全省各设区市国有博物馆和部分非国有博物馆负责人等60多人参会。

会上,嘉兴博物馆、宁波中国港口博物馆和浙江华茂艺术教育博物馆3家已建立博物馆理事会的单位进行了交流发言,分别围绕博物馆理事会的构成、章程制定、管理运行等方面做了介绍,中国丝绸博物馆馆长就刚结束的国际博物馆高级别论坛会议情况进行了介绍。与会代表就贯彻落实《中共中央关于全面深化改革若干重大问题的决定》,创新运行机制,加快建立事业单位法人治理结构进行了讨论。

【"博物馆＋"与跨界融合学术研讨会】　由浙江省博物馆学会主办,杭州博物馆承办,浙江省文物局指导的"'博物馆＋'与跨界融合学术研讨会"于11月底在杭州博物馆举行,来自省内博物馆行业的专家学者和代表参加了会议。会议收到论文近30篇。

研讨会主题为"博物馆＋"和博物馆跨界融合协同创新。"博物馆＋"就是利用博物馆平台,让经典传统文化与当代社会进行深度融合,创造新的文化生态。跨界融合就是让博物馆更好地适应社会和承担更多的社会责任。

会议日程紧凑,内容丰富。浙江省博物馆馆长做了"全球化背景下的博物馆个性化发展之路"报告;浙江自然博物馆馆长就"众包众筹众创——博物馆策展新模式探析"问题进行了探讨;中国丝绸博物馆馆长助理做了"'博物馆＋'——作为社会创新发展的驱动"的阐释;杭州博物馆馆长做了"博物馆的建设与发展——以杭州博物馆为例"的报告。此外,还有10多位代表在会上发言,分别从不同视角、围绕会议主题进行了交流。

本次学术研讨会主题契合时代发展潮流,在理论上以提升博物馆的创新发展和公共文化服务能力为主要目标,对博物馆发展具有积极的指导意义。

(季一秀)

文物安全工作

【概况】　2016年,全省文物安全工作围绕全局中心工作,以为杭州G20峰会营造安全大环境为目标,持续开展全省文物安全工作大排查大整治专项行动;文物平安工程进展顺利,全省文物安全事故呈明显下降趋势;开启"文物法人违法案件专项整治行动(2016—2018年)",不断强化安全防护措施;加快法治政府建设,努力推进行政审批制度改革。

【"莫兰蒂"台风重创泰顺廊桥】　9月15日,受第14号台风"莫兰蒂"的影响,温州市普降暴雨、大暴雨,局部特大暴雨引发特大山洪,全国重点文物保护单位泰顺廊桥坐落在三魁镇的薛宅桥、坐落在筱村镇的文重桥和坐落在筱村镇的文兴桥在一个半小时内先后被洪水冲走,坐落在泗溪镇的北涧桥部分构件受损;省级重点文物保护单位南溪桥受损严重。

副省长郑继伟、省文化厅厅长金兴盛、省文物局局长柳河等领导多次致电就文物安全工作做出部署和要求。国家防总工作组及时到泰顺指导和开展防汛救灾工作。浙江省文化厅、省文物局在第一时间向全省下发了《关于做好台风"莫兰蒂"风险防范和灾后重建相关工作的紧急通知》,省文物局局长柳河等均第一时间带领相关处室主要负责人和文物保护专家赶赴现场指导防洪抢险和文物保护工作。

国家文物局副局长宋新潮率相关司室和技术专家也专程赴泰顺了解灾情、指导善后,并安排了100万元紧急救灾经费,用于廊桥保护。

由于宣传动员及时,当地干部群众在灾后第一时间自发进行廊桥木构件收集,文物部门积极组织力量进行打捞收集、清理和保护,据统计,收集和保护了95%左右的木构件。由于文物保护基础工作较为扎实,文保单位的"四有"档案基本完整,为廊桥的修复创造了基础条件。

【推进全省文物平安工程】 2016年是全省文物平安工程实施的第三个年头。根据三年工作计划,省发改委、省文物局及时下达了年度实施计划,省财政厅、省发改委、省文物局提前下达了补助资金,确保了项目的实施条件。

各地根据实施计划,持续推进文物平安工程,绩效逐步显现,安全事故呈现出明显的下降趋势,全省未发生省级以上文保单位的火灾和盗窃事故。全省文物平安工程三年计划进入收官阶段,全年出具方案审核意见74份,80%以上的工程已完成或基本完成,预计所有376个项目都将如期在2017年上半年完成。

【开展文物安全大排查大整治行动】 为全面落实"全省建设平安浙江工作会议暨杭州G20峰会维稳安保工作动员大会"精神,有效预防和遏制各类文物安全事故,为杭州G20峰会营造安全大环境,省文物局在全省文物系统部署开展了为期半年的"文物安全大排查大整治专项行动"。此次大排查博物馆和其他文物开放单位以防火、防盗、防抢劫和确保观众安全为核心,各级文物保护单位以文物防火、确保生命和财产安全为核心,博物馆和其他文物开放单位以反恐为重点严格管理大型活动,陈列展览施工现场和文物保护单位维修工地以防止施工现场火灾和伤人事件为核心,广泛开展隐患排查与整治。省文物局还组织相关处室赴各地进行督查。经过全省文物系统干部职工的努力,全省未发生较大安全事故,为确保G20大环境安全做出了积极的贡献。

【承办文物安全管理人员培训班】 根据国家文物局统一安排,由国家文物局主办、浙江省文物局承办的"2016年度全国文物安全管理人员培训班(浙江片区)"于11月29日至12月2日在杭州成功举办。全省各市、县(市、区)文物行政管理部门、文物管理机构、国有文物收藏单位和文物监察机构的100余人参训。

这次培训班由国家文物局督察司精心安排,是国家文物局首次在浙江省举办安全业务专项培训。授课老师基本都是安全监管相关专业的权威人士和实操人员。培训内容包括文物安全形势与监管要求、文博单位的风险防控与安全检查重点、防雷管理与文物建筑防雷、文物古建筑消防安全管理与火灾防控技术、侦破部督2015年1号盗掘古文化遗址古墓葬案件、加强应急预案体系建设、安全防范现状发展趋势及"平安城市"以及文物犯罪司法解释等,基本覆盖了当前文物安全监管的各个方面,资料丰富并具有权威性,相关的案例具有强烈的冲击警示作用,结合文物安全监管实际提出的解决方案或工作建议具有很强的指导意义和实际可操作性,是近年来水平最高的培训班之一。

【聘请常年法律顾问】 为加快局机关法治政府建设步伐,提高依法行政水平,根据省政府推进法治政府建设的有关要求,省文物局从是年起聘请北京浩天信和(杭州)律师事务所律师朱加宁、邵慧萍担任常年法律顾问,接受法律咨询、提供法律服务等。

【深化行政审批制度改革】 根据省审改办的部署,省文物局持续推进和深化行政审批制度改革,初步实施了文物系统权力清单的动态化管理,完成了权力清单的三级联审。同时,做好涉及文物系统取消行政审批事项的后续衔接调整,及时完成政府服务网上的行政审批项目"星级服务"标识等相关工作。省文物局行政权力从 256 项精减到 64 项,总体精简了 75%。

【获国务院消防工作考核组表扬】
5 月中旬,国务院消防工作考核第 10 组对浙江省政府 2015 年消防工作进行考核,22 个省级部门和绍兴、衢州两市接受了一年一度的"国考"。

文物、教育、民政和卫计等是本次消防"国考"的 2 个重点部门,而全面落实消防安全标准化管理则是其中的重中之重。省文物局接受了全面的检查考评。完整的台账资料、文物平安工程中每年投入数千万元用于文物安全基础设施建设、为全省 8 处古建筑群专门配置消防车以及主要领导亲自主管安全工作等给考核组留下深刻印象。在考核工作反馈会上,第 10 考核组组长、公安部消防局副局长杜兰萍少将对省文物局给予了表扬:"省文物局局长亲自分管安全工作,局长说'我们什么工作都可以停,唯独安全工作、消防工作时刻不能放松',对消防工作高度重视;而且每年拿出几千万元资金用于消防设施的改造。这非常不容易!"这是唯一被考核组表扬的省级部门。考核组对衢州市文化局和文物监察支部的工作也给予了充分肯定。

【制定《浙江省文物局重大行政决策程序规则》】　为规范重大行政决策程序,提高重大行政决策的科学化、民主化、法制化水平,省文物局制定了《浙江省文物局重大行政决策程序规则》。该《规则》共分为 17 条,明确了纳入省文物局重大行政决策范围的事项,规定了重大行政决策应当遵守的原则、遵循的程序以及合法性审查的具体内容和《规则》修订程序等。

【部署开展文物法人违法案件专项整治行动】　根据国家文物局的统一部署,结合浙江实际,制定方案,决定从是年 9 月起至 2018 年 8 月在全省范围部署开展"文物法人违法案件专项整治行动(2016—2018 年)"。本次专项整治行动重点排查 6 类涉及法人的涉嫌违法案件:一是破坏、损毁不可移动文物本体;二是擅自迁移、拆除、修缮、原址重建不可移动文物;三是在文物保护单位保护范围、建设控制地带内进行违法建设;四是擅自改变国有文物保护单位用途;五是在开发建设活动中,造成不可移动文物大规模消失;六是破坏、损害涉及文物保护单位的革命历史类纪念设施、遗址和全国爱国主义教育示范基地。

各地文物部门迅速行动起来,据不完全统计,到年底全省共出动执法检查人员 3218 人次、巡查文保单位 1134 家次,发现安全隐患 54 处,完成整改 41 处,发现涉嫌违法行为 7 起,已立案查处 3 起。

【部署展示场所玻璃安全整改】
10 月 2 日,瑞安市博物馆《天瑞地安》展柜钢化玻璃发生自爆,是造成一级文物受损的严重事故。为避免同类事故再次发生,省文物局决定对全省博物馆等展示场所展厅玻璃安全管理采取应急整改措施,对全省文物系统博物馆、纪念馆和文物保护单位等开放展示场所使用的单层无膜普通玻璃和单层无膜钢化玻璃,含展柜玻璃、展台玻璃、柜顶玻璃、看板玻璃、隔离玻璃、地台玻璃等加贴防暴功能玻璃膜,并要求在 2017 年 6 月 30 日全面、按期完成。在 2017 年 7 月 1 日后,再发生因玻璃安全致使文物受损的,将依法追责。

【姚斗门桥异地迁建行政诉讼二审胜诉】　公民范炳锦对西湖区人民法院一审判决浙江省住房与城乡建设厅、浙江省文物局、浙江省人民政府在姚斗门桥异地迁建行政诉讼案中胜诉不满,向杭州市中级人民法院提起二审上诉,省文物局相关业务室认真做好答辩和出庭应诉工作。经杭州市中级人民法院审理,做出了维持原判的决定。

【浙江 24 个安防、消防、防雷项目列入国家文物局年度计划】　根据国家文物局安排,经地方自主申报、省文物局初审,并报国家文物局核准,浙江省新叶村乡土建筑等 8 个全国重点文物保护单位安防项目、河阳村乡土建筑等 14 个全国重点文物保护单位消防项目、延福寺等 2 个全国重点文物保护单位防雷项目列入 2016 年度全国重点文物保护单位安防、消防、防雷项目实施计划。随后,各相关单位及时启动了相关技术方案的编制、评审和报批,其中 13 个方案已核准,其余方案进入最后一轮修订。方案核准率位居全国前列。

(沈坤荣)

队伍建设与人才培养

【概况】 2016年，省文化厅深入学习贯彻"两学一做"和习近平总书记系列重要讲话精神，围绕中心、服务大局，以探索建立人才工作项目化机制为突破，以选人用人及人才梯队培养为重点，真抓实干，改革创新，不断提升人事工作科学化管理水平，为文化强省建设提供了有力的人才保障。

【探索建立人才工作项目化机制】 "浙江省文化厅创新团队（入围）"培育项目顺利启动。下发《浙江省文化厅关于十三五期间实施"浙江省文化创新团队"、"浙江省文化厅优秀专家"培育项目的通知》（浙文人〔2016〕16号），据统计，是年全省各地申报团队74个，评选出2016年浙江省文化创新团队（入围）34个。根据培育计划，各入围团队带头人及核心成员，参加了浙江省文化创新团队创新力提升培训班。同时，编印了《浙江省文化创新团队（入围）宣传册》，对首批入围创新团队予以推介。《梦回临安》《梨园清音》《兰心梅韵》等一批创新成果出版。浙江省优秀文化艺术紧缺人才培养深造项目成功实施。印发《浙江省文化厅关于选拔优秀文化艺术紧缺人才赴艺术高校深造的通知》（浙文人〔2016〕15号），浙江音乐学院作为培养单位，面向全省选拔了22名优秀骨干人才，参加为期一年的首期舞蹈编导、戏剧编导紧缺人才高级研修班。专业技术人才评价体系及专业技术资格评审机制不断完善。厅主管群众文化、图书资料、文物博物等专业中高级专业技术资格评价条件正式施行，配套新标准执行的量化评分体系修订完毕。艺术系列中高级专业技术资格评价条件，按程序递交省人社厅审定。美术专业中高级专业技术资格评价条件修订稿完成意见征求。优秀文化人才选拔推荐及人才梯队培养工作积极推进。根据文化部、省人才办、省委宣传部、省人社厅等有关部门工作部署，完成了2016年度文化部优秀专家、文化部青年拔尖人才、国务院特殊津贴、"千人计划"、"万人计划"、151人才、2016年度省"钱江人才计划"C、D类项目择优资助项目、浙江省有突出贡献中青年专家、事业单位专业技术二级岗位考核与申报等工作。同时，根据《中共浙江省文化厅党组关于加强和改进优秀年轻干部培养选拔工作的实施意见》和《浙江省文化厅优秀年轻干部培养工作实施方案》精神，举办了2016年省级文化系统优秀年轻干部培训班。人才教育培训及出国（境）培训工作有序开展。制定下发《2016年度浙江省文化厅培训计划》，选拔推荐相关人员参加了文化部第一、二、三、四期全国县市文化局长培训班、文化部文化领域专家国情研修班、文化部第七期高技能人才（舞美灯光设计专业）培训班、文化部第五期全国艺术经营管理人才高级研修班、文化部第五期全国文化系统企事业单位青年干部培训班、文化部第十期全国文化系统青年公务员培训班等。经省外专局批准，浙江音乐学院组团赴奥地利萨尔茨堡莫扎特音乐学院开展了音乐表演与教育培育培训项目，省文物局组团赴英国开展了文化遗产保护与利用培训，厅公共文化处组团赴美国开展了现代公共阅读培训。"浙江文化干部网络学院"学习平台成功建立并试运行。根据《中共浙江省委组织部等5部门关于印发浙江省专业技术人才知识更新工程（2013—2020）实施方案的通知》精神，协调浙江艺术职业学院和浙江图书馆，共同建立浙江文化干部网络学院平台，按计划进入试运行阶段。浙江省文化人才专家库及职称专家库顺利建成。经报省直属单位电子政务项目专家评审会评审同意，浙江省文化人才（专家）数据库信息管理系统建设完成。根据项目建设方案，数据库主体对象为：浙江省文化创新团队带头人、核心成员及团队员，以及各门类优秀专家。该管理平台将实现文化人才数据信息动态管理，充分发挥各专业类别创新团队和20多个专业门类优秀专家的积极作用，为推进文化强省建设提供坚强的智力支撑。

【规范有序地做好省级文化系统组织干部工作】 做好选人用人工作。认真贯彻落实《党政领导干部选拔任用工作条例》，坚持德才兼备、以德为先、注重实绩、群众公认原则，不断完善选人用人机制，营造人尽其才、才尽其用的选人用人环境。全年选拔任用厅管处级干部21人，交流调整厅属单位主要负责人5人，重点对16名厅管处级干部的个人有关事项报告情况进行了抽查，根据抽查结果，对4名存在漏报或填报不规范情形的干部进行了批评教育,对1名存在瞒报情形的干部进行了诫勉谈话。大力整治为官不正、为官乱为,根据《推进领导干部能上能下若干规定》等文件精神,对2名违纪干部进行了岗位调整。开展岗位设置方案变更工作。根据人力社保厅的统一部署,完成了21家厅属事业单位的岗位设置方案变更工作。抓好事业单位岗位管理,对13家事业单位的184名职工岗位变动调整进行了审核。研究制定《浙江省文化厅关于深化厅属企业负责人薪酬制度改革的实施意见》,进一步完善厅属单位绩效考核办法,推动形成合理有序的收入分配格局,促进企业持续健康发展。

【着力提升人事工作科学化管理水平】　加强厅属单位考核工作。组织协调厅(局)机关各处室、厅属各单位及时签订2016年度目标(经营)管理责任书,细分工作任务,明确工作职责,落实工作责任。修订《浙江省文化厅机关处室年度工作目标考核办法》,健全和完善目标责任制管理的长效机制,切实做好对各责任制部门、单位责任目标实施工作的全程监管和动态管理。规范厅属单位公开招聘工作。指导监督浙江艺术职业学院、浙江文化艺术研究院、浙江图书馆、省博物馆、省文物考古研究所、浙江越剧团、浙江昆剧团等11家单位共13批次的公开招聘工作。做好浙江音乐学院、浙江艺术职业学院、省文化馆、浙江美术馆、省博物馆等单位人员调动工作,全年共计引进人才80人。加强厅属单位机构编制管理。向省编委办报送浙江省文化厅关于要求设立浙江省考古研究

院和浙江省遗产研究院的请示,批复同意省博物馆、浙江美术馆、省文物考古研究所调整内设机构和内设机构领导职数、浙江图书馆(省古籍保护中心)调整主要职责。做好省知联会理事推荐工作。根据省委统战部文件要求,积极协助推荐省知联会第三届理事会理事人选。在厅属单位推荐并征求本人意愿基础上,经报厅领导同意,推荐鲍志成等5人为省知联会第三届理事会理事人选。健全出国(境)政审工作。根据省委组织部、省公安厅有关规定,按照"应备尽备、应查尽查、应交尽交、应处尽处、应防尽防"的要求,结合《浙江省文化厅关于进一步加强省级文化系统因私出国(境)管理工作的意见》(浙文人〔2015〕65号),就因私出国(境)管理工作的登记备案、审批程序、证件管理、加强领导等方面进行进一步规范。2016年办理因公出国(境)备案130批次,因私出国(境)审批23人次。规范厅人事档案管理工作。根据省委组织部印发的《浙江省干部人事档案专项审核工作实施方案》要求,在2015年省级文化系统干部人事档案专项审核工作反馈意见基础上,进一步规范相关厅管干部的个人档案。同时,进一步督促厅属单位做好人事档案审核工作,加强调研督查,确保厅干部人事档案的规范化管理。

【重视抓好年度常规性日常工作】　做好离退休老干部服务工作。召开厅机关老同志迎春茶话会,走访慰问系统内22名老高知、长期患病和生活有困难的老同志以及遗属。组织厅机关离退休女同志

开展"三八"节活动。组织厅机关退休老同志开展"走基层、看变化、促发展"专题活动和重阳节活动。做好系统内13位生活困难的离休干部和遗属向省委老干部局申请特殊困难补助工作,共获得补助金额40000元。完成省级文化系统89名离休干部提高医疗待遇的工作。健全厅管社会组织监管机制。做好厅管社会组织设立初审具体工作。省文化厅新审批同意浙江吴蓬艺术基金会浙江省老子研究会、浙江省百姓家谱研究会的成立。指导和协助浙江省国际美术交流协会、浙江省民族管弦乐学会、浙江省文化交流促进会的换届工作,完成厅业务主管社会组织2015年度检查。做好厅管社会组织的监督管理工作。根据中组部关于规范退(离)休领导干部在社会团体兼职问题和省委组织部关于规范现职党政领导干部在社会团体兼职有关问题的要求,对厅属各单位党政领导干部,厅局机关、省文物监察总队工作人员兼任社会组织职务情况进行了清理规范。召开了省文化厅主管的社会组织负责人会议,指导和监督厅管社会组织更好发展。完成人员信息统计及数据维护工作。做好浙江省机构编制实名制管理系统和公务员信息管理系统的日常维护和人员进出编报送审工作。按时完成省编委办的机构编制年报和省人力社保厅的公务员统计、事业单位工作人员统计和企业人才统计的填报汇总工作。完善厅机关"日志式管理"工作。积极探索完善办法,按照简便易行、公开透明、注重实效的原则,健全完善"日志式"管理系统和公务员平时考核办法,

把平时考核工作情况与年度考核工作相结合。注重考核结果的运用，充分发挥考核在引导激励、转变作风、提高效能等方面的作用。同时，加强对浙江省领导干部网络学院的全程监管和动态管理工作。完成两会委员参政议政服务工作。积极发挥两会参政议政作用，完成系统人大代表、政协委员、党外干部和中青年专家的联络服务工作。通过组织召开座谈会、赴文化阵地实地考察等途径，听取委员们对我省文化事业繁荣发展的宝贵意见和建议，并为"两会"建议提案工作提供了第一手素材，为"两会"代表委员参政议政、建言献策创造了条件。

（刘　琏）

文化设施建设

【概况】　2016 年，全省公共文化设施建设进入新局面。其中，中国丝绸博物馆改扩建工程胜利完工重新开放；浙江美术馆馆舍维修及环境整治项目顺利完成，并于 8 月重新开放；浙江小百花艺术中心项目完成土建施工、幕墙工程和永久性边坡工程，进入内部安装和装修阶段；浙江自然博物园核心馆区项目于 3 月顺利开工，先后完成桩基工程、地源热泵钻井施工、主体结构结顶，全面展开砖墙砌筑和设备安装工程；厅机关业务用房节能维修改造项目顺利完工并回迁使用；浙江省之江文化中心项目完成了规划设计方案的征集、评选，并探索吸引社会力量参与的新路径；省文物考古研究所教工路科研业务用房节能改造工程、浙江话剧艺术剧院

剧场局部改造及加层项目、浙江音乐厅内部改造项目均有不同程度的进展。

【中国丝绸博物馆改扩建项目】项目位于杭州市西湖名胜区玉皇山路 73—1 号，为本年度省级涉密工程和杭州 G20 国际峰会接待场馆项目，总占地 66 亩，建筑规模 22999 平方米，地上总建筑面积 14999 平方米，地下 7999 平方米，建设投资 24390 万元。具体包括：对原有建筑进行扩建和修缮，并新建时装馆、藏品楼、综合办公楼和地下车库，其中丝路馆、非遗二馆、纺织品修改展示馆、时装馆、多功能厅、湖畔 VIP 及蚕桑人家为峰会接待场馆。本项目于 7 月基本建成，并通过综合验收，于 9 月正式开放，特别是 G20 峰会期间，举办了"锦程：中国丝绸和丝绸之路""锦绣世界：国际丝绸艺术"等展览，成功接待了加拿大总理特鲁多夫人、联合国秘书长潘基文夫人、阿根廷总统马克里夫人等重要来宾 8 批次 250 余人次，与土耳其、印尼等初步达成了合作项目，出色完成了 G20 峰会接待任务。全年完成投资 1.9 亿元，顺利进入项目结算审计、竣工决算阶段。

【浙江小百花艺术中心项目】　项目位于杭州市曙光路北侧，工程占地面积 18520 平方米，建设规模 25082 平方米，总投资 30255 万元。该项目为本年度省政府重点建设项目。是年，先后完成土建、永久性边坡、地下室立体停车库施工，并完成安装工程 70％、幕墙工程 80％、消防工程 65％、精装修工程 30％、灯光音响工程

30％、舞台机械工程 45％，同步完成景观、市政、电力等专项设计、清单编制，以及招投标工作，全年完成建设投资约 6400 万元，外部整体形象已初步呈现。

【浙江自然博物园核心馆区项目】项目位于安吉县递铺镇教科文新区，占地 300 亩，建筑规模 6 万平方米，投资 5.4 亿元。项目主体工程于 3 月顺利开工，5 月底前全部完成桩基工程及地源热泵钻井施工，9 月底前完成主体结构结顶，全面展开砖墙砌筑和设备安装工程。与此同时，同步推进实施了展陈设计的方案设计、深化设计、新项目的立项报批、预算审核、部分藏品征集等工作。全年完成工程建设投资 2.3 亿元（含安吉县近 1.5 亿元）。

【浙江美术馆馆舍维修及环境整治项目】　项目位于浙江美术馆内及周边，建设内容包括园林景观绿化调整、广场地面维修、外墙体锈斑清洗、玻璃顶漏水维修、部分内墙粉刷、管道顶棚及地板整修、下沉广场地面清洗、电梯安检、屋面及玻璃顶改造、渗漏处理、大厅声学改造，以及周边东、北道路施工建设。其中 6 月底前完成第一阶段改造，7 月顺利恢复开馆，8 月完成道路施工建设，彻底改变了美术馆的整体形象和品质，开放式美术馆获得了广大市民好评。全年完成投资 3500 万元。

【省文化厅机关业务用房节能维修改造项目】　项目位于曙光路 53 号，主要对浙江省文化厅 1 号楼和 2 号楼进行整体维修和节能

改造,改造总建筑面积约 5146 平方米,其中 1 号楼建筑面积 2739 平方米,2 号楼建筑面积 2407 平方米。主要建设内容包括建筑室内外维修改造,节能改造,室内配电、消防、给排水等设施、设备更新改造,外部景观、道路、边坡整治。年初进场施工,10 月基本完工,12 月完成竣工验收,并重新投入使用。是年完成投资 778 万元。

【浙江省之江文化中心项目】 省之江文化中心是"十三五"时期我省基本公共文化服务体系建设龙头项目之一,项目选址位于杭州之江国家旅游度假区转塘龙王沙地块,占地 270 亩,规划建设包括浙江图书馆新馆、省博物馆新馆、省非遗馆、省文学馆等。是年完成两轮总体规划及城市设计方案的公开征集和竞赛,经深化设计、专家评审、公众征求意见、领导审定,基本确定规划方案。同步委托启动了选址论证、项目可行性研究、设计任务书等的编制、论证、修改,以及社会力量参与的方案咨询等。

（曹　靓）

党工团工作

【概况】 2016 年,根据省直机关第 28 次党的工作会议精神,紧紧围绕省文化厅中心工作,深入开展"两学一做"学习教育,着力规范基层党组织建设,加强党风廉政建设,进一步推动省级文化系统党建工作。8 月,省文化厅党组坚决贯彻省纪委指示精神,提出积极构建"一个体系、四个机制"工作新格局,得到了省纪委主要领导的肯定。

【"两学一做"学习教育】 上半年及时召开动员大会,下发"两学一做"学习教育实施方案,下半年以学习教育为主题举办党工团负责人培训班,认真总结阶段性学习教育成果,分析问题和短板,部署下一步工作重点。省文化厅全年共有 27 次党组会,14 次包含"两学一做"主题学习内容,有效带动系统各单位的学习教育。厅机关党委全年组织专题培训轮训 2 次,主题理论学习辅导讲座和报告会 7 场,推动系统处级干部理论学习。省文化厅党组书记带头给全系统处级以上干部上专题党课,厅党组其他成员都到所在、所联系的党支部结合工作实际讲党课,深入一线指导推动。厅属各单位党组织结合单位实际,制订学习教育计划和方案,实现了党员学习基本教材、参加专题学习讨论、听取专题党课"三个全覆盖"。是年,省级文化系统各单位党组织在"两学一做"中累计组织专题学习讨论 710 次,培训党员干部 1032 人次;处级以上党员领导干部和支部书记及党员上党课分别为 188 人次、245 人次。

【组织建设】 筹备召开中共浙江省文化厅直属机关第九次代表大会,选举产生第九届厅直属机关党委和第六届厅直属机关纪委。落实党建工作责任制,强化厅属单位党建工作考核,并将其纳入单位目标责任制管理,参与修订厅局机关年度工作目标考核办法,细化量化考核指标,并组织系统 130 名党支部书记采用书面或口头形式做年度党建述职。开展基层党组织分类定级,在全系统 140 个党组织中评出五星级党组织 14 个。完成 2015 年度党员民主评议工作,1706 名党员参加。深入开展系统党组织按期换届情况专项检查,指导厅机关党总支换届和局机关党总支筹建,把党支部建立在处室之上,党员处长担任支部书记,实现机关党建"双岗双责"。全年累计督促和指导 13 家单位党组织完成改选换届工作,应换实换届率 88%。开展党员组织关系大排查和党员违纪违法排查清理工作,失联党员和口袋党员全部找到,按规定停止党籍 3 人、取消预备党员资格 19 人。开展党费收缴专项检查,全面完成党费补缴工作,2008 年 4 月至 2016 年 5 月,系统党员补缴党费 157 万元。严格党员发展工作,全年下达发展指标 139 名,除 1 名同志因病未能按期发展外,全部完成发展指标。截至是年底,省级文化系统共有党委 7 个,总支 24 个,支部 127 个,党员 2022 名。

【机关效能和作风建设】 深入开展"深改革、强规范、提效能"专项行动,重点开展落实中央八项规定精神"回头看",开展省管领导干部公务出差乘坐交通工具情况专项检查、省直机关"为官不为"专题民主评议问卷调查等,总体情况良好。开展省直机关第六次作风建设民主评议 9 条意见整改,严肃查处慵懒散拖等行为,坚决疏通执行"中梗阻"。抓住法定节假日时间节点,对"四风"问题进行广泛提醒,杜绝节日腐败。切实加强效能监察和投诉处理,始终保持正风肃纪高压态势，着力推进"四风"整治常态化，抓好作风促行风。建立省文化厅领导联系基层制度、调查研究制度、定期接访制度。全年省级文化系统党员参与志愿服务2692人次，持续推进"耕山播海"免费培训活动，浙江美术馆被中宣部等7家单位列入全国学雷锋志愿服务首批示范单位，其"艺游乡里"获第三届中国青年志愿服务项目大赛金奖，省文化馆"'五级联动'推进文化礼堂品牌建设"项目被评为全省机关党建十佳创新成果。正面引导省级文化系统风清气正的良好氛围，浙江音乐学院青年教师肖丽琴被省直机关树为助人为乐道德模范；浙江自然博物馆党总支书记冯飞被省委组织部选为全省千名"好支书"。参与保障服务杭州G20峰会1175人次，充分发挥了先锋模范作用，省文化厅等2家单位和邬娜等15位个人受到省委、省政府表彰，1人获省五一劳动奖章，2家单位班组获省工人先锋号，1家单位获杭州市五一劳动奖状。同时，组织召开全省文化系统服务保障杭州G20峰会表彰大会，对32家单位、216名个人进行了表彰。

【党风廉政建设】 8月，省文化厅党组坚决贯彻省纪委指示精神，提出要构建省级文化系统党风廉政建设"一个体系、四个机制"的新格局。厅直属机关党委紧扣这一目标，明确了20项具体举措，有效推动了系统党风廉政建设与反腐败工作。一是抓责任落实。协助厅党组认真贯彻落实省委《关于进一步强化党风廉政建设党委主体责任和纪委监督责任的若干意见》，制定《2016年党风廉政建设和反腐败工作组织领导和责任分工》，全年16次厅党组会列入廉政议题。年初厅党组书记与厅属各单位主要负责人签订党风廉政建设责任书，年中与项目单位签订《基建项目廉政建设责任书》，确保党风廉政建设与业务工作同部署、同落实、同检查。加强纪检干部队伍建设，高配机关纪委书记，通过党代会选举产生了新一届厅直属机关纪委班子，并在17家职工人数在50人以上的厅属单位配备1名以上专职纪检干部，初步建立纵向到底、横向到边的领导责任体系。二是抓以案施教。在广泛深入学习的基础上，突出处级以上党员领导干部这一关键少数，及时传达中纪委、省纪委通报，全年厅党组会传达中纪委通报4次，厅机关党委召开处级干部专题中纪委、省纪委通报传达会2次。加强廉政谈话，厅主要领导全年与厅机关处室和厅属单位班子成员开展廉政谈话105人次。三是抓廉政监督。加强审计监督，对浙江艺术职业学院等9家单位进行公务支出公款消费专项审计，省文化馆等4家厅属单位法定代表人进行离任经济责任审计，中国丝绸博物馆等3家单位法定代表人进行任期经济责任审计，实现事后督查向事前监督的有效转化。加强日常监督，全年审核出具出国境人员、提拔任用人员党风廉政建设意见870人次，现场监督重大评奖、评审、采购和评标6场次，推动竞争性存放资金2.27亿元。四是抓制度建设。推动制定《省级文化系统行政事业单位内部控制建设实施方案》

《浙江省省级文化系统领导干部个人重要事项报告制度》，推动修订《浙江省省级文化系统基本建设项目管理办法》，推动出台《关于完善政府采购招投标试行"黑名单"式管理的通知》《厅属艺术单位乐器采购及使用管理暂行办法》，制订《省级文化系统基本建设项目一般操作规程和注意事项》，梳理廉政风险点，切实加强廉政风险防控。五是抓执纪问责。积极遏制信访增量，主动化解积案，对8件新增信访件进行核查。落实驻宣传部纪检组领导批示精神，对有关案件进行"一案双查"，严肃责任追究。

【统战和群团工作】 认真贯彻中央群团工作会议和中央统战工作会议精神，落实中央《关于加强和改进党的群团工作的意见》，组织开展贯彻《中国共产党统一战线工作条例》督查工作，对各单位民主党派分布情况、与党派干部联系机制、党外干部作用发挥情况开展专题调研。从提高职工技能、维护职工权益、关心职工生活、提倡身心健康、发挥工会作用等5个方面加强新常态下工会组织创新工作模式研究，形成调研课题成果。组织元旦春节期间慰问困难党员职工工作，做好党员干部生活状况的调查了解，及时反映广大党员职工的合理诉求。坚持"五必访"，建好"职工之家"，做好职工帮困工作。盛夏期间，由省文化厅领导带队，开展为一线岗位文化工作者"高温送清凉"活动。推进扶贫工作，厅工会赴仙居朱溪镇扶贫慰问，给贫困学生送上物质和精神食粮。积极参与开展"培育好家风——女职工在行动"系列主题实践活动,加强职工文化建设。积极推进"1＋1""1解1"行动计划。会同省文化馆开展机关职工文化艺术培训工作,共开设书法、美术、摄影、音乐等5个班,培训职工150余人。

启动省级文化系统职工疗休养工作,全年组织了3批共100余名职工参加疗休养,并组织200余名系统干部参与登山活动。此外,党组织、工会和共青团组织均组织开展了评优表彰工作,积极营造系统创先争优氛围,其中浙江艺术职业学院团委书记章蔓丽被评选为"全国优秀共青团干部"。

(黄　辉)

大事记
ZHEJIANG CULTURE YEARBOOK

2016年浙江文化大事记

1月

4日 省文化厅领导金兴盛、吴志强参加全省扩大有效投资重大项目集中开工仪式。副厅长杨越光参加浙江音乐学院（筹）中层干部竞聘会。副厅长柳河召集厅局机关各处室负责人商议2016年重点工作；之后，与遂昌县副县长一行沟通重点县相关工作。副厅长蔡晓春听取2015年文化市场综合执法年度考核情况汇报。

5日 省文化厅厅长金兴盛赴北京参加全国宣传部部长会议、全国文化厅局长会议（至6日）。副厅长蔡晓春赴中国丝绸博物馆检查改扩建工程安全生产工作。副巡视员李莎赴金华调研对外文化贸易工作（至6日）。

6日 省文化厅副厅长柳河与仙居县文广新局局长一行商议乡镇文化站建设工作，与浙江图书馆理事会理事长钟桂松商议相关工作。副厅长蔡晓春在省分会场参加全国安全生产电视电话会议。副巡视员、省文物局副局长吴志强陪同原国家文物局局长、中国文物保护基金会理事长励小捷一行赴松阳县，就公益性基金"拯救老屋行动"项目支持松阳传统村落保护工作有关情况进行现场踏勘和调研。

7日 省文化厅厅长金兴盛赴上海参加2016浙江省情介绍会暨迎春招待会。副厅长、省文物局局长陈瑶主持召开厅属文博单位年度工作考评会，厅局考核组成员及省文物局各处室负责人参加。文化部市场司副巡视员孙秋霞、省文化厅副厅长黄健全出席江浙沪两省一市第二十三届演出业务洽谈会暨第九届长三角国际演出项目交易会。副厅长黄健全赴北京国家博物馆、中国文化科技研究会联系工作（至9日）。副厅长柳河主持召开浙江图书馆、省文化馆、省非遗中心、省信息中心年度目标责任制考核会；参加全省公务用车制度改革动员部署会。省发改委副主任焦旭祥主持召开之江文化中心建设项目会商会，省文化厅副厅长蔡晓春、省作协党组成员王益军等参加。

8日 省委常委、宣传部部长葛慧君赴下沙浙江理工大学出席观看歌剧《祝福》，省文化厅副厅长蔡晓春陪同。省文化厅厅长金兴盛列席省政府第59次常务会议。副厅长柳河参加杭州市下城区公共文化建设成果汇报会。副厅长蔡晓春参加省委常委、宣传部部长葛慧君主持召开的遂昌戏剧小镇规划情况汇报会；赴浙江美术馆指导协调峰会改建项目。

9日 省文化厅副厅长、省文物局局长陈瑶主持召开中国文物保护基金会传统村落工作座谈会。

10日 省文化厅副厅长柳河出席浙江昆剧团在浙江图书馆举行"文澜讲坛·幽兰讲堂"——拍曲读文系列讲座启动仪式。

11日 省文化厅厅长金兴盛列席省委常委会议；参加全省农村工作会议。副厅长黄健全参加浙江省文化产业促进会第二届理事会二次会议。副厅长蔡晓春考察浙江凯喜雅集团。

12日 省文化厅召开2015年度厅局机关处室述职大会。厅局机关在职在编工作人员，厅属单位党政主要负责人参加会议。厅党组书记、厅长金兴盛主持会议，厅领导陈瑶、褚子育、黄健全、杨越光、柳河、蔡晓春、李莎、吴志强参加。厅长金兴盛参加浙江省文化产业投融资活动启动仪式；参加深化文化体制改革专项小组全体会议。副厅长杨越光主持召开省属艺术单位2015年度目标管理责任考核工作。副厅长蔡晓春参加县（市、区）委书记工作交流会议。副巡视员、省文物局副局长吴志强参加杭州G20峰会项目涉及杭州西湖风景名胜区控规划修改协调会。

13日 副省长郑继伟，省政府办公厅副秘书长李云林等一行到中国丝绸博物馆现场调研改扩建工程，并听取相关工作情况汇报，省文化厅领导陈瑶、蔡晓春一同调研。省文化厅厅长金兴盛参加省委全面深化改革领导小组第八次会议。厅领导金兴盛、蔡晓春陪同省领导在杭州剧院观看国家京剧院《安国夫人》。厅领导金兴盛、吴志强参加全省财政地税工作电视电话会议。副厅长黄健全参加省宣传纪工委民主生活会征求意见座谈会;出席观看"浙江省宗教界'和谐之光'文艺演出"活动。副厅长杨越光参加省领导会见保加利亚客人活动。副厅长柳河赴苏州参加全国非遗保护工作会议(至14日)。副巡视员、省文物局副局长吴志强参加全省文物保护工程从业人员上岗培训班开班仪式。

14日　省文化厅厅长金兴盛参加全省审计工作电视电话会议;接待杭州市富阳区委书记一行。副厅长黄健全与新远集团相关人员商议工作;参加省精神文明建设委员会全体会议。副厅长杨越光参加省委常委、宣传部部长葛慧君主持召开的研究嵊州越剧小镇建设协调会;参加2015年艺术专业高级(艺术一级)职称评审会。副厅长蔡晓春参加宣传部启动第二期浙江文化研究工作座谈会;参加浙江侦破暴恐案件表彰大会和全省反恐怖工作会议。副巡视员李莎参加省千岛湖配水工作协调小组成员单位会议。副巡视员、省文物局副局长吴志强出席舟山文物保护业务培训班开班仪式。

15日　省文化厅领导金兴盛、黄健全参加中国共产党浙江省第十三届纪律检查委员会第五次全体会议。厅长金兴盛列席省委常委会议。副厅长、省文物局局长陈瑶主持召开局务会议,副巡视员、省文物局副局长吴志强等参加。副厅长黄健全参加浙江京剧团民主生活会。副厅长杨越光出席西藏那曲地区文化艺术人才培训班结业汇报会。副厅长柳河接待省老干部局副局长诸春华到厅沟通工作。副厅长蔡晓春参加全国"扫黄打非"工作电视电话会议。

16日　省文化厅副厅长黄健全参加中国共产党浙江省第十三届纪律检查委员会第五次全体会议(至17日)。副巡视员李莎到杭州市文创办调研对外文化贸易工作。

17日　省文化厅副厅长黄健全参加中办对我省落实习总书记考察时重要讲话精神回访调研座谈会。副厅长柳河参加国家反恐办反恐怖工作电视电话会议。

18日　省文化厅党组书记、厅长金兴盛主持召开厅党组会、厅长办公会,厅领导陈瑶、褚子育、黄健全、杨越光、柳河、蔡晓春、李莎、吴志强出席会议,厅局机关相关处室负责人列席有关议题。副厅长、浙江音乐学院(筹)党委书记褚子育参加浙江交响乐团班子民主生活会。副厅长黄健全主持召开新远集团2015年度目标责任制考核会议。省委副秘书长朱重烈召集会议,研究部署2016省委、省政府春节团拜会文艺演出工作,副厅长杨越光参加会议。副厅长柳河参加全省图书资料系列高级专业技术资格评委会;参加省政府做好应对寒潮及雨雪冰冻天气工作电视电话会议。副厅长蔡晓春参加省社科联常务理事会。

19日　省文化厅厅长金兴盛参加全省宣传思想工作会议。厅领导陈瑶、褚子育、黄健全、杨越光、蔡晓春、李莎、吴志强参加全省宣传思想工作会议。副厅长黄健全参加省直机关第二十八次

党的工作会议。副厅长杨越光参加浙江曲艺杂技总团有限公司、浙江歌舞剧院有限公司民主生活会。副厅长柳河参加全省群众文化系列高级专业技术资格评委会。副巡视员李莎主持召开卡塔尔中国文化年项目丝绸展工作会议。副巡视员、省文物局副局长吴志强参加龙游大南门历史街区保护规划和城市设计论证会。

20日　省文化厅厅长金兴盛赴宁波接待文化部副部长项兆伦一行;接待武义县县长一行到厅汇报工作。副厅长黄健全赴宁波参加全国文化市场管理工作会议(至23日)。副厅长柳河参加省委、省政府应对寒潮及雨雪冰冻天气工作紧急会议。副巡视员、省文物局副局长吴志强陪同建设部、国家文物局对龙泉市申报国家历史文化名城工作进行现场考察评估(至22日)。

21日　省文化厅厅长金兴盛出席浙江艺术职业学院民主生活会。副厅长柳河主持召集部分厅局机关处室负责人和厅属单位负责人召开做好应对寒潮及雨雪冰冻天气工作部署会;参加浙江图书馆班子民主生活会。副厅长蔡晓春到省发改委对接之江文化中心项目前期工作。

22日　省文化厅厅长金兴盛听取浙江交响乐团艺术总监张艺汇报工作思路;参加中共浙江省委召开的"两会"党员代表、委员会议。副厅长杨越光赴省外办参加省级涉外单位因公出国境工作座谈会。副厅长柳河参加省文化馆班子民主生活会。副厅长蔡晓春参加中国丝绸博物馆民主生活会。副巡视员李莎到浙江歌舞剧院参加赴卡塔尔参加中卡文化

年开幕式演出、赴科威特举办欢乐春节演出团组行前会；率团50人赴卡塔尔执行2016中卡文化年开幕式演出任务（至26日），24日晚，演出在卡塔尔文化城戏剧厅举办，文化部部长雒树刚，卡塔尔艺术、文化与遗产大臣库瓦里出席。

23日 省文化厅厅长金兴盛参加中国人民政治协商会议第十一届浙江省委员会第四次会议开幕式。副厅长黄健全列席省政协十一届四次会议（至27日）。副巡视员、省文物局副局长吴志强参加温州市申报国家历史文化名城工作情况汇报会。

24日 省文化厅厅长金兴盛参加浙江省第十二届人民代表第四次会议（至27日）。副厅长、省文物局局长陈瑶约谈龙游县委书记，督促落实夏宝龙书记关于龙游博物馆藏品丢失情况调查处理的批示精神。

25日 省文化厅厅长金兴盛参加省人大十二届四次会议（至27日）。副厅长黄健全参加中国人民政治协商会议第十一届浙江省委员会第四次会议委员小组联组讨论。

26日 省文化厅副厅长柳河陪同省委宣传部副部长唐中祥赴杭州市余杭区考察全省文化礼堂春晚现场。副厅长蔡晓春赴桐乡市调研。

27日 省文化厅厅长金兴盛参加中国人民政治协商会议第十一届浙江省委员会第四次会议闭幕会。副厅长蔡晓春陪同外交部国际司司长秦刚一行到中国丝绸博物馆考察G20峰会配偶活动线路。

28日 省文化厅领导金兴盛、陈瑶、褚子育、黄健全、杨越光、柳河、蔡晓春参加厅党组2015年领导班子民主生活会，省委宣传部副部长唐中祥、省委组织部干部一处副调研员沈燕舞等出席会议，厅领导李莎、吴志强列席。厅长金兴盛参加浙江省第十二届人民代表大会第四次会议闭幕式；之后参加贯彻落实习近平总书记重要批示精神高质量加快推进特色小镇建设工作会议。副厅长蔡晓春接待省广电集团副总经理何跃新一行到厅商议浙江京剧团地块合作开发事宜。

29日 省文化厅组织召开2016年全省文化广电新闻出版局长会议，厅党组书记、厅长金兴盛在会上做工作报告，厅领导陈瑶、褚子育、黄健全、杨越光、柳河、蔡晓春、李莎、吴志强出席会议，各市、县（市、区）文化广电新闻出版局局长，省文化厅、省文物局机关各处室和厅属各单位主要负责人参加。省文化厅厅长金兴盛参加G20峰会筹备工作杭州现场会。副厅长黄健全参加浙江音乐学院（筹）班子民主生活会。副厅长杨越光参加第二届世界互联网大会总结表彰会议；之后参加钱法成书法展。

30日 杭州市委书记赵一德、副省长梁黎明、杭州市市长张鸿铭、省文化厅厅长金兴盛等陪同国务委员杨洁篪到中国丝绸博物馆考察。副厅长柳河参加全省信访局长会议。

2月

1日 省文化厅领导金兴盛、陈瑶、褚子育、黄健全、杨越光、柳河、蔡晓春、李莎、吴志强参加省级宣传文化系统党风廉政建设工作会议。厅长金兴盛列席省委常委会。

2日 省文化厅厅局机关工会迎新会在越剧团古戏台举行，厅领导金兴盛、陈瑶、褚子育、黄健全、蔡晓春、李莎、吴志强参加，厅局机关工会成员参加。省文化厅副厅长黄健全参加新远集团民主生活会。副厅长杨越光参加全省组织部长会议。副厅长柳河参加全省机关事务管理工作视频会议。副厅长蔡晓春到杭州市拱墅区考察PPP项目。

3日 省文化厅党组书记、厅长金兴盛主持召开厅党组会、厅长办公会，厅领导陈瑶、褚子育、黄健全、杨越光、柳河、蔡晓春、李莎、吴志强出席会议，厅局机关相关处室负责人列席有关议题。厅领导金兴盛、杨越光出席厅机关老同志迎春茶话会。厅领导金兴盛、柳河赴杭州市余杭区参加第二届农村文化礼堂"我们的村晚"活动。副厅长黄健全参加新远集团总结会。副厅长柳河走访慰问老同志。副厅长蔡晓春带队开展春节期间文化市场综合执法安全检查。

4日 省文化厅领导金兴盛、杨越光到京剧团小剧场审看省委、省政府团拜会节目。厅长金兴盛参加全省安全生产工作电视电话会议。副厅长黄健全、杨越光走访慰问老同志。副厅长黄健全带队开展春节期间文化市场综合执法安全检查。副厅长蔡晓春参加中国丝绸博物馆改扩建项目推进例会；赴安吉参加浙江自然博物馆项目推进工作例会。

5日 省文化厅厅长金兴盛列席省政府常务会议。副厅长杨越光现场审看省委、省政府团拜会演出节目走台。副巡视员李莎赴北京参加文化部召集的关于中埃文化年丝绸展览项目工作会议。

6日　省文化厅厅长金兴盛参加省委、省政府2016年春节团拜会。

14日　省文化厅领导金兴盛、陈瑶、黄健全、杨越光、柳河、蔡晓春、李莎、吴志强走访慰问厅局机关全体干部职工。副厅长柳河到浙江省文化馆、浙江图书馆慰问干部职工。

15日　省文化厅召开省级文化系统干部大会暨厅属单位"一把手"工作交流例会，厅党组书记、厅长金兴盛在会上总结了2015年主要工作，部署2016年各项工作任务，厅领导陈瑶、褚子育、黄健全、杨越光、柳河、蔡晓春、吴志强出席会议，厅局机关全体人员、厅属各单位领导班子成员参加。厅领导金兴盛、蔡晓春到中国丝绸博物馆推进项目建设。副厅长柳河召集厅局机关各处室负责人商议机关查找"短板"专项工作。副巡视员李莎赴香港对接浙江文化美食旅游节相关工作事宜（至17日）。

16日　省文化厅厅长金兴盛主持召开专题会议，研究省级文化系统G20峰会筹备工作，厅领导褚子育、杨越光、柳河、蔡晓春出席，厅机关有关处室、厅属有关单位主要负责人参加。副厅长柳河与公共文化处商量文化馆服务规范的起草工作。

17日　省文化厅厅长金兴盛赴丽水莲都开展找短板蹲点调研。副厅长蔡晓春赴浙江省博物馆调研。副巡视员、省文物局副局长吴志强赴余杭区塘栖镇就全国重点文物保护单位广济桥保护区划内新建桥梁工程进行现场踏勘。

18日　副省长郑继伟赴兰溪市调研文物保护和旅游发展工作，省政府副秘书长李云林，省文化厅副厅长、省文物局局长陈瑶陪同调研。省文化厅召开干部大会及省文化厅领导述职大会，厅领导金兴盛、陈瑶、褚子育、黄健全、杨越光、柳河、李莎、吴志强出席，厅局机关全体在职在编人员、厅属单位党政正职领导干部、厅局机关离退休老同志参加。厅领导金兴盛、黄健全接待义乌市副市长王迎一行来厅汇报第11届中国（义乌）文交会有关工作情况。副厅长蔡晓春赴浙江图书馆调研；参加省经济体制改革工作领导小组暨省委全面深化改革领导小组经济体制改革专项小组会议。

19日　省文化厅厅长金兴盛向郑继伟副省长汇报之江文化中心建设相关工作情况，副厅长蔡晓春参加。副厅长柳河参加杭州机场贵宾室室内艺术品鉴审小组会议。副巡视员李莎召集会议商议阿拉伯国家文博专家研修班五年规划及2016年实施方案，以及赴埃及参加中埃文化年活动举办丝绸展演活动事宜；会见台湾地区大学院校艺文中心协会秘书长吴守哲、副秘书长蔡献友一行。

20日　省文化厅副巡视员、省文物局副局长吴志强参加良渚古城遗址申遗专家咨询会。

22日　省文化厅厅长金兴盛列席省委常委会；参加省政府第七次全体会议。副厅长黄健全出席省级文化系统党建纪检工作会议。副厅长杨越光出席观看《刘福洋——生命舞迹4》元宵节舞蹈晚会。副厅长蔡晓春与省财政厅副厅长金慧群对接之江文化中心项目资金安排事项。副巡视员、省文物局副局长吴志强接待上虞市文广新局有关领导到访。

23日　省文化厅厅长金兴盛陪同李强省长会见台湾二十一世纪基金会董事长高育仁一行。厅长金兴盛与省财政厅厅长钱巨炎商议之江文化中心建设相关工作，副厅长蔡晓春参加。厅长金兴盛召集相关人员研究之江文化中心建设项目事宜，副厅长蔡晓春参加。副厅长黄健全参加2016年省政协重点提案选题协商会；参加"发展我省历史经典产业"重点课题调研部署会。副厅长杨越光参加浙江艺术职业学院班子年度考核会。省文化厅副厅长柳河赴庆元开展"蹲点基层找短板"调研（至24日）。副厅长蔡晓春参加国务院深入推进新型城镇化建设电视电话会议；参加浙江自然博物馆民主生活会。副巡视员李莎赴南京参加文化部港澳台文化交流基地工作会议（至24日）。

24日　省文化厅领导金兴盛、杨越光出席全省繁荣艺术精品创作推进会。厅长金兴盛参加省委宣传部学习贯彻习近平总书记在党的新闻舆论工作座谈会上的重要讲话精神电视电话会议；参加省纪委派驻机构全覆盖工作动员部署会议。副厅长蔡晓春主持召开厅属单位基建工作例会。

25日　省文化厅领导金兴盛、蔡晓春参加郑继伟副省长主持召开的之江文化中心项目推进工作座谈会。厅领导金兴盛、蔡晓春出席观看 2016 省属院团新年演出季之浙江京剧团《大闹天宫》演出。厅长金兴盛到浙江小百花艺术中心建设工地调研。副厅长黄健全参加省党政主要领导干部经济责任审计协调会。副厅长杨越光参加全省地方戏曲剧种普查工作动员会。副厅长柳河与浦江县对接关于助推浦江县贯彻"四个全面"战略布局试点县建设有关工作；参加机场贵宾厅室内艺术品监审工作会议。副厅长蔡晓春参加省对口支援工作领导小组第九次会议。副巡视员、省文物局副局长吴志强赴北京向国家文物局汇报良渚古城申遗等工作（至 26 日）。

26 日　省文化厅领导金兴盛、黄健全听取新远集团关于浙江文化艺术品交易所发展思路及近期拟开展交易业务的情况汇报。厅领导金兴盛、蔡晓春出席《浙江省文化发展"十三五"规划》（征求意见稿）专家论证会。厅长金兴盛会见嵊州市文广新局局长一行。副厅长蔡晓春赴中国丝绸博物馆召开项目推进工作例会。副巡视员李莎参加省委统战部赴香港举办文化美食旅游节筹备会议。副巡视员、省文物局副局长吴志强听取浦江县政府及相关职能部门关于助推浦江县贯彻"四个全面"战略布局试点县建设涉及文物保护有关事项的汇报。

27 日　省文化厅副巡视员、省文物局副局长吴志强为文物保护工程从业人员上岗培训班授课。

28 日　省文化厅厅长金兴盛参加国际峰会筹备工作汇报会。

29 日　省文化厅领导金兴

盛、陈瑶、褚子育、黄健全、杨越光、蔡晓春、李莎、吴志强等迎接省纪委派驻文化厅纪检组端木义生一行到厅。厅长金兴盛参加 2015 年度党委（党组）意识形态工作责任制落实情况重点检查工作动员部署会；参加省委对台工作领导小组会议；参加全省"五水共治"工作会议。副厅长黄健全出席上报文化部与科技部协作项目汇报会。副厅长柳河在省分会场参加全国爱国卫生工作电视电话会议。副厅长蔡晓春接待厅扶贫联系点桐庐县莪山乡党委书记；之后到厅办公楼装修工程工地检查指导。副巡视员李莎考察杭州市江干区文化创意产业双创园区。副巡视员、省文物局副局长吴志强听取杭州市余杭区文广新局、余杭经济开发区领导关于涉及大运河缓冲区建设项目的情况汇报，并就有关问题进行协调。

3 月

1 日　省文化厅厅长金兴盛参加 2016 年度省级党政主要领导干部经济责任审计进点会议；与省纪委派驻文化厅纪检组组长端木义生研究工作。副厅长柳河接待省委政研室杨守卫副主任一行来厅开展"找短板"工作调研；与非遗处商议《振兴传统手工艺意见》。副厅长蔡晓春到浙江小百花艺术中心建设工地推进项目建设。副巡视员、省文物局副局长吴志强赴浦江县就省文物局助推浦江县"四个全面"2016 年工作任务进行协调。

2 日　省文化厅领导金兴盛、陈瑶、蔡晓春参加"十三五"时期文化基础设施建设项目谋划专

题汇报会。厅长金兴盛列席省委常委会；接待绍兴市文广新局局长一行，随后接待海盐县县委书记一行。副厅长柳河参加全省 2016 年爱国卫生工作电视电话会议。副厅长蔡晓春到杭州市西湖区调研。

3 日　省文化厅党组书记、厅长金兴盛主持召开厅党组会、厅长办公会，厅领导陈瑶、褚子育、黄健全、杨越光、柳河、端木义生、蔡晓春、吴志强出席会议，厅局机关相关处室负责人列席有关议题。厅长金兴盛接受新华社采访，副厅长柳河参加。副厅长蔡晓春与省财政厅副厅长金慧群商议中国丝绸博物馆 G20 峰会项目资金安排事宜。副巡视员李莎到文化部汇报峰会文艺演出筹备工作情况。副巡视员、省文物局副局长吴志强参加浙江省生态文化协会第一届常务理事会第五次会议。

4 日　省文化厅厅长金兴盛到省纪委与罗悦明副书记商议工作；之后陪同省财政厅厅长钱巨炎一行参观浙江音乐学院，副厅长蔡晓春参加。厅领导金兴盛、柳河出席省公共文化服务体系协调组会议。副厅长、省文物局局长陈瑶与省工商联有关领导就支持吉利集团民办博物馆项目进行会商协调。副厅长黄健全陪同省科技厅领导及相关处室人员调研中国艺科所浙江协同创新平台。副厅长杨越光参加全省对台工作会议。副厅长蔡晓春到浙江自然博物馆参加新馆建设座谈会；到中国丝绸博物馆检查改扩建工作进展情况。

7 日　省文化厅厅长金兴盛向省委常委、宣传部部长葛慧君

汇报浙江音乐学院建成庆典筹备相关工作,副厅长、浙江音乐学院党委书记褚子育参加。厅长金兴盛参加省纪委书记任泽民任组长的全省意识形态责任制和党风廉政建设责任制专项检查活动(至10日)。副厅长、省文物局局长陈瑶率队赴山西省,就文物保护工程管理及文物保护单位开放利用等课题进行调研,副巡视员、省文物局副局长吴志强参加(至13日)。副厅长杨越光参加省委老干部工作领导小组会议;接待遂昌县政府有关领导来访。副厅长柳河召集公共文化处及相关专家商议全省法人治理结构试点工作报告;与嘉兴市委常委、宣传部部长陈越强商讨"2016中国·嘉兴端午民俗文化节"活动方案。省纪委派驻文化厅纪检组组长端木义生赴浙江艺术职业学院调研。副厅长蔡晓春赴杭州市西湖区之江管委会召开之江文化中心项目推进座谈会。副巡视员李莎与中国丝绸博物馆负责人商讨赴埃及丝绸展方案。

8日 省文化厅副厅长黄健全陪同河北省副省长张广智考察宋城集团等地。副厅长柳河赴平湖市调研数字文化馆建设(至9日)。省纪委派驻文化厅纪检组组长端木义生赴浙江音乐学院、浙江文化艺术研究院和浙江小百花越剧团调研。省文化厅副厅长蔡晓春赴安吉县召开省自然博物馆项目推进工作会议。副巡视员李莎赴文化部汇报"东亚文化之都"筹备工作情况(至9日)。

9日 省纪委派驻文化厅纪检组组长端木义生先后赴浙江新远文化产业集团、省文化馆、省文物考古研究所和浙江昆剧团

调研。

10日 省文化厅厅长金兴盛听取宁波市文广新局关于"东亚文化之都"活动方案的汇报,副巡视员李莎参加。副厅长黄健全主持召开厅直属机关党委全体会议,研究有关党建工作。副厅长杨越光参加中宣部改革办来浙调研"加强文化领域行业组织建设"工作座谈会。副厅长柳河参加李强省长年度重点调研课题"以标准化推动基本公共服务均等化的思路和举措研究"课题部署会。省纪委派驻文化厅纪检组组长端木义生参加省纪委派驻工作会议。副厅长蔡晓春参加全省消防安全工作电视电话会议。

11日 省文化厅厅长金兴盛、副厅长柳河到德清县接待江苏省文化厅厅长徐耀新一行来浙调研。厅长金兴盛参加省、市党政领导义务种树活动。副厅长黄健全陪同河南省副省长张广智一行考察宁波余姚河姆渡遗址博物馆、东阳横店影视城等地。副厅长杨越光参加中宣部改革办到厅调研厅属行业协会工作座谈会。省纪委派驻文化厅纪检组组长端木义生先后赴浙江京剧团、浙江省非遗保护中心调研。副厅长蔡晓春到浙江图书馆召开浙江图书馆新馆、省文学馆建设思路座谈会;参加消防安全工作座谈会。

12日 省文化厅副厅长柳河出席省国际美术交流协会换届大会。

13日 省文化厅副厅长黄健全陪同河南省副省长张广智考察良渚博物馆、浙江自然博物馆等地。

14日 省文化厅厅长金兴盛与杭州市文广新局局长一行研

究G20峰会文艺晚会工作,厅领导杨越光、李莎参加。厅领导金兴盛、杨越光与浙江小百花越剧团团长茅威涛等商议工作。副厅长黄健全出席系统工会工作会议。省文化厅领导陈瑶、吴志强陪同山西省文物局总工程师黄继忠一行到浙江调研文物保护与旅游发展深入融合课题。副厅长柳河参加全省残疾人工作会议。省纪委派驻文化厅纪检组组长端木义生赴浙江交响乐团和浙江曲艺杂技总团调研。副厅长蔡晓春检查厅机关综合楼改造项目推进情况。

15日 省文化厅厅长金兴盛与浙江歌舞剧院有限公司总经理商议工作。副厅长黄健全赴舟山出席舟山淘文化产业平台开通仪式。副厅长柳河赴杭州市余杭区参加国家公共文化示范项目验收工作。省纪委派驻文化厅纪检组组长端木义生赴浙江话剧团有限公司、浙江歌舞剧院有限公司调研。副厅长蔡晓春赴中国丝绸博物馆指导协调推进G20峰会改扩建项目;参加浙江小百花艺术中心项目推进例会;接待宁波市江北区委常委、宣传部部长林大吉一行。

16日 省文化厅厅长金兴盛向省委常委、宣传部部长葛慧君汇报工作。厅长金兴盛陪同副省长孙景淼考察浙江音乐学院,副厅长、浙江音乐学院党委书记褚子育参加。副厅长柳河参加全省统一政务咨询投诉举报平台整合建设工作电视电话会议。省纪委派驻文化厅纪检组组长端木义生赴驻省委宣传部纪检组对接工作。副厅长蔡晓春赴杭州市余杭区调研;参加省电子商务工作领

导小组会议第五次会议；参加省博物馆新馆建设思路座谈会。

17日　省文化厅领导金兴盛、陈瑶、褚子育、黄健全、杨越光、柳河、端木义生、蔡晓春、李莎、吴志强参加全省领导干部大会。厅长金兴盛参加省委2015年度选人用人"一报告两评议"工作会议；接待遂昌县文广新局局长一行；参加省政府第62次常务会议。副厅长蔡晓春召开省非遗馆、非遗中心建设定位思路座谈会；赴省财政厅对接工作。

18日　省文化厅党组书记、厅长金兴盛主持召开厅党组会、厅长办公会，厅领导陈瑶、褚子育、黄健全、杨越光、柳河、端木义生、蔡晓春、李莎、吴志强出席会议，厅局机关相关处室负责人列席有关议题。厅领导金兴盛、蔡晓春赴安吉召开浙江自然博物馆项目现场推进会。副厅长、省文物局局长陈瑶出席浙江省文物鉴定委员会2016年年会。

19日　省文化厅副厅长柳河出席省民盟签名书捐赠仪式。

21日　省文化厅厅长金兴盛到中国丝绸博物馆、浙江美术馆调研，考察中国艺术科技研究所浙江协同创新平台和全山石艺术中心，副厅长蔡晓春参加。副厅长、省文物局局长陈瑶赴良渚考古工地调研。副厅长黄健全赴国家文物局、文化部产业司、故宫博物院等汇报义乌文交会有关情况（至23日）。副厅长柳河参加"迎接G20峰会　人人讲文明——做文明有礼浙江人"活动启动仪式。副厅长蔡晓春参加省文化厅与中国艺术科技研究所文化项目对接汇报会。副巡视员李莎接待台湾台企联副会长邱慈意

一行来访。

22日　省文化厅厅长金兴盛参加杭州市委落实意识形态工作主体责任检查情况反馈会；出席中国话剧协会华东大区话剧联盟成立大会；出发赴卡塔尔、埃及参加"中卡、中埃文化年"交流活动（至30日）。副厅长、省文物局局长陈瑶赴宁波海曙区实地考察文物保护利用优秀案例。副厅长柳河参加全国加强地名文化保护暨清理整治不规范地名工作视频会议；赴嘉善调研县域科学发展示范点建设文化工作推进情况，并考察了魏塘镇文化中心委托社会力量管理情况（至23日）。省纪委派驻文化厅纪检组组长端木义生到中国丝绸博物馆、浙江美术馆调研。副厅长蔡晓春接待杭州市江干区文广新局局长一行；主持召开厅计财处基建工作例会。副巡视员、省文物局副局长吴志强赴绍兴协调全国重点文物保护单位宋六陵核心区域建设抹茶小镇建设事宜。

23日　省文化厅副厅长、省文物局局长陈瑶参加全省科学技术奖励大会。省纪委派驻文化厅纪检组组长端木义生到浙江自然博物馆、浙江越剧团调研。副厅长蔡晓春参加2016年全国禁毒工作电视电话会议；主持召开省非遗馆建设规划功能定位思路座谈会；参加省人大《浙江省公共文化服务保障条例》立法工作座谈会。副巡视员、省文物局副局长吴志强参加苏州市文物局"江南水乡古镇"联合申遗工作推进会。

24日　省文化厅副厅长、省文物局局长陈瑶参加省委加强党的新闻舆论工作座谈会。副厅长黄健全出席省级文化系统共青团

工作会议并讲话。省纪委派驻文化厅纪检组组长端木义生到浙江省博物馆、浙江图书馆调研。副厅长蔡晓春赴金华参加省人大组织的影视产业、公共文化服务情况专题调研（至25日）。

25日　省文化厅副厅长黄健全参加省级文化系统共青团工作会议；听取新远集团关于剧院院线筹建情况汇报。副厅长杨越光参加杭州市国际峰会筹备工作推进会。副厅长柳河参加省协调推进"四个全面"战略布局试点县建设协调小组第三次会议。省纪委派驻文化厅纪检组组长端木义生到省文物局、省文物监察总队、省文物鉴定审核办调研。副厅长蔡晓春到中国丝绸博物馆检查指导峰会改扩建项目。副巡视员、省文物局副局长吴志强参加国家文物局海上丝绸之路申遗工作会议。

27日　省委常委、宣传部部长葛慧君，文化部非遗司副司长张兵，省文化厅副厅长柳河赴嵊州出席纪念越剧诞辰110周年活动暨首届全国越剧戏迷大会开幕式。省委常委、宣传部部长葛慧君出席纪念越剧110周年诞辰活动暨首届中国越剧电影展开幕式，省委宣传部常务副部长胡坚、副部长唐中祥，省文化厅副厅长杨越光出席活动。

28日　省文化厅领导陈瑶、黄健全参加国务院第四次廉政工作会议和省政府第四次廉政工作会议。副厅长黄健全与厅产业与科技处商议工作。副厅长蔡晓春参加厅计财处基建工作一季度例会；陪同省委常委、杭州市委书记赵一德检查指导G20峰会建设项目。

29日　省文化厅副厅长杨越光赴北京参加中宣部、文化部传承发展戏曲艺术经验交流现场会并做交流发言(至30日)。副厅长柳河参加全省中小学生德育工作会议;参加省农村文化礼堂建设工作领导小组会议。副厅长蔡晓春陪同省委常委、杭州市委书记赵一德考察杭州市非遗馆、市文化馆建设项目;赴杭州市萧山区考察东方文化园项目。

30日　省文化厅副厅长、省文物局局长陈瑶参加省委全面深化改革领导小组第九次会议。副厅长柳河与省非遗中心签署目标责任书。副厅长蔡晓春接待衢州市文广新局局长一行来厅汇报工作;赴中国丝绸博物馆检查峰会改扩建项目建设情况。

31日　省委常委、宣传部部长葛慧君到安吉县调研文化设施建设情况,并到浙江自然博物园核心馆区项目现场检查督促项目建设进展,湖州市委书记裘东耀、省广电集团总裁王同元、总编吕建楚、省文化厅副厅长蔡晓春等陪同。省文化厅厅长金兴盛参加全省建设平安浙江工作会议暨杭州G20峰会维稳安保工作动员大会;参加全省推进依法行政工作领导小组会议。副厅长黄健全赴东阳调研木雕产业与科技融合发展情况(至4月1日)。副厅长杨越光出席厅艺术委员会2016年度第1次专题会议。

4月

1日　省委副书记、省长李强到中国丝绸博物馆改扩建工程现场走访调研场馆建设情况,省文化厅厅长金兴盛、副厅长蔡晓春等陪同。浙江昆剧团建团60周年活动在杭州剧院举行,副省长、省政协副主席黄旭明,省委宣传部常务副部长胡坚、省人大教科文卫委员会副主任吴天行、省政协文卫体委员会主任汪晓村、文化部艺术司副司长吕育忠、省文化厅厅长金兴盛等出席活动,省文化厅副厅长杨越光、蔡晓春等一同出席。厅党组书记、厅长金兴盛主持召开厅党组会、厅长办公会,厅领导陈瑶、褚子育、黄健全、杨越光、柳河、端木义生、蔡晓春、李莎、吴志强出席会议,厅局机关相关处室负责人列席有关议题。

2日　省文化厅副厅长杨越光出席"昆剧《十五贯》的重兴再生与当代昆曲传承发展"专题研讨会并致辞。

5日　省文化厅厅长金兴盛陪同省委常委、宣传部部长葛慧君到浙江音乐学院调研,研究浙江音乐学院成立大会相关事宜,副厅长、浙江音乐学院党委书记褚子育参加;与浙江艺术职业学院党委书记商议工作。副厅长蔡晓春出席全省文化市场综合执法与安全生产工作会议(至6日上午)。

6日　省文化厅厅长金兴盛与干部谈话;听取中国丝绸博物馆工作汇报。副厅长、省文物局局长陈瑶听取省地理信息中心关于"浙江省文物资源GIS地理信息系统"进展情况的汇报。副厅长黄健全听取湖州南浔区善琏镇相关负责人关于善琏湖笔小镇创建情况的汇报;陪同接待宁夏回族自治区委宣传部考察团来浙考察(至10日)。副厅长柳河参加省十二届人大四次会议代表建议和省政协十一届四次会议提案交办会。副厅长蔡晓春出席浙江省文化执法系统贯彻中办国办《意见》工作部署会议。

7日　省文化厅领导金兴盛、陈瑶参加新闻发布工作专题研讨班(至8日上午)。厅领导金兴盛、蔡晓春到杭州大剧院出席观看原创畲族题材音乐剧《畲娘》首演。厅长金兴盛参加文化部召开2016年度国家艺术基金专家培训电视电话会议。省纪委派驻文化厅纪检组组长端木义生召开驻厅纪检组组务会。副厅长蔡晓春赴中国丝绸博物馆检查项目推进情况;陪同杭州市G20峰会文艺演出负责人考察浙江音乐学院剧场;参加加强新形势下因公出国工作会议。

8日　2016浙江遂昌汤显祖文化节暨汤显祖—莎士比亚逝世400周年纪念活动在遂昌举行。省委常委、宣传部部长葛慧君,省文化厅厅长金兴盛出席活动。省文化厅副厅长黄健全赴宁波与中央美术学院院长范迪安商议工作。副厅长柳河参加迎接全国两纲中期评估督导协调会。副厅长蔡晓春赴安吉召开浙江自然博物园项目建设协调会;到杭州市滨江区调研。副巡视员李莎到浙江音乐学院出席第二届以色列现代舞大师班结业典礼。

9日　省文化厅厅长金兴盛出席遂昌汤显祖戏曲小镇开工典礼。副厅长柳河参加"大学望境:中国美术学院建设世界一流大学十周年"特展。副厅长蔡晓春到桐庐县莪山乡文化厅扶贫联系点开展扶贫活动。副巡视员李莎赴景宁参加第三届中国(浙江)畲族服饰设计大赛、第八届中国畲族民歌节暨"凤鸣古镇情满千峡"原生态畲族风情秀。

11日 省文化厅领导金兴盛、陈瑶参加全省县(市、区)委书记工作交流会议。厅长金兴盛列席省委常委会。副厅长黄健全与新远集团有关人员商议工作。副厅长柳河赴北京参加全国文物工作会议、全国文物局长座谈会(至13日)。副厅长蔡晓春参加省委宣传部召开的纪念鲁迅诞辰135周年交响音乐会协调会;参加省消防安全委员会成员单位视频(扩大)会议。

12日 省文化厅厅长金兴盛参加并主持了联合国教科文组织中国全委会秘书长杜越等领导和代表参加的联合国教科文组织二类中心——国际丝路之绸研究中心建设咨询会;参加省直有关部门查补短板工作汇报会。副厅长、省文物局局长陈瑶参加全省县(市、区)委书记工作交流会议。副厅长黄健全听取三门县文化产业工作汇报。副厅长蔡晓春赴东阳市参加全省农村文化礼堂建设工作现场会(至13日)。

13日 省文化厅领导金兴盛、黄健全听取文化产业转型升级情况汇报。厅长金兴盛参加国际峰会省筹备工作领导小组专题会议。驻厅纪检组组长端木义生、副巡视员李莎赴宁波参加"东亚文化之都2016宁波开幕系列活动"(至15日)。副厅长蔡晓春赴中国丝绸博物馆工作检查安全生产工作。

14日 省文化厅厅长金兴盛出席浙江艺术职业学院浙江公共文化管理学院揭牌仪式并讲话,副厅长柳河一同参加。厅领导褚子育、蔡晓春参加浙江论坛报告会。副厅长柳河陪同文化部验收组开展公共文化示范区验收(至15日)。副厅长蔡晓春与厅计财处研究之江文化中心规划设计国际竞赛方案。

15日 省文化厅领导金兴盛、黄健全、端木义生出席宁波"东亚文化之都2016年宁波开幕式系列活动"。厅领导金兴盛、柳河陪同文化部第五验收组到嘉兴市开展第二批国家公共文化服务体系示范区实地验收。副厅长蔡晓春赴安吉参加浙江自然博物园布展设计座谈会。

16日 省文化厅副厅长蔡晓春接待中国公共外交协会副会长胡正跃一行。

17日 省文化厅副厅长蔡晓春参加2016杭州市全民饮茶日暨第五届万人品茶大会。

18日 省文化厅领导金兴盛、蔡晓春听取之江文化中心项目推进工作情况汇报。厅长金兴盛参加全省"两学一做"专题党课暨学习教育部署会。

19日 省委宣传部常务副部长胡坚到厅宣布干部人事调整决定,省文化厅班子成员全体参加。省文化厅党组书记、厅长金兴盛主持召开厅党组会、厅长办公会,厅领导陈瑶、黄健全、柳河、端木义生、蔡晓春、刁玉泉、李莎、任群出席会议,厅局机关相关处室负责人列席有关议题。厅长金兴盛参加省委人才工作领导小组第21次会议。副厅长黄健全出席省文化产业示范基地评审会。副厅长蔡晓春参加全国政协调研组"促进网络文艺健康发展"专题座谈会。

20日 省文化厅厅长金兴盛接待嘉兴市文广新局局长一行,听取嘉兴端午民俗文化节工作汇报,副厅长刁玉泉、副巡视员任群参加;之后到厅办公楼维修改造项目工地调研。副厅长黄健全参加全民科学素质行动计划实施工作会议。副厅长蔡晓春、副巡视员李莎到浙江京剧团审查赴香港参加浙江文化旅游美食节活动节目。

21日 省文化厅厅长金兴盛、副巡视员李莎出席观看"新松计划"舞蹈大赛颁奖晚会。厅长金兴盛赴浙江音乐学院商议成立大会相关事宜,并接待杭州市委副秘书长、办公厅主任何美华一行到浙江音乐学院调研峰会文艺晚会备用场地。副厅长黄健全参加第七次全省县市区机关党建工作交流会暨深化省市县机关党组织系统联动会;出席全省文化产业工作会议(至22日上午)。副厅长蔡晓春赴北京参加2016全国文化厅(局)对外和对港澳台文化工作会议(至24日)。副巡视员、厅公共文化处处长任群参加省政府妇女儿童工作委员会全委(扩大)会议。

22日 省文化厅厅长金兴盛列席省委常委会;列席省政府第65次常务会议。副厅长黄健全参加杭州国家自主创新示范区建设动员大会。副厅长刁玉泉召集公共文化处研究近期工作,副巡视员、厅公共文化处处长任群参加;到浙江图书馆走访并召开图书馆班子成员座谈会。副巡视员、厅公共文化处处长任群到浙江艺术职业学院参加农村文化礼堂教材论证会。

23日 省文化厅领导金兴盛、刁玉泉、任群出席参加浙江图书馆"图书馆之夜"活动。

25日　省文化厅厅长金兴盛听取丽水市莲都区委书记一行到厅专题汇报莲都区"古堰新韵"国际音乐夏令营活动方案,厅党组副书记、副厅长陈瑶,副厅长蔡晓春一同听取汇报。厅长金兴盛、副厅长陈瑶听取绍兴市文广新局局长一行到厅汇报工作。厅长金兴盛参加省委宣传部G20峰会宣传工作会议。副厅长黄健全带队会同杭州市文广新局到杭州市调研督办部分网络文化企业相关案件。省文物局局长柳河参加省委组织部专题研修班(至29日)。副厅长蔡晓春到中国丝绸博物馆项目推进。厅领导刁玉泉、任群参加全省公共文化服务标准化等三项试点工作专题会议(至26日上午)。

26日　省文化厅领导金兴盛、陈瑶、褚子育、柳河、端木义生、李莎听取省委十三届九次全体(扩大)会议报告。厅领导金兴盛、柳河参加省委十三届九次全体(扩大)会议。副厅长黄健全陪同文化部部长助理于群出席义乌文交会。副厅长蔡晓春参加省委统战部组团赴香港参加浙江文化旅游美食节活动(至29日)。副厅长刁玉泉召集召开庆祝建党95周年文艺晚会第2次创作策划会。

27日　文化部部长助理于群,省文化厅领导金兴盛、黄健全、端木义生、李莎出席义乌文交会开幕式相关活动。副厅长陈瑶赴北京参加昆剧《十五贯》晋京演出六十周年新闻发布会;到《人民日报》社拜访杜飞进副主编。副厅长黄健全赴北京参加文化市场综合执法工作培训班(至29日)。副厅长刁玉泉参加G20峰会中

筹委办公室主任、外交部副部长李保东听取G20峰会有关工作汇报会;赴浙江小百花越剧团、浙江交响乐团走访调研。副巡视员李莎陪同文化部外联局副局长李健刚一行参加义乌文交会及杭州G20峰会有关会议,并参观杭州国际动漫节(至30日)。

28日　文化部副部长项兆伦、副省长郑继伟考察浙江音乐学院,省文化厅厅长金兴盛陪同。省委常委、宣传部部长葛慧君与副厅长刁玉泉谈话。厅长金兴盛陪同文化部副部长项兆伦一行赴义乌市、东阳市考察调研(至29日)。副厅长陈瑶参加浙江省社会主义学院"2016年民主党派中青年骨干培训班"交流活动。副厅长刁玉泉参加省委常委、市委书记赵一德主持召开的峰会筹备工作总结会;赴浙江话剧团有限公司、浙江歌舞剧院有限公司走访调研;参加《郑义门》剧本论证会。

29日　文化部副部长项兆伦、副省长郑继伟一行考察义乌文交会,省文化厅厅长金兴盛陪同。副厅长陈瑶陪同文化部副部长项兆伦调研东阳卢宅传统民居营造技艺并召开传统工艺座谈会。副厅长陈瑶、省文物局局长柳河参加离任经济审计交接会。副厅长刁玉泉召集会议协商G20峰会伴宴演出工作方案调整。副巡视员任群参加全省旅游市场综合监管电视电话会议。

30日　省文化厅副厅长蔡晓春到中国丝绸博物馆改扩建项目工地看望慰问"五一"期间坚守岗位加班的各参建单位,并召开迎接竣工验收协调会。

5月

3日　省文化厅党组书记、厅长金兴盛主持召开厅党组会、厅长办公会,厅领导陈瑶、褚子育、黄健全、端木义生、蔡晓春、刁玉泉、李莎、任群出席会议,厅局机关相关处室负责人列席有关议题。省文化厅党组召开省级文化系统警示大会,厅党组书记、厅长金兴盛做专题讲话,副厅长黄健全主持会议并传达中办有关文件精神、通报省文化厅对违纪干部的处分决定,厅领导柳河、端木义生、刁玉泉、李莎、任群出席会议。厅机关召开全体干部大会和党员大会,厅领导金兴盛、黄健全、柳河、端木义生、刁玉泉、李莎、任群参加。副厅长陈瑶赴上海参加省委组织部"城乡文化改革与发展"专题研修班(至24日)。省文物局局长柳河参加省委组织部2016年度"发展健康服务业"专题研修班开班仪式。副厅长蔡晓春参加"齐心服务G20、青春奉献十三五"主题团日活动。

4日　省文化厅厅长金兴盛参加《浙江通志》编委会会议;陪同省政协领导班子一行考察浙江音乐学院。副厅长蔡晓春检查厅办公楼改造工程进度。副厅长刁玉泉赴浙江美术馆、浙江昆剧团走访调研;参加全省党中央治国理政新理念新思想新战略重大主题宣传第二阶段工作专题会议;主持召开庆祝建党95周年文艺晚会第3次创作策划会。副巡视员任群参加省政协委员"走进基层、走进群众"活动月动员会。

5日　省委宣传部常务副部长胡坚,省文化厅厅长金兴盛到

省文物局宣布干部任命。厅长金兴盛到省文化馆宣布人事任命，副厅长刁玉泉、副巡视员任群出席；到浙江昆剧团宣布人事任命；接待温州市文广新局局长一行到厅汇报工作；到中国丝绸博物馆检查项目进度。副厅长黄健全参加郑继伟副省长主持召开的研究部署教文卫系统平安护航杭州G20峰会安全生产综合整治工作会议。副厅长蔡晓春到省博物馆参加"青韵——浙江古代瓷器精品展"；赴小百花艺术中心项目工作检查工程进度。副厅长刁玉泉到浙江曲艺杂技总团有限公司、浙江越剧团、浙江昆剧团、浙江曲艺杂技总团走访调研。副巡视员李莎到浙江歌舞剧院有限公司商谈工作。副巡视员任群召集相关人员召开公共文化服务标准化等三个试点总结报告修改会。

6日　第14届江浙沪闽越剧大展演在绍兴开幕，文化部副部长董伟，文化部艺术司副司长吕育忠，省文化厅厅长金兴盛、副厅长刁玉泉出席开幕式。厅长金兴盛参加李岚清同志"篆刻艺术与素质教育座谈会"；到浙江音乐学院宣布人事任命。副厅长蔡晓春到杭州市滨江区调研；到中国丝绸博物馆检查工程进度。副厅长刁玉泉赴萧山机场迎接文化部副部长董伟一行抵浙。

7日　文化部副部长董伟，文化部艺术司副司长吕育忠，省文化厅厅长金兴盛、副厅长刁玉泉赴绍兴柯桥区小百花越剧艺术传习中心考察调研。文化部副部长董伟，文化部文化科技司副司长李薇，厅长金兴盛赴中国美术学院南山校区、象山校区考察调研。省委常委、宣传部部长葛慧

君会见文化部副部长董伟一行，厅长金兴盛、副厅长刁玉泉参加。

8日　浙江音乐学院成立大会召开，省委书记夏宝龙和文化部副部长董伟共同为浙江音乐学院揭牌，省委常委、宣传部部长葛慧君讲话，副省长郑继伟宣读了教育部、省政府建校批文并与董伟签署省部合作共建浙江音乐学院协议，省文化厅领导金兴盛、褚子育、黄健全、端木义生、蔡晓春、刁玉泉、任群、李莎参加。厅长金兴盛，副厅长、浙江音乐学院党委书记褚子育出席浙江音乐学院成立答谢晚会。省文物局局长柳河赴绍兴参加李岚清同志"篆刻艺术与素质教育座谈会"。副厅长刁玉泉赴西安参加2016年全国艺术创作会议（至10日）。

9日　省文化厅厅长金兴盛、省文物局局长柳河参加全国推进简政放权放管结合优化服务改革电视电话会议。厅长金兴盛听取中国丝绸博物馆馆长、浙江省文化艺术研究院院长到厅汇报工作。省文物局局长柳河参加省委组织部"2016年度发展健康服务业"专题研究班（至6月4日）。副厅长蔡晓春赴中国丝绸博物馆检查指导峰会项目进展情况。副巡视员任群参加全国两纲中期评估督查浙江省汇报会；到缙云接待国家公共文化服务体系专家李国新等。

10日　李岚清同志考察调研浙江音乐学院，并与浙江音乐学院师生代表亲切见面、交流。省委常委、宣传部部长葛慧君同志主持见面会，副省长郑继伟、省文化厅厅长金兴盛和省教育厅厅长刘希平等陪同。厅长金兴盛参加省委书记夏宝龙同志听取省重

大项目建设进展情况汇报会；参加李强省长会见石荷州州长安比腾等代表团一行活动。省文物局局长柳河主持召开局务会议。副厅长蔡晓春主持召开特色小镇文化建设处室座谈会。

11日　省文化厅召开省级文化系统"两学一做"动员部署会，厅长金兴盛讲专题党课，厅领导褚子育、黄健全、柳河、端木义生、刁玉泉、任群出席会议，省级文化系统各单位领导班子、厅机关全体党员、厅属单位党支部书记参加。厅长金兴盛主持召开厅《浙江通志》编纂工作推进会议。副厅长蔡晓春赴珠海陪同省委常委、宣传部部长葛慧君，副省长郑继伟考察珠海文化体制改革、文化产业发展等工作（至12日）。副厅长刁玉泉主持召开建党95周年文艺晚会创作策划会（至13日上午）。副巡视员李莎参加出入境管理执法调研座谈会。

12日　省文化厅厅长金兴盛与杭州剧院总经理商议工作；与浙江小百花越剧团团长商议工作；赴北京出席昆剧《十五贯》晋京演出60周年活动。副厅长黄健全赴深圳陪同省委常委、宣传部部长葛慧君，副省长郑继伟参加第十二届深圳文博会，并陪同郑继伟副省长考察深圳市文化产权交易所，华强、腾讯公司，东部华侨城等地（至13日）。驻厅纪检组组长端木义生参加李岚清同志赠送作品暨《大美杭州》新书首发式并座谈会。副巡视员李莎参加迎接国务院年度消防工作考核汇报会。副巡视员任群参加全国两纲中期评估督导浙江省反馈意见会。

13日　省文化厅党组书记、

厅长金兴盛主持召开厅党组会、厅长办公会,厅领导陈瑶、褚子育、柳河、端木义生、蔡晓春、刁玉泉、李莎、任群出席会议,厅局机关相关处室负责人列席有关议题。副厅长蔡晓春参加省直单位履行党风廉政建设主体责任专题汇报会;会见埃及驻上海总领事哈立德·优素福和副总领事海萨姆。副巡视员任群参加加强地名文化保护暨清理整治不规范地名工作会议。

14日 省文化厅副厅长黄健全参加迎接国务院年度消防工作考核反馈会。

15日 省文化厅机关离休老干部韩琦同志告别会在杭州殡仪馆举行,厅长金兴盛、副厅长陈瑶出席。

16日 省文化厅厅长金兴盛到浙江艺术职业学院宣布干部任命;参加峰会领导小组会议。副厅长陈瑶在上海参加省委组织部"城乡文化改革与发展"专题研修班(至24日)。省文物局局长柳河参加省委组织部2016年度"发展健康服务业"专题研修班(至6月4日)。副厅长蔡晓春与厅政策法规处商讨特色小镇文化建设的意见;参加省委宣传部召开的敦煌丝绸之路国际文博会筹备;赴中国丝绸博物馆检查G20峰会项目推进情况。副厅长刁玉泉到浙江音乐厅审查G20峰会伴宴演出汇报。

17日 省文化厅领导金兴盛、黄健全、端木义生、蔡晓春、刁玉泉、李莎参加省委传达中央文件精神会议。厅长金兴盛到中国丝绸博物馆和厅机关大楼检查改造项目推进情况。副厅长蔡晓春参加全省援藏援青干部人才轮换

工作视频会议;赴中国丝绸博物馆检查G20峰会项目推进情况。副巡视员任群在绍兴参加第十二届未成年人读书节暨浙江省未成年人"戏曲阅读经典"大赛决赛。

18日 省文化厅领导金兴盛、褚子育、黄健全、端木义生、蔡晓春、李莎参加省委城市工作会议。厅长金兴盛、副厅长、浙江音乐学院党委书记褚子育参加省委城市工作会议分组讨论。副厅长蔡晓春与厅外事处商议2016年外事工作;之后赴中国丝绸博物馆检查G20峰会项目推进情况。副厅长刁玉泉主持召开庆祝建党95周年文艺晚会动员部署会。副巡视员任群在绍兴参加2016年全国图书馆未成年人服务提升计划——浙江站暨"少儿阅读推广人"培育行动开幕仪式。

19日 省文化厅厅长金兴盛接待缙云县政府副县长陈银根一行,听取关于中国仙都祭祀轩辕黄帝大典活动相关工作的汇报。副厅长黄健全参加推进钱塘江金融港湾建设联席会议第一次会议。副厅长蔡晓春赴安吉主持召开浙江自然博物园核心馆区项目现场综合例会;赴中国丝绸博物馆检查G20峰会项目推进情况。副厅长刁玉泉会见省民族管弦乐学会会长卢竹音一行。副厅长刁玉泉、副巡视员任群参加全省乡镇综合文化站评估定级标准修订会。

20日 省文化厅厅长金兴盛、副厅长蔡晓春到中国丝绸博物馆检查G20峰会项目推进情况。厅长金兴盛参加省政协主席乔传秀主持的"浙江政协民生论坛"——加强古村落的保护与开发座谈会;接待象山县副县长一

行到厅汇报"中日韩徐福文化象山研讨会"相关情况。副厅长黄健全与新远集团相关人员商议工作;参加省预防职务犯罪工作领导小组第八次(扩大)会议。副厅长蔡晓春到中国丝绸博物馆检查G20峰会项目推进情况。副巡视员李莎参加全国普通高校毕业生就业创业工作电视电话会议。副巡视员任群参加反恐"520"会议。

23日 省文化厅厅长金兴盛列席省委常委会;参加省委全面深化改革领导小组第十次会议;到浙江音乐学院出席观看"琴道神韵"二胡名家音乐会。副厅长蔡晓春参加全国特色产业精准扶贫工作电视电话会议;赴杭州市上城区调研吴山宋韵特色小镇文化建设工作。副厅长刁玉泉赴北京参加文化部、外交部G20峰会文艺晚会筹备工作会议(至24日)。副巡视员任群在温州市鹿城区参加公共文化服务体系示范区(项目)创建工作培训班。

24日 省文化厅副厅长黄健全听取浙江文化艺术品交易所近期工作汇报。副厅长蔡晓春参加省政府咨询委员会2016年全体会议;参加省"五水共治"工作领导小组第三次会议暨省委、省政府美丽浙江建设领导小组第一次会议。副巡视员任群到温州市鹿城区和乐清市调研公共文化服务体系建设(至25日)。

25日 省委常委、宣传部部长葛慧君听取《永远跟党走》浙江省庆祝建党95周年文艺晚会筹备工作情况,省文化厅厅长金兴盛、副厅长刁玉泉汇报相关情况。厅长金兴盛接待金华市文广新局局长一行,听取关于建设"浙江省网络文化发展试验区"工作的汇

报。副厅长黄健全赴湖州参加全省浙商回归工作现场推进会；参加推进"浙江制造"品牌建设暨省政府质量奖表彰大会。副厅长蔡晓春检查厅机关大楼维修改造项目进度；检查中国丝绸博物馆G20峰会改扩建项目进程。副厅长刁玉泉主持召开《永远跟党走》浙江省庆祝建党95周年文艺晚会第5次创作策划会。

26日　省文化厅党组书记、厅长金兴盛主持召开厅党组会、厅长办公会，厅领导陈瑶、褚子育、黄健全、端木义生、蔡晓春、刁玉泉、李莎、任群出席会议，厅局机关相关处室负责人列席有关议题。厅长金兴盛主持召开省级文化系统反恐维稳及安全生产工作会议并作工作部署，副巡视员任群传达了反恐"5·20"会议精神，厅属各单位和厅局机关各处室负责人参加了会议。厅长金兴盛与部分厅属单位主要负责人开展廉政谈话。副厅长蔡晓春到省机关事务管理局对接工作。副厅长刁玉泉赴嘉兴出席《领航筑梦》中央电视台"心连心"艺术团赴浙江嘉兴慰问演出。

27日　省文化厅厅长金兴盛赴G20峰会元首欢迎晚宴所在地实地检查伴宴演出实战演练准备工作情况；在浙江省博物馆孤山馆区会见中台禅寺、中台世界博物馆馆长见谌法师；接待兰溪市文广新局局长一行。副厅长陈瑶出席中国非遗传承人群培训班开班仪式。副厅长黄健全参加国际峰会誓师大会。副厅长刁玉泉应邀出席浙江省戏剧发展促进会一届四次常务理事会议，并当选浙江省戏剧发展促进会执行副会长。

28日　省文化厅厅长金兴盛、副厅长陈瑶赴117医院看望退休干部陆耀庭同志。

29日　驻省文化厅纪检组组长端木义生参加中纪委在杭培训中心举办的审查业务培训班。

30日　省文化厅厅长金兴盛、副厅长蔡晓春到浙江美术馆、中国丝绸博物馆视察改扩建项目施工情况。副厅长黄健全参加厅产业处党支部"两学一做"专题学习会。驻厅纪检组组长端木义生参加中纪委在杭培训中心举办的审查业务培训。副厅长刁玉泉到平湖市参加2016年新农村建设题材小戏会演开幕式。副巡视员任群参加厅公共文化处党支部"两学一做"专题学习会；参加省政协户籍改革督查会。

31日　省文化厅领导金兴盛、陈瑶、黄健全、端木义生、蔡晓春、李莎、任群参加省纪委来厅开展党风廉政建设主体责任落实情况调研座谈会。厅长金兴盛、副厅长陈瑶参加陆耀庭同志遗体告别仪式。副厅长蔡晓春、副巡视员李莎参加2015年度省商业演出展览文化产品出口指导目录项目评审会。副厅长刁玉泉审听建党95周年晚会音乐诗剧文本。副巡视员李莎到省非遗中心对接工作。

6月

1日　省文化厅领导金兴盛、端木义生、蔡晓春赴安吉参加浙江自然博物园建设工作推进会。厅长金兴盛、副厅长蔡晓春向副省长郑继伟汇报浙江音乐学院对外合作交流相关工作情况。厅长金兴盛参加网络安全和信息

化工作座谈会。副厅长黄健全参加全国"扫黄打非"督查工作座谈会。副厅长刁玉泉参加厅艺术处党支部"两学一做"专题学习会。

2日　省文化厅厅长金兴盛参加厅办公室、信息中心和市场处党支部"两学一做"第一专题学习会；到省委宣传部商议工作。副厅长黄健全出席省网吧协会年会。副厅长蔡晓春参加厅政策法规处党支部"两学一做"专题学习会；赴中国丝绸博物馆检查改扩建工程项目进度。副厅长刁玉泉到浙江音乐学院对接晚会工作。

3日　省文化厅厅长金兴盛向省人大常委会副主任王永昌汇报工作；列席省政府常务会议；接待文化部副部长董伟。副厅长蔡晓春、副巡视员李莎赴杭州市下城区调研跨贸特色小镇建设工作。副厅长蔡晓春出席省文化馆第六届非洲学员培训班开班仪式。副厅长刁玉泉参加晚会亮点设计策划会。

4日　省文化厅厅长金兴盛、副厅长刁玉泉参加G20峰会元首欢迎晚宴第一次实战演练。厅长金兴盛参加G20峰会筹备工作杭州汇报总结会。

5日　省文化厅领导金兴盛、陈瑶、褚子育、黄健全、柳河、端木义生、蔡晓春、刁玉泉、李莎、任群听取全省宗教工作会议大会报告。驻厅纪检组组长端木义生参加中纪委在杭培训中心举办的审查业务培训。副厅长刁玉泉接待四川省文化厅副厅长向华全一行，副巡视员任群参加。

6日　省文化厅党组书记、厅长金兴盛主持召开厅党组会、厅长办公会，厅领导陈瑶、褚子育、黄健全、柳河、端木义生、蔡晓

春、刁玉泉、李莎、任群出席会议，厅局机关相关处室负责人列席有关议题。厅长金兴盛检查厅机关办公大楼维修改造工程进度；接待舟山市委常委、宣传部部长忻海平一行。副厅长陈瑶参加杭州市余杭区第十一个"非遗保护月"启动仪式暨"品·匠心"传统手工艺展。副厅长黄健全主持召开厅直属机关党委全体会议，研究近期党建工作。省文物局局长柳河主持召开局长办公会，商议近期工作事项。副厅长蔡晓春参加全省宗教工作会议分组讨论。

7日　省文化厅厅长金兴盛陪同省委书记夏宝龙审查G20峰会伴宴演出。省文物局局长柳河听取中国丝绸博物馆馆长专题工作汇报；到浙江省博物馆调研工作。副厅长蔡晓春参加省自然博物园布展策划展览内容设计评审会；参加杭州南山国际丝绸小镇规划方案现场调研。副巡视员任群接待省卫计委副主任包保根一行。

8日　省文化厅厅长金兴盛、副厅长刁玉泉向省委常委、宣传部部长葛慧君汇报"永远跟党走"浙江省庆祝建党95周年文艺晚会相关工作情况；接待绍兴市柯桥区副区长一行到厅汇报工作。省文物局局长柳河到浙江自然博物馆调研；与相关人员商议全省文物工作电视电话会议文稿。副厅长蔡晓春到宁波参观考察中国（宁波）中东欧博览会暨中东欧十六国经贸论坛（至9日）。副厅长刁玉泉、副巡视员任群听取台州市文广新局到厅汇报示范区建设相关情况。副巡视员任群参加省普法教育领导小组会议。

9日　省文物局局长柳河接待到浙调研工作的中国文物保护基金会会长励小捷。

11日　省文化厅副厅长陈瑶赴嘉兴参加2016文化遗产日暨浙江省第十一届非物质文化遗产节主场城市嘉兴活动。省文物局局长柳河赴金华参加2016年"文化遗产日"浙江主场活动；赴松阳陪同中国文物保护基金会会长励小捷调研（至12日）。

12日　省文化厅厅长金兴盛听取新远集团工作汇报。副厅长陈瑶到浙江小百花越剧团调研。副厅长刁玉泉、副巡视员任群听取浙江省基本公共文化服务标准评估跟踪系统建设情况汇报。

13日　省文化厅副厅长陈瑶赴上海参加中国非遗协会理事会会议（至15日）。副厅长黄健全与厅市场处商议近期工作。副厅长蔡晓春到杭州市规划局联系工作。副厅长刁玉泉、副巡视员任群接待杭州市江干区政府领导一行到厅汇报工作。副厅长刁玉泉赴临安参加全省好家风建设推进会。

14日　省文化厅厅长金兴盛、省文物局局长柳河赴良渚遗址调研保护及申遗等文物工作。厅领导褚子育、柳河、端木义生、李莎、任群参加浙江论坛报告会。副厅长黄健全参加省委统战部副部长楼炳文到厅开展贯彻落实中央和省委有关统一战线系列重大决策部署专项督查座谈会，厅机关有关处室负责人参加；到绍兴、宁波、台州等地开展文化市场暗访工作（至16日）。副厅长蔡晓春、副巡视员李莎出席全省对外和对港澳台文化工作会议，厅局机关相关处室负责人参加（至15

日上午）。

15日　省文化厅厅长金兴盛接待开化县文广新局局长一行。副厅长陈瑶赴象山县出席"中日韩徐福文化象山研讨会"开幕式。省文物局局长柳河赴中国丝绸博物馆调研。副厅长蔡晓春与厅政策法规处商讨特色小镇文化建设工作。副厅长刁玉泉听取厅公共文化处动态评估工作情况汇报，副巡视员任群参加；接待海宁市委宣传部相关人员；审看建党95周年文艺演出重点节目。副巡视员任群参加浙江图书馆普法课。

16日　省文化厅领导金兴盛、陈瑶、柳河、端木义生、蔡晓春、刁玉泉、李莎、任群听取"两学一做"专题党课。省文物局局长柳河参加浙江省自然博物馆藏品征集展陈工作协调会。副厅长刁玉泉到浙江音乐学院对接建党95周年文艺演出相关工作。

17日　省文化厅厅长金兴盛、省文物局局长柳河听取李强省长"两学一做"专题党课。厅长金兴盛参加全省农村基层党建工作会议。副厅长陈瑶到中国丝绸博物馆调研。省文物局局长柳河与省府办商量文物工作会议文稿；专题听取温州市文广新局、苍南县文广新局负责人关于全国重点文物保护单位苍南蒲壮所城保护和建设有关问题汇报。副厅长蔡晓春接待宁波市文化广场投资发展有限公司董事长一行；听取嵊州市关于越剧小镇规划情况的汇报。副巡视员任群出席省古籍保护成果展开幕式。

18日　省文化厅厅长金兴盛参加"欧洲油画经典——提香与鲁本斯"作品展开幕式；参加省

委书记夏宝龙接待捷克总理博胡斯拉夫·索博特卡宴请活动。副厅长黄健全到杭州市部分县区开展文化市场暗访（至19日）。省文物局局长柳河参加数字遗产中国行良渚站活动。

20日　省政府召开全省文物工作电视电话会议，郑继伟副省长出席会议并做重要讲话，省政府副秘书长李云林、省文化厅厅长金兴盛、省文物局局长柳河出席，省历史文化遗产管理委员会成员单位、省文化厅厅属文博单位负责人参加主会场会议。厅长金兴盛列席省委常委会。副厅长陈瑶出席2016年浙江省文化创新团队入围团队评审会预备会并讲话。副厅长、浙江音乐学院党委书记褚子育赴北京到教育部对接工作。副厅长黄健全参加"专题研究小城镇环境综合整治行动有关工作座谈会"。副厅长蔡晓春到小百花艺术中心项目工地检查工程进展情况。副厅长刁玉泉赴浙江音乐学院建党95周年文艺演出排练现场审看节目；之后赴宁波看新剧目。副巡视员李莎参加杭州G20峰会礼宾接待小组工作协调会；到省台办参加协调会。

21日　省文化厅党组书记、厅长金兴盛主持召开厅党组会、厅长办公会，厅领导陈瑶、褚子育、黄健全、柳河、端木义生、蔡晓春、刁玉泉、李莎、任群出席会议，厅局机关相关处室负责人列席有关议题。厅长金兴盛与干部谈话。副厅长陈瑶赴浙江话剧团有限公司调研人事人才工作。

22日　省文化厅厅长金兴盛与干部谈话；走访慰问中华人民共和国成立前入党的老党员。

副厅长黄健全参加全民科学素质行动实施工作电视电话会议。省文物局局长柳河赴西安参加国家文物局打击和防范文物犯罪工作会议（至23日）。副厅长蔡晓春参加全省网络宣传工作座谈会。副巡视员任群陪同文化部调研组到丽水调研乡镇综合文化站建设工作。

23日　省文化厅厅长金兴盛参加省委宣传部"把文化产业打造成万亿级产业"调研座谈会。副厅长陈瑶赴浙江昆剧团调研人事人才工作；到浙江图书馆调研。副厅长黄健全赴温州出席浙陕两省文化执法交流培训班（至24日）。副厅长蔡晓春参加之江文化中心总结规划座谈会。副厅长刁玉泉、副巡视员任群赴北京向文化部汇报公共文化服务标准化等三项试点工作进展情况（至24日）。副巡视员李莎到省文化馆调研对外文化交流工作。

24日　省文化厅厅长金兴盛参加推进杭州都市区发展工作座谈会。副厅长陈瑶参加浙江省老干部纪念建党95周年和长征胜利80周年活动；赴浙江歌舞剧院有限公司调研人事人才工作。副厅长蔡晓春调研走访杭州市西博办、杭州市文创办和杭州创意设计中心；主持召开龙泉特色小镇二期规划座谈会。副巡视员李莎参加建立重点单位法治宣传教育责任清单征求意见座谈会。

25日　省文化厅厅长金兴盛参加省委副书记王辉忠与台湾南投县长林明溱会见活动。

26日　省文化厅厅长金兴盛参加泰顺廊桥捐赠仪式；陪同省委常委、宣传部部长葛慧君审看建党95周年文艺演出节目，副

厅长刁玉泉参加。

27日　省文化厅厅长金兴盛陪同李强省长到浙江音乐学院调研，副厅长、浙江音乐学院党委书记褚子育参加；向郑继伟副省长汇报工作。副厅长陈瑶与干部谈话。副厅长黄健全赴北京参加文化部全国文化产业工作会议（至6月30日）。省文物局局长柳河"七一"看望慰问局机关离退休老同志。副厅长蔡晓春到安吉参加浙江自然博物园项目推进例会。副巡视员李莎出席对非洲陶艺培训结业典礼。

28日　省文化厅召开省级文化系统"两优一先"表彰暨厅属单位"一把手"工作交流例会，厅领导金兴盛、陈瑶、褚子育、柳河、端木义生、蔡晓春、李莎参加。厅领导金兴盛、陈瑶、褚子育、柳河、端木义生、李莎、任群参加省委专题报告会。副厅长蔡晓春出席2017年系统部门预算布置会。副巡视员任群参加省信息化工作领导小组第十三次会议。

29日　省文化厅领导金兴盛、端木义生、蔡晓春出席省级文化系统基建项目管理及廉政建设培训班。厅长金兴盛到杭州市检查文化市场；陪同省委常委、宣传部部长葛慧君审查"永远跟党走"——浙江省庆祝建党95周年文艺演出彩排节目，厅领导褚子育、刁玉泉等陪同。厅党组副书记、副厅长陈瑶走访慰问老党员；出席观看浙江京剧团纪念建党95周年大型原创现代京剧《大渡河》演出。省文物局局长柳河赴杭州市园文局调研。副厅长蔡晓春到海宁市调研。副巡视员李莎参加加强流动人口居住场所管理座谈会。副巡视员任群参加支部

学习。

30日 "永远跟党走"——浙江省庆祝中国共产党成立95周年文艺演出在浙江音乐学院大剧院举行。省四套班子领导,在杭副省级以上领导干部、副省级以上老同志,在杭部属和单位主要负责人,全省优秀共产党员代表,省直机关党员干部代表及社会各界群众代表1000余人观看了演出,省文化厅领导金兴盛、褚子育、端木义生、蔡晓春、刁玉泉、李莎、任群出席观看。厅领导金兴盛、蔡晓春、任群参加全国文化精准扶贫工作视频会议浙江省分会场会议,厅机关相关处室负责人参加。厅领导金兴盛、蔡晓春、李莎在杭帮菜博物馆会见台湾客人。副厅长陈瑶参加浙江省庆祝中国共产党成立95周年大会;与厅文化信息中心人员座谈。省文物局局长柳河赴长兴参加长兴太湖博物馆开工仪式。

7月

1日 省文化厅厅长金兴盛陪同副省长郑继伟考察中国丝绸博物馆,厅领导陈瑶、柳河、蔡晓春参加。副厅长刁玉泉出席观看在浙江胜利剧院举行的杭州市拱墅区现代廉政情景剧《清风利剑》。

4日 省文化厅厅长金兴盛赴北京参加全国文化厅局长座谈会(至5日)。副厅长陈瑶列席省委常委会。副厅长黄健全与浙江新远文化产业集团签订目标考核责任书;主持召开厅直属机关党委会。省文物局局长柳河主持召开局务会议;接待世界遗产专家郭旃。副厅长蔡晓春赴澳大利亚、新西兰参加美丽浙江文化节活动(至11日)。副巡视员任群到杭州市下城区调研。

5日 省文化厅领导褚子育、柳河、端木义生、刁玉泉、李莎、任群参加全省哲学社会科学工作会议。副厅长黄健全赴天台开展公共文化服务重点县建设情况督查。

6日 省文化厅厅长金兴盛、副厅长陈瑶接待台州市委常委、组织部部长蔡永波到厅对接干部工作。厅长金兴盛、副厅长刁玉泉听取杭州市文化广电新闻出版局局长关于G20峰会文艺晚会筹备工作进展情况。厅长金兴盛参加全省党校工作会议。副厅长黄健全陪同文化部文化市场司副司长刘强到浙江台州、杭州等地调研文化综合市场执法改革工作(至8日)。副厅长刁玉泉、副巡视员任群赴浙江艺术职业学院调研。

7日 省文化厅厅长金兴盛向副省长郑继伟汇报工作;召集会议专题研究G20峰会伴宴演出工作。副厅长陈瑶到浙江音乐学院出席观看省文化厅2016年舞蹈编导、戏剧编导紧缺人才培养高研班第一学期专业成果汇报演出。驻厅纪检组组长端木义生参加省纪委派驻机构工作交流会。副厅长刁玉泉、副巡视员任群听取公共文化处公共文化服务标准化等三项试点工作总结汇报。

8日 省文化厅党组书记、厅长金兴盛主持召开厅党组会、厅长办公会,厅领导陈瑶、褚子育、黄健全、柳河、端木义生、刁玉泉、李莎、任群出席会议,厅局机关相关处室负责人列席有关议题。厅领导金兴盛、陈瑶、刁玉泉、李莎赴浙江小百花越剧团审看新剧目《寇流兰与杜丽娘》。厅长金兴盛、副厅长刁玉泉赴浙江省文化艺术研究院宣布主要领导任免决定。副厅长陈瑶出席全省文化人事工作会议。副巡视员任群到省信访局开会。

10日 省文化厅厅长金兴盛参加国际峰会专题会议。

11日 省文化厅厅长金兴盛与相关人员研究G20峰会伴宴演出相关工作;参加杭州G20峰会宣传工作动员会。副厅长陈瑶赴浙江新远文化产业集团调研人事人才工作。副厅长黄健全陪同文化部文化市场司副司长马峰到杭州市调研(至12日上午)。副厅长刁玉泉赴金华观摩婺剧演出。

12日 省文化厅副厅长陈瑶赴北京国家大剧院陪同文化部副部长董伟观看绍兴小百花越剧团《屈原》演出。副厅长黄健全接待中国文化产业投资基金总裁陈杭。省文物局局长柳河参加杭州市文物工作会议。副厅长蔡晓春与厅政策法规处商议法治浙江建设工作。副厅长刁玉泉赴安徽合肥参加国家艺术基金会议(至13日)。

13日 省文化厅厅长金兴盛赴金华开展网络文化产业调研和公共文化服务重点县督查。副厅长黄健全参加钱塘江金融港湾发展研讨会。副厅长蔡晓春赴浙江美术馆检查场馆改造项目进展。

14日 省文化厅厅长金兴盛出席浙江省全国三项改革试点工作新闻发布会并做主发布,副厅长刁玉泉、副巡视员任群出席;

主持召开 G20 峰会接待小组成员会议。副厅长陈瑶赴庆元开展公共文化服务重点县督查（至 15 日）。省文物局局长柳河召集省文物考古研究所、省古建筑设计研究院沟通协调良渚遗址保护申遗相关事项；赴余杭区玉架山遗址慰问高温下坚持工作的考古队员，并就推进玉架山遗址保护工作进行调研。副厅长蔡晓春陪同省财政厅厅长钱巨炎到浙江美术馆、中国丝绸博物馆调研。副巡视员李莎参加全省深化"四张清单一张网"改革推进职能转变工作电视电话会议。

15 日　省文化厅厅长金兴盛参加法治浙江建设十周年纪念大会暨"七五"法治宣传教育部署会；列席省政府常务会议。副厅长黄健全参加厅产业处支部学习会。省文物局局长柳河主持召开《浙江通志》文物卷编纂工作推进会。副厅长蔡晓春、副巡视员李莎参加 G20 峰会礼宾接待培训班（至 17 日）。副厅长刁玉泉、副巡视员任群听取公共文化服务三项试点工作总结汇报。

18 日　省文化厅党组书记、厅长金兴盛主持召开厅党组会，厅领导陈瑶、褚子育、黄健全、柳河、端木义生、蔡晓春、刁玉泉、李莎、任群出席会议，厅局机关相关处室负责人列席有关议题。厅领导金兴盛、褚子育、柳河参加县（市、区）委书记工作交流会。厅长金兴盛列席省委常委会。副厅长刁玉泉在浙江交响乐团主持召开 G20 峰会伴宴演出创作会议。副巡视员李莎参加 G20 峰会礼宾接待考察踩点工作。

19 日　省文化厅召开厅局机关干部大会，厅领导金兴盛、陈瑶、褚子育、黄健全、蔡晓春、李莎、任群出席，厅局机关全体在职在编干部参加。厅长金兴盛到浙江音乐学院参加省学位委员会换届会议暨音乐学院硕士点考察评估会议，副厅长、浙江音乐学院党委书记褚子育参加。厅党组副书记、副厅长陈瑶参加省委宣传部意识形态领域形势分析会。副厅长黄健全与厅直属机关党委、浙江新远文化产业集团有限公司商议有关工作。省文物局局长柳河参加省委宣传部文艺精品（电视纪录片）评审会。驻厅纪检组组长端木义生赴磐安开展公共文化服务重点县督查工作，并到金华地区调研文化系统党风廉政建设推进情况（至 21 日）。副厅长蔡晓春赴安吉浙江自然博物园工地慰问高温下施工的工人；赴衢州开展公共文化服务重点县督查工作（至 20 日）。副厅长刁玉泉到浙江美术馆参加博狷夫作品捐赠仪式；参加峰会欢迎晚宴、金砖会晤及双边活动服务保障指挥部第一次会议。

20 日　省文化厅厅长金兴盛参加全国安全生产电视电话会议。厅党组副书记、副厅长陈瑶与干部谈话；接待宁波市文广新局副局长一行到厅汇报宁波市非遗工作。副厅长黄健全主持召开 2016 年厅级文化科研项目立项评审会。省文物局局长柳河出席全省市地文物局长座谈会并讲话。副厅长刁玉泉到丽水莲都、遂昌等地开展公共文化服务重点县督查工作（至 22 日）。副巡视员任群赴深圳参加全国文化志愿服务工作现场经验交流会（至 22 日）。

21 日　省文化厅厅长金兴盛、副厅长黄健全陪同副省长郑继伟赴西湖文化广场调研、督查文化市场。厅长金兴盛赴浙江交响乐团慰问高温下工作的 G20 峰会工作人员。副厅长黄健全召集厅市场处、省文化信息中心及部分大学专家讨论文化市场监控指挥中心筹建等事宜。副厅长蔡晓春赴北京参加《中国工艺美术大师全集毛正聪卷》首发式暨中国美术馆龙泉青瓷展开幕式（至 22 日）。

22 日　"狂野之地——肯尼斯·贝林世界野生动物展"在浙江自然博物馆开幕，省委常委、宣传部部长葛慧君出席仪式并会见环球健康和教育基金会主席肯尼斯·贝林一行，省文化厅厅长金兴盛、省文物局局长柳河等陪同。厅党组书记、厅长金兴盛主持召开厅党组会、厅长办公会，厅领导陈瑶、褚子育、黄健全、柳河、端木义生、刁玉泉、李莎出席会议，厅局机关相关处室负责人列席有关议题。厅长金兴盛、省文物局局长柳河参加全省扩大有效投资重大项目集中开工活动启动仪式。厅长金兴盛接待环球健康和教育基金会主席肯尼斯·贝林一行；列席省政府常务会议。副厅长黄健全参加浦江创新论坛筹备工作组会议。

25 日　省文化厅召开全省市级文广新局局长座谈会，厅领导金兴盛、陈瑶、褚子育、黄健全、柳河、端木义生、刁玉泉、任群出席会议，厅局机关处室、厅属各单位主要负责人参加。厅长金兴盛列席省委常委会。副厅长蔡晓春参加全省对台对口交流工作会议。副巡视员李莎参加 G20 峰会外国代表团接待演练工作会议。

26日 省文化厅厅长金兴盛参加全省深化改革领导小组第十一次会议。厅领导陈瑶、褚子育、黄健全、柳河、端木义生、蔡晓春、刁玉泉、李莎、任群参加全省市级文广新局局长座谈会分组讨论。

27日 省文化厅厅长金兴盛赴诸暨参加全省宣传文化系统专题读书会(至28日)。副厅长蔡晓春接待文化部外联局副局长朱琦一行来浙调研。副厅长刁玉泉观看G20峰会伴宴演练,并实地慰问排练团队。副巡视员李莎参加G20峰会接待演练。

28日 省文物局局长柳河参加浙江省文物博物馆事业"十三五"规划论证会。副厅长蔡晓春赴萧山湘湖调研博物馆建设工作;参加全省重点建设项目银项对接会。副厅长刁玉泉参加群文创作论坛及题材规划会。副巡视员李莎、任群到龙游县、开化县督察公共文化服务重点市县建设工作(至29日)。

29日 省政府组织召开良渚遗址申遗工作领导小组会议,传达贯彻国家领导人和省领导关于良渚遗址保护和申遗工作的一系列重要指示精神,研究部署省级层面推进良渚遗址申遗相关工作,会议由省政府副秘书长李云林主持,副省长郑继伟做重要讲话,省文化厅厅长金兴盛、省文物局局长柳河参加会议,省委宣传部、省财政厅等14个厅局和杭州市、余杭区人民政府有关负责人参加。厅长金兴盛参加G20峰会总书记欢迎晚宴演练活动。副厅长黄健全参加湖州丝绸小镇规划发布会暨合作项目签约仪式;

带队暗访杭州市西湖区文化市场。副厅长蔡晓春到浙江小百花艺术中心建设工地、厅机关老楼工地现场调研,并现场协调小百花艺术中心建设项目关于做好峰会前工地停工整治、现场美化、绿化等具体工作;与厅计财处商议工作。副厅长刁玉泉参加全国双拥模范城(县)命名暨双拥模范单位和个人表彰大会。

30日 省文化厅厅长金兴盛陪同代省长车俊考察浙江省博物馆、中国丝绸博物馆。

8月

1日 省文化厅党组书记、厅长金兴盛主持召开厅党组会,厅领导陈瑶、褚子育、黄健全、柳河、端木义生、刁玉泉出席会议,厅局机关相关处室负责人列席有关议题。厅长金兴盛出席中新社中华慈孝文化书画展开幕式。副厅长蔡晓春、副巡视员李莎参加G20峰会预备演练。副厅长蔡晓春与中国丝绸博物馆馆长商议峰会项目扫尾工作。副巡视员任群到丽水市莲都区参加"古堰新韵"小镇音乐节开幕音乐会。

2日 省文化厅厅长金兴盛、副厅长陈瑶与干部谈话。厅长金兴盛到浙江图书馆、浙江美术馆、浙江小百花越剧院等单位检查安全生产工作。副厅长陈瑶到省文化信息中心开展网络安全检查工作。厅领导蔡晓春、刁玉泉、李莎参加G20峰会实战演练。副厅长蔡晓春与厅政策法规处商议文化系统"七五"普法和法治文化建设工作;到浙江自然博物馆开展项目布展调研工作。副厅长刁玉泉与浙江交响乐团、浙

江艺术职业学院、浙江越剧团和省文化艺术研究院党政一把手进行交流谈话。

3日 省委书记夏宝龙、副省长郑继伟接待国家文物局局长刘玉珠一行,并就共同深入推进浙江省文物工作交换了意见,省文化厅厅长金兴盛、省文物局局长柳河陪同。副省长郑继伟陪同国家文物局局长刘玉珠、副局长宋新潮一行在杭州市调研文物工作,厅长金兴盛、省文物局局长柳河陪同。厅长金兴盛到省文化信息中心检查网络安全工作;之后参加西泠印社喜迎G20峰会文化艺术系列活动开幕式。厅党组副书记、副厅长陈瑶到厅非遗处上专题党课,并听取了厅非遗处关于《浙江省非物质文化遗产保护发展"十三五"规划(草案)》编制工作的汇报。副厅长黄健全陪同省科技厅副厅长曹新安调研在杭相关文化企事业单位。副厅长黄健全、省科技厅副厅长曹新安出席文化科技需求工作座谈会。驻省文化厅纪检组组长端木义生参加省纪委纪检组长培训班(至4日)。副厅长蔡晓春、副巡视员李莎参加G20峰会演练。副厅长蔡晓春参加G20峰会演练;接待文化部外联局副局长陈发奋一行。副厅长刁玉泉出席在杭州画院美术馆举行的"天涯若比邻——浙江省国际美术交流协会迎峰会书画展邀请展";出席观看平阳小百花越剧团剧目《雁山春曲》。

4日 中宣部常务副部长、中央文明办主任黄坤明,国家文物局局长刘玉珠一行实地考察了良渚遗址、临安城严官巷御街遗址、大运河(杭州段)拱宸桥等全

国重点文物保护单位和中国丝绸博物馆、中国茶叶博物馆,并听取了浙江省文化厅、文物局,杭州市园林文物局、余杭区党委和政府等有关部门的工作汇报。省委常委、宣传部部长葛慧君,省文化厅厅长金兴盛,省文物局局长柳河参加。副厅长陈瑶到省机关事务管理局联系工作。副厅长黄健全赴湖州参加全省文房产业传承发展与特色小镇建设现场推进会(至5日)。副厅长蔡晓春陪同文化部外联局副局长陈发奋一行考察浙江博物馆、浙江音乐学院、中国丝绸博物馆。副厅长刁玉泉与浙江京剧团党政一把手进行交流谈话;听取厅公共文化处关于公共文化服务三项试点工作汇报。副巡视员任群参加全国反恐"804"会议。

5日　省文化厅领导金兴盛、陈瑶、蔡晓春、李莎观看G20峰会实景演出演练。厅长金兴盛参加全省科技创新大会。副厅长黄健全参加杭州城西科技大走廊建设动员大会。副厅长蔡晓春、副巡视员李莎参加G20峰会演练礼宾工作协调会。副厅长刁玉泉与浙江话剧团有限公司、浙江歌舞剧院有限公司党政一把手交流谈话;参加G20峰会宣传工作专题电视电话会议。

6日　省文化厅厅长金兴盛、副厅长刁玉泉参加G20峰会伴宴演出预演练。副厅长蔡晓春、副巡视员李莎参加G20峰会礼宾接待演练。

7日　省文化厅厅长金兴盛参加"807"演练总结会。

8日　省文化厅领导金兴盛、陈瑶、柳河、端木义生参加省级文化系统党风廉政建设暨安全

生产工作会议,厅局机关各处室负责人参加。副厅长黄健全参加文化市场综合执法护航G20峰会工作会议。副厅长蔡晓春到中国丝绸博物馆检查G20峰会场馆保障工作。副厅长刁玉泉到宁波参加宁波市全民艺术普及工程启动仪式。

9日　省文化厅厅长金兴盛、副厅长黄健全与厅市场处商议文化市场执法有关工作。副厅长黄健全接待文化部科技司副司长李蔚一行。省文物局局长柳河主持召开浙江省文博事业"十三五"规划论证会;赴省直文博单位中国丝绸博物馆、浙江省博物馆、浙江自然博物馆和浙江省文物考古研究所等进行安全检查。副厅长蔡晓春到杭州市西湖区九莲庄、营盘地调研。副厅长刁玉泉参加G20峰会双边会谈伴宴有关事项碰头会。副巡视员任群参加反恐"809"视频会议。

10日　省文化厅厅长金兴盛、省文物局局长柳河参加省政府第八次全体会议。副厅长黄健全陪同文化部科技司副司长李蔚一行到浙江理工大学开展文化部国家文化创新工程项目验收工作。副厅长蔡晓春赴安吉参加浙江自然博物园布展工作协调会;检查浙江自然博物园工程安全生产工作。副厅长刁玉泉参加戏剧创作研讨会。

11日　省委书记夏宝龙赴余杭良渚遗址调研,并主持召开专题文物工作座谈会,实地听取省文物局、省文物考古研究所及杭州市余杭区负责人情况汇报;赴中国丝绸博物馆和浙江美术馆调研,了解博物馆展陈和场馆改造提升情况。省委常委、宣传部

部长葛慧君,副省长郑继伟等陪同调研。省文化厅厅长金兴盛,省文物局局长柳河等参加。副厅长黄健全陪同文化部科技司副司长李蔚一行赴龙泉开展文化部国家文化创新工程项目验收工作。省文物局局长柳河陪同国家文物局副局长刘曙光赴丽水调研大窑龙泉窑遗址申遗和松阳传统村落保护工作(至12日)。副厅长蔡晓春到中国丝绸博物馆、浙江美术馆考察场馆;赴台湾参加中台禅寺博物馆落成典礼(至15日)。副厅长刁玉泉参加G20峰会欢迎晚宴、金砖及双边会晤指挥部专题工作会议。

12日　省政府在杭州召开全省公共文化服务重点市县建设工作推进会,副省长郑继伟出席会议并讲话,省政府副秘书长李云林,省文化厅领导金兴盛、刁玉泉、任群参加。厅长金兴盛参加省委全委扩大会议,省委专题学习会,之后列席省委常委会。副厅长黄健全参加省级文化系统党风廉政建设工作座谈会;听取杭州市文广新局汇报文化市场暗访工作情况。副厅长刁玉泉参加省委宣传部互联网工作会议。

15日　省文化厅厅长金兴盛陪同省委书记夏宝龙审查G20峰会伴宴节目,副厅长刁玉泉参加。

16日　省文化厅厅长金兴盛到厅属单位检查安全生产和安保工作。

17日　省文化厅厅长金兴盛带队赴安吉县对接支持"两山"重要思想实践示范县创建工作,厅领导陈瑶、蔡晓春及省文化厅、省文物局6个职能处室和相关厅属单位负责人参加,湖州市领导

裴东耀、高屹、闵云等参加调研和对接会。驻厅纪检组组长端木义生赴衢州市文广新局等调研党风廉政建设推进情况（至18日）。副巡视员李莎参加G20峰会礼宾接待工作碰头会。

18日　省文化厅厅长金兴盛出席"汉风藏韵——中国古代金铜佛像艺术特展"开幕式。副厅长陈瑶赴绍兴市柯桥区参加全省县域非遗保护工作座谈会。副厅长黄健全参加全省护航G20峰会消防安全保卫工作视频会。副厅长蔡晓春赴省财政厅拜会副厅长金慧群、罗石林。

19日　省文化厅党组书记、厅长金兴盛主持召开厅党组会，厅领导陈瑶、褚子育、黄健全、柳河、端木义生、蔡晓春、刁玉泉、李莎、任群出席会议，厅局机关相关处室负责人列席有关议题。厅长金兴盛、副厅长陈瑶与干部谈话。厅长金兴盛到省发改委、省委组织部联系工作。副厅长蔡晓春到浙江茶叶博物馆、南宋官窑博物馆和杭州博物馆调研。

22日　省文化厅厅长金兴盛列席省委常委会。副厅长陈瑶赴杭州剧院宣布干部任命。副厅长黄健全与新远集团负责人商议工作。副厅长蔡晓春、副巡视员李莎参加G20峰会礼宾组全体会议。

23日　省文化厅厅长金兴盛接待杭州市富阳区区委常委、宣传部长一行到厅汇报工作。厅长金兴盛、副厅长陈瑶陪同省委常委、统战部部长王永康到浙江美术馆参观金铜佛像展。副厅长黄健全参加省直机关护航G20峰会工作会议；召集厅局机关相关处室负责人、厅属单位相关负责人传达省直机关护航G20峰会工作会议精神，副厅长、浙江音乐学院党委书记褚子育出席。副厅长蔡晓春、副巡视员李莎参加G20峰会礼宾接待演练培训会。副厅长刁玉泉参加群文职称评审会。

24日　文化部市场司在杭州召开了浙江及周边地区G20峰会文化市场安全保障工作会议，文化部文化市场司副司长刘强，省文化厅厅长金兴盛、副厅长黄健全，江浙沪闽赣皖6省（市）文化执法机构负责人、浙江周边5个毗邻设区市文化执法机构负责人等参加会议。厅长金兴盛陪同省委书记夏宝龙观看峰会《印象西湖》演出排练，副厅长刁玉泉参加。副厅长黄健全接待文化部市场司副司长刘强一行。副厅长蔡晓春与外交部主联会商G20峰会礼宾接待工作；接待浙江小百花越剧团负责人，沟通商议关于组建成立百越文创公司事宜。副厅长蔡晓春、副巡视员李莎参加G20峰会演练。副厅长刁玉泉到浙江省文化馆、浙江图书馆检查杭州G20峰会安全保卫工作。

25日　省文化厅厅长金兴盛陪同省委书记夏宝龙到浙江美术馆参观金铜佛像展；到浙江博物馆孤山馆区、中国丝绸博物馆检查安全生产工作。厅长金兴盛、副厅长刁玉泉听取公共文化服务标准化等三项国家级试点工作情况汇报。副厅长黄健全赴北京向文化部文化产业司汇报工作（至26日）。副厅长蔡晓春与厅计财处会商之江文化中心相关事宜。副厅长蔡晓春、副巡视员李莎参加G20峰会演练。

26日　省文化厅领导金兴盛、陈瑶、蔡晓春、刁玉泉、李莎出席省级文化系统保障G20峰会战前动员会，厅有关处室人员、部分厅属单位主要负责人及有关参演人员和礼宾接待小组全体成员参加动员会。厅长金兴盛、副厅长蔡晓春听取厅计财处关于之江文化中心项目工作进展及后续推进的专题汇报。厅长金兴盛参加全省G20峰会重大舆情应急响应工作部署会；到中国丝绸博物馆检查场馆接待峰会嘉宾相关准备工作，副厅长蔡晓春参加。副厅长刁玉泉赴宁波观摩新剧目展演。

28日　省文化厅副厅长陈瑶专题听取我省非遗抢救性记录工作汇报；召集会议研究厅公务员选调面试事宜。副厅长刁玉泉实地检查省属文艺院团、省文化艺术研究院G20峰会安全生产工作备战情况。

29日　省文化厅党组书记、厅长金兴盛主持召开厅党组会，厅领导陈瑶、黄健全、柳河、端木义生、蔡晓春、刁玉泉、李莎、任群出席会议，厅局机关相关处室负责人列席有关议题。厅长金兴盛审看峰会室内版文艺演出排练。副厅长陈瑶参加全省卫生与健康大会部门协调会。副厅长蔡晓春陪同杭州市委书记赵一德赴浙江美术馆参观汉风藏韵展览。副厅长刁玉泉陪同省政协主席乔传秀赴浙江美术馆参观"汉风藏韵"展览。

30日　省文化厅厅长金兴盛、副厅长刁玉泉赴浙江交响乐团审查G20峰会伴宴节目。副厅长蔡晓春参加G20峰会礼宾接待工作协调会。

31日　省文化厅副厅长蔡晓春、副巡视员李莎接待G20峰会阿根廷国家代表团（至9月1日）。副厅长刁玉泉参加入选全国群星奖节目作者交流会（至9月1日上午）。

9月

1日　省文化厅厅长金兴盛到中国丝绸博物馆检查交流点准备情况。

2日　省文化厅厅长金兴盛、副厅长蔡晓春接待文化部副部长丁伟并陪同审看峰会文艺演出节目。副厅长蔡晓春到中国丝绸博物馆检查G20峰会接待准备工作。副厅长刁玉泉带队参加G20峰会双边伴宴演出工作。

3日　省文化厅厅长金兴盛、副厅长蔡晓春在中国丝绸博物馆接待阿根廷总统夫人一行。

4日　省文化厅厅长金兴盛、副厅长蔡晓春在中国丝绸博物馆接待土耳其总统夫人及联合国秘书长夫人一行。厅长金兴盛参加观看G20峰会专场文艺晚会。副厅长刁玉泉带队参加G20峰会欢迎晚宴伴宴演出工作。

5日　省文化厅厅长金兴盛、副厅长蔡晓春在中国丝绸博物馆陪同接待世贸组织总干事夫人一行。副厅长蔡晓春接待参加杭州G20峰会阿根廷代表团一行。

7日　省文化厅副厅长刁玉泉赴舟山调研，并参加舟山重点剧目打造座谈会（至8日）。

8日　省文化厅厅长金兴盛专题听取浙江省古建筑设计研究院的有关情况汇报，省文物局局长柳河参加。省文物局局长柳河听取中国丝绸博物馆馆长关于近期工作情况汇报；接待衢州市政府领导一行，商谈涉及衢州府城墙隧道下穿工程事宜。副厅长蔡晓春出席厅计财处组织召开的系统内控建设工作部署及业务培训会议。副厅长蔡晓春召集德国DCA、南方设计院负责人及主要设计师，沟通协调浙江自然博物园核心馆区项目后续设计工作。

9日　省文化厅厅长金兴盛主持召开会议，研究文化事业单位法人治理结构试点工作经验推广复制工作，副厅长刁玉泉参加；列席省委常委会。副厅长黄健全赴北京参加中国侨联与浙江小百花越剧团战略合作签约仪式暨"汤莎对话、中国表达"《寇流兰与杜丽娘》北京首演发布会（至10日）。省文物局局长柳河接待武义县、瑞安市文广新局领导一行；与浙江省古建筑设计研究院商谈相关工作；赴安吉调研浙江自然博物园核心馆区建设工作。副厅长蔡晓春赴西藏参加第五次全国文化系统对口支援西藏工作会议（至12日）。副厅长刁玉泉接待杭州市余杭区文广新局局长一行到厅汇报工作。

10日　省文化厅厅长金兴盛与省古建院院长商议工作；随后与浙江新远文化产业集团董事长商议工作；之后接待浦江县副县长一行到厅汇报工作。副厅长陈瑶参加安吉"两山"理论实践试点县启动仪式。省文物局局长柳河向副省长郑继伟汇报良渚文化公园规划及浙江省古建筑设计研究院改革方案。副厅长刁玉泉参加全国原生态艺术研讨会。

11日　省文化厅厅长金兴盛陪同副省长郑继伟考察浙江美术馆；到吴山书画院调研。副厅长陈瑶到浙江省群众文化专业、图书资料专业理论考试及厅（局）机关公务员选调考试现场巡考。副厅长黄健全参加省科技厅副厅长陈洪涛追悼会。

12日　省文化厅党组书记、厅长金兴盛主持召开厅党组会，厅领导陈瑶、褚子育、黄健全、柳河、端木义生、刁玉泉、任群出席会议，厅局机关相关处室负责人列席有关议题。厅长金兴盛与省文物局局长柳河、省文物考古研究所所长商议工作；接待杭州市文广新局局长一行到厅汇报工作。省文物局局长柳河与浙江省古建筑设计研究院商议改革事宜。副厅长刁玉泉参加第三届世界互联网大会浙江承办工作领导小组第一次会议；参加省委听取有关部门G20峰会表彰评选方案汇报会。副巡视员李莎到省委党校进修学习（至18日）。

13日　省文化厅厅长金兴盛参加省委书记夏宝龙主持召开的良渚文化国家公园概念性规划方案汇报会，省文物局局长柳河参加。副厅长刁玉泉出席第十一届全国艺术节入选节目单位动员会；之后与杭州市沟通峰会评优事宜。

14日　省文化厅厅长金兴盛赴北京参加纪念汤显祖逝世400周年座谈会（至15日）。副厅长黄健全参加省小城镇环境综合整治领导小组第一次会议。省文物局机关支部召开全体党员大会，选举产生新一届机关总支委员人选，省文物局局长柳河参加。副厅长蔡晓春赴宁波参加"意会中国"作品成果展开幕式。副厅长刁玉泉与省文化馆相关人员商议参加全国群星奖相关事宜;赴杭州市余杭区参加"牡丹奖"全国曲艺大赛余杭赛区汇报演出晚会。

15日 省文化厅副厅长蔡晓春赴象山参加象山开渔节开幕式。

16日 省文物局局长柳河赶赴泰顺灾区,踏勘文物损毁情况,研究抢救修复工作(至17日)。

18日 省文化厅厅长金兴盛列席省委常委会;向省委常委、宣传部部长葛慧君汇报工作;到浙图审看之江文化中心规划方案,副厅长蔡晓春参加。省文物局局长柳河赴丽水调研丽水处州府城墙。

19日 省文化厅厅长金兴盛、副厅长刁玉泉参加省委常委、宣传部部长葛慧君主持召开的研究浙江省纪念红军长征胜利80周年音乐会筹备工作会议。厅长金兴盛到省财政厅与厅长钱巨炎沟通商议工作。副厅长黄健全出席2016年浙江省文化创新团队创新力提升培训班开班仪式并授课。副厅长蔡晓春赴甘肃参加首届敦煌文博会(至21日)。副厅长刁玉泉参加第十九届浙江旅外乡贤聚会暨海外侨团建设大会。副巡视员李莎到省委党校进修学习(至25日)。副巡视员任群参加省网络安全宣传周启动仪式。

20日 省文化厅厅长金兴盛参加杭州G20峰会浙江省总结大会;列席省政府常务会议;到省委宣传部向唐中祥副部长汇报文化体制改革相关情况,对接2017年文化事业经费事宜。副厅长陈瑶到山东济南参加文化部第四届中国非遗博览会(至21

日)。省文物局局长柳河陪同国家文物局副局长宋新潮一行赴泰顺调研廊桥受灾情况(至21日)。驻厅纪检组组长端木义生赴湖南参加全国文化系统纪检工作座谈会(至23日)。副厅长刁玉泉接待温州市文广新局领导一行。

21日 省文化厅厅长金兴盛,副厅长、浙江音乐学院褚子育陪同省委书记夏宝龙到浙江音乐学院审看访问捷克的演出节目。厅长金兴盛参加全国推行"两随机、一公开"监管工作电视电话会议。副厅长黄健全参加2016浙江·台湾合作周开幕式暨签约仪式;参加省深化"四张清单一张网"改革推进职能转变协调小组教科文卫体改革专题组第6次会议。副厅长刁玉泉赴温州市调研公共文化服务体系建设工作,并出席在温州市举办的全省特色小镇题材音乐新作展演活动暨浙江省第十五届音乐新作演唱大赛开幕式(至22日)。

22日 省文化厅副厅长陈瑶出席省财政厅有关调研会议。省文物局局长柳河到省博物馆参加交互合作论坛;参加中国丝绸博物馆"馆长与策展人论坛";陪同国家文物局副局长关强一行调研。副巡视员任群参加省政协十一届四次会议第18号提案办理工作座谈会。

23日 "锦绣世界"国际丝绸艺术展开幕暨中国丝博馆新馆启用仪式在杭州举行,省文化厅厅长金兴盛、国家文物局副局长关强致辞,省文物局局长柳河、国家文物局博物馆司司长段勇等参加。副厅长黄健全赴上海参加2016浦江创新论坛(至25日)。省文物局局长柳河接待省政协文

史委主任沈敏光一行到局调研大运河保护以及良渚遗址、海丝申遗情况。副厅长蔡晓春出席公望美术馆开馆仪式;出席2016浙江金秋购物节启动仪式。副厅长刁玉泉赴金华市调研公共文化服务体系建设工作,并出席在金华市举办的浙江省第三届农村文化礼堂乡村排舞大赛开幕式(至24日)。副巡视员任群到宁波参加纪念越剧110周年诞辰暨长三角越剧研讨会。

24日 省文化厅副巡视员任群赴德清县出席"2016年浙江省公共图书馆'百名教授回乡走进百家文化礼堂'联合启动仪式"。

25日 省文化厅副厅长黄健全赴宁波参加全省文化市场执法案例培训班(至26日)。副厅长刁玉泉赴湖州南浔出席观看"陆风廖行——廖琪瑛从艺35周年演唱会"。

26日 省文化厅厅长金兴盛出席"我织我在"第二届杭州纤维艺术三年展开幕仪式。省文物局局长柳河赴良渚调研。驻厅纪检组组长端木义生赴浦江出席2016浦江·第九届中国书画节开幕式和2016"万年浦江"全国画花鸟作品展开展仪式。副厅长刁玉泉接待舟山市文广新局领导一行。副巡视员任群参加国家体育总局听取浙江省贯彻落实国发46号文件汇报会。副巡视员李莎在省委党校学习(至10月9日)

27日 省文化厅召开2016年省级文化系统党工团负责人培训班暨厅局机关党员干部读书会,厅党组书记、厅长金兴盛在读书会上做"两学一做"专题报告,

厅党组成员、驻厅纪检组组长端木义生做关于党风廉政建设和反腐败工作专题讲座,厅领导陈瑶、褚子育、黄健全、蔡晓春、刁玉泉、任群参加(至29日)。厅长金兴盛、副厅长蔡晓春参加之江文化中心建设工程总体规划及城市设计第二阶段成果专题研讨会。厅长金兴盛主持召开之江文化中心建设工程总体规划及城市设计第二阶段成果专题研讨会,副厅长蔡晓春、省作协秘书长王益军、杭州市之江管委会书记叶伟平等参加。副厅长陈瑶参加第五批省级非遗代表性项目专家评审会。省文物局召开局务会议,省文物局局长柳河参加。

28日 省文化厅厅长金兴盛在衢州参加孔子文化节、儒学馆开馆仪式。省文物局局长柳河参加浙江省综合交通投融资建设签约大会。副厅长蔡晓春赴安吉参加浙江省自然博物园项目推进综合例会。副厅长刁玉泉向省委宣传部副部长唐中祥汇报2017年度文化事业建设费项目专业口预算编制情况;会见松阳县副县长一行;召集召开纪念红军长征胜利80周年音乐会、第3届世界互联网大会文艺演出工作协调会。

29日 省文化厅在浙江音乐学院举行浙江省文化系统服务保障杭州G20峰会表彰大会。会上,对服务保障杭州G20峰会做出突出贡献的32家先进集体和216名先进个人进行了表彰。省文化厅领导金兴盛、陈瑶、褚子育、端木义生、蔡晓春、刁玉泉、任群出席会议并为获奖代表授牌。省文化厅、省文物局机关全体人员,厅属各单位班子成员、党工团

负责人,受表彰的先进集体代表和先进个人参加会议。副厅长黄健全、省文物局局长柳河参加全省小城镇环境综合整治行动计划会议。

30日 省文化厅党组书记、厅长金兴盛主持召开厅党组会,厅领导陈瑶、褚子育、黄健全、柳河、端木义生、蔡晓春、刁玉泉、任群出席会议,厅局机关相关处室负责人列席有关议题。厅长金兴盛到浙江博物馆西湖美术馆出席"素问十年——高逸仙画展"开幕仪式。

10 月

8日 省文化厅厅长金兴盛与副厅长、浙江音乐学院党委书记褚子育,副厅长蔡晓春等研究浙江音乐学院土地资产划拨问题。厅长金兴盛听取省非遗保护中心工作汇报。副厅长陈瑶主持省文化厅公开选调公务员面试工作。省文物局局长柳河接待嵊州市文广新局人员。副厅长蔡晓春赴缙云县参加2016中国仙都祭祀黄帝大典(至9日)。副厅长刁玉泉到浙江歌舞剧院有限公司审看《长征组歌》音乐会节目。

9日 省文化厅召开新任处级干部集体廉政谈话会议,厅长金兴盛做重要讲话,省纪委派驻省文化厅纪检组组长端木义生主持。厅长金兴盛、副厅长刁玉泉到浙江艺术职业学院出席赵松庭纪念馆落成仪式。副厅长陈瑶带队赴英国参加文化遗产保护与利用培训班(至29日)。副厅长黄健全赴江西瑞金参加省直部门机关党委书记培训班(至13日)。副厅长刁玉泉出席观看赵松庭纪

念音乐会。

10日 省文化厅厅长金兴盛、副厅长刁玉泉在浙江音乐学院陪同省委常委、宣传部部长葛慧君审看《长征组歌》节目。厅长金兴盛与浙江图书馆党委书记谈话。副厅长黄健全赴江西瑞金参加省直部门机关党委书记培训班(至13日)。副厅长蔡晓春参加全国社会治安综合治理创新工作会议浙江省分会场会议。副巡视员李莎到省委党校学习(至16日)。

11日 省文化厅厅长金兴盛陪同省政协主席乔传秀参观中国丝绸博物馆。副厅长、浙江音乐学院党委书记褚子育,副厅长蔡晓春参加省政府办公厅副秘书长李云林主持召开的浙江音乐学院房屋土地权属转移专题协调会。副厅长蔡晓春参加浙江海外联谊会五届三次常务理事会议。副厅长刁玉泉赴杭州市余杭区参加国家公共文化服务体系示范区(项目)区域文化联动"乡镇综合文化站服务效能建设"专题经验交流活动,文化部公共文化司副司长白雪华出席活动(至13日)。

12日 省文化厅厅长金兴盛到湖州市调研湖笔小镇、钱山漾遗址、丝绸小镇等建设情况,并到安吉县现场指导检查浙江自然博物园核心馆区建设项目进展情况。副厅长蔡晓春到上海参加国际艺术节相关活动。副厅长刁玉泉在杭州剧院出席观看第三届浙江金桂奖颁奖演出。

13日 省文化厅厅长金兴盛到浙江音乐学院参加教育部组织的硕士学位授予单位和授权学科论证会。副厅长蔡晓春列席省委常委会;出席观看"中国丝绸博

览会暨中国国际女装博览会晚宴及服饰秀"。副厅长刁玉泉赴宁波市江北区参加第三届浙江省合唱节。副巡视员任群参加国有文化企业健全法人治理结构工作座谈会。

14日　省文化厅厅长金兴盛、厅纪检组长端木义生赴陕西延安参加第十一届中国艺术节开幕式,并赴西安观看第15届文华大奖参评剧目——浙江小百花越剧团《二泉映月》(至17日)。副厅长蔡晓春出席中国国际丝绸博览会暨中国国际女装博览会嘉宾巡展;列席省政府常务会议;召集召开厅属单位普法工作座谈会。副厅长刁玉泉赴宁波市镇海区出席浙江省第十届排舞大赛。副巡视员任群出席"长征与遵义会议"——纪念红军长征胜利80周年展览开展仪式。

15日　省文化厅副厅长蔡晓春赴乌镇参加乌镇国际戏剧节相关活动(至16日)。副巡视员任群赴陕西西安参加第十一届中国艺术节,并出席第十七届群星奖现场决赛(至18日)。

17日　省文化厅副厅长黄健全参加中国艺术科技研究所浙江协同创新平台学术研讨会。省文物局局长柳河参加省财政厅调研座谈会;参加局机关总支会议;接待省财政厅教科文处处长一行到省文物局调研。省文物局局长柳河、副厅长蔡晓春参加县(市、区)委书记工作交流会。副厅长蔡晓春参加省委常委扩大会议;接待省审计厅副厅长康跃西一行到厅调研公共文化服务工作情况,并商讨明年审计专项事宜。

18日　纪念红军长征胜利80周年交响合唱音乐会《长征组歌》在浙江音乐学院举行。省四套班子领导、省军区领导、全省优秀共产党员代表、省直机关党员干部代表及社会各界群众代表,省文化厅领导金兴盛、柳河、端木义生、蔡晓春、刁玉泉参加活动。副厅长蔡晓春参加第三届世界互联网大会动员部署会;参加省委常委、宣传部部长葛慧君召集召开的研究论坛保障和对口接待工作会议。

19日　省文化厅厅长金兴盛、副厅长蔡晓春会见台湾南投县文化局局长蔡荣发一行。厅长金兴盛、副厅长刁玉泉召集浙江交响乐团召开研究浙交甬交共建共享有关工作。厅长金兴盛接待象山县文广新局局长一行到厅汇报工作。省文物局局长柳河主持召开局机关老干部会议;接待省测绘与地理信息局局长陈建国一行到省文物局调研。副厅长蔡晓春出席第二期阿拉伯国家文博专家研修班开班仪式,文化部外联局亚非处处长余建参加;召集厅人事处处长、计财处处长、政策法规处处长、浙江新远文化产业集团董事长商议有关文化体制改革相关事宜,后向厅长金兴盛做专题汇报。副厅长刁玉泉赴省文化馆审查"两富两美"浙江歌舞晚会音乐录制。

20日　省委常委、宣传部部长葛慧君召集会议专题研究浙交甬交共建共享工作,省文化厅厅长金兴盛做专题汇报,省委宣传部副部长唐中祥、省文化厅副厅长刁玉泉参加。厅长金兴盛、副厅长蔡晓春向省委常委、宣传部部长葛慧君,省委宣传部副部长唐中祥介绍浙江省之江文化中心项目总体规划及城市设计方案的

有关情况。厅长金兴盛陪同省委常委、宣传部部长葛慧君,省委宣传部副部长唐中祥到浙江图书馆召开文化事业单位法人治理工作座谈会,副厅长刁玉泉、副巡视员任群陪同。厅长金兴盛出席第八届浙江非遗博览会开幕式并致辞,文化部非遗司副司长王晨阳、省文化厅副厅长蔡晓春出席。副厅长黄健全出席第八届浙江·中国非物质文化遗产博览会系列活动——"2016传统工艺振兴·杭州论坛",文化部非遗司副司长王晨阳出席。省文物局局长柳河到省委宣传部事业处沟通汇报浙江省古建筑设计研究院改革方案有关事宜;之后接待国家遗产院院长柴晓明一行;到浙江博物馆参观马定祥先生钱币展。

21日　省文化厅厅长金兴盛参加外国专家"西湖友谊奖"二十周年颁奖大会;参加省预防和化解行政争议工作第八次联席会议。驻厅纪检组组长端木义生到浙江美术馆参观"长征与遵义会议:纪念红军长征胜利80周年展览"。省文物局局长柳河向省财政厅文资办副主任董立国沟通汇报浙江省古建筑设计研究院改革方案有关事宜。驻厅纪检组组长端木义生陪同省委组织部副部长赵雄文一行赴浙江美术馆参观"长征与遵义会议:纪念红军长征胜利80周年展览";赴乌镇大剧院观看第三届乌镇戏剧节剧目演出。副厅长蔡晓春出席第八届浙江·中国非物质文化遗产博览会系列活动——"非遗薪传"浙江传统服饰精品展颁奖仪式。

23日　省文化厅副厅长蔡晓春陪同江西省政协副主席江建人一行到杭州市考察第八届浙

江·中国非物质文化遗产博览会。

24日　省文化厅党组书记、厅长金兴盛主持召开厅党组会,厅领导褚子育、黄健全、柳河、端木义生、蔡晓春、刁玉泉、任群出席会议,厅局机关相关处室负责人列席有关议题。厅长金兴盛接待巡视省委宣传部的省委巡视组到厅听取意见。厅长金兴盛参加厅办公室信息中心支部活动,到浙江美术馆参观"长征与遵义会议:纪念红军长征胜利80周年展览"。省文物局局长柳河与良渚遗址管委会沟通相关工作;接待省编办副主任朱晓明到局调研;之后,赴武义调研工作(至26日)。副厅长蔡晓春赴乌镇参加第三届互联网大会论坛工作部会议。副厅长刁玉泉赴丽水观摩剧目《张玉娘》。

25日　省委宣传部副部长来颖杰、省文化厅副厅长刁玉泉审看第三届世界互联网大会专场演出中国戏曲艺术秀"国色天香"节目。厅长金兴盛到云栖小镇、山南基金小镇调研;到医院看望王森同志。副厅长蔡晓春赴上海国家文化贸易出口基地考察。副厅长刁玉泉赴丽水出席"中国共产党成立九十五周年群星中国画展"开幕式。副巡视员任群赴安徽铜陵参加中国图书馆年会(至27日)。

26日　省文化厅厅长金兴盛、副厅长蔡晓春向副省长郑继伟汇报第三届中东欧国家文化合作论坛工作情况。厅长金兴盛接待山西省政府副省长张复明一行到浙江音乐学院考察。副厅长黄健全陪同山西省政府副省长张复明等一行考察非遗工作;陪同省

科技厅副厅长曹新安到富阳华宝斋调研文化科技工作。副厅长蔡晓春接待省编办事业处处长一行到厅督查深化"四张清单一张网"改革,推进职能转变工作情况;参加第三届世界互联网大会筹备会议。副厅长刁玉泉出席观看浙江歌舞剧院有限公司舞剧《王羲之》。

27日　省文化厅厅长金兴盛召集会议专题研究浙江省剧院管理中心组建工作;赴浙江音乐学院大剧院出席观看浙江歌舞剧院有限公司舞剧《王羲之》。副厅长黄健全陪同山西省政府副省长张复明一行考察杭州工艺美术博物馆、河坊街并送机;陪同文化部科技司相关人员实地考察浙江理工大学申报文化部重点实验室工作。省文物局局长柳河接待浦江县分管领导一行到访。副厅长蔡晓春参加之江文化中心建设项目推进会;陪同省委常委、省委秘书长、省友协会长陈金彪会见日本中部地区日中友协代表团;参加省委组织部"千人计划"集中评审委员会会议。副厅长刁玉泉审查"两美浙江"原创歌曲演唱会节目排练。

28日　省文化厅厅长金兴盛参加省委宣传部学习宣传贯彻党的十八届六中全会精神工作会议。副厅长黄健全参加浦江县水晶时尚小镇概念性规划方案专家论证会。副厅长蔡晓春参加第三届世界互联网大会筹备会议。副厅长刁玉泉赴西安参加全国艺术节颁奖晚会(至31日)。

29日　省文化厅领导金兴盛、褚子育、黄健全、柳河、端木义生、蔡晓春、刁玉泉、李莎、任群参加领导干部会议。省文物局局长

柳河接待陕西省文物局局长赵荣一行(至30日)。副厅长蔡晓春赴桐庐调研。

31日　省文化厅党组书记、厅长金兴盛主持召开厅党组会,厅领导陈瑶、褚子育、黄健全、柳河、端木义生、蔡晓春出席会议,厅局机关相关处室负责人列席有关议题。厅长金兴盛、副厅长黄健全听取新远集团组建剧院院线相关前期工作的汇报。省文物局局长柳河出席"浙江省古村落(传统村落)保护利用基金设立暨首期项目签约仪式"。驻厅纪检组组长端木义生参加省纪委会议。副厅长蔡晓春听取之江文化中心PPP项目汇报;赴乌镇参加第三届世界互联网大会论坛工作部例会。副厅长刁玉泉赴陕西西安参加第十一届中国艺术节闭幕式(至11月1日)。副巡视员李莎在省委党校学习(至11月4日)。副巡视员任群赴卡塔尔执行"中卡文化年·中国节"展演任务(至11月6日)。

11月

1日　省文化厅厅长金兴盛参加浙江音乐学院名誉院长聘请仪式,副厅长、浙江音乐学院党委书记褚子育等参加。厅长金兴盛、副厅长黄健全参加我省申报国家级文化产业示范园区评审会。副厅长陈瑶与厅非遗处相关人员研究非遗工作。副厅长蔡晓春参加第三届世界互联网大会筹备工作汇报会;参加第三届世界互联网大会筹备工作协调会。

2日　省文化厅厅长金兴盛与浙江歌舞剧院有限公司、浙江话剧团有限公司负责人谈话;调

研杭州市西湖区九莲庄地块。省文物局局长柳河参加省文物局局机关内控培训大会;参加全国政协大运河保护座谈会。副厅长蔡晓春与中央网信办协调局对接论坛工作部工作。副厅长刁玉泉出席省文联第三届"浙江舞蹈奖"颁奖盛典。

3日 省文化厅厅长金兴盛陪同省政府副秘书长李云林赴北京参加文化部"欢乐春节"部省联席会议(至11月4日)。副厅长陈瑶召集召开《浙江通志》编纂工作会议;赴嵊泗参加全省美丽乡村和农村精神文明建设现场会(至11月5日)。副厅长黄健全参加厅属机关第八届党委第26次会议,讨论厅第九次党代会"两委"委员候选人备选对象的建议名单;召集召开省级文化系统各单位党组织负责人会议,对学习宣传贯彻党的十八届六中全会精神做出专题部署。副厅长蔡晓春参加第三届世界互联网大会论坛工作部工作协调会。副厅长刁玉泉参加厅艺术处支部学习;听取第三届世界互联网大会演出方案汇报。

4日 省文化厅厅长金兴盛、副厅长蔡晓春与杭州市西湖区区长章根明一行商谈九莲庄地块改造工作。副厅长刁玉泉赴音乐学院审看《浙江告诉你》两美浙江原创歌曲演唱会;参加浙江省大学生艺术节颁奖活动。

5日 省文化厅副厅长刁玉泉到浙江音乐学院出席观看"浙江告诉你"两美浙江原创歌曲演唱会。

6日 省文化厅厅长金兴盛到浙江音乐学院接待曹其铺;出席浙江音乐学院首届国乐艺术节

开幕音乐会。副厅长蔡晓春赴乌镇参加第三届世界互联网大会筹备工作(至11月14日)。

7日 省文化厅领导金兴盛、陈瑶、褚子育、黄健全、端木仪式、刁玉泉、李莎、任群听取中央宣讲团党的十八届六中全会精神报告会。厅长金兴盛召集会议专题研究浙交甬交合作共建共享工作,副厅长刁玉泉参加。副厅长黄健全参加"首届浙江119消防奖颁奖典礼暨全省119消防宣传月"启动仪式。副厅长蔡晓春赴乌镇参加第三届世界互联网大会筹备工作(至13日)。

8日 省文化厅厅长金兴盛参加省委组织部征求意见座谈会。副厅长陈瑶接待云南省文化厅副厅长、文物局局长杨德聪等调研组一行。副厅长黄健全参加浙江省贸促会五届二次代表大会。副厅长刁玉泉赴浙江小百花越剧团九五剧场审看2015国家艺术基金资助项目越剧《吴越王》首场演出;赴杭州市江干区参加基层文化团队专家结对活动。

9日 省文化厅厅长金兴盛、省文物局局长柳河赴松阳县调研传统村落建设工作。副厅长陈瑶赴湖州参加全省信访工作领导小组会议。副厅长黄健全参加厅产业处支部学习会。副厅长刁玉泉赴浙江艺术职业学院出席"新松计划"第3期全省中青年创作人才(导演)高研班开班仪式并讲话;会见湖州市副市长闵云一行。

10日 省文化厅厅长金兴盛赴庆元县调研重点县建设工作并参加庆元香菇文化节开幕式(至11日)。副厅长黄健全参加审计工作报告反映问题整改工作

电视电话会议。省文物局局长柳河带队赴宁波、慈溪督查"海丝"申遗工作推进情况,调研谋划2017年文物工作思路(至11日)。副厅长刁玉泉会见应邀为"新松计划"第3期全省中青年创作人才(导演)高研班讲课的国家话剧院著名导演田沁鑫一行;与浙江省文化艺术研究院院长等商议《浙江通志》编纂相关工作。

11日 文化部政法司副司长王建华带队到浙江检查非遗法贯彻情况,省文化厅副厅长陈瑶参加督查座谈会。副厅长黄健全听取义乌文广新局关于第十二届义乌文交会筹备工作汇报。副巡视员李莎赴乌镇参加第三届世界互联网大会筹备工作。

13日 省委常委、宣传部部长葛慧君在乌镇大剧院审查第三届世界互联网大会·乌镇峰会专场文艺演出——中国戏曲艺术秀"国色天香",省委宣传部常务副部长来颖杰,省文化厅副厅长蔡晓春、刁玉泉陪同审查。

14日 省文化厅厅党组书记、厅长金兴盛主持召开厅党组理论中心组扩大会议,第二次专题学习十八届六中全会精神。省直机关工委副书记鲁维明等莅临指导。陈瑶、褚子育、柳河、端木义生、刁玉泉等5位厅领导做中心发言,厅领导李莎、任群参加会议,省文物局副局长和厅局机关各处室负责人列席会议。厅党组副书记、副厅长陈瑶列席省委常委会。省文物局局长柳河接待遂昌县政府领导到访。副厅长蔡晓春赴乌镇参加第三届世界互联网大会筹备工作协调会。

15日 省文化厅副厅长黄健全参加文化部在杭州举办的重

点文化企业品牌建设与管理培训班。省文物局局长柳河参加第七届跨湖桥文化学术研讨会暨中国彩陶文化论坛；接待甘肃省文物局局长马玉萍一行。副厅长蔡晓春在乌镇负责第三届世界互联网大会论坛工作部相关工作（至17日）。副厅长刁玉泉赴红星剧院与全省小戏编剧座谈。副巡视员李莎赴乌镇参加第三届世界互联网文化论坛组织及对口接待工作（至17日）。

16日　省文化厅厅长金兴盛与省考古所所长商议工作；接待金华市文广新局局长。厅长金兴盛、驻厅纪检组组长端木义生看望昂朝明同志。副厅长陈瑶与江苏省委宣传部副部长徐宁一行座谈国有文艺院团文化体制改革工作。副厅长黄健全接待文化部副部长项兆伦、市场司司长陈通督查调研组一行（至18日）。省文物局局长柳河到浙江博物馆参观"漂海闻见——15世纪朝鲜儒士崔溥眼中的江南"展览。副厅长刁玉泉赴温岭参加浙江省原生态民歌大赛决赛。

17日　省文化厅厅长金兴盛赴乌镇参加第三届世界互联网大会互联网"文明互鉴"文化论坛。省文物局局长柳河赴嘉兴调研（至19日）。副厅长刁玉泉在乌镇大剧院现场指挥第三届世界互联网大会·乌镇峰会专场文艺演出——中国戏曲艺术秀"国色天香"。副巡视员任群赴宁波参加"书香城市（区县级）"论坛。

18日　省文化厅厅长金兴盛参加2016中国文体产业高峰论坛；接受冯飞先进事迹专题宣传片电视专访。副厅长陈瑶赴仙居县朱溪镇开展结对帮扶工作。

省文物局局长柳河赴嘉兴参加全省博物馆理事会建设工作座谈会。副厅长刁玉泉赴浙江音乐学院观摩省第十三届戏剧节决赛剧目——话剧《大江东去》。

21日　省文化厅厅党组书记、厅长金兴盛主持召开厅党组会，厅领导陈瑶、黄健全、柳河、端木义生、蔡晓春、刁玉泉、李莎、任群出席会议，厅局机关相关处室负责人列席有关议题。厅长金兴盛列席省委常委会。厅长金兴盛、省文物局局长柳河赴浦江参加上山遗址命名10周年暨稻作农业起源国际学术研讨会（至22日）。

22日　省文化厅副厅长陈瑶出席浙江省非物质文化遗产传统戏剧师带徒辅导系列活动启动仪式；到浙江艺术职业学院调研。副厅长黄健全带队赴杭州市开展2016年度文化市场综合执法考评工作。驻厅纪检组组长端木义生参加省纪委片会。副厅长蔡晓春参加"美丽中国·美丽卡塔尔——中卡文化年两国摄影家作品联展"开幕式。副厅长刁玉泉与浙江歌舞剧院有限公司主要负责人谈话；随省政协赴海宁开展走基层活动。

23日　省文化厅厅长金兴盛与中央考察组谈话。副厅长陈瑶赴松阳参加"薪火相传"传统村落守护与激活论坛，中国文物保护基金会理事长励小捷出席。副厅长黄健全带队赴宁波开展2016年度文化市场综合执法考评工作（至24日）。省文物局局长柳河赴浦江参加省协调推进"四个全面"战略布局试点县建设协调小组第四次会议（至24日）。驻厅纪检组组长端木义生陪同全

国政协副主席林文漪一行考察浙江省博物馆。副厅长蔡晓春参加省财政厅1—10月省级一般公共预算支出执行进度情况通报会；参加省直有关部门主要负责人座谈会。

24日　省文化厅召开第四次厅属单位"一把手"工作交流例会。厅党组书记、厅长金兴盛出席会议并讲话，厅领导陈瑶、褚子育、端木义生、蔡晓春、刁玉泉、李莎、任群出席。省文化厅、省文物局机关全体干部和厅属各单位领导班子成员参加会议。省文化艺术研究院、省文物鉴定审核办公室、省非遗保护中心、浙江昆剧团、浙江歌舞剧院有限公司等5家单位负责人做工作交流发言。厅长金兴盛与浙江歌舞剧院有限公司董事长谈话；参加省委秘书长陈金彪召集召开的省委全体（扩大）会议召集人和会务人员会议。省文物局局长柳河接待良渚遗址管委会新任领导来访。副厅长蔡晓春召集浙江音乐学院、浙江图书馆、省博物馆、浙江自然博物馆、浙江小百花越剧团等单位负责人，集体约谈单位预算执行情况。

25日　省文化厅领导金兴盛、陈瑶、褚子育、黄健全、柳河、端木义生、蔡晓春、刁玉泉、李莎、任群听取省委十三届十次全体（扩大）会议大会报告。厅领导金兴盛、褚子育、柳河参加省委十三届十次全体（扩大）会议（至26日上午）。副厅长陈瑶参加省政协提案办理工作民主评议会。副厅长黄健全参加全国安全生产工作紧急视频会议。驻厅纪检组组长端木义生与中组部考察组谈话。副厅长刁玉泉、副巡视员任群参

加文化部公共文化服务体系建设视频工作会议。

26日 省文化厅副厅长刁玉泉赴慈溪出席观看2016"唱响文明赞歌"浙江省歌唱家艺术团、声乐专家辅导团、优秀歌手展演团走进慈溪龙山文艺演出。

27日 省文化厅领导金兴盛、褚子育、端木义生、任群参加省管领导干部学习贯彻十八届六中全会精神集中轮训第一期培训（至29日）。厅长金兴盛参加全国安全生产工作电视电话会议。副厅长黄健全参加第十届中国产学研合作创新大会暨2016年中国浙江网上技术市场活动周开幕式。

28日 省文化厅厅长金兴盛参加省委全面深化改革领导小组第十三次会议。省文物局局长柳河主持召开局务会议。副厅长刁玉泉参加中宣部、中央文明办推动移风易俗、梳理文明乡风电视电话会议。

29日 省文化厅厅长金兴盛参加全省卫生与健康大会。副厅长陈瑶出席第二批非遗生产性保护基地评审会。省文物局局长柳河参加中国古陶瓷协会年会；赴金华参加全省水利工作会议暨百项千亿防洪排涝工程动员大会。副厅长蔡晓春赴安吉参加浙江省自然博物园项目推进会。

30日 省文化厅党组书记、厅长金兴盛主持召开厅党组会，厅领导陈瑶、褚子育、黄健全、柳河、端木义生、蔡晓春、刁玉泉、李莎、任群出席会议，厅局机关相关处室负责人列席有关议题。厅领导金兴盛、褚子育、端木义生、蔡晓春、刁玉泉出席省第十三届戏剧节颁奖晚会。厅长金兴盛听取

厅公共文化处、非遗处2017年工作思路汇报，副巡视员任群参加。厅领导陈瑶、黄健全、柳河、蔡晓春、李莎参加省管领导干部学习贯彻十八届六中全会精神第二期集中轮训（至12月2日）。副厅长刁玉泉参加全省"双百双进"活动总结推进会；出席推进基层戏曲院团发展座谈会暨2016年全省专业院团团长会议。

12月

1日 省文化厅厅长金兴盛参加学习贯彻十八届六中全会精神报告会；听取厅艺术处、外事处2017年工作思路。省文物局局长柳河、驻厅纪检组组长端木义生赴海宁参加创建全国县级文明城市现场推进会（至2日）。副厅长刁玉泉参加2016年全省艺术创作题材规划会。副厅长刁玉泉、副巡视员任群赴北京参加文化部三项试点工作验收汇报（至3日）。

2日 省文化厅厅长金兴盛出席浙江文化艺术智库论坛暨2016浙江省文化市场发展论坛开幕式；听取厅市场处、政策法规处汇报2017年工作思路。副厅长陈瑶出席"钱塘余韵"——杭州地方戏曲曲艺国家级非遗项目展示杭州评词专场。省文物局局长柳河参加浙江大学浙江日报报业集团《中国历代绘画大系》总经销战略合作签约仪式。副厅长蔡晓春召集召开之江文化中心PPP项目组专题会议，研究讨论项目实施方案编制情况。

4日 省文化厅厅长金兴盛致辞，副厅长蔡晓春出席全省文化（文物）系统"12·4"国家宪法

日暨全国法治宣传日主会场活动，厅局各处室负责人、厅属单位负责人等参加。

5日 省文化厅厅长金兴盛、副厅长蔡晓春到余杭梦想小镇出席浙江省特色小镇文化建设现场会，厅局相关处室负责人和各市文广新局局长等参加。厅长金兴盛分别接待永嘉县文广新局局长一行和武义县代县长一行到厅汇报工作。副厅长陈瑶接待新疆阿克苏地委副书记万基虎一行前来省文化厅拜访并对接浙江援建阿克苏地区的相关工作。副厅长刁玉泉参加省管领导干部学习贯彻十八届六中全会精神集中轮训第三期培训（至7日）。

6日 省文化厅厅长金兴盛到宁波陪同文化部副部长丁伟参加东亚文化之都闭幕式活动，副巡视员李莎一同参加（至7日）。厅长金兴盛听取中国丝绸博物馆馆长汇报2017年工作思路。副厅长陈瑶参加省委宣传部贯彻习总书记在文联十大开幕式上的重要讲话座谈会。副厅长黄健全到新远集团宣布人事任命。省文物局局长柳河陪同国家文物局副局长刘曙光到宁波督导海上丝绸之路申遗工作（至7日）。副厅长蔡晓春到宁波参加东亚文化之都闭幕活动（至9日）。副巡视员任群陪同文化部检查组一行到宁波市镇海区抽查乡镇文化站效能建设工作（至7日）。

7日 省文化厅副厅长陈瑶赴北京参加"徐朝兴从艺60周年"作品展。副厅长黄健全参加全省户籍制度改革推进会。

8日 省文化厅领导金兴盛、陈瑶、褚子育、黄健全、柳河、刁玉泉、李莎、任群参加厅直属机

关第九次党代会。副厅长陈瑶列席省委常委会；赴海宁出席 2016 "浙江好腔调"传统戏剧系列展演活动启动仪式。副厅长、浙江音乐学院党委书记褚子育出席厅属单位法人培训班开班仪式。副厅长刁玉泉陪同文化部检查组一行到宁波市镇海区抽查乡镇文化站效能建设工作（至 9 日）。副巡视员李莎参加省政府深化"四张清单一张网"改革推进职能转变协调小组科教文卫改革专题组第 7 次会议。

9 日 省文化厅厅长金兴盛参加省委全体扩大会议；参加领导干部会议。副厅长陈瑶主持召开系统安全工作会议。副厅长黄健全到义乌参加第十二届义乌文交会动员部署会。副巡视员李莎参加省外办召集的对捷克交流合作工作会议。

12 日 省文化厅党组书记、厅长金兴盛主持召开厅党组会，厅领导陈瑶、褚子育、黄健全、柳河、端木义生、蔡晓春、刁玉泉、李莎、任群出席会议，厅局机关相关处室负责人列席有关议题。厅长金兴盛列席省委常委会。省文物局局长柳河与杭州市副市长张建庭沟通相关工作。副厅长蔡晓春赴中国美院参加"杭州国际当代陶艺双年展"暨"第十届中国当代青年陶艺家作品双年展"开幕式；赴浙江歌舞剧院有限公司参加"欢乐春节"2017 年工作汇报会。

13 日 省文化厅厅长金兴盛、驻厅纪检组组长端木义生到桐庐县莪山畲族乡、桐庐县博物馆进行对口帮扶及文化调研工作。省文物局局长柳河接待余杭区委书记一行商谈工作。副厅长蔡晓春与厅外事处商议 2017 年

中国——中东欧文化合作论坛方案；接待省旅游局副局长许澎一行，商议 2017 年海外文化旅游联合推广活动；与厅政策法规处座谈，总结全年工作，谋划 2017 年工作思路。副厅长刁玉泉、副巡视员任群赴温州参加全省公共文化工作会议。副厅长刁玉泉赴湖北武汉参加全国戏曲进校园经验交流会（至 15 日）。

14 日 省文化厅厅长金兴盛到浙江音乐学院宣讲党的十八届六中全会精神。副厅长陈瑶接待衢州市柯城区文广新局领导到厅汇报工作；接待三门县政府领导、东阳市文广新局领导。省文物局局长柳河出席全省文保培训班结业典礼。副厅长蔡晓春参加政策法规处支部活动学习，到"五四宪法"历史资料陈列馆参观学习；走访南宋官窑博物馆，调研对外文化交流工作；主持召开小百花艺术中心工程项目推进会。

15 日 省文化厅厅长金兴盛、副厅长陈瑶到绍兴参加 2016 "浙江好腔调·满园春"——第三批浙江省传统戏剧之乡授牌仪式暨"非遗薪传"浙江传统戏剧获奖节目颁奖晚会。厅长金兴盛参加宣传思想文化工作务虚会。副厅长陈瑶到浙江美术馆参观书画展。省文物局局长柳河赴绍兴调研。驻厅纪检组组长端木义生参加省纪委培训。副厅长蔡晓春赴安吉召开浙江自然博物园工程项目推进会。

16 日 省文化厅厅长金兴盛、副厅长黄健全赴宁波市参加全省文化市场双随机监管启动仪式。省文物局局长柳河出席新昌博物馆展览开幕式活动。副厅长蔡晓春赴浙图参加之江文化中心

PPP 项目座谈会。副厅长刁玉泉陪同国家专家并座谈。副巡视员李莎参加境外浙江籍中国公民和驻外机构安全保护工作联席会议扩大会议。副巡视员任群参加全省关心下一代工作暨表彰会议；参加全省"先照后证"企业登记信息"双告知"工作部署电视电话会议。

17 日 省文化厅领导金兴盛、陈瑶、褚子育、黄健全、柳河、端木义生、刁玉泉、李莎、任群参加领导干部会议。厅长金兴盛列席省委常委会。副厅长蔡晓春赴丽水参加中国区域文化与特色小镇建设研讨会。

19 日 省委常委、宣传部部长葛慧君在浙江小百花越剧团"九五剧场"出席观看第一批省属舞台艺术拔尖人才成果汇报演出——越剧《吴越王》，省委宣传部副部长唐中祥、省文化厅厅长金兴盛一同观看。厅长金兴盛分别接待衢州市文广新局新任领导班子成员、新远集团总裁到厅汇报工作；接待遂昌县文广新局局长一行到厅汇报工作，副厅长黄健全参加；听取省文物局局长柳河到厅汇报 2017 年工作思路；与中组部谈话组谈话。副厅长陈瑶接待景宁畲族县文广新局局长一行到厅汇报工作。副厅长蔡晓春赴杭州市现场考察 2017 中国——中东欧文化合作论坛活动地点。副厅长刁玉泉参加浙江艺术职业学院、浙江越剧团"姚水娟 100 周年诞辰纪念活动"。

20 日 省文化厅厅长金兴盛向郑继伟副省长汇报工作；列席省政府常务会议。副厅长陈瑶到省人力社保厅联系工作。省文物局局长柳河陪同国家文物局副

局长宋新潮考察松阳、德清民宿（至22日）。副厅长蔡晓春赴北京中国国家博物馆参加韩美林大师艺术作品展。副厅长刁玉泉审看文化志愿者总队歌唱家艺术团演出节目及座谈；观看文艺拔尖人才汇报演出。

21日　省文化厅厅长金兴盛、副厅长黄健全出席全省机关"两学一做"教育主题晚会。厅长金兴盛、副厅长蔡晓春参加第三届世界互联网大会总结表彰会议。厅长金兴盛接待省广电集团总裁吕建楚一行，副厅长蔡晓春参加；接待遂昌县委书记一行来厅汇报工作。副厅长陈瑶赴三门参加浙江省"二十四节气"保护传承座谈会暨省民俗文化促进会年会，文化部非遗司保护处副处长张呈鸿等参加（至22日）。副厅长黄健全出席杭州悦江新远影城开业仪式。驻厅纪检组组长端木义生赴温州开展文化系统党风廉政建设工作调研（至22日）。副厅长刁玉泉与省文联商量文化志愿者总队歌唱家艺术团演出事宜。

22日　省文化厅领导金兴盛、褚子育、黄健全、蔡晓春、刁玉泉参加省委宣传部干部会议。厅长金兴盛参加省科协第十次代表大会开幕式。副厅长黄健全参加厅直属机关党委委员会议。副厅长蔡晓春到浙图参加之江文化中心规划设计项目PPP推进座谈会；参加省社科联七届三次常务理事会会议。副厅长刁玉泉在浙江胜利剧院出席观看浙江京昆艺术中心"李玉声艺术专场"。

23日　省文化厅党组书记、厅长金兴盛主持召开厅党组会，厅领导陈瑶、褚子育、黄健全、端

木义生、蔡晓春、刁玉泉、李莎、任群出席会议，厅局机关相关处室负责人列席有关议题。厅长金兴盛参加中国丝绸博物馆2016中国时尚论坛年度时尚回顾展开幕式活动。省文物局局长柳河赴北京参加全国文物局长会议（至24日）。副厅长蔡晓春赴安吉参加浙江自然博物园项目推进会。副厅长刁玉泉参加省委宣传部召开的关于推进家庭文明建设电视电话会议。

24日　省委宣传部常务副部长来颖杰在浙江省人民大会堂出席观看第一批省属舞台艺术拔尖人才成果汇报演出——舞剧《王羲之》。省文化厅副巡视员任群赴青田参加"江山千里——少求书屋捐赠中国古代书画经典名迹（复制）展"和"少求书屋"挂牌暨捐赠仪式。

25日　省文化厅副厅长刁玉泉与美国作曲家于洋就浙江原创交响乐相关工作进行座谈。

26日　省文化厅厅长金兴盛列席省委常委会；参加钱塘江金融港湾建设推进大会。厅领导陈瑶、端木义生、蔡晓春、刁玉泉、任群出席观看"为人民放歌"——浙江省歌唱家艺术团2017新年音乐会。副厅长黄健全听取长兴县文广新局关于太湖演艺小镇规划情况的汇报。省文物局机关召开党员大会推荐我省出席十九大党代表，省文物局局长柳河参加。副厅长蔡晓春与杭州市文广新局局长商议2017年中国—中东欧文化合作论坛活动方案。副厅长刁玉泉参加在浙江宾馆举行的省政协文卫体委界别组会议。

27日　省文化厅领导金兴盛、陈瑶、褚子育、黄健全、柳河、

端木义生、蔡晓春、刁玉泉、李莎、任群参加省委经济工作会议。厅长金兴盛参加省委经济工作会议分组讨论。副厅长陈瑶接待衢州市柯城区文广新局领导一行到厅汇报工作。全省文物局长培训班在杭州召开，省文物局局长柳河参加（至28日）。副厅长刁玉泉与省工商局领导对接相关工作事宜。

28日　省文化厅厅长金兴盛参加美术专业高评委会；到浙江音乐学院给全省文物局长培训班讲课。副厅长陈瑶到浙江艺术职业学院参加浙江文化干部网络学院开通仪式。副厅长黄健全出席杭州叶子文化艺术中心成立仪式。副厅长蔡晓春参加浙江省非政府组织管理工作协调小组第一次全体会议；参加全省发展和改革工作会议。副厅长刁玉泉参加"正大气象"——第四届杭州·中国画双年展开幕式。副巡视员任群参加第五届"浙江慈善奖"颁奖活动。

29日　省文化厅厅长金兴盛与浙江歌舞剧院有限公司负责人谈话；出席观看浙江音乐学院交响乐团2017年新年音乐会。副厅长陈瑶参加省级文化系统安全检查；出席全省文化艺术档案业务工作会议并讲话。省文物局局长柳河出席"人在草木间"——中国茶生活艺术展。副厅长蔡晓春到安吉检查浙江省自然博物园进度及工程安全生产工作。副厅长刁玉泉审查省政协新年晚会节目。

30日　省委书记夏宝龙，省委常委、宣传部部长葛慧君听取省文化厅关于浙江省之江文化中心项目建设进展情况汇报，厅长

金兴盛、副厅长蔡晓春参加。厅党组书记、厅长金兴盛主持召开厅党组会,厅领导陈瑶、褚子育、黄健全、柳河、端木义生、蔡晓春、李莎、任群出席会议,厅局机关相关处室负责人列席有关议题。副厅长刁玉泉参加省政协新年晚会;参加省精神文明建设委员会全体成员会议。

（邢吴翔）

厅属单位建设发展

ZHEJIANG CULTURE YEARBOOK

浙江省文物监察总队

【概况】 2016年末实有在编人员8名（核定编制数8个）。

2016年，浙江省文物监察总队深入学习、贯彻落实党的十八大和十八届四中、五中、六中全会精神，紧紧围绕全省文物执法监察工作总体目标，结合《2016年度目标管理责任书》，加强文物执法监察工作，创新举措、狠抓落实，努力打造文物执法监察工作升级版，各项工作取得显著成效。

一、开展执法巡查，推动各地执法工作深入开展

按照年度工作计划，进一步强化日常文物监管，深入开展文物执法巡查工作。如，赴杭州、温州、绍兴、湖州、金华、衢州、台州、嘉兴等地，对部分各级文物保护单位和国有收藏单位开展执法检查。全年出动778人次，检查文博单位372家次，指导各地开展文物执法巡查工作，超额完成了年度巡查文博单位100家的工作任务。

在省总队的推动与指导下，全省各地积极开展文物执法巡查工作，出动巡查人员17650人次，检查文博单位7916家次，发现安全隐患493起，整改到位435起，发现制止涉嫌违法行为29起。

根据省文物局工作部署，组织开展全省各设区市之间的文物执法监察交叉检查工作，组成11个交叉执法检查组，对11个设区市45个县（市、区）的203家文博单位进行了抽查，发现与遏止文物违法行为1起，消除安全隐患18处，并将检查情况向当地文物行政部门反馈，提出整改要求。

二、维护法律尊严，加大违法案件督察力度

继续加强对各地文物违法案件查处工作的督察与指导，尤其对有案不查、有案难查的地区进行重点督办。全年督察与指导文物违法案件6起。如，对杭州市级文物保护单位蒋经国故居使用单位未按审批要求进行修缮一案进行督察与指导，当地文物行政部门责令当事人改正并处罚款8万元；赴衢州市对某建设单位擅自在全国重点文物保护单位衢州城墙建设控制地带内实施建设工程一案进行督察，指导当地依法查处文物违法行为，当地文物行政部门责令当事人改正并处罚款50万元；赴江山市对某村民擅自拆除省级文物保护单位和睦陶窑群陆松铭家窑一案进行督察，指导当地及时、规范处置涉嫌犯罪案件；两次赴苍南县，对全国重点文物保护单位蒲壮所城"两线"范围内的多起违法建设案进行督办，约见当地政府领导，提出有关意见，并要求当地文物行政部门依法调查此案，杜绝此类事件再次发生。

在省总队的推动与指导下，全省各级文物执法监察机构加大了文物违法案件的查处力度，全年调查涉嫌违法行为69起，其中立案调查24起，累计罚款125.6万元。全省文物行政处罚案件水准有了进一步提升，在2016年度全国文物行政处罚案卷评查活动中，由省总队组织、遴选、报送的参评案卷获得"十佳案卷"1个，"优秀案卷"4个，获奖率100%，名列全国前列。

三、完善监管平台，加快各地科技执法运用步伐

按照省委、省政府全面实施创新驱动发展战略加快建设创新型省份的要求，围绕打造我省文物工作升级版的目标，在省文物局支持下，在浙江省文物行政执法网络监管平台的基础上，全面启动浙江省"天地一体"文物执法监察预警系统省级平台研发及试点文物科技项目。为确保项目顺利实施，单位派人员先后赴杭州市、宁波市、温州市、金华市和宁波市海曙区等试点单位调研，协调相关事宜，并在温州市召开"天地一体"实地观摩推进会，在杭州召开文物执法监察科技运用推进会。经过近两年的努力，"天地一体"文物执法预警系统省级平台研发及试点应用文物科技项目工作已完成，与部分试点单位实现互联对接，项目已通过省文物局专项验收。

在省总队的推动与指导下，金华市、温州市和宁波市海曙区文物执法监察机构以多种方式开展试点工作，基本完成了与省级平台的对接工作，实现了视频图像、告警信息互联共享。"天地一体"预警平台已初步取得实效，各地采用省总队配发的无人飞行器空中俯拍文物保护单位，使监察视野更加开阔、清晰，"天地一体"预警平台监测到了金华市某省级文物保护单位违法行为，使违法处置工作更加迅速，进一步节省了执法行政成本，极大地提升了文物执法监察工作效能。

四、强化部门联动，开展管辖海域内文化遗产联合执法工作

上半年，组织了由中国海监浙江省总队、浙江省海警总队和我省部分沿海地区文物、海监执法机构相关负责人参加的浙江省管辖海域内文化遗产联合执法工

作座谈会,就海上文物联合执法实效和程序进行了研讨。还组织指导了2016年度台州辖区内海域文化遗产联合执法巡查活动,浙江省、台州市、椒江区三级文物、海监、海警等部门组成联合检查组,对椒江部分海域内的文化遗产以及一江山岛上的文物保护单位保护情况进行了常态检查。

五、提升队伍素质,组织全省执法监察人员业务培训

积极开展文物执法监察业务培训,进一步加强全省文物执法监察队伍建设,提高执法人员依法行政水平。受省文物局委托,举办了全省文物行政执法监察人员培训班,来自全省各市、县(市、区)100余名执法人员参训,国家文物局督察司、北京市文物局文物监察执法队、宁波市文化市场行政执法总队的专家受邀,分别就《全国文物行政执法形势分析及相关法律解释》《文物行政执法案例操作及社会力量辅导执法》《文物违法案例查办务实》进行授课。此外,还组织举办了第三届一、二期全省文物执法监察业务骨干人员学习班,全省各设区市文物执法监察机构推荐的24名业务骨干参加了学习。

六、营造保护氛围,文物法律、法规宣传受到表扬

在金华市参加了2016年"文化遗产日"浙江省主场活动,活动期间联合金华市文物监察支队开展了文物执法宣传活动,通过文物法律法规咨询、文保小知识有奖问答等形式吸引了广大市民参与,取得了良好的社会反响。近年来,省总队结合执法巡查、案件督办、文化遗产日宣传等工作,采取架设展板、发放宣传手册、张贴宣传画、开展有奖竞猜等形式,开展丰富多彩的文物法律、法规宣传活动,营造了全社会保护文物的良好氛围。5月,省总队被中宣部、司法部评为2011—2015年全国法制宣传教育先进单位;11月,被浙江省文化厅评为全省文化(文物)系统"六五"普法工作先进单位。

七、做好其他相关工作

认真完成国家文物局、省文物局交办的其他专项工作。按照上级部门要求认真组织开展文物法人违法(2016—2018年)案件专项整治活动、文物系统"双随机"抽查工作和浙江省政府服务网文物行政处罚事项调整及案件流程测试。

支持工会工作,组织全体人员深入学习、贯彻文物保护工作大政方针,树立正确的政治意识、大局意识和服务意识,进一步提高全体人员的政治与业务素质。

认真贯彻执行各项财务规章制度,进一步加强对项目经费的使用管理,做到专款专用,当年经费预算执行率为77.7%。完成2017年度经费预算编制上报、政府采购预算编制及采购工作。完成资产管理系统、统发工资系统的日常数据维护。完成因国家政策而启动的养老金保险数据的采集、缴费以及与之相关的工资结构的调整、公积金计缴等工作。委托第三方机构完成单位内控建设工作,对预算、收支、采购、资产、合同工作进行自查与整改,编制了汇聚相关工作制度的内部控制手册,做到人手一册,优化工作管理和业务流程。严格遵守和执行国家财经法规、财务规章制度和省文化厅各项财务规定,无财

务违纪情况发生。

完成了人事、文秘、档案、统计、后勤、社会治安综合治理等各项工作任务,支持民主党派人员开展有关活动。

(郑李潭)

浙江音乐学院

【概况】 内设17个党政管理机构、3个群团组织、17个教学科研机构、3个教辅单位、4个高水平艺术团。2016年末实有在编人员420人(核定编制500人),其中专任教师290人,具有高级技术职务资格的119人,中级171人;设有一级学科4个,开办专业8个;学生2015人(含联合培养),其中研究生189人。

3月1日,教育部批准成立浙江音乐学院,为全日制普通本科高校,以本科教育为主,同时承担研究生培养任务。浙江音乐学院由浙江省政府创办,归口省文化厅管理,浙江省政府、文化部共建。正式建校后,学院以"高水平一流音乐学院"为目标追求,以培养"专业基础厚实,实践适应能力较强,个性特色鲜明的高素质音乐艺术专门人才"为定位,以内涵建设为中心,按照"强基础、保重点、建机制、促发展"基本思路,高起点设计、高标准建设、高水平办学,各项事业取得快速发展,并在较短的时间内跃上了新的台阶。

一、党建和思政工作不断加强

深入开展"两学一做"学习教育系列活动,通过组织开展党委理论学习中心组学习会和各类专题学习活动,全体党员干部理想

信念、"四个自信"得到明显加强。制定出台 30 多项党内规章制度和文件，确定了党支部"堡垒指数"和党员队伍"先锋指数"，积极推进党员之家和党员实践服务基地建设，组建成立学院第一届团委及 14 个二级团组织，"堡垒""先锋"作用得到明显发挥。扎实落实二级党组织意识形态主体责任，建成学院"一网一报一台"宣传平台，积极开展系列校园文化活动，形成了富有浙音特色的校园文化品牌。立足实际问题，探索建立了"一岗双责"记录本、"内部巡察"等党风廉政建设创新机制，有效强化了内部监督。

二、学科专业体系架构日趋成形

成立学院学位评定委员会，遴选新增硕士生导师 11 名，完成 2016 级硕士研究生培养方案修订和课程建设。音乐与舞蹈学、艺术学理论、戏剧与影视学等 3 个一级学科列入省一流学科建设计划，其中音乐与舞蹈学列入冲全国一流学科计划。新增表演、舞蹈编导、艺术与科技 3 个新专业和舞蹈表演（中国舞方向）、表演（指挥方向）2 个专业方向，专业总数达到 8 个。新成立二胡艺术研究中心、合唱研究交流中心，学科平台总数达到 8 个。启动实施了 2016 年院级科研课题申报工作，立项 117 项。全年获国家级、部级、厅级科研项目立项 18 项。

三、教学模式改革迈出坚实步伐

高标准建设专业，音乐学专业、作曲与作曲技术理论专业分别被评为省级"十三五"优势专业和特色专业。完成 2016 级人才培养方案的修订。整合各系（部）教师资源，积极推进教研室建设，1 项教学成果获省级教学成果一等奖。全面实施学生期末学业考试"教考分离"改革试点，教风学风全面向好。成立学院教学督导组，从"督教、督学、督管"三个方面对日常教学进行全面把控。实行学生统一实习制度，组织 2013 级非师范毕业生实习艺术团赴省内 9 所兄弟院校和地方剧院、农村文化礼堂巡回演出，学生能力提升明显。

四、师资队伍结构进一步优化

修订出台高层次人才引进、教职工进修培训、高级专家延退、外聘兼职教师管理等系列人事管理制度，完成首批 94 名教师的教师资格证认定。先后引进和选调优秀教师 17 名（正高 3 名，副高 4 名），并以柔性方式引进国际国内一流专家 10 余人。19 名教师晋升高一级专业技术职务，先后有 4 人次分获省"高校优秀教师"、省"151 人才工程"二层次人选、省"钱江人才计划"等荣誉，6 个团队入选省文化厅创新团队之列。

五、招生和学生管理工作从紧从严

首次以浙江音乐学院名义面向全国招收全日制本科生 551 人（含专升本 49 人）。正式纳入全国前 30 所独立设置本科艺术院校艺术类专业招生序列。成立了思想政治教育工作研究会，积极推进马克思主义学院筹建。深入开展学生"文明修身"计划和"文明寝室"创建活动，在省教育厅文明寝室督查中被评为 A 等。建立大学生就业创业指导站和征兵工作站，是年，毕业生就业率达 96.51%。积极开展困难生补助和学生评优评先活动，全年累计发放各类奖助学金 81 万余元。设立学生"琴房指数"和"图书馆指数"。组织召开学院第一次学生代表大会，选举产生学院第一届学生会。积极推进创业学院筹建，6 名学生在全国音乐设计比赛中均获奖，2 个学生创业团队在省"互联网＋"大学生创新创业大赛中获得铜奖。

六、艺术实践活动亮点纷呈

组织师生积极参与杭州 G20 峰会、庆祝建党 95 周年、纪念红军长征胜利 80 周年等重大演出。"八秒合唱团"顺利完成全国 21 场巡演。国乐团赴捷克和奥地利访问演出取得圆满成功。相继承办了第五届全国高等艺术院校中国声乐展演华东选区（浙皖苏赣沪）选拔赛、文化部第二届音乐创意人才扶持项目总评音乐会、2016 国际艺术教育高端研讨会等重大活动，全年举办校内师生音乐会、名家演奏会、个人专场音乐会等各类艺术实践演出 100 多场。结合"高雅艺术进校园"、实习乐团演出、学生暑期实践、音乐采风、走基层等活动，广大师生深入大中小学、社区和农村，为高雅艺术普及和浙江文化强省建设做出了积极贡献。

七、内部治理体系进一步完善

"党委、行政、学术"三线治理，院系（部）两级管理体制日趋完善。成立学院纪律检查委员会。完成学院首轮中层干部聘任工作，调整了内部机构设置和领导分工，先后修制订近 70 项学院规章制度。成立学院新一届学术委员会和教学指导委员会。组织召开学院第一次教职工代表大会暨工会会员代表大会,成立学院第一届工会委员会。成立校园治安综合治理委员会,建立完善了"纵向到底、横向到边、责任到人、无缝覆盖"的校园综治工作新机制。成立学院保密工作委员会,组建了保密联络员队伍。

八、社会服务机制初步建立

先后与杭州市西湖区、德清县、舟山市普陀区签署合作协议,助推地方音乐艺术教育、高雅艺术普及和音乐文化产业发展。联系对接浙江省盲人学校,探索合作开展视障音乐教育研究,助力社会公益事业。顺应"一带一路"倡议,敦煌艺术、畲族音乐等非物质文化遗产的挖掘、传承工作有了良好开端。

九、对外合作交流迈出新步伐

分别与奥地利莫扎特音乐学院、英国皇家音乐学院和皇家北方音乐学院签订合作协议或备忘录。大力开展国际交流与合作,首批委派15位教师赴奥地利完成培训,全年邀请境外音乐名家和艺术团体到校举办各类大师班、音乐会15场次。与上海音乐学院签署合作办学备忘录,积极推进两校多方位合作。

十、办学实体建设加快推进

成立继续教育学院,获批成人学历教育资格,顺利完成首次自考助学和成人学历教育招生工作。经省教育厅批准、省民政厅备案登记,以"国有民办"模式成功设立附属音乐学校。

十一、多渠道筹措办学经费取得实效

构建财政拨款、事业收费、接受社会捐赠、争取社会服务收入等多渠道筹措办学经费机制。是年,财政预算执行率超过91%。制定出台系列财务管理制度,完善内部控制体系。积极谋划设立多种形式基金会捐赠项目,签订捐赠协议,捐赠资金额度达6300万元。申报成立资产经营公司,为学院产业发展培育投资主体。

十二、办学保障机制日益完善

顺利完成学院事业单位法人变更,土地证、房产证顺利办结,校园建设工程荣获"鲁班奖"。积极推进音乐博物馆建设。基本建成有线无线相融合的校园信息网络。建立健全资产管理制度,全面完成学院各类资产清查登记和近百个建设项目的政府采购招标。乐典公司围绕校园服务保障和市场经营拓展,加强了生活后勤保障。重点实施办公环境改善、教职工健身中心等十项"民生工程"。平安校园建设全面启动,实现全年无重大安全事故,校园稳定。

举办"十三五"高等音乐教育发展论坛

5月7日,"十三五"高等音乐教育发展论坛在浙江音乐学院举行。来自国内各大音乐学院的领导及专家、学者汇聚一堂,围绕"十三五"高等音乐教育发展议题展开深入交流和探讨。

举行浙江音乐学院成立大会

5月8日,在学院大剧院隆重举行浙江音乐学院成立大会。省市有关领导、全国高校设置评议委员会专家代表、中国音乐家协会和国内外各大音乐院校领导、省内各省属高校领导、各界知名人士以及学院全体党政领导、各职能部门负责人、师生代表近1000人参加大会。省委书记夏宝龙和文化部副部长董伟共同为浙江音乐学院揭牌。副省长郑继伟宣读教育部、省政府建校批文,并与董伟签署省部合作共建浙江音乐学院协议。

夏宝龙与浙江音乐学院干部教师代表座谈交流

5月8日,省委书记、省人大常委会主任夏宝龙与浙江音乐学院干部教师代表进行了座谈。夏宝龙要求全体"浙音人"要把"事必尽善"的校训贯穿到学院办学发展、老师教书育人和学生求学成才的全过程,力求完美、力求一流、力求极致,把浙江音乐学院打造成如诗如画、如梦如幻的艺术殿堂。

第一次"双代会"顺利召开

6月22日,第一次教职工代表大会暨工会会员代表大会召开。大会审议通过了《浙江音乐学院章程》和《浙江音乐学院"十三五"建设和发展规划》,选举产生了学院第一届工会委员会委员和经费审查委员会、女职工委员会委员。

李强到浙江音乐学院视察指导工作

6月27日,浙江省委副书记、省长李强到学院视察指导工作,杭州市委副书记、市政府党组书记、市长张鸿铭,省政府秘书长李卫宁,副秘书长王纲,省文化厅厅长金兴盛,省文化厅副厅长、学院党委书记褚子育等陪同。

第二届音乐创意人才扶持项目总评音乐会在学院举行

7月10日,由文化部、财政部支持,中国演出行业协会、中国娱乐行业协

会主办,浙江音乐学院承办的第二届音乐创意人才扶持项目总评音乐会在学院举行。总评音乐会以"梦飞扬"为主题,来自全国各地的31组选手现场演绎了各自入选的精彩音乐作品。

顺利完成首次自主招生　上半年,首次以浙江音乐学院名义面向全国招生,招收音乐表演、音乐学、作曲与作曲技术理论、舞蹈表演、舞蹈学等5个专业全日制本科生500名,同时面向浙江省招收专升本新生50名。9月16日,550名新生顺利报到入学。9月17日晚,在学院大剧院举行浙江音乐学院2016级新生开学典礼暨迎新晚会。

国乐团赴捷克、奥地利访问演出　10月2日、5日,学院国乐团分别在捷克首都布拉格斯美塔那音乐厅和奥地利首都维也纳童声合唱团音乐厅举行了中国音乐专场音乐会,取得圆满成功。

林蕙青一行莅临浙江音乐学院考察指导　11月12日,教育部副部长林蕙青一行莅临学院考察指导,浙江省教育厅厅长郭华巍,省委教育工委副书记、省教育厅副厅长陈根芳,省教育考试院院长孙恒,原省教育考试院院长葛为民,省文化厅副厅长、学院党委书记褚子育等陪同考察。

2016 国际艺术教育高端研讨会在学院召开　12月3日,由中国教育学会和世界艺术教育联盟主办,浙江音乐学院和易平台国际教育科技(北京)有限公司承办,浙江省教育厅、省文化厅、省教育

学会共同协办的"2016国际艺术教育高端研讨会"在学院举行。本次会议主题为"艺术教育的可持续发展",联合国教科文组织艺术教育、世界艺术教育联盟等国际艺术教育相关组织负责人及来自海内外的艺术教育专家和教师代表400余人参加了研讨会,共同探讨艺术教育的本质意义与实践方法。

推进"教考分离"改革试点工作　在2016—2017学年推行覆盖各系、各专业所有课程和各年级所有学生期末考试的"教考分离"改革,即学生期末考试由学院组织统一命题、统一阅卷、统一评分,任课教师回避。通过"教考分离",有效增强了教师教和学生学的压力,整肃了教风、学风和考风,教风、学风全面向好。

(傅文钢)

浙江艺术职业学院

【概况】　内设机构27个。2016年末实有在编人员417人(核定编制511人),其中具有高级技术职务资格的111人,中级117人。开设专业27个,招生专业方向30个,学生3573人,其中高职生3165人,中专生408人(含校外合作办学班)。

2016年,浙江艺术职业学院围绕全国职业教育、艺术教育和浙江省推动高等教育改革发展等领域重要部署,以"源头培育文艺新人",积极申报建设省级优质高等职业院校为目标,稳步提升人才培养质量与办学水平,教育教学、科研创作、社会服务、党建思

政、文化传承创新、国际交流合作等各项工作取得新成绩,为加快文化强省建设做出积极贡献。

一、推进专业建设与教学改革

完成"省级优质高职院校"建设申报工作。申报建设4个省级"十三五"优势专业和5个特色专业取得成功。发起成立浙江戏曲产教联盟。获省级教学成果奖一等奖1个,二等奖2个。61名学生参加G20峰会"最忆是杭州"文艺晚会和峰会后复演,《春江花月夜》《采茶舞曲》《难忘茉莉花》3个节目得到高度肯定,学院被授予"浙江省文化系统服务G20杭州峰会工作先进集体",17名教职工荣获"先进个人"荣誉称号。10个省级高等教育课堂教学改革、4个省级高等教育教学改革获立项。"综合展演季"推出27台演出(展览)。承办2016年高职高专院校技能大赛的省赛与国赛,成果丰硕。在2016年省大学生艺术节上7项作品获奖,其中一等奖4个,各有1人获评"校园十佳歌手""校园优秀歌手""最佳男歌手",8名教师被评为"优秀指导老师"。在浙江省第十届"挑战杯"大学生创业大赛终审决赛中获铜奖,实现突破。2016年"新松计划"全省青年舞蹈演员大赛获佳绩,两名学生分别获B组(18周岁以下)第一名、第二名,两名教师分别获B组(18周岁以上)第二名、第三名。

二、推进科研创作工作

共47项科研课题结题,其中国家级1项;立项省部级课题1项。首次参加并完成全国高校科研统计工作。建成赵松庭纪念馆暨赵松庭竹笛艺术教育研究所,

举办越剧表演艺术家姚水娟100周年诞辰纪念活动。修订完善学术委员会和创作委员会章程。舞蹈《凳之龙》圆满完成国家艺术基金结项，2个项目进入复评。合拍电影《艺魂》获加拿大金枫叶国际电影节"最佳影片奖"。"包峥剡舞蹈工作室"创排《彩带情歌》《四季花鼓》等新作获好评。微电影《树图腾》获第三届浙江省微电影大赛一等奖，并入围首届意大利中国电影节；"张建成电影工作室"获第三届浙江省微电影大赛"组织奖"，微电影《星星的孩子》获三等奖。

三、拓展多元化社会服务与合作

增挂"浙江公共文化管理学院"办学牌子，同步建设成立浙江文化干部网络学院。继续发挥"国字号"培训基地品牌效应，全年完成64班次培训，较2015年增长16.4%。成为"中国非物质文化遗产传承人群研修培训计划"首批入选高校，并圆满完成4期文化部委培项目。组织师生组建小分队，分赴各地服务农村文化礼堂建设。与台州市黄岩区、江山市、湖州市南浔区等地签订基层文化服务定点协议，与松阳、萧山楼塔镇等地合作。扎实推进校友会筹备，开展2016年"百名校友回校日活动暨校友代表大会"。

四、推进师资队伍建设

公开招聘录用34人，调动引进高端人才6人。深化师德师风建设，实行"师德问题一票否决制"。选派教职工参加校外各类培训230余人次。有效开展青年教师助讲培养工作。组织各类人才选拔并完善培养机制，新获10余项人才项目，其中1人被评为

"文化部优秀专家"，1人入选省首批"115"档案人才，1人入选"省级优秀辅导员"，10余人入选国家级或省级各类专业评审专家库，音乐和舞蹈各有1个教师团队入选省级文化创新团队。完成专业技术职务自主评聘工作。

五、加强内部管理顶层设计

完成学院"十三五"事业发展和师资队伍、专业发展规划编制。完善学院章程执行长效机制，修订（出台）10个校内管理制度。更新办学理念，创新管理模式，继续深化二级管理。探索大中专一体化新途径，加强中专段教学与学生管理。

六、国际（境外）合作展现新貌

与国际（境外）10多家高校（机构）开展艺术教育合作与交流。选派教师随国侨办团组赴加拿大参加"中华文化大乐园"活动，组织教师赴台湾东方设计学院培训，组团赴台湾参加"第十届台湾·浙江文化节"青年艺术节，组建第16届浙江省青少年民族艺术团赴日本静冈交流演出。选派20名交换生赴台湾东方设计学院学习；接收15名台湾东方设计学院短期交流生到院学习。参加中国东盟艺术教育论坛，与相关单位共商教育合作。

学院章程正式核准实施 经过浙江省教育厅高校章程论证专家委员会评议、省教育厅厅长办公会议讨论同意、公示等环节，正式核准学院章程。

浙江公共文化管理学院揭牌 4月14日，在浙江艺术职业学院举行揭牌仪式。文化部公共文化司、中央文化管理干部学院以及

浙江省文化厅领导出席并致辞，全省部分市、县（市、区）文化局及全国文化干部培训现场教学基地负责人等参加。揭牌仪式后举行了建设与发展研讨会。

文化部非物质文化遗产传承人群培训班 第一期于5月27日开班。培训班以"书画装裱、古籍修复"为技艺方向，学员在一个月内学习中国古籍的复制与流传、书法文化与非遗保护、字画装裱及保护等课程。继中国美术学院、浙江师范大学之后，作为省内唯一的高职院校，入选2016年文化部中国非物质文化遗产传承人群研修研习培训计划参与院校，承办4期文化部培训班。

"笛坛宗师"赵松庭纪念馆落成 10月9日，赵松庭纪念馆在浙江艺术职业学院开馆。是年为赵松庭逝世十五周年。当晚，在省人民大会堂举行赵松庭嫡传弟子同台演奏笛子专场音乐会。10日，举行"赵松庭笛艺教学传承与创新"学术研讨会。

4个专业入选浙江省高校"十三五"优势专业建设项目 12月16日，浙江省教育厅发布《关于公布浙江省高校"十三五"优势专业建设项目的通知》，公布150个本科专业和150个高职（高专）专业为浙江省高校"十三五"优势专业建设项目等，院戏曲表演、舞蹈表演、音乐表演、影视多媒体技术4个专业名列其中。

"越剧皇后"姚水娟100周年诞辰系列纪念活动 是年为姚水娟100周年诞辰。12月18日晚，浙

艺越剧专业毕业生和浙江越剧团资深演员在浙江胜利剧院联袂献演姚水娟代表作《碧玉簪》。12月19日，举行姚水娟越剧艺术座谈会，联合举办专题纪念展览，编辑《姚水娟诞辰一百周年纪念文集》。

倡议发起成立浙江戏曲产教联盟

12月19日，浙江戏曲产教联盟成立研讨会在杭州举行。省内20多家设有戏曲教育相关专业的院校、戏曲院团、剧场及产业单位参加。研讨会上签署了联盟协议。

浙江文化干部网络学院成立

12月28日，浙江文化干部网络学院成立仪式在学院图书信息中心报告厅举行。省文化厅党组副书记、副厅长陈瑶为浙江艺术职业学院和浙江图书馆授"浙江文化干部网络学院"牌。

2016年全国职业院校技能大赛

获奖 高职"艺术专业技能大赛（音乐表演）"赛项中，音乐系学生王璟、应梦霞获得2个一等奖。

（余培敏）

浙江图书馆

【概况】 内设机构17个。2016年末实有在编人员233人（核定编制282人），其中具有高级技术职务资格的65人，中级127人。

2016年，浙江图书馆深化体制改革、创新服务方式、提升服务效能，取得良好效果。

一、推进管理体制改革

作为国家公共文化机构法人治理结构试点单位，顺利通过文化部评审验收。坚持民主集中制原则，"三重一大"事项集体决策。推行馆务公开，召开浙江图书馆第三届职工代表大会第九次、第十次会议。

二、完善基础设施建设

浙江省之江文化中心建设工程总体规划在馆展厅公示并广泛征求社会公众意见。建立新馆基建项目领导小组和工作小组。工作小组先后赴中国丝绸博物馆、浙江自然博物馆和广州市图书馆等进行前期调研，为新馆建设做好准备。完成机房改造项目前期准备，确定搬迁方案和新机房建设方案并开始搬迁。

三、加大资源保障力度

省财政下拨文献购置经费3400余万元。新增入藏实体文献26.4万册/件。采访各类文献11.8万种23.4万册，其中购买中文图书8.9万种20.4万册。在年度文献购置计划中安排专门经费，通过参与市场竞拍等多种方式开展原始文献采访工作，提高馆藏核心竞争力。竞购成功文澜阁四库全书本《花草粹编》《竹涧集》《荥阳外史集》等珍贵文献8种。

启动浙江省公共图书馆地方文献联合征集网工作，90家公共图书馆参与。启动民间文献征集工作，征集老照片、契约文书等。全年征集地方文献2126种3048册，包括图书1811种2578册，期刊合订本315种470册。牵头申报国家图书馆中国记忆项目林祖藻口述史专题获批。

完成馆藏可移动文物普查5.5万套（件），修复馆藏古籍1.46万叶（张），新整理并刷印雕版2.4万片。

新增数字资源22TB，总量达到111TB，包含外购资源103个，自建资源26个。数字资源统一检索系统新增10个数据库，实现38个数据库统一检索。建成浙江省公共图书馆联合目录系统。

四、提升读者服务效能

基础服务效益提升。新办读者证2.8万张，同比增加24%。文献外借159.6万册次（含续借），同比增加12.2%。总流通人次334.3万人次，同比增加29.1%。无线网利用539.8万人次，同比增长11.7%。

推进公共文化服务标准化体系建设。浙江省首个省级公共图书馆地方服务标准《公共图书馆服务规范》（DB33/T2011—2016）颁布，为构建浙江省公共图书馆业务标准化体系和浙江省公共文化服务标准化试点工作做出贡献。浙江图书馆成为中国图书馆学会公共图书馆分会图书馆标准化工作委员会挂靠单位。完成文化部第6次公共图书馆评估定级试评估任务，为第六次公共图书馆评估标准的制定贡献了浙江智慧。

创新服务手段。实施"互联网＋"行动计划，实现24小时办证和小额费用的移动支付，支付宝在线办证量占同期总办证量的45%左右，移动支付占同期总支付金额的60%左右。引入社会征信体系，对芝麻信用650分以上的浙江用户免押金办证。完善支付宝服务窗、微信服务号等移动端服务平台，集图书到期提醒、活动发布、数字资源访问、服务数据可视化显示等功能于一体，提升服务效能,实现全省用户无差别服务。

推进全民阅读。浙江省全民阅读节系列活动深入开展,浙江图书馆联动全省 98 家公共图书馆,以"图书馆就在我身边"为主题,推出"4·23 图书馆之夜"、发布"浙江省公共图书馆 2015 年度阅读报告"等 10 个系列、2000 余场丰富多彩、别具特色的阅读活动。紧扣时代主旋律,围绕中国共产党成立 95 周年、纪念红军长征胜利 80 周年、孙中山诞辰 150 周年等重大主题开展读者活动,全年举办各类读者活动 559 场次,参与读者 28.7 万人次,同比分别增加 151.8% 和 51.9%。

深化特殊群体服务。举办"第十二届浙江省未成年人读书节",以"戏曲阅读经典"为主题开展各类活动 1465 场,近 95 万人参与。启动"书香传家,阅读继世""60+阅读计划"。开展"数字时代 我们一起前行——老年人信息素养提升活动"。联合浙江卫视、浙江电台音乐调频共同举办"文化自信 演绎精彩"国际盲人节主题公益活动。倡导社会力量参与特殊群体服务,组织爱心助盲志愿者开展盲文图书制作、有声读物录制、为盲人口述电影等服务项目,"触摸天堂——阅读文化助盲志愿服务项目"荣获"第十一届中国青年志愿者优秀项目奖"和"第三届中国青年志愿服务项目大赛"金奖。

拓展决策信息服务。在浙江政协官方 App 和浙江人大官网开通"浙图两会服务"专栏,提供"两会"专题信息。向省委办公厅提供对策类报告 12 份,信息专报 758 期,其中 3 项条目获省委书记批示,2 项条目获省委副书记批示。为政府机关领导提供定题服务 34 项,专题报告 37 份,其中《2016 公共文化服务标准化及综合性文化服务中心建设工作的媒体监测》获省文化厅领导批示表扬。

推进图书馆服务向基层延伸。发起并联合全省百家公共图书馆统一行动,在百个文化礼堂同时举行"百名教授回乡走进百家文化礼堂"活动,参与读者近万人。12 月 28 日,浙江图书馆第二家村级分馆龙游县沐尘村分馆建成开放,集图书借阅、报刊阅览、电子阅览等多种功能于一体,与省馆互联互通。

五、持续推进重点文化工程

公共数字文化工程。开展公共电子阅览室横向合作,完成全部 12 个开发区电子阅览室示范点建设。完成数字图书馆推广工程建设方案(2016—2018)。新增安吉县图书馆、长兴县图书馆等 16 个图书馆联通全省虚拟网,单向联通率 93%。完成数字图书馆推广工程全省运维平台开发,完成 40% 市级部署运行工作。完成 16 个 2015 年全省文化共享工程地方特色资源建设项目验收和 11 个 2016 年地方特色资源项目立项工作。开展推广工程数字资源联合建设项目,组织宁波、舟山、嘉兴、衢州市级馆实施数字化加工联合采购。联合浙江艺术职业学院成立"浙江文化干部网络学院"并开通上线。主办浙江省"十二五"公共数字文化建设展。开展"文化共享 结伴礼堂——浙江省文化共享工程农村文化礼堂行""传承经典 共享文化——浙江省戏曲动漫进校园"等主题

服务推广活动,将工程优秀资源及传统文化送到广大农村和校园。开展浙皖文化走亲系列活动。"浙江文化通"客户端下载安装量 4.4 万个,用户访问量 271 万余次。浙江网络图书馆访问量 1230 万次,文献传递 28.6 万次,电子图书阅读 54.9 万次,期刊下载 531 万篇。

中华古籍保护计划。开展第三批浙江省"省级古籍修复中心和古籍修复站"申报评选工作,金华市博物馆等两家藏书单位通过专家评审。完成 86 家藏书单位 19.5 万部古籍普查登记数据第一轮统校。探索中高级古籍修复人才培养方式,首次开展系统性古籍修复技术培训。加强古籍保护宣传,举办"浙江省古籍保护成果展",承办"国家珍贵古籍系列讲座"等展览、讲座,开展修复体验活动,向社会公众宣传古籍保护工作和知识。全省 4 家单位 118 部古籍入选第五批《国家珍贵古籍名录》,包括浙江图书馆 77 部、宁波市天一阁博物馆 38 部、杭州图书馆 2 部、西泠印社 1 部。

六、加强业界交流和人才培养

加强对外交流。联合北京大学信息管理系共同主办"公共数字文化论坛",近 150 位代表参会。首次组织全省各级公共图书馆馆长和业务骨干等 13 人赴美国参加"现代公共阅读服务"培训班。

以五大联盟和浙江省图书馆文献采编中心为平台,促进全省公共图书馆协同发展。浙江图书馆联合全省公共图书馆发布《浙江省公共图书馆 2015 年度阅读报告》。"浙江省公共图书馆信息

服务联盟"联合全省31家公共图书馆合作编辑《我为浙江做什么？——以新的姿态迈入"十三五"》专题信息，为"两会"代表提供信息参考。浙江省视障信息无障碍服务联盟在联盟馆间推出统一调配，分站流转的盲用文献资源利用方式，全年分配7个批次783册；组织评选浙江省2016年盲人"阅读之星"活动。浙江省公共图书馆讲座展览联盟完成巡展30场次，受众近8.2万人次。浙江省图书馆文献采编中心新增数据11.8万余条。

浙江省图书馆学会围绕业界热点组织学术交流、讲座、培训等16场次，包括长三角地区公共图书馆读者服务学术交流会，第二届闽浙论坛等。浙江图书馆面向全省举办"浙江省公共图书馆服务规范与评估工作培训班"等各类培训27期，总计培训2600人次。与复旦大学合作，在浙江图书馆建立复旦大学图书情报专业硕士人才实习基地。

2016年学术研究有较大突破。7月，《图书馆研究与工作》（CN33—1398/G2）公开出版。《浙江省未刊古籍整理》课题获浙江省哲学社会科学规划办公室优势学科重大委托课题立项。省文化厅科研项目立项1个，结项4个。省社会科学信息学会课题结项1个。馆级课题立项4个，结题4个。编纂出版《毛春翔文集》《民国时期浙江省地方议会史料汇编》《浙江省政府公报：一九一二——一九二七》。

成立浙江省文化志愿者总队浙江图书馆支队暨浙江图书馆文化志愿者团队，视障志愿者服务团队获"五星级文化助盲志愿服

务团队"。实施《浙江图书馆6411人才工程实施方案》，11人入选首批6411人才工程。"公共图书馆数字文化服务创新团队"和"浙江省地方文化资源组织与建设团队"入围浙江省文化创新团队。

启动浙江省公共图书馆全民阅读节系列活动　3月1日，省文化厅召开新闻发布会，启动全省公共图书馆全民阅读节系列活动。3月至5月，全省98家公共图书馆联合行动，开展以"图书馆就在我身边"为主题的十大系列阅读推广活动，为广大群众献上一场精美的"阅读盛宴"。本次活动由省文化厅主办，浙江图书馆及各市、县（市、区）文化广电新闻出版局承办，各市、县（市、区）公共图书馆具体执行。

举办浙江省公共图书馆"4·23图书馆之夜"活动　4月23日晚，浙江省公共图书馆"4·23图书馆之夜"活动启动仪式在浙江图书馆举行。本次活动由省文化厅主办，浙江图书馆及各市、县（市、区）文化广电新闻出版局承办，各市、县（市、区）公共图书馆具体执行。浙江图书馆推出了包括专家讲座、读书沙龙、古籍修复技艺展示与体验等在内的21场活动，共7195人次参加。全省共95家公共图书馆同时举行"4·23图书馆之夜"活动，为读者献上了内容丰富、充满趣味的阅读活动，为推动书香浙江建设营造出了浓浓的阅读氛围。

发布浙江省《公共图书馆服务规范》　5月26日，浙江省首个省

级公共图书馆地方服务标准——浙江省《公共图书馆服务规范》（DB33/T 2011—2016）由省质量技术监督局批准发布。该规范规定了全省各级公共图书馆的设施设备、服务资源、服务内容、服务效能、服务管理和服务监督6大块内容，明确了各级公共图书馆服务内容、标准和应具备的基本服务条件、政府需要提供的保障底线。

举办"浙江省古籍保护成果展"　6月13日至26日，由省文化厅主办、省古籍保护中心承办的"浙江省古籍保护成果展"在浙江图书馆展出。展览从"调查家底""改善环境""分级保护""变腐朽为神奇""化一身为千百"等方面展现全省近十年来古籍保护工作的成效。

《图书馆研究与工作》公开出版　7月10日，《图书馆研究与工作》（ISSN 2096—2363，CN 33—1398/G2）公开出版，结束了该刊35年内部刊物的历史，实现了浙江省图书情报刊物公开出版发行零的突破。该刊由浙江图书馆主办，浙江省图书馆学会、浙江省高等学校图书情报工作委员会协办，为综合性图书馆学情报学专业期刊，每月10日出版并公开发行，常设栏目有"学术论坛""探索与创新""阅读推广""工作研究""文献考论"等。

发布《浙江省公共图书馆2015年度阅读报告》　8月29日，《浙江省公共图书馆2015年度阅读报告》发布。报告根据浙江省公共图书馆2015年外借数据，就阅读

概况、人群特征、阅读偏好等进行多角度分析,客观反映了2015年浙江省读者的借书情况,一定程度反映了2015年全省公众的阅读情况。除全省总报告外,各个地区分报告也同时发布。

举办"百名教授回乡走进百家文化礼堂"活动 9月24日,浙江图书馆发起并联合全省百家公共图书馆统一行动,在百个文化礼堂同时举行"百名教授回乡走进百家文化礼堂"活动,100名教授开展了主题丰富的讲座活动,参与读者近万人。活动启动仪式在德清县莫干山镇紫岭村文化礼堂举行。启动仪式由省委宣传部、省文化厅联合主办,湖州市市委宣传部、市文化广电新闻出版局和浙江图书馆承办。

举办浙江省"十二五"公共数字文化建设展和"公共数字文化论坛" 10月14日至20日,由浙江图书馆(全国文化共享工程浙江省分中心)主办的大型主题展览"'数字天堂'——浙江省'十二五'公共数字文化建设展"在浙江图书馆展出,1万余名读者观展。展览分国家篇、浙江篇和新技术互动展示区3大篇章,呈现了数字文化提升公众品质生活的场景,描绘出一个网络时代的"数字天堂"。10月18日至19日,由浙江图书馆和北京大学信息管理系共同主办的"公共数字文化论坛"在浙江图书馆举办,来自海外内公共图书馆、博物馆、互联网企业等的近150位代表参会。论坛以"公共数字文化:新理念、新思维、新服务"为主题,从不同的视角梳理分析和展望公共数字文化的创新与发展。

浙江图书馆法人治理结构试点工作 10月20日,省委常委、宣传部长葛慧君到浙江图书馆调研浙江省文化事业单位法人治理结构改革工作,馆长徐晓军做浙江图书馆法人治理结构试点工作汇报。12月2日至3日,浙江图书馆理事会执行理事徐晓军参加由文化部办公厅举办的公共文化机构法人治理结构改革试点工作评审验收会,并做试点工作汇报。浙江图书馆法人治理结构试点工作得到文化部肯定,评审结果名列前茅。

"触摸天堂——阅读文化助盲志愿服务项目"获第三届中国青年志愿服务项目大赛金奖 12月3日,在第三届中国青年志愿服务项目大赛上,浙江图书馆组织的"触摸天堂——阅读文化助盲志愿服务项目"从4000多个项目中脱颖而出,荣获阳光助残组金奖。该项目实施内容主要包括盲文点字书制作、有声读物录制、举办"心阅"读书会、文化助盲宣传推广4个方面。

浙江文化干部网络学院成立 12月28日,由省文化厅统筹,浙江图书馆和浙江艺术职业学院联合筹备建设的浙江文化干部网络学院落成。学院依托浙江图书馆的丰富数字资源、网络管理、硬件设施建设以及运维管理优势,依托浙江艺术职业学院的优质教学资源,为全省乃至全国文化系统、文化行业开展规范化人才队伍网络培训和在线学习服务。

(胡益红)

浙江省文化馆

【概况】 内设机构11个。2016年末实有在编人员51人(核定编制64人),其中具有高级技术职务资格的33人,中级11人。

2016年,浙江省文化馆策划组织重点群文活动60次(项);举办美术、书法、摄影、民间手工艺、对外文化交流等展览16次;组织召开全省性论坛、研讨会、作品加工会、采风活动等16次;开办各类培训班122期,全年公益培训约6.27万人次,培训各类艺术团队6800余支;直接培训全省26个重点扶持地区农村文艺骨干逾3万人;"爱心拉拉钩"活动文化志愿者帮扶基地定向培训430人;"浙江艺术网"网站点击量累计突破300万人次。在第四次文化馆评估定级中获"一级文化馆"称号及奖牌。此外,还获评浙江省级文化系统先进基层党组织、省直机关第一批服务型基层党组织;馆党总支获全省机关党建工作"十佳创新成果奖";获G20峰会安保工作核心战区"最佳合作团队"称号,另有3人获得省级文化系统服务保障G20杭州峰会工作先进个人称号。

一、文艺精品成果丰硕

在第十一届中国艺术节暨全国第十七届群星奖决赛中,选送的3个作品入围"群星奖"决赛,其中舞蹈作品《阿姊合唱团》荣获"群星奖",在本届4个艺术门类共20个全国"群星奖"中夺得一席之地。第十三届华东六省一市戏剧小品大赛中,选送的《垫钱》荣获大奖,浙江省连续两次获此殊荣。培训、选送的浙江省老年合唱团参加第十八届中国老年合唱节，获得"2016年度全国示范老年合唱团"称号，成为全国获奖的10个团队之一。此外，还在"欢跃四季——全国百姓广场舞"、第十三届华东六省一市戏剧小品大赛、"中华颂"第七届全国小品小戏曲艺大展中荣获优秀组织奖，在第二十五届"东丽杯"全国鲁藜诗歌评选中获优秀组织单位奖，获得2016中国文化馆年会"征文组织奖"。第三届浙江省合唱节在宁波成功举办，共有54支队伍4000余人参赛，为历届最多，省委书记夏宝龙、省委常委葛慧君、唐一军、陈金彪等出席了合唱节开幕式。"'以文化人'文化志愿服务走进浙江省女子监狱"入选文化部2016年基层文化志愿服务活动典型案例。

二、服务大局取得成效

年初，确定了围绕省委、省政府中心工作、热点工作策划开展群文活动的思路。围绕纪念建党95周年，举办了"纪念中国共产党成立95周年——浙江省群星中国画展"，承接省委、省政府主办的"永远跟党走——浙江省庆祝中国共产党成立95周年文艺演出"，共有16家单位、800多位演职人员参演，浙江卫视全程转播，省委、省政府四套班子领导出席并观摩了演出。整场演出主题突出、精彩纷呈，得到省委、省政府领导的高度评价。

结合"特色小镇"建设和"五水共治"工作，筹备并组织"2016年浙江省特色小镇文艺展演暨文化会亲免费开放"展示展演活动，各市、县(市、区)文广新局局长观看。活动展示了特色小镇文艺团队"唱响两美浙江"歌唱家走基层和"耕山播海"农村文艺骨干艺术人才培训辅导成果，以及馆"特色小镇"主题美术书法摄影系列活动优秀作品。其中"2016浙江省特色小镇优秀摄影作品展"面向全省征集摄影作品1000余幅，展出优秀作品60余幅，系列活动还包括特色小镇建设浙江省"群星"楹联书法大展、"五水共治""群星"书法大展、全省群文美术家"走进特色小镇奉化行"采风写生暨全省群文美术创作培训班等。

进一步丰富农村文化礼堂建设相关活动，开展了浙江省"文化礼堂"乡村排舞大赛、"文化礼堂杯"村干部才艺大赛、浙江省新农村建设题材歌词大赛、浙江省第七届中国梦·乡村诗歌大赛、浙江省文化礼堂摄影展、2016年浙江省农村文化礼堂群众文艺展演等活动。

三、农村文化礼堂建设稳步推进

开展点单服务。推出服务菜单41项，收到全省文化礼堂点单526场次。通过"百名专家联百村四季行动"业务指导活动，组织省市专家、业务干部、文化志愿者奔赴全省各文化礼堂品牌建设试点，有针对性地进行指导，特别是文化志愿者的参与为文化礼堂服务增添了新生力量。

策划主题活动。以凸显文化礼堂试点特色，展示亮点为突破口，组织开展各类活动，其中农村文化礼堂业务档案管理培训班培训102人，基本覆盖了全省文化礼堂品牌建设试点及其所在乡镇(街道)文化站。"文化礼堂杯"村干部才艺大赛全省50多支团队、160多人参加决赛。2016年浙江省农村文化礼堂群众文艺展演全省22个团队、600余人参演，展示了各地农村文化礼堂一年以来的工作亮点。

丰富供给服务。组织全省业务干部进行专题调查，形成《浙江农村文化礼堂供给侧改革研究报告》，用"大数据"指导农村文化礼堂服务。继续利用"农村文化礼堂四季行动进行时"专题网页，收集基层需求信息，推介优秀经验做法，展示特色品牌项目。《农村文化礼堂演唱资料》全年向各地文化礼堂和文化站累计下发约1万册，受到基层群众文艺团队的欢迎。

四、免费开放继续深化

课程内容多元化。西湖文化广场馆区投入使用两年多来，开展日常性培训200余期，培训15万余人次，培训课程设置推陈出新，与时俱进，兼顾市民日益增长的各类文化需求。全年举办各类培训122期(包含公益培训90期，高端专业培训班6期)，培训项目涵盖音乐、舞蹈、戏剧、美术、书法、摄影等20多个门类，累计培训约6.27万人次。举办舞台化妆、民族舞编导、现代舞编导等高端专业培训"大师班"6期。面向基层培训各类艺术团队6800余支，其中农村文化礼堂排舞团队6000支，表演艺术和视觉艺术团队800余支，重点扶持社会优秀艺术团队13支。推出"古筝艺术汇"品牌，进一步提升"社会优秀艺术团队培训班""省级机关艺术培训班"知名度，引领社会文艺团队不断向规模化、集群化、精品化方向发展。

基层培训定向化。"耕山播海"欠发达地区农村文艺骨干系列培训活动以全省 26 个重点扶持地区为主,结合"特色小镇"建设,广泛组织开展群众文化业务辅导与教学,直接培训对象逾 3 万人。"爱心拉拉钩——文化志愿者在行动"转变形式,从送演出为主转变为选择帮扶对象,注重按需供给和定向服务,采取帮扶对象预约点单的服务形式,并加大了培训频次和力度。省文化志愿者总队挑选部分外来农民工子弟学校设立帮扶基地,开展了泰顺县司前畲族镇幼儿园幼儿童话剧及幼儿小组唱项目培训、淳安县千岛湖镇青溪初级中学舞蹈社团培训、湖州南浔千金镇中学与小学"留住'剪纸之乡'美名"培训等,其中湖州培训 200 人。

考级覆盖面扩大化。与上海音乐学院、中国美术学院、中国舞蹈家协会合作,不断拓展考级范围、增设考点。全年完成全省音乐考级约 6500 人,美术考级约 4700 人,舞蹈考级约 5000 人。与中国舞蹈家协会合作举办了多期舞蹈师资培训班和舞蹈展演活动,参演人数约 700 人。在完成经济效益的基础上进一步提升社会效益,扩大了社会影响。

五、群文活动品牌持续提升

继续开展群文品牌活动。先后举办了第三届浙江省合唱节、第十届排舞大赛及浙江省群众舞蹈大赛、第三届文化礼堂乡村排舞大赛、第二十七届戏剧小品邀请赛、第十五届音乐新作演唱演奏大赛、第二届江浙沪现代小戏邀请赛、浙江省"最具地域特色文化符号网络评选系列活动"及展演、浙江省第七届十大城市戏曲演唱联赛、第十届新故事作品征文大赛、第七届中国梦·乡村诗歌大赛、第三届群文微电影展播等活动。参与人数、节目质量均有不同程度提高。其中第三届浙江省合唱节全省 54 支队伍进入决赛,中外合唱队伍参演 4000 余人,为历届规格最高、内容最丰富、参与人数最多。浙江省第十届排舞大赛参赛队伍 91 支,覆盖青年组、中年组、老年组、少儿组全年龄段及创新组、系统行业组等各行各业。

推出一批创新活动。推出"浙江风采"雕塑大展、浙江省群众声乐大赛、浙江省少儿音乐大赛、浙江省原生态音乐大赛、"群星"中国画展、"走进醉美余杭"名家书画作品邀请展等创新活动,具有时代感和创造性,广受市民欢迎。其中,浙江省首届"浙江风采"雕塑大展将雕塑展示与现场体验结合,巡展走进宁波、台州、温州、丽水、绍兴、舟山、嘉兴,场均观众约 1 万人次。

提升活动质量。各业务部门提前谋划,精心准备。先期组织了全省群众音乐、舞蹈、戏剧小品、曲艺、美术、摄影等艺术专业培训班和作品加工会、题材讨论会、采风活动。通过"专题培训——题材讨论(采风)——作品加工"的方法,在提升参赛作品质量的同时形成"以赛促产、以演促兴、以交流促创作"的群文精品创作培养模式,激发全民创作热情,提高群文精品产量。其中,全省首届摄影高端培训班系列活动,包含了高端培训、论文征集、摄影作品评选等,作为首次在群文视觉艺术线开展的全省性专业培训,广受欢迎,全省 70 多位群文摄影干部报名参加。农村文化礼堂排舞培训、少儿舞蹈培训累计

培训全省排舞骨干约 1000 人,培训全省排舞团队近 6000 支,为全省排舞大赛做了充分准备。

群文精品反哺群众。已连续 15 年组织"唱响文明赞歌"歌唱家走基层活动,为基层群众提供培训,举办演出,让历年积累的群文精品创作成果反哺群众、回馈社会。在浙江省第十三届戏剧节期间,浙江省新农村建设题材小戏、群文戏剧小品等近年来创作的群文精品节目,还首次以专场展演形式登上戏剧节舞台,来自生活的群文小戏小品得到观众一致好评。

六、对外文化交流扩大浙江群众文化影响

依托基地办好培训。积极配合文化部、省文化厅,充分发挥"对非培训基地"作用与优势,承办文化部第六届非洲学员(陶艺)培训班;承办澳大利亚悉尼大学美术学院学员创作交流学习活动,促进中外学生相互了解和跨文化沟通。

对外展现中国形象。受文化部委派,于 6 月底组织余杭滚灯艺术团赴以色列、巴勒斯坦战区参加文化交流活动,这是浙江首支赴以、巴文化交流的艺术团体。艺术团参加了以色列国际民俗艺术节和巴勒斯坦"开斋节之夜"专场义演,以色列文化交流和民俗艺术促进中心授予馆出访团队"卓越奖",巴勒斯坦法塔赫中央委员、阿拉伯关系与中国事务部长扎齐、文化部长白希苏等出席并致辞。中国驻巴、以两国大使分别出席并观看了演出。副省长郑继伟批示表扬,并指示"要重视文化走出去,进一步做好规划,确保任务圆满完成"。

11月上旬，具体负责了由文化部、卡塔尔博物馆管理局联合主办，浙江省文化厅承办的2016中卡文化年"中国节"和中卡摄影家互访采风（联展）等活动。组织82人的团队赴卡塔尔首都多哈参加手工艺展演及民俗演出。"中国节"活动受到当地民众热烈欢迎，展演团队每天参与展演10小时以上，5万余名当地观众参加了活动。这是我国在西亚地区举办的最大规模的户外主题节庆活动，也是近年来中东地区规模最大的艺术盛会。中国驻卡塔尔大使及英国、巴西、韩国等10余个国家的驻卡塔尔大使出席开幕式，《人民日报海外版》《中国文化报》整版报道，国务院新闻办全文转载了报道。"美丽中国·美丽卡塔尔——中卡文化年两国摄影家作品联展"于11月22日在浙江美术馆开幕，文化部外联局领导及多位中、卡两国嘉宾参加了开幕式。

此外，还参与了浙江省文化厅与悉尼中国文化中心联合主办的部省合作项目"2016年度中国文化走进澳洲校园"，组织馆内专业人员赴澳洲悉尼传授丝绸扎染、江南点心制作体验课程，并举办了"茶与中国人的人文情怀"讲座。

七、民间艺术研究成效突出

传统手工艺传习通过网上报名形式，推出3期（每期3个月）免费开放教学活动，内容包括刺绣、木雕、剪纸、伞艺、布艺、竹编、风筝、萧山花边等，全年培训学员300人。组织"浙江省最具地域特色文化符号网络评选"的获奖作品参加"2016浙江省地域特色文化符号（民间戏曲）展演"，全省

各地23个代表性剧种和节目参演。

与多个单位合作建立辅导基地，通过各类培训辅导搭建学习民间文化艺术、丰富精神文化生活的培训交流平台。"'以文化人'文化志愿服务走进浙江省女子监狱"入选文化部2016年基层文化志愿服务活动典型案例，并与浙江省女子监狱合建"丝绸特色监区"，于12月举办了第四届"丝绸文化艺术节暨教育改造开放日"活动，省司法厅、省监狱管理局、省妇联、省总工会等部门领导及文化名人、社会各界人士170余人参加了该活动。此外，在杭州市美术职业学校（浙江省民间手工艺教学实验基地）、杭州市科协（女科技工作者之友俱乐部）、浙江省新农村文化业务建设部分乡镇（绣花鞋项目实验基地）建立了长期合作基地。

民间艺术展厅向民间开放，已举办"美成在久——松阳县紫金阁金丝楠木馆藏品展""栖真——油车港镇农民画展""嚼土——缪惠新现代乡土绘画展"以及东阳木雕新生代艺术节展暨"精工善艺"东阳工艺美术新生代艺术家作品展等一系列民间美术、手工艺展览。走进全省各地举办2016浙江省剪纸艺术展、浙江省第七届十大城市戏曲演唱联赛、"吴越同音·江浙沪"摊簧艺术精品展演与论坛等丰富多彩的民间艺术活动，面向全省开展2016"浙江省民间文化艺术之乡"的申报及评审工作，展示了民间艺术保护成果，培育了民间艺术发展的良好土壤。

八、理论研究创新发展

群文理论研究脚踏实地，不

断创新。2016年中国文化馆年会公共文化理论征文活动中，浙江省6篇论文获得一等奖，占一等奖总数的三分之一，获奖数名列各省第一。牵头积极申报省文化厅2016年度公共文化服务体系制度设计研究课题。主办全省第十八届公共文化论坛，60多位获奖作者参加了论坛交流。

2015年底启动的《浙江省文化馆服务规范》制定工作有序推进，先后组织相关专家集中讨论、面向全省文化馆广泛征集意见，是年8月，根据全省文化馆建设情况编制的《浙江省文化馆服务规范》通过专家论证，并报送省质监局申请地方标准立项。

发展群文刊物，编印《浙江公共文化》4期。首次组织全省群文刊物评比活动和全省群文刊物编辑培训班，40余个市、县（市、区）级文化馆60余本群文刊物参加评选，60多人参加全省群文刊物编辑培训，进一步提高了全省群文刊物编辑水平，促进了全省群文刊物健康繁荣发展。

扩大网站影响力，"浙江艺术网"承担了发布群文信息资源、开展"点单化"服务，接受活动报名及组织各类网上群文活动的任务。网站点击量累计300万余人次，日点击量2500—3000人次。

九、数字文化馆建设有序推进

5月，数字文化馆建设被文化部全国公共文化发展中心公布为2016年度数字文化馆试点项目之一。作为试点单位，省文化馆围绕数字文化馆建设要求，以改革创新为动力，坚持需求主导、服务为先的原则，将数字文化馆与省级文化馆职能深度融合，应用数字化技术，打造数字文化空

间,建好数字化平台、丰富数字化资源、创新数字化服务,力争培育出内容丰富、技术先进、覆盖城乡、传播快捷的公共数字文化服务新业态,组织了全省数字文化馆建设征文、第二届全省数字文化馆建设研讨培训班,并邀请全国相关专家及全省各地文化馆网站管理员及理论骨干,围绕"数字文化馆建设"主题,结合全省文化馆工作实际展开探讨、集思广益。

历经6个月的方案设计与修改,数字文化馆建设项目方案初步通过文化部专家论证,成为全国15个数字文化馆试点中方案获得通过的9个地区之一,文化部下拨专项经费440万元。同时,《浙江省文化馆创新数字化服务模式:打造数字化公共文化服务平台》入选文化部公共文化发展中心、中国文化馆协会编写出版的《数字文化馆服务典型案例汇编》。

(周　平)

浙江省文化艺术研究院

【概况】　内设机构7个。2016年末实有在编人员20人(核定编制27人),其中具有高级技术职务资格的10人,中级8人。

一、课题研究

(一)认真履行省文化厅《浙江通志》编纂委员会办公室职责,全年多次组织召开《浙江通志》编纂工作座谈会、推进会。编辑印发年度第1期、第2期浙江省文化厅《浙江通志》编纂工作简报。完成《浙江通志·舞台艺术卷》《浙江通志·公共文化卷》初稿编写工作。

(二)配合省文化厅,做好浙江省地方戏曲剧种普查工作。配合省文化厅于1月启动全省地方戏曲剧种普查工作,组建了普查工作体系和普查人员队伍,成立了全省地方戏曲剧种普查工作学术咨询委员会,指导解决全省剧种普查工作中遇到的学术问题。对全省普查人员进行工作动员、培训和实地指导督查。完成省本级及全省11个地市的信息采集工作。覆盖全省全部国有戏曲院团、4家开设戏曲专业的国有院校、4家艺术研究机构、365家民营戏曲剧团、44个戏曲非遗项目。

(三)完成由省文化厅出品,本院摄制的系列电视纪录片《浙江省文化影响力影像工程·浙江戏剧名家》第二部10集的摄制工作,第三部10集的摄制工作有序进行。

(四)完成经济社会发展文化动力研究,撰写文献调查报告2万余字。完成"文化治理研究的回顾与展望"课题研究,统筹城乡发展背景下的农村文化礼堂建设研究,社会资本、社区文化与社区发展研究,民间资本进入公共文化服务领域研究,对称性与审美视角下的"势科学—吴福平系数"研究。开展文化软实力测量评估研究,成果收录于《转型期公共文化服务创新研究》。完成省社科联重点课题《浙江戏曲剧本创作的现状与对策研究》、省文化厅文化科研项目《当下戏曲剧本创作的走向与对策》。国家社科基金课题《昆曲文人案头本与舞台演出本比较研究》完成初稿(15万字)。编辑出版《转型期浙江公共文化服务创新研究》,论文集45

万字(出版中)。继续开展文化体制改革研究,编辑出版《文艺表演团体改革与竞争力研究》专著35万字(出版中)。编著《径山茶宴》,国家级非遗丛书第二批,浙江摄影出版社10月出版。获得以下论文类成果:

1.《治理文化抑或文化治理?——文化治理研究的回顾与展望》发表于《浙江社会科学》(2016年第9期)。

2.《浙江省基本公共文化服务标准化、均等化财政保障研究》发表于《市场论坛》(2016年第8期)。

3.《台湾地区"社区总体营造"及其对社区建设的启示》发表于《文化艺术研究》(2016年第4期)。

4.完成《公益性事业单位法人治理结构改革的浙江实践》论文,共1.5万字。

5.《跨文化视域下丝绸之路的历史贡献》发表于《丝绸》(2016年第1期),受到高度肯定,被邀请出席《丝绸》杂志创刊60周年庆典及论坛。

6.《徐福东渡求仙采药与秦汉时期东北亚原始药茶的传播》收入《海上丝绸之路新探索——"第一届海丝文化国际青年学者论坛"论文集》(中国社会科学出版社,2016年8月)。

7.《试论丝路精神与中华茶道思想》发表于《茶和天下》(浙江人民出版社,2016年10月)。

8.《茶禅渊源三论》发表于《中原禅茶》(河南人民出版社,2016年9月)。

9.《陆羽隐居苕溪和茶经著地的研究及存在的问题》发表于《茶博览》学术版(2016年第

1 期）。

10.《"茶与人类文明研讨会"综述》发表于《茶博览》学术版（2016 年第 1 期）。

11.《茶宴的由来和"径山茶宴"的起源》收入《径山历史文化论文集 2》（杭州出版社，2016 年 12 月）。

12.《径山茶宴上的茶品、汤药和茶食》收入《径山历史文化论文集 2》（杭州出版社，2016 年 12 月）。

13.综述《2015 年浙江戏剧评述》发表于《大舞台》杂志（2016 第 2 期）。

14.《越剧与莎士比亚》发表于《艺术评论》（2016 年第 10 期）。

15.《越剧文化研究——全国艺术科学规划项目成果选介》发表于《戏剧文学》（2016 年第 8 期）。

16.《从高原到高峰的攀登——系列扶持政策下的浙江戏曲创作》发表于《文艺阅评》（2016 年第 12 期）。

此外，还在《人民日报》发表评论《现铸不屈民族魂——观越剧新编历史剧〈屈原〉》，在《中国文化报》整版发表综述《鉴湖花开红胜火——写在绍兴小百花成立 30 年之际》。

二、学术研讨会

（一）策划主办浙江文化艺术智库论坛暨 2016 浙江省戏剧创作评论推进会、2016 文化公共治理学术研讨会、2016 浙江省文化市场发展论坛，建立微信智库交流平台，取得较好效果。策划主办浙江省文化艺术研究院（所）联席会议。策划主办与杭州市发展研究中心的合作项目——2016

年东方文化论坛系列之"中国（浙江）青瓷与海上丝路研讨会"。研讨会立足浙江，选题精准，名家云集，观点新颖，关注现实，对提升浙江青瓷文化的认识，加大青瓷文化遗产保护力度，激活青瓷文创产业发展，都有重要意义和深远影响，经全体与会专家讨论，一致同意发出《关于筹建"中国青瓷博物馆"的倡议》。

（二）策划承办由浙江省文化厅主办的昆剧《十五贯》与当代昆曲的传承发展暨浙江昆剧团 60 年艺术成就回顾与展望研讨会，对浙昆 60 年的继承出新与传统戏曲的现代化尝试、21 世纪中国（浙江）昆剧传承发展的构想与走向，展开深入研讨，成为纪念浙昆 60 周年的重要活动之一，文化部艺术司领导专程到会，并做了主旨发言。策划承办由浙江省文化厅主办的"纪念越剧诞辰 110 周年暨长三角越剧研讨会"，全国各地 80 多位专家学者、院团长、艺术家参会，共同就当代越剧传承发展的现状与思考展开研讨，还特别就协办方鄞州越剧团的"剧团建设与艺术传承发展"召开专题座谈会。受到与会专家和当地文化主管部门的高度肯定。

三、编辑出版工作

（一）编辑出版《浙江文化年鉴》工作。完成 2015 卷的印刷、邮寄、稿费发放等工作；2016 卷的素材收集、财务运作、协调、印刷等工作。

（二）完成《文化艺术研究》（第 1—4 期）的审稿、编辑、翻译、出版、发行、费用结算等系列工作。拟定了新的编委成员，并制定了编委会章程。积极联系学者、专家，努力推进《文化艺术研

究》组稿工作。有 4 篇文章获得知网较高下载量。完成《文化艺术研究》"戏文"增刊的编辑和出版。

（三）完成《浙江文化月刊》12 期近 180 多万字、上千幅图片的采写编辑和印刷发行，受到省文化厅领导和业内外读者的好评。

（四）做好《中国文化报》浙江记者站工作。立足浙江记者站，提高浙江文化影响力。在《中国文化报》发表浙江文化报道或图片新闻 300 余篇（浙江记者站 3 名记者发稿超 100 篇），其中，《杭州 G20 峰会召开在即：流光溢彩的文化画卷徐徐展开》《浙江扶持戏曲发展再出实招》《浙江余东：农民画助力群众增收》等头版头条文章产生了一定反响。同时，圆满完成了《中国文化报》指定的选题采写和其他相关任务。在《中国文化报》头版头条发表稿件 26 篇、在《浙江文化月刊》发表 20 多篇有影响力的文章。

四、艺术档案管理工作

（一）完成本院及全省重大艺术活动材料的收集、整理、编目工作。

（二）完成组织召开"浙江省艺术档案学会 2016 年会暨文化艺术档案业务培训班"工作。

五、省内外业务指导

（一）指导创作并导演越剧《琥珀缘》、新编越剧《明州女子尽封王》等。

（二）主创灯光设计作品话剧《独自温暖》、现代京剧《党的女儿》等 20 多部戏。

（三）负责或参与浙江省第十三届戏剧节有关剧目评审、重点剧目点评；参加浙江省第三批非遗保护基地评选、国家社科基金

艺术学通讯评审、文化部国家艺术基金项目《宫锦袍》评审验收、非遗传承人绩效评估评审、田汉戏剧奖评审、《浙江通志·舞台艺术卷》专家评审、《浙江省地方戏曲剧种普查》专家论证、文化部"全国基层院团会演"浙江参演院团推荐评审会、"省级非遗传承人口述史"专题影像录制评审会及浙江省"第六批申报国家非遗项目、传承人"申报评审会;参与"浙江第十三届戏剧节"入选剧目资格审查和初赛评委工作;参与本院规划项目《嵊州市越剧文化生态保护区规划》《金华市婺剧文化生态保护区规划》的调研和评审工作等。

(四)本院专家学者受聘担任浙江省非遗中心国家级非物质文化遗产代表性传承人抢救记录工作指导委员会专家;受聘担任嵊州越剧艺术学校艺术顾问。

六、荣誉表彰

(一)灯光设计作品豫剧《焦裕禄》、京剧《康熙大帝》荣获第十一届中国艺术节"文华大奖"。灯光设计作品姚剧《浪漫乡村》、甬剧《筑梦》、话剧《大江东去》、越剧《张玉娘》获浙江省第十三届戏剧节新剧目大奖。

(二)由省文化厅出品,本院摄制的"新松计划"实施十周年电视专题片《新松恨不高千尺》荣获中国电视家协会颁发的"全国市县电视台推优活动"电视专题片一等奖。

(三)《中国文化报》浙江记者站获评2015—2016年度"报纸影响力贡献奖"。浙江记者站连续第三年被《中国文化报》社评为"全国最具影响力的记者站"。

(温佳露)

浙江美术馆

【概况】 内设机构9个。2016年末实有在编人员40人(核定编制50人),其中具有高级技术职务资格的12人,中级18人。

2016年,浙江美术馆共举办各类展览32个,学术活动10余场,公共教育活动近200场,新增藏品3055件,观众50余万人次,被中宣部、中央文明办等七部委评为"公共文化设施开展学雷锋志愿服务首批示范单位"。"艺游乡里——乡村儿童美育计划"荣获第三届中国青年志愿服务项目文化宣传与网络文明组金奖。精心做好杭州G20峰会服务保障工作,取得了突出成绩,1人获评浙江省杭州G20峰会服务保障工作先进个人;浙江美术馆被省文化厅评为浙江省文化系统服务保障杭州G20峰会先进集体,18人被评为先进个人。加强展览自主策划和藏品研究,囊括文化部2015年度全国美术馆四大奖项,省文化厅被评为优秀组织单位;浙江美术馆自主策划举办的"痕迹:浙江现代版画系列展"被评为全国美术馆馆藏精品展出季优秀展览,"艺游证道——马一浮书法展"被评为2015年度国家重点美术馆优秀展览项目,"艺游乡里——乡村艺术公开课"被评为优秀公共教育项目。拓展藏品征集渠道,鼓励社会捐赠,"傅狷夫藏近现代书画作品捐赠"和"杨可扬版画捐赠"等两宗藏品征集项目获文化部2016年国家美术作品收藏和捐赠奖励80万元。自主策划的"水印千年——中国水

印版画大展"被评为国家艺术基金2016年度传播交流推广资助项目,1人列入美术创作资助项目,1人列入青年艺术创作人才资助项目。浙江美术馆网站日均访问量近2000人次,在省文化厅厅属单位年度网站综合测评中名列第一,荣获浙江文化系统网站年度最佳奖。

一、全力以赴做好杭州G20峰会配套服务,馆舍维修提升和配套展览取得较好社会反响

以服务保障杭州G20峰会为契机,群策群力,上下一心,攻坚克难,负压拼搏,在非常短的时间内,出色完成了馆舍维修、展览策划、安全保卫等工作,体现出高度自觉的大局意识、责任意识和担当意识。重新亮相的浙江美术馆面貌焕然一新,得到了省市领导和社会各界的一致赞扬。

8月,浙江省委书记、省人大常委会主任夏宝龙先后两次专程到浙江美术馆考察指导,对浙江美术馆的环境设施和配套展览给予充分肯定,表扬浙江美术馆富有浓厚的文化气息,具有较高的审美品位,不愧是高雅的艺术殿堂。省政协主席乔传秀对浙江美术馆的展览效果和社会效应给予高度评价,她指出,高水平的配套展览为杭州G20峰会祈福平安、增光添彩。省委常委、宣传部长葛慧君到浙江美术馆考察指导时也给予高度评价,她指出,浙江美术馆不仅营造了舒适、美观的场馆环境,还举办了一系列高品质的艺术展览,切实提升了公共文化服务的内涵建设。袁家军、赵一德、王永康、唐一年、孙景淼、郑继伟、陈加元、汤黎路、吴晶等省领导先后到浙江美术馆参观指

导,充分肯定了美术馆为服务保障杭州 G20 峰会所做出的努力和贡献。

2015 年 12 月中旬,浙江美术馆被列为杭州 G20 峰会贵宾团参观备选点。是年 3 月 1 日起闭馆维修,6 月 30 日重新对公众开放。7 月初,紧急实施东、北侧道路建设,建成"美术馆后街"。馆舍维修项目主体施工时间只有 4 个月,主要实施外围环境、内部装修和东、北侧道路建设 3 大块内容,投入资金 3500 万元。在外部环境改造中,聘请意大利和中国美术学院的专家设计,整治园林绿化面积 8000 多平方米,地面铺装 3000 多平方米。在内部装修中,改造展厅、中央大厅、前厅、公共服务区、贵宾厅等区域面积 4000 多平方米。启动全新的身份识别系统,会员可通过会员卡刷卡进入,普通观众可凭身份证或人脸识别认证,营造了安全的参观环境。在惠民服务方面,免费为观众提供约 100 个的停车位,打造母婴室和亲子卫生间,提供免费 Wi-Fi。真正做到"三个提升":提升了馆舍设施和环境优化,提升了整体对外形象,提升了公共文化服务水准。

为迎接杭州 G20 峰会,精心策划推出了"汉风藏韵:中国古代金铜佛像艺术特展"、"'水印千年'中国水印版画艺术大展启动展"、"子曰心书:浙江书法篆刻名家作品展"、第二届"杭州纤维艺术三年展"等"古今中外"四大展览。四大展览内容丰富,结构合理,既有优秀传统文化,又有多元当代艺术,全面呈现杭州的人文特色、浙江的传统底蕴和中国文化的独特魅力,契合杭州 G20 峰

会所倡导的"创新、活力、联动、包容"主题,突出了"文化艺术无国界"意识,促进国际文化交流,向全世界展示东方传统文化精神和艺术魅力。

二、以"两学一做"学习教育为抓手,牢固树立"文化惠民"的办馆宗旨,有效提升公共文化服务能力

深入部署开展学习教育,把"两学一做"学习教育作为精神动力,把学习教育和实际工作结合起来,真正把基础在"学"、关键在"做"、重点在"改"的要求落到实处。紧紧围绕省文化厅厅长金兴盛提出的"浙江文化精神",在全馆开展"我为浙江文化精神增内涵、添注脚"活动,以"找亮点、补短板、讲规矩、谋新篇"为主题,以"总结经验,规范工作,制定目标,创新发展"为主线,进一步改进工作作风,提振精气神,凝聚正能量,突出重点工作,强化责任分工与落实,充分发挥"馆部带全部,党员带全员"的团队精神,努力打造政治水平高、业务能力强、工作作风实的文化事业窗口单位。

严格遵循党支部"三会一课"制度和领导班子中心组学习制度,制定学习计划,结合每周召开的党政联席会议、支部党员会议、专题党课等活动以及利用党员微信群等手段,抓好理论学习。

加强党员传统文化修养,以知促行、以行促知。党支部专程赶赴余姚开展活动,对全体党员进行爱国主义教育。同时利用美术馆自身专业特色和优势,在举办"纪念中国共产党成立 95 周年暨红军长征胜利 80 周年——浙江省美术写生创作作品展""长征与遵义会议:纪念红军长征胜利 80 周

年展览"等主旋律展览期间,组织全体党员参观,增强党性教育。

积极贯彻落实省委宣传部和省文化厅"学采送种"实践活动号召,策划推出"流动美术馆"等文化惠民品牌项目。与地县市美术馆建立合作关系,推进基层艺术馆与浙江美术馆共建、共通、共享,授予海宁市钱君陶艺术研究院、江山市博物馆、宁波贺友直艺术馆、嘉善县文化馆、嘉善吴镇书画院等 5 家单位为流动美术馆合作单位。先后在海宁、淳安、江山、嘉兴、宁波、嘉善等地举办"'邓小平——女儿心中的父亲'邓林摄影展""钱大礼作品展""刻画鲁迅——浙江美术馆藏版画作品展"等展览 12 场次,使美术馆优质展览资源向基层输送,让更多老百姓不出家门就可以享受优质文化服务。

三、以梳理"浙江百年文脉"为基础,有效夯实专业学术支撑

大力实施"百年文脉梳理"和"百年书画征集"系统工程,扎实推进美术藏品"海外回流"。7 月,傅狷夫次子傅冬生代表家属从台北到杭州,将傅狷夫旧藏 80 多件美术文献捐赠给浙江美术馆,其中涉及徐悲鸿、张大千、王壮为、高逸鸿、唐云等许多书画名家的作品,贮藏着大量史料信息,是现代中国美术史的实物佐证,是一份可贵的艺术史料财富。为答谢表彰傅狷夫家属的捐赠义举,浙江省美术馆策划举办了"心香·飞梦——傅狷夫的艺术世界特展",这是文化部 2016 年度全国美术馆馆藏精品展出季项目,也是 2016 年文化部国家美术作品收藏和捐赠奖励项目之一。11 月 10 日,在文化部"2016 年全国

美术馆馆藏精品展出季"展览项目验收评审中,傅狷夫的艺术世界特展备受瞩目。

傅狷夫藏品"海外回流"项目在海内外引起了广泛关注。7月29日,著名旅美画家、作家、收藏家刘墉和夫人毕薇薇与浙江美术馆正式签订捐赠协议书,将所藏31件近现代书画名家作品无偿捐赠给浙江美术馆。10月28日,双方在美国纽约对捐赠作品进行了清点移交。11月7日,刘墉和毕薇薇捐赠的31件作品从美国纽约顺利运抵杭州并召开了媒体见面会。为褒扬刘墉、毕薇薇夫妇的捐赠义举,使之发挥更大的社会效应,特举办"刘墉、毕薇薇夫妇捐赠近现代名家书画作品展",得到社会各界的一致肯定。在刘墉、毕薇薇夫妇捐赠的影响示范下,多宗"海外回流"项目达成意向,逐步形成了海外艺术品征集的有效模式。

进一步推进《浙江通志·美术卷》编纂工作,为"百年文脉"研究做好理论准备和资料积累。初稿编纂顺利开展,基本完成年度任务要求,累计完成47万字。截至年底,完成中国画、书法、油画、版画、摄影、美术机构与美术社团6个章节的初稿撰写并经方志办审议。工艺美术与民间美术、雕塑、漫画、篆刻等6个章节完成部分初稿,美术展览与美术市场完成资料长编。健全完善学术出版机制,提升出版体系的规范和品质。积极举办艺术讲座、理论研讨会、学术导览等学术交流活动,营造良好的学术氛围和学术环境。

四、以服务中心工作为重点,精心打造艺术展览品牌

认真做好纪念中国共产党成立95周年、红军长征胜利80周年系列展览。举办"长征与遵义会议——纪念红军长征胜利80周年展览",提供了革命传统教育和理想信念教育的生动教材,党政机关、企事业单位、社会团体、部队和学校纷纷组织参观,省委常委、宣传部部长葛慧君予以批示肯定:"这个展览组织得好。"7月,提升改造、修缮一新后的浙江美术馆开馆,推出了"纪念中国共产党成立95周年暨红军长征胜利80周年——浙江省美术写生创作作品展"等一批学术水准高、规模影响大的艺术展览。

按照省文化厅加快推进特色小镇文化建设的部署和精神,特别策划推出"浙江省特色小镇系列展览";和杭州市环境集团共同主办"绿色风行——绿色义工心绘小镇故事艺术展",助力小镇文化建设和推广,创新文化合作扶持的渠道和方式。

坚持学术引领,加强自主策划,通过与其他艺术机构的交流与合作,举办"真山难老——傅山作品展""西泠四君子——丁仁、王褆、叶铭、吴隐书画篆刻作品展""子曰心书——浙江书法篆刻名家作品展"等高品质的艺术展览,立足经典,弘扬传统文化,彰显历史人文精神。

关注当代艺术发展,加强国际文化交流。举办"杭州纤维艺术三年展"、"水印千年"启动展之"湖山胜概",以当下态度多维视角展现杭州不同时代的美,呈现东方文明最具生命力的魅力特性。

加强两岸文化交流。举办"乘云气,跨日月——罗芳八十回顾展"。精心组织策划"禅意文心——2016浙江书画作品交流展"赴台参加"第十届台湾·浙江文化节",为两地书画艺术家提供了更多的交流机会,取得圆满成功。举办由中华人民共和国文化部、卡塔尔博物馆管理局共同主办的"美丽中国·美丽卡塔尔——中卡摄影家作品联展",该展是中卡文化年的重要项目之一。

五、以藏品普查为主抓手,力促全省美术藏品管理规范化、科学化

把藏品普查工作列为全年重点工作。加派人员,集中精力,在完成全馆2万余件藏品普查的同时,全力以赴做好全省美术馆藏品普查工作的督查指导。设立普查工作办公室,定期对全省美术馆普查工作进行督促检查、业务培训指导。5月,举办全省美术馆藏品普查工作人员培训班,全省9个地市35家单位的50多位藏品普查工作人员参训。培训班特邀全国美术馆藏品普查工作办公室的领导和专家授课,并组织全体学员到浙江美术馆实地参观藏品库房,观看藏品普查整体流程演示,切实提高了普查工作人员的实战能力和水平。对全省各个美术馆、纪念馆、艺术馆的藏品普查数量及普查进度进行了系统、全面的梳理,认真调研,制定了全省美术馆藏品普查实施方案、工作安排和保障措施。为强化组织领导,分批到湖州、嘉兴、温州、丽水、金华和绍兴等地,会同各地市文广新局,对23家美术藏品普查单位工作开展情况进行督促和技术指导,对问题现场落实、对困难现场解决,并在普查工作的最后冲刺阶段推行了进度周报制度,密集督导,切实有力地推进了全省普查工作进度。截至年底,除中国美术学院美术馆外,全省26家参普单位均已完成数据上报工作,取得了阶段性成果。藏品普查提升了美术馆的藏品管理工作,为实现全省美术馆资源数据共享,加强馆际间交流与合作打下坚实基础。

全年实施藏品捐赠和征集项目12宗,新增藏品3055件,是开馆以来接受藏品捐赠数量最多的一年。藏品总量为10822组/套,总计22600件。除了傅狷夫家属捐赠,刘墉、毕薇薇夫妇捐赠外,藏品征集项目主要还有:杨可扬家属捐赠杨可扬、张子虎版画作品、文献征集项目,其中杨可扬作品480组件、版画作品284组件、文献684件;张子虎作品163件,合计作品文献847件。李子侯作品捐赠项目,其中中国画作品69件、课徒稿2套85件、插图23件及素描7件,速写691件,共计875件。刘航家属捐赠刘航作品项目,其中版画34件、水彩写生作品148件、画稿19组(46件)、速写148组(680件)以及文献3件,共计349件/组。此外,关乃平作品捐赠80件,"画风画峰"浙江花鸟画名家作品征集92件,"子曰心书"浙江书法篆刻名家作品征集96件。

六、以内控管理为抓手,做好综合管理工作

开展为期半年的内控管理梳理自查工作,提高内部管理运行能力,加强风险防范,确保各项经济运行活动规范有序。成立了内部控制工作领导小组,出台了《浙江美术馆内部控制工作方案》,对全馆财务、资产、行政、典藏、展览等方面的制度和工作流程进行了全面梳理。结合美术馆实际,梳理流程、健全制度、实施措施,制定了《预算管理制度》《收入管理制度》《支出管理制度》《建设项目管理制度》,修订了《合同管理制度》《政府采购管理制度》《资产管理制度》,建立以风险防范为核心,内控工作手册和评价标准为主体,全过程监控的内部控制实施体系,切实增强了美术馆内部管理水平、权力运行机制以及绩效评价监督机制。

规范财务管理,确保资金使用安全。严格控制"三公经费"支出,同比有所下降。强化预算编制,细化具体项目,减少执行中的追加和调整事项。年预算执行进度为91%,全年使用资金5500万元左右,编制凭证1000余张。认真做好政府采购工作,编制建议书150余张,完成政府采购资金3000多万元。做好工程项目的审价及支付工作,做好资产清查和固定资产管理。对征集的美术作品,采购的图书资料、美术文献资料和办公设备设施,建立一物一卡登记制,由专人验收入库并记入资产账册,定期账账核对、账实核对。做好图书资产管理,全年入库书籍14种6259册,出库书籍200余种6605册。

完善岗位职责,规范人事管理,成立岗位设置与聘任工作小组,修订了《浙江美术馆岗位设置方案》。加强人才培养,竞聘产生"办公室副主任"职位,竞聘过程公开透明,无违纪现象发生。引进专业技术人才3名,选派员工参加展览、典藏、公共教育等多项培训40人次。健全、完善、规范美术系列专业技术人才选拔机制,拟订《浙江省美术系列中、高级专业技术资格评价条件》,已通过省文化厅审核,并报送省人事厅核准。

做好政务信息、公文流转和档案管理等工作,确保政务畅通。浙江美术馆政务信息得分在省文化厅直属单位中名列第一。做好档案收集、归类、整理,全年收集纸质档案文件约1823件,新增电子档案文件3453件,包含单页7.28万页,约10GB电子数据储存量。做好保密工作,制定《浙江美术馆保密自查自评工作方案》,修订《浙江美术馆保密工作制度》,自查情况良好,全年无泄密事故发生。

做好社会治安综合治理工作,确保场馆安全。成立了综合治理领导小组,馆部与馆属各部门、各项目人、各合作单位、施工单位分别签订年度安全责任书和杭州G20峰会安全责任书,实行安全目标5级责任管理。修订完善了《浙江美术馆反恐预案》《浙江美术馆火灾灭火、疏散应急预案》等相关安全管理制度,组织员工和物业多次进行反恐及灭火疏散演练。在G20峰会召开期间,实行全员"双岗制",安排职工轮流在各安检口值班,负责在现场监督、沟通、协调各类事项,确保美术馆安全运行。严格执行每日防火巡查、每月及重要节假日安全大检查,建立微型消防站,配备成员29名,明确岗位消防安全职责,确定各级各岗位的消防安全责任人。组织检测单位人员、维保单位人员对全馆烟感、温感、消防卷帘门等消防设备进行消防联动检测,按设备总数10%进行抽检,并及时做好有关整改工作。同时,加强外来临时工作人员和车辆出入管理,有效减少了外来安全隐患。

坚持"请进来""走出去"相结合,大力推进对外文化交流。举办9场涉外教育推广活动,接待了来自美国、法国、德国、英国、西班牙、意大利、波兰、北爱尔兰、韩国、日本以及中国香港、台湾等国家和地区代表团艺术机构和艺术界人士30余次;完成员工赴美国、新加坡以及中国香港、台湾等地学习交流,布展和参加展览开幕式等因公出国(境)5批9人次的护照、签证办理和管理工作。

李震坚艺术展 4月16日至26日,在中国美术馆展出。由浙江省文化厅、中国美术学院主办,浙江美术馆、中国美院中国画与书法艺术学院承办。展出李震坚人物画主题创作、水墨人体、山水花鸟和素描速写作品近200件,均甄选自李震坚家属捐赠精品。

纪念中国共产党成立95周年暨红军长征胜利80周年——浙江省美术写生创作作品展 6月30日至7月19日展出。由浙江省委宣传部、省文化厅和省文学艺术界联合会联合主办,展出作品300余件。展览在建党95周年之际推出,热烈讴歌党的光辉历程,生动描绘在中国共产党领导下浙江人民波澜壮阔的社会主义建设,以及实现"中国梦"进程的历史画卷。

真山难老——傅山作品展 6月30日至8月10日展出。由浙江美术馆和山西博物馆共同主办。展览内容分为法书正脉、篆隶入真、奇崛行草、文人画逸、三世造奥5个部分,展出作品66件

(组),是傅山作品较全面的一次展览。展览为期40余天,观众人数超过10万人次。

纪念寿崇德诞辰九十周年——寿崇德艺术展 7月15日至8月15日展出。由浙江美术馆主办,展出作品40件,含绘画作品、原藏作品及文献。

心香·飞梦——傅狷夫的艺术世界特展 7月19日至8月19日展出。该展是文化部2016年全国美术馆馆藏精品展出季项目之一,由浙江省文化厅主办,浙江美术馆承办。展览由3部分构成:一是傅狷夫本人的书画作品,二是傅狷夫收藏的作品,三是陈之佛致傅狷夫的手札和捐赠文献,展现了傅狷夫的艺术成就以及近年来浙江美术馆拓展藏品征集途径的成果,促进书画精品"海外回流"。

子曰心书——浙江书法篆刻名家展 8月4日至9月25日展出。由浙江美术馆主办。展览邀请省内具有代表性的46位书法名家和25位篆刻名家参加,以《论语》名篇名句为创作内容,旨在以书法艺术为载体弘扬民族传统文化,传播孔子的智慧和国学精神。书法与篆刻同台展出,作品形式丰富,风格多元,展现了中国传统文化艺术的动人魅力。

"水·印千年"中国水印版画艺术大展启动展 8月19日至9月25日展出。该展览由浙江美术馆自主策划,入选国家艺术基金2016年度传播交流推广资助和美术创作资助两个项目,被文化部评为2016年度全国美术馆"优

秀展览项目"。展览分"湖山胜概——明清西湖水印版画文献""湖上拾色——现代西湖水印版画""烟波澹荡——西湖主题水印册页""新湖山胜概——青年版画家集体创作"4个板块,以《湖山胜概》为母本,以西湖地图方式呈现,通过20多位作者分别创作、集体呈现的方式,展现多维时空、多样创作、多种观念、多元风格,不仅是一次艺术创作,更是一次别具深意的艺术活动。

我织我在——第二届杭州纤维艺术三年展 8月25日至10月25日展出。由浙江省文化厅、杭州市委宣传部、中国美术学院共同主办。主题是"我织我在",以"编织"这一主题词连接起地方、产业等相关社会领域。展览邀请活跃在当今纤维艺术界的艺术家、策展人、研究学者参加,专题研究历史上纤维艺术教育个案,从不同地区、不同时期、不同历史背景论述现当代纤维艺术的变动,逐步建立起以编织为出发点的艺术档案。展览汇集了全世界20个国家、地区的60位艺术家的纤维艺术作品,不少艺术家来自G20与会国家。

西泠四君子——丁仁、王褆、叶铭、吴隐书画篆刻作品展 9月30日至10月9日展出。由西泠印社、浙江美术馆、日本篆刻家协会共同主办,展出作品200余件。对西泠印社初创时期的历史资料进行了系统梳理,突出了浙江文化的深厚底蕴和浙派艺术的传统本质,同时也是西泠印社4位创始人的首次共同展览,是中日文化交流的一项盛事。

长征与遵义会议：纪念红军长征胜利80周年展览　10月14日至30日展出。由浙江省委宣传部、贵州省委宣传部、遵义市委主办，浙江美术馆、遵义市委宣传部、遵义会议纪念馆承办。展览分"战略转移，开始长征""遵义会议，伟大转折""用兵如神，突出重围""勇往直前，走向胜利""遵义会议，精神永存"五大部分，展出近800张的珍贵历史图片以及革命历史文物、遵义会议复原场景、红军过雪山草地等视频资料，以其丰富的展览内容、合理的展览结构、科学的展示方法，取得了极好的社会效应。展览期间，浙江美术馆接待团队200多批次，参观人数超过4万人次，观众最多的一天达5000多人次。

杳杳归鸿——纪念黎冰鸿先生逝世三十周年作品展　11月4日至20日展出。由浙江美术馆主办。展出作品90件，均为馆藏作品，很多作品是首次面世。

刘墉、毕薇薇夫妇31件近现代书画名家作品捐赠项目　11月7日，著名旅美画家、作家、收藏家刘墉和夫人毕薇薇向浙江美术馆捐赠的31件中国近现代书画名家作品，从美国纽约顺利运抵杭州，入藏浙江美术馆，是浙江美术馆成功实施的第二个"海外回流"征集项目。捐赠作品包括虚谷、王礼、任伯年、王一亭、张大千、刘海粟、傅抱石、黄君璧等名家精品，有助于进一步提升浙江美术馆藏品档次，丰富近现代名家典藏体系，有的还填补了浙江美术馆的收藏空白。

美丽中国·美丽卡塔尔——中卡文化年两国摄影家作品联展　11月15日至30日展出。由中华人民共和国文化部、卡塔尔博物馆管理局共同主办，浙江省文化厅承办。展出作品100幅，由中卡两国摄影家创作。中卡摄影家作品联展是2016中卡文化年系列活动之一。

且饮墨沈——纪念王蘧孙先生诞辰130周年书画展　11月23日至30日展出。由浙江美术馆主办，展出作品100余件，其中有40件属于王氏家族向浙江美术馆捐赠的藏品，其余作品另由家族成员提供，较为全面地展示了王蘧孙半个多世纪以来在艺术道路上不断探索所取得的重要成就。

"艺游乡里——乡村儿童美育计划"获第三届中国青年志愿服务项目大赛金奖　在第三届中国青年志愿服务项目大赛上，浙江美术馆耗时3年精心打造的志愿服务项目"艺游乡里——乡村儿童美育计划"从4000多个项目中脱颖而出，荣获文化宣传与网络文明组金奖。该活动由志愿者为策划和实施主体，围绕"乡村"主题，以文化礼堂、乡村中小学、文化馆为基地，主要为乡村青少年群体提供高质量的艺术教育服务。3年来共有45名艺术专业志愿者参与了"艺游乡里"项目的策划和实施，累计受益群众6.2万余人次。

（张丹阳）

中国丝绸博物馆

【概况】　内设机构4个。2016年末实有在编人员39人（核定编制41人），其中具有高级技术职务资格的16人，中级17人。

2016年，中国丝绸博物馆围绕全面完成改扩建工程和接待杭州G20峰会元首配偶等重点工作，较出色地完成了各项任务。

一、改扩建工作

改扩建项目借杭州G20峰会的东风，于2015年7月1日试桩开工，于是年6月30日完成整体改扩建任务。经过两个月的试运行，于9月全新亮相。省委书记夏宝龙、代省长车俊等省委、省政府4套领导班子主要负责人先后考察和调研新落成的中国丝绸博物馆，并给予高度评价和赞扬。改扩建项目比原计划提前两年完成，为进一步发展奠定了坚实的基础。

改扩建项目建设投资24390万元（含陈列布展费5880万元）。总建筑面积22996平方米，其中，地面建筑面积14998平方米，地下建筑面积7998平方米。项目新征用地14559平方米，其中改造和修缮已有建筑6671.3平方米，扩建建筑面积16324.7平方米。改扩建的主要内容：一是改造和修缮现有展馆；二是新建时装馆、藏品库房、综合办公楼等建筑；三是整体改造园林景观；四是改造和新建场馆重新陈列布展。

二、杭州G20峰会接待工作

在本馆和中国美院两个场馆积极参与杭州G20峰会配偶团各项接待活动。9月3日至5

日,在本馆先后接待了 8 个批次的参观团,其中元首配偶团 5 批,嘉宾团 1 批。重要来宾有阿根廷总统夫人朱莉安娜、加拿大总理夫人索菲、土耳其总统夫人艾米内、联合国秘书长夫人柳淳泽、世贸组织总干事夫人玛丽亚·阿泽维多和中国驻印尼大使谢峰。在中国美术学院美术馆主策划并举办"美学江南——中国人的生活艺术"展压轴展览"丝路霓裳——中国丝绸艺术展",9 月 5 日,国家主席习近平夫人彭丽媛邀请出席杭州 G20 峰会外方代表团团长夫人参观了展览。元首配偶们对中国丝绸博物馆的建筑及其陈列展览留下了深刻印象,给予了高度评价。

服务保障杭州 G20 峰会工作获得上级各级组织高度肯定,被杭州市委、市政府授予了"服务保障杭州 G20 峰会先进集体"荣誉称号;2 人被浙江省委、省政府授予"浙江省 G20 杭州峰会工作先进个人"荣誉称号;1 人被杭州市委、市政府授予"杭州市服务保障 G20 峰会先进个人"荣誉称号;7 人被省文化厅授予"服务保障杭州 G20 峰会先进个人"荣誉称号。

三、新馆启用

9 月 23 日,中国丝绸博物馆新馆启用仪式在时装馆大厅举行。国家文物局副局长关强、国家文物局博物馆司司长段勇、浙江省文化厅厅长金兴盛、杭州海关关长王松、联合国教科文组织官员沙巴罕、法国里昂纺织博物馆馆长杜兰德、俄罗斯国立历史博物馆馆长雷维金、日本东京国立博物馆副馆长松本伸之、韩国国立古宫博物馆代理馆长金圣培、俄罗斯国家东方艺术博物馆副馆长阿勒科山德·戈洛夫等领导和嘉宾参加启用仪式。启用仪式由浙江省文物局局长柳河主持。关强、金兴盛、沙巴罕分别致辞。世界各地的博物馆同行、纺织品研究专家及关心支持博物馆事业发展的社会各界人士 300 余人一同见证。关强、段勇、金兴盛、王松等人为捐赠代表北京尼太格皮草时装有限公司董事长张志峰等颁发捐赠证书。中国丝绸博物馆与浙江凯喜雅国际股份有限公司、法国里昂纺织博物馆、俄罗斯国立历史博物馆签订战略合作协议。

四、陈列展览

除基本陈列外,共举办 10 个展览和活动,其中 4 个馆内临时展览、2 个馆外展览、4 个境外展览。改扩建后的基本陈列,充分利用馆藏资源,构建了以中国丝绸为核心、丝绸之路概念为亮点、融古今中外于一体的完整展览体系,在丝路馆推出"锦程——中国丝绸和丝绸之路"展,时装馆推出"更衣记——中国时装艺术""从田园到城市——四百年的西方时装"。馆内临时展览有配合 2016 第二届杭州纤维艺术三年展,与中国美术学院合作在修复馆举办的"无铭之物"展;为全面展示改扩建工作成果,推出的"破茧化蝶——中国丝绸博物馆改扩建汇报展";为杭州 G20 峰会专门打造的新馆启动后的首个临时展览"锦绣世界——国际丝绸艺术展"。馆外临时展览有"丝路霓裳——中国丝绸艺术"展,参加首届丝绸之路(敦煌)国际文化博览会的"丝绸的故事——从丝绸之源到丝绸之路"展,在卡塔尔博物馆举办的"丝路之绸——中国丝绸艺术展";在埃及开罗利兹克尔顿酒店和卢克索文化宫举办的"丝绸之路与丝路之绸"展;在澳大利亚悉尼应用艺术与科学博物馆举办的"华服与时尚——中国丝绸服装秀",在悉尼市中心皮特商业街举办的 4 场"华服与时尚——中国丝绸服装秀"。

五、藏品征集和藏品管理

完成年度文物征集专项经费征集任务。全年新增藏品 1747 件(套),其中征集 930 件(套),捐赠 688 件(套),归档留样 129 件(套),本馆藏品总量达到 66446 件(套)。本年度藏品收藏工作有以下特点:一是针对开馆时基本陈列和临时展览需求,征集了 66 件(套)欧洲服饰和面料,包括 17 世纪土耳其壁挂、18 世纪法国中国风织锦、20 世纪美国钱纹型拼布等。同时,为提高境外展览的陈列展示水平,还征集了西湖系列真丝 iPad 包、桌旗、首饰及扇子等现代丝绸品。二是为丰富和完善收藏体系,征集 794 件(套)当代印花被面、织锦被面及 20 件(套)民国时期的织款、丝绸零料。三是继续接受社会捐赠,针对年末时尚回顾展,接受各个企业、设计师、高校捐赠的各种当代面料、服饰,以及海外藏家捐赠的清代翎管等文物共计 561 件(套)。

严格按照《藏品管理办法》开展库房管理工作,确保库房藏品安全,完成新增藏品的登记、入库、拍照及制档的初步信息。根据基本陈列改造方案时间安排,完成 600 余件文物的提取工作。同时,配合"锦绣世界"临时展览,完成与日本东京国立博物馆、韩国国立古宫博物馆、俄罗斯国家东方艺术博物馆借展文物的点交和入库工作。按时完成新库房文物柜的规划、采购及安装工作。新建藏品库房全面启用，完成修复馆和教工路临时库房珍贵文物整体搬运至新库房工作。根据文物自身特定，制定科学规划，逐步开始文物上架工作。

六、基地建设与科学研究

教工路实验室整体搬迁至新馆藏品楼实验室，同时新增场发射电镜—能谱仪和激光共焦拉曼显微镜两台大型设备，配备文物保护过程三维信息记录系统。完成同位素质谱仪及相应配套洁净室的招标、采购、安装、验收。完成俄罗斯 Hasaut Valley 出土纺织品、新疆曲曼墓地出土纺织品、南海一号舱底遗物、故宫养心殿古建筑相关纺织品等分析测试工作 11 项。持续推进纺织品文物保护国家文物局重点科研基地纺织品科技标本库建设，新增来自新疆哈巴河、三道海子、米兰遗址以及江西海昏侯墓、广州南海一号沉船、北京故宫养心殿的纺织品相关文物标本 7 套。组织举办纺织品文物保护国家文物局重点科研基地首届学术委员会第五次会议。

全年科研和合作项目完成 5 个，在研 12 个，立项 6 个。"基于丝肽—氨基酸的脆弱丝织品接枝加固技术研究与示范应用"荣获国家文物局"十二五"文物保护科学和技术创新奖二等奖。

七、文物保护

完成修复保护服饰文物共计 50 件，加固、整理残片类纺织品 300 片（组），承接兄弟单位修复保护项目 14 项，馆藏文物修复保护项目 3 项。分别前往西藏、新疆、甘肃等地进行方案编制信息采集和实地调研。编制完成 8 项修复方案，其中 6 项已顺利通过国家文物局审批。新增 8 笔修复项目经费，共 185 万元。为成都博物院制作连杆式多综织机，并成功复制波纹锦。制作馆用织机体验机 8 台。完成滑框式织机蛟龙对凤锦的复制。在 G20 峰会期间，完成美院花楼织机的表演任务。复制南宋耕织图的绫绢 100 米。承接新疆文物考古研究所委托的"五星出东方利中国"汉代织锦护臂的复制工作。

八、学术交流

首次承办阿拉伯国家文博专家研修班。研修班由文化部外联局与浙江省文化厅主办，来自埃及、摩洛哥、巴勒斯坦、苏丹、黎巴嫩等 9 个国家的 14 位学员，进行了为期 20 天的馆藏文物保护课程培训，还参与了印染手绘、实验室操作、模拟修复等实践活动，并赴宁波、上海、湖州、北京等地的博物馆、研究所进行考察访问。

9 月 22 日，举行"国际丝路之绸研究联盟（IASSRT）第一次年会"，会议围绕联盟新成员、组织机构框架、工作安排等做了协商讨论。讨论并通过瑞典历史博物馆、丹麦国家博物馆、法国里昂丝绸博物馆等 5 个机构及 1 名特邀学者加入联盟的申请。

9 月 23 日至 25 日，举办"锦绣世界——国际学术研讨会"，来自境内外的 80 余位专家、学者参加研讨会。联合国教科文组织丝路在线项目负责人沙巴罕应邀参加，其他专家涉及考古、非遗、时尚、文物修复等多个领域。联合国教科文组织"丝路在线"网站还在首页报道了本次盛会。同时，

此次研讨会开创性地进行了网络平台直播，使世界各地的人士可零距离观看研讨会现场。

全年有 7 批专业技术人员赴法国、韩国、伊朗、英国、俄罗斯、日本等国开展学术交流。赵丰先后赴法国国家科研中心、伊朗马什哈德菲尔多西大学中亚社会文化研究中心、伊朗历史学会驻礼萨呼罗珊省分会开展学术交流和展览洽谈。周旸赴韩国国立古宫博物馆开展学术交流。蔡琴赴英国诺丁汉大学开展学术交流。楼婷赴日本东京国立博物馆开展学术交流。陆芳芳赴俄罗斯国家东方艺术博物馆开展学术交流。

九、社会教育与宣传

健全讲解员队伍，新招聘讲解员 5 个，并培训上岗。重新开馆后的一个多月内就接待观众 5 万余人次，讲解次数 370 余次。入选 2016 杭州生活品质总点评十大现象之一——"遗产活化守望江南之文脉"年度特色区块。继续开展科普养蚕、丝绸之路进高校巡回展、蚕乡考察等活动。继续对温州市采成蓝夹缬博物馆、宁波金银彩绣艺术馆开展帮扶工作。先后举办了"意大利之夜""阿拉伯之夜""正仓院之夜""法兰西之夜"等 4 场"丝路之夜：从丝绸之路到跨文化对话"系列活动。推出"女红传习馆"项目。健全志愿者队伍，培训浙江大学、浙江理工大学、浙江工商大学等学校的大学生志愿者 60 多名。

通过报刊、广播、电视和网站及网络直播等途径加强宣传力度。特别是在新馆启用仪式时邀请新华网、《浙江日报》、浙江卫视等 20 多家媒体进行报道，报道 100 余篇（次）。采用网络直播，

与网易、浙江新闻客户端、云朵网络等新媒体合作,对开展的活动进行现场全程连线直播,达到100多万的点击量。积极组织拍摄新馆形象宣传片。

十、信息工作

在图书资料(包括电子)、专业档案(展览保护等)、网络维护及信息发布(网站和微信)、编辑出版(年报和其他)、学术交流(图书信息交流)等方面取得进展。收集、编辑及联系出版2015、2016年年报,编辑、出版《中国养蚕法:在湖州的实践与观察》《锦绣世界》等图书。

十一、安全保卫

重点抓改扩建工程的安全防范和文物(藏品)安全管理。

在改扩建工程安全防范方面,通过严抓严管,改扩建工程期间没有发生安全消防事故,并正式通过消防验收。加强杭州G20峰会的场馆安保工作,成立了以法人代表赵丰为组长的安全领导小组,峰会期间24小时在馆现场指挥。

在文物(藏品)安全管理方面,于改扩建施工期间,重点加强各处储藏文物的管理,珍贵文物储藏点24小时值班护卫;下沙、教工路临时库房每周组织检查。在布展和藏品回运阶段,研究制定严格、可行的安全防范措施,确保了文物安全。

十二、财务管理

加强基建财务管理,严格遵守基建财务管理规定。重点加强改扩建概算控制,充分发挥过程审计作用,对新增项目严格按审计意见贯彻执行。组织实施改扩建项目的竣工结算工作,施工总承包单位已完成并提交工程一、

二标段的结算书,审计单位已开始一标段工程量核实工作。

加强单位预算管理。针对改扩建项目完成后场地、人员、活动增加的实际,在编制2017年度财政预算过程中,科学测算新增经费,确保博物馆正常运行。

组织开展行政事业单位内部控制基础性评价工作,全面梳理博物馆内控制度,查找存在的问题,明确进一步整改措施,并按时上报自查价报告。

十三、文化创意

被文化部和国家文物局列为文化文物单位文化创意产品开发试点单位,在文创产品开发和营销上有新突破。组织参加香港国际授权展与义乌文博会,扩大了影响。组织设计与生产文化用品类、服饰品类、家居生活用品类与装饰品类等四大类48个品种,共计16000余件文化创意产品。与杭州晓风书屋图书有限公司合作创办锦廊咖啡,销售馆文化创意产品与相关的书籍及咖啡饮料。与浙江凯喜雅国际股份有限公司合办的杭州经纶堂文化创意有限公司全年开发文化创意产品种类36项,经营收入首次突破400万元。

"丝路之绸——中国丝绸艺术"展

3月23日至5月9日,在卡塔尔博物馆举办。由文化部外联局、浙江省文化厅、卡塔尔博物馆局主办,中国丝绸博物馆承办。展览是2016中卡文化年项目之一,精选了95件(套)与古丝路、丝绸生产相关的仿复制品、现代精品,分为丝绸之路、丝之源、丝之技、丝之艺、养蚕与织造等板块,呈现了古丝路的丝绸及其文化交流、

中国丝绸的精美绝伦与中国传统养蚕织造业的悠久历史。卡塔尔公主莅临展览开幕式,中国驻卡大使李琛、浙江省文化厅厅长金兴盛出席了开幕式。高级工艺美术师金家虹在开幕式现场表演了传统刺绣艺术,中国丝绸博物馆研究员楼淑琦进行了织机操作表演。配合展览,3月21日在伊斯兰艺术博物馆举办了"丝绸之路上的中国丝绸——以10—14世纪中国服饰为例"主题讲座;3月24日,推出了两场手工作坊活动,邀请当地观众参与体验中国扎染技艺。

丝绸文物信息提取与设计素材再造方法研究

"十二五"国家科技支撑计划国家文化科技创新工程项目"中国丝绸文物分析与设计素材再造关键技术研究与应用"的重要组成部分。项目由浙江省科技厅组织,中国丝绸博物馆承担,东华大学、浙江理工大学、浙江工业大学、浙江科技学院参与。研究成果汇编为《中国古代丝绸设计素材图系》丛书。3月24日,在杭州通过课题验收;11月1日,在北京顺利通过项目验收。课题实施期间,完成构建丝绸文物信息提取技术体系,展开图案设计和色彩配置规律的归纳与整理,建立丝绸文物设计素材数据库,涵盖10235件文物的纤维、染料、组织结构、图案与配色等基本信息数据。已完成2104张图案复原和10235张文物表格,总结归纳古代丝绸图案骨架与配色规律145种(包含图案规律115种,配色规律30种);选取了有设计素材提取价值的104件文物,对纤维截面、纤维纵向、纱线形态、

红外光谱等进行分析测试,形成纤维数据库;选取了有设计素材提取价值、色彩保存完好的 2112 件文物进行色彩记录,形成染料/色彩数据库;对 3859 件丝绸文物进行组织结构和经纬密度分析,形成组织结构数据库。研究基于微型光纤光谱的测色系统、基于氨基酸分析的纤维鉴别方法。完成申请发明专利 2 项、授权发明专利 1 项和产品外观专利 3 项,出版专著 2 部、图录 3 本,起草技术规范草案 2 项,发表论文 13 篇。从丝绸文物鉴别和检测方法、纺织品文物上染料检测方法出发,完成申请发明专利 2 项,授权发明专利 1 项。结合丝绸文物设计素材再造方法研究,授权产品外观专利 3 项。以丝绸文物资料收集和信息提取为基础,出版专著 2 部、图录 3 本。结合信息技术提取体系,起草技术规范草案 2 项。发表与课题研究相关的期刊论文 13 篇,其中 3 篇英文论文均被 SCI 收录。

"丝绸之路与丝路之绸"展 3 月 26 日,在埃及开罗利兹克尔顿酒店举办。由文化部主办,中国对外文化集团公司、浙江省文化厅承办。中埃文化年活动项目"两大文明对话——丝路新韵"内容之一。正在埃及访问的国务院副总理刘延东在浙江省文化厅厅长金兴盛的陪同下参观了展览。展览精选了 54 件(套)与古丝路、丝绸生产相关的仿复制品、现代丝绸服饰精品,讲述中国丝绸的历史、丝绸之路的传播、繁复的丝织生产过程、绸上丝路、画中霓裳,和当代丝绸时装艺术,呈现了中国丝绸的精美绝伦与中国传统养

蚕织造业的悠久历史。宁波工艺美术大师张世君现场表演了国家级非物质文化遗产名录项目金银彩绣技艺。

遗址中常见有机残留物的化学和生物分析方法的建立和应用课题验收 该课题为国家科技支撑计划"考古发掘现场遗存鉴别与保护关键技术研究"子课题。该项目由国家文物局组织,中国丝绸博物馆承担。本研究针对考古现场遗址或墓葬的有机质残留物,通过物理、化学、生物等多学科交叉,采用多光谱、二喹啉甲酸检测费、考马斯亮蓝法等技术手段,通过采样、制样、试剂准备等步骤,形成一套基于文物保护移动实验室平台有机残留物快速定性分析方法集成系统,完成该方法的操作规程。6 月,召开课题验收会议。研究确定了丝毛等有机质残留物的"分子标识物",制备了一种羊毛抗体和三种丝蛋白抗体,并成功在典型文物样品上进行了免疫学检测。在此基础上,结合考古学信息,研发了适用于考古现场胶体金免疫层析和时间分辨免疫荧光层析的试纸,为考古工作人员提供了简单、便捷的检测方法。超额完成了课题任务书确定的考核指标和任务。课题创新性研究成果得到了专家一致好评,专家组成员一致同意课题通过验收。

"丝路霓裳——中国丝绸艺术"展 9 月 5 日至 10 月 22 日,在中国美术学院美术馆举办。由中国丝绸博物馆、中国美术学院承办。展览通过近 60 件(组)展品,系统展示从新石器时期钱山漾遗址出

土的绢片到唐代丝绸之路上的狮子纹锦;从南宋《蚕织图》到浙江黄岩最新出土的南宋交领莲花纹亮地纱袍;从织造宋锦的提花织机,到当下高科技和时尚化的丝绸面料与时装,充分演绎了中国丝绸艺术的辉煌历程。

"锦绣世界:国际丝绸艺术"展 9 月 5 日至 12 月 5 日在时装馆临展厅展出。由中国丝绸博物馆、国际丝路之绸研究联盟、日本国立东京博物馆、韩国国立古宫博物馆、俄罗斯国家东方艺术博物馆主办。展览以地区为序,介绍世界各地生产或使用的丝绸种类,包括织造、印染、刺绣等大类,全部或部分使用丝绸材料。大部分展品年代集中在最近的两个世纪,部分展品早到 8 世纪。

"丝绸的故事——从丝绸之源到丝绸之路"展 参加了首届丝绸之路(敦煌)国际文化博览会,于 9 月 20 日至 10 月 10 日在甘肃敦煌国际会展中心举办。由浙江省委宣传部、省文化厅主办,中国丝绸博物馆承办。展览采用动态与静态结合的形式,展示了浙江作为丝绸之源的独特地位。静态展用近 50 块图文并茂、高精度印制的大型图版体现丝绸起源、丝绸发展、丝绸之路、丝路之绸、敦煌文书、常沙娜临摹敦煌丝绸图案,敦煌丝织品的发现、收藏、种类及形制以及浙江文化、中国丝绸博物馆等内容,反映丝绸之路的起源、历史传承和丝绸文化的发展轨迹;精选了 60 余件(套)与丝绸起源、丝绸发展和丝织技艺有关的仿复制品、蚕桑丝织标本和模型、丝绸之路研究书籍及浙

江现代丝绸服饰精品，让观众领略丝绸文化的博大精深。温州蓝夹缬传承人和中国丝绸博物馆工作人员现场表演了国家级非物质文化遗产名录项目蓝夹缬技艺、人类非物质文化遗产名录项目内容的缂丝技艺，为展览增添了更多的中国传统元素。

国际丝路之绸研究联盟第一次年会

9月22日，在中国丝绸博物馆召开。大英图书馆、英国李约瑟研究所、英国剑桥大学麦克唐纳考古研究所、丹麦国家基金会纺织品研究中心、俄罗斯斯塔夫罗波尔考古所、以色列国家文物局、俄罗斯艾尔米塔什博物馆、意大利帕多瓦大学、韩国传统文化大学、浙江大学"一带一路"中心协同创新中心、东华大学服装·艺术设计学院、中国科学院自然科学史研究所、国际古迹遗址理事会西安国际保护中心、新疆文物考古研究所、法国里昂纺织博物馆等的有关负责人及专家学者参会。会议围绕联盟新成员、组织机构框架、工作安排等做了协商讨论。讨论通过了瑞典历史博物馆、丹麦国家博物馆作为联盟的新成员，讨论了法国里昂丝绸博物馆、法国国家科学研究中心中亚考古研究所、俄罗斯国立历史博物馆提交的加入联盟的申请，达成并通过了关于支持中国丝绸博物馆申请联合国教科文二类机构"国际丝路之绸研究中心"的共识。

馆长与策展人论坛

9月22日，馆长与策展人论坛"博物馆交互合作的实践"在中国丝绸博物馆召开。参加论坛的嘉宾主要有国家文物局副局长关强、国际博协（ICOM）副主席安来顺、韩国古宫博物馆执行馆长金圣培、日本东京国立博物馆副馆长松本伸之、大英博物馆的汪海岚（Helen Wang）、中国民族博物馆副馆长郑茜等，就"今日博物馆""博物馆的合作""博物馆与时尚"主题开展了交流和探讨。

锦绣世界国际研讨会

9月23日至24日，在中国丝绸博物馆召开。研讨会由国际丝路之绸研究联盟主办、中国丝绸博物馆承办。中国社会科学院考古研究所所长王巍、联合国教科文组织丝路在线项目主管以及意大利、法国、英国、芬兰、保加利亚、韩国、日本、印度、俄罗斯、塔吉克斯坦、以色列、伊朗、丹麦等国和中国台湾、甘肃、新疆、内蒙古等地区的海内外有关专家学者参加了研讨会，就"欧洲纺织品""东亚与南亚纺织品""中亚纺织品""西亚纺织品""中国纺织品""丝路研究的平台建设"等主题进行了探讨。

纺织品文物保护国家文物局重点科研基地第五次学术委员会会议

9月25日，在中国丝绸博物馆召开。纺织基地主任报告本基地五年来的工作总结。多位学术委员会委员高度评价了纺织基地的研究成果。这两年，纺织基地围绕"一带一路"主题，抓住杭州G20峰会带来的机遇，将基地的科研推向了国际舞台。学术委员会委员们提出，希望纺织基地明确自己的关键技术，从文物本体的研究延伸至文物所蕴含的文化价值的挖掘。本次会议还邀请了北京、西安、敦煌、上海、南京等文博单位的科研基地同行参加，共同为纺织基地发展出谋划策。此外，参会来宾还参观了中国丝绸博物馆实验室、库房和修复室。

阿拉伯国家文博专家研修班

10月16日至11月5日，阿拉伯国家文博专家研修班第二期在中国丝绸博物馆举办。研修班由文化部外联局、浙江省文化厅主办，中国丝绸博物馆承办。研修班学员包括阿尔及利亚、埃及、科威特、毛里塔尼亚、摩洛哥、巴勒斯坦、突尼斯、阿联酋、黎巴嫩、苏丹等10余个阿拉伯国家的文博专家，课程为期21天，包括专家讲座、现场演示和实践操作，赴省内外其他文博机构参观学习。

"化蝶——2016年时尚回顾"展

12月23日，在时装馆一楼推出。由中国服装设计师协会、国家纺织产品开发中心主办，中国丝绸博物馆承办。中国时装设计师协会主席张庆辉、国家纺织品面料开发中心总工程师陈宝建、浙江省外办主任金永辉、浙江省文化厅厅长金兴盛、浙江省广播电视局局长寿建刚等领导和嘉宾出席开幕式。开幕式上，向2016年新增的捐赠企业代表、设计师代表颁发了收藏证书。展览分"创意无限""都市风尚""匠心传承""中国设计""峰会印象"5个部分，展出服饰作品、家纺面料等100余件（套）。开幕式当天，还举办了以"博物馆：倡导一种生活方式"为主题的时尚论坛，中国时装设计师协会主席张庆辉，上海博物馆馆长杨志刚，《三联生活周刊》副主编李伟，设计师、2016年金顶奖得主刘勇，东华大学副校长、上海国际时尚学院院长刘春红，分别就"文化自信语境下的中国时尚话语权""绝缘，或是成为导体——博物馆与时尚之关系""给中国中产阶级画像""今天的时尚生活""时尚教育与城市建设"做了各自的阐发和论述。

"锦程——中国丝绸与丝绸之路"展 以丝绸之路沿途出土的汉唐织物等精品文物，讲述中国丝绸走过的五千年光辉历程及传播至西方的万里丝路。二楼展览分为源起东方（史前时期）、周律汉韵（战国秦汉时期）、丝路大转折（魏晋南北朝时期）、兼容并蓄（隋唐五代时期）、南北异风（宋元辽金时期）5个单元，展示了从史前社会到宋元时期中国丝绸的历史及各个时期丝绸之路沿线东西文化的交流。三楼展览分为礼制煌煌（明清时期）、继往开来（近代）、时代新篇（当代）3个单元，展现从明清到当代的丝绸发展历程。

"从田园到城市——四百年的西方时装"展 从近4万件西方时装中甄选了408件精品，于新建成的西时装馆展出。展品囊括了欧美17—20世纪各重要时期的服饰品，分5个板块展示了西方时装400年的发展轨迹、时代特征、服饰风格以及时装与艺术的关联和影响。大部分展品为西方服饰史上的代表性服饰，或具备该时期服饰的典型特征。包括17世纪巴洛克礼服裙、18世纪华托服、波兰裙、帕尼尔廓形礼服裙以及19世纪帝政时期的简·奥斯丁裙、巴瑟尔裙等。20世纪展品中有半数出自郎万（Jeanne Lanvin）、香奈尔（Gabrielle Bonheur Chanel）、迪奥（Christian Dior）等杰出设计师之手。另外单设服饰品展示区，展出19世纪末至20世纪的精美鞋子、手包、首饰、化妆用具等。

"更衣记——中国时装艺术"（1920s—2010s）展 以20世纪20年代起至今近百年服装演变为脉络，分缤纷世相（1920s—1940s）、革命浪漫（1950s—1970s）、绮丽时装（1980s—2010s）3部分，展现了20世纪20年代起，文明新装的流行，旗袍的逐渐形成和成熟，西装与西式裙装的引入与中西搭配的穿着。特别是中华人民共和国成立以来，中山装、青年装、军装等的流行，以及1978年改革开放后，喇叭裤、蝙蝠衫等一些国际流行元素的本土化。此外，特别介绍了中国时装设计快速发展的30年中，著名设计师历届"兄弟杯""汉帛杯"获奖作品与相关品牌。

丝路之夜 为充分发挥新建场馆功能，扩大博物馆的国际影响力，先后举办"意大利之夜""阿拉伯之夜""正仓院之夜""法兰西之夜"等4场"丝路之夜：从丝绸之路到跨文化对话"系列活动。把丝绸之路沿途的国家、地区或城市用丝绸的元素联系起来，围绕某一个国家或地区的文化展开，融合了音乐、美术、舞蹈、美食、书籍等内容，实现"从丝绸之路到跨文化对话"的愿景。

女红传习馆 随着机械化生产的发展，传统的女红技艺逐渐消失在人们的日常生活中。针对中国传统纺织文化传承和创新的现状，中国丝绸博物馆特别在新馆建成后设立了女红传习馆，通过开设染、织、绣、编等相关的专业课程培训，让观众在缂丝、扎染、手绘、织造等传统女红技艺的互动体验中，充分享受纺织文化带来的无穷乐趣，承习传统手工艺。为做好杭州G20峰会的接待工作，女红传习馆专门设计课程，对杭州市大学小学的10名女生进行传统织造技艺培训，通过精心筹备，向来宾呈现丰富多彩的女红技艺。峰会期间前来参观的元首配偶们均被女红传习馆的表演项目深深吸引，赞叹女学员的聪慧和精湛的技艺。

（俞敏敏）

浙江省博物馆

【概况】 内设机构17个。2016年末实有在编人员141人（核定编制180人），其中具有高级技术职务资格的68人，中级35人。

2016年，浙江省博物馆干部职工团结协作，以建设"国内一流、国际先进的现代化博物馆"为目标，制定《浙江省博物馆事业发展"十三·五"（2016—2020）规划》，积极开展各项业务工作，圆满完成了全年工作任务。

一、领导视察

11月23日，全国政协副主席林文漪视察浙江省博物馆。7月30日，浙江省代省长车俊考察浙江省博物馆。4月22日，浙江省委常委、宣传部部长葛慧君考察浙江省博物馆。5月7日，浙江省委常委、常务副省长袁家军考察浙江省博物馆。

二、可移动文物普查

在完成大规模普查工作的基

础上进一步查漏补缺,一一对照清点,及时发现并补录了一批在2015年普查工作中遗漏的可移动文物,确保"一普"工作按期完成。

三、文物征集

明确征集方向,规范征集程序,拓展征集渠道,在省文物局和财政部门的支持下,共征集藏品175件(组),其中珍贵文物36件(组),全年使用征集经费760万元。特别值得一提的是,利用展览平台,动员省内工艺美术家捐赠各类工艺美术作品逾百件,丰富了馆藏。

四、文物保管

严格按照制度管理文物库房,确保库房藏品安全。监测各库温湿度情况,确保库房设施设备正常运行。做好库房内藏品整理、保洁等工作。完成新入藏品的登记、注册,并建立相应账目。全年因普查、展览、研究等提用藏品近1.2万件(次)。同时,全面开展外借藏品的复核、催还和续借工作。

在浙江省古籍保护中心指导下,继续开展古籍普查,克服人手少、场地小等困难,积极组织专业力量,力争效率最大化。完成条目6570余条(丛书1480余条),完成册数3.6万余册,完成实存卷数及不分卷数11.37万余卷,基本完成古籍普查工作。

五、文物保护

继续推进浙江省文保科研基地建设,以逐步实现各类文物保护修复的标准化为目标,对文物修复保护方案编制中所需的基本分析检测设备进行充实配置。添置X线衍射分析仪、便携式激光拉曼光谱仪、便携式X荧光分析仪和视频显微镜等设备。

以国家文化遗产保护科技区域创新联盟(浙江省)平台为基础,与合作单位就全省文物预防性保护的长期规划和具体实施进行探索和实践,并根据实际条件予以实施。对宁波博物馆、温州博物馆的预防性保护方案进行修改深化、提供技术帮助。为杭州市园文局、上海历史博物馆、湖州市博物馆、临安博物馆、瑞安博物馆等编写文物保护修复方案。

按照计划对余杭茅山出土独木舟进行保护处理。开展针对性文物难溶盐治理及稳定研究,综合已有技术和通过脱盐脱色方法的效果比较,获得最佳材料组合,并将研究结果申请国家发明专利。全年完成36件馆藏文物的修复保护工作。

六、学术研究

文物保护类课题方面,完成"扩散吸收式恒温恒湿控制系统的研究"结项报告、国家文物局"南方文物环境控制方法研究"结项报告、合作项目"文物热浸处理的传质机理探讨及自动化设备研制"课题研究工作、临安文物馆馆藏国宝级越窑青瓷的保护修复项目"唐五代越窑青瓷保护修复综合研究"、"文物艺术品颜色高保真数字典藏及显示关键方法研究"等工作。

社科类课题方面,完成国家文物局课题"博物馆馆藏古琴的'活化'保护与利用研究"结题报告、"无尽藏——黄宾虹的鉴藏研究"、"金华万佛塔地宫出土文物整理研究"工作。省文化厅课题"整合资源、办好展览——博物馆展览策划的框架性思路探索"立项成功、"博物馆与社区"课题申报成功,省社科联课题"图说浙江

近代货币金融"立项成功。

业务人员积极参加学术活动,开展学术研究,撰写学术论文。据不完全统计,在各类专业刊物上发表学术论文和专业文章30余篇,展现了浙博浓厚的学术氛围。论文《体验在博物馆学习中的意义及其实现》荣获第一届全国博物馆学优秀学术成果奖。

七、学术研讨

成功举办"国际视野下的博物馆发展之路"国际学术研讨会、"金玉默守——湖北蕲春明荆藩王墓珍宝"学术研讨会、"江南竹韵——何福礼竹编艺术"学术研讨会。与安徽博物院联合举办"中国博物馆协会博物馆学专委会2016年会暨'博物馆的社会价值研究'学术研讨会",取得良好效果。

八、图书出版

编辑出版《东方博物》4辑(第58—61辑),刊登文章63篇,80余万字,编辑图片1500余幅。内容涉及考古资料的首发及研究,陶瓷、漆器、古文字、建筑及宗教文物资料的发表及研究;文物科技保护与研究、文博理论与实践的探索等。为扩大刊物影响力,面向全国,重点向中原地区组稿,并扩及岭南地区。收入省外及海外作者的论文18篇,约占全年发表总数的28%,进一步扩大了刊物在全国乃至海外文博界的学术影响力。

结合临时展览,配套编印《金玉默守——湖北蕲春明荆藩王墓珍宝》《漂海闻见——15世纪朝鲜儒士崔溥眼中的江南》《银的历程——从银两到银元》《方圆乾坤——马定祥先生捐赠珍贵钱币资料展》《佛峤天姥——新昌大佛

1500 年纪念特展》《观泉阅世》《瓷言片语——景德镇新出元明瓷器展》《中国好手艺——浙江省首届工艺美术大师示范工作室精品展》《江南竹韵——何福礼竹编艺术精品集》《金石书画》《错彩镂金——浙江出土金银器》《青韵——范佳成珍藏古代瓷器展》和《兰亭的故事》等图录 14 种。

编辑出版《中兴纪胜——南宋风物观止学术研讨会论文集》《中国博物馆协会博物馆学专业委员会 2015 年"致力于可持续发展的博物馆"学术研讨会论文集》《中国漆器文化研究的回顾与展望学术研讨会论文集》《竹醉集——当代竹刻八家精粹》《金石学录三种》。参与《浙江通志·文化遗产卷》(文物分卷)编写相关工作。

九、信息化工作

完成官方网站的日常维护管理,对网站进行改版提升,及时更新网站新闻 300 余条、大展回顾 20 个,官网网页全年访问量超过 65 万次。完善官方微信功能,新增微信粉丝 6.6 万人,粉丝总量超过 13 万人。微信平台推送展览活动类信息 100 余条,总阅读量超过 36 万次。

结合实际需求,依据《浙江省博物馆"智慧博物馆"建设规划》(试行稿),进一步开展"智慧博物馆"建设。初步完成浙江省博物馆公共服务平台一期虚拟布展系统工作。完成展厅客流计数和多媒体参观导引。配合精品馆的 5 个临时展览,更新多媒体页面 800 多个。新增常书鸿美术馆和武林馆书画展厅的文物微环境监测设备并接入浙博文物微环境监测系统。

十、陈列展览

积极整合馆内外文物资源,坚持自主策划与"引进来""走出去"相结合的模式,注重展览的学术性和普及性相结合,努力"让文物活起来",取得良好社会效益。全年举办各种陈列展览 20 个,其中原创性展览 6 个,引进展览 14 个。完成外出展览 30 批(次),其中赴国外展览 2 批(次),赴省外博物馆展览 10 批(次),赴省内博物馆展览 18 批(次)。"漂海闻见——15 世纪朝鲜儒士崔溥眼中的江南"展获得 2016 年度浙江省陈列展览精品奖。

十一、对外交流

积极开展展览、人员等全方位的对外文化交流,不断拓展浙博国际影响力。藏品赴境外展览 2 批(次),引进境外展览 2 个,派遣 15 批 38 人次赴国(境)外进行学术交流、业务培训、展览展示等,接待国(境)外文博机构等来访人员 12 批 90 余人次。

十二、宣传教育

树立创新意识,丰富宣教内容,提高服务质量,拓展传播渠道,努力增强博物馆文化吸引力,让更多观众走进博物馆,全年进馆参观观众 306 万人次。

结合临时展览,通过组织讲解员开展多种形式的业务培训和交流,提高讲解员业务水平和职业素养。志愿者全年提供志愿服务 1.6 万余小时,成为浙江省博物馆运营管理和社会教育不可或缺的重要力量。全国人大财政经济委员会副主任委员、原浙江省省长吕祖善作为浙博志愿者为大专院校师生、企事业单位职工、机关干部及省外文化单位主讲"越地长歌——璀璨的浙江历史文化"讲座 10 场,至此已志愿服务 5 年,讲解 64 场,对志愿服务工作起到了引领和示范作用。

立足品牌效应,教育活动日趋常态化。全年举办"武林文博讲坛"、"文澜乐府"传统文化展演、"赏古琴·品琴音"展厅古琴现场演奏等各类宣教活动 200 余场。

立足馆内宣传平台,加强与社会媒体合作,建立多维媒体网络,加大宣传推广力度。据不完全统计,全年纸媒报道 130 余条,电视广播报道 70 余条,大众网络媒体报道近 1000 条,行业网络媒体宣传 120 余条。

十三、经营服务

积极开发与博物馆展览、博物馆馆藏有关的文化衍生产品,满足公众多层次、多元化、个性化文化消费需求。"中兴纪胜"展览系列文创产品荣获"让文物活起来——全国文博单位文化创意产品联展"最佳创意文创产品奖。在第七届中国博物馆及相关产品与技术博览会中,推出具有浙江特色的西湖十景系列、黄宾虹书画衍生产品系列、富春山居图系列以及青瓷、钱币、书画类等文创产品,广受欢迎,并获得"弘博奖·最佳展示奖"。参加第十一届中国(义乌)文化产品交易会,获得组委会颁发的"最佳参展展示(单位)奖""工艺美术银奖"和"会展组织优秀奖"。参加第十届杭州文化创意产业博览会,获得"最佳人气奖"。参加第九届海峡两岸(厦门)文化产业博览交易会,荣获博物馆革命文物、红色文物文创精品评选活动"最佳创意文创产品奖"。此外,还被中国博物馆协会、中国文物报社授予"全国博物馆文化产品示范单位"称号。

十四、示范引领

作为"中央地方共建国家级博物馆",积极发挥示范引领和辐射带动作用。受省文物局委托,建设"博物馆展览交流信息平台",新增 13 家国内博物馆会员单位,发布展览资讯 40 条,发布可供交流的展览 24 个。平台有会员单位 87 家,交流展览资料 92 个,数字展览 26 个,有效促进了馆际文物藏品资源的整合共享。举办全省博物馆展览交流线下洽谈会,全省 20 家博物馆的 120 多位代表交流展示了 62 个展览,达成了 147 项展览意向。在省委党校举办"浙江省文博系统管理干部"培训班,对本馆及全省各地市博物馆文博干部进行党性党纪、业务管理等培训,特别是有关博物馆合同管理的培训,得到参训人员一致好评。举办 2016 年浙江省国有博物馆、纪念馆讲解员培训班,190 余名学员参训,是全省有史以来参加人数最多的一次讲解员培训班。

十五、人才队伍建设

通过公开招聘,录取硕士研究生 2 人,本科生 1 人,调入有工作经验的管理干部 1 人,调出 5 人,退休 2 人;取得正高职称 1 人、副高职称 6 人、中级职称 1 人。至年底,全馆有博士研究生 4 人,硕士研究生 33 人,大学本科 60 人。

寂明油画展 1 月 9 日至 2 月 21 日,在浙江西湖美术馆举办。展出唐先生"忆江南""黄河吟"两大主题内容的作品 75 幅,以不同场景、不同角度,结合东西方绘画之长描绘了其所见、所闻、所感,展现其在探索中国传统艺术与西方美术学派间如何融会贯通的心路历程。

银的历程——从银两到银圆展 1 月 15 日至 4 月 3 日,在浙江西湖美术馆展出。该展览是中国钱币学会金银货币专业委员会首次会员藏品精粹展,汇集了来自中国各地 30 多位藏家从唐宋金元明清到民国时期的各类银锭银币精品 530 件,首次从社会经济的视角全面展示了中国白银货币的发展进程。

青出于蓝——2016 龙泉青瓷传承与创新系列展 1 月 20 日至 4 月 17 日,在孤山馆区精品馆展出。为了进一步弘扬龙泉青瓷文化,浙博与龙泉市人才联合会建立了互动合作关系,连续举办龙泉青瓷传承与创新系列展,同时将其中的现代龙泉青瓷精品甄选入藏。本次展览展出经龙泉市人才联合会青瓷宝剑专委会遴选的 66 件时代佳品,全方位展现至精的手工技艺、至神的艺术精品、至简的美学思想、至善的人格精神,使文化遗产在现实生活中发挥积极作用。

笔墨流年——曾宓作品展 2 月 26 日至 3 月 27 日,在浙江西湖美术馆展出。展出的 80 件作品,有 66 件是 2006 年曾宓捐赠给浙博的作品,展现了一颗返朴归真的智慧心灵,一个浑厚纯净的笔墨世界,一片远离尘嚣的艺术天空。

兰亭的故事——绍兴翰越堂藏兰亭文物展 4 月 9 日至 17 日,在浙江西湖美术馆举办。展出兰亭文物及现代名人兰亭书法、兰亭工艺品 88 件,从民间收藏的角度诠释了兰亭文化现象。

中国好手艺——浙江省工艺美术大师示范工作室精品展 4 月 22 日至 5 月 22 日,在武林馆区展出。展览以"中华优秀工艺美术创新与传承"为主题,展示浙江省工艺美术独特的艺术魅力、文化内涵以及特色工艺美术小镇的建设成就。展示活动囊括了东阳木雕、青田石雕、龙泉青瓷等全省 16 个工艺门类,展示工艺美术作品 200 多件,代表了全省工艺美术创作的最高成就。同时,联合浙报传媒等评选了"浙江十佳工艺美术小镇"。

丹青鸿爪——深圳博物馆藏 20 世纪中国书画精品展 4 月 29 日至 5 月 29 日,在浙江西湖美术馆展出。展览精选了深圳博物馆馆藏 20 世纪书画作品 70 件(组),其中既包括陈师曾、王一亭、溥儒、徐悲鸿等对中国近现代书画史产生重大影响的书画巨擘之作,又包括邓尔雅、何香凝、关山月、黎雄才、赵少昂、黄君璧、黄苗子、关良等一大批成就斐然的广东籍艺术家的精彩作品。此外,还包括李苦禅、陆俨少、朱屺瞻、黄永玉等一大批名家无偿捐赠的精品。

青韵——范佳成珍藏古代瓷器展 5 月 5 日至 7 月 24 日,在孤山馆区展出。展览萃取范佳成所藏古代瓷器 100 件/套,展现其收藏的专业和精深,对古瓷收藏爱好者有所裨益。

"金石书画"系列展览第一期 6月18日至8月18日，在武林馆区展出。余绍宋主编的《金石书画》创刊于20世纪30年代，作为当时杭州《东南日报》的特种副刊，在近代金石书画类报刊中颇具影响。由浙江省博物馆主办的《金石书画》系列展览，可视为余绍宋当年这笔精神遗产的直接继承。展览采取与刊物同步推出的模式，初步拟定每年推出一至二期，每期分碑帖、书法、绘画、篆刻、文献等门类。《金石书画》第一期展出作品150件（方）。

玻璃的艺术——欧洲玻璃艺术史珍品展 6月28日至10月9日，在武林馆区展出。这是国内首个较为完整地展示欧洲玻璃制造工艺发展历程的展览。展出200多件（组）精品玻璃器，囊括了从古代、中世纪直到近代各个重要时期的主要代表性艺术流派的杰作。展览以欧洲玻璃工艺诞生、发展、繁荣的历史轨迹为线索，分为"古代与中世纪玻璃器""文艺复兴时期玻璃器""巴洛克和洛可可时期玻璃器""19世纪上半叶玻璃器""19世纪下半叶玻璃器""新艺术时期玻璃器""两次世界大战之间的玻璃器"7个部分。

立体书的异想世界展 6月29日至8月7日，在浙江西湖美术馆展出。展览包括七大主题展示区，分别是获奖作品区、经典作品区、文创艺术区、城市建筑区、童话故事区、百科知识区、影视动漫区，展出100件国内外精彩立体书作品，包含梅根多佛奖得奖作品以及全景式立体书等各式精彩作品，可使观众较为完整地了解立体书的历史，欣赏世界各地的立体书代表作品，深入了解立体书的演进过程及设计。

纪念新安海底文物发掘40周年特别展 7月26日至10月9日，韩国国立中央博物馆举办"发掘40周年纪念新安海底文化财特别展"大型特展。新安沉船是元代从庆元港（宁波）出发前往日本博多港（福冈）的远洋商船，是世界上现存最大、最有价值的古代商贸船之一。作为新安沉船的起航地，浙江省博物馆提供34件（组）文物藏品、宁波博物馆提供7件（组）文物藏品、天一阁博物馆11件（组）、慈溪市博物馆1件（组）、鄞州区文物管理委员会办公室1件（组）、杭州市文物考古研究所3件（组）赴韩参展。

"金玉默守——湖北蕲春明荆藩王墓珍宝"学术研讨会 8月3日，在孤山馆区举办。中国社会科学院文学研究所研究员扬之水、南京大学教授夏维中、南开大学教授刘毅等9位学者做主题讲演。

金玉默守——湖北蕲春明荆藩王墓珍宝展 8月3日至10月7日，在孤山馆区精品馆展出。展览汇集湖北蕲春境内明荆藩王墓出土珍宝135件（组），首次以专题展的形式到浙江展示。展品以金银器为主，部分展品属国内首次亮相。金银首饰是展品中的一大亮点，种类齐全，包括头饰、耳饰、腕饰等，几乎囊括了明代首饰的全部品种；题材丰富，花卉、凤鸟、宗教等均为装饰纹样。

瓷言片语——景德镇新出元明瓷器展 8月5日至11月5日，在浙江西湖美术馆展出。展出的180件景德镇新出元明瓷器，为近年来御窑厂区域遗址出土碎瓷片修复而成，涵盖了传世元至明正德官窑瓷的重要品类。展品中有作为元代官方用瓷代表的枢府瓷、备受世人瞩目的元青花、洪武时期可作为御窑制度佐证的"赵万初"铭板瓦等。

兰亭的故事展 8月18日至9月25日，在浙江西湖美术馆展出。展览以三国两晋时期的书法演变、发展为主题，分为兰亭修禊、兰亭传奇、唐人摹本、宋人传本、名家临本和绍兴兰亭6个部分，展示以《兰亭集序》为代表的行书书体的源流发展，表现三国吴简书法与《兰亭集序》之间的传承关系以及文化内涵。

吴风赵格——吴让之、赵之谦书画印珍品展 9月22日至11月30日，在武林馆区展出。展览主创者在2015年澳门艺术博物馆"吴赵风流——吴让之、赵之谦书画印特展"基础上，借鉴学术研讨会成果，对展览主题进行了深化，并将主题定为"吴风赵格"，既反映了吴让之、赵之谦等在艺术传承创新上共性的一面，又突出了吴让之"做实至精"和赵之谦"求异拓新"不同的艺术追求。

吴越国——西湖孕育文化精品特别展 10月8日至11月13日，应日本大和文华馆之邀，浙江省博物馆和临安市文物馆在该馆举办"吴越国——西湖孕育的文化精粹"特别展，提供展品69件（组）。

方圆乾坤——马定祥捐赠珍贵钱币资料展 10月20日至11月17日,在孤山馆区展出。制作展览大纲和展览方案,挑选钱币中心藏品1000余件,从杭州博物馆商借藏品20件(组),从马传德处商借藏品4件。制作完成展览图录《方圆乾坤》。协助马传德制作《马定祥》百年诞辰纪念文集。拍摄马传德回忆父亲的50分钟纪录片。

"国际视野下的博物馆发展之路"国际学术研讨会 11月10日,在武林馆区举行开幕式。来自意大利以及上海博物馆、陕西历史博物馆、河北博物院、吉林博物院、辽宁省博物馆等20多个省市博物馆及相关机构的负责人和代表参会。

中国博物馆协会博物馆学专委会2016年会暨"博物馆的社会价值研究"学术研讨会 11月13日至16日,在合肥召开。由中国博物馆协会博物馆学专业委员会主办,安徽博物院和浙江省博物馆共同承办。来自全国20个省、市、自治区60家博物馆、高校以及相关单位的博物馆学专家、学者、代表80余人参会。会议筹备阶段,专委会秘书处收到要求参会论文120篇,甄选确定参会论文73篇,紧紧围绕"博物馆的社会价值研究"主题,从理论层面自省和探讨博物馆在实践社会职责过程中的社会价值,从博物馆各工作环节的使命与内涵探求博物馆的社会价值呈现方式。

漂海闻见——15世纪朝鲜儒士崔溥眼中的江南展 11月16日,在武林馆区展出。展览围绕崔溥所著《漂海录》中的江南文化,展出来自中韩两国26家博物馆的300余件(组)展品,在文献基础上结合文物展陈,对《漂海录》做延伸性解读,呈现了15世纪的明代江南社会文化。这也是浙江省博物馆"海上丝绸之路系列特展"之一。浙江省博物馆藏清康熙时期绘制的《京杭道里图》,描绘京杭大运河流经城池及两岸景观,全长2032厘米,首次全卷完整展示。韩国中央博物馆藏的奉使朝鲜唱和诗卷,是明代使臣倪谦与韩国文臣诗文唱和的手迹,属于韩国国宝级文物,为首次来华展出。开幕当天,还特邀《漂海录》一书的校注者——韩国高丽大学名誉教授朴元熇以及南京大学教授范金民做学术讲座。

江南竹韵——何福礼竹编艺术精品展 11月18日至12月18日,在浙江西湖美术馆展出。展览为浙江省博物馆展览展出中国工艺美术大师、国家级非物质文化遗产东阳竹编代表性传承人何福礼精品代表作76件(组)。

金罍野逸——徐三庚书法篆刻展 12月13日,在武林馆区展出。展览为浙江省博物馆与西泠印社联合举办,以纪念徐三庚190周年诞辰。广邀杭州博物馆、天一阁博物馆、宁波博物馆、湖州博物馆、舟山博物馆、德清博物馆,尽献所藏徐氏书法精品,此外还得到部分重要藏家鼎力支持。展览展出徐三庚书法作品36件,印章222方,铭刻2件,如此规模的徐三庚专题展览,尚属首次。

观泉阅世——浙江近代货币金融概览展 12月15日,在武林馆区展出。展览选取馆藏浙江近代货币及与之相关的实物、图片和文字资料,借助电子翻书、投影、电视、电脑触摸屏和其他声、光、电现代科技手段以及场景制作与互动设计,结合浙江百年政治经济形势变动,使受众在了解有关货币知识的同时,进一步理解浙江人民反帝反封建的艰辛历程。

(鲍亦鸥、高利祥)

浙江自然博物馆

【概况】 内设机构8个。2016年末实有在编人员65人(核定编制68人),其中具有高级技术职务资格的47人,中级14人。

2016年,浙江自然博物馆竭力推进新园建设,同时确保武林馆区各项业务活动开展,有效提升办馆水平和综合业务能力,圆满完成年度目标任务。

一、有序推进主馆区工程,新园筹建全面展开

主馆区工程施工规范有序推进。项目建设工程于3月18日正式开工,截至年底,主馆区、库房、教育服务中心及综合保障用房建设按照项目推进总体要求和计划有序实施,全面完成主馆区、教育服务中心及综合保障用房的主体结构施工。

陈展内容、形式初步设计顺利完成。相继完成地质馆、生态馆、贝林馆、恐龙馆、海洋馆、自然艺术馆6个场馆的主题展览框架、展览内容(文本)、展览形式初步设计工作。根据项目建设推进实际需要,及时调整筹建办内设机构,分别对接展览概念及内容设计、施工布展、展品征集、土建施工管理及内装修、景观、信息化、安防、消防等配套设计工作。

全面启动展品征集工作。制定展品征集管理办法,向全球发出展品征集令,广泛联络国内外藏家,收集展品信息,编制展品征集清单。根据新园策展内容需要,赴美国、南非、菲律宾等国以及香港、湖南郴州、安徽宁国、浙江温州等25处开展展品征集工作,已征集展藏品34954件。

机构设置、人员编制方案拟定成型,探索运营模式。按照"独立运行,单独申报,统一管理"原则,比照国内外大型博物馆机构设置和人员编制情况,拟定浙江自然博物园内设机构13个、岗位职数204个。新园各场馆运营模式探索相继展开,政府管理与市场化运作相结合、经济效益与社会效益双赢共利,成为新园运营管理探索中的共识。

二、创新服务形式,开放服务品质不断提升

是年,接待观众203万人次,完成讲解6904场;完成科普活动652场,参与观众25.8万人次;提供便民服务1.12万次。

科普项目形式多样,活动成效不断涌现。一是环球自然日全球总决赛再续佳绩,获得10个金奖、3个银奖,浙江自然博物馆获优秀组织奖。二是继续深入推进"浙江省2016年度博物馆青少年教育功能提升项目"。评选出"全省首届(2015年度)博物馆十佳青少年教育项目"和"全省首届(2015年度)博物馆优秀青少年教育项目"共20个;开展"自然·

人文·艺术研学行——青少年博物馆探索之旅";撰写制定《全省博物馆教育服务手册》,为全省博物馆教育服务工作提供规范的参照依据。三是牵头组织杭城20家博物馆开展"携手5·18喜迎G20"博物馆教育月活动。四是承办"5·18国际博物馆日"浙江主会场活动。会上对全省首届(2015年度)博物馆十佳青少年教育项目和优秀青少年教育项目做了表彰。五是举办"2016两岸中小学生自然探索夏令营"活动。活动于7月19日至26日在台湾举行,共有来自海峡两岸的中小学生和工作人员38人参加,其中大陆方面24人。

完善原有教育项目,研发新教育项目。在巩固完善原有8大类30余项教育活动的基础上,积极拓展多项新教育活动,并针对观众不同需求特别定制个性化活动;与相关单位合作举办"极危动物安吉小鲵专项保护宣传""浙江保护朱鹮小使者选拔暨微电影拍摄宣传""维护国门生物安全建设美丽生态浙江"等科普教育活动。

加强志愿者队伍建设,聚集社会力量共建共享。先后与杭州师范大学美术学院、浙江传媒学院播音主持艺术学院等签订志愿者服务协议,面向社会公开招募个人志愿者52名并进行业务知识培训;全年服务时数1.5万小时,完成讲解1021场次,策划组织科普活动38场次。举行2015年度浙江自然博物馆十佳志愿者表彰大会,组织优秀志愿者赴湖北省参观学习交流。

三、强化精品意识,市场化合作办展模式进一步深化

推出"灵猴献瑞——猴年生

肖展""一刻千金——矿物微雕展""浙江自然博物馆'十二五'新增馆藏精品展"等原创展览10个;举办"2016自在之境——艺术邀请展""史前桑塔纳——大型巴西鱼化石展""BBC野生动物摄影展获奖作品巡回展(杭州站)"等合作展览8个。新推出常设展览"狂野之地——肯尼斯·贝林世界野生动物展"。"生命·超越——中原文化中的动物映像"展览获得第十三届(2015年度)全国博物馆十大陈列展览精品奖。

积极引进及出境办展,深化市场化合作办展模式。与台湾台中自然科学博物馆合作举办"地球的尽头——南北极特展"收费展览;与日本福井县立恐龙博物馆合作举办"恐龙大移居"展。

加大科普下乡巡展力度,深化未成年人生态道德教育。组织"恐龙蛋诞恐龙""龙行浙江""海洋瑰宝——珊瑚特展""猴年生肖展"等展览赴北京、大连、宁波、江山、丽水、新昌等地博物馆巡展,受益观众74.6万人次。浙江省未成年人生态道德教育巡展除面向中小学、幼儿园巡展外,还赴各市县博物馆、图书馆等场馆巡展。推出展览5个,赴全省12个市县巡展143场次,受益观众14.5万人次。新增社区和农村文化礼堂巡展活动,包括送科普展览、举办主题讲座、赠送科普书籍等。推出3个展览进社区、进农村文化礼堂,计13场次,受益观众3457人次,回收问卷327份。

培养展馆后期维护专业团队,重视展厅基本陈列日常维护。根据展品保护和展示环境的技术要求,定期对展区标本进行维护保养,实行每日巡查、定期抽检、定期保养和适时清洁、杀虫、除霉等工作机制。对展厅设施、设备实行定时大检测、每日小监测,定期维护、适时检修,使基本陈列、临特展、巡回展览的展品、设施、设备等完好率达到96%,保证了展厅的正常开放和观众的参观质量。

发挥国家一级博物馆的帮扶指导作用。继续对江山蜜蜂博物馆进行布展指导。参与桐庐县莪山畲族乡龙峰村新建畲族红曲酒博物馆工作。对文成县博物馆、临海博物馆、义乌博物馆、缙云博物馆的展览和标本鉴定等给予专业指导。

四、深入开展科学研究工作,研究成果丰硕

积极推进学术交流和课题研究。专业人员赴国内外参加学术会议50人次,做学术报告30人次;开展课题研究21项,结题4项。按计划进行已立项国家自然科学基金、省自然科学基金等科研、科考项目。"极危物种中华凤头燕鸥的保护遗传学研究""狭义光唇鱼属的两性异型及进化""海南鳽繁殖栖息地选择及保护对策研究"3项已经立项的国家自然科学基金、省自然科学基金按计划进行。"浙江壶镇盆地上白垩统两头塘组甲龙类化石的整合研究"获国家自然科学基金青年基金立项。"中国浙江白垩系甲龙类化石研究"获现代古生物学和地层学国家重点实验室开放课题。"极危动物安吉小鲵保护遗传学研究"等4项科研项目顺利结题。"浙江省恐龙地质遗迹调查与评价"项目获国土资源部科学技术二等奖。

重要科研项目取得进展。中华凤头燕鸥种群人工招引与种群恢复国际合作项目再获成功,同时在舟山五峙山列岛实施了燕鸥雏鸟环志工作。5月,与中央电视台联合拍摄的《寻找神话之鸟》4集专题纪录片在科教频道播出,引起了社会的广泛关注。继续对义乌市古生物化石进行调查发掘,并完成观音塘村足迹化石调查发掘报告。在该点周边堆放的岩石中,发现了多种类型的足迹,其中部分足迹有重要的科学研究价值。

积极运用科研成果服务经济建设和社会发展。继续实施西溪国家湿地公园生物多样性监测项目。该项目已连续开展7年,是将科研成果应用于区域生态保护、科学研究与社会服务相结合的有益尝试。参与《浙江植物志》(第二版)编纂工作,并担任全志副主编及第四卷主编。在野外调查工作中发现了政和杏、垂丝海棠、攀枝莓等浙江省分布新纪录,丰富了全省植物区系资料。

学术研究成果丰硕。出版《浙江自然博物馆馆藏珍品图集——蛋化石专集》《神秀天台和合之城》《虫豸魅影——中生代的昆虫化石》《全省博物馆十佳青少年教育项目(第1辑)》《舌尖上的贝类》《鸟类科学绘画》《浙江湿地绘画写生作品选》等专著(图册)10册。专业人员发表论文29篇、科普文章7篇。继续开展共同担任主编的百山祖野生植物系列丛书,完成《百山祖的野生植物——木本植物Ⅱ》书稿编纂。参与《浙江通志·文物卷》《浙江通志·自然环境卷》相关章节的编写。

五、加强藏品征集工作,藏品管理利用水平提高

藏品征集取得新突破。全年新增藏品20609件,本年度登记入库藏品2979件,累计登记入库藏品158958件。

馆内研究人员入库查询、鉴定藏品242批次341人次。接待馆外专家和研究人员入库查询、研究和参观29批次108人次。为临特展、巡展提供藏品1150件/组。

继续开展全国可移动文物普查工作。完成新增5862件藏品分类账、总账、藏品系统录入工作;继续推进"浙江自然博物馆植物标本数字化共享"项目,基本完成馆藏全部种子植物蜡叶标本的整理、拍照及录入工作。

做好藏品整理和保护。整理标本3939件,入藏标本整理19906件,植物标本上台150件,新增标本入库、撤展标本回库、贝林标本集中消杀等总计处理标本1520件,修复古生物化石133件。定期抽样检测藏品,并对藏品库区进行杀虫处理,全年未发生藏品霉变虫蛀。

六、完善宣传平台,对外宣传力度加强

制作完成"生命·超越——中原文化中的动物映像"虚拟陈列,新增网上展览7个,展品介绍500余件。发布各类信息970条,全年网站访问量300万人次。完善网站专题功能,建立安吉新园建设专题。继续做好浙江省博物馆学会网站日常维护和管理工作。

做好微信、微博平台管理,完善用户体验。完成微信公众服务号和公众订阅号后台整合架构,

有粉丝 7746 人；新浪微博粉丝新增 700 余个，发表微博近 1000 条。

做好信息设备、弱电系统设备、网络及硬件的维护，处理各种硬件故障 300 余次，处理门锁授权和门卡发卡等 200 余起。及时有效应对突发事件，确保各项工作正常开展，完成信息系统安全等级测评。

七、加强队伍建设，内部管理科学规范

完善内部运行管理机制。修订完善《藏品征集管理办法》《浙江自然博物馆 2016 年度年终绩效考核方案》《浙江自然博物馆职工疗休养暂行办法》《副高及以上专业技术人员考核管理办法》等制度，并抓好落实。切实做好单位保密工作，全年无重大泄密事件发生。

重视人才队伍建设。举办第 5 期中层干部培训班。支持职工参加继续教育。在职人员参加各种研修班、培训班及岗位培训 228 人次，在职读博士 1 人、硕士 4 人。定期组织科普队员、保安人员业务培训，提高员工岗位业务能力。招聘编外人员 14 人。做好专业技术职务晋升推荐和申报工作。专业技术职务晋升正高级 6 名、副高级 3 名、中级 2 名。

做好图书档案工作。完成 4.64 万册图书、期刊的核对移交。完成 314 册期刊、图书的编目录入。办理接收 1.37 万册新书入库及 1788 册图书的领取。完成 2017 年度境外报刊的续订审批手续。完成向浙江图书馆赠送新书 53 种计 162 册。整理完成 2015 年度馆务、业务、财会、特种载体等档案 630 卷件。提供档案利用 114 人次 862 卷件。编制

"1986—2015 年浙江自然博物馆报刊报道检索表"，对案卷目录、全引目录、档案移交和借阅清册、温湿度记录等工作台账做了续编。实体档案存放安全，无虫蛀霉变现象发生。

加强财务管理，做好资金保障。努力提高预算执行力度，除新园项目经费外，正常事业经费使用超额完成 91％ 的任务。完成 2012 年 2 月至是年 8 月法人任期审计现场部分。完成 2015 年省级文物征集费绩效自评和 2017 年项目经费绩效目标设置。完成《2017 年部门预算报表》《2017 年项目申报书》的二次上报并积极沟通落实 2017 年经费。组织会计核算，规范财务基础工作。编制政府采购预算，保障采购工作合理有效。加强固定资产管理，规范新园基建财务工作。完成事业单位国有资产清查，资产平台与财务每月进行核对，做到账账相符，账物相符。

认真做好安全管理和后勤保障工作。完善各项安全管理制度，落实安全保卫责任制。围绕场馆开放服务和新园建设等中心工作，有效落实人防、物防、技防等各项安全防范措施，确保全年安全无事故。配合做好杭州 G20 峰会期间的安全保障工作，被浙江省文化厅评为服务保障杭州 G20 峰会先进集体。组织安全教育和消防演练 2 次，召开部门安全专题会议 18 次。适时对物业设施设备进行保养维护，确保正常运行。完成贝林展厅幕墙、空调、消防工程施工验收。严格车辆管理，每月组织驾驶员安全学习，对车辆状况及时进行分析并定期对车辆进行维护保养，全年

安全行驶 25 万公里。

推进文化产品研发工作。参加第十一届中国（义乌）文化产品交易会"春意盎然——浙江文博衍生产品揽粹"展区展示，获最佳参展企业（单位）奖和工艺美术银奖。文创产品华南虎"萌"虎生威 AR 细胞积木在"让文物活起来——全国文博单位文化创意产品联展"上获文博传承奖。入围国家文创试点单位。承办贝林商店年会和浙江精微艺术研究会年会，对文创产品开发销售、财务流程制度、人事管理等方面进行系统学习。新增贝林纪念品 mini 店和一层北侧配套服务用房公开招租项目。

浙江自然博物园核心馆区全面开工暨现场推进会在安吉召开　3 月 18 日，浙江自然博物园核心馆区项目进入全面开工建设阶段，省文化厅厅长金兴盛、副厅长蔡晓春，湖州市人大常委会副主任、安吉县委书记单锦炎深入施工现场调研项目推进情况，并召开现场推进会议。

葛慧君部长赴浙江自然博物园核心馆区建设工地调研　3 月 31 日，浙江省委常委、宣传部部长葛慧君专程到浙江自然博物园核心馆区工地调研并组织召开推进会。湖州市委书记裘东耀、省广电集团总裁王同元、省文化厅副厅长蔡晓春，湖州市委常委、宣传部部长胡菁菁，湖州市人大常委会副主任、安吉县委书记单锦炎等一同调研。

承办"5·18 国际博物馆日"浙江主会场活动　5 月 14 日，由浙江

省文物局指导、省博物馆学会主办的"5·18国际博物馆日"浙江主会场活动在浙江自然博物馆举行。会上对全省首届（2015年度）博物馆十佳青少年教育项目和优秀青少年教育项目进行了表彰。

荣获全国博物馆十大陈列展览精品奖 5月18日，浙江自然博物馆"生命·超越——中原文化中的动物映像"展览在第十三届（2015年度）全国博物馆十大陈列展览精品推介终评及颁奖仪式上获十大陈列展览精品奖。该展览由浙江自然博物馆与河南博物院共同举办，展出了河南博物院132件（组）与动物有关的文物和浙江自然博物馆精选出的20余件动物标本。

继续推进"神话之鸟"招引国际合作项目 继续与美国俄勒冈州立大学专家合作，在象山韭山列岛海洋生态国家级自然保护区、舟山五峙山列岛鸟类省级自然保护区同时开展"中华凤头燕鸥种群人工招引与种群恢复国际合作项目"，成功招引大凤头燕鸥4000只，成功繁殖幼鸟1200余只，招引中华凤头燕鸥成鸟14只，成功孵育幼鸟6只，在繁殖末期成功环志雏鸟115只。5月，与中央电视台联合拍摄的4集大型纪录片《寻找神话之鸟》在科教频道播出，引起广泛的社会关注。

"地球的尽头——南北极特展"开幕 7月1日，举行开幕仪式。展览由浙江自然博物馆与台湾自然科学博物馆联合举办，由地球的尽头——南北极、南北极的动植物、极地探险家的故事、铁达尼与冰山的海上车祸、地球SOS等五大主题组成。

"狂野之地——肯尼斯·贝林世界野生动物展"开展 7月22日开展。浙江省委常委、宣传部长葛慧君出席开展仪式并亲切会见环球健康和教育基金会主席肯尼斯·贝林一行。省文化厅厅长金兴盛、省文物局局长柳河、省外侨办副巡视员莫丽丽陪同会见。展出的103件珍稀野生动物标本由肯尼斯·贝林捐赠。

"环球自然日"全球总决选再续佳绩 7月26日，2016年环球自然日·青少年自然科学知识挑战赛全球总决选结果在上海科技馆揭晓。活动主题为"谁是谁的谁——自然界中的那些关系"。浙江自然博物馆组织带队的13组浙江参赛团队获10个金奖、3个银奖；浙江自然博物馆获优秀组织奖。

卢济珍鸟类科学绘画作品捐赠入藏 11月7日，浙江自然博物馆负责人一行赴广州，拜访当代著名鸟类科学绘画师、广东省生物资源应用研究所离休干部卢济珍，并签订了向浙江自然博物馆无偿捐赠341幅鸟类科学绘画作品的捐赠合同，馆方向卢济珍颁发了收藏证书和捐赠荣誉证书。这是浙江自然博物馆自建馆以来入藏的首批科学绘画作品，并且数量较大，填补了在自然艺术类藏品收藏方面的空白。在新园规划中，专门设立了自然艺术馆，科学绘画是其中的重点征集展品之一。

筹办"金鸡报晓——酉年生肖贺岁展" 该展馆由浙江自然博物馆与杭州博物馆、湖州博物馆联办。展览通过"众包、众筹、众创"的创新模式，吸引社会力量参与博物馆建设和科普服务。《浙江日报》《都市快报》《浙江老年报》、杭州19楼网等多家媒体跟踪报道。

缙云厚盔蛋化石研究成果在美国《古脊椎动物学杂志》发表 浙江自然博物馆与美国蒙大拿州立大学合作的研究成果在美国《古脊椎动物学杂志》发表。文章报道了发现于缙云的早白垩世鸟蛋化石标本缙云厚盔蛋。缙云厚盔蛋的发现，不仅丰富了浙江省早白垩世鸟类化石的种类，更将鸟蛋化石的出现时间向前推至晚白垩世早期。其蛋壳奇特的三层结构将为未来蛋化石演化模型提供证据。

义乌古生物化石调查取得新成果 继续与日本福井县立恐龙博物馆合作，对义乌市观音塘村及周边地层进行调查试掘工作。尤其是对已发现的恐龙足迹化石层位的上覆地层进行了进一步试掘，发现了大型蜥脚类足迹化石的原生层位，同时还发现了一些翼龙足迹。此外，在该点周边堆放的岩石中，发现了多种类型的足迹，其中部分足迹有重要的科学研究价值。

（韩小芳）

浙江省文物考古研究所

【概况】 内设机构11个。2016年末实有在编人员60人（核定编制 63 人),其中拥有高级技术职务资格的 39 人,中级 10 人。

一、机构建设与人才队伍

继续加强制度建设。重新梳理考古所内部控制制度,建立考古所内部控制领导小组,修订并推行《浙江省文物考古研究所制度》(上、下编)。对全所内部控制风险进行自测评估,确认工作风险点,提出整改方案,落实关键责任人。

根据《中共中央国务院关于分类推进事业单位改革的指导意见》(中发〔2011〕5 号)精神,全面调研全国其他省份的文物考古单位,分析自身业务情况,向省文化厅和机构编制委员会报送了改革机构编制的请示方案。方案提议"改所为院",并按照业务性质的不同,分别成立"浙江省考古研究院"和"浙江省文化遗产研究院",进一步区分业务功能定位,优化资源配置,促进浙江文物考古事业发展。

加强硬件设施建设。余杭区政府与省文物局签订了"共建浙江省考古遗产展示园"合同,余杭区无偿提供 200 亩地,建设项目争取在 2017 年正式立项。推动安吉古城考古与保护中心建设。安吉古城被正式列入国家文物局"十三五"大遗址项目;国家文物局批准发掘安吉古城 107 号大型土墩墓。推进安吉古城遗址公园建设,安吉县政府正式立项,建设安吉古城考古与保护中心。

开展事业单位公开招聘,招聘在编专业技术人员 3 名。开展合同制专业技术人员招聘工作,招聘专业技术人员 12 名,填充到各一线田野考古工地及文保岗位。

二、业务建设

(一)做好大遗址与国家重点考古项目

国家文物局公布了《大遗址保护"十三五专项规划"》名单,其中良渚遗址、上林湖越窑遗址、大窑龙泉窑遗址、临安城遗址、安吉龙山古城遗址被列入浙江省"十三五"大遗址保护专项规划。

开展大遗址与国家重点考古项目 6 项,分别为良渚古城遗址考古、良渚古城外围大型水利系统工程考古调查与勘探工作、上林湖越窑大遗址考古发掘、绍兴越国王陵及贵族墓考古调查勘探、安吉古城考古发掘、湖州毘山遗址考古调查。其中,良渚古城遗址城内考古对大莫角山遗址、小莫角山遗址、古尚顶平台、姜家山贵族墓葬、钟家港河道进行了发掘,基本搞清了外郭城以及城内宫殿区、贵族墓地等的基本布局;对良渚古城外围大型水利系统工程的考古调查与勘探工作,获得 2015 年度全国十大考古新发现、2011—2015 年度全国田野考古一等奖;上林湖越窑大遗址被纳入海上丝绸之路申遗遗址点,发掘了后司岙窑址,证实后司岙窑址是秘色瓷创烧地,是晚唐及五代时期全国秘色瓷最重要的烧造窑场;绍兴越国王陵及贵族墓主要开展了对"十二五"期间调查勘探试掘及抢救性考古发掘资料的整理,完成了《绍兴越墓》考古报告,完成谢墅遗址无人机航拍工作,获取建立地理信息系统基础数据,绍兴越国王陵及贵族墓考古调查获得了 2011—2015 全国田野考古奖三等奖;安吉古城考古工作主要开展了对窑山遗址、八亩墩(107 号)古墓葬的考

古发掘工作,基本形成安吉考古与保护中心建设方案,设计完成安吉古城课题计划及龙山 107 号古墓葬发掘方案;湖州毘山遗址主要对遗址开展了 36 万平方米的普探,通过钻探发现遗迹现象 79 处,包括河道 8 条、高台堆土 13 处、堆土范围 23 处、黄土范围 9 处、文化层范围 4 处、红烧土范围 7 处、活土坑 5 处、墓葬 6 座、井 1 眼、石块范围 3 处。

(二)做好课题性考古项目

开展绍兴宋六陵的考古调查与勘探工作,对宋六陵南片区进行了大面积集中勘探。对原宋陵南片区西部的古河道有了新的认识,对确定陵区内 14 座帝后陵分布范围的西、南部边界提供了重要线索。

开展义乌桥头遗址的考古调查及发掘工作,本年度探寻了桥头遗址环壕的修筑过程及其与遗址西边河流的关系,并对环壕内部局部地区进行解剖发掘。

开展水下考古舟山岛屿调查工作,参与宁波北仑大榭遗址考古发掘。

(三)做好基本建设考古项目

认真配合做好省文物局委托的大中型基本建设项目中的考古调查、勘探和发掘工作。开展了杭黄铁路、商合杭铁路湖州段、申嘉苏皖高速公路延伸段、长兴图影太湖龙之梦建设项目的考古调查工作;平湖书包尖遗址和施家桥遗址、余杭玉架山遗址、安吉金钟山墓群、湖州渎耕村五代窑址、温岭大溪古城、浦江前王山窑址、长兴五峰张家湾土墩遗存、嘉兴子城遗址的考古调查、勘探及发掘工作。

（四）做好科技考古工作

完成省文物局文物考古动植物遗存分析检测平台建设（一期）课题任务。做好田螺山遗址剩余树木遗存的组织切片和种属鉴定、采集植物种子、树木组织切片、完成田螺山树木遗存和种子研究报告。

开展科技部重大项目"末次冰消期以来中国中东部极端气候环境事件与农业起源发展和人类适应研究（2015—2020）"重大科学研究项目的部分研究工作。完成宁波镇海鱼山遗址56份土样的植物硅酸体和硅藻分析。

调查重要遗址的植物遗存，采取良渚遗址花园里及仙居下汤遗址植物遗存进行分析，取得初步成果。

（五）加强资料整理及课题研究

出版考古报告、图录、著作等7部，为《浙江省文物考古研究所学者文库：陈元甫考古文集》《崧泽文化学术研讨会论文集2014》《浙江国宝画册》《良渚考古八十年》《浙江汉墓》及考古报告《浦江上山》、图录《浦江上山》。

（六）做好文保工作

做好相关技术方案（含规划）审查、论证工作。全年配合省文物局文物处分别在4月、6月、10月、11月进行4次方案集中审查和开会评审，共计审查工程技术方案47项。单独送所里审查项目10余项，出具施工意见函或勘察报告10余处，现场考察指导或地方开会评审50余人次。做好项目工程质量控制检查与验收工作。结合方案审查或项目实施，配合省文物局文物处等赴实地检查、指导50余人次。参加省文物

局组织的工程竣工验收30余次、地方文物部门实施的工程竣工项目10余处。检查、解决现场问题20余人次。为地方文物部门提供技术支持和咨询服务。开展文保工程勘察设计与施工资质审查工作。配合省文物局完成对全省100多家文物保护工程资质单位的年检年审工作。

继续开展文保工程第三方评估工作。完善评估制度，规范评估流程。已承接浙江、江苏、安徽、福建、湖南、宁夏等6省委托评估项目123项，其中已经出具评估报告办结108项。

配合省文物局协调推进国保和省保单位集中成片传统村落整体保护利用工作。推动建德新叶村、永嘉芙蓉村及诸暨斯宅等首批项目的文物维修、环境整治、展示利用及民居改善等工作，重点做好保护利用总体方案及相关文物保护工程技术方案的审核、指导等工作。配合国家文物局开展对建德新叶、诸暨斯宅、永嘉芙蓉等首批项目实施情况的检查验收。重点推进兰溪诸葛村、长乐村，武义俞源村等第二批传统村落保护利用项目，指导开展文物维修、环境整治、展示利用及民居改善等工作。配合开展松阳西田村"浙江省历史文化村落保护利用示范项目"实施工作。参与全省传统村落与传统民居等专项保护工作。参与历史文化名镇、名村考察论证与推荐申报工作。协助相关市县提供名城镇村申报技术咨询工作。参加省建设厅组织的历史文化名城名镇名村保护规划论证工作，累计参加论证工作10余项。

配合完成第六批省保单位及

部分国保单位的"四有建档"工作，在2015年审查的270多处档案中有近80处需要修改审查。11月21日至24日，省局组织审查剩余部分143处省保档案。

配合完成第七批省级文物保护单位申报推荐工作。在各地申报推荐基础上，组织完成申报对象的考察评估工作。5月、6月，分3个组对全省246处考察对象和40处专家推荐的项目进行现场考察，并对每一处申报对象出具考察评估意见。7月28日至29日，省文物局组织专家进行第二次评审。为通过评审的每处申报对象编写简介，帮助地方完善申报材料。受省文物局委托，承担了第七批省级文物保护单位申报材料初审整理与简介编写工作。至年底，组织撰写了286处文物保护单位简介。

承担文保科研、学术工作。开展浙江省不可移动文物价值评估体系、浙江省古建筑彩画保存现状调查以及保护科技、文物建筑墙体纠倾加固技术、浙江三合土海防遗址材料工艺与本体监测初探、浙江国保省保宗祠调查、钱塘江古海塘研究等，其中"钱塘江沿岸海潮相关祠庙建筑与祭祀习俗现状初步调研"课题完成结项。"木拱廊桥结构传力机理研究"和"浙江古代城墙保存现状与砌筑工艺研究"两项课题通过省文物局结项验收。

（七）开展世界文化遗产监测工作

浙江省文物资源地理信息系统GIS（含省级世界文化遗产监测平台）开发建设（一期）完成全省7万多处三普登录点地理信息标识、杭绍台铁路、二通道信息入

库工作。

开展浙江省级以上文物保护单位宣传品编辑制作,推送了《盐官文物保护数字系统研建》和《2016文物保护利用优秀案例》。与保国寺古建筑博物馆、北京清城睿现数字科技研究院有限公司合作,开展宁波保国寺古建筑数字化展示研究。

完成木结构文物建筑适用阻燃材料研选与工程示范课题。完成浙江省古建筑彩画保存现状调查研究,共完成4市13处文物保护单位的彩画调查,总调查面积443.8平方米,彩画数量212幅。

(八)学术会议与合作交流

举办浦江上山遗址发现十五周年学术会议、良渚遗址发现八十周年学术会议、良渚古城外围大型水利工程学术论证会、良渚考古遗址公园建设专家咨询会、安吉八亩墩(107)号墓专家论证会等。

开展学术交流与合作。与日本金泽大学、岩手大学,加拿大多伦多大学,北京大学、南京大学、复旦大学、宁波考古所、江苏省文物考古研究所、上海博物馆、安徽省考古所、江西省考古所、四川省文物考古研究院、陕西省考古研究院、西藏自治区文物考古研究所等国内外多家高校及科研院所达成战略合作目标,通过业内与业外多方面合作,互通有无、取长补短,做到了跨界创新与融合发展。

做好因公出国访问及接待工作,全年接待日本、美国等国的专家学者1批12人;应邀派出10批19人次出访日本、澳大利亚等国。

(九)做好培训工作

配合国家文物局举办全国考古项目负责人培训班。配合省文物局举办全省田野考古培训班、全省文物保护培训班、文物保护工程从业人员上岗培训班和文物保护单位"四有"工作培训班。

三、综合管理工作

(一)做好安全保卫工作

落实社会治安综合治理工作目标安全责任书,层层签订,确保重点部位安全。加强文物库房和文物出入库管理,加强对考古工地的安全检查,查隐患,抓整改,提高考古领队安全责任心,确保标本库房安全无事故。认真履行消防安全职责,贯彻以防为主、防消结合方针,严格用电管理,宣传防火灭火知识,定期检查消防器材,确保防火安全。响应G20峰会安保要求,对研究所大门进行全方位改造,配备保安,峰会期间实行24小时值班制度,做好访客登记。所内新增摄像头11个,在传达室安装了一键报警按钮。同时,对吴家埠院内以及宿舍进行一、二期工程改造,安装了文物整理箱铁架。

(二)做好教工路科研业务用房建设工作

调整基建项目领导小组成员,为基建工作的有效推进提供了组织保障。与设计单位、代建公司、监理公司及建筑工程方面专家召开了3次专家论证会。与建筑结构专家、原建筑设计单位反复座谈,对原设计图纸及建设用房功能布局做出调整。

(三)加强档案管理工作

完成档案室藏档案的数字信息化工作,确保数据完整、准确。

(四)加强政务管理

认真做好政务信息工作。积极向相关媒体提供业务工作稿件。加强公文管理,公文交换规范高效。做好档案管理,切实执行好保密工作,无重大泄密事件发生。做好全体干部重大事项报告工作,落实好全体干部谈心谈话制度。加强因私出国(境)工作管理,严格按照干部管理权限审批,做好因私出国(境)证照保管工作。做好离退休老干部管理和服务工作。

四、财务工作

严格遵守和执行国家财经法规、财务规章制度和省文化厅各项财务规定,无财务违纪情况。配合接受各项审计,组织落实对审计结果的整改工作。

认真执行《浙江省文化厅关于进一步加强预算管理规定工作的意见》,重视单位预算管理,完善预算编制工作,不断增强预算执行的时效性和均衡性,确保当年预算执行进度达到省财政厅规定。不断强化预算绩效管理,合理设置项目绩效目标,积极实施项目绩效评价,进一步提高预算资金使用绩效。

加强国有资产管理,确保国有资产安全。加强对所属企业的监督管理,依法经营、及时足额收取房屋租赁和其他固定资产有偿使用收入,并及时缴纳专户。严格执行政府采购制度。

(沈晓文)

余杭良渚古城外围大型水利工程的调查与发掘 2015年7月至是年3月。浙江省文物考古研究所、山东大学、南京大学联合对老虎岭、鲤鱼山、狮子山等水坝进行了调查勘探与发掘。发掘取得了水利系统整体分布、内部结构、营建工艺等相关认识,获得了关键地层依据,验证了前期碳14测定结论的可靠性。水利系统位于杭州市余杭区瓶窑镇境内,良渚古城的北面和西面,由11条堤坝组成。从良渚古城的中心到最远的蜜蜂弄坝体,直线距离约10公里。根据形态和位置的不同,这些堤坝可分为沿山前分布的山前长堤、谷口高坝和平原低坝三种。山前长堤原称塘山或土垣遗址,位于良渚古城北侧2公里,北靠天目山脉,全长约5公里,呈东北西南走向,是水利系统中最大的单体。从西到东可分成3段,西段为矩尺形单层坝结构,中段为南北双层坝体结构,北坝和南坝间距20—30米,并保持同步转折,形成渠道结构。北坝坝顶高程在海拔15—20米,南坝略低,坝顶高12—15米。渠道底部海拔7—8米。双坝的东端连接大遮山向南延伸的一条分水岭。分水岭以东属于塘山东段,为单坝结构。谷口高坝位于西北侧较高丘陵的谷口位置,包括岗公岭、老虎岭、周家畈、秋坞、石坞、蜜蜂弄等6条坝体。可分为东、西两组,各自封堵一个山谷,形成水库。高坝体高程海拔30—35米,坝体长度在50—200米间,大多为100米左右。坝体厚度近100米。平原低坝建于高坝南侧约5.5公里的平原内,由梧桐弄、官山、鲤鱼山、狮子山4条坝将平原上的孤丘连接而成,坝顶高程大约10米。坝长视孤丘的间距而定,在35—360米间不等。高坝与低坝之间的库区略呈三角形,面积约8.5平方公里,库区地势很低,现今仍为泄洪区。库区东端与塘山长堤相接,共同组成统一的水利体系。

根据地层学和C14测年可证实该水利系统属于良渚时期。塘山顶部曾发现两座良渚贵族墓葬,一处玉器加工场,证实其年代不晚于良渚时期。老虎岭的地层也证实坝体下限不晚于良渚晚期。C14测年也可证实坝体的年代。11条坝体中,除塘山长堤、蜜蜂弄、官山和梧桐弄未提取到测年标本,其余6条坝体的样本经C14测定,得出14个测年数据,树轮校正值全都落距今4700—5100年之间,属于良渚文化早中期。初步推测该系统可能具有防洪、运输、用水、灌溉等诸方面综合功能,与良渚遗址群及良渚古城的生产与生活关系密切。距今5000年左右的良渚水利系统的确认,是中国古代水利史研究的重大突破。

（王宁远、刘斌）

余杭玉架山遗址发掘 2月至9月,浙江省文物考古研究所、余杭博物馆联合开展。玉架山遗址位于杭州市余杭区,因余杭经济开发区建设,经国家文物局批准,浙江省文物考古研究所与余杭博物馆,自2008年10月起,对该遗址进行了全面钻探调查与发掘。

调查勘探面积总计约1平方公里,共发现了由6个相邻的环壕围沟组成的良渚文化完整的聚落遗址,总面积约15万平方米。已发掘面积2.8万余平方米,清理良渚文化墓葬499座、灰坑25座,建筑遗迹10处,出土陶器、石器、玉器等各类文物6000余件（组）。是年,发掘基本情况与主要收获有:

环壕Ⅰ的发掘:发掘面积600平方米,了解了环壕Ⅰ土台

和东壕沟的关系。清理了良渚文化晚期灰坑一座,⑤层下开口,打破⑥⑦层及生土。

环壕Ⅲ西南角外部小土台的发掘:为玉架山遗址新发现。不同于以往,土台位于环壕外部,土台周边亦有小壕沟环绕。发掘面积1000平方米,清理良渚文化中晚期墓葬39座,以晚期为主,出土随葬品400余件（组）,皆长方形竖穴土坑墓,墓向以朝南为主,仅一座朝北。钻探发现,该土台的东侧约40米还有一个类似的小土台。

玉架山遗址首次发现了由多个环壕组成的完整聚落,各环壕均有从早到晚的墓葬和房屋,说明这些环壕应是同时存在。玉架山遗址的发掘,为研究良渚文化社会组织结构,基本的社会组织单元及其人口数量,氏族内部和氏族之间的等级差异等都提供了全新的材料和视野。这种聚落模式不仅是良渚文化的首次发现,也是长江流域史前考古的新发现,是田野考古的新突破,对于本地区以及良渚文化以后的考古工作有着重要的借鉴意义。

玉架山遗址地处余杭东部,西距良渚古城20余公里。南面是发现了良渚文化水稻田的茅山遗址,西南面是埋设了贵族墓葬的横山遗址。在遗址周边约20平方公里的范围,经调查和发掘的良渚文化遗址已有20多处,表明临平山的西、北部地带存在着一个规模较大、等级较高的良渚文化次级中心聚落。

（楼航、方中华、王建平）

良渚古城遗址考古发掘与勘探
3月到12月,由浙江省文物考古

研究所、杭州良渚遗址管理区管理委员会联合发掘。良渚古城遗址位于杭州市余杭区瓶窑镇。自2007年古城发现以来，经过10年连续不断的考古工作，确认了良渚古城核心区由宫殿区、内城、外郭城构成，占地面积约8平方公里，同时在城外发现规模巨大的水利系统和面积广阔的郊区，由此证实了占地面积达100平方公里的良渚古城系统。2009年以来，重点对古城核心区进行了勘探和解剖发掘，至是年，基本搞清了外郭城以及城内宫殿区、贵族墓地等的基本布局。

莫角山宫殿区位于城内正中心，由古尚顶土台及其上的大莫角山、小莫角山、乌龟山3座宫殿基址组成。通过大规模勘探、长探沟发掘配合探方全面揭露等方法，基本搞清了大莫角山、小莫角山和古尚顶平台上的房屋台基分布情况。

大莫角山台基位于古尚顶土台东北部，是古尚顶土台上3座宫殿台基中面积最大的一个。通过发掘，在大莫角山周围发现宽4—15米、深0.6—1.5米的围沟。围沟在良渚文化晚期，被废弃填平，随后又修建了石头墙基。在大莫角山顶上还发现了7个面积300—900平方米的房屋台基，呈南北两排分布。

小莫角山台基位于古尚顶高台西北部。通过发掘，确认小莫角山山顶存在4个分属于两个不同阶段的良渚文化房屋台基。早期阶段房基1处，面积最大，达380平方米，部分柱坑直径达1.25米。晚期房基3处，东西成排分布，面积较小。

乌龟山台基位于古尚顶高台

西南部。通过发掘，明确了乌龟山边界。因历年来的人为破坏，台基顶部未发现良渚文化的房基等遗迹。

古尚顶平台的发掘确定了宫殿区中部大型沙土广场的分布范围，广场大致呈曲尺形，分布在东西长约465米、南北宽约320米的范围内，占地面积7万平方米，推测是莫角山宫殿区内举行重要仪式的场所。在沙土广场南部和东部还发现东西成排、南北成列的9座房屋台基，面积在200—500平方米之间，排列相当整齐，可能是宫殿区内的贵族居所。

姜家山位于莫角山西部、反山南部。在姜家山土台西坡清理了一处良渚文化贵族墓地，揭露面积900平方米，发掘墓葬14座，大致呈3排分布，墓葬中出土文物425件组，以单件计644件。墓地年代与反山墓地相当，等级远低于反山墓地，推测是一处家族墓地。姜家山墓地的发掘表明，城内宫殿区与王陵及贵族墓地分处东、西，区分明确。

位于城内宫殿区以东的钟家港古河道，是城内的南北主干道。可分为南段、中段、北段3段。钟家港南段西岸的李家山台地边缘揭露出保存良好的木构护岸遗迹，台地边缘堆积中出土木器坯件等漆木器。在钟家港南段河东岸钟家村台地上发现大片的红烧土堆积，台地边缘堆积中出土较多黑石英石片、玉料、玉钻芯、石钻芯等遗物。钟家港南段的发掘显示李家山和钟家村台地上可能分别存在漆木器和玉石器作坊，这是城内首次发现手工业作坊区，根据以往材料推测，良渚古城核心区除宫殿区外，主要应该是

手工业作坊区。

2015—2016年完成良渚古城以东约175万平方米的勘探工作。经勘探，发现良渚文化时期遗迹现象104处，其中台地45处、河道9条、草包泥堆筑层4处、文化层范围36处、水域范围5处、湿地4处、坑1座。此次勘探结果证实良渚古城以东良渚文化台地分布密集，远远超过此前的认识。

（刘斌、王宁远、赵晔、
陈明辉、闫凯凯、王永磊）

浙江上林湖后司岙秘色瓷窑址发掘　2015年10月至是年底，浙江省文物考古研究所、慈溪市文物管理委员会联合开展。后司岙窑址位于慈溪市桥头镇上林湖中部的西岸边，编号为Y66，这里是上林湖越窑遗址的最核心位置。为配合考古遗址公园建设和世界文化遗产申报工作、探索秘色瓷产地和唐五代时期宫廷用瓷的来源与生产管理状况，同时为窑址群下一步保护与展示规划编制提供依据，经国家文物局批准，对后司岙窑址进行了考古发掘。这也是国家文物局批准实施的《上林湖越窑遗址2014—2018年考古工作计划》的重要一环。

发掘过程严格按照新版田野考古工作规程进行。发掘面积近1100平方米，揭露包括龙窑炉、房址、贮泥池、釉料缸等在内的丰富作坊遗迹，清理了厚达5米多的废品堆积，出土包括秘色瓷在内的大量晚唐五代时期越窑青瓷精品。

后司岙窑址清理部分的主体堆积年代始于唐代晚期，止于五代。堆积中分别发现了带有"大

中""咸通"与"中和"年款窑具的地层。据此可以确定大约在"大中"年间前后开始生产秘色瓷,在"咸通"年间前后秘色瓷占相当比例,在"中和"年间前后达到了兴盛,这一过程一直持续到五代中期左右,在五代中期以后质量有所下降。

秘色瓷产品种类相当丰富,以碗、盘、钵、盏、盒等为主,也有执壶、瓶、罐、碟、炉、盂、枕、扁壶、八棱净瓶、圆腹净瓶、盏托等,每一种器物又有多种不同造型,如碗有花口高圈足碗、玉璧底碗、玉环底碗等,盘有花口平底盘、花口高圈足盘等。胎质细腻纯净,完全不见普遍青瓷上的铁锈点等杂质;釉色呈天青色,施釉均匀,釉面莹润肥厚,达到了如冰似玉的效果;素面占绝大多数,以造型与釉色取胜。

从装烧工艺上看,秘色瓷的出现与瓷质匣钵的使用密切相关。瓷质匣钵的胎与瓷器基本一致,极细腻坚致,匣钵之间使用釉封口,以在烧成冷却过程中形成强还原气氛。这种瓷质匣钵在"大中"年间前后开始出现,但普通的粗质匣钵仍旧在大量使用,此后比例不断提高,到了"咸通"年间前后瓷质匣钵已占相当比例,而"中和"年间前后取代粗质匣钵成为主流,一直到五代中期,以高质量的细瓷质匣钵为主。五代晚期,匣钵的颗粒开始变粗,密封性下降。因此瓷质匣钵及由此带来的秘色瓷生产,是以后司岙为代表的上林湖地区窑场的重大发明。

在窑场格局上,以窑炉为中心进行布局。窑炉为依山而建的南方传统龙窑,基本为正南北向,

保留了包括窑头、窑尾排烟室、多个窑门、窑炉两侧的多道挡墙等在内的较为完整的结构。窑炉使用砖坯砌筑,而外围的挡墙则用废弃匣钵叠砌。窑炉西边是丰厚的废品堆积,是主要倾倒窑业垃圾处,废品与窑炉之间使用多道匣钵挡墙隔开。东边主要是作坊遗址,包括两座房址、多个釉料缸等。它与普通窑场以窑炉为中心、两侧均堆积废品的布局有明显区别。

此次发掘基本理清了以后司岙窑址为代表的晚唐五代时期秘色瓷的基本面貌与生产工艺、窑场基本格局、唐代法门寺地宫与五代吴越国钱氏家族墓出土秘色瓷的产地等问题。

(郑建明)

湖州市杨家埠窑墩头汉至六朝墓葬群发掘 6月至年底,为配合湖州铁公水综合物流园区建设,浙江省文物考古研究所、湖州市文物保护管理所联合对位于湖州市杨家埠镇罗家浜村的窑墩头墓葬群进行了配合性考古发掘。共发掘土墩16个,清理先秦土坑墓1座、东汉土坑墓1座、汉六朝砖室墓25座、茔园界墙1条,出土石、玉、陶、青瓷、铁、金、漆等各类器物100多件。

9座土墩为1墩1墓,其余土墩有2—4个墓葬不等。砖室墓分为单室墓和前后双室墓两类,单室墓平面形制有长方形、刀形和船形3种,前后双室墓结构分为四隅券进式穹隆顶墓和石门砖室墓两种。茔园界墙内排列3座墓葬,墓向均为东南向,应为家族墓地。发现"太康七年""永嘉二年""齐永明二年"等3座纪年

墓,其中2座墓有铭文"丘"姓,应属当地丘氏家族墓地。铭文砖多模印有"万岁不败",花纹砖则以钱币纹、太阳纹、几何纹组合为主。由于被盗严重,这批墓葬随葬品残存较少,主要有灯盏、洗、钵、唾壶、盘口壶、狮形烛台、双系罐、耳杯等青瓷器,水井、鸡圈、灶等模型明器,顶心石、黛板、屏风底座、滑石猪形手握等石质器具,偶有金珠。

东汉土坑墓平面呈凸字形,阶梯状墓道。正对墓道的封土表面出土1圆首石碑及碑座。墓室内设有椁室,椁室南部放置各种随葬陶器、陶甬、铁器等,或为器物箱。较为明显的1棺位于椁室东侧,内有零星玉饰和珠饰。椁下垫排列整齐的枕木。墓室前部置器物箱,出土有五管瓶、锺、罍、壶、罐、耳杯等瓷器,人物俑、动物俑、房屋院落等陶模型明器,案、钵等漆绘陶器,镶斗、剑、鹤等铁器。

该土坑墓南北两侧各有1座石门砖室墓,方向相对。南侧的D90M1墓向20°,有规整的长方形夯筑封土围护。墓葬由墓道、石门、前室、石门(过道)、后室组成,石门均由门柱、门槛、门楣组成,门扇缺失。墓壁外弧,墓顶无存。北侧的D84M1墓向185°,由墓道、石门、前室、过道、后室组成。前后室均为叠涩穹隆顶,过道作双层券顶,石门仅存门柱、门槛、门楣和门扇缺失。此两墓封土上的扰土中各出土石碑座1件。墓砖侧面均模印铭文为"万岁"和"万岁不败"。

本次发掘进一步丰富了湖州地区汉至六朝时期墓葬的研究材料,对认识该地区墓葬习俗演变、

家族墓地规划、与周边地区的关系等具有重要意义。

（徐新民、刘亚林、程厚敏）

长兴县碧岩村土墩墓葬群发掘

3月至12月，由浙江省文物考古研究所、长兴县博物馆联合开展。碧岩村土墩墓葬群位于长兴县洪桥镇碧岩村，东侧为杨小线公路，公路沿线以东有后城村、王家浜村、前城村、涧湾村等自然村落，东临湖泊大荡漾，大荡漾以东为太湖；南、西、北三面环山，山为弁山，弁山上有县级文保单位"弁山石室土墩墓群"。3月起，为配合长兴图影太湖度假区管委会"龙之梦"大型项目的开发建设，就该墓葬群展开考古调查和发掘。

是年，发掘土墩34处，清理墓葬260余座，出土器物2000余件。墓葬年代涵盖自西周到明清的多个年代，其中以汉代墓葬最多。从发掘结果看，西周至春秋战国时期的墓葬，石床型土墩墓数量较多，有少量的平地掩埋型土墩墓、石室土墩墓，其中石室墓受扰较严重。西汉时期有土坑墓、土坑木椁墓、土坑砖椁墓、土坑石框石床墓等。东汉时期土坑墓和砖室墓并存，其中砖室墓大多受扰，六朝至明清基本都是砖室墓且受扰严重。

长兴县碧岩村土墩墓葬群范围大，大型土墩多为一墩多墓，一些土墩埋葬关系复杂，墓葬类型多样，但发现的西周至汉代墓葬多为中小型墓葬，应多为平民墓葬或者是少量小型世家家族墓葬，尚未发现大型贵族墓葬。

（徐军、孟国平）

安吉古城外围——窑山遗址西城墙发掘

2015年9月至是年11月，由浙江省文物考古研究所、安吉县博物馆联合开展。窑山遗址位于安吉古城东北，距离安吉古城城墙东北角直线距离约850米。遗址总体平面近方形，中心为方形高台，顶面平整，面积近4万平方米。高台四周有一圈较高的、台内平面略微隆起的土埂，高台四周有环壕。2015年，对遗址四周土埂及外围壕沟进行详细钻探，表明高台四周土埂为人工夯筑的土城墙。

为了验证勘探成果，明确四周城墙的存在，进一步探索遗址的时代和性质，2015年9月起，浙江省文物考古研究所和安吉县博物馆联合对西城墙进行探沟解剖发掘，发掘面积150平方米。发掘表明，除最底部厚35—65厘米含灰白色细沙的黑色淤积土应是高台堆筑前的地表土外，整个高台均为人工堆筑。

城内堆筑土大体可分为8层，总厚度约4.2米。下部3层以青灰色淤土为主，上部5层以黄褐色、灰褐色硬质土为主。从探沟东西剖面看，堆积大体呈西低东高的缓坡状，探沟南北剖面显示，各层堆积均北高南低，呈很陡的斜坡状。总体来看城内高台堆积较为纯净，包含物较少，在城内最上一层堆土中发现一组分布密集的陶片堆，其下面还发现完整的印纹陶罐、原始瓷碗各1件。陶片堆中的遗物包括印纹硬陶、原始瓷，印纹陶的拍印纹饰包括叶脉纹、方格纹，原始瓷可见盅式碗的底片。整体面貌显示，该陶片堆的时代为春秋中晚期。

城墙选用颜色不一的纯净土夯筑而成，厚6.2—7.5米。探沟北壁剖面显示，整个城墙自下向上可分为8层，各层基本呈水平向。与城内高台堆土土质土色相近，底部为青灰色土，较软，其余大部为黄褐色硬质土。根据发掘中探沟平面观察，在距地表1米、2.2米、2.9米等多个铲光的平面上，宽5米的东西向探沟内可清晰观察到4条东西向平行的条带状夯土，夯土带宽0.9—1.5米。从探沟中部所留的两个隔梁横剖面观察，条带状土的横切面分界为上下垂直线，表明整个城墙夯土为若干条东西向版筑夯土带构成。在地表向下2.2米的探沟南壁剖面观察到了非常清晰的斜坡向夯土，夯土层厚10—20厘米，西高东低。城墙夯土内陶片及红烧土颗粒等人工遗物。

本次发掘还发现3座西汉土坑墓（M1—M3），均开口于①层下，打破城墙夯土或城内高台堆土的上层。从出土器物分析，墓葬的时代为西汉早、中期。

窑山遗址是安吉古城外围的一座小型城址，总体形制规整，城墙、护城河等要素齐备，保存完好。发掘表明，城址整体为人工堆筑而成，四周有人工夯筑的墙体。根据城内堆土集中发现的陶片堆及打破城墙的西汉土坑墓判断，该城址始建年代不晚于春秋晚期，废弃年代不晚于西汉中期，其使用年代与安吉古城有部分重合，表明两座城址存在紧密关联。该城址的发现对于研究安吉古城的性质、城址及周边相关遗存的整体布局具有非常重要的意义。

（田正标、黄昊德）

安吉金钟山古墓葬发掘

3月至

4月,由浙江省文物考古研究所、安吉县博物馆联合开展。金钟山古墓葬位于安吉县递铺镇安城村金钟山自然村,南距安吉县城约10公里,因申嘉湖高速公路安吉段建设进行抢救性发掘,共发掘土墩2座,清理先秦时期墓葬5座,出土印纹陶、原始瓷等随葬器物32件。

土墩位于海拔56.5米的金钟山山顶向北延伸的山脊线上。土墩平面呈圆形及椭圆形,侧视为馒首形,D2顶部略平。土墩直径12.1—19.6米,高1.65—2.75米。两墩间距仅4米,墩下缘几乎连在一起。

D1内共发现呈品字形布局的3座墓葬,其中M1、M2位于北部,系两座并列的石框墓,平面均呈长方形,墓向0°。M1石框长3.2米、宽1.3—1.7米,墓深0.6—0.9米,墓框下部为堆土,上部为杂乱的块石,石框高0.3米。M2石框长3米、宽1.9—2米,石框高0.2米。墓葬东、西、南三面为块石垒砌的墓框,北侧均不见石框,中间一道石框为两墓共用。M2北侧有很多杂乱的大石块,应是作为石框的封门。墓底均为坑洼不平的山体基岩,两墓内未见任何随葬器物。M3位于土墩南半部、M1南侧,为平面长方形浅土坑。墓坑长3.2米、宽1.5—1.72米、深0.5米,墓向355°。墓底未见葬具痕迹,随葬器物共13件,包括印纹陶坛、罐、原始瓷碗、硬陶盉。其中两件较大的印纹陶坛、罐分别位于墓坑东北和西北角,紧挨着M1的南壁石框(后壁),其余较小的碗、盉分3组分布在墓坑南部、北部和近中部。根据土墩内

3座墓葬的位置关系分析,M3极有可能是两座石框墓的随葬器物坑,墓葬时代为西周晚期至春秋初期。

D2发现墓葬两座,位于土墩中部,M1为平面甲字形竖穴土坑墓,它是在熟土堆墩的基础上向下挖坑而成,墓向75°,与椭圆形的土墩长径方向一致。墓道位于墓坑东端正中。墓坑平面长方形,长4.4米、宽2—2.3米、深1.35米,墓坑填土均为夹碎沙石的浅褐色土,墓道平面长3.7米、宽0.9—1.8米,深度与墓坑底持平。墓底发现随葬器物18件,主要集中在墓坑南侧和与墓道连接处的东端,随葬品的器物种类有印纹陶坛、罐、原始瓷碗、盂,墓葬时代为西周晚期至春秋初期。M2叠压在M1之上,位于M1东端墓道位置,是一座墓底由大小不一杂乱分布的块石铺垫而成的石床墓,该墓仅发现1件印纹硬陶罐,墓葬时代为春秋中期。

本次发掘清理的两座中、小型土墩,墩内墓葬各具特点。据不完全统计,全省已发掘并发表资料的先秦土墩已超过150座,墩内各种形式的墓葬有300座左右,但石框和竖穴土坑墓例为数不多,双石框并列且有专门的随葬器物坑的墓例则是首次发现。以往发现的土坑墓墓坑平面均为长方形,且墓坑较浅,金钟山D2M1墓坑平面呈甲字形,墓坑及墓道深度均为1.35米。金钟山土墩墓的发掘极大地丰富了土墩墓的形制结构及埋葬习俗等方面的信息,为越地先秦土墩墓的研究提供了宝贵资料。

(田正标、游晓蕾)

安吉粉坊古墓葬发掘 5月至8月,由浙江省文物考古研究所、安吉县博物馆联合开展。粉坊古墓葬位于安吉县天子湖镇高禹村粉坊、西村两个自然村所在的南北向岗地上,因杭(州)—商(丘)高速铁路项目建设进行抢救性发掘,共发掘土墩2座,清理先秦及汉代墓葬各1座。另有1座双室并列的砖室墓,墓葬时代不早于明成化年间。

D1位于西村自然村,土墩侧视呈馒首形,平面为椭圆形,东西直径24.2米,南北直径16.1米,高3米,根据土质土色整个土墩可分为16层,各层普遍见有印纹陶、泥质陶、原始瓷残片,尤其是第⑥层以下,陶片数量特别多,且见有较多红烧土块,陶片均不晚于商代。第⑭层以下还发现了灰坑、沟、柱洞等遗迹,表明土墩是建于夏商时期的遗址之上,土墩堆土也是就地取材,因而包含了大量遗址中的陶片。

土墩内仅发现1座先秦时期的墓葬(D1M2),为圆角长方形的浅土坑墓,开口在第⑥层下。墓坑南北长3.1米、东西宽2.6米、深0.6米,坑壁自口部向内弧收。墓底共出土随葬器物10件,器物分布散乱,无明显规律,包括1件印纹硬陶罐,其余9件为原始瓷碗、簋、盂、碟等,墓葬时代为西周晚期—春秋初期。

D2位于粉坊自然村,土墩平面为西北—东南走向的椭圆形,侧视呈低矮的缓坡状凸起,长径20.75米,短径15.25米,高1.5米。土墩地层仅分为3层,除表土层外均为纯净松软的黄土,包含陶片极少。

土墩内仅发现1座西汉竖穴

土坑墓（D2M1），位于土墩中心略偏北。墓坑开口在第②层下，打破第③层。墓坑平面为长方形，东西残长 2.94 米、宽 2.6 米、残深 0.6 米。墓坑中心有一直径 0.6 米的圆形盗洞，墓底大部于现代被盗扰，仅在墓坑西南侧局部残留部分随葬品，表明墓葬南侧原应是存放器物的边箱位置。该墓出土随葬品 11 件（组），包括釉陶壶、瓿、罍、铁剑、铜五铢钱等。墓葬时代约为西汉中期偏晚阶段。

D1M2 属于浅土坑类型，墓坑边线清晰，坑壁略向内弧收，与战国、秦汉时期墓壁整齐陡直的土坑墓区别明显。

（田正标、汪飞英）

安吉上马山古墓葬发掘　5 月至 10 月，由浙江省文物考古研究所、安吉县博物馆联合开展。上马山墓地位于安吉县城北偏西约 18 公里的天子湖镇良朋村，因天子湖工业园区开发建设，本年度共发掘土墩 10 座（D164—D173），清理墓葬 14 座，出土随葬器物 107 件。

先秦时期土墩仅 1 座（D169）。墩内发现 3 座墓葬，均为平地堆土掩埋的土墩墓，随葬品少则 1 件（M1），多则 13 件（M2），均为印纹硬陶和原始瓷器，器物种类有坛、罐、瓿、盂、盅式碗。墓葬集中分布在土墩中部，上下叠压关系明确，其中 M3 为西周中期墓，另两座墓葬时代为春战之交。

春战之交或战国初期土墩 1 座（D170）。墩内仅发现 1 座典型的越式竖穴土坑墓（D170M1），墓葬平面呈凸字形，墓向 105°，由墓道、墓室、壁龛等部分组成。墓道为长方形竖穴斜坡底，墓室部分平面长方形，墓底南北两侧有生土二层台，墓室底部宽度仅为长 4.1 米，宽 0.70—0.80 米，符合长条形越墓特点。墓室后端有一壁龛。该墓出土随葬器物 17 件，包括印纹陶坛、罐、瓿、杯，原始瓷盅式碗，泥质陶盆等，其中墓室内摆放 11 件，壁龛内 3 件。另有 3 件印纹陶坛出土于墓坑北侧一角，3 件器物排列成与墓坑平行的东西向直线，应是与墓葬同时、和埋葬习俗有关的一组器物，也可视为墓葬随葬品的一部分。

战国晚期至西汉初期的竖穴土坑墓 9 座，是本年度发掘最主要的墓葬类型，见于 8 座土墩内。这些墓葬墓坑平面均为长方形，墓葬方向有南北、东西向两种。墓坑填土均为灰褐色或黄褐色五花土，墓葬底部普遍铺垫薄层青膏泥。葬具均已朽烂，从痕迹看均为 1 棺 1 椁，有 4 座墓葬的椁外一侧另设有器物箱。从随葬品摆放位置看，4 座墓葬随葬品集中在器物箱内。另有 4 座墓葬随葬品摆放在椁内一侧呈直线分布，原应设有边箱。随葬品以泥质仿铜陶礼器为主，个别墓葬共存少数越地典型的印纹陶罐、原始瓷罐。每墓随葬品数量 1—16 件不等。从随葬品组合来看，出土泥质陶鼎、盒、钫、豆组合的墓葬有 3 座，泥质陶鼎、盒、钫组合 2 座，鼎、盒、壶、豆组合 1 座，单件硬陶壶 1 座。D173M1、M2 是本次发现的唯一一组异穴平行并列合葬墓，两座墓葬随葬品组合分别为鼎、钫、虎子（M1）和豆、硬陶壶、夹砂陶釜（M2），与成套仿铜陶礼器组合的墓葬明显有别。

上马山墓群是安吉古城外围 3 个重要的古墓群之一，它位于安吉古城西北，与城址的直线距离仅 3.5 公里。以往考古工作表明，该城址早期为越国西域边境城址，战国中晚期为楚人占领，秦汉时期先后作为鄣郡郡治和故鄣县县治，是太湖南岸保存最好的战国秦汉时期的城址。上马山墓群本年度发掘的 14 座墓葬，以战国晚期至西汉初期的竖穴土坑墓为主，墓葬多带有明显的楚文化风格，反映了楚人占领本地区后直至西汉初期，楚文化一直是本地区文化因素的主流。D170M1 是难得一见的越式竖穴土坑墓宝贵墓例，该墓集凸字形平面结构、生土二层台、摆放器物的壁龛等多个因素于一身，墓外挖坑整齐摆放完整的印纹陶器，极大地丰富了越墓形制结构及埋葬习俗等方面的文化内涵。墓群中发现的典型吴越地区土墩墓表明，早在建城之前，就有越人在此生活。

（田正标）

嘉兴子城遗址考古调查　2015 年 10 月至是年 12 月，由浙江省文物考古研究所、嘉兴市文物保护管理所联合开展。嘉兴子城遗址位于嘉兴老城区偏东南区域，范围北至中山东路，东至建国南路，南至府前街，西至紫阳街，总占地面积约 7.5 万平方米。

子城是嘉兴自五代天福五年（940）升格为州府城市以来的历代衙署所在地，素来是嘉兴城市的政治中心。南城墙、北城墙、西城墙遗址，系"内外包砖、城芯夯土"结构。城墙内夯土的包含物数量较多，其最晚的瓷片为北宋中后期，可作为城墙断代参考。

《至元嘉禾志》记载:"子城周回二里十步,高一丈二尺,厚一丈二尺。宋宣和年间,知州宋昭年尝更筑。"据此,可以推断城墙为北宋遗迹。

子城遗址的中轴线上,主要建筑自前而后,依次为甬道、谯楼、仪门、戒石亭、设厅、便厅等。明清甬道、仪门基址保存较好。子城整体地势是前低后高,仪门是宋代建筑遗迹和明清建筑遗迹高差的分界点。仪门以南区域,宋代地面与明代地面高差很小,仅在 0.1—0.3 米之间。而仪门以北区域高差越来越大,宋代建筑遗迹距地表基本都在 1.9 米左右,而明清建筑遗迹则从 1.2 米抬升至 0.3 米,高差为 0.7 米—1.6 米。仪门以北有大规模地增筑加高台基行为,据台基内的包含物,判断仪门以北大规模加高台基工程发生于明初。

城市考古向来是历史考古的核心议题,江南地区的"古今重叠型"城市,子城遗址很难保留下来。在浙江地区,只有嘉兴子城遗址近乎完整地保留至今,具有全面揭露和展示的基本条件。通过考古调查勘探,可知子城城墙和城内遗址保存较好,具有还原中古时期江南子城面貌的基本条件,对研究唐宋衙署建筑和城市制度具有重要价值。

(郑嘉励、楼泽鸣)

海宁市达泽庙遗址发掘 4月至12月,由浙江省文物考古研究所、海宁市博物馆联合开展。达泽庙遗址位于海宁市马桥街道先锋村 29 组,发现于 1988 年,遗址面积约 4 万平方米。1990 年春因砖瓦厂取土进行第一次发掘,

揭露面积 340 平方米,清理崧泽—良渚文化墓葬 12 座,出土遗物 100 余件(组)。是年 4 月,为配合扩大杭嘉湖南排工程进行第二次发掘。前 3 个月为勘探和试掘,随后展开大面积揭露。10 月至 12 月,省考古培训班 12 名学员参与了本次发掘,共计揭露面积 3000 余平方米,清理崧泽文化墓葬 8 座、灰坑 17 个、灰沟 3 条、井窖 4 个;良渚文化墓葬 18 座、灰坑 11 个、灰沟 1 条;马桥文化灰坑 15 个、沟 2 条、井 2 个;战国灰坑 26 个;另有宋至明清遗迹 10 处。出土各类编号器物 340 件(组)。

发掘区位于遗址南部,核心为两个崧泽时期土台,良渚文化时期继续延用,主要功能为墓地。土台外围呈较深的灰沟,填土依次为良渚文化、马桥文化、商周、春秋战国时期的堆积。灰沟填平后再覆盖唐宋及明清时期的堆积。总体来看,遗址年代跨度极大,但以崧泽—良渚过渡阶段和马桥文化的遗存最为丰富和典型。

已清理的 26 座墓葬大部分位于两个土台,少量良渚文化墓葬出自土台外围。多数墓葬头向朝南,少量朝北。葬具保存均不佳,个别墓葬尚存较完整的人骨。随葬品 1—19 件不等。陶器基本组合为鼎、豆、罐,另有双鼻壶、盆、壶、器盖、纺轮等。玉器以叶蜡石串珠为主,偶见真玉的锥形器、管、坠等饰品。石器数量不多,器形有钺、刀、耘田器等。

J7 为崧泽—良渚过渡阶段的窖藏,口径 180 厘米,深 228 厘米,坑壁梯级内收。填土分 5 层,分批埋藏 19 件完整陶器,其中壶

10 件、罐 8 件、盆 1 件。

良渚文化时期一些成堆的红烧土块和相对集中的石块分布区应是建筑遗存。地层内出土的遗物以陶片为主,器形有双鼻壶、鱼鳍形足鼎、尊、罐、豆、环等;石器数量较少,器形有耘田器、有段石锛、石犁、砺石等;偶见管、锥形器等玉器。

马桥文化灰坑及地层中出土较多的为陶器和石器,陶器有印纹陶盆、罐、豆、圆锥足鼎等,石器有多边刃刀、镞、有段石锛等。

达泽庙遗址的考古发掘还在进行中,发掘部分揭示了崧泽、良渚文化时期一个较完整的聚落单元和演变过程。

(赵 晔)

义乌市桥头遗址发掘 2月 28 日至年底,由浙江省文物考古研究所开展。桥头遗址位于义乌市城西街道桥头村村西,东经 119° 57′58.59″,北纬 29°17′27.54″,03 省道在其北侧约 150 米处由东向西通过,义乌江支流桐溪在其东侧 50 米处由北向南流过。遗址坐落在一个相对高度约 3 米的高地上,海拔约 89 米。

2012 年 11 月,义乌博物馆提供了桥头遗址的重要线索,同年 12 月中旬,浙江省文物考古研究所对遗址进行了调查勘探(ST1),证实这是一处上山文化遗址,距今约 9000 年,是迄今发现的义乌市最早的新石器时代遗址。遗址已遭到耕地及村民建房破坏。2014 年,又面临 03 省道支线扩建工程及桥头村新农村建设工程破坏。经国家文物局批准,浙江省文物考古研究所对其进行了正式发掘。

是年，遗址继续发掘。经过发掘揭露，遗址的东、南、北3面为人工环壕，西面连接自然河道。环壕内沿基本完整，外沿破坏严重，但在南部和西北角还是得到了局部保存。南部环壕上部受到后期洪水冲击，在考古迹象上表现为商周层下堆积一层砂砾层，在砂砾层下，环壕底部得到局部保存；北部环壕被近现代动土破坏严重，仅在西北角保留一部分。总的看来，桥头环壕遗址的完整性基本确立。环壕宽度约10—15米，深度1.5—2米。以环壕的外沿为界限，环壕聚落南北长度约80米，东西宽度约50米。

桥头遗址陶器的保存状况较好，陶器类型包括大口盆、平底盘、双耳罐、圈足盘等，陶衣鲜亮，以红衣为主，也有乳白衣，体现出陶器装饰的高超手艺，在已经发现的上山文化遗址中，只有湖西遗址堪与其相比。发现了一定数量的彩陶，分乳白彩和红彩两种，以条带纹为主。彩纹中出现了太阳纹图案。

桥头遗址为上山文化中、晚期遗址，其彩陶具备了跨湖桥文化彩陶的基本特质。跨湖桥文化彩陶分乳白色厚彩和红色薄彩两种，桥头遗址彩陶的多样性虽不及跨湖桥文化，但已经具备了两种类型的彩陶特征，桥头遗址的太阳纹图案也与跨湖桥遗址中的太阳纹图案一脉相承，充分说明上山文化是跨湖桥文化的重要源头。

就中期地层中获取的炭屑样品进行碳14年代测定，获得了7985±50（T1③）、8090±45（T1④）等数据，校正年代为距今9000多年。

（蒋乐平）

浦江县前王山北宋时期窑址发掘

2月至11月，由浙江省文物考古研究所、浦江县文物保护管理所联合开展。前王山窑址位于浦江县前吴乡民生村坞坑自然村，早于20世纪80年代就已被地方文物工作者调查发现，并于2010年6月被列为浦江县重点文物保护单位。为进一步了解前王山窑址的生产面貌、时代特征及文化内涵，并对其进行保护性展示，经国家文物局和浙江省文物局批准，对该窑址及周边区域内的窑址进行系统调查与发掘。此次工作被列入浙江省文化厅、省文物局助推浦江"四个全面"战略布局试点县的支持内容。

前王山窑址发掘面积930平方米，取得重大收获。揭露出包括龙窑窑炉、房址、挡墙、灰坑在内的较为丰富的遗迹，为复原前王山窑址窑场布局、生产工艺流程等提供了重要资料。龙窑窑炉1处，编号为Y1。Y1为依山而建的龙窑，砖砌而成，有少量匣钵填砌。该窑炉保存状况较好。窑炉近南北向，头南尾北。窑前工作面、火膛、窑室、窑门、窑尾等保存较好。房址1处，编号为F1，位于窑炉火膛南部，紧挨窑炉火膛。平面形状为不规则长方形，仅余东壁和南壁。壁面以匣钵、砖块砌成，中间以柱础石，不规则。该房址应该为窑业生产作坊遗迹。挡墙9道，依次编号为Q1—Q9。平面形状均为不规则线形，以M形、筒形匣钵叠砌而成，间以残碎窑具填充，应主要起保护作用，以防止窑业废品堆积滑落对窑炉等遗迹造成破坏。灰坑2处，编号为H1、H2，位于房址南部，平面均为不规则圆形，坑

内堆积没有明显分层，包含物有红色碎砖块及碗、盘、碎匣钵等遗物。据初步推断，该灰坑性质应为储泥池等一类的窑业生产作坊遗迹。

出土了包含瓷片、窑具在内的大量遗物，为研究前王山窑址的时代风格、产品面貌等提供了翔实资料。瓷器产品分为精粗两路。精路产品采用单件、垫圈支烧、匣钵装烧，粗路产品采用叠烧、耐火土间隔、匣钵装烧，其中又以后者占绝大比例。精路产品种类有侈口碗、敞口碗、花口碗、直口碗、斗笠碗、敞口盘、侈口盘、盒、钵、执壶、花口盏、敞口盏、碾臼、碾轮、熏炉、盏托、水盂、孔明碗、枕、盆、多管灯、瓶、器盖、罐等，器类较丰富，胎色灰白，胎质较粗，青釉或青黄釉，釉色较滋润，以素面为主，仅少量器物有纹样装饰，如个别斗笠碗内腹及内心满饰蕉叶纹、执壶外腹饰以瓜棱并刻画花卉纹、花口盏内心处模印花卉纹、熏炉外腹刻画莲瓣纹或蕉叶纹、水盂外腹刻画莲瓣纹或蕉叶纹、孔明碗内腹满饰细线划花纹样并外腹粗刻花卉纹、枕面细线划花等。粗路产品种类有敞口特大碗、敞口碗、侈口大碗、侈口小碗、斗笠碗、敞口盘、熏炉、瓶等，器类较少，以碗类为主，灰白胎或灰胎，胎质普遍较粗，青釉或青黄釉，开片现象严重，器物以素面为主，个别器物偶见花卉纹装饰。窑具包括匣钵、垫圈、垫柱、垫饼、窑塞等，其中匣钵又可以分为M形、钵形、筒形、平底椭圆形、平底直壁形等多种造型，其中平底椭圆形匣钵应为烧造执壶所特制。垫圈又可以分为圆形、喇叭形等。

前王山窑址产品无论从造型、装饰，还是装烧工艺上来看，都与慈溪、上虞等越窑核心区北宋中期的产品相似，从器物对比情况来看，该窑址应为北宋中期的越窑系窑址。此外，浦江县博物馆藏有一件"康定元年"纪年青瓷花口碗，据称采集于民生村窑址群。因此，该窑址的发掘为探讨北宋中期越窑系窑址的分布范围、产品特点提供了丰富资料，并可以将该窑址出土的产品、制瓷技术与周边地区进行对比研究，具有重要意义。

（谢西营）

黄岩南宋赵伯澐墓发掘

5月，由浙江省文物考古研究所、台州市黄岩区博物馆联合开展。

5月2日，台州黄岩区屿头乡前礁村土名"大坟岗"地方，当地百姓在宅基地建设中发现古墓，浙江省文物考古研究所随即进行抢救性考古发掘。

这是一座长方形双穴并列的砖椁石板顶的夫妻合葬双穴墓。石板顶上，再起象征性的砖拱，两穴并长3.2米、并宽3.2米、高1.8米。

据右穴（妻室）出土的墓志，墓主人系南宋赵伯澐妻李氏，李氏卒于南宋庆元元年（1195），次年下葬于"黄岩县靖化乡何奥之原"。墓志系赵伯澐亲自撰写，当时的系衔是"文林郎、平江府长洲县丞"。右穴早年遭盗，棺木已朽蚀大半，除墓志外，别无他物。左穴（男穴）保存完好，朱红髹漆的棺木，套在"外棺"内，如同新造。内棺长2.14米、前头宽0.72米、后头宽0.76米、高约0.77米，棺木厚0.1米左右。据1993年重修《黄岩西桥赵氏宗谱》卷七，墓主人赵伯澐，系宋太祖七世孙，南宋初，其父赵子英始徙居台州黄岩县，遂为黄岩人。绍兴二十五年（1155）生，嘉定九年（1216）卒，赠通议大夫，同年与李氏合葬。

赵伯澐墓棺木保存完好，出土了大量衣物及少数随身随葬品，如青玉璧挂件、水晶璧挂件、铜镜、香盒等。其中青玉璧刻有"大唐皇帝昇谨于东都内庭修金籙道场，设醮谢土，上仰玄泽，修斋事毕，谨以金龙玉璧投诣西山洞府。昇元四年（940）十月日告闻"字样，知为南唐开国皇帝烈祖李昇的投龙玉璧，传世近三百年后，作为古物玩好，为墓主人赵伯澐收藏并随葬，尤为难得。更重要的是，如此系统的南宋男性（文官）服饰成套出土，在省内尚属首例。

（郑嘉励、楼泽鸣）

上山文化命名10周年暨农业起源国际学术研讨会

11月22日至23日，在浦江县召开。中国、美国、加拿大等7个国家的数十名专家参会。会议达成以下五点学术共识：一是上山文化遗址聚落群是中国境内乃至东亚地区迄今发现的规模最大、分布最为集中的早期新石器时代遗址群。二是上山文化分为早、中、晚三大期，早期年代上限距今10000多年，中期年代距今约9000年，晚期年代距今约8500年。三是上山文化最为重要的发现是早期稻作遗存，上山文化的先民已经开始稻作耕种实践，以金衢盆地为中心的钱塘江流域应该是稻作农业的重要起源地。四是上山文化遗址群内普遍发现环壕、房址等遗迹现象，由此判断上山文化时期已经出现了最早的农业社会和初级村落。五是上山文化需要制定更加全面的考古规划，同时也要加大对上山文化遗址群的保护力度。

良渚遗址发现八十周年学术研讨会

为进一步挖掘良渚遗址的历史文化内涵，推动学术界深入研究良渚遗址和良渚文化在中华文明起源与发展过程中的地位和作用，同时也为了给良渚遗址的考古、保护和申遗工作提供助力，11月24日至26日，在杭州召开"良渚遗址考古发现八十周年学术研讨会"。会议由浙江省文物局、杭州市余杭区政府、杭州良渚遗址管理区管理委员会主办，浙江省文物考古研究所、良渚博物院、余杭博物馆联合承办，来自60余家考古文博单位、高校、新闻媒体的150余位代表参加了会议。

浙江重要考古发现公众分享会

12月17日，2016年度浙江重要考古发现公众分享会在杭州西湖博物馆举办。分享会由浙江省考古学会主办，浙江省文物考古研究所承办，杭州市文物考古研究所、宁波市文物考古研究所、温州市文物保护考古所、西湖博物馆、钱江晚报等单位协办。与2015年相比，此次分享会吸引了更多全省各地的普通民众。分享会就"王城探秘——良渚古城城内的发掘""发现秘色瓷——上林湖后司岙""向东是大海——宁波大榭遗址Ⅰ期考古成果概览""雾城故事——温州苍南海防城址勘探"4个项目为公众做了考古成果分享。

（沈晓文）

《浦江上山》 11月，由文物出版社出版。浙江省文物考古研究所、浦江博物馆编著。上山遗址是中国早期新石器时代考古的重大发现，是中国迄今发现年代最早的早期新石器时代遗址之一，距今9000—11000年。遗址出土的大量稻壳，证明了长江下游地区是世界稻作农业的最早起源地之一，将河姆渡遗址7000年前人工栽培水稻的历史记录提前了3000多年。这次报告和图录的出版，是对上山遗址这十几年考古成果的全面总结。

《浦江上山》系"浦阳江流域考古报告系列"之三。全书约50万字，分为八章，并附有七篇上山文化研究的专题研究论述。该书系统、全面地汇总了2001年至2008年浦江上山遗址的考古成果，是研究上山遗址和上山文化的基础性文献资料。

（蒋乐平）

《绍兴越墓》 12月，由文物出版社出版。浙江省文物考古研究所、绍兴市文物考古研究所、绍兴市柯桥区文化发展中心、嵊州市文物管理处编著。浙江在商周时期为于越之地，越文化一直是浙江先秦时期考古工作的一项重要研究课题。2011年，浙江省文物考古研究所制定了《绍兴越国王陵及贵族墓考古工作规划（2011—2015）》，并被列入国家文物局"十二五"规划项目。五年来，研究人员在对绍兴地区越国王侯贵族墓地进行系统调查、测绘与勘探的同时，先后抢救性发掘了一批重要的越国墓葬，该书即是对这些发掘工作的全面总结和汇报。它是继《印山越王陵》

《浙江越墓》之后，又一部集中反映浙江地区越国墓葬的考古发掘报告。

《绍兴越墓》文字部分212页，内含插图150余幅，彩色图版126页。全书分绪论、墓葬分述、分期与年代、结语四大部分11章节，展示了绍兴地区香山、祝家山、小家山、小黄山4个地点7座越国贵族墓葬的全部发掘资料和相关研究成果，是近几年越文化考古的又一阶段性重要学术成果，拓展了对越国贵族墓的认识，在很大程度上补充、完善和加深了对越国贵族墓葬制、葬俗已有的认识，同时也为越国墓葬的分期、等级、随葬器用制度的研究积累了丰富材料。

（黄昊德）

浙江省文物鉴定审核办公室
（国家文物进出境审核浙江管理处）

【概况】 内设机构2个。2016年末实有在编人员8人（核定编制数8个），其中具有高级技术职务资格的6人，中级2人。

一、文物进出境管理

（一）文物临时进境审核登记6批次，计15件。

（二）文物出境（复出境）许可证核发3批次，计201件。

（三）旧家具（新仿制品）出境审核37批次，计10683件。

（四）审核国有博物馆文物出境展览3起，查验文物296件（组），分别是浙江省博物馆赴韩国"发掘40周年纪念——新安海底文化财特别展"57件、赴日本"吴越国——西湖孕育的文化精

粹"69件，宁波博物馆赴香港"跨越海洋——中国海上丝绸之路文化遗产精品联展"170件（组）。查验境外文物引进展览3起291件/组，分别为中国丝绸博物馆从俄罗斯、韩国、日本各博物馆借展的"锦绣世界——国际丝绸艺术展"44件、浙江省博物馆从韩国各博物馆借展的"漂海闻见——15世纪朝鲜儒士崔溥眼中的江南"97件（组）、宁波博物馆从马来西亚博物馆局借展的"中马关系——从古代到未来"150件（组）。

二、涉案文物鉴定

积极配合公安、海关和文化文物行政执法部门，坚决打击盗窃、盗掘和走私文物犯罪活动，及时做好涉案文物鉴定工作。办理各类涉案文物鉴定38起，鉴定各类器物416件，其中认定二级珍贵文物1件、三级珍贵文物8件，一般文物394件，非文物10件，待定3件。

实地勘验鉴定被盗掘和破坏的古墓葬、古文化遗址、古建筑等不可移动文物12处（座），确认其中的10处（座），另有2处无法认定。

比较重大的案件，如5月16日，浙江省人民检察院送鉴何家成涉嫌受贿案中的西周青铜簋，器内底有"密作父辛彝"铭文，认定为二级珍贵文物，另一件西周青铜鬲，认定为三级珍贵文物；7月5日，缙云县公安局送鉴盗窃案中有清"天官赐福""当朝一品"木雕牛腿一对，清木雕人物牛腿一对，是第6批省级文保单位"抗战时期浙江省政府及相关机构旧址"建筑构件，均认定为三级珍贵文物；10月11日，受武义县公安局聘请，赴武义对吕大伦墓被盗掘案中

的南宋吕大伦石墓志铭进行鉴定，确认为三级珍贵文物。

三、文物拍卖标的审核

严格按照法律法规要求，做好文物拍卖标的审核工作。全年受理文物拍卖申请35场次，审核拍卖标的31580件，其中文物拍卖标的20505件。允许拍卖的文物标的共20402件，包括书画11265件、陶瓷器981件和玉杂器8156件，撤拍国家禁止流通或超资质范围文物103件。

四、国有馆藏文物定级鉴定

继续做好其他馆藏文物定级鉴定工作，组织专家分别对杭州博物馆、慈溪博物馆、桐乡茅盾故居、永嘉博物馆、嘉兴南湖革命纪念馆、杭州西湖博物馆6家国有博物馆馆藏各类文物进行定级鉴定，共计713件/套，其中确认一级文物7件、二级文物43件/套、三级文物269件/套，一般文物363件，待定5件，资料15件（组），非文物11件。

五、待征集文物鉴定

协助部分地市县国有博物馆进行待征集文物初鉴，共计28批次2081件。涉及单位有湖州博物馆、宁波中国港口博物馆、磐安博物馆、乐清博物馆、中国茶叶博物馆、台州博物馆、松阳博物馆、德清博物馆、新昌博物馆、瑞安市博物馆、杭州工艺美术馆、义乌博物馆、温州博物馆、永嘉博物馆、杭州南宋官窑博物馆等。充分发挥专业优势，在各馆自鉴基础上，从藏品的真实性、价格区间的合理性等方面给出审核意见，为国有博物馆藏品征集把好质量关。先后为浙江省博物馆、温州博物馆、安吉博物馆举办民间收藏文物展展品甄选。

在文化遗产日期间，组织部分省文物鉴定委员会专家前往金华主会场，开展大型公益鉴定和讲座活动。

六、配合做好第一次全国可移动文物普查工作

在第一次全国可移动文物普查收官之年，集中专家全程参与全省普查离线数据审核，逐条审核文物照片、定名、年代、质地、实际数量是否正确，确保收藏单位信息与文物信息真实、准确、规范。

为提高基层文博单位文物鉴定人员水平，承办由省文物局主办的"2016年全省文物鉴定基础知识培训班"，针对基层文博单位一线鉴定工作人员，由专业人员授课，以文物鉴定概述为基础，分别设置了玉器、金属器、陶瓷器、书画鉴定基础知识等课程，通过学习基础理论知识结合观察标本器进行实物鉴定，内容丰富，各地报名踊跃，110多名基层文博工作人员参训，为普查工作夯实了基础。

七、注重队伍建设

3月7日，鉴审办副主任、文博研究馆员周刃参加杭州市园林文物局主办的2016年"杭州文博讲堂"藏品学习小组培训活动，并现场授课，全市各博物馆、景区管理处文物库房保管员、专业研究人员60余人参训。

7月27日，主持召开了《文物鉴定规程》编制课题专家咨询会。来自北京、天津、广东等地国家文物进出境审核管理处的10余位文物鉴定专家与课题组全体成员参加了会议。国家文物局博物馆与社会文物司副司长张建新、社会文物处处长金瑞国到会

指导。

9月12日，鉴审办主任柴眩华受邀参加宁波市文博学会在宁波博物馆举办的"文物藏品竹木牙角雕鉴赏"主题讲座，为宁波全大市文博单位80余名从业人员授课。

12月23日，国家标准化委员会发布了18项文物保护国家标准，自2017年7月1日起实施，其中由国家文物进出境审核浙江管理处起草制订的《文物出境审核规范总则》（GB/T 33290.1—2016）、《文物出境审核规范度量衡》（GB/T 33290.2—2016）、《文物出境审核规范法器》（GB/T 33290.3—2016）、《文物出境审核规范仪器》（GB/T 33290.4—2016）、《文物出境审核规范仪仗》（GB/T 33290.5—2016）、《文物出境审核规范家具》（GB/T 33290.6—2016）、《文物出境审核规范织绣》（GB/T 33290.7—2016)等7项标准名列其中。

（吴婧芸）

浙江省非物质文化遗产保护中心

【概况】 内设机构3个。2016年末实有在编人员7人（核定编制8人），具有高级技术职务资格的5人。

2016年，浙江省非物质文化遗产保护中心坚持"保护为主，抢救第一，合理利用，传承发展"的方针和"政府主导、社会参与、明确职责、形成合力、长远规划、分步实施、点面结合、讲求实效"的原则，倡导"在提高中保护、走进

现代生活、见人见物见生活的生态保护"理念,注重制度建设,强调工作创新和理念引导,广泛调动社会各界积极性,扩大传承人群,扩大非遗受众,增强传承活力,让美丽非遗更好融入现代生活,引领时尚生活。

一、举办"第八届浙江·中国非物质文化遗产博览会"

10月20日至24日,由浙江省文化厅、杭州市政府主办,浙江省非物质文化遗产保护中心、浙江省非物质文化遗产保护协会、杭州市文化创意产业办公室共同承办的第八届浙江·中国非物质文化遗产博览会在杭州白马湖国际会展中心举行。文化部非遗司副司长王晨阳,江西省政协副主席汤建人,浙江省委常委、杭州市委书记赵一德,浙江省委宣传部副部长琚朝晖,省文化厅厅长金兴盛,杭州市委常委、宣传部部长翁卫军,清华大学国家文化产业研究中心主任熊澄宇以及江苏省文化厅、广东省非遗促进会、中国美术学院、浙江工商大学、浙江大学等单位相关领导参观了博览会,并就博览会的成功举办给予肯定。本届博览会以"继承传统,融入生活"为主题,以"先人智慧,工匠精神,生活状态"为呈现内容,以"三馆二区一论坛"为主体框架组织举办。来自国内17个省、市、自治区147个参展项目的368位代表性传承人、工艺美术大师携作品、衍生产品参展参演。博览会获2016浙江金秋购物节组委会"精品展会奖"。

二、举办2016传统工艺振兴"大匠至心·杭州论坛"

10月20日下午,第八届浙江·中国非物质文化遗产博览会"大匠至心"杭州论坛在钱塘江畔举行。活动由浙江省文化厅、杭州市政府主办。文化部非遗司副司长王晨阳等领导出席论坛。论坛以"让传统工艺重返当代日常生活"为主题,邀请了国内传统工艺、文化创意研究专家学者,非遗传承人,设计师以及传统工艺品牌企业、工作室、互联网运营等方面的代表,进行探讨交流,探索促进传统手艺振兴的途径和方法。论坛就"传统工艺与推广传播""传统工艺在'大数据'与'互联网+'时代的机遇与作为""如何让传统工艺重返当代日常生活"3个核心议题展开交流讨论,南京大学教授徐艺乙、北京故宫博物院常务副院长王亚民、中国文化报社副总编辑徐涟、中国美术学院副院长杭间等国内知名专家先后做主旨发言。通过论坛的举办,与会代表达成了《传统工艺振兴·杭州共识》。本次论坛跳出传统"讲台模式",以"文化沙龙"形式进行,并在现场设置LED屏弹幕,观众可以通过网络与嘉宾对话,放大现场互动效应。

三、推出义乌文交会浙江省非物质文化遗产"百工坊"

4月24日至27日,由浙江省文化厅、义乌市政府主办,省非遗保护中心、省非遗保护协会、义乌市文广新局等承办的第十一届中国(义乌)文化产品交易会浙江省非物质文化遗产"百工坊"在义乌国际会展中心举行。27日上午,文化部部长助理于群、浙江省文化厅厅长金兴盛、义乌市委书记盛秋平为"百工坊"开馆揭幕。此次活动以"传承工匠技艺、弘扬工匠精神"为主题,以推进浙江传统工艺振兴、打造"浙江传统手工艺强省"为目标,充分展现浙江"百工"独特魅力和浙江"工匠"智慧的结晶,呈现浙江"百工之乡"独领风骚的工匠技艺。活动展馆面积3800平方米,设"一馆二坊一舞台",即"独具匠心馆""百工技艺坊""百工生活坊"和"百姓非遗大舞台",邀请浙江省内近百个非物质文化遗产传统技艺、传统美术、传统戏曲项目传承人举办展示、展演、展销活动。展览设立了传承人与观众的互动环节,观众可以在现场亲自参与制作、体验传统手工艺项目的魅力和乐趣。展览也体现了义乌文交会"交易"特色,精选了60余个具有浓郁生活气息的特色传统手工艺项目作品及衍生品现场销售,卖品品类繁多,涵盖了衣食住行各个方面,让利于民。此外,"非遗+互联网"的呈现,"百姓大舞台"绝技绝活展演也是此次展会的突出亮点。

四、组织开展"浙江好腔调"传统戏剧展演系列活动

以"传承优秀戏剧,唱响美好生活"为主题,分别在海宁市和绍兴市组织策划了"满堂彩——少儿(院校学生)专场""满庭芳——传统戏剧名师高徒专场"和"满园春——第三批浙江省传统戏剧之乡授牌仪式暨'非遗薪传'传统戏剧获奖剧目专场"3场演出活动。12月9日,在海宁文化馆剧场举行的"满庭芳——传统戏剧名师高徒专场"特邀汪世瑜、郑兰香、沈守良等7位传统戏剧项目国家级非遗传承人到场,有的还与弟子同台献艺。12月10日,在海宁举行的"满堂彩——少儿(院校学生)专场"以昆曲、婺剧、越剧、甬剧、瓯剧、绍剧、姚剧、木偶戏、

皮影戏等剧种为载体,以浙江省少儿演员(艺术院校学生)为演出主体,展示我省传统戏剧活态传承取得的新成果。12月15日,在绍兴举行的"满园春——第三批浙江省传统戏剧之乡授牌仪式暨'非遗薪传'传统戏剧获奖剧目专场"为是年"浙江好腔调"传统戏剧会演系列活动主场,活动分为"第三批浙江省传统戏剧之乡授牌仪式"和2016"非遗薪传"传统戏剧评选获奖节目会演两个部分,重点展示浙江省近年来濒危传统戏剧保护成果。

五、推进代表性传承人抢救性记录工作

是年,浙江省有国家级传承人122位,已去世18位;省级传承人935位,已去世91位,开展传承人抢救性记录工作刻不容缓。一是做好传承人文献资料收集工作。向各市、县(市、区)非遗中心、项目保护单位发文征集传承人资料,一网式收集122位传承人的文字、图片、影像资料,并通过社会征集、出版物购买等方式补充资料,据此梳理传承人生平,拟定访谈提纲。二是建立"四力合一"联动机制。建立专家指导组、省非遗中心、各地非遗中心、项目保护单位四力合一的联动机制。成立国家级非遗代表性传承人抢救性记录传统戏剧类专家指导组,徐宏图、周冠均、蒋中崎、朱为总、周子清5位专家为指导组成员,参与并指导抢救性记录工作。成立中心"非遗传承人抢救性保护管理机制建设团队",入围省文化厅"2016年浙江省文化创新团队"。各地设立传承人抢救性保护工作站,分级保护,有序传承。三是组织开展抢救性记

录工作培训班。组织开展国家级非遗传承人抢救记录工作培训班,明确抢救记录工作内容与量化指标,为全面、真实、系统地推进代表性传承人记录工作进行全面动员和业务指导。邀请国家抢救性记录专家到浙江省开展抢救性记录工作培训,对浙江省已记录的成果进行审查,并对此提出建议,进行技术把关。四是建立抢救性记录专项档案室。保存记录成果,做好资料整理、利用、数字化工作。完善数据库建设,形成非遗传承人数据库。面向全省开展国家级非遗传承人调研报告征集评选活动,并结合培训等工作提高质量,推出书籍等系列成果。

六、开展浙江"美丽非遗走进文化礼堂"系列活动

组织非遗传承人和业内骨干先后在浦江新光、桐庐旧县、余杭王位山、淳安文渊狮城、滨江西兴、永康后吴、青田山口等7个村(社区)开展浙江"美丽非遗走进文化礼堂"系列活动,内容包括非遗绝技绝活展示展演、非遗美食吃在家门口、手工艺品送到家门口和非遗故事讲在家门口等。有表演类的展演,有传统技艺类项目的活态展示,还有民间绝技绝活表演,深受当地百姓欢迎。活动丰富了百姓文化生活,使美丽非遗成为文化礼堂建设的重要内容,成为美好生活、美丽乡村和建设精神家园的重要支撑。

七、组织举办"非遗薪传"系列展演展评活动

10月20日至24日,在杭州白马湖国际会展中心B馆组织举办"非遗薪传"浙江传统服饰精品展评活动。展览内容有浙江传

统服饰作品评选、传统服饰典藏作品和传统服饰面料类项目展示、代表性传承人现场活态展演。参加活动的项目涵盖了杭州、宁波、温州、湖州、嘉兴等11个地市,共有27项传统服饰类的国遗、省遗、市遗项目近100位代表性传承人与业务骨干的202件作品参展参评,其中有国家和省级非遗代表性传承人的精品力作,有行内中青年业务骨干等传承人群融合现代设计与创新理念的作品。包文其、薛勋郎、廖春妹等10位代表性传承人荣获"薪传奖",56位传统服饰门类传承人获优秀入选奖。展评活动整合社会资源,吸收专业骨干力量,组建成立了浙江省非遗保护协会传统服饰专业委员会,为促进传统服饰项目的传承与保护搭建了专家指导平台。

12月15日,在绍兴举行"非遗薪传"浙江传统戏剧展演展评活动。全省各地推荐的44个国家级、省级传统戏剧类项目参加了活动。参演节目遵循传统戏剧的本质属性和艺术特征原则,在坚持剧种本质特征的基础上,以挖掘、恢复、整理传统剧目为主。经初评和复评,蔡铁萍、董素丽、傅春丽等11位获得"薪传奖",杭州滑稽艺术剧院演艺有限公司、宁海县平调艺术传承中心、平阳木偶戏保护传承中心等24个表演单位获优秀展演奖;杭州市、温州市、绍兴市、丽水市、平阳县、海宁市、衢州市衢江区非物质文化遗产保护中心荣获优秀组织奖。此外,还有"最具人气获奖"若干名。

八、开展非物质文化遗产系列培训活动

8月9日至11日,全省非遗

业务骨干培训班在杭州举办。全省各地的非遗处处长、文化遗产科科长、非遗保护中心业务骨干100余人参训。培训班以专家授课，学员交流发言的形式，学习了非遗品牌活动组织与策划、非遗馆建设、非遗调研报告及课题研究、国家级非物质文化遗产代表性传承人抢救记录工作规范等内容。同时，培训班还邀请了国家图书馆中国记忆项目负责人田苗进行了《国家级非物质文化遗产代表性传承人抢救记录工作》讲解，为浙江省开展省级、国家级代表性传承人抢救记录工作提供了理论和实践指导。

12月26日至28日，与温州市非遗保护中心合作举办了传承人抢救性记录暨全省非遗保护中心主任业务培训班。培训围绕深化国家级非遗代表性传承人抢救性记录工作操作指南、第一批国家级非遗代表性传承人抢救性记录成果赏析与经验交流以及国家级（省级）非遗代表性传承人抢救性记录工作内容与量化要求等内容展开，由文化部非遗司相关负责人、非遗专家结合当前抢救性记录工作分别授课，为提高全省非遗保护工作业务水平特别是下一步更好地开展抢救性记录工作奠定了基础。

九、全力推进浙江非物质文化遗产馆建设

建立了基建工作小组，落实专人负责，完成了《浙江省非物质文化遗产馆建设及规划意向书》《浙江省非物质文化遗产馆建筑设计任务书》。分赴贵州、北京等地组织开展了多渠道的调研、考察，启动非遗馆管理、人才、软件运营、藏品征集等前期准备工作。

同时，多次召开专家和社会各界人士座谈会，听取省非遗馆建设意见建议，并启动省非遗馆馆藏物品征集和捐赠工作。

十、推进非物质文化遗产"走出去"战略

10月13日至11月23日，在悉尼成功举办"清风徐来——浙江扇子与风筝工艺展"。中国驻悉尼总领事馆文化参赞张英保，悉尼中国文化中心主任赵立，前新州美术馆亚洲艺术部主任、澳大利亚亚洲艺术协会主席杰姬·孟席斯（Jackie Menzies）等出席活动。中、澳双方贵宾与当地侨领及新华社、人民网、澳视传媒等媒体、观众一起零距离体验了浙江非遗，观看了王星记扇和湖州风筝制作技艺的现场演示。杰姬·孟席斯主席等嘉宾从专业角度高度评价了浙江非遗保护工作。作为"2016年澳大利亚·中国美丽浙江文化节"主要内容之一，展览以"视觉体验""活态演示""互动交流""走进校园"等板块，表现非物质文化遗产传承的"生活性""传承性"和"互动性"，动静结合，充分呈现浙江非遗传统手工艺的独特魅力。展示效果突出，吸引了当地众多文化艺术爱好者参观，悉尼中国文化中心要求将原定展期延长。

十一、组织参加兄弟省市相关展会活动

组织参加山东、江苏、上海等省市举办的非遗赛事、展览活动。第四届中国非遗博览会中心组织推荐了30余项国家级以上非遗名录项目、30余名省级以上代表性传承人以及40多位非遗保护工作者、传承人参加，其中，推荐龙泉青瓷烧制技艺、龙泉宝剑锻

制技艺、乐清黄杨木雕、瓯塑等4个项目参加"传承与创新——非遗精品展"；组织浙江剪纸、嵊州竹编、东阳竹编、瓯绣、宁波金银彩绣、温州泥面塑等10余个项目参加传统工艺项目比赛展示；选派嘉善田歌、景宁畲族民歌参加全国民歌大赛；小巷三寻、东阳竹编、桐乡蓝印花布印染技艺项目代表性传承人参加全国传统工艺振兴论坛；组织推荐罗宅营造技艺等项目参加中国非遗传承人群研修研习培训计划优秀作品展；组织浙江师范大学、浙江艺术职业学院参加非物质文化遗产学术成果展等。此外，还组织参加了长三角（江浙沪皖）非遗联谊活动、2016年第三届"巴城杯"长三角民歌赛、2016年"张江杯"长三角民歌交流展演、2016"江浙沪"曲艺弹簧展演等活动。

十二、推进省非遗保护协会各项工作

5月19日至20日，组织召开了浙江省非遗保护协会第十二次会长办公会议。会议总结了协会和各专委会在过去一年的工作情况，交流了2016年工作思路；听取了省非遗保护协会传统服饰专委会筹备工作情况报告，讨论通过了成立传统服饰专委会的提议，部署并提出了下一步工作任务和要求。

11月25日，组织召开了浙江省非遗保护协会传统服饰专业委员会成立暨第一次会员代表大会。作为省非遗协会下设9个专业委员会之一，省非遗保护协会传统服饰专委会是协会职能的必要补充和有效延伸，对于提高协会决策水平，推进创新发展，提高协会的影响力和凝聚力有着重要

作用。传统服饰专委会共吸纳首批会员 61 名。

十三、继续推进系列丛书编撰出版工作

着力开展非遗项目的理论研究工作。一是编纂出版《浙江省各级非物质文化遗产保护名录汇编》《传统手工艺振兴·杭州论坛汇编》和《浙江好腔调——2015 浙江戏曲类非物质文化遗产保护》。二是继续做好浙江民间非遗馆成果的研究和出版工作。完成《桐庐民间剪纸艺术馆》《萧山花边艺术馆》《龙泉郭家兴剑艺馆》《东阳何福礼竹编艺术馆》等 4 本书的编纂出版工作。

十四、强化非遗宣传能力

以传播非遗文化为内容，以扩大非遗在当下生活、生产的影响力为目标，对具有重要新闻价值和社会影响力的工作，如各类非遗展示展演活动，安排专人撰写新闻通稿和摄影摄像工作，并及时与省文化信息网、省非遗网对接。密切与《中国文化报》《浙江日报》《钱江晚报》《文化月刊》及省文化信息网等媒体交流合作。加强对非遗大师的宣传推介，在《浙江画报》和《茶博览》开设"非遗大师"专栏。

（韩　俏）

浙江省文化信息中心

【概况】　内设机构 1 个。2016 年末实有在编人员 5 人（核定编制 6 人），其中具有高级技术职务资格的 1 人，中级 4 人。

2016 年，浙江省文化信息中心在省文化厅的正确领导下，深入贯彻落实党的十八届五中、六中全会，省委十三届八次、九次、十次全会精神，落实国家、省有关信息化工作的方针政策，继续秉持"深化改革，务实创新；加强统一管理，提升服务意识"的工作思路，全力推进文化系统网络信息安全、机关电子政务及业务网络平台运维、网络宣传与网站信息采编等工作，按照年初制定的目标管理责任书，有序开展单位各项工作，较好地完成了年度各项工作任务。

一、加强网络安全防范，确保网络与信息系统安全稳定

（一）以完善制度为目的，继续做好网络与信息系统安全工作

进一步推进文化系统网络安全和信息化工作，6 月，配合厅机关成立了网络安全和信息化工作领导小组，并由中心具体负责领导小组办公室日常工作。结合实际情况制定了相应的安全应急预案，并修订了原先的工作流程、工作记录表及台账制度，进一步完善了信息安全管理体系。不断强化实时监控和应急值守，争取做到早发现、早防控、早报告，并继续按重要系统等级保护要求对系统进行分级保护，再次完成了对厅机关门户网站的等保测评。同时，进一步加强内网准入控制以及个人终端、厅机关无线网络管理，通过准入设备对外来用户进行管控，并每月更新网络安全设备及软件安全配置。此外，积极协助厅机关做好信息安全、保密工作，确保全年无重大网络安全责任事故发生。

（二）以保障 G20 峰会为契机，着力做好系统网络安全工作

4 月，组织召开省级文化系统网站安全工作会议，传达习近平总书记在国家网络安全和信息化工作座谈会上的重要讲话精神，通报前期检测发现的一些单位网站存在的安全漏洞与隐患，并就峰会期间对厅属各单位门户网站采取统一的防护系统进行了具体部署。5 月，会同厅办向厅属各单位及时下发了《省级文化系统门户网站安全应急处置预案》，并建立 QQ 联络群，加强相互间的沟通联系。6 月，在全面摸查厅属各单位门户网站系统，认真排查安全防护短板基础上，开始全面清理厅机关与省属各单位的应用系统，临时关闭或永久关停长期不维护的系统，对于在用的系统则关闭不必要的端口和服务。与此同时，将省级文化系统门户网站及重要信息系统、厅机关相关业务系统纳入红网云盾，采取统一防护系统，进一步提升网站防护能力。在不同阶段启用不同的安全防护等级，并要求各单位加强服务器和网络安全设备安全检查，做好工作台账，定期、不定期调整邮件安全网关过滤规则，确保门户网站及邮件系统正常运行。8 月 20 日起，一方面及时召开专题会议进行工作部署，责任到人，切实加强应急值守和安全防范；一方面将厅机关门户网站及省属单位一些重要网站及信息系统接入云盾 24 小时不间断值守平台，中心每天除安排专门值班人员在线监控云盾监控系统外，还安排技术人员值守并保证联系电话 24 小时有人接听处理，同时和国家互联网信息中心、省公安厅 24 小时保持联系，时刻做好应急联动，确保了杭州 G20 峰会期间省级文化系统的网络安全。

11月,第三届世界互联网大会期间,再次确认负责管理的各系统、网络设备的安全状态,同时和省公安厅网安总队保持联系,做好早、中、晚的信息通报。

(三)以开展安全检测为手段,切实加强网络安全整改力度

4月、10月和12月,3次委托两家资深安全服务厂商,对全省30家各级各类文化单位门户网站进行安全检查。两家安全厂商分别使用不同的扫描器、采用不同的扫描规则从系统和应用两个方面进行排查,各自形成安全报告。对存在安全问题的单位,及时下发《浙江省文化单位网络安全预警通报》,督促各单位抓紧整改,消除安全隐患,确保网站及信息系统安全运行。与此同时,汇总分析各单位安全扫描结果,为各单位下一步安全整改工作提供参考。此外,还结合实际工作,分析典型安全事件,编发网络与信息安全技术分析报告,上报网络信息安全月报12份,安全工作会议专题报道2篇。

与此同时,根据《2016年我省党政机关及重点领域信息安全检查指南》(浙信安办〔2016〕22号)通知要求,对文化行业重要信息系统的关键信息基础设施进行了登记,对重要信息系统先开展自查、扫描、加固工作,再由专业安全厂商进行渗透测试和加固。同时,积极和其他单位开展沟通、交流和学习活动,及时解决检查中发现的问题。

(四)以举办培训为抓手,不断提高人员安全意识和工作技能

分别在4月、12月两次组织举办全省文化系统网络与信息安全培训,邀请专家分析政府网站存在的主要安全漏洞,点评省属单位和部分市、县(市、区)单位门户网站存在的安全问题,并就如何防范网站被恶意篡改和攻击做针对性介绍,提出了规范网站开发、新开发系统上线前扫描检测等具体措施。同时也对在新形势下如何强化网络安全意识,切实做好网络与信息安保工作做了具体部署。此外,还于9月协助开展了全国网络与信息安全宣传周宣传活动。

二、完善网站与业务应用系统管理,不断提升建设水平

(一)继续开展全省文化系统网站群绩效评估工作

结合国办、文化部、省政府关于网站建设新要求及互联网发展新趋势,制定出台了《2016年度浙江省文化系统网站绩效评估指标体系》,新增加设区市文化部门"服务提升"评测项和厅属单位"加分项",进一步突出各网站特色。同时加大"网站安全管理"项的权重,细化相关测评内容,并要求所有被测评单位重新报送最新修订后的网络安全制度,防止出现制度制定后多年一成不变的情况。继续采用人工采样、模拟用户、网站建设管理和运维保障情况问卷调查等方式开展测评,确保测评公平公正。本次绩效评估共有27家单位参评,包括12家设区市文化部门网站和15家厅属单位网站。

(二)进一步加强机关门户网站建设

做好省文化厅机关注册域名的转移、续费、备案工作,根据需要随时调整域名解析,并做好域名解析安全防护。继续加强信息采集发布,认真审核、采编各类新闻稿件,保证网站新闻日日有更新,共更新文化及政务信息2.25万条,其中门户网站文化信息1.24万条,浙江文化信息网各类文化信息1.01万条。策划制作文化专题,并配合厅机关做好年度重点工作及重大时政要闻的网络宣传,共设计制作"浙江省公共图书馆全民阅读节系列活动""关于加快构建现代公共文化服务体系的实施意见""'两学一做'学习教育"以及"刘伯温传说""婺州窑传统烧制技艺"等专题13个,新增加视频300分钟。全年"图说浙江文化"数据库增加近300条。

完成基于省地理空间数据交换和共享平台的"浙江文化地图"栏目和浙江省文化市场执法平台所使用的地理系统的整合,并于12月28日上线试运行,全省所有公共文化场所(图书馆、博物馆、纪念馆、文化馆、演出场所、国家级非遗项目所在地)等都在地图上展现,公众可按照分类、区域进行网上查询,同时也实现所有数据及应用的统一后台管理。

(三)深入推进政务服务网建设

根据省电子政务中心总体要求,梳理全省公共图书馆、文化馆、乡镇文化站基本信息等政务资源共享目录及数据12项,同步、更新演出经纪人信息历史数据两批次,并根据数据共享新要求,将历史数据建表入库,在此基础上,承诺新增数据实时同步更新至政务服务网政务资源共享目录。

继续做好政务服务网省文化厅专栏内容保障,根据政务服务网考核要求,按月填报工作进展,及时汇总统计最新行政审批数

据。定期查看政务服务网监察系统，及时处理各类预警、红黄牌信息，全年处理预警信息250多条。

按照省政府电子政务办关于网络规划要求，实施省文化厅机关相关业务系统迁入政务云工作，已完成对全省网吧监管系统的上云部署，包括云部署、数据整合梳理、迁移技术准备。

（四）积极做好政府信息公开数据维护

根据国办、省政府关于政府信息公开最新要求，调整省文化厅网政府信息公开栏目，及时更新数据，并不断完善省政府网站上厅机关政府信息公开数据。厅网信息栏目新设立"国务院要闻""省政府要闻"专栏，及时采集更新；新开辟"重点领域信息公开"专栏，汇集行政处罚、行政审批、工作动态等厅中心工作数据。整合政务公开、政府信息公开数据，更直观、有效地展示政府门户网站的信息公开功能。

（五）不断完善业务应用系统

由杭州顺网科技股份有限公司免费提供软件，并在其技术支持下，完成了新的全省网吧监管平台（清网卫士）的部署安装工作，并按11个设区市分别进行了专题技术培训，为进一步提高全省文化市场文明执法、阳光执法能力提供了技术支撑。同时，继续做好与文化部全国文化市场监管平台的数据对接、技术开发等工作。

与中标技术维护公司一起，做好省文化厅机关综合办公OA系统、电子公文交换平台、全省文化市场数字化网络监管系统、省执法人员继续教育考试平台、省非遗数据库、厅基层公共文化评

估体系等多个业务应用系统的维保工作，其中电子公文交换平台至年底共接收公文576件，下发758件；全省文化市场数字化网络监管系统上报信息8770条，录用7079条。

根据国务院办公厅通知要求，完成全国政府网站的抽查整改工作，包括省文化厅机关网站报备维护、门户网站内容监测、监测验证、内容检查和整改工作。同时，根据省政府绩效考评系统、监管系统提示以及实际工作需要，及时调整、修改网页，共处理监管系统链接错误提示700多次，问题处理单5个，修改网页300多次。

此外，还及时进行系统升级、更新，并按照厅机关要求完成各应用类小软件开发，确保各系统、平台安全正常运行，保证各项工作有序开展。

三、建设"双微"平台，强化舆情监控

（一）加强省文化厅官方微博（新浪、腾讯）、微信平台建设

积极利用"双微"平台，拓展信息发布渠道，努力从广度、深度上扩大文化信息覆盖面，打造网络宣传主阵地，截至12月底，发布微博（新浪、腾讯）926条；官方微信群发信息384条、推送一周资讯47期，活动预告11期，用户关注度不断提高，微博粉丝量达到46万人。与此同时，协助省文化厅直属机关党委在官方微信公众号上开设"文化廉政"专栏，全年发布36期。此外，立足微博政务微官网，加强与全省各级各类文化单位的联系，构建系统微平台宣传矩阵。是年，厅属23家单位已有9家单位开通了微博，17

家单位开通了微信。

（二）强化网络舆情监控管理

关注《中国文化报》《都市快报》《钱江晚报》等主要媒体，豆瓣、19楼、浙江在线民情巷等主要论坛以及近400个微博账号，搜集文化舆情与热点，编发《舆情月报》12期。

（三）推出与网民互动活动

借助省第十三届戏剧节宣传，策划开展了网民最喜欢的剧目投票活动，并在官方微博参与戏剧节互动讨论的观众粉丝中抽出幸运观众赠送戏剧节演出门票，参与投票总人数达到1.4万余人。同时，在日常微平台服务工作中重视网上为民服务，及时答疑解惑，全年受理微博、微信咨询近100人次。

（四）培育文化网评员队伍

利用网评员队伍微信、QQ工作群等，及时通报信息，加强全省文化系统网评员之间的沟通联系，提升队伍整体工作水平。

四、加强综合管理，提升队伍建设水平

（一）健全规章制度

继续健全和强化内部管理体制和运行机制，不断修订、增补、完善单位各项规章制度，对原有的19个内部管理规章制度中的差旅报销和休假管理制度按要求进行了重新修订，努力规范内部管理，确保政令畅通。同时，在全单位强化与工作职能相适应的风险防控机制，切实做到"内控防范有措施、岗位操作有标准、事后考核有依据"，责任到人，加强协作，共同完成单位各项工作。

（二）深化绩效管理

坚持效率优先、兼顾公平的原则，根据《浙江省文化厅关于进

一步规范厅属事业单位岗位管理制度有关问题的实施意见》精神，严格干部的经常性管理、监督，合理安排工作岗位，明确岗位职责、工作目标和考核办法，完善专业人员考核评价体系。根据《浙江省文化厅关于进一步完善厅属事业单位绩效工资实施意见》，在确保单位绩效工资制度平稳规范运行的同时，努力完善内部收入分配制度，以岗定薪，按绩取酬，根据岗位要求实施绩效考核，根据考核结果，发放绩效奖金，充分发挥收入分配的激励导向作用。

（三）提升队伍素质

在加强对单位职工政治教育的基础上，坚持思想和业务两手抓，认真、积极开展单位以提升职业道德、业务素质和创新能力为目标的职工继续教育，努力强化职工业务知识培训，提升专业能力，单位全年接受各类业务培训21人次。

（四）规范内部管理

保证政令畅通和公文报送规范有序。完成工资调标和省级养老保险参保有关工作。完成单位内部控制基础性评价工作、单位内控管理制度自评报告及单位岗位设置方案变更。严格做好因私出国（境）证照管理工作。完成单位文字与图片档案的同步收集、整理和备份工作，并根据工作实际，强化合同的归档收集、整理和利用，同时做好每年新增专题档案的收集整理，保证档案收集全面完整。严肃人事纪律，并从单位实际出发，采用引入驻场维护人员为我所用的办法，有效解决单位人手少、任务重的难题。切实抓好单位2名退休人员的管理和服务工作。单位全年保持安全和谐稳定，无违纪违法案件、重大责任事故和越级集中上访事件发生。

五、提升财务管理水平

严格遵守和执行国家财经法规、财务规章制度和省文化厅颁发的各项财务规定，加强收入和支出管理，一切开支严格按财务制度、省政府专项经费管理及政府采购制度办事，对国家规定的采购目录和限额以上项目按规定实行政府采购，同时进一步加强对单位自行采购工作的规范管理，完善监督制约机制，全年无财务违纪情况。此外，严格规范执行国有资产管理制度，确保国有资产安全，实现管理规范化、制度化。

重视单位预算管理，认真执行《浙江省文化厅关于进一步加强预算管理工作的意见》，并根据工作实际及时按规定调整预算项目，增强预算执行的时效性和均衡性。合理设置项目绩效目标，努力强化预算绩效管理，提高预算资金使用绩效，但由于种种客观因素制约，当年预算执行进度为86%。

六、完成其他交办工作

尽心尽责地完成上级交办的各项工作任务，如做好省文化厅机关网络基础硬件设备的维护及各类软件系统的完善和安装调试工作，及时解决各种网络问题，全年共维护PC打印机及网络设备870余次。积极配合机关办公地点回迁，完成厅机关网络和电话的部署迁移，确保机关正常办公不受影响。配合厅机关全年工作，利用所管理的短信机，全年发送包括"廉政提醒"在内的重要短信提示25.95万条。完成厅机关财务系统硬件设备、软件系统以及档案存储硬件设备的安装调试部署工作。圆满完成各类重要活动的现场拍摄任务，受到相关处室的肯定。助力第三届世界互联网大会之文化论坛的服务工作等。

（张　烨）

浙江交响乐团

【概况】　内设机构7个。2016年末实有在编人员70人（核定编制95人），其中具有高级技术职务资格的21人，中级28人。

2016年，浙江交响乐团认真学习贯彻习近平总书记重要讲话精神，根据省文化厅工作部署，以"两学一做"学习教育、"建功'十三五'先锋行动"为关键点和主要抓手，围绕中心、服务大局、开拓进取、奋力拼搏，在配合国家重大活动方面成绩显著，在推动乐团自身发展方面取得新进步。

一、出色完成杭州G20峰会演出服务工作

杭州G20峰会期间，受命承担国宴伴宴及宴会前伴行表演等重要演出任务。春节前排出曲目编创和乐队排练的工作流程，并在5月初提前完成了所有曲目的编创、排练、备审工作，工作进度和曲目质量得到了省文化厅领导的充分肯定。6月，根据参演人员人数调整，及时进行了第二轮音乐编配和排练工作。7月18日，最终确定参演人员为31人，确定伴宴曲目为包括中国在内的27个国家的代表性音乐作品。在省文化厅领导的支持和协调下，乐团组织省内创作人员夜以继日地开始第三轮曲目编配及排练工作。同时，还特邀著名指挥家张艺和中国人民解放军军乐团副团长张海峰对乐队进行强化排练，在艺术质量和演奏员表演能力方面精益求精。

在为期8个月的准备工作期间，在乐曲编创上进行了10余次修改、近200次排练，接受了外交部、浙江省委、省政府和省文化厅10多次审查，所有参与工作的演职员以国家声誉和艺术质量为重，与时间赛跑，充分发扬了"招之即来、来之能战、战之能胜"的铁军精神，体现了浙交"敢打硬仗、誓打胜仗"的团队风采。

在9月4日G20峰会国宴伴宴演出中，对乐团精彩纷呈的表演，贵宾们给予了热情掌声。特别是当晚宴会出现了超出45分钟规定时间的临时变化，乐团随机应变，加演了4首自备应急曲目，确保了伴宴演出无痕贯穿。伴宴演出和沿途伴行表演均获得国家领导人、外交部和浙江省领导的高度赞扬。

二、成功演出浙江省纪念红军长征胜利80周年交响合唱音乐会"长征组歌"

6月24日晚，策划并组织演出的交响合唱音乐会"长征组歌"在杭州剧院参加了浙江省庆祝中国共产党成立95周年优秀作品展演，社会反响热烈，观众踊跃购票，演出时掌声经久不息。10月18日，在调整了节目内容和舞美形式、扩大了演出阵容、增强了声乐力量后，在浙江音乐学院大剧院参加了浙江省纪念红军长征胜利80周年交响合唱音乐会。夏宝龙、车俊、乔传秀、王辉忠等省四套班子领导及社会各界群众代表等约1000人观看了演出，现场掌声经久不息，演出得到了省领导的高度肯定。

三、出色完成第三届互联网大会等伴宴演出任务

11月16日晚，在乌镇为参加第三届世界互联网大会"乌镇之夜·桥"招待晚宴的嘉宾们演奏了一场伴宴音乐会。乐团精心准备的丰富乐曲和体现职业乐团艺术水准的演奏给晚宴营造了欢快热烈的气氛，给在场嘉宾带去了一场中西合璧的音乐盛宴。

5月10日，组织10人的演出队伍参加浙江省和德国石荷州结好30周年庆祝晚宴伴宴演出，精心准备的曲目为庆祝晚宴增添了友好、欢快的气氛，得到了李强省长和德国来宾的赞扬。

四、艺术创作取得新进展

为G20峰会国宴伴宴等编创的曲目，经过多次审查，已锤炼成精品节目，为完成重要演出任务和其他演出积累了创作经验，充实了乐团曲库，也为圆满完成第三届世界互联网大会欢迎晚宴伴宴任务创造了良好条件。

积极推进原创作品《鲁迅》《社戏》的创作。积极落实由省委宣传部、省文化厅与鲁迅基金会合作的大型交响乐《鲁迅》的创作、排演任务。完成与中国音协主席叶小钢的委约创作协议和创作采风。

继《山·海·经》和《唐诗之路》后，以浙江戏曲音乐为素材的交响组曲《社戏》，已委约旅澳作曲家于京君作曲。

五、积极践行"深入生活、扎根人民"主题实践活动

3月29日至31日，赴江山进行"文化下乡"，把交响乐送到了学校和村民家门口。这是江山历史上第一次交响乐演出，受到江山观众的热烈欢迎，演出票在一个小时内被抢光，甚至有一批观众跟随乐团连看了5场。

六、演出业务取得新拓展

为圆满完成G20峰会任务，主动减少商业演出，全年演出62场，比上一年度减少30场；演出收入351.45万元，比上一年度减少44.83万元。

音乐季及商演水准有大幅度提高。在艺术总监张艺的领导下，实施五年艺术发展计划，着力在音乐季中与一流音乐家和演出团体合作，相继与陈萨、黄蒙拉、高参、吕思清、谭小棠、胡咏言、李海鹰、张海峰、马克思·博莫等国内外知名独奏家、指挥合作演出；与意大利米兰斯卡拉歌剧院芭蕾舞团合作，在上海东方艺术中心联袂演出3场舞剧《吉赛尔》；在上海东方艺术中心演出"俄罗斯之夜"，有力提升了乐团艺术水准，进一步扩大了乐团的社会影响力。

持续打造特色演出品牌。组织室内乐演出。1月19日、20日，乐团室内乐组合在宁波逸夫剧院演出了两场新年音乐会，弦乐四重奏和木管五重奏吸引了大批宁波观众。7月31日，在杭州剧院举行室内乐专场音乐会，展现了艺术骨干的精湛技艺。打造传统演出品牌。动漫系列音乐会及在联谊小剧场举行的音乐会已成为乐团传统品牌，在红星剧院举行的"庆六一《童年时光机》动漫视听音乐会"以及在联谊小剧场举行的暑期动漫音乐会、"我把青春献给党"音乐会等，延续了浙交演出品牌特色，赢得票房和

口碑。

七、在服务社会和培育观众方面取得新成果

浙江青少年交响乐团参加法国欧洲青年艺术节。7月31日至8月13日，浙江青少年交响乐团应邀赴法国蓬丝参加第二十七届欧洲青年乐团艺术节，上演了5场专场音乐会，参演了2场开幕式音乐会和2场闭幕式音乐会，被组委会评价为"最认真、最专业、最让法国观众惊讶并喜爱的乐团"，在当地报纸上有大版面、多篇幅的演出追踪报道。

组建浙江青少年管乐团。在创建浙江青少年交响乐团基础上，根据社会需求，于10月创建了全省首支浙江青少年管乐团，填补了省级准专业青少年管乐团的空白。

音乐艺术培训基地逐步发展。在常规交响乐培训和考级培训基础上，针对社会需求，新开设幼教课程和老年班等课程，推动音乐服务全覆盖。

八、多项工作获得表彰及肯定

获评2015年度工会工作先进集体、工会经审工作先进集体，2人获"优秀工会干部"称号，2人获"工会工作积极分子"称号。入选全省14家对外、对港澳台文化工作先进单位。副团长、副书记周丽芳获得"2014—2015年度省直机关优秀党务工作者"称号和2015年度全国文化系统党建研究课题"优秀奖"，并当选为省文化厅机关党委委员。1人获"2014—2015年度省级文化系统优秀共产党员"称号。1人入选"国家艺术基金青年艺术创作人才资助项目"和"省级文化系统第

3批文化艺术拔尖人才项目"。

因G20峰会期间表现出色，省委书记夏宝龙在全省表彰大会上对乐团给予点名表扬。乐团获得"浙江省G20杭州峰会工作先进集体"称号，团长陈西泠和青年作曲邬娜获得"省先进个人"称号，47名演职员获得"省文化系统先进个人"称号。

（张　翀）

浙江小百花越剧院
（浙江小百花越剧团）

【概况】　内设机构3个。2016年末实有在编人员92人（核定编制99个），其中具有高级技术职务资格的50人，中级14人。

2016年，浙江小百花越剧院（浙江小百花越剧团）按时按要求完成了剧目创作、演出、人才培养、党建、基建等方面的工作，取得了显著成绩。

一、艺术创作及重大演出成绩突出

全年创排《寇流兰与杜丽娘》《吴越王》两部大戏。演出了《二泉映月》《五女拜寿》《孔雀东南飞》《西厢记》《陆游与唐琬》、新版《梁祝》《道观琴缘》《红丝错》《胭脂》《陈三两》《春琴传》《春香传》《寇流兰与杜丽娘》《吴越王》等15部越剧舞台剧，演出剧目丰富，全年演出101场，商业演出收入573万元，票房总收入905万元。

年初，启动创排国家艺术基金2015年度资助项目《吴越王》。11月正式合成彩排，并召开了专家研讨会。11月16日，文化部艺术司公示了2016年度剧本扶

持工程入选名单，《吴越王》成为浙江省唯一入选剧本。11月29日，开启以"穿越梦想的河流"为主题的《吴越王》2016—2017年钱塘江流域巡演，从诸暨出发，经由余姚、慈溪等地逆流而上，再经分水、渌渚江直达婺江、兰江等流域城市。

3月至7月，为纪念东西方戏剧大师汤显祖和莎士比亚逝世400周年，创排大戏《寇流兰与杜丽娘》，历时4个月半封闭式排练，于7月8日至9日在小百花"九五剧场"完成了审核彩排。7月19日至8月10日，剧团携越剧《寇流兰与杜丽娘》成功出访英、法、德、奥地利4国。中国驻英大使刘晓明、中国驻奥地利大使赵彬、奥地利前联邦议会议长哈塞尔巴赫、中国驻法兰克福总领事王顺卿、中国驻法使馆参赞陆青江等当地政要出席观看演出。9月10日，与中国侨联的战略合作签约仪式在北京中国侨联会议厅举行，同时举行了《寇流兰与杜丽娘》的北京首演发布会。10月27日至30日，《寇流兰与杜丽娘》在北京国家大剧院国内首秀，全国政协副主席王家瑞、中国文联党组书记赵实、中宣部文艺局局长汤桓、加拿大驻华商务参赞宋毅军、中国戏剧家协会主席濮存昕、著名表演艺术家蓝天野、著名作家刘和平、著名画家陈丹青、著名学者沈林等分别到场观看演出，《人民日报》、中央电视台、凤凰卫视等30余家媒体给予聚焦报道。11月11日至12日，《寇流兰与杜丽娘》应邀参加十八届上海国际艺术节，在上海美琪大戏院演出，50位沪上企业家集团团购，超百名沪上专家、教授、

前辈和 45 位"白玉兰奖"评委出席观看演出。11 月 20 日,《寇流兰与杜丽娘》受邀参加浙江省第十三届戏剧节展演,著名画家、浙江文联主席、中国美术学院院长许江,省文联党组书记田宇原,著名作家、浙江省作家协会主席麦家,浙江省文联副主席马峰辉等观看了演出。

4 月 8 日起,与北京保利剧院再度携手合作,携新版《梁祝》、《春香传》、《五女拜寿》走进武汉、邯郸、马鞍山、宜春、吉安、宜兴、常熟、宁波、舟山、丽水等近 20 个城市的保利大剧院展开"花海现场·利在东方"小百花保利全国巡演第 2 季。

5 月 12 日至 14 日,受邀参加第 27 届澳门艺术节,于 5 月 12 日在澳门文化中心大剧场演出《陆游与唐琬》,上座率达九成。5 月 14 日,在郑家大屋演出《牡丹亭》折子戏,两场售票均告罄。中联办文教部部长徐婷、副部长张晓光,文化咨询委员会文员汤梅笑,文化局文化遗产厅厅长梁惠敏,文化遗产委员会秘书长蔡志雄等重要嘉宾观看演出。

10 月 15 日,《二泉映月》在陕西广电大剧院参加第十一届中国艺术节暨十五届文华大奖初评剧目展演,两场演出提前 3 天票房销售告罄。演出结束,中国戏曲学院教授傅谨携国家艺术基金资助的 35 位戏剧评论研究生与茅威涛及众主演进行了交流。

二、艺术生产注重人才培养

注重"老中青"三代演员的发展。年初为青年演员复排传统戏《红丝错》。《吴越王》启用了蔡浙飞、章益清、孔立萍、魏春芳等中青年演员担纲主演,洪帅、张亚洲

等小班演员也在剧中担任了重要角色。《寇流兰与杜丽娘》的《牡丹亭》部分主演由青年演员徐叶娜担纲,是一台老中青三代演员齐上阵的大型舞台创作剧目,起到了老带中、中帮小的"传帮带"效应。推荐优秀青年演员章益清评选第二届"浙江戏剧奖·金桂表演奖",为其重新编排《窦娥冤·斩娥》一折,作为颁奖展演剧目。12 月 20 日,完成第一批省属舞台艺术拔尖人才(蔡浙飞)培养成果汇报演出,省委常委、宣传部部长葛慧君,省委宣传部副部长唐中祥,省文化厅厅长金兴盛、副厅长陈瑶等出席观看。

继续推进优秀年轻干部队伍建设,积极起用年轻一辈有管理能力的人才,提供年轻干部管理学习的机会,全团"80 后"的中层干部占比 50% 左右。此外,还开展了 2016 年度公开招聘工作,招聘演员 2 名。

三、党建工作扎实有效

开展党风廉政建设自查工作。以深入学习习近平总书记系列重要讲话精神为首要任务,引导党员领导干部以及普通党员结合自身职能,围绕"我为高水平全面小康做贡献"主题开展讨论。开展"两学一做"专题学习及学习教育测试。

学习传达陈金彪秘书长关于杭州 G20 峰会的讲话精神。团长茅威涛参加峰会开幕式演出,并获得"浙江省 G20 杭州峰会保障工作先进个人"称号,3 人获"浙江省级文化系统服务保障 G20 杭州峰会工作先进个人"称号,1 人被浙江省总工会授予浙江省"五一劳动奖章"。1 人获"省级文化系统 2014—2015 优秀

共产党员"称号。

四、艺术中心基建进展顺利

浙江小百花艺术中心项目室内精装修、舞台灯光音响、外围景观总图三大遗留设计任务全部完成。完成地下室(含人防)中间结构验收、主体中间结构验收、钢结构施工、幕墙施工、东西南北立面石材干挂及玻璃幕墙装修安装(除了广场蝴蝶整体未完成),消防、强弱电等隐蔽工程全面铺开施工。

五、"九五剧场"拓展越剧发展模式

3 月 27 日,由浙江省委宣传部、中国华侨国际文化交流促进会、浙江省文化厅等主办,浙江小百花越剧团等协办的中国越剧诞辰 110 周年暨"越看越来电"2016 首届中国越剧电影展开幕式在浙江小百花越剧团"九五剧场"举行,浙江省委常委、省委宣传部长葛慧君,省文化厅副厅长杨越光等出席活动,中影新农村数字电影发行有限公司钱月明为浙江小百花越剧团颁发"中国戏曲电影发行中心"牌匾。4 月 11 日,英国国家剧院现场(NTLive)正式落户"九五剧场"。

(章烈琴)

浙江小百花越剧院
(浙江越剧团)

【概况】 内设机构 7 个。2016 年末实有在编人员 106 人(核定编制 134 人),其中具有高级技术职务资格的 60 人,中级 24 人。

2016 年,浙江小百花越剧院(浙江越剧团)以党的十八大和十八届三中、四中、五中、六中全会

以及习近平总书记系列重要讲话精神,尤其是习近平同志在文代会上的讲话精神为指引,以内部机制改革为抓手,立足本团实际,不断进行精品剧目创作、演出市场拓展以及艺术人才培养,进一步推进越剧男女合演事业的繁荣发展。

一、剧目创作

新剧目创作成绩喜人。重点打造大型原创历史传记剧《张玉娘》,拓宽越剧男女合演题材,宣传浙江地域文化,创新文化传承模式,延续传统文化根脉。

剧目创作形成"浙越现象"。在剧目创作演出中,积极与地方政府合作,挖掘传播地域文化,合作打造精品剧目。先后与玉环县政府、遂昌县政府以及松阳县政府合作打造了越剧《我的娘姨我的娘》《牡丹亭》《张玉娘》。通过与地方政府合作打造精品的"浙越现象",不断拓宽深入生活、扎根群众的方式、广度和深度,为剧团艺术创作提供历史文化滋养,也进一步促进了地方文化发展,全力推动文化强省建设。

二、演出工作

面对基层走下去。积极开展"送戏下乡""驻场演出季""雏鹰计划""老人越剧周""高雅艺术进校园"等公益性以及惠民演出,总计118场。

面向全国走出去。越剧《九斤姑娘》参加"2016广东戏曲喜剧特邀展",于7月26日、28日在顺德演艺中心以及广州友谊剧院上演。越剧音乐诗画剧《牡丹亭》亮相第三届丝绸之路国际艺术节,于9月14日至15日在陕西大会堂献演。

青春版越剧《长乐宫》、原创历史文化名人传记《张玉娘》参加

浙江省第十三届戏剧节,《张玉娘》荣获新剧目大奖。

越剧《我的娘姨我的娘》成功申报本年度国家艺术基金传播交流推广项目。

积极参加中央电视台G20峰会宣传片拍摄,承办"喜迎G20浙江省优秀舞台艺术精品展演——戏曲专场"演出,积极参加省政协艺术团演出,参加CCTV-11"锦绣梨园庆盛世"2016年国庆戏曲晚会演出。

举办重大纪念性演出活动。剧团联合浙江艺术职业学院于12月18日、19日,分别在浙江胜利剧院以及省艺校举办姚水娟100周年诞辰文艺演出晚会及姚水娟越剧艺术研讨会。进一步明确姚水娟在整个越剧发展史以及中华人民共和国成立后社会主义文艺事业发展过程中做出的贡献,进一步明确她勇于创新、与时俱进、扎根人民、服务人民的崇高精神品格对新时期越剧事业发展的重要作用。

三、人才队伍建设

校团合作,开班办学。与浙江艺术职业学院联合开设2016越剧男女合演班,储备后续人才,保障男女合演事业后继有人。

加强专业技术人员再教育,不断提升其业务素质和创新能力。坚持完善演员基本功训练制度。制定完善系统的演员、乐队、舞美部门的学习、考勤、工作制度。针对行政在职人员,通过省文化厅统一安排及单位自有组织等形式,不定期进行岗位培训。

公开招聘,弥补岗位人才短缺现象。严格按照《浙江省事业单位公开招聘人员暂行办法》,公开招聘男小生、女小生、小提琴兼

大提琴3个岗位3名人员,强化剧团创作力量储备。

加强演职员艺术职业道德教育。积极参加省文化厅组织的各项素质教育活动并主动开展各类形式的职业道德教育,保证教育的深入性与全面性,提高院团职工了解国家形势和参与院团建设的主人翁意识。

四、综合管理

严格按照省文化厅有关要求,执行国家法律、法规,不断完善干部、劳动用工、职称、出国、离退休人员等各项人事管理制度及艺术生产、艺术档案、行政管理等各项规章制度,搞好内部管理。

深化人事管理和收入分配制度改革。全面推行岗位聘用制,建立按岗聘用、竞聘上岗制度。通过职工代表大会,制定分配制度,按照多劳多得原则,发挥职工工作积极性。

加强政务管理,保证政令畅通。在公文管理方面做到专人负责,收发、传阅及时登记在册,分类存档,规范有序。涉密文件按规定处理,保密工作有条不紊,没有发生重大泄密事件。严格按照干部管理权限,做好因私出国(境)证明保管工作,严格执行登记备案制度。建立文化安全及突发事情应对机制,确保无重大文化安全事件发生。做好离退休老干部的管理和服务工作,密切老同志与剧团关系,增强剧团凝聚力。

(吴莱莱)

浙江京昆艺术中心
(浙江京剧团)

【概况】 内设机构5个。2016

年末实有在编人员 81 人(核定编制 90 人),其中具有高级技术职务资格的 42 人,中级 20 人。

2016 年,浙江京昆艺术中心(浙江京剧团)切实抓好党风廉政建设,深入贯彻落实"两学一做"学习教育,各项工作稳步推进。

一、成功创演 2016 年浙江省委、省政府新春戏曲团拜会

首次承办创作纯戏曲节目的浙江省委、省政府新春戏曲团拜会。团拜会由团长翁国生任总导演,得到了浙江省委书记夏宝龙、省长李强等省委、省政府领导的一致好评。

二、《大闹天宫》压轴省文化厅猴年新春演出季

由省委宣传部、省文化厅主办的"2016 省属院团新年演出季"2 月 25 日晚在浙京大型贺岁南派猴戏《大闹天宫》的压轴演出中落下帷幕。《大闹天宫》全新展现了浙江南派猴戏的经典表演元素,全剧"唱做念打舞俱全""生旦净末丑满堂",浙京老、中、青三代演员倾情出演。此外,还在胜利剧院策划举办了首届"浙京新春演出周",连演了大型神话贺岁猴戏《大闹天宫》以及《红娘》《王宝钏》《五朵京花》优秀京剧旦角折子戏专场、青年演员优秀折子戏专场等五台大戏,在杭城形成了观看浙京贺岁京剧的热潮,媒体做了跟踪报道。

三、《大渡河》纪念红军长征胜利 80 周年献演杭城

大型现代京剧《大渡河》被列入省文化厅重点戏曲创作剧目,是浙江省纪念中国共产党成立 95 周年、纪念红军长征胜利 80 周年优秀作品展演的重头戏,前期筹备了 1 年,编导等主创赴四

川大渡河、泸定桥地域实地采风,收集了宝贵的历史资料,近距离感受了红军先烈的大无畏革命精神,为剧目创排奠定了良好基础。

《大渡河》参演浙江省第十三届戏剧节初赛和决赛,入选 2016 年省委宣传部"浙江省舞台艺术精品工程重点扶持项目",连续在宁波、萧山、义乌、德清、绍兴等地巡演 50 余场,获得了剧场经理的青睐和戏迷观众的喜爱。

四、"国色天香"惊艳第三届世界互联网大会乌镇峰会

11 月 17 日晚,由浙江省委宣传部主办,省文化厅承办,浙江京剧团策划创作并联合多家戏曲院团共同演出的大型中国戏曲艺术秀"国色天香"在乌镇大剧院亮相,为参加第三届世界互联网大会国际峰会的各国嘉宾献上了一台戏曲盛宴。

中国戏曲艺术秀"国色天香"由序幕《国色天香》和《琴剑寄情》《水乡社戏》《爱深情远》《梨园风采》5 个篇章组成,展示了近 300 套华美戏曲服饰,有荷花灯舞、牡丹花舞、小丑板凳舞等舞蹈,有秦腔喷火、川剧变脸、平调耍獠牙等戏曲绝活,更有三险四砸、高空腾翻、旌旗招展等戏曲绝技,特别是《梨园风采》篇章中 50 多位各行当、各角色的武戏演员展开各种武打绝招,令观众应接不暇,大饱眼福。省委宣传部部长葛慧君、常务副部长来颖杰对《国色天香》给予很高评价,葛慧君专门赶赴乌镇观看了彩排汇报演出,并于晚会成功献演后在省文化厅简报上做了重要批示,肯定了浙京以及参演的省内外演职人员所付出的艰苦努力和完美呈现。

五、《飞虎将军》《宝莲灯》唱响上海东艺名家名剧展演季

4 月 8 日、10 日晚,南派京剧大武戏《飞虎将军》《宝莲灯》参演第九届上海东方艺术中心"名家名剧展演季",全团演职人员在两场演出中发挥出色,领衔主演出手稳健、身段敏捷,武戏群场开打迅猛,文戏演员念白铿锵有力,把剧中诸多人物的激情演唱在舞台上完美展现了出来。演出实现了社会效应和演出经济效益的"双赢"。

六、"美丽浙江·欣赏香港"演绎国粹风采

由浙江省委统战部、省文化厅主办,浙江京剧团协办,并由浙江京剧团、浙江歌舞剧院有限公司、浙江小百花越剧团和浙江曲艺杂技总团有限公司联合演出的"美丽浙江·欣赏香港"浙江文化美食旅游节专场文艺演出 4 月 27 日在香港特区维多利亚公园上演,取得圆满成功。出席开幕式典礼的浙江省委常委、统战部部长王永康,香港特区政府政务司司长林郑月娥,中联办副主任林武和来自香港各界的知名人士,观看了浙江艺术团倾情表演的精彩文艺节目。浙京演员表演了大型京剧武戏《齐天大圣美猴王》、京剧经典曲牌演奏及情景表演《夜深沉》等,王永康、林郑月娥及浙江省文化厅领导等给予了高度评价。

七、各类演出精彩纷呈

3 月,童话京剧《孔雀翎》和"国色天香"京剧晚会剧组进入新昌和杭州萧山地区中小学校园巡回演出近 60 场,并前往平湖演出了《飞虎将军》和《宝莲灯》,受到各地戏迷观众的肯定。

5月,"国色天香"京剧晚会剧组走进衢州一中、浙江财经大学、萧山朝晖小学等中小学校园,受到了师生的热情欢迎;送戏到基层,携带神话京剧《青蛇》、"传统折子戏专场"和复排传统大戏《望江亭》到建德地区农村文化礼堂和省政协小礼堂巡回演出,受到基层戏迷观众青睐。

6月,现代京剧《少年中国梦》走进安吉和宁波地区的中小学和宁波逸夫剧院,连演70场,深受广大师生喜爱。

9月、10月,在"京韵坊"实验剧场进行了4场"京剧传统折子戏专场"驻场演出,吸引了诸多杭城戏迷驻足观看。在省政协礼堂进行"浙江省政协庆祝国庆佳节京剧经典折子戏专场"首演,受到省政协领导、戏迷观众和戏剧专家的一致好评。

11月,现代京剧《大渡河》在宁波逸夫剧院、义乌市委党校、绍兴蓝天大剧院、浙江音乐学院大剧院和德清文化礼堂连演52场,实现了社会效应和经济效益的双赢。

12月,大型现代京剧《藏羚羊》赴三门县、仙居县等海岛、山区连续巡演72场。至年底,这台创演6年多的剧目已在全国各地演出822场。

(宋 婧)

浙江京昆艺术中心
(浙江昆剧团)

【概况】 内设机构9个。2016年末实有在编人员78人(核定编制81人),其中具有高级技术职务资格的47人,中级12人。

2016年,是汤显祖和莎士比亚逝世400周年,欣逢浙江昆剧团建团60周年、浙昆《十五贯》晋京演出60周年。浙江京昆艺术中心(浙江昆剧团)以习近平总书记在全国文艺座谈会上的讲话精神为指针,深入贯彻浙江省委、省政府"十三五"规划精神,遵循以人民为中心的创作导向,坚持传承创新,全面实施浙昆《2016"幽兰逢春"计划》,在艺术创作、人才培养、演出传播、剧团管理等方面,取得了新业绩。

一、《十五贯》一脉相承60年,五代人赴京同演

4月1日至3日,在杭州举行"幽兰逢春一甲子,春华秋实古曲新"60周年团庆昆曲演唱会。浙昆携手浙、苏、沪三地昆曲艺术家,"世、盛、秀、万、代"五代同堂联合演出《十五贯》,并汇聚全国七大昆剧精英,推出两场"昆剧折子戏专场",演出一票难求,广受好评。举办"昆剧《十五贯》与当代昆剧传承发展暨浙昆60年艺术成就回顾与展望研讨会",来自国内外的嘉宾专家高度肯定了该剧的思想意义与艺术成就,揭示了其历史地位与文化价值。编撰《传世盛秀,万代一脉》纪念画册,以翔实的史料、珍贵的照片、丰硕的成果、伟人的讲话,记录了六代浙昆传人60年来矢志敬业,勇于传承创新的奋斗足迹,也为中国昆曲史献上了一篇承上启下的宝贵史卷。

5月12日,在北京长安大剧院为观众献演了昆剧《十五贯》,三地联动、五代同堂、经典再现、共贺甲子。13日,在北京钓鱼台国宾馆举行《十五贯》座谈会,郭汉城、刘厚生等戏剧界专家学者回顾了《十五贯》60年来长演不衰的经历,激励与会者不忘初心,继承光荣传统,传承创新不停步。

二、排演《牡丹亭》《紫钗记》,纪念汤显祖、莎士比亚逝世400周年

《牡丹亭》《紫钗记》是汤显祖"临川四梦"中的两部经典。浙昆集中精力,排演了由中国各地昆剧名家重新编剧、执导、作曲、出演,由浙昆"万字辈"优秀演员曾杰、胡娉、鲍晨、胡立楠等领衔主演的整本《紫钗记》。全剧在保留唐人传奇小说《霍小玉传》主要人物和情节的同时,重新塑造男女主人公形象,别开生面地演绎了李益与霍小玉的爱情故事,特别是按汤显祖原曲编创演唱,更让人领略到汤显祖的艺术神韵。该剧3月在杭首演,6月17日参加"2016第七届香港中国戏曲节"开幕式演出,9月26日亮相江西抚州第三届中国汤显祖艺术节,均广受欢迎。

8月16日至26日,受文化部委派,浙昆一行21人赴英国参加爱丁堡艺术节演出。在爱丁堡新城剧院一连演出6场《牡丹亭》。24日,文化部副部长项兆伦率领的中国政府文化代表团,与参加爱丁堡国际文化峰会的各国专家团及驻英外交使节等,观看了浙昆演出。赴英演出期间,浙昆与我国驻英领事、工作人员举行了联欢活动,还走上爱丁堡皇家英里大道进行户外演出。海外媒体纷纷撰文报道,产生了广泛的国际影响。

10月13日、12月10日,浙、沪、苏三地联动演出的《牡丹亭》先后在上海、杭州亮相。在杭州的演出中,浙昆"代字辈"15位女演员完整恢复《惊梦》一折中时长

近十分钟的花神"堆花"舞蹈,为汤显祖的纪念活动画上了圆满句号。

此外,4月8日,在遂昌举行的汤显祖文化节暨汤显祖、莎士比亚逝世400周年纪念活动中,浙昆演出了《临川梦影》折子戏。8月15日,在杭州举行的"喜迎G20浙江省舞台艺术精品戏曲专场"中,献演了《牡丹亭·惊梦》一折。9月14日,浙昆汪世瑜在北京出席了由文化部主办的纪念汤显祖逝世400周年座谈会并发言。坚守演出阵地,不断优化面向杭州旅游市场的御乐堂体验版《牡丹亭》,注重舞台表演与观众的互动感,改进特色餐饮的丰富性和精致度,全年演出28场,累计演出145场。

三、创排《大将军韩信》,出色完成文化部全国巡演任务

浙昆新编历史剧《大将军韩信》入选文化部国家艺术基金资助演出剧目名录。这是浙江3部入选剧目之一,也是全国昆曲界唯一入选剧目,并做全国巡演。4月,《大将军韩信》启动全国巡演,在杭州剧院举行启动仪式后,辗转丽水、武义、桐庐、余杭、萧山、余姚、绍兴等地献演,于8月上旬在上海东方艺术中心歌剧厅落下巡演帷幕,出色完成文化部组织的精品剧目全国巡演任务。10月下旬,携《大将军韩信》赴陕西西安,参加了第十一届中国艺术节演出。

四、实施"名家传戏"工程,促进昆曲传承发展

积极参与实施文化部于2012年启动的"名家传戏——当代昆曲名家收徒传艺工程",至是年已实施3届,浙江昆剧团累计

有5位名家为11名徒弟传戏。9月8日,文化部"名家传戏"工程汇报演出在汤显祖故乡江西抚州举行,浙昆杨崑、徐霓、耿绿洁汇报演出了昆曲剧目《牡丹亭·寻梦》《十五贯·见都》《贩马记·三拉》和《出猎回猎》《相梁刺梁》。

五、开展"幽兰计划",取得显著成效

完成拔尖人才传承剧目《狮吼记》排演。省文化厅青年演员拔尖人才曾杰,师承汪世瑜,传承了传统喜剧七子戏《狮吼记》。该戏是明代汪廷讷的传奇名作,也是浙昆几代人经常上演并深受广大观众喜爱的传统戏。1月18日,经过精心打磨的《狮吼记》在浙江胜利剧院上演,受到观众好评。

坚持"一集一开",举办传承剧目汇报演出。1月19日,浙昆与有关单位主办的"承昆传世·永隽其昌"陆永昌师生传承专场在浙江胜利剧院举办,项卫东、鲍晨、李琼瑶等学生,上演了老师陆永昌传授的折子戏《洪母骂畴》《牧羊记·望乡》《千种戮·搜山打车》。1月20日、21日,开展中青年演职员专业考核和展示演出,汇报了"一集一开"的传承成果。

"代字辈"昆剧班,教学有序、健康成长。在浙江艺术职业学院培训学习的"代字辈"昆剧班学生,是浙昆第六代昆剧传人,3年来,按照联合教学计划,老师尽心尽责,学生勤学苦练,从基本功训练到开蒙折子戏排练,因循渐进,因材施教,收到良好效果,学生的表现和各学期的业务考试汇报,得到各方好评。

携手武义县政府,共建昆曲

养育基地。武义昆曲是昆山腔流传在金华一带的唯一支脉。为抢救、保护武义昆曲,充分运用双方资源,共同促进昆曲传承发展,6月,浙江昆剧团与武义县政府就共建"世界非遗·幽兰芳圃·浙江昆曲武义养育基地"签订了合作备忘书,开启了省县联动,多点开花,传承、培育、交流、提升多方发力的昆曲发展新格局,有助于浙昆培训、辅导、发现武义昆曲人才,开展送戏下乡,更好地服务武义群众。7月5日,在"海外名校学子走进金华古村落第三季活动"中,浙昆上演了《牡丹亭·游园惊梦》,此后还演出了《大将军韩信》,并举办了昆曲之美欣赏讲座。

传播昆曲之美,培育昆曲观众。与全国网络新闻平台、客户端、公众号保持良好的合作关系,充分运用现代传播技术和视频、音频、图文等多媒体介质,进行精准传播和立体式推广,取得了良好的宣传效果。《人民日报》刊发了长篇特写《撩人春色是今年——浙江昆剧团成立60周年》。1至11月,依托浙江图书馆文澜讲坛平台,先后选派汪世瑜、林为林、王奉梅、张世铮、王世瑶、汤建华6人登坛演讲"昆曲之美系列讲座",赢得大批听众。此外,徐延芬、洪倩、毛文霞等受邀在博物馆等场所演讲,普及昆剧知识,得到好评。开办公益性"跟我学"昆曲培训班。向社会公开招收学员,利用周末假日,分生、旦、末3个行当开课,共举办两期。

坚持公益性、市场化,全年各类演出精彩纷呈。携《紫钗记》《蝴蝶梦》等大戏和折子戏专场,

赴全省各地、各院校、文化礼堂，完成了2016新春演出季、高雅艺术进校园、文化礼堂送昆曲、"雏鹰计划"等公益性及市场化演出。以"崇尚和解、倡导向善"为主题的佛典昆剧《未生怨》5月在杭州灵隐演出，场面火爆；11月12日至16日，在新加坡献演，大受欢迎。《红梅记》参评省第13届戏剧节，检阅磨砺了浙江昆剧团队伍。12月17日，应邀赴南京，参加了以"会古今风华，展京昆大美"为主题的首届紫金京昆艺术群英会，演出《大将军韩信》，大获成功。共完成各类演出123场，票房收入计230.88万元。

加强党建工作，努力学习补短板，立足岗位抓服务，强化教育促管理。实施内部调整改造，新增加排练厅500平方米，练乐厅150平方米，仓库400平方米，增加业务、办公用房6间，购置大巴1辆，固定资产得到进一步改善，为业务排练、对外演出、资产管理等工作提供了有力保障。劳动人事、财务资产、外事保密、艺术档案、政务信息、综合治理等行政后勤工作正常运行，为确保全年任务的完成，发挥了服务保障作用。

（周　玺）

浙江歌舞剧院有限公司

【概况】　内设机构13个。2016年末实有在岗员工228人，其中具有高级技术职务资格的66人，中级61人。

2016年，浙江歌舞剧院有限公司在新一届领导班子的带领下，深入落实党的十八大精神，紧密围绕省委、省政府、省文化厅决策，认真落实省文化厅工作部署，各项工作有序推进。公司全年完成演出238场，演出收入超2200万元。

一、演出市场开拓创新

（一）积极接洽各类演出活动

充分利用资源，开拓经营，先后参加遂昌"汤显祖与莎士比亚"综合类歌舞晚会、中宣部主办的阿里巴巴"中国梦·劳动美"总工会庆祝五一特别节目、嘉兴中央电视台"心连心"大型歌舞慰问演出等，全年商演76场。

（二）承办"浙江告诉你"原创歌曲音乐会

音乐会前期经过专家两轮评审，从全国征选的300余首歌词中评审出15首优秀歌词，再层层遴选，委约词曲同步创作，递进式完善作品，最后邀请省优秀青年歌唱家现场演绎，积聚全省"优势力量"，弘扬主旋律，彰显"两美浙江"。

（三）勇于创新文艺走市场商业模式

主创团队从前期策划、节目排练、晚会指导等方面全方位打造的"情系三山·携手起航"第三十一届"三山"艺术节文艺晚会在玉山举办，这是公司首次文艺走市场单独以主创为输出的商业模式的成功实践。

二、人才培养多管齐下

（一）搭建锻炼平台

首创与杭州剧院合作推出周末大讲堂，推荐优秀青年演奏员举办个人音乐会，充分利用公司平台优势，为继续业务深造的员工提供便利和舞台锻炼机会，公司青年舞蹈家刘福洋参加了G20峰会文艺演出《美丽的爱情传说》。

（二）提供比赛机会

2016"新松计划"浙江省青年舞蹈演员大赛中，选送的青年舞蹈演员一举囊括中国舞、民族民间舞、现代舞组别一等奖。刘福洋荣获2016华东六省一市舞蹈比赛"华东之星"，并入选国家艺术基金2015年度青年艺术人才资助项目。舞蹈《四月》获2016华东六省一市舞蹈比赛表演一等奖、创作二等奖，舞蹈《不只两端》《自由》获表演、创作二等奖。民乐团演奏员获"雁荡山杯"浙江省民族器乐大赛专业组金奖、第三届中国扬琴艺术节青年教师组银奖。

（三）完善用人机制

竞争上岗、择优定岗，利用考核促进广大演员精进业务能力、调动演员工作积极性、焕发整体活力。

三、精品创作异彩纷呈

（一）重塑经典

修改国家艺术基金资助项目民族管弦乐《富春山居图随想》和舞剧《王羲之》，使其以更加完美的姿态呈现给观众。

（二）创排新品

7月，与天台县人民政府签约联合出品大型神话歌舞剧《天台遇仙》，这是浙江省首个由省属院团和地方政府共同投资的剧目，年底完成首次联排。

（三）积极申报国家艺术基金

作品小舞剧《生命舞迹》和重奏曲《国色》入选国家艺术基金2016年度资助项目。

四、对外交流活动多方开展

1月7日至12日，受省文化厅派遣，由舞蹈团优秀舞蹈演员组成的艺术团到访日本名古屋，参加第十届名古屋春节祭演出。

1月22日至1月30日，应中国驻卡塔尔大使馆和科威特古林艺术节组委会邀请，与浙江曲艺杂技总团有限公司组成浙江艺术团赴卡塔尔和科威特演出。

2月10日至17日，应悉尼中国文化中心邀请、省文化厅指派，民乐团一行5人赴澳大利亚参加中澳"欢乐春节"活动。

10月12日至17日，大型舞剧《生命舞迹·素写》应邀赴澳大利亚和霍巴特演出，以舞蹈形式向澳洲观众展示中国传统之美和个性的先锋创意。

五、自身管理做好做实

（一）重视党建工作

深入开展"两学一做"学习教育活动，多次组织开展专题党课，提高党员认识，促使党员以高度的政治责任感、优良的精神状态和扎实的工作作风，为建设"两富、两美"浙江贡献力量。

（二）完善管理机制

出台《关于进一步强化公司业务创作、演出管理的决定》《关于进行公司国有资产清查的决定》《关于公司2016年度业务考核的决定》《对本公司员工在外从事创作、经营性活动管理的意见》《关于演出费发放的补贴意见》等决议，分别从业务、人事、管理等方面对公司发展做了全面而细致的规划，健全内部运行管理机制。

（三）推进浙江音乐厅改建工作

落实《基建项目廉政责任书》相关精神，思想上重视、操作上严格，用最严的措施保证浙江音乐厅改建项目顺利完成。

（金　鑫）

浙江话剧团有限公司

【概况】　内设机构6个。2016年末实有从业人员69人，其中具有高级技术职务资格的23人，中级18人。

2016年，浙江话剧团有限公司全体演职员团结协作，开拓进取，以"干在实处，走在前列"为要求，以出人出戏出效益为目标，积极开展创作演出，4项国家艺术基金项目同时实施，2015年度资助项目完成结项，全年演出771场，收入1338.53万元，取得了社会效益和经济效益双丰收。

一、艺术创作喜获丰收

新创作《再见徽因》《21号墙门》《皇帝的新衣》3部作品。不断提高剧目水平，用精品剧目开拓市场，全年18台剧目轮番上演，取得可喜成绩。

（一）精品创作再攀新高

话剧《凤凰》是国家艺术基金2015年度舞台艺术创作资助项目。该剧通过对浙商群体的艺术再现，大力弘扬社会主义核心价值观，弘扬浙江精神、浙商精神、时代精神，对浙江发展实践乃至中国发展实践进行艺术解读，为实现中华民族伟大复兴"中国梦"提供强大精神支撑。1月，该剧首演后积极开展全省巡演，5月应邀赴北京参加第二届中国原创话剧邀请展，10月入选第十五届文华奖初选剧目并参加第十一届中国艺术节展演。是年，话剧《凤凰》演出49场次，观众3.5万人次，演出票房130余万元。

（二）国家艺术基金又开新花

获得国家艺术基金120万元资助，创作儿童音乐剧《皇帝的新衣》。该剧以音乐歌舞与肢体创意相结合，宣扬真善美，褒奖孩子诚实的品质和勇气，极大地丰富了儿童剧的观看选择以及儿童戏剧舞台的多样性，让儿童观众在艺术熏陶中感受经典作品的魅力。该剧于8月开排，10月12日在浙话艺术剧院首演，吸引了众多小观众与家长，得到华东区话剧界专家好评。

（三）新春话剧节风格鲜明

9月，中国剧协主席濮存昕特地为浙话新春话剧节题词："台上台下是乡亲，戏剧就是回故乡。"经过数年的积累，浙话新春话剧节坚持不断推出新剧，形成了可观的剧目库。为充分发挥浙话新势力优势，打造富有浙江本土特色与风格的话剧，浙话推出了温婉抒情的"民国三部曲"——话剧《怜香伴》《荒城之月》《再见徽因》。特别是话剧《再见徽因》，作为"民国三部曲"的压轴大戏，通过表现林徽因与梁思成、徐志摩、金岳霖之间的感情纠葛，再现了知识分子的风骨。该剧几度赴上海演出，颇受欢迎。11月还参加了广州艺术节，得到广州观众的好评。

11月，携话剧《怜香伴》与《燃烧的梵高》赴台湾参加由浙江省文化艺术交流促进会、广艺基金会主办的第十届"台湾·浙江文化节"，在台北、台中演出3场。首场演出恰逢孙中山先生诞辰150周年，话剧《怜香伴》的故事穿越古代、民国与现代，连接北京、上海与台湾，演出意义非凡，受到台湾观众的欢迎，增进了两岸民间文化艺术交流的热情。

为了深挖杭州历史文化名城

故事,还推出了话剧《21号墙门》,讲述20世纪80年代发生在杭州老底子的生活故事,唤醒了老杭州人的集体回忆。

(四)经典儿童剧后劲十足

在浙江省第十三届戏剧节决赛中,浙话儿童剧《花木兰》独树一帜。该剧集合了浙话史上最年轻的主创团队,从编剧、导演到舞美设计、音效设计、灯光设计等,皆是"80后""90后"。导演郭洪波独具匠心地采用简单写意的道具,仅靠9个演员,演绎了一出金戈铁马的史诗剧。在表演形式方面,该剧巧妙融合了传统戏曲的武戏身段,同时与西方肢体剧表演相结合,通过肢体动作模拟和展现角色身份、情绪、舞台背景,推动剧情发展。这种中西文化相融的手法赋予了花木兰全新的时代内涵,创新演绎了一个不一样的木兰替父从军的感人故事。《花木兰》作为国家艺术基金2015年度传播交流推广资助项目,参加了2016浙江省属院团新年演出季、中国演出行业协会"快乐寒假,百场精品儿童剧展演"、第十一届上海优秀儿童剧展演,赴北京、天津、济南、青岛、上海等地演出,共计26场。该剧被中国演出行业协会儿童艺术演出委员会授予"2016快乐暑假·百场精品儿童剧展演奉献奖",获第六届中国儿童戏剧节优秀展演剧目奖、第十一届上海优秀儿童剧展演优秀剧目奖、浙江省第十三届戏剧节新剧目大奖。

二、演出精彩纷呈

坚持打造演出品牌,用优秀的文艺作品开拓演出市场,把社会效益放在首位。全年演出771场(话剧140场,儿童剧631场),其中公益演出485场,演出收入1338.53万元(其中商业演出收入783.38万元,国家艺术基金收入204.85万元)。

(一)国家艺术基金资助项目顺利实施

除话剧《凤凰》、儿童剧《皇帝的新衣》外,还实施了国家艺术基金2015年度传播交流推广资助项目、话剧《谁主沉浮》巡演,于5月19日至8月4日,在全国14个省(直辖市)23个城市巡演34场,全程历时两个半月,总行程3万里,观众3万人次,演出收入260余万元。剧组沿着中国共产党历次全国代表大会召开的地方以及党发展历程中具有重大意义的红色革命区域进行巡演,让"党建之路"的党员、干部、群众能够欣赏到这部优秀作品,重温一次党的历史,以特殊的形式上一次党课,充分发挥国家舞台艺术精品应有的作用;儿童剧《果果的绿野仙踪》《花木兰》参加中国儿研会申报的国家艺术基金2015年度传播交流推广资助项目、中国优秀儿童戏剧演出院线巡演,分别在北京、上海、杭州、天津、济南等城市演出11场,丰富了各大城市少年儿童的业余文化生活。

(二)"看话剧到湖墅南路"品牌真正打响

浙话艺术剧院全年接待演出139场,举行了中国话剧协会华东大区话剧联盟成立大会、浙江省庆祝中国共产党成立95周年优秀作品展演、中国儿童戏剧研究会国家艺术基金2015年度传播交流推广项目等活动,演出收入282.79万元。剧院业务从原来以接待会务为主转向以剧目演出为主,真正打响"看话剧到湖墅南路"的品牌,扩大了演出市场与影响,演出场次首次突破100场,收入增长83.13%,同时为本团出品新戏提供了极大便利。

(三)公益演出持续开展

优化组织演职员开展浙江省雏鹰计划万里行优秀儿童剧送戏演出活动、高雅艺术进校园活动,坚持以社会效益为主,突显国有文艺院团的社会责任。儿童剧《琪琪的红舞鞋》《孔子》、话剧《燃烧的梵高》等参加演出,其中雏鹰演出445场,高雅艺术进校园演出35场,送戏下乡演出5场。

(四)演出市场不断拓展

坚持拓展演出市场,国家艺术基金资助项目话剧《凤凰》《谁主沉浮》在全省及至全国开展巡演活动,坚持商业演出,两个项目演出收入421.27万元。话剧《怜香伴》《燃烧的梵高》赴台湾演出,开拓了台湾地区演出市场。开展童话剧《阿拉丁和神灯》送戏进校园商演活动,演出120场。

拓展院团发展新思路,秉持协同协作创新精神,3月,中国话剧协会华东大区话剧联盟在杭州成立,浙江话剧团有限公司是首轮主席单位,董事长兼总经理王文龙为首任主席,并于10月主持召开华东区工作会议,讨论落实纪念中国话剧诞生110周年庆祝活动,同时提出举办华东区特色活动;4月,加入太阳花儿童艺术联盟,在中国教育电视台大力宣传院团的剧目、艺术人才;7月,与义乌市文化广电新闻出版局签署义乌戏剧战略合作框架协议;10月,董事长王文龙参加第五届国际院团管理大师班,与各国专家分享"戏剧的社会责任——浙话的院团定位与发展战略"主题演讲。

三、人才培养取得实效

从培养人才队伍、理顺体制机制、强化企业管理等方面入手，着力打造企业软实力，不断强化剧团管理，推动企业科学健康发展。

（一）"新松计划"稳步实施

以排演儿童音乐剧《皇帝的新衣》为依托，召集全体青年演职员在11月19日至12月13日进行"新松计划"人才培训，邀请青年导演郭洪波的团队为青年演员进行形体、语言培训。

（二）培训活动丰富多彩

领导班子成员参加中国戏剧管理协同创新中心举办的大师班、省级文化系统法人培训班、党工团负责人培训班等，吸收国内外顶尖院团的先进经营管理理念，提高剧团经营管理水平。选送1人参加国家艺术基金资助的国家话剧院台词培训班；2人参加省级文化系统优秀年轻干部培训；2人参加第三期全省中青年创作人才高级研修班；1人参加工会经审干部培训班等。

（三）后备力量日益强大

为有效激发演职员的积极性，大力营造"引得进、留得住、用得好"的用人环境，实行演员俱乐部制度。6月，杭州市人力资源和社会保障局向浙话授牌了杭州市大学生见习训练基地。每年招收一定数量的实习人员，年终进行选拔考核，优秀者可进入演员俱乐部；演员俱乐部成员可参加剧团工作，在舞台实践中锻炼成长；通过年终招聘考核的优秀人才可正式招聘入团，为剧团的发展储备充足的后备力量。

（四）"浙话新势力"绽放光彩

经过每年数百场舞台实践的锤炼，演职员表演技艺不断提高，"浙话新势力"品牌越来越得到专家、观众的认可。话剧《凤凰》中江秀秀的扮演者、金狮表演奖、学院奖获得者高伟伟参加了国家艺术基金项目"戏剧台词人才培养"培训班，进行了为期一个月的闭关学习，在语言、表演方面有了很大提高。话剧《谁主沉浮》全国巡演中，青年演职员的风采得到了同仁、专家的好评，观众纷纷与毛泽东的扮演者张康男合影留念。《再见徽因》《花木兰》参加了浙江省第十三届戏剧节演出，《花木兰》进入决赛并获得新剧目大奖，饰演花木兰的演员何倩娜获得优秀表演奖。

四、管理机制更加完善

围绕"十三五"剧团规划，继续深化改革，修订完善各项管理制度，以制度规范管理，促进剧团发展。

（一）制度化、规范化管理水平提高

完善董事会议事规则和决策机制，组织召开中层干部例会、演出协调会，强化制度化、规范化管理。强化激励机制，重新修订演出费用发放制度；科学安排各部门考核，对舞美中心、演员中心进行年度考核。奖励考核优秀的员工，充分调动演职员的工作积极性。

（二）小剧场项目正式开工

浙话艺术剧院剧场侧后台局部改造及加层项目开工，拆除原五楼排练厅、四楼办公室并加以改造，各项工作有序进行。

（三）党建工作出新意

剧团常年在外巡演，党支部利用演出间隙组织开展活动，以学促演，以演促学，业务工作和党建工作相结合。在巡演过程中，沿途组织党员参观嘉兴南湖革命纪念馆、遵义会议旧址、延安革命纪念馆等革命遗址和重要场馆。演出《谁主沉浮》后，在参观党史陈列馆时，演职员们有了更多共鸣，许多党员撰写了学习参观感悟文章。

（四）民主管理促和谐

通过宣传栏、公示栏、手机短信平台、微信群积极推行政务团务公开，组织召开职工大会，加强职工民主参与和民主监督力度，营造了和谐向上的良好工作氛围。

（胡海芬）

浙江曲艺杂技总团有限公司

【概况】 内设机构7个。2016年末实有在职演职员93人，其中具有高级技术职务资格的23人，中级30人。

2016年，浙江曲艺杂技总团有限公司以党的十八届六中全会精神和省委十三届九次全会精神为指导，深入贯彻学习习近平总书记重要讲话精神、第十次文代会精神，认真开展"两学一做"学习教育活动，着力创作演出精品力作，积极开展"深入生活、扎根人民"主题创作活动；探索新形势下网络大电影的投资和拍摄工作；保护和发展地方戏曲剧种，推陈出新改编大型滑稽戏；引进和培养评弹艺术年轻演员传承和扶持非遗文化；稳步开展国家艺术基金项目验收和申报工作；出色完成G20峰会演出任务；积极参加（或承办）全国和全省艺术大赛、展演活动及重要的外事文化交流活动；努力完成省文化厅下达的各项工作任务；在内部管理中突出抓谋划、抓演出、抓生产，切实提高演职人员收入，全面保障离退休同志的各项事业待遇，各项文化改革工作迈上新台阶。全年完成演出1825场次，演出收入645万元。

一、强化精品创作，加强舞台艺术生产

精品创作成绩显著，荣获多个奖项。3月，在中国曲艺家协会主办的第二届"走马杯"讲好中国故事曲艺展演中，张楚君表演的故事《棋高一着》受到专家一致称赞，获荣誉证书。4月，在浙江省第五届故事会中，是韵获金奖第一，张楚君获金奖第四。创排两个新的杂技节目《蹬人》和《蹬鼓》，在传统蹬人、蹬鼓的道具和技巧上实现突破，使表演内容和题材焕然一新。创排完成了1部滑稽清装戏《约法三章》，在原汁原味地展现传统滑稽戏精髓的同时，融入了杭州地方特色及当代流行元素，在G20峰会期间上演，并在宁波、诸暨、上虞等地巡演10余场。评弹团演员颜丽花参加上海市委宣传部举办的纪念陈云同志"出人、出书、走正路"谈话发表30周年系列活动演出，得到江浙沪3地宣传部门领导、陈云同志家属的认可。评弹团演出还首次作为高雅艺术进入校园，引发了大学生对评弹艺术的浓厚兴趣。

积极参加浙江省第五届故事会。选送是年新创排的故事作品《爱的力量》《常回家看看》参赛。选送新创排的故事作品《棋高一着》参加第二届"走马杯"讲好中国故事曲艺展演。

积极申报国家艺术基金项目。力推新人新作，重点放在有特色、急缺、紧缺的项目上，杂技《墨荷·蹬伞》入选2016国家艺术基金小型项目重点资助项目。大力培育新人，选送2人参加国家艺术基金艺术人才培养资助项目——苏州弹词流派演唱青年人才培养。

积极参加迎接G20峰会文艺演出活动。精心创排1台精品杂技晚会"钱江之夜"，参加喜迎G20浙江省优秀舞台艺术精品展演。

承办第十届庆元香菇文化节开幕式演出。经过近3年的筹备，1年多的策划、调研、采风、创作排练，承办第十届庆元香菇文化节"中国香菇城之夜"文艺晚会，创下了商业性演出收入最高纪录。晚会分暖场篇、序《欢腾》、第一篇章《水墨庆元》、第二篇章《廊桥之最》、第三篇章《梦圆菇城》、尾声《美哉庆元》6个部分，以庆元"九山半水半分田"的生态文明、千年传承的香菇文化和廊桥文化为依托，用杂技、魔术、歌舞、曲艺等表演形式，配合现代化的影音设备，呈现了一场精彩华丽、极具本土特色的文艺盛宴。晚会策划、编导、演出、舞美、字幕等均由本团创编团队承担。

承办省直机关"两学一做"学习教育主题晚会"赤子之心"。还原真实故事，歌颂楷模事迹，以"赤子之心"为名，展示全省机关党组织认真学习宣传贯彻党的十八届六中全会精神，深入学习贯彻习近平总书记系列重要讲话精神，扎实开展"两学一做"学习教育取得的新成果，展现全省机关党员干部紧密团结在以习近平同志为核心的党中央周围，永葆奋斗精神、永怀赤子之心，干在实

处、走在前列、勇立潮头的新风貌。演出得到主办方高度好评。

持续开展多项"文艺下基层"公益慰问演出和文化惠民活动。春节、元宵节期间，赴长兴县新春演出，在央视新闻联播播出后，受到社会广泛关注。做好驻场演出，打造1台魔术专场"'浙'就是魔幻"和1台纯曲艺专场"浙里的笑声"。魔术专场巧妙结合了杭州地域文化元素，将雷峰塔、白蛇青蛇、西湖十景融入场景，从古代的神话传说到现代感十足的时尚生活展示，从极具震撼力的视听效应到轻松愉快的观众互动表演，整台节目精彩不断。曲艺专场创作内容和表演形式涵盖了南北曲艺的精髓，回归滑稽戏、喜剧类小品等，剧场效果良好。

参加省文化厅主办，仙居县文广新局、朱溪镇党委政府承办的"走进乡村　情暖朱溪"浙江省文化厅工会赴仙居朱溪镇开展帮扶慰问活动送戏下乡专场演出。承办"海宁市文化下乡惠民"演出，以及省政协赴常山县"送文化、送卫生"文艺专场演出。

二、加强业务建设，拓展演出市场

积极接洽和承办各类演出活动。积极参加全国和浙江省各项艺术活动。1月，协办并参加了2015年杭州消防"青春正能量"暨"最美消防员""最美警属"表彰典礼演出；曲艺小品《鸿雁》节目组赴河南驻马店参加"回家过年"2016全国农民工春节大联欢录播演出。2月，策划、创作并承办了"向人民报告"杭州市公安局富阳区分局"护航G20"2015年度公安工作颁奖典礼演出；参加温州市"金猴闹春"平阳县春节联欢

晚会演出、省直机关工委迎新年活动演出、浙江文艺界 2016 年新春联欢会演出、2016 浙江省文化厅省属院团"新年演出季"演出。3 月，参加雏鹰计划演出。4 月，参加 2016 宁波特色文化产业博览会、"东亚文化之都·2016 宁波活动年"演出，省级文化系统"我为高水平全面小康做贡献"大讨论微型党课比赛。5 月，参加象山县文化中心综合文艺晚会演出、省直机关"十三五、话担当"微型党课比赛。6 月，参加雏鹰计划、"2016 粤港澳台魔术交流展演"演出。7 月，展开夏季集训学习及业务考核工作，排演滑稽戏《约法三章》。8 月，参加全省地方戏曲剧种普查数据审核工作交流会推进会并做工作交流发言，参加中国杂技家协会第七届理事会第二次会议。9 月，承办宁波市"天然舞台"文化惠民——省曲艺杂技总团走进白峰、"美丽新白峰　共筑中国梦"综合文化演出。10 月，滑稽戏《约法三章》在绍兴地区巡演、驻场演出。11 月，承办第十届庆元香菇文化节"美哉庆元——中国香菇城之夜"大型文艺晚会和庆元县"香菇始祖吴三公朝圣大典"暨"民间民俗　和谐菇乡"巡礼活动，传统滑稽戏《约法三章》在宁波、东阳等地区巡演；参加中国文学艺术联合会第十次全国代表大会。12 月，承办全省"两学一做"学习教育主题晚会演出，参加宁波市"天然舞台"文化惠民在海宁市的演出、综合文艺晚会在平湖的演出等各项活动。

此外，还积极开拓市场，尝试"互联网＋"新思维，与杭州林吾七逸文化艺术有限公司、全国网络大电影平台"爱奇艺"合作，首次参演《仙医神厨》的拍摄，参演演员得到制片方好评，播出半个月点击量达 3000 万人次。继续在安吉凯蒂猫家园小剧场开展驻场演出。

三、积极响应，多方开展对外文化交流活动

1 月 25 日至 2 月 1 日，应法国明日世界杂技艺术节组委会邀请，董事长兼总经理吴杭平赴法国担任第三十七届法国明日世界杂技艺术节评委。1 月 22 日至 26 日，受文化部、浙江省政府委派，由省文化厅组团，参加 2016 中卡文化年开幕式演出。1 月 26 日至 30 日，受文化部委托，应科威特文化艺术与文学国家委员会邀请，浙江省文化厅派遣由浙江歌舞剧院有限公司和浙江曲艺杂技总团有限公司组成的浙江艺术团赴科威特举办"欢乐春节　最美中国风"暨第 22 届古林艺术节演出活动。4 月 26 日至 28 日，受浙江省政府委派，由省文化厅组团，参加香港浙江文化美食旅游节开幕式演出。11 月 15 日至 12 月 17 日，应法国 NP 演出制作公司邀请，赴法国进行杂技专场商业巡演。

四、优化结构，加强人才队伍建设

积极培养后备干部和各类专业技术人才，优化队伍结构。推荐 1 人为十四届团省委候补委员候选人，推荐 1 人为专业技术二级岗人员，推荐罗丹菁团队为文化系统艺术拔尖人才。推选了 5 名副高、11 名中级职称人员参评年度职称申报工作。

多渠道引进岗位急需人才和优秀拔尖人才，新录用人员 8 名。

赴广西、河北等地广泛招收学员，招收杂技团学员 15 名。

努力改善演职人员工作条件，提升演员队伍素质。改善杂技团影业路排练厅各项设施，启动练功房排练厅装修改建工程并完工。努力改善练功房条件，为演员提供优质的工作环境。组织创作人员深入基层进行文化采风。积极与苏州评弹学校接洽招生，落实传承老师，培养艺术人才，举办评弹演员张凌平、唐蔚羽个人"新松计划"专场演出和曲艺专场演出。

加强业务考核，完善演员薪酬待遇管理办法。一年两次集中学习，每次不少于一周。安排演员学习时政、综合和业务知识，注重提高演员的艺术水平和综合素质。在暑期或演出淡季对演员进行集训和考核。召开第五届三次职代会，审议通过了新修订的《公司奖励激励机制方案》和《岗位设置方案》，进一步提高演员的演出积极性。

（杨　惟）

浙江新远文化产业集团有限公司

【概况】　内设机构 6 个。2016 年末实有在职员工 49 人（含文化大厦、招待所），其中具有高级技术职务资格的 1 人，中级 13 人。

2016 年，浙江新远文化产业集团有限公司坚定不移地深化企业改革和创新发展，在重点领域和关键环节上取得明显突破，经济效益保持平稳增长，全年实现主营业务收入 22358.73 万元，净利润 1778.75 万元。

一、稳健扩展主业

密切关注行业发展和竞争态势，研究和制定与电影产业相匹配的发展战略，建立起旗下各影院联动机制，启用云平台技术打通集团旗下主营影院卡券使用关口，设计发售全新 CINYO 会员卡并正式上线新远 App，提升集团电影主业的整体竞争力和影响力。

集团主营 2 家影院完成票房收入 5653 万元。全国首家 DTS：X 临境音主题影院"悦江新远影城"建成开业，扩大了集团电影主业网点布设，提高了品牌影响力。通过设计创新、技术创新和管理创新，不断提升影院观影环境、视听效果和管理服务，并根据经营需要配备 TMS 影院管理系统及自助进场闸机，更新升级各类卖品，竭力为观众提供多元、便捷服务。

二、改革调整传统产业

转变经营理念。杭州剧院通过认真调研，暂停剧目开发等投入大、期限长的项目，精心打造"周末音乐大讲堂""精品演出大舞台"等品牌栏目。浙江胜利剧院以绩效管理为抓手，整合优秀文化资源。是年，集团下属 2 家剧院单位演出 275 场。浙江文艺音像出版社加大力度探索新型数字出版发行模式，全年申报音像电子选题 50 个。

推进深化改革。遵照国有企业改革精神，分析浙江舞台设计研究院有限公司经营状况，探讨法人治理结构、经营发展阻碍、体制机制缺陷等方面的问题，厘清企业经营问题，改变企业运行机制，激发其内生动力。

规范物业管理。清理整顿自有房屋租户，加强合同规范和租户管理，发挥自有房屋市场价值。改善杭州电影拍摄基地租赁环境和办公条件，实现经营收入大幅增长。

拓展服务范围。浙江卡尔曼物业管理有限公司新签下省文联和省文物局 2 家单位的物业管理合同，不断提升业务承接能力，此外，着手筹建餐饮管理公司，延伸物业服务产业链。

三、努力开拓文化新业

以西湖文化广场 C 区大剧院项目招商为机遇，深耕"文化＋创意"产业，开展文化衍生品开发项目前期调研和洽谈工作。浙江文化艺术品交易所积极探索"文化＋金融"资源整合模式，明确了影视、珠宝、非遗等主要业务板块并制定完整的交易规则，其中影视和珠宝业务已获上级主管部门审批通过。杭州新远文化创意有限公司（下沙）积极推进"我想有个圈"大学生创意创业创客平台项目的方案策划和前期筹备工作。浙江天合文化发展有限公司借力"文化＋互联网"，积极推进 KTV 版权收费相关配套服务平台方案策划和落地实施。

四、强化发展管理支撑

加强队伍建设，完成集团领导班子和党（纪）委班子调整、产业单位党政负责人调整和集团本级中层干部选配。完善制度建设，修订集团《会议制度》《考勤与假期管理办法》，制定《保密工作制度》，实现保密承诺书全员签订制，订立《人员招聘管理制度》《劳动合同管理制度》，推进薪酬体系调整改革。加强党风廉政建设，将党风廉政建设和反腐败工作贯穿于各项工作始终，并以重大事项请示报告制度为纲，严肃组织纪律、肃清工作作风。化解历史遗留问题，协调人事、财务、办公室等部门，通过调查研究和梳理分析，统筹兼顾，分批分期推进有关单位退休人员的住房补贴测算和发放工作。开展综治维稳工作，切实带领各单位贯彻落实相关工作要求，保障安全生产、构建有序环境、开展安全教育，无任何安全事故发生，完成 G20 峰会期间各项保障任务。

（王文萱）

【杭州剧院】 内设机构 3 个。2016 年末实有在职人员 26 人。

2016 年，杭州剧院全年实现总收入 3154.81 万元，其中主营业务收入 1288.31 万元。全年演出 157 场，其中主办演出 46 场。一是深化制度建设，强化内部管理。调整内部机构和岗位设置，加快完善人员聘用制度和聘后管理工作。缩小内部分配差距，使薪酬制度更多地向基层员工倾斜，调动了基层员工的积极性。修订完善内控管理制度，规范业务流程和行政管理流程，加强内部管理。提高硬件设施建设，加强社会治安及综合治理工作，提高反恐应对能力，全力做好 G20 峰会期间的安全保障工作，得到省文化厅的肯定和表扬。二是引进高水平演出，各项业务稳步发展。继续加强周末音乐大讲堂、精品演出大舞台、欢乐儿童剧场等三大品牌的建设和宣传。完成主办演出 46 场，合作演出 11 场，租场演出 94 场。引进《屈原》"金秋越剧·牵手重阳越剧折子戏专场"《仓央嘉措》等多部大型品牌项目，取得了良好的经济效益和社会效益。周末音乐大讲堂系列"谢涛古筝独奏音乐会""宋广顺独奏音乐会"获得了较好票房,赢得观众好评。明星版芭蕾舞剧《天鹅湖》,吸引企业冠名合作,票房基本售空。舞剧《仓央嘉措》吸引了大批文艺青年购票,杭州站成为该剧全国巡演票房最高的一站。三是构建和谐内部环境,增强剧院职工凝聚力。重视党建工作,积极推进"三会一课"制度、"两学一做"学习教育和党风廉政建设等各项党建工作的开展和落实。切实履行党员干部"一岗双责"制度,重视党内教育和发展工作。积极发挥工会的民主平台作用,对剧院日常考核管理进行监督。通过组织活动,促进了职工间的沟通与交流,建立了和谐的团队关系。切实关心职工利益,实施"送温暖"活动。积极发挥团支部青年突击队作用,以省级"青年文明号"创建工作为核心,切实推进团的各项工作,6月,被授予省级"青年文明号"。

(骆夷婷)

【浙江胜利剧院】 内设机构3个。2016年末实有在编人员16人(核定编制19人),其中具有高级技术职务资格的2人,中级5人。

2016年,浙江胜利剧院实现总收入1168.55万元,净利润95.2万元,资产负债率17.82%。全年演出118场次,观众6万人次;放映电影4759场次。一是"金舞台"项目6周年。"周末戏剧金舞台"和"小伢儿金舞台"项目演出80场,观众平均上座率七成以上。邀请北京市河北梆子剧团、浙江京剧团、上海越剧院等省内外优秀专业院团到剧院演出;邀请杭州红梅越剧团、杭州市青年越剧社、新星越剧团等戏迷剧社、民间剧团参加演出,为提高演出水平提供了交流平台。制作周末戏剧金舞台宣传册,向领导、观众汇报"金舞台"取得的成绩,进一步提高了剧院演出品牌影响力。更新升级剧院戏迷卡,可以充值、刷卡消费,会员资料也更完善,有利于戏迷会员的维护。二是电影小厅经营取得新成效。通过百度糯米、美团、猫眼、微信等网络渠道提供团购、票价查询、在线选座购票服务,截至是年底放映电影4759场次,观众7.95万人次,电影票房收入269.75万元,纯收入128.68万元。三是完成其他各项演出工作。全年接待新年演出季演出7场。5月、9月,接待浙江曲杂团驻场演出20场。11月,接待民营剧团展演6场、戏剧节演出1场。12月,接待浙江省传统戏剧演出季演出4场。此外,还承接了20余场企事业单位的活动。四是认真抓好日常管理工作。完善剧院内控制度等各项规章制度。加强内部考核管理,年初与办公室、业务部签订工作目标管理责任书。加强民主监督,坚持每月召开监审委会议,审核员工月度考核,将员工责任与奖惩挂钩,取得良好效果。通过监审委倾听职工意见建议,保证剧院领导班子正确决定的贯彻落实,有利于整体工作稳定开展。高度重视社会治安综合治理工作,年初与各部门负责人及租赁单位签订综治工作目标责任书,将综治工作落实到部门和个人,明确责任目标内容和工作要求。加大督查力度,做好检查记录和整改记录。认真参加上级职能部门组织的两月1次消防安全培训。积极组织剧院员工和出租经营户进行消防灭火演练。修补招待所屋顶SBS材料,并对观众厅顶部屋面重新刷漆,铺设SBS材料。更新灭火设备。剧院全年未发生安全责任事故。做好多种经营管理工作。根据实际情况对两家租赁单位的租金给予适当减免,减轻租赁单位压力,取得双赢。

(傅备文)

【浙江文化艺术品交易所股份有限公司】 内设机构6个。2016年末实有在职人员17人。

2016年,浙江文化艺术品交易所股份有限公司确立了影视资产权益和珠宝物权交易两项新业务。经前期反复修改讨论,8月,浙江省政府金融办同意浙江文交所设立开展影视资产权益和珠宝物权交易两项新业务,并审批通过相关交易规则。积极开展市场整合。设立艺术沙龙,开展艺术品品鉴会、专家讲座等活动。整合全国画廊资源,筛选有价值的艺术品作为储备资源,促进艺术品和金融对接。利用资源优势,引入台湾文创产品和项目,增强两地文创产业的交流与合作,进一步开拓文化和资本市场。完善内部管理。制定员工绩效考核管理制度,以确保工作战略目标和年度任务的完成。调整办公场地。租赁杭州新天地写字楼约1000平方米,作为办公场地;保留西湖文化广场展厅,设立艺术沙龙,作为举办各类小型活动和接待客户的对外窗口。开展业务培训。制定年度培训计划方案,开展10余次内部授课培训,改善员工知识结构,提升公司凝聚力、吸引力、向心力和战斗力。

(潘颖颖)

【杭州电影拍摄基地】 内设机构3个。2016年末实有在编人员19人（核定编制27人），其中具有高级技术职务资格的1人，中级1人。

2016年，杭州电影拍摄基地以"加强管理，保证安全，转换观念，各尽全能，提高服务，创收增效"为工作目标，逐项落实各项举措，基本完成工作目标。账面净利润总额约－47.93万元，实际净利润总额36.02万元（包括退休人员住房补贴83.95万元）。营业收入总额529万元，增长率22%，房屋租金收取率达100%，资产负债率与年初持平，基本完成责任目标。抓好重点工作。采取有效措施保障G20峰会期间安全运营，建立长效安全责任机制。主动开展安全隐患排查，增设和更新消防安全设备，疏通消防安全通道。积极配合辖区派出所、社区，组织和督促全体租赁户，积极开展人口排查，对过于集中的住户进行清理。与租赁户签订G20峰会安全保障协议，增加巡查人员和巡查次数，加强进出人员身份验证。积极筹措资金，解决了两项历史欠款，即1995年向国家电影局借款50万元和退休人员住房补贴80余万元。做好日常管理工作。提高服务水平，保障经营收入。结合周边九莲庄、营盘地等城中村拆迁改造，开展园区环境整治和车辆管理，极大地改善了基地环境面貌，基本收入得以稳固。加强管理，促进流程规范。进一步加强岗位聘用、绩效工资总量控制、收入分配和工资申报的规范性操作，充分协调多种人事情况，进一步促进绩效机制形成，保障职工队伍稳

定和谐。保障职工权益，维护和谐氛围。注重规章制度制定过程的程序民主和执行规范，积极落实厂务公开制度。两次召开全体职工大会，向职工通报单位情况，并向大会提交《住房补贴发放办法》等制度，充分征求职工意见后，表决通过。注重建立劳动和谐关系。由领导班子成员牵头，办公室与工会共同成立电影基地劳动仲裁调解组织，规范劳动用工各项流程，及时发现调解处理矛盾。积极组织退休人员活动，建立退休人员微信群，及时向退休人员解答工资等相关政策，告知单位情况，主动征求意见，及时听取建议。春节期间，开展对离休人员、70岁以上和身患重病老同志的慰问活动。规范党员管理，督促党员深入学习，完成党支部换届工作。

（陈　靓）

【浙江舞台设计研究院有限公司】 内设机构10个，2016年末实有在职人员65人，其中具有高级技术职务资格的10人，中级13人。

2016年，浙江舞台设计研究院有限公司转变观念，与时俱进，进一步深化公司内部改革，积极开拓市场，取得了一定成绩。一是加强企业文化及平台建设。继续做好培训工作，鼓励员工不断学习，更新知识结构，考取本专业的各项证书，提高了广大员工的学习兴趣和业务知识理论水平。注重企业平台建设，提升专业资质。2015年初至是年底陆续取得了由中国演艺设备技术协会颁发的舞台机械工程综合技术能力等级壹级证书，专业灯光工程综合技术能力等级壹级证书，专业

音响工程综合技术能力等级贰级证书；由中国演出行业协会颁发的舞台工程企业专业技术资质舞台机械壹级证书，舞台灯光壹级证书，舞台音响壹级证书；由中国舞台美术学会颁发的专业舞台机械（幕布）设计、安装及调试甲级资质等级证书，专业灯光机械设计、安装及调试甲级资质等级证书，专业舞台音响设计、安装及调试甲级资质等级证书，专业舞台音视频设计、安装及调试甲级资质等级证书；由中国音响与数字出版协会音视频工程专业委员会颁发的音视频集成工程企业资质壹级标准资质等级证书等多个行业权威资质。积极调动各方资源，申报机电安装壹级资质及智能化设计、施工等建筑业资质。二是做好党建及工会工作。党总支和在职党支部进行了换届选举，同时建立了离退休党支部支委会，从组织上保证了各项工作的顺利进行。加强后备队伍建设，新确立了1名入党积极分子，并组织参加了省级机关党校的学习。做好工会工作。举行了新年团拜会、拔河比赛等活动，参加各级工会组织的培训。三是抓好项目实施。主要工程项目有云南大学呈贡校区学生会堂舞台灯光音响工程（940.23万元），浙江财经学院东方学院长安校区舞台机械、灯光、音响电影系统工程（326.53万元），云南文化艺术职业学院舞台机械台下设备（399.71万元），河北省艺术中心场馆设施设备修缮项目（2389.28万元），金陵大报恩寺遗址公园及配套建设项目（遗址公园）（1350.02万元），济宁杂技城舞台工艺设备采购及安装工程

（1580.97 万元），阜城县群艺馆剧院设计施工一体化工程（1405.98 万元）。主要设计项目有千岛湖演艺中心（国际会议中心）舞台工艺设计（48.50 万元），杭州国际博览中心智能化（标段三）改造工程（39.98 万元），诸暨剧院易地新建工程设计补充（27.00 万元），沁源县文化中心影剧院功能装修及专业设备配置委托监理顾问（22.00 万元），中国新兴禅宗圣域文化产业基地一期工程禅音堂小音乐厅、小表演厅舞台专业（机械、灯光、音视频、声学）设计（52.20 万元）。顺利完成了宿迁市宿豫区文化艺术中心、敬德大剧院、青田文化艺术中心的验收工作，并积极组织解决鄂托克旗文化艺术中心、三门峡文化艺术中心、如皋文化馆等项目的扫尾跟进工作，取得了一定成效。

（邢如逸）

【浙江文艺音像出版社有限公司】
内设机构 3 个。2016 年末实有在职人员 14 人，其中具有高级技术职务资格的 3 人，中级 6 人。

2016 年，浙江文艺音像出版社有限公司坚持中国特色社会主义文化发展道路，坚持把社会效益放在首位，实现社会效益和经济效益相统一，努力推出更多思想精深、艺术精湛、制作精良的优秀出版物。是年，共出版节目 54 部，包括音像类 28 部、电子类 12 部、互联网 14 部；按载体分类，CD 7 部、DVD 21 部、交互式光盘 12 部。其中，《中国婺剧——多媒体系统》获第 25 届浙江树人出版奖音像提名奖、第 32 届浙江优秀出版物编辑奖音像奖；《浙江好腔调——56 个传统戏剧微记录》《张自忠将军》分别获第 32 届浙江优秀出版物编辑奖音像奖、音像奖提名奖。加强和完善出版管理工作。严格执行国家有关出版管理的法律法规。坚持"两为"方向，坚持以马列主义、毛泽东思想、邓小平理论、"三个代表"重要思想及科学发展观为指导，深入学习贯彻习近平总书记系列重要讲话精神，进一步加强中国特色社会主义和"中国梦"宣传教育，牢固树立马克思新闻出版观，牢牢把握正确出版导向。坚持选题论证、"三审三校"责任制度。严格把握政治性和政策性问题，提高节目的科学性、艺术性和知识性，在坚持社会效益的前提下，确保选题结构合理、具有可行性和创新性，又有一定的经济效益。努力提高节目制作质量，保证出版导向不出偏差，将弘扬主旋律和发展传统文化相结合。树立品牌意识，开拓本版产品发行渠道，提高市场占有率，增加发行收入，改变出版社的形象。坚持传统出版业与新媒体的融合。多做原创节目，开拓合作出版业务，全方位为客户提供出版服务，增加出版业的附加值。加强编辑人员力量，提高编辑人员业务素质，鼓励编辑人员参加学术交流活动与各种编辑业务培训。实行编辑、发行人员、行政人员年度业务考核制度，对年度考核优秀的进行奖励，对年度考核不合格的实行下岗或换岗。做强做大传统出版，戏曲出版内容涵盖了浙江地区所有的戏剧剧种和非遗文化作品，继承和发扬了传统文化。享有大量的传统文化节目资源。加快传统出版转型和产品结构调整。根据数字出版发展方向，加强网站功能开发。以网络出版和电子商务为重点，开拓电子出版、网络出版、电商、电子版权贸易等经营新模式。12 月 30 日，收到国家新闻出版广电总局《关于同意浙江文艺音像出版社有限公司变更网络出版服务单位业务范围的批复》（新广出审〔2016〕4152 号），同意出版社变更网络出版服务单位业务范围，在原有出版业务基础上增加了"网络游戏出版"业务，为出版社由传统出版向数字网络出版转型、做大做强网络出版业务奠定了坚实基础。

（赵益凤）

【浙江卡尔曼物业管理有限公司】
内设机构 4 个。2016 年末实有在职人员 105 人，其中具有中级技术职务资格的 2 人。

2016 年，浙江卡尔曼物业管理有限公司继续"外抓服务质量、内抓内部管理"，实现主营业收入 727.48 万元，同比增长 5.36%。经营项目取得突破。1 月、2 月、10 月先后接管浙江省文物局、省文学艺术界联合会物业项目和省文化馆武林馆区内部保洁项目。完善内部管理。加强公司人事管理，强化员工入职档案审查，进一步完善规范招聘入职流程。通过杭州市人力资源和社会保障局审查，获得实行综合计算工时工作制行政许可。推进公司薪酬体系改革工作，开展同行业薪酬体系调研，草拟薪酬体系调整方案。加强公司员工技能、消防等方面的素质培训。

（李晓庆）

市、县(市、区)文化工作

ZHEJIANG CULTURE YEARBOOK

杭州市文化广电新闻出版局

【概况】 内设职能处室14个,直属单位8个。2016年末人员457人(其中:公务员67人,参公27人,事业363人;具有高级技术职务资格的85人,中级154人)。

一、峰会文艺活动"美轮美奂、精彩纷呈"

举全系统之力,全力以赴投入杭州G20峰会文艺演出、配偶活动演出以及文化陈列等相关文化活动的筹备工作,成功实现了"创作具有国际一流艺术水准,给与会贵宾留下深刻印象的文艺演出"的目标,兑现了"让党中央和总书记满意、让外国元首满意、让全国人民满意、让省市委满意"的承诺。在峰会文艺演出创排过程中,由班子全体成员带队,先后抽调全系统优秀骨干160余人,全面配合导演团队,参与节目创意策划,服务保障近2000人的演职团队,并负责大量文件起草、证件办理、焰火燃放等具体事务。历时1年多筹备的文艺演出"最忆是杭州"以"美轮美奂、诗情画意"惊艳世界,获得社会各界高度赞誉,中央评价为"轰动、震撼、好评如潮"。10月1日起,"最忆是杭州"向公众公益复演,力促文艺成果全民共享,50场演出吸引观众6万余人(次)。

二、文化领域安全"防线稳固、万无一失"

从维护国家安全和国家形象的高度,充分认识做好文化领域安全保障工作的重要性,狠抓安全责任落实,狠抓管控举措到位,狠抓隐患排查和专项整治,筑牢监管、执法、自律、稳控4道防线。深入开展2016"平安浙江"、"扫黄打非"、安全生产三大专项保障行动,实施G20峰会"环浙护城河"文化安保工程,开展文化市场专项整治,集中力量打击"黑网吧"、漂流书亭及电商平台等新业态违法违规行为,全市出动执法力量3.4万人次,检查场所4.9万家次,整治"黑网吧"343家,集中销毁非法出版物8.4万余件。深入推进文化市场信用监管,建设文化市场诚信信息平台,推动全社会形成"守信激励 失信惩戒"的氛围,受到中宣部领导批示,在全国"建设核心价值 构建诚信社会"现场会交流推广。从6月起,全面实行新审批文化经营单位信用承诺制度,全市2000余家重点文化企业签订诚信承诺书。

三、文化系列活动"韵味浓郁、气氛热烈"

成功举办"最美记忆 与峰会同行"杭州国际摄影大赛,两个月收到海内外投稿1万余幅(组),全方位、全角度、全过程记录和呈现了峰会从筹办到正式举行期间的精彩画面,真实反映了杭州及浙江人民"围绕圆心,服务中心"的良好风貌。借助影像,G20峰会这一世界性的重大事件得以再现,并永远写入杭州历史。组织开展"西湖之春"艺术节暨杭州市新剧(节)目会演,集中展示国有、民营艺术院团新创优秀剧目11台,会演首次走出主城区,送戏到县(市),并采取低价公益票和向社区文化工作者赠票的形式,吸引了近2万名观众。主办2016杭州艺术博览会,展览面积超过1万平方米,展出50家艺术机构的1300余件当代艺术作品,吸引3万余人参观,成交额突破1200万元。策划开展"影像中的G20"、"纪念红军长征胜利80周年美术创作展览"、"风雅颂"民间艺术展演等系列文化活动万余场。服务城市国际化战略,联动专业和民间文化机构,策划推出"寻常·杭州"世界巡回文化展、欧洲经典油画展、"感知中国·蒙古行"等对外文化交流活动20个。婺剧《天下第一疏》代表浙江省参加全国基层院团戏曲会演获好评,《老来得子》获全省新剧目大奖。

四、文化惠民举措"提质增效、创新有为"

探索"1+X"公共文化服务标准化体系建设,全市累计推出先行先试地方性规范标准14个,全面落实杭州市《加快构建现代公共文化服务体系建设的实施意见》和《基本公共文化服务标准》,各地结合实际,出台相应的实施意见。联合新华书店、特色民营书店推出"你看书我买单""悦读计划",累计服务读者近5万人次,借阅图书17万册次,二次借阅率大大提升；于 12 月初推出"悦借"服务，市民在线借书，快递送书上门。完成全市 1500 个社区（村）公共文化场地 Wi-Fi 覆盖，计划用 3 年时间，实现全市社区（村）公共文化场地 Wi-Fi 全覆盖。建成"智慧文化一点通"手机 App 平台，为全市群众提供便捷丰富的文化资讯、在线学习等内容。打响"我送你秀"百家社区文化行、数字资源覆盖中小学校等重点文化惠民工程品牌，市本级为基层社区送出公益演出、阅读讲座、艺术培训 530 场，戏票、交响音乐会票 4100 余张，图书 1.5 万余册；为 192.4 万城乡中小学生提供网上数字阅读服务。以社会化协作为抓手，探索拓展"中心馆＋主题馆＋24 小时图书馆"公共阅读新空间，与市环境集团联建杭州图书馆环保分馆，成为全球第一座建在垃圾场上的公共图书馆，至年末，全市有特色主题分馆 12 家，24 小时城市书房 1 家。

"悦读——你借书，我买单"服务

1 月 1 日起，杭州图书馆先后联合新华书店庆春路购书中心、解放路购书中心开展"悦读"服务，推动图书采购方式从图书馆单方掌握向读者和图书馆一起参与转变，为市民提供智慧阅读新体验。市民凭市民卡、身份证或杭州地区公共图书馆借书证，现场下载"悦读服务"App 了解该书是否可借以及相关借阅规则后，在购书中心服务专柜办理借阅手续，将新书借回家。9 月 24 日，将"悦读"服务合作方拓展至西西弗书店、大涵书店 2 家具有较高知名度的民营书店，再受追捧。全年累计有 4.9 万人次从书店借走

18.65 万册图书，二次借阅率达到自行采购文献的 2—3 倍。

杭州市《关于加快构建现代公共文化服务体系的实施意见》出台

1 月 22 日，市委办公厅、市政府办公厅正式印发杭州市《关于加快构建现代公共文化服务体系的实施意见》及附件《杭州市基本公共文化服务标准（2016—2020年）》。该实施意见作为市"十三五"期间公共文化服务体系建设的纲领性文件和规范性蓝本，在国标和省标基础上，拉高标杆，明确了 2016 年至 2020 年全市基本公共文化服务内容和政府保障范围，提出了构建公共文化服务标准体系，促进公共文化服务均等化、社会化、智慧化，创新公共文化服务管理体制和运行机制等举措，力争到 2018 年底，完成国家和浙江省基本公共文化服务标准中的各项指标。至年末，全市 13 个县（市、区）均结合实际，出台了加快公共文化服务体系建设的相关实施意见或工作方案。

"韵味峰会"系列文化活动

围绕"喜迎峰会"主题，文化部门全年策划开展文艺演出、展览讲座、生活体验等系列文化惠民活动 1 万余场。包括"最美记忆 与峰会同行"杭州国际摄影大赛、"喜迎峰会 品戏杭州"杭州市新剧（节）目会演、"阅读峰会 书香杭州"第十届西湖读书节等特色活动。其中，2 月 1 日至 2 月 23 日，全市组织开展"喜迎峰会 金猴闹春"群众性春节民俗活动和文化活动 500 余场。

2016 杭州市新剧（节）目会演

4 月 14 日至 28 日，2016 年"西湖之春"艺术节暨杭州市新剧（节）目会演在各大剧场举行。会演秉持"新剧、新人、新招"理念，推出市、县（市、区）两级国有及民营艺术院团自 2015 年以来新创演的 11 台优秀剧目，涵盖了越剧、话剧、杭剧、杂技魔幻剧等多种艺术门类，吸引近 2 万名观众，上座率 85％以上。本次会演突破往届在主城区集中演出的惯例，首次将 5 台优秀剧目送到萧山区、富阳区和桐庐县等地，并采取定向赠票的形式，面向各县（市、区）百余个社区的基层文化工作者，送出 2500 张公益票，提升了基层文化工作者的鉴赏能力。

第四届杭州国际街头摄影节

4 月上旬启动，截至 10 月 8 日，收到投稿图片近 2 万幅，来自美国、新加坡、泰国、土耳其、日本、孟加拉国等 20 余个国家和地区的摄影爱好者参与，共 1.1 万人次。大赛设相机和手机拍摄两大类，分杭州和国内外两个组别。杭州组以"G20，我的杭州我的家"为主题，反映杭州特色的街头文化、人文风情；国内外组主要反映除杭州以外地区、国家的街头文化。最终评选出相机组金奖 1 幅、银奖 2 幅、铜奖 6 幅，作品《最浪漫的事》获特别大奖；手机组街拍大奖 1 幅，佳作奖 10 幅。

浙江省暨杭州市 G20 峰会"环浙护城河"文化安保工程

4 月 21 日，举行工程启动仪式和非法出版物集中销毁活动。活动现场销毁各类非法侵权盗版图书报刊、音像制品、电子出版物和计算机

软件 8.4 万余件,全省销毁总量达 94 万件。全年全市出动执法力量 3.4 万人次,检查场所 4.9 万家次,整治"黑网吧"343 家。

文化市场信用承诺制度 4 月 26 日、5 月 13 日,杭州市文化娱乐行业举行"迎峰会,保安全"动员大会,文化娱乐、网吧等行业协会发起"迎峰会"诚信经营文明服务倡议,480 余名参会企业代表签订了诚信经营承诺书。从 6 月起,实施新审批文化市场主体信用承诺制度,全市 2000 余家重点文化企业签订诚信承诺书,承诺守法、文明、热情、安全经营。出台《杭州市文化市场黑名单管理办法实施方案》,全年在文化市场行政管理中使用信用记录 501 次。

2016 年全国少年儿童故事大赛 由中国图书馆学会、国家图书馆和杭州市西湖读书节组委会联合主办,中国图书馆学会未成年人图书馆服务专业委员会、杭州市文化广电新闻出版局承办。大赛于 4 月至 9 月举行,12 个省(市)的 36 家公共图书馆参与,开展分会场活动 340 场,2.3 万人参赛。该项目获"2016 全国少年儿童阅读年"系列活动优秀组织奖。

"迎峰会"首届杭州市非遗摄影大赛 由杭州市文化广电新闻出版局、杭州市文学艺术界联合会主办。于 5 月初启动作品征集工作,截至 7 月底,收到近 2000 幅作品,评选出一等奖 1 名,二等奖 3 名,三等奖 6 名,优秀奖 100 名。8 月 19 日至 9 月 14 日,获

奖作品在杭州市科技交流馆和上城区"匠·无界"展厅巡回展出。这些作品聚焦中国篆刻、浙派古琴艺术等具有东方文化独特魅力的非物质文化遗产项目,全面回顾杭州市非遗保护 10 余年来的显著成效,推动传统文化保护传承,彰显城市人文之美。

第九届杭州艺术博览会 5 月 13 日至 16 日,在浙江世贸国际展览中心举行。展区面积 1.2 万平方米,来自俄罗斯、法国、波兰等国家和地区以及北京、上海、广州等地的 50 余家艺术机构,1300 余件当代艺术作品参展,吸引 3 万余人参观,成交额 1200 万元。

24 小时城市书房 5 月 28 日,杭州图书馆推出全市首家 24 小时图书馆"城市书房"。项目位于生活主题分馆一楼,面积 130 余平方米,座位 80 余个,无线网络全覆盖,配有中外文学、健康养生、投资理财等各门类书籍,总数超过 1 万册,可以在杭州地区公共图书馆通借通还;《时尚芭莎》《ELLE》《旅行家》等报纸、期刊 90 余种。

杭州青年剧团、青年合唱团成立 杭州青年剧团、青年合唱团为杭州市文化馆直属公益性团队,分别成立于 5 月、6 月,共计招募团员 126 人。杭州青年剧团发起人为杭州本土青年导演、演员,由著名话剧导演孟京辉担任艺术顾问,中央戏剧学院副教授李奕男担任学术顾问。8 月,杭州青年剧团创编排演的第一部肢体剧《奥赛罗》受邀参加了 2016 北京国际青年戏剧节和 2016 乌镇戏

剧节,并在浙江传媒学院巡演。

非物质文化遗产保护发展指数位列全省首位 6 月,省文化厅公布了《浙江省非物质文化遗产保护发展指数评估指标数据(2015 年度)》,杭州市在全省 11 个设区市中排名第一,余杭区、西湖区分列各县(市、区)第一位和第十位。

"喜迎峰会·非遗荟萃"展示展演活动 第 11 个"文化遗产日"期间,杭州市文化广电新闻出版局围绕"喜迎峰会·非遗荟萃"主题,联动各县(市、区)相关部门策划了 100 余场非物质文化遗产项目展示展演和系列宣传活动,包括杭州市首届非遗摄影大赛、拱墅区"让世界看见·听见·遇见"系列活动、江干区"喜迎 G20·江干非遗荟萃大展示"活动等,部分活动持续至 10 月底,吸引近 10 万市民参与。

全国首批演出市场以案施训活动 6 月 13 日上午,由文化部文化市场司组织的全国第一批演出市场以案施训活动在杭州启动。活动由杭州市文化市场行政执法总队牵头承办,为期 4 天。上海、广东、江苏、安徽、湖南、湖北、福建和浙江等 10 余个省(市)的 40 余名文化市场执法人员参加。活动通过案情研讨、远程取证、现场检查、分组讨论、工作交流形式,推进文化市场监管、强化执法办案、探索业务培训工作创新。

2016 年"寻常·杭州"世界巡回文化展 7 月 4 日,由杭州图书馆和国际友好城市图书馆联合策划的"寻常·杭州"世界巡回文化

展首站在葡萄牙波尔图图书馆拉开帷幕。至 11 月，"寻常·杭州"系列文化展先后在澳大利亚、美国、新加坡、日本、意大利、德国等12 个国家和地区的 13 家图书馆举办。展览共计收到摄影作品2000 余幅，以杭州普通市民日常生活中的吃、穿、住、行为切入点，多角度展现杭州城市风貌和特色风土人情，向世界展示真实的中国城市生活。

婺剧《天下第一疏》赴京会演
7 月 5 日至 8 月 3 日，由中宣部、文化部主办的全国基层院团戏曲会演在北京举行。由杭州市艺术创研中心、建德市婺剧团联合创排的婺剧《天下第一疏》于 7 月12 日、13 日晚在梅兰芳大剧院上演。该剧以清官海瑞冒死进谏的故事为核心，曾获中国戏剧奖剧目奖等多项荣誉，从全省 12 台申报剧目中脱颖而出，作为浙江省唯一一部入选剧目赴京参演。

文化经营场所安全生产和消防专项督查　7 月 11 日至 9 月 7 日，市文化市场行政执法总队分成 8个检查组，在全市 15 个县（市、区）开展文化经营场所安全生产和消防专项督查，重点加强此前暗访通报中涉及区域和场所的隐患排查和治理，及时回访整改情况。全市排查出各类问题隐患2657 个，下发整改通知书 244份，对有重大消防隐患的场所及时抄告消防通知书 50 份，停业整顿 31 家。

"最美记忆　与峰会同行"G20 峰会杭州国际摄影大赛　由杭州市文化广电新闻出版局、阿里巴巴影业集团主办。7 月 28 日启动，至 9 月 5 日，共收到海内外来稿10153 幅（组）。作品全程记录了峰会从筹办到正式举行期间的精彩画面，包括峰会时刻、城市面貌、文化活动、服务保障和志愿服务等多个方面，真实反映了杭州及浙江人民"围绕圆心，服务中心"的良好风貌。大赛最终评选出《魅力新城》等优秀作品 150幅，并于 10 月 9 日至 20 日在杭州图书馆展出。

澳大利亚友谊图书角　澳大利亚驻上海领事馆与杭州图书馆达成合作，在馆内设立澳大利亚友谊图书角。8 月 30 日，澳大利亚驻上海领事馆总领事梅耕瑞（Graeme Meehan）为图书角揭幕。从 2012 年起，澳大利亚开始向杭州图书馆赠送澳大利亚最受欢迎的期刊和报纸，涉及经济、政治、旅游、时尚、建筑、生活、美食等多个方面，包括澳洲经典著作等获奖图书。这些图书和杂志将在澳大利亚友谊图书角悉数展出，成为两国文化交流的重要窗口。

"最忆是杭州"峰会文艺演出　9 月 4 日晚，"最忆是杭州"大型水上情景交响音乐会在西湖岳湖上，为杭州 G20 峰会全体与会国家领导人、贵宾政要及各界人士1200 人呈现了一台体现"杭州特色、西湖元素、江南韵味、中国气派、世界大同"的精彩演出。该演出在国内首创户外"大型水上情景表演交响音乐会"这一演出形态，由张艺谋担任总导演，以音乐为主要载体，由大型交响乐团、合唱团等现场表演，并大量运用水中舞台、全息影像、LED 灯光等最新技术，以超越国界的艺术语言，充分展示中华文化深厚底蕴和当代中国创新活力，向世界传递人类共通的情感力量，传达融合共处的美好愿景。中央电视台1 套、3 套、4 套、13 套面向全世界全程直播。

峰会文艺演出公益复演　10 月1 日至 11 月 10 日，"最忆是杭州"峰会文艺演出在原址西湖岳湖公益复演，50 场演出吸引了 6万余名市民和中外游客观赏，让更多群众得以现场体验这场代表着中国一流艺术水准的文艺演出。整场演出保留杭州 G20 峰会时的全部 9 个节目，表演内容不做任何改变。在演员阵容上，《难忘茉莉花》的演唱者换成杭州籍青年歌唱家吕薇，其余参演演员均为浙江歌舞剧院有限公司、浙江音乐学院、杭州歌舞团、杭州越剧院的艺术家，团体演员由杭州爱乐乐团、杭师大闻音合唱团、杭州青少年合唱团、浙江艺术职业学院、杭州新青年歌舞团、印象西湖艺术团、北京舞蹈学院等团队担纲，共 900 余人。新华社、央视网、《浙江日报》等多家媒体进行了现场采访和连线报道。

第八届浙江·中国非物质文化遗产博览会　10 月 20 日至 24 日在白马湖国际会展中心举行。由浙江省文化厅、杭州市政府主办。本届博览会以"继承传统，融入生活"为主题，以"先人智慧，工匠精神，生活状态"为内容，以"三馆二区一论坛"为主体框架。"三馆"为生活馆、体验馆、工艺馆，"二区"为演艺区和展销区，"一论坛"

即"2016大匠至心·杭州论坛"。博览会展馆面积约1万平方米,杭州市王星记扇子、都锦生丝织、振兴祥中式服装等十大国家级、省级非遗项目参展,与全国17个省(市、自治区)的147个大型非遗项目一同精彩亮相。其中,"大匠至心·杭州论坛"邀请国内传统工艺、非遗传承人、设计师以及品牌企业、互联网运营等领域代表130余人,探讨推动国内非遗和传统工艺资源对接,让传统工艺重返当代日常生活的途径和方法。

杭州市纪念红军长征胜利80周年美术书法创作活动　由杭州市文化广电新闻出版局、市文学艺术界联合会联合主办。征集到美术书法作品340幅,经组委会专家组评审,评选出入展作品134幅。10月21日至27日,"红色记忆"——杭州市纪念红军长征胜利80周年美术书法作品展在杭州图书馆举行。

第八届杭州市"风雅颂"民间艺术展演　11月10日,在下城区城北体育公园举行。各县(市、区)选送了14个原创非遗舞蹈参赛,最终《木偶魁星》(富阳区)、《拱猪》(桐庐县)、《蚕乡锦韵》(临安市)3个作品获金奖,另有3个作品获银奖,4个作品获铜奖。

"暖冬行动"走进文化礼堂　11月至年末,组织开展"暖冬行动"。以市、县两级文化馆业务骨干为主力,深入全市618家农村文化礼堂,开展新春文化走亲、特色文化培育、乡村文化传承等系列活动,参与群众逾万人。组织

"与民间美术同行"杭州书画剪纸美术作品年末巡展,深入建德、临安、淳安等地,展出民间美术、书法、剪纸作品160多幅,并采用二维码,开辟网上展厅新通道。开展"送戏下乡"和新春祈福礼、送拍全家福、新年送春联服务,送出文化礼堂专场演出191场。开辟文化礼堂远程教学平台,制作上传广场舞教学、文化讲座等视频资源857个。西湖、临安、建德、淳安等地均组织优秀团队开展"文化走亲礼堂行"专题活动。

"悦借——线上借书、快递到家"服务　12月1日正式上线。该项目借助互联网与物联网技术打造借阅O2O平台,市民在线完成图书借阅。杭州图书馆通过与邮政合作,提供图书快递上门服务。至12月底,网上借书1.3万余册。杭州图书馆还将"悦读"和"悦借"服务相结合,读者不仅可以在"悦借"服务平台上借到图书馆的藏书,也可以借到新华书店的新书。

2016杭州美术节　12月1日至31日在上城区举办。由杭州市委宣传部、中国美术学院、杭州市文化创意产业办公室、杭州市文化广电新闻出版局、杭州市上城区委员会、上城区政府联合主办。本次美术节以"江南韵味 艺术杭州"为主题,举办了杭州G20峰会美术呈现成果展、文创艺术集市、杭州全城艺术精品联展等近50场艺术展览活动,30余家艺术机构(画廊)参加。

"欢乐农家·美丽乡村"文艺汇演　12月9日,在富阳区东洲街道木

桥头村文化礼堂举行。经初选、复赛、专场选拔赛,从600余支业余文艺团队中选拔出60余个优秀作品参演,舞蹈《蚕乡锦韵》、情景剧《农村淘宝进万家》等4件作品获金奖,舞蹈《水乡新娘》等6件作品获银奖。

杭州智慧文化服务平台　12月20日正式上线。该平台整合各县(市、区)图书馆、文化馆、非遗保护中心、乡镇综合文化站等公共文化服务资源,建立统一高效、方便快捷、共建共享的一站式服务平台,市民可通过手机、电脑等终端获取文娱资讯、图书借阅、活动报名、在线学习、咨询解答等多元文化服务。

公共文化服务标准化体系建设　以市级层面的《关于加快构建现代公共文化服务体系的实施意见》和《基本公共文化服务标准(2016—2020年)》为"1",推动各地各单位总结先行先试经验,完善"1+X"公共文化服务标准化体系。富阳区《政府向社会力量购买公共文化服务规范》、下城区《公共文化从业人员管理规范》《公共文化数字化建设与服务规范》《公共文化类社会组织管理规范》、临安市《文化礼堂管理服务规范》、桐庐县《乡镇(街道)图书分馆服务和评估规范》、西湖区《公共文化跨区域服务规范》先后发布,至年末,全市累计出台在省内乃至国内领先的各类单项标准14个。

舞台艺术精品创作　坚持以人民为中心的创作导向,繁荣艺术生产创作,峰会文艺演出"最忆是杭

州"是杭州市深入学习贯彻习近平总书记在文艺工作座谈会上重要讲话精神的实际行动，也是近年来杭州文艺工作中重要的精品力作。话剧《聆听弘一》、舞剧《遇见大运河》入选国家艺术基金项目，获专项扶持资金550万元。越剧《汉兴未央》入选浙江省文化精品工程扶持项目。越剧《苍生》、现代戏曲《寻孝》、杂技舞台剧《法海也疯狂》等11个剧目入选杭州市文化精品工程扶持项目。婺剧《天下第一疏》代表浙江省参加全国基层院团戏曲会演，并获第13届中国戏剧节剧目奖等4个奖项；滑稽戏《老来得子》获浙江省第十三届戏剧节优秀剧目大奖。全年，市属各院团创排文艺作品76部。

公共文化场地免费无线网络覆盖
　　杭州市为民办实事项目。市文广新局组织力量对全市社区（村）公共文化场地无线覆盖情况进行调研，结合县（市、区）需求选取公共文化场地实施名单，采取维护原无线网络覆盖点和新建覆盖点的做法，方便当地居民就近免费使用无线网络，便捷、快速享受数字文化资源。至年末，全市有1500个社区（村）公共文化场地实现免费Wi-Fi覆盖，计划用3年时间，实现全市社区（村）公共文化场地Wi-Fi全覆盖。

对外、对港澳台文化交流　　经文化部门归口报批、承办和跨部门、跨地区组织实施的各类文化交流项目共209起、2148人次，各类重大文化合作项目29项。全年杭州文化服务贸易出口额20901.63万元，占全省14.24%。

先后选派文化精品项目及专业艺术院团参与中宣部"感知中国·蒙古行"，文化部"欢乐春节泰国行""中卡（塔尔）文化年"等"一带一路"沿线国家文化交流活动。首次引进提香、鲁本斯、达利、夏加尔等大师级作品展，交流层次明显提升。

非物质文化遗产保护载体建设
推动非遗项目在生产中实现传承，王星记扇业有限公司等13家单位入选第二批浙江省非遗生产性保护基地，入选数居全省首位。余杭区政府、拱墅区拱宸桥街道办事处、萧山区河上镇政府等9地入选浙江省民间文化艺术之乡。对16个濒危项目实施抢救性保护，完成37个国家级非遗代表性项目的视音频制作保存工作。开展非遗宣传展示活动，推出主城区首个非遗展示中心——下城区非遗展示中心，举办非遗志愿者形象与服务成果会演、"木版水印"高校巡回体验展等活动，让传统文化融入当代生活。

基层文化阵地建设　　落实杭州市人大对城乡公共文化服务建设专项评议的意见整改工作，强化基层文化阵地建设，市本级及12个县（市、区）文化馆均达到国家一级馆标准，综合文化站上等级率100%，其中特级和一级综合文化站146个，数量居全省首位。开展特色创建和文化帮扶工作，余杭区"乡镇综合文化站服务效能提升工程"以东部地区第一的成绩获评第二批国家公共文化服务体系示范项目，梦想小镇入选全省首批特色小镇文化建设示范点，江干区、下城区公共文化服务

创新项目在全市特色创新目标绩效考核中获好评；全市创建特色文化单位17个，帮扶文化村25个。

公益艺术培训　　以公共文化场馆免费开放为依托，市文化馆开设公益艺术培训班332个，培训学员7198人，在下城区、拱墅区、西湖区等分校推出杭州G20峰会市民文明素质和文明意识公益培训班4期，累计培训1200余人。组织开展春季免费培训教学成果汇报展演，其中静态类展出国画、素描、书法等7大类作品422件；动态类演出推出民间舞、拉丁舞、钢琴等节目77个。举办杭州市村级宣传文化员培训班8期，培训学员2560人。举办全市文化馆业务干部、基层文艺骨干暨文化礼堂骨干培训班，培训学员200余人。

文化市场诚信信息平台　　将文化市场诚信信息平台规划为"一库一网一系统"。"一库"即文化市场信用信息数据库，采集文化市场企业信用信息，涵盖演出、网吧等15个行业门类，形成较为齐全的文化企业信息数据库，收录杭州文化市场企业信用信息1.7万余条。"一网"即文化市场管理诚信网，为国内最早投入运行的地区性文化市场诚信专题网站，设有违规曝光台、信用红黑名单、信用信息查询等栏目，公众可以实时查询全市文化企业的信用信息。"一系统"即文化市场诚信信息管理系统，具备数据统计、形势分析、预警设置等功能，便于行政部门开展分类监管。

文化娱乐行业转型升级试点 拟定《杭州市文化娱乐行业转型升级实施方案》,从加强文化娱乐行业内容建设、鼓励娱乐场所丰富经营业态、鼓励娱乐场所发展连锁经营、支持以游戏游艺竞技赛事带动行业发展、鼓励参与公共文化服务、对娱乐场所开展环境服务分级评定、严格行业自律7个方面开展试点工作。有4家娱乐场所被推选为转型升级示范单位,至年末,银乐迪、唛浪、玛莱仕等60余家娱乐场所尝试运用"互联网+"、连锁经营、曲库内容更新等手段适应市场,转型升级。

公共图书馆数字资源覆盖中小学校项目 新增"中文在线""乐于学""软件通"3个数字资源库,新增期刊论文389篇,中小学教辅图书1000部,教学音视频3.5万套,科普影片、动画6000小时,试题6800余套,资源总量45.48TB。举办"课后也精彩"阅读推广活动、"我心中的G20"征文、绘画大赛等活动,首次在安吉路实验学校将平台使用纳入学校信息课程,全年提供少儿数字阅读服务247.7万人(次),较上年增长21%,获评2016年"杭州最具影响力网络公益项目"和第二届全国公共图书馆未成年人服务案例二等奖。

"悦读快车"项目 杭州少儿图书馆联合芬兰通力百年基金会和浙江锦麟公益基金会实施"悦读快车——孩子们的流动图书馆"项目试运行,将装满少儿图书的集装箱车驶入偏远学校和民工子弟学校,给学生带去全新阅读体验。

至年末,在袁浦小学、丁荷小学和江心岛小学试运行3周,共配给图书5290册,参与学生6504人次,外借图书3851册;开展"荐书侠"阅读活动1场,630个家庭参与,捐赠绘本500册。

【大事记】

1月

8日 杭州市在浙江省第六届中国梦·乡村诗歌大赛中喜获兰花金奖1个(建德市文化馆《行走在乡村语境》),兰花银奖3个,兰花铜奖13个;西湖区文化馆获优秀组织奖。

20日至26日 应新中友好交流协会邀请,杭州艺校一行35人赴新加坡参加第23届"春城洋溢华夏情"演出活动,这是该校连续第8年赴新演出。

22日 杭州市《关于加快构建现代公共文化服务体系的实施意见》及附件《杭州市基本公共文化服务标准2016—2020年》由市委办公厅、市政府办公厅正式印发,规划了未来5年构建现代公共文化服务体系的"1+X"模式,努力将杭州打造成公共文化服务标准化标杆城市。

2月

1日至23日 杭州市文化广电新闻出版局系统各单位精心策划推出以"喜迎峰会,金猴闹春"为主题的文艺演出、展览讲座、生活体验等系列文化惠民活动。

15日 《人民日报》等多家媒体报道了杭州图书馆联合新华书店推出"悦读服务",以"你看书我买单"服务激发市民阅读热情。

23日 杭州市政府公布第

六批杭州市非物质文化遗产代表性项目名录。

3月

8日 杭州艺术学校实训实践及生源基地挂牌仪式在苍南县艺苗艺术培训学校举行。

4月

14日至28日 2016年"西湖之春"艺术节暨杭州市新剧(节)目会演在各大剧场举行。

21日 组织召开2016年度杭州市"文化精品工程"舞台艺术类项目专家评审会,对全市文艺院团上报的38个项目进行了评审,最终产生推荐项目15个。

5月

13日至16日 2016杭州艺术博览会在浙江世贸国际展览中心举行,俄罗斯、法国、波兰等国家和地区以及北京、上海、广州等地的50余家艺术机构的1300余件当代艺术作品参展。

16日 中宣部、中央文明办在义乌召开"建设核心价值构建诚信社会"现场交流会,杭州市"搭建信息平台助力文化市场诚信建设"的做法在会上作经验交流。

同日至18日 第二批国家公共文化服务体系示范区(项目)验收集中评审会上,"余杭区乡镇综合文化站服务效能提升工程"得到专家组高度评价,在东部地区的16个申报项目中脱颖而出,位列第一。

28日 杭州市首家24小时图书馆——"城市书房"开馆。市民凭二代身份证、市民卡或杭州地区公共图书馆通用借书证即可进入,享受免费、开放、无障碍的阅读服务。

6 月

7 日　杭州图书馆、杭州社区大学合作签约暨"杭州社区大学杭州图书馆分院"揭牌仪式在杭州图书馆举行。

11 日　我国第 11 个"文化遗产日"。围绕"喜迎峰会·非遗荟萃"主题，联动各县（市、区）相关部门策划了百余场全市非物质文化遗产项目展示展演活动，集中展现杭州独特的文化底蕴和近年来的非遗保护成果。

13 日　全国第一批演出市场以案施训活动在杭州启动。活动由文化部文化市场司组织，杭州市文化市场行政执法总队牵头承办，为期 4 天。

15 日　杭州市文化广电新闻出版局被省文化厅评为全省对外、对港澳台文化工作先进单位。

省文化厅公布了《浙江省非物质文化遗产保护发展指数评估指标数据（2015 年度）》，杭州市在全省 11 个设区市中排名第一，余杭区、西湖区分列各县（市、区）第一位和第十位。

7 月

12 日至 13 日　由杭州市艺术创研中心、建德市婺剧团联合创排的婺剧《天下第一疏》作为浙江省唯一一部入选全国基层院团戏曲会演的剧目连续两晚在梅兰芳大剧院上演。

28 日　由杭州市文化广电新闻出版局和阿里巴巴影业集团共同主办的"最美记忆　与峰会同行"G20 峰会杭州国际摄影大赛开始征稿。

8 月

30 日　澳大利亚驻上海领事馆总领事梅耕瑞（Graeme Meehan）在杭州图书馆为澳大利亚友谊图书角揭幕。

9 月

1 日起　"寻常·杭州"系列文化展览陆续在德国不来梅、日本岐阜、俄罗斯莫斯科、法国尼斯等 8 个城市的图书馆巡展。

20 日至 21 日　杭州市青年剧团携莎士比亚名剧《奥赛罗》赴京参加 2016 北京国际青年戏剧节，是杭州市唯一参演剧团。

10 月

26 日至 11 月 18 日　杭州市文化市场行政执法总队人员组成 9 个巡查组，围绕第三届世界互联网大会要求，加大对主城区文化市场经营单位检查力度。

28 日至 30 日　"首届浙江古筝艺术汇"在杭州举办。

是月　杭摊《美丽的红马甲》喜获第九届中国曲艺"牡丹奖"节目奖。

11 月

20 日　2016 第四届杭州国际街头摄影节总决选落幕，共吸引 1.1 万人次参与，收到投稿图片近 2 万幅。

21 日　杭州市白马湖生态创意城入围国家文化产业示范园区创建名单。

24 日　"我送你秀"百家社区文化行活动落幕，全年直接参与群众 2 万多人次。

12 月

1 日　2016 年度杭州市非遗志愿者形象与服务成果汇演在中国计量大学举行，数百名高校优秀非遗志愿者代表到场观看。

同日　第七届杭州美术节开幕。

4 日　全省文化系统"12·4"国家宪法日暨全国法制宣传日活动在西湖区古荡街道莲花广场举办。活动由浙江省文化厅、杭州市文化广电新闻出版局和西湖区政府联合举办，以"弘扬宪法精神，建设法治文化"为主题。

9 日　2016 杭州市"欢乐农家·美丽乡村"乡镇（街道）文艺会演在富阳区举行。

20 日　杭州市市长张鸿铭专题调研文化事业工作。

（孙立波）

杭州市县（市、区）文化工作概况

【上城区文化广电新闻出版局】 内设职能科室 4 个，直属单位 3 个。2016 年末人员 32 人（其中：公务员 9 人，参公 8 人，事业 15 人；具有高级技术职务资格的 4 人，中级 8 人）。

2016 年，上城区文化广电新闻出版局以服务保障 G20 峰会为圆心，以市对区特色创新项目和省级第三批公共文化示范项目建设为重心，加快推进公共文化服务体系建设，深化社区文化动态评估体系，加快构建辖区公共文化服务惠民工程，较好地营造了和谐稳定的文化市场环境，满足了群众多元的文化需求。一是峰会保障胜利完成。紧紧围绕 G20 峰会圆心，牵头制定《上城区 G20 峰会期间互联网上网服务营业场所管控工作方案》，出实招、挂出作战图、倒排时间表、明确责任人，确保方案落地落实，自加压力、提高标杆，建立要素齐全、指挥顺畅的指挥所，班子成员坐镇指挥，各要素分工合作，各主体积极配合，实现了统一指挥、统一号令、统一行动的目标,确保信息畅通、研判及时、指挥高效。积极参加志愿者服务。二是体系建设有序推进。根据文化部及省市文化部门的文件要求,区委、区政府先后制定出台了一系列关于加快公共文化服务体系建设的标准和实施办法,成立了上城区公共文化服务体系建设工作领导小组,组织领导全区的公共文化服务体系建设工作。着重抓基础设施建设,夯实服务体系根基,提高文化服务能力。区本级着重抓好"两馆两中心"的建设(区文化馆、非遗馆、体育中心、美丽上城展示中心),积极推进公共文化服务体系的基础建设工作。各街道积极行动,根据省市区关于加快建设公共文化服务体系的文件要求,成立领导小组,制定实施办法。结合全省综合文化站评估定级工作,湖滨、南星完成了文体中心的落地提升工作,极大提升了全区公共文化服务能力。同时,各街道根据基层综合文化服务中心建设标准,广泛开展多形式的文化活动。在省综合文化站评估中,小营街道综合文化站被评为特级站,其他 5 个街道均被评定为一级文化站。小营街道被杭州市评为"特色文化街道"。三是文化活动如火如荼。承办以"永远跟党走"为主题的上城区庆祝中国共产党成立 95 周年文艺演出、以"勿忘初心,继续长征"为主题的上城区纪念红军长征胜利 80 周年歌咏大会暨第四届群众合唱节、上城区第十六届歌手大赛、上城区"我送你秀"社区文化行和以"喜迎峰会·欢度新春"为主题的新春文化活动,计 20 余场次。同时,基层群众性文化活动丰富多

彩,如湖滨街道"百年思鑫坊,鲜花迎宾客"迎接 G20 峰会倒计时 100 天、清波街道"清波峰味"十二场、小营地区"喜迎 G20,畅想中国梦"世界读书日专题征文比赛等,计 260 余场次。摄制的微电影《幸福的回归》,在省防范办举办的全省反邪教宣传视频大赛中荣获三等奖。四是非遗项目传承保护。出台《关于进一步加强非物质文化遗产保护和扶持工作的若干意见》,进一步明确了对非遗保护单位和代表性传承人的扶持工作,明确了非遗进校园、非遗与旅游结合等工作的具体实施意见。完成了第五批国家级非遗代表性传承人的申报、省第五批非遗代表性项目的推荐申报、市第六批非遗代表性项目的推荐申报、区第二批非遗代表性传承人的认定工作。其中"万隆腌腊食品制作技艺""万承志堂中药养生文化""杭州机绣""杭州灯谜""古画(籍)修缮及墨拓技艺"被认定为浙江省第五批非遗代表性项目。"俞同春中药炮炙技艺""杨氏(牛春明)太极拳"被认定为杭州市第六批非遗代表性项目。五是市场监管规范有效。组织了安全生产法律法规培训 5 次,参加培训单位 557 家次,参加培训人员 568 人次。积极开展行政审批规范化建设,行政审批工作进一步规范、便捷、高效,行政审批无投诉、无复议、无行政诉讼。大力加强安全生产工作。共出台了安全工作保障文件 9 份,专题召开安全生产工作会议 25 次,签订安全生产责任书 346 份。全年办理行政许可 73 件,备案案件 45 件,注销 15 件;接受咨询 465 人次,发放安全生产

资料 355 套。

(王 哲)

【下城区文化广电新闻出版局(体育局)】 内设职能科室 4 个,直属单位 4 个。2016 年末人员 36 人(其中:公务员 7 人,参公 10 人,事业 19 人;具有高级技术职务资格的 3 人,中级 4 人)。

2016 年,下城区文化广电新闻出版局以服务保障 G20 峰会为圆心、以市对区特色创新项目和省级第三批公共文化示范项目建设为重心,加快推进公共文化服务体系建设,深化社区文化动态评估体系,加快构建辖区公共文化服务惠民工程,较好地营造了和谐稳定的文化市场环境,满足了群众多元的文化需求。一是围绕喜迎 G20 峰会推出系列特色文化活动。组织开展下城区公共文化服务成果汇报演出、下城社区文化月"喜迎 G20,音为有你"社区巡演、"庆峰会,再出发"群众文化周等文化活动,以及"迎 G20 峰会,书香飘下城"全民读书年、"迎峰会,共悦读"暨下城区第七届中小学生读书节等阅读活动。完成"为民办实事"送戏 60 场、送培训 1000 课时。承办并参与第八届杭州市"风雅颂"民间舞蹈大赛,举办各类文化活动 100 余场。二是加快推进公共文化服务体系建设。出台下城区《关于加快构建现代公共文化服务体系的实施意见》和《下城区基本公共文化服务指导标准(2015—2020年)》等纲领性文件。推行群众需求征集和评价反馈机制,实现了公共文化服务"需求征集—项目评审—供给预告—评价反馈"的运作模式,阶段性文化产品供给

全部"按需定制"。深化城市社区公共文化服务绩效评估机制，实现社区文化动态绩效评估，并发布了全国首份县区级《社区公共文化服务绩效白皮书》。在原有3个地方标准的基础上，又发布《公共文化类社会组织管理规范》等3个地方标准，形成"指导标准＋行业标准"的"1＋N"标准体系。在全省率先探索公共文化机构评价标准，首次引入第三方机构进行评价，形成区首份《公共文化服务满意度蓝皮书》。设计开发下城区公共文化服务供需资源平台和微信公众号等配套产品，全力以赴做好市对区特色创新项目考核。三是探索中心城区非遗传承保护体系建设。推进主城区首个非遗展示中心项目，完成下城非遗展示中心建设，并召开全区非遗保护工作现场会、街道级非遗名录推广经验交流会，全面打造"非遗传习大讲堂""暑期非遗体验月"等活动品牌，推进非遗保护工作，普及非遗保护理念。完成第五批省级非遗项目、第二批省级非遗项目生产性保护基地申报。发行下城首部非遗类图书《非遗集萃·下城》。四是围绕服务保障G20峰会强化文化市场监管。全员上岗，做好峰会文化安保工作。以保峰会为核心，以完善文化市场诚信体系和安全生产责任体系为抓手，先后开展了扫黄打非"清源""秋风""净网"和"护苗"4大专项行动，组织1次联合消防安全演练、9次文化市场安全生产巡查联合行动，荣获全省文化系统服务保障G20峰会先进集体。全年完成行政许可审批151家，为企业提供了优质高效的行政审批服务。

公共文化服务实现跨越式发展　在全省基层公共文化服务评估排名中实现跨越式发展，从全省第68名到第4名，获杭州市委书记赵一德批示肯定："下城公共文化服务建设务实抓、持续抓、创新抓，形成了自己的特色、取得了实效。要坚持抓下去，创造新业绩、新经验。"

发布全国首份县区级《社区公共文化服务绩效评估白皮书》　深化城市社区公共文化服务绩效评估机制，实现社区文化动态绩效评估，发布全国首份县区级《社区公共文化服务绩效评估白皮书》。

全省首个街道级非物质文化遗产展示馆开馆　6月7日，位于竹竿巷12号的全省首个街道级非物质文化遗产展示馆开馆。该馆汇集了下城区武林街道的老故事、老习俗、老手艺、老字号、老艺文，设置3个功能区块：一是展示，收纳和展示武林街道首批非物质文化遗产名录相关实物图文资料；二是体验，让参观者体验非遗技艺、了解非遗故事；三是技艺传习，为立志学习、传承非遗者和项目传承人传授技艺搭建专业学习平台。

（吴　哲）

【江干区文化广电新闻出版局】内设职能科室4个，直属单位5个。2016年末人员47人（其中：公务员10人，参公11人，事业26人；具有高级技术职务资格的4人，中级11人）。

2016年，江干区文广电新闻出版局以推进现代公共文化服务体系建设为主线，制订并出台《江干区关于加快构建现代公共文化服务体系的实施意见》。省现代公共文化服务体系示范项目"文化团队标准化"创建成果得到省文化厅充分肯定，深化了文化服务供需对接。一是优化设施建管，夯实文化活动阵地。加快推进重点文化设施项目建设。根据《江干区文化体育设施布局规划》，加快推进九堡东城文体中心等大型区级文体项目建设。完成区非遗馆建设。在全市率先建立24小时智能图书馆8个。新改建30处基层文体设施。二是深化文化惠民，加强区域品牌培育。围绕G20峰会圆心，挖掘和传承钱塘江文化，巩固创建全国文化先进区成果，开展机关干部和市民才艺技能培训班及"钱塘周末"系列"开课了"江干名师课堂、G20峰会电影之旅、"歪果仁来了"G20峰会口语训练营、"绘出我世界"美术体验课4大主题沙龙活动。三是提升智慧水平，实施文化精准服务。创新开展文化"大菜单"服务机制，建立群众文化需求征集预报制度，年初制订预报表，由各街道预报本年度设施建设、文化活动需求，将群众需求纳入"大菜单"，并通过江干发布、江干文体、江干报等每月公布，变"送"为"选"，每月制定有共性需求的"大众菜"和个性需求的"特色菜"，探索"超市式"供应，开展"特色套餐"服务。建立"新书月月点""团队之家"等智能文化服务平台。四是加强依法治理，提升市场管理水平。扎实开展"两学一做"学习教育活动，坚持从严治党，坚持廉洁从政，切实打造一支想干事、能干事、干成事、不出事的文化干部队伍。按照"繁荣发展市场，规范管理市场，热情服务市场"的工作思路，以"两张清单一张网"建设为重点，结合审批权力事项下放，主动对标，认真学习，全面完成权力清单、责任清单的梳理、上网、公示工作，严格按浙江政务服务网要求，落实责任，提高效能，切实加强对行政审批权力运行的监控，按规定放宽文化市场准入标准。推动文化市场行业协会建设，引导促进上网服务和游艺娱乐行业转型升级。全年受理行政许可申请事项122件，均按规定时间办结。全年出动检查456次、1215人次，检查经营场所1760家次；办理各类行政处罚案件42件。

（葛美玉）

【拱墅区文化广电新闻出版局】

内设职能科室4个，直属单位7家。2016年末人员63人（其中：公务员13人，参公11人，事业39人；具有高级技术职务资格的5人，中级12人）。

2016年，拱墅区文化广电新闻出版局紧紧围绕服务保障G20峰会这一个圆心，以"两学一做"学习教育实践活动为引领，通过"让世界听见、看见、遇见大运河"三大板块，讲好"拱墅故事"，全面展示"文化拱墅"的魅力。

一是围绕一个圆心。围绕服务保障G20峰会这一工作圆心，策划开展各类文化活动、展览100余场，向世界展示运河之美。京杭大运河博物馆作为峰会的媒体采访点和展示运河文化的重要窗口，提升环境，优化服务，全年接待观众55万人次，其中峰会期间接待中外媒体、嘉宾150余人。

全年文化工作特色鲜明，成效突显，央视、中新社、人民网、新华网、凤凰网、《中国文化报》等主流媒体争相报道，各级媒体报道96篇（条），拱墅文化智慧一点通推送信息1755条。3人被评为服务保障G20峰会省市级先进个人，5人被评为区级先进个人，文化市场行政执法大队和运河博物馆被评为区级先进集体。二是强化二支队伍。以"两学一做"学习教育实践活动为载体，强化党员队伍建设。在党员干部中深入开展"两学一做"学习教育活动，组织党员干部进企业、学校、社区调研483人次，组织全系统党员开展文化市场大检查11次，240人次参加。精心策划开展"服务峰会代表宣讲会"、"庆祝建党95周年、长征胜利80周年局系统七一表彰大会"系列活动，对11名基层优秀党员、4名优秀党务工作者、3个先进基层党组织进行了表彰。以"十百千"文化人才培养计划为抓手，提高文化人才队伍素质。引进名师对"十支精品文艺团队"进行重点扶持，累计开展业务辅导40场次，培训1800多人次。输送102名文化辅导员等进街道进社区为居民开展免费指导培训。开展文体人才培训班30余场次，2600余人次参训。三是打造三大板块。通过"让世界听见、看见、遇见大运河"三大板块，讲好"拱墅故事"。让世界"听见"运河的声音。开展拱墅区第二届"书香运河 人文拱墅"全民阅读暨2016年未成年人读书节活动，内设"五个一"未成年人读书活动及"五种读"全民阅读方式等10余项子活动，时间持续两个月。举办2016中国诗歌春晚等

3个春晚、"红船"与"红流"诗歌朗诵会，承办杭州市"阳光少年快乐童声"儿童歌曲大赛。成立大运河诗歌朗诵团、韵和合唱团。举办"香积梵音运河雅韵"元宵音乐会、"杭州市戏曲大家唱"等戏曲活动。让世界"看见"运河的精彩。举办立春送福活动，将春联送进千家万户。开展"第五届半山立夏节"传统民俗表演2场，展出非遗展品80余件，参加跑山500余人，发放乌米饭3500份。半山立夏节作为"中国二十四节气"之一入选联合国教科文卫组织人类非物质文化遗产代表作名录，拱墅区非物质文化遗产保护中心列为保护地。举办第11个"文化遗产日"活动，开展了21项子活动，上千人参与。举办第五届"大运河文化节"开幕式，含大运河的昨天、今天、明天三大篇章。举办第二十届运河元宵灯会暨第三届运河文化民俗体验周活动，街道、社区、辖区企事业单位积极参与，开展系列活动近50场次，30余万人次参与。举办刘世昭骑行大运河摄影展、中国大运河申遗成功二周年书画展、"情系运河杯"2016年第三届中国大运河集邮展等20多场主题展览。让世界"遇见"运河的风情。精细打造运河文化带。杭州首家畲族馆落户青莎公园，柔之艺太极馆乔迁紫荆公园，老开心茶馆唱起小热昏。舒羽咖啡举办第五届大运河国际诗歌节，国内外20余位诗歌界大咖参加。"小器大雅"茶香花道器交流展在手工艺活态馆举行，展出作品500余件，中国、日本等地的学者、手工艺传承人、民间艺术家和爱好者参加了开幕式。第三届"一河串百艺"创新设

计营作品成果展以"世界的运河，文化的再造"为主题，展出作品100余件。自然造物策划举办"纪念库淑兰逝世12周年特别展"。四是推进"四个提升"。推进阵地提升。区图书馆、文化馆新馆二期开放。完成运河文化广场监控系统改造工程。省非遗图书馆建设工程开工。稳步推进运河大剧院建设。推进品牌提升。区图书馆主推的少儿电影体验馆、科技体验馆、人文体验馆、志愿者体验馆、运河风采体验馆"五个体验馆"，开展系列活动126场，受众面达11万人次。京杭大运河博物馆在"运河少年"品牌系列中新增"运河少年读史记"板块，开展活动37场次，参加人数700余人次。区文化馆新增"长阳小学青少年培训基地"，累计开办58个班别，公益培训504课时，服务3000余人次。推进服务提升。深入推进文化惠民实事工程，"民星大舞台"举办展演115场，送电影下基层105场，送演出下基层100场，送展览讲座40场，送图书8万余册。推进监管提升。夯实文化市场繁荣有序基础工作，开展教育、培训、定期发放宣传资料，不定期短信提醒。实施网格化管理，执法队员分片包干，部门联合执法，街道常态化管理。落实行业监管责任、企业主体责任、街道属地责任三大责任。五是创作"六个一"。一个规范，出台全国首个《社会力量参与公共文化服务评估规范》；一部剧，反腐情景剧《清风利剑》七一之际成功首演，献礼建党95周年；一本书，出版发行报告文学《天堂流过一条河》，真实记录了10余年来拱墅保护和弘扬运河

文化、建设运河文化带的实践与成果；一本杂志，大运河博物馆馆刊《运河南端》在中国文化遗产日开幕式上首发；一支舞，排舞《我与世界之间》；一首歌，《你好九月》在大运河文化节开幕式上精彩亮相。六是开展专项行动。全年出动检查518次、2107人次，检查文化经营单位1797家，立案33件，结案33件，罚没款到位2.89万元。全年开展"双随机"抽查工作，开展双随机抽查11次，出动检查人员58人次。辖区所有网吧安装人脸识别仪，完善硬件设施建设。全区文化市场安全有序繁荣稳定，全年未发生重大案件。

（何国华）

【西湖区文化广电新闻出版局】

内设职能科室5个，直属单位6个。2016年末人员50人（其中：公务员13人，参公12人，事业25人；具有高级技术职务资格的6人，中级5人）。

2016年，西湖区文化广电新闻出版局围绕区委、区政府中心工作，以服务保障G20峰会与创建省公共文化服务综合性示范项目为目标，自加压力、扎实工作、深化改革，着力推进文化名区战略，奋力开创"十三五"文化发展良好开局，各项工作取得较好成效，被省文化厅评为峰会保障先进单位。一是重规范。区政府办制定下发《西湖区全面构建现代公共文化服务体系　加快推进省级综合性示范项目创建的实施意见》（西政办〔2016〕47号），制定了《西湖区基本公共文化服务标准》。总结近两年基层文化走亲"321"工程经验，制定了区首个文

化类地方服务标准《公共文化跨区域服务规范》，于12月30日正式发布。二是创特色。打造"文化走亲"示范项目。开展跨区域文化走亲7次，捐赠图书2000册、学习用品100套、地方文献展板32块。积极组织区域内11个镇街与18个文化礼堂配对结亲，深化区域内镇街村社间文化走亲活动，配送电影288场。区域内"文化走亲"入选杭州市公共文化服务体系标准化建设示范项目。共建共享辖区文化资源。加强与院校共建合作，为龙坞茶镇、云栖小镇、西溪谷互联网金融小镇等平台的创业者提供文化服务打好基础。组建浙大昆剧社、高校文化志愿者服务队。试点推广窗口便民服务。出版物零售审批、演出场所备案和美术品经营单位备案3个事项率先在全市试点"证照网上申请、快递送达"，并在全市推广。探索"互联网＋图书"公益服务新模式。引进民营企业风翮正道文化发展有限公司与骆家庄图书室合作，设立全省首家互联网"筑梦书吧"，综合运用计算机网络通讯、3D多媒体技术和实体图书资源，为读者提供全新的高水平阅读服务。三是树品牌。"文化三堂"强品质。西湖人文大讲堂开设讲座80场，西湖文艺大课堂授课440场次，西湖非遗大学堂组织培训26场，均覆盖180个村社，吸引2.5万余人参与，"文化三堂"品质和影响力日益提升。志愿者服务强素质。西湖区文化专家顾问团吸纳了黄亚洲、吕洪年、翁仁康以及国家一级舞蹈演员边巍巍等一批省市文化艺术领域专家学者，切实在基层文化文艺培训展演中发挥作用。区

级"吴大同音乐工作室""楼一敏工作室"开展创作培训活动 8 次，创作 10 余首作品。11 个镇街和两馆组成 13 支基层志愿者服务分队，下联 682 支文化团队，全年开展走访、培训、指导服务 150 余次。"戏聚群音汇"强服务。通过戏曲老师教、名师带徒学、戏迷票友演等形式，定期组织开展基层戏聚点和戏曲团队业务交流学习。邀请省级文化艺术馆团专业人员为戏迷票友授课，累计授课 26 课时，组织演出活动 280 场次。推行著作权诉调解机制。会同区法院陈辽敏工作室，就 5 家涉案歌舞娱乐场所 1600 多首曲目，与"音集协"开展案件调解工作。四是促实效。推进非遗和文物保护工作。有文物保护单位（点）31 处，其中省级文保单位 3 个，市级文保单位 12 个，市级文保点 16 个。78 项非物质文化遗产代表作名录中，国家级 4 项、传承人 1 名，省级 8 项、传承人 8 名，市级 25 项、传承人 13 名。成功创建 1 个全国民间文化艺术之乡，2 个省民间文化艺术之乡，2 个非遗旅游景点景区，1 个省非物质文化遗产宣传展示基地。是年，西溪小花篮传承人洪立萍获浙江省非物质文化遗产相关传统工艺品及衍生品设计大赛参赛优秀奖；丝绸手绘传承人裘海索获"非遗薪传"浙江传统服饰精品展优秀入选奖。提升精细化公共阅读服务。"图书十进"将公共图书全市通借通还借阅网络覆盖至三墩预备役师高炮团、转塘中村 1 师 2 团等部队，西湖交警直属、北山、文新中队等警营，云栖小镇、黄龙商务圈、欧美中心等平台楼宇，金秋老人公寓、留下养老中心、灵隐街道养老中心等老年服务中心。"西湖交享阅"活动每年交流分享图书 3000 余册，助推全民阅读热潮。全区图书馆借还总量 180.5 万册（含各基层网点借还量 66.5 万册），较去年增长 3%，到馆 41.8 万人次，借还量与到馆人数继续领跑主城区。认真梳理和行使行政权力。受理办结各类行政审批服务事项 575 件。未接到一起关于行政审批的举报、投诉，连续 9 年被区行政服务中心授予红旗窗口。推进两馆法人治理结构改革。西湖区文化馆、西湖区图书馆成立了第一届理事会，制定事业法人组织章程，由业界代表、读者代表、基层文化工作者、职工代表等组成理事会。积极支持文化民办非企业发展。全年注册文体类民办非企业 4 家（共 23 家）。通过文化活动承办等协议合作以及政策支持等方式，鼓励和促进西湖区民办非企业健康成长。

（徐少华）

【高新区（滨江）社会发展局】 内设职能科室 2 个，下属文化事业单位 2 个。2016 年末人员 16 人（其中：机关 6 人，事业 10 人；具有高级技术职务资格的 4 人，中级 2 人）。

2016 年，滨江区文化工作紧紧围绕区委、区政府推进"三次创业""全域城市化"的中心工作，结合省市文化主管部门相关要求，以现代公共文化服务体系建设为目标，大力推进全区文化事业纵深化发展。一是完善公共文化阵地。完善区级文化场馆。5 月 15 日，区图书馆正式开馆，开放三层，面积 7000 平方米，藏书量 20 余万册，通过"乐趣童年""乐活青年""乐享老年"3 个活动品牌向辖区广大市民和高新技术企业提供多元化、细分化和专业化服务，同时，启动五楼群文中心设计装修。提升公共场所设施。提升改造西兴、月明、中兴、彩虹、六和社区公共文化场所。新增共联、金东方、西浦、向南、信诚、东信社区和长河街道创业务工人员服务中心"图书一证通"服务。引进文化类项目。成立大学数字图书馆国际合作计划（CADAL）项目管理中心杭州高新区（滨江）服务分中心，引进"绿色浙江"自然学校入驻图书馆。以"杭州高新区（滨江）'书香科技城'民间阅读组织联盟"为载体，搭建区域阅读组织沟通、交流、合作平台，已有 26 家民间阅读组织加入联盟。二是丰富群众文化活动。继续推进文化品牌工程。文化产品配送服务中，送演出进基层 65 场，送电影 1000 场，服务人群 8 万人次。打造文化精品。以区文化中心剧院为依托，举办新春音乐会、六一动漫交响音乐会、"星光璀璨、生命交响"3 场大型演出。此外，还举办了全国首场网络直播公益室内乐音乐会走进浙医二院、海创基地森林音乐会。开展类型多样的文化活动。开展"欢庆新春喜迎峰会"文艺巡演、"喜迎 G20 峰会"新春书画展及滨江、拱墅、桐庐 3 地峰会主题书画摄影联展等活动。三是服务党政中心工作。围绕服务保障 G20 峰会，开展了"你好，G20"千场电影巡映、G20 峰会文艺巡演、"相约 G20"第五届群众文化艺术节闭幕式演出等活动，创作了以 G20 峰会为主题的文艺节目 12 个。四是紧抓文化人才队伍培养。重点推进"文艺大课堂"工作。免费面向全区居民开展菜单式文艺培训。增设10个特色文艺团队，新设置"G20峰会知识宣传"等课程类型。课程由文艺骨干自助点单报名，举办培训350课时，培训8000余人次。举办区文艺骨干集中培训。五是开展非遗宣传保护。承办省非遗中心"美好生活·美丽非遗进万家"活动，展现区非遗文化魅力。开展非遗保护进校园系列活动5场，将非遗知识以讲座、展板、专题演出等多种形式送进校园，参与人数5000余人次。创作了舞蹈《妆亭灯影》、情景剧《和谐家园》等非遗主题文艺节目6个。启动《人文滨江》宣传片拍摄，以历史、区域文化名人、非遗等内容为核心，反映滨江历史文化风貌。展示区内非遗项目，组织长河蓝印花布项目参加第八届文博会。六是参加省市文化赛事。选拔优秀文艺人才参加杭州市少儿故事大赛。创编文艺精品节目舞蹈《西兴祝福》，参加市第八届"风雅颂"民间艺术展演，获得铜奖及组织奖。

（陈思烨）

【经济技术开发区社会发展局】
内设职能科室7个，下属事业单位6个。2016年末人员31人（其中：机关18人，事业13人）。

2016年，杭州经济技术开发区社会发展局积极构建校地公共文化共建机制。深化共建机制调研工作，根据省文化厅《关于开展2016年文化调研工作的通知》，委托辖区高校组建调研小组，开展校地公共文化共建机制课题调研，制定文化地图。坚持"文化惠民"工作导向，联合开发区管委会办公室及开发区高教办，巩固提升"大学生文化艺术节"品牌文化项目，开展校园文化活动100余次。整合高校文化资源，与浙江传媒学院合作创作文艺作品《风雅颂》，与中国计量大学合作举办开发区第二届经典诵读活动，打造惠及辖区市民的文化项目。推动公共文化阵地建设。研究沿江文化中心整体功能定位和布局调整，完善开发区群众文化中心内部装修和设备采购工作。开展文化阵地创建工作，新建江滨花园社区图书室1个及图书"一证通"基层服务点1个、朗琴社区公共电子阅览室1个，新增和达城24小时微型图书馆1个。完成辖区1个街道、13个社区文化活动室无线覆盖设备安装工作。11月，联合开发区总工会、高教办开展第三届"书香东部湾"最佳、最美图书室（馆）评选活动，经实地考察、专家组评选，17个图书（室）馆入围，并从中评选最佳、最美图书室（馆）10个，其中浙江理工大学图书馆、浙江水利水电学院图书馆、下沙第一小学图书室被评为"最具文化气息图书室（馆）"；沧澜社区图书室、邻里社区图书室被评为"最温馨图书室（馆）"；孵化器阅读馆、伊萨卡社区图书室、观澜社区图书室被评为"最具创新活动图书室（馆）"；闻潮社区图书室、海天社区图书室被评为"最亲民图书室（馆）"。举办基层文化骨干培训班。7月26日，在下沙中学举办社区文化教育工作者暨团队骨干人员培训班，社区文化专员、示范社区学习共同体、星级艺术示范团队骨干及历届"百姓学习之星"等65人参训。

开展区级非遗文化基地申报工作。根据《杭州市人民政府关于加强我市历史文化遗产保护的实施意见》《杭州市人民政府办公厅关于加强我市非物质文化遗产保护工作的意见》和开发区管委会《关于申报2016年开发区非物质文化遗产项目、基地和传承人的通知》精神，经申报、评审、公示，确定中国计量大学、浙江传媒学院、杭州市文海实验学校为第三批开发区非物质文化遗产教学基地。至年末，拥有非物质文化遗产基地8个。市级文化活动获荣誉。开发区书画协会选送的美术、书法作品有6幅入选杭州市"红色记忆——纪念红军长征胜利80周年"美术书法作品展，开发区社发局获活动"优秀组织奖"。围绕"服务G20，让生活更美好"主题，联合相关单位开展杭州市"第十届西湖读书节"系列活动8项，开发区社发局被评为活动组织"先进单位"。做好文化市场行政审批工作。办理各类文化市场行政事项365件，办结率100%；办理年检293个。完成辖区网吧、歌舞娱乐场所、游艺娱乐场所的文化经营许可证统一审核和换证。完成文化类经营单位及白杨、下沙两个街道综合文化站数据年报统计和上报，经数据汇总、情况分析，掌握辖区文化市场发展情况。完成2015年度95卷文化审批案卷的档案整理。

（房露婷）

【萧山区文化广电新闻出版局（体育局）】 内设机构7个，下属单位9个。2016年末人员204人（其中：机关22人，事业182人；具有高级技术职务资格的31人，中级 80 人）。

2016 年，萧山区文化系统围绕保障 G20 峰会这一圆心，优化区、镇（街）、村（社区）三级公共文化基础设施网络，提升改造跨湖桥遗址博物馆，开展以 G20 峰会为主题的文艺演出、展览、讲座等系列文化活动，招募优秀文化志愿者、讲解员服务 G20 峰会，圆满完成服务保障任务。按照公益性、基本性、均等性、便利性原则，深度打造惠民品牌，不断创新公共文化服务运行机制，推动公共文化服务标准化、均等化、社会化和智慧化，全面提升萧山区文化精品创作力、文化市场保障力、文化遗产影响力、文化队伍服务力，推进萧山区现代公共文化服务体系建设。戴村镇尖山下村被评为杭州市特色文化村。一是群众文化丰富多彩。开展送戏下乡、周末剧场、文化走亲等公共文化服务。全年送戏下乡 594 场，举办春节元宵系列文化活动、第七届跨湖桥文化节、萧山区文化志愿者大队成立暨 2016 年萧山区品牌艺术团活动等各类文体活动 1169 场。全区新建农村文化礼堂 20 个；区委宣传部制定出台《萧山区农村文化礼堂"星级认定"管理办法》，扶持分为二星、三星、四星 3 个层次，奖励标准分别为 1 万、2 万、3 万，其中二星级补助由所在镇街财政承担，三星、四星级补助由区财政承担。同时出台农村文化礼堂信息报送制度，要求各家礼堂确定一个信息员，负责收集、存档、报送礼堂各类活动。文化助力 G20 峰会。开展文化直通车礼堂连线 G20 峰会、"展示萧山文化魅力·迎接 G20 峰会"专题摄影作品展、长龙杯

"喜迎 G20 Show 出萧山美"童心童梦绘画大赛等一系列以峰会为宣传主题的活动 50 多场次。围绕 G20 峰会开展文艺作品创作工作，创作小品《小家与大家》、歌曲《萧山，约你来相见》、快板《满怀豪情迎峰会》等。推进公共文化服务。区文化馆被文化部复评为一级馆；全区 22 个镇街（场）参与第六次浙江省乡镇综合站定级工作，闻堰街道等 8 个文化广播站被评为特级站，所前镇等 14 个文化广播站被评为一级站；河上镇凭借民俗活动"龙灯胜会"、楼塔镇凭借表演艺术"楼塔细十番"获"2016 年度浙江省民间文化艺术之乡"称号；戴村镇尖山下村凭借独特的民俗文化被评为 2016 年杭州市特色文化村。创作文艺精品。区文化馆推送的小品《防不胜"访"》、原创小品《追爱》在中央电视台 3 套播出。萧山籍莲花落演员方剑林作品《泥土情》参加国庆戏曲晚会，是绍兴莲花落首次登上中央电视台晚会。区绍剧艺术中心青年演员林宗雷参加中央电视台综艺频道"开门大吉"栏目节目录制，现场表演绍剧《美猴王》。楼塔镇岩山中心小学选送的绍剧折子戏《挂画》受邀参加第十二届桃李杯·搜星中国全国总决赛暨全国青少年央视春节联欢晚会获最佳表演奖、优秀演员奖、优秀指导老师奖 3 大奖项。小品《让爱飞起来》代表浙江省参加上海新海文化艺术节交流。绍剧《壮心不已》作为开幕剧参加浙江省第十三届戏剧节，参加杭州市新剧目会演并获多个获项。绍剧《兄弟山》在萧山剧院成功首演。区文化馆编排的舞蹈《外婆的萝卜干》获省舞蹈大

赛金奖；舞蹈作品《湘湖情韵》获杭州市第八届风雅颂民间展演铜奖。开展文化走亲活动。与嵊州、建德、景宁畲族自治县、江西宜丰文化走亲；区内 22 个镇街相互开展走亲活动。二是加强文化遗产保护。有世界文化遗产 1 个、全国重点文物保护单位 3 个、省级文物保护单位 5 个、市级文物保护单位 52 个，另有杭州市文物保护点 128 个。制定萧山区第二轮（2016—2018 年）文物保护修缮三年计划，按照"突出重点，合理规划"的原则，用 3 年时间重点对许家南大房、务本堂、祇园寺、娄家墙门 4 处大型古建筑进行整体修缮。修定出台《萧山区文物保护专项资金暂行办法》，调整专项资金使用范围和支出内容，提高市级文保单位（点）、历史建筑修缮补助资金比例（均在原有的基础上提高 10%），增加基层业余文保员补助标准、全区地下文物保护和各级文保单位（点）安全防护及抢救性维护等工程类项目资金。按照规范要求抓好项目实施，使一批濒危农村历史建筑得到有效保护和管理。完成全国第一次可移动文物普查工作，并将普查成果汇编成 4 册图书。此次普查涉及区国有单位 706 家，普查覆盖率 100%。实际有可移动文物收藏的单位 9 家，收藏可移动文物 4282 件，其中国家一级文物 25 件、二级文物 131 件、三级文物 1390 件，国家珍贵文物的数量列全省县（市、区）前列。中国古陶瓷学会 2016 年年会暨印纹硬陶学术研讨会在萧山举行。故宫博物院、中国科学院和新加坡、美国，中国台湾、中国香港及其他各省（区、市）的考古

所、博物馆、高校等数十家国内外文博科研机构的150多位专家学者参加会议。20多位专家做学术发言，收集论文23篇，编辑出版《印纹硬陶与原始瓷研究》论文集和《陶瓷之间》图录，推出"陶瓷之间——印纹硬陶与早期青瓷器特展"，展出标本及文物362件。萧山博物馆举办81个临时展览，文物"邮"情——萧山博物馆藏品特展获评第十届全省博物馆陈列展览优秀奖。湘湖丁家庄古墓群抢救性考古发掘完成，清理墓葬13座，其中汉墓9座、六朝墓2座、明墓2座；出土文物158件（组），另有2方墓志、1方买地券。丁家庄墓群汉墓M7中发现的大量贝壳及明墓M12中发现的买地券、八卦图为杭州地区首次发现。第七届跨湖桥文化节暨中国彩陶文化论坛在萧山召开，"遥远的对话——大地湾考古成果特展"同时在跨湖桥遗址博物馆开幕。全区有非物质文化遗产名录项目97个，其中国家级3个、省级11个、市级16个、区级67个；非物质文化遗产代表性传承人67人，其中国家级1人、省级10人、市级20人、区级36人；非物质文化遗产基地10个，其中省级5个、市级5个。完成第五批浙江省非遗代表性项目申报工作，绍剧被浙江省政府命名为第五批浙江省非遗代表性项目。完成浙江省第二批非遗生产性保护基地申报工作，萧山花边、南宋官窑、萧山萝卜干等3个生产性保护基地被省文化厅命名为浙江省第二批生产性保护基地。组织开展第九个"服务传承人月""文化遗产日"活动。国遗项目楼塔"细十番"与浙江艺术职业学院达成

合作，楼塔"细十番"协会被命名为浙江艺术职业学院非遗教学实践基地。组织参加各级各类非遗展览比赛活动。区非遗中心组织萧山花边和珠绣参加第11届文交会省非遗"百工坊"活动，南宋官窑传承人金国荣参加省非遗传统工艺品及衍生品设计大赛，作品《玲珑》获奖。在浙江省文博会上，丝绸画缋获薪传奖，区非遗中心获优秀组织奖。其余多项非遗作品参加全国、省、市各级比赛，20余人次获金、银、铜奖。组织开展萧山区首届非遗摄影大赛，收到摄影作品700余件，评选出一、二、三等奖及优秀奖若干名。举办萧山区非物质文化遗产保护论坛暨萧山区第七届非物质文化遗产展示、展览和展演。非遗保护宣传力度加强。区非遗中心策划制作《萧山非遗》专题宣传片。举办各类非遗展览20多场，参观人数3万余人，发放非遗知识问答问卷200多份、各类非遗宣传资料500多份。编辑完成《萧山非遗》和《萧山区首届非遗摄影大赛获奖作品集》。三是加强文化市场管理。全年检查1893次，出动执法人员7898人次，检查各类场所8427家次，查缴文化市场违法经营物品1.2万件；受理各类文化市场举报投诉147件，均按时办结；立案60起，办结60起，罚款总额12.1万元。开展整治"黑网吧"工作。协同相关部门与各镇街（场）、平台开展联合执法，查处"黑网吧"。到G20峰会结束，做到全区连续46天"黑网吧"零举报。建立"快发现、快取缔、相互通报、即发即报"等长效监管机制，第一时间取缔关闭在举报、巡查、自查中发现的"黑网吧"，巩

固峰会时段的整治成果。全区10多年来"黑网吧"屡禁不止的现象得到有效遏制。创新性地建立并完善文化场所安全生产台账，印发到每个经营单位，督促经营单位落实安全责任。网络监管中心运转良好，通过借用公安的社会面动态监控，对各大广场周边、中小学校周边、城郊接合部等人员密集区域进行24小时实时动态监控，防范各类违法违规行为。文化部、省文化厅、市文广新局、市总队、区政协等各级领导和部门视察10余次，山西、安徽、江苏、江干、余杭、富阳、建德等文化（文物）执法同仁交流10余次，得到领导的肯定和同仁的好评。为发挥监管中心功能，向区编委办提交"撤销空港中队，成立网络监管中队"的请示，12月26日，区编委会正式下文，撤销空港中队，成立网络监管中队。网吧分级管理成效显著。按照《萧山区互联网上网服务营业场所分级管理办法（试行）》，先后对全区300多家网吧进行4轮动态调整，规范全区网吧文明经营行为，助推全区互联网行业转型升级。7月7日，文化部文化市场司副司长刘强一行调研萧山网吧分级工作并予以肯定，将萧山确定为全国6个网吧分级分类管理工作试点之一。大队负责人在全国文化市场综合执法形势分析研讨活动暨省级综合执法机构负责人培训班上就网吧分级管理工作做发言和经验交流。推行文化市场依法行政。推进"护苗""净网""清源"等常态化专项整治活动，开展其他各类"扫黄打非"工作，受到国家、省、市"扫黄打非"办的重视和肯定。6月，接省"扫黄打非"工作

领导小组办公室《关于转办重要举报线索的通知》，抽调精干人员成立专案小组，对浙江天创光电有限公司涉嫌印刷有政治问题的光盘和非法、盗版光盘等违法违规行为进行核实。经过一个月的调查取证，执法人员认为该公司存在未依照规定留存备查材料的违法行为，根据相关法律法规，给予浙江天创光电有限公司警告并停业整顿1个月的行政处罚。该案获2016年全省行政执法"十大优秀案件"第一名。

（高　洁、高飞飞、金志娟、李　萍、倪海萍、贺少俊、郑伟军）

【余杭区文化广电新闻出版局（体育局）】 内设职能科室8个，直属单位12个。2016年末人员205人（其中：机关23人，事业182人；具有高级技术职务资格的24人，中级77人）。

2016年，余杭区文化广电新闻出版局紧紧围绕区委、区政府中心工作和年初制定的工作目标，加快构建现代公共文化服务体系，加强文化遗产保护，打造特色文化品牌，健全现代文化市场体系，取得明显成效。一是完善设施，创新机制，公共文化服务普惠于民。加强公共文化设施网络建设，区图书馆创建为浙江省创作故事实践基地，仁和中心小学创建为浙江省故事新苗培训基地。开展第六次全省乡镇综合文化站定级工作，规范服务，提升效能。完成区图书馆维修改造项目。创新公共文化服务机制，出台《余杭区关于加快构建现代公共文化服务体系的实施意见》《余杭区现代公共文化服务体系建设协调机制》《余杭区基本公共文化

服务标准》，制度体系更加完善。承办文化部"区域文化联动"经验交流会、浙江省特色小镇文化建设现场会，余杭区做经验交流。荣膺2015年度全省79个县（市、区）基层公共文化服务绩效考核第一名，第四次获此殊荣。举办余杭区第六届文化艺术节、新年音乐会、农村文化礼堂元宵灯会等文化活动。承办第九届中国曲艺牡丹奖曲艺大赛余杭赛区比赛，区文广新局被授予第九届中国曲艺牡丹奖分赛区突出贡献单位。完成3980场公益电影放映。是年，全区登记在册的业余文体团队1306支，拥有各类业余文体骨干8.8万余人。二是有效保护，合理利用，优秀传统文化得到弘扬。完成全区第一次全国可移动文物普查，登录国有文物28752件（套）。完成瓶窑燕担山碉堡等7处文物维修工程。开展广济桥、桂芳桥安全监测，强化大运河遗产保护管理。海云洞摩崖题记等2处档案通过省文物局验收。章太炎故居、仓前粮仓保护利用案例获评浙江省不可移动文物保护利用优秀案例，杭州仅5家。区文广新局荣获杭州市文物工作先进单位。鸬鸟山沟沟村被评为浙江省历史文化名村。对重点非遗名录项目实施"八个一"保护，指导相关镇、街道开展重点名录项目传承保护活动。组织开展服务传承人活动，为传承人开展非遗传承活动搭建平台和载体。组织区9家非遗生产性保护企业传承人参加第11届中国（义乌）文化产品交易会，《中国梦系列》获工艺美术奖银奖，《匠心独运·琴吟》、吴昌硕《宋梅图》真丝羊毛方巾获铜奖。举办余杭区第十一

个非物质文化遗产保护月系列活动，充分展示非遗保护成果。承办文化部"中国传统工艺振兴计划"座谈会，清华大学、中国美术学院等高校非遗领域的专家学者、非遗传承人及相关企业代表参与座谈。组织参加浙江省非遗工艺品及相关衍生品设计大赛，品物流形设计公司获"特别邀请奖"。三是打造品牌，加强交流，余杭文化声名远播。曲艺杭摊《美丽的红马甲》荣获第九届中国曲艺"牡丹奖"节目奖，杭摊《梅画硕昌》主演许晓明获得最佳表演奖提名奖。越剧历史剧《汉兴未央》获杭州市新剧目会演"优秀新剧目奖"，参加浙江省第十三届戏剧节总决赛，成为杭州市唯一入选的浙江省文化精品扶持项目。《溪口恋曲》获第八届全国村歌大赛十大金曲、作词作曲金奖等六大奖项。原创歌曲《我们一起去余杭》《香雪海》入选2015—2016年度"中国优秀原创歌曲百首"。《又见白鹭飞》亮相"两美浙江"原创歌曲演唱会。受文化部委派，余杭滚灯艺术团赴以色列、巴勒斯坦开展文化交流活动，是浙江首个赴以巴文化交流的艺术团体，也是文化部为落实刘延东副总理访巴讲话精神派遣的首个赴巴艺术团体。活动反响良好，获副省长郑继伟和杭州市委常委、余杭区委书记徐文光批示肯定，中国驻巴勒斯坦办事处发来感谢信。与吉林永吉、上海普陀、福建仓山等地开展"文化走亲"活动，加强区域文化交流。四是加强监管，优化服务，全区文化市场繁荣规范。认真贯彻中央简政放权精神，严格公开审批事项和程序，确保审批工作"阳光"运行。实行行

政审批服务首席代表制，切实提升审批效率。提供培训、指导、审批一条龙服务，切实保障经营业主合法权益。紧扣杭州 G20 峰会保障工作，认真开展"扫黄打非"专项行动和歌舞娱乐场所、校园周边环境、网吧等专项整治，社会文化环境得到净化。区文化市场行政执法大队被评为杭州 G20 峰会工作省级先进集体。加强对淘宝网上文化产品交易监管力度，净化网络文化环境。主动融入全区社会治理大联动工作机制，借助网格员力量提升监管效能。

（孙　艳）

【富阳区文化广电新闻出版局】
内设职能科室 4 个，直属事业单位 6 个。2016 年末人员 111 人（其中：公务员 18 人，参公 14 人，事业 79 人；具有高级技术职务资格的 35 人，中级 24 人）。

2016 年，富阳区文化广电新闻出版局紧密结合区委、区政府中心工作，以服务保障 G20 峰会为圆心，以开展"两学一做"学习教育为契机，把"文化名区"建设作为工作引领，努力促进全区文化事业更上新台阶，取得阶段性成果，并圆满完成 G20 峰会安保维稳工作。一是强化公共文化服务体系建设。出台并实施《富阳区现代公共文化服务体系建设实施方案》，完成区政府调研课题《富阳区现代公共文化服务体系现状及对策》，为加快构建区现代公共文化服务体系提供了政策依据和保障。实施全国首个地方标准规范《政府向社会力量购买公共文化服务规范》，规范政府购买公共文化服务行为。出台《富阳

区推进基层综合性文化服务中心建设实施方案》。启用富阳区社会公共文化绩效评估系统，积极开展文化下乡工作，强化文化礼堂的使用实效与日常管理。二是精心谋划文化惠民活动。开展公益性艺术类免费培训班、杭州市五地走亲文艺演出、"家学·琴传"富春琴会等各种形式的文艺活动。组织开展书画下乡、送书下乡、"走读富阳"讲座下乡等文化下乡活动 334 场。开展富阳区第六届富春江读书节系列活动，将其融入杭州市第十届西湖读书节，展现富阳地域特色，获杭州市第十届西湖读书节先进单位奖。三是稳步提升图书服务水平。至年底，区图书馆藏书 46.80 万册，接待读者 40.20 万人次，书刊外借 119.10 万册次。专项购书经费 110 万元，新购图书 3.12 万册、1.88 万种，订购报刊 745 种，收集地方文献 35 种、243 册。全年举办各类读者活动 68 次，参加读者 7 万余人次。组织开展送书下乡活动，向 24 个乡镇（街道）、村基层图书室赠送书刊 8000 余册。新建少儿电子书阅读坊，努力满足读者的新媒体阅读需求。实施完成图书馆 RFID 智能管理系统，进一步推进智慧图书馆建设。新建图书流通点 10 个，配置图书 1.80 万册。四是促进文艺作品推陈出新。区文化馆原创歌曲《久仰九仰》荣获浙江省第二届村歌大赛表演兰花铜奖和创作兰花铜奖，原创大型民间舞蹈《木偶魁星》获杭州市第八届"风雅颂"民间艺术展演金奖第一名，原创歌舞《富春情缘》和情景剧《幸福农家》获杭州市"欢乐农家"乡镇文艺会演金奖。越剧艺术传习院

改编的现代越剧《孙晓梅》参加"喜迎峰会，品戏杭州"2016"西湖之春"艺术节暨杭州市新剧（节）目会演获剧目奖，冯轶辉获优秀演员奖。《孙晓梅》参加浙江省第十三届戏剧节调演。此外，创作歌曲《梦从春江来》、新排大戏《洗马桥》、创排歌舞类节目《燃烧的岁月》、小品《相亲》等，丰富了演出内容和形式。五是持续加强文物保护力度。全年完成农村历史建筑修缮项目 20 处。配合做好龙门古镇历史建筑保护修缮工作。积极开展区博物馆史料征集和展陈设计工作。泗洲造纸遗址保护工程二期项目向浙江省文物局申报立项。完成全区第一次全国可移动文物普查工作，登记国有单位藏品 2568 件。对杭黄铁路沿线良渚时期遗址、春建乡上高村南宋古墓葬开展抢救性发掘工作，出土一批良渚时期和南宋时期器物。举办首届富阳区最美古建筑摄影大赛。抗日战争胜利浙江受降纪念馆、郁达夫故居等爱国主义教育基地全年接待参观者 23 万余人次。郁达夫故居挂牌"杭州市社会科学普及基地"。抗日战争胜利浙江受降纪念馆挂牌成为杭州科技职业技术学院的青年志愿服务基地，并通过杭州市博物馆考评达标验收检查，获赠著名画家李治作品《雄鸡报晓图》。六是不断强化非遗保护与传承。至年底，全区有国家级非物质文化遗产代表性项目 3 项，省级 12 项，市级 20 项，区级 49 项，镇级 175 项；国家级非物质文化遗产项目代表性传承人 3 名，省级 9 名，市级 27 名，区级 67 名。组织编撰国遗丛书《孝子祭》，出版《杭州市富阳区非物质

文化遗产大观·民俗卷》《守望竹纸——2015中国竹纸保护与发展研讨会论文集》。推荐龙门孙氏祭祖大典和安顶云雾茶制作技艺申报第五批浙江省非物质文化遗产代表性项目名录；施肩吾传说、纸糊高照和周氏骨髓炎疗法被列入第六批杭州市非物质文化遗产代表性项目名录；跳仙鹤和富春江渔歌被列为第二批杭州市非物质文化遗产濒危项目。积极开展第九个"服务传承人月"活动。组织9家竹纸企业、2家毛笔企业赴京参加第三十七届全国文房四宝艺术博览会展示展销。组织非遗项目参加展示展演和文化交流活动。组织非遗项目参加义乌文交会、浙江非遗博览会等展示交流活动。推荐杭州富阳宣纸陆厂（竹纸制作技艺）和富阳中医骨伤医院（张氏中医骨伤疗法）申报第二批浙江省非物质文化遗产生产性保护基地。指导周雄纪念馆文化陈设布展及开馆工作。组织召开富阳区濒危项目"富春江渔歌"保护传承座谈会。与中国科技大学手工纸研究所联合举办富阳竹纸研发基地授牌仪式暨手工纸保护座谈会，在杭州富阳逸古斋元书纸有限公司设立"手工纸研究所富阳竹纸研发基地"。七是文化市场发展健康有序。至年底，全区有文化经营单位812家。全年受理、办结各类事项1157件，其中即办率90%，上网审批率、办理准确率和按时办结率均为100%。8月，开展行政审批服务办事窗口升级改造试点工作，联合公安、消防、卫计、环保等部门制定实施文化娱乐项目"一窗进件"工作细则，至年末，受理、办结10件。以杭州G20峰会安

保维稳工作为中心，开展文化市场执法工作，深入开展"扫黄打非"、平安浙江文化市场、文化市场保护未成年人等专项整治行动。开展文物保护单位（点）检查及冬季消防、雨季防汛文物安全检查，向文物保护单位附近群众发放文保宣传资料，开展文物保护普法宣传。全年出动执法人员1784人次，检查经营场所3032家次，受理举报39起，一般程序立案33起，做出行政处罚决定35起，简易程序处罚12起，办结案件32起。收缴罚没款16.6万元，停业整顿7家次，吊销许可证2家次，取缔"黑网吧"2家，没收违法物品198件，收缴非法出版物24652本（张）。

获"中国竹纸之乡"称号　4月8日，第三十七届全国文房四宝艺术博览会暨第五届全国中小学生书法用品博览会在北京召开。会上，杭州市富阳区被中国文房四宝协会授予"中国竹纸之乡"特色区域荣誉称号，成为全国第27个由中国文房四宝协会授予称号的特色区域。

《政府向社会力量购买公共文化服务规范》实施　9月22日，富阳区《政府向社会力量购买公共文化服务规范》正式实施。该规范由区文广新局起草，区市场监管局批准发布，经浙江省质量技术监督部门审查备案，是全国第一个政府向社会力量购买公共文化服务地方性标准。该规范以富阳区公共文化服务绩效评估系统为基础，依据国家相关法律法规和政策规定，围绕公共文化建设实践，设定政府向社会力量购买

公共文化服务的术语和定义、基本原则、项目管理、承接主体管理、绩效评价等要素，格式符合GB/T28222—2011《服务标准编写通则》有关规定。该规范针对政府购买送戏（演出）、送电影、送书、送培训4大类公共文化服务进行管理，立足政府向社会力量购买公共文化服务的实际状况，遵循合法、科学原则，设定准入门槛，提出服务质量考核要求，具有前瞻性和可操作性。

（刘怡沙）

【建德市文化广电新闻出版局】内设职能科室4个，下属单位4个。2016年末人员61人（其中：公务员10人，参公12人，事业39人；具有高级技术职务资格的12人，中级15人）。

2016年，建德市出台《关于加快构建现代公共文化服务体系的实施意见》和《关于推进基层综合性文化服务中心建设的实施意见》。全年送戏下乡200场次，送图书3万余册，放映电影3432场。开展公共文化服务活动500余场，市文化馆开展文艺演出40余场、辅导培训450余场次、展览5场、各项赛事10余场，受益人数十万人。举办第三届农村文化节，组队参加杭州市第八届"风雅颂"活动、浙江省第十八届公共文化论坛、浙江省第十届新故事征文比赛、第七届乡村诗歌大赛、杭州市第二十一届群文论文比赛。婺剧《天下第一疏》参加全国基层院团戏曲会演，为浙江省唯一参演剧目。市文化馆参加杭州市文化馆业务干部才艺大赛，获团体第二名，1人获金奖。全年受理文化类行政审批事项40件。全

年出动检查642次、1748人次，检查场所2732家次，开展联合执法20余次，立案查处案件33件，办结37件，吊销许可证2家次，停业整顿4家次，治安拘留2人，没收违法物品1636件。开展"扫黄打非"、网吧、歌舞娱乐场所等各类专项整治行动20余次。举办各类文化市场从业人员培训8期，参训人数900余人次，发放宣传资料3200余份。建立消防及安全生产管理制度工作台账。出台《建德市文化遗产保护专项资金管理办法》和《建德市历史建筑保护项目资金管理办法》。举办文化遗产日"鉴宝"、非遗摄影展和非遗进社区等活动，完成18处历史建筑保护工程项目，8处历史建筑保护工程通过验收。建立2010—2014年历史建筑保护工程施工档案。完成第一次全国可移动文物普查全市692件（套）文物的信息审核和报送工作。联合省文物考古研究所共同开展旧石器时代遗迹考古发掘工作，在新安江流域、兰江流域、寿昌江流域及其支流沿岸展开区域性考古调查发掘，涉及8个乡镇15个村20个洞穴。莲花镇齐平村仙人洞发现各类早期动物化石10余枚，樟村后山洞内发现有人工痕迹打制石器数枚，包括刮削器、砍砸器、石核等。钦堂跳净童、三都提线木偶列入杭州市第二批非遗濒危保护项目，跳净童、倒笃菜制作技艺载入浙江省第五批非遗名录。公布建德市第六批非遗代表性项目，新增市级非遗传承项目15个。主办"严州虾灯"申报国家级非遗保护项目座谈会。完成《新叶昆曲精选剧目曲谱》出版工作。新叶昆曲选段《白蛇传·断

桥》获"非遗薪传"浙江传统戏剧展演展评活动"展演奖"。制定建德市非遗传承基地长效管理机制，复查全市26处非遗传承基地。市文化中心剧院完善免费开放服务模式和常态化管理，全年对外提供免费服务200余场次。莲花镇建设镇综合文化站，完善镇图书分馆、活动讲坛、非遗及民俗文化展示厅和多功能教室等配套设施；洋溪综合文化站实施文化（非遗）展示厅建设工程。打造三都新和村水文化展陈馆和大同高桥村畲族文化展陈馆。大同镇和航头镇2家文化礼堂建成农村电影室内固定放映点。16个乡镇（街道）图书分馆和新建的20家文化礼堂实现Wi-Fi全覆盖。市图书馆总购书经费108万元，新增图书4.75万册，总藏量65.91万册。订阅各种报刊604种630份。全市各级公共图书馆（室）接待读者55.5万人次，其中市镇两级图书馆接待37.5万人次；外借图书47.7万册次，其中"一证通"系统外借图书30.7万册。各级公共电子阅览室接待上机读者2.2万人次，其中乡镇电子阅览室1.2万人次。市图书馆接待重点读者咨询220人次，提供资料720册次，提供数码照片1300张，数字图书馆访问量6800人次。开展新书、碟片推荐24期。对乡镇、村图书室进行专业软件安装及业务培训12家。全年开展新春谜会、展览、专题书展等读者活动42场次。开展"促进全民阅读，建设书香建德"活动，举办各类全民阅读活动73场，参与人数5.8万。市图书馆被评为第十届"西湖读书节"先进单位。完成乡镇文化站站长业务培训4

期63学时、村级宣传文化员业务培训3期、村文化礼堂管理员培训3期。全市群众文化业余文艺骨干培训151期，培训近2万人次。全市有文化经营单位402家。

（翁　玲）

【临安市文化广电新闻出版局】

内设职能科室5个，直属单位5个。2016年末人员94人（其中：机关23人，事业71人；具有高级技术职务资格的9人，中级23人）。

2016年，临安市文化广电新闻出版局深入贯彻落实十八届五中、六中全会精神，在市委、市政府和上级部门的正确领导下，紧紧围绕服务保障G20峰会和干好"13510"计划，以"强学习，守规矩，查短板，谋发展，争做优秀文化人"为主线，深入开展"文化事业发展提升年""文化产业基地创建年"和"平安文化建设深化年"3个活动，全力抓好5大工程，强势推进10大创新工作，真抓实干、开拓创新，有效推进了全市文化工作转型升级。一是抓项目，文化基础设施建设持续推进。多次召开博物馆展陈方案专家评审会，完成博物馆内陈设计初步方案。完成博物馆三定方案设置，公开招考5名讲解员。启动博物馆文物征集工作，出台《临安市博物馆文物征集管理办法》，制定文物复制征集清单。启动吴越文化公园建设。二是惠民生，群众文化活动精彩纷呈。群文活动如火如荼。以弘扬"钱王文化"为主线，办好"钱王文化艺术节"系列活动。举办"2016钱王故里"临安新年音乐会、临安市"好家风"

家庭褒奖礼暨"三美"临安村歌大赛、丙申年"清明恭祭钱王"典礼等大型公益文化活动。协助举办全省"好家风"现场会,开展"三进礼堂"文化下乡演出,"百路千里"心连心文化礼堂走亲活动,全年组织送戏下乡 300 余场,开展跨区域文化走亲 10 场。文艺创作精品频出。文艺创作坚持以社会主义核心价值观为引领,以优秀文艺作品创作为中心环节,把党的文艺方针政策落实到创作、表演、研究、传播等各个环节,做到正导向、提品质。创作小品、小戏等文艺作品 10 余个。其中,小戏《晒棉袄》在第七届全国小戏小品曲艺大展中获优秀剧目银奖;小品《打电话》入围第二十七届浙江省小品邀请赛决赛。新编舞蹈节目《蚕乡锦韵》《欢腾鳌鱼》分别获第八届杭州市"风雅颂"民间艺术展演金奖、银奖。全年获得杭州市级以上奖项 70 余个。三是优服务,公共服务体系日趋完善。推进公共文化服务顶层设计。加快推进基本公共文化服务标准化、均等化建设,围绕保障人民群众基本文化权益和需求,研究制定出台《临安市关于推进基本公共文化服务标准化均等化工作实施方案》《临安市基本公共文化服务标准(2016—2020 年)》《临安市文化礼堂服务标准》及《关于推进基层综合性文化服务中心建设的实施方案》等一系列文件,为加快推进公共文化服务体系建设提供了政策保障。创新公共图书服务。入选全国首批 19 个"书香城市",成为杭州地区唯一入选的县(市、区)。积极推进分馆和图书流通点标准化、规范化建设。新建图书分馆 3 个,完成指南山"客

厅书房"建设,建立 5 家"农家乐书屋角"、2 家"书香民宿"、2 家便民图书流通点。继续开展送书进村镇、军营、社区、学校活动,全年送书下乡 3 万余册。全年图书外借册次 58 万册次,借阅 18 万人次,到馆 50 万人次。围绕"世界读书日""全民阅读月""西湖读书节""未成年人读书节"展开了形式多样、丰富多彩的读者活动 200 余场。打造"糖糖·抱抱"亲子中英文绘本阅读班、"集贤堂"文化名人系列讲座、老年读书会和《论语》一百亲子诵读公益班等优秀阅读品牌。送电影下乡 3351 场,超额完成全年 3336 场的目标任务。四是重传承,文化遗产保护成效显著。守土尽职,强化文物保护。开展农村历史建筑修缮工作,立项 25 个;验收 2015 农村历史建筑 16 处;申报 2017 年农村历史建筑项目 28 处。全市第一次可移动文物普查工作全面完成,调查登录文物 3497 件,编制完成《临安市第一次可移动文物普查工作报告》。编制完成 12 处市级文物保护单位记录档案,推荐元同桥、会仙桥申报第七批省级文物保护单位。开展城际铁路建设邹子侃烈士墓迁移工作。组织 34 件吴越国文物与浙江省博物馆联合赴日本大和文华馆举办"吴越国——西湖孕育的文化精粹"专题展览和学术研讨会,有效扩大了临安吴越国文化在国际上的影响力。推陈出新,深化非遗传承。完成第五批浙江省非遗名录申报。青柯鸟笼制作技艺、竹盐制作技艺被列入第五批浙江省非遗名录。在太湖源镇指南山村举行"巧匠心好家风"临安市非物质文化遗产

代表性项目展示活动。省级传承基地临安市衣锦小学创作的《钱王传说伴成长》在省文化厅举办的非遗传承教学基地优秀案例比赛中获优秀案例。五是保安全,文化市场管理规范有序。行政审批规范高效。根据"简政放权"和审批服务"一张网"要求,对原行政许可事项和带有审批性质的日常管理服务事项进行规范清理。按照国务院要求,调整和取消了 3 个许可事项,有文广新审批许可项目 24 项。全年办理各类事项 239 件。文化市场平安稳定。紧紧围绕以保障 G20 峰会为核心的平安文化建设,全力推进"平安文化建设深化年"活动,努力打造文化内容和文化场所"双安全"。不断完善具有临安特色的文化市场监管体系,开展扫黄打非"清源""净网""秋风""护苗""固边"等行动。因地制宜建立"文化市场自查互纠工作机制",并成立"临安市文化市场平安联防队",文化市场安全生产监管工作形成临安特色,并在杭州市推广。G20 峰会期间创新实行网格化管理,抽调局系统工作人员,组建 11 个网格,对全市文化、文物等场所进行全覆盖、多角度、地毯式检查。全年出动检查 504 次、执法人员 1824 人次,检查经营单位 2460 家,办理案件 44 件,罚款人民币 5.6 万元,取缔无证照场所 17 家,没收非法出版物 2180 件,追缴各类文物 416 件。

(周佳波)

【桐庐县文化广电新闻出版局】
内设职能科室 6 个,直属单位 9 个。2016 年末人员 116 人(其中:机关 14 人,事业 102 人;具有

高级技术职务资格的 23 人,中级 40 人)。

2016 年,桐庐县文化广电新闻出版局围绕年度工作目标,文化事业取得长足发展。一是不断推进文化阵地建设。完成 G20 峰会突破项目《春江花月夜》二期改造工程及叶浅予艺术馆提升改造。完善新建成的城北老年活动中心各项基础设施建设。启用修缮一新的文化馆。合村乡和横村镇新建文体中心正式开馆。新建成农村文化礼堂 13 个。二是大力开展群众文化活动。组织新年晚会、"龙舞春江·福满桐庐"元宵活动、县第九届戏曲票友大赛等有影响力的大型文化活动 30 场。举办第四季"欢乐大舞台·幸福桐庐人"群众文化活动 89 场。送文化下乡 200 场,送电影下乡 2405 场。举办各类展览展示 52 场,桐江人文讲堂 10 场,培训班培训 200 次。5 月 6 日,第五届桐庐"百姓日"期间,开展第四季"欢乐大舞台·幸福桐庐人"总决赛、道德模范颁奖晚会等活动,图书馆、博物馆、文化馆等各大文化场馆免费开放,面向全县发放电影票、景点票,活动当天吸引数万人参加。三是积极开展文化遗产保护工作。实施"乡村创造力——桐庐县美丽乡村非遗保护发展行动计划",完成在合村乡、江南镇荻浦村、富春江镇芦茨村的试点工作。做好省级非遗项目钟山石雕传承发展工作,召开省级非遗专家钟山石雕座谈会、举办钟山石雕培训班、组织钟山石雕艺人赴青田县山口镇考察。完成省、市、县级非遗申报工作,其中严子陵传说、江南时节、彭坞狮毛龙舞 3 个项目入选第五届省

级非遗项目。完成第六批市级非遗项目名录申报工作,山村传统小吃、越剧、畲族三月三、天尊贡芽制作技艺被列入市级非遗项目。《天子地传说》、"后岩狮子舞"等 19 个项目入选第七批桐庐县非物质文化遗产名录项目。浙江工商大学杭州商学院等 11 个单位被命名为第二批县非物质文化遗产传承基地;田金莲等 17 人被评为第三批县非物质文化遗产项目代表性传承人。开展非遗"五进"(进农村、进学校、进社区、进机关、进军营)惠民活动 58 场,剪纸、绣花鞋、陶艺等非遗项目体验活动 12 次。组织国家级、省市级非遗展览展示活动 7 场,剪纸、绣花鞋、灯彩、石雕参加第六届中国·浙江工艺美术精品博览会;剪纸、绣花鞋、石雕参加第八届省非遗博览会;合村绣花鞋参加在江苏南通举行的"长三角非遗精品展";桐庐剪纸、合村绣花鞋、钟山石雕参加浙江省"美丽非遗进文化礼堂"活动。莪山"戴家山艺术酒店"畲族表演队参加上海"长三角民歌大赛"获优秀创意奖。组织非遗传承人、民间艺人参加桐庐县首届优秀旅游纪念品评选活动,刘莲花的剪纸喜灯、合村乡绣花鞋获县优秀旅游纪念品大赛金奖,华金娟、谢玉霞剪纸获银奖。出版《桐庐民间剪纸艺术馆》和《桐庐民间传说故事集》。出台《关于加强我县国家级非物质文化遗产名录项目(桐庐剪纸)保护工作的若干意见》。配合浙江省考古研究所完成小青龙遗址考古发掘工作。实施省级文保单位城堂岗新石器时代遗址考古调查勘探工作。联合杭州市文物考古研究所对分水镇小源村陈家自然村

前山溪坑边发现的古墓葬进行抢救性考古调查清理,共发掘清理宋代墓葬 6 座,出土器物主要有碗、韩瓶和罐。完成第一次全国可移动文物普查收尾工作。四是进一步规范文化市场管理。全县有文化经营单位 633 家。办结 69 件行政许可项目。全年出动检查 518 次、执法人员 2908 人次,检查 2743 家次,查处违规 50 家次,警告 20 家次,行政处罚立案调查 27 件,重大案件 2 件,停业整顿 1 家次。共收缴罚没人民币 7.2 万元,没收非法所得 1800 元,没收违法物品 29 个。五是推进文艺精品创作。打造越剧《白云源》,参加"西湖之春"艺术节暨杭州市新剧目会演,喜获"优秀剧作奖""优秀导演奖""优秀舞美奖(造型制作)""优秀音乐奖(音乐制作)""优秀表演奖""优秀青年演员奖"等 6 个单项奖。选送的舞蹈《拱猪》获杭州市第八届"风雅颂"民间艺术展演金奖。

(王 洁)

【淳安县文化广电新闻出版局】
内设职能科室 4 个,直属单位 5 家。2016 年末人员 51 人(其中:机关 9 人,事业 42;具有高级技术职务资格的 4 人,中级 11 人)。

2016 年,淳安县文化广电新闻出版事业持续发展。一是优化文化设施网络。县图书馆(新馆)、县博物馆建设扎实推进,进入搬迁和展陈设计阶段。推进公共文化机构法人治理结构改革,完成县图书馆、县文化馆理事会制度改革。推进乡镇综合文化站整合提升工程,启动第六轮乡镇综合文化站定级工作,逐步解决部分乡镇综合文化站站舍面积不

足、功能不全、器材设备缺乏等问题。建成鸠坑、临岐、瑶山、宋村等4个乡镇图书分馆，石林等6个电子阅览室和22个村资源共享工程，实现176个乡村二级Wi-Fi覆盖。在千岛湖镇城区新建无人值守自助图书馆1个，配合有关部门建成群众文艺角23个。威坪镇汪川村、千岛湖镇火炉尖社区分别被评为浙江省文化示范村和杭州市文化特色社区。实施村级文化设施建设、农村历史建筑修缮工程，全面完成年度49处农村大会堂修缮和6处村级文化设施整合，第七轮、第八轮20处农村历史建筑修缮和第九轮农村历史建筑修缮前期准备工作。加强芹川村保护，配合浪川乡完成16处民居修缮。二是提升惠民服务水平。开展送文化下乡服务。通过"政府花钱买服务"方式，首次尝试将部分送戏、送电影下乡任务面向社会公开招标。全年完成送戏下乡160余场，送电影下乡3100余场，送图书下乡4万余册。开展"百姓系列"公益培训服务。举办戏曲教学、绘画、商务礼仪等"百姓课堂"公益培训50余期，参训3000余人次。在全县23个乡镇设立培训点，举办排舞师资推广培训等。组织赴南山社区、松城饭店等地进行公益教学活动。开展"百姓系列"公益培训，举办"睦剧知识专题讲座"等"百姓讲坛"公益讲座10余期。全县各乡镇、村全年组织各类培训近3000场。开展公共图书流通服务。县图书馆全年新增图书4万余册、1万余种，订购期刊300余种，报刊60余种，接待读者38万余人次，外借文献24万余册次。组织开展"全民阅读"系列活动，全年开展"你挑书、我买单"等读者活动60余项，县图书馆被评为杭州市第十届西湖读书节先进单位。三是繁荣群众文化活动。全年举办"唱响千岛湖"原创歌曲大赛、庆祝建党95周年暨纪念红军长征胜利80周年"颂歌献给党"大型演唱会、排舞大赛等县级大型群文活动20余场，协助枫树岭镇、姜家镇等举办乡镇特色文化活动10余场，指导全县各乡镇、村广泛开展各类群众文化活动2000余场次。组织赴松阳、遂昌、温州瓯海、武义等地开展文化走亲活动8场，江山、松阳等9地到淳安走亲演出。组织睦剧《南山种麦》参加省地域特色文化符号（民间戏曲）代表性作品展演，睦剧小戏《心愿》荣获全国小戏小品大展银奖，《小脚媳妇赶十八》荣获杭州市第八届"风雅颂"民间艺术展演铜奖。四是深化文化遗产保护。完成县第一次全国可移动文物普查工作，县文保所收藏可移动文物1204件（套）。加强狮城水下古城巡查监管，完成"四有"档案编制工作。开展王阜乡马山村古墓葬抢救性发掘，出土文物20余件。完成12期钱江晚报《老底子》专栏刊登，9期县电视台《睦州非遗》专栏、12期县电视台《睦州戏苑》专栏摄制播出。组织八都麻绣、青溪龙砚参加市民协工艺精品展等。《睦州印迹·淳安非遗图册》《淳安民俗卷》《淳安民间文学卷》《淳安县文化志》等书籍编纂出版。业余睦剧团与专业睦剧团顺利融合，积极配合县睦剧团开展新剧创作、演职员培训、演出活动等，专业睦剧团走向舞台。挂牌成立睦剧工作室，开展睦剧史料收集创作等，整理编辑出版《睦剧唱腔精选》和睦剧伴奏音乐1套（15首）。做好睦剧教学传承基地建设，开展中小学生睦剧乡土教材编写。五是保障文化市场安全。以服务保障杭州G20峰会为圆心，加强文化线上矛盾风险排查整治，被评为淳安县服务保障杭州G20峰会先进集体，5名党员干部被评为省、市、县服务保障G20峰会工作先进个人。加强文化市场监管。全年出动检查1954人次、检查1882家次，举报受理5件，行政处罚立案调查52件，办结案件52件，警告50家次，罚款2.8万元，停业整顿2家次；受理审批事项38件，新增文化类经营单位22家，满意率和提前办结率均达100%。六是加强文化队伍建设。加大文化专业人才培养。新招聘公务员2名，事业干部3名，乡镇文化员4名。举办乡镇文化员、村级宣传文化员、业余文艺骨干等培训10期，并积极组织参加省市培训10期。3人被评为淳安县"十佳文艺人才"，1人被评为县百佳干部。成立文化志愿者大队，下设28个中队，包括4个直属中队、23个乡镇中队和青溪新城中队。加大民间工艺人才培养。出台《淳安县乡土人才"双百工程"燎原计划实施办法》，制定民间工艺人才"燎原计划"申报指南。鼓励协助青溪龙砚在文渊狮城开设销售点，推进产业化发展。

（张　昂）

宁波市文化广电新闻出版局

【概况】 内设职能处室 12 个，直属单位 16 个。2016 年末人员 540 人（其中：机关 59 人，事业 481 人；具有高级技术职务资格的 132 人，中级 216 人）。

2016 年，宁波市文化广电新闻出版局认真贯彻党的十八大和十八届三中、四中、五中、六中全会精神，深入学习习近平总书记系列重要讲话精神，紧紧围绕省委"八八战略"和"两富""两美"浙江建设，全面实施市委"六个加快"和"双驱动四治理"战略决策，按照跻身全国大城市第一方队和打造"东方文明之都"的要求，推进"东亚文化之都·2016 宁波"活动年建设，抓好各项文化工作，文化强市建设呈现良好发展态势。

一、认真学习贯彻上级精神，精心谋划文化发展

（一）深入贯彻落实系列指示批示重要精神

坚定不移维护以习近平同志为核心的党中央权威和党中央集中统一领导，组织广大党员干部认真学习贯彻习近平总书记系列重要讲话精神和治国理政新理念新思想新战略，牢固树立政治意识、大局意识、核心意识、看齐意识，围绕增强文化自信开展各项文化工作研究与实践。

（二）扎实推进主题教育实践活动

继续推进"三严三实"教育活动，召开局党委"三严三实"专题

民主生活会，制定并落实整改清单。启动"两学一做"学习教育，召开局系统学习教育动员会，认真制定活动方案，开展局领导带头上党课、党员微型党课等系列活动。全年党委中心组（扩大）学习习总书记关于文物、党风廉政建设、建党九十五周年等方面的系列讲话及党纪党规内容 16 次。

（三）完善"十三五"文化发展系列规划

制定下发《宁波市文化广电新闻出版局"十三五"文化发展规划》，明确"十三五"期间建设"东亚文化之都"和"书香之城""音乐之城""影视之城"的"一都三城"建设总目标，并纳入市委全委会决定。细化"十三五"公共文化服务体系、文化遗产保护和发展、文化广电新闻出版产业、法制宣传教育等子规划的指导思想、遵循原则和建设路径。全国文化系统调研工作会议在宁波召开，宁波推进文化调研服务决策和发展经验在会上获推广。

二、推进"东亚文化之都"建设，促进文化交流

（一）圆满举办"东亚文化之都"系列活动

"东亚文化之都·2016 宁波"活动年以春夏秋冬为节点，分别以"传承""绽放""和睦""共享"为主题，全年各部门、各县（市、区）及社会各界共举办文化、教育、宗教等各类活动 217 项。4

月 15 日，以"东亚意识、文化交融、彼此欣赏"为主题的"东亚文化之都·2016 宁波"活动年开幕式暨 2016 东亚非物质文化遗产展在宁波举行，中国的泉州、青岛、宁波，日本的横滨、新潟、奈良，韩国的光州、清州、济州 9 个"东亚文化之都"城市代表共同结彩，发布了《"东亚文化之都"建设宁波共识》。9 月 28 日至 10 月 5 日，作为"秋·和睦"板块的重要内容，中日韩艺术节期间举行了 10 多项系列文化艺术活动，囊括了中日韩 3 国的演艺、书法、摄影、美食、创意设计等类别。12 月 3 日至 5 日，宁波市政府与中国社科院主办，宁波市文广新局与中国社科院科研局承办的国际性文化高端论坛"天一阁论坛"，以"阳明思想与世界文明建设"为主题，搭建了传播中华文化、增进东亚地区文化融合、加强世界文化交流与文明对话的重要平台。论坛闭幕式上，100 多位来自世界各国的专家共同发布了倡导传承纸本书籍文化、促进东亚文明交流的《天一阁共识》。12 月 7 日，"东亚文化之都·2016 宁波"活动年顺利闭幕，中日韩的 20 余个城市的代表共同见证了"东亚文化之都"友好碑揭幕仪式，举办了文都之夜交响音乐会和具有 3 国民俗风情的闭幕式晚会，期间文化部召开了"东亚文化之都"工作会议，文化部副部长丁伟高度评价了宁波东亚文都工作。

(二)有效提升对外文化交流水平

创新对外文化交流机制,推进市政府与文化部合作共建保加利亚索非亚中国海外文化中心。推动文化单位与国(境)外文化机构建立友好合作关系,宁波博物馆已与国外9座博物馆建立友好城市博物馆联盟,与香港历史博物馆签订双边合作意向书,天一阁博物馆、庆安会馆、保国寺古建筑博物馆分别与香港中文大学饶宗颐学书馆、台南善化庆安宫、日本元兴寺等签订合作协议。台南善化庆安宫在甬举办林智信传统木刻水印版画"迎妈祖"展。宁波市承办文化部"意会中国——阿拉伯国家来华采风"项目,来自阿曼、伊朗、突尼斯等9个阿拉伯国家的12名知名画家到甬采风创作。按照东亚文都活动年整体安排,全市共派出30多个对外交流团组赴韩国和日本,促进文化交流合作,全面展示了宁波多元、开放、创新、繁荣的"东亚文化之都"独特魅力。

(三)成功举办多项文化节庆和演出活动

举办2016年新年交响音乐会、2016阿拉音乐节暨草莓音乐节、浙江省第三届合唱节和宁波新年合唱音乐会等节庆活动。举办第八届中国·宁波农民电影节暨首届中国戏曲电影展,融入戏曲电影全新元素,推出中国戏曲电影宁波峰会、戏曲电影全国展映、第二届阿拉电影周等系列活动。宁波演艺集团赴钓鱼台国宾馆参加"中国—中东欧国家文化交流年"演出活动,外交部致函宁波市政府给予表扬。启动国家艺术基金资助的"海路遗风·越剧

万里行",宁波小百花越剧团沿陆上与海上丝绸之路赴全国21个城市开展《烟雨青瓷》《梁祝》等巡演,扩大宁波文化影响。宁波交响乐团参加APEC城镇化高层论坛,举办"宁波之夜"等重要国事演出活动,得到省省市领导的肯定;举办中国共产党成立95周年、中华人民共和国成立67周年、中国人民解放军建军89周年等系列演出活动,受邀赴京参加首届"北京肖邦国际青少年钢琴比赛"开幕式演出及比赛协奏,品牌效益和社会知名度不断提升。

三、加大文化惠民力度,完善现代公共文化服务体系

(一)深化现代公共文化服务体系建设

市委办、市府办正式发布《宁波市关于加快构建现代公共文化服务体系的实施意见》,并制定《宁波市基本公共文化服务标准》和《宁波市基本公共文化服务保障标准》,为"十三五"时期公共文化服务体系建设提供重要依据。在全国率先提出科学评价乡镇(街道)图书馆的地方标准,制定并发布《宁波市乡镇(街道)图书馆建设与服务规范》,获文化部专家认可。撰写《宁波市加快构建现代公共文化服务体系对策研究》,入围文化部全国文化系统2015年度优秀调研报告。宁波市文化馆通过文化部第三批"国家一级馆"复评,在文化部第二批全国数字文化馆试点评审中排名第三,所有县(市、区)实现一级馆全覆盖。推进县级文化馆、图书馆总分馆制,基本形成以市文化馆、市图书馆为中心馆,各县(市、区)馆为总馆,各乡镇(街道)馆为分馆的公共服务网络体系。

(二)精品创作和群文创作喜获丰收

加强文艺精品创作,组织实施一批具有示范性、引领性的重点文艺创作扶持项目。创排越剧《明州女子尽封王》、话剧《大江东去》、多媒体剧《霸王别姬》,完成民族歌剧《呦呦鹿鸣》剧本创作,与中央歌剧院合作的舞剧《花木兰》完成剧本修改。甬剧《筑梦》、姚剧《浪漫村庄》、话剧《大江东去》3部作品喜获浙江省第十三届戏剧节大奖。群众文艺创作保持良好发展态势。甬剧情景剧《老爷升堂》在宁波电视台播出,受到观众好评。舞蹈《阿婶合唱团》《龙灯·龙舞·龙魂》、甬剧小戏《车位》、蛟川走书《二两"呛便烧"》和表演唱《小镇女人》获2016年度浙江省群星奖。其中,海曙文化馆舞蹈《阿婶合唱团》经过层层选拔,成为全国第十七届群星奖获奖作品,是浙江省唯一。宁波市合唱团获得第十三届中国国际合唱节金奖。在国庆黄金周期间,举办宁波优秀业余文艺团队会演,100多个业余团队集中展示了宁波群众文化的风采。

(三)"一人一艺"全民艺术普及工程获推广

市政府出台《关于"一人一艺"全民艺术普及工程建设的实施意见》,建立了由市委老干部局、教育局、民政局等13家市级部门参与的宁波市全民艺术普及工程联席会议制度。9月,在2016年中国文化馆年会上主办了"全民艺术普及的宁波创新实践"主题论坛,得到文化部有关领导、专家的高度肯定。市文化馆与北京大学信息管理系签订战略合作协议,成立北大公共文化研

究宁波实践基地,牵头成立"宁波市社会组织联盟"。通过运用互联网、移动互联网等数字化手段,致力于推动实现全市艺术普及云服务的全覆盖、优质艺术普及资源的全传播、基层艺术培训课堂的全联通、参与人群艺术服务需求的全互动。据不完全统计,举办各类展览500余个,讲座500余个,群众文化活动1000余个,全年全市公益培训3000课时,受训人员达50万余人次。

(四)全民阅读推广活动富有成效

坚持突出品牌建设,深化全民阅读推广活动,打造"书香之城"。全市推出"公共图书馆全民阅读节"、"图书馆之夜"活动、"坐拥书城——你选,我买"特色阅读服务等一系列活动,各县(市、区)也举办专题展览、特色讲座、经典阅读活动,打造"王应麟读书节""方孝孺读书节""陈汉章读书节"等读书活动品牌。7月,市图书馆与中国图书馆学会阅读推广委员会承办了2016年全国"书香城市(区县)"发现活动,全国19个城市成为首届全国书香城市,并在宁波进行了表彰,宁波市镇海区入选。11月,举办了第二届浙江全民阅读节暨2016宁波书展·宁波读书周开幕式,先后推出浙江省全民阅读高峰论坛、全国书香城市论坛、2016宁波"十佳阅读家庭"评选,成立宁波阅读联盟,发布宁波阅读地图,举办阅读马拉松、经典绘本剧创意表演大赛、浙江省秋季馆藏图书展示会等143项活动,图书交易额突破4200万元,8万多市民参观了宁波书展,获得了良好的社会效益和经济效益,在全社会营造了浓郁的阅读氛围。

(五)重点文化设施建设稳步推进

强化项目监管工作,制定《宁波市文化广电新闻出版局基建工程管理办法(暂行)》,印制《宁波市文化系统项目管理制度汇编》,编制完成2016—2018项目数据表。继续抓好重大项目续建,艺术剧院(凤凰剧场)改造项目完成土建、装修和设备安装工程,图书馆新馆完成主体结顶和智能化立项工作,天一阁东扩工程完成初步设计文本编制及审批工作。努力争取新项目落地,推动宁波河海博物馆、宁波非物质文化遗产中心、宁波音乐厅、宁波市文化馆纳入市"十三五"重点规划项目,积极推动重点公共文化设施项目落地建设。

(六)文化惠民力度不断加大

提升公共文化服务水平,开展博物馆"双百"文化惠民活动,全市举办博物馆展览202个,各类活动308项。"天然舞台"文化惠民演出配送547场,"千场戏剧进农村"送戏3790场,超额完成"一村一年一场戏"的目标任务。全市共放映公益电影3万多场次。

四、加强文化创新研究,稳步推进文化改革发展

(一)成为国家文化消费试点城市

宁波成为浙江省唯一入选的文化部国家文化消费试点城市。通过实施重点项目和搭建重点平台,加强文化消费供给,丰富文化消费业态,拓展文化消费空间,积极引导文化消费。继续深入推进文化金融合作,在文化部深化文化金融合作专题研讨会上专题介绍经验。积极推进文化文物单位文创产品开发试点,宁波博物馆、宁波市图书馆、宁波美术馆被纳入国家文化创意产品开发试点单位。杭州湾新区滨海欢乐假期小镇、宁海森林温泉小镇、北仑梅山海洋金融特色小镇入选浙江省特色小镇文化建设示范点。

(二)深化文化法治体系建设

不断强化法治机关建设,被市委、市政府分别表彰为法治宁波建设十周年先进集体、宁波市法治政府建设先进单位,并被浙江省文化厅表彰为全省"六五"普法先进集体。以深化"四张清单一张网"改革为抓手,着力做好简政放权、放管结合、优化服务3篇文章。市级有文化行政权力事项258项,部门责任清单44项,公共服务事项80项。全面清理了局规范性文件,保留20件,废止11件,继续有效适时修订7件。

(三)深化文化市场综合执法改革

承办全国文化市场管理工作会议,宁波市"审批标准化、管理社会化、执法智能化三化并举,共促规范"的做法,在会上做典型发言。形成《宁波市进一步深化文化市场综合执法改革的调研报告》,承接文化部全国文化市场规范化标准化课件课题2个。制定了全市文化市场"双随机抽查"实施方案,经海曙试点后全面推行,该项工作在全国全省处于领先地位。制订文化市场"三级联动"巡查制度,规范文化市场事中事后监管。继续完善市级文化执法指挥监管平台、网络智能巡查系统、KTV曲目远程监管平台,智能执法工作获文化部推广应用。

（四）积极推进文化事业单位改革

新设立宁波市甬剧研究传习中心，增挂宁波市甬剧艺术博物馆牌子。调整宁波市文化艺术研究院三定方案，推动文化艺术研究院更好发挥智库作用。推进博物馆理事会制度改革与建设，完善宁波博物馆法人治理结构，选举产生新一任理事长。11个县（市、区）的文化馆和图书馆实现理事会建设全覆盖，在省文化厅专题会议上作关于公共文化机构法人治理结构改革的经验介绍。制订职称量化评价标准，在艺术、图书资料、文物博物、群众文化等6个系列职称评审中全面推行量化评价，建立科学客观公正的职称评价机制。

（五）深化国有文化企业资本多元化改革

宁波市电影有限责任公司通过市场化运作、股份制改造等方式，促进公司跨区域、跨行业、跨所有制发展，组建天伦影城股份公司，引进社会资本，占比49%。积极推进"阿拉梦工厂"宁波电影文化创意基地立项，加快解决园区选址和土地政策问题。宁波演艺集团坚持多渠道发展，争取多元资金投入，引进美国、中央歌剧院等知名团队，创排精品剧目拓展国外演出市场；承接各类演出、场租、舞美、培训等项目。

（六）整合智慧文化资源

开展"智慧文化"一期工程建设，整合局系统文化资源，建立"一云两库"全局首个文化数据中心，采用PC网络、新媒体、移动App、终端触摸和线下印刷品"城市文化艺术手册"5个载体，开通"五位一体""文化宁波"公共服务平台。编制"智慧文化"二期建设项目初步规划，进一步提升办公OA系统、"文化宁波"公共服务门户、宁波文化门户网站集群，分步推进古籍资源数字资源库、文物遗产数据库、全民艺术普及综合服务系统等项目建设。

五、坚持保护利用并举，扎实推进文化遗产保护

（一）"河海"双遗产保护管理多措并举

多部门协同的大运河（宁波段）遗产保护管理委员会工作机制开始运行。《大运河（宁波段）保护管理规划》获国家文物局正式立项批准，完成监测预警平台一期工程和遗产标志性雕塑选址与制作工作。保国寺、天童寺、永丰库遗址和上林湖越窑遗址等入围国家海丝申遗点，基础材料上报、规划编制、价值研究等各项工作有序推进，本体保护、环境整治方案获国家文物局正式批复。宁波展示分中心建设启动。《宁波市海上丝绸之路史迹保护办法》正式颁布。10月底，市博物馆在香港历史博物馆举办"跨越海洋——中国海上丝绸之路点·线·面"展览。

（二）文保基础性工作扎实推进

举办宁波市历史文化名城公布30周年纪念活动，协同规划部门公布第四批宁波市历史文化名村14个和第二批宁波市历史建筑349处。指导和协助余姚市申报国家历史文化名城，协助开展全市11个特色小镇的历史文化梳理工作。完成第七批省保单位、第三批市级文物保护单位推荐申报工作，奉化等地新公布文保单位（点）30处。继续开展文物保护"四有"工作，推进两划工作。全市省级以上文物保护单位基本完成"四有"档案编制，完成全市88处省级以上文物保护单位"两划"工作。海曙督学行署、奉化溪口蒋氏故居武山庙获浙江省不可移动文物保护利用优秀案例，周尧故居、锦堂学校旧址、通济桥与舜江楼获浙江省文物保护单位优秀记录档案。圆满完成"一普"工作，全市在全国可移动文物信息平台登录维护收藏单位103家，报送文物205143件（套）（合计468874件），并按时完成在线平台数据审核工作，数据质量与报送速度均居全省前列。

（三）重点文保建设项目稳步推进

实施"十三五"文物保护项目数据库管理平台项目，规范文物保护项目日常管理。先后配合实施了天主教堂、灵桥、郡庙、天封塔等文保单位重点修缮项目，江北天主教堂（一期工程）主教堂部分完成初步验收，灵桥修缮工程竣工实现通车，郡庙工程完成项目招投标工作，天封塔完成修缮工作。指导各地文管办（所）进行各级文保单位（点）维修、修缮以及保护与利用等工程20多处。同时，协助相关职能部门推动姚江二通道（慈江）工程建设、"三江六岸"拓展提升工程、天一阁·月湖创建国家5A景区等工作。

（四）水陆考古工作获突破发展

切实做好配合工程建设抢救性考古工作，全年完成大榭遗址Ⅰ期考古发掘、东钱湖上水岙窑址考古发掘、望京门段明州罗城城墙遗址考古发掘等抢救性考古调查项目40项、考古勘探与发掘

项目18项,其中,大榭遗址Ⅰ期考古发掘面积4000平方米,是宁波首次在海岛上发现并发掘的一处史前文化遗址;上水岙窑址和望京门段明州罗城城墙的发现与发掘,为唐宋时期越窑青瓷3大生产中心之一东钱湖窑场的瓷器生产与外销,以及明州古城的建设与发展提供了新的实物资料。是年,浙江评审出8个重要年度考古发现项目,宁波占据4个。完善提升国家水下文化遗产保护宁波基地,顺利推进宁波基地智能化库房建设。5月,经中国考古学会组织专家多轮评审,"小白礁Ⅰ号"水下考古项目成功获评"田野考古奖"。

(五)博物馆事业持续发展

推动博物馆建设,象山县博物馆、宁波金融史馆、宁海县许家山石头博物馆、中国葛洪文化宁海县纪念馆等正式开馆。在江东区试点"一个街道一家社区博物馆"建设,建成13家社区博物馆。宁波博物馆"阿拉小宁波——暑期夏令营"项目、保国寺古建筑博物馆"保国寺古建文化之旅"项目荣获"浙江省首届博物馆十佳青少年教育项目"称号。宁波中国港口博物馆"向东是大海——纪念郑和下西洋特展"、宁波教育博物馆"甬上文教开先声"等陈列展览荣获第十届(2015年度)全省博物馆陈列展览精品奖。天一阁38种古籍入选文化部第五批《国家珍贵古籍名录》,至此入选总数增至137种。组织开展5·18国际博物馆日、6·11文化遗产日活动,推出"风物素影——天一阁藏甬上景观刻石拓片展""甬城金名片——画说宁波重点文物保护单位""齐白石的艺术世界"特展等多项活动。

(六)非遗传承保护工作规范推进

完成第五批省级非遗申报工作,申报项目22个。启动宁波市非遗保护评价体系建设。在全国率先启动宁波市《非物质文化遗产"三位一体"传承基地建设规范》编制工作。与市标准化研究院联合发布全国首个《非遗保护传承基地建设规范》。高质量完成全省戏曲普查工作,构建了市、区、专业院团三级普查网络,完成宁波地区地方戏曲剧种数据采集、审核和报送工作。策划举办"匠·无界"非遗国宝大师展系列活动、非遗传承人培训班、非遗木雕手工艺论坛以及非遗课堂等系列活动。与市教育局在宁波外事学校合作开设甬剧班,订单式培养甬剧后备人才。

六、加大扶持引导力度,促进文化产业提质增效

(一)培育文化产业品牌企业

宁海县文化综合体PPP项目被财政部、文化部等国家部委公布为第三批政府和社会资本合作示范项目。海伦钢琴、大丰集团等9家企业被文化部、商务部等5部委授予2015—2016国家文化出口重点企业,象山影视城、广博集团等2家企业被认定为浙江省文化产业示范基地,旷世智源、创源文化等2家企业被认定为2015—2016浙江省文化出口重点企业,爱珂文化、宁海大观园等2家文化企业入围2015年度宁波市服务业十佳"创新之星"。卡酷动画、美麟文化等17家企业被市文广新局和市商务委联合认定为2016—2017年度宁波市文化出口重点企业。

(二)搭建平台积极推动文化企业走出去

组织46家文化企业参加2016中国(义乌)文化产品交易会,荣获展会组织奖一等奖,11件作品获工艺美术奖,其中陈盖洪的《万工轿》获工艺美术奖"特别荣誉奖"。组织21家动漫游戏企业参加2016第十二届中国(杭州)国际动漫节,意向合作项目100余项。组织3家企业参加第十四届香港国际授权展及第五届亚洲授权业会议,支持慈溪市、鄞州区和演艺集团等参加深圳文博会。

(三)完善支持动漫产业发展政策

组织举办东亚文化之都·2016宁波市首届漫画艺术大赛暨大赛优秀作品展,658件作品参展,70件作品入围,部分作品与相关企业达成合作意向。举办"文化宁波,创意动漫+"宁波市动漫产业品牌授权合作对接会,促成宁波动漫行业协会与6个相关行业协会和金融机构签约,金融机构为会员企业提供5.5亿元的授信贷款,10家本土动漫企业品牌与相关企业达成授权协议。开展动漫游戏产业专项资金绩效分析评估,修订出台新的《宁波市动漫游戏专项资金管理办法》。做好文化部2016年弘扬社会主义核心价值观动漫扶持计划项目申报工作,原创动画《那萨尔丁·东游记》入选创意产品项目,宁波市作品连续4年入选国家动漫扶持计划。

七、加强综合执法管理,确保文化市场安全有序

(一)推进文化审批简政放权

编印《宁波市文化行政审批

市县同权同批指导用书》，进一步扩大实施市县同权同批范围，实施市县同权放权事项43项。全面梳理"三项半"事项，完善权力责任清单运行，协调落实"三项半"新进窗口事项53项。切实简化审批流程，提高行政审批速效，开展行政审批前置中介服务及条件、材料专项清理。探索试行上门服务、委托代办、同城通办、承诺公示审批的便民利民服务改革，推出网上预约服务审批事项39项。组织开展全市文化行政审批规范化建设大检查，进一步完善标准化、规范化、信息化体系建设。

（二）加强文化市场专项保障

全力抓好2016年"平安浙江"护航G20峰会文化市场专项保障行动。以文化内容安全为重点，深入开展"扫黄打非""清源""护苗""清网""固边""打违"专项行动。完成元旦、春节等重大节庆，"两会"等重要活动阶段性重点工作文化市场保障任务。组织开展高校周边、网吧、艺术品经营等16个领域的市场专项执法检查，分段、分类治理，全面规范市场秩序。启动信用管理建设。起草《宁波市文化市场黑名单管理办法（试行）》，公布首批文化市场黑名单，完成宁波市文化市场信用管理平台建设。

（三）促进文化市场繁荣发展

开展电竞游戏行业专项调研，起草《宁波市电竞游戏行业调研报告》，指导企业举办宁波国际电竞娱乐博览会。指导娱乐协会协调卡拉OK版权纠纷工作；书刊业协会开展"文明书店"评选活动，10家企业获得表彰；网吧协会开展"文明网吧"评选，新评27

家，复评20家。支持影视产业发展，据统计，全市建成影院65家，屏幕数422块，全年电影票房5.91亿元，观影人次1753万，全国排行第16名。

八、抓好干部人才队伍建设，党风廉政工作取得显著成效

（一）优化干部队伍结构

坚持德才兼备、以德为先的选人用人标准，优化局机关干部队伍和局属单位领导班子结构，提拔各级各类干部20名，向上级推荐提拔干部2名，引进优秀干部2名，通过转任重要岗位及轮岗交流干部10名。举办全市文化广电新闻出版系统领导干部高级研修班以及新进人员、事业单位人事干部培训班等，提升干部综合素质。

（二）抓好文化人才招引培育工作

针对文化人才特殊性，采取"笔试＋面试"、"专业技能测试＋面试"、直接面试等多种方式招引专业人才。11家事业单位招聘、引进各类人才35名，其中博士研究生3名、硕士研究生9名。宁波交响乐团开展海内外招聘活动，招聘演奏员73名，其中博士3名，硕士近30名。市文化馆、考古所、演艺集团3个团队入围浙江省文化厅文化创新团队。举办第二届青年演奏员大赛、首届青年图书馆员技能大赛、宁波市博物馆讲解员技能大赛。

（三）抓好党风廉洁教育工作

召开局系统党风廉洁建设工作会议，签订廉政责任书，抓好"一岗双责"落实情况。制定《中共宁波市文化广电新闻出版局委员会巡察工作暂行办法》和《局党委2016年巡察工作实施方案》，

对保国寺古建筑博物馆、宁波博物馆、宁波市图书馆等开展了巡察工作。通过内部审计、工程保廉、风纪分析、党风政风监督员、明查暗访等方式，落实全面"从严治党"主体责任，提高风险防控精准度，促进系统党风廉政建设。

【大事记】

1月

1日至4日　宁波交响乐团分别赴宁波大学、镇海炼化、鄞州五乡镇和东海舰队机关开展新年走基层演出活动。

3日　由宁波市文广新局主办，市文化馆与市合唱协会承办的新年合唱音乐晚会在宁波文化广场大剧院举行。这是成立半年的宁波市合唱团首次公开亮相。

5日　宁波发布2015年宁波城市电影票房总收入，共6.37亿元。

8日至30日　宁波市在各大媒体发布信息，面向社会公开征集"东亚文化之都·宁波"LOGO。

11日　宁波市互联网上网服务营业场所行业协会开展2015年度"文明网吧"评选工作。宁波市海曙网鱼网吧等20家上网服务营业场所受表彰。

13日至31日　宁波市公开征集2016东亚文化之都·中国宁波活动年活动项目。

15日　由浙江省文化厅、省住房和城乡建设厅、宁波市文化广电新闻出版局主办，浙江省雕塑研究会、省文化馆、市轨道交通工程指挥部（集团公司）、市文物保护管理所（庆安会馆）承办的"浙江风采——浙江省首届雕塑大展"宁波巡展在庆安会馆开幕。

同日　宁波市文化市场管理（"扫黄打非"）工作领导小组办公室组织参加全国、省"扫黄打非"工作电视电话会议。

同日　宁波市艺术剧院（凤凰剧场）改造项目办被市政府评为"2015 年重点工程先进集体"。

同日　在鄞州区非遗馆召开"2015 年度市优秀非遗传承人交流研讨会"，100 余位优秀非遗传承人参会。文化部非物质文化遗产司巡视员马盛德应邀作非遗保护专题讲座。

18 日　保国寺古建筑博物馆组织召开志愿者培训会议暨 2015 年度表彰会。

19 日至 21 日　中央电视台科教频道《探索·发现》栏目摄制组专程在保国寺古建筑博物馆进行为期 3 天的采访拍摄，作为大型专题纪录片《中国古代建筑》系列内容之一。

20 日　由文化部办公厅组织的督导组专家到天一阁博物馆国家级古籍修复中心督查古籍保护工作。

同日　"朽木不朽"艺术展在 117 艺术中心展出。

21 日至 22 日　"全国文化市场管理工作会议"在宁波召开。文化部副部长项兆伦出席会议并讲话。

26 日　韩国博物馆协会主席、汉阳大学教授裴基同率团访问宁波博物馆。

同日　全市文化行政审批工作会议召开。

27 日　确定宁波市文化市场行政执法总队、宁波市文物考古研究所、宁波剧院、宁波市天一阁博物馆等 4 家单位为 2015 年度目标管理考核优秀单位。

29 日　"人生长寿　天下太平"——方向前迎新年书法展在鼓楼（海曙楼）开展。

31 日　香港立法会前主席、全国人大常委会委员范徐丽泰在宁波帮博物馆参观考察。

是月　宁波市文化广电新闻出版局被市委、市政府表彰为市级文明机关标兵单位。

是月至 4 月　组织举办"东亚文化之都·2016 宁波市首届漫画艺术大赛暨大赛优秀作品展"。大赛以文化"涌"城、"漫"享生活为主题，收到参赛作品 658 件，70 件作品入围，10 件作品分获一、二、三等奖。入围作品及相关衍生品在市文化馆 117 艺术中心进行了为期一周的展览。

2 月

1 日至 3 日　2016 首次中日韩"东亚文化之都"实务工作会议在宁波举办，日本奈良市、韩国济州道分别派代表团参加。

2 日　入选 2016 年"东亚文化之都"的韩国济州、日本奈良两城市代表团访问宁波博物馆，考察在宁波博物馆举办"东亚文化之都"活动的设备设施情况。

同日　宁波市召开"2016 东亚文化之都"文化交流活动对接会，中日韩三国代表与会，就 2016 年"东亚文化之都"开幕式事宜进行具体沟通。

3 日　宁波市文化新闻出版局党委印发《宁波市文化广电新闻出版局党委工作规则》（甬文广新党〔2016〕5 号），自印发之日起实施。

7 日　宁波博物馆竹刻馆完成提升改造，重新对公众开放。

21 日　韩国忠清南道论山市政府政策补佐官（参谋）安星律

博士一行 3 人调研宁波旅游市场，到天一阁考察。

23 日　宁波市各大博物馆组织了丰富多彩的闹元宵活动。

25 日　宁波帮博物馆被中国侨联授牌成为 2015 年首批"中国华侨国际交流文化基地"，成为宁波市唯一入选单位。

26 日　宁波市演艺集团在北京钓鱼台国宾馆献演"2016 中国—中东欧人文交流年"启动仪式。外交部专程致函市政府，称赞"节目精致、演出精彩"。

是月至 9 月　宁波市开展"扫黄打非·护苗 2016"专项行动。

3 月

1 日　"浙江省非物质文化遗产相关传统手工艺品及衍生品设计大赛"正式启动。大赛由浙江省文化厅主办，宁波市文广新闻出版局承办，宁波市文化馆、市非遗保护中心、市非遗保护协会执行承办。

同日　"根深叶茂——天一阁馆藏珍品展"在杭州西湖博物馆开幕。展览由西湖博物馆和宁波市天一阁博物馆联合举办，展出科举文献、家谱、地方志、珍善本、碑拓等 70 件（套）。

2 日　宁波市文广新局荣获"2015 年度宁波市法治政府建设先进单位"称号。

同日　召开全市"扫黄打非"和文化市场管理工作会议。

4 日　市文广新闻出版系统召开"2016 年党风廉政建设大会"，全面学习贯彻习近平总书记在十八届中纪委六次全会上的重要讲话精神和市纪委十二届五次全会精神。

8 日　副市长王仁洲一行到

中国港口博物馆考察指导工作。

10日 受国家文物局委托，大运河遗产保护管理办公室到宁波开展大运河（宁波段）遗产专项巡查及监测管理调研。

16日 "浙江省非物质文化遗产相关传统手工艺品及衍生品设计大赛"对接会在宁波召开。

19日 保国寺再次登上央视科教频道《探索·发现》栏目。

22日 浙江省文化厅副厅长、省文物局局长陈瑶一行到宁波调研文物建筑保护利用情况。

24日 宁波市文化广电新闻出版局党委印发《中共宁波市文化广电新闻出版局委员会巡查工作暂行办法》，自公布之日起施行。

26日 日本奈良"2016东亚文化之都"活动年开幕式举行，宁波市派遣以副市长张明华为团长的行政团和艺术代表团参加。

28日 央行发行宁波钱业会馆设立90周年金银纪念币一套，包括金质纪念币、银质纪念币各1枚，均为国家法定货币。

29日 "2016东亚文化之都·中国宁波"活动年首届中国抽象艺术大展在宁波市文化馆117艺术中心揭幕。

同日 全国政协副主席、台盟中央主席林文漪一行在宁波市政协主席徐明夫陪同下参观了河姆渡遗址博物馆。

30日 保国寺古建筑博物馆被评为（2016—2020年度）宁波市科普教育基地。

是月 启动戏曲普查工作，历时3个月，完成宁波地区地方戏曲剧种数据采集、审核和报送工作。

4月

1日 "2016东亚文化之都·中国宁波"活动执委会第一次全体会议在市行政中心召开，全体执委会成员参加会议。

同日至4日 台南善化庆安宫一行26人到宁波参加妈祖祭祀仪式。

同日至5月31日 台湾著名艺术家林智信传统木刻水印版画"迎妈祖"展览在宁波博物馆举行。

2日 "2016宁波妈祖文化交流会"在庆安会馆举行。中华妈祖交流协会常务副会长林国良、副秘书长周金琰，以及湄洲祖庙、上海天妃宫、青岛天后宫等全国各地重要妈祖宫（庙）的代表参会。

3日 天一阁博物馆举办"张寿镛先生诞辰140周年纪念活动"，内容包括张寿镛诞辰140周年纪念展、《天一阁藏〈四明丛书〉珍稀文献图录》出版、座谈会等。

6日 韩国济州"2016东亚文化之都"活动年开幕式举行，宁波市派遣行政团和艺术代表团参加。

7日 "2016东亚文化之都·中国宁波"活动年组委会召开新闻发布会，发布宁波活动年开幕相关情况。

同日至9日 宁波非遗传承人代表团代表中国受邀参加韩国济州"2016东亚文化之都开幕式"，在济州国际会展中心举行的城市文化体验区中，展示中国宁波非遗传承千年的匠人风采。

8日 香港海事博物馆创始人、博物馆前董事会主席、现任博物馆馆藏委员会主席何安达一行到庆安会馆参观访问。

9日 纪录片《它山堰探秘》开机仪式在鄞州区鄞江镇举行。

12日 天一阁博物馆举行"历代咏茶佳句篆刻展"，展出以历代咏茶诗词、茶联佳句为主要内容的篆刻作品100余件。

13日 第十九次中韩日佛教友好交流会议预备会议在宁波举行。

同日 文物部门正式启动2016年度宁波市文物消防安全检查工作。

同日 9个"东亚文化之都"城市（中国泉州、日本横滨、韩国光州、中国青岛、日本新潟、韩国清州、中国宁波、日本奈良、韩国济州）代表讨论《"东亚文化之都"建设宁波共识（建议稿）》，就《宁波共识》发布方式达成原则性共识。

14日 9个"东亚文化之都"城市在宁波举行媒体见面会。

同日 "东亚文化之都·2016宁波"活动年开幕活动举行欢迎晚宴。

15日 以"东亚意识、文化交融、彼此欣赏"为主题的"东亚文化之都·2016宁波"在宁波国际会展中心开幕。

同日 9个"东亚文化之都"城市在天一阁共同发布《"东亚文化之都"建设宁波共识》。

同日 2016东亚非物质文化遗产展、东亚非物质文化遗产保护论坛开幕。

同日至18日 由浙江省文化厅主办，宁波市文广新局承办，宁波市文化馆、市非遗保护中心执行承办的浙江省非物质文化遗产传统工艺品及相关衍生品设计大赛优秀作品，亮相"2016东亚非物质文化遗产展"。

同日至 22 日　2016 宁波特色文化产业博览会之法国电影周在宁波举办。

16 日　"中日韩传统手工艺的发展论坛"在宁波国际会展中心举行。

20 日　由宁波市文广新局主办的"东亚文化之都·2016 宁波"活动年之宁波市首届漫画艺术大赛优秀作品展在宁波市文化馆 117 艺术中心举行。

21 日　开展宁波市非法出版物集中销毁活动，销毁非法出版物 10.6 万余件。

同日　慈溪潮塘江元代沉船保护修复方案编制完成。

同日　"天府遗珍——四川出土宋代文物精品展"在宁波博物馆开幕。

同日　"冯骥才祖居博物馆"正式开馆。

25 日至 27 日　中国传统村落保护（鸣鹤）国际高峰论坛在慈溪举行，探讨传统村落保护领域多项议题，发布《鸣鹤宣言》。中国文联副主席、中国民间文艺家协会主席冯骥才参会并发表演讲。

26 日　浙江省第四届"知识产权杯"创意设计大赛颁奖典礼暨企业运用对接会在宁波博物馆举行。

27 日至 30 日　组团参加 2016 义乌文交会。宁波博物馆，中国港口博物馆参展。46 家文化企业参展，设 118 个国际标准展位。宁波市文广新局荣获展会组织一等奖，11 件作品分获工艺美术金银铜奖。

同日至 5 月 2 日　组团参加 2016 杭州动漫节。参展企业参加各类对接、洽谈、创投活动 50 余项，达成合作意向 100 多项。

28 日　宁波博物馆"阿拉小宁波——暑期夏令营"项目、保国寺古建筑博物馆"古建文化之旅"项目、中国港口博物馆"模拟考古"青少年体验活动项目荣获"全省首届（2015 年度）博物馆十佳青少年教育项目"称号。

同日　"东钱湖上水岙窑址考古发掘专家论证会"在东钱湖管委会召开。

29 日　旷世智源、康大美术、创源文化等 9 家文化企业荣获 2015—2016 年度国家文化出口重点企业称号。

同日　台湾张荣发基金会下属长荣交响乐团一行 88 人在宁波文化广场大剧院举办"爱与感恩"慈善交响音乐晚会。

是月　宁波市图书馆宣教部和宁波剧院票务中心新创建成功"宁波市青年文明号"。

是月至 9 月　宁波市开展"扫黄打非·清源 2016"专项行动。

5 月

2 日至 5 日　梅山舞狮艺术团 10 人应日本奈良市邀请参加平城京天平祭系列文化交流活动。奈良市长仲川元专程发函致谢。

5 日　象山影视城、广博集团荣获浙江省文化产业示范基地称号。

同日至 31 日　作为第十一届"中法文化交流之春"活动的重要活动之一，法国著名艺术家杰罗姆·布特兰个展在宁波美术馆开展。

7 日　第九、第十届全国人大常委会副委员长、中国文化院院长、北京师范大学人文宗教高等研究院院长许嘉璐一行参观考察王阳明故居纪念馆。

9 日　"法国友人勒马尚 30 年宁波情结"摄影展在天一阁书画艺术院开幕，展出勒马尚自 1984 年以来访问宁波所拍摄的 50 多幅照片。

10 日　海曙区张苍水纪念馆改陈项目启动，进入施工阶段。

11 日　浙江省委书记、省人大常委会主任夏宝龙莅临位国家水下文化遗产保护宁波基地，参观了"水下考古在中国"专题陈列。

同日　国家文物局基建房产处处长刘顺利一行 5 人莅临国家水下文化遗产保护宁波基地，就南海基地项目建设事宜，调研宁波基地的建设、运营、展陈和出水文物保护等方面工作内容。

同日　浙江省"扫黄办"督查组到甬督查"扫黄打非"工作开展情况。

13 日　文化部批复《2016 东亚文化之都·中国宁波活动年实施方案》。

同日　灵桥主体结构实现全面合龙。

17 日　国家文物局正式批准通过《宁海古戏台保护规划》。

18 日　浙江省副省长朱从玖一行考察王阳明故居纪念馆。

同日　甬籍著名版画家邵克萍作品展在宁波博物馆举行。

同日　天一阁博物馆推出"风物素影——天一阁藏甬上景观刻石拓片特展"，并在展览中使用高清 VR 技术实现沉浸式体验。

21 日　在首届中国考古学大会上，宁波"小白礁 I 号"水下考古发掘项目荣获"田野考古奖"三等奖。

同日 《中国文化报》以"宁波：全面深化文化金融合作"为题，整版介绍了宁波推进文化与金融合作的经验。

24日 副市长张明华实地考察了慈溪上林湖越窑遗址、海曙永丰库遗址和江北保国寺古建筑博物馆。

同日 保国寺古建筑博物馆科技保护中心项目完成施工招标。

25日 文化部召开文化和金融合作座谈会，宁波作为两个地市级城市代表之一在会上做经验介绍。

同日至28日 应韩国济州道政府邀请，宁波市文化代表团6人赴济州参加第二次东亚文化之都实务工作会议。

26日 美国驻上海总领事史墨客一行4人访问宁波市图书馆。美国驻上海总领事馆在宁波市图书馆外文阅览室新设"美国驻上海领事馆赠书专柜"。

同日 韩国济州论坛上，宁波发布东亚文化之都的建设构想。

同日 天一阁38种古籍入选第五批《国家古籍珍贵名录》，至此天一阁入选《国家珍贵古籍名录》的总数为137种。

30日 由民革中央副主席、全国人大常委会外事工作委员会副主任、民革前辈纪念场馆联谊会会长修福金，民革中央宣传部长、民革前辈纪念场馆联谊会副会长吴先宁等率领的民革中央调研组7人，在民革浙江省委会副主委计时华等陪同下，到宁波实地考察翁文灏故居，并与市有

关部门负责人交流座谈。

同日 省委常委、宣传部长葛慧君一行到中国港口博物馆调研。

是月 深入推进扩大市县同权同批模式，确定新增扩大市县同权同批审批事项38项，加上此前已放权事项，共计62项审批事项列入市县同权同批。

是月 独立建制的宁波市甬剧研究传习中心正式授牌。

是月至9月 宁波市文广新局、教育局、团市委联合举办"绿书签"设计大赛。

是月至10月 宁波市开展"扫黄打非·净网2016"专项行动。

6月

3日 组织召开动漫产业品牌授权合作对接会。市级相关部门、动漫行业协会会员单位、农行文创支行等单位100余人参加。

5日 由国家文物局水下文化遗产保护中心主办、国家水下文化遗产保护宁波基地（宁波市文物考古研究所）承办的全国沿海地区"水下考古工作方法与成果座谈会"在宁波举行。

11日 文博单位举办庆祝第十一个文化遗产日系列活动，活动分"文化遗产的魅力""沟通传统文化与现代生活""向文保员致敬"三大板块。

同日 天一阁博物馆推出"天章特奖图书富——天一阁藏御赐〈平定回部得胜图〉特展"。

同日 "甬城金名片——画说宁波全国重点文物保护单位作品展"开幕式在宁波博物馆举行。

同日 由宁波市文物保护管理所主办的"月湖旧影展"在月湖景区开展。

12日 根据甬编办函〔2016〕65号，同意单独设立宁波市甬剧研究传习中心，为宁波市文化广电新闻出版局所属公益一类事业单位，挂宁波市甬剧艺术博物馆牌子，机构规格为相当于行政正处级，内设机构2个，即办公室（培训部）、研究展示部；核定单位领导职数2名，中层领导职数2名，人员编制10名（从市艺术研究院30名编制中划转），经费预算形式为财政全额补助。

同日 宁波金融史馆在海曙区盛世花厅开馆。该馆是继钱业会馆后，海曙辖区内第二家与金融发展史有关的行业展览馆。

13日 海曙督学行署入选"浙江省不可移动文物保护利用优秀案例"。

14日 国家水下文化遗产保护中心主任柴晓明一行考察大榭遗址。

同日至16日 作为2016东亚文化之都·中国宁波活动年主体活动之一的2016中日韩徐福文化研讨会在象山举行。

17日 中日韩青年文化交流文艺演出在杭州湾新区举行。

19日 保国寺古建筑博物馆举办了东亚文化之都中外留学生研学暨"匠·木构建筑文化保国寺教学体验馆"开馆体验活动。

21日 宁波市《非物质文化遗产"三位一体"传承基地建设规范》生效。

23日 宁波成为国家首批文化消费试点城市。

同日至26日 宁波市艺术团一行23人受韩国光州"亚洲文化中心城市建设推进论坛"邀请，参加光州边缘艺术节。

同日至7月3日 "台湾女

书法家学会华人女书法家作品展"在宁波美术馆举行。

24日 国家文物局副局长宋新潮一行实地考察了上林湖越窑遗址。

同日 张苍水纪念馆改陈开放暨张苍水诗词创作书法展在张苍水纪念馆举行。

25日 宁波市演艺集团歌舞剧院应韩国东亚文都城市光州市邀请，参加了包括光州世界网络文化节开幕式演出、光州边缘艺术节开幕式演出等光州系列艺术节活动。

27日 宁波市人民政府办公厅印发《2016东亚文化之都·中国宁波活动年实施方案》（甬政办发〔2016〕108号）。

28日至30日 宁波市文化代表团6人前往日本东京参加中日韩"东亚文化之都"新闻发布会。

30日 东亚文化之都专刊《东亚文都》创刊号发行。

是月至9月 宁波市文化广电新闻出版局、市教育局和共青团宁波市委共同举办了以"正版生活、绿色阅读"为主题的宁波市"绿书签"设计大赛。大赛评选出100幅来自大学组、中学组和小学组的优秀作品，表彰了12家优秀组织单位和12名优秀导师。

是月至11月 宁波市开展"扫黄打非·秋风2016"专项行动。

7月

1日 天一阁迎"七一"展出《毛泽东诗词长卷》书法作品。

3日至9日 浙东海事民俗博物馆派员赴意大利米兰参加第24届国际博协大会。

6日至10日 应韩国汉阳大学文化财研究所邀请，宁波博物馆海丝研究中心副主任莫意达赴韩国唐津市参加"第七届海洋文化学术会议"。

7日 浙江省纪委副书记胡志权一行考察王阳明故居。

同日 宁波市保国寺古建筑博物馆举办了"2016东亚文化之都·两岸学子研学游"活动。

12日 组织召开全市文化行政审批工作会议。

同日 "海洋瑰宝·珊瑚特展"在宁波博物馆开展。展览由宁波博物馆与浙江省自然博物馆联合主办，展期至9月4日。

同日 法国敦刻尔克港口博物馆人员到中国港口博物馆访问。

同日 浙东海事民俗博物馆（庆安会馆）和广州博物馆合作，联合举办"广府旧事——十九世纪广州外销通草画中的城市生活"展览。

13日 大运河（宁波段）遗产管理办公室会同相关部门及专家通过了对"大运河宁波段世界遗产标志性雕塑"的竣工验收。

16日 "生物界的精灵——常州博物馆藏鸟类标本与花鸟画展"在宁波博物馆开展。展览由宁波博物馆与常州博物馆联合主办，展期至9月7日。

18日至27日 由文化部主办的第十期东盟—中日韩（10＋3）文化人力资源合作开发研讨班在北京、宁波两地举行，日本、泰国、印尼等9个国家的19名国家重点艺术机构的策展人参加研讨，还实地考察了北京、宁波的艺术机构和展览。

20日 由宁波市文化广电新闻出版局主办，宁波庆安会馆、上海梧桐美术馆承办，台湾兔森林故事潜能馆协办的2016年首届中日儿童作品交流展开幕仪式在庆安会馆举行。

24日至27日 应韩国国立中央博物馆邀请，宁波市文化代表团5人赴韩国首尔参加"发掘40周年新安海底文化财特别展"。天一阁博物馆和宁波博物馆向该展借出多件文物。

25日至29日 全市文化广电新闻出版系统领导干部能力素质提升研修班，在武汉大学继续教育学院举办。

26日至28日 宁波派团参加韩国济州东亚文都青少年文化夏令营。

26日至29日 宁波市文物保护管理所所长徐炯明应亚洲文化中心城市建设推进论坛邀请，赴韩国光州参加首届"韩国南道建筑之旅"交流活动。

31日 宁波市合唱团在第十三届中国国际合唱节成人混声组比赛中获得金奖（A级合唱团）。

8月

1日 宁波市委办公厅、宁波市政府办公厅发布《关于加快构建现代公共文化服务体系的实施意见》，对宁波市构建现代公共文化服务体系做了全面部署。同时发布的还有《宁波市基本公共文化服务标准（2015—2020年）》《宁波市基本公共文化服务保障标准（2015—2020年）》。

4日 由上海交通大学、宁波市保国寺古建筑博物馆主办的2016年度上海交通大学"SUMMER SCHOOL"之中国古代建筑课程暨宁波市保国寺古建筑博物馆国际研学营在保国寺古建筑博物馆正式开营。

同日至7日　宁波市高中生摄影交流活动代表团赴日本奈良市参加中日韩高中生摄影交流活动。

5日　保国寺古建筑博物馆科技保护中心项目正式开工。

8日　宁波市全民艺术普及工程启动仪式在宁波电视台演播厅举行。宁波市文化馆代表宁波公共文化机构与北京大学信息管理系签订了战略合作协议,宁波市全民艺术普及联席会议13家成员单位为首批30余家社会联盟机构代表授牌。

同日　宁波市副市长林静国率领市府办、市旅游局等部门负责人赴庆安会馆开展旅游景区安全专项检查工作。

同日　宁波市统计局公布了上半年宁波民生满意度调查结果,宁波市民文化生活满意度连续两季高居榜首。

10日至14日　应韩国济州道政府邀请,宁波交响乐团20人赴韩国参加"济州国际管乐节"。

11日至18日　宁波市开展迎G20峰会文物安全大排查专项行动。

12日　由宁波市文化广电新闻出版局主办,宁波市文化馆和宁波市非遗中心承办的非遗大师展举办。从8月开始,先后组织了朱炳仁铜雕艺术展、高公博黄杨木雕艺术展、陈水琴师徒杭绣展和李珠琴泉州花灯展。

同日　由天一阁书画艺术院联合杭州西湖博物馆举办的"锦里西湖胜画图——民国西湖织锦展"在天一阁博物馆开展,集中展出70余件民国时期以西湖为主题的织锦作品。

同日至9月10日　宁波市文化广电新闻出版局、市公安局、市市场监管局、市通信管理局在全市开展无证照网吧专项整治。

16日　宁波市文化广电新闻出版局、市财政局联合修订下发了新的《宁波市动漫游戏产业发展专项资金管理办法》。

同日　由民盟宁波市委会牵头的"推进2016东亚文化之都·宁波建设"界别协商会在联谊宾馆举行。

18日　浙江省人大常委会党组书记、副主任茅临生一行调研中国港口博物馆。

20日至9月6日　开展G20峰会期间文化市场专项检查。

22日　甬曹铁路宁波车站纪念馆举行开馆仪式。

23日至28日　宁波市文广电新闻出版局团委组织宁波交响乐团、宁波博物馆、天一阁博物馆、保国寺博物馆和各县(市、区)部分非遗传承人(文化志愿者)到日本和韩国教练和青少年运动员比赛和住宿地开展文化传播、交流工作。

23日至29日　作为东亚文化之都·2016宁波"夏·绽放"板块主体活动项目的第24届中日韩青少年运动会在宁波举行。

27日　甬剧唱腔艺术人才培训班开班仪式在海曙区文化馆举行,该项目借助国家艺术基金,历时两个月,对52名学员进行甬剧唱腔技能培训。

同日至28日　宁波参加第八次中日韩文化部长会议期间文化展演活动。

30日　《宁波市文广新闻出版局"十三五"文化发展规划》印发,确立了宁波"十三五"将努力

建设"一都三城"的目标,即以建设书香之城、音乐之城、影视之城为主要抓手,精心打造魅力独特、影响广泛的"东亚文化之都"。

9月

1日　在第三届中国文化馆年会上主办了"全民艺术普及的宁波创新实践"论坛。

同日至4日　宁波市文化代表团6人赴日本参加"东亚文化之都·奈良"活动年核心活动期开幕式。

3日　宁波博物馆主办的"印象·博物馆"宁波市青少年绘画大赛颁奖仪式暨获奖作品展开幕。

4日　中纪委网站刊发了《天下藏书此一家——10副楹联,品读中国"最牛"私家藏书楼》,10副楹联由天一阁博物馆提供。

7日　印发《宁波市文化广电新闻出版系统法治宣传教育第七个五年规划(2016—2020)》。

同日至17日　由文化部主办,中国对外文化集团、浙江省文化厅、宁波市文广新局等单位承办的第八届"意会中国"阿拉伯知名艺术家来华采风创作活动在宁波举行,阿曼、埃及、科威特、黎巴嫩、叙利亚等9个国家的12名知名艺术家参加。采风成果展于9月15日至25日在宁波博物馆举行。

9日　获评2011—2015年全市法治宣传教育先进集体。

10日　发布《宁波市公共文化团队管理办法》。

11日　"童稚天趣——贺竹元婴戏画展"在天一阁博物馆开展。

同日至13日　第五届中国

(宁波)智博会在宁波市展览馆召开。

12日至13日 由宁波市文化广电新闻出版局主办、市文化馆承办的2016宁波市农村文化礼堂文化员培训班开班。全市的100名基层农村骨干文化员参训。

14日 日本元兴寺文化财研究所佐藤亚圣一行7人到访宁波市保国寺古建筑博物馆。

15日 宁波市保国寺古建筑博物馆举办"味道·金秋"中秋文化惠民活动。

同日 宁波博物馆志愿者徐慧心荣获第八届"牵手历史——中国博物馆十佳志愿者之星"称号。

16日至20日 宁波民乐团、宁波市艺术团参加"2016东亚文化之都"奈良市春日野音乐节。

20日 由国家艺术基金资助的"海路遗风·越剧万里行"项目启动。宁波小百花越剧团携越剧《烟雨青瓷》《梁祝》沿着陆上丝绸之路与海上丝绸之路赴21个城市巡演。

同日 宁波市文化广电新闻出版局在市行政服务中心组织市、区两级文保专家对两项大运河遗址控制地带建设工程建设方案进行集中审查。

21日 宁波市海曙区发布全国首个历史文化街区地方标准规范《历史文化街区建设活动和服务管理指南》,填补了全国历史文化街区地方标准规范的空白。

同日 《宁波市乡镇(街道)图书馆建设与服务规范》新闻发布会暨现场推广会在慈溪周巷镇召开。22日正式实施。这是全国首个乡镇(街道)图书馆建设和服务地方标准规范。

22日 上海市政协专题调研团在上海市政协副主席徐逸波带领下,到庆安会馆考察交流。

同日至23日 全省"扫黄打非"进基层现场会在宁波市召开。

23日 宁波市文广新局、宁波市商务委联合认定了17家宁波市文化出口重点企业。

25日 中央电视台国际频道《城市1对1》栏目播出东亚文都宁波对话欧洲文都马赛专题节目。

28日 宁波市天一阁博物馆东扩项目初步设计方案在市发改委组织召开的评审会议上审核通过。

同日至10月5日 作为"秋·和睦"板块的重要内容,中日韩艺术节在宁波举行。

同日至10月28日 宁波市保国寺古建筑博物馆特推出"甬上建筑视觉艺术系列"四明古村落摄影巡展,走进宁波技师学院、宁波工程学院等高校园区以及宁波市特殊学校。

29日 作为2016年中日韩艺术节主要内容,中日韩水墨艺术展、中日韩地书艺术交流展、"都市之光"文都城市摄影联展同时在宁波文化广场亮相。

同日 作为2016中日韩艺术节的主要活动项目,中日韩地书艺术交流展研讨会、中日韩水墨艺术交流展研讨会召开。

同日 天一阁博物馆举办"莲莲吉庆——饶宗颐教授百岁艺术展"。

同日至10月16日 台湾著名摄影艺术家"郎静山摄影艺术展"在宁波美术馆举办。

同日至30日 宁波博物馆举行文物征集专家论证会议,对宁波博物馆拟征集文物进行真伪鉴定、价格和文物年代以及等级评估。

30日 中日韩艺术节系列活动中日韩盆景生活艺术展和中日韩第三届少儿美术创意季展作品展同时在宁波市文化馆117艺术中心启幕。

同日 公布规范性文件清理结果,最终保留20件规范性文件,继续有效适时修订7件规范性文件,废止11件规范性文件。

同日至10月3日 宁波市艺术代表团10人赴韩国济州参加文化设计师博览会。

是月 市文化广电新闻出版局、市总工会和共青团宁波市委联合组织了"宁波市图书馆馆员技能大赛",全市17个公共图书馆与高校图书馆的青年图书馆员参赛。

10月

1日 2016中日韩艺术节之"舌尖东亚——中日韩美食文化嘉年华"活动在宁波文化广场开幕。

同日 近代广东潮汕传统建筑中的木雕艺术在保国寺古建筑博物馆开展。

同日至5日 宁波市文化馆在宁波市文化广场组织了2016宁波市优秀基层业余文艺团队文化志愿会演。

同日至5日 2016中日韩艺术节之舞台艺术大展演活动在宁波文化广场举行。

6日至9日 宁波镇海"十里红妆"艺术团一行27人赴韩国济州参加"耽罗艺术节"。

7日至10日 宁波市艺术

团 8 人应邀赴韩国济州参加"2016 东亚文化之都"活动年之济州寄生火山音乐节。

10 日　宁波市"十三五"文物保护项目数据库管理平台操作培训举行。

11 日　第八届中国·宁波农民电影节在革命老区余姚梁弄举办。

同日至 14 日　第十九次中韩日佛教友好交流会议在宁波举行并通过《共同宣言》,这是 2016 东亚文化之都·中国宁波活动年主体活动之一。

13 日　第三届浙江省合唱节暨第八届中华慈孝节在江北举办。

14 日　宁波市文化广电新闻出版局、市法制办调研组一行到天童寺考察调研,了解"海丝"申遗情况,并就《宁波市海上丝绸之路史迹保护办法(草案)》征求寺方意见。

19 日　组织文化行政许可案卷评查分析会。各县(市、区)行政许可案卷制作人员 15 人参会。

20 日至 21 日　首届"港通天下"国际港口文化论坛暨"行舟致远"国际航海论坛 2016 年会在宁波北仑春晓滨海新城举行。活动由国家文物局水下文化遗产保护中心、宁波市文化广电新闻出版局、北仑区人民政府主办,宁波中国港口博物馆、国家水下文化遗产保护宁波基地(宁波市文物考古研究所)联合承办。

21 日　宁波庆安会馆、大方岳第消防提升设计方案通过专家评审。

25 日至 12 月　"跨越海洋——中国海上丝绸之路"展览在香港历史博物馆正式开展。展览是国家文化部 2016 年度对港澳文化交流重点支持项目,由宁波市文化广电新闻出版局、香港康乐及文化事务署与中国文物交流中心联合主办,宁波博物馆与香港历史博物馆共同策划,并邀请蓬莱、扬州、福州、泉州、漳州、广州、北海等历史上海上丝绸之路主要城市共同参与。

26 日至 28 日　在宁波工程学院宁波志愿者学院举办全市文化志愿者组织管理人员培训班。

27 日　参加第二期阿拉伯国家文博专家研修班的学员们到宁波访问交流。阿尔及利亚、阿联酋、埃及、巴勒斯坦、毛里塔尼亚、摩洛哥、突尼斯、科威特、苏丹、黎巴嫩 10 个国家文博机构的 15 名专家访问了宁波海上丝绸之路研究院、宁波博物馆、宁波市天一阁博物馆等地。

同日　宁波市政府办公厅发布《关于"一人一艺"全民艺术普及工程建设的实施意见》。

29 日　宁波市图书馆新馆项目完成主体结构。

是月　宁波市文化广电新闻出版局和共青团宁波市委共同组织"薪火相传——2016 宁波市博物馆青年讲解员技能大赛",宁波市天一阁博物馆获团体金奖,天一阁博物馆、宁波帮博物馆、宁波中国港口博物馆各有 1 人获得"宁波市青年岗位能手"称号。

11 月

1 日　宁波市图书馆、宁波美术馆被浙江省文化厅确定为文化创意产品开发试点单位。

同日至 2 日　由宁波市文化广电新闻出版局主办,宁波市文化馆、市群众文化学会承办的"一人一艺"宁波市全民艺术普及工作推进会暨北京大学公共文化研究宁波实践基地工作会议在宁波城南书院举行。

3 日　被中共宁波市委授予法治宁波建设十周年先进集体,1 人被授予"法治浙江"建设十周年先进个人。

同日至 4 日　全国文化系统调研工作会议在甬召开,宁波在会上介绍调研工作经验。

5 日至 6 日　2016 阿拉音乐节暨宁波草莓音乐节在东钱湖畔的水上乐园举行。

7 日　原创动画片《那萨尔丁·东游记》入围国家动漫品牌建设和保护计划。

9 日至 12 日　受韩国清州市政府邀请,宁波市派出 5 人的文化代表团参加韩国清州筷子庆典活动。

10 日　浙江省文物局局长柳河带队到甬督查调研海丝申遗工作进展情况。

同日　"东亚文化之都·2016 宁波"闭幕活动和亚洲艺术节申办工作推进专题会议在甬召开。

同日至 13 日　海上丝绸之路国际音乐节在宁波大剧院和宁波苏湖公园举行。

11 日　宁波阅读联盟成立大会在宁波市图书馆召开。宁波阅读联盟由宁波市图书馆牵头,宁波市文广新局主管。

16 日　国家文物局发布《关于公布全国博物馆文化创意产品开发试点单位名单的通知》,宁波博物馆入选。

同日　浙江省博物馆举办"崔溥眼中的江南"特展,此展览是"东亚文化之都·2016 宁波"

活动年系列活动的重要项目之一。

同日 由宁波市文物保护管理所负责,并委托洛阳市文物钻探管理办公室联合开展的压赛堰遗址考古勘探项目启动实施。

18日至20日 第二届浙江全民阅读节暨2016宁波书展·宁波读书周在宁波国际会展中心举行,书展期间举办各类文化和阅读推广活动143项,活动吸引8.1万市民观展,图书交易额突破4200万元。

18日至21日 日本奈良县大和郡山市教育委员会生涯学习课主任山川均一行3人到甬参加2016读书周系列活动。

21日 出台《宁波市文化市场信用建设实施方案》。

同日 召开《庆安会馆保护规划》评审会,浙江省文物考古研究所、浙江省古建筑设计研究院、宁波市规划局等相关部门和有关专家出席会议。会议通过了《庆安会馆保护规划》初审。

22日 经宁波市人民政府第90次常务会议审议,正式通过《宁波市海上丝绸之路史迹保护办法》。该办法于11月30日发布,自2017年1月1日起施行。

25日 澳门图书馆暨咨询管理协会17人到宁波天一阁博物馆参观、交流。

26日 宁波市文化广电新闻出版局举办2016年度文化行政审批技能大比武。鄞州区文化广电新闻出版局代表队名列第一。

28日 慈溪上林湖越窑遗址被列入国家《大遗址保护"十三五"专项规划》。

同日 市政府在市行政会议

中心召开全市文物工作会议。

29日 被浙江省文化厅授予全省文化(文物)系统"六五"普法工作先进单位。

30日 宁波甬剧《筑梦》、姚剧《浪漫村庄》、话剧《大江东去》获得浙江省第十三届戏剧节新剧目大奖。

12月

1日 "北仑大榭遗址Ⅰ期发掘""东钱湖上水岙窑址发掘""明州罗城城墙遗址(望京门段)发掘"和"上林湖后司岙窑址发掘"4个考古项目入选2016年度浙江重要考古发现。

2日 制定出台《娱乐行业转型升级实施方案》。

同日至5日 应香港饶学研究基金邀请,天一阁博物馆库金红、刘晓峰赴香港参加饶宗颐学术文化交流活动。

3日 由天一阁博物馆主办、华东师范大学图书馆协办的"芸香四溢——明代书籍文化的世界影响"在天一阁博物馆开幕。

同日 由天一阁博物馆和复旦大学古籍整理研究所联合举办的"明代的书籍与文学"国际学术研讨会在天一阁举行。海内外30多名专家学者参加了会议。

同日至4日 "木构建筑文化遗产保护与利用国际研讨会"在保国寺古建筑博物馆召开,来自国内科研机构、知名高校以及新西兰、瑞士、美国、日本、西班牙等国相关领域的专家学者50余人参加。

同日至5日 2016天一阁论坛在宁波举行。

5日 在全省特色小镇文化建设现场会上,宁波市杭州湾滨海欢乐假期小镇、宁海森林温泉

小镇、北仑梅山海洋金融特色小镇被公布为省首批特色小镇文化建设示范点。杭州湾滨海欢乐假期小镇在会上做了创建经验交流。

6日 由宁波市文物考古研究所、国家水下文化遗产保护宁波基地编著的《发现——宁波地域重要考古成果图集(2001—2015)》由宁波出版社出版发行。

同日至7日 国家文物局副局长刘曙光到慈溪上林湖越窑遗址、宁波永丰库遗址,调研海丝申遗相关工作推进情况。

同日至9日 文化部公共文化司副司长白雪华率领公共文化专家、第三方专业评估机构人员等组成的抽查组赴镇海,就乡镇综合文化站服务效能工作进行抽查。

7日 中央美术学院院长、中国美术家协会副主席范迪安一行到宁波博物馆参观考察。

同日 "丝路·行舟·越洋人——2016年中国涉海类博物馆馆长论坛"在庆安会馆(浙东海事民俗博物馆)举行,北京、上海、香港、泉州、武汉、深圳等地涉海类博物馆的10余位馆长与会。

同日 公布宁波市第一批文化市场经营主体黑名单。首批被列入黑名单的6家企业,均为因接纳未成年人进入营业场所而被吊销《网络文化经营许可证》的互联网上网服务营业场所。

同日 宁波市保国寺古建筑博物馆科技保护中心项目竣工验收。

同日 东亚文化之都城市圆桌会议在宁波举行,中国泉州、青岛、宁波、长沙,韩国光州、清州、济州、大邱,日本奈良的代表参加

会议,签署《东亚文化之都宁波倡议》。

同日 东亚文化之都友好碑揭幕仪式在宁波举行。

同日 "东亚文化之都"工作会议在宁波召开,文化部副部长丁伟出席会议并讲话。

同日 2016东亚文化之都·中国宁波活动年闭幕式在宁波文化广场大剧院举行。

同日至8日 文化部公共文化研究基地成员到宁波调研"东亚文化之都"建设情况。

8日 由宁波市文化广电新闻出版局主办,宁波市文物考古研究所策划承办,浙江省文物考古研究所与宁波各县(市、区)文物部门协办的"发现——新世纪宁波考古成果展"在宁波博物馆开展。

同日 文化部副部长丁伟一行考察王阳明故居纪念馆和河姆渡遗址博物馆。

同日 宁波市文化广电新闻出版局试行行政审批上门服务和申请人承诺公示后审批。

14日 宁波市考古研究所举行大榭遗址Ⅰ期考古发掘阶段性成果新闻通报会。

15日 宁波博物馆举办馆企合作第二届"海上丝绸之路"设计大赛成果推进会。

同日 宁波庆安会馆及大方岳第消防提升工程通过专家验收。

同日至18日 应香港浸会大学邀请,宁波博物馆海丝研究中心副主任莫意达赴香港参加"海表方行:海上丝绸之路史国际学术研讨会"。

16日 韩国济州道举办"2016东亚文化之都"活动年闭

幕式,宁波市派遣副市长张明华率领的行政团队以及文艺团队出席。

20日 "中马关系:从古代到未来"展览在宁波博物馆开展。这是马来西亚国家博物馆在中国的首个文物类专题展览。

同日 河海博物馆(暂名)陈列大纲(初稿)专家论证会在庆安会馆举行。

同日至21日 宁波市文化广电新闻出版局、市公安局消防局、市公安局经文保支队、市文保所组成联合检查组开展冬季全市文物消防安全联合检查,对奉化、江北、余姚、镇海4地的文物消防工作进行重点抽查,并对存在的火灾隐患问题提出了具体要求。

同日至21日 第二批宁波市公共文化示范区(项目)验收评审和第三批市公共文化示范区(项目)创建资格评审会议召开。组织文化部、省文化厅、国家公共文化服务体系建设专家委员会、《中国文化报》的有关专家对相关示范区和示范项目进行了评审。

22日 2016年度全市文物信息工作会议召开。

同日 上水岙窑址被评为2016年全省八大考古新发现之一。

23日 宁波保国寺古建筑博物馆20余件砖雕艺术品在陈家祠(广州民间工艺博物馆)开展。

25日 日本奈良市举办"2016东亚文化之都"活动年闭幕式,宁波市派遣市委常委、宣传部长万亚伟率领的行政团队以及文艺团队出席。

27日 由宁波博物馆联合内蒙古博物院共同举办的"草原

丝路——内蒙古出土文物精华展"在宁波博物馆正式开展。

29日 第八届"中国·宁波农民电影节暨首届中国戏曲电影展之绿水青山行走进象山"活动在象山县文化礼堂拉开序幕。活动由浙江小百花越剧团和宁波市文化广电新闻出版局联合主办,宁波市电影有限责任公司、象山县文化广电新闻出版局、象山县文体中心协办。

同日 浙江省文物监察总队、宁波市文化广电新闻出版局文博处、宁波市文化市场行政执法总队共同开展节前文物安全大检查。

30日 宁波市文化市场信用管理平台建成并上线使用。

31日 2017宁波市新年音乐会暨宁波交响乐团周年庆在宁波大剧院举行。

(应霞艳)

宁波市县(市、区)文化工作概况

【海曙区文化广电新闻出版局】

内设机构2个,直属单位4个。2016年末人员28人(其中:机关10人,事业18人;具有高级技术职务资格的3人,中级9人)。

2016年,海曙区文化广电新闻出版局紧紧围绕"文化软实力领跑全市"的工作目标,全面贯彻落实科学发展观,坚持文化创新、文化惠民、文化助推、文化领跑,突重点、抓整合、促提升,不断在公共文化服务、文化产业和文化市场管理等方面取得新突破。一是推动文化事业发展。全面落实《海曙区向社会力量购买公共文化服务工作的办法》。制定出台海曙区《关于加快构建城区现代公共文化服务体系的实施方案》和《关于推进基层综合性文化服务中心建设的实施方案》。公布第一批7个街道(社区)综合文化服务中心名单。举办各类文化惠民活动511场,参与人次达10万以上。加强文化探索。开展公共文化系列专题调研,完成《宁波市城西片区"十三五"时期公共文化服务体系建设研究》。探索社会化参与管理模式,全面落实《海曙区向社会力量购买公共文化服务工作的办法》,全年收到各类申报项目35个,11个项目入选,补助资金100万元,举办活动40余场次,受益群众7000余人。不断加强文化阵地建设。成立海曙区文化馆图书馆理事会。区图书馆流通图书71.45万册次,接待到馆读者38万人次。新建流动图书馆3家。继续开展送书进社区,全年累计为社区送书20次,累计送书2万余册。继续创新推动社区公共数字文化中心建设,投入经费70万元,采购"云借阅"图书期刊借阅机30台进机关、街道和部队等。积极培育业余文艺团队。新增等级团队35支。继续开展年度等级团队考评工作,扶持基层文艺团队发展壮大。精品创作再结硕果。舞蹈《阿姊合唱团》获第十七届全国群星奖,海曙区也成为全省唯一一个连续四届获此殊荣的县区;三人舞《小镇青年》代表宁波市参加2016年浙江省群众舞蹈大赛决赛;组织"月亮湖"女声合唱团参加浙江省第八届老年合唱交流演唱会、第三届浙江省合唱节,获浙江省第三届合唱节入围奖。加大文化惠民力度。推进品牌文化服务建设持续

发展。继续以"欢乐广场·幸福海曙"城市广场文化惠民工程为载体,扩大定向采购范围,完善"菜单式"公共文化服务和采购机制,送文化活动511场,实现文化活动月月有、周周演、天天看的良好局面。联合各街道文化站、社区文化宫,全年举办62场主题各异、凸显社区特色的家门口文化活动。开展文商旅互动,与鼓楼步行街联合举办"欢乐鼓楼·幸福海曙——海曙区优秀文艺团队周周演",全年演出30场。引进专业剧团,全年开展送戏进社区活动24场,免费送出门票7000张。挖掘本土地域特色,全年举办3场区级、8场街道间的"文化走亲"。继续开展"百姓文化课堂"公益性免费培训,全年培训156次,共计312课时,培训1214人。推进公益电影进基层。持续7年推行社会化承办"海曙区百场电影送基层"文化品牌,有启运86微电影园区、天一党群服务中心等7个公益电影放映基地。积极开展文化活动。举办"不朽的丰碑——海曙区纪念红军长征胜利八十周年大型文艺晚会""2016全民阅读嘉年华·宁波数字阅读TOP100城市排行/数字传播影响力期刊TOP100排行发布盛典""2016中国·宁波国际微电影大赛暨首届宁波国际微电影节"等大型文化活动。深入开展全民阅读节系列活动。举办第二届市民艺术季系列活动及"2017年新年音乐周系列活动"。二是促进文化产业发展。以深入推进文化体制改革为主线,实施项目化带动思路,通过加大文化产业招商、扶持力度,不断推进文化产业集约化、规模化、专业化、融合

化发展。根据区统计局统计,截至三季度,海曙区拥有文化产业法人单位超过3100家,文化产业实现增加值9.28亿元,同比增长0.5%。是年新增规模以上文化企业20家;75家规上文化企业(国标)实现营业收入81.12亿元,同比增长14.3%;实现利税总额3.65亿元;新增文化产业企业542家,注册资金29.02亿元。夯实基础工作。修订《海曙区文化产业发展考核办法》。深入开展调研,分行业对50类文化及相关产业企业的前10名开展重点跟踪服务。进一步修订文化产业扶持政策,区财政投入300万元积极参加宁波市中小企业信贷风险补偿金(风险池)计划。在全市率先出台《海曙区区管文物和历史建筑适度利用统筹管理办法》《关于促进非国有博物馆发展实施办法》,中山公园逸仙楼、宁波商会旧址和花果园庙等文物和历史建筑向社会公开征集文化项目。产业环境日趋向好。实施文化企业"引进来""走出去"发展战略,全力营造良好的产业生态环境。积极组织文化企业参加第十一届中国(义乌)文化产品交易会、第十二届杭州国际动漫节和第十二届中国(深圳)国际文化产业博览交易会等活动。组织启运86微电影产业园区、大慈文化和荣宝斋等7家公司参加首届宁波特色文化产业博览会,并动员辖区350家文化企业参加招商活动。组织浙江星概念影视传媒有限公司等企业参加"上海·宁波周"项目推介活动,第一部电影《秘境》于11月底杀青。组织宁波企赢资产管理有限公司在"北京投洽会"与上海三联书店正式

签订"宁波三联书店旗舰店"项目。产业发展更加聚集。以街区、园区价值提升为载体,加快推动文化产业集聚发展。全区建成4个各具特色的文化产业园区、街区,集聚大批文创企业,初步形成功能清晰、定位明确、错位发展的文化产业发展空间格局。出台《海曙区文化产业示范基地和示范企业评选命名管理办法(试行)》,评选、表彰新芝8号创意园等一批文化产业示范园区和示范企业。鼓楼沿历史文化街区等5个园区列入"宁波市市级培育文创产业园区"名单。秀水街、南塘河、郁家巷、伏跗室和月湖景区被列入"第五批浙江省历史文化街区"榜单。项目带动成效明显。以重大文化产业项目推进为依托,建立完善全区文化产业发展重点项目库,培育形成一批实力雄厚、竞争力强的骨干文化企业。13家企业入选"宁波市文创产业排行榜";爱珂文化集团获评"宁波市2015年度服务业创新之星"和"宁波市第四批文化创新团队";启运86微电影主题产业园入选"宁波市第四批市级服务业产业基地"。电影《轻轻握住你的手》等4个文化项目获"宁波市文化精品工程专项扶持和优秀文化作品奖励"。宁波大慈文化传播有限公司推出的原创动画片《布袋小和尚》(第二季)被文化部列入"2016弘扬社会主义核心价值观动漫扶持计划(产品类)入选项目名单",全国50个,该片为浙江省唯一;同时,《布袋小和尚》被文化部文化产业司列入"国家动漫品牌建设和保护计划创意类项目名单"。6家单位申报"2016年度中央财政文化发展专项资金重大

项目",通过宁波市初审。启运86微电影主题文化产业园区"启运影视·爱真棒"网上影视服务平台正式上线。"中国·宁波现代影视城"项目在宝善路落户启动。"三联书店·宁波旗舰店"项目与1844·和义艺术生活中心正式签约。博洋集团旗下的"恒星影视产业园"获得区政府重大项目"一企一策"支持,由著名影星王力宏等主演的电影《会痛的十七岁》在宁波开机。知名文化品牌荣宝斋、一得阁、百雅轩陆续落户海曙。三是加强文化遗产保护。做好文物保护基础工作。完成第一次全国可移动文物普查第三阶段工作任务,出版海曙区"一普"成果图册《海曙珍藏》,在张苍水纪念馆举办海曙区"一普"成果图片展。推荐第七批省保单位,重新调整公布区级文保单位"二划",编制完成林宅等全国文保单位保护规划。制定出台《海曙区关于促进非国有博物馆发展实施办法》。完成"海丝申遗"永丰库遗址的保护规划、整治方案和展陈展示方案编制,整治工程前期以及申遗各项准备工作。推动落实城隍庙修缮、董孝子庙重建的各项前期工作。积极推进文物建筑的合理利用和功能提升工作,受到省、市领导肯定,督学行署的保护利用入选"浙江省不可移动文物保护利用优秀案例"。6月,浙江省文物局局长陈瑶带领专家,专程调研海曙区文物建筑保护利用工作。选送专业人员参加省文物局组织的为期两个月的文物保护实训班。完成第三届海曙区文化遗产保护者协会换届选举工作。做好文物宣传工作。省级文保单位张苍水纪念馆、大革命

时期宁波地委旧址纪念馆和宁波市鼠疫灾难陈列馆等全年免费接待观众约8.5万人次。大革命时期中共宁波地委旧址纪念馆成功入选"宁波市示范性开放式组织生活基地",并成为区委组织部"党建风情线"的活动基地之一。投资68万元推动张苍水纪念馆改陈工作,提高陈列展示水平。积极协助月湖天一阁5A级景区开展创建工作。做好鼓楼陈列展览开放工作。做好文物安全工作。召开全区文化市场(文物)安全生产工作会议,与(文物)管理使用单位签订安全生产责任书。全区139处文保单位(点)均有专职人员负责每月1次的巡查,同时每个点均培训责任文保员开展不定时巡查,在重大节假日区文物管理所、区消防和文化执法大队等部门开展联合巡查。实施辖区内重要文物建筑白蚁防治工作。推进非物质文化遗产保护与传承。组织"东福园宁波菜烹饪技艺""宋氏妇科"两项市级项目申报第五批浙江省非物质文化遗产代表性项目。组织参加"吴越同音·江浙沪摊簧艺术精品展演""东亚文化之都·2016宁波活动年开幕式暨东亚非物质文化遗产博览会"系列活动和"宁波市非物质文化遗产暨创意工艺品展览会"等活动。继续做好非遗普查工作,公布第四批区级代表性非遗名录,并对前三批区级非遗项目进行复评。开设"四明南词"公益性长期培训班,全年举办培训144次,计288课时。举办面向公众的"非遗课堂"10次,计20课时。举办百姓文化课堂非遗培训24次,计48课时。四是强化文化市场管理。围绕"扫黄打非"

"净网、清源、护苗、秋风"等专项行动和"平安浙江——护航 G20 文化市场专项保障行动",以整治网络文化环境,净化出版物市场,整治全区中小学校校园周边环境为工作主线,以遏制政治性非法出版物,清除网上有害信息,保护知识产权,保障文化市场安全有序为重要任务,切实加强文化市场日常监管,扎实开展国家卫生城市创建、全国文明城市创建等重点工作文化市场保障任务。全年出动执法人员 1427 人(次),检查文化经营场所 1949 家次,对辖区内各家文化市场经营单位日常检查次数在 2 次以上,市场良好率 96% 以上,做到市场监管主体全纳入、区域全覆盖,并开展联合检查 13 次,举报受理 7 件,立案处罚 42 起,停业整顿 1 家,警告 32 家次。全力保驾护航 G20 峰会,荣获浙江省文化系统服务保障 G20 杭州峰会工作先进集体。创新监管方法。投入 60 余万元资金,在全省率先建立区级文化市场视频监控平台后,7 月 14 日,又完成宁波市总队交办的包括出版物市场在内的全省首个"文化市场综合执法双随机系统"并正式启动运行,实现随机抽取检查对象、随机选派检查人员、即时生成报表数据、智能排序等功能,在全力护航 G20 峰会期间结合日常巡查,充分发挥作用,对随机抽查做到全程留痕,责任可追溯,取得较好成效,得到中共中央宣传部报道和省、市上级行政部门的充分肯定。加强安全生产监管。召开全区"平安文化市场建设·杭州 G20 峰会文化市场专项保障行动·安全生产工作动员大会",部署全年安全生产工作重

点任务,并签订安全生产责任书。开展安全教育培训、演练活动,进一步提高安全经营意识。开展"五星网吧""海曙区平安文化经营场所"等一系列争创活动,制订海曙娱乐场所分级管理制度。联合文化经营管理行业协会,促成全区网吧安装独立式烟感报警器,同时全力推广娱乐场所和文保单位安装智慧式用电安全隐患监管服务系统,有效加强文化市场事中事后监管。大力推进行政审批规范化建设。进一步深化市县同权同批审批模式,促进提速增效,文化行政审批承诺时限全市排名第三。截至 12 月 26 日,文化窗口接待 575 人次,受理申请 153 件,办结 153 件。

《阿婶合唱团》获得全国"群星奖" 10 月 14 日至 23 日,由海曙区文化馆打造的舞蹈作品《阿婶合唱团》代表浙江省赴西安参加第十七届全国群星奖决赛,并获得第十七届中国文化艺术政府奖"群星奖"。这是海曙区自 2007 年后连续四届获得全国"群星奖",取得第十四届、第十五届、第十六届、十七届"四连冠",并获宁波市文化广电新闻出版局通报嘉奖。

(毛 培)

【江东区文化广电新闻出版局】 内设机构 4 个,直属单位 4 个。

2016 年,江东区文化广电新闻出版局紧紧围绕区委、区政府中心工作,以"两强两品"战略为指导,以宁波"一都三城"文化建设战略目标为契机,完成"十三五"文化发展规划编制工作,深入推进高品质都市文化特色区建设,各项工作积极有序推进。一

是海商主题文化建设成果凸显。举办 2016 中国(宁波)海商文化周六大系列活动。海商文化理论成果进一步夯实,编撰完成《海商文化与宁波(江东)城市转型发展研究》和《江东海商文化史料辑存》。海商文化基因进一步得到转化,邀请国内知名音乐人创作《总是想起三江口》等 6 首展现海商文化景观、歌颂海商人文精神的原创音乐作品,精心打磨创作长篇小说《女船王》,举办"2016 海上丝绸之路创意设计大赛"。海商文化活动载体更为丰富,举办"海商杯"首届大学生公益创客大赛,成立宁波航运经理人俱乐部,策划开展 80 余场公共文化惠民活动。海商文化传播力度更大,不断加强海商文化进校园、进企业、进社区、进广场系列活动的深度和广度,提升海商文化的群众参与度;充分发挥各级各类新闻媒体优势,全面展示海商文化周活动盛况和取得的丰硕成果。海商文化建设相关信息被副市长张明华批示,还被文化部内部资源信息录用。二是现代公共文化服务体系稳步构建。完成第三批浙江省公共文化服务体系示范项目准备工作。文化阵地服务功能提升。完成文化馆新馆功能提升布局和设计,并做好装修工程招标前期准备工作。区文化馆创建成为国家一级馆,《江东文化志》顺利出版。整合基层公共文化资源,制定"七彩江东"一街一特创建工作方案,打响东胜街道"万人读书季"品牌,打造福明街道"甬剧传承基地"等,新城社区获得市级甬剧传承基地称号。深入推进一体化公共图书馆服务体系建设,编制发布江东区首个公共文

化服务类地方标准规范，一体化公共图书馆服务标准化试点项目通过市级验收。完成区图书馆改造装修工程，建成1家少儿特色24小时街区自助图书馆，设立"一卡通"分馆4家和图书流动站（点）5家、绘本分馆2家。全年区图书馆接待读者154万余人次，借还图书105万余册次。都市特色文化品牌效应显现。深入开展"百场文化进东部活动"，举办"文化江东春满园""金色畅想"等文化惠民活动100余场。举办第八届"书香江东读书节"、"第十二届未成年人读书节"系列活动160余场。积极打造"图图宝贝"亲子阅读品牌，该品牌案例入选全省图书馆阅读推广案例宁波区决赛。图书馆一体化总分馆共建共享活动在全市公共图书馆长会议上作为典型案例交流发言。积极推进免费开放工作，开展"快乐·365——文化惠民行动"2000余场次，指导基层公益电影放映点完成数字电影播放840场次，实现文化惠民20万余人次。三是公共文化服务平台升级优化。积极推进"阿拉文化空间"微信公众平台运营工作，推送宣传信息820余篇；策划开展"我最喜爱的剧团和票友"评选活动，点击量超过430万次。创新推出低价有偿服务模式，通过在线选座、在线支付和快递寄票等方式实现一站式购票。推进"社区居民记忆库"特色数字化阅读平台建设，完成网站整体框架构建并做好数据库网站页面设计工作，收集资源28.32GB。社会力量参与公共文化力度加大。积极发挥区文化馆、区图书馆理事会作用，引导社会各领域参与公共文化服务。完

善政府向社会力量购买公共文化服务机制，制定《2016年"百场文化进东部"政府采购管理办法》等以规范经费使用，截至11月，采购金额1208万余元。充分发挥各街道文化阵地及文艺人才优势。推进KTV、网吧免费开放，月均开放包厢18个，8000余人次受惠，文化市场免费开放工作在全市歌舞娱乐场所培训会上作专题介绍推广。群众文艺团队发展壮大。培育基层文化团队。举办基层文化干部培训班3期，培训700余人次。明楼街道聂艳群众文化工作室被评为A级文艺团队。深入打造民星艺术团，开展排练290余次，骨干成员参与甬剧小戏《责任》、舞蹈《红妆》等文艺精品的创作、比赛，举办民星艺术团京剧队专场演出。着力培育阅读服务团队，开展"红领巾阅读天使团队主题系列活动"56场次，打造常青藤"乖乖兔"亲子阅读会等绘本特色阅读团队。四是文艺精品创作取得显著成效。确立诗集《载不动的乡愁》等15个重点文艺精品创作项目。甬剧小戏《车位》获浙江省"群星奖"，长篇小说《女船王》、报告文学《小巷总理——俞复玲和她的社区》和"江东文艺·作家文丛"系列图书正式出版。甬剧小戏《责任》参加省新农村建设题材小戏会演，舞蹈《红妆》参加省舞蹈大赛决赛，评书《岳飞传》（选段）作为宁波市唯一节目受邀参加"第七届全国少儿曲艺展演"。2件书法作品入选"浙江省'五水共治'群星书法大展"，1件书法作品获浙江省特色小镇建设群星楹联书法大展银奖，为全市最高奖项。五是文化产业发展加快推进。以打造

"文化产业先行区"为目标，推动江东区文化产业更上新台阶。文化产业工作体系不断完善。召开全区文化产业工作推进会，完善区对街道考核细则，编制区文化产业三年行动计划，明确文化产业发展目标及主要举措。修订完善文化产业政策，出台园区专项扶持条款，对引进第三方运营商打造文创产业园区的给予改造费用补助，对新认定的市级文创产业园区给予配套补助，强化对特色行业培育和园区打造扶持力度，兑现文化产业扶持资金1622.6万元，同比增长16.4%。设立200万文化产业风险补偿资金，纳入市文化产业风险补偿资金池。加大统计工作力度，截至第三季度，新增规（限）上文化企业11家，文化产业实现增加值13.5亿元，同比增长17.7%。文化产业招商有力推进。健全完善区经合局、街道联动招商机制，完成《江东区文化产业投资指南》编制，利用展会招商、以商引商等方式推动文化产业招商工作有序开展。主动开展走出去引进来招商，组织走访上海文化产权交易所、江澄文化等知名企业和知名第三方运营商，邀请西泠印社等国内知名文化企业到江东区考察洽谈。依托大型文化产业交流活动，促成大境文化、交大昂立教育等10多个项目签约，推介了报业传媒大厦、宁波集盒等5家招商主体。发动355名境内外客商参加宁波特色文化产业博览会，文化产业首次在浙江投资贸易洽谈会上列入江东分团重点签约板块。截至第三季度，全区引进文化企业350家，其中注册资金500万元以上企业64家，1000万

元以上 32 家,总注册资金 14 亿元,前 3 季度引进注册资金已超 2015 年全年总和。文创产业园区建设力度不断加大。推动市级文创产业园区创建,和丰创意广场、宁波文化广场、宁波书城 3 个园区被认定为市级文创园区,居各县(市、区)之首。宁波市文化广场公共文化市场化运作创新团队首度入选宁波市文化创新团队。宁波集盒获评省级文创示范街区,成为全市 2 个入选试点之一。盛世方舟引入锋人院、京东智能等多个文化子基金,打造首个国内众创空间综合体。文化企业服务有效开展。建立区文化产业协会,吸纳企业会员 104 家,新增会员 70 家,组织开展专家报告、产业论坛和艺术鉴赏等服务活动。发动新华书店、影锋展览等企业申报各级文化产业扶持资金,其中 8 个项目获市级文化产业扶持资金 240 万元、14 家企业申报高成长文化企业奖励。六是高标准的文化市场管理体系逐步健全。以深化"文化市场综合执法示范区"试点区创建为抓手,以"两会"、杭州 G20 峰会保障等任务为中心,切实强化文化市场监管和执法。基层文化市场综合监管网络体系不断完善。指导明楼等 5 个街道成立街道文化市场综合执法中队,并以社区为单位建立 39 个义务监督网格小队,形成对全区文化经营场所监管的全时空覆盖。联合区关心下一代工作委员会、各街道表彰优秀义务监督员 13 位,明楼街道常青藤社区被确定为全国文化市场年会 3 个考察点之一。开展保障杭州 G20 峰会、"扫黄打非"和文明城市创建等执法整治行动,全年出动执

法人员 1331 人次,检查场所 2375 家,查处案件 26 件,收缴非法出版物、音像制品 83 张(册)。文化市场监管手段创新推进。依托技术创新建立江东区文化市场信息监控中心,对网吧、演出场所进行全天候、不间断实时监管。开展网吧属地 IP 网站智能巡查、实施网吧人脸识别系统 FIRS,全面实施文化市场扫"二维码"执法管理,加强文化执法微信平台的教育和培训作用,发布信息 60 余条,开展网络培训 16 期。探索完善 KTV 等级评定、星级平安创建和网吧计分制管理等分级分类监管机制,7 家 KTV 被评为 A级场所,40 家企业获评平安场所称号,对 55 家网吧进行"绿黄橙红"4 色评定。积极推荐优秀企业申报市级平安文化经营场所,3 家场所新创建成为市级平安文化经营场所,7 家企业复评成功。文化市场审批规范化建设。健全内部规范化管理制度,依法履行行政审批职责,办结各类行政审批事项 91 件,组织听证会 1 次。深入推进网上审批工作,审批窗口被评为 2015 年度优胜窗口。1份许可案卷被评为全市"十佳许可案卷",在年度宁波市文化行政审批技能比武中荣获团体、个人一等奖。文化行业发展水平提升。加强行业自律建设,推进行业转型升级,新引入 3 家品牌连锁网吧,全区 75% 以上网吧转型升级为"2.0 版"以上网咖,30%网吧开创全新的经营思路和理念,向"3.0 版"过渡。推行"职业经理人培育计划",完成"优秀店长"评选活动准备工作。七是传统文化保护利用工作扎实推进。以创新遗产保护理念、弘扬传承

历史传统文化为工作重点,加快推进文化遗产资源合理开发利用。提升文物管理水平,保障辖区文物安全。全面完成第一次全国可移动文物普查工作,登录可移动文物 1171 件(套)。推进甬剧博物馆项目建设,实施宁静居宅院主体建筑修缮、院落和周边环境清理等工作。积极协调新屋门民居异地迁移保护工作。借助"天地一体"不可移动文物实时监测系统,对文物实施全天候、不间断实时监控,累计开展文物安全巡查 205 次,出动 356 人次。充分挖掘利用江东区历史文化资源,依托钱肃乐故居(甬之美文化交流中心)举办展览 7 场次,观众3500 余人次。整合辖区资源,开展社区微小博物(非遗)馆试点建设。召开工作推进会,制定工作方案,大力挖掘机关、学校、企事业单位和社区历史文化资源,指导街道因地制宜推进楼茂记展览馆、宁丰村史陈列馆等社区微小博物馆(非遗馆)建设。为首批12 家社区微小博物(非遗)馆授牌。加大非遗项目挖掘力度。完成"泥金彩漆"项目申报浙江省第五批非物质文化遗产项目工作,"泥金彩漆"项目获得浙江省非遗衍生品创意设计一等奖,是宁波唯一获得一等奖的项目。组织参加"2016 东亚文化之都——中国宁波活动年暨东亚非物质文化遗产展"。选送"龙凤戏衣绣袍"项目参加浙江省"非遗薪传"活动。组织老字号项目参加"2016·中日韩美食文化嘉年华活动"。组织参加"中日韩美食文化嘉年华'传统美食'争霸赛",区文化馆获得优秀组织奖。

(王帅锋)

【江北区文化广电新闻出版局】
内设机构4个,直属单位5个。2016年末人员82人(其中:机关25人,事业57人;具有高级技术职务资格的3人,中级8人)。

2016年,江北区文化广电新闻出版局认真贯彻落实"文化强区"发展战略,工作抓重点、攻难点、出亮点,文化事业和文化产业双轮驱动,取得了新进展、新成效,为江北宜居宜业现代化滨水品质城区发展提供了有力的文化支撑。一是深谋长远发展,三大文化母港抢占高地。建设宁波音乐港。规划立港,确定"一核一园多边"的基本发展架构。"一核"即以整个江北区为核心区,重点是宁波大剧院周边;"一园"指苏湖音乐产业园区;"多边"主要依托宁波大剧院和苏湖园区,向市内外进行辐射。宁波音乐港建设得到省委书记夏宝龙的充分肯定,省委宣传部常务副部长胡坚、省委宣传部副部长唐中祥等领导也针对宁波音乐港建设分别做出批示。产业兴港,推动文化项目落地开花。与北大青鸟签订战略合作协议,拟投资5亿元共同打造国家音乐产业基地。投资5000万元的"星乐龙声"项目登记注册,并着手设计宁波音乐公园。活动旺港,助推音乐产业扩大影响。举办"第三届浙江省合唱节",省委书记夏宝龙等5位省委领导出席开幕式,中国合唱协会理事长李培智等20名顶尖专家到会指导,吸引全省各地54支团队、3000多人参赛,比赛规格、参赛规模达历届之最。举办首届"海上丝绸之路国际音乐节",邀请海上丝绸之路10多个沿线国家和地区的顶级艺术家齐聚一堂,共同举行"丝路艺人嘉年华""海丝音乐论坛"和"音乐进校园"等系列活动,推动世界文化在宁波汇聚交融。建设外滩时尚港。科学规划,绘制外滩发展蓝图。按照"城市客厅、文化沙龙、时尚商圈"定位,科学规划外滩周边3万平方米的用地范围,重点打造"一核两轴两带三片区"。"一核"即国际时尚母港核心,以老外滩和绿地中心区域为主,"两轴"即时尚轴、国际轴,以沿人民路与大庆北路轴和沿大闸南路轴形成的Y型发展区域为主,"两带"即欧陆风情带、十里洋场产业带,以沿姚江风情休闲绿化带和沿甬江旅游时尚休闲带区域为主,"三片区"为历史与现代交融片区、现代时尚与商务片区和未来时尚与创意片区。举办活动,激发外滩文化底蕴。继续开展"星期六·相约老外滩"系列活动400余场,街头艺人表演活动250余场,举办时尚文化活动,推出文化鉴赏活动,全方位提升老外滩文化气息。推进国际化,塑造外滩世界风情。引入中东欧国家经济贸易或文化办事处,邀请国际名人走进老外滩,丰富老外滩国际人才社区,实现领事机构功能延伸、国际人才服务和文化艺术交流等综合功能。项目招引,提升外滩商业气息。推动外滩风情街、石库门一号影视库和文化产业基金等项目落地老外滩,进一步将老外滩打造成时尚艺术产业培育基地和文化创意产业集聚地。建设宁波文创港。依托甬江北岸港口与工业遗存,打造国内一流、具有国际影响的文创港。开展甬江北岸排查摸底工作,抓紧绘编分布情况详细地图,做好宁波文创港前期规划工作,加强重大项目招商,力争尽早启动建设。二是狠抓招商引资,文化产业发展强势崛起。开展文化产业重点项目招引。引进文创企业1045家,其中认缴资本100万元以上854家(认缴资本1000万元以上124家),总认缴资本36.8亿元以上,与2015年全年相比有较大幅度提升。星乐龙声、国家音乐产业基地和九天音乐网等一批大项目纷纷落地江北,中英时尚产业园、中欧时尚母港和宁波音乐厅等一批大项目积极洽谈中。在宁波市文化产业工作推进会上,江北区作典型发言。培育文化产业服务平台建设。组织江北区文化企业参加"2016中国(宁波)特色文化产业博览会"、"第11届中国(义乌)文化产品交易会"和"第十二届中国(深圳)国际文化产业博览交易会"等活动。江北区的木制品《和谐鼓桶桌》、工艺美术品《鹰》在义乌文化产品交易会期间双双获得"工艺美术奖"银奖;宁波音乐港项目、8号文创公园和文化产业基金等项目在"宁波市特色文化产业博览会"和"上海宁波周"活动中进行上台推介和签约,进一步提升了江北区文化产业的对外影响力。三是打响活动品牌,文化对外影响力借梯登高。打造慈孝文化全国影响力。以"唱响慈孝,畅想未来"为主题,主动对接中共中央网络安全和信息化领导小组办公室网络新闻信息传播局、国家互联网信息办公室网络社会工作局和共青团中央学校部等部门,通过合作共办的形式,嫁接中华慈孝节相关活动。举办"指尖正能量——全国高校移动网络作品传播工程"之"微孝行动微博话题征集活动"，收集作品 632 件，来自全国 28 个省、229 所高校的 3 万多人参与微博话题，微博阅读 231.5 万次。举办"造梦·创梦·圆梦——2016 百部中国梦网络微电影征集活动"，收到作品 1083 部，充分传递社会正能量，与甬派合作，举办"十大'最美家书'征集活动""时尚老人·五彩夕阳征集与摄影活动"和"朵朵鲜花献亲人"等活动，慈孝公益行动情暖甬城。打造群众文化社会影响力。围绕"北岸文化艺术节""创意街市""文化集市""公益夜市""一节三市"4 大公共文化活动，广泛开展文化惠民活动。第三届"北岸文化艺术节"有序开展，组织 12 大主体活动，100 项子活动。四是坚持原创竞争力，文化精品创作百花齐放。大力推动文化精品走出去。舞台剧《东方熊猫功夫梦》创作团队宁波东方民族歌舞团亮相中央电视台《星光大道》栏目，并将赴欧洲演出，《浙江日报》大篇幅刊登报道。举办"江北—浦江书画联展"和江北区首届油画展。摄影作品《童趣》、《明天要出海》（组照）入选中国第 16 届国际摄影艺术展。《不速之客》等 8 件摄影作品入展"时尚中国"全国摄影大赛。作品《辉映》《神秘园》在"古韵茶香、田园松阳"全国大赛中入展。绘画作品《蓝色畅想曲》获浙江省首届水彩画写生作品展优秀奖（最高奖），《圣塔菲的爆米花小车》入选意大利"法比利亚诺国际水彩节"。选送节目在 2016"文艺与时代同行"系列活动"舞彩宁波——时尚流行舞蹈大赛"中获一等奖。文学作品《传承者》列入重点文艺创作项目。完成出版全

套 7 册江北作家文丛。区合唱团和区"花儿"合唱团参加第三届浙江省合唱比赛，获所在组别第 2 名、第 4 名。五是夯实公共阵地，文化服务体系建设深得民心。探索公共文化服务体系标准化建设。出台《关于加快构建现代公共文化服务体系的实施意见》，制定 24 条公共文化服务标准和 23 条公共文化服务保障标准。因地制宜推进基层综合性文化服务中心建设，出台《关于推进基层综合性文化服务中心建设的实施意见》。推进艺术普及，出台《关于"一人一艺"全民艺术普及工程建设的实施意见》。梳理公共服务事项内容，制定并上报 43 项公共服务事项，增强群众公共文化服务满意度。实施文化惠民活动。深入推进"千场电影进农村"工程，全年放映电影 900 场，其中公益基地 300 场，送电影下乡 600 场。完成"天然舞台"文化惠民 22 场戏剧演出，送戏入村 120 场，实现"一村一年看一场戏"目标。继续推进"兰江舞台""北岸讲堂""百姓展厅"3 大公共文化平台建设，切实做到月月有演出、有讲座、有展览。六是探索四位一体，文化遗产保护硕果累累。推进文化遗存保护修缮工作。推进天主教堂修缮保护，按时、保质完成二期修缮工作。推进慈城遗存修缮保护。慈城古县城继续投入 10 亿元，完成东城门修复、护城河疏浚整治和民权路传统建筑修缮等工程。依托社会力量，将半浦古村落中的半浦小学原址改造为德造社，打造传统文化传承延展基地。继续推进老外滩遗存修缮保护。与宁波城建投资控股有限公司合作，陆续完成德记巷、

贝家巷和外滩延伸段等一大批历史文化建筑保护修缮工作。在全市文物工作会议上，江北区作为 3 个县（市、区）代表之一做典型发言。推进保国寺海上丝绸之路申遗工作。抓好"海上丝绸之路"重要节点保国寺申报世界文化遗产工作，牵头对保国寺周边的灵山村、鞍山村和慈江河南岸等缓冲区的环境整治工作进行实地调研查勘，设计环境整治方案，并在国家文物局召开的审议方案评审工作会上获原则通过。印发《江北区开展海上丝绸之路遗产保护和申报世界文化遗产工作实施方案》，成立江北区申遗环境整治工作领导小组。开展文化遗产挖掘整理工作。姚江古渡群等 3 处文化遗存接受省级文物保护单位考评。建成并开放冯骥才祖居博物馆、甬曹铁路宁波车站纪念馆、慈湖文化博物馆、金丝楠木博物馆、湾头社区博物馆。"骨木镶嵌""半浦村民间故事"申报第五批省级非遗项目，进入复评名录。完善改进《江北遗珍》和江北区不可移动文物地图，继续实施"宁波江北岸近现代建筑基因库"工程，利用数字化技术对历史建筑进行存档保护。七是严把批管双关，文化市场发展健康有序。依法开展行政审批工作。全年办理文化行政审批案件近 60 起，做到件件有落实、事事有答复，以高效率赢得办事业主的高度好评。认真梳理审批事项，规范审批程序，梳理行政审批流程 38 项，并制作成电子审批办理指南，同时为 38 项审批项目分别制作办事指南，方便群众办事。加强文化市场监管执法。深化文化市场专项督察，完善重大案件联合查处机制、安全

生产协作机制等,全年出动执法人员 2000 余人次,检查市场经营单位近 1000 家次,基本做到巡查全覆盖,取缔无证电子游戏厅 1 家,无证娱乐场所 1 家,办理案件 8 起,收缴设施设备 1000 余台,非法音像制品 1344 张。"五战法"深化"黑网吧"取缔工作,营造打击"黑网吧"的高压态势,创造"浙江经验",取缔 50 多家"黑网吧"。帮助 3 家违规经营者转化为正规网吧从业者。八是凝聚发展共识,文化服务保障机制更加完善。确立发展方向。高规格召开江北区文化强区建设暨时尚产业发展大会,把文化产业作为经济转型升级的主攻方向之一,确立文化产业在经济发展格局中的重要地位。在全市半年度文化广电新闻出版系统工作总结会议上,江北区文化广电新闻出版局作为唯一代表做典型发言。出台扶持政策。出台《关于进一步加快文化强区建设的若干意见》和《关于促进文化时尚产业发展的实施意见》等扶持政策,每年文化时尚产业补助资金不低于 5000 万元。落实人员保障。新增专业创作编制 1 名,主抓文艺精品创作。新配文化广电新闻出版局副局长 1 名,新增 3 名企业编制工作人员与 3 名事业编制工作人员从事文化产业招商工作。编制考核目标。编制出台《2016 年度文化强区建设行动计划》《江北区"文化强区"区直及驻区垂直管理单位考核细则》,明确各部门、单位工作职责,制定具体的量化评分标准,督促各部门、单位重视文化建设。

(方　文)

【镇海区委宣传部(文化广电新闻出版局)】 内设机构 4 个,下属单位 6 个。2016 年末人员 24 人(其中:机关 18 人,事业 6 人)。

2016 年,镇海区文化广电新闻出版局紧紧围绕"四个全面"战略布局,以深入贯彻落实党的十八届五中、六中全会及全国文艺工作座谈会精神为主线,以深入实施文化提升发展战略为重点,全面推进公共文化服务体系转型升级,继续扶持文化创意产业做大做优做强,着力提升文化市场监管和服务能力,不断推动全区文化大发展大繁荣。一是以构建现代公共文化服务体系为抓手,文化事业繁荣发展。推进全民阅读,全面启动"书香镇海"建设。联合下发《关于推进全民阅读建设"书香镇海"的实施意见》,明确书香型机关、校园、企业、村(社区)、家庭 5 大建设任务。举办千人换书大会、图书漂流大会等线上线下互动推进的主题阅读活动。图书服务平台列入区政府实事工程,投入使用 25 台云屏数字借阅机,并面向各镇、街道、机关单位宣传推广数字阅读卡。镇海区获评全国"书香城市(区县级)",培菊图书馆获评"中国最美基层图书馆",全年新增 1 家企业图书分馆。完善服务体系,提升公共文化服务现代化水平。联合发文明确未来 5 年全区公共文化服务体系建设总体目标。承办省排舞大赛、市青年戏剧大赛等多项省市赛事。举办德国海顿交响乐团专场音乐会、浙江话剧团有限公司精品话剧《凤凰》等艺术展演 16 场次。举办第三届市民文化节,征集到全区 20 余个举办主体的 58 项重点活动。开展"雄镇大舞台"专业剧场惠民演出 273 场次,放映电影 660 场。推进公共文化机构法人治理结构试点工作,成立区文化馆、区图书馆理事会。社会力量参与文化活动举办踊跃,区青年戏剧节、第四届"招宝 Dancing 全国街舞喜乐峰会"等活动得到 10 余家企业的赞助和支持。保护传承并重,推进文博事业持续发展。镇海口海防遗址总体保护规划通过国家批复,启动保护规划招投标工作。承办"宁波非物质文化遗产暨创意工艺品展览会"等多项省市活动,举办"跨界·实践——潘公凯水墨与建筑作品展"等 10 余个特展。由上海宁波商会捐赠的严信厚塑像落成。宁波帮博物馆获评全国首批"中国华侨国际文化交流基地"。后大街社区《十里红妆》节目受邀赴韩国参加第 55 届"东亚文化之都·耽罗文化节",是镇海区社区文艺团队首次出国演出。强化基层文联建设,文艺精品创作有序推进。指导团体协会建设,完成各文艺家协会换届工作。加大文艺精品项目创作扶持力度,甬剧小戏《母亲》《包家门前三八线》受邀赴北京参加第七届全国小戏小品曲艺大赛,并分获银奖、铜奖;市、区两级合作编排的《明州女子尽封王》完成首演。二是以文创产业平台建设为抓手,产业格局日渐优化。文创产业聚集度得到新提升。1 月至 11 月,全区新引进文化创意企业 383 家,完成年度目标任务的 141.9%,同比增长 16.1%,合计注册资金 19.6 亿元,同比增长 34.2%。其中,注册资金 500 万元以上项目 150 个,同比增长 30.4%。国际版权交易中心宁波分中心、太火鸟等优质文化创意产业项目落户镇海。全区文化创意产业从业人员超万人，其中"国家千人计划"人才 8 人、"省千人计划"人才 16 人、省领军型创业团队 2 个、"市 3315 计划"人才 11 人、"市 3315 计划"团队 6 个，引进高层次人才创业扶持项目 102 个，其中注册落户 67 个。文创产业平台实现新推进。推进文化产业发展平台品牌化建设。继续打造宁波市大学科技园、清华校友创业创新基地、西安电子科技大学宁波信息技术研究院和宁波西电产业园、国际应用能源技术创新研究院科技创新"五大平台"。完善"产业服务支持＋金融服务支持＋综合服务支持"3 个配套，打造集文化产业、旅游和生活等功能于一体的产业园区。宁波慧谷设计小镇入选第三批省级特色小镇、首批市级特色小镇，创 E 慧谷获评市级文创产业园区。依托区文化创意产业联盟，定期举行产业信息交流会、产业对接会，搭建行业资源共享、企业交流合作平台。文创产业管理服务工作打开新局面。持续开展"妈妈式"服务，为企业提供"全过程、全方位、一站式"全程服务。强化大学科技园文化企业服务站职能，有序开展知识产权保护、版权服务和文化行业法律法规宣教等企业服务。与宁波出版社协商，打通镇海区文化产品电子版权号的申请渠道，为首游网络游戏产品的知识产权保护提供保障。发挥高层次人才服务联盟作用，实施高层次人才"梧桐卡"制度，为到镇海创业创新的高层次文化人才提供 75 项社会化服务。三是以专项行动为抓手，文化市场平稳

有序。以依法审批为准则，引领文化市场繁荣发展。开展审批窗口管理服务标准化（OSM）建设，突出抓好首问负责、服务承诺和限时办结等制度，不断提高窗口常态化管理水平。作为文化行业联合审批的牵头单位，按照"一门受理、抄告相关、联合审批、限时办结"的工作程序开展联合踏勘、联合协调等工作，通过减少审批环节实现减轻企业负担、提高审批效率的目标。1 月至 11 月办理文化行政审批案件 59 件，办结率为 100％，无超时办结、违规许可现象发生。以护航 G20 峰会为契机，规范文化市场秩序。联合公安、消防等部门开展"2016'打违'专项保障行动"，取缔"黑网吧"、无证娱乐场所等违法经营活动 37 起。开展"2016'护苗'专项保障行动"，重点检查全区 33 家中小学校周边售卖、盗印非法出版物行为，下发《印刷业法规宣传资料》110 余份。以互联网平台为载体，提升服务监管效能。区文化市场技术监控平台经过立项、采购和安装等程序，上半年正式启用，对歌舞娱乐、网吧等场所进行远程视频实时监控，弥补现场检查时效性不强、调查取证困难的短板。同时，将区级监控平台与市级平台进行融合互通，实现资源共享，切实提高设备利用率。推广宁波市 KTV 经营场所在线服务平台，实现全区歌舞娱乐场所曲库监管全覆盖。组织开展全区歌舞娱乐场所 KTV 曲库远程监管系统与服务应用平台培训，在企业主自我管理基础上，聘请专人定期检查平台使用情况，做到歌舞娱乐场所点播曲目"零违禁"。

镇海区图书馆获得"2016 年中国最美基层图书馆"称号 10 月 26 日，中国图书馆年会在安徽铜陵举行，镇海区图书馆获得"2016 年中国最美基层图书馆"称号。这是宁波基层图书馆首次获得该奖项，也是本届年会中浙江省唯一获奖的基层图书馆。镇海区图书馆自新馆开馆以来，不断创新服务理念，完善服务机制，推广全民阅读，在构建公共文化服务体系、建设"书香镇海"、提升民众科学文化素养中发挥了积极作用。

（胡华锋）

【北仑区文化广电新闻出版局（体育局）】 内设机构 4 个，直属事业单位 5 个。2016 年末人员 63 人（其中：机关 12 人，事业 51 人；具有高级技术职务资格的 8 人，中级 14 人）。

2016 年是"十三五"规划的开局之年。北仑区文化工作以深化改革为统领，以融合发展为开篇，以"深化服务、强化专业、提升品质"为目标，不断创新工作方式和手段，推进文化事业进一步发展。一是与时俱进，推进公共文化服务创新发展。加快构建北仑区现代公共文化服务体系，出台《关于加快构建北仑区现代公共文化服务体系实施意见》，制定北仑区公共文化服务标准。宁波中国港口博物馆、北仑区图书馆、北仑文化馆理事会制度建设进一步推进。白峰街道、区图书馆创建宁波市第二批公共文化示范区（项目）。梅山街道被命名为"浙江省民间文化艺术之乡"。宁波中国港口博物馆打造"互联网＋"智慧场馆，建立智能建筑管理系

统、智慧导览系统、智能业务系统和文物检测无线系统，推广微信导览和 App 交互平台。"向东是大海——纪念郑和下西洋特展"获第十届浙江省陈列展览精品奖，"青少年模拟考古"项目获"全省首届博物馆十佳青少年教育项目"称号。北仑新华书店不断改进服务手段，推出微信支付功能，拥有粉丝 5000 人。北仑图书馆启动"海疆数字文化导航站"，推进文化固边工作，在梅山建立浙江省首个"海疆数字文化导航站"。北仑文化馆继续深化文化加油站这一创新机制，满足群众自己"点单"享受公共"文化大餐"的需求，开展全民艺术普及季活动，推出包括二胡、拉丁舞和剪纸等课程。积极开发北仑区公共文化数字服务系统。二是文化惠民，助推群众文化活动蓬勃开展。公益场馆服务日益提升。"宁波中国港口博物馆"被国务院办公厅正式发文命名，成为宁波第一家国字号博物馆，全年接待观众 35 万余人次，获"浙江省科普教育基地"等荣誉。北仑图书馆截至 11 月底，到馆读者 78 万人次，借还图书 162 册次，新书上架 5.8 万册，新增借阅卡 7100 余张。推出"悦享悦买"活动，方便读者在新华书店挑中图书后可直接办理借阅手续，由图书馆承担购书费用，并在各县（市、区）图书馆首推"仑图双语绘本讲读活动"。北仑区文化馆在第四次文化馆评估定级中获国家一级馆称号，馆长朱伟入选 2016 年度文化部优秀专家。以"港口"为主题的品牌活动精彩纷呈。宁波北仑港口文化节连续举办 5 届，不断注入时尚、开放、包容的文化内涵。

举办以"阿拉的节日""共建美好家园"为主题的外来建设者文化艺术节系列活动以及宁波市首届民俗文化庙会、"读海洋、画海洋、游港城——少儿阅读活动"等系列活动。展览、讲座蓬勃开展。北仑图书馆举办"九峰讲坛"公益讲座 23 场，"九峰讲坛"被评为 2016 年度宁波社科讲坛优秀授课点；组织展览 19 场；组织"苗苗悦读亲子故事会"11 场、非遗手工制作培训 36 场；举办"我是小小故事王讲故事比赛"3 场；沙龙座谈会、朗诵会和摄影大赛等读者活动 122 场次，惠及读者 5 万余人。文化馆的北仑百姓艺术馆和港城文化长廊举办展览 36 期。港口博物馆举办临时展览 10 期、"港博讲坛"12 期、"我与港博同成长"青少年体验活动 50 期，并策划举办"万物启蒙夏令营"等社教活动。惠民服务全民共享。参与 2016 年区文化科技卫生"三下乡"活动，举办区级及街道级"海享舞台"演出 347 场；开展送戏下乡 412 场，送书下基层 3.1 万余册，农村电影放映 900 场；举办开心书场 145 场、"快乐戏台"及天然舞台 18 场。精品文化成果斐然。电视文献片《中国港口》在央视播出，篆刻《超阳朱迹》入选文化部举办的"第十一届中国艺术节书法篆刻展"，《梦之·瑰宝》和《买买提大叔》入选中国美术家协会举办的"中国水彩、粉画人物画展"，小品《清明时节》获得"第十三届华东六省一市戏剧小品大赛"和省"第二十六届戏剧小品邀请赛"双金奖，歌曲《心爱我的家》、舞蹈《一伞幽梦》获省兰花奖，《番滩印象》等作品入选"2016·浙江省女美术家作品

展"，《秀林·印象》等作品入选浙江省首届水彩·粉画写生展览，《青山绿水就是金山银山》获"吴昌硕奖"浙江省第五届篆刻大展二等奖，《隶书册页》等作品入选"沙孟海奖"第九届全浙书法大展，《老宅》等作品获"2016 浙江省剪纸艺术展"三等奖。举办 2016 全国（浙江）漆画创作高级研修班和北仑区精品文艺会演，社会反响良好。三是传承交流，文化遗产保护工作成效显著。文化交流流光溢彩。"梅山舞狮"作为 2016 年"东亚文化之都"交流项目之一，首次走出国门，赴日本奈良市参加平城京天平祭活动，这也是北仑区第一个走出国门进行文化交流的民间特色文艺团队。非遗活动精彩多样。公布命名北仑区第五批区级名录、传承人和传承基地。举办"我们的节日"系列文化活动。举办"巧手做花灯——北仑区民间灯彩制作大赛"、纪念中国第十一个"文化遗产日"系列活动和北仑区"传家风、倡清廉、颂文明中秋晚会"等。编印《北仑家风家规家训故事》。北仑区文化馆和图书馆联手开设手工创意室，提供剪纸、中国结和彩灯等非遗制作免费培训。强调规范，提高藏品征集与管理能力，完成"一普"登录审核，登录文物 5477 件（套），另外完成登录包括北仑区烈士纪念馆、柴桥街道等 4 家单位收藏的 53 件（套）文物，合计 5530 件（套）文物。新征集元鎏金铜胡人雕像、清银货船模型和明代万历铜胎掐丝珐琅花鸟纹盘等珍贵文物 28 件。启动 2013 年后新征集文物整理、登记入账工作。文物保护工作成果显著。瑞庐申报第七批省级文保单

位，核定公布梅山烽火台、备碶和隆记渔行（徐舫艇将军故居）为第十七批区级文物保护点。配合规划部门着手编制市级历史文化名村郭巨城中村、柴桥四合村及其他历史地段柴桥老街保护规划。组织实施镇海口海防遗址（江南部分）宏远、靖远炮台临时性抢险加固。完成春晓刘慈孚故居、霞浦钟观光墓、柴桥钟观光故居和山安堂修缮。完成编制东岙山徐桴旧居（二期）、张公庙后大殿、虞家后新屋修缮设计方案。划定小浃江碶闸群等3处省级文保单位、长沙汀庙等5处区级文保单位和三代经师堂等59处区级文保点的保护范围和建设控制地带。完成3处省级文保单位的"四有"档案编制。制作梅山盐场盐田旧址等20处文保单位（点）保护标志说明碑。四是繁荣稳定，确保文化市场健康有序发展。强化区文化市场管理（"扫黄打非"）工作。区级层面文化市场管理和"扫黄打非"工作会议定期召开。局层面每月固定召开月度工作会议，及时总结和推进相关工作。围绕"维护文化安全，保护知识产权，保障未成年人健康成长"3条主线，突出"转型、规范、净化"3大主题，强化日常监管，实施专项治理，完成重大节庆和重要时期的保障任务。做好文化市场行政审批工作。全年受理行政审批55件，全部按时或提前办结。按照规定做好浙江政务服务网后台事项梳理维护工作。坚持以G20峰会文化市场保障为重点，全力规范市场秩序。全年出动检查1210人次，检查文化经营单位1782家次；立案18起，办结22起，简易程序4个、一般程序

18个，案件涉及网吧、娱乐和艺术品等门类，首次办理艺术品领域案件，办结2起网吧接纳未成年人吊销许可证案。强化市场自我管理。开展行业自查自纠活动40余次，查纠面达100％，查纠参与率达95％以上。举办文化市场法制宣传日活动，发放资料3000余份。举办法制培训班6期，集中培训800多家文化经营单位负责人，参训率超90％。文化产业稳步发展。梅山海洋特色金融小镇被评为首批特色小镇文化建设示范点。新增2家限上文化企业。海伦钢琴股份有限公司、宁波创源文化发展股份有限公司和宁波中青创文化广场开发有限公司等积极做好文化产业补助资金申报工作。电影《最萌身高差》《天亮之前》院线上映且取得较好票房收入。

（郑　亮）

【鄞州区文化广电新闻出版局（风景旅游管理局、体育局）】　内设机构7个，直属单位13个。2016年末人员131人（其中：机关23人，事业108人；具有高级技术职务资格的17人，中级37人）。

2016年，鄞州区文化广电新闻出版局围绕打造"浙江两富两美先行区、宁波港口经济圈核心区"目标和"名城强区"战略，深化国家公共文化服务体系示范区创建成果，全区文化工作取得新发展。一是提升公共文化服务。全省县（市、区）基层公共文化服务评估第7年蝉联全省第一。云龙镇、集士港镇通过市第二批公共文化示范区（项目）验收。瞻岐镇、东吴镇分别以评审分第一、第二的成绩取得市第三批示范区创

建资格，下应街道以第一的成绩取得市第三批示范项目创建资格。邱隘镇、横溪镇、云龙镇通过省文化厅"浙江省文化强镇"复查，下应街道湾底村等7个村（社区）通过省文化厅"浙江省文化示范村（社区）"复查验收；瞻岐镇元宵灯会入围2016年度浙江省民间文化艺术之乡评选。开展创新实践。加强公共文化阵地建设。区图书馆启动改造工程，计划总投入3000万元，全年完成1000万元的工程量。区文化艺术中心改造工程立项，预算8000万元。章水镇文化艺术中心完成建设。鄞江镇文化艺术中心完成主体建设。新建农村文化礼堂33个，全区现有文化礼堂143个。出台《关于加快基层综合文化服务中心建设的实施意见》《村（社区）级公共文体场馆规范服务的指导意见》，实现村（社区）文化服务水平再提升。编制《鄞州中心城区"十三五"公共文化设施布局规划》。启动数字文化馆总分馆体系建设。推动以区文化馆为总馆、镇（乡）街道文化站为分馆、村（社区）文化中心为支馆的数字文化馆总分馆体系建设。开展全民艺术普及工程。作为市全民艺术普及综合试点，启动中小学"一人一艺"三年行动计划，创建中小学艺术教育项目培育基地10个，中华优秀文化艺术传承学校5个。起草《关于鼓励社会力量参与"全民艺术普及工程"的实施办法》。对边远地区及考核优秀单位进行公共文化菜单式补助。社会力量参与公共文化有新拓展。开展"深化公共文化社会化发展机制创新"课题研究，被列入区委2016年度12个重点改革项目。引导

和鼓励地方名人捐赠家藏文献，累计接受地方名人有价值的赠书及资料近2万份。全区民办艺术机构举办各类公益文化展览110余次，教育培训活动50余次，公益演出近20场，文化节庆活动3次。民间资本投资"蚂蚁"社区影院小院线在2个社区开始试点。开展惠民服务。"天天系列"文化惠民工程持续推进。全年下基层演出1330场次，观众100万人次。区文化艺术中心大剧院引进高水准演出40场，观众约2.3万人次。"天天读"为全区389家农家书屋配送图书6万余册。"天天听"举办讲座104场次，听众2万余人。"天天学"开展各类公益培训300余期（次）。天天文化志愿者协会探索建立"文化志愿者艺术培训基地"，建立朗诵、相声、小品、快板培训基地，积极筹建戏剧基地。此外，在文化部2016年文化志愿服务工作评选中，鄞州区天天文化志愿者协会东吴分会"乡镇公共文化场馆管理"被列入基层文化志愿服务项目典型案例；"鄞江镇德艺器乐俱乐部"被列入文化志愿服务团队典型案例。公益电影放映基地建设有序推进。15个市级公益电影放映基地放映电影1648场，"农村电影放映工程"放映4800场次，"天天看"电影惠民工程公益基地和市公益基地放映故事片4319场，科教片3236场，受惠群众203万人。惠民品牌活动进一步打响。区图书馆"送书下乡"3万余册，举办各类读者活动300余场，完成"你点我购"1.8万册。区文化馆开展"星光系列"公共文化艺术展览20余次。区越剧团完成大戏演出142场，举办"爱越吧"公

益培训56次。镇级文化活动亮点不断。各镇乡（街道）积极开展各具特色的文化艺术活动，全年举办各具特色的文化艺术活动110次。开启"尊享·阅读——你选 我买 速借"图书惠民服务。"王应麟读书节"推出15项主题活动，受惠群众20万人次。举办第五届"天天文化艺术节"，举办青歌赛、群众自创自演大赛和腰鼓比赛等赛事类活动，其中2名小选手赴北京参加"第十届百花奖全国艺术特长生总决赛"，分别获特别金奖和金奖。此外，鄞州区还承接省级培训班2个，开展庆祝建党95周年红色电影展映等10余项培训类、展演类系列活动。促进文化交流。全年开展文化交流、文化走亲20余次。举办"春雨工程"边疆地区调音师培训班，参加宁波市举办的"东亚文化之都"相关文化交流活动。开展重庆、上海、浙江三地文化交流活动。天天文化志愿者赴吉林省延边朝鲜族自治州开展"文化志愿者边疆行活动"，这是鄞州区首次由社团与边疆少数民族进行文化交流，在当地引起较大反响。"红牡丹"入选新华社《中国名片》，两次赴英国开展交流教学，累计达60余天。长三角越剧研讨会在鄞州举行。举办第十二届"长三角民族乐团展演活动"。创作文艺精品。宁波市甬剧传习中心落地鄞州，排演传统名剧《呆大烧香》；区越剧团创作改编排演《琥珀缘》，两台戏均在省戏剧节上展演，获得好评，《呆大烧香》还代表宁波市参加浙江省十台民营剧团经典剧目展演。舞蹈作品《龙灯·龙舞·龙魂》获浙江省"群星奖"。默剧《卑微与光荣》获浙江

省第27届戏剧小品邀请赛兰花金奖。龚建军作品《镜象—无语》获第十一届全国水彩画展最高奖。重大历史题材类油画《王安石变法》，历时5年完成创作，是全国唯一一件由县（市）区团队创作的作品，该作品将在国家博物馆永久陈列。二是加强文化遗产保护。文物保护工作有序推进。全面完成第一次可移动文物普查。全区有23家收藏单位，藏品20791件（套），藏品数量居全市第一；库房登记文物16815件，比原数量增加5倍；完成《鄞州区第一次全国可移动文物普查工作报告》等成果转化工作。文物资源又有新发现。发现边文锦故居、沈祝三故居和共济会旧址等多处具有较高价值的近代建筑。鄞东南海防6组7处遗址整合成系列。完成开发地块考古勘探91.7万平方米，发现古窑址4处。加大文物保护力度。投入财政资金791万元开展文物保护工程，完成测绘、修缮古迹16处，补助镇街道文物保护工程12处。完成5处文保单位（点）第七批省级文物保护单位申报工作。制定出台《鄞州区文物保护专项资金使用管理办法》。推进天童寺海上丝绸之路申遗工作。开展石家村保护开发前期工作。中法合作宁波首个中国城市遗产保护志愿者工作营落户鄞江古镇。开展文保宣传活动。非物质文化遗产保护力度加强。举办第三季"高手在民间比赛""81890盲人进非遗馆体验活动"和"鄞州非遗馆携爱同行公益活动"等10余个大型非遗活动，全年累计举办非遗展览展示活动75项，开展技艺培训200余场次，非遗馆全年参观人

数 10 万人次。举办"薪火相传——首届非遗文化节"。完成第五批省级项目申报工作。将"邱隘咸齑腌制技艺"等 4 个项目申报第五批浙江省非物质文化遗产代表性项目。博物馆群建设不断提升。全区博物馆举办各类临时展览 90 余次、活动 50 余次，参观人数 280 万人次。积极引导和鼓励社会力量参与博物馆建设。修订出台《鄞州区非国有博物馆补助经费专项资金管理办法》。11 月，中国插花艺术馆正式开馆，建筑面积达 8800 平方米，投资 5000 万元，填补了中国南方插花艺术馆的空白。非国有博物馆首次"走出去"。鄞州区博物馆协会组织相关人员赴含山为当地的非国有博物馆建设传经输血，全年组织民办博物馆赴河南等地外出考察交流 5 次。举办"红帮裁缝进京 60 周年特展"。三是加强文化市场管理。鄞州区文化市场安全有序运行，G20 峰会期间保障工作扎实，获得省市区级多项荣誉：区文化市场行政综合执法大队被区委、区政府评为平安护航杭州 G20 峰会先进集体；1 人被市委、市政府评为平安护航杭州 G20 峰会先进个人；1 人被区委、区政府评为平安护航杭州 G20 峰会先进个人。规范文化市场审批管理。积极推进"五张清单一张网"工作，94 项审批事项通过浙江政务网审批。深化巩固市县文化行政审批同权同批工作。实现审批模式的标准化、高效化，办理审批、年检总件数1452 件，承诺期办结率 100％，群众满意率 100％。举办行业法律法规和安全生产培训班 22 期，培训 2800 人次，培训面达 100％。

积极参加行政审批技能比武，获得团体总分第一名和个人第一、第三名。做好行政许可案卷规范工作，1 个行政许可案卷被宁波市文化广电新闻出版局评为2016 年度"十佳"许可案卷，1 个行政许可案卷被鄞州区政府法制办评为 2016 年度区"十佳"行政许可案卷。加强安全生产与市场监管，出动机关检查人员 101 人次，检查场所 148 家次。扎实开展"扫黄打非""清源""净网""秋风""护苗""固边"等专项行动。召开全区"扫黄打非"和文化市场管理工作会议。加强执法力量，全年出动执法检查人员 2369 人次，检查各类文化经营场所 1603家次，行政处罚立案调查 22 件，旧存 7 件，办结案件 29 件，警告12 家次，罚款 11.7 万元，没收物品 49 件，取缔 4 家次，停业整顿1 家次，吊销《网络文化经营许可证》1 家次，申请法院强制执行 2家次。积极开展平安经营场所创建工作，7 家文化经营场所被评为 2016 年度鄞州区平安文化经营场所创建达标单位，6 家被推荐参评宁波市平安文化经营场所创建达标单位。加强"黑网吧"监管。全年接到"黑网吧"举报 28件，查证属实 6 件，取缔 6 家次，抄告电信部门断网 6 家次，立案调查 2 家次。四是促进文化产业发展。全区有文化企业 3900 多家，规（限）上企业 205 家，注册资金千万元以上 199 家，整体形势向好发展，产业规模领先全市。4家企业入选"国家文化出口重点企业"；广博集团获评省级文化产业示范基地；3 家企业入选"浙江省文化出口重点企业"；5 家企业入选首批"宁波市文化出口重点

企业"，22 家企业入选年度市文创产业排行榜，入选企业数位列全市第一。产业规模进一步扩大。新增文化企业约 1000 家，其中注册资金千万元以上 50 余家，注册资金千万元以上文化企业注册资金超 12 亿元。王升大（宁波陆宝食品有限公司）在深圳证券交易所挂牌，音王集团、莱彼特文化传媒的上市工作稳步推进。扶持政策进一步完善。修订出台《2016 年鄞州区文化产业专项资金实施细则》。做好财政兑现工作，企业共获得各级财政文化产业补助资金 3210 万元。新兴项目进一步引进。华数数字电视传媒集团有限公司总部迁至鄞州，计划投资建设广告园区。投资超2000 万元的宁波麦中林文化创意园以服装设计为基础，探索出版、动漫和衍生品等多领域协作开发。投资 8000 万的电视剧《潜龙》等重点项目签约落地。华侨城文化旅游综合项目等 5 个市级文化产业项目均按计划稳步推进。培育发展文化产业"双创"集群。依托鄞州区大学生（青年）创业园、青年文创空间等众创平台，采用"梯级"孵化模式，建立"创业导师库"，为创客提供"一对一"量身定制式指导，全年培育孵化文创企业 79 家，同比增长 14.5％。与鄞州银行合作开发"青年创业金融加速器"项目，成功融资 460万元，发放贷款 2000 余万元。重点产业进一步提升。影视产业成绩喜人。浙江嘉上影视传媒有限公司投资的《清水里的刀子》获得第 21 届韩国釜山国际电影节最高奖新浪潮大奖、夏威夷国际电影节"评委会最佳摄影特别奖"和"亚洲电影促进奖"、第 16 届马拉

喀什国际电影节"最佳导演奖";工夫影业出品的《火锅英雄》被选为第40届香港国际电影节的开幕影片。广告传媒欣欣向荣。宁波国家广告产业园区入驻新浪微课堂等广告及其关联企业502家,注册资金千万元以上的有50家,并入选首批"宁波市级文创产业园区"。会展工艺业有所突破,主办第二届宁波国际城市艺术博览会。动漫游戏产业总量较大。有动漫游戏企业30多家,累计完成动画片备案产量为94部共9万余分钟,动画片备案产量已占宁波全市的60%左右。软件信息产业发展较快。3月,鄞州区被认定为省级软件和信息服务业产业示范基地,企业达720余家,其中注册资金千万元以上的企业110家。探索文博单位与非遗项目文创开发新途径。结合鄞州文化产业与文物博物事业的双重优势,促进传统文化创意化,文化创意产业化。召开鄞州区文创产品开发工作推进会。选择宁波城市学院艺术学院与鄞州大学生(青年)创业园,建立两个区级"文博创意孵化基地"。举办鄞州区文博单位与非遗项目文创产品展。智慧文化建设稳步推进。智慧文化一期项目已完成建设和验收,建设内容主要包括智慧文化惠民服务平台、智慧博物馆管理平台、智慧文化运营推广平台。

(林 楠)

【奉化区文化广电新闻出版局(体育局)】 内设机构6个,直属单位6家。2016年末人员98人(其中:机关16人,事业82人;具有高级技术职务资格的5人,中级20人)。

2016年是"十三五"规划的开局之年,奉化区文化广电新闻出版局以推进文化设施建设项目为重点,以构建现代公共文化服务体系与文化产业发展体系为抓手,以保障市民基本文化权利,满足市民日益增长的文化需求,提高基本公共文化服务均等化水平为目标,不断提升奉化区文化强区建设水平。一是启动文化发展保障工程,夯实文化发展基础。编制《奉化区文化发展"十三五"规划》。出台《关于加快构建现代公共文化服务体系的实施意见》,明确奉化区公共文化服务体系建设标准,制定行动计划,出台《奉化区构建现代化公共文化服务体系建设的协调机制的意见》,明确奉化区相关组成部门的工作任务,为全区上下联动推进文化强区建设打下基础。二是实施文化设施建设工程,文化阵地优化升级。推进区、镇(街道)、村(社区)3级公共文化设施建设。包括区博物馆、区图书馆新馆和奉化书城等子项目的城区文化中心项目完成房屋与土地征收、项目立项和施工图设计等前期工作,顺利开工。奉化剧院内部改造工程完成。镇(街道)综合文化站建设不断推进,在莼湖镇、尚田镇文体中心建设运营的基础上,溪口镇、松岙镇、萧王庙街道编制新文体中心建设方案,并纳入所在地的区域建设规划,尚田镇申报2016年度宁波市公共文化示范区。农村文化礼堂建设稳步推进,新建文化礼堂20家,总数102家。三是实施文化民生幸福工程,公共文化精彩不断。深入开展文化品牌活动。继续深化"和乐大舞台""凤麓讲堂"和"文化欢乐行"等文

化品牌活动。先后参与组织"2016年全国龙腾狮跃闹元宵活动""2016奉化区水蜜桃文化节暨宁波市美丽乡村旅游推广年开幕式"和"溪口三石青糯农俗文化节"等一系列富有浓郁地方特色的文化活动。持续推进文化惠民活动。春节期间组织越剧团、排舞队和宁波走书等具有地方传统民俗特色的活动深入溪口栖霞坑村、岩头村开展慰问演出。开展"天然舞台文化惠民演出"和"千场电影百场戏剧进农村"活动,完成免费放映电影2600场,送戏下乡演出250场,奉化区农村"文化礼堂"文艺巡演11场,进企业慰问演出10场,进机关、基层、企业、学校和部队演出活动30余场次。持续推进乡镇图书馆建设。组织举办10余场书画摄影展。积极开展全民艺术普及工作,安排文化馆专业干部开展14个项目的公益辅导培训。大力加强文艺精品创作。深入推进奉化现实题材和历史题材文艺作品创作生产。积极组织参加各类文艺创作比赛,区图书馆推选家庭在宁波市"亲子讲读大赛"中获得三等奖,"图书馆随手拍摄影大赛"优秀作品《好学》分别获得浙江图书馆三等奖、宁波市图书馆一等奖。音乐创作《雪静梅开》获省创作兰花金奖、表演兰花银奖。论文《浅析民族歌唱中的语言技巧与发声的关系》获2016浙江省群文音乐论坛二等奖。四是实施文化产业提升工程,产业发展不断推进。积极实行"引进来"战略。制定《奉化区文化产业招商引资政策的暂行办法》,对新引进的文化企业,按其对地方财政贡献的额度给予相应奖励。宁波网联投资有

限公司落户奉化区，注册资本1000万元。积极申报各级文化产业扶持资金，奉化天艺文化创意产业园、两岸城曦生态文化创意产业园列入"宁波市级培育文创产业园区"名单；组织奉化布龙传承基地项目等8个项目向宁波申报文化产业扶持资金。组织大汉印邦、广电中心、新华书店、三味书店4家企事业单位申报2016年度中央财政文化产业发展专项资金。大力推进"走出去"战略。积极参加宁波市文化产业博览会、"2016上海·宁波周"等活动。组织5家企业和奉化区工艺美术行业协会参加义乌文化产品交易博览会，共设14个展位。五是实施文化市场治理工程，监管服务规范有序。积极开展专项行动。积极开展"扫黄打非""清源2016"和"净网2016"等专项行动。出动执法人员1028人次，检查各类经营单位1444家次，受理群众举报、上级督查件22起，办理行政处罚案件20起，罚款7.52万元，没收非法所得300元，没收违法物品5套；取缔非法大篷车演出4起；取缔"黑网吧"1家，收缴主机3台、显示屏3台；取缔无证游戏机室1家，收缴游戏机8台；文化市场非法经营活动得到有效遏制，经营秩序明显好转。抓好安全生产工作。制定《进一步加强文化市场安全生产工作方案》。组织文化企业经营业主开展安全生产培训和消防演练，并签订《奉化文化市场安全生产责任状》。开展各项安全检查。下发《G20峰会前夕开展文化企业单位安全生产大排查的通知》，确保文化市场在峰会期间平稳、安全、有序。建立健全审批制度。

办结行政审批事项42件，换证16件，年度核验226件，总办件284件。行政审批权力清单95项，其中行政许可40项，行政确认9项，其他审批权39项，审核转报7项，全部入库运行，并编撰《互联网上网服务营业场所变更审批办事指南》等。审批事项中心进驻率100%，中心现场办结率100%，承诺办理提前率80%，实际办理提前率90%，群众满意度100%。六是实施文化遗产传承工程，传统文化有效弘扬。做好文物的保护和开发。王钫故居门楼、奉化县学旧址和侵华日军驻奉宪兵队部旧址等7处文物推荐申报第七批省级文物保护单位，栖霞坑古道、西锦过街楼和入山亭等10处列为区级文物保护单位，菩提岭古道、操拘庙等20处列为文物保护点。挑选10处亟待维修和保养性维修的文物点进行保护。扎实做好全区文保单位"四有工作"，奉化区第六批省保单位四有档案通过省文物局验收；完成武岭学校、王任叔故居和总理纪念堂的四有测绘工作。启动奉化博物馆筹建，有序推进前期工作。积极谋划奉化博物馆特展馆。注重馆藏文物修复，将馆藏294件（套）古书画送至北京书画修复公司进行保护。完成奉化惠政东路1号地块的抢救性考古发掘，重点勘探及发掘面积500平方米，出土文物2000余件。启动宁波地区古代城址（鄞治古城）的考古调查勘探与试掘。做好非遗传承和保护。推荐"萧王庙庙会"参加"浙江省民间文化艺术之乡"命名评定工作。申报棠云手工造纸、溪口千层饼制作工艺为省级非物质文化遗产项目。组织

奉化弥勒根雕、棠云手工造纸两个项目参与2016"东亚文化之都活动开幕式暨东亚非物质文化遗产展·宁波特色文化产业博览会"。积极开展非遗濒危项目"宁波走书"抢救保护工作，开展"群乐·艺学堂——流动书场国遗项目宁波走书进基层活动"，演出111场次。编纂出版《奉化非遗丛书·国家级项目卷》共3册。初步拟定《奉化区非物质文化遗产保护管理办法》和《奉化区非遗项目、传承基地、传承人"三位一体"保护工作实施方案》等非遗保护政策措施。

（阮敏娜）

【余姚市文化广电新闻出版局（旅游局）】 内设机构9个，直属事、企单位14个。2016年末人员276人（其中：机关50人，事业226人；具有高级技术职务资格的45人，中级104人）。

2016年，余姚市文化工作立足"十三五"文化发展规划，深入贯彻落实党的十八大和历次全会精神，以增强余姚文化软实力为目标，以满足人民群众个性化的文化需求为宗旨，以《政府工作报告》、民生实事工程等相关任务为落脚点，进一步解放思想、开拓创新，为建设更高水平的文化强市做了积极的努力。一是进一步完善公共文化服务体系。着力提升公共文化设施建设水平。启动市公共文化中心建设项目，完成立项手续，落定规划选址，并按竞争性磋商的要求推进概念性方案设计。指导梁弄镇和市公共文化服务中心的公共文化服务配送机制创建宁波市第二批公共文化示范区（项目），同时启动宁波市第三

批公共文化示范区（项目）创建申报工作。做好陆埠镇袁马村组建农村文化礼堂理事会的试点总结工作，并在全市范围推广。做好余姚市企业文化中心建设工作，评选出示范性企业文化中心6家，新创建企业文化中心5家。积极开展群众文化活动。重点围绕余姚市"第六届全民读书节"和"第二十二届四明山电影节"开展系列文化活动。举办"2016年余姚市农民器乐演奏大赛"、纪念建党95周年和长征胜利80周年等主题文化活动。开展"文化科技卫生'三下乡'集中活动""四明阁欢乐大舞台闹元宵业余文艺团队大展演"和端午节、中秋节等传统节日活动。对外文化交流反响良好。市姚剧保护传承中心积极引进浙江越剧团、上海越剧院等优质剧团，同时拓展绍兴、温岭和台州等演出市场。此外，与桐庐、诸暨和开化等地开展文化走亲5次。扎实推进公共文化服务。起草《关于全市加快构建现代公共文化服务体系的实施意见》和《余姚市推进基层综合性文化服务中心建设实施方案》。"书香余姚"全民阅读数字服务平台上线运行，免费提供100万种电子图书、8700万篇报纸文章、3亿条中文文献数据。市公共文化服务中心完成各类演出配送425场次，覆盖全市61个村级服务点，并首度与上海大学公共艺术协同创新中心合作，开展系列公共文化项目。市文化馆做好主体场馆免费开放和排练厅借用工作，"周末课堂"免费送各类培训85期。四明阁"天天演"全年演出365场次，参演文艺骨干近万人次，受惠群众5万人次。市电影公司完成农村电影放映、公益基地放映等3500余场次，观众超过56万人次。市新华书店持续开展"汽车书店"流动书市活动，积极提高服务质量。持续壮大基层人才队伍。组织开展全市农村文化队伍培训班、全市农村放映员和公益放映基地放映员培训班等培训活动，并组员参加宁波市公共文化业务培训班。加强文艺精品创作。姚剧新戏《浪漫村庄》入选浙江省文化精品扶持工程第十一批扶持项目，并获浙江省第十三届戏剧节"新剧目奖"，演员黄飞获优秀表演奖；双人舞《双鸟昪日》获浙江省群众舞蹈大赛创作、表演、音乐3项金奖；女声组唱《小镇女人》获浙江省"群星奖"；少儿舞蹈《河姆渡稻花香》获"2016国际青少年文化艺术交流金奖"；在浙江省第六届"中国梦·故乡情"乡村诗歌大赛中，诗歌《在广袤田野，我们放歌中国梦》获兰花金奖，公共文化服务中心获优秀组织奖。二是进一步推进文化遗产保护利用。切实增强文化遗产保护。继续做好国家历史文化名城申报工作，修改完善申报文本和配图，编印《申报国家历史文化名城简报》4期。配合做好府前路整治工程、龙泉山历史风貌区保护发展和保庆路历史街区整治方案等工作。推荐申报第四批宁波市历史文化名村（棠溪、五车堰、袁马）和全国历史文化名村（柿林）。扎实推进基础业务工作。持续推进第一次全国可移动文物普查，完成在线数据修改，做好6家国有单位8628件（套）文物的数据整理工作，完成交叉互审对口单位鄞州区普查办6610件（套）藏品数据的审核。做好浙江省古籍普查工作，完成古籍普查3120部34009册，在全国古籍平台普查著录数据2496条，完成古籍普查结题报告并报省古籍保护中心。完成宁波市不可移动文物数据库录入工作。建设"梨洲文献馆"古籍资源库网上查阅平台，完成50部256册古籍的数据上传工作，列入2016年度宁波市网上家园参评对象。完成第六批市级文物保护单位的"两划"图纸工作和标志碑的制作安装（除邬家道地、大方岳第）。推荐市级文物保护单位成之庄、孙子秀墓为第七批省级文物保护单位。完善国保单位浙东抗日根据地旧址和省保单位大隐石宕遗址（含山王庙）的"四有"档案建设，《通济桥与舜江楼》"四有"档案获"浙江省优秀记录档案"称号。继续推进文物修缮工程。修订《余姚市文物保护工程操作办法》。完成泗门成之庄、祝江大桥、鸡山学堂、周氏老洋楼、天兴庙的维修工程。基本完成大隐山王庙、府前路徐氏洋楼、朗霞介眉堂、新新公司旧址和泥堰徐宅的文物修缮工程。黄家埠胡氏老宅进入施工阶段，杜徐徐氏宗祠完成方案设计。对政治部旧址、越国公庙等文物保护单位（点）进行抢修性加固。配合做好丈亭防洪堤建设和余姚市看守所迁建工程的考古调查。充分发挥宣传教育职能。余姚博物馆、河姆渡博物馆和王阳明故居等文物开放点接待110余万人次，王阳明故居纪念馆被列为"省直机关党员干部教育基地"。首次举办"我是河姆渡小传人——文博夏令营活动"，重点开展33个主题活动，其中"走进青瓷"活动获得"全省首届优秀青少年博物馆教育项目"称号。开通"余姚文博"微信公众号。举办展览20个。启动《河姆渡文化综述大型图录》《童年气派——河姆渡卷》编撰工作。不断完善非遗保护利用。做好非遗项目申报记录工作。完成浙江省级非遗项目和国家级非遗项目姚剧中央资金的申报工作。评审命名第五批余姚市级非遗名录，包括传承人和传承基地。做好年度宁波市非物质文化遗产保护评价体系建设填报工作。完成国家级非遗代表性传承人沈守良的抢救性记录专项工作。参加非遗展演和培训。积极组织非遗项目参加"2016·中日韩美食文化嘉年华""2016东亚文化之都之非物质文化遗产展"和"2016·浙江好腔调'传统戏剧系列展演"等活动。全年组织非遗课堂培训和非遗传承人进校园培训百余次，带队参加宁波市、省级培训活动。加强非遗保护和利用。起草《余姚市非物质文化遗产保护工作（传承基地、传承人）考核办法》。设计生产国家级非遗项目余姚土布的衍生创意产品，土布成品"铁路装"参加"非遗薪传——浙江传统服饰精品展"，获优秀入选奖。广泛扩大阳明文化影响。积极开展对外学术交流，组织举办"第二届阳明文化日活动"。深入开展阳明文化课题研究。积极做好"余姚市阳明研究院"筹建准备工作。增设廉洁文化新基地，在王阳明故居新布展"王阳明·姚江王氏家规家风传习苑"和"至善堂"两个教育基地。出版发行《阳明先生行迹》，编印《余姚文博》2期、《国际阳明学研究中心简讯》2期。三是进一步推动文化市场稳定繁荣。提高行政审批服务质

量。单独设立文化审批窗口，并在市审批服务中心月度窗口评比中实现全年评比优胜。制定新的窗口授权文件《关于调整市行政服务中心文化广电新闻出版局（旅游局）许可事项审批权限的通知》，窗口直接签批率达100%。专项清理审批事项的前置条件和材料，逐步放宽文化市场主体准入条件。积极推进网上审批和上门服务工作，率先推出"二维码扫码办件功能"，网上办件率为88.4%。持续推进联合审批，通过"一门受理、抄告相关、联合审批、限时办结"的联审标准化运行机制，大幅度提高审批效率，全年进行联合踏勘16次，联合验收经营单位25家次。增强服务意识，完成审批事项的"星级服务"标识工作，健全行业风险提示制度。全年受理各类审批服务事项699件，按期办结率100%，群众满意率100%。新设立文化经营单位97家。加强文化市场监督管理。调整余姚市文化市场管理工作小组成员，进一步明确各成员单位工作职责。开展侵权盗版及非法出版物集中销毁活动、保护知识产权宣传等主题活动。加强娱乐行业和电影市场管理，出台歌舞娱乐场所行业自律公约，开展影院不规范使用票务系统等问题自查整改工作。加大培训力度，组织参加文化娱乐行业转型升级高级研修班等培训活动。指导部分企业申报文化部动漫品牌建设和保护计划、宁波市文化产业发展专项资金扶持项目等政策资金。加大文化市场执法力度。在加强日常监管的同时，以"平安浙江·G20保障行动"为重点，切实做好网吧、出版物市场的专项整治和

"扫黄打非"系列专项行动，出动执法人员1270人次，检查各类文化经营单位2704家次，查处立案40个，处罚没款6.15万元。进一步加大执法队伍建设，制定年度学习计划，每月开展一次集中学习会。规范案件办理流程，成立案件评查小组，论证自由裁量适用等办案环节，进一步确保案件处罚结果的公平公正。加强部门协作，每季度向教育局通报网吧接纳未成年人情况，关心下一代工作委员会义务监督员向本单位通报网吧监督情况；联合消防、工商和电信等部门，起草《余姚市网吧等级评定办法（征求意见稿）》，开展联合执法13次。积极与靖边县文化体育广电新闻出版局开展对口交流活动5次。促进文化产业发展繁荣。指导鼓励各文化企业申报各类项目。积极开展行业调研，强化风险引导，推进传统企业转型升级。组织召开娱乐场所负责人贯彻文化娱乐行业转型升级文件精神会议，带队参加宁波市文化娱乐行业转型升级高级研修班。市姚剧保护传承中心积极开拓演出市场，全年演出收入553万元。市新华书店加强业务营销，实现图书销售额6532万元。市电影放映公司实现收入996万元。提高安全生产责任意识。落实机关内部安全生产责任。落实企业安全生产责任，与网吧、印刷企业和电影院等签订2016年度安全生产责任状。积极开展平安志愿服务活动。

（方其军）

【慈溪市文化广电新闻出版局（体育局）】 内设机构5个，直属单位9个。2016年末人员143人

（其中：公务员19人，机关工勤1人，参公14人，事业109人；具有高级技术职务资格的14人，中级36人）。

2016年是"十三五"开局之年，慈溪文化工作深入贯彻落实党的十八届三中、四中、五中、六中全会和习近平总书记系列重要讲话精神，紧紧围绕市委、市政府新的五年计划目标，抓民心工程，抓重大项目，抓亮点特色，积极开创工作新局面，努力形成发展新优势，实现文化事业产业"十三五"良好开局。一是科学谋划，形成发展规划愿景和政策体系保障。制定《慈溪市"十三五"文化发展规划》。出台《关于加快构建现代公共文化服务体系的实施意见》和《慈溪市文化产业发展三年行动计划（2016—2018）》。围绕基层综合性文化服务中心建设、新一轮文化产业资金扶持政策制订等重大计划、政策的制定开展调研论证。二是以人为本，坚持均等普惠提升服务水平。深入实施文化惠民工程。深化公共文化服务配送供给侧改革，与市公共资源交易管理办公室、市财政局共同探索实施"地方戏剧演出资格认定项目"公开招投标，通过公开竞争、公平参与、公正评审，确定19家剧团为地方戏剧演出供应单位（其中外地剧团6家，占比达31.6%）。公共文化服务惠民工程全年完成送戏剧1499场，送文艺演出80场，送电影5039场，向全市各文化礼堂创建单位、村（社区）、家庭图书阅览点及学校送出图书3万余册。广泛开展群众文化活动。"上林之韵系列广场文艺演出"开展26场次。组织开展庆祝建党95周年及纪念红军长征胜利80周年系列活动，举办各类主题宣传文艺演出37场。积极开展"文化走亲"，与常山县文化广电新闻出版局联合举办慈溪常山优秀视觉艺术展；组织参加"第三届北岸文化艺术节开幕式暨十一馆文化走亲江北行""翰墨青州——2016中国农民画作品展"和"桃花村里画美景——2016江浙沪农民画现场绘画邀请赛"等群众文化交流活动。切实提升公共文化场馆开放水平。正式成立市文化馆、市图书馆理事会，22名来自文化、企业和法律等领域的市民代表担任两馆第一届理事会成员。市文化馆、市图书馆继续提升开放水平，切实承担推进全民艺术普及工程主要实施单位职责。市文化馆"百姓课堂"开设94班次1081课时，培训2020余人次，摄制27个教学视频并上传到文化馆网站供市民点播；"百姓舞台"举办本部广场及下乡演出活动8场，"百姓展厅"和"百姓书场"累计举办各类视觉艺术展览和地方曲艺演出44场。市图书馆"三北讲坛""慈图展览"举办各类讲座、展览41场次，吸引听、观众2.87万人次。加强基层文化阵地和队伍建设。迎接全省第六次综合文化站定级工作，完成对全市各镇（街道）综合文化站的考评定级书面材料和自评分审核并上报省文化厅。龙山镇创建第二批宁波市公共文化示范区，市文化馆"四百"文化惠民工程创建第二批宁波市公共文化示范项目。加强基层文化队伍建设，组织全市图书管理员、文化志愿者培训班，培训人数500余人次。鼓励群文创作和理论研究，全年市文化馆各艺术门类作品参加上级各类比赛获奖、发表47件（次），其中国家级10件（次），省级18件（次），宁波市级4件（次）。三是提档加速，加快转型升级凝聚比较优势。突出品牌建设，集聚效应加快显现。智巢·慈溪文化创意园获评宁波服务业示范基地和宁波市级培育重点文化产业园区，实现经营面积29323平方米，引进市内外优秀文创企业52家，注册资金7580万元；园区企业暴风动漫有限公司在宁波股权交易中心挂牌，《小鸡彩虹》《小小机器人》两部原创动画片在中央电视台播出。出台《智巢·文创园分园区认定管理办法》，完成智巢一期文谷区的认定；二期丰谷区文创园成立经营主体，完成项目备案，启动主体装修和招商工作。上林湖青瓷文化传承园主体建筑结顶，室内设计、景观设计基本完成，管理运营方案完成编写，累计投入9600万元，完成融资1.25亿元。周巷古香艺宝小镇被列入宁波市特色小镇培育名单。狠抓招商引资，重大项目落地生根。创新宣传推介手段，拍摄《文创慈溪》宣传片，编印文创产业投资指南。实施重大项目领导带队招商、定点招商、项目专人跟踪制度，确保项目推进责任到人。投资2亿元的"互联网＋"型创新创业示范区——猪八戒国际创意城（猪八戒浙东总部园区）正式开园，一期招商率突破70%。投资3500万元的中影星美保利MALL影院项目以及投资5800万元的无界音乐荟项目落地。此外，慈溪市"慈云山（青瓷、檀香）文化产品"和"中国儿童少年基金会悦基金"两个文创产业项目成功签约，总金额达

1.3亿元。全年启动重大文创产业项目32个，涉及总投资金额达61.65亿元，达成合作意向20个，实际落地11个，其中招商引资项目14个，涉及金额6.43亿元，实到资金2.54亿元。注重平台推介，交流融合成效显著。联合市环杭州湾创新中心、宁波大学科技学院和猪八戒网举办"2016创意中韩论坛""2016中韩文创企业推介会"，邀请百余名中韩文创专家、学者、企业家到慈溪市开展合作交流。推介20家企业、6个项目参加义乌文化产品交易博览会、杭州国际动漫节和宁波特色文化产业博览会等，并首次以浙江"文化产业十强县市区"身份进入深圳文化产业博览交易会主展厅。"第12届慈溪家电博览会"期间，设置文创设计服务专区，助推文创设计企业和家电企业对接。举办2016文化慈溪创意汇，组织开展"文化创意产业发展研讨会""双创文化沙龙"和"全民创意体验营"等系列活动，邀请全市农业、旅游业、制造业代表企业与台湾铭传大学、宁波大学科技学院专家学者及国内外优秀文创企业负责人对话对接。强化基础工作，服务水平有效提升。召开全市加快推进文化产业发展大会。做好全市重点文化企业名录库查漏补缺及统计培训、指导工作。梳理"滨海红木非遗小镇"等17个项目作为2016年至2018年慈溪市重大文化产业项目。下发2015年度慈溪市级文化产业扶持资金480万元，受益企业达21家。支持35家企业获得上级扶持资金610余万元。积极筹建文化产业促进会。四是勇担使命，保护文化遗产打

造地域品牌。全力以赴推进上林湖越窑遗址申遗。组织筹备全市海上丝绸之路·上林湖越窑遗址保护和申遗工作领导小组（扩大）会议，制定申遗工作方案，充分发挥市申遗领导小组办公室职能，建立联席会议、动态通报和定期督查等工作机制，编发申遗工作简报15期。截至年底，累计迁移坟墓7568座，平坟700座，石人山墓地等6处安置点建成可迁墓位4870座，累计进穴数3093座；上林湖越窑博物馆（暂命名）主体结顶，陈列大纲基本定稿，布展、装修设计施工一体化方案基本明确展陈内容、呈现方式和平面布局等要素；窑址保护工程进场施工；遗产区内违法建筑拆除43处，面积2373.8平方米，上林山庄拆除工作取得重大进展。多管齐下夯实文物保护工作基础。第一次全国可移动文物普查完成3255件普查文物数据平台上传，"一普"总结及成果转化工作启动，举办"慈溪遗珍——第一次全国可移动文物普查成果展"。上林湖后司岙窑址发掘被评为2016年度浙江考古重要发现。新公布第七批市级文物保护单位5处，市级文保单位、文保点分别达到59处和73处。完成锦堂学校旧址、上林湖越窑遗址两处国保单位以及双河堰等新增省保单位四有档案的入库工作，锦堂学校旧址记录档案被评为浙江省文物保护单位优秀记录档案。调整扩充业余文保员队伍，全市在册业余文保员147人。掌起灵龙宫戏台及厢房修缮工程完工，徐之萱洋房、三北游击司令部旧址和马宗汉故居等维修工程启动。深入开展文物执法检查，查处文物

违法事件1起，市文物监察大队被评为"2016年度全省文物执法监察工作成绩显著单位"。市博物馆新馆公共区域和库房装修基本完成，陈列设计和库房设计方案基本确定。市博物馆组织开展活动、展览16场次，参与群众4.3万余人次。创新载体积极推动非物质文化遗产保护。慈溪市越窑青瓷有限公司（越窑青瓷烧制技艺）等4家单位被公布为第二批浙江省非物质文化遗产生产性保护基地。积极配合宁波市非物质文化遗产保护评价体系网络平台操作试点工作，率先完成各类数据填报。不断丰富非遗宣传载体，举办"2016非遗在我身边文化慈溪创意汇"、全市"非遗产品设计和品牌展示大赛"和"非遗大咖秀"等非遗主题活动。推动非遗走出去，组织非遗项目参加"第十一届中国（义乌）文化产品交易会"、浙江省"第八届非物质文化遗产博览会"和"非遗薪传——浙江传统服饰精品展"等展示推介。市青瓷瓯乐艺术团通过参加"中国传统村落保护国际论坛""浙江省非物质文化遗产传统音乐会"和"中东欧国家经贸促进部长会议"等活动，展示青瓷瓯乐独特魅力。五是疏堵结合，规范市场秩序保障市场安全。优质高效完成行政审批工作。进一步简化审批程序，取消、调整行政审批事项前置材料、中介服务31项。做好行政权力事项库信息规范比对工作，实现本部门权力与省市县三级目录一一对应，所有在办行政审批权力全部入库。推进权力清单"瘦身"，配合做好权力清单向镇（街道）延伸覆盖工作，将委托下放的8项权力事项

纳入 3 个中心镇的事项目录。推动实体政务大厅向网上办事大厅延伸,办结通过浙江政务服务网网上申请办理的审批件 250 件。扎实做好审批规范化和案卷管理工作,连续 6 年被市政府法制办公室评为行政许可优秀案卷单位。全年办结审批事项 677 件,实际办理天数比法定时间缩短 95%,办件准确率、提前办结率、群众满意率均达到 100%。"扫黄打非"工作成绩显著。市"扫黄打非"办公室被评为 2015 年全国"扫黄打非"先进集体。市文化广电新闻出版局被评为 2016 年度全省"扫黄打非"先进集体。9 月,承办全省"扫黄打非"进基层现场会,做了题为《强化属地管理 凝聚监管合力 推动"扫黄打非"工作再上新台阶》的典型交流发言。组织"扫黄打非"进社区、进学校、进农村现场观摩。精心组织开展"清源""净网""秋风""护苗""固边"5 大专项行动,进行常态化出版物市场和网络巡查,出动巡查人员 410 余人次,检查场所、网站 530 家次,收缴各类非法出版物 1950 份。切实提升文化市场监管水平。强化日常执法检查,累计出动检查人员 2962 人次,检查各类经营场所 2822 家次,办结行政处罚案件 35 件,警告 31 家次,罚款 8.7 万元。进一步加强文化市场行业协会建设,推动慈溪网吧行业协会成立。切实做好"国家卫生城市创建""全国文明城市创建"和"杭州 G20 峰会等文化市场专项保障行动"。严格落实文化市场安全生产责任。印发《关于进一步加强文化市场四类人员密集场所宣传教育、培训演练工作的通知》,组织开展"助力 G20——文化市场安全生产集中宣教演练活动",18 个镇(街道)均与辖区经营业主签订年度安全生产责任状,累计开展集中宣教演练活动 23 场,受训人员 720 余人。进一步强化文化市场日常安全检查,充分发挥综合文化站干部、文化市场专职协管员和文化市场义务监督员的作用,确保各镇(街道)每家人员密集场所每月巡查不少于 2 次。

(任思帅)

【象山县文化广电新闻出版局(体育局)】 内设机构 6 个,直属单位 9 个。2016 年末人员 122 人(其中:机关 17 人,事业 80 人,国企 25 人;具有高级技术职务资格的 13 人,中级 24 人)。

2016 年,象山县文化广电新闻出版局紧紧围绕海洋文化强县建设总体目标,全力推进全县文化事业繁荣发展。一是不断健全文化发展保障体系。强化政策保障。出台《关于加快构建现代公共文化服务体系建设的实施意见》《关于进一步深化农村文化礼堂建设的实施意见》和《国家级海洋渔文化生态保护实验区综合性传习中心建设管理办法(试行)》等一系列政策文件。县政府先后组织协调会 5 次,专题研究协调解决文化发展重大问题;组建由 20 家单位组成的象山县现代公共文化服务体系建设协调小组;开展"创新公共文化阵地建设长效机制的研究与实践"等文化调研,文化发展政策与组织保障进一步加强。强化阵地保障。县图书馆迁建工程有序推进,启动概念性方案设计、地块征迁等前期工作。塔山遗址公园建设初步完成概念性方案设计。完成海洋渔文化展览展示馆建设政策处理工作。完成 2016 年县民生实事工程 60 家惠民阅读点和 1 处城市书房的创建目标。新建农村文化礼堂 27 家,总数 153 家。全面完成浙江省第六次镇乡街道综合文化站定级评估,积极申报"省级文化艺术之乡(农民画)"。强化人才保障。全面实施"赛事活动找人才、传帮带学提业务、走亲交流拓视野、表彰先进激热情"的文化人才培养"四步法",推动文化人才库建设。储备文艺骨干人才 1200 余名,上报副高职称评审 1 人、国家级非遗传承人 2 个、省级非遗项目 5 个。4 名文艺人才分别入选省"新荷计划""新松计划"及市"六个一批"人才库,海洋渔文化研究创新团队入选市第四批文化创新团队,张德和工作室入选市第四批文艺家工作室。二是统筹提升公共文化服务能力。紧扣重点焦点工作。积极参与 2016"东亚文化之都"系列活动。承办"东亚文都"主体活动之一"2016 中日韩徐福文化象山研讨会",征集学术论文 80 篇,发表《象山倡议》。选派象山剪纸和象山鱼拓随市领导出访韩国,参加"东亚文化之都·济州交流活动";组织 14 个项目参加宁波"东亚文都——2016 活动年开幕式暨东亚非遗博览会展示展演"。创作《绣红旗》等作品,组织开展建党 95 周年和纪念长征胜利 80 周年等重大主题活动。策划"文化进企"和服务全域旅游系列活动,为 20 多家大中型企业送去文艺演出、讲座和赛事等;开展"非遗进景区"等文化活动。建成首家县级"家风馆"。深入开展西沪港周边文化资源调查，积极参与"斑斓海岸"文明示范线建设。开展"保护幼鱼·珍爱海洋""一打三整治"宣传演出活动，用文艺形式助力专项行动，取得良好反响。深入推进文化惠民。因地制宜开展开渔节、元宵节和谢洋节等一系列大型文化活动，参与群众30余万人次。积极开展"天然舞台"文化惠民演出活动，共举办25场，建成中心镇数字影院5家，送电影下乡2240场，送曲艺进文化礼堂162场，举办公益书场80场次，通过送戏进礼堂和公助民办、自筹自办等方式实现"一村一年看一戏"的目标。采用"公助民办"等方式，吸引社会力量参与举办文化夜市、象山好声音等文化活动。开设音乐、舞蹈和戏曲等13个公益培训班，累计1988课次，受训1.6万人次。积极推进"书香象山"建设，为基层流动图书5万余册，打造塔山讲堂、开明讲堂和阅读学会等阅读服务品牌，举办陈汉章读书节、青少年经典美文诵读和"半岛诗韵"金秋朗诵会等30余个特色阅读活动。孙平华家庭被授予全国"书香之家"荣誉称号。强化文化品牌引领。"第十九届中国（象山）开渔节"紧紧围绕"一带一路"倡议，以"渔文化"为主线，强化"还节予民"意识，突出民俗性、休闲性、群众性，举办各类活动32场次，参与群众36.6万人次。举办首届村歌大赛，通过"一村一歌"全面展示"两美象山"建设成果。继续做强"讲好渔故事"活动品牌，"渔家故事队"深入农村宣讲500余场次，受众超2万人次。12月26日启动首届文化艺术节，县、镇、村三级联动，广泛开展以"歌舞飞

扬""印象象山""书香半岛""好戏连台"四大系列为主体的各类文化活动200余场。"山海风华——谢才华民间剪纸艺术展"在中国美术馆开展，展出作品200多幅。《诱惑》等多个文艺精品在省、市比赛中摘金夺银，30余位文艺家的作品在国家级、省级刊物发表或入选展出、获奖，其中两件竹根雕作品获2016中国工艺美术百花奖金奖，两件竹根雕作品被中国国家博物馆收藏。三是着力深化文化遗产保护与利用。夯实文物保护基础。全面完成"一普"工作，采集县内全部国有收藏单位4310件（套）文物和古籍善本信息。编制历史文化名镇（村）保护方案及南田县衙恢复方案，形成国保单位花岙兵营遗址和塔山遗址保护规划，全面完成3处国保、7处省保的"四有"档案编制，新编10处县保"四有"档案。完成鉴池公祠等11处文保单位（点）的修缮保护。夯实以乡镇（街道）为主体的文物安全属地管理机制，签订安全责任书，加强业余文保员队伍和责任文保员队伍建设，开展多部门联合执法检查，形成"县—乡镇街道—责任人"的网格化管理。为县域内89处含木结构的文保单位（点）安装2100多个独立式感烟火灾探测报警器，西周一处文保点凭此成功报警，避免火灾。积极开展第七批省保单位申报工作，成功申报黄埠、溪里方、儒雅洋、东陈4个村为第五批浙江省历史文化名村，东门、墙头两个村为第四批宁波市历史文化名村。协助国家水下考古中心宁波基地、宁波市考古所启动"十三五"象山县域内"海丝、海岛、海防"资源调查国家

级项目，参加宁波明清海防遗址调查课题研究。协助市考古所对茅洋庙山头遗址实施试掘。依法对东谷湖区域发现的战国墓葬10余件文物进行入库管理。渔山"小白礁Ⅰ号"水下考古发掘项目荣获"田野考古奖"。发挥文物教育功能。县博物馆举办5次专题文化惠民展览，全年接待参观群众3.2万余人次。同时结合文博传统节日，开展宣传活动5次。修缮和利用盛城、殷夫和贺威圣等革命文物和名人故居，开展红色教育和传统文化教育，1.1万余人次受教。举办第三届苍水文化节，并进行苍水文化学术研讨。统筹非遗传承弘扬。贯彻落实《海洋渔文化（象山）生态保护实验区总体规划》，推进保护区建设。在全市率先实施非遗综合性传习中心规范化建设，县级传承中心已建成使用，乡镇已建5家，在建4家。选送石浦鱼灯舞等5个非遗项目申报第五批省级非遗，杨氏古船文化有限公司申报省级非遗生产性保护基地。深入探索非遗进校园传承新机制，确定11所学校为首批县级非遗传承教学基地，下发建设专项资金55万元。通过编撰出版《鸡鸣三坑班戏纲》、开展传统戏曲走亲和民间曲艺业务培训等，推动实施民间戏曲及民间曲艺保护工程。实施田野调查和理论研究，启动非遗传承人口述史编写，发动非遗志愿者团队开展非遗项目寻访、资料搜集和普及宣传等工作，着力抢救濒危非遗项目，并推动非遗保护向年轻化、社会化发展。依托县文化创意园，开展鱼拓、鱼灯和绣花等10余个非遗传统工艺类项目的活态展示和产品现

售,积极探索非遗项目生产性保护和产业化发展。开展以进乡村、进农家客栈、进企业、进机关、进老年公寓为主要方式的非遗课堂乡愁行活动,达180课时,培训学员3000余人次。举办"乡土记忆——象山非遗全国摄影艺术大赛",积极组织非遗项目参加"东亚文化之都"系列活动和省非遗博览会,进一步提升象山非遗对外影响力和美誉度。四是切实提升文化行政管理服务效能。提高审批实效。实施文化行政审批市县同权同批模式,全力承接好新增的35项市县同权同批委托事项,所有审批事项全面进入省权力运行系统运作,切实做到"三集中三到位"。在符合委托下放条件的26项事项中,初步尝试将表演团体设立等6项事项委托下放到石浦镇政府,进一步方便群众。同时,积极参加各类审批培训、政策解读和交叉检查等活动,不断完善服务制度。特别是创新沟通方式,采用了"微信预审批"办理模式。是年,所有项目平均审批时间为1天,审批事项的准确率、提前办结率和群众满意度均达到100%。强化市场监管。积极构建政府主导、社会参与、行业自律相结合的文化市场社会监管体系。积极动员全县所有经营中的网吧、娱乐场所130家参与"平安文化经营场所"创建,达标率96%以上。与文化经营单位签订安全生产目标责任书216份,组织安全生产教育培训8次,共培训700人次。积极推进全县传统文化市场转型升级。积极发挥文化市场"扫黄打非"领导小组办公室综合协调作用,扎实开展"扫黄打非"和"清源""净网""秋风""护

苗"等专项行动,取缔无证经营场所31家,查缴销毁非法出版物400余册(盘);处置网络异地有害信息36条,本地有害信息1500余条。突出重点区域、重点时间、重点经营户、重点内容,不断强化文化市场日常检查,全年检查各类经营场所1780余家次,办理案件20个,市场良好率为98%。特别是在平安护航G20文化环境综合整治大行动期间,开启"白加黑""五加二"的全时段监管模式,将发现的问题以短信、电话和函告等形式告知属地政府,共同整治和监管,收到良好效果。同时,发挥义务监督员队伍作用,有效维护文化市场的平安有序。五是稳步推进文化产业发展。优化产业发展平台。制定文化产业投资指南和重点招商目录,在政策解读、行政审批和项目申报等方面主动服务文化企业,成功引进总投资8亿元的星云秀场项目和2亿元的航天科幻城项目。总投资2亿元、占地91亩的象山盐文化旅游休闲园完成主体建筑建设,进入装修展陈设计阶段。建成象山县文化产品创意园暨象山县非遗传习中心,集文创展示、创客互动等多功能于一体,成为象山县与社会力量合作打造的首个文化创意产业孵化平台。依托"宁波周"文化产业推介洽谈会等文化产业交流活动平台,大力推介文化项目走出去,鼓励文化企业以商招商。举行第二届"中国创翼"文创大赛华东区域总决赛暨浙江互联网生态峰会。县新华书店积极开展图书展、朗诵快闪等丰富多彩的图书公益活动,取得经济效益与社会效益双赢,实现年销售4460余万元。壮

大影视龙头产业。宁波影视文化产业区获批浙江省影视文化产业基地,1月至11月影视文化经营总收入突破5.8亿元,同比增长60%,象山影视城品牌价值26.7亿元,比2015年增长近10亿元,被列入宁波品牌百强榜。象山影视城建立剧组看景、置景和换景等环节全方位立体式的服务标准和流程,驻地拍摄剧组首次突破100部,居国内第二位。积极做好影视文化产业推介和招商引资、招商引剧工作,成功举办"中国·象山影视论坛暨剧本交易会",全国首个影视编剧创作基地落户象山影视城,影视产业区累计落户企业281家,注册资金7.5亿元,实现营业收入6.6亿元,税收达5000万元,实现文化产业附加值增加值1.3亿元,同比增长72.35%。与此同时,积极引进民间资本,参与摄影棚、服装道具和灯光器材等影视拍摄服务,促进产业转型升级,向周边村镇辐射影视旅游红利。

(宋国光)

【宁海县文化广电新闻出版局】内设机构5个,直属单位5家。2016年末人员86人(其中:公务员12人,参公8人,事业66人;具有高级技术职务资格的5人,中级39人)。

2016年是"十三五"规划的开局之年,也是宁海县文化实现跨越发展的关键年。宁海县文化广电新闻出版局紧紧围绕宁海县委、县政府中心工作,以创新的发展思路和务实的工作举措,努力推动文化建设再上新台阶。一是全年获国家级、省级、市级荣誉称号、奖励或经验推广13次。一市

镇箬岙村入选中国传统村落。宁海获评全国首个"中国古村落文化遗产研究基地"。宁海县巧打"保护开发传承"组合拳创成全国首个古村落文化遗产研究基地，获浙江省副省长孙景淼，宁波市副市长张明华、林静国批示，并在全市推广。获"中国诗词文化之乡"称号。宁海文化综合体PPP项目成功入选财政部"第三批政府和社会资本合作示范项目"。120册大型文献"宁海丛书"出版，并在全国政协礼堂举办首发式。二是建立健全体制机制。大力推进农村文化礼堂建设。出台《宁海县农村文化礼堂"十三五"规划》，并召开工作推进会，实施均衡化布点、区域化推进、品牌化打造、普惠化管用"四化"专项行动。新创建30家农村文化礼堂，累计创建118家，并成立农村精品文化礼堂指导员队伍，择优选取10家精品文化礼堂，打造文化礼堂运行模板。认真谋划古建筑维护修缮政策。出台《宁海县古建筑维修申报指南》《宁海县古建筑维修保护补助专项经费管理办法》，进一步规范保护资金的合理有效使用。财政投入明显增长。县财政继续加大对文化建设投入，其中"万场电影千场戏剧进农村""天天演——文化惠民演出"和"百姓大舞台"等文化惠民实事工程投入700万元，繁荣群众文化奖励500万元，文化产业发展补助1000万元，文物、收藏和古建筑保护专项经费480万元。深化体制机制建设。建立健全文化人才队伍建设机制。深化宁海民间文化人才"百人计划"工程建设，精选确定百人计划名单。组建宁海县文化志愿者队伍，共

600余人。开展两期文化人才培训。平调艺术传承中心薛巧萍入选宁波市"六个一批人才"。推进基层公共文化管理机制纵深发展。继续深化推进下属文化事业单位法人治理结构建设。开展基层公共文化管理三级管理、"两员"制度"回头看"检查工作，基层文化站长、文化员、村级文化管理工作人员人到位、钱到位、管到位，保障基层文化阵地良性运转。开展种文化项目创新活动。在持续开展"宁海之夏"戏曲纳凉晚会的同时，打造"百姓大舞台"种文化项目。筹备开展宁海首届"五王大赛"。开辟宁海县"一人一艺"培训平台，培训2000余人。三是夯实基层文化建设。公共文化服务再上台阶。完成第六次全省乡镇综合文化站定级工作。跃龙街道入选宁波市公共文化示范区建设。继续推进公共文化阵地建设，投资2.3亿元的十里红妆博物馆新馆工程竣工。文化馆完成搬迁，投资130余万元进行装修，面积从2000平方米扩大到3500平方米。平调艺术传承中心投资150余万元进行全面修缮。采用基层公共文化阵地管理先进评选等方式，着力做好文化站、图书分馆和文化宫等基层文化阵地的开放、管理、运行工作。完成中心镇西店镇多厅数字影院建设，流动图书室站8家。群众文化活动欣欣向荣。举办"宁海之春——春节联欢晚会"等大中型专题文艺晚会30多场次。协助乡镇、街道做好节庆文化活动以及各类基层文艺展演。宁波市"天然舞台"、县"千场戏剧进农村"演出127场，"天天演"文化惠民演出105场，"百姓大舞台"演

出60余场，"宁海之夏"文化纳凉戏曲晚会演出2000余场次，观众数十万人次。"万场电影进农村"放映3605场。赴慈溪、北仑和天台等地文化交流演出。举办公益艺术培训70期，培训学员3000余人次。"正学讲堂"举办讲座23期，听众1.4万余人次；群文讲堂举办5期，听众300余人次；县图书馆、县文化馆、县文物事业管理委员会办公室、县非遗中心共举办各类展览29场，吸引观众8万余人次。文艺精品创作源源不断。完成大型话剧《青青河边草》剧本初稿创作和长篇走书《宁海好人》创作，完成《宁海组歌》10首歌曲创作。排舞《欧洲挪威》参加省"第十届文化礼堂排舞大赛"，歌曲《飞驰在绿色大道上》参加浙江省"第十三届新人新作大赛"，歌曲《长街山歌》参加浙江省"原生态歌曲大赛"。新编平调传统剧目《白雀寺》参加"浙江省第十三届戏剧节"。平调传承班排练10个精品折子戏并赴浙江省政协礼堂汇报演出。四是重视文化遗产保护。加强文物保护利用。"一普"工作完成所有文物的数据修改和审核工作并上报。完成市不可移动文物数据库潘天寿故居数据填报工作。完成全国重点文物保护单位宁海古戏台和省级文物保护单位南宋三桥维修项目招标工作。完成黄坛三堂修缮工程竣工验收工作。做好城隍庙文化景观设计陈列方案。举办"杨象宪花鸟画精品展览"与"一普"成果展览。深化非遗传承发展。完成浙江省第五批非物质文化遗产项目名录申报工作，戏台巢井营造技术入选省级非遗项目。完成2016年度国遗项目资

金申报（宁海平调）及非物质文化遗产保护利用设施建设储备项目资金（泥金彩漆）的申报工作。组织6个非遗项目参加"东亚文化之都"非遗博览会。组织"泥金彩漆"项目参加义乌文化产品交易博览会"百工坊"展览。组织"泥金彩漆""十里红妆婚俗"项目参加省第八届非遗博览会。组织参加"非遗薪传——浙江省传统戏剧展演活动"。组织开展第11个文化遗产日活动。做好各地传统节日民俗活动，开展毛兔灯扎制、传统刺绣、乱弹表演培训工作。做好中央电视台《探索与发现》栏目宁海传统戏台建造技艺拍摄宣传工作等。《宁海平调口述史》正式出版。加快博物馆建设步伐。完成宁波市第二批非国有博物馆星级创建和专项扶持资金申报工作，完成资金下发。做好2016年涉农资金古建筑维修项目资金的申报、落实、评审和上报工作。完成2016年市政府民生实事项目"博物馆'双百'文化惠民活动"计划。完成宁海县博物馆陈列大纲编制及展示设计项目招标工作。许家山石文化博物馆6月正式开馆。五是大力发展文化产业。推进重点文化项目建设。县重点文化项目宁海非遗文化产业园（东方艺术造像博物馆新馆）建成，建筑面积35亩，总投资9100万元，于12月22日开馆。文化综合体项目PPP模式完成前期招标工作，签约仪式参加"2016中国文体产业高峰论坛"，省文化厅厅长金兴盛出席会议并讲话。宁海森林温泉小镇入选省级特色小镇培育名单、市级特色小镇创建名单，小镇文化建设被评为省级示范点。宁海大观园入选宁波市级文创产业园区名录，宁海温泉文化艺术村入选宁波市级培育文创产业园区名录。十里红妆特色小镇列入宁波市特色小镇培育项目。开展文化产业发展服务工作。组织参加"第十届义乌文化产品交易博览会""东亚文化之都"和"第九届海峡两岸（厦门）文化产业博览交易会"等国内外著名文化会展。做好国内著名动画影视制作企业北京熊小米公司入驻宁海县的相关服务工作。继续推进县文化产业基金设立工作，完成该基金委托管理机构宁海龙德文投公司的注册工作，拟定宁海县文化产业基金总体组建方案。加强产业政策扶持。修编完善文化产业扶持政策，新政策基本定稿。完成县文化产业专项资金发放落实工作。注重文化产业管理人员素质培训，不断提升企业管理水平。开展文化企业管理人员知识创新服务，组织相关文化企业负责人参加文化部文化产业投融资实务（上市融资）研修班。有效掌握文化产业态势。做好月度、季度统计工作，动态管理文化规上、限上企业的新增和退出，时刻掌握文化产业经济运行情况。文化产业回升势头明显，有89家文化产业规上企业，130多家文化创意产业限上企业，全年文创产业增加值27亿元以上。六是加大文化市场审管力度。文化审批精简效率。办结行政审批事项49件，年度核验352件，总办件401件。承诺提速率94.11%，实际提速率100%，群众满意率100%。季度考核三次指标均位列行政审批中心各窗口第一位。市场监管持续有力。坚持监管主线，打造平安文化市场。是年，全县组织文化市场检查485次，出动执法人员1905人次，检查各类文化经营单位2396家次，实现对全县文化市场监管主体全纳入、区域全覆盖监管，市场秩序稳步提升，市场良好率达96.79%。打违治违成效显著。全年查获违规经营单位73家次，责令改正45家次，立案调查28件，办结案件28件；警告经营单位19家次，罚款25家次，罚款总额12.8万元；取缔39家次，没收违法物品1家次，没收违法物品8003件。受理举报、联动99件，均落实处置及反馈，处置率、反馈率和满意度实现3个百分百。强化安全排除场所隐患。全年检查文化经营单位安全生产865家次，治理隐患点92处，下发责令改正通知书59份，取缔无证隐患点15处，抄告安全隐患2处。从复查结果来看，所有隐患均已整改落实到位。强化宣传营造共治氛围。全年组织各类宣传、培训6场次，发放宣传资料1100余册，培训600余人次。推进"扫黄打非"工作。扎实开展2016"扫黄打非""护苗""清源""净网""秋风"4项行动，累计查处各领域违规行为60件（处），取缔无证出版物摊点20处，收缴非法出版物超7000件。夯实执法工作基础。深化阳光执法工作。公开一般程序办结行政处罚结果22件，公开率达100%。开展文化市场以案释法工作，发布4个案例。推进双随机抽查，于4月印发宁海县《推广文化市场随机抽查规范文化市场事中事后监管工作实施方案》（宁文广新〔2016〕9号），9月正式启动双随机抽查，累计开展双随机抽查4次，抽查文化经营单位19家次。加强宁海、吴堡两县对口交流。推动执法效率提升。信息通达执法更为透明。全方位做好执法宣传。群众监管基础有力夯实。信用体系建设有序推进。对接省、市两级黑名单管理办法,于8月出台《宁海县文化广电新闻出版局试行文化市场黑名单管理办法的实施方案》(宁文广新〔2016〕17号)及《互联网上网服务营业场所分级管理办法》(宁文广新〔2016〕18号),做好黑名单移入移出、网吧分级管理工作。是年,全县未发生符合黑名单移入移出条件事项。网吧首轮分级排序于10月确定,产生A级场所57家、B级场所11家和C级场所8家。技术防护措施不断提升。进一步加强KTV曲库远程监管平台、文化执法二维码和"清网卫士"等技防手段在文化执法过程中的运用。

设立全省首支县级文化产业发展基金 1月12日,宁海县与北京龙德文创投资基金管理有限公司联合成立宁海县文化产业发展基金,成为全省首个设立文化产业发展基金的县(市、区)。该基金规模为10亿元,由县财政、龙德文创投资基金管理有限公司各出资5000万元作为产业引导基金入股,其余9亿元由宁海文投公司和龙德文投基金管理公司通过金融机构、专业投资机构向社会募集,首募资金3亿元。该基金作为文化产业发展投融资机制创新成果,将用于文化创业投资和文化产业投资,可有效缓解宁海县近1000家中小文化企业普遍面临的融资难、融资贵问题。

宁海县文化综合体项目入选财政部PPP示范项目 10月13日,财政部第三批PPP示范项目公布,宁海县文化综合体上榜,成为浙江省唯一入选的文化类项目。该项目计划投资7.7亿元,由政府方代表和社会投资人按1∶9比例出资,合作启动项目建设及建成后项目运营,旨在打造集公共文化服务、大型文化活动、高档艺术交流和现代商业配套模式于一体的新城市文化休闲娱乐中心。这是PPP模式在宁海县公共服务领域的首次尝试和运用,对深入推广运用PPP模式并发挥其积极作用具有重要的参考和借鉴意义。

宁海县成为全国首个"中国古村落文化遗产研究基地" 10月13日,宁海县通过中国民间文艺家协会验收,成为全国首个"中国古村落文化遗产研究基地"。专家组认为,龙宫村、前童古村和力洋村等古村落地理肌理保存完整,原住民生活轨迹得到很好的延续,古戏台、元宵行会和手工艺等古村落文化传承特色鲜明,具有浓郁的地域文化特色。

(邵颖玢)

温州市文化广电新闻出版局

【概况】 内设职能处室 11 个,直属单位 16 个。2016 年末人员 493 人(其中:公务员 45 人,参公 23 人,事业 425 人;具有高级技术职务资格的 115 人,中级 122 人)。

2016 年,温州市文化广电新闻出版系统以党的十八大、十八届三中、四中、五中、六中全会及习近平总书记系列重要讲话精神为指导,围绕市委十一届十次、十一次全会的战略部署和"补短板、树标杆"的工作要求,牢固树立以人民为中心的工作导向,积极弘扬"转型发展、文化先行"的担当精神和先锋作用,以"文化发展三年行动(2016—2018)"为抓手,大力推进文化强市建设,努力增强城市文化竞争力,取得了一定成绩。

一、坚持文化先行,服务中心工作

(一)扎实开展"补短板"工作

切实增强补短板的政治定力、责任担当和行动自觉,全力做好补短板这篇大文章。针对上半年查找的城市文化品位提升不够、文化传播方式落后、公共文化服务侧供给不足、文化产业拓展不足、行业管理落后、人才队伍建设滞后等 29 个短板(其中重点问题 6 个),认真分析原因,提出具体措施,解决实际问题,以制定实施《文化发展三年行动计划》为抓手,着力破解文广新工作创新发展的瓶颈和难点,激发文广新工作发展活力。

(二)确保重要保障期"零事故"

积极发挥职能作用打出系列组合拳,强化专项行动、联合整治、加强督查、实战演练、三班倒值班等工作抓手,全面构建"三着力九到位"维稳安保体系。4 月初至 9 月 6 日,全市出动检查督导 3000 多人次,涉及各类文化单位 2000 余家,组织联合整治 37 次,行政处罚立案调查 343 件,责令改正 497 家次,实现了重要保障期间内全市文广新系统"零事故"。

(三)积极助力"大拆大整"专项行动

积极弘扬"服务中心,文化先行"的担当精神和先锋作用,突出文艺宣传、安全监管、思想解放等三方面工作,着力提升文化引领力、文化执行力、文化治理力,全方位服务"大拆大整"专项行动取得积极成效。其中文艺宣传方面创作相关文艺作品 50 余件,组织各类演出 200 余场,举办主题展览及宣传活动 50 余次,得到了市委主要领导的批示肯定。文物保护方面,与住建、规划、综合执法等部门共享"三普"登录点以上的文保单位清单,加强在"大拆大整"专项行动中对文保单位、历史建筑、文保点的保护,避免误拆、误伤。积极参与危旧房治理改造工作,拟订了《关于服务"大拆大整"加强古建筑保护的意见》。

二、坚持以人民为中心,推动文艺繁荣发展

(一)年度精品创作任务圆满完成

积极组织部署,下达任务,围绕 G20 峰会、"中国梦"、庆祝中国共产党成立 95 周年、纪念红军长征胜利 80 周年、"五水共治"、"大拆大整"等重大主题开展创作活动,以备战第十一届中国艺术节、群星奖、省第十三届戏剧节等赛事为契机,全年创排老百姓喜闻乐见的音乐、舞蹈、小品、书法、美术、摄影等各类文艺作品 300 余件,获省级以上奖项 100 余个。其中温州女声合唱团获俄罗斯索契第九届世界合唱节无伴奏民谣组冠军,陈春兰演唱的鼓词《杀庙》获第九届中国牡丹表演奖,歌曲《晒蓝》入围全国"群星奖"决赛,戴宏海《乾隆南巡》入选"中华史诗美术大展"。配合 2016 世界温州人大会做好文艺演出及"乡音使者"评选,组织"乡音使者"艺术团,储备"乡音使者"节目库,形成较好的社会辐射宣传效应。

(二)强化生活实践

开展"深入生活、扎根人民"系列实践活动,鼓励广大文艺工作者深入火热的生活,汲取创作营养。组织"深入基层、贴近生活"温州文艺创作采风活动及作品分享会,激发创作灵感,培养创作队伍。全面实施文化馆干部网格化服务,建成采风基地 1 个,基层创作室 8 个,扶持温州市流行

乐团等文艺团队，推动基层群众性文化活动蓬勃发展。同时专门组织艺术家小分队奔赴位置偏远、生活单调的山区海岛，丰富当地人民群众的精神文化生活。

（三）推动地方戏剧振兴

深入开展戏曲普查，整理全市相关院团资料70余家，成为全国优秀范本。成立了"新九山书会"，配合市政协温州市戏剧发展促进会组织"南戏遗存"考察调研活动，做好《温州戏曲口述史》《中国瓯剧音乐大全》的采编、整理及出版工作。完善《瓯剧文化生态保护规划》编制。瓯剧院创排《白蛇传》《狮吼记》以及《那年那秋——蔡晓秋个人戏曲艺术专场》，《橘子红了》入围省戏剧节决赛，实验瓯剧《伤抉》开辟小剧场演出新形式，得到各界好评；越剧团新创剧目《凤冠泪》《香莲案》，永昆创排《钗钏记》。瓯剧院、越剧中心共创排折子戏11个，分别完成各类演出148场、109场。

三、坚持科学保护，加强瓯越文化传承

（一）温州荣膺国家历史文化名城

4月22日，国务院正式批复温州为国家历史文化名城。围绕"温州古城环境风貌较为完整，历史文化遗存丰富，城市文化价值特点鲜明"等特点，一是积极开展历史文化名城保护系列宣传。分别在《中国文化报》《中国名城》《浙江文化月刊》《浙江文物》《浙江日报》等媒体上刊发温州历史名城保护相关文章。与温州网、广电传媒集团东海网等网络媒体开展"文化温州、家底盘点""温州的前世今生"系列报道。组织"寻找城市遗珍"定向活动等。举办

温州历史文化名城成果图片展。二是启动名城后续文物保护工程。重点完成了谯楼城台抢修、卓公亭建设工程。进一步整治杨柳巷戚宅、七枫巷胡宅的环境。督促做好永川轮船局旧址、江心寺、天主教堂等维修工程建设。启动江心屿双塔监测、修缮前期准备工作和华盖山城墙遗址展示工程。与住建、规划、综合执法等部门共享"三普"登录点以上的文保单位清单，加强在"大拆大整"专项行动中对文保单位、历史建筑、文保点的保护，避免误拆、误伤。

（二）文博基础工作不断强化

一是圆满完成可移动文物普查工作。共登录可移动文物4.1万件，普查工作得到省文物局的充分肯定。二是文物保护扎实推进。出台文物属地管理制度，文物安全执法力度不断加大，全面完成文物平安工程3年计划，市文物监察支队共出动执法巡查人次212人次，巡查文博单位家数75家，查处违法案件2起，遏制文物违法犯罪苗头4起。积极应对台风、山洪等灾害，切实做好4座水毁国保廊桥修复工作。完成第六批省保49处的建档工作，初步入围第七批省级文保单位26处。做好市区名城广场、瑞安寨山遗址、鹿城藤桥古墓葬等多处遗址调查工作，对鹿城区2座六朝墓葬以及乐清市1座明代墓葬进行了抢救性清理。温州古城址勘探（2013—2015）获"2015年度浙江考古重要发现"。全市全年举办各类展览近80场。三是博物馆体系不断完善。温州博物馆入选第三批国家一级博物馆，全年举办各类展览16个，引进大秦

帝国文物特展、佛山市博物馆藏石湾陶精品展、周口店北京人遗址文物特展、郑振铎捐献故宫文物特展等4个大展，全年接待观众65万人次，市区专题博物馆参观人数150余万人次，郑振铎纪念馆陈列布展工程荣获第十届（2015年度）全省博物馆陈列展览精品奖，温州夏鼐故居保护利用案例被评为浙江省不可移动文物保护利用优秀案例，民办博物馆补贴35.1万元。四是美丽水乡建设亮点突出。做好美丽水乡文化提升工程，温州治水文化长廊于3月22日举办落成典礼，得到省委副书记、代省长车俊的高度肯定。启动第二批古城记忆工程25处标识安装建设工作，全市水乡文化工程年度总投资9.6343亿元。

（三）非遗保护传承力度不断加大

积极组织做好"年味非遗迎春展""非遗学堂""百工一条街"等活动，组织非遗"四进"活动210场，推动非遗活态传承，市非遗馆全年接待100余个参观团队和考察团，观众人数达5万余人。新申报国家级非遗传承人30个、省级项目9个；6地获评第三批浙江省传统戏剧之乡，温州市成为全省唯一入选的传统戏剧特色市；7家单位获评省非遗生产性保护基地；公布温州市第十批非遗名录57项，第四批传承人121名以及各类传承基地31个。下发传承人、传承基地补助160万元。积极参与省非遗传统工艺品及相关衍生品设计大赛、2016东亚非物质文化遗产展、第11届中国（义乌）文交会等对外交流活动。3月，温州市国家级非遗项

目黄杨木雕、泰顺木偶戏走出国门，参展 2016 世界木材日·国际木文化节。做好非遗志愿者团队建设和非遗理论研究等相关工作。

（四）美术工作稳步推进

全年举办"新春楹联展""长沙温州两地书画交流展""赵瑞椿八十"等 16 场高品质展览，温州书画院新增藏品 24 件，组织举办书画高研班和第八期国学班，得到美术爱好者的一致好评。

四、坚持城乡并进，强化公共文化服务有效供给

（一）都市"15 分钟文化圈"不断优化，有力提升城市文化首位度

制定出台《关于进一步优化都市"15 分钟文化圈"的实施意见》，着力提升城市文化首位度。积极推进温州美术馆、温州非遗馆建设，已初步确定选址；投资 1000 余万元的市图书馆整体改造工程稳步推进；投资 300 余万元的东南剧院改造提升工程完成；温州博物馆历史厅改造工程于年底完工。新建城市书房 10 家，总数达 25 家，总面积近 7000 平方米，共接待读者 110 万人次，外借图书 45 万册，办理借书证 2 万余张，图书借阅率达 230％，城市书房已融入温州市民精神生活，成为新的城市文化地标，受到中央电视台、《人民日报》、《光明日报》、《中国文化报》的广泛关注。建成开放文化驿站 11 家、组织活动 214 场，成为弘扬主旋律倡导正能量的传播阵地、个性时尚文化的展示场所、公共休闲文化的交流平台。全年组织温州大剧院演出 166 场，观众人数达 12.75 万人次，满意度达 97.35％；

东南剧院周末剧场 34 场，观众人数 2.1 万人次。

（二）基层公共文化服务有效供给得到加强，文化惠民成效显著

完成乐清图书馆、乐清文化馆、文成博物馆、泰顺图书馆新馆建设并对外开放。根据省对市经济考核指标"乡镇文化中心每周开放时间不少于 42 小时"，及时印发《关于进一步提升乡镇（街道）综合文化站服务效能的通知》，确保顺利通过考核。按"五有十化"标准提升乡镇（街道）文化站 63 个、社区文化中心 330 个。举办市民文化节、全民阅读等大型活动 2000 多场，参与人数 200 万人次。全年全市完成送戏下乡 2159 场、送书下乡 10 万册次、送展览讲座 100 场、公益培训 400 余班次、"文化走亲"94 场次。

五、坚持长效监管，完善现代文化市场体系

结合杭州 G20 峰会、第三届世界互联网大会等重要节点，积极开展"扫黄打非"工作，组织好"净网""秋风""护苗"等专项行动，严厉查堵政治性非法出版物、非法少儿出版物、网络淫秽色情信息等各类有害出版物和信息，查处各类侵权盗版违法违规行为，全年出动执法人员 1.97 万人次，检查经营单位 20418 家次，行政处罚立案调查 747 件，办结案件 707 件，其中警告 479 家次，罚款 270 万余元，停业整顿 34 家，吊销许可证 3 家次，没收非法所得 3.9 万元，重大案件 11 家次，移交 9 家次，在乐清市举行全市侵权盗版及非法出版物集中销毁活动，全市共销毁非法出版物 9.5 万余册（张），较好完成了

2016 年度文化市场综合执法各项工作任务，积极创造繁荣有序的文化市场环境。市文广新局及瓯海区文广新局被评为全省"扫黄打非"工作先进集体、市文化市场行政执法支队被评为浙江省文化系统服务保障 G20 峰会工作先进集体。

六、坚持融合发展，推动文化产业转型升级

（一）超额完成招商引资任务

通过建立全市文化招商项目信息库、定期督查通报招商引资情况等方式，积极做好招商引资工作。全市引进文化创意类项目 55 个，其中总投资超亿元项目 15 个，资金到位 33.95 亿元，超过预定 20 亿元的任务目标。

（二）抓好文化产业项目运作

重点抓好温州文化金融小镇和文昌创客小镇建设，其中金融小镇于 5 月底正式启动，招商引资额达 6000 万元。组织中国传媒大学、温州大学相关专家对温州首批省级特色小镇瓯海智造小镇、文创园区梦多多小镇等的建设运维情况进行调研，专题研究指导落实特色小镇中文化建设问题。

（三）抓好重点产业项目推介

组织参展第 11 届中国（义乌）文化产品交易博览会，观众 8.5 万人次、成交额 600 万元、意向 1000 万元，市文广新局获组织二等奖，温州四目联合文化传播有限公司、温州青街工艺品有限公司获最佳参展企业奖，乐清的首饰龙和周锦云的楠溪江荣获工艺美术特别荣誉奖。组织参加第九届厦门海峡两岸文化博览会，参展展位 8 个，展品 47 件，获中华工艺精品优秀奖金奖 2 个，银

奖 2 个和铜奖 4 个。

（四）抓好文化产业融合发展

充分发挥文化行政部门作用，完善和落实文化产业发展政策，1 月组织召开全市文化产业发展座谈会，推动文化与科技融合、文化与金融深度合作。参与组织举办温州市首届文化创意设计大赛、第九届温州市动漫节、2016 年金秋购物节等活动。对接温州文创学院、设计公司，完成 4 个系列的城市礼品研发工作。浙江艾叶文化艺术品有限公司获得"省级文化产业示范基地"称号，奥光动漫入选 2016 国家文化出口重点企业，浙江尊荣千想传媒有限公司、国智 9 号文创园和红连文创园挂牌新三板。

七、坚持深化改革，提高文化治理能力

（一）加强文化管理机制改革

加快文化行政部门由办文化向管文化转变，营造良好的文化发展氛围和环境。改变以往审批"被动受理"模式，积极助力"大拆大整"专项行动，主动征求规划、住建、综合执法等部门对新设场所的审核意见，确保场所建筑主体安全、无违章搭建、无危房。深化权力清单梳理，编制《行政审批规范手册》，优化行政审批流程，全年受理申请办理事项 129 件，办结率达 100%，提速率 75%。引入公共文化服务绩效第三方评估机制，摸清公共文化惠民服务实际效果，查找公共文化服务短板与成因，提供精准、高效的公共文化服务。

（二）深化文化事业单位体制改革

一是深入推进法人治理全国试点工作。与市编办、市财政局、市人力社保局联合印发《关于进一步深化温州市图书馆法人治理结构工作的意见》，进一步厘清政府主管部门、理事会、管理层三者间的事权关系，建设完善"图书馆发展基金会"。该试点于 12 月 3 日成功通过文化部验收，名列第一。二是完善事业单位内部管理机制改革。正式出台《局属事业单位内部管理机制改革实施意见》，全面完成市文化馆、瓯剧院、越剧中心、书画院、艺研所、博物馆、文保所、图书馆、少儿图书馆、大剧院管理处、监测中心等 11 家局属单位内部管理机制改革，初步建立起以岗位管理、全员聘用、绩效考核 3 项制度为核心，其他相关措施为配套的事业单位综合管理体系。省文化厅认为温州市文化事业单位内部机制改革工作起步早、力度大，其做法和经验值得在全省推广。温州市文化事业单位管理制度创新、传统戏剧传承、城市阅读联盟体建设、非遗活态传承等 4 个团队获得 2016 年全省文化创新团队称号。

（三）健全文化人才培养体系

继续实施培养文艺骨干的"星辰计划"，突出培养培训的针对性和实用性，逐步由传统名师大班教学为主转变为针对学员的个性化教学，采取订单式、个性化、精细化方式，确定 21 名对象到名校、行业培训基地、上级业务单位进行一年以内的中短期学习。3 月，在中央文化干部管理学院举办"春风行动"图书馆业务专题培训班；5 月，在温州市委党校针对分管局长和社文科长、乡镇文化员、社会团队骨干举办了"春风行动"第二期培训班，培训 133 人次；5 月、6 月，举办全市文物系统业务干部培训班和全市非遗业务干部培训班，培训 200 余人。深入实施"农村文化骨干万人培训计划"，培养民间文化能人、传承人和群众文化带头人 8000 余人次。

【大事记】

1 月

2 日　由温州市委宣传部、市文广新局、市文联联合主办的 2016 年温州市新年音乐会在温州大剧院举行。

4 日至 5 日　故宫博物院副院长宋纪蓉一行到温州考察郑振铎纪念馆、温州数学名人馆、温州博物馆，充分肯定了温州市利用文保单位建设专题馆的工作。

6 日　浙江省群文戏剧创作论坛在温州市鹿城区文化馆举行，全省 50 余名群文戏剧创作专家参加，研究探讨戏剧创作、表演、理论等问题。

9 日至 10 日　中国游记名家联盟、泰顺县人民政府主办的"寻迹古风记住乡愁——中国游记名家古道古镇古堡行"正式启动，并组织首站走进泰顺采风活动。

11 日　温州市副市长郑朝阳调研市文化市场。

15 日　谢云书画艺术展在中国国家博物馆开幕。中国国家博物馆馆长吕章申与国家新闻出版署、全国政协科教文卫委等相关部门领导参加了开幕式。

16 日　温州博物馆举办"丹青集萃——温州博物馆藏绘画珍品展"，展出国家二级、三级文物 60 余件（套）。

28 日　温州市文化广电新闻出版工作会议在市人民大会堂

召开。温州市副市长郑朝阳讲话。

31日　温州市委书记徐立毅前往平阳县视察苏步青励志教育馆。市委常委、秘书长仇杨均等一同调研。

2月

3日　浙江省委宣传部编制的全国首张全省域的文化地图出版发行，温州18处入选。

5日　温州市副市长郑朝阳带领文化、安监、消防等部门人员视察主城区部分文化经营单位。

12日　《人民日报》要闻4版刊登标题为《自助图书馆　街头新景象》的关于温州市城市书房的报道。

14日　浙江省委常委、宣传部部长葛慧君到乐清市文化馆新馆等地开展新春下基层调研活动，温州市委书记徐立毅，省委宣传部副部长唐中祥，温州市领导胡剑谨、仇杨均等参与调研。

同日　温州地区第一部渔村志《东岙顶村志》出版发行。

18日　苍南县文物工作人员在龙港镇鳞头村姜氏宗祠正前方发现土地庙与文昌庙两座清代石构庙宇。

22日　泰顺县传统民俗盛会百家宴开席，有三魁镇、雅阳镇、泗溪镇、雅阳镇4个主要举办地点，2万余人共享盛宴。

23日　温州市副市长郑朝阳围绕贯彻全市作风建设大会精神，到市文广新局开展专题调研。

24日　温州市文广新系统党建暨作风建设工作会议召开，总结2015年党建和作风建设工作，部署2016年工作任务。市文广新局领导班子成员，全系统在职党员，机关处室全体人员，直属单位中层以上干部及负责人事、财务、工程建设的人员共150余人参会。

29日　由瑞安市选送的村歌《擂鼓振威》荣获"美丽乡村，幸福生活"浙江省第二届村歌大赛决赛表演、创作兰花金奖。

3月

11日　浙江省委宣传部副部长唐中祥一行莅临温州市非遗广场视察指导，温州市委常委、宣传部部长胡剑谨等一同视察。

22日　温州市举行"温州治水文化长廊"落成典礼暨纪念"世界水日"主题宣传活动。市领导胡剑谨、任玉明、卓高柱、郑朝阳等参加揭幕仪式。市委常委、宣传部长胡剑谨宣布"温州治水文化长廊"正式落成，副市长郑朝阳主持活动。

25日　鹿城区哈哈京剧团荣获中宣部、文化部、国家新闻出版广电总局联合颁发的第六届全国服务农民服务基层文化建设先进集体称号，是全市唯一获此殊荣的文艺院团。

26日　位于温州市区莲花埭百年杨宅的温州武术博物馆开馆。

27日　中央电视台科教频道《探索·发现》大型纪录片《手艺》摄制组抵达温州鹿城，为省级非遗项目温州绸塑展开为期7天的拍摄录制。

4月

17日　2016"书香温州"全民读书活动媒体发布会在温州广电中心举行。会上发布了《2015温州全民阅读情况调查报告》。

26日　北京大学数学科学学院常务副院长、中国数学会秘书长陈大岳一行参观考察了温州数学名人馆，市委常委、宣传部长胡剑谨一同考察。

30日　第11届中国（义乌）文化产品交易博览会上，温州非遗展品喜获佳绩。黄杨木雕作品《赏乐》、平阳漆器作品《观自在菩萨》获工艺美术金奖，瓯塑作品《楠溪江》《乐清首饰龙》获得工艺美术特别荣誉奖，市非遗中心获得优秀组织奖。

5月

4日　国务院办公厅公布《国务院关于同意将浙江省温州市列为国家历史文化名城的批复》。批复指出，温州市历史悠久，文化遗存丰富，历史街区特色鲜明，传统风貌保持完好，保存有独特的"山水斗城"格局。

同日　温州市文广新系统召开"两学一做"专题党课暨学习教育部署会，标志着市文广新系统"两学一做"学习教育全面启动。

5日　由平阳小百花越剧团精心编排的大型现代越剧《雁山春曲》亮相温州东南剧院，温州市副市长郑朝阳及市县各相关领导共同观看了演出。

17日　温州博物馆正式启动迎"5·18国际博物馆日"系列活动。温州市副市长郑朝阳出席。

23日至25日　浙江省公共文化服务体系示范区（项目）创建工作培训班暨学习交流会在鹿城区召开。省文化厅副巡视员任群出席会议并讲话，全省公共文化服务体系示范区（项目）创建单位负责人40余人参加了学习交流。

25日　瓯海博物馆举行开馆仪式。

31日　温州市文化广电新

闻出版局召开了市直文化系统"敢担当、树标杆"作风建设暨万人评议工作推进会。

6月

4日　温州市少年儿童图书馆举行建馆30周年纪念暨"阅读，点亮童年"阅读推广人高峰论坛启动仪式。

8日　温州市副市长郑朝阳到温州博物馆考察文化遗产日活动，观看了周口店北京人遗址文物特展、温州历史文化名城申报成果展、温瑞塘河文化景观主题绘画比赛优秀作品展，对展览表示肯定，给予好评。

13日　浙江省泰顺县、景宁县、庆元县，福建省寿宁县、周宁县、屏南县、政和县7县齐聚庆元开展座谈会，共同探讨木拱廊桥申遗工作事项。

17日　温州市委常委、宣传部部长胡剑谨参观调研马孟容马公愚艺术馆。

同日　温州市文物保护考古所工作人员在温州市区西部的一座山头采集到一批遗物标本，具有典型的浙南地区新石器时代晚期至商周时期的文化特征，重新确认了瓯江南岸遗址的主体范围。

18日　"小手牵大手　爱读一起来"阅读活动新闻发布会暨启动仪式在温州市少年儿童图书馆举行。

22日　第四届市民文化节在温州大剧院开幕。温州市委常委、宣传部部长胡剑谨，温州市副市长郑朝阳出席了晚会。

同日　由温州市人民政府、印度驻上海总领事馆共同主办的"2016温州印度文化周"活动圆满落幕。文化周设立的印度电影节、印度美食节、中印茶文化论坛、中印商务论坛等6大主题活动亮点纷呈。

24日　瓯剧新秀版《白蛇传》在东南剧院上演，市政协主席余梅生等现场观看了演出。

27日　文成县举行"七月流火，红色指引"庆祝建党95周年暨纪念红军长征胜利80周年文艺晚会。

28日　"2016中国十大古道"评审会在江西婺源召开，泰顺古道以最佳风光摄影古道入选，也是浙江省唯一入选的古道。

29日　鹿城区举办"永远跟党走共筑中国梦"庆祝中国共产党建党95周年暨"两学一做"文艺演出。

同日　苍南县举行庆祝中国共产党成立95周年文艺晚会。

30日　瑞安市举办庆祝中国共产党成立95周年暨红军长征胜利80周年文艺晚会。

7月

4日　亚马逊公布"2016年中最爱阅读城市榜"等榜单，温州位列该榜单第三名。温州已连续两年入围该榜单。

10日　温州市文化广电新闻出版局下属温州女声合唱团在俄罗斯索契第九届世界合唱节荣获无伴奏民谣组冠军和女声组亚军，在世界舞台上亮出了温州合唱的实力。

12日　苍南县爱乐合唱团获得"2016走进草原"全国合唱比赛金奖。

13日　省文化厅副厅长黄健全到苍南调研无证歌舞娱乐场所（农家乐）整治工作。

14日　副省长郑继伟率队在洞头开展文化等工作调研。省

政府副秘书长李云林，温州市副市长郑朝阳等参加调研。

19日　温州市委、市政府对温州女声合唱团进行表彰嘉奖，授予合唱团中从业十年以上的优秀团员"温州合唱事业优秀工作者"称号，并给予合唱团20万元奖励。

20日　省委副书记、代省长车俊一行在调研温州"五水共治"工作情况时，充分肯定温州治水文化长廊建设成果。

8月

11日　温州城交乐队学院在温州大剧院举行成立签约仪式。该学院为美国康威斯大学与温州城交交响乐团、温州大学成人（继续）教育学院联合创办的教育项目，面向全国全日制本科毕业生招生。

17日　省文化厅副厅长刁玉泉一行就苍南县公共文化服务体系建设情况进行调研。

18日　温州市发改委和市文广新局联合印发了《温州市文化发展"十三五"规划》。

20日　温州市委书记徐立毅专题调研温州市文化工作，先后实地察看了郑振铎纪念馆、温州武术博物馆、市文苑大楼、市文化馆文化驿站、市图书馆城市书房等文化场馆，对温州近年来文化建设所取得的一系列成果和近期提升中心城区文化首位度、打造"15分钟都市文化圈"的思路和举措给予了充分肯定。

31日　温州市委常委、宣传部长胡剑谨到永嘉调研农村文化礼堂建设情况。

9月

7日　"学标杆、补短板"宣

传思想文化工作比学赶超走进部门单位活动（第二站）走进温州市文化馆文化驿站。市委宣传部全体部领导和处室主要负责人、各县（市、区）委宣传部、市级宣传文化系统各单位主要负责人参加了活动。

9日　温州市人大常委会副主任卓高柱率队到温州书画院调研指导并座谈交流。

15日　受第14号台风"莫兰蒂"的影响，泰顺县境内的薛宅桥、文兴桥、文重桥3座廊桥被洪水冲毁，北涧桥、南溪桥损毁较多。温州市、泰顺县文化文物部门迅速行动，积极应对，全力抢险救灾。

17日　省文物局局长柳河一行深入泰顺灾区一线，赴三魁镇、筱村镇实地查勘受灾情况，与当地县委、县政府主要领导交流部署下一步举措，指导防台救灾工作。

21日　省文化厅副厅长刁玉泉一行到鹿城区调研基层公共文化建设情况。

28日　国家文物局检查组到永嘉县开展传统村落文物保护专项检查、评估。省文物局、市文广新局、楠溪江管委会、县文广新局、岩头镇镇政府、县旅游投资集团等相关人员陪同检查。

10月

2日　温州市委副书记、市长张耕赴泰顺灾区一线看望慰问灾区干部群众，指导检查救灾工作，察看文兴桥和文重桥损毁情况。

15日　由温州市委宣传部、市文化广电新闻出版局、市总工会主办，温州市图书馆承办的"十年成长"第十届新温州人演讲大赛总决赛在温州大剧院举行。

16日　"清辉遗韵——王绍基作品展"在温州博物馆开幕。

同日至19日　由温州市文化馆组织编创的表演唱《晒蓝》参加第十七届全国"群星奖"总决赛。

17日　浙江省第十届排舞大赛在宁波镇海大剧院举行，温州参赛的18支队伍有10支队伍进入了各组别的前6名，总成绩名列全省第一。

18日　"德泽生辉——郑振铎先生捐献故宫文物特展"在温州博物馆开幕。温州市委常委、宣传部部长胡剑谨出席开幕式并致辞。

同日　由温州市文广新局主办，温州市艺研所、市文保所承办的"新九山书会"（温州市新九山戏剧创作研究会）在朱自清旧居内揭牌成立。

21日　温州市瓯剧艺术研究院的《橘子红了》入围省第十三届戏剧节决赛。

28日　温州"百工之乡非遗大展示"系列活动在温州博物馆开幕。

11月

6日　省委宣传部副部长唐中祥到永嘉县三江商务区（街道）龙下村考察"中国瓯窑特色小镇"建设情况，调研当地文化产业发展情况。

8日　2016年温州市全民阅读工作经验交流会召开。

同日　温州市泰顺县开展方介堪115周年诞辰、方去疾95年诞辰等一系列纪念活动。

23日　由文成县图书馆推荐、文成县新闻中心提交的作品《寻找文成抗战老兵》《文成往事之糖甜》在"文化中国"2015全国文化信息资源共享工程微视频征集评选活动总结会议上获评优秀作品奖。

12月

1日　省委书记夏宝龙莅临浙江省农业博览会乐清首饰龙展位，被首饰龙精美的工艺吸引，在听取了省级传承人林顺奎的介绍后，对首饰龙灯给予好评。

2日至3日　文化部办公厅对基本公共文化服务标准化、基层综合性文化服务中心和公共文化机构法人治理结构试点工作进行总结和评审验收。温州市图书馆作为全国10家公共文化机构法人治理结构试点单位之一，被列入本次评审验收。

9日至12日　市流行乐团展开主题歌曲创作，举行"幸福生活、相信温州"——"大拆大整"城市转型发展专题音乐晚会。

12日　省文化厅副厅长刁玉泉、副巡视员任群，温州市副市长苗伟伦，以及省内各地文广新局局长与数百名市民一起见证2016新建城市书房点亮崭新的阅读之灯。

同日至14日　省文化厅在温州举办全省公共文化服务培训班，全省各地的130多名文广新局分管局长、处长参训。

14日至15日　法国驻上海总领事馆文化教育合作处文化领事费保罗到温州博物馆、温州书画院参观。

15日　温州市文化广电新闻出版局喜获2016年度浙江省文化系统网站群绩效评估"服务满意奖"。

同日　第三批浙江省传统戏剧之乡授牌仪式暨"非遗薪传"传

统戏剧获奖剧目专场活动在绍兴举行。温州6地荣获浙江省第三批"传统戏剧之乡"称号,分别是温州市(瓯剧)入选传统戏剧特色市,苍南县(苍南提线木偶戏)、泰顺县(泰顺药发木偶戏)入选传统戏剧特色县,平阳县山门镇(平阳单档布袋戏)、永嘉县溪下乡(溪下马灯戏)、永嘉县巽宅镇(永嘉乱弹)入选传统戏剧特色镇(乡、街道)。

20日　中央电视台记录频道(CCTV-9)《大江南》摄制组进驻永嘉岩头古镇,对丽水街、苍坡等地开展采摄工作。

29日　由浙江省非遗保护中心、省非遗保护协会主办,温州市非遗保护中心承办的浙江省非遗代表性传承人抢救性记录暨全省非遗中心主任培训班成功举办,全省各地市非遗中心主任、第二批第三批抢救性记录传承人所在地非遗中心、项目保护单位人员,国家级、省级传承人,第二批传承人抢救性记录工程摄制团队100多人参训。

(苏义彪)

温州市县(市、区)文化工作概况

【鹿城区文化广电新闻出版局】
内设职能科室5个,综合执法机构1个,直属单位4个。2016年末人员81人(其中:机关31人,事业50人;具有高级技术职务资格的9人,中级14人)。

2016年,鹿城区文化广电新闻出版局奋力争先,破难攻坚,扎实工作,积极推进鹿城区文化事业和文化产业向健康、有序、和谐的方向发展。一是文化设施建设

与管理取得新成效。围绕省、市重大项目重点工程和特色工作,结合鹿城实际,积极申报试点进行先行先试,争取专项扶持资金和项目,努力实现区域率先发展。全年争取省、市级资金535.2万元,与2015年相比增加244.96万元,有力提升了鹿城文化工作推动力,公共文化服务体系指标综合发展指数从"十一五"全省第89位提升到全省第38位。"五有十化"建设全面走向规范。加强街镇综合文化服务中心建设,对列入2016年市对区考核"五有十化"标准化试点的5个街镇综合文化服务中心和36个社区文化中心进行规范化建设,努力提升基层公共文化服务效能。城市书房建设深受群众欢迎。选址人民路、联合广场、鞋都文化广场、广化街道社区再打造4个高品质的城市书房,并公开招募公益设计师,得到社会各层面的广泛响应,并于12月中旬一致对外开放。同时,丰门街道还新建15个图书流通站,为辖区企业工人和居民提供便捷的阅读服务。仰义街道图书馆精心打造新居民服务品牌,被评为全市"读者最喜爱的乡镇图书馆"。七都街道在樟里文化村打造全市首个最美乡村图书馆,成为乡村图书室典范。鹿城文化中心服务功能全面提升。在鹿城文化中心打造非遗讲坛、文化驿站、视觉艺术展厅及"经典老电影"播放厅,不定期推出电影观赏、音乐鉴赏、非遗讲座、艺术展览等活动34场,举办公益培训班36个班次,参加培训学员近1000人次,受到市民的普遍欢迎和好评。引入社会力量参与街镇综合文化中心管理做法在全省推

广。区"引入社会力量参与街道(乡镇)文化中心管理项目"入选浙江省公共文化服务体系示范项目。全省公共文化服务体系示范项目创建工作交流会在鹿城成功举办,在全省、全市影响广泛。二是文化活动开展和文艺作品创作深入人心。举办第四届市民文化节和金秋文化节,围绕"中国梦"、"大拆大整"专项行动等主题,精心创作编排节目,在南塘印象舞台、鞋都文化广场、华盖词场以及全区83个社区的文化广场、文化公园开展了群众喜闻乐见的文化活动390多场次,受到广大市民的一致好评。举办"书香鹿城"读书节活动,围绕"听说读写"开展全民阅读活动,在全区营造浓厚的阅读氛围。亚马逊公布"2016年最爱阅读城市榜",温州市排全国第三,鹿城区位居全市第一。推动文艺作品创作,创作一批反映时代精神、传递正能量、展示鹿城新面貌的优秀作品,其中小品《立碑》获2015年度浙江省群星奖,小品《垫钱》获第十三届华东六省一市戏剧小品大赛大奖。哈哈京剧团被评为"全国服务农民、服务基层文化建设先进集体"。开展文化交流活动。成功承办浙江省群文戏剧创作论坛和鹿城台湾青年文化节。积极参与国家和全省文化外交活动,代表中国赴"一带一路"沿线国家卡塔尔参加2016中卡文化年文化交流活动,国内外媒体做了广泛报道,文化部授予区文化馆中卡文化年"中国节"参演荣誉证书。三是文化遗产保护工作扎实有效。完善项目、传承人、基地"三位一体"保护体系,新增省级非遗项目2个,市级非遗项目5个、非遗传承人5

人,非遗传承基地 4 个。完成全国第一次可移动文物普查工作,共申报藏品 21130 件。整理出台《鹿城区地方文化遗产保护工作实施方案》。举办"文化遗产日"系列宣传活动。推动非遗进校园、进机关、进企业、进社区、进农村。省级非遗项目温州绸塑及传承人亮相中央电视台《探索·发现》大型纪录片《手艺》栏目。承接市对区"五水共治"水乡文化提升工程建设考核任务,完成"樟里水乡"文化创意村一期工程和温瑞塘河德胜桥东段沿河水乡文化提升工程建设任务,完成投资 1600 万元,完成率为 141.67%。四是文化市场管理水平领跑全省。将实施文化执法"12340"工程列入考核自选项目,实现全年"零安全责任事故、零群体信访、零行政诉讼、零行政复议"工作目,被省文化厅评为全省文化市场综合行政执法先进集体。五是文化产业发展速度加快。推进文化产业招商引资工作,被市文广新局通报表扬。是年底,省外到位资金 3.54 亿元,完成率 141.6%。黎明 92 文化创意街区列入浙江省文化创意街区创建工作首批试点。学院路创意文化街区建设项目列入鹿城区"十三五"发展规划,创建工作不仅得到区委、区政府的高度重视,还得到市委宣传部、市文广新局的大力支持。4月,成功举办鹿城读书节暨学院路创意文化街区启动仪式;5月,创建书集、花市、创意设计等 3 个艺术集市,打造亲民、便民、惠民的文化艺术交流平台;6月,委托温州城市规划设计院制定创意文化街区创建规划文本;7月,推动学院路列入全市 2017 年示范道

路建设范畴;8月,协助浙江创意园企业浙江尊荣千想传媒有限公司成功挂牌上市,成为温州地区首家挂牌"新三板"的文化传媒公司;9月,制定学院路"文化创意街区"实施方案,创意文化街区创建规划形成中间成果,主要分为文化创意综合体、文艺气质特色业态街建设、街区休闲配套中心和设施建设三大重点板块开展建设工作;10月,对接温州大学拟筹备成立文创集团,引入上亿资金搭建文创平台,开辟教授创意工作室;11月,联合浙江工贸学院举办"工贸集市暨学院路文化创意街区艺术巡礼"活动;12月,积极申报争取纳入全省文化创意街区建设第二批试点。六是文化体制机制改革全省示范。实行"互联网+"审批模式,就艺术品经营单位的备案、证件遗失补证两项审批事项开展网上及手机微信公众号受理办件,数据同步对接行政审批平台,实现审批办事"零见面",成为浙江省首份微信平台"掌上审批"办件。截至是年底,受理办结各项审批事项 597 件,提前办结率达 100%,被区政府评为"鹿城区行政审批制度与创新工作先进集体"。

（程 红）

【龙湾区文化广电新闻出版局】
内设职能科室 4 个,下属单位 4 个。2016 年末人员 59 人(其中:公务员 10 人,参公 10 人,事业 39 人;具有高级技术职务资格的 2 人,中级 9 人)。

2016 年,龙湾区文化广电新闻出版局在区委、区政府的正确领导下,按照年初确定的工作思路和市局文化责任书的工作部

署,抓重点、攻难点、求亮点,各项文化工作稳步推进,先后获得温州市创建国家历史文化名城先进集体、温州市文明单位、温州市精神文明建设先进集体、区级 G20 峰会保障行动先进集体等称号。一是文化规划提纲挈领。制定出台《龙湾区文化发展"十三五"规划》《关于加快构建现代公共文化服务体系的实施意见》等重要政策文件,不断强化文化发展的保障力度。15 分钟文化圈得到有效巩固,区图书馆新馆开馆一周年,各项业务数据成倍增长,接待读者约 128.74 万人次,图书流通量 67.31 万册次,开通读者证(含市民卡)1.3 万个,新馆效应凸显;区文博馆"海山钟秀"展陈的地方文化特征突出,获浙江省第十届全省博物馆陈列展览精品项目优秀奖。二是文化体制改革深入推进。激发文化创新活力,在区图书馆试点法人治理结构,制定并实施《龙湾区 2016 年送戏下乡公益演出招标方法》,健全政府向社会购买公共文化服务体制机制,全市 29 家单位中标,全年配送 385 场次。深化审批制度改革,多项创新举措跑在全市前列,审批窗口在 2016 年度龙湾区千人评议机关中层和基层站所活动中荣获审批服务类第一名,被评为"十大"满意单位之一。深化推进"互联网+行政审批"机制改革,将"艺术品经营单位的备案"事项作为试点项目,建立"网上申请、在线服务、快递送达"审批服务新模式。率全市之先启用新版文化市场经营许可证,新增扫码查询功能,增加粉色底纹水印,安全系数大大提升。先行先试文化娱乐业标准化审批服务制度改

革,起草《娱乐业联合审批办事指南》和《网吧业联合审批办事指南》,将"温州市火鸟网吧合伙企业"作为审批试点企业,打通原来横向行业之间、纵向层级之间、内部运行各环节之间的阻隔和障碍,进行流程再造,实行多部门联合现场踏勘、征求意见、同时受理材料、同时审核验收的联合审批模式,行政运行效率大大提高。全年受理行政审批 197 件,办结 200 件。三是提升公共文化服务水平。把公共文化支出放在优先保障地位,根据基层公共文化服务建设专项资金使用管理办法安排文化发展经费,对基础公共文化设施建设、公共文化阵地免费开放、文化活动、文化遗产保护、文化队伍建设等给予补助,全年发放补助 67.5 万元。整合系统优势资源,强势推出"四季"公益培训品牌,着力打造季季有培训、人人受益的惠普型服务品牌。以区图书馆、区文化馆为主阵地,串联文化礼堂、文化驿站、农家书屋,巩固提升公益培训 15 分钟文化圈。开展各类展览、讲座、培训班 558 场,累计培训 1.5 万人次。全年开展送戏下乡 385 场、送书下乡 1.2 万册、送电影下乡 1560 场。四是创新文化市场管理举措。率全省之先在全区试点推广"网吧人像实名管理系统",网吧上网安全系数大大提高。全年出动检查 1279 人次、检查 1253 家次、发现违规 47 家次;受理举报(督查)21 件;行政处罚立案调查 47 件,其中办结 39 件,警告 30 家次,罚款 10.45 万元,停业整顿 1 家次,没收非法所得 1 万元,没收违法物品 2.10 万个。五是推进特色小镇建设。投入 50 亿元,

重点整合文昌路沿线科技孵化、文化创意、时尚消费等资源,建设"文昌创客小镇"。出台《龙湾区(高新区)促进文化产业发展实施办法》,于 1 月 1 日起正式实施。设立文化产业发展专项资金,每年由区财政安排 500 万元,用于区级重点文化产业园(基地、集聚区)培育和公共服务平台、产业孵化平台建设的资助、奖励与配套资金扶持。文化企业"走出去"和"引进来"工作齐头并进,组织 3 家企业参加义乌文交会;年度"温商回归"投资文化产业项目 4 个,其中超亿元项目 3 个,资金到位 2.78 亿元。筹建红连研究院,基本完成雅琳现代农业观光园项目建设,推进温州创梦文化创业园申报市级重点文化产业园区。电影行业发展良好,龙湾万达影城全年票房收入 3000 万元,观众 63 万人次;龙腾影院票房收入 127.6 万元,观众 4.13 万人次。六是加强基层文化阵地建设。新建文化驿站 1 个、城市书房 2 家,指导完成"五有"街道创建 4 个、"五有"社区创建 15 个。永昌堡文化驿站是全市唯一一个县级布点,首创公益培训师资库、展览配送点单库模式,全年安排展览 37 次、观展 5000 余人次,开展公益培训 12 期,培训人员 2000 余人次。蒲州街道的彩虹湾城市书房是全市唯一一个独门独栋的城市书房,与社会企业合建,主打亲子阅读,龙湾城市书网进一步健全。

(林碧纯)

【瓯海区文化广电新闻出版局】

内设职能科室 4 个,直属单位 5 个。2016 年末人员 54 人(其中:机关 10 人,事业 44 人;具体高级

技术职务资格的 3 人,中级 5 人)。

2016 年,瓯海区文化广电新闻出版局在区委、区政府的正确领导下,践行"文化先行、文化惠民、文化兴业"的发展理念,精准落实"五大发展理念",重点实施"五大体系建设",突出发挥先行作用,推动工作全面发展,在全市文广新工作年度考核中取得第一名,荣获瓯海区年度考绩先进单位,被市委、市政府授予创建国家历史文化名城工作先进集体,入选第十七批温州市文明单位,档案工作目标管理获得市级认定、信息工作获得市局二等奖、全区党委三等奖、政府三等奖。同时,率全市之先开展文化先行服务"大拆大整"的做法,市委书记徐立毅、副市长郑朝阳先后批示"瓯海做法值得学习",并被市委办公室以《信息专报》和《工作交流》的形式在全市宣传推广。一是文化设施建设方面。全区文化设施建设管理提档升级,基层阵地"五有十化"建设任务全面完成并通过验收;区文化馆、区图书馆均获评国家一级馆;新增开放城市书房 2 家,全区总数 6 家,同时推出了"瓯悦书屋"新品牌并建成 2 家;在娄桥建成开放了首家区文化馆分馆。同时,根据省级公共文化服务体系综合性示范项目创建要求,率先实施城乡一体化建设工程,在全区构建了以"区图书馆为主体、城市书房为形象、瓯悦书屋为特色、农家书屋为基础"的图书服务综合平台网络;率先推行政府购买公共文化服务评估定级和公开招标新机制;率先实施"文化派驻团"工程,着力提升管理服务效能;率先推行文化阵地社会化

运行新模式,通过公开招标,引入第三方机构运营管理;率先以小影院标准在潘桥潘北社区开展实体影吧建设工作试点。二是群众文化活动方面。文化活动和文艺创作再创新高,送戏、送书下乡、送讲座展览、文化走亲年度任务完成率分别高达273%、2280%、938%、140%,其中送戏下乡410场、送书下乡11.4万册次、送讲座展览75场、文化走亲7场;参加各类艺术文化活动210场,参赛文艺作品获国家、省、市级表彰118件,其中国家级13件,省级29件;建立鼓励扶持创新机制,文艺作品年度创作完成436件,创作完成率1453%;瓯海文化数字惠民平台全年接受群众"个性化服务点单"280单,为基层输送各类培训课600多节次。同时,队伍素质提升成效明显,建立了区文化馆总分馆"服务下沉"工作模式,开展文艺骨干培训30期,培训6500多人次。三是文化产业发展方面。不断挖掘特色文化、根植地域文化、推进产业创意创新,全面启动"六大服务平台"建设,文化产业融合发展取得新成效。在全省率先编制特色小镇文化建设专项规划,瓯海被授予省级特色小镇文化建设示范点荣誉称号。截至11月,全区文化类招商引资项目6个,超亿元项目2个,省外资金到位2.54亿元,猪八戒网、极力道演艺中心等多个超亿元项目和全市首家文化创意众创空间落地。争取非遗文创融合创新发展专项经费20万,对3个配套项目和7家优秀企业给予补助。项目建设加速推进,文化金融小镇、欧尚文创园开园,并创成市级重点文化园区。先后组织文创企业参展10家次,其中四目联合公司的特装展馆在义乌文交会上成为最具人气展馆,四目联合公司获评最佳参展企业。四是文化市场管理方面。围绕深化文化市场综合执法改革,进一步健全常态长效监管体系建设,落实"五大措施"组合拳,推进文化市场监管模式创新。在全省取得"扫黄打非"工作先进集体荣誉。被区委、区府评为平安护航G20峰会先进集体。"聚力文化经营市场集中大整治"的做法,得到市委书记批示肯定;先进工作经验被《中国扫黄打非网》多次采用报道。审批窗口通过不断简化审批程序,缩短审批时限,全年办件435起,提前办结率100%,群众满意度100%,行政审批效率有了明显提高。区文化市场行政执法大队全年出动执法检查1680次,出动执法人员2289人次,检查各类文化经营单位1676家次,办理行政处罚一般程序案件45起,受理举报65起,收缴非法音像制品2750张,联合公安、市场监管部门取缔无证照经营单位103家,收缴电脑器材579套,非法出版物450册,通过强化日常检查和开展专项行动,确保了全区文化市场安全、有序发展。五是文物保护工作方面。文物保护扎实有效,新增文保点标志碑6处,完成琦君故居省级文保单位申报工作,全年未发生文物安全事故。4月,博物馆完成馆藏文物搬迁工作,2000余件(组)馆藏文物顺利从温州博物馆搬迁至瓯海博物馆库房;5月25日,区博物馆新馆正式对外开放,新增藏品121件,先后举办了张如元书画文献展、徐渭艺术大展等一系列高品质临展。6月,举办了文化遗产日"五个一"系列活动。8月,率全市之先落实镇街签订文物安全责任书,全国重点文物保护单位四连碓造纸作坊(唐宅保护区)抢险加固工程通过专家组竣工验收。10月,"大拆大整"工作启动全区文物安全隐患大排查专项行动,率先组织近50名工作人员,对477处不可移动文物登陆点逐一检查,重点排查古建筑的安全隐患;同时对全区60个涉及城中村改造的行政村进行文物保护调研梳理,促成区政府下发《关于进一步加强城中村历史文化风貌保护工作的通知》。11月,利用300万治水公益基金修缮水岸边文物古建筑,同时启动10处古桥古亭修缮工程。加快塘河流域民办博物馆建设,一期投建的温州石刻造像博物馆、塘河篆刻文化艺术馆进入施工建设;6月30日,二期项目向社会公开招建。12月23日,经区政府办公会议研究确定,一济堂中医博物馆、志通雕塑艺术馆作为二期投建单位。六是非物质文化遗产方面。全年开展瞿溪二月初一会市、周岙挑灯、参龙等10余次大型非遗传承活动。周岙挑灯成功申报为省级非遗项目。新增温州道情,温州皮纸制作技艺,传统金银首饰制作技艺,推马、章氏中医经气疗法等5项市级非遗项目;诸田生、郑学松等16个市级非遗传承人,彩泥塑、瓯海木偶、瞿溪二月初一会市等3个市级传承基地。11月4日,中国水彩画名家"纸山论艺"活动在瓯海区泽雅镇开幕,30多位水彩画名家参加了活动。七是区图书馆建设。瓯海区图书馆到馆72.4万余人次，外借图书 56.3 万余册，新办证 1.86 万个，新增图书 12.18 万册，藏书达到 53.8 万余册。举办各类阅读推广活动 1050 场，参与人数 19.4 万余人次，图书配送下乡 11.4 万册。全年网站访问量 6.7 万余次。拍摄的微电影《书缘》在全国文化信息资源共享工程 2015 年度"文化中国"微视频征集评选活动中荣获优秀作品奖；在"我最喜爱的童书"评选活动中获得 5 名全国幸运奖；选送的作品《垦荒精神指引我前行》和《七彩暑假 奋发向上》分别荣获全国"我爱我家 红色传承"微视频大赛一等奖和三等奖；选送的作品获得省级表彰 2 次，市级表彰 20 余次；馆长陈小平荣获"瓯海区劳动模范"称号。八是区文化馆建设。文艺精品创作超额完成创作任务，创作文艺作品 300 多件。承办、协办的各类公益性群众文化活动及服务性社会活动贯穿全年，活动项目繁多，种类多样，包括相约春天、美丽瓯海、社团展演等 6 大系列 200 多场文艺活动，1000 多人参与，观众 10 多万人次。同时，举办了各类文艺培训班 400 多场，培训学员上千人。九是区博物馆建设。征集购买民俗文物、宗教文物、瓷器、青铜器、漆器等 68 件（组）；接受书画、陶瓷、青铜器、民俗文物捐赠 40 件（组），采集文物 13 件（组）。举办张如元书画文献展、王学钊书画作品展、台州路桥·温州瓯海书法联展等系列精品展览。主编的《王学钊书画作品集》顺利出版。开展全区文物安全隐患大排查专项行动，为下一步做好文物保护和利用工作打下坚实基础。

（刘若胜）

【洞头区文化广电新闻出版局】
内设职能科室 4 个，直属单位 1 个，分支机构 5 个。2016 年末人员 57 人（其中：公务员 8 人，参公 6 人，事业 43 人；具有高级技术职务资格的 6 人，中级 12 人）。

2016 年是实施"十三五"规划的开局之年。洞头区文化广电新闻出版局继续强化"以文化人、以文惠民、文体强区"理念，坚持新常态下文化工作发展方向，突出海岛特色，大力弘扬先进文化，构筑社会主义核心价值观，推动文化工作不断发展。一是以创建为引领，海岛公共文体服务阵地有新提升。对照市级"五有十化"创建任务和要求，开展全区公共文化服务体系调查摸底，推进文化阵地创建。协助创成九亩丘文创园、北岙街道、大门镇、东屏街道 3 个文化中心和 8 个社区文化中心市级"五有十化"标准阵地，建成 1 个城市书房、4 个美丽浙南水乡文化提升工程、2 个图书流通点。投资 1.2 亿元的市民文体中心于 6 月建成对外开放，确定市民文体中心全体委托运营管理模式，并对外招标。二是以惠民为宗旨，海岛群众精神文化生活有新活力。结合"两学一做"等主题活动，组织举办"文化洞头·活力乡村"洞头区排舞大赛、洞头区第三届小品比赛、纪念红军长征胜利 80 周年合唱比赛等大中型文化活动 50 余场。完成送戏 100 余场，送书 1.34 万余册，送春联 4000 幅，送全家福 600 张，送讲座 80 场，送展览 41 场。组织全民读书活动、"温馨一课、品质生活"成人公益培训、立心学堂国学培训班等公益培训 89 期，受益群众 10 万余人次。开展社会

购买文化服务试点工作，送戏曲下乡 30 场。加强对灵昆街道文化工作指导，将灵昆街道文化工作纳入到洞头区文化重点工作中，组织赴灵昆街道新春演出、送戏下乡等活动。三是以培训为载体，海岛文化队伍有新发展。实施基层文化服务"网格化"工程，制定《关于印发 2016 年洞头区文化队伍素质提升培训方案的通知》，选送文化专业干部参加省市"春风行动"、星辰计划等培训活动，成立洞头民乐队，完善渔农村文化下乡辅导制度，定点定期开展音乐、舞蹈、剪纸等培训 89 期，培训 4390 余人次。申报市级文艺奖励项目和县级特色项目 4 个。新创舞蹈《小海蜇的蓝色畅想》、排舞《魅力洞头》、音乐《拥抱这片蔚蓝》等各类文艺作品 100 余件，获省市各类奖项 60 余个。四是以传承为根本，文化遗产保护有新成效。完成第一次全国可移动文物普查工作，做好 952 件可移动文物相关数据、照片的校对、补拍、更改、传输、录入等工作。落实洞头区岙内叶宅、大门寨楼 2 个省级文保单位四有档案建档及《浙江省省级文物保护单位岙内叶宅修缮方案设计》文本整改报批工作。开展第十一个全国"文化遗产日"活动，编撰浙江省非物质文化遗产代表作丛书《洞头海洋动物故事》、国遗丛书《洞头妈祖祭典》，并举行现场首发赠书仪式。组织洞头东海贝雕工艺品有限公司参加浙江省文化遗产类创新团队评审。请谱、六月六习俗、海岛祝寿礼俗等 3 个项目入选温州市第十批非遗项目名录，7 人被评为温州市第四批非遗代表性传承人，鹿西小学（鸟

灯舞)基地被评为温州市第四批非遗基地。陈灿渊贝雕作品《钢笔套装》荣获省非遗传统工艺品及相关衍生品设计大赛提名奖。北奥、元觉街道妈祖平安节，东屏街道的七夕成人节，霓屿街道的紫菜节等民俗节庆活动地域特色鲜明，群众参与热情极高。五是以监管为手段，海岛文化市场有新加强。严格文化市场网格化管理，深入开展文化、广电、新闻出版、文物等综合执法工作，开展"消防安全大检查""扫黄打非"等专项整治行动，重点对歌舞娱乐、网吧等人员密集经营场所和文保单位进行安全隐患排查，并做好整改。组织修订《文化市场行政处罚自由裁量权标准》并报法制办备案公布。召开洞头文化安全生产工作会议暨文化市场消防禁毒知识培训会，在普法办法制橱窗出刊文化市场经营规范法规10期，参与"新消费·我做主"等现场法律咨询活动，发放宣传物品1000余份。全年出动349次832人次，检查507家次，办理案件21起。

（卓桂枝）

【乐清市文化广电新闻出版局】
内设职能科室5个，直属单位9个。2016年末人员245人（其中：公务员18人，参公27人，事业200人；具有高级技术职务资格的39人，中级50人）。

2016年，乐清市文化广电新闻出版局抓文艺精品创作，推进重点文化设施建设，促进文化产业发展，文化建设再上一个新台阶。8月20日，中国硬笔书法协会授予乐清"中国硬笔书法名城"荣誉称号。这是乐清继"中国地

名文化遗产千年古县""全国文化先进市""中国民间艺术之乡""中国民间工艺美术之都""中华诗词之乡"后，文化建设方面获得的又一张"国字号"金名片。一是文艺创作取得新进展。文艺创作围绕"大拆大整"、"五水共治"、十八届六中全会等重大主题，牢牢把握两大要求，服务中心，突出本土特色。新排练越剧大戏《白兔记》及14个折子戏，辅导创作小品2个、音乐作品4个、美术作品60件、摄影作品17件、书法作品26件、创编排舞1支、独舞1支，共125件。选送153件各类文艺作品参加国家、省级、市级组织的18项各类艺术活动，获奖近百项。完成温州市第四届市民文化节活动任务。选送音乐作品《畲乡三月三》参加文化部历届群星奖精品展演；舞蹈作品《乐清湾鱼灯》入围全国百姓广场舞活动"区域联动季"；音乐作品《月光小镇》获2016浙江省第十五届音乐新人新作演唱大赛兰花金奖、温州市第六届音乐新作大赛金奖，入围2016年浙江省特色小镇群众文艺展演暨文化会亲免费开放展示活动；合唱作品《对鸟》《太行山上》参加第三届浙江省合唱节暨第八届中华慈孝节，乐清市合唱团被评为"浙江省A级合唱队"，并获成人组最具人气团队奖；民歌《清江号子》《芙蓉抛歌》入围2016浙江省原生态民歌大赛；声乐作品《清江号子》入围2016年浙江省农村文化礼堂群众文艺展演——表演艺术节目展演；26件剪纸作品参加2016浙江省剪纸艺术展，获得一等奖1个、二等奖3个、三等奖5个、特别奖2个。乐清市文化馆《乐清湾文艺》在

2016年度全省群众文化期刊评比中获兰花银奖。开展精品征集活动。开展文物征集工作，征集包括新石器时代石矛、东晋青瓷香熏、东晋青瓷点彩盖罐等在内的10件文物。征集乐清籍画家金家骥书画精品80件、倪亚云书画精品50件，并举办金家骥书画作品捐赠仪式和展览预展。举办文化干部文艺人才培训。各乡镇、街道分管文化工作领导、文化站站长、文化员，市文广新局中层以上干部，各艺术门类文艺骨干，星级社会文艺团队负责人等200人参加开班仪式。培训分设文学、书法、摄影等8门专业课程，培训713人次。二是社会文化繁荣发展。加强文化设施建设。实施重点文化工程。市文化馆、图书馆新馆分别于1月30日、2月1日试运行，均达到一级馆标准。图书馆新馆总建筑面积（含地下室）2.73万平方米；免费开放时间由每天7小时调整为12小时，一周开放72小时；全年开展读者活动439场，参与人数8.7万人次，同比分别增加152.3%、192.9%。文化馆新馆面积1.02万平方米；免费开放时间一周不少于56小时；全年开展群众文化活动178场，参与人数36.7万人次，同比增加53%。博物馆新馆陈列布展施工工程完成招标。2月14日，省委常委、宣传部长葛慧君一行参观了市文化馆新馆。出台《关于深入推进基层公共文化服务"五有十化"工作的通知》（乐政办发明电〔2016〕99号），创建"五有"乡镇（街道）文化中心8个、社区文化中心44个。在温州地区创新开展基层综合文化服务中心LOGO、VI设计方案

面向社会公开征稿活动。举办乐清市第四届市民文化节。以"文化让生活更精彩"为主题，推出6大板块100多个项目。开展2016"书香乐清·读书之城"首届全民读书活动。开展了310场次特色全民读书活动，参与人数10.71万人次。举办乐清市迎新文艺晚会，是乐清大剧院落成试运营的首场演出。开展"文化下乡"活动，送戏下乡380场，送书下乡5.81万册，送电影下乡8376场，送展览讲座78场，文化走亲6场，周末剧场演出12场。推进文化品牌建设。全年举办14期"梅溪讲堂"讲座、19期市文化馆公益课堂培训、16期非遗公益课堂培训、12场"周末剧场"演出。巩固提升省级公共文化服务体系示范项目"百姓舞台"，举办市级"百姓舞台百姓乐"演出39场。三是加强文化遗产保护。做好非遗项目申报工作。雁荡山飞渡、鼻宝传统治疗术等2个项目入选第五批浙江省级非遗名录；北白象林顺奎首饰龙灯艺术工作室、黄家龙档木雕艺术研究所2家基地入选第二批省级非遗生产性保护基地。4个项目入选第十批温州市级非遗名录，10人入选第四批温州市级传承人，4个基地入选第四批温州市级非遗基地。开展第11个文化遗产日广场活动。举办高公博黄杨木雕艺术展。6月7日，在上海市徐汇区土山湾博物馆举行；9月13日至28日，在宁波举办，作为东亚文化之都"匠·无界"系列的第二个主题展，展出高公博70余件精品力作，并举办了"现场敲坯表演""高公博作品艺术研讨会""非遗课堂"等配套活动。举行黄杨

木雕专业学生拜师仪式。高敏、吴尧辉、王艺、牟湘波、郑永才等大师被聘为乐清市职业中专黄杨木雕专业教学导师，并接受学生献敬，300多名学生参加仪式。举办2016乐清市剪纸艺术创作大赛。收到参赛作品近70幅，其中40余幅入围作品展。创作大赛还出版了作品集。促进非遗工作经验交流。在全省"十三五"县域非遗保护工作现场推进会暨2016下半年非遗保护工作会上，就县域非遗保护工作经验做典型发言。选送传承人代表作参加国内外各类大型展览、交流会和博览会等，组织参展11场。吴尧辉的黄杨木雕作品《赏乐》获第11届中国（义乌）文化产品交易会金奖。浙江省农业博览会上，乐清市选送的首饰龙深受观众欢迎，省委书记夏宝龙现场亲自操作，对首饰龙的高超制作技艺赞不绝口。完成全国第一次可移动文物普查验收汇总阶段任务，完成全市590家国有单位普查，普查覆盖率100%，采集文物信息4323件（套）。做好"一普"宣传工作。抓好普查成果转化应用，在全省率先出版普查成果汇编本《乐邑嘉藏——乐清市第一次全国可移动文物普查成果汇编》。举办普查成果汇报展，是温州地区首家普查成果展。加强文保单位维修保护联合住建部门开展文保单位、历史建筑情况调查。朱质庵墓、古桥群成功申报第七批省级文物保护单位，完成乐清碉楼、朱质庵墓"四有"档案编制，平安工程建设方案编制，西门岛村郑家里碉楼、林氏宗祠两处文保单位维修工程。举办乐清五代十国龟山窑址出土器物展、吴永良诗意

山水画展、中国书画名家馆联会21届年会暨"回望经典"名家馆精品联展等。开展文化遗产日流动展览宣传。四是推动文化产业发展。贯彻落实《乐清市统筹扶持政策促进文化产业发展实施细则》，财政每年投入500万元用于支持文化产业发展。继续落实《乐清市重点文化企业、成长型小微文化企业认定管理办法》《乐清市文化产业园区认定管理办法》《乐清市文化产业发展专项资金管理办法》等文化产业扶持政策。加强文化产业园区建设。全年引进5个文化创意类项目，其中总投资超亿元项目3个，省外到位资金4亿元。推进历史文化名城创建。完成《北大街历史文化街区保护规划》《北大街历史文化街区街面立面设计方案》《乐清历史文化名城保护规划》《乐清市历史文化街区历史建筑修缮工程方案》（6个分册）等名城创建材料。五是加强文化市场管理。全年受理办结审批件548件，提前办结率100%，群众满意度100%。参加温州市局组织的行政审批档案规范化建设检查暨全市行政审批案卷评查，乐清市奔腾网吧案卷获评优秀。结合杭州G20峰会、十八届六中全会、第三届世界互联网大会等重要节点，加大文化市场监管力度。开展"扫黄打非"工作，组织"净网""清源""秋风""护苗""固边"五大专项行动。全年出动文化市场检查2350人次，检查营业场所2666家次，立案114起，取缔无证经营单位20家、无证流动摊点23个，查缴非法音像制品8769盒、非法书报刊2406册，处理各类举报21起，罚没款50.95万元。抓好"三月初

十"白石会市期间文化市场监管。开展侵权盗版及非法出版物集中销毁活动，全市销毁非法出版物9.5万余册（张），同时还开展图片展览、非法出版物鉴别、现场答疑解惑等活动。开展"4·26世界知识产权日"宣传活动，发放答题兑奖券800份，宣传纪念品1000份。

（周凡群）

【瑞安市文化广电新闻出版局】
内设职能科室7个，下属参公单位1家、事业单位7家。2016年末人员129人（其中：公务员24人，参公25人，事业80人；具有高级技术职务资格的15人）。

2016年，瑞安市文化广电新闻出版局各项工作稳步推进。一是加强公共文化设施建设。开展文化馆硬件设施装修改造升级和人民剧院改造提升工程建设，南滨、飞云、潘岱3个街道图书分馆建成对外开放，创建图书流动站17个，民生工程"掌上图书馆"App进入运营。全年完成8个综合文化站、51个社区文化活动中心提升工程。启动"玉海缥缃"城市文化会客厅文化驿站项目建设。二是提升公共文化服务水平。全年全市文化艺术作品获温州市级以上奖45项，其中省级18项，温州市级27项。在省、市获奖和参加展演作品20多个，《鼓词印象》《别打110》《杀鸡》3部作品获浙江省群星奖，获奖数量为全省各县（市、区）之最；瑞安市合唱团获浙江省A级合唱团称号，阮世池被授予终身成就曲艺艺术家称号（全国仅2人），陈春兰表演作品《杀庙》获第九届中国曲艺牡丹奖表演奖。举办庆祝中国共产党成立95周年、"为你

歌唱"庆祝中华人民共和国成立67周年文艺晚会、乡镇文艺展演等活动。持续打造"周末剧场"文化品牌，在老城区人民剧院和新城区电影城建立"周末剧场"，丰富群众文化。全年开展送文化下乡演出、文化进礼堂活动450场，送书下乡4万册，送展览30场，讲座39场，文化走亲8场，接待走亲回访2场。送电影下乡8700场，完成率100%。开展"书香瑞安"工程，市图书馆新办理读者证1.6万个，累计持证数10.4万个，接待读者135万人次，外借文献118万册（盘）次，书刊阅览120万册次。全年举办各类活动和培训300场，受众3万人次。三是加强文化遗产保护。做好文物保护工作。深入实施文物平安工程3年计划，先后实施圣井山石殿、观音寺石塔、浙南石棚墓群等国家级文物保护单位的消防、防雷、安防工程。完成大坪遗址等7处省级文物保护单位"四有档案"编制，指导完成孙衣言、孙锵鸣、王汝嘉墓修缮工程，核准下社宫施工图纸，报批山皇城遗址修缮方案。配合"大拆大整"专项行动，全面排摸古建筑类文物保护单位163家（处）。加强日常文物安全巡查，全年巡查85次，出动356人次，检查文保单位（点）184家（次），更换、发放灭火器550多支。加大非遗保护传承力度。成立市工艺美术协会、传统文化服饰协会，开展"瑞安市非遗进农村"文化遗产日、温州非遗馆"瑞安月"、瑞安市首届工艺美术作品展等重要非遗传承活动10余场。选送7个非遗项目参加第三届"年味温州"非遗展。抓好木活字印刷术、蓝夹缬技艺、周氏堂

骨伤膏贴疗法等6项非遗生产性保护项目。"瑞安高腔"入选第五批浙江省非物质文化遗产名录，瑞安市活字印刷协会、温州华侨伤骨科医院入选第二批浙江省非物质文化遗产生产性保护基地；唱龙船、铜艺等5个项目入选第十批温州市非物质文化遗产名录，24人入选第四批温州市非物质文化遗产项目代表性传承人，平阳坑镇东源村木活字印刷展示馆等3处入选第四批温州市非物质文化遗产传承基地。完成瑞安市全国第一次可移动文物、古籍普查的数据登录、统校、报送，及总结报告、验收报告等的撰写工作。做好《瑞安市博物馆藏文物集》（书画卷、器物卷）的前期策划工作。开展文物修复保护，书画装裱修复11件，陶瓷器及石碑修复10件，古籍基础维护200余册，并对《古籀拾遗》《永嘉丛书》《瑞安县志》等108册珍贵古籍进行复制。规范文物征集程序，提高馆藏文物数量、质量，全年征集书画10件、器物及民俗文物18件。全年市博物馆接待观众15.09万人次。四是加强文化市场监管。以"扫黄打非"、"护航G20峰会"、净化社会文化环境为重点，依法加强文化市场监管，全年出动执法检查1006次，执法人员5809人次，检查各类文化经营单位3994家次，受理举报、督办76件；办结案件109件，警告94家次，罚款54.1万元，立案数、办结数居全省前列。继续组织实施2016"清源""净网""秋风""护苗"四大专项行动，配合市政府做好全国文明城市创建迎检工作，在全市网吧场所发布"禁烟通告"。全市201家网吧设置、粘贴禁烟

标志牌，配备禁烟劝导员。落实即办制、审批放权工作。全年行政指导 129 次，受理审批件 660 件，提前办结率 100%，市文广新局审批窗口连续 3 次获审批中心"流动红旗优胜窗口"称号。缩短审批时限，设立互联网网上服务营业场所审批事项（法定办结期限为 20 个工作日）的承诺办结期限由 5 个工作日压缩至 4 个工作日，实现审批再提速。优化审批服务，实行"互联网＋"审批模式、"在家审批"服务和"送证上门"服务。五是推动文化产业发展。全年引进文化创意点项目 3 个，其中总投资超亿元项目 1 个，省外到位资金 2.5 亿元。固定资产投资达 1 亿多元，超额完成市政府下达招商引资任务。纳入国家统计局营利性服务业考核单位 13 家，年营业额达 205089 万元，同比增速 45.9%，超额完成任务。公园路历史文化街区改造提升工程进入施工阶段。指导理享 104 文创园规范化建设，完成基本建设对外招商进驻。完善瑞安广场文创园建设，打造瑞安城市文化创意中心区。科学引导幸福谷文化主题乐园、塘下城市综合体、五谷小镇文化园等重点核心项目建设。推进文企规模发展，奥光动漫入选 2016 国家文化出口重点企业。

（薛行顺）

【永嘉县文化广电新闻出版局】
内设职能科室 8 个，直属单位 6 个。2016 年末人员 206 人（其中：机关 39 人，事业 167 人；具有高级技术职务资格的 14 人，中级 39 人）。

2016 年，永嘉县文化广电新闻出版局深入落实农村文化建设深化年活动，秉持基层群众文化事业共建共享理念，持续推进全县公共文化服务体系建设，全力开创群众文化建设新格局。一是公共文化设施日益完善。全面推进县级文化设施建设，县公共文化中心基建工程基本完成（预计投入 4.67 亿元，已投入 3 亿多元），县图书馆完成搬迁并即将原址开工重建（需投入 1.76 亿元），永昆小剧场得到落实。深入开展公共文化"五有十化"标准化建设，新增 8 个文化中心和 38 个社区为标准化建设目标。采用第三方社会力量评估 2015 年和 2016 年列入建设目标的 76 个建设单位"五有"工作进展，13 个镇街文化中心除在建的文化中心外，其他 11 个文化站全部实现开放，社区开放率 90% 以上。新建乡镇图书室（分馆）7 个。深入推进样板村百姓舞台建设，全年新建百姓舞台 15 个，每个村都有文化阵地，群众文化活动场所日益完善。二是群众文化活动更加丰富。全力推进各项深化年活动，全面引领群众"走出教堂、走进礼堂"。下发镇街专项经费 1908 万元，开展第二届农民文化节、全民阅读节两大主题活动，因地制宜、注重特色打造农民排舞展演、农民大合唱、群众声乐大赛等一批品牌赛演活动。历时 9 个月，开展近百项各类文化赛事展览活动，举办培训讲座 604 场，大小文化活动 3000 余场，吸引全县 30 余万人参与。全年完成送戏下乡 237 场，开展各级文化走亲 60 场次，增加图书馆购书经费 157 万元，截至 2016 年底县图书馆本馆总藏书量为 16.57 万册，购置图书

8700 册，新增藏书 8862 册，新增报纸杂志等刊物 13 种，接受社会各界捐赠藏书 162 册；举办各类读者活动 284 场次，参与人数约 4.3 万人次；新增读者借阅证 501 个；接待读者约 5.6 万余人次；完成送书下乡 3.2 万册，超额完成文化下乡任务。农村文化深化年经验得到省委书记夏宝龙批示推广，全省农村文化礼堂建设推进会在永嘉召开。三是文化艺术水平持续提升。积极参与市局"春风行动"等专业培训，精心组织"群星计划"，举办舞蹈、声乐、合唱等精品培训 78 期，培训文艺骨干 1200 余人，有效提升了文艺队伍素养。深入做好市民文化节活动，借助省十大城市戏曲演唱联赛、省群众舞蹈大赛、省市两级群星视觉艺术大展等专业赛演平台，以赛促作、固强补弱，超额完成文艺精品创作 107 件。永昆创排《张协状元·游街》等 4 个折子戏和《钗钏记》等国家和省文化部门立项项目，应邀参加文化部第三届"名家传戏——当代昆曲名家收徒传艺工程成果汇报演出"等国家、省、市级艺术活动 5 次，在江苏首届紫金京昆艺术群英会上荣获紫金奖。四是文化产业扶持力度加大。保护传统文化产业，争取中央补助文化产业发展专项资金 120 万元，扶持小溪剧团等 4 个民营剧团发展。落实《永嘉县文化产业扶持办法》，加快永嘉木雕产业创业园区建设，引进文化类招商引资项目 10 个，其中包括 2 个超亿元项目，省外资金到位 1.6 亿元。打造瓯窑小镇建设。深入挖掘当地历史和非遗文化要素，以瓯窑文化为核心，打造大师工作室 20 个，推进瓯窑

遗址公园和展示馆建设。布局瓯文化产业链条，全力打造出一个集古窑遗址、瓯瓷展览馆、大师工作室等于一体的瓯文化产业积聚的特色小镇。已投入财政资金5900万元，结合"大拆大整"，完成2.1平方公里范围改造。五是行政审批工作规范化。严格依法审批，全面梳理审批事项，向社会公开审批信息，严控廉政风险点。坚持"一站式服务"，推行"双告知"工作，事先介入调查预告知，确保审批服务对象不走冤枉路。全年受理行政审批办件41件（承诺件34件，即办件7件），提前办结率达100%。局文化窗口被评为县三季度红旗窗口，网吧行政许可案卷在全市交叉评比中获优秀奖。六是文化市场管理动态化。扎实开展文化市场日常巡查，深入部署"扫黄打非"等专项行动，全面实行文化市场动态执法。突出G20峰会等重要时期维稳工作，周密部署平安建设和安全生产工作，全年出动1677人次，检查各类文化经营场所1342家，查处案件70起，任务完成率130%，居全市第一，全年未出现重大综治事件和安全消防事故。在护航G20峰会维稳安保工作中成绩突出，被县委、县政府评为先进集体；1人被评为省级先进个人。七是文化遗产保护水平进一步提高。巽宅镇、溪下乡入选省第三批传统戏剧之乡，入选数居全省之首。5个项目入选第十批市非遗名录，3处传承基地和14名传承人入选市第四批非遗项目基地和代表性传承人，入选数居全市前列。全面加强非遗培训，举办市级以上非遗项目培训10多场，培训300多人次。推进

非遗展演和展览活动，全年开展枫林武术节、梅坦拔马、鱼龙灯舞与曲艺下乡巡演等重大非遗活动49场次，完成永嘉木雕等非遗生产性保护工作，初步完成非遗馆陈列大纲策划工作。全年落实财政经费1700余万元，完成18处文物修缮工程，其中12处修缮工程通过初步验收。合理有序安排36处文保单位的日常维护，完成36处历史文化村落美丽乡村"百村千处"工程项目建设。推进文物平安工程，全面加强文物巡查力度和对文物损毁行为的打击力度，制定G20峰会期间《文物保护单位安全生产大检查工作方案》，建立健全业余文保员管理办法，加强文保员管理培训，多层联动确保文物安全。全年巡查文物单位179家次，查处并立案4起，数量居全市第一。推进博物馆建设。基本完成博物馆陈列布展设计方案编制。全面修订文物馆库房管理制度，加大文物征集力度，全年投入文物征集费用112万元，征集文物86件，为博物馆开馆奠定基础。做好民办博物馆扶持工作，以奖代补补助瓯渠民俗博物馆、吴超征纪念馆11万元。积极开展博物馆日和文化遗产日文物宣传展示活动，提高全民文物保护意识。

（李安乐）

【文成县文化广电新闻出版局】
内设职能科室4个，下属单位10个。2016年末人员76人（其中：机关9人，事业67人；具有高级技术职务资格的3人，中级13人）。

2016年，文成县文化广电新闻出版局各项工作稳步推进。一是加强文化服务体系建设。编制

《文成县文化发展"十三五"规划》《文成县文化产业发展三年行动计划》，出台《关于加快构建现代公共文化服务体系的实施意见》。提升设施标准化。县文化馆被评为"国家一级馆"，创新推出"文艺快递""文化礼堂点单""网格化服务"等活动配送服务，全面打造文化干部服务基层"网格化"工程。完成县博物馆（以国家三级博物馆标准）建设并对外开放，告别了文成建县70年来没有博物馆的历史。县图书馆创新阅读推广服务，引入儿童知识银行机制，实行晚上开放制度，组建了文成县图书馆理事会，全年接待读者48.37万人次，外借书刊31.4万册次，新增图书3.79万册，征收地方文献560种。推进区域调整后全县17个乡镇文化站"五有十化"工作建设。完成5个乡镇文化站"五有十化"示范建设。设"五有十化"奖励资金99万，推行项目资金申报评审制，提高乡镇文化中心开展活动的积极性和资金使用效益。完成滨水公园水乡文化提升工程，投资额为5500万元；完成东方村美丽宜居示范村建设，投资额为600万元。推进森林氧吧小镇文化建设。二是开展文化惠民活动。"百场活动惠万民"服务蓬勃开展，举办文艺活动162场，书香文成全民阅读活动300余场，摄影、美术等免费公益培训154期，展览讲座89场，送戏（包括鼓词）下乡338场，送电影下乡2676场，送书下乡2.5万多册。"文艺快递"服务得到市委宣传部部长胡剑谨的批示肯定。乡镇文化站举办各类文艺活动313场，建立各类文体团队350余支，并建立文化志愿者队

伍 3773 人，文化礼堂开展活动 700 多次。三是加强文艺精品创作。完成文艺作品创作 495 个，其中声乐 4 个作品，舞蹈 2 个，小品 2 个，小戏 1 个，视觉艺术 486 幅。小品《吃饭，请关手机》参加浙江省报送全国群星奖选拔节目录像。女声表演唱《和文成来一个深呼吸》获得省金兰花奖，村干部才艺大赛获得省银兰花奖，越剧小戏《旺财亭》等 4 个作品获得入围奖。根雕作品获得国家级金奖 2 个、银奖 6 个、铜奖 6 个、省级金奖 4 个、铜奖 6 个。组织拍摄微电影作品 37 部，《爱无声》等两部作品荣获第四届亚洲微电影艺术节金海棠奖，《我的老施》荣获 2016"中国梦"微电影大赛三等奖，在 2016"寻梦中国 醉美文成"全国微电影大赛中荣获二等奖 2 个、三等奖 5 个、优秀奖 8 个。四是加强文化市场管理和行政执法。积极开展文化市场护航 G20 峰会、网吧、文物执法、消防安全等专项行动。认真开展"护苗""清源""净网""秋风"等"扫黄打非"专项行动。在全县中小学开展"绿书签"系列宣传活动。制定《文成县"扫黄打非"进基层工作方案》，并召开"扫黄打非"进基层专题部署会，推进"扫黄打非"进基层工作。全年出动检查 1288 人次，检查经营单位 996 家次，立案 13 起，办结 13 件。平安建设、综合治理、安全生产、消防安全工作部署周密、措施落实、监管到位，安全隐患整改及时，本年度无安全责任事故发生。审批工作推出 10 个网上审批项目，实行外网移动终端申报、内网审核办理、在线咨询监督，结果快递送达的行政审批服务新方式。五是推

动产业培育融合发展。编制文化产业规划，规划 40 多个文化产业项目。大力培育微电影文化产业，成立浙江省第一个县级微电影协会，引入社会资本 300 万元拍摄网络大电影《睡前恐怖故事》，组织拍摄微电影作品 37 部。民营剧团培育取得进展，发展到 25 家，为全市最多，其中曙光京瓯剧团成为规上文化企业。提升旅游产业文化含量，做大做强刘伯温文化、养生文化、华侨文化和畲乡文化等文化品牌，挖掘红枫古道文化内涵，举办太公祭、月老山养生长寿文化节、畲乡"三月三"民俗风情节等节庆活动；树立叶大密雕像，推进太极基地建设，举办太极培训活动；推进安福寺禅修文化活动等助推文旅产业发展。六是加强文化遗产保护。文物保护方面，成功申报方坑太阴宫、依仁灯柱、养根施宅等 3 处为省级文保单位。完成大会岭古道、坦岐炼铁厂旧址等两大修缮工程和道岭古道长岭桥重建工程。玉壶中美合作所旧址（上新屋）修缮工程至年底完成整体工程量的 85%。完成文物平安工程、三大安防工程。做好 10 余处文保单位（点）抢修工作。对各级文物的保护力度达到历年之最，总投资逾 550 万元，文物的保存完好率得到大幅提升。对全县各级文保单位进行不定期巡查，出动 356 人次，检查 172 次，未发生文物安全事故。非遗保护传承方面，完成第五批省级非遗名录、第十批温州市非遗名录、第四批市级非遗项目代表性传承人、第四批市级非遗传承基地的申报工作。抓好圆木制作技艺等 5 项重点非遗生产性保护项目。拍摄完

成《木圆》等 3 个"文成往事"系列非遗微宣传片。举行第二届木偶戏比赛、刘伯温文化进高校进课堂、丙申年元宵灯会等 15 个非遗传承活动。在温州大学开展"伯温杯"刘伯温传说讲故事大赛，吸引了上千名大学生参加。推进刘伯温文化国际化，举办"东方古典学的新视野"国际学术讨论会，邀请到了来自韩国、日本、越南的专家学者 26 人以及华东师范大学等高校的专家学者 30 人参加。在刘伯温 705 周年诞辰之际，开展华侨子女非遗夏令营活动，组织华侨子女现场观摩太公祭秋祭大典。开展第十一个文化遗产日系列活动，活动涵盖糖画技艺展示、木偶戏展演、文成县文博图片展、非遗进校园活动等。举办浙江省非遗丛书——《文成太公祭》发布会暨太公祭保护座谈会。举办"凝望非遗 记忆乡愁"摄影大赛，充分反映文成县现存的传统民俗、传统技艺、传统戏剧等非物质文化遗产资源，推进非物质文化遗产的保护和传承，促进全民参与。七是加强干部队伍建设。抓好"两学一做"学习教育。抓好廉洁自律，严格落实党风廉政建设"两个主体"责任。把好文化干部入口关，抓好文化干部的业务培训。开展乡镇文化员、公共文化服务培训 5 期，培训 1200 余人次。14 人参加市文广新局农村文化人才"春风行动"，其他省市培训 150 余次。抓好安全教育，有效防范安全事故发生。

（王灵华）

【平阳县文化广电新闻出版局】
内设职能科室 5 个，下属单位 7 个。2016 年末人员 141 人（其

中：公务员 14 人，参公 16 人，事业 111 人；具有高级技术职务资格的 26 人，中级 47 人）。

2016 年，平阳文化工作在县委、县政府的正确领导和上级宣传文化部门的关心指导下，深入贯彻落实党的十八大和十八届五中、六中全会精神，围绕中心、服务大局，凝心聚力，克难攻坚，着力推进现代公共文化服务体系建设、文化品牌打造、文艺精品创作、文化遗产保护、文化产业发展、文化市场管理等重点工作，积极营造风清气正的廉政氛围，构建拒腐防变长效机制，各项工作取得新成效。全年文化系统获国家级荣誉 15 项、省级 43 项、市级 42 项，其中县文化馆顺利通过国家一级馆复评，鳌江镇被评为浙江省民间文艺之乡，山门镇被评为浙江省传统戏剧特色镇。县文广新局在市文化考绩工作中，居五县第一，全市第四，连续五年被评为先进单位，并获 2016 年全县工作先进集体、宣传思想文化工作先进单位和"五水共治"建设美丽浙南水乡先进单位。一是加强公共文化基础设施建设。新文化中心工程建设顺利推进，文化艺术中心结顶，新博物馆、图书馆完成基建前期工作。超额完成 37 个市级"五有十化"阵地创建任务。在昆阳和腾蛟打造两家"文化客厅"。在昆阳、水头建成 24 小时自助借阅流通点和图书ATM 机。实施县本级图书馆"空间再造"，通过重新装修改造，扩大空间容量，优化阅览环境。完成平阳县文化事业发展"十三五"规划编制工作。开展山门等 6 个乡镇县级"五有"阵地创建，落实相关奖补措施。完善乡镇公共文化服务动态评估系统。全力做好全县公共文化设施免费开放工作，延长县图书馆开放时间，全年外借总量 40 万余册次，新增读者 3.36 万人。苏步青励志教育馆年接待量 15 万人次。二是丰富群众文化活动。指导各乡镇深入打造"一镇一品"特色活动品牌，成功举办昆阳鸣山民俗文化节、鳌江大龙文化节、海西渔家风情文化旅游节等。深化"会文书海"读书找字活动、"会文走读"爱阅快走、会文讲坛等系列读书品牌，推出"第三空间阅读体"精品阅读服务，全年开展精品阅读推广活动 215 场。举办平阳全民阅读节，推动读书活动广泛普及。在昆阳镇、腾蛟镇挂牌两家"文化客厅"，举办 27 期主题活动，参与者达 3000 多人次。先后举办程作华鼓词作品展演，苏素云、项逢玲越剧专场，朱海南独唱音乐会等。充分展示平阳文化艺术人才的成就和风采，助推文化艺术创作发展。深入实施"百千万"文化惠民工程，全年送戏下乡 540 场，送书 5 万余册，送电影 6000 场，送展览讲座 293 场，开展文化走亲 33 场。成功举办第三届市民文化节，开展 100 多场活动。全年围绕"五水共治""大拆大整""贯彻十八届六中全会精神"等主题开展文艺宣传活动 51 场。举办"视觉长廊月月展"26 场。举办公益课堂 3 期，共 29 个班次。通过招投标向社会团队购买了 103 场演出服务，以文化礼堂为平台，实现群众性文化活动常态化。三是加强文艺创作。全年围绕"中国梦""大拆大整""宠物小镇"等主题，创作歌舞、综艺、戏曲、视觉艺术等作品 375 个。新编以"五水共治""三改一拆"为主题的现代越剧《雁山春曲》，入选文化部戏曲剧本孵化计划，赴杭州公演反响强烈。《充满梦想的村庄》等作品参加省第七届乡村诗歌大赛获 1 个兰花金奖、2 个银奖；小品《门》获省 26 届戏剧小品邀请赛创作一等奖；歌词《幸福萌萌哒》获省特色小镇题材歌词大赛金奖；平阳好歌合唱团参加俄罗斯第九届世界合唱比赛获 2 个银奖；木偶戏参加第六届全国木偶皮影中青年技艺传承展演，获最佳技艺传承奖；平阳漆器参加第 11 届中国（义乌）文交会获工艺美术金奖；舞蹈《狐灵》获全国小舞蹈家独舞大赛银奖；《平阳文艺》获全省群文期刊评比银奖。四是提高文化遗产保护水平。加大文物保护力度。完成顺溪陈迢岩大屋、青街池氏大屋等重点文保单位修缮工程。完成中共省一大旧址等消防安防工程以及顺溪古建筑群消防一期工程。出色完成国保单位顺溪古建筑群消防安全规划编制工作（全国仅 10 处试点单位）。成功申报 6 处省级文保单位，居全市之首。圆满完成第一次全国可移动文物普查工作，积极开展横屿船屯遗址、腾蛟镇凤山遗址等考古调查和勘探工作。完成新博物馆陈展文本大纲初稿，征集藏品 27 件套。完成民国《平阳县志》85％的点校工作。积极开展 5·18 博物馆日及文化遗产日宣传系列活动。苏步青励志教育馆承办第 11 届苏步青数学教育奖颁奖活动，陈展工程整改通过省专家组验收，并荣获省博物馆陈列展览精品项目优秀奖。加强非遗保护传承。完成地方戏剧普查工作。完成第五批国家级传承人、第五批省级非遗名录和第四批市级传承人申报任务,成功申报 1 处省级生产性保护非遗基地、2 处市级传承基地,山门镇被评为省级传统戏剧特色镇。成功申报 9 项温州市非遗名录,数量居全市之首。开展"品非遗、逛庙会""非遗进校园""非遗零距离"等系列活动 38 场。举办和剧、白鹤拳等公益培训班 6 期。蛋画、剪纸、米塑等项目进入中小学第二课堂。打磨木偶剧《西湖传奇》《白蛇传》,参加省第十三届戏剧节评选,反响良好。开展木偶戏下乡 10 场,文化走亲 9 场,赴卡塔尔、法国进行国际文化交流,推动平阳木偶戏大胆"走出去"。五是推进文化体制机制改革。推进图书馆理事会运行机制,积极筹划建立图书馆事业发展基金会,向县财政申请政府资金注入,充分利用图书馆理事资源,联系图书馆分块工作,提升图书馆服务能力。启动县文化馆理事会组建工作,成立筹备领导小组,开展筹备工作。挂牌成立平阳越偶艺术发展有限公司,并与杭州金艺青少年有限责任公司签订 100 场全国巡演合同,2017 年将在全国各地演出。进一步健全管理制度,完善内部管理机制,积极参加市、县公益性演出招投标,开拓木偶戏、越剧等演出市场。加大政府购买文化服务力度,通过招投标向社会购买送戏下乡、农村公益电影放映等服务,同时推进基层文化设施社会化运作管理,全年下拨经费 33 万用于购买社会化管理服务。六是推动文化产业转型发展。子久文化、艾叶文化等 2 家文化企业挂牌上市。艾叶文化成功申报省级文化产业

示范基地,子久文化被评为市级重点文化企业。加大招商引资力度,北港文化创意园等 3 个项目列入市级文化产业招商项目库;"星际科幻谷"VR 主题乐园、283 文化创意街区等文化旅游和文化创意项目签订协议;南麂迷途三盘尾、青湖旅游综合开发项目等按计划有序推进。全年文化产业引进省外资金 1.5 亿元。七是加强文化市场管理。扎实有效开展"扫黄打非"系列专项行动,全年检查各类文化经营单位 2668 家次,办理行政处罚案件 57 起,查处取缔无证照文化经营场所 90 家。落实网吧管理长效机制,引导网吧行业从单一的收费上网模式转型升级为多元化服务。全面推进行政审批规范化建设,全年受理行政审批办件 359 件,依法按时办结 359 件,办结率 100%。实现行政审批和行政执法"零投诉"。八是加强文化人才队伍建设。深入实施乡镇文化员"春风行动"培养计划和"百名乡土文化骨干培育工程",定期对文艺团队、文艺骨干等进行艺术辅导和培训,打造"阳光同行"公共文化培训品牌,将公益培训和骨干培训并举,开设公共文化管理、戏曲、舞蹈、声乐等 4 期培训班,培训文艺骨干 1000 多人次。开展网格化服务,指定 16 名业务干部在划定片区协调各类艺术辅导工作,落实各类艺术"点单式"培训服务 48 次。全年各类培训累计 112 期,受训人员 1.1 万人次。进一步做好专业剧团人才引进工作,落实 6 个编制名额。九是强化安全生产工作。切实加强"两会"、G20 峰会、世界互联网大会等特殊时段的文化市场监管工

作,确保文化市场安全、平稳、有序。台风期间,取消休假、全体待命,值班人员到岗到位,先后赴顺溪、青街、水头等镇开展台风防御和防灾工作,并协调相关单位制定防台措施。认真落实安全生产目标管理责任制,深入开展隐患排查治理,全年检查娱乐场所 246 家次、网吧 85 家次、文保单位 207 家次。举办各类安全生产培训 5 场次,参训人员 600 余人次,并开展了 3 场消防安全演练、6 场安全生产文艺巡演,实现年度无重大安全责任事故。

(罗祖雄)

【泰顺县文化广电新闻出版局】内设职能科室 4 个,下属单位 11 个。2016 年末人员 88 名(其中:公务员 11 人,参公 7 人,事业 70 人;具有高级技术职务资格的 4 人,中级 17 人)。

2016 年,泰顺县文化广电新闻出版局积极推进文化建设工程,丰富群众文化活动,加大文艺作品创作力度,取得实效。一是积极开展节庆文化活动。1 月 29 日,举办泰顺县氡泉稻草文化旅游节。活动节由县旅游局、雅阳镇人民政府、县文化广电新闻出版局主办,县文化馆等承办,在雅阳镇福梅村举行,观众约 1000 人。2 月 22 日,举办泰顺县"吉祥泰顺·百家福宴"文化风情节。活动由三魁镇政府主办,县非遗保护中心指导,直接参与人数 7000 人。4 月 2 日,举办泰顺县氡泉茶文化旅游节。活动由县旅游局、县文广新局主办,县文化馆承办,开幕式在雅阳镇举行,观众800 人。举办泰顺县三月三畲族民俗风情节。4 月 28 日,司前镇

人民政府、县文广新局主办，司前镇文化站、县文化馆承办，司前镇左溪畲歌表演队参演的泰顺县"三月三畲族民俗风情节"在司前镇举行，观众5000人；由竹里乡政府主办，竹里乡文化站、县文化馆承办，县音乐家协会参演的"竹里畲乡三月三篝火晚会"在竹里乡文化广场举行，观众3000人。7月2日，举办泰顺县龟湖禳神节。由仕阳镇政府、县风景旅游管理局、县文广新局主办，县文化馆承办的"第六届泰顺龟湖禳神文化节开幕式"在龟湖镇举行，观众5000人。二是加强乡土文化调研。1月10日，中国游记名家古道古镇古堡行启动仪式暨首站走进泰顺，30多位游记名家分别到天关山古道、百福岩古村落、泗溪古廊桥等景区开展采风活动。8月6日，温州市流行音乐协会第十一次主席联席会议在泰顺县召开。本次会议由温州市流行音乐协会主办，温州市流行音乐协会泰顺分会承办。参加人员有温州市流行音乐协会与市流行乐团的相关负责人，以及11个县（市、区）流行音乐协会主席、秘书长等。11月16日至18日，由温州书画院组织的31名画家走进泰顺。12月2日，温州市非遗保护工作论坛在泰顺县召开，温州市文广新局，泰顺县文广新局，温州11个县（市、区）非遗中心等单位相关负责人，非遗项目代表性传承人，特邀嘉宾以及《浙江日报》等媒体人40多人参加。三是开展群众文化活动。推出各类画展。3月28日至4月1日，举办"画里画外"小幅油画作品展，观众1000人次。4月，举办"陈体棋泰顺巡回画展"，展出作

品近30幅，观众5000人次。4月14日，举办"中国梦·家乡情"美术作品展，观众2000人次。举办建党95周年文艺晚会。晚会由泰顺县委、县政府主办，县委宣传部、县文化广电新闻出版局承办，县文化馆执行承办，6月29日在泰顺县影剧院举行，观众1000人。举办篆刻艺术家方介堪115周年诞辰、方去疾95年诞辰纪念活动。于11月8日由县博物馆、美术馆联合举办，60余位嘉宾莅临现场并参加座谈会。举办泰顺县第六届群众文艺会演。由县委宣传部、县文广新局主办，县文化馆承办，于11月10日在县影剧院上演，观众1000人。举办泰顺县"我们的村晚"活动。由县委宣传部、县文广新局主办，县文化馆、竹里乡竹里村承办，12月21日在竹里畲族乡举办，观众2000人。举办泰顺县第二届畲歌演唱大赛预赛。由县委统战部、县委宣传部、县教育局、县民宗局、县文广新局、县广播电视台主办，县文化馆承办，12月28日在泰顺县影剧院举行，观众1000人。四是加强文艺创作与表演。1月，选送音乐作品《茶约三杯香》参加"2016浙江省第二届村歌大赛"荣获创作兰花铜奖、表演兰花铜奖；音乐作品《绿谷风吹》参加"浙江省新农村题材音乐新作展演暨第十四届音乐新作演唱（演奏）大赛"荣获兰花铜奖。5月，泰顺县文化馆被确定为一级馆。6月，选送文学作品《廊桥遗韵》荣获"首届蒲松龄散文奖诗词奖"散文单篇二等奖。7月，泰顺县非物质文化遗产活态传承保护团队入围浙江省文化厅文化遗产类创新团队。10月，选送古筝作

品《秦土情》参加"浙江省第七届'群星杯'古筝分级大赛总决赛"获得成人级特别金奖，《西域随想》获得杭州赛区半决赛演奏级银奖。12月，原创戏剧小品《背影》获得"浙江省第二十七届戏剧小品邀请赛"兰花银奖；摄影作品《廊桥夜色》在"2016浙江省特色小镇优秀摄影大赛"获二等奖。五是实施文化建设工程。泰顺县图书馆新馆11月完成工程竣工预验收，完成智能化设备、办公家具、书架摆放安装及附属工程等。新馆位于泰顺新城区，总建设面积约6500平方米，计划总投资4108万元。县美术馆、县博物馆、县非遗馆"三馆联建"9月完成选址工作，定为卧龙山文化高地。

积极开展受损廊桥抢救工作　9月15日，受强台风"莫兰蒂"影响，泰顺山洪暴发，三魁、筱村、泗溪等地水位暴涨。11时58分，位于三魁的国保单位薛宅桥被洪水冲走。随之位于筱村的国保单位文重桥、文兴桥分别于12时20分、13时30分相继被洪水冲走。位于泗溪的省保单位南溪桥也被山洪冲垮大半。泰顺文物受损情况严重。9月17日，省文物局局长柳河一行到薛宅桥、文兴桥、文重桥冲毁现场实地勘察，研究部署善后和抢救保护工作。9月20日至21日，国家文物局副局长宋新潮，文物保护与考古司副司长唐炜，中国文化遗产研究院原书记、副院长侯卫东，中国文化遗产研究院工程规划所所长乔云飞，省文物局局长柳河，温州市副市长郑朝阳等到泰顺薛宅桥、文兴桥、文重桥灾后现场实地勘察，听取文物救灾工作报告，并对

廊桥抢救保护工作以及重建工作提出指导性意见。9月底，省防汛抗旱指挥部调研员胡尧文、省水文局副局长伍远康一行率省水利水电专家组调研泰顺县廊桥损毁情况，调研组先后赴三魁镇薛宅桥、筱村镇文重桥和文兴桥等现场了解受灾情况。10月2日，温州市委副书记、市长张耕一行人赴泰顺筱村镇，实地察看文兴桥和文重桥损毁情况。10月26日，温州市委书记徐立毅一行实地察看了文重桥、文兴桥两座国保廊桥受灾情况，了解修复准备工作，要求按照"修旧如旧、铭记历史、恢复原貌"的原则，进一步做好原构件归类管理，加快廊桥修复工作。

（陈海平）

【苍南县文化广电新闻出版局】

内设职能科室6个，直属单位7个。2016年末人员179人（其中：机关49人，事业130人；具有高级技术职务资格的17人，中级30人）。

2016年，苍南文化工作围绕"文化强县"发展战略，以满足人民群众的精神文化需求为出发点和落脚点，抓重点、推改革、补短板，取得了新的成绩，实现了"十三五"良好开局。一是服务中心有作为。始终着眼于党委政府的中心工作，突出文化事业的服务保障作用，紧紧围绕"五水共治"、"大拆大整"、庆祝建党95周年等县委、县政府中心工作和重大主题，开展了"五水共治·绿色生态"、"美丽苍南·岁岁平安"、宣传党的十八届六中全会精神等多个主题的文化下乡宣传活动，唱响了时代主旋律，营造了良好的舆论氛围和文化环境。在服务保障杭州G20峰会工作中，成立

"平安苍南"文化市场G20峰会专项行动领导小组，开展了"扫黄打非"、文化市场、文物安全等各项专项排查整治行动，确保了G20峰会期间文化系统的绝对平稳安全。二是提升服务惠民生。阵地建设步伐加快，完成6个乡镇、37个社区综合文化服务中心"五有十化"创建工作。建成农村文化广场12个，百姓舞台8个，新增文化礼堂28个，进一步提升了基层公共文化阵地服务效能，加快形成符合苍南实际的公共文化服务标准化工作模式。服务能力逐步增强，全年开展送戏下乡482场，送展览讲座60多场，送电影下乡9312场，送书下乡4.65万册，开展文化走亲16场。文化馆成功创建国家一级馆，举办视觉艺术展览26场，其中包括"浙江省小幅油画作品展""丝路华彩——西南少数民族水彩艺术展"等高水准展览，深受好评。设立"周末剧场""名家讲坛""百姓舞台"等品牌文化活动，邀请上海东皇乐团、浙江歌舞剧院有限公司等知名艺术团体，成功举办各类专场音乐会、舞蹈名家专场等高雅艺术欣赏15场，举办傅拥军、蔡大生、资中筠等名家讲坛12场，各类大型文艺公益性演出54场，公益培训42期；博物馆举办临时展览4期，接待观众6.3万人次，成功创建市、县两级社科示范基地；图书馆全年图书借阅量62.8万册次，其中本馆40多万册次，新办理有效证件9667人。文艺创作持续繁荣，以人民为中心的文艺创作导向更加鲜明，主旋律更响亮，正能量更强劲，推出了一批具有一定影响的优秀作品，获得全国、全省大奖。

据不完全统计，县文化系统全年获国家级奖项或入展的作品有42件，省级39件，市级121件。三是优化管理显成效。文化市场逐步规范，强化文化市场日常监管，全年出动检查1800多人次，检查各类文化经营单位1738家次，立案134件。深入实施"扫黄打非"各项专项整治行动和娱乐场所安全专项整治、网吧专项整治行动，有效整顿和规范文化市场秩序。行业管理扎实有效，做好行政审批规范化建设，全年实施各类行政事项审批572件，提前办结率达100%，投诉件为零，没有发生推诿扯皮、效率低下、回避难题和"吃拿卡要"等行为。文化遗产保护成果斐然，圆满完成全国第一次可移动文物普查，省级文保单位挑矾古道成功申报。赤溪白湾堡董氏民居、钱库仙居正节牌坊等维修工程按期竣工。苍南"海防城址勘探"试掘工作顺利结束，并入选"2016年度浙江省八大重要考古发现"。全年新增省级非遗名录1项，市级名录8项，市级传承人16位，传承基地4个。新增县级非遗名录18项，县级传承人49位，传承基地13个。组建非遗演出团下乡巡回演出22场，非遗进校园走进12所中小学。开展单档布袋戏和温州鼓词下乡演出217场。新春划太平龙、抬龙、妈祖民俗文化、陈靖姑民俗文化等民间民俗活动开展有声有色，有力传承了优秀的民俗文化。四是促进转型求发展。顺应文化工作新形势新要求，大力推动重要领域转型发展。推动文化产业跨界融合发展，制定出台《苍南县文化创意产业发展规划（2016—2020）》。组

织协调中国（龙港）印刷与文化产业博览会、中国（温州·金乡）台挂历礼品展览会等本地专业会展的承办工作。组织数十家苍南文化企业参加国内外各类展会。积极推动文化产业与消费品行业、旅游业、农业等多个行业融合发展，为传统行业转型升级提供重要依托和载体。文物综合利用亮点频出。结合美丽乡村、特色小镇建设，以文物集中区域为依托，重点打造矾山福德湾、碗窑古村落、蒲壮所城等富有地域特色和集聚人文内涵的文化遗产精品景区，以及挑矾古道、松山古道等文化旅游示范线路，县域范围内逐步掀起历史古村游、文化遗迹游、乡村生态游的热潮，成为文化产业新的经济增长点。矾山镇成功申报浙江省历史文化名镇，省保单位矾山矾矿遗址的综合利用入选全省不可移动文物保护利用优秀案例，更是作为国内第一个工矿业遗产项目荣获联合国文化遗产保护荣誉奖，影响巨大。文化消费市场加快发展。以文物、民族、民俗文化为元素的工艺美术品、书画艺术品市场不断壮大，非

遗蓝夹缬衍生品"缬韵"和夹纻漆器"茶文化系列"等文化艺术作品深受消费者欢迎，并分获"浙江省非物质文化遗产传统工艺品及相关衍生品设计大赛"银奖、提名奖；苍南夹缬获"非遗薪传"浙江传统服饰精品展金奖；温州海西文化产业有限公司的6件陶瓷作品，入选纪念中法建交52周年中国殿堂级艺术家篆章限量邮票，在法国公开发行，系温州地区唯一入选作品。五是改革创新有突破。提升文化治理能力，着力推进重要环节改革。全面建立文化事业单位理事会制度，继县文化馆之后，县图书馆、县博物馆相继成立理事会，制定了理事会章程、理事决策约束制度、绩效评价制度等相关工作制度，明确由理事会承担文化事业单位大部分公共文化服务的事权，为公益性文化事业单位改革提供苍南样本。行政审批制度改革进一步深化。配合龙港新型城镇化改革工作，充分授权下放部分县本级文化审批事权，向龙港窗口授权到位。探索建立文化行政审批听证会制度，组织召开了两次行政许可听

证会，使行政许可程序更加标准化、透明化、公开化，保障了群众知情权、表达权、参与权和监督权。积极对接"互联网＋"模式，完成电子案卷的扫描导入，逐步实现审批网络化、无纸化，促进审批工作提质加速增效。民间力量参与文化建设成效显著。积极引导民间力量参与文化建设，将"众筹"理念引入苍南公共文化体系建设。县文化馆与民间众筹文化空间半书房合作开设名家讲坛，邀请名人名家举办3期名家思想沙龙，反响热烈。由半书房发起，县文化馆、半书房、太禾艺术学校共同举办，共184人众筹4万多元邀请温州城交交响乐团演绎的新春交响乐音乐会，成为苍南县首创以众筹模式举办的文化活动。县城新区与半书房签订合作协议，共同打造城市文化客厅。此外，矾都矿石馆、矾都奇石馆、碗窑陶瓷艺术馆、夹纻漆器博物馆等民间场馆迅速发展，矾山镇"博物馆小镇"初具规模。

（姜雪寒）

湖州市文化广电新闻出版局

【概况】 内设职能处室6个，下属事业单位8个。2016年末人员186人（其中：机关22人，事业164人；具有高级技术职务资格的23人，中级66人）。

2016年，湖州市文化工作紧扣市委、市政府中心工作，坚持"以文化人、以文惠民、以文兴业、以文铸城"，以守正创新、固本强基、传承保护和转型跃升为重点，以"赶超有我，文化加油，做一名合格的文化工作者"主题教育活动为抓手，圆满完成了全年各项工作。

一、扎实推进公共文化服务体系建设

出台《湖州市关于加快构建现代公共文化服务体系的实施意见》，制定《湖州市基本公共文化服务标准（2016—2020年）》，成立湖州市公共文化服务体系建设协调小组。加大基层文化基础设施建设力度，"文化礼堂·幸福八有"建设连续3年成为市政府十大民生实事项目，累计建成408家。积极推进湖州美术馆、太湖博物馆和吴兴文体中心等重大文化设施建设。加快图书馆、文化馆和博物馆等文化阵地拓展，持续打造城市"15分钟文化服务圈"和农村"20分钟文化服务圈"。扶持特色小镇建设，"丝绸小镇""湖笔小镇""地理信息小镇"等成为浙江省第一批文化特色小镇。

举办经常性的群众文化活动。精心组织开展"庆祝建党95周年""纪念红军长征胜利80周年"等系列文化活动，举办第八届湖笔文化节开幕式暨"礼赞"大型交响合唱音乐会、第七届"南太湖音乐舞蹈戏剧节"、第三届群众艺术节等群众性文化活动。配合开展中国（湖州）印度文化周活动，完成印度文艺演出、电影节和艺术展等。传统文化品牌活动有声有色，除继续开展"湖城春晓""全民排舞大赛""迎新春视觉艺术展览"等活动外，传统节日期间的群众文化活动同样精彩纷呈，如"闹元宵"系列活动、含山清明"轧蚕花"、重阳节系列文化活动和湖州老照片展等。送文化活动进礼堂持续开展。德清县的"三礼一歌"、长兴县的文化礼堂活动、安吉县的"两山"文化活动都取得了很好的社会效益。

完善公共文化服务供给方式。依托文化馆、图书馆和电影公司等优势，积极开展送戏、送书、送电影下基层等文化"五送"活动。全年全市完成基层文艺演出2080场，送书下乡8.5万册，送展览讲座下乡480场，送电影下乡1.3万场，开展文化走亲457场。承办省"百名回乡教授进文化礼堂"启动仪式，为全市文化礼堂提供了新的活动载体。拓展公共文化设施服务领域，市图书馆与市社保部门联合开通"社保卡"借书功能，使全市280余万人共享图书借阅便利。市图书馆还在城区创建了五峰山运动度假村、湖州市星火百货等21家"爱书吧"。

持续打造文化品牌。一是"文化走亲"助推基层文化建设。开展镇、村两级"文化走亲"活动300场次。在继续保持和省内兄弟设区市"文化走亲"的基础上，积极拓展跨省走亲活动，市文化馆与山东枣庄市和江苏连云港市成功实现跨省视觉艺术文化走亲活动。二是政府购买推进"文化街景"建设。进一步引导社会力量参与"文化街景"建设，公共财政投入35万元，以竞争性采购方式，购买10支社会团队进驻"文化街景"示范点，民间文艺骨干在政府资金支持下，以每周一次或两次的频率定期、定时、定人开展活动，全年开展250余场。三是创新营造全民阅读氛围。市文广新局会同市文明办、市教育局等10余家单位，市图书馆联合县（区）图书馆，于4月23日首次尝试开展"图书馆之夜"活动。举办"图书馆十年"专场发布会，开展3D打印体验、阅读cosplay、书海闯关等10余项活动，营造全民阅读良好氛围。四是推进城市文化联盟，开展社会文艺团队展演系列活动。以城市合唱团为中心，组建"城市文化联盟"。"联盟"各成员发挥各自优势，在"文化街景""市委、市政府新春团拜会活动""文化暖阳"送戏下乡等活动中，有效补充了文化服务短板，发挥了重要作用。

加大公共文化网络化建设力度。"文化有请·专家有约"公共文化服务网于4月开通,至年末,免费提供300余条服务信息。仅市文化馆开展的"湖州坦生活"全民艺术课堂就举办了123个班,授课2800余次,受众人数1.5万余人(次)。三县二区文化单位和市图书馆、市博物馆等单位,通过平台提供相当数量的公益服务项目,使人民群众真正享受到便捷、均等的公共文化服务。年末,湖州数字图书馆建成多媒体阅读中心,打造阅览区、3D影音体验室、创客空间等板块,为读者提供时尚方便的数字阅读环境。

加强文艺精品创作。一是舞台艺术创作有新高度。重点开展第七届"南太湖"音乐舞蹈戏剧节系列活动,分别在南浔区、德清县、安吉县举办舞蹈、戏剧、音乐3个大类的比赛,有39件新创舞台作品入围,获表演创作金奖12件、银奖24件。创新办赛方式,配套举办舞台艺术作品展示会和全市艺术论文征集。创新开展大型音乐诗画《湖州礼赞》以及广场舞示范版《湖州礼赞》创编工作。二是精品创作有新深度。深入挖掘湖州历史文化资源,围绕"绿水青山就是金山银山""特色小镇"等主题,组织专业人员创作舞蹈作品《风吟竹动》《白鹭缘》、歌曲《江南古村我的家园》《绿水青山就是金山银山》、戏曲作品长兴"摊簧"《龙船吉祥》和小戏《甜果》等文艺精品。湖州"三跳"《英台担水》参加第九届中国曲艺节曲艺大赛,获得入围奖。越剧小戏《规矩》代表浙江省参加全国"中华颂"优秀小戏展演。三是视觉

艺术创作有新进展。美术、书法和摄影3条线围绕视觉艺术大展项目、"苕上七子"视觉大展项目、双年展项目等举办活动41项、展览29个。组织参加"浙江省纪念中国共产党建党95周年中国画大展""浙江省'五水共治'书法大展""2016第十一届艺术节全国美术作品展"等省级以上大展,取得佳绩。

二、加强文化遗产保护和利用

扩大"世界丝绸之源"品牌。邀请省考古所在钱山漾遗址进行考古发掘,进一步丰富丝绸文化内涵。举办钱山漾世界丝绸之源研讨会,钱山漾遗址发现60周年暨慎微之120周年诞辰系列活动,提升"世界丝绸之源"品牌力,举办《中国养蚕法——在湖州的实践与观察》首发式。协调并指导太湖溇港文化展示馆布展工作。

文物维修项目顺利推进。顺利完成广济桥、报恩桥等6座古桥的修复和验收工作。市财政投入800余万元,修复古桥50余座。南郊风景区省保单位纯阳宫玄帝阁、多宝塔等重点维修项目有序推进。龙山古城入选国家大遗址公园,安吉古城遗址、昆山遗址等入选省级遗址公园项目,形成大遗址公园"1+2+X"格局。

保护宣传氛围浓厚。大力开展文化遗产日、国际博物馆日等活动,利用展览展示、艺术表演和媒体传播等形式推动文化遗产保护宣传。举办第40个国际博物馆日系列纪念暨"风华清漪——颐和园藏文物特展"开幕活动,开展"我心目中的'文化景观'"全市讲解员比赛优秀代表风采展示以

及民间达人代表推介南太湖"文化景观"活动。组织"2016文化遗产电视宣传季"活动,拍摄并播映《湖剧缘》《绫绢情》《美食府》《龙之舞》《笔中道》《古街韵》6部电视专题纪录片。

非遗项目提质增量。实施湖州市第六批市级非遗名录评选,共计48个项目进入市级非遗名录库。全市7个项目进入省级第五批非遗名录库。组织发动羽毛扇、紫砂和泥塑等项目参加省非遗产品设计大赛。组织召开湖剧大戏《赵孟頫》作品论证会。复排湖剧折子戏《陆雅臣·求岳母》,参加浙江省地域特色文化符号(民间戏曲)代表性作品展演,浙江省十大城市戏曲联唱比赛,并取得优秀组织奖、个人比赛和团体总分金奖的好成绩。整理出版《湖州非遗大观》。

三、推进文化产业发展

牵头实施文房产业标准,积极助推"湖笔小镇"发展。组织丝绸、湖笔等地方特色鲜明的文化企业参加各地文博会。对湖州影视城项目实行"一对一"重点深化服务,积极争取上级主管部门的指导和支持,项目完成3亿元投资,并成为"十三五"全省文化产业重点培育发展的四大影视产业基地之一。指导、组织文化企业参评参选各类奖项,2家文化企业获评省级文化产业示范基地,2个项目获得中央文化产业发展专项资金。落实第11届中国义乌文交会组织参展工作,组织全市48家文化企业参展,并打造300平方米中国吴兴"丝绸小镇"特装展区,参展的文化产品获工艺美术奖一金、两银、两铜的成绩。同时,把中国义乌文交会组展参展

与特色小镇建设紧密结合,丝绸、美妆和湖笔等特色小镇集体亮相文交会,积极进行项目推介招商。9月,组织丝绸、湖笔等地方特色鲜明的文化企业参加西安西部文博会,为湖州文化产业走出去、搭建交流招商平台创造更多机会。积极做好湖州影视城项目的审批服务工作。至年底,全市审批准许设立的影视制作公司有27家,其中湖州影视城占15家。

【大事记】

1月

26日　由湖州市委宣传部、市文化广电新闻出版局主办,湖州市文化馆承办的"2016湖州迎春视觉艺术大展",在文化馆开幕,共有120件作品入围。

3月

14日　"汉画印象——中国汉代画像艺术展"开展。展品来自河南省南阳唐王府博物馆,主要包括汉画拓片100幅、汉画原石3块、汉画像砖7砖,文创产品6幅、汉画生产场景1套。

25日　由中国丝绸博物馆、湖州市政府主办,湖州市文化广电新闻出版局、吴兴区政府承办的《中国养蚕法:在湖州的实践与观察》首发式在湖州博物馆举行。湖州市副市长闵云、国际丝绸之路城市联盟首席代表饶赛佩、意大利驻上海总领事馆文化处阿黛尔·洛巴索等先后致辞。

4月

1日至7月6日　德清县博物馆"溯源——浙江原始瓷考古成果展"赴上海复旦大学、青浦区博物馆展出。展出的91件(套)德清县博物馆馆藏原始瓷,分为

礼乐器、日用器以及兵器和农具,较为全面地反映了古越人的宗教祭祀、日常生产和生活等。复旦大学展览期间,还举行了"德清原始瓷和浙江陶瓷考古"学术座谈会等学术会议。

11日　北京市公园管理中心主任张勇、颐和园党委书记李国定等一行9人参观考察了湖州博物馆,并就颐和园文物到湖州展出及更广泛的合作事宜进行了交流。

12日　安吉县在全市率先推出政府向社会力量购买公共文化服务,规范了包括演出类,文化展览类、文化培训、讲座类及公益电影放映服务等4个购买种类,涉及摄影、美术、书法培训及展览、古障文化讲堂、文化走亲、电影放映等10余项内容。

23日　由湖州市委宣传部、市文明办、市文广新局等10余家单位共同指导,湖州市图书馆承办的"图书馆之夜"书香盛会,吹响了2016年全民阅读节的集结号。多类型、多元化、多层次活动亮点纷呈,让市民耳目一新。

30日　"文化有请·专家有约"公共文化服务网成功开通。至年末,免费提供了300余条服务信息。三县两区文化单位和市图书馆、市博物馆等单位,通过平台提供公益服务项目,使人民群众真正享受到便捷、均等的公共文化服务。

5月

25日　国家文物局副局长、中国文化遗产研究院院长刘曙光到安吉出席第10期"全国考古发掘项目负责人(初任)培训班"开班仪式并做重要讲话。

6月

3日　圣马力诺共和国工业贸易和手工业部部长马可·阿齐利一行到湖州博物馆参观考察。博物馆与圣方有关组织开展了文化交流洽谈。

15日　湖州市博物馆与德清博物馆联合帮扶的民办博物馆陆有仁中草药博物馆"本草之源——中草药标本陈列"荣获第十届(2015年度)全省博物馆陈列展览优秀奖。

同日　湖州市乡镇(街道)综合文化站站长培训班开班仪式在市委党校举行。培训班由湖州市文广新局主办,湖州市文化馆、市图书馆、市群众文化协会和中国文化信息资源共享工程湖州市支中心协办。全市73名乡镇文化站站长参训。

30日　"长兴(太湖)博物馆"开工仪式举行。省文物局局长柳河,市委常委、宣传部部长胡菁菁等省市领导参加仪式。长兴(太湖)博物馆项目计划投资2.2亿元,占地105亩。

7月

1日　出台《湖州市关于加快构建现代公共文化服务体系的实施意见》。

8日　由湖州市政府组织编制的《湖州市历史文化名城保护规划》获省政府批准,标志着湖州名城申报工作圆满完成。

30日　开通社保卡湖州图书馆读者证功能,为本市所有社保卡持有市民提供"零押金"借阅服务。

8月

17日　省文化厅厅长金兴盛带队赴安吉县就支持创建"两

山"重要思想实践示范县工作进行现场指导,并召开工作对接会。

9 月

8 日 经市文广新局牵头协调,徐重庆将其毕生所藏全部捐赠给湖州师院,其中包括图书 10465 册,字画 147 幅,印章 39 枚等,含极其珍贵的茅盾亲笔书信和书法作品,陈立夫、章克标的书法作品,赵景深的日记和信札,以及部分现当代名家的书信、手稿和签名著作,香港文化刊物《大人》《大成》全套和台湾文学刊物《传记文学》早期合订本等,是现当代文学研究的珍贵资料。

26 日 "笔墨江南·清丽湖州"第八届湖州·湖笔文化节在湖州大剧院开幕。文化节期间组织开展了第三届群众艺术节、湖州大剧院精品演出季、费新我书画展等一批群众性文化活动和湖州丝绸 E 购节、毛笔制作技艺与传承高峰论坛、影视产业投创会等系列文化经贸活动。

10 月

9 日 市委副书记、市长陈伟俊调研湖州文物工作。

11 日至 12 日 湖州市普查办组织专家赴各县区开展第一次全国可移动文物普查验收工作。专家组在听取普查工作的情况汇报、查看相关档案材料后,对各县(区)第一次全国可移动文物普查工作给予了肯定,并同意通过市级验收。

12 日 由省文化厅厅长金兴盛带队的调研组,调研了湖州的湖笔小镇,丝绸小镇和钱山漾遗址等,实地察看了在建的湖笔小镇,丝绸小镇,善琏湖笔厂,湖笔传承馆、制笔车间和展览馆以

及湖笔文化传承和制作工艺,了解当前生产经营状况。

17 日 湖州与绍兴开展两地间"文化走亲"活动。

18 日 "纪念钱山漾遗址考古发掘 60 周年暨慎微之诞辰 120 周年"系列活动开幕式在湖州市博物馆举行。举办了纪念钱山漾遗址考古发掘 60 周年暨慎微之诞辰 120 周年特展、专家座谈会等活动。

20 日 和江苏省书法家协会、江苏省书法院共同主办的"仰望松雪——姚建荣书法展"(湖州站)在湖州市图书馆举行开幕式。展出姚建荣近年来创作的作品近 60 件(组),展品形式包括手卷、条幅、中堂、对联和扇面等,涵盖楷、行、草、隶和篆等多种书体。

27 日 由湖州市委宣传部、市文化广电新闻出版局主办,各县(区)委宣传部、各县(区)文化广电新闻出版局(体育局)协办,湖州市文化馆、各县(区)文化馆承办的湖州市第三届群众艺术节闭幕式暨第七届南太湖音乐舞蹈(戏剧)节颁奖晚会在湖州大剧院举行。

28 日至 11 月 2 日 开展中国(湖州)印度文化周活动,完成印度文艺演出、电影节和艺术展等。

31 日 国家文物局印发《大遗址保护"十三五"专项规划》,安吉龙山古城遗址被列为国家"十三五"重大遗址。该遗址由安吉古城遗址和龙山越国贵族墓群组成,它是继良渚遗址之后,浙北西苕溪流域最重要的考古发现之一。

11 月

3 日 湖州市文物保护管理

所对包括宁远桥在内的第八批市级文保单位开展标志说明牌刻碑、竖牌、安装工作。

8 日 台湾学者刘文星将《改变中国宗教的五十年:1898—1948》《近代湖社与寺院的互动:以上海寿圣庵事件为中心》等捐赠给湖州图书馆。

9 日 由湖州市文化馆、南浔区文体局联合创作的越剧小戏《规矩》,赴京参加"中华颂"第七届全国小戏小品曲艺大展,获得优秀剧目奖、优秀编剧奖、优秀导演奖、优秀演员奖、优秀音乐设计奖、优秀舞美设计奖、优秀组织奖等 7 项大奖。

15 日 湖州市"南太湖视觉艺术系列展"获奖作品展暨颁奖仪式在湖州市文化馆开展。"南太湖视觉艺术系列展"包含中国画大展、摄影大展、书法大展、水彩粉画大展,分别在 7 月、8 月、9 月、10 月完成。本次获奖作品展览收录了 4 个大展的 48 件获奖作品及特邀作品共 60 件。

16 日 国保单位潘公桥保养性维护工程完成。内容包括桥栏板吴王靠修补归位、金刚墙部分修补、踏步石归安等。

24 日 与枣庄市文化广电新闻出版局共同举办"文化走亲——湖州·枣庄中国画联展"。

30 日 省保单位潮音桥保养性维护工程完成。内容包括踏步石和个别构件归安、拔除杂草杂木等。

12 月

2 日 市文保所配合市文物局、市规划院开展湖州市第八批市级文保单位保护范围和建设控制地带划定工作。此次"两划"工作涉及文保单位 42 处,涉及吴兴

区、南浔区 10 余个乡镇（街道）。

5 日　省保单位胡瑗墓绿化整治工程完成。内容包括整形修剪、除虫、防病等常规养护工作。

22 日　陆放艺术馆开馆仪式在德清县武康街道余英坊举行。艺术馆建筑面积 800 平方米，收藏陆放捐赠的版画、手稿、原版作品等 300 余件。馆内展览分为悠悠水乡、魅力山河、烟雨西子和莫干山情四大展区，展出陆放近百件版画艺术作品。

（梅　菊）

湖州市县（市、区）文化工作概况

【吴兴区文化体育局】　内设职能科室 4 个，直属事业单位 3 个。2016 年末人员 26 人（其中：机关 17 人，事业 4 人）。

2016 年，吴兴区文化工作按照以文化人、以文惠民、以文兴业的原则，全力推进现代公共文化服务体系标准化、均等化建设，完善公共文化服务网络。省级公共文化服务体系示范项目"车间好声音——公共文化助推社会管理创新平台建设"被评为浙江省文化厅"三以六区"创新案例，借力推进文化创作精品化，承办多项省级重大赛事，地域文化影响力更加广泛；合力推进文化遗产保护利用有效化。一是提升公共文化服务水平。推进省级公共文化服务体系示范项目"车间好声音——公共文化助推社会管理创新平台建设"提升验收，与湖州电视台合作开展"车间好声音"个人及团队演唱大赛。探索开展"点餐式"公共文化服务模式，加快现代公共文化服务体系标准化、均等化建设进程。重点推进区文化

中心规划设计建设，成功创建省级文化强镇 1 个、省级文化示范村（社区）1 个、市级"文化街景"示范点 10 个。围绕中心工作，承办"美丽浙江·水之韵"浙江省"五水共治"海报招贴画大赛及优秀作品展、浙江省群众舞蹈大赛等省级文化赛事，举办吴兴区抗战胜利 70 周年主题书画比赛及优秀作品展。加快推进文化礼堂建设管理，完善"建、管、用"机制，全年建成文化礼堂 20 个，将送戏、送书、送电影工作与文化礼堂活动结合，组织开展 1000 余场活动。围绕"五水共治"、"平安吴兴"、全国农村精神文明现场会等省市区中心工作举办主题活动 7 场，全年完成送电影下乡 2732 场、送书 2.62 万册、文化走亲 101 场，成立"音艺梦想"艺术培训基地 18 家。二是加强文艺精品生产和创作。围绕"五水共治"新创作小戏《七彩河》，挖掘群团资源，拓展"区校合作"模式，新创作舞蹈《金龙银凤》、戏曲《英台担水》、舞蹈《不能离开你》等。舞蹈《金龙银凤》获浙江省群众舞蹈大赛金奖，舞蹈《模糊线》获得长三角排舞邀请赛金奖，"三跳"作品《英台担水》获得"薪火传承"浙江省曲艺大赛金奖，舞蹈《七朵莲花》获得浙江省文化礼堂排舞大赛金奖，舞蹈《萨米拉》获得市排舞大赛金奖。三是完善文化市场监管体系。文化市场繁荣，文化市场经营单位结构合理。全区文化经营单位 318 家。开展以"净网""清源""秋风""护苗"为主要内容的"扫黄打非"整治行动，以整治文化市场经营场所安全生产隐患为主要内容的安全生产专项行动。出动执法人员 950 人次，

检查文化经营单位 1611 家，处理处罚违规经营单位 78 家次，收缴非法出版物 2535 册，非法音像制品 1920 盘（张），整改场所安全隐患 99 个，取缔无证经营游艺娱乐场 5 家、摊点 32 个，查缴违法游戏机 21 台，及时制止了 19 场未经备案的非法演出活动。全年未出现重大事故，文化市场安全、繁荣、稳定、有序。四是推动文化产业发展。全年全区文化产业增加值 19.559 亿元，增速 23.8%，占 GDP 比重为 4.5%。新培育重点广告业企业 3 家，当年实现开工建设新引进文化产业项目 7 个，总投资额 52.9 亿元。进一步加大丝绸小镇、美妆小镇文化产业平台承载能力，湖州多媒体产业园获评全市首批市级文化产业园区。培育文艺精品创作取得新成果，由吴兴本土影视公司湖州拉风影视文化有限公司投资 5000 万元拍摄的 50 集情感励志剧《养个孩子不容易》在高新区、妙西镇、埭溪镇等地完成摄制，计划于 2017 年在省级卫视公映。积极组团 13 家特色企业参加第十一届中国（义乌）文化产品交易会，参观者近 4000 名，达成意向性成交 53 笔，涉及金额 1000 多万元，创造历史最佳成绩，2 家企业获得工艺美术奖。五是加强文化遗产保护。新建成区级非物质文化遗产传承教育基地 5 个。成功申报市级第六批非遗项目名录 4 项。举办"文化遗产日"系列活动，"天工羽毛扇"项目在市级非遗展示日活动中荣获金奖。加强属地文物古迹保护，配合做好太嘉湖沿线、高铁东沿线、昆山遗址等地文物勘察保护工作。加强钱山漾遗址保护和利用，国家文物

局批准立项启动《钱山漾遗址保护与利用规划》编制工作。

（沈　珏）

【南浔区文化体育局】 内设职能科室 4 个，直属单位 6 个。2016 年末人员 34 人（其中：公务员 6 人，参公 7 人，事业 21 人；具有高级技术职务资格的 1 人，中级 4 人）。

2016 年，围绕"奋战五年、再造南浔"和"重振南浔辉煌"总体部署，全面启动"共享文化、乐享体育"行动计划，全力实施"文体设施提升工程"等六大工程，奋力开创了文化工作新局面。一是文化阵地提档升级。区级文化阵地建设扎实推进。整合资源，启动区文化馆、区非遗馆建设，红军长征纪念馆改扩建工程、双林绫绢馆改建工程完工对外开放，中国报告文学馆土建工程进展顺利。镇级文化阵地持续增强。打造 15 分钟文化服务圈，练市镇图书分馆、千金镇华统图书分馆等先后建成，实现全区民工子弟学校图书流通点全覆盖，《浙江日报》作专题推介报道。村级文化阵地亮点纷呈。织密文化设施覆盖网，新建 18 个村文化礼堂，建成图书流通点（农家书屋）25 个。在全市率先启动 10 个村精品文化礼堂提升工程，按照"一镇一品，一村一韵"总体目标，大力推进个性化、品牌化建设。二是服务体系持续完善。文艺活动打响城市名片。在春节、清明等传统节日期间，组织传统礼仪文化体验日、民间艺术踩街等民俗文化活动，含山蚕花节、荻港渔文化节等文化节庆活动，承办"南浔好声音"总决赛，开展南浔"文化走亲

·美丽非遗"专场演出，开展跨省市文化走亲交流，引进话剧、儿童剧等商业演出 8 场，举办"金秋演出季"。全年累计送戏下乡 60 余场次，送电影 2658 场，送书下乡 2 万余册，送讲座展览 71 场，举办大型文化活动 17 场，开展基层文化活动 290 场。文艺创作唱响南浔声音。坚持文艺创作效果导向和品牌导向，创作一批凸显南浔特色文化和群众喜闻乐见的文艺力作，先后在省第十届排舞大赛、文化礼堂排舞大赛中获得 2 金，在第七届市南太湖音舞节上获得 2 金 4 银 10 铜。小品《规矩》获浙江群星奖，入围全国群星奖，并在第七届全国小戏小品曲艺大展中获得 7 项大奖。围绕创建精品文化礼堂，辅导一批凸显南浔精品文化礼堂建设的文艺作品，举办全区首届村歌展演大赛，拓展文艺辅导覆盖面。文化寻根讲好南浔故事。以区第四届全民阅读节为抓手，举办"全区中小学生征文大赛""发现南浔之美摄影大赛"等系列活动。启动"浔溪文库"建设，主动对接国家图书馆、上海图书馆，实现南浔最早镇志"归浔"。设立本地作家徐迟、葛剑雄作品专柜，全年接受地方文献捐赠 1500 余册，创建特色数据库资源，电子资源数据库近 80G。积极打造"嘉业讲堂""百姓声音"等品牌，举办"南浔藏书、雕版文化展"等特色展览，出版《浔根丛书》第三辑，挖掘特色文化，全力讲好南浔故事。三是市场管理平稳有序。市场整治实现突破。以开展护航 G20 峰会为重点，按照"厘清责任、分清主次、分批推进"原则，集中精力开展全区文化市场集中整治活动，全年

取缔游商书贩 8 家，收缴非法出版物 1712 册（盘），取缔大篷等非法演出 6 次；查处违法行为 19 起，立案 19 件。尤其在护航 G20 峰会期间，针对"无证网吧"和"无证歌舞娱乐场所"进行了多次联合专项整治，开展集中检查 86 次，取缔"无证歌舞娱乐场所"24 家，"无证网吧"66 家。坚持协同公安、工商、消防等相关部门商讨解决对策和加大引导宣传力度相结合，引导符合条件的场所整改规范，成功转型 18 家。效能建设提质增效。根据深化行政审批制度改革和简政放权工作要求，实行"四办"制度，对资料齐全的及时办、资料不全的指导办、紧急项目特殊办、重大项目引导办，打通审批环节。加快"一张网"建设，严格实行"四规范"，让群众在深化改革和简政放权中有获得感。产业溢出持续增强。承办全省文房产业传承发展与特色小镇建设现场推进会，主动服务特色小镇建设，成功申报善琏镇为全省特色小镇文化建设示范点，南浔古镇入选国家文化产业示范基地，荻港鱼庄入选省文化产业示范基地，指导服务相关乡镇和企业开展各类项目申报、包装和招引；组织 11 家企业参加第 11 届中国文化产品交易会，打响南浔文化产业特色品牌。四是文化传承提质增效。服务古镇架好桥梁。主动服务古镇保护利用三年行动计划，主动选派业务骨干赴省文物局挂职，负责重点项目对接，定期赴国家、省文物部门对接工作，建立与上级部门定期沟通的长效机制，切实加快文物项目审批速度，宜园等重点项目顺利通过国家文物局审批。积极争取文物保护经

费，全年累计争取国家和省级文物专项资金 755 万元。非遗保护找准跑道。充分利用"大数据＋基地模式＋互联网"模式，通过挖掘资源、扩大基地和文化走亲等方式，扩大非遗文化影响力。出版国遗丛书《辑里湖丝手工制作技艺》，完成"七里人家"庄园建设，获港民间丝竹、三道茶习俗等项目列入第五批省级非遗名录。组织全区非遗项目传承人健康体检、外出学习取经、参加第 11 届中国（义乌）文交会。文物保护扎实有力。全面完成全国第一次可移动文物普查各项工作和双林镇后兴桥、练市镇仁寿桥和南浔古镇万古庵、金氏承德堂等文物修缮工程，完成第六批省级文物保护单位含山塔等"四有"档案编制工作。积极推进嘉业堂藏书楼及小莲庄安防工程申报立项，为大运河南浔段东端环境整治工程、景澜浔韵度假酒店项目、南浔古镇水系修复规划等项目提供专业指导，并加强监管。文物巡查工作扎实有力，做好重点地段监控覆盖工作，实现"人防＋技防"，确保监管到位。

（姚丰琪）

【德清县文化广电新闻出版局】
内设职能科室 9 个，直属单位 5 个。2016 年末人员 102 人（其中：公务员 18 人，参公 14 人，事业 70 人；具有高级技术职务资格的 5 人，中级 27 人）。

2016 年，德清县文化广电新闻出版局各项文化工作稳步推进。一是加强文化设施建设。莫干山民国图书馆和陆放艺术馆建成开放，乾元国学图书馆、钟管蠡山民俗图书馆和新文化馆建设加

快推进，德清大剧院和"瓷之源"考古遗址公园规划启动。二是改善文化惠民服务。开展"我们的节日"。开展"文化修身"行动，践行社会主义核心价值观，以德清家风节、阅读节等为主要载体，全县 6.5 万人次参与寻找家风家训活动，12.3 万人次参加阅读节，充分发挥了以文化人、以德育人的独特作用，得到副省长郑继伟的批示与肯定。深化"我们的品牌"。打造出"驻馆作家""春晖讲堂""英溪课堂"等一批文化活动品牌，策划开展"民俗三宝"东部新市蚕花庙会、中部乾龙灯会、西部舞阳侯会等有生命力的文化节庆活动。其中，"驻馆作家"活动得到副省长郑继伟、湖州市副市长闵云批示，获全国 2016 全民阅读案例一等奖、全县综合考核"创新奖"。培育"我们的惠民"。全年开展文化走亲 100 场、送戏下乡 151 场、电影放映 2071 场，受益观众 51.3 万人次，十佳文艺团队、十佳文艺骨干为繁荣群众文化工作发挥了很好的作用。开展文化礼堂建设指导，组织"示范文化礼堂"创建与评比。三是促进文艺精品创作。完成电影《德清嫂》拍摄，大型越剧《游子吟》完成初稿，小品《拍电影》在央视综艺频道播出，歌曲《妈妈的味道》在央视七套"年味"栏目播出，歌曲《德清老家》《少年行》在微信平台、音乐网站和海内外德清人中推广，舞蹈《剑魂出墨》在游子文化节开幕式上演出。四是加强文化遗产保护。实施"博物馆在行动"，积极助力美丽城镇建设，《如何在小城镇建设中体现文化元素》信息得到县委书记批示。创新融杭机制，成为全市首家与省

美术馆流动美术馆合作单位。加强文物保护利用，对 9 处德清原始瓷窑遗址安装"天地一体"电子监控系统，做到动态巡查、实时传输、实时掌控；云岫寺修缮工程立项；县保单位文治藏书楼被评为省不可移动文物保护利用优秀案例。注重非遗传承，建立德清县首个社区传承教学基地——德清民间布艺传承教学基地新市分部，开展民间布艺非遗培训；组织民间布艺、传统风筝、蚕花剪纸等非遗项目展示活动，积极助力全国特色小（城）镇建设经验交流会。五是加强文化市场监管。加强市场监管，召开全县"扫黄打非"暨 G20 峰会服务动员大会，深入开展文化市场百日攻坚专项整治行动。开展"美丽网吧"创建，组织安全知识培训辅导，筑牢安全防线，全县文化市场安全无事故。优化行政审批。按照省、市要求，推进权力清单和责任清单梳理，开展"一张网"上网建设，开通行政审批事项网上办理通道，共办理行政审批事项 74 件，其中行政许可 37 件，非行政许可 37 件。六是推动文化产业发展。积极打造"钢琴音乐小镇"，德清县政府与浙江音乐学院签署战略合作协议，带动钢琴产业由制造生产向培训、演艺等文创方向拓展。成功引进莫干山国际影视文创小镇，莫干山艺术创客基地和岩华泛娱乐综合服务平台等一批文化创意、文化旅游、文化体育项目。成功入选浙江省文化产业十强县（全市唯一）。

（朱国辉）

【长兴县文化广电新闻出版局】
内设职能科室 8 个，直属单位 6

个。2016年末人员96人（其中：机关23人，事业73人；具有高级技术职务资格的11人，中级21人）。

2016年，作为"十三五"规划实施的开局之年，长兴县文化广电新闻出版局以推进公共文化服务标准化建设为目标，坚持以人民为中心的工作导向，落实服务基层创优年和队伍素质提升年各项举措，进一步开拓创新，服务大局，全面开展全县文化工作，年内获得全省文化（文物）系统"六五"普法先进单位、2012—2016年度湖州市爱国拥军模范单位、2016年度湖州市"文化走亲"活动先进集体一等奖等多项荣誉称号。一是建设文化阵地。长兴县博物馆与太湖博物馆两馆合一，正式开工建设，建于太湖新城新塘太湖口。和平镇、李家巷镇文化中心完成图纸设计和规划选址，煤山镇文化中心年底前完成招投标工作。完成新四军苏浙军区纪念馆新征土地平整、国防主题公园二期工程建设。二是实施文化礼堂工程。联合县委宣传部、各乡镇（街道、园区）等单位，深入开展文艺家"八进"文化礼堂活动，共计投入3000多万元，高标准建成农村文化礼堂16个。年底，全县建成文化礼堂87家。着力推进文化礼堂建、管、用、育一体化。推进文化礼堂理事会全覆盖，71个文化礼堂成立了理事会。落实长兴县农村文化礼堂星级管理评定奖补经费100万元，完成56个文化礼堂申报，开展评定工作。启动文化礼堂管理志愿者试点工作，落实专项经费213万元，17个乡镇完成了文化礼堂管理志愿者招募。征集、策划、推出了"文

化点餐制"项目117个，开展"乡村春晚"等"四季四赛"活动，推进"星期日活动"常态化，举办各类活动700多场，特别是5月承办了全省"诗词文化进礼堂"现场会，礼堂文化培育特色做法在全省进行经验推广。三是举办文化活动。组织开展基层群众文化活动1000场、文化走亲79场，送戏下乡100场，送书2万册次以上，送讲座展览下乡200场。百叶龙参加县内外演出活动30场。成功举办"猴年贺新春·欢乐过大年"文化惠民活动，邀请浙江曲艺杂技总团有限公司为基层送演出10场。组织开展文化礼堂乡村春晚23场，评出十大最美乡村春晚奖。开展2016年长兴"幸福大舞台周周演"群众文化系列活动24场，其中长兴县优秀文艺团队选拔赛14场，选出6支优秀文艺团队参加全年文化下乡及文化走亲活动。完成"舞动梦想"第七届排舞大赛，吸引基层80支排舞队1200多名选手参赛。举行2016年长兴县新春文艺晚会、长兴县纪念建党95周年系列演出、第七届排舞大赛总决赛暨颁奖典礼等大型演出27场。组织参与纪念建党95周年文化系列活动、2016太湖资本广场中秋联欢晚会等活动20多场，同时为大型赛事进行开幕表演。推进"一乡一品""一村一韵"建设，为基层义务指导节庆文化活动。四是推进全民阅读。有效推进全民阅读工程，五项指标达到"100％增长"，即全年读者活动参与人数增长100％（超过5万人次），注册读者增长100％（全年总办卡数量1.2万张），微信号关注增长100％（达到2.3万用户），送书下乡册次增

长100％（超过4万册次），网络点击数增长100％（达到6万人次）。长兴县图书馆全年借还书60万册次，到馆读者71万人次，馆藏图书42万册，全年入库图书1万余种2万余册。围绕"书香长兴"全民读书节，成功举办了图书馆奇妙夜、诗歌朗诵会、现场绘画等7项活动，其中"图书馆就在我身边"征文和"图书馆随手拍"摄影在全省比赛中获得优秀奖。继续推进数字化阅读，完善"手机图书馆"功能，"市民学习中心"拥有100万册中文电子图书、8700万篇报纸文章、3亿条中文文献数据、3万节视频公开课免费供读者使用。五是打造文化品牌。制订修改《长兴县文艺工作下基层辅导激励办法》等。辅导团成员全年下基层辅导文化活动近百次。从乡村文艺辅导团抽调舞蹈骨干组建长兴县梦想舞蹈团，参与基层文艺辅导和群众文艺节目创作。举办乡村文艺辅导团成员专题业务培训班。组织乡村文艺辅导团成员开展排舞培训，培训200多人次。继续推进百叶龙文化长廊项目建设，百叶龙文化广场正式开业，并投入资金启动百叶龙衍生产品的设计开发，推进百叶龙衍生产品的销售和更新，同时搭建电子商务平台，组织开展文化产品交流展示活动，打响"品味长兴"品牌。百叶龙公司成功创建省级文化产业示范基地和"2015—2016年度浙江省文化出口重点企业""2015—2016年度浙江省文化出口重点项目"并计划于年底在"新三板"挂牌上市。加强百叶龙公司和金海岸、龙之梦的合作，研讨并初步确定"印象长兴"具体的演出节目形式与框

架。11月2日至6日，百叶龙赴卡塔尔参加中卡文化年之中国文化节演出，4天9场演出吸引观众4.46万人次，打响了长兴百叶龙对外文化交流金名片。推动红色文化品牌发展，至年底接待游客10.16万人次。"当一回新四军战士"夏令营荣获全省首届博物馆十佳青少年教育项目，"浙西丰碑——新四军在浙西"入省博物馆十大精品展览，新四军苏浙军区旧址群保护荣获省不可移动文物保护利用优秀案例。纪念馆被命名为浙江省直属机关党员干部教育基地，获湖州市优秀基层党组织、湖州市敬老文明号、长兴县爱国拥军模范单位荣誉称号。创新艺术手段和传播方式，陆续创作完成了纪实文学《江南小延安》、新四军绘本故事《仰峰》《星火燎原——江南小延安画册》、美术作品选《红色走廊丹青尽染》、大型系列广播剧《红色沃土》等红色系列文艺精品，进一步丰富了苏浙军区历史的文化内涵。六是发展文化产业。搭建文化产业平台。联系、指导星网文化产业园完成二期土建工程建设，2000平方米的文创平台完成装修并投入使用；组织12家企业参加义乌文交会，县紫砂大师作品获湖州地区唯一一个工艺美术金奖；组织人员赴上海、杭州与有关文创园联系、洽谈，积极引进大学生文创人才和有关文创产业项目3个。推进文化产业招商。精心包装策划怀旧列车、长广煤矿旧址、乌瞻山星象学文化圣地等文化产业推介项目，通过赛事新闻发布会、旅游推介会和其他对外交流活动，积极推介长兴优越的投资环境和特色文化产业项目。与北京、上

海、杭州等地多家企业洽谈，成功引进浙江省橙果科技有限公司、浙江风云文化传媒有限公司和长兴一席文化有限公司，均注册1000万元。7月，在上海召开的文化产业招商推介会上，茅山自在谷、紫砂文创园、中澳自贸区·澳兴文化产业园、长兴一席文化创意产业中心4个项目签约，总投资额4亿元。推进紫砂文创园建设。完成紫砂文创园方案设计，筹建紫砂炼泥厂、紫砂培训学校等进行配套，至年底，与北京雍和国际版权交易中心达成初步意向，该公司合作伙伴长兴和盛恒茶文化发展有限公司拟投资1.3亿元，建设长兴紫砂文创园。七是加强文化遗产保护。顺利完成"一普"国有单位馆藏文物的数据采集和平台上传工作，并顺利通过湖州市验收。新四军苏浙公学旧址、新四军兵工厂旧址修缮工程获得国家文物局立项批复。完成新四军苏浙军区司令部旧址展陈提升工程，推出精品展陈"浙西丰碑"、特色展厅"红色标杆"和临时展厅"红色记忆"，展出文物130件，珍贵资料照片240张，军事武器35件。推进非国有博物馆建设，新增注册民办博物馆1家。投入近20万元，对博物馆文物库房进行升级改造。投入经费91万元，对县保单位光阳桥、鸿桥进行整体维修。配合高速公路工程，完成泗安镇云峰村韩秋墓搬迁工作。配合太湖高中建设工程完成抢救性考古发掘工作。配合太湖图影龙之梦实施县级文保点横山土墩墓群的抢救性考古发掘。做好县保单位光阳桥、钟楼申报省保单位工作。做好非遗申报和非遗传承工作，在全县开展

第二批非遗传习基地申报工作，并对第一批非遗传习基地进行复评、考核。成功申报长兴花龙船项目为第五批浙江省非物质文化遗产名录。推荐国家级非遗项目"紫笋茶的制作技艺"传承人郑福年申报第五批国家级非遗传承人。公示长兴县第二批非遗传承人和长兴县第四批非遗名录。编撰出版了国遗丛书《紫笋茶的制作技艺》。认真做好非遗展厅免费开放及非遗展示工作，全年接待观众2.4万多人次。配合全县文化礼堂"文化点餐"工作，送非遗展览到各乡镇文化礼堂以及学校、社区、部队。开展"服务传承人月"系列活动。策划2016年长兴县"美丽非遗月月秀"系列活动。开展非遗后备人才培训班，开设长兴摊簧、传统刺绣、南蒋马灯调等3项非遗课程，培养后备人才30人。八是加强文化市场管理。优化日常检查保成效。健全市场巡查，规范日常监管机制，做到日常监管文化市场点、线、面结合，出动执法人员2505人次，检查文化经营单位4017家，查处违规场所277家次，查扣电子游戏机电路板7块，非法音像制品1939片，书、报刊987份。强化外部联动，发挥协作监管职能。联合公安、消防、城管、市监、教育等部门对网吧、歌舞娱乐场所、游戏场所、校园周边等开展联合巡查29次，联合公安、工商、卫生、教育、安监等多部门召开联席会议6次。加强农村监管，健全乡镇属地管理模式，联合乡镇、街道文化领导和干部联合巡查市场动态7次，发现查处违法违规经营行为53个。推进专项整治见成效。以深入开展"扫黄打非""清

源""净网""秋风""护苗""固边"等行动为主线，以查堵政治性非法出版物为重点，严厉打击非法出版、淫秽色情、侵权盗版、网络污染等违法行为。重点围绕未成年人保护，开展校园周边文化市场环境整治。开展护航杭州G20峰会专项行动，确保杭州G20峰会期间长兴县文化市场安全、稳定。深化"打违"行动。开展无证网吧专项整治行动。强化"护苗"专项整治。落实安全生产促成效。全年开展文化经营场所安全生产专项行动10次，安全大排查15次，人员聚集场所检查覆盖率达到100%，督查整改各类消防安全隐患336处。规范执法办案显成效。全年查处违法经营案件40起，罚款5.2万元，停业整顿2家，没收非法物品486件，上级督办的2起案件依照时效迅速办结。

（史佳琪）

【安吉县文化广电新闻出版局】

内设职能科室5个，直属单位6家。2016年末人员76人（其中：公务员10人，工勤1人，参公9人，事业56人；具有高级技术职务资格的7人，中级18人）。

2016年，安吉县文化广电新闻出版局以助推创建"两山"重要思想实践示范县为目标，按照"比新高、拼全力"要求，围绕全局工作，以项目建设为抓手，以创新发展为关键，干在实处，走在前列，文化项目建设、群文活动开展、文艺精品创作、非遗保护和文物保护等取得进展。一是推进重点文化项目建设。吴昌硕故居成功申遗。圆满完成吴昌硕故居遗址修复项目申遗工作。该项目从全球

40个申报项目中脱颖而出，荣膺2016年联合国教科文组织亚太地区文化遗产保护奖荣誉奖。省自然博物园建设抢抓进度。参与编制完成《浙江（安吉）泛自然博物园发展规划》，列入浙江省"十三五"专项规划编制目录，成为省内唯一以县域为单位编制的省级专项规划。截至10月底，浙江自然博物园主馆和地下室11个单体共计4万余平方米的建筑已顺利结顶，门厅型钢结构主体、墙体砌筑、屋面女墙等工程加紧建设。国家级大遗址公园成功入选。安吉龙山古城遗址成功入选国家大遗址，列入国家文物局"十三五"期间重点项目。龙山越国贵族八亩墩王陵发掘正式获批，国内顶尖团队牵头实施，央视全程记录。中国南方文物考古科技保护中心列入国家专项资金扶持计划。二是丰富文化服务载体。助推"两山"示范县建设。省文化厅发文对安吉创办"两山"实践示范县给予政策支持，并在省级机关部门中率先由主要领导率队集体赴安吉县实地对接"两山"实践示范县创建支持工作，排定10大项目，逐一明确责任单位、办结时限、解决方案和落实举措。保障G20峰会召开。实施网吧网格化监管模式，开展一人一网吧晚间值守、分组划片密集巡查，推行每日信息零报告、安全隐患跟踪整改、突发事件应急处置。制作"护航G20·文化鼎力""保文化安全·夺平安金鼎"公益宣传片，安排在乡村影院、广场大屏等循环播映，植入网吧、娱乐场所电脑点歌系统。选送的《诗画乡村》演唱曲目入选杭州G20峰会"美丽浙江"伴手礼，扩大了美丽乡村影响力。

扶持竞争性文化产业。出台《安吉县加快文化产业发展若干扶持政策》，成立县文化产业促进会。组织优秀竹文化创意企业参展第11届中国（义乌）文化产品交易博览会，打造中国安吉竹生活主题馆，全面展示"文化＋竹产业"模式的发展成果，5天接待客商20多万人次，累积订单量500多万元。三是打造公共文化品牌。昌硕文化品牌影响日渐深远。《吴昌硕全集》编纂项目初见成果，篆刻卷一、卷二由上海书画出版社出版。已完成吴昌硕的诗、书、画等内容的编辑工作，进入专家鉴定阶段。协助承办"吴昌硕与中国印学"（安吉论坛）学术研讨会，深入推动吴昌硕篆刻等艺术领域的学术研究。全市率先缔结中日友好馆，吴昌硕纪念馆与日本冈山县高粱市成羽美术馆正式缔结友好馆。中国台湾、澳洲、印尼女书法家一行24人到馆参观，推动文化交流，弘扬昌硕文化。吴氏后裔捐赠吴昌硕印章书画真迹作品14件，市场价值近2000万元，极大提高了吴昌硕纪念馆馆藏作品层次和品位。农村数字影院建设全国领先。全县农村数字影院46家，建成全国数量最多、标准最高、体制最全、运作最优的乡村数字影院集群，推出全国首个地方标准《乡村数字影院建设与服务管理规范》，被列为全国农村电影放映体制综合改革试点。全国率先构建农村影院"一卡通"消费终端和票务监管系统，探索低票价市场化运行模式，成功实现"互联网＋管理"监管模式，有效保障了农村影院规范运营。制定出台《扶持乡村电影文化产业发展若干政策意见》，鼓励

农村影院吸纳社会资本参与经营管理，盘活整合优质资源，拓展经营思路和渠道，先期安排马家弄等10个影院开展试点。课题《安吉农村电影院（剧院）标准化建设实践与思考》入选浙江省文化系统重要调研课题。文化艺术精品创作屡摘奖项。传统舞蹈《竹叶龙》、戏曲《穆桂英挂帅》获国际文化艺术交流大赛金奖。原创村歌在省级大赛中获2金3银，原创音乐舞蹈（戏剧）在市级大赛中获2金1银4铜，原创书法绘画摄影在市级大赛中获3金3银3铜，安吉排舞队伍在市级大赛中获1金1银4铜。全年有84个团体和个人在音乐、舞蹈、书画、文学、摄影等领域获得政策性奖励。四是大力实施文化惠民项目。公共文化提升工程三级联动。实施优雅竹城文化街景、风情小镇文化靓景、美丽乡村文化盆景工程，提升"美丽安吉文化风景"特色品质，扩大影响力。制定《安吉县政府购买服务政策》，遴选4家社会团队提供40场多样化公共文化服务，节约财政资金30多万元。先后指导孝丰镇、双一村、鹤鹿溪村创省级历史文化名镇名村。配合孝丰镇、报福镇、章村镇、上墅乡美丽乡村精品观光带建设；河垓村、报福村、城东村3家农村影院建设列入黄浦江源精品观光带整体提升工作目标任务，基本完成。提升中国"两山"生态文明博物馆示范群，对"1＋12＋28"博物馆群进行综合性完善、立体式提升，努力打造安吉"两山"重要思想实践示范的鲜活样本。继续推动农村文化设施建设工程，推动20个行政村文化礼堂建设、15个乡镇（街道）文化站

定级。开展普惠性文化活动。以"比新高、拼全力"主题实践活动为总抓手，策划实施"领跑两山路·文化奏强音"主题行动，先后组织承办文化礼堂精品节目"四季巡演"、建党95周年大型文艺晚会、"我眼中的美丽安吉"全县中小学生书画创作大赛等100余场文化活动。举办福建黄義个人画展、越窑青瓷精品展、安吉县首届民间收藏展等。一年来，县生态博物馆、吴昌硕纪念馆接待参观1580余批次45.8万余人。全县累计送文化下乡200场，组织文体活动548场、文化走亲97场、完成电影放映任务3324场次，举办讲座培训361次、展览84次、实施送书下乡1.5万册。全县每个村（社区）平均享有15场公益电影、2次培训讲座展览、1场下乡演出、70余册图书，拥有3支业余团队。五是加强文化遗产保护。实施活态化非遗保护。健全项目名录体系、完善保护基地格局、壮大保护传承群体，创新活态化传承路径。推动非遗传承"六进"展演、教育保护基地和非遗集市，开展非遗活动进乡村礼堂、进旅游景区、进美丽校园、进知名展会等。开展首批县级非遗传承教学基地、生产性保护基地申报工作，确定晓墅小学、鄣吴小学等8所学校为县首批非遗传承教学基地，天荒坪陈起忠农副产品经营部、沃佳竹木科技有限公司、上吴村光明扇厂等3单位为县首批非遗生产性保护基地。完成第四批国遗丛书之《上舍化龙灯》编撰工作。全省率先在城市商业街区开办非物质文化遗产集市，打造非遗产业孵化器，探索构建非遗融入现代生活、植入社会市场的示

范模式。打好文保与发展"双赢战"。启动实施中国（安吉）生态博物馆群完善提升工程，打造中国"两山"生态文明博物馆示范群。成功打造了一批省级、国家级重点文化点，如溪龙乡、梅溪镇上舍村成功入选省级非物质文化遗产旅游景区；鄣吴村、双一村等4个行政村列为省级历史文化村落；鄣吴村成功入选国家级历史文化名村等。先后配合申嘉湖高速、商合杭高铁工程建设和天子湖工业园区建设，提前完成区域内高禹土墩墓、良朋土墩墓、鞍山宋代窑址的抢救性考古发掘工作。配合"清水入湖"工程文物保护项目，指导灵芝塔，万隶桥、浮塘桥、长安桥等4处文保单位进行环境整治、维护修缮。高质量完成全县可移动文物普查，工作成效走在省市前列。六是加强文化市场监管。强化部门联动。以政治敏感性领域监管、未成年人保护和文化市场安全作为重点，实施2016"护苗""清网""打违"等文化市场管理专项整治行动。全年联合公安、消防、安监局、市场监管局等部门开展联合执法18次，出动人员260人次；全年出动巡查1300人次，检查1666家次，查处投诉举报8起，收缴非法出版物5000余册（盒），取缔出售非法出版物及音像制品游商摊贩13家次，办结行政处罚案件24件，行政处罚款5.1万元，停业整顿3家，有力确保了文化市场健康稳定。创新监管模式。首次应用网吧预警监测告警系统，借助信息化手段高效开展安全隐患排查、潜在问题预警、不良现象调控、突发事件处置，实现线上多部门实时监管，已完成53家网吧

安装。首次应用公共文化服务机构"智慧消防"管理系统，引入智能监控技术，运用物联网信息化手段，消除监管盲区，提高了安全生产监管效能和应急处置水平。首次应用全县歌舞娱乐场所"智慧用电"管理系统，实时监测场所电线电路温度值、电压值和漏电值，提升了对电气安全主动预防的能力，共安装63套。首次编制出台行业通识规范《文化娱乐场所经营规范操作指南》，对网吧、电影院、歌舞娱乐场所等14个行业的安全生产、日常管理、经营行为等80余项标准规范予以细化明确，确保经营有章可循、监管有据可依。首次开展文化市场安全生产社会化服务工作，委托第三方专业机构对全县93家文化经营场所进行安全生产大排查2次，排查隐患332处、督促整改197处。推行规范化审批制度。规范行政审批许可证号和受理号、审批文号。进一步完善政务服务网部门行政许可事项目录。抓好内部行政许可审批案卷评查及法规政策调整落实。办结审批事项近40件，无申请人投诉举报案件。

（夏　琛）

嘉兴市文化广电新闻出版局

【概况】 内设职能处室 8 个，下属单位 9 个。2016 年末人员 172 人（其中：公务员 25 人，参照公务员法管理群团机关工作人员 5 人，参照公务员法管理事业单位工作人员 20 人，事业 122 人；具有高级技术职务资格的 41 人，中级 63 人）。

2016 年，嘉兴市文化广电新闻出版局紧紧围绕市委、市政府中心工作和年初各项目标任务，有力推动了国家公共文化服务体系示范区创建、文化遗产保护、文化产业发展、文化市场和文化人才队伍建设等各方面工作。

一、以示范区创建为抓手，公共文化服务水平显著提升

（一）以东部地区第一的优异成绩成功创建国家公共文化服务体系示范区

自 2013 年 10 月获得示范区创建资格以来，扎实推进国家公共文化服务体系示范区创建工作，切实落实文化惠民各项措施。创建期内，市财政每年增设创建专项资金 1000 万元保障重点创建项目。完善了公共图书馆服务体系国家示范项目，创造了文化馆总分馆"嘉兴经验"，形成了农家书屋与公共图书馆融合发展的"嘉兴做法"，"两员"制度实现了全覆盖并在全省推广，试点开展了文化事业单位法人治理结构改革。3 月，中国社会科学出版社出版了汇集 33 个创新案例的《嘉兴市公共文化服务创新案例》。

上半年，顺利通过文化部组织的制度设计研究评审、创建过程管理考核、群众满意度调查、实地验收检查和验收集中评审 5 个环节的验收。5 月中旬，市委副书记、市长胡海峰和副市长柴永强带队参加了示范区验收集中评审，最终嘉兴市以集中评审东部地区第一，以及制度设计、实地检查、过程管理、满意度测评总分第一的优异成绩，成功创建国家公共文化服务体系示范区。

（二）重点文化设施建设扎实推进

重点抓好嘉兴博物馆二期、嘉兴市图书馆二期、嘉兴市非遗展示馆、嘉兴美术馆和嘉兴文化艺术中心"四馆一中心"建设。博物馆二期续建完成外部工程建设。图书馆二期工程于 11 月开工建设。完成嘉兴大剧院设备设施大修工程立项和可行性研究报告等前期工作，12 月开工建设。抓好嘉兴市文艺中心（市美术馆）项目前期工作。协调图书馆、博物馆区域海绵城市建设工程事项，确保该区域项目顺利开工。

（三）文化服务品牌影响力不断扩大

深化"文化有约"平台建设。开展公益性文化服务项目（活动）1462 个、8540 场次，网站总访问量突破 450 万次，直接受益群众 150 万人次，在示范区创建实地验收中获专家高度肯定。探索推动社会力量参与"文化有约"项目，与 26 家民营文化机构合作，向社会推出多个公益性服务项目。推进农村文化礼堂建设。制定服务菜单及详细活动方案，推进文化礼堂建设和服务标准化。截至年底，全市已建成农村文化礼堂 443 家，开展送戏下乡 1000 余场。充分发挥"两员"作用，探索农村文化礼堂"建、管、用"一体化发展，建立长效机制，有效对接群众文化需求，成为百姓的"文化殿堂"、精神家园。推动全民阅读活动，打造"书香嘉兴"品牌。启动 2016"书香嘉兴"系列活动，13 个主题活动贯穿全年。发布嘉兴市全民阅读指数调查初步研究成果，嘉兴市居民阅读总指数位居全省第二。

二、强化核心价值观导向引领作用，重大文化活动和文艺创作成果丰硕

（一）重大文化活动精彩纷呈

成功举办庆祝中国共产党成立 95 周年全国美术作品展览嘉兴巡展暨第四届"红船颂"全国美术活动。巡展结束后，嘉兴美术馆收藏了精选的部分作品。协力参与"2016 中国·嘉兴端午民俗文化节"系列活动，成功举办"民俗文化与美丽乡村"2016 年嘉兴端午国际学术研讨会，《二十一世纪中国民俗节庆文化的"嘉兴模式"》在研讨会期间首发。配合做好中央电视台"心连心"艺术团慰问演出及"红船颂"庆祝中国共产党成立 95 周年音乐会有关工作。

"乡愁的维度——嘉兴市百年美术作品展"在浙江美术馆成功举办。

（二）文艺精品创作力度加大

与市委宣传部、市财政局联合印发《嘉兴市文化精品工程重点项目扶持管理办法》，健全完善嘉兴市文化精品创作生产管理机制，扶持了 26 个原创优秀作品。开展第十届嘉兴市文学艺术南湖奖评选，35 件作品获奖。纪录片《南湖女杰王会悟》、长篇小说《我的革命生涯》等入选浙江省文化精品扶持工程第十一批项目。吴恒冰、沈岩亮、兰晓星获"沙孟海奖"第九届全浙书法大展二等奖。大型越剧《五姑娘》参加省第十三届戏剧节展演。

（三）文化交流活动全面拓展

继续开展与新疆沙雅的文化互动与走亲，举办了"大漠情、水乡韵"专场演出。与台州市共同举办区域文化联动，开展视觉展览、讲座展示、乱弹表演等活动。深入推进嘉兴、丽水"山海协作"系列文艺创作交流活动，举办"山·海·人"嘉兴丽水"山海文艺协作"5 周年成果展。引进中国文字博物馆"汉字——中华优秀传统文化的载体"等多场精品展览。

三、牢固树立保护优先理念，文化遗产管理利用工作卓有成效

（一）历史文化名城保护水平不断提高

提出加快历史文化遗产保护立法的建议，为嘉兴国家历史文化名城保护提供法律法规保障。加强大运河世界遗产的监测和管理，严格落实大运河（嘉兴段）遗产保护规划。马家浜考古遗址公园建设取得实质性进展，规划设计基本确定，马家浜文化博物馆

项目完成前期工作。子城遗址经过一年多的考古发掘取得重大成果，发现北宋时期城墙、建筑等衙署遗迹，受到国内文物考古界高度肯定。《嘉兴子城遗址保护规划》《子城遗址保护与展示方案设计》编制工作有序推进。子城遗址整体申报第七批浙江省文物保护单位。配合规划建设部门，加快推进子城、月芦文杉、湖滨、民丰与冶金厂等重点片区的城市有机更新，加强文物古迹及周边环境保护，进一步传承和彰显城市历史风貌。

（二）文物保护基础工作进一步夯实

深入实施不可移动文物保护修缮。完成文物单位安防系统、高家洋房、汪胡桢故居高平房等工程项目的立项及方案编制工作。开展范蠡湖、文星桥、王店米厂苏式粮仓等 10 余处文保单位的修缮工程。全部完成省级以上文物保护单位"四有"档案工作。圆满完成全国第一次可移动文物普查工作。历时三年的第一次可移动文物普查成果显示，全市国有文物收藏单位收藏可移动文物总数 57691 件（套），其中一级文物 88 件（套）。嘉兴博物馆社会服务能力不断提升，联合市教育局、《南湖晚报》举办"嘉禾印象——我身边的文化景观"画信比赛，75 所学校的 3000 多学生参与。加强博物馆馆际交流，引进中国文字博物馆、烟台市博物馆等特色题材展览。

（三）非遗保护传承工作扎实开展

成功承办第 11 届浙江省非物质文化遗产节暨 2016 浙江省"文化遗产日"主场城市（嘉兴）系

列活动，嘉兴市第三个非遗文化客厅——嘉兴灶头画主题展示馆正式对外开放。承办"流水潺湲"浙江省非物质文化遗产传统音乐会。完成第五批市级非物质文化遗产项目申报、省级非物质文化遗产项目、国家级非物质文化遗产代表性传承人申报，37 项市级项目、8 项省级项目申报成功。开展"美丽非遗进文化礼堂"等非遗活动。做好《运河记忆：嘉兴船民生活口述实录》《嘉兴传统体育、游艺与杂技》《嘉兴传统舞蹈》等非遗书籍的编辑出版工作。

四、注重创新拓展，文化产业发展不断壮大

（一）文化产业发展平台建设进一步加强

组织 16 家文化企业参展第 11 届义乌文交会，展位数 65 个，实现洽谈交易额 400 余万元，获得优秀组织奖二等奖，3 家企业获得优秀参展企业奖，2 家企业连续两年获得工艺美术金奖。做深做细省级文化产业示范基地申报工作，推动嘉兴市联众实业投资有限公司成功申报省级文化产业示范基地。积极做好 2016 年度中央财政文化产业发展专项资金申报工作，推荐嘉兴梅花洲景区江南运河民俗小镇、嘉善国际木雕城、江南传媒文化创意产业园、游戏装文化全产业链平台等 4 个项目。

（二）国有文化企业得到拓展提升

嘉兴电影集团旗下湖州梅地亚影城、桐乡濮院银河电影 2 个新建影城借助移动互联网售票优势，经营业绩均超预期目标。嘉兴电影博物馆影城建成并投入使用。加快演艺市场培育发展，嘉

兴大剧院不断拓展项目,以推进政府购买公共文体服务为契机,用好政府购买演出服务专项财政资金,引导和支持剧场提供更多演出剧目和服务。推出文化惠民卡,通过票价惠民引导市民进入剧场,全年文化惠民卡销售额17.59万元。

（三）"稳增长、促发展"各项措施成效明显

推动落实《关于推动"稳增长、促发展"加快文化产业发展的若干工作重点》等相关政策,取得明显成效。全市通过年度核验印刷企业1513家（打印复印除外）,印刷业资产总额391.1亿元,其中规模以上重点印刷企业57家,资产总额109.26亿元,工业总产值104.39亿元,工业增加值19.22亿元,利润总额6.42亿元,对外加工贸易额2.29亿元;绿色印刷企业9家,走在全省前列。通过年度核验的出版物发行单位398家,出版物销售总额64912.47万元。据统计,全市有文化经营单位1292家,其中互联网上网服务营业场所683家,歌舞娱乐场所386家,游艺娱乐场所161家,演出场所22家,文艺表演团体17家,演出经纪机构23家,发展势头良好。

五、加大执法和管理力度,行业监管工作规范有序

（一）文化市场执法成效显著

认真贯彻落实上级指示精神和各项工作任务,紧紧围绕文化市场平安建设主线,突出场所安全生产、文化产品内容、市场经营秩序3个监管重点,加大执法力度,深入开展集中整治和专项治理行动,努力营造健康繁荣、群众满意的文化市场秩序。组织开展

"黑网吧"专项整治行动。联合相关部门对全市"黑网吧"进行集中整治,全市强制取缔"黑网吧"62家,教育引导业主自行关停80家;办结案件246件,罚款109.5万元,没收非法所得5.3万余元。

（二）"扫黄打非"工作深入开展

贯彻落实全国"扫黄打非"第二十九次电视电话会议精神,制定下发"护苗""清源""固边""净网"四大专项行动及利用云盘传播淫秽色情信息专项整治行动方案,要求各县(市、区)根据实际,制定本地、本单位行动方案,着力开展好各项行动。开展侵权盗版及非法出版物集中销毁活动,集中销毁盗版音像制品2.6万余张,非法书报刊9000余册,非法电子游戏机100余台。开展"绿书签"等系列宣传活动,通过张贴宣传海报、派发"绿书签"、关注微信公众号等方式,加强对法律法规的宣传,营造良好氛围。

（三）文化市场发展日益繁荣

积极推动网吧转型升级,开展"上网服务场所管理长效机制试点"和"上网服务行业转型升级试点"工作,鼓励网吧探索多种业态和经营方式。全市有网吧706家,转型升级334家,转型升级率43.9%,形成了"网咖""电子竞技""网吧＋咖啡＋书吧"等多元化融合模式。部分网吧通过联营、合作等经营管理方式,提高了市场竞争力。

六、强化自身建设,服务中心能力进一步加强

（一）主动参与推进市委、市政府中心工作

认真部署文化系统安全生产和重大会议期间维稳安保工作,

印发《嘉兴文化广电新闻出版局关于组织开展"护航峰会、夺鼎创杯"安全维稳综合整治大行动的通知》《关于印发市属文化系统重点单位和重点行业安保反恐防范规范的通知》等系列文件,部署任务,落实分工,形成"一级抓一级、层层抓落实"的工作格局。积极开展"五水共治"工作,落实真合里港河长制责任,强化日常巡查,及时解决问题。深化文化体制改革工作,稳步推进政府购买公共服务政策落实,由嘉兴市文化广电新闻出版局牵头,会同市财政局、市体育局于3月中旬联合发布《关于政府向社会力量购买公共文体服务的实施办法(暂行)》,为开展向社会力量购买公共文体服务工作提供政策保障。完成文化发展"十三五"规划编制,由嘉兴市人民政府办公室正式发文。积极参与深化接轨上海工作,从文化人才对比研究、公共文化服务等方面主动对接上海,力求实效。

（二）党风廉政责任制建设和反腐败工作持续有效

积极落实党委主体责任,切实履行"一岗双责"。做好市委巡察组对嘉兴市文化广电新闻出版局党风廉政建设巡察意见反馈的整改工作。配合派驻纪检组做好文化系统各类信访案件的核查。召开市属文化系统党风廉政建设暨2016年目标责任制工作会议,将党风廉政建设列入年度工作目标和局属单位目标责任制考核,统筹安排,共同推进。严明各项纪律,严格管好干部队伍。

（三）党建工作水平稳步提升

制定、印发《中共嘉兴市文化广电新闻出版局委员会2016年

党建工作责任清单》,进一步落实党委主体责任。认真开展"两学一做"学习教育,印发《关于在市属文化系统党员中开展"学党章党规、学系讲话、做合格党员"学习教育的实施方案》,开辟"两学一做"学习教育网上宣传平台,组织开展党员手抄党章,观看话剧《谁主沉浮》、动漫《正义门》,开展文化系统微党课评比等活动。加强市属文化系统党员志愿者队伍建设,开展"文化先锋行动",围绕全市中心工作积极发挥志愿者作用。

（四）文化队伍建设不断强化

加强招才引智,组织局属事业单位紧缺专业人才的公开招聘,完成图书馆高层次人才招聘工作。动员文化系统 70 余名年轻干部参加社会工作者资格水平考试并取得优异成绩。配合做好局领导班子届末考察工作,完成新一轮事业单位岗位聘任。

【大事记】

1 月

1 日至 2 月 15 日 "中国木版年画精品展"在嘉兴博物馆禾韵展厅开幕,展览汇集了苏州桃花坞、河北武强、河南朱仙镇、天津杨柳青、山东杨家埠、四川绵竹、山西绛州、湖南滩头等 8 种不同风格的年画 100 件（组）。展览期间,嘉兴博物馆推出年画"套版印刷"和"雕版印刷"活动,让观众零距离体验年画制作技艺。

6 日 全市农村文化礼堂管理员培训班在嘉兴市委党校举行,嘉兴市各县（市、区）的 300 余名农村文化礼堂管理员参训。

同日 韩国白凡金九探访团参观考察金九避难处（韩国临时政府要员住址）和褚辅成史料陈列室。白凡金九探访团 32 人,由白凡金九纪念馆工作人员、大学教授和在校大学生组成。

11 日 "山·海·人"嘉兴丽水"山海文艺协作"五周年成果展在嘉兴大剧院开幕。嘉兴市委副书记、市长林健东出席并宣布展览开幕,市委常委、宣传部部长陈越强,丽水市委常委、宣传部部长陈建波参加开幕式。成果展展出了两地艺术家美术、书法、摄影优秀作品 200 多件。当晚,"山·海·人"嘉兴丽水"山海文艺协作"五周年民间文艺精品会演在嘉兴大剧院举行。

同日 浙江省"中国书法之乡"首届作品巡展在桐乡市博物馆开幕,展出全省 8 个"中国书法之乡"（绍兴、桐乡、义乌、平湖、诸暨、富阳、鄞州、龙湾）的书法创作最新成果 160 件。

13 日至 15 日 文化部在中央文化管理干部学院开展第二批国家公共文化服务体系示范区创建城市制度设计研究课题验收评审。经过成果审核介绍、成果展示汇报、专家现场提问和专家打分评审等环节,嘉兴市以东部地区总排名第二的优异成绩顺利通过验收。

14 日 嘉兴市娱乐行业协会召开二届五次全体会员大会暨 2015 年会。全体娱乐行业经营业主,市公安、文化、民政、工商联等有关部门领导,平湖、海盐、桐乡、嘉善等娱乐行业协会代表参会。会上表彰了表现优秀的 8 个副会长单位和 6 个理事单位。

27 日 省文化厅公布浙江省公共文化服务体系示范创建结果。秀洲区洪合镇、南湖区新丰镇、海盐县澉浦镇、平湖经济技术开发区（钟埭街道）、嘉善县魏塘街道等 5 个镇（街道）被评为新创建的省文化强镇;秀洲区油车港镇澄溪村、南湖区凤桥镇永红村、嘉兴经开区嘉北街道紫溪社区、嘉善县罗星街道和合社区、平湖市广陈镇龙萌村、海盐县元通街道青莲寺村、海宁市海洲街道双凤村、桐乡市屠甸镇汇丰村等 8 个村（社区）被评为新创建的文化示范村（社区）。经浙江省文化厅复查合格的省文化强镇 8 个,其中 2011 年 4 个（平湖市新仓镇、嘉善县姚庄镇、海宁市盐官镇、桐乡市石门镇）,2012 年 1 个（桐乡市崇福镇）,2013 年 3 个（嘉善县陶庄镇、海宁市许村镇、桐乡市梧桐街道）。经浙江省文化厅复查合格的省文化示范村（社区）62 个。同时,《海盐县文化工作员下派制度建设》被评为浙江省公共文化服务体系示范项目。

30 日 中国当代艺术与"一带一路"文化交流论坛与展览在嘉兴美术馆举行。活动由联合国经济及社会理事会国际信息发展组织、嘉兴市文化产业协会等联合主办,联合国经济及社会理事会国际信息发展组织主席兼事务协调局局长李世恩出席活动。

是月 《嘉兴公共文化地图》正式发布。《嘉兴公共文化地图》以公共文化场馆为主题编制,详尽展现了嘉兴市域范围内公共文化服务设施网络体系建设情况,为市民和外来人员了解嘉兴文化建设提供向导。地图首批印制 4 万张,分批分点发送到各县（市、区）。

2 月

1 日 由嘉兴市非物质文化

遗产保护中心主办，嘉善县非物质文化遗产保护中心等单位承办的嘉兴市第九个"服务传承人月"系列活动之"最美非遗人"颁奖典礼在嘉善影剧院举行。半墩表演队、嘉善非遗保护中心、冯嘉生、陈洁翔等35个团队和个人分别获得最具活力团队、特别贡献奖、优秀组织奖、最佳传承奖、非遗保护杰出人物等5个奖项。由市民通过微信平台投票选出的"我最喜爱的十大嘉兴非遗项目"也在活动当天公布，海盐腔、海宁皮影戏、蓝印花布印染技艺等10个项目当选。同时，还举行了《我们的故事——嘉兴市非物质文化遗产项目代表性传承人口述实录》首发赠书仪式。

3日 根据《2015年全市"扫黄打非"工作考评办法》，海宁市、平湖市、秀洲区"扫黄打非"工作领导小组办公室被评为2015年全市"扫黄打非"先进集体。

18日 在全市三级干部大会上，嘉兴市文化广电新闻出版局被嘉兴市委、市政府表彰为2015年度市级机关、部门工作目标责任制暨"五型"机关创建考核一等奖。

20日 由浙江省文化厅主办，浙江图书馆、嘉兴市图书馆承办的浙江省文化共享工程文化礼堂行暨长安镇褚石村庆元宵文艺晚会在长安镇褚石村开场，吸引1000余名群众观看。

22日 嘉兴市文化广电新闻出版局确定林天仁等88名传承人为第三批嘉兴市非物质文化遗产代表性项目代表性传承人。至此，嘉兴市有国家级非遗代表性项目代表性传承人8名，省级51名，市级187名。

23日 嘉兴市召开国家公共文化服务体系示范区创建工作领导小组（扩大）会议，总结示范区创建工作的成效，研究推进下一阶段主要任务，并对示范区创建验收迎检工作进行再动员、再部署。嘉兴市委副书记、市长林健东做重要讲话。市领导陈越强、柴永强出席会议。

25日 由嘉兴博物馆、中国文字博物馆联合主办的"汉字——中华优秀传统文化载体特展"在嘉兴博物馆开幕，展出了甲骨、汉木简、汉帛书等有关中国汉字的文物128件。展览期间，嘉兴博物馆推出"活字印刷""小小篆刻家""知识问卷"等相关配套活动。展览持续至4月20日。

26日 嘉兴市召开全市文化产业工作会议，市级相关部门负责人和各县（市、区）委宣传部（文产办）分管领导参加会议并交流发言。

是月底 嘉兴市2015年度文化市场统计工作全面完成。据统计，截至2015年底，全市共有文化经营单位1292家。

3月

1日 嘉兴市副市长柴永强一行视察嘉兴子城遗址考古工地，详细了解了考古发掘进展情况，并就后续子城考古和保护利用工作做出重要指示。

2日 全国人大财政经济委员会副主任委员、浙江省原省长、浙江省博物馆志愿者吕祖善在海宁市图书馆做题为"越地长歌——璀璨的浙江历史文化"的讲座，海宁市各机关部门、社会文化界人士等近200人聆听了讲座。

3日 "明色传馨——嘉兴地区馆藏明代书画展"在兰溪市博物馆展出。展览汇集了嘉兴、平湖、嘉善3个馆馆藏明代书画精品，包括董其昌、项圣谟、吴伟、宋旭等名家作品。

同日 嘉兴市委常委、宣传部部长陈越强到嘉兴市文化广电新闻出版局（市文学艺术家联合会）调研指导工作。

4日至5日 华东地区韩国商会季度会议在嘉兴召开。华东地区韩国商会代表团包括韩国驻沪领事馆总领事韩硕熙和领事金希相、吴重泽，中国韩国商会常务副会长申亥镇、中国韩国商会部长李东羲、华东联合会会长李相哲等49人参会。会议期间，代表团参观了嘉兴金九避难处和韩国临时政府要员住址。

7日 由嘉兴市美术家协会、嘉兴画院、张宗祥书画院、嘉兴市女画家艺委会主办，海宁市美术家协会协办的"莺飞草长·80后嘉禾青年女画家邀请展"在海宁张宗祥书画院开展。

8日 浙江省文化厅副厅长柳河一行到平湖市图书馆调研，主要考察调研图书馆的数字书吧和汽车图书馆项目，对平湖市图书馆"互联网＋图书馆"阅读新模式表示肯定。嘉兴市副市长柴永强等一同调研。

14日至20日 中国民俗学会与嘉兴市文学艺术家联合会、市文化广电新闻出版局组织专家小组赴海宁市丁桥镇新仓村、海盐县秦山镇永新村、秀洲区新塍镇等美丽乡村示范点和民俗文化特色镇村，蹲点开展"民俗文化与美丽乡村"专题调研活动。

16日 嘉兴"汽车图书馆"开进市区景湖花园，开启了嘉兴

"汽车图书馆"服务第一站。

同日至17日 芬兰伊马特拉市文化代表团一行在伊马特拉市财政局局长带领下,到嘉兴市考察。

18日 "百年海派——嘉兴博物馆馆藏海派书画精品展"在河南省安阳市开展。展览由嘉兴博物馆和中国文字博物馆联合主办。展出77幅书画作品展示海派风貌。

25日 "玉魂国魄——湖北枣阳九连墩楚墓玉器特展"在嘉兴博物馆开幕。展览遴选190件(组)玉器和123件成套的棺饰青铜璧。展览期间,嘉兴博物馆推出"秘密花园之七彩玉魂"等活动。

27日 "乌托邦·异托邦——乌镇国际当代艺术邀请展"在乌镇北栅丝厂开幕。浙江省文化厅副巡视员李莎出席开幕式。

4月

5日 "丝乡行——嘉兴、绍兴、湖州、苏州美术作品联展"绍兴巡展在绍兴市文化馆开幕,展出作品近50件。

8日 "流淌着的运河民俗"2016中国江南网船会暨"运河之春"经贸洽谈会在秀洲区王江泾镇莲泗荡风景区召开。130多家民间社团、200多位客商、3万多名游人参加了活动。全省首个民间信仰文化研究基地落户刘王庙。

同日 嘉兴博物馆举行鲍复兴作品捐赠座谈会,著名书法篆刻家、原浙江省博物馆副馆长鲍复兴向嘉兴博物馆捐赠其书法篆刻作品13件。

9日 浙江省首个民办非企

业单位性质的艺术机构"嘉兴影上书房摄影史料馆"落成。该馆分大型书房、图片中心、湿版暗房、展览大厅等4个功能区,收藏方向为国内外摄影书籍、影像史料等。中国摄影家协会副主席索久林参加了开幕式。

12日 由中央电视台电影频道出品,嘉兴市天下文化公司摄制的电影《7把枪》在秀洲区洪合镇开机。

13日至15日 嘉兴市创建国家公共文化服务体系示范区检查验收汇报会在市行政中心举行。以文化部公共文化司副司长陈向红为组长的检查验收组听取了嘉兴市创建工作总体情况汇报,检查了台账资料,并实地察看了基层公共文化设施建设情况。

21日 嘉兴市2016年侵权盗版及非法出版物集中销毁活动在嘉兴中山影城广场举行。现场销毁了盗版音像制品2.6万余张,非法书报刊9000余册,非法电子游戏机100余台。同时还举行"扫黄打非"和出版物市场行政执法工作图板展示、咨询答疑、盗版音像制品鉴定等活动。

23日 2016"书香嘉兴"系列活动启动仪式在嘉兴市图书馆启动,并正式发布《2015年度嘉兴市居民阅读调查初步成果报告》,嘉兴市图书馆总、分馆联动推出40余项阅读推广活动。

同日 嘉兴市文化广电新闻出版局、市广电学会、市广电集团联合举办世界读书日"永恒的莎士比亚"莎翁剧作,朱生豪、宋清如作品欣赏暨表演吟诵活动,16个节目作为现场演出,约500人参加活动。

27日 第12届中国国际动

漫节在杭州白马湖动漫广场开幕。中国漫画创作基地(嘉兴)办公室、嘉兴美术馆与中国动漫博物馆联合承办的中国国际漫画展开幕,近100名海内外嘉宾及著名漫画家出席开幕式。

同日至30日 嘉兴市组织16家企业组团亮相第11届中国(义乌)文化产品交易博览会,两家企业进驻中心馆展示。嘉兴市文化广电新闻出版局获得优秀组织奖;嘉兴温克尔曼乐器有限公司和桐乡市丰同裕蓝印布艺有限公司获得最佳参展企业奖;"乌镇印象·枕水人家"获得工艺美术奖金奖;竹刻《千里传书》贴青屏风获得工艺美术奖铜奖。

28日 浙江美术馆流动美术馆展览项目之钱大礼作品展在嘉兴市文化馆开展。展览由浙江美术馆、嘉兴市文化广电新闻出版局联合主办,嘉兴市文化馆承办,展出著名书画家钱大礼作品41幅。

同日 "掌上乾坤——烟台市博物馆馆藏鼻烟壶特展"在嘉兴博物馆开幕。展览由嘉兴博物馆与烟台市博物馆联合主办,展出烟台市博物馆馆藏鼻烟壶精品200件。展览期间,嘉兴博物馆推出"感受掌中珍玩 体验指尖上的博物馆"等主题活动。

5月

9日至10日 浙江省民协灯彩艺术专业委员会成立大会暨首届浙江灯彩文化传承与产业发展研讨会在海宁市召开。全省60多位专家教授、民间灯彩艺人参加会议。

11日 韩国独立纪念馆馆长尹柱卿携第14届韩国独立运动中国遗址地相关人员34人,参观了嘉兴金九避难处、韩国临时政府要员住址及褚辅成史料陈列室。

12日 "山·海·人"丽水·嘉兴"山海文艺协作"五周年视觉艺术成果展在丽水美术馆开幕。展览由丽水、嘉兴宣传、文化、文学艺术家联合会共同主办，展出两地艺术家创作的美术、书法和摄影作品240余幅。

15日 第二十六个全国助残日，"我的视界 我的梦"嘉兴市第四届残疾人摄影赛优秀作品展在嘉兴市文化馆开展。影展分"残疾人拍残疾人"和"残疾人眼中的世界"两个主题，收到参赛作品350幅（组），其中60幅（组）作品获奖。

16日 文化部在中央文化管理干部学院召开第二批示范区创建验收集中评审会议，嘉兴市委副书记、市长胡海峰和副市长柴永强带队参加，全面系统地介绍了嘉兴市示范区创建的工作成效，并现场回答了专家提问。最终，嘉兴市以东部组第一名的优异成绩圆满通过了集中评审。

26日 中央电视台"心连心"艺术团在南湖革命纪念馆举行慰问演出。中宣部副部长景俊海，浙江省委常委、宣传部部长葛慧君，嘉兴市领导胡海峰、刘冬生、高玲慧，与嘉兴市各行各业先进人物、老党员、老干部代表及企业工人、机关干部、大中学生、部队官兵等3000人观看了演出。

6月

9日至10日 "民俗文化与美丽乡村"2016年嘉兴端午国际学术研讨会在嘉兴举办。研讨会由中国民俗学会、嘉兴市节庆活动组委会办公室联合主办，国内外40余位专家学者出席研讨会。研讨会上，汇聚前3年研究成果的专著《二十一世纪中国民俗节庆文化的"嘉兴模式"》首发。

11日 中国第11个"文化遗产日"，中国·嘉兴端午民俗文化节、2016"文化遗产日"暨第11届浙江省非物质文化遗产节主场城市（嘉兴）活动"一城两节"在南湖之畔举办。浙江省文化厅党组副书记、副厅长陈瑶，嘉兴市政府副市长柴永强等领导，省、市有关部门、非遗保护专家以及新闻媒体记者出席活动。2016中国·嘉兴端午民俗文化节突出"嘉兴端午，中国味道"主题。上午，"魅力非遗'粽'意嘉兴"非遗特色活动相继开展；第三个非遗文化客厅——嘉兴灶头画主题展示馆正式对外开放；"蓝印花布端午系列展"在嘉兴市文化馆开幕。当晚，由浙江省文化厅、嘉兴市人民政府主办，嘉兴市文化广电新闻出版局承办的"流水潺潺"浙江省非物质文化遗产传统音乐会在嘉兴大剧院上演。

13日至14日 由嘉兴市委宣传部、市文化广电新闻出版局、市文学艺术界联合会联合打造的大型越剧《五姑娘》在嘉兴大剧院首演。

25日 "开天辟地——中国共产党创建史"大型图片展在遵义会议纪念馆开展。嘉兴市委常委、宣传部部长陈越强出席开展仪式并做重要讲话。展览展出照片图板90块，是嘉兴市委庆祝建党95周年系列活动之一，随后在福建厦门、山东临沂、山西武乡等地展出。

30日 嘉兴市属文化系统纪念建党95周年表彰会暨"两学一做"专题党课在嘉兴博物馆举行，市文化广电新闻出版局党委班子成员、局机关及局属各支部全体在职党员、局机关离退休党支部委员及优秀党员代表参加会议。会议表彰了一批先进党支部、优秀共产党员、优秀党务工作者、优秀党员志愿者。

7月

1日 全市"扫黄打非"和文化市场管理工作座谈会召开。各县（市、区）文化局分管局长以及市场科、审批科负责人参会。

同日 嘉兴市第二届微电影节开幕。

8日起 嘉兴在全市试行文化市场黑名单管理制度。

11日 新疆卫视品牌栏目《掀起你的盖头来》走进嘉兴，在梅花洲景区开展了主题为"民族团结一家亲"的"大漠情·水乡韵"嘉兴专场文艺演出。演出由新疆电视台、嘉兴市委宣传部、嘉兴市文化广电新闻出版局、嘉兴市援疆指挥部和新疆沙雅县委、县政府联合主办，是嘉兴、沙雅两地文化走亲活动的重要组成部分。沙雅县50余名演艺人员参演。

12日 庆祝中国共产党成立95周年全国美术作品展览嘉兴巡展暨第四届"红船颂"全国美术活动在南湖革命纪念馆开幕。活动由全国美术作品展览嘉兴巡展、"红船精神·美术解读"全国美术创作研讨会、"感受党的诞生地风采"全国美术名家采风等3个项目组成，共有95件中国画、油画、版画、综合材料等作品参展。

18日 中央国家机关工委在嘉兴南湖革命纪念馆举行授牌

仪式,授予嘉兴南湖革命纪念馆"中央国家机关爱国主义教育基地"称号。中央国家机关党工委宣传部第一副部长赵建华、省直机关工委副书记王义、嘉兴市委副书记孙贤龙出席授牌仪式。授牌仪式由王义主持。赵建华和孙贤龙分别在仪式上讲话、致辞。赵建华代表中央国家机关工委为南湖革命纪念馆授牌。

19日至20日 嘉兴市召开嘉兴子城遗址考古勘探成果论证会。会议由浙江省文物考古研究所、嘉兴市文化广电新闻出版局(文物局)主办。省文物局副局长郑建华、嘉兴市副市长柴永强等出席会议。19日,领导和专家们在嘉兴子城遗址考古勘探工地召开考古勘探工地现场会。20日,在嘉兴沙龙国际宾馆召开考古勘探成果专家论证会。

25日至28日 由嘉兴市委组织部、市委宣传部、市委党校共同举办的全市特色文化资源培育与产业融合发展专题研讨班在复旦大学举办。

8月

10日 首批浙江省全民阅读示范家庭评选活动揭晓,嘉兴市3个家庭榜上有名。

同日至15日 嘉兴画院应邀组织画家赴成都等地参加"水墨江南"书画交流系列活动,包括举办"重走长征路"嘉兴书画家作品提名展以及开展嘉兴·彭州两地书画家创作座谈会、交流笔会、采风写生活动。

15日至17日 2016年全省新农村建设特色小镇题材歌词创作培训班暨作品研讨会在嘉兴举行,50余名文化馆业务干部及业余歌词创作爱好者参加。活动

由浙江省文化厅主办,浙江省文化馆、嘉兴市文化广电新闻出版局、浙江省群众文化学会承办,嘉兴市文化馆和南湖区文化馆执行承办。

19日至9月9日 "扇舞清风"第三届全国名家成扇书画作品邀请展在嘉兴国际创意文化产业园重水美术馆开展。

20日至9月20日 嘉兴竹木雕刻展在嘉兴五四文化博物馆开展,展出现当代竹刻作品130多件。

24日至26日 嘉兴市"扫黄办"联合文化、公安、市场监管、综合执法、邮政等部门相关人员组成督查组,对各县(市、区)落实"扫黄打非"专项行动情况进行督导检查。

25日 全国人大常委会副委员长陈竺视察嘉兴南湖中共一大会址,参观南湖革命纪念馆。

同日 嘉兴市委副书记、市长胡海峰一行专程调研嘉兴子城片区文化遗产保护工作。

同日 "动画中国风——经典动画与传统文化展"在嘉兴博物馆开幕。展览由嘉兴博物馆、温州博物馆联合主办,展品162件。同时,运用投影机播放经典动画片18部。展览期间开展"软陶传统动画""把动漫穿上身""观看经典动画"等配套活动。

26日 嘉兴旅德钢琴新秀朱心湉在嘉兴大剧院举办独奏音乐会。该活动由嘉兴市音乐家协会、嘉兴市文化馆主办。

31日 嘉兴市以总分东部地区第一的成绩获评第二批国家公共文化服务体系示范区,"嘉兴经验"作为典型在国家公共文化服务体系示范区创建工作会议上

做交流。

是月底 《一个人的南方——新鸳鸯湖棹歌》由长江文艺出版社出版,该书是2015年度嘉兴市文化发展工程重点特色扶持项目。

是月至11月 第九届"石榴奖"校园文化艺术节在嘉兴市举行。艺术节由嘉兴市文化广电新闻出版局、市教育局联合主办,嘉兴市文化馆、市图书馆承办。主要活动内容有中小学生才艺(表演类)大赛、"建设美丽嘉兴、创造美好生活"中小学生现场绘画大赛、中小学生"书人书语"微视频大赛、嘉兴市中小学生电子书创作大赛。经艺术节评委会评选,评出奖项177个,其中"石榴奖"167个,优秀辅导奖6个,优秀组织奖4个。

9月

21日 大型主题展览"长征与遵义会议——纪念红军长征胜利80周年展览"在嘉兴市南湖革命纪念馆展出。展览由嘉兴市委宣传部、遵义市委宣传部、嘉兴军分区政治部、嘉兴市委直属机关工作委员会联合主办,嘉兴南湖革命纪念馆和遵义会议纪念馆共同承办。嘉兴市委常委、宣传部长陈越强,遵义市委宣传部部务会成员、市委讲师团团长曾征以及各主办承办单位的相关领导和驻嘉部队部分官兵出席开幕式并参观展览。展览运用大量珍贵的历史图片以及文字和视频,展现了红军长征这段波澜壮阔、可歌可泣的革命历史,深刻阐释了伟大的长征精神和遵义会议精神。

26日 浙江省文化厅转发《文化部关于命名一二三级文化

馆的决定》（文公共发〔2016〕18号），嘉兴市8个文化馆被评定为一级文化馆。

28日　嘉兴市市长胡海峰主持召开七届市政府第60次常务会议，研究讨论了《嘉兴市文化发展"十三五"规划》等文件。

同日　2016嘉兴深化接轨上海主题宣传暨文化产业（上海）推介交流会在上海举行。交流会由嘉兴市委宣传部（市文产办）、市合作交流办主办，解放日报·上海观察、联合国教科文组织"创意城市"（上海）推进工作办公室特别支持。嘉兴市委常委、宣传部部长陈越强，市委常委、常务副市长楼建明，联合国教科文组织"创意城市"（上海）推进办公室秘书长刘波英等出席会议。

同日　"跨越海峡——第三届嘉兴·台湾摄影作品交流展"在嘉兴市图书馆开展。嘉兴市政协主席高玲慧等出席开幕式。台湾高雄高青摄影学会代表团成员参加开幕式。摄影展征集到两地摄影作品500多幅，展出作品100幅。此外，还举办了两岸摄影协会交流座谈会。

30日至10月23日　"素问十年——高逸仙个人书画展"在浙江西湖美术馆举行，画展由浙江省美术家协会、嘉兴市文化广电新闻出版局及市文学艺术家联合会主办，浙江省博物馆、桐乡市文化广电新闻出版局及市文学艺术家联合会协办，展出作品90多件。

是月　歌舞剧《五色螺》剧本论证会召开。

10月

14日　海宁皮影戏参演第六届中国木偶皮影中青年技艺传承展演，选送的《过猴林》《花果山》《水漫金山》3个剧目分别由赵力、张靓、汪志良3位年轻艺人担当主演，获得传承新人奖。

17日　《马家浜考古遗址公园概念性规划》论证会召开。嘉兴市建委、市旅委、嘉兴经济技术开发区规划分局和经投集团等有关单位参会。

19日　"禾风越韵"嘉兴·绍兴文化走亲绍兴专场演出在平湖市文化馆剧场举行。活动由绍兴市文化广电新闻出版局、嘉兴市文化广电新闻出版局主办，绍兴市文化馆、嘉兴市文化馆、平湖市文化广电新闻出版局、越城区文化馆、柯桥区文化馆、上虞区文化馆和嵊州市文化馆等共同承办。

21日　嘉兴市政府副市长柴永强率督查组对嘉善县"黑网吧"整治工作进行督查，公安、消防、市场监督、教育、电信等部门相关负责人参加。

同日至23日　2016"张江杯"长三角民歌交流展演在上海市浦东新区张江镇举办。海盐县文化馆男声合唱团的骚子歌表唱《上梁》代表浙江省非遗中心参演并获得"最佳创意奖"。

同日至12月30日　举办第八届嘉兴大学生电影节。本届电影节由嘉兴市委宣传部、市文化广电新闻出版局、市教育局、共青团嘉兴市委员会联合举办，开展了中外优秀影片展映、电影配音大赛、电影歌曲大家唱等活动。

22日　"佛崤天姥——新昌大佛1500年纪念特展"在嘉兴博物馆开幕。展览由浙江省博物馆策划，嘉兴博物馆与新昌博物馆联合主办，展品涉及佛像、佛塔、佛经、造像、堆塑罐、铜镜、鸡首壶等，含浙江省博物馆藏品66件（组），以及东阳、天台、萧山、绍兴、柯桥、上虞、诸暨、嵊州等博物馆藏品38件（组）。

25日至28日　嘉兴市文化产业发展实战培训专题研讨班在上海复旦大学新闻学院开班。50多位嘉兴文化企业生产者、管理者参训。

26日　"中共创建史与存俄档案文献学术研讨会"在嘉兴召开。研讨会由浙江省委党史研究室、中国中俄关系史研究会和嘉兴南湖革命纪念馆联合举办。主办单位等有关部门的领导以及省内外党史专家学者、论文作者等50余名代表参会。

27日　2016"东海·全国少儿版画双年展"优秀作品全国巡展（嘉兴站）在嘉兴美术馆举行。活动由中国美术家协会、江苏东海县政府、嘉兴市文化广电新闻出版局、市文学艺术家联合会主办。

28日至11月6日　"浙江书坛名家二十一人精品展"举行，嘉兴市书法家章柏年的5件隶书作品参展。

11月

1日　"运河古城·两美嘉兴"第八届浙江省五地一校（金华、丽水、衢州、嘉兴、舟山和浙师大）油画写生及作品联展在嘉兴市月河历史街区启动。活动由浙江省美术家协会、嘉兴市文化广电新闻出版局主办，浙江省油画家协会、五地美术家协会、浙师大美术学院、嘉兴市文化馆、嘉兴市美术家协会协办，以"运河古城·两美嘉兴"为主题，近40名油画家参与此次活动。

4日至7日　嘉善越剧小戏《百合》、平湖越剧小戏《审孝》和桐乡花鼓戏《望蚕讯》赴京参加"中华颂"第七届全国小戏小品曲艺大展。《百合》获金奖,《审孝》《望蚕讯》获银奖。

6日　由浙江省戏剧家协会和嘉善县西塘镇联合主办的第六届长三角"顾锡东戏剧艺术"越剧票友大赛总决赛在西塘举行。

7日　中国设计智造大奖佳作巡回展暨首届嘉兴工业设计月在嘉兴国际会展中心举办。

8日　嘉兴市"扫黄打非"工作领导小组办公室、市综治办联合发文,将"扫黄打非"工作纳入全市基层社会治理网格化管理。

10日　组织召开2016年度全市文化市场管理工作评估会。

15日　浙江省代省长车俊到茅盾纪念馆参观考察,省政府秘书长李卫宁、嘉兴市长胡海峰等一同调研。

16日　文化部市场司处长李晓勇一行到嘉兴调研督查文化市场综合执法改革工作。

17日　作为第三届世界互联网大会的重要组成部分,由中国文化部主办的互联网文化论坛在桐乡乌镇举办。浙江省文化厅有关领导和全省地市文化广电新闻出版局主要负责人等作为特邀嘉宾出席了论坛。论坛前,特邀嘉宾还参观了"互联网之光"博览会。

同日　浙江省文物局局长柳河一行实地调研嘉兴市文物保护工作,实地考察了全国重点文物保护单位马家浜遗址、嘉兴天主堂,浙江省省级文物保护单位嘉兴子城,现场听取了情况介绍。

同日至18日　全省博物馆理事会建设工作座谈会在嘉兴召开。省文物局局长柳河出席会议。全省各设区市文物行政主管部门领导、省直各博物馆主要负责人、全省各设区市国有博物馆负责人和部分非国有博物馆负责人等60多人参会。会议对全省博物馆理事会制度建设提出要求,做了工作部署,力争在两年内全面完成全省博物馆理事会建设。

18日至20日　第七届王国维戏曲论文奖颁奖典礼暨"网络时代的戏曲走向"学术研讨会在海宁市举行。活动由中国艺术研究院、浙江省文化厅、浙江省文学艺术家联合会、海宁市人民政府联合主办,中国艺术研究院戏曲研究所、浙江省戏剧家协会、海宁市文学艺术家联合会承办。

21日　第十四届嘉兴市"社区之声"文艺调演之戏剧小品大赛在海宁举行。大赛由嘉兴市文明办、市文化广电新闻出版局、市委社工办、市广电集团主办,市广电传媒有限公司、市文化馆、海宁市文化馆承办。全市16支队伍参加此次文艺调演。经评选,南湖区南湖街道桂苑社区选送的《遇事想开点》、海宁市硖石街道永丰村选送的《愿望》、嘉善县西塘镇朝南埭社区选送的《"碰瓷"》获一等奖,平湖市独山港镇全塘社区等选送的5个节目获二等奖,桐乡市梧桐街道百乐社区等选送的8个节目获优秀奖。

同日至23日　文化部艺术发展中心副主任孔蓉到嘉兴调研文化旅游特色小镇示范点选址等工作,考察了海宁市盐官古镇、浙江京都世纪影视文化中心,平湖市九龙山度假区,嘉善县大云巧克力甜蜜小镇、云澜湾温泉小镇、西塘古镇等。经第一轮评选,嘉善县大云巧克力甜蜜小镇入围首批示范点建设后备名录。

22日至24日,浙江省文化厅考评组对嘉兴市本级、嘉善县、海盐县文化市场综合行政执法工作进行年终考评,查阅工作台账,抽查案卷,实地查看文化市场经营场所。

22日至12月4日　嘉兴市第五届中国画展举行。画展由嘉兴市美术家协会、南湖区委宣传部主办,收到稿件300余幅,评出115幅作品参展,其中20件获评优秀奖。

23日　嘉兴市人民市政府重点投资项目——嘉兴市图书馆二期(古籍善本藏书楼)工程正式开工建设。该工程位于市图书馆西南侧,用地面积5.98亩,总建筑面积1.11万平方米(含地下车库3452平方米),主要包括书库、藏阅室、读者活动用房、业务办公用房和辅助用房等,总投资为5234.26万元,建设期限为24个月。建成后主要用于古籍、善本的收藏和查阅及举办读者沙龙等活动。

28日　"厮守黄土——周路黄土高原版画展"在嘉兴美术馆展出。展览由安徽财经大学文学与艺术传媒学院、嘉兴美术馆、嘉兴画院、嘉兴市美协联合主办。

29日至30日　嘉兴市举办全市田野考古培训工作。这是嘉兴文物考古队成立后的首次培训,全队16名学员参加。培训班的课程分为理论培训和现场实践两个方面。

30日　中国"二十四节气"成功列入联合国教科文组织人类

非物质文化遗产代表作名录,嘉兴画家朱樵的文人画《二十四节气》成为此次申遗的重要宣传材料,二十四节气图书(中英文)及二十四节气图册(中英文)都选用了他的画作。

30日至12月9日 "乡愁的维度"嘉兴市百年美术作品展览首次在浙江美术馆举行,展出154幅嘉兴美术作品。

12月

2日 第二届江浙沪现代小戏邀请赛在桐乡大剧院举行。邀请赛由浙江省文化馆、江苏省文化馆、上海市群众艺术馆、桐乡市文化广电新闻出版局主办。

同日 中国·嘉兴国际漫画双年展(沈阳)巡展在辽宁美术馆开幕。展览由中国美术家协会、嘉兴市政府主办,辽宁省美术家协会漫画艺委会、中国漫画创作基地(嘉兴)办公室、浙江省美术家协会、浙江省漫画家协会、嘉兴市文化广电新闻出版局、嘉兴市文学艺术家联合会承办,80多幅中外优秀漫画作品参加巡展。

9日 嘉兴市委书记鲁俊、副书记孙贤龙等在浙江美术馆参观"乡愁的维度"嘉兴市百年美术作品展。

同日 嘉兴市文化产业影视制作放映实战培训举行,各县(市、区)的70多位影视制作放映从业人员、影院经营管理者、影视文化爱好者参训。

同日至16日 嘉兴"戏韵禾风"传统戏曲陈列展在嘉兴市文化馆开展。嘉兴市非遗保护中心共收集戏曲服饰30套,乐器、道具65件,照片105幅,书籍、唱本资料46册,集中展示嘉兴传统戏曲非遗项目海宁皮影戏(人类)、

平湖钹子书(国家)、海盐腔(省级)等;安排包括越剧、海宁皮影戏、平湖钹子书、海盐腔在内的4个剧种连演8天。《光明日报》《嘉兴日报》《南湖晚报》等多家媒体对戏曲展进行了报道,光明网、中国新闻网、凤凰网、搜狐新闻等网站进行了转载。中国文明网对国家级非遗项目平湖钹子书展演进行全程网络直播。

同日至16日 第十届嘉兴市乡村文化艺术周暨第三届网络春晚节目选拔活动在嘉兴市文化馆及部分乡镇举行。本次乡村文化艺术周以"建设文化礼堂 弘扬传统文化"为主题,由开幕式暨2016嘉兴市村级民间精品文艺节目展演、"戏韵禾风"嘉兴市传统戏曲陈列展、闭幕式暨2016嘉兴市调龙灯大赛等活动组成。最终评选出2016嘉兴市村级民间精品文艺节目展演金奖3个、银奖5个、优秀奖8个,"戏韵禾风"嘉兴市传统戏曲物件陈列展金奖3个、银奖4个,2016嘉兴市调龙灯大赛金奖3个、银奖5个、优秀奖4个。

20日 吴蓬艺术院(桐乡书画院)举行开馆仪式。

23日至24日 桐乡市举行纪念徐肖冰100周年诞辰、2016第四届"徐肖冰杯"中国纪实摄影展暨第二届"徐肖冰杯"中国大学生摄影双年展等活动。

29日 "百年海派——嘉兴博物馆馆藏海派书画精品展"在桐庐博物馆开幕。展览由嘉兴博物馆、桐庐博物馆主办,展出嘉兴博物馆馆藏海派书画作品68幅。

30日 嘉兴市8个项目被列入第五批浙江省非物质文化遗产代表性项目名录。至此,嘉兴

市共有省级非遗代表性项目70项。

(潘筱凤)

嘉兴市县(市、区)文化工作概况

【南湖区教育文化体育局】 内设职能科室8个,直属事业单位7个。2016年末人员68人(其中:机关12人,事业56人;具有高级技术职务资格的2人,中级6人)。

2016年,南湖区文化工作围绕年度目标任务,积极推进各项工作全面落实,以城乡公共文化均等化和文化惠民为目标,全区文化工作不断取得新突破。一是进一步完善公共文化服务体系。加快文化基础设施建设步伐。出台《南湖区加快构建现代公共文化服务体系的实施意见》和《南湖区基层综合性文化服务中心建设实施方案》。全面提升基层公共文化设施建设、管理和服务水平。全年新建镇综合性文化服务中心1个,村综合性文化服务中心4个,改扩建村(社区)综合性文化服务中心5个。正式启动南湖音乐厅灯光、音响网络系统改造工程。新建社区文化家园27家,累计建成36家,全区61%的城市社区建成文化家园。投资150余万元改造提升凌公塘文化主题公园,建成文化长廊、文化小道等设施。全力推进公共文化示范区创建。做好迎检氛围营造。开展讲解员培训,落实专人讲解。大力宣传创建特色。做好评估定级工作,3家综合文化站定级为特级综合文化站,7家定级为一级综合文化站,1家定级为二级综合文化站。举办浙江省基本公共文

化服务标准化数据跟踪平台填报工作培训班,推进区"文化公共服务数字化平台"建设。建立文化活动社会化运作机制。联合众多媒体单位及文化传媒企业、艺术培训学校、保险公司等,形成南湖公共文化活动举办合作机制。探索建立文化合作基地,通过在社会培训机构建立区文化馆培训基地的方式,为区文化馆提供一定数量的免费或低成本培训、辅导。继续鼓励社会组织、团体参与承接公共文化服务项目和活动。与南湖新区、艺术培训学校联合举办幼儿歌唱大赛,承办全国幼儿歌唱大赛,与 10 所艺术培训学校联合举办公益培训,与文化传媒公司合作开展送戏下乡等。二是努力开创文化发展新局面。突出特色活动亮点。举办多样节庆活动。成功举办 2016 年春节元宵期间系列文化活动、"红旗飘飘——著名诗人赵振元散文诗精品朗诵会"和纪念中国共产党建党 95 周年诗歌征文等系列活动。深化特色品牌活动。组织开展排舞大赛、腰鼓、戏曲联唱比赛和十大联赛总结表彰会等活动,继续开展一镇(街道)一品特色文化经贸节。继续打造"幸福南湖·365天天欢乐大舞台"品牌活动,全年开展区域内文化走亲活动 54 场(次),农村公益电影放映 1325场,完成广场文艺演出 315 场,戏曲歌舞演出 335 场,培训 327 期次,讲座展览 496 场(次)。丰富校园文化艺术节。成功举办第八届校园文化艺术节,完成中小学、幼儿园舞蹈大赛。圆满完成第28 届嘉兴市区"第九区·萌芽杯"少儿绘画大赛和第三届"兰亭奖"少儿书法比赛。拓展对外文化交流。南湖"师韵合唱团"在第三届全国教师合唱大赛中荣膺中青组混声合唱金奖。陆稿荐合唱团、机关合唱团被中国合唱协会授予 A 级合唱团称号。"师韵合唱团"和"陆稿荐禾声合唱团"同时获邀在首届苏州市"繁星奖"暨第二届苏州市"梦之声"合唱比赛中交流演出,获得苏州观众一致好评。机关合唱团与师韵合唱团获邀与满天星业余交响乐团沟通交流演出,获得市委领导肯定。同时,区文化馆和临海市文化馆联合举办了"湖海情深"文化走亲走进临海专场。深化公益性文化场所免费开放工作。大力推进"公共文化服务数字化平台"建设,加快城乡一体化文化馆总分馆服务体系建设。区文化馆、各镇(街道)综合文化站、村(社区)文化活动中心、7 个镇(街道)图书分馆、15 个村(社区)图书分馆不断加大免费开放力度,全区 7个镇(街道)图书分馆藏书 38.59万册,新办证 4730 张,送书下乡5.09 万册次,到馆人数 100.89万人次,外借图书 63.87 万册,开展读者活动 644 次。15 个村(社区)图书分馆藏书 12.42 万册,到馆人数 8.51 万人次,年外借图书5.41 万册。加大文艺精品创作扶持力度。全年评选出重大文化精品项目 13 项、星级团队 69 支,南湖区文学艺术奖 26 个,补助文化艺术类人才 7 人,文化精品、文化人才扶持与奖励补助经费总计106.5 万元。成功举办第四届戏剧节及第二届中小学生美术作品精品展。三是全面强化文化遗产保护力度。继续做好文物修缮工作。按照"不改变文物原状"原则,总投入 30 余万元,完成新丰镇九里亭、福壮桥和凤桥镇三星村窑墩遗址和杜家桥、茜柳村仁美桥等文保单位(点)修缮工作。加强文物日常安全监管。加强文物日常巡查力度,开展文保单位(点)、古桥特定时间段安全检查专项行动。充分发挥文保志愿者作用,确保巡查次数到位,全年巡查 80 余次,巡查机制实现常态化。开展形式多样的非遗传承活动。完成掼牛丛书编撰工作,组织开展 2016 中国掼牛争霸赛、端午踏白船竞赛等活动,开展非遗公益培训,配合市博物馆做好"嘉禾印象——我身边的文化遗产"画信比赛及配套活动。公布第一批南湖区非物质文化遗产项目代表性传承人名单 21 人,9 人入选第三批嘉兴市非物质文化遗产代表性项目代表性传承人名单。加强非遗传承体系建设。做好非物质文化遗产的保护与整理工作,继续开展非遗公益展览、讲座。做好传承人保护工作,推进传承基地建设,促进活态传承。努力提高全社会文化遗产保护意识。四是切实做好文化市场日常监管工作。创新管理模式。以"网格化管理、分级化响应、常态化监管"为原则,创新"三级"响应机制。按日常管理、重点时间节点管理、特殊时间节点三档设置三级管理机制,有效解决与落实全区文化市场管理中存在的人少、面广等问题,提高监管效能。采用"5 加 2""白加黑"监管模式。据统计,G20 峰会保障工作"决战"期间,出动检查 264 人次,检查场所 850 家次;世界互联网大会期间,出动检查 208 人次,检查场所 751 家次。坚决取缔"黑网吧"。严密监控"黑网吧",实行镇、街道"黑网吧"日报、周报制度，防止个别"黑网吧"死灰复燃。建立"黑网吧"取缔长效机制，发现一家，取缔一家，共整治取缔"黑网吧"4家。

（陆雅菊）

【秀洲区教育文化体育局】 内设职能科室9个，直属单位3个。2016年末人员48人（其中：机关18人，事业30人；具有高级技术职务资格的17人，中级8人）。

2016年，秀洲区教育文化体育局积极推进各项工作，举办多项重要活动，取得显著成绩。一是示范区验收迎检工作圆满完成。做好创建国家公共文化服务体系示范区验收迎检各项工作。"秀洲农民画"品牌体系化建设、村级文化管理"七个一"模式、"村嫂摄影队：乡村业余团队扶持与培育"入选嘉兴市公共文化服务创新案例。抓好实地迎检，对区、镇、村三级公共文化设施的功能设置、设备器材配置、标志标识、内部环境布置以及周边环境等进行全面查补短板，洪合镇文化活动中心接受了国家验收组的实地验收并受到好评。加强迎检宣传，营造良好氛围。二是现代公共文化服务体系加快构建。贯彻落实《秀洲区全面构建现代公共文化服务体系的实施意见》和《秀洲区构建城乡一体化文化馆总分馆服务体系的实施意见》，提交区政府出台了关于推进基层综合性文化服务中心建设的实施方案。秀洲区文化馆成立理事会。推进文化馆总分馆体系化运行，以"两员"队伍建设为重点，完善文化馆总、分、支馆建设。以政府购买劳务服务的方式完成了区文化馆文

化下派员招聘工作，7名下派员到位。编制秀洲文化发展"十三五"规划。区委理论学习中心组（扩大）学习会邀请上海社会科学院研究员、国家公共文化服务体系建设专家委员会委员巫志南作题为《现代公共文化服务体系建设的核心问题》专题辅导。开展第六次全省镇（街道）综合文化站评估定级。三是文化设施建设有新突破。为做好嘉兴市文化艺术中心项目中区属项目——秀洲区图书馆、秀湖小剧场（音乐厅）的规划设计调研工作，相关人员先后赴江苏宜兴市和上海嘉定区学习考察，并形成考察报告供领导决策参考。完成2015年度基层文化设施建设经费补助实地验收，共验收了7个项目，建筑面积约7300平方米。做好2016年度基层文化设施建设经费补助项目申报。四是文化活动丰富多彩。围绕"送文化、种文化、秀文化"广泛开展系列文化活动。举办"中信闹新春"2016嘉兴市区迎春广场文艺演出、排舞大赛、戏剧小品大赛等大型文化活动。接待三门县、云和县、宁波镇海区文化走亲，赴丽水莲都区、天台县文化走亲，在秀洲启动嘉兴市"五馆联动"文化走亲。开展"两员"培训、"我的文化梦"公益培训等。举办"百名回乡教授"走进文化礼堂、全民阅读进社区（学校）、"非遗"进学校等讲座。举办2016中小学生（幼儿）校园文化艺术节，组织开展2016雏鹰计划万里行送戏进校园活动12场。举办嘉兴市第九届"石榴奖"校园文化艺术节中小学生才艺大赛秀洲区选拔赛。选送音乐类作品2件，美术类作品18件参加浙江省校园

文化艺术节。王江泾镇中心小学荣获省校园文化艺术节组织奖。五是农民画画乡建设稳步开展。编制秀洲农民画发展五年规划（2016—2020年）。在杭州市西湖文化广场程允贤雕塑馆举行缪惠新"现代乡土绘画展"。由中国民间文艺家协会、浙江省文学艺术界联合会主办，浙江省民间文艺家协会、嘉兴市秀洲区政府承办的首届全国现代民间绘画（农民画）研习班在秀洲举办，来自全国28个画乡的50多名农民画家和秀洲区农民画辅导者、创作者参加，并开展了艺术交流、实地参观等活动。六是非遗保护深入推进。开展了"雅莹杯——我是秀洲非遗传习人"系列活动，于5月启动，历时6个月，分学校初评、专家复评、网络决赛、现场展示4个环节进行，设学生组、教师组、家庭组3个组别，经过评选，共有144个（组）进入复赛、48个（组）进入决赛，最终评出最佳传习学生、优秀传习学生各10个（组），最佳传习教师、优秀传习教师各8个（组），最佳传习家庭、优秀传习家庭各6个（组）。10月29日在磻溪教育集团举行现场展示。成功举办"秀水年华——四姑娘农民画作品展"。创作完成非遗音乐快板《秀洲非遗传承好》，启动《网船会》节目创编。区政府公布秀洲区第五批非物质文化遗产名录11个项目，传统医药、传统体育类首次列入。各地举办了丰富多彩的非遗展示活动。"纸凉伞灯彩"入选第五批浙江省非物质文化遗产代表性项目名录，新塍镇申报省非遗生产性保护基地，施顺观申报国家级传承人。新建非遗专题展示馆"张荟丰蜜

饯展馆"。组织非遗传承人参观义乌文博会非遗展览。举办朱彝尊研究学术讲座。七是文物保护水平进一步提高。完善工作措施,推进文物安全工作规范化和制度化。出台《秀洲区不可移动文物动态档案管理办法》,建立健全区不可移动文物动态档案。为163处不可移动文物登录点制作并竖立了保护标志牌。组织开展文物安全大排查大整治工作,及时发现并消除各类安全隐患,做好古建筑防火防汛工作,确保文物安全。做好文物保护和文物修缮工作。完成油车港镇凝秀桥、新塍镇万寿桥和乌龙桥修缮工程,启动洪合越界桥、新塍马桥维修工程,通过了省级文保单位皇坟山景观设计方案。加大文物保护宣传力度,举办"运在长虹"文保志愿行活动。开展"文物普法"宣传活动,制作文物普法专栏,在全区38个文化礼堂展示。八是市场监管力度进一步加强。全年出动检查388次、1373人次,检查各类经营单位2218家次,分别同比增长101%、140.1%、162.5%。落实属地管理,发动各镇(街道)网吧义务监督员落实网吧点对点巡查制度。注重网吧负责人和管理人员培训。制作警示牌和警示电脑屏保,实现全区网吧电脑全覆盖。8月开始秀洲区全面启动"5+2""白加黑"错时检查模式。8月中旬开始,区领导、局领导利用夜间和双休时段,轮流带队开展文化市场错时检查13次,检查网吧、娱乐场所、影院和户外显示屏等80余家(处)。开展重大节假日文化市场安全联合检查8次,出动检查人员80余人次,排查消防安全隐患12处,

责令整改12家次。立案查处各类行政处罚案件30件,人均办案10件,同比增加172.7%。行政处罚案件涵盖了文化、新闻出版、文物等多个领域,罚没款总计170120元。被评为2016年度嘉兴市文化市场管理工作优秀单位。九是专项行动有序开展。先后开展了元旦、春节安全生产联合检查,演出市场专项整治,"两会"期间文化市场专项整治等一系列专项行动。有序开展了"护苗""清源""净网"等2016"扫黄打非"专项行动,其间取缔非法大篷演出3处,取缔游商地摊5处,收缴非法出版物406件。取缔"黑网吧"专项整治行动被中央宣传部、中央文明办主办网站刊登报道,并被中国未成年人网、搜狐公众平台、光明网等多家媒体转载。十是阳光执法工作持续推进。继续强化公示制度,对相关法律法规随时进行更新梳理,并做到及时公开和动态更新。及时公布案件办结情况和处罚结果,在震慑违法行为的同时积极接受行政相对人的监督。各类执法工作制度、工作纪律、执法依据、执法流程图等在办公区域上墙公示,执法程序做到规范、公开、透明。进一步完善约谈和回访机制,经常以面对面交流的形式,加强与业主的沟通,多听取业主的意见建议,使监管工作做到全面、务实、有效。2016年集体约谈和个人约谈共50次、200余人次。进一步完善《秀洲区教育文化体育局行政处罚案件回访制度》,保障行政相对人的合法权益。无行政复议、行政诉讼和投诉发生。

(周剑锋)

【嘉善县文化广电新闻出版局(体育局)】 内设职能科室11个,直属单位11个。2016年末人员114人(其中:公务员14人,参公9人,事业91人;具有高级技术职务资格的5人,中级32人)。

2016年,嘉善县文化系统深入贯彻落实省市县重大战略部署,坚持创新、协调、绿色、开放、共享五大发展理念,以"建设县域科学发展示范点"为总目标,结合"两学一做"学习教育、"城乡环境整治百日攻坚战"、护航G20峰会等中心工作,完善公共文化服务体系,进一步提升城乡一体公共文化服务水平,奋勇拼搏,合力攻坚,全县文化建设取得了新的业绩。一是嘉善县参与的嘉兴市创建国家公共文化服务体系示范区顺利通过验收。在县、镇(街道)、村(社区)三级联动工作格局的基础上,继续健全完善全县公共文化服务体系建设。为全县群众文化活动正常、有序开展提供了有力的政策保障。主动对接嘉兴市创建国家公共文化服务体系示范区各项活动,积极整改公共文化"短板",提升公共文化服务能力。二是不断推进公共文化阵地建设。县级公共文化基础设施进一步完善。文化惠民工程建设项目(图书馆新馆、博物馆新馆)顺利开工,吴镇书画院建成并投入使用。村级文化阵地建设得到推进。全县村级公共文化阵地覆盖率达100%,建成精品示范工程64个、文化礼堂59家、省级文化示范村10个;建成文化庭院100多家,使公共文化服务延伸到农村"最后一米";基本建成"公共图书馆总分馆体系""文化馆总分馆体系""文化信息资源共享工

程"和"新华书店农村小连锁"。三是稳步推进文化体制改革。年初召开县图书馆理事会筹备工作会议，通过组织推荐和社会招募相结合的方法，确定11名图书馆第一届理事会人员，3名监事会人员，并于2月23日召开了理事会成立大会，表决通过了图书馆理事会章程。同时，通过建立健全决策失误追究、年度工作报告、信息公开等机制，建立了权责清晰、分类科学、监管有力的运行管理制度，为县文化系统事业单位法人治理结构建设工作全面推广积累经验。四是加强基层文化人才队伍建设。全县"组团式"镇（街道）文化下派员和村级专职宣传文化员实现全覆盖。其中村级（社区）宣传文化员125名，覆盖率达100%。全县有民间文体队伍626支，文体骨干1.26万人，县级文化志愿者在册6157人，形成了一张覆盖县、镇（街道）、村（社区）三级的文体队伍网络。五是群众文化活动丰富多彩。积极开展系列地方文化品牌活动。举办"嘉善春晚"、元宵舞龙展演和灯会、"十万农民种文化"等活动，全年举办"周末大舞台"演出25场。广泛开展文化交流活动。举办西塘"非遗"文化走亲活动，姚庄镇水韵艺术团赴上海莲盛社区开展以"迎端午文化走亲"为主题的特别演出活动，上海颛桥镇组织到大云镇缪家村开展"文化走亲"等交流活动，全年文化走亲20场次。积极开展文化下乡活动。全年送戏下乡471场次、送书下乡1.13万册、送讲座与展览下乡189场次、送电影下乡1524场次，涉及全县118个行政村，受惠群众近48万人次。六是加强

文化遗产保护。完成全县范围内的国有博物馆年检、民办博物馆年检和收藏协会年检。通过公开招标的方式，完成省级文保单位西塘建筑群测绘工作和省级文保单位魏塘叶宅、西塘建筑群"四有"建档工作。经省文物局第七批省级文保单位专家的实地考察，将原天凝镇县级文保单位圆通桥、洪溪石桥群（3座）推荐为第七批省级文物保护单位。对全县县级以上48个文物保护单位进行采集建档工作。扎实开展第一次全国可移动文物普查及全国美术馆藏品普查工作。完成博物馆2936件文物的影像采集、信息采集、电子档案制作和数据上报、审核工作，出色完成第一次全国可移动文物普查工作。按照全国美术馆藏品普查工作要求，按时保质完成吴镇纪念馆藏品影像采集基础工作。对全县特色小镇进行了不可移动文物统计。落实"非遗"保护传承规划。积极开展非物质文化遗产名录、传承人申报工作。全县有"非遗"名录172项，其中国家级1项、省级8项、市级33项、县级130项，"非遗"代表性传承人国家级1人、省级8人、市级31人、县级46人。盘窑技艺与吴氏中医内科两个项目入选省非遗保护名录。成功举办第三届"善文化"微电影大赛。大赛于9月中旬启动，以"弘扬善文化　传递正能量"为主题，采取"命题"形式，以28部全国1—5届"善文化"微散文大赛获奖作品为电影剧本创作题材，20余位参赛者签订参赛协议，每人选定了1—2部作品。组委会特地邀请浙江传媒学院影视编剧、导演等做专业指导。大赛于12月进行终

审评奖、颁奖。大赛期间，设立了第一人民医院、西塘景区、碧云花园等首批嘉善县45个"善文化"微电影基地摄制点。嘉善非遗展厅年底开馆。展厅用图片和文字展示国家级、省级项目，用图表展示市级、县级非遗项目以及各级非遗代表性传承人目录。七是着重开展无证网吧整治专项行动。全县坚持开展整治网吧违规接纳未成年人专项行动，优化未成年人成长环境。全年出动检查691人次，检查文化经营单位1189家次、检查网站90家次；收缴非法书报刊265本（册）、非法音像制品310张（盒）；组织联合执法60批次，出动检查1100人次，电信断网80家，扣押电脑主机415台、显示器419台、服务器6台、交换器3台。

（曹　琦）

【平湖市文化广电新闻出版局（体育局、文物局）】　内设职能科室7个，参公事业单位1个，直属单位8个。2016年末人员106人（其中：机关14人，事业92人；具有高级技术职务资格的11人，中级33人）。

2016年，平湖市文化广电新闻出版局成功创建国家级公共文化服务体系示范区，获全省文化市场综合执法先进集体。平湖市获评2016年书香城市（区县级）。一是发展群众文化。公共文化工作按照《平湖市基本公共文化服务实施标准（2015—2020年）》51条，进一步加强城乡文化标准化均等化建设。城乡阅读场所实现无线网络全覆盖，平湖市被中国图书馆学会授予全国"书香城市（县市级）"荣誉称号。利用传统节假日举办"欢乐平湖·城乡互

动之节节乐"活动 249 场，平均每村举办 2.9 场次，有效夯实了"158 工程"。原创越剧小戏《审孝》获得浙江省新农村题材小戏会演金奖、全国小戏小品曲艺大展剧目银奖、优秀组织奖。二是推进图书事业。2016 年是"文化平湖·书香社会"三年行动计划的第一年，也是"十三五"开局之年。平湖市图书馆围绕中心，服务大局，主动融入村社区，着力开展全民阅读、书香城市建设，各项工作取得良好社会效益。新增藏书 5.35 万册，至年底全馆总藏书量为 93.17 万册。全年市、分馆接待读者 204.35 万人次，书刊文献外借 116.06 万册次，办理各类借阅证件 2.52 万张。"你点书，我买单"服务深受读者欢迎，全年 473 人次读者点书 3782 册。开展送书上门服务，为 9 镇分馆和 86 个农家书屋以及 48 个馆外服务点送书上门 96 次，送书 3.77 万册。汽车图书馆按线路运行，为全市各镇、街道 23 个站点提供现场办证、借还书服务，办证验证 1001 张，借书 6242 册，总流通 8.33 万人次。继续为市民免费提供无线网络服务。图书馆开展微信公众号推广升级工作。图书馆总馆与各镇（街道）分馆全年举办各类展览 34 次，举办现场、视频讲座 63 场，举办针对不同对象的培训 8 次。三是加强文物保护管理工作。重视第一次国有可移动文物普查，摸清家底。做好征集，丰富馆藏。挖掘资源办好各类展览。加强合作，馆校共建，发挥社会教育功能。注重研究，促进文物活化利用。着力提高博物馆公共文化服务能力。启动博物馆新馆建设工程，稳步开展各项

前期工作。陆维钊书画院完成藏品库房改造，着力提升场馆设施保障水平。稳步推进文物修缮工作。配合基本建设，开展考古发掘工作。组织定期巡查执法。扩大文物保护群众基础。四是加强文化市场管理。文化市场结构日趋完善，市场体系逐步健全。全市文化市场经营单位 591 家，全年实现营业额 10951.86 万元，实现利润 1339.6 万元。全年出动执法人员 1567 人次，检查经营单位 2668 家次，受理市长电话等各类举报 15 件，开展联合执法行动 40 余次，行政处罚立案调查 27 件，办结案件 25 件，警告 17 家次，罚没款 123090 元，没收违法物品 58 件，停业整顿 7 家次，取缔无证"黑网吧"25 家，收缴非法"抓烟机"32 台，全市文化市场良好率达 97%。平湖市文化市场行政执法大队荣获 2016 年度全省文化市场综合执法先进集体。五是发展电影事业。电影事业保持稳定，有电影城 3 家，放映厅 16 个，座位 1919 个，从业人员 62 人，建筑面积 5500 平方米，全年观众 66.02 万人次，放映电影 28061 场次，营业额 2609.62 万元。放映广场电影 95 场次，受益观众 2.75 万人次；为学生放映电影 105 场次，学生观众 5.85 万人次。实施农村数字电影"2131 工程"，全市 9 个镇（街道）95 个行政村和 49 个社区居委会放映公益性农村电影 1644 场次。全市建成农村电影室内（文化礼堂）固定放映点 26 个，放映电影 1194 场，市财政投入建设资金 37.88 万元。

（顾怡）

【海盐县文化广电新闻出版局（体育局）】 内设职能科室 6 个，直属单位 10 个。2016 年末人员 114 人（其中：机关 21 人，事业 93 人；具有高级技术职务资格的 10 人，中级 42 人）。

2016 年，海盐县文化广电新闻出版局各项文化工作取得新进展。一是大力开展群众文化活动。以"欢乐四季、优雅海盐"为主旋律，强化文化惠民活动品牌培育，组织开展各项大型文化活动。是年，举办春节送文艺进企业巡回演出、春节期间送文化下乡活动、第五届"我们一家人"镇（街道）文化走亲等活动。全年开展各类文艺演出 526 场，其中包括大型文化活动 59 场，送戏下乡、进企、入户 366 场，村级自办文艺演出 80 场，文化走亲 21 场。二是加强基层公共文化服务体系建设。继续开展全县万人公益性大培训，开设排舞、声乐、古筝、书法等项目，培训学员两万余人次。继续开展送书下基层活动，全年送书 10.82 万册。全年放映农村电影 1327 场，共 555 部影片和科教片，观众 6.1 万人次。"万册图书大家选""涵芬讲坛""涵芬展览""涵芬沙龙"等品牌服务影响力不断扩大，文化共享工程各项活动正常开展。三是抓好各级文化阵地建设。海盐经济开发区（西塘桥街道）综合文化站基本完成内部装修，武原街道综合文化站进入装修阶段。有农村文化礼堂 97 家，实现全覆盖。进一步探索文化礼堂理事会制度，成立元通街道永福文化礼堂、百步镇得胜文化礼堂两家民办非企业单位。深化城乡一体化公共图书馆服务体系建设，张元济图书馆总

分馆全年接待读者 183.5 万余人次,外借图书 76.6 万余册次,新增图书 8.5 万余册,办理新证 1.18 万张(分馆 3879 张),开展朗诵会 3 场,其他宣传服务活动 300 余次,并积极融合社会资源开展公益活动;进一步发挥全县 7 个镇(街道)图书分馆、10 个村(社区)图书分馆效益;启动海盐县"汽车图书馆"流动服务,确定了 20 个服务点,每周一至周五每天服务两个点;创新成立"涵芬书站"5 个、"诚信书站"1 个,加强农家书屋和公共图书馆资源整合。全县 4 家影院放映场次 3.06 万场,观众人数达 49.9 万人次,实现票房收入 1589 万元。四是加强文化遗产保护。完善非遗保护传承体系。积极做好第三批嘉兴市非遗代表性项目代表性传承人的申报和评审工作。海盐县 14 人入选,使全县市级非遗传承人数从 3 名增至 17 名,入选人数在嘉兴市名列前茅,入选项目涵盖民间文学、传统音乐、传统舞蹈、传统戏剧、传统美术、传统技艺、民俗等 7 大类的国家、省、市级非遗项目 12 个。加强非遗活态传承。第 11 个"文化遗产日"组织开展了 10 余项丰富多彩的非遗系列活动。举行了庆元宵广场文艺演出、文溪坞第二届端午民俗文化节等形式多样的非遗展演活动。深入开展非遗进校园工作,和县教育局联合召开非遗进校园年度工作会议,总结交流非遗工作情况和非遗教育案例。加强非遗品牌活动建设。选送多项非遗项目走出县门交流展演。澉浦镇的非遗情景剧《蚌精灯舞——赠珠劝学》参加第十届嘉兴市乡村文化周暨村级民间精品文艺节目

展演荣获银奖;选送海盐腔、海盐牌子实物参加嘉兴市"戏韵禾风"传统戏曲陈列展均获金奖;海盐腔折子戏参加"戏韵禾风"传统戏曲展演获好评;选送 4 名学生参加嘉兴市"最萌非遗好声音"讲故事比赛,其中 1 人获最佳网络人气奖;武原街道的舞蹈《小镇菜娘子》参加嘉兴市第二届网络春晚;县文化馆节目《上梁》参加"张江杯"长三角民歌交流展演,并获最佳创意奖、优秀组织奖。加强文物保护与管理。海盐县第一次全国可移动文物普查顺利收官,调查各类各级国有单位 502 家,确认国有可移动文物收藏单位 11 家,登录国有可移动文物 5423 件(套),含古籍 988 部。初试田野文物电子监控防护措施。首个田野文物电子监控设施在百步镇窑墩遗址安装运行,初步尝试不可移动文物安全人防、技防并行模式,为县文物管理部门研究编制全县重要田野文物智能化保护方案提供实践经验。多处近现代文物建筑得到修缮保护。至 12 月底,先后有红洋房、长河万年桥、朱家门 8 号民居等 7 处分属国家、集体和个人所有的近现代文物建筑得到妥善保护或得以重新利用,共投入修缮资金 120 余万元,其中含 22 万余元的县级文物保护专项补助资金。海盐县博物馆馆藏两张元代"龙凤琴"修复开音。两张古琴的修复工作在著名古琴演奏家、斫琴大师李明忠的主持下,历时一年多,经结构整修、省琴、配件重置等工序,完成修复。12 月,博物馆联系香港雨果制作有限公司录制古琴音频,完整重现古琴韵音。五是加强文化市场管理。继续贯彻和完善文

化市场管理工作联席会议制度,强化县文化、公安、市场监管等主要职能部门信息通报、联合踏勘场所、联合执法机制。建立文化市场新注册企业推送制度,堵塞监管盲区。成立了以县委常委、宣传部长为组长的"黑网吧"整治领导小组,成立了网吧禁烟专项整治工作督查小组。职能部门各司其职,协调配合,通过召开协调会、现场办公、联合执法等形式成功取缔历史遗留的百步镇某"黑网吧",办理涉及网吧禁烟方面的案件 8 起,场所吸烟情况明显好转。分别在 5 月、10 月组织召开了文化市场管理暨"扫黄打非"工作扩大会议,明确了"扫黄打非"进基层的具体时间表和路线图。明确"扫黄打非"工作四大专项行动的牵头部门和配合部门。由县网信办牵头负责净网行动,文化、公安部门配合。是年,围绕护航 G20 峰会、平安文明创建工作,重点组织实施"清源专项行动""净网行动"等。全年出动检查 1450 人次,检查经营单位 1920 家次,办结案件 29 件,罚没款 4.8 万元,收缴各类非法图书 1748 册,非法音像制品 158 张,发出责令整改通知书 40 份。重新组建了 44 人的网吧义务监督员队伍,并组织开展了业务培训。

(沈玲丽)

【海宁市文化广电新闻出版局】内设职能科室 6 个,直属单位 7 个。2016 年末人员 169 人(其中:机关 15 人,事业 154 人;具有高级技术职务资格的 17 人,中级 60 人)。

2016 年,海宁市文化广电新闻出版局全面完成文化建设各项工作任务。一是深化公共文化服

务体系建设。圆满完成国家公共文化服务体系示范区创建工作。接受文化部国家公共文化服务体系示范区创建检查组实地检查验收,为嘉兴市以东部地区第一名的好成绩顺利通过集中评审和授牌做出了积极贡献,并受到省文化厅通报表扬。深入推进公共图书馆服务体系建设。新建移动图书馆 10 个,书香驿站 4 个,设立图书预约投递点 21 个,实施图书借阅公交化服务,购置改造了一辆专用图书馆流通车"阅路",在全市推出 8 条线路,沿线设 15 个图书借阅服务点。完成文化馆理事会组建工作。是年,海宁市在全省基层公共文化服务评估中位列第五,在嘉兴市公共文化建设工作目标责任制考核中位列第一。海宁市文化广电新闻出版局被省文化厅评为全省文化市场综合执法先进集体和全省文化(文物)系统"六五"普法工作先进单位。二是广泛开展群众性文化活动。举办农村文化礼堂民俗礼仪大展演、"到海宁团圆来"元宵民俗活动、潮乡百灵歌手大赛等活动 40 项,开展"美丽海宁大舞台"演出 85 场、文化走亲 200 场,全年开展文艺演出、越剧、皮影戏等下乡活动 248 场。放映农村公益电影 2338 场,观众 35.4 万余人次。市文化馆、市博物馆、市图书馆等开展公益性培训 2097 次,举办展览 129 次、讲座 73 次。加大群文精品创作,全年获全国级奖项 1 个、省级奖项 7 个、嘉兴市级奖项 12 个。三是全市图书事业蓬勃发展。全市图书藏量 162.8 万余册,其中 19 个分馆藏量 51.2 万余册。全年接待读者 249.9 万余人次,其中分馆接待

读者 112.3 万余人次。图书借阅流通 422.2 万余册次,其中分馆借阅流通 218.4 万余册次。累计有效读者证 40.9 万余张,年内新增借书证 1.9 万余张。完成文献购书经费 350 万元;新增入编 41170 种,9.3 万余册;征订报纸期刊 2844 种,其中报纸 438 种、期刊 2406 种;装订报纸、杂志 1 万余册,并入藏。收集地方文献 283 种,1326 册;接收赠送图书文献 1066 种,20164 册。修补图书 3053 册次。举办紫微讲坛 22 期,听众 2750 余人。组织放映资源共享工程优秀视频资源 1191 场次,观众 1.1 万余人次。全面实现免费开放,进行了 12 项免费开放项目。推出"潮阅读""星阅读"两大品牌近 20 项活动,开展各类阅读活动 758 次,参与读者 24.4 万余人次;分别比去年增长 2.8% 和 15%。其中,总馆开展读书活动 432 场、参与读者 17.21 万人次,分馆开展读书活动 131 场,参与读者 1.5 万余人次,总分馆联动开展活动 195 场、参与读者 5.7 万余人次。四是全力推进文物保护重点任务。统筹开展海宁海塘申报世界文化遗产工作。完成海塘申遗文本和保护管理规划编制工作,正式向省文物局提交申遗申请。创新开展文物保护宣传工作,开展"一法两划"普法宣传,编印《文物工作手册》《海宁市文物保护单位保护范围及建设控制地带图集》,通过与全市各镇(街道)点对点、面对面的宣传,有效促进了基层文物保护工作责任的落实。积极开展国家历史文化名城申报工作,干河街、横头街被省政府公布为省级历史文化街区,配合住建局做好

《海宁历史文化名城保护规划》修改完善工作。五是全域展示非遗保护成果。进一步完善非遗名录体系,公布海宁市第五批非遗代表性项目名录 27 个、第四批非遗代表性项目代表性传承人 22 名、第三批非遗传承保护(教学、研发)基地 4 家,新增第三批嘉兴市非遗代表性项目代表性传承人 24 名。"乾隆与海宁的传说"入选第五批浙江省非遗代表性项目名录名单。发放非遗保护传承(教学)基地、生态保护区和传统节日保护基地补助经费 12 万元,代表性传承人传承津贴 10.4 万元,专(兼)职学徒津贴 13 万元。扎实开展非遗基础性工作,举办各类培训班 304 期,培训 6050 人次。六是积极开展对外文化交流。组织硖石灯彩、海宁皮影戏参加"2016 中卡文化—中国节"活动。组织非遗项目参加第 11 届中国(义乌)文化产品交易会、第八届浙江·中国非物质文化遗产博览会等活动 9 次,获金奖 2 项、银奖 4 项、铜奖 2 项。七是加强文化市场管理。全市有各类文化经营单位 1140 家,行政审批办件 365 件,清理注销"僵尸"企业 52 家。开展文化市场护航杭州 G20 峰会、乌镇峰会、"扫黄打非"等集中专项行动和日常监管,出动检查 2037 人次,开展部门联合执法 25 次,向相关部门发出抄告单 9 件,检查文化经营单位 4391 家次,立案调查 52 件,罚款 44.8 万元。指导网吧协会开展换届选举。报送全省文化市场信息 79 篇,录用 60 篇。出刊《海宁市文化市场工作简报》12 期。

(姚玲燕)

【桐乡市文化广电新闻出版局（体育局）】 内设职能科室9个，直属单位12个。2016年末人员134人（其中：机关26人，事业108人；具有高级技术职务资格的9人，中级45人）。

2016年，桐乡市文化广电新闻出版局贯彻落实党的十八大五中、六中全会精神和习近平总书记系列重要讲话精神，以"诗画水乡典范、旅游人文名城"为中心，以公共文化服务示范区创建为重点，以"两学一做"教育实践活动为抓手，统筹城乡发展，提升公共文化服务水平，提高文化治理能力，保障人民群众文化权益，丰富人民群众精神生活。一是制定政策，落实措施。先后出台《桐乡市文化体育发展"十三五"规划》《桐乡市关于加快构建现代公共文化服务体系的实施意见》《桐乡市公共文化服务体系建设绩效评估管理制度（试行）》《桐乡市文化下派员管理考核办法》，以制度为依据，为文化发展提供战略导向和行动纲领，从文化设施、活动组织、队伍建设等方面对公共文化建设工作进行综合考评和分档补助。10月22日，来自北京、贵州、内蒙古等29个省、市、自治区的50余家县级文化馆馆长，到桐乡考察学习公共文化服务体系建设。此次参观考察是全国县级文化馆长培训班的学习内容之一。二是加强公共文化设施建设。夏家浜古建筑群修缮暨吴蓬艺术院（桐乡书画院）建设工程圆满完成。12月20日，吴蓬艺术院（桐乡书画院）举行开馆仪式，该院占地4000平方，建筑面积3000平方米，由明代建筑夏氏府第、陈家厅等古宅院改建而成，将发挥文化传承、学术研究、艺术交流、教育创作功能，打造成珍品收藏之库、展览陈列之馆、讲学传授之院、书画创作之家和艺术研究之宫。图书馆新馆开工建设，新馆位于庆丰南路与广福路交叉口，总建筑面积20673平方米，设计藏书量70万册，阅览座位1200席，日接待读者量为5000人次，预计2019年竣工。君匋艺术院景区化改造提升工程主体土建工程完工。科技会展中心内部提升工程开工建设。崇福镇文化站改建工程完工。三是强化公共文化人才队伍建设。重点抓好文化下派员和文化专职管理员两支队伍，举办人文名城建设专题培训、文化专职管理员业务培训、服务基层系列文化培训等，加强基层文化队伍建设。采用"请上来""走下去"的模式，进一步提升管理员组织策划活动、引领群众参与文化活动的服务能力。四是增强数字文化服务深度。立足群众需求，对接嘉兴"文化有约"平台，深入打造菜单式服务。利用数字文化馆、微信网络直播等多种媒介，提供精准化全民艺术普及、文化活动、文艺演出等各类体验式文化服务，实现线上与线下相互结合、远程与实体相互支撑的智慧文化服务。五是丰富文化惠民活动形式。坚持"普惠性"原则，举办"绽放2016"桐乡市迎春联欢晚会等重大活动10余场次，切实保障人民群众的文化权益。第二届"伯鸿书香奖"颁奖仪式于4月23日在北京举行，"海上博雅讲坛"获组织奖，子张获人物奖，夏春锦获人物奖提名奖，同时，"阅读《论语》"主题阅读活动的各项评选结果揭晓。中国女摄影家协会100名会员再次走进桐乡。6月25日，第七届中国女摄影家协会会员作品展暨中国女摄影家协会教育培训基地授牌仪式在市博物馆举行，此外，女摄影家还去崇福横街、洲泉野菱滩、乌镇东栅采风拍摄。吴冰瑶凭越剧《哑女告状》获中国少儿戏曲小梅花业余组金花奖。六是推进文化遗产保护工作。挖掘非物质文化遗产资源。举办"我们的节日"系列民俗活动。开展"6·13中国文化遗产日"主题活动。市非物质文化遗产保护中心、市文化艺术服务中心创作编排的桐乡花鼓戏《望蚕讯》获"中华颂"第七届小戏小品曲艺大展优秀剧目奖、优秀演员奖、优秀导演奖、优秀音乐创作奖和优秀组织奖5项大奖。桐乡市非遗馆入选浙江省文化旅游示范基地。竹编"竹芸工房"入围"国匠荣耀"传承奖。完成第一次全国可移动文物普查工作。"石门吴氏慎行堂——吴清源祖居地"碑亭于7月30日在石门镇下塘吴家门落成。举办安南货币文化国际学术研讨会。9月28日，"海上丝绸之路"安南货币文化国际学术研讨会在钟旭洲钱币艺术馆举行，国内外安南货币及海上丝绸之路货币专家、学者和收藏家参加研讨会。会上，现场展示了安南钱币，研讨了安南钱币与中国钱币的联系。会后，《广西钱币》和桐乡钟旭洲钱币艺术馆分别出版论文专刊。5月25日，中共中央宣传部副部长景俊海一行考察了桐乡市博物馆和非物质文化遗产馆，充分肯定了桐乡文博场馆在布局、功能和展陈方面所取得的成绩，省委常委、宣传部部长葛慧君和嘉兴市委常委、宣传部部长陈越强一同考察。6月29日，副省长郑继伟、省政府副秘书长李云林一行考察了市博物馆，指出桐乡历史文化陈列馆不仅要成为每个桐乡人知乡爱乡的重要平台，还要成为外界了解桐乡、认识桐乡的窗口，副市长柳国彪一同考察。七是引导扶持文化产业。文化产业公司开发特色产品，扩大人文影响。电影公司和会展中心共放映电影8500场，观众18万人次。嘉兴温克尔曼乐器有限公司等5家文化企业参展第11届中国（义乌）文化产品交易会，其中温克尔曼和丰同裕在中心馆展出（全省仅3家），并获"最佳参赛企业"称号；丰同裕获"最佳参赛企业"称号和"工艺美术金奖"。八是强化文化市场管理。实行网上审批，开启网上审批新模式，实现"多客服"在线服务。净化文化市场环境，开展"净网""秋风""剑网""护苗"等专项整治行动。

（颜剑明）

绍兴市文化广电新闻出版局

【概况】 内设职能处室 9 个，直属单位 9 个。2016 年末人员 662 人（其中：机关 22 人，事业 331 人，企业 309 人；具有高级技术职务资格的 158 人，中级 177 人）。

2016 年，绍兴市文化广电新闻出版局紧紧围绕市委、市政府中心工作，加快构建现代公共文化服务体系，积极推进文艺繁荣和精品创作生产，加快推进文化与旅游融合发展，综合提升文化产业，各项工作取得新成绩。制定出台《绍兴市关于支持戏曲传承发展的实施意见》《关于构建绍兴市城乡一体化公共图书馆、文化馆总分馆体系的实施意见》。"电视图书馆"绍兴模式通过文化部验收，正式成为第二批国家公共文化服务体系示范项目。全市 5 个专业院团新创作（或重大改编）的 5 台戏剧大戏全部入围浙江省第十三届戏剧节。越剧《青藤狂歌——徐渭》等 2 个项目入选 2016 年国家艺术基金资助项目。演员吴凤花荣获文化部第十五届"文华表演大奖"；戏曲干部陈祥平荣获全国"戏曲牡丹奖新人奖"；绍剧演员姚百青入选 2016 年文化部"中华优秀传统艺术传承发展计划"戏曲专项扶持项目"名家传戏——当代戏曲名家收徒传艺"工程名单。明星版越剧《钗头凤》《梁祝》在全国 17 个省（市）的 46 个城市完成 82 场巡演。成功举办第十四届江浙沪闽经典越剧大展演、纪念越剧诞辰 110 周年、首届全球越剧戏迷嘉年华活动、浙江省首届雕塑大展、2016 首届绍兴市文化旅游创意产品设计大赛等重大文化活动。

一、以"文化惠民"为核心，扎实推进现代公共文化服务体系建设

（一）全面实施全市公共文化服务体系建设方案

推动《关于加快现代公共文化服务体系建设的实施方案》在绍兴落地，各县（市、区）均建立了县级协调组、制定县级实施方案。牵头制定绍兴市公共文化服务体系建设 2016 年工作目标，明确 23 个成员单位、6 个县（市、区）和 2 个市直开发区个性化工作目标。制定公共文化服务体系建设考核办法，包括公共文化服务体系协调组考核以及由绍兴图书馆、绍兴市文化馆牵头的单独考核和各区块特色工作考核 3 个部分，推动县（市、区）公共文化服务体系建设。组织开展年度考核工作。

（二）稳步推进图书馆文化馆总分馆建设

加强图书馆、文化馆总分馆体系建设顶层设计。赴嘉兴学习图书馆文化馆总分馆建设经验，制定出台了《关于构建绍兴市城乡一体化公共图书馆、文化馆总分馆体系的实施意见》，明确了图书馆文化馆总分馆建设标准、计划、保障、服务规范及考核办法等。

以三区为重点推进总分馆建设。鼓励开展图书分馆、文化分馆建设试点工作。全市建成（或基本建成）图书分馆 6 个，为市本级孙端镇、陶堰镇，上虞区小越镇、章镇镇，嵊州市崇仁镇，诸暨市草塔镇；文化分馆 5 个，为市本级孙端镇、陶堰镇，嵊州市崇仁镇、黄泽镇，诸暨市草塔镇。市区新建 1 家自助图书室。

（三）公共文化服务标准化建设深入推进

文化惠民服务不断深化。常态化开展文化下乡活动，全市全年组织送书下乡 13 万余册、送戏下乡 1300 多场，送电影下乡 2.6 万场，开展文化走亲活动 81 场。组织"周末广场电影"124 场次，"越乡莲歌"大舞台 64 场次，"绍剧周末剧场"35 场次，"越州讲坛"132 场次，"好书天天荐"成功荐书 3.8 万余册次。

群文系列活动丰富多彩。成功承办浙江省首届雕塑大展、浙江省地域特色文化符号（民间戏曲）展演、"吴越同音·江浙沪摊簧艺术精品展演"等活动。与央视戏曲频道联合举办《快乐戏园》绍兴演唱会系列节目的录制工作，扩大绍兴戏曲之乡影响力。组织开展了绍兴市第六届器乐（民乐）比赛、第七届排舞比赛、第五届青歌赛等全市性群众文化系统比赛，进一步打造群文赛事品牌。重点组织开展第三届"美丽水乡，放飞梦想"绍兴市全民大舞台才艺秀，现场群众近 1 万人。

基层公共文化服务方式不断创新。以建立健全群众对公共文化服务的评价、需求、反馈机制为核心，推进全市公共文化服务云平台建设，促进全市公共文化产品和服务与群众需求有效对接。"电视图书馆"绍兴模式通过文化部验收，正式成为第二批国家公共文化服务体系示范项目。开展公益性文化单位法人治理结构工作，绍兴图书馆、绍兴市文化馆完成理事会组建工作。在全省首推"文艺专家门诊"机制，共开设9个文艺门类，是年已开办5个门类，开展23次活动，累计服务2000人次。开展政府购买文化服务"群文演出进文化礼堂"竞争性磋商招标工作，通过入围制方式打破了一般招标一家中标的局限，共17家单位中标入围。通过文化礼堂点单，从11月开始，共15家入围单位、75场演出陆续进礼堂演出。成立市县两级农村文化建设专家服务团，100多名专家加入农村文化建设服务工作，面向全市开展"巡回指导式""问题诊疗式"文化服务。开通绍兴图书馆"市民卡"借阅功能。

二、以"出人出作品"为目标，积极推进文艺繁荣和精品创作生产

（一）研究制定相关政策文件

制定出台《绍兴市舞台艺术创作规划（2016—2020年）》《绍兴市关于支持戏曲传承发展的实施意见》等促进文艺繁荣发展的政策文件，推动国办《关于支持戏曲传承发展的意见》在绍兴落地。

（二）文艺出人出作品取得可喜成绩

地方戏剧新创剧目量多质好。越剧《青藤狂歌——徐渭》等

2个项目入选2016年国家艺术基金资助项目；全市5个专业院团新创作（或重大改编）的5台戏剧大戏全部入围浙江省第十三届戏剧节。

专业演员争金夺银含金量高。柯桥区小百花越剧艺术传习中心演员吴凤花荣获文化部第十五届"文华表演大奖"；绍兴市文化馆戏曲干部陈祥平荣获全国"戏曲牡丹奖新人奖"；绍剧艺术研究院国家一级演员姚百青入选2016年文化部"中华优秀传统艺术传承发展计划"戏曲专项扶持项目"名家传戏——当代戏曲名家收徒传艺"工程名单；绍剧演员胡建新、章立新分别荣获第二十六届上海白玉兰主角提名奖和配角提名奖；柯桥区小百花越剧艺术传习中心演员张琳获得浙江省参评全国梅花奖入围资格；绍剧优秀青年演员杨炯荣获浙江省戏剧"金桂奖"。

戏曲学员小荷初露可喜可贺。绍剧传习班胡斯好夺得全省未成年人"戏曲阅读经典"大赛中学组唯一的一枚金奖；柯桥小百花艺校韩梦莎、绍剧传习班李英参加全国职业技术院校技能大赛决赛，荣获地方戏曲组两个二等奖。

（三）国内外文化交流进一步加强

5月，绍兴民间艺术代表团应韩国大邱广域市政府邀请，参加2016"多彩大邱"庆典活动，并获得大邱广域市政府颁发的"奖励"奖。6月，浙江绍剧艺术研究院应邀赴港参加"2016中国戏曲节"交流演出，演出绍剧猴戏《孙悟空三打白骨精》《火焰山》以及《绍剧折子戏专场》，同时举办了

1场"绍剧猴戏艺术讲座"和1场"艺人座谈"，获得香港观众的一致肯定；9月，携绍剧经典剧目《孙悟空三打白骨精》赴日本米子市文化馆参加"第二十三届BeSeTo戏剧节"演出，受到当地民众的热烈欢迎。8月初，柯桥区小百花越剧艺术传习中心携越剧经典剧目《梁山伯与祝英台》赴澳大利亚参加"情系中华·越剧澳洲"越剧演出活动，扩大了绍兴越剧团在澳大利亚的影响力；9月，柯桥区小百花越剧艺术传习中心携《狸猫换太子》《梁祝》等5台大戏和1台折子戏在香港连续商演6场，场场爆满，轰动香江。10月初，绍剧猴戏选段《齐天大圣》跟随省市领导亮相捷克"诗画浙江"旅游推介会，扩大了绍剧艺术影响力。11月中旬，绍剧院一级演员刘建杨应邀赴意大利威尼斯东方大学开展"猴年说猴戏的文化讲座"，让东方大学的学生们体验了绍剧猴戏的艺术魅力。

三、以"融合发展"为动力，着力推动文化与旅游深度融合

（一）发展越剧产业，服务绍兴旅游

借助越剧全国巡演推介文化旅游。国家艺术基金资助项目明星版越剧《钗头凤》《梁祝》在全国17个省（市）的46个城市巡演82场，历时140多天，行程达2万公里，观众近8万人次。在巡演同时还向观众发放旅游券，推介绍兴旅游和绍兴黄酒，扩大了绍兴文化的影响力。柯桥区小百花越剧艺术传习中心携2015年度国家艺术基金资助项目越剧《屈原》等2个剧目巡演40场，并在国家大剧院演出2场，深受好评。以成立绍兴越剧艺术发展有限公司

为契机,做大做强越剧产业,已与全国7家剧院院线和联盟建立了战略合作伙伴关系。设立了首批5个"全国著名越剧院团绍兴艺术基地"和9个"越剧名家绍兴艺术工作室",进一步促进了越剧的交流、推广和发展。

（二）办好重大文化活动,凝聚绍兴旅游人气

成功举办第十四届"江浙沪闽经典越剧大展演",全国15家越剧院团到绍兴举办30场展演,观众近2万人次。举办"2016首届全球越剧戏迷嘉年华活动",吸引了北京越剧艺术研究会、上海市徐汇越剧团等16个国内戏迷越剧团,美国洛杉矶越剧团、澳大利亚悉尼越剧团等11个国外越剧团体和清华大学越剧协会、中国人民大学越剧协会等11个高校社团报名,1000余人参加,其中80余人来自国外。通过艺术沙龙、越剧大家唱、折子戏大赛等一系列活动,振兴、传承、弘扬绍兴越剧艺术,推介绍兴旅游。

（三）开展老城区非遗活态展示调研,挖掘绍兴文化旅游新亮点

开展非遗服务文化旅游暨老城区非遗活态展示展演工作调查,对绍兴8.3平方公里老城区开展项目调查,并摸排环城河边传统戏曲活动和茶馆设置情况,初步形成老城区非遗活态展示设想,形成8.3平方公里老城区非遗活态展示规划图（草案）。

四、以"活态传承"为契机,积极开展非遗保护传承工作

（一）开展各类非遗申报工作

做好第五批省级名录申报工作,完成绍兴市"香榧传说"等24个项目申报,最终11个项目入选

第五批省级非遗名录。组织开展第五批市级代表性传承人的申报、认定工作,命名66人为第五批绍兴市非物质文化遗产项目代表性传承人,至此,绍兴有297名市级代表性传承人。绍兴市越城区、嵊州黄泽镇前良村成功入选浙江省传统戏剧之乡,嵊州越剧文化生态区被命名为省级文化生态区。完成绍剧、目连戏、水乡社戏3个国家级非遗资金申报工作,获申报资金190万元。

（二）积极打造非遗品牌

完成"水乡社戏"存续情况调查,开展"水乡戏台"常态化展演。先后组织开展了故事员创作培训班、2016年绍兴市故事征文比赛和"绍兴师爷讲故事"比赛,为品牌建设注入新的元素。

（三）广泛开展非遗服务

做好第11个"文化遗产日"庆祝活动。根据"在继承中发展,在发展中继承"的主题,组织指导全市开展"文化遗产日"活动20余场,受惠人群3万余人。组织举办非遗集市,全市45个列入县（区）级以上非遗保护名录的项目亮相。在元宵、清明、端午等传统节日期间,组织开展了做花灯、猜灯谜、裹粽子等庆祝活动。开展非遗点单服务,全年点单配送手工技艺体验课32课时,绍兴地方戏曲专场演出3场,配送内容涵盖绍兴面塑、剪纸、绍兴莲花落、越剧等10多个项目,配送范围覆盖20多个社区或学校。

五、以"依法行政"为保障,重点加强文化市场管理

（一）以护航G20峰会为抓手,加大文化市场执法力度

围绕护航G20峰会,全国、省、市"两会"以及绍兴市各类重

大节会活动等重要时段、重要节点和重点工作,印发了《平安护航G20文化市场安全生产综合整治大行动实施方案》,组织开展护航G20峰会文化市场安全保障工作。全年出动检查出动1.57万人次,检查2.2万家次,查处违规304家次;行政处罚立案调查246件,警告159家次,罚款1250990元,停业整顿5家次,没收非法所得11255.43元,没收违法物品20856件。

（二）扎实开展"扫黄打非"等专项行动

扎实开展2016"扫黄打非"、"清源"、"护苗"、"固边"、"净网"、打击利用云盘传播淫秽色情信息、整顿城市高校及周边复印店等几个专项行动,切实加强了对校园周边环境整治,加强了对出版物、印刷企业、互联网单位等场所的监管。加大大案要案排查侦破力度。全市全年查处传播淫秽物品刑事案件43起,抓捕犯罪嫌疑人88名,其中利用云盘传播淫秽物品案件12起,涉案犯罪嫌疑人29名,查获存储淫秽视频百度云、360、115等云盘账号700余个,淫秽视频文件35万余部。

（三）积极开展法制宣传

开展"3·18""4·26"文化市场法制宣传,联合公安、消防等有关部门举办文化市场经营业主法规培训,切实提升全民法制意识和经营业主守法经营意识。组织文广新系统参观国家安全法制宣传展活动,提高文广新局机关、事业单位干部的国家安全法制意识,切实做到学法、守法、护法。开展文化市场行政执法业务培训,全市文化市场综合执法机构工作人员60余人参训。配

合公安、安监部门积极做好"6·26"文化市场禁毒工作宣传月、安全生产宣传月各项宣传教育活动。

六、以"服务市场"为导向，有力推进文化产业发展

(一)加强文化产业管理和服务指导

参与制定《绍兴市文化产业十三五规划》《绍兴市文化旅游产业发展规划》，出台了《关于加快文化旅游发展的若干政策意见》(绍市委办〔2016〕45号)及其实施细则，优化文化产业发展环境，促进文化产业健康发展。在文化产业信息服务、项目申报、资格认定、评优评奖、产品展示等方面为企业做好服务，加强指导。帮助2家企业申报中央文化产业专项资金补助项目，上虞小百花越剧有限公司获得优秀基层戏曲院团奖励资金50万元。帮助3家企业申报浙江省文化产业示范基地，其中新昌县的达利丝绸(浙江)有限公司获得浙江省文化产业省级示范基地称号。绍兴大剧院的越剧《青藤狂歌——徐渭》申报国家艺术基金资助项目取得成功，获250万元创作经费资助。在市有关部门牵头协调下，共同做好文化旅游产业推进工作。指导企业利用好省级文化产业发展平台和载体，组织文化企业参加第11届中国(义乌)文交会等各类文化产业交易博览会。组织28家企业51个展位参展，达成现场交易额155万余元，意向交易额310万余元，绍兴市获展会组织二等奖。

(二)举办各类文创活动，推动产业发展

举办"2016首届绍兴市文化旅游创意产品设计大赛"，全国10个省(市)、29所高校、37家企业参加了大赛，收到各类作品532件，其中产品类114件、创意类416件。39件作品分别获金、银、铜和优秀奖，8家单位获优秀组织奖。同时，举办获奖作品展览、论坛和颁奖典礼，受到市长马卫光的肯定和好评。举办"2016第二届中国·绍兴水城动漫节"，主会场人流量1.37万人次(按门票统计)，比去年增长24.55%，动漫周边衍生品交易额323.64万元，比去年增长19.86%。

(三)推动直属文化企业发展

指导和服务直属企业以文化产业项目带动，拓展电影、演出、文物艺术品市场。绍兴文化发展集团积极拓展电影院线经营，新开拓了诸暨多厅影院建设阵地。绍兴文化发展集团4家直属影院全年接待观众163万余人次，放映电影6.4万场，实现票房收入5140余万元。组建绍兴越剧艺术发展有限公司，开展越剧大展演、首届全球越剧戏迷嘉年华等活动，推动了越剧艺术的传承和演艺产业发展。大剧院、演出公司、越剧公司3家合并总营业收入900万元左右。绍兴市文物有限公司进一步拓展文物艺术品经营渠道，尝试"艺术品拍卖""网络经营"和"走出去"参展等多种经营模式，产业经营业绩提升。文物公司完成销售文物商品400万元，收购文物商品120万元，实现净利润33万元。

七、以"作风建设"为载体，着力深化干部人才队伍建设

(一)进一步增强理论学习

以落实"三严三实"为重点，以"两学一做"为抓手，扎实推进党风廉政建设和反腐倡廉工作，抓好党委中心组理论学习。组织举办发展振兴文艺工作座谈会、"互联网＋城市文化"、"文化自信与责任担当"专家辅导等，提高党员干部理论认识，明确工作重点，推动文化繁荣发展。

(二)加强党风廉政建设，做好基层党建工作

制定、印发《关于进一步加强党风廉政建设的意见》和《党风廉政建设和反腐败工作党委主体责任清单》，召开系统大会部署落实年度党风廉政建设和反腐败工作，建立季度例会制度和日常监督制度，通过警示教育防范廉政风险。组织完成新一届机关党委和机关支部换届选举工作。

(三)加强人才队伍建设

认真落实已制定出台的公开招聘、人事档案管理、职称评聘等工作制度。认真开展直属单位领导班子及成员35名干部的履职情况考察，把握领导班子运作状况。组织落实绍兴图书馆、浙江绍剧院班子主要领导调整和相关单位领导班子19名同志的考察任免工作。加强后备干部选拔任用和培养，推荐选拔16名优秀年轻干部进入局后备干部队伍，8名优秀干部到局机关挂职锻炼。完成123名同志职评申报材料的收集、审核、政策咨询、评审推荐和材料上报，49名同志通过评审(其中初级25名，中级24名)；指导下属参公单位和事业单位做好1名公务员招考及8名事业单位在编人员的招考工作。

【大事记】

1月

11日 局党委召开"三严三

实"专题民主生活会。

12 日　召开全市文化市场统计工作会议，各县（市、区）文广新局负责文化市场经营单位统计年报的工作人员参会。

15 日　召开"扫黄打非"工作会议。市"扫黄打非"工作领导小组成员单位、各县（市、区）"扫黄打非"工作领导小组组长等负责人参会。

18 日　与绍兴市关工委联合召开了全市网吧"五老"义务监督员聘任暨表彰大会。

29 日　召开 2015 年绍兴市直及越城区非遗代表性传承人总结评比会议，50 多位代表性传承人参加。

2 月

3 日　2015 年度系统总结表彰会在市文化馆举行，浙江绍剧艺术研究院、绍兴市文化馆为 2015 年度行政考评一等奖单位，中共绍兴文化发展集团有限公司总支部委员会、中共绍兴图书馆总支部委员会、中共绍兴艺术学校总支部委员会为 2015 年度市直文广新系统先进基层党组织。

4 日　承办 2016 年市委、市政府新春团拜会文艺演出。

10 日至 12 日　组织开展春节广场文化系列活动，包括综艺演出、戏曲大戏、地方曲艺等。

19 日　开展开学前网吧市场集中整治，出动执法人员 208 人次，检查网吧 701 家次，现场责令整改 21 家，查处违规经营网吧 7 家。

26 日　局党委讨论同意绍兴图书馆、浙江绍剧院、绍兴文化发展集团有限公司主要领导调整。

3 月

3 日　召开"扫黄打非"工作会议，市扫黄办领导、各县（区、市）"扫黄打非"办负责人、责任处室负责人、市执法支队负责人参加。

4 日　召开系统党风廉政建设和反腐败工作会议。

5 日　国家艺术基金 2015 年度资助项目越剧《钗头凤》、越剧明星版《梁祝》在绍兴大剧院举行全国巡演出征仪式并首演。

8 日　调整绍兴市"扫黄打非"工作领导小组成员，领导小组办公室设在市文广新局。

11 日　绍兴市地方戏曲剧种普查工作会召开，各县（市、区）文广新局相关负责人参会。

16 日　省文化厅检查组到绍兴图书馆实地检查第二批创建国家公共文化服务体系示范项目"电视图书馆绍兴模式"。

18 日　开展文化市场法制宣传活动。

20 日　召开绍剧《绍兴师爷》剧目题材研讨会，该剧创作工作启动。

27 日至 28 日　市文广新局与嵊州市政府共同承办由省文化厅、绍兴市政府举办的"纪念越剧诞辰 110 周年暨全国越剧戏迷大会"。

4 月

6 日　市长俞志宏一行到绍兴市文广新局调研，副市长丁晓燕一同调研。

12 日　绍兴市 2016 年非遗工作会议在浙江省非遗教学性传承基地嵊州越剧艺术学校召开。

20 日　中国文化报刊登"电视文化超市，百姓精神家园"——

浙江绍兴创建第二批国家公共文化服务体系示范项目"电视图书馆绍兴模式"工作纪实专题报道。

22 日　召开局机关党委换届选举大会，选举产生新一届局直属机关党委。

23 日　全市 7 个公共图书馆首次同时举办大规模的"图书馆之夜"活动，参与读者 3000 人次。

27 日至 30 日　组织 28 家企业 51 个展位参展第 11 届中国（义乌）文化产品交易会，并获展会组织二等奖。

5 月

6 日　第十四届江浙沪闽经典越剧大展演在绍兴大剧院开幕，文化部副部长董伟、中国演出业协会主席朱克宁、浙江省文化厅厅长金兴盛、福建省文化厅厅长陈秋平、绍兴市委书记彭佳学等领导出席开幕式。

同日　绍兴越剧艺术发展有限公司正式挂牌成立。

7 日　"《千里共婵娟》著名越剧艺术表演家王文娟王派艺术传承发展研讨会"召开。

同日至 8 日　中国绍兴民间艺术团应邀参加 2016"多彩大邱"庆典活动，并获得韩国大邱广域市政府颁发的"奖励"奖。

12 日　绍剧《绍兴师爷》剧目提纲论证会在中国剧协召开。

16 日　召开戏剧改革试点工作座谈会，对下一步绍兴市戏剧改革试点相关工作进行初步研讨。

17 日　第十二届浙江省未成年人读书节暨浙江省未成年人"戏曲阅读经典"大赛决赛启动仪式在绍兴举办。

18 日　"电视图书馆绍兴模

式"顺利通过国家验收正式成为第二批国家公共文化服务体系示范项目。

同日至20日 2016年全国图书馆未成年人服务提升计划——浙江站暨"少儿阅读推广人"培育行动（基础级）在绍兴举行。

28日至29日 第五届绍兴市青年歌手大赛在诸暨剧院举行。

6 月

4日至5日 与中央电视台戏曲频道开展第三次合作，完成《快乐戏园》绍兴演唱会系列节目的录制工作。

7日 市委副书记、市长俞志宏一行到浙江特立宙动画影视有限公司视察调研。

13日 副市长丁晓燕赴嵊州市调研越剧小镇建设。

14日 副市长丁晓燕调研督导直宫江整治工作。

15日 绍兴船模馆正式开馆。

18日 2016年绍兴市"绍兴师爷讲故事"比赛在安昌镇中心小学举行。

22日 组织召开全市"扫黄打非"工作会议。

同日至27日 绍剧艺术研究院一行55人赴香港参加"2016中国戏曲节"。

23日 局党委发文表彰系统"三先两优"先进集体和先进个人。

7 月

4日 市直文广系统"三先两优"先进集体和先进个人表彰暨事迹报告会在绍兴图书馆举行。

5日 绍兴市演出有限公司的越剧《青藤狂歌——徐渭》和绍兴文理学院美术学院教师吕国钢的中国画《丝路新语》入选文化部国家艺术基金2016年度资助项目。

16日 第九届绍兴市合唱比赛在市文化中心举办，全市13支合唱团近700名队员参加。

19日 市委常委、市公安局局长凌志峰到市文广新局检查G20峰会安保工作。

22日 市直文广系统举办安保工作培训。

同日至26日 "鲁越丹青——山东绍兴书画联展"（绍兴站）开幕式在何水法美术馆举行。

27日 "把根留住"绍兴地方曲艺传承创新团队入围2016年浙江省文化创新团队。

29日 明星版越剧《梁山伯与祝英台》《钗头凤》首次全国巡演在上海落幕。

31日 央视11套戏曲频道《快乐戏园》演唱会栏目开始播出4期绍兴专场"越剧盛宴"。

8 月

3日 "绍兴市文物公司博物馆"在"华夏收藏网"上线开张。

19日 召开全市文广新系统政务信息工作暨办公室主任会议。

23日 副市长丁晓燕视察市重大活动指挥中心文广分中心，对市文广新局护航G20维稳安保工作表示满意。

27日 召开维稳安保工作会议，部署G20峰会决战阶段工作。

9 月

1日 修定出台《市直文化文艺单位参加社会文化活动的管理规定》。

4日 市委常委、组织部部长徐晓光到市文广新局调研干部队伍建设情况。

12日 绍兴市图书馆学会举办图书资料专业技术人员培训，全市200余名图书馆从业人员参训。

同日至14日、20日至22日分3个组2个时段对全市118个乡镇街道文化站建设运行情况进行督查。

13日至14日 浙江省第十八届公共文化论坛在市文化馆举行。

20日 浙江绍剧艺术研究院杨炯以绍剧《朱砂球》曹彩娥一角夺得第三届浙江戏剧奖·金桂表演奖。

21日 为纪念鲁迅诞辰135周年，日本仙台NPO剧团《远火——鲁迅在仙台》首次在绍兴大剧院公益演出。

同日 浙江省第十三届戏剧节（初赛）暨绍兴市第十三届戏剧节在绍剧艺术研究院开幕。

同日 首届绍兴市文化旅游创意产品设计大赛启动仪式在市文化中心举行。

24日 由浙江省文化厅主办，省文化馆、市文化广电新闻出版局承办的2016浙江省地域特色文化符号（民间戏曲）展演在市文化馆剧场举行。

29日 局党委印发《党风廉政建设和反腐败工作党委主体责任清单》。

10 月

1日至3日 "2016第二届中国·绍兴水城动漫节"在绍兴奥体中心举行，吸引1.3万余人次，推动了文化与旅游融合。

2日至5日　第二十届中国少儿戏曲小梅花荟萃活动在嵊州市举办。

11日　组织召开全市文化产业工作会议。

20日　浙江绍剧艺术研究院《于谦传》和新昌县调腔保护传承发展中心《闹九江》入选省第十三届戏剧节决赛参评剧目。

21日　绍兴大剧院成为"丝绸之路国际剧院联盟"首批成员单位。

22日至24日　首届中国游戏产业高峰论坛暨e游杯电子竞技大赛在绍兴市上虞区e游小镇举行。

25日　市文化市场行政执法支队荣获绍兴市杭州G20峰会工作先进集体，2人荣获绍兴市杭州G20峰会工作先进个人。

26日　第十二届绍兴市大学生电影节在鲁迅电影城开幕。

27日　绍兴艺校民乐作品《云海日出》荣获2016年浙江省中小学艺术节比赛高中组一等奖。

29日　2016绍兴市非遗集市在城市广场举行。

30日　"美丽水乡放飞梦想"第三届绍兴市"全民大舞台"才艺秀总决赛在城市广场落幕。

31日　绍兴市优秀越剧演员、戏剧"二度梅"获得者吴凤花荣获"中国艺术节文华表演奖"。

是月　绍兴图书馆《产业专题信息》首刊问世。

11月

2日至4日　绍剧艺术研究院携经典神话剧《火焰山》、传统保留剧目《龙虎斗》、新创剧目《于谦传之两袖清风》赴上海演出。

4日　绍兴市人民政府办公室《关于支持戏曲传承发展的实施意见》正式印发。

同日至6日　2016首届全球越剧戏迷嘉年华在绍兴开幕，并成立首个"全球越剧戏迷联谊会"。

6日　"美丽乡镇"第十届绍兴市乡镇（街道）文艺会演在市文化馆剧场举行。

10日　组织召开2016年全市文化市场综合执法考评会议。

12日　"浙江风采"浙江省首届雕塑大展在市文化馆开幕。

同日至13日　2016浙江民间艺术花会——"吴越同音·江浙沪摊簧艺术精品展演"在市文化馆上演。

18日　绍兴图书馆微信公众号"美文品读"栏目和越城区图书馆"牵手蛋糕店 共创阅读城"案例荣获浙江省图书馆阅读推广案例大赛二等奖。

20日　绍剧《绍兴师爷》剧本论证会在上海召开。

21日　省文化厅考评小组对绍兴市文化市场行政执法工作进行年度考评。

23日　组织开展互联网上网服务营业场所技术监管系统业务培训。

30日　绍兴图书馆开通市民卡文献借阅功能。

12月

1日　修定出台《绍兴市文广局小型项目采购招投标管理暂行办法》。

同日　市残疾人联合会与绍兴图书馆联合举办了"倾听"图书馆——关爱视障人士活动。

3日至11日　"绍腔越韵"新剧目惠民演出在绍剧艺术中心剧场举行。

8日　"从莲花洋到会稽山——舟山·绍兴书法联展"在市文化馆开展。

11日　2016绍兴首届文化旅游创意产品设计大赛落下帷幕。

12日　2016年绍兴市大学生电影节在绍兴职业技术学院闭幕。

14日　市委副书记、代市长马卫光调研市文化中心。

同日　获评2016年度省文化市场综合行政执法考评优秀单位。

同日　获评2016年度全省文化系统网站建设先进单位。

16日　组织召开全市"从看电视向用电视转变"工作推进会议。

18日至23日　"山阴道上行"2016绍兴市美术、书法、摄影作品展在温州市文化馆举行，展出作品100件。

21日　组织召开全市文化市场统计年报工作会议。

同日　举行2016年度市直非遗代表性传承人、传承基地工作交流暨总结评比会议。

26日　绍兴图书馆、市文化馆理事会正式成立。

同日　绍兴市文化馆、绍兴图书馆孙端分馆正式开馆。

27日　获评2015—2016年度全省文化艺术档案工作先进单位。

30日　延安路读者自助图书馆和绍兴音像资料室正式开放。

（吴丹娟）

绍兴市县(市、区)文化工作概况

【越城区文化广电新闻出版局(旅游局)】 内设职能科室5个,直属事业单位3个,镇街文化站14个。2016年末人员41人(其中:机关9人,事业32人;具有高级技术职务资格的4人,中级18人)。

2016年,越城区文化广电新闻出版局紧紧依托市文广新局的工作要求,围绕区委、区政府建设总目标,深入贯彻党的十八大及十八届四中、五中、六中全会精神和习近平总书记系列重要讲话精神,努力在群众文化事业、文化市场管理方面下功夫、求突破、出成果。一是持续发展群众文化事业,提高服务品质。拓展体系建设"新思路"。区委、区政府出台《关于加快构建现代公共文化服务体系建设的实施方案(2016—2020年)》(越委办〔2016〕15号),并组织实施,全区群众文化事业呈现出良好发展态势。出台《越城区基层文化阵地建设标准》(越公共协办〔2016〕1号),明确镇街综合文化活动中心(文化分馆)、镇图书馆分馆、新型图书室、村(社区)文化活动室建设标准,为持续推进公共文化服务体系建设和提档升级,夯实文化阵地提供了依据。建立了区、镇街和村(社区)三级文化服务网络,既互通有无、优势互补、连成一线,又根据工作职能、区位特点等,显示各具特色的文化优势。铺开全民阅读"一张网"。阅读活动丰富多彩。开展阅读推广活动136场,"大树下"少儿品牌活动20期;围绕"4·23"全民阅读节,组织"书香越城·随手记录图书馆的美"摄影征集大赛、未成年人"戏曲阅读经典"大赛等10场比赛型活动,举办"图书馆之夜——经典阅读分享会",开展"火眼金睛"辨人物大型作品人物再现秀,举行13场指定主题的阅读活动。服务质量不断提升。接待读者120万人次,图书流通118.2万余册,新书上架5万余册,办理借书证6642张,网站访问量1.95万次,微信粉丝1053名。引进电子书借阅机。开放视障读者阅览区,配置盲文图书89种240余册。文献收集有所突破。收藏地方文献446种960册,较去年增加381种810册。馆外建设逐步完善。建有馆外流通站42个。在主城区新天烘焙门店内新增"心悦读"读书站10个,系统共用、通借通还;联动学校、农村、社区、咖啡店等,面向不同群体,精心打造读者之城。打造区级文化"多阵地"。区文化馆场地设在若耶溪23号,场馆总面积近2000平方米,与塔山街道文化活动中心、区文联共同使用。馆舍免费对外开放。鉴湖文化分馆、图书分馆明确了场馆位置,并开展功能设计。着手建设区图书馆东浦分馆和北海街道、府山街道新型图书室。北海街道新型图书室作为越城区首个24小时自助图书室,于12月底向社会免费开放。新建独树村等文化礼堂5个。下好非遗保护"整盘棋"。出台区级《非物质文化遗产代表性传承项目认定与管理暂行办法》和《非物质文化遗产代表性传承人认定与管理暂行办法》,促进越城区非遗工作的保护与传承。积极参加省级非物质文化遗产项目评审,自评的6个项目有5个参加省级评审,最终绍兴民间棋类游戏技艺、会稽铜镜制造技艺被评为省级非遗项目。开展了浙江省传统戏曲之乡申报工作。确立皋埠小学樊江校区为棋类游戏传承基地,树人小学南校区为金石篆刻传承基地。面向区属14个镇街,推出"你点我送"非遗点单配送服务培训活动;开展"目连戏"专场曲艺演出10场。传递群众文化"好声音"。设计有效载体,搭建活动平台。举办第三届越城区农民元宵灯会、第七届"古越遗韵"端午节裹粽子比赛等系列节会活动。开展新春慰问演出7场、"五水共治"巡演15场、敬老院慰问演出5场。与柯桥、新昌等地开展"文化串门"12场,组织越城—安吉、建德—越城、"六馆联动"赴建德文化走亲5场。举办越城区迎新小品展、"丹青传情"越城区迎新美术作品展、越城—上虞两地中国画小品书画交流活动。运用多种形式,把握群众文化需求。举办由全区镇街、村(社区)组成的基层宣传文化员培训班。每周三晚举办越城区声乐培训班。开展群文摄影培训活动,各镇街舞蹈骨干参加排舞等"种文化"培训讲座。成立区排舞艺术协会。积极组织参与各类比赛,成绩斐然。开展越城区第三届青年歌手大奖赛,并组队参加绍兴市第五届青年歌手大奖赛,荣获2金、2银、3铜。组队参加第六届"绍兴师爷讲故事"比赛,1人获一等奖,2人获二等奖,4人获三等奖。举办越城区第二届排舞比赛,并选送5支优秀排舞队参加绍兴市第七届排舞比赛,荣获2金、3银。越城区还分别荣获这3次大赛"优秀组织奖"。越城区两支队伍参加第九届绍兴市合唱比赛，分别荣获二、三等奖。同时，还组织参加绍兴市第六届器乐比赛、绍兴市第三届才艺秀、绍兴市第十届乡镇文艺会演等。二是文化市场管理多措并举，丰富监管手段。以优良服务为依托，规范行政审批。积极推行行政审批制度改革，优化行政审批流程，保持权力运行公开透明，努力提升行政服务水平。是年，先后5次被区行政服务中心评为"优胜服务窗口"，2人次被评为"优胜服务个人"，文广新局窗口被评为行政服务示范窗口。截至12月底，共办理行政许可事项246件，组织现场核查、场所验收35家次，接受咨询628人次。以专项行动为抓手，营造健康氛围。围绕"平安建设"、杭州G20峰会、"全国文明城市复查迎检"等，分类推进各类专项行动，组织开展网吧、娱乐场所、出版物市场等整治行动。切实规范演出市场秩序。深入贯彻"扫黄打非"行动要求，夯实文化市场网格化管理，牵头开展"净网""清源""秋风""护苗"等专项行动。截至12月底，共出动执法人员2245人次（同比上涨18.5%），检查经营单位2818家次（同比上涨18.6%），立案查处27家次（同比上涨125%）；举报（督查）受理9件，办结案件24件，警告65家次，罚款162800元，没收非法所得6419.73元，没收无证和非法出版物17619件，整改违法违规经营单位53家次。是年，区文广新局（区"扫黄打非"办）"扫黄打非"工作考核全市第一，被评为省级先进单位。以行业协会为纽带，促进规范经营。积极指导越城区网吧行业协会开

展工作，充分发挥行业协会桥梁纽带作用。10家文化经营单位累计获得27万元文化奖励，有效促进了越城区文化产业发展。三是党建工作常抓不懈，促进勤政廉政。以政策为导向，把握方向明纪律。班子成员率先垂范，从严从紧抓好中央"八项规定"精神落实。局机关干部以实际行动深入贯彻落实中央"八项规定"精神、省委"28条办法""六个严禁"、市委"26条办法"和市、区其他有关规定。深入开展在职党员干部"两地"报到、结对帮扶活动等，密切联系群众。扎实开展领导干部诺廉述廉评廉工作。建立督查制度，局每月对行风效能建设进行不定期检查、抽查2次，全年督查24次。以学习促行动，提高认识振精神。及时印发《区文广局"两学一做"学习教育活动方案》。积极在局本级及直属事业单位开展补短板工作，扎实开展问题查摆工作。全体党员联系实际，做好"党性体检、民主评议"工作。每季度至少向区纪委报送1则纪检信息，全年报送10则。以德才为考量，选用干部讲制度。以《越城区乡镇、街道及区级机关中层干部管理暂行办法》（越委办〔2013〕68号）为依据，坚持"德才兼备、以德为先"的用人标准，提拔任用在民主测评中得票多、日常表现优、工作成绩突出、敢于创新的干部，努力做到坚持原则不动摇，执行标准不走样，履行程序不变通，遵守纪律不放松，选拔任用中层干部6名。

（洪淑萍）

【柯桥区文化广电新闻出版局】
内设职能科室6个，直属单位5

个。2016年末人员190人（其中：机关29人，事业161人；具有高级技术职务资格的49人，中级58人）。

2016年是"十三五"开局之年，柯桥区文化广电新闻出版局以创新、协调、绿色、开放、共享的发展理念引领文化工作，根据区委、区政府工作部署，补短板，促提升，认真落实文化惠民理念，积极提升公共文化服务能力，着力打造文艺高地，推进建设文化强区，努力实现"十三五"文化改革发展的良好开局。一是公共文化服务实现了提质扩面。全新推出"莲花书场"，每周面向市民免费展演3场，全年举办演出120场。首次以公开招投标形式，推出政府购买农村电影放映服务3728场。推出"好戏连台——民营剧团群英会"展演活动，择优录用15家民营剧团为政府采购对象，全年采购戏曲、曲艺、综艺类演出100场。新增柯桥街道双渎社区、齐贤镇光明居委会两个省级文化示范村（社区）。区文化馆音乐剧场、区博物馆等大型公益性文化设施完成升级改造。全区建成开放图书馆分馆6个。二是文化市场执法确保了峰会安全。开展"平安柯桥"文化市场安全隐患大排查及"扫黄打非""护苗""清源""净网""秋风"等专项整治行动，编制出台《柯桥区文化市场突发事件应急预案》，全年出动执法检查382次，出动执法人员1175人次，检查文化经营单位2227家次，取缔"黑网吧"6家、无证音像（出版物）摊店4家，非法演出大篷1起，收缴非法音像制品421张（盒）、非法（盗版）出版物86本，查扣电脑、交换机等上网设备

88台,立案查处违法违规案件41件,切实保障了文化市场的平安稳定。柯桥区文化市场行政执法大队被绍兴市委、市政府评为"绍兴市G20杭州峰会工作先进集体"。三是文化品牌活动丰富了群众生活。幸福水乡才艺秀开展各级各类赛事120余场,增设中国轻纺城商会赛区以及书法、摄影、美术静态类比赛项目,参与人次1.4万。"百花大舞台"全年开展演出52场次。举办柯桥区首届"幸福柯桥"村歌大赛,128首村歌参与赛事。12月,赴柯桥区山海协作单位江山市开展文化走亲活动,深化了两地文化合作,此外还与宁波市镇海区、北仑区以及诸暨市、上虞区、越城区等地区开展跨区域文化走亲活动30余场,开展区域内文化走亲活动160余场,促进了文化共享共荣。四是戏曲艺术创演打造了文艺高地。在绍兴小百花越剧团建团三十周年之际,柯桥区小百花越剧艺术传习中心举办了建团三十周年艺术研讨活动,开展了绍兴小百花建团三十周年纪念大会暨梅花奖艺术团"送欢乐、下基层"柯桥行、海内外巡演活动、建团三十周年风采展等七大活动,绍兴小百花越剧团新编历史越剧《屈原》在全国巡演40场次,并首次在国家大剧院做汇报演出,在中国文联召开的绍兴小百花三次创业研讨会上,文化部领导、各位专家对越剧《屈原》及绍兴小百花越剧团三十年来取得的成绩予以高度评价。10月,越剧表演艺术家吴凤花荣膺第十五届文华表演奖。在2017年柯桥区"八大战役"动员会上,绍兴小百花越剧艺术传习中心荣获2016年度柯桥区区长

奖。绍兴莲花落佳作频出,成绩喜人。绍兴莲花落演员潘海良获第九届中国曲艺牡丹奖新人奖提名。绍兴莲花落演出代表团赴法国、西班牙和葡萄牙等地演出。8月,柯桥区顺利通过中国曲协董耀鹏主席带队的"中国曲艺之乡"建设情况督查,督察组评价柯桥"中国曲艺之乡"名不虚传。五是文化遗产保护延续了地域文脉。非遗保护成效显著。8月,承办浙江省"十三五"县域非遗保护工作现场推进会,会上省文化厅党组副书记、副厅长陈瑶充分肯定了柯桥区非遗保护工作。11月,顺利通过文化部非遗司对柯桥区贯彻落实《非物质文化遗产法》情况检查。是年,全区开展非遗活态传承展示活动30场次,7人被认定为第五批市级非遗代表性传承人,新增1个省级非遗生产性保护基地,省级非遗项目增至12个。文物保护扎实推进,国保单位柯岩造像及摩崖题刻抢险加固工程第一阶段工程顺利竣工验收。国保单位舜王庙、古纤道等保护维修工程有序开展。《柯桥区文物保护单位突发事件应急预案》编制出台。全区第一次全国可移动文物普查工作顺利完成,普查登记可移动文物5245件(套)。柯桥区文广新局被浙江省文化厅授予"全省文化(文物)系统'六五'普法先进单位"称号。柯桥区文物监察大队被浙江省文物局评为"2016年度全省文物执法监察工作成绩显著单位"。

(祝妍春)

【上虞区文化广电新闻出版局】

内设职能科室4个,直属单位9个,乡镇(街道)文化站20个。

2016年末人员165人(其中:机关11人,事业132人,其他22人;具有高级技术职务资格的31人,中级53人)。

2016年,上虞区文化广电新闻出版局突出推进青瓷文化,补齐公共文化短板的要求,落实G20峰会维稳安防和文明城市创建工作,打硬仗、抓落实,各项工作取得可喜成绩。一是创新发展传统青瓷文化。谋划推进瓷源文化小镇,参与总体思路研究,完成策划方案制订,与清华美院签约合作共建瓷源文化小镇,做好省文化厅对创建省级特色小镇进行实地初审的有关工作。越窑遗址保护规划和考古遗址公园概念规划通过省级评审,凤凰山考古遗址公园项目9月动工开建,按计划完成基础设施建设任务。运行"上虞青"现代国际陶艺中心,包括韩美林在内的27位国内外重要艺术家入驻,向博物馆捐赠作品670余件,举办首届"上虞青"现代国际陶瓷艺术展,成为上虞重要的文化窗口,在国际陶艺界初具影响力。设立龙盛青瓷文化发展基金,为陶艺中心运行提供了保障。加快越窑工艺人才培养,与职教中心开展联合办学,设立工艺美术与青瓷陶艺制作专业,开展秘色瓷研发比赛,顾少波"和"字作品入选成为G20峰会国礼。二是大力补足公共文化短板。按照浙江省关于乡镇综合性文化服务中心补短板的任务要求,在区委、区政府的高度重视下开展调研,出台乡镇(街道)综合文化服务中心建设奖补政策,计划到2019年底前,全区所有乡镇(街道)综合文化服务中心室内建筑均达到1000平方米以上。多

次召开分管副乡镇长会议,督促各乡镇抓紧整改,达到每周开放42小时的考核要求。区文化馆开展音乐、美术、器乐等3期74个免费艺术培训班,培训学员1795人次。免费培训向乡镇(街道)延伸,进文化礼堂培训9次。文化志愿者队伍管理机制进一步健全,以大型公益演出及免费培训为基本载体,不断提高文化志愿者专业素质。文化志愿者长期活跃在社区、村镇,开展志愿服务及免费培训服务,有效弥补文化馆业务干部数量不足问题。三是精心组织文化惠民活动。主办"图书馆之夜"活动、"娥江之春"专场文艺晚会,承办第三届道德模范暨最美人物表彰晚会,联合举办纪念建党95周年机关才艺节,开展乡镇(街道)特色文化大展演等活动,完成"文明聚心中、道德见行动"主题教育巡演,取得较好社会效果。公共文化服务中心改编排练的越剧大戏《蝶恋》开演。文化馆合唱团取得省合唱节成人组第五名的好成绩,独舞《一叶知秋》入围浙江省舞台舞蹈大赛决赛,排舞《格力的旋转》《喇叭裤》参加省排舞大赛决赛,歌词《走过老台门》获浙江省新农村建设特色小镇题材歌词创作铜奖。分别与玉环、路桥、椒江、嘉兴、奉化等地开展"文化走亲"活动,加强文化交流。顺利完成"阳光剧场""阳光文化惠民"及送戏、送书、送电影等"三下乡"任务。四是积极推进文化遗产保护。进一步落实文物属地管理责任,各乡镇(街道)政府分别与文物保护主体签订保护责任书。逐步形成一条以各级政府为主导、各部门协调配合、属地管理为抓手的新路

子。加强文物安全保护,举办文物安全讲座,对全区建筑类文保单位进行一次地毯式巡查。编制谢安墓、峰山道场遗址、钱氏大宅院"四有"档案。向区人民法院申请强制执行一起文物行政执法案件并成功执行完毕。顺利完成上虞区第一次全国可移动文物普查,登记国有可移动文物19432件。区人大调研区《文物保护法》贯彻情况,文物保护工作得到人大领导肯定。开展全国第11个"文化遗产日"活动,举办非遗摄影大赛、征文及海报设计大赛,开展"非遗亮宝展"。"桌凳农具花"成功申报省级非遗项目。楼桂芳等8人入选绍兴市第五批非遗传承人。五是持续推进文化市场执法。加强文化市场巡查,全年检查各类文化经营场所2375家次,办理文化市场行政处罚案件37件。执法大队在市文化市场综合执法考评中被评为优秀单位,并被共青团中央、文化部命名为全国"青少年维权岗"。整合资源、加密检查、逐个把守,圆满完成G20峰会维稳安防、文明城市创建等工作,做到了监管不失误、迎检不失分。

(杜留阳)

【诸暨市文化广电新闻出版局】

内设职能科室5个,直属单位7个,镇乡(街道)文化站27个。2016年末人员110人(其中:机关14人,事业96人;具有高级技术职务资格的23人,中级41人)。

2016年,诸暨市以党的十八大和十八届五中全会精神为主线,围绕市委、市政府中心工作,牢固树立以人民为中心的工作导

向,紧紧围绕"五位一体"总体布局和"四个全面"战略布局,全市文化系统广大干部职工以"永无止境"的追求、"要谋新篇"的担当,积极实施中央关于公共文化服务体系建设和繁荣文化文艺意见,推进公共文化服务体系建设,深入开展文化惠民活动,大力繁荣文艺创作,积极培育文化产业,扎扎实实开展文化工作,顺利完成了各项目标任务。公共文化服务评估排名在全省取得好成绩,获得奖励和补助经费1139万元,位居各县(市)之首。一是进一步深化公共文化服务体系标准化建设。以构建"城乡一体、区域均衡、人群均等"的公共文化服务体系为目标,印发《关于加快构建现代公共文化服务体系的实施意见》《诸暨市基本公共文化服务标准》等政策文件。成立协调小组,以协调小组名义下发《关于成立诸暨市公共文化服务体系建设协调小组的通知》,明确协调小组成员及各成员单位的基本职责。协调小组由诸暨市副市长俞越任组长,办公室设在市文广新局。纳入考核体系。公共文化服务体系建设既纳入诸暨市委、市政府对文广新局的工作目标责任制考核指标,也纳入了诸暨市委、市政府对镇乡街道的工作目标责任制考核指标。5月底,公共文化服务体系建设协调小组拟定的《诸暨市公共文化服务体系建设2016年工作目标》下发。开展群文活动。"我们的文化"群文活动以"我们的舞台演艺秀""我们的展厅艺术秀""我们的节日我来秀""我们的课堂教我秀"4个系列为主要内容。舞台演艺秀由文化馆统筹安排,通过向社会公开征集

演出团队、演出需求方自主挑选团队的方式,10个民营或业余团队完成演出54场次,越剧团、演出公司完成55场次。完成诸暨市第八届青年"十佳歌手"大赛。承办第五届绍兴市青年歌手大赛,诸暨市文化馆获优秀组织奖。开展第七届"舞动诸暨"排舞展演。展厅艺术秀完成"潮涌浣江"系列艺术展览18个,观众近1万人次。完成"西施故里美如画"书画作品进文化礼堂展览15场次。"节日我来秀"举办了有近1000人参加的诸暨市第八届书画艺术节系列活动,中央电视台翰墨戏韵栏目、《美术报》、浙江卫视等媒体对活动做了专题报道。全民阅读节开展了"图书馆之夜"、"全家共读一本书"、"阅读之星"评选等10个系列活动。开展文艺培训。"课堂教我秀"市民学堂开设舞蹈、戏曲、器乐等长期培训班8个,完成200场次,培训学员8000多人次。短期培训和流动培训课堂按计划展开,培训学员2000多人次。二是加快实施大剧院建设工程。西施大剧院是诸暨市委、市政府重点打造的公共文化设施项目,由同济大学建筑设计研究院设计,主题为"城市的光环"。大剧院实际投资近4亿元,总建筑面积37395平方米,有观众席1200座,舞台设施现代、灯光声学智能、休息室、排练厅等配套设施完备、实用,是一个能接纳各类演出和大型会议的现代化综合剧场。10月底主体工程竣工,通过验收,并签约北京保利剧院管理有限公司,对剧院实施委托经营管理。12月,市党代会如期在诸暨大剧院召开;12月24日,举行了大剧院运营开票仪式。

三是认真开展文化惠民活动。全年完成送戏下乡135场次、电影下乡7296场次、周末剧场演出52场、送展览下乡50场次。送书下乡2.7万册。四是不断加强文化遗产保护。组织实施古民居保护、文物维修和文物安全管理三大工程。古民居保护工程由市财政投入700万元,进行溪北新一堂、马鞍山古民居等6项修缮、维修工程。投入180万元,实施安华周氏宗祠、东和蔡氏宗祠等10余个文物维修工程。市财政投入146万元,实施文物安全管理工程,完成马鞍山古民居消防安全工程、边村边氏宗祠消防安全工程;完成全市各级文保单位、文保点消防灭火器材配备工作。进一步加强非物质文化遗产保护力度,传统手工技艺项目棕编、传统礼俗"南孟风教"成功入选省级非遗项目。28个项目公布为诸暨市第七批非物质文化遗产名录项目。完成诸暨市非物质文化遗产展示馆、传统手工技艺展示馆建设,进一步丰富了博物馆的文化内涵,也为传统手工技艺传承人及从业人员提供了演示、交流的平台,取得了较好的社会效益。五是积极推进文化产业发展。全市相关部门共同做好产业推进工作,制定了2016年诸暨市文化产业扶持政策,进行了市商贸城"十三五"发展规划论证;举行中青投"梦想小城"招商谈洽会;完成诸暨市"西施"地理商标注册文化服务领域方面的商标注册分析;加强文化市场行业协会建设,充分发挥行业协会作用。投资3.78亿元的诸暨大剧院项目顺利推进,举行了大剧院运营开票仪式,计划于2017年2月正式投运。

六是着力加强文化市场管理。深入推进文化市场行政审批简政放权工作,进一步下放层级、缩短流程、减少环节、提高效率,加强事中事后监管,强化审批服务,优化服务方式,促进行政审批规范化建设。办理各类行政许可及备案服务项目92件,所有审批事项进入浙江政务网诸暨市电子审批系统,对所有受理项目,均能提前办结,没有出现黄牌和红牌警告,没有出现一例行政复议和行政诉讼。至年底,全市有文化经营场所961家。进一步加强文化市场日常动态监管。加强和发挥市"扫黄打非"领导小组及成员单位的责任和作用,加强职能部门联合执法,加大"扫黄打非"专项整治力度。及时查处各类违法违规经营行为。切实做好文化市场护航G20峰会工作。全年出动检查1832人次,检查各类文化经营场所3217家次,立案调查行政处罚案件13件,取缔游商摊贩56家、大篷演出37起;收缴非法出版物4654册,收缴非法报刊621份,盗版、非法音像制品(光盘)1141张。

(徐可良)

【嵊州市文化广电新闻出版局】内设职能科室5个,直属单位11个,乡镇街道文化站21个。2016年末人员286人(其中:机关12人,事业274人;具有高级技术职务资格的33人,中级71人)。

2016年,嵊州市文化广电新闻出版局按照上级部署和要求,在市委、市政府领导下,认真落实重点工作责任清单,务实创新,着力推进全市文化事业的建设发展。一是嵊州越剧传承发展全面推进。3月26日至28日，举行由浙江省文化厅、绍兴市政府主办，嵊州市政府、绍兴市文广新局承办，中华文化促进会、中国戏剧家协会、央视"戏曲频道"全程支持的纪念越剧诞辰110周年活动暨首届全国越剧戏迷大会。活动紧扣"纪念越剧诞辰，感恩越剧前辈；凝聚戏迷力量，共商繁荣大计；彰显越剧生态，引领传承发展"主题，围绕"寄情越剧、倾心越剧、活力越剧"三大主题板块，分层面召开戏迷论坛，向全国发出越剧传承发展《嵊州倡议》。省委常委、宣传部部长葛慧君宣布开幕，对嵊州发挥诞生地优势，推动全国越剧传承发展进行指导；文化部非遗司、省文化厅领导和全国性文化、艺术组织的领导以及来自全国的越剧院团、演出剧场、民间越剧社团的代表和越剧传承人、越剧研究专家、资深人士出席纪念大会；全国15个省、市的300多名越剧戏迷参加"政府责任"高峰论坛、"倾情耕耘"专家论坛、"美丽越缘"戏迷论坛等相关活动。《我们的中国梦 文化进万家》纪念越剧诞生110周年《过把瘾·嵊州行》特别节目在央视戏曲频道播出。该活动受到了中央媒体等的首发报道共计160多篇，省委常委、宣传部部长葛慧君批示表扬。国庆期间，举行第二十届中国少儿戏曲小梅花荟萃活动，参赛选手及指导教师、家长等800多人，115个节目，28个戏曲剧种，24个省（市、区）和5个小梅花基地参赛。嵊州市城南小学获集体项目"小梅花"金奖，6人获个人"小梅花"金奖。"越剧诞生地——嵊州越剧文化生态区"通过省文化厅验收，于3月命名

授牌。完成越剧文化生态区规划编制，以越剧文化遗产保护、越剧文化空间保护、越剧文化生活保护、越剧文化产业培育、越剧文化品牌创建"五大工程"为抓手，对核心（越剧特色城市）、朝圣地（东王、施家岙）、重点区（甘霖、黄泽、崇仁、长乐）、外围（剡溪两岸）进行"四层式全域"保护，扎实开展生态区建设。嵊州市越剧艺术保护传承中心新创作排演越剧现代戏《袁雪芬》，被列入省精品扶持工程项目，在市内公演后，赴全国各地巡演，已在江苏常州等地演出。嵊州越剧艺校越剧2015届流派传承人班18位毕业生分别进入上海越剧院、浙江小百花越剧团、浙江越剧院等全国著名院团和嵊州市越剧艺术保护传承中心；2016届流派传承人班20位新生如期开课。越剧博物馆启动中国越剧戏迷网建设，组建11个爱越小站，凝聚戏迷力量；组织开展"高雅艺术进校园——越剧进中国人民大学（苏州校区）"等活动，进一步扩大了越剧和越乡的影响力。二是公共文化服务体系均等化、标准化建设水平持续提升。贯彻实施《关于加快构建现代公共文化服务体系建设的意见》，制定对照清单，抓好落实。全市公共文化服务体系建设专项资金2993万元。经浙江省第六次文化馆、站考评，全市有省文化强镇1个，文化分馆2个，特级乡镇（街道）文化站1个、一级站9个、二级站7个，省级文化示范村（社区）11个。有浙江省民间音乐村1个。在基层文化阵地建设中，有村文化礼堂108个，市区越剧戏迷角10个，乡镇越剧演唱点25个，村越剧演唱台门100多

个。嵊州市文化综合大厦于6月动建，总建筑面积28000平方米，由16层地上主体及2层地下室组成。地上主体建筑设新华书店卖场，文化馆业务用房，培训活动场所，一个900席座位的标准剧场；2层地下室为新华书库仓库、停车位，计划于2018年底投入使用。图书馆投资30万元，购置自助借还机2台，开通微信公众平台（图书馆微信公众号：szslib），开通"绍兴市公共图书馆通用少儿读者卡"。年底，嵊州市有基层农村图书馆流通站41个，其中乡镇图书分馆3个，企业流通站5个，部队流通站4个，村级流通站29个。三是文化建设成果共享进入新常态。文化"种、送"活动不断深化，实现"一月一主题，月月有活动，天天有演唱"，以"周末剧场乡村行"等形式，全年送戏下乡120场次，送电影4850场次、送书1.8万余册。组织文化骨干、越剧戏迷等赴海盐、海宁、磐安、义乌等地开展省内文化走亲活动6次。开展世界读书日、未成年人读书节、全民读书月等活动。城南小学编排《越韵古诗联唱》参加绍兴地区选拔赛获小学组一等奖，参加全省未成年人"戏曲阅读经典"大赛获小学组银奖。乡镇文化活动接地气，以文化活动中心、文化礼堂为阵地，深入开展自娱自乐的群众文化活动。乡镇积极举办与当地经济相结合的文化艺术节，除原有的长乐红枫文化节、甘霖樱桃文化节等，又涌现出黄泽美食文化节、剡湖小笼包文化节、通源香榧文化节等。嵊州市"文化站考核制度""送戏下乡——周末剧场"和"文化礼堂建设"等3个工作亮点，被列为浙

江省 2016 年公共文化工作优秀个案。四是文化遗产保护传承有序推进。全国重点文物保护单位崇仁村建筑群当典台门、文元台门修缮工程和省保单位钱氏大新屋一期、王羲之墓修缮工程通过省级验收；崇仁村建筑群沈家台门、员外台门，省保单位太平邢氏宗祠、钱氏大新屋二期修缮工程通过市级验收；对举坑祠堂、瞻山庙、新镇庙、江十三公祠等一批市级文保单位、文保点进行修缮。小黄山遗址保护总体规划通过国家文物局立项，并启动编制工作。完成 4 处全国重点文保单位、10 处省级文保单位的文字档案工作，其中国保单位华堂王氏宗祠记录档案获评省优秀档案。全市文保单位"四有"工作规范有序推进。完成省保单位绍兴会稽山古香榧种植园、市保单位缸窑山墓群、艇湖塔、天章塔的保护范围、建控地带及文物保护管理说明碑的制作安装。完成国有可移动文物普查，编印出版《剡地物华——嵊州国有文物藏品图录》。抢救性清理甘霖镇上高村东晋义熙二年墓、宋太常寺主簿周汝士墓，出土画像砖、墓志铭、买地券等重要文物。文物平安工程有序推进，国保、省保单位消防工程设计方案上报国家文物局、省文物局评审，对评审通过的方案，相继完成招投标工作。"嵊州木鱼制作技艺""嵊州香榧传说"等 2 个项目成功申报第五批浙江省级非遗名录。至年底，全市有国家级非遗项目 4 个、省级 14 个、绍兴市级 45 个、嵊州本级 75 个。组织市非遗专家完成以《群体传承　立足创新》为题的嵊州竹编传承人俞樟根调研报告，获省文化厅一

等奖。钱银永等 39 人被评为第二批嵊州市非物质文化遗产项目代表性传承人，魏喜明等 13 人被评为第五批绍兴市非物质文化遗产代表性传承人。嵊州灵鹅高跷队代表绍兴市参加韩国大邱广域市"多彩大邱庆典"。组织人员参加第七届中国（淮阳）非物质文化遗产展演、全省非遗博览会、绍兴市非遗集市、义乌文博会等活动。指导黄泽木雕城、郑剑夫根雕艺术馆等建设，组织开展文化企业"下升上"调查走访工作，促进文化产业发展。年底，在市文化广场举办以"守护绿色、致敬环保"为主题的"嵊州竹编"2017 跨新广场展示活动。五是文化市场监管机制创新。完善文化市场（文物）目标管理责任书，进一步明确各乡镇（街道）主要责任人是辖区文化市场（文物安全）管理第一责任人。开展错时执法行动，加强双休日及夜晚巡查频率。全年出动执法人员 1170 人次，检查各类经营单位 2208 家次，查获违规数 37 件，受理举报 8 件，行政处罚立案调查 32 件，办结案件 27 件，警告 16 家次，停业整顿 6 家，罚款 21 家次，取缔无证娱乐场所 3 家，取缔非法出版物摊贩 3 个，收缴非法出版物 1125 册，取缔非法大篷演出 2 起，破获网络涉黄案件 13 起，刑事处罚 17 人。结合"12318"宣传日、知识产权宣传周、平安嵊州宣传月等活动，发放宣传资料 8000 份。开展"扫黄打非工作进乡镇（街道）""清源""净网""秋风""护苗""利用云盘传播淫秽色情专项行动"和打击"三假（假媒体、假记者、假记者站）"等专项行动。护航 G20 峰会专项行动期间，开展"5＋2""白加黑"

执法模式，确保 G20 峰会期间全市文化市场平安有序。

（王鑫君）

【新昌县文化广电新闻出版局】

内设职能科室 4 个，下属单位 9 个。2016 年末人员 190 人（其中：机关 10 人，事业 180 人；具有高级技术职务资格的 6 人，中级 34 人）。

2016 年，新昌县文化广电新闻出版局以党的十八届三中、四中、五中、六中全会精神和习近平总书记系列重要讲话精神为指导，以改善文化民生为目的，着力提高公共文化服务能力，补齐发展短板，加快文化创新，努力推动全县文化事业繁荣发展。一是现代公共文化服务体系加快构建。出台《中共新昌县委办公室 新昌县人民政府办公室关于印发加快现代公共文化服务体系建设实施方案的通知》（新委办〔2016〕92 号）文件，明确 2016 年至 2020 年全县公共文化服务体系建设的指导思想、主要任务和保障措施。文化基础设施不断完善，鼓山书院修复工程结顶，儒岙镇、澄潭镇文化活动中心主体结构完工，完成 21 家农村文化礼堂建设。调研各乡镇（街道）综合文化站建设运行情况，全面整改存在问题。免费开放工作持续深化，全年组织开展各类公益性展览、讲座、活动 31 场，县图书馆接待读者服务近 70 万人次，县博物馆接待参观人员近 10 万人次。二是群众文化活动丰富多彩。深入开展以送戏、送书、送电影为主的"文化三下乡"活动，全年送戏下乡 181 场，送电影下乡 3061 场，送书下乡 3.21 万册，放映广场电影 420

场。组织开展"阳光文化进礼堂"文艺演出活动 9 场。举办排舞、腰鼓、声乐等培训班，培训文艺骨干 665 人次，组织参加市青歌赛、排舞比赛、书法展、乡镇街道文化会演等市级以上各类比赛，获奖 35 项。组织赴象山、平湖、岱山等地开展文化走亲 6 次。全年承办和协办茶文化节开幕式文艺演出、非遗戏曲专场晚会、南洲罗汉专场等重大演出 20 多场。举办茶文化节茶祭大典、第十届乡镇（街道）农民文化节、国庆群众文化月系列活动，深受群众欢迎。三是文物保护力度切实加大。全年新增县级文保单位 5 处、文保点 12 处。出台《新昌县文物保护专项资金管理办法》，规范文物保护资金使用。做好各类文保单位修缮工作，相继完成新昌古城墙修缮方案设计和前期审批、班竹村章家祠堂维修指导等工作。加大对各级文保单位的日常巡查，确保文物安全。成功拆卸胡卜村遗留古建筑清风台门，完成钦寸水库库区盘山寺遗址及卜曾墓考古挖掘工作，原址保护开发胡璟墓。博物馆基本陈列"梦游天姥——新昌历史文化陈列"荣获第十届浙江省博物馆陈列展览精品奖，"佛崤天姥——新昌大佛1500 年纪念特展"到萧山、东阳

等地巡展。四是非遗保护工作扎实开展。全年新增 11 名市遗传承人，"十番项目"入选省级非遗项目名录，城关俞氏古建砖瓦厂被评为第二批省非遗生产性保护基地，新昌非遗集锦数据库为绍兴市首个通过省级验收的地方特色资源数据库。举办全县非遗晚会、地方戏曲知识培训班，组织参加"绍兴师爷讲故事"比赛。有序推进调腔振兴计划，重新改编的传统调腔《闹九江》参加省、市十三届戏剧节成功入围省 20 强，县调腔剧团成为绍兴地区唯一一进入决赛的县级剧团，并喜获市戏剧节新剧目大奖、武功表演集体奖，1 人获特别表演奖、3 人获优秀表演奖、1 人获优秀伴奏奖。赴四川参加第三届中国（南充）嘉陵江灯戏暨地方戏剧艺术节演出。参加"非遗薪传"浙江传统戏剧展演展评活动，1 人获"薪传奖"，1 人获优秀表演奖。全年组织演出86 场，出色完成春节下乡演出任务，先后到宁海、余杭、东阳等地交流演出。编印调腔剧本专辑第3 辑、第 4 辑，新增国家一级演员1 名，新招调腔演员 1 名。每周组织戏曲老师赴南岩小学开展"学调腔唱调腔"活动。6 月初，中央电视台、《人民日报》、新华社等 7 家中央主流媒体对国遗调腔

进行了集中报道，大幅提升新昌调腔知名度。五是文化市场管理规范有序。强化日常监管，大力推进"扫黄打非""护苗 2016""净网 2016""公共视听载体专项整治"等专项行动，全年开展文化市场执法检查 2305 家次，查处违规经营单位 29 家，文化市场良好率95％以上。加大网吧、歌舞娱乐场所、演艺场所及文保单位等重点单位的安全检查力度，全年发出各类整改通知书 29 份，组织消防演练 3 次，分发各类宣传手册2000 余册。六是文化发展环境全力优化。编制《新昌县文化事业发展"十三五"规划》。深化审批制度改革，重新明确了 28 项行政许可事项、2 项行政确认事项及 9 项其他行政权力事项的工作职责分工，全年办理行政许可设立和变更 33 件。坚持文化和旅游、商业等领域融合发展理念，组织天工坊砖瓦、丸十工艺、青藤轩工艺品等公司参加第 11 届中国（义乌）文交会，其中天功坊砖瓦有限公司作品获文交会工艺美术铜奖。组织开展"霞客游线讲霞客　唐诗路上和新诗"文化经典体验日旅游活动、"探秘天姥山"文化讲座等活动，吸引外地游客参与，增加乡村旅游文化内涵。

（俞克媚）

金华市文化广电新闻出版局

【概况】 内设职能处室 6 个，直属单位 8 个。2016 年末人员 274 人（其中：公务员 22 人，参公 14 人，事业 238 人；具有高级技术职务资格的 102 人，中级 122 人）。

2016 年是十三五开局之年，也是全面推进文化事业发展的攻坚年，金华市文化广电新闻出版局紧紧围绕市委、市政府"走在前列，共建金华"的决策部署，抓建设、抓管理、抓落实，努力提升文化软实力，坚定不移地打好城市转型升级组合拳，各项文化工作取得良好成效。

一、文化设施建设

开展金华市图书馆新馆建设项目前期工作。金华市非遗馆建设项目列为 PPP 预立项项目，并顺利推进。婺城区文化馆、图书馆实现免费开放。义乌文化中心即将投入使用。义乌市博物馆新馆、美术馆开工建设。义乌大剧院选址明确。东阳市非遗馆一期布展工程顺利实施。磐安县文化馆硬件设施水平进一步提高，3 个特色农耕文化展示体验馆建成使用。全市 80% 的乡镇（街道）文化站实现整改提升，24 个市级文化示范村（社区）成功创建。

二、文化精品创作

组织文艺人才配合"两学一做"学习教育活动编排节目，为活动开展增加文化内涵。举办金华市特色小镇题材音乐作品大赛，组织了"金华山之恋"原创歌曲征集活动。推动婺剧登上 2016 央视新年戏曲晚会和央视春晚舞台，婺剧新剧目《宫锦袍》和《乌孝辞》入选国家艺术基金资助项目，19 件作品获扶持，2 个作品在省级赛事夺冠。围绕中心工作打造时代艺术精品。大型现代婺剧《血路芳华》《郑义门》《徐文清公》《欲血惊魂》等 4 个剧目入选"浙江省第十三届戏剧节"，其中，《血路芳华》获"新剧目大奖"第 1 名。

三、文化惠民活动

全年组织文化"五送五进"惠民活动近 5 万场，各类文化培训，培训 5 万人次，承办省级赛事活动 14 次。各县（市、区）"一县一品"的特色基本形成。开展"两美婺城 百姓舞台大 PK"、兰溪星舞台、"三月三"畲乡风情节等惠民活动，丰富群众文化生活。开展"老年人 10 元看电影"活动，接待老年人 2754 人次，出售优惠电影票 2754 张。

四、公共图书事业

依托浙江省公共图书馆讲座、展览、信息服务、网络技术等公共图书馆联盟，提升全市公共图书馆读者活动和信息服务水平。全年市本级接待读者 74.92 万人次，借还图书 114.55 万册，新办借书证 9307 本。全市 11 家公共图书馆联合开展"金华市第二届全民阅读节"系列活动，从 3 月持续到 5 月，历时 3 个月，"用戏曲阅读经典——金华传统戏曲婺剧""金华市公共图书馆优秀阅读推广人""金华阅读之星"等活动在全市掀起阅读高潮，评选出了 10 名金华市公共图书馆优秀阅读推广人，极大促进了各地的文化交流。加强共享工程资源建设，完成新建和在建的金华市农耕文化数据库、金华市抗日战争数据库、金华历代书画家数据库、金华古戏台数据库等地方性数字资源库。

五、非遗保护工作

新增 13 个省级非遗项目。评审公布了第三批市级教学传承基地 9 家、生产性保护基地 12 家。强化传统工艺传承利用，进一步加强传承人队伍建设，开展了"传承人微电影"拍摄工作和 2016"服务传承人月"活动。以"我的节目，我们的生活"为主题，举办了 15 场非遗馆展演和 110 场非遗百村行活动，受惠群众 30 余万人次。开展非遗大戏创排工作，组织非遗进景区、进古村落，推进文旅融合。与舟山签订"山海合作"协议，推进非遗交流发展。推动市政府出台《金华市木雕、根雕、石刻产业传承发展实施意见》，促进传统工艺振兴。推进婺剧事业繁荣发展，起草《推进婺剧传承发展的实施意见》并报市政府审议，打造婺剧艺术生态保护区格局，大力宣传婺剧文化，营造婺剧传承与传播良好氛围。支持浙婺等文艺院团开展对外、对港澳台文化交流活动，圆满完成赴哥斯达黎加、秘鲁和韩国的文化交流活动，得到一致好评。组织金华特色文化艺术项目赴内蒙古、新疆、浙江宁波等地开展文化走亲活动。支持义乌举办"义新欧·丝路行"全国美术名家主题创作展览，塑造"新丝绸之路新起点城市"文化品牌。

六、文化行政审批

全年市本级受理行政许可事项98件，办结率100%。受理咨询1160余起。梳理行政权力清单，取消5项行政许可事项和1项行政处罚事项、新增25项行政处罚事项，完成27项行政处罚事项名称变更工作，实现省、市、县三级行政权力事项名称、程序、条件等的统一；进一步简化审批程序、压缩审批时限，提高审批效率；积极提升服务水平，推行文化市场行业投资温馨提示制度。把65项行政权力事项纳入"五星级"业务办理模式，占比达75.58%，其余21项纳入"三星级"业务办理模式，其中两个行政权力事项纳入金华市政务服务"淘宝式"业务办理模式试点项目。开展行政审批规范化大检查和行政许可案卷评查工作。制定《金华市文化市场黑名单和红名单管理办法（试行）》，推进全市文化市场信用建设。

七、文化市场监管

坚持市场监管与依法行政相结合，不断完善文化市场监管机制，扎实开展各项专项整治活动，严厉打击各类违法经营行为，强化市场监管，规范市场经营秩序。全年出动检查435次，出动执法人员1256人次，检查文化经营场所2204家次；办理行政处罚案件一般程序36起，简易程序10起，无行政复议案件。

八、文化产业发展

制定并发布了《金华市关于扶持木雕根雕石刻金属雕刻等产业传承发展的意见》。会同市督考办、市发改委等部门研究制定了《文化影视时尚产业县（市、区）考核细则》。联合浙江师范大学等单位完成了金华市文化产业"十三五"规划。各县（市、区）如婺城、浦江、武义等地纷纷制定了推进产业发展相关政策意见，至年底，兑现产业发展资金2100多万元。开展金华市文化影视时尚产业重点企业、重点项目评审工作。审定重点文化企业21家，市区10家企业的11个项目申报成长型项目，23家企业的24个项目申报初创型项目。经过初审、路演、专家评审、公示等环节，陶艺梦工场等5个成长型项目和婺窑小镇等10个初创型项目入选，获得了总计400万元的资金扶持。推动浦江"四个全面"建设，加快浦江水晶产业转型升级，组织人员赴浦江调研指导浦江水晶产业发展，给予了专项扶持资金。

【大事记】

1月

1日　浙江婺剧艺术研究院折子戏《断桥》登上中央电视台2016年新年戏曲晚会。

20日　浙江婺剧艺术研究院受文化部委派，赴哥斯达黎加、秘鲁两国开展为期14天的"欢乐春节"活动。

24日　中央电视台戏曲频道即日起连续两周日播出两场"美丽金华·婺韵流芳——快乐戏园演唱会"。

27日　全市文化局长会议召开。

28日　"在金华过大年"暨2016年味·金华第二届非遗年货展正式开幕。

是月　制定了《金华市公共文化服务体系建设协调机制工作方案》《金华市公共文化服务体系建设协调组议事规则》。

2月

1日　在中国人民解放军94922部队驻地举行2016年"军民鱼水情"迎新春联欢晚会。

2日　"婺江水·警民情"文艺演出在中国婺剧院举行，市委副书记、政法委书记、市政协党组书记陶诚华，市委常委、公安局长聂展云，副市长林丹军到场观看演出。

4日　金华市首家乡镇多厅影院——孝顺时代影城正式开业。

7日　浙江婺剧艺术研究院朱元昊和陈丽俐联袂表演的婺剧《姐妹易嫁》选段《树上喜鹊叫喳喳》参加央视猴年春晚。

17日　金华市文化影视时尚产业发展大会召开。

22日　联合市旅游局、金华火车站等单位，在金华高铁站组织"快闪"文艺演出。

是月　浙江婺剧艺术研究院《断桥》献演2016年省委、省政府春节团拜会。

3月

10日　全市10家公共图书馆全部开通图书"通借通还"服务。

14日　省委常委、宣传部部长葛慧君视察婺城区蒋堂镇泽口村文化礼堂。

20日　2015"欢乐金华"百姓文化节之"百姓戏迷大赛"在中

央电视台戏曲频道《过把瘾》栏目播出。

24日　全国人大常委会委员、省人大常委会副主任娄健敏带队的调研组在金华市开展影视产业、公共文化服务情况专题调研。

31日　浙江婺剧艺术研究院新生代演员李烜宇荣获白玉兰新人主角奖榜首。

是月　制定出台《金华市文艺创作重点项目扶持办法》。

4月

7日　文化部第十一批网络文化市场以案施训活动在金华举行。

14日　中国婺剧院入选2015中国传统戏曲演出场馆活力15强。

21日　在市体育中心组织落实侵权盗版及非法出版物集中销毁活动。

22日　"书香金华"全民阅读活动正式开启。

26日　金华舟山两地非遗中心签署"山海合作"协议。

27日　第十一届中国义乌文化产品交易会在义乌国际博览中心举行，展会为期4天。

5月

5日　金华市4家庭喜获第二届全国"书香之家"称号。

13日　金华市少儿图书馆首个分馆"仙源湖学校分馆"正式开馆。

是月　义乌市婺剧保护传承中心荣获第六届"全国服务农民、服务基层文化建设先进集体"。

是月　首届艾青诗歌节启动。

6月

16日　第二届中国（永康）文教体育用品博览会在永康国际会展中心开幕。

19日　婺剧电视剧《鸡毛飞上天》在央视播出。

22日　"浙江风采"浙江省首届雕塑大展在市文化馆开幕。

是月　市文化局民族舞蹈《跳魁星》和义乌市婺剧保护传承中心婺剧《乌孝词》入围国家艺术基金2016年度资助项目。

7月

8日　浙江婺剧艺术研究院首个国家艺术基金项目《宫锦袍》在中国婺剧院首演。

13日　省文化厅厅长金兴盛一行5人到金华调研网络文化产业以及公共文化服务。

是月　婺城区非遗项目黄蜡石雕刻传承人张述章、张玉春作品黄蜡石《满汉全席》荣获"大世界基尼斯之最"。

8月

1日　推出老年人任意电影10元看惠民活动，金华时代国际影城为全市首家试点影院。

3日　市人大常委会副主任江跃进调研市区公共文化建设工作。

是月　婺文化研究创新团队成功入选"浙江省文化创新团队"。

9月

23日　省文化厅副厅长刁玉泉到金华考察文化工作。

28日　金华银行文创支行正式成立。

30日　首届金华动漫游戏展开幕。

10月

9日　省文化厅副厅长蔡晓春一行3人到义乌市考察指导对外文化交流工作。

同日　新增横店影城为"老年人低价看电影活动"的江北片观影影院。

21日　"文旅结合"非遗精品展演展示活动联排在中国婺剧院举行。

24日　金华市12个项目入选第五批省级非遗名录公示名单。

11月

1日　举办2016年金华·安康文化市场综合执法案卷研讨班及经验交流活动。活动为期4天，安康市文化文物广电局执法交流团35人参加了活动。

10日　《金华市文化广电新闻出版发展"十三五"规划》印发。

17日至20日　浙江婺剧艺术研究院《血路芳华》《郑义门》《宫锦袍》参加省第十三届戏剧节比赛，《血路芳华》获得新剧目大奖，巫文玲获优秀表演奖。

21日　义乌市婺剧保护传承中心婺剧《吕布与貂蝉》首次亮相巴黎第七届中国传统戏曲节。

23日　金华非遗走亲团10多人赴福建莆田进行了学习考察和走亲活动。

29日　浙江婺剧艺术研究院"婺韵华彩——婺剧专场演出"在韩国釜山国立国乐院上演。

是月　浙江婺剧艺术研究院应邀赴台湾佛光山参加了"第十届台湾·浙江文化节"和"2016国际书展暨蔬食博览会"。

12月

6日　为期5天的"推进文化体制机制创新专题研讨班"在浙江大学西溪校区开班，全市文化系统领导干部和业务骨干50

余人参加。

16 日　金华市 10 家以传统手工技艺为主的企业入选第二批省级非遗生产性保护基地推荐名单。

27 日　全市文化局长会议召开。

（朱致远）

金华市县（市、区）文化工作概况

【婺城区文化体育新闻出版局】
内设职能科室 4 个，下属单位 6 个。2016 年末人员 34 人（其中：公务员 3 人，参公 4 人，事业 27 人；具有高级技术职务资格的 3 人，中级 13 人）。

2016 年，婺城区文化体育新闻出版局认真贯彻十八届五中全会精神，以"走在前列、共建金华"为目标，强化"以文化人、以文惠民、文体强区"理念，坚持新常态下文化工作发展方向，突出创新精神，大力弘扬先进文化，构筑社会主义核心价值观，推动文化事业不断发展。一是坚持创建引领，夯实婺城公共文化服务阵地。根据婺城区《关于加快构建现代公共文化服务体系实施方案》，区文化馆和图书馆实现免费开放，17 个乡镇（街道）综合文化站进行了整改，集书报阅览、电子阅览、宣传教育、文艺演出、科普教育等功能于一体。完成 14 个村级公共电子阅览室建设。新建文化礼堂 15 家。创建机关书香驿站，建成蒲公英幼儿园、中山路社区、金华市城管服务中心等图书流通站 5 个。二是坚持公益惠民，丰富婺城区群众精神文化生活。配合区委中心工作自编节目，通过送文化下乡、才艺大赛等

形式，开展各类巡回演出 30 场，送戏下乡 132 场，送电影下乡 3300 场，文化走亲 7 场。围绕区中心工作举办各类大型文艺活动和比赛 19 场。结合"两美婺城""五水共治""两学一做"等主题活动，举办"五水共治"诗歌朗诵会、"永远跟党走"纪念长征胜利 80 周年演唱会等大型活动。举办"两美婺城 百姓舞台"、视觉婺城、百姓舞台大 PK 等系列比赛，发掘了一批优秀基层文艺人才。完成基础设施建设，举办各类培训 37 期，培训 1318 人次。送展览 38 场，送讲座 59 场，观众 1.5 万人次。区图书馆打造全民阅读工程，送书下乡 8762 册，努力打造"信义金华 书香婺城"品牌，举办各类阅读推广活动 52 场，参与人数 5 万余人次。举办婺城区全民阅读大型系列活动，在全区范围推出"您看书我买单"暑期图书赠阅励读活动。三是坚持培训提升，壮大婺城文化队伍。举办公共文化免费开放培训，开设成人舞蹈、油画、声乐、摄影、笛子、书法以及青少年硬、软笔书法等 12 个培训，1 万余人次参训。举办婺城区村级文化骨干、文化礼堂（文化设施）管理员培训班、第三期"文化礼堂"排舞培训班等各类培训 9 期，培训人次 1235 人。建立农村文化下乡辅导制度，把专业干部分配到片区，定点定期开展音乐、舞蹈、剪纸等文艺辅导。村歌《逐梦临江》获金华市第二届村歌大赛创作、表演金奖，婺城区文化馆获组织奖；参加金华市排舞大赛，获 4 个银奖和优秀组织奖；参加金华市公共文化服务优秀创新案例评选活动，获二等奖、三等奖；作品《秋园》入选浙江省

首届水彩画写生作品展；楹联作品入围浙江省特色小镇书法楹联展；参加金华市少儿舞蹈大赛，获 3 个银奖，3 个铜奖。四是坚持文化传统，提升文化遗产保护水平。制定《婺城区文物保护单位（文保点）防灾减灾防盗方案》，落实专人值班制度，加强灾害天气文物保护工作。加强各文保单位和文保点的日常巡查和专项检查工作，完成 6 个乡镇的不可移动文物安全检查。完成婺城区第一次全国可移动文物普查工作。推荐叶店叶氏宗祠及古方洞山塔为省级文物保护单位。完成全部 20 处县（市）级文保单位的两划工作，开展了开化周氏宗祠、栅川于氏宗祠等文保单位的白蚁防治工作。完成 6 个文保单位、文保点修缮工作。配合相关部门，完成 2 处文物清理工作。配合公安部门联合处置了石楠塘古建筑牛腿被盗案件。开展交椅山红军标语、古方朱氏宗祠、罗芳桥胡氏宗祠 3 处传统村落保护专项资金项目申报工作。做好非遗项目传承人培养和传承基地建设工作。认定公布了婺城区第三批传承人 12 人，4 人成功申报为市级传承人。金华剪纸项目申报省级代表性名录成功。在金奥花园创建了婺州窑培训基地、在蒋堂文化大院创建了婺城非遗培训传承基地、在开化村创建了婺城剪纸展馆，雅畈古镇和汉灶村成功申报为市级非遗景区，雅畈镇成功申报为省级非遗景区。加强非遗保护宣传工作。组织婺州窑、天下谱局、金华酒等 6 个项目参加义乌文博会获好评，金华剪纸获工艺美术类银奖。开展美丽非遗百村文化礼堂行、非遗进社区、非遗

进校园等活动。开展《非物质文化遗产法》宣传,举办婺城非遗保护图片展、非遗代表性项目展示展演活动。五是坚持规范审批执法,净化文化市场。切实完成文化市场行政审批事项,实施文化市场行政审批"先照后证"制度,办理行政许可证事项 257 件;切实做好迎 G20 峰会文化市场安全保障工作,开展春节期间消防安全大检查、演出市场专项检查、2016 年今冬明春消防安全隐患大排查等专项整治行动,重点对歌舞娱乐、网吧等人员密集经营场所和文保单位进行安全隐患排查,并做好整改。是年,出动执法检查人数 824 人(次),检查文化经营单位 1084 家(次),受理群众举报 12 起,取缔违规游戏机 8 台,取缔无证地下网吧 7 家,收缴盗版 VCD 光盘 152 张,立案查处违规经营单位 13 家,办理一般程序案件 11 起,简易程序案件 2 起,执行罚没款 3.1 万元,市场良好率达 97%。积极开展文化市场法制宣传活动,在"3·15 消费者权益保护日""世界知识产权日"联合工商等部门深入社区、企业宣讲法律法规与方针政策,受到群众欢迎。

(金 耀)

【金东区教育(文化体育)局】 内设职能科室 8 个,直属事业单位 5 个,2016 年末人员 20 人(其中:机关 8 人,事业 12 人;具有高级技术职务资格的 5 人,中级 4 人)。

2016 年,金东区文化局在区委、区政府的正确领导下,以建设文化强区,助推"两美金东"建设为目标,文化基础设施不断完善,

文艺骨干队伍不断壮大,文艺展演、创作亮点纷呈,名人品牌文化持续打造,文化时尚产业不断壮大,文化遗产传承保护持续强化,各类文化创建工作不断推进。一是强化队伍政治素养,不断提高业务水平。深入学习贯彻党的十八大和十八届三中、四中、五中全会精神,开展"两学一做"学习教育,以"走在前列、共建金华"为统揽,坚持政治功能与服务功能相统一,紧紧围绕"党的群众教育路线"主题开展各项文化工作。采取请进来指导、举办讲座,走出去参加各级培训的方式,积极开展各类业务培训,不断提高文化干部队伍和文艺骨干队伍的政治素质和业务能力,更好地为群众文化事业服务。二是公共文化服务两年提升计划有序实施。区委正式下发《金东区公共文化服务标准化两年提升计划》,并于 7 月底召开两年提升计划推进会。对照《浙江省基本公共文化服务标准(2015—2020 年)》以及《基层宣传文化工作"四张清单"》,针对不达标条目进行整改提升。将施光南音乐厅移交区文化馆管理使用,使区文化馆达到省定部颁二级馆面积要求。制定文化站整改提升工作方案,并安排 240 余万元专项资金用于文化站搬迁整改。新建和升级了 10 个光南文化舞台,增添了硬件基础设施和音响、灯光等文化活动设施。新建 20 个村级公共电子阅览室,完成电子阅览室管理软件的安装、服务以及基层管理人员的培训工作。三是文艺精品创作比赛成果喜人。积极参加省、市各项比赛,获得较好成绩。小品《英雄》获浙江省群星奖并参加省第十三届戏

剧节展演;舞蹈《猫咪的畅想》获首届"星空间"舞蹈大赛浙江赛区总决赛金奖,并入选全国青少年春晚在北京人民大会堂演出;舞蹈《一朵玫瑰花》和双人舞《绽放》分别获得金华市第三届少儿舞蹈大赛银奖和铜奖;排舞《火辣热舞》获得金华市第三届"文化礼堂杯"排舞大赛铜奖。四是艺术培训展览活动全面开展。抓好基层文化队伍建设,结合文化下乡、文化走亲及综合性文艺晚会举办,围绕农村文化礼堂建设,全年不间断开设舞蹈、曲艺、书法美术等各类培训班以满足广大群众的文化需求,共培训 1.11 万人次。受训人员在文化下乡、文化走亲和各类大型文化活动中频繁亮相,有的参加省、市级比赛并获得荣誉。五是群众文化活动丰富多彩。积极开展文化走亲、文化下乡活动。走进温州市鹿城区、龙湾区、瓯海区以及义乌市、磐安县等地开展文化走亲演出和书画展览活动,把金东深厚的文化底蕴以及多彩的民俗文化推向外界,同时,云和县、义乌市、临安市、磐安县等地区到金东区走亲展览,促进了区域间文化优势互补、融合互动。全年开展文化下乡巡演 80 余场,"和风书社"、"北鹿书苑"、金华道情"积道书场"等专场活动近 300 场;举办"中国·金东首届艾青诗歌节""廉政文艺晚会""庆祝建党 95 周年文艺演出"等各类区级以上大型文艺活动;与宁波东海舰队签订了《军民文化共建协议书》。组织机关声乐培训,从 5 月开始至 11 月,每周一次,学唱了多首施光南歌曲等,深受机关干部欢迎。六是举办首届艾青诗歌节系列活动。从 5 月

初开始，举办了新闻发布会，组织了火把传递仪式，"寻找艾青足迹采访小分队"出征仪式，诗届大咖"艾青诗歌快闪"、"中国诗歌创作基地"和"艾青诗歌学校"授牌、驻校诗人聘请、艾青诗歌精神研讨会、艾青诗歌朗诵会、艾青诗歌创作采风、传奇牛人黄怒波"麦田的守望者——人生的痛苦与精彩"专题讲座等活动，为广大群众奉上一场诗歌的盛宴、诗人的盛会、文化的狂欢。七是送电影送戏下乡活动成效明显。分别同电影院线公司孝顺新时代电影院线和中国婺剧院等单位签订电影放映协议，明确各自职责任务，大力实施电影进校园、进企业、进公园、进农村、进社区、进军营等工作，组织安排施光南广场和艾青公园驿站、长弓企业、金外、琐园、驻金空军部队等放映点，完成全区电影放映任务4000多场。同时，紧紧围绕"文化礼堂，精神家园"的目标定位，切实把农村文化礼堂建成农村的文化地标。全年建成76家文化礼堂，文化走亲、非遗赶集、送戏下乡会文化活动在全区各文化礼堂轮番上演，村五廊、陈列馆、非遗墙等竞相争彩。全年组织区婺剧促进会，各职业剧团送婺剧下乡会演，区文化馆送戏下乡活动。八是开展"唱响金东"歌曲征集活动。活动从3月开始，通过各大媒体及门户网站广发征集令，收到80多首歌词，筛选了15首入选歌词。全面完成"希望田野 美丽金东"原创歌曲定向征集和评奖工作。歌曲《梦回白溪湾》旅游风景歌曲参加全市村歌大赛，获演唱一等奖、创作三等奖。九是打响名人音乐品牌。6月，授予曙光小学合唱团

"施光南少儿合唱团"荣誉称号，专门为施光南第一首创作歌曲《春天里》进行排练录制，为施光南纪念馆开放使用。7月，参加了第七届中国魅力校园合唱节，演唱《玫瑰，红红的玫瑰》《唱支山歌给党听》等，以第二名的成绩勇夺全国一等奖，并参加了第七届中国少年儿童合唱节，成功入围闭幕式和优秀合唱团展演。十是"书香金东·精彩阅读"全民阅读活动有效开展。4月初，举办"书香金东·你我同行"图书捐赠健步走活动，区机关各部门及社会各界踊跃参与，收到社会各界1.3万余册爱心图书。4月20日，全民阅读走进曙光小学，并挂牌区少儿图书馆。4月23日，"金东大讲堂"开办了一期题为《阅读与人生》的专题讲座，各部门也都组织了不同形式的读书活动。4月25日，在机关党员服务中心，举行了"读善其身"2016区机关青年读书沙龙活动，围绕《平凡的世界》，为青年书友们搭建了读书交流的平台。5月上旬，在区公共图书馆举行了图书捐赠仪式。十一是非遗保护工作扎实有效。2个非遗项目列入省级非遗名录，6个项目列入市级非遗名录。坡阳古街非遗馆已有5个展馆开馆，日常对外开放。琐园古村非遗馆对游客开放。本版年画公共电子阅览室建成，古婺窑火非遗馆建设有序推进。本版年画作品《五水共治系列》获"中国梦想·美丽浙江"浙江省非物质文化遗产传统手工艺主题创作精品大展一等奖。11月上旬，开展全区非遗传承人座谈会，并对传承人进行了走访和慰问。金东区非遗第七批非遗名录申报和第四批

非遗传承人申报工作基本完成，印发了金东区非遗传承人管理办法。十二是文物保护工作逐步深入。全区调查登记不可移动文物739处，完成建区以来收藏的20多件可移动文物藏品的鉴别认定与相关文物信息整理工作。通过各种形式累计投入文物保护经费1000余万元，对100余处文物保护单位（点）进行保护修缮。对石佛寺、坡阳古街、琐园古建筑群等进行合理开发利用。全区文物保护环境得到有效提升。10月，金东区印发"文物法人违法案件专项整治行动（2016—2018年）"实施方案。十三是文化市场健康有序发展。累计收缴各类非法出版物、音像制品3万余册（张），取缔无证游戏机室23家、"黑网吧"7家、无证大篷演出5起，维护了全区文化市场政治思想安全和文化内容安全。

（林 蕾）

【兰溪市文化广电新闻出版局】
内设职能科室5个，直属单位8个。2016年末人员122人（其中：公务员14人，参公11人，事业97人；具有高级技术职务资格的24人，中级32人）。

2016年，兰溪市文化广电新闻出版局开展了乡镇综合文化站站舍挪用问题整改，完成全市第六次乡镇综合文化站评估定级工作，女埠街道文化站被评为省一级文化站。举办了第四届兰溪星舞台、畲乡风情节、杨梅节、李渔戏剧节等大型文化活动45场，参与群众10余万人次。举办了"文化沙龙"社会文艺骨干培育活动，全年开展培训210期，培训6300人次。完成送戏下乡123场、送

书下乡1.1万余册、送电影下乡4633场、送展览讲座68场次。市博物馆举办吴昌硕作品展、"方寸之间"扇面精品展、"明色传馨"嘉兴地区馆藏明代书画展等21个临展。2月18日,副省长郑继伟,省政府副秘书长李云林,省旅游局局长王文娟,省文化厅副厅长、文物局局长陈瑶一行到兰调研文化与文物工作。金华市委副书记、市长暨军民,副市长林丹军陪同调研。调研组一行先后走访了诸葛镇厚伦方村、游埠古街、女埠街道垾坦村等处,对兰溪深厚的文化底蕴、浓厚的群众文化活动氛围以及文化遗产保护利用工作表示了肯定。7月7日,兰溪市游埠镇洋港村乡村影院正式建成开放,这是金华地区首家公益性乡村影院。影院在村大会堂基础上改建,建筑面积580余平方米,分放映区、舞台表演区和观众区三大区块,设有座椅282座。影院坚持每周开放时间不少于5天。随后,又在梅江镇祝宅村、横溪镇胡宅村两地分别建成乡村影院1家,影院总座位数770余个。乡村影院的创新做法得到副省长郑继伟和金华市副市长林丹军的批示。8月12日,第四季"海外名校学子走进金华古村落"活动在兰溪市芝堰村启幕,来自德国、瑞士等国家的45名海外学子开启了为期14天的"金华故事"体验之旅。金华市委副书记、市长暨军民,副市长孙荣燕等领导出席了活动开幕式。本季"海外名校"项目依旧延续了"家+"模式,芝堰村的17户"家+"门口墙上统一制作灯箱标识,并印上"芝堰古村"的二维码。9月25日晚,由市文化馆创作编排的《花生子》

参加了"欢跃四季——全国百姓广场舞北京展演"颁奖晚会演出,并被评为38件优秀作品之一,这是浙江省唯一一支入围全国展演的节目。10月12日,全市首家公益性城市书房——文馨书吧在解放南路68号正式建成开放,书吧室内面积约70平方米,可同时容纳30多人,放置了2500多本书籍并由市图书馆定期更换,市民可凭市图书馆借书证借还图书。10月,天一堂中药文化、孔明锁制作技艺、毕矮的故事入选浙江省第五批非物质文化遗产代表性项目名录。至此,兰溪市有省级以上非遗项目10个。举办第四届兰溪星舞台。活动由兰溪市委宣传部、兰溪市文化广电新闻出版局、总工会、团市委、妇联、城市管理行政执法局、广播电视台、《兰江导报》等8家单位主办,兰溪市文化馆和各镇乡(街道)文化站承办,分海选、初赛、复赛和决赛4个环节,近4000人报名参赛。本届星舞台以"唱响兰溪声乐年"为主题,主打声乐特色。在复赛环节借鉴《中国好声音》等音乐节目经验,首次采用导师制和分组对抗模式,大大增加了活动的参与性和可看性。12月12日,经过激烈决赛,10名选手获得本届星舞台年度十强之星。完成全省第六次乡镇文化站评估定级工作。兰溪市共有省一级站1个(女埠街道文化站),省二级站3个(兰江街道文化站、云山街道文化站、游埠镇文化站),省三级站6个(赤溪街道文化站、灵洞乡文化站、诸葛镇文化站、水亭乡文化站、马涧镇文化站、梅江镇文化站),其余乡镇文化站未定等级。

(丁历丽)

【义乌市文化广电新闻出版局】内设职能科室6个,直属单位8个。2016年末人员182人(其中:公务员18人,参公19人,事业145人;具有高级技术职务资格的36人,中级51人)。

2016年,义乌市文化广电新闻出版局各项文化工作稳步推进。1月,义乌市婺剧保护传承中心获由中宣部、文化部、国家新闻出版局颁发的第六届"全国服务农民、服务基层文化建设"先进集体称号,这是该中心首次获国家级先进荣誉。5月13日至16日晚,义乌国际进口商品博览会——义乌市迷你万国音乐节在义乌绣湖广场举行,日本高知舞、加拿大歌手J、民谣摇滚云南蛮虎乐队等轮番表演,用最纯粹的音乐为广大乐迷送上连续4场音乐盛宴,吸引了上万观众。5月23日至25日,2016国际(义乌)丝路音乐节在国际商贸城举行,来自广东的潮汕南澳岛方言演唱玩具船长乐队、北京的女声雷鬼龙锦乐队、新疆哈萨克族的独立摇滚石人乐队等亮相商城舞台,每场演出都吸引了数千中外观众。观音塘古生物足迹化石地质遗迹保护总体规划通过评审。5月9日,召开《义乌观音塘古生物化石地质遗迹保护总体规划》专家评审会,邀请浙江省地质调查院高级工程师张岩、浙江自然博物馆研究员杜天明、浙江工商大学教授王莹等5名专家组成了专家组。该规划由浙江省地质矿产研究所编制,确定了义乌观音塘足迹化石地质遗迹保护区边界范围,规划总面积61.4公顷。规划还明确了保护目标,对下一步遗址的保护和旅游开发提出了方向与思路，建议建立恐龙足迹化石遗址公园。12月22日，义乌市政府第17次规划会审会议，听取和审议上述规划。会议认为，古生物足迹化石遗址具有重要的考古价值，与东阳市开展合作，更加有利于考古遗址的保护和利用。会议要求，要科学划定保护范围，主动与东阳市沟通对接，研究共同保护和开发利用的机制和模式；由义乌市文化广电新闻出版局牵头，编制保护和开发利用总体规划，积极申报国家级保护项目。婺剧电视连续剧《鸡毛飞上天》央视播放并获"牡丹奖"入围作品奖。6月21日，义乌市婺剧保护传承中心创作的6集婺剧电视连续剧《鸡毛飞上天》在中央电视台11套戏曲频道黄金时段首播1—3集，6月28日播放4—6集。其后，该剧相继在金华新闻综合频道、农村频道和义乌电视台公共文艺频道播出。这是一部为义乌立传、为改革开放立传、为时代立传的戏曲片，将义乌人崇尚信义、艰苦奋斗的精神品格传递给全国观众，进一步宣传了义乌，获第二十六届浙江省电视"牡丹奖"（电视剧、动画片）入围作品奖。开展名人故居行文艺演出。6月26日晚，义乌市庆祝建党95周年系列活动之"名人故居行"文艺演出，在冯雪峰故居赤岸镇神坛村文化礼堂举行，道情《怀念吴晗》、义乌花鼓《圣火》、歌曲《唱支山歌给党听》等精彩节目上演。6月29日、30日晚又分别在吴晗故居上溪镇苦竹塘、陈望道故居城西街道分水塘演出。中国曲协督查义乌市"中国曲艺之乡"建设工作。8月13日，中国曲艺家协会分党组书记、驻会副主席、秘书

长董耀鹏率中国曲协督促检查组，到义乌市检查指导"中国曲艺之乡"建设工作，并召开中国曲艺之乡督促检查工作座谈会。督查组对义乌市"中国曲艺之乡"建设工作所取得的成绩给予充分肯定。督查组一行还先后走访了黄大宗祠、佛堂老街曲苑书场、畈田朱小学等地，实地查看曲艺之乡建设情况。义乌市第25届文化艺术节10月14日至16日在北苑街道文化广场举行。举行了全国曲艺精品节目展演、义乌市第八届排舞大赛、"群文荟萃 魅力北苑"文艺节目展演等系列文化活动。义乌市婺剧保护传承中心参加第七届中国巴黎戏剧节，剧目演员双获奖。11月19日至26日，受巴黎中国文化中心邀请，义乌市婺剧保护传承中心35人演出团赴巴黎参加第七届巴黎中国戏剧节，为外国观众献上一台婺剧大戏《吕布与貂蝉》和一台折子戏《美猴王》，近1000名外国观众观看了演出。《吕布与貂蝉》获评最佳传统戏曲奖，吕布饰演者楼巧珠获戏剧节最佳男性角色奖，代表团是唯一获得戏剧节两项奖项的团体。新编婺剧《乌孝词》获国家艺术基金资助。7月，婺剧《乌孝词》项目正式入选国家艺术基金资助项目，成为全国146个大型舞台剧和作品创作资助项目之一，这是义乌市艺术项目首次获得国家艺术基金资助。剧本以义乌民间传说"颜乌葬父，孝感动天"为题材，旨在展现百善孝为先的最美精神。廉政婺剧《徐文清公》公演。8月13日，婺剧历史故事剧《徐文清公》在佛堂文化中心首演，800余名戏迷、群众观看了演出；12月12日晚，该剧在佛

堂文化中心向市四套班子领导、集聚区管委会主任、法检两长、全市宣传文化线和佛堂镇部分党员干部，以及戏迷票友演出；12月26日，向新当选的党代表和部分镇街、部门的干部献演，使1000余名党员干部受到廉政教育。完成镇街图书分馆建设。新建12个镇街图书馆，完成2个镇街图书分馆的改造提升工作，配送图书14万余册，并于12月全部实现了对外开放，构建了以市图书馆为中心，以镇街分馆为重点，以村（社区）及社会图书流通站为基础的公共图书馆三级服务体系，总馆、分馆、流通站三级之间实现了资源共享、借阅联网。发现东汉至三国时期古墓葬。9月3日，在福田街道湖塘村取土工地发现一座东汉晚期至三国时期古墓葬，并进行了抢救性清理发掘。古墓位于福田街道老湖塘村西北侧和国贸大道之间，距国贸大道直线距离约200米处的端头山上。墓葬封门和1—1.5米长墓道已遭破坏。从残留的情况可以推断，墓葬为凸字形券顶双砖室墓。墓向坐东朝西偏南4度，平面自前往后依次为封门、墓道、前墓室、后墓室4部分，残长约12.5米，推测墓葬全长13.5米左右。前室券顶已坍塌，墓底铺砖，前室残长6.75米，内宽3.1米，墓壁残高约1.5米。后室长5.8米，内宽2.36米，拱券净高3.25米，墓底原有铺砖，被盗无存。墓壁双层，青砖砌筑，最下面为一顺七丁，其上为一顺五丁、一顺四丁、一顺三丁逐级收分而上。券形墓顶，用楔形砖砌筑。青砖长40厘米，约20厘米，厚6厘米。楔形砖长40厘米，大头宽

20厘米,厚6厘米,小头宽16厘米,厚5厘米,端头有线形阳刻的纹饰,图案有类似人面纹、如意纹、米字纹、线形交叉纹,以及代表四方八极的几何纹等。前室出土多件青瓷碗、罐、黑釉双系瓷罐,青瓷罍等残器和铁剑残件。从现场发现的陶质排水管残件看,该墓原有陶管排水设施。从墓葬所在环境看,该墓葬应该是建在相对高亢的岗上,挖坑建墓再堆筑封土,封土高近10米。从墓葬的规格初步判断为当时地方官或王室分封贵族墓,但具体身份地位待考。

第11届中国(义乌)文化产品交易会 4月27日至30日举办。交易会以"传统文化与时尚生活"为主题,设国际标准展位3360个,展位面积6万平方米,共有来自15个国家和地区及国内19个省市的1300家企业参展,吸引了93个国家和地区的11.65万名客商及观众到会;实现洽谈交易额52.04亿元。展会同期举办了文化产业创业创意人才扶持计划系列活动、"义新欧·丝路行"全国美术名家主题创作展等20余项文化经贸活动。展会吸引了韩国CJ集团、美国"中国之窗"、中国国家博物馆等境内外50余家文化领军企业(单位)及12家国家级、省级文化产业示范基地,8家全国工业十佳设计公司,8家红点奖、IF奖、红星奖获奖企业参展。展会汇集了中国国家博物馆、恭王府、台北历史博物馆、浙江省博物馆等40余家机构及博物馆,呈现了恭王府"红楼文化"、浙江省美术馆"城市书房"、义乌市博物馆"乌伤雅韵"等多元风貌,成为"讲好中国故事"的重要载体。突出弘扬"工匠精神",设立非遗"百工坊"展区,复活传统技艺,以非遗活态化展览展演传递中国传统文化精妙。展会的动漫衍生品授权交易活动引进了天雷动漫、中南卡通等16家知名动漫企业参展,吸引省内100余家生产制造企业到会,现场达成授权交易17项,授权金额2.09亿元,较上年增长32%。

(朱联程)

【东阳市文化广电新闻出版局】内设职能科室4个,直属单位10个。2016年末人员155人(其中:机关23人,事业132人;具有高级技术职务资格的26人,中级51人)。

2016年,东阳市文化广电新闻出版局积极提高公共文化服务水平,加强文化市场管理,促进文化产业发展,不断提高文化遗产保护水平,各项文化工作稳步推进。一是提高公共文化服务水平。推进基层综合性文化服务中心建设。落实国家和浙江省基本公共文化服务相关标准,依托农村文化礼堂、区域文化活动中心、文化活动室以及闲置的学校、村(社区)党员活动场所、小区公共服务配套设施,建成基层综合性文化服务中心70个。出台《东阳市加快构建现代公共文化服务体系的实施方案》《东阳市基本公共文化服务标准》《东阳市基层综合性文化服务中心建设实施方案》《东阳市文化志愿者管理办法》,制订并下发有34项服务内容的农村文化礼堂服务菜单,实现群众文化的供需对接。在公共文化场馆设置无障碍通道,建立残疾人阅览室,方便老年人和残疾人参与活动。举办未成年人读书节、百姓文化艺术节等。开设中老年电脑培训班、残疾人数字阅读班等,加强对老年人、残疾人、外来务工人员的辅导培训。公共图书馆新增馆藏2.52万册,纸质图书总流通33.38万册次,总馆流通14.57万册次;总流通33.77万人次。着力打造"百姓文化艺术节""特色广场文化""百姓文化茶坊""非遗讲堂"等一批特色文化品牌。按照"政府补贴、低价惠民"原则,开办"周末惠民剧场",演出47场,其中黎巴嫩钢琴家斯嘉丽·萨德的钢琴独奏音乐会、俄罗斯远东少儿芭蕾舞团的芭蕾舞剧《灰姑娘》、浙江话剧团有限公司的《凤凰》等优秀剧目,丰富了东城百姓周末文化生活,取得了良好的社会效益。全年举办大型文化活动40次,县市间"文化走亲"5次,各类培训及展览活动58次,参与群众10余万人次。获省级以上荣誉5项,金华市级荣誉18项。持续开展送书、送戏、送电影、送展览、送讲座等"种""送"结合的系列文化服务活动,全年送书下乡(包括流通图书)8.55万册次,开展各类图书活动50场次,举办公益讲座21次、展览11场次。开展各类演出活动232场。放映农村电影6522场,观众32.07万人次;放映校园电影207场,观众4.05万人次。通过以点带面的方式在10个村的农村文化礼堂设立固定电影播放点。继续实施文化队伍素质提升工程,加强对农村文化干部和文艺骨干、文化管理员的培训,举办各类业务培训近20期,参训人员8000多人次。成立市文化志愿者总队，指导各乡镇（街道）成立文化志愿者分队。鼓励各地开展文化品牌创建活动。对优秀业余文艺团队、农村特色文化活动和广场文化带头人等予以重点扶持，对农民工文化建设予以支持。推荐东阳市东小婺剧团、东阳市婺剧促进会婺剧团参加2016年浙江省民营文艺表演团体展演活动；承办2016年度全省民营文艺表演团体团长培训东阳班，组织60多名业余文艺团队负责人参训。二是加强文化市场管理。以"便民、高效、廉洁、规范"为宗旨，文化窗口全年受理审批文化经营项目205件，办结率100%。组织文化经营场所安全生产专项检查8次，举办消防专题讲座5次，参训人员600人次。组织灭火疏散演练3次，参训300人次。开展以打击接纳未成年人为重点，以"保障中考、高考环境"为主题的网吧市场专项整治行动等"护苗专项"集中整治行动。联合市公安局治安大队等相关职能部门，对游戏娱乐场所开展联合执法检查。文化执法大队全年出动日常巡查1105人次，检查场所2983家次。受理举报（督查）6件。行政处罚立案调查17件，办结案件15件（其中一般程序11件，简易程序4件），警告11家次，罚款6.4万元，停业整顿4家次。没收非法所得8613.87元。查缴非法音像制品5167张，书刊2912本，老虎机1台，非法电台主机1台。三是促进文化产业发展。起草《关于鼓励和扶持文化创意产业发展的若干意见》。配合省文化厅组织召开全省木雕、根雕、石刻产业发展与特色小镇建设现场推进

会，推动《浙江省人民政府关于扶持木雕、根雕、石刻产业传承发展的指导意见》贯彻落实。联系落实东阳工艺美术企业参加第十一届中国（义乌）文化产品交易会。在义乌国际博览中心设立东阳木雕竹编·红木家具专馆，参展企业48家，展位99个，并在东阳设立中国（义乌）文化产品交易会分会场暨第二届中国（东阳）木雕·红木家具交易博览会。积极组织木雕城（代表东阳）、华谊兄弟、横店影视城参加第十二届深圳文博会。四是强化文化遗产保护。投入500多万元组织实施后溪干积庆堂、巍山和致堂、万二殿、西宅滋德堂，李宅宗祠门楼等古建筑修缮保护工程。完成可移动文物普查数据修改完善、审核上传等工作。在第11个文化遗产日到来之际，公布第八批东阳市文物保护点24处，东阳市级文物保护点增至211处。认真组织"博物馆日"和"文化遗产日"系列宣传活动。市博物馆全年累计接待国内外游客12.9万余人次，团队48批次、6200余人次，提供讲解服务27次。做好卢宅日常保护修缮工作。完成卢宅文物建筑电气线路改造工程。对树德堂东厢房、冰玉堂等进行地面、墙体改造。卢宅保护利用项目一期回迁区安置房建设、旅游服务中心、公建区域工程和异地安置房建设平稳有序。组织营销人员参加"金华旅游·家＋礼包""惠行高铁时代畅游魅力金华"等旅游推广活动。组织民乐沙龙、婺剧表演、非遗项目进景区，增强了景区的观赏性和娱乐性。全年接待游客约5万人，收益130余万元。扎实做好非遗馆建设前期准备工作。

5月19日，由市政府向浙江省文化厅提交《关于提请要求在东阳设立传统民居营造技艺非遗工作站的请示》；6月3日，由省文化厅转报文化部非遗司。9月21日，组织卢宅营造技艺参加第四届中国非物质文化遗产博览会，向文化部领导汇报东阳国家传统民居营造技艺非遗工作站筹建情况。10月21日，参加由文化部非遗司、北京市总工会、中央美术学院联合主办的"大学与非遗——中央美术学院中青年非遗传承人高级研修创作展"。11月5日，与中国文物保护技术协会达成合作意向，在东阳建立传统营造培训基地，开展课题研究、培训等合作项目。11月20日，浙江省传统民居营造技艺传承人群研习培训班在浙江广厦建设职业技术学院开班，省内57位传承人参训。12月20日，与同济大学签订合作协议，成立"同济大学东阳传统营造实习基地"。扩大非遗宣传展示力度。在各类媒体刊发东阳非遗报道20多篇；参加省级非遗展2次，金华市级展6次；与木雕城联合举办"非遗夏令营"活动；开展美丽非遗进文化礼堂活动40场；探索开展"非遗项目进景区"活动，促进文化、旅游融合发展。

（韦恋华）

【永康市文化广电新闻出版局】
内设职能科室3个，直属单位5个。2016年末人员65人（其中：公务员6人，参公8人，事业51人；具有高级技术职务资格的7人，中级21人）。

2016年，永康市文化广电新闻出版局深入贯彻落实党的十八

大和十八届四中、五中、六中全会精神,深入学习贯彻习近平总书记系列重要讲话和对文化工作的重要指示精神,认真落实市委、市政府和市委宣传部的决策部署和工作要求,坚持创新、协调、绿色、开放、共享五大发展理念,适应新常态、新形势,坚持以人民为中心的工作导向,出政策、建机制、搭平台、树品牌、育人才,大力推动全市文化改革发展,各项工作取得新进展。一是深化文化体制改革,增强文化发展活力。文化发展政策不断完善。制定出台《永康市文化事业发展"十三五"规划》和永康市《关于加快构建现代公共文化服务体系的实施意见》。文化审批环境日趋优化。梳理全局权力清单,取消设立网吧公示10个工作日的审批条件,推出先发证再补资料、上门服务等举措。二是加快公共文化服务体系标准化、均等化建设步伐。文化服务能力进一步加强。分编图书3万余册,借阅图书13万册。开办书画、舞蹈、声乐等培训班84期次,培训学员2000余名。文化产品和服务有效供给。完成送戏下乡演出100余场、送书2万余册、送期刊1500册。送电影下乡进校园放映6500余场,受益观众达60万余人次。三是加强文艺创作和群文活动,繁荣永康文化。文艺创作服务中心、贴近生活。创作了快板《"双创"工作齐动手》、小品《打扮村庄》、永康鼓词《"两学一做"来宣扬》《王小刚学党章》等。文化展演活动丰富多彩。举办元宵文艺展演、丽州之夏、"军民鱼水一家亲"等联欢晚会。指导"后浅古韵""韵美古山"等大型乡镇演出。举办中华传统

佳节图片展等20场书画展览,"中华传统刺绣珍品展"等7个文博展览。开展"书香永康"阅读推广,举办了10场世界读书日系列活动、13场未成年人读书节系列活动、28场全民阅读节系列活动。开展"文化遗产月"系列活动,组织了文物普查、非遗保护成果图片巡展、婺剧展演等系列活动。四是抓住发展机遇,推进文化创意产业转型升级。文化产业基础稳步夯实。全市文化企业近1500家,从业人员近7万人。实现文体用品和影视旅游产业产值294.42亿元,完成年度任务的128%。文化创意产业影响扩大。文化部非遗司巡视员马德胜在非物质文化遗产传统技艺展会上关注永康市锡雕产业发展。金华市文广新局以及永康市领导多次调研永康锡雕馆等文化企业。五是挖掘保护文化资源,活态传承文化遗产。文物平安工程及"天地一体"文物执法监管系统建设有序推进,应均故居异地迁移工程、吕公望旧居维修工程等8项文物维修工程全面竣工。申报拱瑞手狮、永康铸铁为浙江省非遗代表性项目。开展醒感戏传承工作。开展"千幅书画万幅春联送基层"和"人文丽州·美丽非遗"百村文化礼堂行活动。举办方岩庙会暨民俗文化旅游节。举办金华市"厚吴杯"传统戏剧民间剧团表演赛。六是加强文化交流,讲好永康文化故事。组织十八蝴蝶、拱瑞手狮、锡雕等非遗项目参加浙江省非遗传统工艺品设计大赛、非遗年货展、中国文产会等各类展示展演活动。开展文化走亲,组织十八蝴蝶参加磐安第四届杜鹃花节。接待金华市重点歌词作

者到永康开展"走进特色小镇"创作采风活动。组织参加陕西省安康市文化市场行政执法对口交流等。

"五个百"文化惠民工程 实施"五个百"文化惠民工程,即组织百位文化指导师种文化、组织百场文化活动进礼堂、培养百名文艺带头人、培育百支农村文艺团队、推送百件特色文化产品下基层。将"五个百"文化惠民工程作为推进公共文化服务体系建设的重要举措,坚持以人民为中心,走"种为本,送为补,村自主"工作模式,以文化礼堂为依托,深入挖掘基层文艺人才的草根力量和创新精神,整合社会资源,有效推进基层文化建设。该惠民工程在《中国文化报》(11月24日)中被整版报道。省委常委、宣传部部长葛慧君和副省长成岳冲对此做出重要批示,给予肯定。金华市领导、永康市领导也做出重要批示。

(黄饶龙)

【武义县文化广电新闻出版局】
内设职能科室4个,直属事业单位5个。2016年末人员60人(其中:机关9人,事业51人;具有高级技术职务资格的10人,中级15人)。

2016年,武义县文化广电新闻出版局紧紧围绕县委、县政府中心工作,立足全县文化工作实际,不断提升文化服务能力,夯实文化发展基础,努力实现文化大繁荣大发展,为建设"两美"武义提供有力的文化支撑。以"唱响壶山,舞动熟溪"幸福武义大舞台为载体,扎实开展"以文化人·建设美丽家园"文艺巡演,全年组织

开展主题巡回演出活动 57 场。积极组织开展送书、送影、送戏下乡及"民生大篷车——送文化"等惠民利民活动。全年送书 1.8 万册,送戏下乡 108 场,送电影下乡3800 场以上。群众文化活动丰富。圆满完成第七届武川艺术节系列文化活动。成功举办第四届"温泉杯"书法大赛作品展、中国加拿大摄影作品展、上海金秋管乐团专场演出等活动。以高水准完成"海外学子走进俞源"系列文化活动。举办 2016"清水湾·沁温泉金秋之夜"文艺雅集活动、第27 届全国电动工具博览会开幕式演出、叶法善诞辰 1400 周年纪念大会演出等活动。7 月,与浙江昆剧团在俞源村举行共建"世界非遗·幽兰芳圃·浙江昆曲武义养育基地"授牌仪式,并签订合作备忘录。全年举办大型文化活动 6 场,大型展览 5 个,开展对外文化走亲活动 6 场。举办"明招人文讲坛""耕山播海"等免费知识讲座及培训 47 期,参加人数3718 人次。加强公共图书馆工作。县图书馆全年接待读者33.3 万人次,利用书刊 72.84 万册次,书刊文献外借 21.19 万册次,课题检索 105 项,利用书刊366 册次,有效持证读者 9484个;新增纸质图书 5028 种 1.54万册,电子图书 7000 种,订阅2017 年报刊 253 种,入藏报刊合订本 2064 册,征集到地方文献320 种 443 册,对珍贵文献资料79 种 123 册进行了数字化。积极拓展数字资源阅读,加快数字图书馆建设,新增 5 台数字借阅机,分布在县政府、中医院、人民医院等人员密集场所。推进县博物馆新馆建设。县博物馆新馆建

设项目建筑面积为 1.1 万平方米,土建工程为代建项目,展示陈列部分投资 9000 万元。新馆坐落于北岭新区与黄青垅水库边,温泉北路与芳华路交叉口东北侧地块。2 月完成安防设计招标,5月组建了博物馆新馆展示陈列工程项目领导小组,7 月完成博物馆展示工程项目设计施工一体化招标,12 月安防设计方案获浙江省文物局批复通过。加快重点文保项目建设。通过近两年的努力,基本完成了延福寺环境整治、景观提升以及陈列展示、平安工程、修复保养等工程,并于 12 月29 日举行竣工仪式。俞源村古建筑集中成片、国保修缮工程有序推进。启动明招文化园景观工程(一期)。完成《全国重点文物保护单位吕祖谦及家族墓保护规划》县级论证、《武义县明招寺规划总平面设计》方案设计、《吕祖谦家规家训》展陈文稿编写。完成上甘塔红军标语建筑本体修缮工程,忠孝堂、岭下汤石祠、熟溪桥等抢修工程,石板巷陈家厅修缮工程方案施工图审批、预算、招投标及住户腾空等前期工作。投资 118.5 万元完成县级文保单位草马湖大厅修缮,投资 113 万元推进范村花厅、擂鼓厅、邵李清故居等修缮工程。以民办公助的形式对 44 处古建筑(县级文保单位、文保点、登录点)进行修缮。3月,出台《武义县文物和历史建筑保护利用工程项目管理办法(试行)》,进一步完善工程管理制度。做好第一次全国可移动文物普查工作。8 月,按照国家、省、市普查办部署要求,完成第一次可移动文物普查数据审核报送及普查成果报告编制工作。完成了

11668 件(套)文物的信息审核和报送工作,其中一级文物 14 件(套),二级文物 35 件(套),三级文物 119 件(套),一般文物11291 件(套),未定级文物 209件(套)。本次全县共有 6 家国有收藏单位被列为普查对象,其中武义县博物馆 11459 件(套)、潘洁滋艺术馆 145 件(套)、柳城镇政府 36 件(套)、天儇电力后勤服务有限公司 24 件(套)、档案馆 2件(套)、漠华小学 2 件(套)。做好非遗传承与保护工作。完成第五批省级非遗名录申报、第六批县级非遗名录和代表性传承人申报工作,新增 1 项省级名录,新增4 项县级名录和 21 位县级代表性传承人。武义寿仙谷医药股份有限公司的"中药炮制技艺"和武义婺州窑陶瓷研究所的"婺州窑传统烧制技艺"入选"第二批浙江省非物质文化遗产生产性保护基地"。促进文化产业发展。是年底,全县有规上文化影视时尚产业企业 184 家,全年产值 134.69亿元,同比增长 5.6%。明招印业、张氏包装、浙江隆达园艺家具制造有限公司、浙江正点实业有限公司、浙江圣雪休闲用品有限公司荣获 2016 年度金华市文化影视时尚产业重点企业和成长型企业称号。全县有印刷企业 174家,其中扑克牌生产及相关企业42 家。新增影视制作公司 15家,首部全程在武义县拍摄的电影《独自去逃欢》完成拍摄制作。加强文化执法力度。全年出动执法检查 809 人次,检查经营单位1789 家次,查处案件 18 件,责令整改 2 家。取缔无证摊贩 15 家,查缴非法书刊 66 册,非法音像制品 5463 片(盒)。巡查非法大篷

演出点 21 个,取缔无证大篷表演团体 3 家。

（王浙峰）

【浦江县文化广电新闻出版局】

内设职能科室 4 个,直属单位 11 个。2016 年末人员 93 人（其中:机关 9 人,事业 84 人;具有高级技术职务资格的 8 人,中级 23 人）。

2016 年,浦江县文化广电新闻出版局紧紧围绕"五位一体"总体布局和"四个全面"战略布局试点要求,坚持"党建引领、文化创新"理念,以"文化育民、文化惠民、文化乐民"为目标,抓重点、攻难点、求亮点,各项工作取得了较好成效。一是落实"四个全面"试点任务。逐项分解,逐项落实《省文化厅助推浦江县贯彻"四个全面"战略布局试点县建设 2015—2017 年重点任务实施计划》,5 大类 30 项具体工作任务,均由局班子领衔落实,各项任务推进顺利。建设完成上山遗址保护展示工程,举办了上山文化命名十周年暨稻作农业起源国际学术研讨会、第九届中国书画节,浦江中国书画节获得浙江省清理和规范庆典研讨会论坛工作领导小组的正式批准。完成城北拆迁区块古建筑搬迁保护工程。推进文化系统专业技术人员职称评聘制度改革,系统增加正高职称人员 1 名,副高 4 名。制定《浦江县公共文化服务标准化、均等化工作实施方案》,推动创作了一批文艺精品。二是推进文化改革项目。落实宣传思想文化工作"一个责任四张清单",认真查找工作短板,强化落实,每季度开展一次以上的工作督查,整改达标率在 85%以上。改革文化产品评价体系和激励机制,制定政府购买文化服务实施细则。编制完成《浦江县文化发展十三五规划》。推进文化产业健康发展,推进《浦江县文化影视时尚产业发展三年行动计划（2015－2017）》。三是培育文化品牌。培育"万年上山"文化品牌。建设完成上山遗址核心区保护展示及配套工程。投资 2730 万元,实施了 45 亩上山考古遗址公园核心区工程建设,形成集参观、展示、观赏、体验于一体的稻作农业景观,成为万年文化的新地标,社会各界反响热烈。上山国际学术研讨会期间,与会专家对上山遗址的保护及陈展模式给予了充分肯定,考古学界泰斗严文明称其可以作为一个典范在全国树立起来。成功召开"上山文化"命名十周年暨稻作农业起源国际学术研讨会。是年,正值"上山文化"命名、习近平总书记"要加强对'上山文化'的研究和宣传"批示十周年,"上山文化"命名十周年暨稻作农业起源国际学术研讨会于 11 月 21 日至 24 日召开,150 余位国内外大学、科研机构、文博单位专家代表参加会议。成功举办"上山遗址保护现场展""上山文化十年考古成果展",举行《浦江上山》考古报告首发式,全面展示上山文化内涵及科研成果。全方位开展"上山文化"宣传。历时 3 个月完成"上山文化"宣传素材整理,制定了以"十五个一"为着力点的宣传方案。全年通过上山文化陈列馆数字展厅建设、"上山文化图片展"、央视大型纪录片《话说钱塘江》拍摄等活动,加大上山文化宣传力度。与各级媒体联系,跟踪报道上山工程建设、会议筹备等最新工作成果。据统计,全年报道共 48 篇,其中国家级媒体报道 26 篇,省级媒体报道 14 篇。同时,在《南方文物》开辟专栏,发表科研论文 6 篇,并完成省文化厅公共文化调研选题《加强上山遗址的保护利用的思考与探索》。12 月,通过积极筹备努力,成功申报上山文化社科基地为浙江省社会科学普及基地。培育"千年孝义"文化牌。推进郑义门古建筑群郑宅镇区传统村落保护工程,完成国保、省保集中成片传统村落郑宅镇区郑义门古建筑群整体保护利用项目安防工程、昌三公祠及郑文记宅文物本体维修工程经费的申报工作,共申请到项目经费 462 万元。完成郑氏宗祠、昌三公祠、昌七公祠陈列展示方案,青萝山房故址、孝感泉保护利用方案。消防工程、郑氏宗祠周边环境整治工程方案报国家文物局审批。全面宣传和挖掘郑义门廉政孝义文化。大力宣传《郑义门》家训家规动漫片,开展廉政教育系列活动,组织人员挖掘廉政文化内涵,创编了《江南第一节》廉政文化系列连环画（套装）,把廉政孝义文化用图文并茂的小故事展现出来,得到了上级领导和社会的一致好评。培育"百年书画"文化牌。成功举办"浦江第九届中国书画节"和"万年浦江全国中国画花鸟作品展"等重大活动,组织书画活动 9 项,文化活动 3 项,规格赶超往届。活动历时 13 天,观展人数 19.8 万人次,同比增长 23.8%,创历史新高。发挥好县内各书画场馆功能,坚持走出去、请进来,举办开展各类书画展览活动 30 场。举办书画名家论坛,邀请浦江籍浙派人物画家吴山明主讲，当代艺坛10余名画家参与，为浦江书画事业发展把脉献计。第11届浦江书画展销周吸引全国各地150余位书画家参展，总成交额360余万元。积极开展书画征集，征集"万年浦江"全国中国画花鸟作品展入选作品184件及东皋心越、王仲英等浦江籍书画名家作品50余件。四是打造文化精品。举办"让美丽起航"2016元旦文艺晚会，在"全国水环境综合整治现场会"期间，举办"清澈的梦想""中秋叙茶话音乐会"等文艺演出。全年组织大型文艺演出14场，比2015年翻了一倍。举办"全民阅读爱心接力"捐赠活动，收到图书5.5万余册。在4月23日世界读书日，启动以"读《马燕日记》、讲马燕故事、写读后感想"为主题的共读活动，发放《马燕日记》8000余册，参与读者3万余人次，形成学校共读、文化礼堂共读、家庭共读的良好局面。2016年"迎春接福"春节文艺活动、农民文化艺术节、东山公园群文大舞台等6个文化品牌持续打响，全年开展浦江乱弹古装戏、青年歌手演唱会、首届"多彩家园"童歌会等文艺演出101场次，受益群众27.8万人次。推进文化"四下乡"活动，送书下乡3.48万册次，电影放映3856场，送戏101场次，送展览9次，文化走亲3次，培训19个，讲座390个，新创建图书流通站2家。积极开展文化精品创作。将《郑义门》动漫片改编成《江南第一家》连环画（全三册）出版发行。编创歌曲《真正爱上这个地方》、浦江乱弹小戏《外来媳妇》、曲艺《最美生命奇迹》等一批优秀文艺作品，其中

《真正爱上这个地方》点击量达4.5万人次。复排《江南第一家》《清静家风》等一批重大历史及现实题材的精品。五是加强文物保护。全面完成第一次全国可移动文物普查。完成博物馆、吴茀之纪念馆、美术馆等7家单位6349件（套）文物普查数据修改审核，编制完成《浦江县第一次全国可移动文物普查工作报告》，全面掌握全县国有可移动文物的数量及具体分布，被评为浙江省普查先进集体。组织整理《浦江竹编》《浦江鱼灯》《郑氏家仪》等，申报第五批浙江省级非物质文化遗产名录。美术藏品普查获得省文化厅表彰。

百幢历史建筑保护利用工程项目
投入2700万元，完成35幢历史建筑的修缮工程，注重监管与技术指导，做到"工程进展全掌控，工作疑难速解决"。修缮后的古建筑将发挥文化礼堂、红色教育展览馆、老年活动中心等功能。

（张国萍）

【磐安县文化广电新闻出版局】
内设职能科室4个，下设机构1个，直属单位5个。2016年末人员43人（其中：机关13人，事业30人；具有高级技术职务资格的7人，中级11人）。

2016年，磐安县文化各项工作稳步推进。文化部公布磐安县文化馆为国家二级馆。举办第三届农民（百姓）艺术节，活动内容包括欢乐家庭才艺大赛、第五届排舞大赛、戏曲表演大赛、"文化力量·民间精彩"千支团队大展演、农民文艺会演、新视觉摄影大赛六大板块。提升村文化礼堂

15个、文化示范村10个；创建基层综合性文化服务中心15个、市级文化示范村2个（尚湖镇板榧村、冷水镇小章村）。全县19个乡镇综合文化站完成整改提升。县图书馆理事会成立。举办了十二届未成年人读书节、"全家共读一本书"阅读推广、"图书馆之夜"等活动。新建图书流动站10个。全年完成送书下乡2.07万册；新增图书2.76万册，接待读者2.09万人次。全年完成送戏下乡157场，举办公益性展览169场、讲座52场，培训192场，县域外文化走亲29场。17个乡镇67个村举办春节文化活动80场。评选出星级业余文艺团队28支。县影剧院开展放映公益电影服务，全县12支放映队分区域常年放映。全年农村电影放映场次2506场，开展送电影进社区500场、进企业128场、进校园120场、进景区50场、进军营10场，观众逾45万人次。推进农村电影放映由室外向室内转变，全年村级文化礼堂放映400场次，县影剧院免费放映500场次，其他室内固定点放映约100场，室内放映占比约40%。开展"永恒的信念——庆祝建党95周年暨长征胜利80周年"公益电影展映月活动，调集20余部红色经典影片，放映60场，场均观众近400人。以护航G20峰会，食品安全，建党95周年、长征胜利80周年等为主题的专题片，放映2500余场次，放映宣传标语超过10万条次。创作文艺作品1662件，其中摄影作品1163件，美术、书法作品400幅，音乐作品3件，舞蹈作品10件，舞台节目17件，以"两学一做"为主题的文艺作品5

件;特别创作了以"和美"乡村为主题的书画作品 64 件,赠送给 16 个文化礼堂。征集文物 20 件(套)。磐安茶文化博物馆累计接待游客 21 万人次。完成文物平安工程,玉山古茶场文化内涵提升项目,省保单位黄余田杨氏宗祠维修,省保单位梓誉蔡氏宗祠(含钟英堂、下厅民居)周边环境整治,文保点安文上马石民居、冷水朱山大岩头民居等 11 处古建筑抢救性修缮。2 月 14 日,省委书记夏宝龙到国保单位玉山古茶场新春下基层调研,参观了磐安茶文化博物馆及玉山古茶场,现场观看了《赶茶场》民俗文化活动。健全文物库房管理制度,更新升级库房设备。完成第一次全国可移动文物普查扫尾工作,审核上报全县 468 件(套)国有文物数据,编制了《磐安县第一次可移动文物普查工作报告》。安装智慧式用电管理系统 4 处,建成微型消防站 8 处,安装感烟报警探测器 410 只。开展房屋类文保单位(点)危房专项排查。开展节后文物灭火器配置专项排查,灭火器有效率达 85% 以上。开展文物安全专项检查 6 次,累计检查文保单位(点)310 处,出动人员 500 人次。G20 峰会期间开展文物安全巡查,共检查乡镇 17 个,抄告乡镇建议书 17 份,隐患限期整改场所 32 处,隐患 74 处。《迎大旗》获浙江省委书记夏宝龙书记点赞。深层挖掘非遗项目 6 个,新增省级名录项目 1 项、县级名录 14 项;新增县级传统节日基地 4 个、市级教学传承基地 1 个、市级生产性保护基地 1 个、县级传承教学基地 1 个、县级传承基地 1 个;新增县级代表性传承人 28 人;新建特色非遗文化展示体验馆 4 个,分别为榉溪非遗手工体验馆、台地农耕文化博物馆、深泽仰头非遗手工体验馆、黄岩前手工印染体验馆。非遗进文化礼堂演出 10 场。开展"养生磐安美丽非遗"进横店活动。5 月 14 日至 22 日,在横店景区举办专场演出,乌龟端茶、大力士摔跤、铜钿鞭等 8 个节目参演,演出 18 场次,观众 4 万余人;非遗展区还现场展示了串蓑衣、编草鞋、织布、织带、方前小吃等非遗项目。组织磐安非遗一台戏赴兰溪、丽水、舟山等地开展磐安非遗展示展演 23 场次,到上海、山东等旅游推介 5 场。新增文化经营场所 115 家,全县在册文化经营场所 257 家。全年办理行政审批事项 133 件;日常巡查出动检查 687 人次,行政处罚立案调查 8 件,办结案件 7 件,警告 6 家次,没收违法物品 12 件。完成城区网吧视频监控系统第三期工程,实现城区网吧视频监控全覆盖。组织文化经营单位参加第 11 届中国(义乌)文化产品交易会。深三竹木工艺厂陈元浪获市级"工艺美术大师"奖。与横店签订《影视产业合作协议》,引进影视企业 204 家,到磐拍摄影片 72 部,命名挂牌影视外景拍摄基地 6 个,培育群众演员 300 人次。影视企业奖励补助兑现 360 万元。

(周晗璐)

衢州市文化广电新闻出版局

【概况】 挂衢州市文物局牌子。内设职能处室 7 个，下属单位 7 个。2016 年末人员 149 人（其中：机关 21 人，事业 128 人；具有高级技术职务资格的 61 人，中级 25 人）。

一、公共文化服务体系建设稳步推进

成立市公共文化服务体系建设协调组，研究出台了《衢州市公共文化服务体系建设协调组成员单位职责分工》《衢州市公共文化服务体系建设协调机制工作方案》《衢州市公共文化服务体系建设协调组议事规则》。全市 100 个乡镇（街道）综合文化站有 1 个特级站、8 个一级站、7 个二级站及 41 个三级站通过全省第六次评估定级。截至年底，全市乡镇（街道）文化站全面完成场所挪用清理，实现每周免费开放 42 小时以上。文化惠民活动丰富多彩。全年全市完成送戏 1216 场，送书 13.1 万册，送电影 2.18 万场，送讲座展览 348 期，培训文艺骨干 5.76 人次，送服务进农村文化礼堂 2140 场次，已建成农村文化礼堂 135 个。成功举办第十三届四省四市民间艺术节系列活动、第五届衢州市群众视觉艺术展、衢州市第四届排舞大赛等重大文化活动。新创排婺剧现代戏《橘红满山香》荣获浙江省"新剧目大奖"，婺剧廉政剧《铁面御史》被省文化厅列为扶持项目，大型婺剧《孙膑与庞涓》代表浙江省晋京参加"全国地方戏曲南方片戏曲会演"。创新"文化志愿·嗨起来"文化志愿服务品牌活动，以文保单位天后宫为主阵地，开展形式多样的文化志愿惠民服务活动，全年为群众提供 160 余场演出，受益观众 3 万余人次，参与文化志愿者 8000 余人次。正式发布并实施全国首个《流动文化服务和管理规范》。

二、文化产业健康发展

完成《衢州儒学文化产业园规划》编制工作。组织开展中央文化产业专项资金申报工作和省级文化产业发展转移支付资金重点扶持项目申报工作，兑现市级文化产业奖励扶持资金 100 万元。常山龙腾石博山园管理有限公司和龙游科力印业有限公司成功入选第二批浙江省文化产业示范园区基地。举办首届 2016 中国（衢州）文化产业博览会，全国 10 多个省市地区以及 5 个国家的 150 家企业参展。组织开展衢州市十佳文化创意产品评选活动。积极组织全市文化企业参加第十一届中国（义乌）文化产品交易会和第八届中国西部文化产业博览会。组织衢州黄蜡石参加第五届书香赏石精品展，扩大影响力。梳理国家、省、市文化产业政策，编制《文化产业政策汇编》。组织文化系统干部深入走访调研百家文化企业，了解文化企业在发展过程中的实际困难，帮助指导企业破解难题，指导企业抓好党建工作，着力优化经济发展环境，助推全市文化产业转型升级和科学发展。

三、文化遗产保护不断加强

9 月 28 日，中国儒学馆开馆，全年接待观众 15 万余人次。完成衢州历史文化丛书 30 册图书的编撰出版工作。进一步完善省级以上文保单位"四有"记录档案，其中全国重点文保单位"衢江吴氏宗祠"和"龙游民居苑"四有档案被省文物局评为"优秀四有档案"。积极申报第七批省文保单位，全市新增省保单位 42 处。推动文物维修工作，完成全国重点文物保护单位周宣灵王庙保护规划编制和展示利用项目立项工作及附属建筑修缮工程设计方案，并向国家、省文物局争取周宣灵王庙维修资金 114 万元。启动全国重点文物保护单位衢州古城墙北段维修一期工程。扎实做好文物利用提升工作，创新文保单位运作模式，神农殿、天后宫、书院和水亭门城楼招募社会主体运营维护，成效显著。积极构建非遗保护名录体系，新公布第五批市级非遗代表性项目名录 24 项，新增第五批省级非遗代表性项目名录 5 项。完成国遗丛书《南孔祭典》《烂柯山的传说》等的编撰出版。

四、文化市场管理规范有序

相继开展网吧接纳未成年人、出版物市场、全市歌舞娱乐场所曲库等专项整治行动，进一步规范了文化企业经营行为，净化了市区文化市场。认真开展2016"护苗""清源""固边""净网""秋风"五大专项行动和利用云盘传播淫秽色情信息专项整治行动、高校及周边复印店专项治理行动，推进全市"扫黄打非"工作，出动检查1800余次，检查文化经营场所5800家次，收缴非法出版物2326册，查封扣押删除涉黄影视作品700多部，删除屏蔽其他违法信息5000多条，出具鉴定书11份，共立案43起（其中刑事立案6起）。联合公安、消防、市场监管等部门，对网吧和私人影吧进行专项整治，全市查处未成年人进入网吧、未按实名登记案件42件，其中吊销经营许可证2家，停业整顿10家，罚款21家。

五、效能建设进一步提升

逐条梳理核对原有499项权力事项，及时修改有关条款的法规依据，及时修改、删除不能继续运作的权力事项20余项。及时审查已在省政府政务网上公布之外的权力事项运行情况，不断规范行政权力运行。

【大事记】

1月

26日　西安高腔代表性剧目《金印记》在衢州学院礼堂首演。

30日　市文化志愿者之家首场演出在文保单位天后宫举行。

2月

18日　正式发布《流动文化服务和管理规范》，为全国首个流动文化服务管理规范。

3月

10日　省委常委、宣传部部长葛慧君一行参观水亭门历史文化街区。

22日　召开全市"扫黄打非"工作会议。

4月

15日　召开儒学文化产业园规划评审会，通过《衢州儒学文化产业园区规划》。

21日　开展2016年侵权盗版及非法出版物集中销毁活动，销毁全市2015年以来收缴的侵权盗版等非法出版物12239册，其中光碟11603片，书籍636册。

23日　举办"诵读经典、传承国学""图书馆之夜"暨2016衢州全民阅读节启动仪式。

29日　全国政协原主席贾庆林参观水亭门城楼和古城墙遗址。

5月

20日　召开全市公共文化服务重点市县提升工作座谈会。

6月

22日　召开全市公共文化服务体系建设协调组全体成员第一次会议。

27日　举办庆祝中国共产党成立95周年"田园城市·人文衢州"摄影展。

同日至7月1日　在浙江大学西溪校区举办全市文化遗产保护利用研修班。

7月

5日　召开全市文化市场管理暨"扫黄打非"工作推进会。

20日　省文化厅副厅长蔡晓春带队对市本级（含两区）公共文化服务重点市县建设进行实地督查。

8月

2日　文化部公共文化司

"公共文化服务与学校教育融合"课题组到衢州调研。

16日　召开全市文广新系统局（台）长座谈会。

9月

28日　中国儒学馆开馆，市四套班子领导出席开幕式，为"孔子学堂"及"吴为山塑孔子雕像馆"揭牌。

30日　大型婺剧《孙膑与庞涓》代表浙江省晋京参加"全国地方戏曲南方片戏曲会演"。

10月

10日至12日　举办第十三届浙闽赣皖四省四市民间艺术节晚会和"留住最美乡愁"旅游摄影展。

11日　省委书记、省人大常委会主任夏宝龙到水亭门历史文化街区考察调研。

28日　文化部原副部长、国家图书馆名誉馆长周和平到衢调研非物质文化遗产保护工作。

11月

10日　文化部东方华夏文化遗产保护中心副秘书长、中国文化遗产保护研究院院长高德魁参观周宣灵王庙。

12月

17日　举办首届2016中国（衢州）文化产业博览会。

（张轶群）

衢州市县（市、区）文化工作概况

【柯城区体育教育局（文化局）】
内设职能科室2个，直属单位2个。2016年末人员11人（其中：机关6人，事业5人；具有高级技术职务资格的1人，中级3人）。

2016年，柯城区文化局积极提升公共文化服务水平，广泛开展各类文化艺术活动，大力推进文化遗产保护，取得成效。一是公共文化服务水平持续提升。区文化中心项目顺利推进。项目立项得到政府批复，初步设计已批复，土建施工图设计已完成图纸审查，进入施工图预算编制阶段。项目主要由柯城区文化馆、图书馆组成，位于衢州市南区文化体育公园内，规划用地面积约 1.51 万平方米，建筑占地面积约 4500 平方米，建筑面积约 8500 平方米。室外建有 1500 平方米的文化活动广场。基础土方工程于 8 月中旬开工建设，土建部分于 11 月开始施工。开展浙江省基本公共文化服务标准化数据跟踪平台数据填报。9 月召开填报工作会议，对各乡镇街道及相关单位进行工作部署分工和培训。通过电话、工作群等方式进行业务指导，定期督促和指导填报及更新工作进展，确保数据填报及时准确。深化文化百千万工程。全年送戏下乡 130 场、送电影 3700 场、送书 1.25 万册，周末文化广场演出 24 场次，举办衢州市合唱指挥骨干、柯城区业余民间戏曲团队骨干、排舞骨干等培训班，培训学员 1200 余人。推进乡镇（街道）综合文化站免费开放工作。根据省委办公厅关于对各地政府经济责任考核及补短板工作的督查考核文件精神，全力推进柯城区乡镇（街道）综合文化站免费开放工作。起草《关于做好柯城区乡镇（街道）综合文化站免费开放工作的实施意见》，开展文化站建设、开放等基本情况调查，准备好相关台账资料，制作文化站制度、功能室标识牌子，开展实地指导督促，认真迎接省市区领导督查。

全面推广"放学来吧"建设工作。航埠镇墩头村、九华妙源村等"放学来吧"已成为"孩子开心、家长称心、社会放心"的未成年人健康、快乐成长工作品牌。二是文化艺术活动精彩纷呈。以"原创"为抓手开展群众文化赛事。举办"好水如歌 幸福柯城"暨第三届原创文艺作品大赛，推出了 4 个专项文化活动，吸引观众近 1.5 万人次。系列活动包括赛水赛歌会、原创小戏小品剧本征集大赛、原创文学作品大赛等内容。活动参与面广，发掘了一批优秀的基层文艺创作者及有地方特色的文艺作品。有力推动了文化强区建设，展示和巩固了"文化治水"的建设成果。深入开展各类文化活动。先后举办区油菜花节、非遗日宣传、衢州市庆祝建党 95 周年等演出活动，围绕区委、区政府中心工作唱足文化大戏。文艺精品不断涌现。《喇叭裤》获浙江省第三届"文化礼堂"乡村排舞大赛金奖。选拔歌手参加"唱响浙江"暨"美丽浙江"声乐大赛，荣获银奖。区"蒲公英"少儿艺术合唱团获第十三届中国国际合唱节 B 级奖（银奖）。婺剧小戏《我要上村晚》获浙江省新农村建设题材会演金兰花奖，还被推荐参加浙江省第十三届戏剧节展演，登上了央视的"中华颂"全国小戏小品曲艺大展的舞台。京剧选段《共产党员》和婺剧《辕门斩子》选段参加浙江省十大城市戏曲演唱联赛，荣获演唱金奖、银奖和辅导优秀奖。三是非遗保护取得新成绩。九华立春祭入选世界非遗。11 月 30 日，以衢州柯城九华立春祭等为代表的中国"二十四节气"，经过联合国教科文组织保护非物质文

化遗产政府间委员会评审，被正式列入联合国教科文组织人类非物质文化遗产代表作名录，是衢州市首个世界非遗。积极申报省级、市、区级项目。先后组织开展了第五批省级非遗项目、市级非遗项目、第一批区级非遗传承人、传承基地的评选。全区新增市级非遗项目 3 项，区级非遗传承人 6 人、传承基地 6 处。采取系列措施，加大对名录的保护力度。采用文字、录音录像、数字化多媒体等手段对项目进行完整记录。举办专场演出、比赛，传承优秀项目。根据项目的自身特点，以进校园、开培训班、家传和招徒等方式，传承优秀项目。

（应土花）

【衢江区文化广电新闻出版局】

内设职能科室 3 个，下属事业单位 5 个。2016 年末人员 29 人（其中：机关 10 人，事业 19 人；具有高级技术职务资格的 3 人，中级 8 人）。

2016 年，衢江区文化广电新闻出版局紧紧围绕文化强区目标，扎实推进各项工作，为深化"四个一"，打造康养城营造了浓厚的文化氛围。一是公共文化服务标准化提升工作成绩斐然。区公共图书馆 12 月 26 日正式面向社会开放，是全市首家采用 RFID 智能管理设备、虚拟化模式以及首家专设绘本区的公共图书馆，馆藏图书 10 万册，征订杂志 100 余种，报刊 60 余种，它的对外开放结束了区图书馆有馆无舍的历史。整合浙江音乐学院衢州附属中学资源，以相关基础设施对外免费开放实行资源共享的方式，设置剧院、音乐厅、排练厅

等功能用房,打造浙西文化艺术中心(区文化馆),项目已进入概念性方案招投标阶段。依托乌溪江湿地文化博物馆建设布局区非遗馆。全面完成乡镇综合文化站整改提升工作,实现每周免费开放42小时以上。强力推进黄坛口乡、高家镇、湖南镇3个乡镇的综合文化站和廿里镇、高家镇2个中心镇图书分馆建设。二是文化惠民活动蓬勃开展。持续深化十大群众文化品牌活动,组织迎春文艺会演、区第三届幼儿经典诵读大赛、"最忆乡愁—最美衢江"乡愁主题晚会暨衢江区第四届"十大爱心模范"颁奖等大型文艺活动。开展送戏下乡137场、送书下乡2万册、送电影下乡3716场、送展览7次,举办音乐创作、竹笛、葫芦丝、绘画、排舞培训1000余课时,培训文艺骨干350人。全力打造"流动风情"衢江区文化走亲等文化交流活动,全年开展县外文化走亲活动6场(泰顺、苍南、临海、天台、宁海、象山)。输送村级文化管理员、文化员、文艺骨干等赴杭州参加文化礼堂建设摄影、美术、舞蹈等培训班6期。编制和发放《文化惠民服务指南》12期3600余册,组建文化志愿者队伍,吸纳文化志愿者761人,并组织赴衢州天妃宫开展文化志愿者演出7场。三是特色文化发掘有声有色。与浙江艺术职业学院专家签订创编合同,完成婺剧《杨炯治水》剧本创作。编撰完成《杨炯与盈川特色文化》书籍。搜集整理衢江历史名人资料,进一步探索《三字经》作者王应麟与衢江的历史文化渊源,编撰了《王应麟轶事》。结合杨继洲"针圣故里"优势,精心创

编了世界针灸界首支针灸歌曲《中华神针》,同时配合完成《中华神针》舞蹈编排,在各大户外LED屏上滚动播出,传递中医针灸好声音。以千年农夫小镇和乌溪江湿地文化为基础,创编歌曲《千年农夫小镇》,续写衢江千年生态故事,为打造"五养衢江 九龙归谷"营造良好氛围。以黄坛口乡毛师花人物事迹为原型创作歌曲《早餐奶奶》,并制作成音乐电视在微信、微博、电视等媒体平台推广。结合区非遗项目叶画创作了舞蹈作品《画忆叶思》,通过文艺创作使衢江非遗动起来、活起来。四是文化遗产保护有序推进。在全市范围内率先完成第一次全国可移动文物普查平台上报工作,登记馆藏文物682件(套),其中馆藏一级文物1件(套)、二级文物6件(套)、三级文物66件(套)。完成可移动文物普查档案编制工作。完成9处省级文保单位四有档案编制工作,4处已通过省文物局审查及备案。区文保所编制的下埠头天后宫四有档案被列入浙江省文物保护单位优秀记录档案名单。下金大桥、国舅厅、蒋村张氏宗祠、相对方氏私己厅及方氏宗祠、涧峰徐氏宗祠及余氏宗祠等5处文保单位列入浙江省第七批省级文物保护单位。对国家级文保单位吴氏宗祠开展安防、消防工程工作。省级文保单位黄甲山塔处于抢救性施工阶段。赵抃墓保护规划设计方案通过省文物局审查,制作施工图纸。李泽李氏大宗祠修缮工程根据初验意见完成整改。全年修缮市(县)级文保单位3处,区级文保点5处,抢救性修缮工程1项。完成区33处市(县)级文保单位

保护范围和建设控制地带划定工作。为区文物库房安装报警系统和监控系统,消除库房文物安全隐患。横路办事处东方村获评浙江省第三批传统戏剧特色村,是全市唯一获评乡村。"非遗薪传"浙江传统戏剧展演展评活动中,举村乡提线木偶戏获"薪传奖",是衢州地区唯一获奖项目;提线木偶戏剧目《双状元》获"展演奖";区非遗中心获优秀组织奖。在完成年度区戏曲剧种普查工作的基础上,挖掘地方戏曲新编剧目13项,实现了戏曲剧种、剧团、剧目、人才的信息化管理。《茶灯戏》《木偶戏》《马灯戏》等省遗传统戏剧参加省、市、区各类巡演60场。"古砖瓦烧制技艺""上方节节龙"两个项目被列入浙江省第五批非遗名录。召开全区文化遗产保护工作会议,围绕"保护成果,全民共享"主题,精心筹备摄影展、非遗展示展演等各项文化遗产日宣传活动,让关注非遗、保护非遗的理念进一步深入人心。编著《衢江民居》,收录古民居、传统民居建筑166处。编印《文物法律法规汇编》和《文物巡查笔记》,促进文物保护工作法制化、规范化。编制《衢江区文物保护修缮工程实施工作手册》,概括工程实施相关资料、工程实施参考资料以及工程招标参考范本等。五是文化市场稳定有序。全年受理行政许可事项18件,按时办结18件,办结率100%。组织12家次文化企业参加各类文博会。组织文化企业参加国家文化金融合作项目申报和"衢州市十大文化创意精品"评选活动,其中牛角雕"君子之风"作品获评衢州市十大文化创意精品。通过"清网""护

苗""打违"等系列专项整治行动全面落实"扫黄打非"各项工作。全年出动检查人员 420 人次，检查各类文化经营单位 634 家次，处罚违规单位 28 家次，办结案件 21 起，罚款 5.9 万元，停业整顿 3 家，吊销经营许可证 2 家，没收违法物品 226 件。六是服务大局卓有成效。成立杭州 G20 峰会文化市场维稳安保网格化管理工作领导小组指挥部，形成层层落实、人人参与的良好工作格局。制定 G20 峰会维稳安保值班备勤表，确保 24 小时有人应急值守。与全区 30 家印刷企业、38 家网吧、17 家电子游艺室负责人和 37 位文保单位管理员分别签订了安全规范经营承诺书和责任书，压实主体责任。强化市区联动，两级联动执法，集中整治出版物、印刷业市场。衢江区文化广电新闻出版局获评"衢江区杭州 G20 峰会维稳安保"先进集体。

（刘　业）

【江山市文化广电新闻出版局】
内设职能科室 4 个，下属事业单位 7 个。2016 年末人员 68 人（其中：机关 11 人，事业 57 人；具有高级技术职务资格的 61 人，中级 25 人）。

2016 年，江山市文化广电新闻出版局紧紧围绕文化强市建设这一核心，以年初确定的重点工作计划为抓手，开展各项文化惠民活动，繁荣文艺创作，加强文化遗产保护，规范文化市场管理，各项工作取得明显成效，文化事业取得长足发展。一是激发经济热情，推进文化与经济相融合。探索文化建设、非遗传承的有效载体，继成立非遗传承专业团之后，

推出"有味道的日子"创意生活大晒，举办"匠人艺心"民俗风情集市，吸引游客逾 1 万人次，成功将众多非遗文化产品化、市场化、让市场支撑起非遗存在发展的基石。二是挖掘文化元素，推进文化与生活相融合。创设"家风好故事"征集大汇，"有味道的日子"创意生活大晒等活动，与全体市民互动，一起做"创意生活高手"，挖掘好家风好故事，征集创意生活金点子和高手达人，发现生活中的趣味文化元素，推进文化与生活相融合。三是编排精品剧目，提升江山专业艺术水准。与中央戏剧学院、杭州等高校及地区专业人士合作，投资 250 余万元，创编了大型原创音乐剧《寻孝》，助推文艺精品创作取得重大突破。音乐剧《寻孝》在形式上创新，以"音乐剧＋婺剧"的形式展现，以年轻人更容易接受的方式带动传统戏剧普及，培养年轻人对传统戏剧的兴趣与喜爱；在内容上坚守，以中华民族传统孝道为主题，感召更多人传承弘扬孝道文化，传播中华文化精髓。四是江山村歌入选 G20 峰会国礼，提升村歌文化国际影响力。在村歌文化培育过程中，创新扶持办法，充分展现村歌时代魅力，挖掘村歌发展潜能，推动村歌文化发展，江山村歌文化影响力显著提升。在杭州 G20 峰会中，江山村歌被作为国礼赠送各国元首，并赴北京人民大会堂参加"美丽乡村好声音"会演暨第八届全国村歌大赛颁奖盛典。五是召开文化站补短板会议，夯实公共文化服务基础。9 月，召开全市乡镇（街道）综合文化站补短板会议，全市各乡镇（街道）主要领导、分管领

导、文化干部参会。会议回顾总结近年文化站建设情况，全面梳理综合文化站建设存在的问题短板，提出解决思路与工作计划。9 月，出台了《关于加快构建现代公共文化服务体系的实施意见》《江山市推进乡镇（街道）综合文化站、村（社区）综合性文化服务中心建设实施方案》等文件，成立公共文化服务体系建设协调组，统筹布局全市公共文化服务体系建设，助推江山公共文化服务标准化、均等化发展。全年送电影 4114 场，送戏 173 场，送书 2.25 万册，送展览、讲座 95 次，培训文艺骨干 6050 人次，开展全市性群众文艺活动 18 场，开展市级文化走亲 21 次。图书馆接待读者 24 万人次，外借图书 26 万册。博物馆接待观众 22.1 万人次，举办临时展览 9 次。六是引进高端院团，助推群众文化向精品化迈进。探索群众文化活动精品化提升工作，通过与省高端院团开展广泛、深入的合作，引进省级高端演出，切实提升江山群众文化品质，打响江山群众文化品牌。与浙江交响乐团共同举办"交响的力量"浙江交响乐团浪漫江山行音乐会；与浙江美术馆共同举办"刻画鲁迅——浙江美术馆馆藏版画作品展"，并成为浙江美术馆流动美术馆；与浙江艺术职业学院专家合作，对江山特色文化进行内涵挖掘和展演提升。七是创设系列品牌，打造年度活动大格局。创设"花样文化·点亮生活"系列活动，推进年度系列活动品牌化、规模化建设。"交响的力量"音乐会、"刻画鲁迅"美术展、"从远古走来"博物馆奇妙周、"匠人艺心"民俗风情集市、"天天阅读　天天

"向上"全民阅读 2016 季、衢州市婺剧进校园现场会暨"江山好腔调"婺剧振兴行动、"家风好故事"征集大汇、"有味道的日子"创意生活大晒贯穿全年。活动品质高端，广接地气，富有特色，在市民间引起强烈反响，群众对文化活动的期待值和关注度空前提升。八是实施文化规划编制，夯实"十三五"发展基础。2016 年是"十三五"规划开局之年。江山市文广新局积极总结"十二五"，谋划"十三五"，确定江山市文化事业"十三五"发展规划编制计划，确定"十三五"文化工作具体目标任务、重点项目，为"十三五"期间文化发展打好基础。"十三五"规划文本获江山市政府批复同意。九是启动国保单位修缮，突破文保工作瓶颈。国保单位三卿口制瓷作坊修缮工程启动，省保单位新塘边姜氏宗祠修缮工程竣工。完成 10 余处文保单位修缮方案编制及维修工程。平安工程有序启动，为江山市文物保护工作打下坚实基础。十是严抓文化市场整治，助力 G20 峰会维稳安保。开展"两节"、"两会"、G20 峰会期间文化市场监管专项行动，确保文化市场平安繁荣。G20 峰会期间，发动全系统人员参与文化市场巡查，通过公共视听载体播放活动执法检查、印刷企业专项检查等有力措施，确保杭州 G20 峰会期间文化市场平安繁荣。江山局被评为江山市杭州 G20 峰会维稳安保先进集体，2 人获衢州先进个人和江山先进个人。全年出动执法人员 877 人次，检查各类经营单位 1347 家次，其中违规 15 家，举报 4 起；行政处罚立案 12 起，结案 15 起，罚款 2.8 万

元；责令停业整顿 1 家次，吊销许可证 1 家次。十一是紧扣全市中心工作，展示江山城市形象精气神。全面推进"两学一做"教育实践活动。在文化系统各支部开展"两学一做"大课堂。创编江山市"两学一做"学习教育活动主题曲《我是党员》。积极配合做好歌曲《那里有个名叫江山的地方》的宣传推广。参与指导群文活动。负责 2016 全国重阳登高健身大会文艺表演。先后组织、参与、指导了凤林镇南坞"三月三"活动、佛堂村民俗文化节、新塘边乡村村晚、文化礼堂现场会等文艺活动 30 余次。

（周江晶）

【常山县文化广电新闻出版局】

内设职能科室 5 个，直属单位 6 个。2016 年末人员 53 人（其中：机关 12 人，事业 41 人；具有高级技术职务资格的 4 人，中级 10 人）。

2016 年，常山县文化广电新闻出版局深入贯彻落实党的十八届四中、五中全会和习总书记系列讲话精神，按照县委、县政府和上级部门部署，紧紧围绕"实力工业、休闲城市、美丽乡村"战略目标，着力打造文化常山，促进全县文化事业、产业共同发展，通过全系统干部职工的团结拼搏、开拓创新，各项工作稳步推进，取得阶段性成果。一是大力宣传推广"贤商"文化。研究实施《2016 年度宣传文化系统弘扬贤商文化建设实施方案》。编辑出版反映"贤良贤商、德业共树"文化核心内涵的当代招贤创业典型故事集《招贤英雄会》。联合"常山人"微信公众号举办"我心目中的招贤英雄"评选活动，36 位招贤籍创业人士分别获得"领创英雄""赶超

英雄""励志英雄"等称号。完成"常山贤商"等 10 多首常山创业歌曲创作和音乐快板《贤商文化记心间》等文艺作品创作。邀请市、县文化专家开展"常山贤商"历史文化挖掘工作，在市、县党报党刊上发表"贤商"故事文章 10 多篇。邀请全国知名作者，开展"贤商"小说创作工作，形成《招贤柳》小说初稿。挖掘整理招贤古渡文化，申报招贤古渡为省级文保单位。按期完成招贤村和赛得健康产业园两个贤商文化示范基地创建工作。二是着力推进文化融入城市、旅游和新农村建设。认真修改《常山县文化融入城市建设"1375"工程实施意见》，并提交县政府常务会议讨论通过。指导帮助"国际慢城"五个核心村，初步提炼形成各村文化主打品牌（主题口号）。邀请省级顶尖词曲作家，创作完成"国际慢城"主题歌曲《慢城恋曲》。邀请央视合作传媒公司，拍摄制作了《慢城·常山》宣传片。研究制定"百村故事挖掘传承"三年行动实施方案，召集全县知名作者成立 6 个工作小组，开展第一批 70 个村故事征集编撰工作，已收集 200 余篇故事。参与青石赏石小镇规划设计等 4 个项目的论证指导工作。完成常山港流域古航道保护与开发课题的调研撰写。三是积极开展各类文化惠民工作。持续开展"三唱三红"等系列文化活动。在全县开展"百首歌曲唱常山"活动，评出"最佳常山之歌"6 首、"十佳乡村歌曲"10 首。开展"美丽乡村·美好常山"乡村歌曲演唱大赛，全县 94 支演唱代表队参赛，举办比赛 8 场，评出金奖 5 名、银奖 9 名、组织奖 3 名。联合"常山

人"等公众微信号,开展常山县乡村歌曲大赛"最受欢迎歌手"网络投票评选活动,评出5名"最受欢迎歌手"和9名"我最喜欢的歌手"。邀请央视音乐频道开展《常山谣》MTV拍摄制作,在央视音乐频道集中播放5次,并通过县域LED大屏幕等媒体传播推广。认真组织开展全县2016年春节元宵和"最美衢州"两个系列文化活动。成功举办第十一届"社区文化艺术节"、"常山最美排舞展演"等文化演出活动。开展"越剧专场周周唱"50场。指导乡镇(街道)及行政村(社区)开展"激情广场月月唱"和"一乡一节"活动28场。积极推进"流动文化"等惠民活动,全年开展送演出下乡200余场,送书下乡1.35万余册,送电影下乡3000余场,送展览下乡9场、送讲座下乡17场,观众100多万人次。外县文艺团队到常山文化走亲2场,观众3000多人次;组织到县外"文化走亲"10场,观众1.5万多人次;组织4个节目到玉山参加第31届"三山"艺术节。投入25万元设立常山县宝葫芦儿童文学图书馆(金川街道农家书屋示范基地),扩大儿童文学教育基地,巩固提高儿童文学教学效果。扎实推进公共文化场所设施建设。投入180万元建立常山县文化艺术培训中心。投入130万元扎实推进观赏石图书馆(县图书馆青石分馆)建设。投入85万元建立球川镇国学图书馆(县图书馆球川分馆)。开展第六批乡镇(街道)综合文化站等级评估工作。制定并实施了乡镇综合文化站提升建设两年行动计划,完成投资280多万元。配合县委宣传部新建农

村文化礼堂并通过省级验收23个。加强文艺精品创作与打造,论文《浅谈艺术转型过程中浙江省摄影理论的发展之路》获2016年浙江省摄影论文征文金奖。民间工艺《蛋雕》《棕编》参加2016年浙江省文化礼堂展演获得金奖。歌曲《花石村的传说》获得浙江省第二届村歌大赛表演兰花金奖。民间舞蹈《灯龙》获得浙江省农村文化礼堂群众文艺展演金奖。《我骄傲我是中国人》荣获"森山杯"浙江省首届青少年朗诵大赛总决赛少儿组金奖。全年获得省级文艺金奖6个、银奖6个、铜奖4个;市级文艺金奖2个、银奖1个;省级优秀指导老师奖1个;省、市优秀组织奖各1个。四是大力推进文化产业发展。服务助推文化企业转型升级,帮助中国观赏石博览园(龙腾石博园)和浙江泓影文化传播有限公司2家文化企业申报中央财政文化产业发展重大项目专项资金,浙江泓影文化传播有限公司被列入专项资金补助名单并获首期补助30万元。帮助中国观赏石博览园成功申报浙江省文化企业示范基地。帮助金逸影城收购金马影城,并升级成为县第一家中外合资文化企业。助推青石赏石小镇申报浙江省特色小镇文化建设示范点。助推中国观赏石博览园半典阁连环画博物馆申报中国收藏文化示范基地。开展"十佳文化企业"评选工作,评出首届"十佳文化企业"和"十家成长型文化企业"。有效推动文化产品"走出去",组织11家文化企业参加第11届义乌文化产品交易会、第9届西部文化产业博览会与2016衢州市中国文化产业博览会。力

推戴氏棕编工作室的文化创意作品《鹤之舞》参加2016年衢州市十佳文化创意评选活动,并成功入选。五是有效推进文化遗产保护传承工作。大力实施文物维修和平安工程建设,积极开展省级文保单位"徐氏旧宅"维修二期工程的招投标工作,中标价434.2万元。全面完成底角王氏宗祠修缮工程审计工作。有效推进省级文保单位"里择祠"创平安工程建设。加强文物安全保障,在重要的节假日以及汛期对重点文物保护单位开展集中巡查,完成县级以上重点文保单位(古民居、祠堂类)安全消防器材配送,与全县24处重点古建筑类文保单位签订了"文物保护单位安全责任书",完成全县16处重点文保单位的周边环境整治工作,同时完成了对全县19处重点文保单位的虫害防治,防治面积达9515平方米。做好第七批省保单位申报工作,向省文物局提交了文峰塔、德川行、泰安村古建筑群等10处40个子项申报对象的相关资料。组织开展"记住乡愁·传承文化"常山十大古祠堂评选活动。提前完成第一次全国可移动文物普查第三阶段工作。大力推进非遗保护传承,积极开展第五批省市县三级非遗名录申报工作,组织将4类16项非遗项目申报县级非遗保护名录,将8类16项非遗项目申报衢州市级非遗保护名录和4类7项非遗项目申报省级非遗项目,申报工作名列全市第一;完成县武当太乙拳馆年度提升工程建设任务;完成国遗丛书《常山喝彩歌谣》文稿编著任务;开展国遗项目"常山喝彩歌谣"系列保护、传承工作,在中国《文化月刊》开

展常山喝彩歌谣专题宣传活动，编辑出版《为常山喝彩》书籍；扎实推进"戏剧传承非遗"大戏派送活动，全年完成廉政越剧《清简樊莹》等大戏派送下乡演出任务42场，观众15万余人次；组织参加浙江省"十三五"非遗保护工作现场推进会，并做典型发言；以"常山喝彩歌谣"编排的情景剧《金婚》，被衢州市列入文艺精品扶持项目；上半年新增县级非遗名录16项、市级9项。六是促进文化市场健康发展。做好文化企业年度核验和审批工作，全年新审文化企业15家。护航G20峰会确保文化市场健康有序，制定《常山县文广新局平安护航G20文化市场安全生产综合整治大行动实施方案》，责任到人，成效明显；组织召开全县"扫黄打非"暨G20峰会服务动员大会，细化年初G20峰会保障方案，制定常山县文化市场"服务G20、展示新形象"百日攻坚专项整治行动方案，强化多部门联合执法措施，严厉打击和惩处各类违法违规经营行为，全年出动执法人员970人次，检查各类经营单位130家次，受理群众举报2起，办理行政处罚案件3起，联合工商、公安等部门取缔地摊、游商3家，收缴非法音像制品1000余张。七是扎实开展各类文化培训活动。5月，组织举办"互联网＋文化"专题培训班，县、乡、村三级宣传文化骨干100多人赴杭州参训；8月，组织系统干部职工以及全县各文艺团体负责人参加基本公共文化服务标准化数据跟踪平台建设培训班，80多人参训；在全县"五一颂歌、唱响常山"大合唱比赛中，深入各单位免费指导两个多月，

指导音乐作品数十个。全年参加省市举办各类培训200余人次；开展各类声乐、舞蹈、戏剧、器乐免费培训500余小时，培训人数7000余人次。

（傅正阳）

【开化县文化旅游委员会】 内设职能科室4个，下属单位8个。2016年末人员72人（其中：机关12人，事业60人；具有高级技术职务资格的4人，中级27人）。

2016年6月，在开化县文旅局的基础上成立了开化县文化旅游委员会，各项工作稳步推进。一是文化惠民工程扎实推进。以浙江省基本公共文化服务标准化建设重点县提升为契机，扎实推进乡镇综合文化站整改提升工作，全面整改场地面积和开放时间不达标的乡镇综合文化站，启动了村头镇、中村乡2个乡镇的综合文化站建设工程。完成民办实事文化惠民项目，建成20个农村文化礼堂。召开农村文化礼堂建设工作现场推进会。二是重点项目有序开展。启动开化县公共文化广场建设项目，即文化馆、图书馆、博物馆、青少年宫、城市规划馆、游客服务中心的多馆合一建设项目。对文化艺术中心设施进行改造提升，投入50万元添置舞台LED灯光。加大公共图书馆建设力度，增加购书经费，新增纸质图书6.3万册，新增电子图书10万册，图书馆总藏书量38万余册，同时在长虹民俗苑建设长虹乡图书分馆、在开化中学建设教育图书分馆。全年累计送书下乡1.56万册、送电影下乡3360场、送戏下乡142场。三是开展文旅节庆活动。开展了"文

化大舞台"一月一演、"百姓大舞台"广场巡演、"乡村大舞台"一乡一节等三大文化旅游活动。指导各乡镇结合自身特色相继举办了第二届桑园音乐节和杜鹃花节、第三届竹文化节、第四届"油菜花节"系列活动等民俗节庆文化活动。指导和协助各乡镇举办了古佛节、梨花文化节等系列文化旅游节庆活动。以"好地方"为主题，在全国范围开展歌曲征集活动，收到来自全国各地的歌词260多首，制作了《开化是个好地方》全国征歌优秀作品选粹CD，由浙江电子音像出版社出版发行。四是推进文化遗产保护。开展全国第一次可移动文物普查工作，完成库藏494件（套）文物的普查拍摄和录入工作。开展文保单位平安工程建设，为全县110个祠堂配置880个干粉灭火器，并对祠堂安全员进行消防知识培训。深入挖掘非物质文化遗产，完成第五批浙江省非物质文化遗产代表性项目申报工作，共申报6个项目。积极开展非遗活动，开展全国第11个"文化遗产日"活动，展示展演开化目莲戏、齐詹记冻米糖制作技艺、董氏剪纸等非遗项目；持续开展开化目莲戏进校园活动，在开化职教中心开设相关课程；进一步挖掘、提升省级非遗项目徐塘狮象灯舞，力争推出非遗一台戏，为钱江源国家公园建设添彩。五是稳定文化市场。加强文化市场管理，深化"扫黄打非"工作，全面推进文化市场安全生产隐患排查，促进文化市场健康发展。出动执法人员729人次，检查经营场所1151家次，受理举报3起，对违法违规经营的16家单位实施行政处罚，其中

一般程序 13 件、简易程序 3 件，均已结案，罚款 5 万元；上报省厅 OA 系统信息 72 篇，录用 60 篇。积极开展"扫黄打非"专项行动。重新调整县"扫黄打非"工作领导小组成员及各成员相关职责，制定《开化县 2016 年度"扫黄打非"行动实施方案》《开化县"扫黄打非·护苗 2016"行动实施方案》，召开了全县"扫黄打非"工作会议，组织开展多次专项行动。

（方阳红）

【龙游县文化广电新闻出版局】

内设职能科室 4 个，下属单位 5 家。2016 年末人员 46 人（其中：公务员 7 人，参公 7 人，事业 32 人；具有高级技术职务资格的 3 人，中级 13 人）。

2016 年，龙游县以文化发展"十三五"规划为纲领，以基本公共文化服务标准化重点县及文化强县建设为目标，以综合文化站建设、文化下乡工程、古建筑修缮等为抓手，全面推进文化发展。一是文化发展环境明显改善。《龙游县文化发展"十三五"规划》（龙政办发〔2016〕114 号）正式印发。县编委调整乡镇（街道）综合文化站设置，明确各乡镇（街道）综合文化站与乡镇（街道）事业综合服务中心合署办公，核定编制 27 名，核增股级职数 1 名。乡镇（街道）文化工作纳入基层政府考核范围。下发了政府向社会力量购买服务指导目录，将公益性文化活动承办等 33 项内容纳入政府购买服务范围。二是公共文化服务水平整体提升。对照《龙游县基本公共文化服务标准化提升计划》，着力补短板，优服务，促发展，公共文化服务水平明显提升。

"三馆一站"及基层综合性文化服务中心建设再上新台阶。图书馆、文化馆将原出租店面回收进行改造升级，其中文化馆投入 50 多万元，新开设了"凤梧画苑"书画视觉展厅 1 间、舞蹈房 1 间、培训教室 5 间。博物馆新馆建设通过 EPC 招投标。综合文化站在全县 15 个乡镇（街道）实现全覆盖，并全部通过第六次综合文化站评估定级，其中一级站 1 个（湖镇），二级站 1 个（溪口），三级站 13 个。以农村文化礼堂、村（社区）文化活动中心建设为抓手，形成覆盖城乡的基层综合性文化服务中心，新建农村文化礼堂 24 个，村（社区）文化活动中心 21 个，实现基层公共文化服务阵地从有向优转变。新增数字影院 3 家。公共文化服务产品不断丰富。阵地服务成效显著。县图书馆新增图书 3.1 万余册，新增图书借阅证近 1500 张，图书流通 6.8 万册次，接待读者 8 万余人次。县文化馆免费开放，先后为财政局、信用联社、旅游发展公司等机关事业单位、社会团体举办各类文艺晚会活动 16 场次，接待观众 6000 多人次；免费提供场地服务 100 余场次，免费为各村、镇（乡）文化活动提供设施设备服务 80 余次；开展青少年暑期免费艺术培训，10 个培训项目参训 1500 多人次；免费为社会团体、农村文化礼堂、业余文艺团队等开展培训，参训人数 4 万人次。数字文化服务打开新局面。县图书馆推出"你读书　我买单——点读平台"服务，打破读者买书、借书壁垒，全年通过点读平台借书 2000 多册。开通龙游移动图书馆，实现公共文化服务数字化、便捷化。

文化下乡推陈出新。推出"文化进社区""文化下乡""文化走亲"等相关活动，送书 1.97 万册，送戏 193 场，送电影 3119 场，举办展览讲座活动 30 余场，县、乡级文化走亲活动 40 多场。公共文化服务效益不断提高。指导各乡镇、村开展了模环广场舞大赛、湖镇镇"潋水之春"、沐尘"三月三"畲乡山歌比赛等文化活动 20 余场。依托农村文化礼堂建设，40 余个行政村举行礼仪活动和文艺演出，引导基层群众自编自导自演，逐步推进"送文化"向"种文化"转变。围绕县委、县政府"治水拆违、四边三化、三改一拆"等中心工作，精心创作、编排文艺节目，尝试政府购买文化服务新形式，通过公开招标，由文化公司承办"相约最美　携手同行——543 专题巡演"活动，9 月至 11 月在 15 个乡镇（街道）巡演 30 余场次，观众 3 万余人次。开展文艺精品创作，据不完全统计，排舞、民间舞蹈及歌曲创作等获得市级以上奖项 11 个，其中省级金奖 1 个，市级金奖 3 个。公共文化服务队伍不断壮大。通过公开招考、购买服务等形式充实文化人员队伍，下属各单位及乡镇（街道）综合文化站新增专业干部 9 人。"三馆"还通过政府购买岗位完善窗口服务、安全保卫等工作，提高岗位利用效率。县文化馆核增编制 3 个。业余团队规模进一步扩大。注重引导、鼓励各类文艺团队发展，全县有婺剧坐唱班、排舞队、舞龙队等各类文艺团队 548 支 2600 余人。鼓励文化干部积极参加省市县各类业务培训，参加市级以上培训的 40 余人次。组织全县文化干部业务培训

1次。依托文化馆免费培训平台，开展舞蹈、活动策划等各类文化培训，参训人数超过4万人次，文化干部下乡辅导次数位居全省前列。三是文化遗产保护全面推进。文物保护扎实推进，"两划"工作全面完成，县级以上文保单位保护范围和建设控制地带划定工作全面完成。文保单位"四有"档案工作持续推进。全面完成省级以上文保单位的"四有"档案建设工作，并通过省文物局验收，其中民居苑档案被评为全省文物优秀档案。做好文保单位升级工作。完成荷花山遗址、余端礼墓、龙游古城墙遗址等29处县保单位申报省级文物保护单位工作，其中荷花山遗址等18处文保单位列入第七批省级文物保护单位名单，包括古遗址1处，古墓葬1处，古建筑13处，近现代重要史迹及代表性建筑3处，省保单位数量达到34处，位列全省前列。古建筑修缮项目稳步推进。国保单位"三槐堂"修缮开始施工；完成省保单位"雍睦堂""邵氏宗祠"等修缮施工并通过初验，完成省保单位"龙游楼上厅""蒋氏宗祠""龙游风水塔—剎下塔"等3处保护工程方案设计编制工作和报批工作；完成县保及以下古建筑修缮和保养项目54个，其中县保15个，一般古建筑39个，补助修缮经费200余万元。基本完成第一次全国可移动文物普查工作的登录及审核工作，编写普查报告。依托"蒋乐平专家工作站"，开展荷花山遗址研究，完成《万年龙游》的编撰并公开发行。配合完成市"胡继根专家工作站"《衢州汉墓研究》的出版工作。非遗保护如火如荼。龙游县荣获第三批

浙江省传统戏剧特色县称号。非遗展演促发展。先后举办了婺剧（徽戏）班社建设成果展演、婺剧（徽戏）座唱班大赛、婺剧下乡等活动200余场次。开展社阳乡大公村清明祭祖灯会、第11个非遗项目日宣传、龙游永康婺迷联谊等活动，促进非遗项目的发展与传承。举办为期20天的婺剧表演培训班，30余名学员参训，组织排练了《百寿图》等婺剧大戏。以乡镇综合文化站的培训平台建设及婺剧进校园等活动为抓手，推进婺剧发展。构筑文物安全平台，组织建设龙游县文物平安工程，将国保单位7处10点、省保单位16处29点纳入监管平台，实现实时监控，维护文物安全。加强民居苑内及各乡镇文物建筑的虫害防治工作，开展专项整治。强化文物监管执法，先后6次对全县文保单位开展专项检查，发现问题20余个，其中国保单位1个，省保单位4个，县保单位13个。经过整改，国保单位关西世家电力隐患已消除，省保单位完成安全评估，县保单位整改方案已经完成，按计划推进实施。四是文化市场繁荣稳定。依法规范行政审批程序，严把审核许可关，全年累计办理审批事项24件，新增场所18家，其中新引进大型数字影院2家，"网咖"3家。县文广新局窗口在行政服务中心星级考评中被评为五星级。加强文化市场管理，以"扫黄打非"、G20峰会安保工作等为抓手，全面实施文化市场严管严控，全年没有发生安全责任事故。结合"净网""清源""护苗""打非治违""G20文化市场监管"等专项行动，检查文化市场经营单位2044家次，出动执法人

员607人次，查处投诉举报6起，收缴非法音像制品2579册（盒），发现违法违规经营行为41起，行政处罚立案19起，办结34件，警告32家，罚款17起，行政处罚罚款5.1万元，停业整顿2家，有效净化了文化市场环境。网格化管理成效显著，制定、印发《网吧、影院、歌舞娱乐场所网格化管理办法》，将全县41家网吧、8家娱乐场所、2家影城纳入网格化管理，实行"文化干部定点监管，执法人员分片督查""日常巡查与夜查相结合"工作机制，确保文化市场监管"全天候、无死角、全覆盖"。网格化管理实施以来，出动检查人员1056人次，检查文化经营单位877家次，发现安全隐患25个，立案查处经营场所2家，停业整顿1家，有效保障了文化市场安全。引导行业自律，充分发挥网吧协会、印刷行业协会、娱乐协会的作用，引导行业自律。4次召开网吧协会、娱乐协会工作会议，以会代训，对文化经营单位开展安全、政策法规等内容培训。文化产业发展迎来新契机。组织县文化企业参加义乌文化产品交易博览会和西安西部文化博览会，帮助企业走出去，扩大知名度。浙江科力印业新技术发展有限公司被评为浙江省文化产业示范基地，红木小镇入选浙江省文化厅公布的首批20个特色小镇文化建设示范点。在衢州市特色文化创意产品大赛中，科力印业、龙商行、毛正浩玉雕、观音麻饼4家企业产品荣获衢州十佳特色文化创意产品。依托龙邦玉石文化城，举办了2016中国龙游黄龙玉赏石文化博览会，吸引了省内外参展商200余家。

（方燕飞）

舟山市文化广电新闻出版局（体育局）

【概况】 内设职能处室 10 个，直属单位 14 个。2016 年末人员 269 人（其中：机关 30 人，事业 239 人；具有高级技术职务资格的 45 人，中级 75 人）。

2016 年，舟山市文化工作以创建全国海洋文化示范区为引领，以市委大行动和政府为民实事项目为抓手，以进一步满足海岛百姓日益增长的文化需求为己任，各项工作有力推进、成效明显。主要体现在 8 个方面：

一、现代公共文化服务体系不断完善

以制度促规范，出台《关于加快构建现代公共文化服务体系的实施意见》，4 县（区）均制定出台。召开"淘文化"两周年文艺团队负责人座谈会，制定出台《"淘文化"管理团队办法》。以培训促提升，组织全市 130 余家渔农村文化礼堂管理员参加渔农村文化礼堂管理员培训班，提高业务水平。大力开展舟山市全民人文素养提升行动，举行优秀文艺团队展演活动，全市 14 支优秀业余文艺团队参与竞演，近 5 万市民观看；推出"百名文化馆业务干部百堂培训课"，2800 余名市民参与；举办美好训练营广场舞培训班，100 余名广场舞指导中心团队成员参加。以惠民促实效，依托"淘文化"公共文化产品和服务社会化运作平台，开展"百团百艺进文化礼堂"250 场，市民大舞台项目 60 场。持续推进文化惠民各项举措，全年送戏下乡 356 场，送书 10 万余册，举办培训、辅导班 1337 期，开展讲座、展览 181 期，举行文化走亲 42 场，放映公益电影 5114 场次，10 月启动老年人电子阅览室项目。以设施促品位，舟山博物馆老馆维修改造项目于 8 月完工并交付使用；海洋文化艺术中心二期启动建设音乐厅和综合展览馆；新城、定海、普陀、岱山、嵊泗的城市书房开放；完成全年 27 家农村文化礼堂建设任务；市本级和各县（区）5 家文化馆被评定为"国家一级文化馆"。

二、海洋文艺精品创作深入推进

专业文艺作品方面，完成电影《刺海》（原名《双屿宝图》）剧本第五稿，并赴北京召开专家评审会。完成大型原创越歌剧《观音》初稿。群众文艺作品方面，推进海洋文化精品戏大型锣鼓打击乐舞台剧《鼓舞大海》（暂名）项目，积极与省文化厅、市政府对接，得到创排支持，积极申报国家艺术基金项目，召开专家座谈会，正式启动创排工作。大力开展群众文艺创作，12 月开展全市迎新春文艺创作作品展演，展示全市文艺工作者创作成果。选送舞蹈作品《天边的号子》、音乐作品《墨香》《带鱼煮冬菜》参加第十七届"群星奖"评选，《带鱼煮冬菜》入围并参加决赛。全市 39 件作品获省级以上奖项。

三、文化品牌活动特色鲜明

东海音乐季以"奔向东海"为主题，由东海音乐周和东海音乐节两部分组成，于 7 月至 10 月举行。东海音乐周于 7 月至 8 月期间每周五、周六晚在朱家尖南沙、东沙举办以电音、爵士、摇滚、民谣为主题的音乐演出活动，共 20 余场，参与演出的国际 DJ120 余人。"东海音乐节"3 天有 100 余支乐队参演，预售票比去年增长了 60%，吸引 8 万多人次观演，已成为具有全国影响力的海岛时尚音乐舞台。举办 2016 年舟山市全民阅读节，推出 200 余项阅读推广活动。开展"送书上渔船"、"书香之家"评选、"世界读书日"等系列活动。定海推出"唱响定海"，普陀打造"欢乐海洋·美丽普陀"，岱山县举行百姓文化节，嵊泗开展"美好生活·全民乐和"等系列品牌文化活动。

四、文化产业发展势头良好

建平台，3 月 16 日正式启动"淘文化"产业平台，吸引了 600 余家文化企业入驻（年计划 500 家），其中，在第 11 届中国（义乌）文化产品交易会上，现场与 100 余家外地企业达成入驻协议，进一步提升了"淘文化"品牌知名度。重项目，配合新城管委会落实怡岛路文化街项目培育扶持工作，普陀海洋文化创意产业园区于 6 月 28 日正式开园启动，定海伍玖文化创意产业园二期项目于 12 月竣工验收。强基础，保持电影公司经济效益，舟山影城全年票房收入 947 万余元，做好浙江省文化产业示范基地申报工作。

五、文化遗产保护工作扎实展开

非遗保护方面，着手创建非遗代表性传承人工作室、深入挖掘舟山曲艺、开展市级及以上非遗传承人抢救性记录、全市渔民画传承教学基地创作大赛和获奖作品展等重要工作，逐步推进舟山市非遗保护载体建设。全市10个市级非遗项目参与申报第五批省级非遗名录。开展全市35个省级非遗项目"八个一"保护措施落实情况督查工作。与金华展开非遗"山海合作"。组织参加首届长三角非物质文化遗产博览会、第八届浙江·中国非遗博览会，举办第十个"文化遗产日"、元宵节系列宣传展示活动等。做好非遗保护成果书目编撰工作。文物保护方面，全面推进全国第一次可移动文物普查工作，加强省保单位定海测候所、东沙海产品加工作坊和海山许氏民居、市级文物保护单位"澄心堂"及"法喜斋"的文物保护维修管理等工作，对文保单位、文保点进行巡查和监控，开展文物安全大排查大整治活动。推进文保单位"四有"工作，第六批省级文物保护单位海山许氏民居的"四有"档案获评浙江省文物保护单位优秀记录档案。2月，启动舟山海域水下文物调查，以陆地走访摸排为主要形式，分区域分阶段在嵊泗海域、岱山海域及普陀莲花洋及周边海域实施。新增"舟山市徐正国博物馆"非国有博物馆1家，于12月底向社会免费开放。

六、文化市场监管有效夯实

以全力开展护航G20峰会为契机，大力开展文化市场"扫黄打非""清源""净网""护苗"等专项行动，不断完善全市文化市场日常巡查制度。全市日常巡查出动检查2697人次，检查场所5077家次，查处违规92家次。利用"4·26"知识产权日，组织开展侵权盗版及非法出版物集中销毁活动，累计销毁非法盗版音像制品6万余盘、非法盗版书报刊2万余本。破获闵德海等人传播淫秽物品牟利案，该案件被全国扫黄办列为重点督办案件。进一步加强公共场所大型电子显示屏播放活动管理。解决舟山渔民画版权问题，争取舟山渔民画参加中国国际版权博览会，舟山渔民画协会荣获中国国际版权金慧奖"优秀组织奖"。

七、文化队伍建设保障稳中求进

社团管理方面，修改完善《关于引导和鼓励社会力量举办公共文化活动的补助办法》，制定出台《"淘文化"文艺团队服务规范》，规范对业余团队的政策扶持。全市纳入管理的广场舞团队217支，8000余名舞者，占全市总团队的70%以上，一年半来实现"零投诉"。内部管理保障方面，制定出台《舟山市文化发展"十三五"规划》《舟山市文化产业发展"十三五"专项规划》。实行简政放权，梳理产业准入负面清单，市级审批事项125项，比3年前减少了40%；推进审批一体化，推动网上审批工作，全年办理各类业务172件，办结率100%，群众满意率100%。继续探索图书馆以理事会制度为核心的法人治理结构试点工作，提升图书馆理事的决策管理水平。加强干部职工教育培训。大力开展局系统"两

学一做"学习教育活动。加强反腐倡廉建设，成立局督查办，签订廉政建设责任书，严格落实"主体责任"和"一岗双责"制度。

【大事记】

1月

1日 东港儿童乐园正式对外营业，这是全市首个大型儿童游乐场所，填补了全市文化产业在该领域的空白。

6日 舟山普陀岑氏木船作坊登上腾讯品牌栏目《中国人的一天》。详细介绍了舟山普陀岑氏木船作坊第四代传承人、国家级非物质文化遗产代表性传承人——岑国和及其掌握的传统木船制造技艺。

21日 2016文化暖冬"淘文化"走进小岛文艺演出活动正式启动，首站演出在普陀区登步岛鸡冠文化礼堂举行，舟山市艺术剧院小百花越剧团表演了越剧《豆腐郎》。此后，文化暖冬系列演出陆续在嵊泗绿华、黄龙乡、桃花岛、虾峙岛、大猫岛等11个偏远海岛举行。

2月

1日 舟山市委常委、宣传部部长忻海平与副市长徐燕峰一同，带领市、区两级文化、公安、消防、安监等部门有关负责人及执法人员，对定海区节前文化市场及人员密集型场所安全生产管理进行了检查。

10日至12日 舟山味道首次在中央电视台第十套（科教频道）《味·道》栏目亮相，播出《什么是浙江渔民画里的年味》《什么是浙江新春灯谜里的年味》《团圆饭餐桌，哪儿的家宴最有年味？》，

向全国观众展现舟山百姓餐桌上的新年味道，舟山市非遗项目"舟山灯谜"也首次登上央视荧屏。

19日　舟山市副市长徐燕峰一行10余人参加"江南百工——首届长三角非物质文化遗产博览会"开幕仪式。舟山市国家级非遗项目"传统木船制造技艺"，省级项目"普陀渔民画""舟山螺钿镶嵌制作工艺""舟山船模"共20余件作品参展。

22日　"新区景·元宵情"2016舟山群岛新区元宵游艺活动在舟山海洋文化艺术中心和舟山新城体育馆举行，参加市民5000余人次。

3月

16日　舟山市淘文化产业平台启动仪式在舟山市海洋艺术中心举行。浙江省文化厅副厅长黄健全、浙江日报报业集团副总编辑俞文明、舟山市人民政府副市长徐燕峰出席启动仪式。

23日　召开2016年全市公共文化服务工作座谈会。会议要求各地要深入贯彻落实《构建现代公共文化服务体系实施意见》，繁荣海洋文艺创作，加快推进公共文化服务均等化。

4月

6日　新区党工委副书记、市委副书记、市长温暖，副市长徐燕峰实地调研舟山博物馆和"淘文化"运营中心，并与在场的企业代表交流。

12日　新区党工委书记、管委会主任、市委书记周江勇一行赴舟山市图书馆参观"全民国家安全教育日"展览，展览内容包括相关法规、理论研究、案例分析、实际应用等35幅图文展板及近

百册相关书籍。

14日　"舟山市全民人文素养提升行动暨优秀文艺团队展演启动仪式"在定海文化广场举行。

16日　"淘文化成立二周年"舟山市全民人文素养提升行动暨优秀文艺团队展演活动在定海文化广场、临城银泰广场、普陀体育馆广场3地同时举行，近5万人次观看。

21日　舟山市侵权盗版及非法出版物集中销毁活动在定海文化广场举行，舟山"扫黄打非"成员单位及经营业主、市民120余人参加了活动，销毁盗版音像制品1万余盘、非法出版物797册、游戏机6台、电路板6块。

23日　2016舟山市全民阅读节暨书香定海全民阅读活动启动仪式在舟山剧院启动。活动以"图书馆就在我身边"为主题，以"图书馆之夜"等十大系列阅读推广活动为主线，推出近200余项形式多样、内容丰富的阅读推广活动。

25日　2016年岱山县百姓文化节启动仪式暨全县群众文艺展示在岱山县文化广场举行。本届百姓文化节以"让海岛更美丽让生活更精彩"为主题，设"求新""求美""求知""求乐"四大板块，期间举办展览、展演、文化惠民、文化礼堂服务及民俗节庆等15项大型文艺活动，另含各乡镇文化系列活动7项。

26日　舟山非遗代表团10余人，赴金华市非物质文化遗产保护中心，双方签订了"共促非遗保护 开展山海合作"协议书。内容包含成功经验互惠、共同举办业务培训、共同展示非遗保护成果等。这是金华、舟山两地非遗

合作的开创之举，在全省非遗领域也属首创。

5月

4日　第26届"普陀山之春"暨"禅行普陀"佛国健身行启动仪式在普陀山景区迎宾广场举行。活动推出"传统节庆篇、全民健身篇、才艺比拼篇、全民提升篇"4大篇章，包含一系列具有海洋文化、佛教文化、民俗文化底蕴的近20项文体活动。

9日　2016年全市"扫黄打非"工作会议召开。舟山市委常委、宣传部部长、统战部部长、市"扫黄打非"工作领导小组组长忻海平，副市长、市"扫黄打非"工作领导小组副组长徐燕峰等出席会议。

11日　舟山市组织开展了文物安全大排查大整治专项行动。对普陀接待寺、普陀区博物馆、三忠祠等文物保护单位开展了安全大排查大整治。

20日　由广东民族乐团带来的以海上丝绸之路为主题的大型民族交响套曲音乐会《丝路粤韵》在舟山市艺术剧院上演。

27日　"舟山风"渔民号子队应邀参演第十五届国际中老年艺术交流节，并摘得金奖。

6月

7日　"平安护航G20"安保工作部署大会暨消防演练活动在大光明电影城举行。市本级文化市场及公共文化服务单位，全市76家相关单位负责人和安保人员160余人参加活动。

18日　舟山全民人文素质提升行动暨百名文化馆业务干部百堂培训课开班仪式在舟山市文化馆举行。全免费、项目多、均等性、

师资强是本次培训的4大特点。

19日 第二届舟山群岛海洋动漫游戏博览会在舟山市艺术剧院举行,分动漫狂欢夜、动漫集市、少儿Cosplay大赛、舞台狂欢活动、动漫微画展五大板块。

21日至26日 舟山市艺术剧院"小百花"80余名演职人员,精选了10台传统越剧大戏赴温州开展交流演出。

28日 中国·普陀海洋文化创意产业园启动仪式在沈家门渔港南岸的鲁家峙岛举行。舟山市委常委、宣传部部长、统战部部长忻海平宣布园区正式启动。

29日 舟山本土首部双屿港题材电影《刺海》剧本论证会在北京召开。这是我国第一部以海洋文化和海洋意识为内核、国际性的历史题材电影,大部分场景在舟山取景完成。

7月

1日 "勇于走前列 实现新跨越"舟山市庆祝中国共产党成立95周年合唱大赛在普陀保利大剧院举行。舟山市委常委、宣传部部长、统战部部长忻海平观看比赛并为获奖集体颁奖。

7日 舟山市文化广电新闻出版局(体育局)党组以"学习新知识,领会新论述"为议题组织召开党组中心组理论学习扩大会暨半年度工作会议。局领导、局属单位党政主要负责人和局机关全体工作人员参会。

8日 舟山市正式出台《舟山市"淘文化"文艺团队服务管理规范》,对于团队服务资质、服务要求、管理职责、资金申请、资金拨付和服务规范等8个方面做出了要求,明确了团队自身建设、权利义务、服务规范等方面的准则。

14日 位于舟山市临城街道文化一条街的全市首家城市驿站正式揭牌并免费对外开放。书房内设启益沙龙、科技前线、童乐会馆、弈趣堂等功能区,配有图书1万余册,内置自助办证机、自助借还机,环境简洁舒适,是市民看书学习的理想场所。

16日 由舟山市文化广电新闻出版局、普陀山—朱家尖管委会、普陀区政府主办的2016年"东海音乐季"活动在朱家尖南沙正式启动。活动包括7月至8月期间的东海音乐周,以及9月9日至11日举行的东海音乐节。

26日至27日 舟山市文化广电新闻出版局、市公安局、市市场监督局、市消防支队等文化市场管理相关职能单位联合举办"护航G20"全市网吧行业安保培训暨联合执法大检查行动。

8月

1日 文化部公布《关于命名一、二、三级文化馆的决定》,舟山市、定海区、普陀区、岱山县和嵊泗县文化馆被评定为"国家一级文化馆",这是自全国文化馆评估定级工作开展以来,首次全市5个馆均获"国家一级文化馆"称号。

8日 召开G20峰会工作部署会,对G20峰会相关重点工作进行传达和部署。会议强调要全面管控公共文化场所,全面提高快速组织应对突发事件能力。

12日 由舟山市文化广电新闻出版局主办,舟山市文化馆承办的"忘情·融物"舟山群岛中国当代油画邀请展在舟山美术馆开幕。展览以"忘情·融物"为主题,是舟山市首次策划的高端油画艺术交流展,汇集了全国各地14位知名画家,展出精品力作60余幅。

14日 由舟山市文化广电新闻出版局、市教育局、市文联主办,舟山市文化馆、市音协、市青少年管乐交响乐团承办的"舟山市青少年管乐交响乐团成立十周年专场"演出在普陀区保利大剧院举行。

20日 中国台风博物馆重新开馆。该馆位于岱山县本岛北部,提升改造工程主要分为外部维修工程项目和内部装修布展工程项目。

23日 "2016全市曲艺保护工作座谈会"在舟山市文化馆召开,明确了曲艺挖掘、整理、保护、传承的工作目标和计划安排。

31日 舟山市政府副市长徐燕峰检查新城文化市场经营场所安全生产落实情况。检查总体情况良好,消防设施齐备完好,各项安全生产制度落实到位。

9月

2日 浙江省军区炮兵团图书馆暨市图书馆2016年新建第五家"舟山市图书馆流动图书站"正式运行,双方签署了共建协议书,200余名官兵参加了开馆仪式。

7日 召开海洋文化精品戏《鼓舞大海》(暂名)专家座谈会。浙江省文化厅副厅长刁玉泉出席会议。刁玉泉强调,《鼓舞大海》(暂名)要体现当下大政治背景,形式与元素要集中提炼,要注重演员队伍培养及整体线条。同时表示,省文化厅将全力支持,把《鼓舞大海》(暂名)列入省厅精品创作项目和省市合作创作文艺精品的试点项目之一。

同日至8日 浙江省文化厅副厅长刁玉泉一行赴舟山考察文化工作。考察组召开了座谈会,并先后考察了新城城市书房、"淘文化"业余文艺团队、南洞艺谷群岛美术馆等地。刁玉泉对舟山市文化发展提出了3点要求:一是要充分发挥各级文化馆站、城市书房、文化礼堂等文化设施的阵地作用;二是要持续推进全市业余文艺团队标准化建设,提升艺术水平,利用团队加强党的政策方针宣传;三是要在美丽乡村建设中充分发挥文化的独特优势和作用,为乡村建设凝聚强大的精神动力。

11日 2016年"东海音乐节"在朱家尖南沙落下帷幕,为期2个月的音乐季圆满结束。

14日 2016岱山县海岛非遗展示大会暨第七届东沙弄堂节在东沙古渔镇举行。活动分迎宾、千人宴、渔市一条街、特色异国风情表演、非遗一条街展示、横街美食一条街、夜东沙经典老歌欣赏七大板块,共36个项目。

21日 杭州越剧团大型越剧《西厢记》在舟山市艺术剧院上演,拉开了舟山群岛新区第二届越剧节序幕。本届越剧节突出"汇集越剧精品,开启全城联动,实践文化惠民,凸显市场运作"的办节思路,荟萃了11出越剧大戏。

28日 大型原创渔俗歌舞《东海谣》在历经2个月复排之后,在嵊泗海洋文化中心上演。

10月

8日至10日 由舟山市委宣传部、市文广新闻出版局(体育局)联合主办,舟山市文化馆、市图书馆、"淘文化"运营中心承办的全市2016年渔农村文化礼堂管理员培训班在舟山市委党校举办,各县(区)委宣传部、文广新局

相关科室负责人及全市130余家渔农村文化礼堂管理员参训。

11日至12日 由上海越剧院表演的大型越剧《双珠凤》《祥林嫂》在舟山市艺术剧院上演,为历时20多天的舟山群岛新区第二届越剧节画上句号。

13日至16日 舟山共有4支队伍进入第三届浙江省合唱节决赛,"舟山市爱乐合唱团"获得室内组总分第一名。

15日 "舟山渔鼓"受邀参加2016吉首鼓文化节展演,与国内外鼓队同台竞技。

17日 舟山市获邀参加由文化部、国家体育总局、民政部、住房和城乡建设部4部委联合召开的引导广场舞活动健康开展经验交流会,并作为全国5家经验交流单位之一,以《"零投诉"背后的文化自信——舟山广场舞指导中心的创新实践》为题做了经验交流。

20日 《普陀区非遗名录图文大观》编印完成,初印1000册。该书由普陀区文体广电新闻出版局历时两年时间编纂而成,完整收录了普陀区国家级、省级、市级、区级非物质文化遗产项目,全书3.5万字、179张图片。

25日 舟山市首创的老年人网吧免费上网服务项目正式启动。该项目由舟山市文化广电新闻出版局、市民政局、市老龄办主办,舟山市网吧行业协会承办。

30日 第十四届普陀山南海观音文化节在普陀山举办。本次观音文化节在"点亮心灯"传灯祈福法会上开幕,继续秉持"自在人生,慈悲情怀"主题,除保留"佛顶顶佛"朝拜法会、"弘法利生"讲经法会、"心灯·心愿"观音灯会

等传统项目外,新增"紫竹清风"观世音菩萨宝相国画展和"千人斋"朝圣团寻根之旅。

11月

2日 舟山市文物保护考古所赴普陀区葫芦岛,正式启动普陀莲花洋及周边海域水下考古调查。

21至26日 舟山市原创小品《抽屉》喜获第十三届华东六省一市戏剧小品大赛银奖。

30日 美丽中国·美丽卡塔尔——中卡文化年两国摄影家作品联展闭展,舟山市文化馆摄影干部创作的近20幅作品参展。

12月

2日 浙江音乐学院、普陀区政府校地战略合作项目签约仪式在普陀青少年宫举行。省文化厅副厅长、浙江音乐学院党委书记褚子育,普陀区副区长张文科出席签约仪式。

5日 沈家门渔港小镇入选浙江省首批特色小镇文化建设示范点,是全市首个获此殊荣的特色小镇。

同日至7日 舟山渔民画协会作为浙江省3家参展单位之一,参加第六届中国国际版权博览会,荣获中国国际版权金慧奖"优秀组织奖"。这是舟山市渔民画自6月首次实现版权交易后,舟山渔民画协会获得的第一项国家荣誉。

19日至20日 "展望美好新区、走在时代前列"2016年舟山市迎新春文艺创作作品展演在舟山市艺术剧院举行,31个优秀作品参演。

(徐超燕)

舟山市县（区）文化工作概况

【定海区文化体育新闻出版局】

内设职能科室 6 个，下属单位 6 个。2 月，成立定海区文物保护管理所。2016 年末人员 62 人（其中：公务员 11 人，参公 8 人，事业 43 人；具有高级技术职务资格的 2 人，中级 14 人）。

2016 年，定海区文化体育新闻出版局坚持创新、协调、绿色、开放、共享的发展理念，补短板、兜底线、谋创新，全力推进公共文化服务体系建设，大力弘扬传统海洋文化，发展海洋文化产业，全区文化事业、产业取得了较好发展。定海区文化体育新闻出版局荣获 2011－2015 年全省法治宣传教育先进集体、定海区文化市场行政执法大队获得省文化系统杭州 G20 峰会维稳安保工作先进集体。一是文化设施建设扎实推进。建成区图书馆镇（街道）分馆 2 家、城市书房 2 家、图书流通站 5 家，启用北蝉文化楼，开工金塘文化中心，探索引入社会力量管理运营综合文化楼。二是群众文化活动出彩出新。紧扣重要时间节点，主办定海区直机关庆祝建党 95 周年暨长征胜利 80 周年歌会、定海区庆祝"八一"建军节暨"鱼水情深"双拥主题演出等主题文化活动 10 余场，以文艺传递党委政府中心工作。开展以"文化惠民·情系百姓"等为主题的送戏下乡、文化走亲活动 121 场，群众在家门口就可观赏精品文艺节目。围绕庆祝建党 95 周年和纪念长征胜利 80 周年，开展"唱响定海"之"我的文化我的团""我的文化我的梦""我的文化我做

主"三大版块七大系列主体活动及美术、书法、摄影展览等各级演出活动 100 余场。2016"书香定海"以"图书馆就在我身边"为主题，融入爱心元素，设置"定海区未成年人读书节"、"唤起沉睡的书"、"智在必得"读书知识竞猜等十大主题活动，全年开展活动 85 场次，参与人数 10 万余人次。三是公共文化服务拓展深化。依托文化超市、数字文化馆等公共文化网络服务平台，深化送戏、送书、送电影、送培训等文化惠民服务，全年送电影 1500 场，送书 1.15 万册。进一步加大区文化展览密度，全年排展 21 个，覆盖专业协会、业余团队、企事业单位、个人展览等众多层面。"百姓课堂"文化公益培训品牌进一步深化，相继推出瑜伽、流行舞、化妆礼仪等生活化的培训项目，全年开设各类培训班 671 期次，上万人次城乡群众受益。定海区文艺团队联合会作用进一步发挥，组织优秀文艺骨干下基层辅导 40 余次。四是文化遗产保护利用全面加强。组建定海区业余文保员队伍。开展文保单位（点）安全检查工作。完成御书楼一期修缮工作。指导金塘平倭碑防护罩修复、白泉白鹤庙修缮等工作。配合省文保所对岑港里钓岛进行考古发掘。完成第五批省级非遗名录项目申报和第七批区级非遗名录评审、公示工作。完成定海区第四批"名师带徒"（2014—2016）期终考核工作，6 名徒弟均通过考核。完成《舟山船模》《中国民间故事全书·定海卷》的编辑和《徐重芳画册》的印制工作。举办"让文化遗产融入现代生活"定海区庆祝第 11 个文化遗产日

活动、"金猴庆佳节 非遗共传承"2016 定海区闹元宵广场活动、"元旦灯谜竞猜"活动。组织非遗作品参加第六届中国（浙江）公益美术博览会、首届长三角非遗文化博览会等展会，获得 3 金 5 银。"舟山风渔民号子队"受邀参加 2016 韩国光州乡村唱游暨第十五届国际中老年艺术交流、"盛世夕阳红"中华文艺邀请赛活动，分别获得金奖及组织金奖、演出金奖。五是文化产业发展稳步推进。定海伍玖文化创意产业园区竣工并启动招商。舟山海洋文化动漫产业服务平台开发制作完成《永恒的灯塔》《渔民画短片动画》《小黄鱼拜年》及《小黄鱼社会主义核心价值观》等多部动画作品。入驻南洞群众创作中心的 11 家文化企业，累计销售 1391 件文化创意产品，营业收入 3 万余元。与中广集团对接投资 2.5 亿元的中广城市文化综合体项目，初步完成土地拆迁方案。六是文艺精品创作卓有成果。推出"三毛散文奖"，被列为省作协三大文学奖项之一，自 10 月 26 日召开首届"三毛散文奖"新闻发布会，面向全球汉语作家征集散文作品以来，共征集作品 589 件，近 600 位海内外作家参与，首届"三毛散文奖"颁奖典礼成功举行。渔民画创作成绩领跑全市，其中作品《起网》《捕》获首届全国渔民画选展优秀奖，《八抬大轿迎新娘》获 2016 中国农民画展优秀奖，《门里头》《船坞》获"美丽乡村——浙江省农民画展"优秀奖。摄影作品《信徒》获全国艺术摄影大赛人像摄影类优秀奖，音乐作品《农庄小娘》、三人舞《摇篮》、《舟山渔民号子组唱》分获省第十五届音乐

新作演唱大赛、省群众舞蹈大赛、省原生态民歌大赛金奖。七是文化市场监管规范有序。全年受理行政审批55件，办结56件（1件为上年度案件），联合踏勘13件，梳理和调整行政许可32项、行政处罚143项、行政确认6项。全年出动检查717人次，检查网吧、娱乐场所、出版物市场1432家次，依法立案查处19家次，处罚款9.42万元，依法取缔无证地摊21家次、无证游戏室2家，依法阻止无证演出4家次，收缴非法书刊517册，非法音像制品2153盘，赌博机1台。

（庄剑超、方优维）

【普陀区文体广电新闻出版局】
内设职能科室7个，下属单位6个。2016年末人员71人（其中：公务员13人，参公8人，事业50人；具有高级技术职务资格的3人，中级17人）。

2016年，普陀区文体广电新闻出版局贯彻落实十八届六中全会及习近平总书记系列重要讲话精神，围绕"树标杆、补短板、求突破、走前列"大行动，立足实际，夯实基础，提升能力，普陀区公共文化指标评估和非遗保护发展指数评估均位居全省前列。一是文化体制改革稳中求进。构建公共文化服务统筹协调机制，牵头成立普陀区公共文化服务体系建设协调组。新设立普陀区文物保护管理所，与区博物馆合署办公。在舟山市率先推行县（区）级事业单位法人治理结构改革工作，先行成立会展经济办公室。二是城市文化影响日益扩大。举办大型节会活动。东海音乐节吸引了8万乐迷参与，并登上新浪微博首页

热搜榜，成为长三角知名节庆音乐品牌。东海音乐剧场举办23场国内外音乐盛会，倾力打造舟山首个高品质独立音乐Live House。丰富"欢乐海洋"群众文化活动，举办桃花岛七夕侠侣爱情文化节、全民舞蹈大赛、寻找好歌手演唱大赛等活动160场次，参与人数11万余人次。培育基层特色文化活动品牌，鼓励镇（街道）、村（社区）彰显特色，发挥优势，举办符合群众文化需求的各类活动120场次。三是公共文化服务逐步提质。加强文化基础设施建设。区文化馆、图书馆均为一级馆，美术馆建设有序推进。完成六横文体中心、桃花文体中心、安期生休闲文化广场建设和虾峙东晓社区文化中心改建等工程。建设16家以渔农村文化礼堂为代表的基层综合性公共文化服务中心，打造了六横大沙岙等一批特色文化村。建设渡口城市书房、绿城城市书吧等一批市民公益性阅读综合体。完成第六次全省乡镇综合文化站评估定级和浙江省民间文化艺术之乡申报工作。沈家门渔港小镇成为全市唯一省级特色小镇文化建设示范点。丰富公共文化服务供给。创新公共文化产品生产和采购模式，探索实施公共文化服务第三方评价机制。完成送戏、送讲座、送展览、文化走亲133场次，送书下乡5万余册次。举办人文大讲堂、百姓大舞台、文化大展厅、艺术大课堂四大公共文化服务品牌活动159场次。完成普陀文化电子地图制作，制作发放"欢乐海洋"宣传册6000余册。大力推动文艺繁荣。建立艺术创作座谈例会制，组织参加各级各类文艺比

赛，《抽屉》等13个作品获省级以上奖项。督促普陀大剧院合理安排歌剧、戏剧等舞台艺术节目，上演话剧《暗恋桃花源》等42个舞台艺术节目。与浙江音乐学院开展校地战略合作，逐步打造具有海洋特色的地域音乐文化品牌。四是文化遗产保护卓有成效。加大文物保护力度。完成第一次全国可移动文物普查。加强省级文保单位"定海测候所旧址"修缮工程监督管理。在全区9处文物保护单位安装监控，实现全区文物安全管理智慧化。引导和鼓励中国国际水产城等各级力量参与博物馆建设，加强海洋系列（民间）博物馆"五公里文博服务圈"品牌建设。推进非遗保护工作。全面完成普陀区省非物质文化遗产保护综合试点工作。进一步落实省级以上非遗项目"八个一"保护措施。完善东港中学非遗展馆。公布第二批普陀区非遗项目代表性传承人6名、第三批普陀区非遗传承基地3个。开展非遗代表性传承人记录工作，完善非遗项目记录档案。创建国家级代表性传承人工作室，扶持东极村和展茅干施岙村继续打造省级民俗文化村。编印《普陀区非遗名录图文大观》，在《今日普陀》开设《普陀文化印记》专栏。逐步推动岑氏木船作坊、观音莲花茶等非遗项目进行规模化、品牌化、产业化开发，重点扶持已初具品牌效应与价值的非遗项目。五是文化产业发展态势良好。推进重点项目建设。普陀海洋文化创意产业园区完成主体工程建设，累计完成投资约2.5亿元，入选2016中国文化产业项目库；依托PPP模式正式启动运行，有32家企业与园区

完成签订入驻协议,注册资金7590万元。6月14日,省委书记、省人大常委会主任夏宝龙调研普陀海洋文化创意产业园区,省委常委、副省长袁家军,浙江省委常委、省委秘书长陈金彪等参加调研;5月11日,省委副书记、省长李强调研该产业园区,省政府秘书长李卫宁等参加调研;3月23日,浙江省副省长孙景淼到园区视察工作。搭建产业发展平台。成立会展办,统筹协调全区会展行业健康发展。依托众创码头孵化平台,培育小微企业,增强企业经营能力。精选20余家企业入驻"淘文化产业平台",开展第五届普陀区精品文化产品展评活动。普陀大剧院举办演出和活动163场,观众人数10万余人。发展新兴时尚产业。注册成立舟山蜂鸟影业有限公司、舟山中迹文体发展有限公司、舟山东之极文化传媒公司等。六是文化市场管理规范有序。深化行政审批制度改革,创新服务机制和服务方式,简化审批手续,提高审批速度,办理各类业务134件,办结率100%。推进"扫黄打非""平安浙江""春防2016"等专项行动,加大对流动地摊等非法经营单位的打击力度,确保文化市场不发生重大事故、不形成社会热点。落实文化市场色彩积分管理制度,加强科学监管,提高行业自律意识。全年出动检查人员532人次,检查经营单位1238家。

（王潮楚）

【岱山县文体广电新闻出版局】
内设职能科室8个,直属单位9家。2016年末人员176人(其中:公务员6人,参公6人,事业

164人;具有高级技术职务资格的4人,中级49人)。

2016年,岱山县制定出台《岱山县构建现代公共文化服务体系实施方案》,全县公共文化服务体系进一步完善。投资1亿元建设总面积13800平方米的县文化广电综合大楼,7月1日正式投入使用。顺利完成局机关、县广播电视台、县文化馆、岱山华数公司办公用房及机房搬迁工作。一是文化品牌打造成效显著。着力打造以"百姓文化节""海洋非遗"为重点的文化精品品牌,广泛开展各类文化活动超100场。百姓文化节以"让海岛更美丽 让生活更精彩"为主题,设"求新""求美""求知""求乐"四大板块,举办了群众文艺展示、文化遗产成果展、"馆际联动 走进东海蓬莱"文化走亲、业余文艺团队优秀节目展演等15项大型文艺活动;各乡镇开展文化系列活动7项。同时,新增文化礼堂活动月、"三月海"线上文化活动、民俗活动等项目,进一步打响"百姓文化节"活动品牌。海洋非遗品牌以国家级非物质文化遗产项目"休渔谢洋"为依托,成功配合举办了2016舟山群岛·中国海洋文化节开幕式暨休渔谢洋大典、2016岱山县海岛非遗展示大会暨第七届东沙古渔镇弄堂节;配合2016国际海岛旅游大会岱山分会场(精品旅游考察),开展了岱山系列非遗展演展示活动,为100余名国外嘉宾代表呈现了岱东鹿栏晴沙(海坛)民间祭海活动和东沙古渔镇非遗展示演示活动。二是文化惠民工作取得新成效。文化"三下乡"稳步推进,全年累计送戏下乡63场次、赠送和流通图书26.65万册、

送电影1188场次。新设立图书流通站(点)3个,至此全县有图书流通站点87个。文化延伸服务不断深入,在"三月海"公众号推出"线上K歌总动员""日积月累随手拍""岱山海洋非遗集市"等6项线上活动,举办线上文化活动35次,点击量20万次,全年推送各类文化信息143条,吸引粉丝6万余人,进一步扩大了海洋文化知晓度和群众参与率。县图书馆积极利用互联网、"岱山图书馆"微信公众号开展优秀"小青苗"志愿者评选、微谜邀你猜、微荐购等系列活动,营造了浓厚的全民阅读氛围。"图书进村居"、"万册图书大漂流"、每周书香等活动稳步开展,累计送图书1.85万册、举办百姓讲堂7场,接待听众1500余名。全年举办各类文艺展览16场次。县文化馆以新广电大楼搬迁为契机,开展历时6个月的夏、秋季免费培训班,开设国学、美术、音乐、舞蹈等课程,全年累计培训160次、353课时,4000余人次受惠,为群众搭建了零门槛、无障碍的文化服务平台。"文化低保"推出影视惠民,实行政府补贴票价优惠政策,累计放映303场,观众3918人次。三是文化产业发展稳步推进。稳步推进"海之坊"文化街建设,完成街区商户休闲区等配套设施建设,制定下发《2016年岱山县文化产业一条街运营管理考评细则》,策划举办迎新文化艺术展、"春节七天乐"等活动,集聚产业街人气。在衢山注册成立了县内第一家渔民画产业化公司。四是文化遗产保护工作稳步推进。围绕管好用好博物馆,加强内部管理,开展业务培训,提升服务质量。重点对

台风博物馆进行馆舍维修改造，做好金维映史迹陈列室、海洋渔业博物馆布展、讲解、服务提升工作。全年接待群众、学生、旅游团及各类群体13万余人次。圆满完成第一次可移动文物普查总结报告编制和县革命文物调查工作，省级文保单位"四有"档案顺利通过复核。东沙非遗小镇已具雏形，除非遗常规性演示活动外，进一步完善各项目在街区的布局，对展示项目进行文字图片制作及美化包装，提高演出质量，进一步增强与观众的互动性。五是文化市场管理规范有序。坚持"一手抓管理、一手抓繁荣"，重点开展了元旦、春节、"两会"、"五一"及G20峰会期间文化市场专项保障行动和2016"净网""清源""护苗"等专项行动，确保重点时期全县文化市场安全有序。县文化市场行政执法大队办理的"岱山县东方魅力娱乐城播放曲目含有禁止内容案"获2015—2016年度全省文化市场综合执法十大案件称号。认真做好行政审批工作，全年受理审批各类文化经营项目11件、变更6件、延续2件，办结率100%。六是文化队伍建设取得新进展。继续实施队伍"素质提升工程"，加大"请进来""走出去"人才培养力度，运用多种形式抓好机关日常教育管理和业务知识培训，先后组织67名干部职工赴南京、上海等地高校参加干部素质提升班。

（凌素梅）

【嵊泗县文体广电新闻出版局】
内设职能科室5个，直属单位6个。2016年末人员54人（其中：机关15人，事业39人；具有高级

技术职务资格的2人，中级14人）。

2016年，嵊泗县文体广电新闻出版局以"美丽海岛"建设、"新一轮海洋文化强县"为目标，加大投入，加快建设，加强创新，不断满足广大群众日益增长的文化需求，为全县"美丽海岛"建设提供强大的精神动力。一是公共文化服务体系建设进一步健全。指导帮助省级中心镇洋山镇综合文化站，县级图书分馆和城市书吧建设，进一步实现县馆与分馆资源整合和互联互通。安排专项经费16万元用于培育和稳定文化礼堂管理员队伍，推进完善管理、服务基层"点单"等各类制度建设，进一步规范渔农村文化礼堂的运行和管理。同时，协助抓好6家文化礼堂新（改）建和3家已建成文化礼堂提质工作。全县"两馆一站"免费开放力度进一步加大。县文化馆不断加大培训、辅导力度，全年举办各门类长期、短期艺术培训班32班次，受训人数1000余人。县图书馆充分利用文化信息资源共享工程和网站数字资源平台，进一步完善读者服务工作，接待读者近3万人次（其中外借1.96万人次，阅览1万余人次），外借6.83万册次，阅览4.12万册次，办理借书证341本，"你点我买"170余册，馆内举办讲座8场，展览12场，受众人数5260人次；开展嵊泗渔俗文化特色数字化工作，完成省级项目县渔俗文化特色数据库文化信息资源共享工程建设并通过验收，购置数字图书借阅机4台，分别配置在县图书馆、县人民医院、李柱山客运站等重要公共场所。县影剧院接待各类会议和举办各类

演出52场，并安排48万元引进温州平阳木偶剧、巴西戈亚斯交响乐团新年音乐会等高质量、高品位的艺术剧团演出12场次，不断提升群众的文化品位；继续实行票务改革，通过网络、电视、微信和广告、媒体平台等宣传免费索票，进一步扩大受众面。文化惠民实施力度不断加大。开展送戏下乡45场，受众人数2.7万人次，渔农村电影下乡399场，送书下乡1万余册，图书流通3413册次，讲座13场，展览15场。坚持"船头图书"海上流动特色文化服务，为全县7个乡镇105只船头图书流通书箱赠送图书2100册，杂志5250册。依托"淘文化"公共文化产品和服务社会化运作平台，开展"订单式"和"菜单式"服务创新，实现文化惠民供需有效对接。实施政府向社会力量购买文化服务政策，组织戏迷沙龙、岛城合唱团、音协合唱团等优秀业余文化团队深入边缘小岛、外来务工人员及困难群体等开展活动10场次，受众人数7500人。重点开展以传统节日、主题宣传、文化品牌为主的群众文化活动。主办、承办、协办嵊泗县元宵灯谜活动、2016年嵊泗县广场舞（排舞）展演以及"我要上春晚"全市选拔等各类大中型群众文体活动44场次，并以打造"美好生活·全民乐和"文化活动品牌为主线，成功策划组织实施了全民乐和节系列文化活动，全年开展15场次，参与人数6000多人次。以世界读书日、未成年人读书节、图书馆服务宣传周等为契机，组织举办了经典图书互换、图书快闪秀、与书中人物相约的Cosplay等活动15场次，受众人数1.17万人次。加

大对各乡镇"一乡一品"基层群众文化品牌活动的指导、扶持力度，创作各类文艺精品28件，其中嵊泗渔歌《带鱼煮冬菜》代表浙江省参加全国第十七届"群星奖"总决赛和十一届艺术节展演活动，获全国第十七届群星奖"入围奖"；小组唱《浪谷里的梦》获浙江省第十五届音乐新作演唱大赛兰花银奖。继续深化"与沪同城"文化交流活动，推动两地长效合作机制的建立。鼓励发动各乡镇开展县内文化礼堂间走亲活动。推进嵊山、枸杞两地文化同城发展，组织开展嵊山—枸杞文化同城书画摄影手工剪纸创作大赛等活动。与县外开展文化交流走亲活动，先后与嘉善秀洲、杭州上城、衢州柯城、江山、平阳等地开展文化走亲8场次。二是文化遗产保护工作进一步深化。加强对文物保护单位的安全监管和巡查工作。完成第一次全国可移动文物普查。开展嵊泗县非国有博物资源调研活动。完成黄龙乡、小洋山8处摩崖石刻修缮工作，指导督促洋山天后宫文物保护单位抓紧实施建筑安全修建。完成嵊泗县水下考古前期调查报告。突出重点，狠抓非遗保护传承工作。开展"嵊泗海洋剪纸"第五批省级非遗项目的申报工作，落实省遗"八个一"保护措施。开展嵊泗县第二批非物质文化遗产代表性传承人申报工作，启动市级以上非遗代表性传承人抢救性记录工作。加强非遗进校园工作，推动非遗传承，继续做好在浙江海洋学院开设"嵊泗海洋剪纸""渔用绳索结

编织技艺"公共选修课，在嵊泗菜园三小开设嵊泗渔歌社团课程。推进非遗理论研究，编撰省级非遗项目宣传册等。依托第11个"文化遗产日"开展嵊泗方言故事大赛、非遗知识图板展、端午知识图板展等系列活动。三是文化市场监管力度进一步加大。落实各级"扫黄打非"会议精神和工作要求，组织召开全县"扫黄打非"工作会议，严厉打击查缴非法出版物。规范校园周边市场经营秩序，切实保障未成年人合法权益。大力推动知识产权保护，组织举办营业性演出、娱乐市场知识产权保护政策法规宣传活动。加强对偏远外岛乡镇文化市场安全检查专项整治行动。加强重大节庆敏感时段监管工作，重点围绕2016年"清源""净网""秋风""护苗"行动及"绿色护考"等专项整治行动，集中开展无证无照经营场所、营业性演出监管和安全生产隐患排查等各类文化市场重点领域专项整治。全年出动检查人员383人次，检查各类经营场所732家次，办理行政处罚案件6起。行政审批工作不断规范，完成浙江省行政审批网上政务服务平台运行工作，行政许可事项已列入省政府网站。严格落实行政审批制度和行政审批程序各项要求，新增娱乐场所行政许可2家、变更4家。四是文化与旅游融合进一步加快。参与全县精品社区打造、渔家民居风貌改造、美丽海岛样板村建设等工作。争取文化产业发展专项补助资金，获市级文化产业补助资金50万。实施

渔民画复兴行动，推进渔民画文化创意产业研发，开展渔民画创作培训，创建民间名家艺人工作室，建立和完善渔民画创作基地，完成全县39幅渔民画版权登记发证工作，进一步提高渔民画作者维权意识和保障作品的知识产权。组织开展文化产业发展课题调研，撰写完成《全县文化产业现状调研报告》。组织田岙渔文化创意有限公司、捡海人文化创意工作室等参加义乌文化产品交易博览会，近100件嵊泗海洋文化创意产品入驻舟山市"淘文化"展区。五是文化人才队伍进一步壮大。鼓励专业人员参加培训，并做好人才推荐，1人被评为市委宣传部"五个一批"人才和舟山市第七届（2015—2017年）专业技术拔尖人才，2人被评为嵊泗县第六届（2016—2018年）优秀专业技术人才，1人被评为百名优秀专业技术后备人才等。业余文化队伍培育日趋规范。继续依托广场舞指导分中心的成立，对登记备案的20支广场舞队伍加强业务指导和服务。继续实施全县业余文化团队等级评定工作，并安排20万元用于"以奖代补"。多形式、多步骤、多层次开展各门类培训辅导，开展宣传文化系统干部素质提升轮训班、基层文艺骨干综合文化技能培训班等，进一步提升基层文化干部整体素质，也为乡镇文化专干和业余文艺团队文化骨干搭建了学习平台。

（王　勇、韩依妮）

台州市文化广电新闻出版局

【概况】 内设职能处室 5 个，下属单位 7 个。2016 年末人员 88 人（其中：公务员 19 人，参公 8 人，事业 61 人；具有高级技术职务资格的 13 人，中级 22 人）。

2016 年，台州市文化广电新闻出版局紧紧围绕市委、市政府总体部署，以现代公共文化服务体系建设为抓手，深入实施国家公共文化服务体系示范区创建和基本公共文化服务标准化工作，全年各项工作进展顺利。

一、国家公共文化服务体系示范区创建态势良好

以文化部"中期督查"为契机，先后召开示范区创建工作领导小组会议和示范区创建工作推进会，出台示范区创建实施意见和实施标准，多次实地深入县（市、区）开展中期迎检督查和乡镇（街道）综合文化站、村文化礼堂等专项督察，加快重点项目实施进度。

夯实设施网络。积极推进图书馆、文化馆总分馆建设，拓展公共阅读和文化服务空间，建成乡镇（街道）图书分馆 42 家，文化分馆 9 家，24 小时自助图书馆 20 家，市县村三级各类"文化联盟" 15 个。启动全国地市级首家"综合性、一站式"公共数字文化服务平台"台州文化云"建设，已完成招标。开展全市公共文化服务体系建设示范乡镇（街道）评选，实施乡镇综合文化站"回归"工程，创成省级文化强镇 8 个，省级文

化示范村 73 个。

创新运行机制。推动文化共建，"百分之一"文化计划列入台州市城乡规划条例，并通过了台州市人大审议。创新文化设施社会化运行，将基层公共文化服务整体打包委托给社会组织，形成"服务委托、资源统筹、组织培育、产业协同"等 4 种运营模式，优化了基层文化供给。探索文化事业单位法人治理，实施《公共文化服务机构试点建立理事会制度》，台州市、温岭市图书馆成功组建理事会，吸纳有关方面代表、专业人士、各界群众参与管理。规范和培育文化类社会组织，出台《政府向社会力量购买公共文化体育服务的管理办法》《市级非国有博物馆扶持办法》等政策，90% 以上的政府文化采购由社会团体中标，建成民办博物馆 23 家。

加强制度设计。与北大国家现代公共文化研究中心签订委托合同，先后 5 次开展实地调研，初步提炼出《台州公共文化服务发展动力创新研究》1 个总报告及公共文化设施社会化、农村文化礼堂治理、公共文化服务联盟制度、公共阅读社会化方面的 4 个分报告。

二、公共文化服务能力进一步增强

基础设施有提升。市博物馆工程完成陈列布展和精装修，7 月 12 日正式开馆，已累计接待观众 35 万人次。市文化馆完成改

造，新增开放区域 1600 平方米。建成 24 小时自助图书馆 20 家，完成率 100%。建成农村文化礼堂 285 家，完成率 209.6%。文化馆除仙居外均创成一级馆。图书馆未达一级馆要求的 5 家（黄岩、玉环、天台、仙居、三门）均已落实改建（新建）计划。台州当代美术馆基本建成。台州乱弹剧团改扩建工程已完成方案设计。黄岩文体中心结顶。温岭市博物馆施工建设有序推进。临海文化综合体、天台图书馆确定选址。三门大剧院进入室内装修阶段。仙居城市文化综合体启动设计招投标。通过增加免费 Wi-Fi 服务、户外视音频播放设备和公共电子阅览室等功能，全市近 40 家村级文化设施升级为与乡镇文化站实现网络互联、活动互通的村级综合文化服务中心。

惠民工程有力度。举办第十一届农民文化节、全民读书月系列活动、"台湾·浙江文化节——台州文化周"等活动，进一步丰富群众精神生活。开设"文化超市 3.0"，拓展活动阵地，让百姓就近享受文化资源。面向全体市民开放的公益讲座"台州市民讲堂"，成功举办 300 余场，接待听众 5 万余人次。积极开展"文化三下乡"活动，送戏 2200 余场，送书 20 万余册，送电影 3.6 万场。

扶持精品有实招。认真贯彻落实国家、省、市关于支持戏曲传承发展的政策意见，加强对传统

戏曲的扶持，台州乱弹登上羊年春晚舞台，亮相上海国际艺术节；台州乱弹剧团新编历史剧《戚继光》于 2 月 23 日在国家大剧院上演。发挥市级文艺精品专项扶持奖励资金效用，举办文艺名家（名团）展演工程，继续为举办专场展演的台州籍文艺家及团队提供业务指导和资金补助。出台《台州市文艺精品扶持奖励办法》，下发《关于开展 2016 年度台州市文艺精品扶持奖励项目申报工作的通知》，评审出 21 个扶持项目、27 个奖励项目。组织优秀作品参加第 20 届"中国少儿戏曲小梅花荟萃"选拔赛、浙江省十大城市戏曲演唱联赛、浙江省群众舞蹈大赛等省级以上赛事活动 20 余场次。

三、文化产业提质增效

与省文化厅联合举办中国（台州）创意设计大赛，面向全国征集到包含视觉传达创意设计、包装创意设计等四大类别的优秀设计作品 5000 多件。举办"台州杯"第 18 届全国设计大师奖创意大赛，收到参赛作品上万件。蛇蟠岛集团有限公司和玉环县老铜匠制品有限公司入选省级文化产业示范基地，实现了台州市在省级文化产业示范基地上"零"的突破。成立台州市文化产业促进会，利用平台资源，加大文化产业项目引进力度。加强文化产业招商引资力度，组织力量突出重点，有针对性地加强文化产业项目的策划、引进和对接落地工作。积极整合各类资源，推动文化产业园区建设，台州老粮坊文创园区于 9 月 28 日正式开园，已签约中国南方建筑设计院、浙江泽森影视文化有限公司等 40 多家商家。台州心海文化生态园施工建设，

台绣文创园、金玛格文创园等即将开园。7 月 24 日，在上海举办了台州影视项目专题推介活动，签约 8 个项目，签约资金约 5 亿元。组织浙江台绣服饰有限公司、台州市绣都服饰有限公司等 35 家文化企业参加中国（义乌）文化产品交易会，刺绣作品《梦回敦煌》、玻雕《生命之源》等 8 项作品荣获工美金奖等奖项，参展企业数、展品数量、展位数量和获奖数量均为历史之最。

四、文化遗产传承保护工作成效明显

11 月 30 日，"二十四节气"列入联合国教科文组织人类非物质文化遗产代表作名录，其中包括台州市的三门祭冬。积极组织第五批省级非物质文化遗产保护名录申报，推荐 20 个项目，其中 11 个项目进入公示名单，位列全省第三。举办第 11 个"文化遗产日"系列活动，开展非遗传承人与青少年"一对一，手把手"现场教学。组织非物质文化遗产项目参加 2016 世界手工艺博览会暨非物质文化遗产保护成果展、首届长三角非物质文化遗产博览会、第八届中国（浙江）非遗博览会等各类展会。举办台州市剪纸师资骨干培训班，为 51 所学校的相关教师授课。举办台州市非遗图片展巡展。开展非遗传承保护考核。完成台州市"第一次可移动文物普查"，调查国有单位 4398 个，全市收藏国有可移动文物总数 30239 件（套）。认真组织开展第七批省级重点文物保护单位申报，推荐上报项目（点位）59 处，总申报数全省第一，38 处进入被推荐名单，位居全省第三。完成对台州重点工程如杭绍台高铁、

台州城域铁路沿线的文物调查，并获省文物局批文。全市民办博物馆数量有重大突破，从原先 14 个增加到 23 个，成为公共文化的重要补充部分。召开"黄岩沙埠青瓷窑址学术研讨会"。做好台州"海上丝绸之路"文化遗存的资源挖掘、整理和文化内涵研究，加强对相关文化遗存的保护，编纂《天台山和合文化与台州海上丝绸之路》。《台州文献丛书》编纂工作继续推进，出版《赤城志》等 7 本方志类和《台学统》影印本，出版《文化研究丛书第二辑》，包括《台州藏书史》等 5 册。

五、文化市场综合治理稳步推进

深化审批制度改革。积极做好行政服务标准化试点准备工作。按照"能放则放、权责统一、重心下移、减少层级"原则，能下放审批事项全面下放，不能下放委托的审批事项服务前移到各县（市、区）服务窗口。通过最优化比对，办理期限均达全省最短承诺时限或并列最短承诺时限。创新性开展异地受理服务、预约审批服务、容缺受理服务等。开展审批工作交叉检查考核和行政许可案卷评查活动。

提升执法监管能力。文化市场综合行政执法获评全省优秀单位。建立"双随机抽查"机制完善事后监管。出台《关于在全市试行文化市场黑名单管理办法的实施方案》，建立黑名单管理机制，促进行业诚信自律。建立"星级"管理机制促进文化市场规范化、品牌化发展。严格实行"一店一本"制度，实现日常管理程序化。积极开展"扫黄打非""护航 G20 峰会""净网"等专项整治行动，全

市出动检查 1.3 万人次，检查场所 1.4 万余家次，查处违规经营网吧 128 家，非法出版物 1800 余册，行政立案调查 256 件。

深入开展"扫黄打非"。获评全省"扫黄打非"工作先进集体。召开全市"扫黄打非"工作会议，积极开展"清源 2016""固边 2016"等专项行动，玉环县在全省"扫黄打非"进基层现场会上做经验交流。

【大事记】

1 月

10 日　举办台州市青少年朗诵活动暨"森山杯"浙江省青少年朗诵活动台州选拔赛。

12 日　举办"山海台州 宜居美城"台州市旅游摄影家协会会员作品展。

2 月

4 日　举办"迎新春"台州市书画名家精品年展。

21 日　举办台州市元宵网络灯谜活动。

3 月

11 日　"心里境界——台州青年画家 6 人作品展"开展。

17 日　召开全市地方戏曲剧种普查工作培训会，启动地方戏曲剧种普查工作。

4 月

4 日　启动"台湾·浙江文化节——台州文化周"系列活动。

18 日　"文化超市 3.0"公益艺术培训开课。

23 日　举办全民读书月系列活动，举办景隆公馆 24 小时书吧启用仪式。

27 日　组织 35 家文化企业赴义乌参加第 11 届文交会。

5 月

13 日　举办台州市第十一届农民文化节——全市基层文化走亲首场巡演暨重点工程慰问演出。

22 日　台州市旗袍服饰研究会成立。

25 日　省文化厅副厅长刁玉泉赴台州考察调研。

27 日　"台州文化云"公共数字文化服务平台方案专家论证会召开。

6 月

11 日　启动台州市第 11 个"文化遗产日"系列活动。

15 日　在台州广电总台举办第二届中国（台州）创意设计大赛电视颁奖典礼。

16 日　举办全市舞蹈干部培训班。

28 日　举办台州市合唱大赛。

7 月

4 日　举办"五色江南三人画展"。

12 日　台州市博物馆正式开馆。

13 日　举办 2016 全市戏剧业务培训。

22 日　赴嘉兴举办国家公共文化服务示范区华东区域联动文化走亲活动。

26 日　启动全市"扫黄打非"督查暗访工作。

8 月

15 日　举办 2016 全市戏曲业务培训，召开台州市保障"G20"文化市场执法工作会议。

17 日　浙江省副省长孙景淼视察台州市博物馆，并对台州市博物馆的基本陈列、展示的台

州民间收藏表示高度认可。

9 月

6 日　在三门举办台州市第六届戏剧专场比赛。

28 日　浙江省群众舞蹈大赛在台州椒江剧院举行。

30 日　举办"台州杯"第 18 届全国设计大师奖创意大赛颁奖系列活动，包括优秀作品展览、颁奖活动、人才对接洽谈活动和大师奖学术报告会。

10 月

11 日　中波文化友好交流座谈会召开。

12 日　举办波兰民族歌舞演出。

19 日　举办文艺名家展演工程——毛孝弢书法展。

21 日　举办台州市首届古筝分级大赛，组织参加浙江省第七届"群星杯"古筝分级大赛。

27 日　2016 台州城市艺术节暨首届市民文化节启动，开幕式演出《十里红妆》。

11 月

2 日　台州市文化产业促进会成立。

11 日　举办"越美台州"2016萍聚越剧艺术团倾情展演。

16 日　举办台州市广场舞大赛。

23 日　举办"半唐里斋人长乐 王伯敏 王大川 王庚祖孙三代画展"。

30 日　台州市"三门祭冬"被列入联合国教科文组织人类非物质文化遗产代表作名录。

12 月

15 日　举办台州市越剧名家名段音乐会。

23 日　举办 2016 年台州城

市艺术季暨市民文化节系列活动——新概念越剧《二泉映月》演出。

28日　举办台州市2017年新年音乐会，举办全市第四届"群星璀璨"美术、书法精品展。

（朱益霆）

台州市县（市、区）文化工作概况

【椒江区文化广电新闻出版局】

内设职能科室4个，下属单位7个。2016年末人员79人（其中：机关12人，事业67人；具有高级技术职务资格的11人，中级16人）。

2016年，椒江区文化广电新闻出版局以创建国家公共文化服务体系示范区、提升文化发展指数为抓手，实施"文化强区"战略，坚持"双轮驱动、依法治文和文化惠民"三大原则，求真务实，开拓创新，文化广电新闻出版工作取得新成效。一是加强示范区创建工作。加快实施公共文化设施"升级改造"工程、综合文化站"达标补缺"工程、公共文化政策研究"智库"工程、文化队伍"提质扩量"工程。出台《关于进一步加强街道（镇）综合文化站（文体站）建设的实施意见》，新建成下陈街道文化分馆和图书分馆，3家24小时自助图书馆，1家村民艺术培训学校，洪家街道、葭沚街道综合文化站建成开放，建立公共文化服务志愿者协会，创建考核实现大幅度进位，位列全市第四、三区第二。二是开展文化惠民活动。推进文化"四下乡"工程和"四馆"免费开放工作，定时开展美术、声乐、舞蹈等菜单式、订单式艺术培训活动。全年完成送戏下乡126

场、送电影3300场、送图书2.11万册、送展览23场，举办培训74场、评书44场、讲座29场、沙龙9场。为民办实事工程扎实开展，兆桥村、下浦村、老粮坊24小时自助图书馆建成开放，新建12家农村文化礼堂。三是开展群文活动。举办"铸魂强警，决胜G20"警民联欢晚会、海峡两岸大陈乡情文化节、纪念红军长征80周年百场经典电影等活动。与区委宣传部联合举办台州乱弹"共筑中国梦——弘扬大陈岛垦荒精神"主题晚会，得到中央关工委、文化部、省文化厅及市、区领导好评。四是推进文艺精品创作。电影《海门卫》《家在大陈》签订拍摄意向书。舞蹈《田歌》、歌曲《绿色药都》、电视纪录片《家在大陈》、话剧《蓝色精灵之蓝水晶》、长篇小说《红色绝恋》《乱弹》、玻雕作品"戚继光抗倭大捷"、台州乱弹现代戏《大陈岛垦荒》、椒江文化宣传片《潮声海门关》、台州刺绣《文化地图》等精品创作百花齐放。云芝绣衣裳舜日的全雕绣《葡萄团花纹西服套装》、绣都服饰廖春妹的《花开富贵》刺绣围巾、台绣服饰林霞的《咏玉吟兰》全雕绣旗袍作品在第八届浙江·中国非物质文化遗产博览会上荣获"薪传奖"。五是加强文遗保护。全面完成全区全国第一次可移动文物普查。实施文遗"活化"系列工程，系统挖掘海门卫城、章安古郡、葭沚老街文化，助力打造台州新府城。加强文物执法，全年检查78家次，未发生安全生产责任事故，获颁2016年度全省文物执法监察工作成绩显著单位。开展文化遗产进乡村、进学校等活动，加强群众文化遗产保

护传承意识。六是促进文化产业发展。产业项目建设快速、稳步推进。9月，台州老粮坊文创园开园。台州心海文化生态园项目有序推进。台绣文化创意设计产业园初步建成。七是规范文化市场审批和管理。完成2016年"平安护航G20"文化市场专项保障工作及多城同创工作。重点开展平安浙江文化市场专项保障行动、电影放映安全管理专项行动、"扫黄打非·护苗"专项行动等十大专项行动，全年出动执法人员1212人次，检查各类文化市场经营单位1413家。全区新设立文化企业21家，演出审批16次，变更18家。

文化市场"星级管理"　文化市场"星级管理"经验做法得到文化部的肯定，在全国范围推广。2013年起，全区实行文化经营场所"评定星级、分类管理、动态升降"的长效监管机制。具体的做法为：将评定等级分为A类（五星级）、B类（四星级）、C类（三星级）、D类（二星级）、E类（一星级）、F类（黄牌警告）6个等级，对于评选出的三星级以上（含三星级）文化市场经营单位，在全区文化发展大会上进行授牌表彰；对于评为最后一级的，给予"黄牌警告"并责令限期整改，最后将整改结果以多种形式向社会公告。同时，为巩固成效，还出台一系列规定，实时跟踪评定场所经营秩序和治安状况，建立文化市场违法行为警示记录系统和星级动态变更制度。3年来，全区评出四星级单位14家，三星级单位26家。随着星级管理制度的实施，全区文化市场平均良好率呈现逐年上升

趋势,分别达到 89%、92%、92.5%,达到减少非法经营、维护市场秩序的目的。

枫山书院获评全国社会科学普及基地 10月,枫山书院被全国社会科学普及工作组委会授予"全国社会科学普及基地"称号。书院自2008年开办以来,以"市民点菜、专家下厨、政府买单、社会收益"为运作模式,坚持社会化共建、连锁式发展、品牌化打造,共开辟人文大讲堂、法治大讲堂、枫山故事会、蔡啸书场、人文大展坛、艺术沙龙、科普书屋等栏目,先后举办讲座、说书、沙龙600讲,图片展览163场,共接待观众200多万人次;全区有科普书屋55家,每年送书约2万册次。书院主阵地设在区图书馆,在已建文化礼堂的65个村以及信质电机有限公司、台州图书大厦和华夏旅行社等企事业单位设立枫山书院分院,每家每周向公众开放服务时间不少于18小时。

(洪毓廷)

【黄岩区文化广电新闻出版局】
内设职能科室4个,直属单位7个,乡镇、街道文化站19个。2016年末人员89人(其中:公务员15人,参公10人,事业64人;具有高级技术职务资格的9人,中级20人)。

2016年,黄岩区文化广电新闻出版局认真落实"以文化人、以文惠民、以文强区"的理念,内强素质,外树形象,加快推进公共文化服务体系示范区建设步伐,积极开展群众性文化活动,进一步完善公共文化设施服务网络,努力提升文化遗产保护水平,依法规范和引导文化市场繁荣有序发展。一是加快基础设施建设,公共文化服务水平稳步提升。开展国家公共文化服务体系示范区创建工作。区文化馆在全国第四次文化馆评估定级工作中被文化部命名为"一级文化馆",建成北城街道文化馆分馆、北洋镇联群村村民艺术学校。开展乡镇(街道)综合文化站专项整改行动,督促江口、院桥、宁溪、头陀、上洋、上郑、茅畲等乡镇(街道)综合文化站实施整改,完善功能设施。公共文化设施建设取得新进展。博物馆新馆全面推进陈列布展设计施工工程。与西城街道、南区指挥部密切配合,加快图书馆新馆用地征迁工作。新增两幢九峰古民居(九峰文化大院)作为群众文化活动场所并定期举办文艺活动。开展全省第六次乡镇综合文化站定级工作。为民办实事工作任务有序进行,完成3个24小时自助图书馆建设。继续开展农村文化礼堂创建工作,深入推进农村文化礼堂"建管用"一体机制,新建农村文化礼堂35家。进一步引导农村文化礼堂申请民办非企业登记,6家农村文化礼堂完成法人登记。加强公共文化服务制度设计研究,《黄岩区文化志愿者队伍管理机制创新研究》入选省、市级研究课题。二是紧扣文化民生特点,群众文化活动蓬勃开展。扎实推进文化惠民工作。全年送戏20场次,送书3.73万册,送电影2970场次,送展览18场次。组织开展文化走亲活动,全市基层文化走亲巡演在区南城街道药山村文化礼堂演出,促进全市区域内公共文化服务项目的交流互动。开展第六届"文化阳光"活动,举办"温暖回家路·阅读伴您行"春运公益期刊赠阅活动;春节至元宵期间,邀请残疾人、低保弱势群体免费观看院线电影,保障特殊人群的基本文化权益。群众文化活动精彩纷呈。举办第十七届新春音乐会、区第十五届社区艺术节暨春节广场文艺展演、区2016年少儿声乐大赛等。与浙江艺术职业学院合作举办农村文化礼堂巡回服务演出。举办元宵戏曲晚会、第二届"九峰·古韵书香"新春谜会、中国民间剪纸艺术展等。在各文化礼堂举办了文艺下乡演出。举办"4·23"世界读书日活动、第八届未成年人读书节和九峰书院人文讲座8期,营造了浓郁的书香氛围。公共文化服务能力不断提升。开办2016年度"文化超市",课程内容丰富,为市民免费培训,助力文化精准服务。开办第五届乡村大使培训班、基层公共文化服务体系建设业务培训会,全区19个乡镇(街道)的分管领导、文化站工作人员、各文化礼堂理事长、管理员等150余人参训。召开文化站长工作会议。组织文化馆业务干部深入全区各文化礼堂进行巡回辅导与培训,提高农村文化自我发展能力。三是借力宋墓考古发掘,做足文物、非遗文章。切实做好文物保护工作。第一次全国可移动文物普查登录文物8312件,完成国保单位瑞隆感应塔的维修加固工程,唐门双塔复建工程竣工,黄岩历史遗迹得以重光。对区级文保单位黄杜乔办公楼、岱石庙等进行抢救性维修,并对江若幹宅、王士骏宅、徐昌积宅等古建电线进行套管,增强消防安全保障。古籍《台学统一百卷》被纳入浙江文丛出版计划,完成"王棻专题数据库"二期资源建设。宋墓考古发掘取得重大成果,会同省文物考古研究所抢救性发掘南宋赵伯澐墓;邀请国家级、省级、市级主流媒体,召开了新闻发布会;中央电视台《发现中国》和《国宝档案》栏目组分别进行了拍摄宣传;对出土的丝绸文物进行修复保护,其中一件丝绸服装参加了杭州 G20 峰会"丝路霓裳"中国丝绸服饰展。首次举行黄岩窑沙埠青瓷窑址学术研讨会,全国各地的 15 位专家学者参会。非遗工作水平整体提升。做好第五批省级非遗申报工作,完成"宁溪传统糟烧制作技艺""院桥高台狮舞""南太极拳"等项目选送。组织第六批市、区级非物质文化遗产代表性名录项目的申报评审工作以及第二批省非物质文化遗产生产性保护基地、市第四批非物质文化遗产传承基地的申报工作。组织非遗传承人参加第 11 届中国(义乌)文化产品交易会、长三角城市非物质文化遗产传统技艺展等各类展览培训。建成区非物质文化遗产展示馆。翻簧竹雕工作室和漆金木雕工作室向公众开放。四是加大监管力度,文化市场健康有序稳定。文化市场管理进一步规范,全年办理各类行政审批件 33 件。始终保持对文化市场管理的高压态势,全年出动执法人员 1135 人次,检查场所 1478 家,处理举报 9 件,立案调查一般案件 15 件,办结 15 件,取缔无证网吧 1 家、游戏室 3 家及非法大篷演出 3 起。"扫黄打非"成效显著。联合相关部门以开展"净网""清源""护苗""秋风""固边"等专项行动为着力点,严

查文化市场,严控网络传播,严办大案要案。"戴某林非法经营罪"被列入国家"扫黄打非"办公室督办案件,黄岩"QQ 群传播淫秽物品牟利案""微信陌陌招嫖传播淫秽物品牟利案"列入省督办案件。黄岩区文广新局被浙江省"扫黄打非"工作领导小组授予 2016 年全省"扫黄打非"先进集体荣誉称号。严厉打击查处非法政治性出版物、互联网文化内容、非法演出等,开展了"绿书签"走进黄岩区光明学校的宣传活动。消防安全工作常抓不懈,严格落实安全生产责任制,将文化场所的安全生产纳入日常检查,组织网吧、娱乐场所召开安全会议 2 次,签订消防安全责任书 95 份,对场所业主和员工进行消防安全培训,对 30 家娱乐场所开展消防演练,先后开展了百日攻坚行动、夏季消防安全大检查等,确保文化市场安全稳定。

(何　宁)

【路桥区文化广电新闻出版局(体育局)】 内设职能科室 5 个,直属单位 5 个。2016 年末人员 59 人(其中:公务员 11 人,参公 5 人,事业 43 人;具有高级技术职务资格的 6 人,中级 9 人)。

2016 年,路桥区文化广电新闻出版局各项工作稳步推进。一是加强文化阵地建设。成立图书馆理事会,购置全市首台流动图书车,建成 2 家 24 小时自助图书馆。设立横街镇文化馆分馆和金清镇九村联盟、路北街道管前村、新桥镇金大田村 3 家村民艺术学校。二是大力扶持精品创作。18 个作品在各级比赛中斩获殊荣,其中舞蹈《宅门女人》获浙江省群

星奖、《摇滚因素》获省第十届排舞大赛青年组兰花金奖、《我们开始吧》获省第三届文化礼堂乡村排舞大赛中年组兰花金奖。三是丰富文化产品供给。举办读者文化节、基层文化俱乐部会演、文化志愿者才艺大赛等品牌活动。持续开展点单式服务进文化礼堂、文化超市公益培训、文化惠民服务进民工子弟学校、送文化下乡等活动。全年送演出下乡 135 场,电影下乡 3444 场,图书下乡 1.5 万册。四是加强人才队伍建设。新成立 2 个名家工作室。举办两期基层文化专兼职人员学习教育专题培训班。开展了文化志愿者进百家文化礼堂"艺体启蒙免费培训"公益活动。基层文艺团队发展壮大,新桥镇大力扶持"大美艺术团",成为全区首支免费文化巡演高品质团队。五是推进文化遗产保护传承。组织拷绢手工技艺和戏剧服装加工技艺参加浙江传统服饰精品展获优秀奖。积极开展非遗进校园、进社区系列活动,普及非遗知识。保安剪纸被评为第五批省级非物质文化遗产代表性项目,路桥拷绢被评为台州市第四批非物质文化遗产传承基地。六是确保文化市场平安稳定。深入开展"扫黄打非"行动,全年查处各类案件 9 起,刑事案件 6 起,其中 1 起案件被全国"扫黄打非"办公室立为挂牌督办案件,刑事拘留 12 人,收缴非法出版物 8000 余册。开展安全生产大检查,全面排查安全隐患,利用消防安全工作会议、"安全生产月"等活动,加强安全宣传,开展警示教育,确保了文化市场"零事故"。七是推动文化产业稳步发展。成功举办台州动漫

节。组织文化企业参加第 11 届中国文化产品交易会，其中区传统装饰剪纸、路桥藤编织技艺 2 个非遗项目参加，是区非遗项目首次参展。

（张　眉）

【临海市文化广电新闻出版局】

内设职能科室 5 个，直属单位 9 个。2016 年末人员 121 人（其中：公务员 14 人，参公 13 人，事业 94 人；具有高级技术职务资格的 11 人，中级 23 人）。

2016 年，临海市各项文化工作再上新台阶。一是文化遗产保护有新成绩。正式向国家文物局递交申遗文本，国家文物局已委托联合国教科文组织国家遗产专家进行评审。启动台州府城墙立法工作。开展文保单位升级行动，新增省级文保单位 12 处，数量居台州市首位。加强文物保护与维修，完成马氏庄园等 16 处文保单位修缮工程。基本完成《郑广文纪念馆藏名家书画、郑虔遗墨及碑刻志石》编纂工作，收入沙孟海、赵朴初等 30 余位名家书画。进一步完善 4 级非遗保护体系，新增罗氏犀皮漆器等省级非遗名录 3 项，大石车灯戏等台州市级非遗传承基地 2 个，全市各级非遗名录增至 130 项。加强非遗阵地建设，建成临海市非遗传承中心、张秀娟职业技能培训学校、岭根草编专题性陈列馆等。成立临海市非遗保护协会，为台州市首家。扶持建设杜桥脱胎漆艺展示馆。加强非遗传承人管理，出台《临海市非物质文化遗产项目代表性传承人认定与管理办法》。加强非遗宣传，黄沙狮子在 CCTV-4《非常传奇》、浙江电视台第七频道展演。二是文化事业服务有新拓展。以创建国家公共文化服务体系示范区为目标，深入实施文化惠民工程，加强文化设施建设，开展博物馆新馆、卢乐群艺术馆策展，建设 24 小时自助图书馆 4 家、农村文化礼堂 40 家。举办"春满崇和"广场文艺周、纪念红军长征胜利 80 周年文艺展演等主题活动。继续打造"崇和大舞台"活动品牌，全年组织各类表演、比赛、展示 163 场次。举办第十一届古城文化节，参演（示）人员超 2 万人，观众超 100 万。全年演出下乡 697 场次，送书 3.3 万册，送讲座、展览 265 场次，跨市县文化走亲 6 场次，市域内乡镇间文化走亲 39 场次。加强业余文艺团队建设，组织业余文艺骨干培训 2 期 362 人次，开展业余文艺团队展演活动 57 场次。图书馆坚持无节假日、无馆休日，开展了以世界读书日、未成年人读书节、图书馆服务宣传周等为主题的各类读书活动，全年接待读者 36 万人次，借还图书 38.7 万册，新增图书 1.5 万册。文艺团队屡获佳绩。舞蹈《城墙下》获省群众舞蹈大赛金奖，古城街道文化站长潘卫华等人的书法入选省书法大赛巡展，获台州市书法比赛一、二等奖。歌手胡灵敏、王强等人分别进入省声乐大赛青年组和中老年组决赛。多幕剧《鹿何赈灾》入选台州廉政文艺巡演节目，舞蹈小品《救火英雄》获临海市好故事大赛一等奖。三是文化产业发展有新突破。全市文化产业增加值占 GDP 的比重逐步增加，文化产业多元化发展格局初步形成，全市现有文化产业经营单位 752 家，较去年新增 32 家。新华盛世（浙江）影视文化创意有限公司入驻灵湖，与浙报集团联手打造临海市第一个文化创意园区"江南文创园"，与东方永安集团联合开发巾山区块文化创意园，筹建省内首家县级电影博物馆台州电影博物馆。省内首家社区五星级影院伟星城崇、电影大世界建成开业。认真落实《关于鼓励和促进民办博物馆发展的实施意见（试行）》《关于加快文化产业发展的若干意见（试行）》等扶持政策，补助资金约 150 万元。影视文化产业发展迅速。《抗倭英雄戚继光》获金鹰奖电视剧荣誉提名奖。参与协拍院线大片《危城》《战神戚继光》《空袭》。举行绿色文化国际·青年微电影艺术节暨绿色世界天使大赛落户临海启动仪式，举行电视剧《女谍一号》《南洋生死线》启动仪式和微电影《危急时刻》《深山之爱》开机仪式。扶持成立浙江临海民艺文化传播有限公司，建设全国首个中国民协（临海）民艺传播基地，由凤凰卫视导演、制片人团队拍摄的百部民间工艺纪录片推出 27 集。五月工坊拍摄记录临海当地工匠手艺的系列短片《临海百工》推出 14 期。四是文化市场管理有新气象。紧紧围绕"平安浙江"文化市场 G20 峰会专项保障行动等工作，坚持一手抓繁荣，一手抓管理，规范文化市场发展。做好"扫黄打非"工作，开展印刷复制业和出版物市场专项检查行动。办结行政审批服务事项 50 件，提前办结率 100%，准确率 100%，接待群众来电来访 1000 多人。执法大队出动检查 638 次，出动执法人员 1470 人次，检查各类文化经营场所 2779 家次,获得台州市青年文明号荣誉称号、台州市文化市场综合执法行政处罚案卷评比三等奖、全市杭州 G20 峰会维稳安保工作先进集体。

(陈　煜)

【温岭市文化广电新闻出版局】
内设职能科室 4 个,直属单位 7 个。2016 年末人员 145 人(其中:机关 11 人,事业 134 人;具有高级技术职务资格的 8 人,中级 20 人)。

2016 年,温岭市文广新战线在市委、市政府的坚强领导下,牢牢把握文化工作正确方向,以创建国家公共文化服务体系示范区为抓手,拉高标杆、补齐短板,实施"六个一批"举措,创新实干、争先进位,较好地完成了全年文化工作目标任务,荣获台州市级以上荣誉 11 项,实现了"十三五"文化发展精彩开局。一是建设一批重点文化设施。召开全市文化发展大会,出台《温岭市文化创新发展 2020 实施计划》等 9 份政策性文件,成立温岭市历史文化研究会,表彰"文化五十佳",设立文化创新发展专项资金 1 亿元、文化产业发展专项资金 1000 万元。举全市之力推进国家公共文化服务体系示范区创建,创建成效保持在台州前列。推进 13 个镇(街道)综合文化站改造,免费开放每周 42 小时以上。新建图书分馆 2 家、24 小时自助图书馆 2 家、农村文化礼堂 76 家、文化广场 26 个。省内首创家庭图书分馆,建成 107 家。建成松门镇乡镇书城、泽国镇文化分馆。二是发展一批重点文化产业。成功引进博纳国际影城,8 家规上文化企业

年收入增速 27.1%。成功举办第五届市文博会,交易额突破 1000 万元。创新开展"即来即办、零天审批"制,所有行政审批事项承诺时限为全省市县最短。全年受理审批 87 件,其中"即来即办、当天审批"33 件,审批提速 88.4%,群众满意度 100%。开展"扫黄打非"五大专项行动,创新设立"扫黄打非"企业工作站,推进"扫黄打非"进基层。持续开展文化市场"多城同创"、安全生产、维稳安保等工作,全年检查经营单位 2159 家次,办理行政处罚案件 23 件,吊销营业许可证 10 家。三是培育一批重点文化人才。表彰"文化五十佳"。成立温岭市历史文化研究会。建立中国作家书画院浙江分院台州温岭箬横创作基地和书画名人工作室。承办 2016 年《中国梦》歌曲新作品交流研讨会暨歌曲创作高级研修班、浙江省书法工作者会议。举办全市文化干部、文保员、农村文化礼堂管理员及文艺骨干业务培训。扶持壮大文化团队 2162 支。四是打造一批重点文化精品。出版 13 本(套)文艺作品。举办《海风文学丛书》(10 本)、《温岭历史文化丛书》(甲集 11 册)首发式。全年获国家、省、地市级奖项 50 件以上。五是保护一批重点文化遗产。完成第一次可移动文物普查第三阶段数据审核与普查报告编写。开展 13 处文保单位(点)维修。完成大溪东瓯古城遗址考古发掘,编制大溪东瓯古城保护规划。编制省级以上文保单位用地规划,划定公布 46 处文保单位(点)保护范围与建控地带。编写第一次可移动文物普查报告,建立藏品总台账。

新增台州市级非遗传承基地 1 个、代表性传承人 5 人。新增市级非遗项目 13 项、代表性传承人 23 名、教学传承基地 3 个、保护传承基地 2 个。举办温岭市首届方言大赛等非遗展演活动 87 场。六是提升一批公共文化服务项目。在全省率先推出"乡镇公共文化服务动态评估系统"项目,科学评估基层公共文化服务水平,推动公共文化服务由市级层面向镇(街道)、村(社区)全面覆盖。1 月 27 日,该项目经省政府同意,公布为浙江省公共文化服务体系示范项目。举办第四届市民文化节,开展 520 项 1000 余场文化活动。举办第五届文化艺术节,组织 29 个系列赛事及精品展演。以政府部分采购引进高雅艺术 19 场。承办"创业在故乡"全国摄影大展、浙江省原生态民歌大赛、浙江省民歌高峰论坛等国家级、省级活动。全年送戏下乡 270 场,送图书下乡 3.4 万册,送电影下乡 6065 场,送电影进校园 629 场。市文化馆启动数字文化馆建设;举办"书香机关"免费文艺培训 15 大门类,培训近 10200 人次;举办"菜单式""多城同创"下乡培训,走进 55 个文化礼堂;举办"名家讲座"21 场、展厅展览 20 场、橱窗展览 6 场、巡回展览 32 场、节庆文艺会演和广场文艺演出 21 场、下乡巡演 20 场、文化走亲 8 场。市图书馆新增馆藏图书 15.68 万册,接待读者 295 万人次,外借图书 94.72 万册次;开通新数字资源《中华数字书苑》,知网、万方、维普 3 大数据库资料下载量 185 万篇;举办阅读推广活动 90 场;启动汽车图书馆服务。王伯敏艺术史学馆举办开馆

5 周年系列活动及 10 场精品展。

（叶沫一）

【玉环县文化广电新闻出版局】

内设职能科室 4 个，下属单位 9 个。2016 年末人员 87 人（其中：机关 10 人，事业 77 人；具有高级技术职务资格的 6 人，中级 24 人）。

2016 年，玉环县文化广电新闻出版局加快公共文化服务体系建设，各项工作取得一定成效。文化发展指数连续第二年居台州市首位，2016 年度台州市国家公共文化服务体系示范区创建县（市、区）考核指标排名全市第二，获全省文化市场综合执法先进集体等荣誉。一是公共文化服务实现常态化。社会化运作持续深入，起草《玉环县政府向社会力量购买公共文化服务管理办法》等文件。以"榴岛四季风"品牌项目为总依托，注重节庆演艺、全民阅读、全民展演，精心策划"海岛之春"、"幸福暖冬"元旦春节元宵文化系列活动、2017 玉环县新年音乐会、文化志愿者写赠春联等节庆娱乐活动，开展第十二届未成年人读书节、亲子诵读比赛、悦悦亲子课堂等全民阅读项目，举办第七届农民文化节、"文化嘉年华"公益培训、"蒲公英"少儿才艺大赛等四大系列 20 余项具有较大影响力的文化活动。对外文化交流更加活跃。深入开展"文化下乡"活动，全年送演出下乡 132 场、送图书 2.15 万册、送电影 3209 场、送展览（讲座）117 场，培训 3185 人次。二是县镇乡文化设施网络逐步健全。书城、影城建成投用。县图书馆新馆、县博物馆稳步推进。实施文化站整改

提升工程，新建 5 家、改扩建 2 家。致力于打造文化馆、图书馆总分馆体系，将公共阅读空间向基层延伸，建成首家文化馆分馆、7 家乡镇（街道）图书馆分馆、3 家 24 小时自助图书馆、8 家农信书吧、2 家（车站、社区）文化 e 站。在全市率先将市民卡数据成功导入图书馆系统，通借通还图书借阅服务点乡镇（街道）全覆盖，实现市民阅读"零门槛"。大力推进农村文化礼堂建设，新建 32 家。三是文化遗产保护成效明显。圆满完成第一次全国可移动文物普查，采集登录文物数据 742 件/套（不含古籍）。公布新一批县级文保单位和文保点。文物征集工作持续开展。制定出台《玉环县文物保护管理员聘用管理办法（试行）》，起草《玉环县非国有博物馆扶持办法》。对西跳碉楼进行抢救性修缮。新申报 1 个省级非物质文化遗产名录项目，新建 2 个县级非遗传承基地。切实加强非遗宣传展示活动，举办了第 11 届文化遗产日系列活动、6 场传统曲艺乡村行巡演、2 期民间文艺人才课堂等活动，推荐坎门二中参加全省非遗传承教学基地优秀案例评选活动，报送的坎门鱼龙灯项目"鱼龙舞动，青春飞扬"入选优秀案例。四是文化人才培养力度不断加强。举办各类基层文化人才培训、开展全县文化礼堂排舞培训班、书画名家现场笔会等，多种形式培训基层文艺骨干。发挥郑频书法工作室、马亚兵美术工作室等名家工作室作用，支持其承办温岭·玉环文化走亲书法联展、送春联进文化礼堂等活动。全年获 77 项文艺作品或节目获市级以上奖项，其中，县文化

馆舞蹈队获浙江省第十届排舞大赛新创组第一名，"森山杯"浙江省首届青少年朗诵大赛获 4 金 3 银，第十二届中国少年儿童歌曲卡拉 OK 电视大赛省赛获 2 银，国画作品《东海渔村》入选浙江省庆祝中国共产党成立 95 周年群星中国画展。五是文化市场管理服务并重。坚持政策先行、优化服务，制定出台《玉环县人民政府关于支持和促进文化产业发展的实施意见（试行）》，政府每年安排 500 万元文化产业扶持专项资金。组织优秀文化企业参加第 11 届义乌文交会。开展文化企业评优评先等工作。加大扶持力度，激发民营资本活力。老铜匠铜制品有限公司成功申报为省级文化产业示范基地。裸心海度假区、东沙渔村旅游开发、放牛班文化创意园等重点项目招商引资金额 2 亿多元。新建 1 家翰潮书画院、1 家大鹿岛岩雕艺术馆。玉环光阴故事文化艺术有限公司等一批新生文化产业公司茁壮成长。加强文化市场监管，圆满完成 G20 峰会维稳安保工作。深入开展文化市场专项整治行动。以坎门街道为试点，探索开展"扫黄打非"进基层工作，在全省工作现场会上做典型介绍。出动执法人员 1659 人次，检查 2151 家次；立案 39 件，受理举报 18 起；依法取缔非法大篷演出 6 处、无证游商地摊 38 处、"黑网吧"3 家、"黑电台"1 家，收缴非法音像制品 1.23 万张、非法书报刊 68 本、电脑显示屏及主机 43 台。

（毛 玮）

【天台县文化广电新闻出版局】

内设职能科室 3 个，下属单位 7

个。2016年末人员101人（其中：机关10人，事业91人；具有高级技术职务资格的1人，中级11人）。

2016年，天台县文化广电新闻出版局完善文化设施，实施文化惠民，弘扬传统文化，做强文化产业，取得成效。一是完善文化设施，健全服务网络。新图书馆项目完成立项，选址于县政府大楼东侧，建筑面积1万平方米，总投资4800万元。新建2家24小时图书馆。新建非遗馆，年底实现免费开放。新建赤城街道文化站，投资560万元。新建文化礼堂任务为12家，实际完成40家，完成率位居全市第一。全县有文化礼堂107家。社会力量办文化热情高涨。民俗博物馆总投资8300万元，建筑面积1万平方米，2个展馆对外开放；天台山艺术馆立项，总投资2000万元，建筑面积7700平方米；和合文化博物馆对外开放，展厅面积2000平方米。加大政策保障。制定出台《天台县2015—2017年公共文化服务标准化建设提升计划》等政策性文件，明确两年内投入1.34亿元推进19个重点公共文化设施项目。二是实施文化惠民工程，丰富群众文化生活。深入开展送戏下乡演出，相继开展天台县文化志愿者送戏进文化礼堂、"和合圆融·天台清音"专场佛道音乐会、天台县传统戏曲展演等重大文化活动，形成"月月有活动，季季有演出，人人都参与"的喜人局面。完成送戏下乡2600多场、大型活动138场、文化走亲87场、送书下乡6.21万册、送电影下乡3732场、送讲座展览109场。通过政府购买公共文化服务

方式，支持艺术表演团体提供公益性演出，参与送戏下乡活动。举办天台县首届农民春晚，反响热烈。充分发挥公共文化阵地服务作用，县文化馆常年免费送各门类培训进农村、社区、校园、企业，打造免费"文体超市"。县图书馆探索建立"县级总馆＋各镇分馆"的总分馆服务模式，利用图书流动车送书下乡。三是弘扬传统文化，打造文艺精品。与央视联合打造52集大型动画片《小济公》，并根据《小济公》主题曲编排了原创排舞，获得浙江省排舞大赛金奖。与浙江省歌舞剧院有限公司联合打造大型音乐剧《天台遇仙》。进一步提升"天台山佛道音乐会"品牌，举办了包括天台山当代价值论坛在内的多场活动。全力打造"天天大舞台"文化品牌，通过赛事活动，在全县培养了2091支艺术团队，探索出一条"政府投入小、社会影响大、百姓参与广、群众得实惠"的文化惠民新路子。四是围绕中心工作，深挖文化资源。牵头承办县政府与浙江自然博物馆联合举办的"神秀天台·和合圣地"天台县生态文明建设成果展，为期45天，参观人数20多万人次。举办"神秘那曲·神秀天台"浙江天台旅游文化走亲专场演出。为2016年度天台县乡镇换届选举创作文艺节目，在全县15个乡镇（街道）进行"让换届风气清如天台风水"巡回演出，让"九个严禁、九个一律"深入人心，动员广大人民群众积极参加选举。围绕"和谐天台"精神文明中心主题，通过文艺演出宣传知识产权、"扫黄打非"等工作。五是传承文化遗产，提高保护水平。非遗保护工作取得新成

果。"天台山易筋经"和"一根藤制作技艺"成功入选第五批浙江省非物质文化遗产代表性名录。启动第五批天台县非遗名录申报工作，20个项目入选，并由县政府公布。全县列入国家非物质文化遗产名录的3项、省级15项、市级45项、县级125项，非遗项目数在全市名列前茅。在农民春节联欢晚会上，全县11个村（单位）的100多人，展示了皇都南拳、灵溪奚家拳、三州吹打等非遗项目。2016文化遗产日举办了天台非遗进乡村旅游活动启动仪式，展示了饼糖制作技艺、苎布制作技艺、箍桶技艺等几十项非遗项目。组织天台山道教南宗洞经音乐参加浙江省非物质文化遗产传统音乐会、民间剪纸作品参加台州市剪纸艺术展等。协助乡镇（街道）挖掘整理非遗项目图节、顾欢传说等，恢复上演天台词调传统戏。成立县文保所，加快县文保中心建设，继续推进文物古建修缮3年行动计划。六是做强文化产业，奋力追赶超越。出台《天台县文化体育产业发展扶持奖励暂行办法》和《天台县政府向社会力量购买公共文化体育服务管理办法》，设立文化体育产业发展专项资金500万元。积极配合县委宣传部门制定天台县"十三五"文化产业规划。组织8家单位参加第11届中国（义乌）文化产品交易会，其中天台和合文化园选送的"一根藤"获得二等奖，天台县宗教艺术所获得三等奖。配合文化企业转型升级，确定天台县溢加溢网吧有限公司、天台县森木木网咖为互联网上网服务行业转型升级试点单位。七是依法行政，加强执法力度。深入开

展"扫黄打非"、"净网"、"清源"、网吧专项整治行动。出动巡查人员 702 人次，巡查 820 家次，查处违规案件 13 起，收缴违法出版物 800 余份。举办由网吧、娱乐市场等经营单位业主参加的文化市场法律法规培训班，不断提高相关经营场所的法律意识。开展主题宣传活动 5 次，发放宣传资料 1000 余份，培训 100 余人。G20 峰会和六城联创期间，全局实行网格化管理，顺利完成各项检查，实现省市暗访零通报。

（王　蔚）

【仙居县文化广电新闻出版局】
内设职能科室 4 个，下属单位 10 家，乡镇、街道文化站 20 个。2016 年末人员 106 人（其中：公务员 10 人，参公 14 人，事业 82 人；具有高级技术职务资格的 4 人，中级 16 人）。

2016 年，仙居县文化广电新闻出版局紧扣台州市创建国家公共文化服务体系示范区和县委、县政府建设中国山水画城市目标，各项工作顺利开展。一是着眼文化建设，文化阵地不断拓展。启动城市文化综合体建设前期工作，项目包括图书馆、文化馆、博物馆和演剧场等内容，总投资约 5 亿元。新增图书分馆 2 家、文化分馆 1 家，新购流动图书服务车 1 辆。新建文化礼堂 25 家，文化广场 24 家，乡村书院 3 家。全县所有行政村建有村级文化活动中心，达标率 100%，其中，84 个村建有文化礼堂，81 个建有文化广场。乡镇综合文化站专项整治工作取得重大突破，全县 20 个乡镇综合文化站基本达到整改要求并实行免费开放。朱溪镇被评为

浙江省文化强镇、台州市综合文化站示范乡镇。二是狠抓文化活动和文艺创作，推进文化惠民。举办纪念长征胜利 80 周年、仙居县首届戏曲文化节、2016 新春文化下乡等各类文化活动，其中仙居县首届戏曲文化节于 9 月至 11 月举办，包括戏曲普及培训、精品展演、戏曲进校园进礼堂等 8 项内容，赢得广大越剧迷的喜爱。各类文艺作品硕果累累，台州词调《青石岭》获浙江省第八届曲艺新作大赛暨群星奖选拔赛创作、表演双金奖；《北地王·哭祖庙》获第十二届"中国少儿戏曲小梅花荟萃"金奖；《三昧真火》获浙江省论文比赛二等奖；越剧小戏《紧急呼叫》获浙江省新农村建设题材小戏比赛入围奖；小品《茶农阿林》获浙江省第二十七届戏剧小品入围奖；道情《逢人说项》获台州市第六届戏剧专场比赛 1 金 1 银。邀请浙江京剧团、浙江话剧团有限公司、上虞小百花等省市院团到仙居演出。做好"文化三下乡"活动，全年送戏下乡 504 场，送书下乡 2.87 万册，送电影下乡 5016 场，送展送讲座送培训 119 期，组织全民阅读活动 8 次，引进国有剧院公益演出 38 场次，开展文化走亲活动 25 次。三是夯实基础，持续推进文物遗产保护。新增省级文物保护单位 8 处。迎晖门及启明楼修缮主体工程完工。《全国重点文物保护单位——仙居古越族岩画群保护规划（新编）立项报告》获国家文物局批准，《仙居县古越族岩画群保护规划》委托浙江省古建筑设计研究院编制。完成第一次全国可移动文物普查工作。新增县级非物质文化遗产项目 9 项、非物质

文化遗产传承基地 9 个、非物质文化遗产传承人 26 名。王银华彩石镶嵌作品《三星五子图》《仕女图》在上海"国匠杯"评选中获金奖，《梵音》获银奖；周金水彩石镶嵌作品《山水四条屏》在义乌文博会获奖；在宁波举办的非遗衍生品大赛中，陈彩平制作的仙居花灯获金奖，沈珉制作的仙居花灯获提名奖。组织 5 家企业参加中国（义乌）文化产品交易会，稻草画《雀之灵》获银奖，纸质 DIY 仙居花灯获铜奖。仙居剪纸项目 6 件作品参加台州市非遗展。四是奋战 G20 峰会，切实提升行政审批与文化市场管理水平。较好完成 G20 峰会维稳安保工作，荣获 2016 年度浙江省文化市场综合行政执法先进集体、浙江省文化系统服务保障 G20 杭州峰会工作先进集体、仙居县杭州 G20 峰会维稳安保工作先进集体等荣誉，3 人分获省级、县级先进个人。文化市场智能监管平台建立并投入使用，实现数字化执法。受理办结文化市场行政审批 198 件。开展"扫黄打非"专项行动，严厉打击未成年人上网，促进文化市场有序、健康文明。文化市场日常巡查出动检查 2011 人次，检查 1921 家次，行政立案 87 件，罚款 24 万余元，停业整顿 16 家次，吊证 1 家。五是出台政策，强化干部与内部管理。修订内部财务管理，规范与加强专项经费、支出报销等事项流程和管理。制定出台《县文广新局干部积分制考核管理办法》，理顺干部管理机制、细化并量化干部考核内容。同时，把干部管理与考核挂钩，进一步推动全局工作高效落实。

（张梦瑶）

【三门县文化广电新闻出版局】内设职能科室5个,直属单位7个,乡镇(街道)文化站10个。2016年末人员97人(其中:机关14人,事业83人;具有高级技术职务资格的6人,中级13人)。

2016年,三门县文化系统紧紧围绕县委、县政府总体部署,以创建国家公共文化服务体系示范区为抓手,以统筹城乡文化发展为重点,以推进文化惠民工程为核心,戮力同心,实干创新,较好完成全年各项任务,文化工作取得新成效。一是国家公共文化服务体系示范区创建积极推进。文化设施不断健全。三门大剧院土建工程通过交工验收,内装修完成工程量的80%。24小时自助图书馆、多宝讲寺图书分馆正式对外开放。海润街道、珠岙镇等7个综合文化站完成整改提升,上坑村、下叶村等28个文化礼堂建设完成。全县创建省级文化强镇1个,特级综合文化站1个、一级综合文化站4个、二级综合文化站1个、三级综合文化站4个,省级文化示范社区1个,省级文化示范村7个,县级文化示范村20个,信息资源共享工程乡镇分中心10个,图书馆分馆6家,图书馆馆外流通点40个。二是文化惠民工程深入实施。扎实开展"百千万工程"和"文化三下乡"活动,全年送书下乡3万册,送电影下乡3208场,送戏下乡218场。成功举办"百姓文化节""周末剧场""文化超市"等品牌活动,全年组织活动500余场。文化走亲、艺术展览等系列活动常态化开展,完成与嘉兴秀洲、杭州上城等

地文化走亲活动27次。举办县"浪花奖"美术大赛作品展、庆祝建党95周年图片展等各类展览15次。持续开展基层文化骨干培训,全年培训5000余人次,基层文化队伍整体素质明显提升。文艺创作收获成果。全年参加市级以上展览、发表、演出或获奖的作品137件(篇),其中国家级16件(篇),省级48件(篇),市级73件(篇)。三是文化遗产保护传承突破提升。二十四节气(三门祭冬)入选联合国人类非遗代表作名录,举行全县"三门祭冬"民俗活动,省"二十四节气"保护传承座谈会在三门召开,活动全程网上直播,10多万名观众参与收看互动,新华社、央视新闻频道等几十家主流媒体集中报道。"三门石窗"入选第二批浙江省非遗生产性保护基地,亭旁镇被评为浙江省民间文化艺术之乡,亭旁镇上鲍村入选第三批浙江省传统戏剧之乡(村),三门祭冬、杨家板龙传承基地入选第四批台州市非遗传承基地。三门平调《戚家军传说》入选省年度剧本扶持项目,参加省第十三届戏剧节展演。《金莲斩蛟》参加"非遗薪传"省传统戏剧展演,并获薪传奖。积极做好省级文保单位(文保点)申报工作,新增义丰路160号民居、东屏陈氏亚魁第、仙岩洞摩崖石刻等3处9个点。祁家宅院二期、梅坑杨宗祠修缮工程顺利推进,亭旁起义纪念馆、路上周宗祠等文保单位完成修缮。三门历史海防遗址健跳嘹高山和七市高湾山烽火台得到抢救保护,文物保护单位"四有档案"工作顺利完成,其

中三门宗祠群获浙江省文物保护单位优秀记录档案。四是文化产业扶持和市场管理得到加强。加强文化产业扶持,蛇蟠岛集团有限公司被省文化厅认定为浙江省文化产业示范基地,实现了全县省级文化产业示范基地零的突破。积极推动文化企业走出去,组织三门贝特、石木缘和三门石窗等企业参加第11届中国(义乌)文交会、西安文博会、第12届中国(深圳)文化产业博览会。积极参与台州市文化产业促进会筹建,蛇蟠岛集团董事长被推选为台州市文化产业促进会会长,台州泳洲越剧团为常务理事单位,三门贝特工艺有限公司为理事单位。加强文化产业人才队伍建设,组织34人参加省市培训。加强文化市场平安创建。全县文化系统开展蹲点保平安活动,有效维护了G20峰会、"创国卫"等特殊时期全县文化市场的平稳安全。加强对全县文化市场经营单位的监管力度,开展对网吧市场、歌舞娱乐市场、游艺娱乐市场等的专项整治活动。全年出动执法人员369人次,出动227次,检查623家次,举报受理7起,查处文化市场违法违规案件12起。开展"扫黄打非""清源""净网""秋风"等专项行动,收缴非法书籍200多册、非法光碟200多张。积极推进"扫黄打非"进基层,全县各乡镇(街道)成立了领导小组,各村(社区)明确了联络员,"扫黄打非"网格化管理初步形成。

(潘灵燕)

丽水市文化广电新闻出版局

【概况】 内设职能处室8个，下属单位7个。2016年末人员105人（其中：机关20人；事业85人；具有高级技术职务资格的24人，中级29人）。

2016年，丽水市文化广电新闻出版系统送戏下乡1532场、送书下乡15.65万册、送电影下乡2.66万场。丽水大剧院引进国内外精品剧目52场，组织"百姓大舞台"公益演出10场。歌曲《蚂蚁部落》获2016年度浙江省群星奖；云和包山花鼓戏《福妈嫁囡》、缙云小戏《老鼠娶亲》获全国小戏小品大展金奖；在省群文音乐论坛上，丽水市获金牌2枚、银牌2枚、铜牌1枚；歌曲《心儿丢在这地方》获省第十五届音乐新作大赛金奖第一名；丽水市民族、美声、流行、中老年组分获省第二届群众声乐大赛金奖。

做好第四次全国文化馆评估定级迎评工作，全市文化馆上等级10家，获国家一级馆7家。全市入选第四批中国传统村落名录81个，数量居全省第一位。遂昌"班春劝农"作为"二十四节气"之一申报人类非遗成功；云和八步洪拳等9个项目入选第五批省级非遗项目；"杜光庭传说"等41个项目入选第六批市级非遗项目名录；龙泉市上垟镇等4个乡镇入选首批市级非遗主题小镇，缙云县金竹村等7个村入选首批市级民俗文化村；莲都古堰画乡小镇、龙泉青瓷小镇、景宁畲乡小镇入

选全省首批20个特色小镇文化建设示范点。丽水市文化广电新闻出版局（以下简称"市文广新局"）被全国"扫黄打非"办公室评为2015年度全国"扫黄打非"先进单位；被浙江省"扫黄打非"办公室评为2016年度全省"扫黄打非"先进单位；被省文化厅评为2016年度全省文化市场综合行政执法考评优秀单位、全省服务保障G20杭州峰会工作先进集体、全省文化（文物）系统"六五"普法工作先进单位；获2016年中国文化馆年会"论坛组织奖"。完成74家民营剧团戏曲普查及审核任务，普查验收以及第一次全国可移动文物普查验收工作，完成国有收藏单位名录及普查总结报告编制工作，全市申报藏品总数35909件/套。

推进简政放权和行政审批制度改革工作，简化优化41项行政审批流程，实现网上申请、申报和查询，取消行政审批事项5项和承接下放审批事项4项。"扫黄打非"和文化市场执法监管工作首次列入《市委常委会工作要点》《市政府工作报告》重点工作内容，同时列入《党委（党组）落实意识形态工作责任制实施办法》。制定出台《2016年全市"扫黄打非"工作考评办法》，9个县（市、区）"扫黄打非"工作纳入考评项目，与其他重要工作同部署、同落实、同检查、同考核。

编制完成《丽水市文化广电

新闻出版事业发展"十三五"规划》并正式发布。

一、公共文化服务体系建设

文化机制建设。推进"1＋9＋X"模式公共文化服务机制建设，市本级制定完成《丽水市公共文化服务提升计划（2017—2020年）》初稿，龙泉、景宁、青田、松阳、云和、青田县形成本地特色服务谱系，推进莲都、庆元、遂昌县全省公共文化服务重点县建设。

"书香丽水"建设。丽水市委宣传部、市文广新局、市教育局联合印发《丽水市"书香丽水 全民阅读"系列活动实施方案》，成立"书香丽水全民阅读"工作领导小组，在全市开展"书香丽水 全民阅读"系列活动，40万余人参与。开启图书馆"社会力量参与，合作共建"模式，建立"悦读吧"，由市图书馆提供图书、技术、业务指导，社会热心人士加入志愿服务，个人、社区、企业等单位共同参与。

乡镇文化站"三化"建设。突出乡镇一级基层公共文化服务中心建设，以乡镇文化站"建、管、用、育"四方面为重点，加强乡镇文化站规范化、标准化、长效化"三化"建设。乡镇文化站纳入"美丽文化"建设考核。完成文化部乡镇综合文化效能建设专题调研。开展丽水市第三批"文化强镇"评选工作，评出缙云县新建镇等9个乡镇（街道）为第三批"丽水市文化强镇（乡、街道）"。至年

底,市府办累计命名表彰丽水市文化强镇(乡、街道)28个。

二、文艺精品创作成果

大型主题文艺精品。景宁县创作的大型音乐剧《畲娘》在杭州大剧院首演,并作为浙江省唯一剧目赴京参加第五届全国少数民族文艺会演。遂昌县婺剧情景剧《平昌遗爱》在遂昌汤显祖文化节"汤显祖戏曲之夜"首演。全国首部以少数民族服饰为主题的演艺剧目景宁县畲族魔幻服饰秀《传奇凤凰装》在杭州首演。松阳县创作的首个文化精品项目越剧《张玉娘》在浙江省第十三届戏剧节上首演,并获新剧目大奖。

精品赛事。丽水市第九届乡村文化艺术节优秀村晚节目展演在松阳县举行,评选出《百鸟朝凤》《小村印象》等十大优秀节目。全市第二届小戏小品大赛在松阳县举行,全市11件优秀小品作品参与比赛,比赛设创作奖和表演奖,分别角逐出金奖2个、银奖3个、铜奖和若干优秀奖,评选出最佳男演员颜罡,最佳女演员卢意,最佳导演方建英、李国英;松阳县文化广电新闻出版局、莲都区文化广电新闻出版局获优秀组织奖。由丽水市委宣传部、市文广新局主办的丽水市第十一届原创歌曲大赛在龙泉大剧院举行,全市各县(市、区)10支代表队参赛。比赛设创作奖、演唱奖,分别角逐出金奖4个、银奖6个、铜奖10个和优秀奖若干。

乡村春晚。推进"乡村春晚"创建国家公共文化服务体系示范项目建设。春节期间,全市举办772台"乡村春晚",其中4台"非遗村晚"在"一带一路"的21个国家1700万余个收视点网络直播,

开启"乡村春晚"国际融合发展模式。

三、文化遗产保护工作

传统村落保护。开展立法调研助推村落保护,以"传统村落保护工作"列入地方人大立法项目库为契机,推动市人大、市咨询委开展5次传统村落保护工作调研;组织召开全市分管文物局长暨传统村落保护经验交流会,开展立法可行性调研。指导松阳加强全国传统村落保护利用试验区建设和"拯救老屋行动"项目实施,探索社会组织与地方政府合作推动私人产权文物建筑保护利用的新路子,在松阳县古市镇山下阳村启动由中国文物保护基金会发起的松阳"拯救老屋行动"项目,224处符合项目名录的文物建筑被列入拯救范围。协调推进国保、省保集中成片传统村落整体保护利用工作,重点推进缙云县河阳村、景宁县西一村、龙泉市大窑村等第二、三批项目,5个村筹备建立县一级传统村落整体保护利用工作领导小组,着手编制传统村落整体保护利用工作方案。

博物馆体系建设。加强馆藏文物管理工作,开展对庆元、龙泉、景宁博物馆检查。发挥博物馆社会教育功能,全年全市国有博物馆送展览26次、送讲座35次,引进举办临时展览21次。帮扶非国有博物馆发展,推进非国有博物馆项目建设,景宁县博物馆开馆;"瓯江文苑"PPP项目开工建设;《世界钟表文化中心项目招商方案》通过市政府常务会议审议,滨江线路电力改迁工程完成设计、施工及监理招标;海德(国际)音乐艺术收藏馆完成项目

导入、藏品进境、藏品评审等工作,概念性方案提交市规划局初审。丽水市博物馆被国家民委命名第五批全国民族团结进步教育基地。

文物保护工程。加大文物保护力度,推进大窑龙泉窑保护工作,市政府发文公布《大窑龙泉窑遗址专项保护管理办法》,《大窑龙泉窑遗址保护整治方案》通过国家文物局评审;处州府城行春门城墙修复保护工程建设完成80%;开展第七批省级文物保护单位申报工作,完成推荐单位崇德小学旧址、处州中学三好楼申报文本编制;应星楼遗址、万象山南宋墓仪石刻、清真寺门楼和五宅底丽水地委机关、专员公署旧址等4处不可移动文物被市政府公布为第六批市级文物保护单位。

文博宣传工作。围绕"博物馆与文化景观"活动主题,以丽水历史文化为重点,策划戏曲演出、展板宣传、文创产品展示等"国际博物馆日"公益活动,采取市本级主场加县(市、区)分场的形式,展示博物馆社会宣传教育功能,搭建博物馆与公众沟通互动平台。举办"2016文化遗产日非遗图片展""丽水市考古技能培训暨郑嘉励《考古的另一面》读书会"等文化遗产日系列活动。举行"红色印记——纪念中国工农红军长征胜利80周年丽水红军遗址影像(文物档案)展览"开幕式,市委书记史济锡在开幕式上讲话并宣布开幕,展出红军北上抗日先遣队、红军挺进师、红十三军和其他红军在丽水活动相关的革命遗址图片90余幅。

非遗基础设施建设。市发改

委批复市非遗馆项目立项，完成市非遗馆布展文本大纲和布展设计方案编制。青田县非遗展示馆进入布展方案设计阶段；莲都区、缙云县非遗馆基本确定选址。各县（市、区）打造"非遗展示体验点"，建成首批市级"非遗展示体验点"15个。

非遗展演展示活动。加强非遗保护和传承宣传工作，举办各类非遗展示活动13次。元宵节举行"元宵节灯谜竞猜"活动，制作3000余条谜语，1万余市民参加；举行欢乐元宵婺剧大家唱活动，40余名业余婺剧爱好者参加。举行"美丽非遗·处州婺韵"丽水市第四届婺剧戏迷节婺剧折子戏展演活动，缙云县婺剧表演《花头台》《拾玉镯》等折子戏，600多位观众观看演出。举办全市"2016文化遗产日非遗图片展"，在莲都区、缙云、龙泉、景宁、云和等地巡回展出，1.3万余人观看。举办2016丽水市提线木偶戏表演培训班，全市21个木偶戏表演团队60余人参训，平阳兴艺木偶剧团和青田同顺木偶剧团进行交流演出。组织2016"木偶情缘"提线木偶戏"进校园、进社区、进农村文化礼堂"展演，1万余人观看。浙江省"美丽非遗"走进青田山口文化礼堂活动在青田县山口文化礼堂举行，9个县（市、区）及桐庐、金华、衢州等地33个展示项目，70余名传承人和6个展演项目参加活动。举办首届丽水市传统戏剧展演活动，演出本土戏种《珍娘泪》《姐妹异嫁》等10场戏剧演出，5800多人观看。

四、"扫黄打非"和文化市场管理

文化市场监管。出台文化市场"黑名单"制度，对列入"黑名单"的经营单位，通过全市公共信用平台公布，文化执法部门重点巡查。1月至10月，全市文化市场执法巡查检查1.06万人次，检查1.26万家次，行政处罚立案调查152件，警告117家次、罚款31.09万元、停业整顿13家次、吊销许可证3家次。

"扫黄打非"工作。保持"扫黄打非"高压态势，开展"五大专项行动""平安丽水"文化市场行动，开展网络云盘传播淫秽信息、高校及其周边复印店、G20峰会专项督查等专项整治行动，4起案件被全国挂牌督办，其中2件成功办结，2件刑拘犯罪嫌疑人5人。首次对"扫黄打非"基层单位、基层民警和基层工作人员给予记功表彰，制定出台《丽水市"扫黄打非"和网络文化市场违法违规行为举报奖励试行办法》，进一步调动社会各方面主动参与"扫黄打非"的积极性。加强"扫黄打非"基层组织网络建设，全市9个县（市、区）、181个乡镇（街道）、2850个村（社区）"扫黄打非"实现全覆盖。举办丽水市侵权盗版非法出版物集中销毁暨"拒绝盗版、保护正版、健康上网"活动，市"扫黄打非"领导小组副组长、市政府副市长戚永远出席并讲话，销毁非法及盗版出版物3.5万件，同步开展"拒绝盗版、维护正版、绿色上网"宣传活动。

文化产业推介。组团参展第11届义乌文交会，丽水展位总面积1116平方米，组织企业78家，超出计划数56%，落实展位124个，超出计划数37.8%，现场交易额160万余元，超出计划数60%。市文广新局连续第二届获展会优秀组织奖一等奖，10件文化精品获国家级工艺美术奖金奖、银奖、铜奖和优秀奖。郑氏刀剑有限公司、浙江木玩动漫文化有限公司获省文化出口重点企业。组织推荐文化企业申报国家、省文化产业示范地基、产业发展专项资金，浙江郑氏刀剑有限公司被列为浙江省文化产业示范基地；8月，丽水市浙西南畲族歌舞团、缙云县双佳婺剧团、缙云县横婺婺剧团、缙云县李军亮婺剧团、缙云县麻锦火黄梅戏剧团获中央文化产业发展专项资金优秀基层戏曲院团奖励补助30万元。

文化执法对口交流活动。"丽水铜川2016年第一批文化市场综合执法对口交流活动"在丽水启动，陕西省铜川市文广局组织到丽水开展文化执法对口交流活动，并召开座谈会，到龙泉、庆元开展执法对口交流活动。铜川市委常委、市委宣传部部长闫旭带队到丽水市举行"铜川文化走进浙江丽水文化活动"，活动中上演了新编大型秦腔现代戏《照金这片天》，开展了耀州陶瓷精品、宜君剪纸展示等，观众800余人。

【大事记】

1月

3日　丽水大剧院·璀璨5周年专题晚会举行。晚会上为公益演员代表颁奖。

6日至9日　中国文物保护基金会理事长、国家文物局原局长励小捷一行，到松阳县调研传统村落保护利用工作。省文化厅副厅长、省文物局局长陈瑶等一同调研。

12日　碧水流觞"五水共治"全省书法名家作品展暨浙江

省美术馆流动美术馆合作单位授牌仪式在市文化馆举行。

15日 丽水市召开"扫黄打非"工作领导小组(扩大)会议,深入贯彻落实全国、全省"扫黄打非"工作电视电话会议精神,全面部署2016年全市"扫黄打非"工作。市委常委、宣传部部长、市"扫黄打非"工作领导小组组长陈建波出席并讲话,市政府副市长、市"扫黄打非"领导小组副组长戚永远主持会议。市"扫黄打非"工作领导小组办公室主任、副主任及成员单位联络员,各县(市、区)"扫黄打非"工作领导小组组长、副组长,"扫黄打非"工作领导小组办公室主任、副主任,市文广新局相关人员参会。

20日 组织召开丽水"三宝"文化发展座谈会。会议就丽水"三宝"文化发展现状、发展趋势、困难与问题、产业挖掘、政策举措等多方面做了交流。

22日 2015年浙江省农村文化礼堂群众文艺展演活动获奖结果揭晓,丽水市选送的7个节目获优秀展演奖,1个节目获优秀展示奖。

25日 全国"扫黄打非"工作小组办公室下发《全国"扫黄打非"工作小组关于表彰2015年全国"扫黄打非"先进集体和先进个人的决定》(扫黄打非组发〔2016〕3号),市文广新局首次被评为2015年全国"扫黄打非"先进集体。

26日 青田县山口村"乡村春晚"举行。这是丽水市首台实现互联网直播、连线欧洲的"国际村晚"。

同日 全省第二届村歌大赛结果揭晓,丽水市获得1金1银

8铜,其中表演奖1银4铜,创作奖1金4铜。

2月

1日 省文化厅发文通报2015年度全省文化市场执法优秀单位,市文广新局获评优秀单位。

同日 丽水市2016年"乡村春晚"暨乡村文化旅游精品线路开通仪式在景宁县大均乡泉坑村举行,2016年丽水市"乡村春晚"正式拉开序幕。副市长戚永远出席活动。

同日 "美丽的草原我的家——蒙古族文物精品展"开幕式在市博物馆举行,展出130件蒙古族文物。

2日 第六批市级非遗名录项目评审会召开,确定杜光庭传说等41个项目列入丽水市第六批市级非物质文化遗产代表性项目推荐名单。

4日 市委书记史济锡到市文广新局调研文化工作。副市长戚永远一同调研。

5日至7日 浙江卫视新闻联播连续3天开设"丽水村晚为什么这么火"专题对丽水市"乡村春晚"进行报道。

6日 央视13套新闻直播间以《国际范的乡村春晚精彩上演》为题对青田县山口村晚进行报道。

17日 省文化厅厅长金兴盛赴丽水市莲都区开展"蹲点基层找短板"调研。副市长戚永远一同调研。金兴盛实地考察了市博物馆、莲都区公共图书馆、莲都区文化馆、市美术馆、市图书馆等,并主持召开了"蹲点基层找短板"座谈会。

18日至21日 松阳大东坝

客家春晚、莲都畲汉民俗春晚、缙云县官店村乡土戏剧春晚、遂昌县民间杂技春晚等4台民俗(非遗)乡村春晚,通过中国文化网络电视直播的形式,向"一带一路"上的21个国家进行现场直播互动。

21日 新华社以《做靓"乡村春晚"引领乡村生态发展》为题对丽水市"乡村春晚"进行报道。

22日 全市农民主题阅读征文比赛评选结果揭晓。比赛由市文广新局主办,评出一等奖5篇,二等奖10篇,三等奖20篇,优秀奖40篇。

23日 省文化厅公布2015年度全省文化市场综合执法先进集体和优秀个人名单,丽水市2个单位和3个个人榜上有名。其中,莲都区文化广电新闻出版局、庆元县文化广电新闻出版局获评先进集体。

25日 丽水市省级历史文化名城街区保护规划论证会召开。省住建厅、省文物局、省城乡规划设计院、温州市城乡规划设计院、临海市名城委等单位的领导专家参加会议。

26日 央视13套新闻直播间以《4台乡村春晚实现21国同步播出》为题,对丽水市"乡村春晚"进行报道。

同日 省委书记、省人大常委会主任夏宝龙在省委常委、秘书长陈金彪,市委书记史济锡,市委副书记、代市长朱晨等陪同下参观市博物馆。夏宝龙充分肯定了丽水市博物馆展厅陈列等工作,同时强调,丽水市要有效利用博物馆等优势文化载体,传承和发扬传统文化,加快把文化优势

转化为经济优势，让群众得到实惠，为建设美丽浙江做出新的贡献。

3月

8日　市图书馆老年分馆暨老年活动中心休闲书吧揭牌及开馆仪式举行。

16日　全市地方戏曲剧种普查工作动员大会召开。各县（市、区）非遗保护中心和文化市场管理（行政审批）工作人员参会。

18日　丽水市"书香丽水·全民阅读"系列活动启动仪式在市区纳爱斯广场举行，表彰了14名丽水市"优秀阅读推广人"。教育界专家学者、学生代表、市民代表、热心教育事业的社会企业代表等近200人参加启动仪式。

21日至22日　丽水首届文化艺术节和"六边三化三美"文创考核工作研讨会召开。各县（市、区）文广新局分管群众文化副局长、文化馆长、文化科长参会。

29日　全市文化广电新闻出版局长会议在青田召开。青田县、遂昌县、松阳县文广新局分别围绕各自特色工作进行了典型经验交流，丽水市文广新局各分管领导部署2016年工作任务。丽水市文广新局领导班子，各县（市、区）文广新局主要负责人，丽水市文广新局直属各单位主要负责人，局机关中层干部，南明山街道分管负责人参会。派驻丽水市文广新局纪检组负责人，市电影公司、市保利大剧院管理有限公司主要负责人列席会议。

4月

7日　原创畲族题材音乐剧《畲娘》在杭州大剧院进行首场演出，该剧将作为浙江省唯一剧目参加第五届全国少数民族文艺会演。

9日　遂昌县汤显祖戏曲小镇开工典礼在三仁畲族乡石板桥村举行。省委常委、宣传部部长葛慧君宣布开工，省政协副主席张泽熙、市委书记史济锡、省文化厅厅长金兴盛、文化部艺术司副司长伍皓、中国戏曲学会汤显祖研究分会会长周育德、英国莎士比亚出生地基金会副会长菲丽帕·罗林森以及美国剧作家、迪士尼公司文学顾问、丽水学院汤显祖研究中心顾问科恩等出席开工典礼。

11日至12日　全市文物分管领导工作会议在松阳召开。会议回顾总结了2015年全市文物工作成绩，部署了2016年文物工作任务。各县（市、区）文广新局文物分管领导，文管会、博物馆、文保所负责人；南明山街道分管负责人；市博物馆、文保所负责人参会。

12日　副省长、省政协副主席黄旭明参观市博物馆，市委书记史济锡一同参观。

21日　2016年丽水市侵权盗版非法出版物集中销毁暨"拒绝盗版、保护正版、健康上网"活动启动仪式在市区纳爱斯广场举行。市"扫黄打非"领导小组副组长、市政府副市长戚永远出席并讲话。到场参加活动的市"扫黄打非"领导小组负责人、执法人员代表、市印刷协会及印刷企业代表、广大师生和社区居民在"拒绝盗版、保护正版、健康上网"倡议书上签名。

23日　全市"书香家庭"经典诵读总决赛暨颁奖晚会在莲城剧场举行。晚会上，宣读了"书香丽水·全民阅读"倡议书，并进行丽水市"十大书香家庭"、8个优秀家庭、最佳创意奖、最佳人气奖家庭、"全家共读一本书"幸运读者代表、"全国书香家庭"颁奖；同时，宣布丽水市"全家共读一本书"书目为《小王子》。

25日　全市文广新系统信息宣传工作暨办公室主任会议在龙泉召开。会议总结了2015年度全市文广新系统信息宣传工作，表彰了2015年度信息宣传和政务微信先进集体、先进个人，部署了2016年信息宣传工作和办公室工作。

27日至30日　丽水市组织企业参加第11届中国（义乌）文化产品交易会。

5月

5日　省文化厅公布新一批17个省级文化产业示范基地名单，其中浙江郑氏刀剑有限公司成功入选，成为此次丽水市唯一入选的企业。

9日　丽水乡村春晚品牌研讨会在丽水市举行。文化部全国公共文化发展中心主任李宏、文化部国家公共文化服务体系建设专家委员会主任李国新、专家巫志楠等一行6人到丽水指导乡村春晚品牌建设。副市长戚永远主持研讨会。

11日至12日　省"扫黄打非"办检查组到丽水督导检查2016年"扫黄打非"专项行动开展情况。

12日　丽水、嘉兴"山海文艺协作"五周年视觉艺术成果展在丽水市文化馆开幕。丽水市委常委、宣传部长陈建波，嘉兴市文联主席王一伟出席开幕式。此次共展出两地艺术家美术、书法、摄影优秀作品200多件。

18日　副市长戚永远一行到遂昌县，调研督查基本公共文化服务标准化重点县"提升计划"落实情况。

同日　举办以"博物馆与文化景观"为主题的"国际博物馆日"活动。

24日　副市长戚永远对市级第六批文保单位进行专题调研，并牵头召开市文广新系统补短板工作部署会。

同日　"浙江风采"全省首届雕塑大展在市美术馆开展，展出的100多件雕塑作品代表了我省近几年雕塑创作的最新面貌与最高水平。

28日　由国家旅游局规划财务司副司长张西龙带领的国家东部生态文明旅游调研组到市博物馆参观。副市长任淑女一同参观。

同日至31日　铜川市委常委、市委宣传部部长闫旭带队到丽水开展"铜川文化走进浙江丽水"文化交流活动。

6月

6日至7日　市人大常委会副主任刘国安带领调研组到龙泉、庆元开展公共文化服务情况调研工作。

11日　中国松阳"拯救老屋行动"首批项目开工仪式在该县三都乡上庄村举行。国家文物局原局长、中国文物保护基金会理事长励小捷等出席开工仪式。

同日　在市区纳爱斯广场举行"2016文化遗产日非遗图片展"，主要展出了省级以上88个非遗项目。

12日至13日　由衢州市文

化执法支队负责人带队的交叉执法检查组代表省文化厅对丽水市开展文化市场交叉执法检查，抽查了莲都、松阳、遂昌三县（区），共检查各类文化经营单位50余家。

13日　市"扫黄打非"办发文，增挂市文化市场管理工作领导小组及其办公室牌子。

22日至24日　文化部公共文化研究上海图书馆基地调研组调研莲都区乡镇文化站资源利用情况、缙云县公共文化服务体系建设情况。省文化厅副巡视员、公共文化处处长任群一同调研。

27日　全市"扫黄打非"暨文化市场管理工作会议召开。市委常委、宣传部部长陈建波出席会议并讲话。副市长戚永远主持会议。会议通报表彰了全市"扫黄打非"工作立功受奖的单位和个人。市公安局、市市场监管局、市邮政管理局、莲都区政府、青田县政府、龙泉市委宣传部在会上作交流发言。

7月

4日　市政府发文公布应星楼遗址、万象山南宋墓仪石刻、清真寺门楼和丽水地委机关、专员公署旧址4处不可移动文物为丽水市第六批市级文物保护单位，并同时公布了保护范围和建设控制地带。

12日　省政府公布第五批浙江省历史文化名镇名村街区名单，丽水市莲都区碧湖镇，龙泉市住龙镇、上垟镇，松阳县玉岩镇，缙云县壶镇镇被批准为省级历史文化名镇；龙泉市金村村、松阳县酉田村、景宁县高演村等16个村被批准为省级历史文化名村；莲都区刘祠堂背、酱园弄、高井弄，

龙泉市东街被批准为省级历史文化街区。至此，丽水市共有国家级、省级历史文化名城名镇名村街区49个。

同日　国家文物局正式发文，明确将"龙泉大窑－金村遗址"纳入"海上丝绸之路：中国史迹"申遗点名单。

14日至15日　省文化厅党组副书记、副厅长陈瑶率工作组到庆元县开展公共文化服务重点市县中期督查工作。市政府副秘书长王炜一同督查。

20日至22日　省文化厅副厅长刁玉泉带队到莲都区和遂昌县开展公共文化服务重点市县中期督查。

21日至22日　组织开展全市文广新系统行政审批工作专题培训。市本级、各县（市、区）文化市场审批部门相关负责人20余人参训。

27日　省文化厅公布了2016年浙江省文化创新团队（入围团队）名单，丽水市青田县县乡居民阅读推广创新实践团队（公共文化类）、景宁县畲族文化遗产保护创新团队（文化遗产类）、莲都区丽水通济堰的价值挖掘与展示研究团队（文化遗产类）等3个团队名列其中。

8月

1日　文化部公布第四次全国文化馆评估定级结果，丽水市7家文化馆获评一级馆，1家文化馆获评二级馆，2家文化馆获评三级馆。

同日　莲都区"古堰新韵"小镇音乐节开幕式在丽水大剧院举行。省政协副主席陈艳华、省旅游局局长王文娟、市委书记史济锡、文化部全国公共发展中心副

主任颜芳参加开印仪式,并为"古堰新韵"四个字刻印。省文化厅副巡视员任群出席仪式。

4日 浙江丽水"11·16"网络传播淫秽物品案被全国"扫黄打非"领导小组办公室和公安部治安管理局列为全国"净网2016"行动第一个典型案例,向全国通报。

10日 景宁县毛荣耀和青田县郑汉荣两户被评为"浙江省全民阅读示范家庭"。此前,两户家庭还被评为年度全国"书香之家"。

同日至12日 国家文物局副局长、中国文化遗产研究院院长刘曙光一行调研指导丽水市"海丝申遗"和文物保护工作。省文物局局长柳河、副市长戚永远等一同调研或参加会议。

11日 市人大常委会组织部分市人大代表对全市公共文化服务情况进行视察。市人大常委会主任虞红鸣,副主任刘国安、武昌,副市长戚永远参加视察。

25日 组织召开落实市委巡察整改意见交办动员会、护航G20峰会安保工作部署会暨"两学一做"党课专题辅导。市文广新局班子成员,局直属各单位、局机关各处室全体干部参加会议,市纪委派驻纪检组成员受邀参加。

9月

10日 丽水市图书馆荣获2016年"两会"信息服务工作优秀服务奖和优秀信息产品奖;云和县、缙云县图书馆分别荣获优秀服务奖、优秀信息产品奖。

13日 全市非遗工作培训会在松阳县召开。会议重点就丽水市建立全市非遗展示体验点的工作任务进行了布置。各县(市、区)文广新局分管副局长、非遗中心主任、非遗业务骨干30多人参训。

同日 "艺心常游——2016浙江省小幅油画作品展"在莲都区大港头巴比松油画展览馆开展。此次画展收到全省投稿作品1280件,经评选和评委会特邀,展出350件作品,其中入选作品320幅,特邀作品30幅。画展分别在丽水市美术馆和巴比松油画展览馆展出。

14日 丽水市公益艺术团在市文化馆成立,下设舞蹈队、声乐队、戏剧队。

18日 省文物局局长柳河一行调研处州府城行春门城墙保护修复工程。

19日至22日 2016全市提线木偶戏表演培训班在丽水职业技术学院举办,全市21个木偶戏表演团队60余人参训。

20日 市政府59次常务会议批准《大窑龙泉窑遗址专项保护管理办法》立项申请。

28日 "我和我的祖国"丽水市庆祝国庆67周年合唱音乐会在丽水大剧院上演。市领导虞红鸣、陈瑞商、陈建波、方向、沈根花出席。

29日 丽水市发改委、市文广新局联合印发《丽水市文化广电新闻出版事业发展"十三五"规划》。

10月

9日 浙江省第十六届摄影艺术展在丽水市开幕。艺术展由省文联、丽水市委宣传部主办,省摄影家协会、丽水市文联、丽水市美术馆承办,展出249件获奖及参展作品。

10日至11日 2016年浙江省群文音乐论坛在丽水市文化馆举行。论坛由省文化馆、省群众文化学会主办,丽水市文化馆承办,近40人参加论坛交流。本次论坛共收到论文50余篇,评出一等奖7篇、二等奖10篇、三等奖13篇。

12日至30日 举行2016"木偶情缘"全市提线木偶戏展演,18个木偶剧团参加,观众2万余人次。

13日 《大窑龙泉窑遗址保护整治方案》通过国家文物局评审。

同日至14日 由义乌文广新局副局长带队,联合其对口单位陕西省宝鸡市文广新局相关人员到丽水市开展文化市场执法交流活动。

20日 越剧《张玉娘》成功入围浙江省第十三届戏剧节(决赛阶段)参评剧目名单。

同日 "红色印记——纪念中国工农红军长征胜利80周年丽水红军遗址影像(文物档案)展览"开幕式在丽水摄影博物馆举行。市委书记史济锡在开幕式上讲话并宣布开幕。市委副书记尹学群,市委常委、组织部部长胡侠,副市长陈景飞等参加开幕式。展览共展出与红军北上抗日先遣队、红军挺进师、红十三军和其他红军在丽水活动相关的革命遗址图片90余幅。

24日至27日 2016年丽水市全民艺术普及骨干培训班在丽水学院举办。丽水市各县(市、区)文化馆(站)的业务干部、农村文化礼堂文艺骨干近90人参训。

25日 "纪念中国共产党成立95周年"浙江省群星中国画展

在市美术馆开幕。展览由省文化厅主办,省文化馆、丽水市文广新局承办,丽水市文化馆、市美术馆协办。省文化厅副厅长刁玉泉宣布开幕。副市长戚永远在开幕式上致辞。展览展出作品122件。

11月

1日 "绿水青山就是金山银山"市老年书画研究会市直会员作品展在市美术馆开幕。市委常委、组织部部长胡侠出席开幕式。展览由丽水市委宣传部主办,市老年书画研究会承办,市美术馆协办,共展出会员作品90幅,特邀作品13幅。

同日至4日 全市首届处州板龙传承人培训班在丽水职业技术学院举办。各县(市、区)县级以上代表性传承人、近年来积极组织板龙活动的传承人及弟子、处州板龙传承基地活动骨干等60多人参训。

2日 市政府法制办组织开展《大窑龙泉窑遗址保护管理办法》专家论证会。市人大法工委、市政府法制办、丽水市文广新局、龙泉市府办负责人及应邀专家参会。

5日 云和包山花鼓小戏《福妈嫁囡》荣获"中华颂"第七届全国小戏小品曲艺大展金奖、优秀组织奖、优秀导演奖、优秀编剧奖等多项荣誉。

同日 遂昌县高坪乡湖连村选送的舞蹈《茶灯舞》、景宁畲族自治县澄照乡米岩山村选送的情景剧《珍馐畲味》和缙云县舒洪镇舒洪小学选送的婺剧《阳河练兵》获得全国乡村春晚百县联盟区域联动暨丽水市第九届乡村文化艺术节金奖。

6日至14日 丽水市首届

传统戏剧展演在市区莲城剧场举行,展演了处州乱弹、缙云婺剧、景宁菇民戏等传统戏剧非遗项目。活动由丽水市文广新局主办,莲都区文广新体局承办,莲都区文化馆执行承办。

8日 浙江省"美丽非遗"走进青田山口文化礼堂活动在青田县山口文化礼堂举行。活动由省非遗保护中心、丽水市文广新局主办,丽水、杭州、金华、衢州4地15个县(区)的24个参展项目,70多位代表性传承人、工艺美术大师作品和传统工具参加展示活动。

9日 省文化厅厅长金兴盛、省文物局局长柳河一行到松阳县调研考察文物保护工作。副市长戚永远一同考察。

10日至11日 省文化厅厅长金兴盛到庆元县调研指导基本公共文化服务标准化建设工作。

14日至18日 "戏曲进校园"展演活动组织木偶剧团到丽水职高、丽水中学等10所学校开展演出。活动由丽水市委宣传部、市文广新局、市财政局、市教育局和市文联联合主办。

16日至17日 丽水市历史文化(传统)村落保护利用专题培训班在丽水学院举行。全市各县(市、区)农办、建设、文广新系统的分管领导、业务科室负责人等170余人参训。

22日 第八届"薪火相传——传统村落守护者"颁奖仪式在松阳县举行。活动由国家文物局指导,中国文物保护基金会主办,松阳县委、县政府承办。大会表彰了王峻等10位传统村落守护者杰出人物和浙江省古建筑设计研究院等5家传统村落守护

者杰出团队。中国文物保护基金会理事长励小捷、省文物局副局长郑建华、市政府副市长戚永远等为获奖者颁奖。

同日 国家文物局网站公布《大遗址保护"十三五"专项规划》,大窑龙泉窑遗址成功入选"十三五"时期重要大遗址。

23日 市政府党组会议暨第62次常务会议审议通过《大窑龙泉窑遗址保护管理办法》。

28日 "向人民汇报"处州书画院更名为丽水书画院授牌仪式,丽水书画院2016提名展暨丽水书画院联盟首届作品展开幕式在市文化馆举行,共展出书画作品100多幅。

29日 《2015年文化发展指数(CDI)评价报告及'十二五'时期综合评价报告》正式发布。丽水市文化发展指数为115.89,在全省11个设区市中排名第4,仅次于杭州、湖州和嘉兴。

同日 丽水市文化广电新闻出版局获评省文化厅"六五"普法先进单位,4人被评为先进个人。

30日 中国"二十四节气——中国人通过观察太阳周年运动而形成的时间知识体系及其实践"被列入联合国教科文组织人类非物质文化遗产代表作名录,遂昌县"班春劝农"作为立春民俗入选。

同日 松阳县文广新局选送的越剧《张玉娘》获评浙江省第十三届戏剧节新剧目奖。

12月

5日 丽水市的莲都古堰画乡小镇、景宁畲乡小镇、龙泉青瓷小镇入选浙江省首批20个特色小镇文化建设示范点名单。

9日 丽水市81个古村入

选第四批中国传统村落名录。

同日　获评省文化厅 2016 年度文化市场综合执法考评优秀单位。

12 日　《大窑龙泉窑遗址保护管理办法》由市政府发文正式公布。

13 日　第六届丽水油画双年展在市美术馆开幕。市委常委、宣传部部长陈建波出席开幕仪式并致辞。此次双年展收到 130 位作者的 200 余件作品图片，最终入选 91 人、作品 130 件。

同日　获评 2016 年全省"扫黄打非"工作先进集体，吴立华（丽水市文广新局）、王海英（松阳县文广新局）、吴泽华（市网信办）等 3 人被评为先进个人。

14 日　牵头组织召开浙江省铁工厂旧址保护利用工作座谈会，联合国教科文组织亚太地区世界遗产培训与研究中心古建筑保护联盟副主席丹青参会。

15 日　丽水市第十一届原创歌曲大赛在龙泉大剧院举行。大赛由丽水市委宣传部、市文广新局主办，全市 10 支代表队参赛，分别评出 4 个金奖、6 个银奖、10 个铜奖和若干优秀奖。

19 日　发文公布丽水市首批非物质文化遗产展示体验点，莲都大港头鼓词场等 15 个场所入选。

20 日　国家文物局副局长宋新潮一行调研市博物馆及松阳的传统村落、文物保护单位，并召开座谈会。省文物局局长柳河、副市长戚永远等一同调研。

26 日　市博物馆入选第五批 60 个全国民族团结进步教育基地名单，为此批浙江省唯一入选单位。

29 日　发文通报 2016 年度全市文化市场综合执法考评先进单位，庆元、莲都、青田、景宁、缙云、松阳等 6 县（区）文广新局获评。

30 日　"礼乐之邦——河南夏商周文物展"在市博物馆开展。展览由市文广新局主办，市博物馆、河南博物院联合承办。展览为期 45 天，展出河南出土的夏商周时期文物 105 件（套）。

同日　市"扫黄打非"办发文通报 2016 年度全市"扫黄打非"工作考评先进单位，云和、松阳、青田、庆元、龙泉、景宁等县（市）"扫黄打非"办被评为先进单位。

（吴　海）

丽水市县（市、区）文化工作概况

【莲都区文化广电新闻出版局（体育局）】　内设职能科室 5 个，直属单位 7 个。2016 年末人员 138 人（其中：机关 9 人，事业 129 人；具有高级技术职务资格的 8 人，中级 47 人）。

2016 年，莲都区文化广电新闻出版局紧紧围绕区委、区政府中心工作，以提高公共文化服务水平和文化品位、服务旅游发展、服务创建国家全域旅游示范区为重点，积极开展各项工作，取得明显成效。一是基础设施不断完善。区级场馆建设加快。区文化馆被评为国家一级馆。建成区数字文化馆，积极开展项目运行测试工作。投资 300 多万元将大港头老电影院改造成丽水巴比松美术馆。建成莲都丽水鼓词非遗展示体验点和莲都畲族编织彩带技艺非遗展示体验点。区公共图书馆进行方案设计。乡镇站点规范

建设。全区 14 个乡镇（街道）文化站实现全覆盖，面积均 500 平方米以上。先后建成岩泉街道、大港头、老竹镇、万象街道等重要乡镇（街道）文化活动中心。村级设施功能进一步健全。全覆盖建成 233 个村（社区）文化活动室。100 平方米以上的社区文化活动中心全覆盖。建成农村文化礼堂 52 个。建设覆盖城乡的"天天乐"文化广场 478 个，乡村戏苑 49 个，评选了两批"天天乐"示范点 54 个，组织绘制全区"天天乐"地图，不断规范省第一批公共服务示范项目"天天乐"文化广场建设，放大文化惠民效益。二是文化活动更加丰富。坚持全年"大活动"。以"三月三畲文化""六月六莲文化""九月九孝文化""十二月十二乡村春晚"为活动主线，着力打造大型文化活动亮点工程，形成全区有品牌、乡镇有亮点、村社有特色的群众文化发展良好格局。全年组织区级大型活动 131 场、各类中小型文化活动 823 场。坚持基础"种文化"。在坚持常年开展"送文化下乡"惠民活动的同时，开展文化下乡活动，全年完成送戏下乡 479 场，送书下乡 1.74 万册，送电影下乡 2928 场。以农村文化礼堂和社区文化中心为主阵地，组织社区村文艺会演、"天天乐"文化活动展演等，充分挖掘优秀民间文艺人才。坚持横向"常走亲"。全年赴苏州、上海、宁海、福建等地组织开展跨区域文化走亲活动 17 场。三是文化发展持续创新。推动品牌内涵挖掘，举办集专业教研、中西方音乐对话、艺术普及、中国文化体验为一体的公益性音乐活动"古堰新韵"小镇音乐节。不断深化品牌

效应,丰富"欢乐莲城""天天乐"以及大港头民俗踩街系列活动,老竹"三月三"、碧湖的"春龙节"等乡镇品牌文化活动;着手创作歌舞剧《古堰千秋》,打造本土文艺精品。推动事业产业融合。着力打造莲都城市品牌,邀请文化旅游界专家学者开展《八百里瓯江赋莲都》等课题研究,为莲都旅游业和新兴文创产业发展提供依据和基础,实现文化事业和旅游产业、民宿经济、生态农业的融合发展。推动文化服务创新。出台《莲都区"送戏下乡"演出活动管理办法》,不断完善社会力量参与公共文化服务的制度与机制,健全政府购买服务机制、完善配套激励政策,通过补助鼓励民间艺术团队参与送戏下乡。创新非遗保护传承工作,以活态传承保护为宗旨,在文化旅游产业中植入非遗项目,设立丽水鼓词场,在古堰画乡景区定期表演展示,打造国家非物质文化遗产特色品牌,推进非遗动态化传播。积极扶持根艺石艺油画收藏者开设民间特色博物馆。四是队伍素质全面提升。重点培养文化骨干。培育"德艺双馨"领军人物,加大对群众文艺创作、表演等特殊人才以及各门类优秀人才的鼓励,开展外出培训、作品加工会、采风等活动。全年在国家、省、市各级发表的原创作品35件,其中国家级奖项2件,省级奖项18件,市级奖项19件。积极开展区、乡、村三级业余文艺骨干培训,全年开展各类培训和讲座698期场次,培训人数4.3万人次。积极组建文化志愿团队。全区有文化志愿者2万余人。努力实现各级各类公共文化设施和各种公共文化活动

由文化志愿者参与管理和服务,进一步激发广大群众的文化自觉。五是文化遗产保护成效明显。完成第七批省保单位推荐和危旧文物的抢险加固工作。筛选出浙江铁工厂19个点、碧湖镇古建筑群11个点等6处重要文物推荐上报到省文物局。全面完成国保通济堰龙庙维修施工工程,启动通济堰渠道(石函至开拓概段)文物修缮工程前期工作,开展堰头村古民居懋德勤学、光荣南极、玉叶流芳修缮项目的项目立项、方案设计、上报审批等工作。编制完成省保碧湖沈家邸修缮方案。省保西溪乡土建筑群一期4幢古民居维修项目完成公开招投标,进入施工阶段,并启动了二期维修方案设计工作。省保西畈村花门楼维修工程完工。积极协助农办、项目所在乡镇开展历史文化村落保护利用重点村和一般村建设工作。开展浙江铁工厂保护利用工作。谋划世界反法西斯战争遗址公园项目,以大港头镇、玉溪村为核心,开展浙江铁工厂遗址、日军轰炸遗址保护和展示利用项目建设,该项目成功申报省级文保单位。开展通济堰古水利工程测绘和数字化技术研究项目。运用三维图形图像、计算机网络、360度实景拍摄等技术,对通济堰建筑结构、地理环境、相关构件、文献记载、碑刻以及相关规划等进行数字化建设,对水利工程重点对象建立数据信息模型等,建设通济堰数字博物馆,通过"互联网+"的形式,充分展示通济堰的科学价值、历史价值、艺术价值等。经省文化厅评审,该项目入选为浙江省文化厅第一批科技创新项目,并完成了项目招标

工作,开展了航拍、资料收集扫描、建立档案数据库等工作。六是非遗保护传承成效显著。撰写出版《括苍蕴玉——莲都非遗大观》。完成国家、省、市级非遗传承人和非遗项目申报工作,其中黄景农申报第五批国家级非遗代表性传承人,《陈十四夫人信仰》《翻龙泉》入选为第五批省级非遗名录。鱼跃酒传统酿造技艺等8项列入第六批市级非遗名录,为全市各县入选数最多。将非遗注入旅游,丰富文化旅游内涵,在古堰画乡和东西岩景区分别创建了莲都丽水鼓词展示体验点和莲都畲族织彩带展示体验点,入选丽水市非遗体验点。

(李　薇、陈芳红、徐金莲)

【龙泉市文化旅游委员会(体育局、文物局)】 内设职能科室9个,下属单位10个。2016年末人员97人(其中:机关18人,事业79人;具有高级技术职务资格的4人,中级37人)。

2016年,龙泉市文化旅游委员会认真贯彻落实党的十八届三中、四中全会和习近平总书记系列重要讲话精神,特别是把宣传贯彻习总书记在全国文艺工作座谈会上的讲话精神作为首要任务,紧紧围绕文化建设"235"的工作目标,即围绕两个更高——实现人民群众更高的精神文化需求和文化产业更高层次发展,开展三大创建——创建国家历史文化名城、文化先进市、省级体育强市,完善五大体系——完善公共文化服务体系、文化遗产保护体系、文化强市建设体系、文化品牌创建体系、公共体育服务体系,以及市委、市政府"五水共治""三改

一拆""六边三化三美"等中心工作，重点做好强基础、提素质、重服务、抓活动、建制度等方面工作，推动文化工作走在丽水各县（市、区）前列。一是创建工作喜结硕果。6月，中国青瓷小镇被评为全省10个省级示范特色小镇之一，成为丽水市唯一入选的特色小镇。二是文化事业长足发展。文化活动精彩纷呈。以民俗风情、非遗文化为依托，以当地优秀民间艺术为特色，积极推出"百姓大舞台"品牌系列活动，10月17日在龙泉大剧院举办"经典小城·醉美龙泉"小城文化艺术周，是龙泉市近年来规模最大、持续时间最长、参与面最广的一次大型群众文化活动。在15个乡镇（街道）举办省公共文化服务体系示范项目"乡村文化漫游"，规模成效显著提升。与宣传部联合开展的"全民阅读节"系列活动群众反响热烈。文化惠民形式多样。积极开展"文化五送"活动，组织以"创国卫""归零翻篇""六边三化三美"等为主题的送戏下乡演出152场次，完成农村公益电影放映2947场次，惠及群众30多万人次。全年累计送书下乡2.5万余册、报刊3750份、音像制品2500片，开展送讲座、展览下乡25场，开展免费培训13期，受训人次1400余人。文化服务提档升级。开出公益演出、培训讲座、文艺辅导等文化定制活动服务菜单14项。累计组织人员下乡开展文艺骨干排舞、民族舞、交谊舞等培训8场，开办城区排舞免费培训4场；暑期青少年艺术特长免费培训班开设了11个艺术门类，吸引了600余人报名。龙泉优秀原创作品在丽水市第八届

"绿谷杯"歌词歌曲创作比赛中荣获2金3铜，龙泉市文化馆雪拉同排舞队荣获2016年浙江省第十届排舞大赛（宁波）中年组金奖，老年文化艺术团荣获2016年世界大舞台全国中老年文艺走进港澳暨第四届香港国际文化艺术交流大赛一等奖，有力激发了全市文化繁荣发展。文化植入发展成效明显。大力开展"文化植入民宿""文化植入街区"等活动，动员和激发文艺社会团体参与到街区、民宿建设中，用文化激活龙泉民宿经济发展。在整体塑造城区空间及形象中植入青瓷宝剑文化创意，建立独具特色的生态旅游名城。以音乐为主题的"一路向北"音乐谷主题民宿正式开业，以戏曲为主题的仙仁村乡间戏缘俱乐部规划建设稳步推进。积极把历史典故、民间传说、民俗风情等策划融入旅游产品，以文化助力全域旅游发展。国庆期间，龙泉市博物馆、披云青瓷文化园、宝溪等一批有文化、有内涵的旅游景区成为旅游接待重要力量，尤其是宝溪乡依托国际竹建筑双年展暨国际设计大师论坛开幕的重要契机，7天接待游客3.57万人次，同比增长676.09%。三是文化产业水平快速提升。抓住青瓷文化创意基地二期入选国家级特色文化产业重点项目契机，大力推进基地建设，超额完成青瓷文化创意园基地二期全年投资任务，固定资产投资达到4700万元。成功组织25家企业、32位非遗传承人和工艺美术大师等参加第11届义乌文交会，其中卢伟孙大师青瓷作品《花开见佛宝莲瓶》和省级传承人郑国荣的宝剑作品《行云剑》荣获国家级工艺美

术金奖。组织30多位传承人参加省非遗衍生品大赛，6位传承人作品入选复赛，其作品参展宁波东亚文化之都活动，5件获提名奖。重点推进"海丝"申遗点工作。通过近半年的调查和评估，龙泉窑大窑—金村遗址于7月正式入选"海丝"申遗首批遗产点名单。四是文化市场稳中求进。文化市场管理确立"管而不死、活而不乱"的管理思路，一手抓繁荣，一手抓管理，积极开展"净网""清源""固边""清朗""护苗"等专项整治工作。出动执法人员893人次，检查文化经营场所881家次，排查整改安全隐患32处，办理行政处罚案件12件，罚款1.93万元，查缴非法出版物1842（盒、片），发放整改通知书7份。五是文化遗产传承保护成效显著。"石马抢灯"成功入选省第五批非遗项目名录。出台龙泉青瓷、龙泉宝剑项目传承人年度考核办法（试行），进一步强化传承人管理工作。开展宝剑各级传承人口述史的视频拍摄，组织板龙、木偶戏项目传承人培训等工作，进一步完成人类非遗履约报告的撰写提交。组织开展非遗专题讲座、文化推介、非遗作品展示等特色非遗宣传活动，赴巴黎举办龙泉青瓷艺术展，成功推动龙泉非遗文化走进浙江大学、同济大学。大窑龙泉窑遗址被列入国家级大遗址保护专项规划。起草《大窑龙泉窑遗址保护管理办法》，并于12月12日通过丽水市人民政府第62次常务会议审议，自2017年1月15日起正式施行。夯实文保单位"四有"工作基础，完成第六批省级文保单位6处近30点的记录档案编制初稿。完成省

保单位平水王社庙、市级文保单位欧冶子将军庙修缮工程。龙泉市申报全国历史文化名城完成终评。

龙泉青瓷艺术展在巴黎举办 法国当地时间 11 月 5 日至 8 日,"印象中国风——龙泉青瓷艺术巴黎展"在法国巴黎欧洲时报文化中心举行,展出龙泉最具代表性陶瓷艺术家的 109 件精美作品。展会面积 300 余平方米,是三届巴黎展规模最大的一次。本次展览得到了巴黎社会各界的关注和支持。法国艺术家、当地华人组织代表等 200 余人应邀参加了开幕式。新华社、中新社驻法记者、《欧洲时报》、华人卫视等多家媒体记者参加了展会并做了报道。

(赵 婕)

【青田县文化广电新闻出版局】
内设职能科室 3 个,下属单位 8 个。2016 年末人员 69 人(其中:机关 19 人,事业 50 人;具有高级技术职务资格的 4 人,中级 20 人)。

2016 年是"十三五"开局之年,青田县文化广电新闻出版系统紧扣"克难奋进年"各项工作要求,以弘扬"三乡文化"为己任,以"文化名县"建设为支撑,以文化惠民实施为抓手,积极推进文化事业繁荣和文化产业发展,各项工作取得了明显成效。一是加强公共文化设施建设。成功申报文化部 2016 年基层公共数字文化服务推广项目,成为全省唯一一家县级入选单位。山口镇文化站被省文化厅推荐参选"2016 全国优秀文化站"风采展示活动,也是

浙江省唯一一家被推荐的文化站。启动 24 小时自助图书馆和少儿阅览室建设工程,完成章旦中学图书分馆建设。完成县文物、非遗陈列展示馆设计初稿评审。完成文化馆新场馆装修,启用小剧场、舞蹈排练厅、器乐室等文化活动室。完成方山吴乾奎旧居修缮工程并顺利通过技术初验,完成方山龙现吴氏旧宅主体修缮工程,家庙、宗祠也进入修缮施工阶段。二是提升公共文化服务水平。大力开展文化服务进乡村。深入实施文化订制服务,完成 2016 年农村文化礼堂文化类服务大菜单编制工作,明确 18 项 3 大类文化服务"菜品"。全年送戏下乡 192 场、送电影下乡 3700 余场、送图书下乡 1.8 万余册。向乡镇街道配送了 120 套"天天乐"文化广场移动音响。加大场馆免费开放惠市民力度。以天天有活动为目标,文化馆推出戏曲形体、越剧帮帮唱、广场舞等培训活动。图书馆推出全民阅读系列活动,全年移动图书馆订阅量 100 多万次,实体图书馆办理新证 370 个、流通图书 8 万余册,举办各类讲座、培训、展览等 110 余场,参加人次 13 余万。三是打造特色文化品牌体系。做"精"品牌活动。举办亚非 & 地中海国际当代艺术展、项声琦个人中国画展览、2016 年"百项非遗闹元宵"文艺晚会等文化活动。承办省新四军历史研究会艺术团巡演、浙江越剧团精品剧目演出、"两学一做"2016 丽水市各县(市、区)文化走亲东源站演出等。推"广"中心宣传。紧扣县委、县政府中心工作,开展了"推进依法治邪 建设平安青田"反邪教宣传教育文

艺巡演、"两学一做"为主题的送戏下乡、"军民一家亲"进驻军部队慰问演出专场及"五水共治"、安全宣传、七一志愿服务等各类文艺宣传活动。四是做好文化遗产保护传承。文物保护工作扎实开展。全面完成第一次全国可移动文物普查工作,完成数据审核、报送、总结、验收工作。"四有"档案编制工作稳定推进,石门洞摩崖题刻、毓秀桥等两处国保单位及陈宅古桥群、北山吴氏宗祠、陈诚故居等 8 处省保单位的"四有"档案编制顺利通过省文物局审核验收。加大文保单位修缮保护补助力度。补助北山吴氏宗祠、祯旺乡潘氏民宅等文保单位修缮维护款 22.96 万元。加强文物安全检查。联合文物监察大队、消防大队对全县古建筑类文保单位进行消防和汛期安全巡检,巡查各级文保单位 102 处。与 32 个乡镇、街道签订安全保护责任书,为 70 余处县级以上文物保护单位配备灭火器 200 余台、灭火器箱 110 余个。非遗传承保护力度加强。组织推荐市遗项目"温溪传承刻字技艺和刘基春秋祭祀"申报第五批浙江省非物质文化遗产代表性项目。青田板龙舞、章村马灯舞、青田风筝放飞习俗 3 个项目列入第六批市级非遗代表性项目名录。按时完成全国传统戏剧普查。积极开展民俗展示活动。承办浙江省"美丽非遗走进青田山口文化礼堂"活动。精心策划组织举办 2016 青田县第三届非遗走进校园系列活动、"美丽非遗进礼堂·精神家园更芬芳"非遗大展演活动。组织推荐《青田石雕》邮票参加"浙江省非物质文化遗产相关传统工艺品及衍生

品设计大赛"。协助做好"刘基春秋祭祀大典"两祭活动、2016年百项非遗闹元宵文艺晚会、2016年清真禅寺春季庙会旅游节活动等。组织开展"青田非遗提线木偶走进校园"城东小学行活动。扎实开展传承培训活动。召开非物质文化遗产代表性项目申报工作培训会，12个乡镇的18名文化员参加。联合县职业技术学校开展了"非遗名师带徒"仪式活动。联合阜山乡开展了为期7天的青田县首期"国遗项目'青田鱼灯'传统技艺"专题培训班。联合青田鼓词协会举办"青田鼓词技艺培训班"，50余人参加。五是加强文化安全监管。坚持以"扫黄打非"工作为主线，结合"平安青田""创卫"工作，加强明察暗访、重点整治、交叉执法等形式的执法监督，开展了"清源、净网、护苗、秋风"等专项行动。全年出动日常检查976人次，检查文化经营场所1088家次，行政处罚立案调查21件，办结案件20件，警告14家次，罚款3.98万元，停业整顿2家次，吊销许可证1家次，没收非法所得4975元，并协同公安部门查处了利用网络传播淫秽视频的多起大案。强化法制宣传和安全培训。开展知识产权活动日、绿书签行动等活动，发放宣传资料500余份，现场解答30人次。召开全县娱乐场所管理工作会议、网吧消费安全培训会议，各文化经营场所全年开展消防演练68家次。六是加快文化产业发展。逐渐形成以石雕文化市场、歌舞游戏场所等传统文化产业为依托，欧陆风情式文化旅游和商品购物为新支撑的文化产业发展格局。引进重大项目1个，协议

资金2.5亿元，实际到位资金1.5亿元。七是推动文化体制改革。完善文化管理机制。文化馆制定《青田县文化馆公共文化场所免费开放公众须知》。制定实施《青田县乡村春晚项目区域联动方案》，起草《青田县文艺活动操作规程》。深化采购审批改革。加大文化公共服务购买力度，将送戏、送电影下乡服务事项市场化运作，以政府公开招投标形式，让有资质的企业、社会组织完成文化下乡任务。继续深化行政审批制度改革，全年受理行政许可要求24件，提速90%以上，即办件55%以上。在市政务服务网行政审批和电子监察系统的审批率达100%。

（吴华杰）

【云和县文化广电新闻出版局(体育局)】 内设职能科室4个，下属单位6个。2016年末人员48人(其中：机关7人，事业41人；具有高级技术职务资格的9人，中级17人)。

2016年，云和县文化广电新闻出版局以"归零翻篇开新局""两学一做"为抓手，全力护航G20峰会，扎实推动各项工作。一是坚持服务群众，着力打造云和文化味。文化惠民力度不断加大。加强对文化馆、图书馆、文化站的管理与维护，坚持免费对外开放。积极推进元和广场露天舞台、小剧院改造进度。大力推进全民阅读，完成自助图书馆项目建设，建成24小时市民书房自助图书馆。积极与全省公共图书馆联动，成功举办"图书馆之夜"大型系列活动。开展2016年春泥计划公益培训活动，为全县200

余名农民工子女免费培训舞蹈、戏曲、主持等课程，不断深化文化成果共享。文化活动品质不断提升。承办和举办了"归零翻篇开新局"专题文艺晚会、廉政文化专题晚会、建党95周年文艺晚会等大型文艺晚会12场。举办乡村春晚25场。开展送戏下乡105场，送电影下乡1800场，送书下乡1.8万册。同时，深入挖掘各乡镇（街道）文化特色及文化发展成果，立足民风民俗、群众需求，因地制宜开展文化活动，先后组织"多彩规溪 童话乐园"踏春赏花、云和梯田开犁节、石浦花海音乐节等特色文化活动。本土文化外宣不断推动。先后赴金华、嘉兴等地文化交流，全年开展文化走亲活动16场。《福妈嫁囡》赴京演出荣获全国小戏小品曲艺大展优秀剧目金奖。《红色梅湾》参加浙江省第二届村歌大赛获表演、创作兰花铜奖。文化产业融合不断深化。助力木玩产业发展，建立云和e创园"创客书屋"。打造更具文化味的民宿经济，建成赤石乡"漫享云栖"书屋、石浦村"茶舍生香"、"船帮驿站"书屋等一批民宿书吧（图书流通点）。组织文艺小分队每周赴天籁云和景区演出，着力丰富旅游景区文化内涵，向各地游客展示云和文化魅力，共演出102场。组织浙江丹妮婴童用品有限公司、职技校"喜木郎"品牌玩具参加第十一届义乌文博会，不断扩大木玩文化对外影响力。二是坚持惩防结合，全力护航杭州G20峰会。加强机制建设，规范执法程序。切实做好G20峰会保障工作，加强对重大节假日、重点经营场所及重点地段执法力度。严格落实

24小时值班制度,全年出动执法人员467人次,检查各类经营场所657家次,立案12起,吊销2家网吧的网络文化经营许可证,以有力的执法行动为G20峰会保驾护航。健全网吧管理长效机制,推动县网吧全面转型升级,全县7家网吧全部转型为环境优美、洁净舒适的网咖,成为全市首个全面转型成功的典型。加强监督检查,净化文化市场。建立"扫黄打非"联动机制,加强源头管理,会同有关单位认真开展户外电子屏幕等新媒体整治。开展"净网""清源""固边""护苗""清朗"等"扫黄打非"专项行动18次。积极推进"扫黄打非""六进"工作,县文广新局被评为全省"扫黄打非"工作先进集体。坚持依法行政,做好日常执法,加大事前事中事后监管力度,依法打击非法经营活动。三是坚持抓实抓细,推进文化遗产新传承。找准载体,文物安全工作水平不断提高。顺利推进全国重点文物保护单位"云和银矿遗址"保护利用规划立项申报工作。完成省级以上文物保护单位"四有"档案编制工作,启动"横山周青瓷窑址""林山下村双拱石拱桥"两处县级文保单位"四有"档案编制工作并认真做好第七批省级文保单位的推荐申报工作。推进重点文物保护单位的安全防控系统建设,实施"黄绍竑公馆""王家祠堂"等省级文保单位文物平安工程。在全市率先完成第一次全国可移动文物普查工作,登录可移动文物345件。云和县可移动文物精粹图录《箬水遗珍》编辑定稿。开展"采真里"等全县重点项目建设改造范围内文保单位保护工作。圆满完

成石塘镇双港村夫人庙、紧水滩镇饭甑砻村平水王殿等文保单位(点)的修缮维护工作。重视申报,强化非遗保护基地建设。八步洪拳入选第五批浙江省非遗保护名录。瓯江水上蛟龙节、云和讨火种习俗入选第六批丽水市非遗保护名录。公布第五批云和县非遗名录、第一批非遗代表性传承人。浙江新云木业集团有限公司(木制玩具制作技艺)入选第二批浙江省非遗生产性保护基地。赤石云栖木屋建立"宣蔚陶瓷"市级非遗体验点。元和街道包山村建立包山花鼓戏传承基地。在中山广场建立传统戏剧广角。加强非遗宣传力度。包山花鼓戏《大花鼓》获浙江传统戏剧展演展评活动"展演奖"。承办丽水市首届传统戏剧展演包山花鼓戏专场。组织云和县首届传统戏剧培训班。深化"非遗进校园"活动力度。探索非遗制作技艺产业化,组织木制玩具创意作品《绽放》参加浙江省非物质文化遗产传统工艺品及衍生品优秀设计创意展。亮点纷呈,古籍保护工作不断突破。着力加强地方文献资源建设,做好古籍保护宣传修复工作。全年修复古籍189册。完成《云和县图书馆古籍普查登记图目》出版并举行首发式,共收录古籍1796条3258册。云和县图书馆成为全省首家完成古籍图目出版的古籍普查单位。

(廖和燕)

【庆元县文化广电新闻出版局(体育局)】 内设职能科室5个,下属事业单位8个,乡镇文化中心站6个。2016年末人员68人(其中:机关9人,事业59人;具

有高级技术职务资格的5人,中级31人)。

2016年,庆元县文化广电新闻出版局深入贯彻落实党的十八大以及十八大五中、六中全会和习近平总书记系列重要讲话精神,围绕"寻梦菇乡 养生庆元"的战略发展目标,扎实开展"两学一做"学习教育活动和"归零翻篇开新局"主题大讨论活动,以服务大局、服务经济为出发点,以浙江省基本公共文化服务标准化建设为重点,团结奋斗,创新争先,全力推进庆元县文化大发展大繁荣,在文化基础设施建设、文化产业发展等方面取得突破性进展。一是项目建设有序推进。庆元县公共文化服务中心项目选址于县城元帅公庙区块。项目总用地面积50496.2平方米,总建筑面积51280.02平方米,其中图书馆建筑面积6063.43平方米,文化馆建筑面积6012.05平方米,剧院建筑面积12023.21平方米;投资额度35860万元。各项前期工作有序展开。二是体制改革稳步推进。供给模式探索优化。坚持"企业经营、市场运作、政府购买、群众受益"的原则,改革公共财政投入方式,制定政府购买公共文化服务指导性目录,采用政府招标、集中采购等方式,提高财政资金使用效益。鼓励民间资本投入文化领域,构建多元化、多渠道融资体系。向社会购买农村电影放映服务2000场,购买演出服务85场。获得政府向社会力量购买公共文化服务"省级示范项目"荣誉,为丽水市唯一获此荣誉的单位。继续做好"三下乡"文化惠民工程。坚持公益性、均等性、便利性和"三贴近"原则,以农村群

众为服务对象,以群众满意为出发点和落脚点,将内容新颖、形式活泼、健康实用的文化产品送到农村送到基层,满足公共文化服务均等化需求,切实做好新形势下的送戏、送电影下乡工作,全年送戏下乡 114 场,送电影下乡 3200 场,流通图书 1 万册,组织文艺骨干送服务 1000 余人次。三是文化活动服务惠民。群众活动丰富多彩。充分发挥文化引领作用和文化部门的职能优势,围绕中心工作,编排形式多样的文艺节目,以群众喜闻乐见的形式,弘扬主旋律,构建大格局。"乡村春晚"精彩纷呈。全年举办"乡村春晚"64 场,内容涵盖戏曲、歌舞、民间小调、器乐等,极大丰富了广大群众的春节精神文化生活。以月山春晚为核心的丽水"乡村春晚"项目参加 2016 中国文化馆年会暨乡村文化品牌与乡村公共文化服务供给侧设计论坛。专场活动热闹非凡。主办和承办了第九届庆元县农村文艺(文化礼堂)总汇演、第五届广场舞大赛等大型群众文化活动,累计参演农民上万人次,观众 30 余万人次,以重大节日和节庆为主线,组织开展了"和和美美过大年"优秀业余团队专场演出、"乡村春晚"大会演等春节系列文化活动,香菇始祖吴三公朝圣广场系列文艺演出等主题文艺演出 25 场,极大丰富了广大群众的文化生活。特色活动有声有色。斋郎红色文化节、"第十届香菇节"广场主题演出等特色文化活动覆盖庆元县 19 个乡镇(街道)。文化交流活动蓬勃开展。挖掘资源,创新载体,开展形式多样的"文化走亲"活动。组织开展丽水

9 县(市、区)联合文化走亲、组织参加义乌文交会等"文化走亲"活动 11 场。文艺工作者跨边界、进企业、下乡村,将精彩的文艺节目送到群众中间,与当地群众同台演出切磋技艺,促进了县际地域文化交流和互动。文化成果全民共享。举办全县性农村文化队伍免费培训班"菇星璀璨",内容包括书法、国画、舞蹈、器乐等,通过提供"零门槛"免费培训,提高广大群众艺术修养,自 2007 年开办以来,截至是年底,累计参训人员近 3 千人次。全新推出"周末大家唱"文化活动,以卡拉 OK 点歌的形式,开放式演唱的方式,让参与者自娱自乐、平等参与。致力打造文化艺术精品。获得省级优秀入围奖 2 个,市级铜奖 2 个。积极组织农民参与市第九届乡村文化艺术节,获得银奖 1 个。积极组织菇民戏参加省地域特色文化符号(民间戏曲)代表性作品展演。四是遗产保护进展顺利。文化遗产保护持续推进。开工修缮世界物质文化遗产预备名单、全国重点文物保护单位如龙桥。完成省级文物保护单位卢福神庙修缮工程。新增胡纮夫妇墓、坑井吴氏宗祠、吾际下姚氏宗祠 3 处省级文物保护单位。完成全国第一次可移动文物普查工作,在线登录文物 905 件(套)。邀请央视《探索·发现》纪录片拍摄胡纮墓出土文物,进一步扩大庆元的知名度和美誉度。菇乡文化内涵不断丰富。以县香菇博物馆、廊桥博物馆为依托,围绕香菇文化、廊桥文化这两张名片,不断丰富其内涵与外延,扩大菇乡文化品牌的知名度和美誉度,两馆参观观众 36 万余人次,免费讲解 320 场

次。浙江省委常委、宣传部部长葛慧君,浙江省委常委、常务副省长袁家军,副省长梁黎明等参观了庆元县香菇博物馆、廊桥博物馆。先后主办或承办各种临时展览 5 场,主题巡展 2 场,举办全国首个原创"菌菜养生文化"专题展览,开展各类展览和活动 26 场次。利用博物馆日、文化遗产日深入全县各中小学开展博物馆进校园活动。从浙江自然博物馆引进"灵猴献瑞"和"我们身边的矿物质"未成年人生态教育图片巡回展,与江滨小学联合开展第四届廊桥文化节系列文化活动,进一步传承了木拱桥传统营造技艺。开发各类博物馆衍生产品 59 种,并参加第 11 届中国(义乌)文化产品交易会。庆元县廊桥博物馆"小小护桥志愿者"培训项目荣获"全省首届(2015 年度)博物馆优秀教育项目"。非遗宣传工作进一步提升。配合省《体坛报》拍摄香菇功夫电视专题片。组织传承人 3 批次 5 人参加省、市非遗剪纸、传统民居营造技艺和传统戏剧等培训。全年开展浙江省"美丽非遗走进青田山口文化礼堂"展示活动、浙江省地域特色戏剧展演等各类非遗展示展演活动近 10 次。五是文化市场管理规范高效。日常巡查出动检查 816 人次,检查 879 家次,违规 34 家次;举报(督查)受理 7 件,属实案件 3 件;行政处罚立案调查 23 件,办结案件 24 件,警告 21 家次,罚款 5.4 万元,停业整顿 1 家次,没收非法所得 2072 元,没收违法物品 96 件。加大打击力度,规范市场秩序。在自由裁量处罚行使标准的范围内,提高行政处罚额度,取得"打击一家,警告一

片"的效果。除重要保障期外,加大日常巡查力度,切实规范市场秩序。围绕重要保障期,开展专项整治行动。围绕护航 G20 峰会、争创国家卫生县、平安夺金鼎等重点工作,结合寒暑假、元旦、春节、"两会"等重点时段,积极发挥好部门联动作用,开展校园周边环境整治、网吧市场专项整治、娱乐场所专项检查等系列整治活动,确保市场安全、稳定、有序。是年,位列丽水市文化市场综合行政执法考评工作第一名。庆元县文化行政执法大队作为典型代表在全省文化市场综合执法与安全生产工作会议上做交流发言,文化市场执法工作获省、市多项荣誉。

(张丹萍)

【**缙云县文化广电新闻出版局(体育局)**】 内设职能科室 7 个,下属单位 6 个。2016 年末人员 107 人(其中:机关 18 人,事业 89 人;具有高级技术职务资格的 13 人,中级 32 人)。

2016 年,缙云县文化广电新闻出版局紧紧围绕县委、县政府中心工作,提升公共文化服务标准化、均等化建设水平,为"十三五"文化事业开好局、起好步,迈出了坚定一步。一是特色文化品牌有新影响。"乡村春晚"走向国际。春节期间演出乡村春晚 102 场,其中官店村乡土戏曲春晚还面向"一带一路"21 个国家和地区网络直播,助推缙云文化走向国际。"缙云婺剧"影响全国。婺剧小戏《老鼠娶亲》参加第七届全国小戏小品曲艺大展,获优秀剧目(金奖)、优秀导演、优秀编剧、优秀组织奖,并在央视戏曲频道

播出,水南小学、舒洪小学表演的婺剧《智取威虎山》《大唐忠义》分别在央视戏曲频道不同时段播出。"美丽非遗"在省、市有突破。缙云木雕、缙云烧饼制作技艺成功入选第五批浙江省非物质文化遗产代表性项目推荐名单,推荐申报的"杜光庭传说""缙云道情"等 7 个项目成功入选第六批丽水市非物质文化遗产名录。乡贤文化志愿服务网络初步建成。全县有文化志愿者队伍 80 多支,民政部门登记注册的 20 多支,人数 3000 多人,初步构建了县级、乡镇、村级三级文化志愿服务网络。缙云县与市文广新局联合创新的文化课题《乡贤文化志愿者体系建设》参加文化部主办的文化馆年会,在年会上作典型经验交流;该课题还顺利通过省文化厅创新项目奖的初评。二是文化惠民基础有新保障。开展丰富的群众文化活动。完成送戏 141 场次、送电影 4900 场次、送书 32667 册。通过"乡乡一台戏""乡村春晚"等平台,助力"五水共治""创国卫"等县委、县政府中心工作。全年组织全县性大型文艺活动 13 场次,开展文化走亲 16 场次。扎实开展文化服务,全年完成图书采购 2.87 万册,接待读者 53.57 万人次,完成向各乡镇(街道)流通分中心和农家书屋送书 3.27 万册次。县图书馆后塘分馆正式开放,在仙都中学建立缙云图书馆分馆,缙云图书馆已建有 6 个分馆。文化队伍建设再上台阶。以"月月有培训、周周有活动"为主线,县图书馆全年举办 107 场次展览讲座培训活动;县博物馆举办 18 场培训讲座,与浙江自然博物馆合作举办了 11 场次巡展;县

文化馆在新碧、舒洪、壶镇、五云 4 个片区开展婺剧"四季行"培训活动,满足群众的文化订制服务。三是文化遗产保护工作有新进展。进一步加强文物单位保护工作。出台《缙云县好溪水利枢纽潜明水库一期工程文保建筑异地迁移保护实施方案》,这是缙云县首例水库建设工程涉及文保建筑整体动迁安置政策,也是全省文保建筑搬迁的首个政策。积极协助潜明库区指挥部做好松岩文保建筑迁建户的移民安置工作。发现我国目前最早的鸟蛋化石厚盔鸟蛋,这也是迄今为止在我省发现的第一颗鸟蛋化石。完善"文保"档案编制。全面完成县全国重点文物保护单位"河阳村乡土建筑",县保单位"西岸吕氏宗祠""马渡胡氏宗祠""五云馆""中共缙云县一大会址""汤畈红军标语"的"四有"档案编制工作,其中"河阳村乡土建筑"的"四有"记录档案获省级文保单位优秀记录档案。全面完成缙云县第一次全国可移动文物普查、编印工作,共登录文物平台 1852 件(套)。加强非遗传承保护。推进县非遗展示馆规划建设,创建各类非遗文化陈列馆、博物馆 20 个。收集整理缙云歌谣 70 多首,戏台对子 1128 首,道情 16 首,唱莲花 3 首,故事 198 个,出版了《经典民歌荟萃》,编写了 20 本《千村故事》。四是文化市场管理扎实有新力度。护航 G20 峰会任务圆满完成。圆满完成了 G20 峰会维稳安保各项任务,实现了网上网下文化市场和信访人员稳定的工作目标。加强"扫黄打非"力度。积极推进"清源""净网""秋风""护苗"四大专项行动,始终保

持文化市场"扫黄打非"高压态势，出动检查831人次，检查经营单位1171家次，收缴非法音像制品2500余盒，非法书刊800余本，受理各类群众举报6件，办结率、满意率100%，实施各类行政处罚案件25起，县文化市场执法队获丽水市"扫黄打非"工作先进集体。规范文化市场经营秩序。在春节、"两会"、"两考"等重要时间段加大网吧、游艺娱乐场所执法检查力度。建立校园周边文化市场长效监管机制，全面清查了KTV曲库。强化歌舞娱乐场所宣传教育，加大对校园周边报刊亭、文具店等出版物经营场所的监管力度，实时掌握农村演出市场动态，规范演出市场经营秩序。

（陈俊杰）

【遂昌县文化广电新闻出版局（体育局）】 内设职能科室5个，下属单位7个。2016年末人员56人（其中：公务员9人，参公6人，事业41人；具有高级技术职务资格的9人，中级15人）。

2016年，遂昌县文化广电新闻出版局深入践行"两山"理论，强化文化便民、惠民、富民、乐民、安民，实现文化事业全面创新发展。一是深度打造特色文化品牌。以打造"汤显祖品牌"为核心，成功举办"2016浙江遂昌汤显祖文化节暨汤显祖—莎士比亚逝世400周年纪念活动""纪念汤显祖逝世四百周年茶话会""莎士比亚对话汤显祖展览"等大型活动，赴英国参加了莎士比亚纪念活动，中英文化交流出新成果，汤显祖文化品牌蜚声中外。汤显祖戏曲小镇顺利开工，省委常委、宣传部部长葛慧君，省政协副主席

张泽熙，市委书记史济锡，文化部艺术司副司长伍皓等领导出席开工仪式。完成了汤显祖戏曲小镇后江区块修规编制工作。完成汤显祖历史文化街区店招整治工程、高速出口迎宾大道文化墙、汤公园及溪边路景观带建设和城市文化小品设置，城区汤显祖文化元素更加丰富。二是加大文化设施建设力度。推进文化综合体项目建设，其中文化馆面积4014平方米，图书馆面积4006平方米，汤显祖大剧院面积5956平方米，3个馆院主体工程完工，已经完成了内部装修招投标。分类推进文化站标准化建设，对全县20个乡镇文化站场地设施、功能发挥情况进行摸底调查，解决实际问题。为45个文化礼堂、15个文艺团队等发放、更新文化设备135件，在基层初步形成了集宣传文化、党员教育等功能于一体的文化服务中心。三是开展各类文化惠民活动。组织送戏下乡120场，送电影下乡1702场，送书下乡1万余册，新增流通点11个，流通图书1.5万余册，惠及全县城乡群众。接待淳安县等到遂昌文化走亲，组团赴舟山、宁波等地文化走亲23场，交流和宣传了遂昌文化。全县66个村举办了"乡村春晚"，评选出最佳"乡村春晚"和"乡村春晚民星"。举办"民星大拜年"新春广场文化系列活动，美丽非遗专场演出开启"文化＋互联网"模式，在俄罗斯、韩国、日本等21个国家进行网络直播。开展"书香遂昌·全民阅读"、第十二届"未成年人读书节"等活动，选送的两个家庭在全市举办的"书香家庭"经典诵读比赛中取得第一名和第二名。举办"中国

民间剪纸艺术展""新书展"等各类展览14次。承办"智慧乡村·活力高坪"摄影大赛、丽水市第十一届歌曲原创大赛创作采风及歌曲培训、"五美遂昌"遂昌—上海画家采风联展等活动23场次。四是全力推进"重点县"建设。召开协调组工作会议，传达学习各级会议精神，对照省标进行分析，重点对《提升计划》展开讨论并进行补充。各成员单位高度重视、及时宣传、严格落实，积极配合"重点县"建设工作，在资金、物资、人才等方面给予支持。汤显祖历史文化街区建设、文化惠民工程建设等3项工作被列入是年县政府10件实事，并按期完成。5月，成立了全国首个县级乡村文明促进会，由60名文化知名人士、老专家等担任会长、会员，常态化开展基层公共文化帮扶指导。7月，省文化厅工作组到遂昌检查"重点县"建设，并给予充分肯定。五是抓好文化队伍建设。在浙江音乐学院举办了遂昌县2016年文化员培训班，40余名文化系统干部、乡镇文化员参训。建立并实施了单位集中培训、群众文化辅导员进社区（农村）、包片辅导等制度，举办美术干部培训会、广场健身舞沙龙培训活动等55场，委托剑光文化团队30余人组成8支文化技术培训队伍，分赴各个点位进行跟踪辅导，组织面对面培训52次，培训学员5000多人次。六是加强文化遗产保护利用。完成遂昌县第一次全国可移动文物普查，健全县国有可移动文物保护体系，完善遂昌县国有可移动文物档案。完成苏村苏氏大屋（含苏氏家庙）正屋及台门维修工程决算、

王村口革命纪念建筑群安防工程建设、黄沙腰李氏大屋东大屋东跨院抢救性维修工程、独山村石牌坊加固工程以及陈家大屋文物库房照明线路改造工程和屋面翻修工程。"班春劝农"作为"二十四节气"立春民俗之一申报人类非遗成功，实现突破。组织对7项遂昌县第六批非物质文化遗产代表性项目进行了评审，公布了第四批县级非遗传承人。注重非遗传承，开展了"戏曲动漫进校园""昆曲艺术进校园""戏曲展览进校园"活动。七是规范文化市场管理。以护航G20峰会为主线，重点加强文化娱乐场所监管，严厉查处非法行为。开展文化市场检查、"清网2016"、"护苗2016"等专项行动，全年受理举报10件，出动检查607人次，检查经营单位584家次，查获违规经营单位17家次，责令改正9家次，一般程序立案调查11件，办结11件，没收违法物品500余件。开展"3·15消费者权益日""安全生产月"等系列活动，发放法律法规宣传册500余份，接受咨询126人次。开展了2016文化经营场所消防安全演练，提升安全防范能力。八是参与苏村山体滑坡救灾工作。动员广大党员干部积极投身到抗灾救灾工作中，采取挖渠排水、安全架固定等临时措施确保苏村文保点安全，修复了县域其他3处因台风受损的文保点。主动对接武警部队，在苏氏大屋添置40个灭火器，安装11只照明应急灯及30个插座，全力解决暂住该地官兵的生活照明问题。图书馆主动在抢险救灾部队临时餐厅安装投影仪等设备，让广大抗灾救灾官兵利用就餐时间能看到电视新闻，了解救灾总体情况。与市局一同前往灾区一线创作正能量文艺作品。发动系统内干部职工开展募捐活动，募集善款24450元。组织遂昌广场舞协会、婺剧戏迷艺术团等业余文艺团队100余人深入灾区开展救灾服务工作。

（吴君建）

【松阳县文化广电新闻出版局（体育局）】 内设职能科室4个，直属单位6个。2016年末人员64人（其中：公务员10人，参公9人，事业45人；具有高级技术职务资格的13人，中级29人）。

2016年，松阳县文化广电新闻出版局牢固树立"文化为民"理念，充分发挥"文化引领"作用，深入实施"文化名县"战略，精心打造"文化＋"名片，全力打造文化"三地"，努力探索"松阳模式"，形成"乡乡有节会、月月有活动"民俗文化展演机制，参加了由文化部全国公共文化发展中心组织的乡村春晚项目专题研究会，做典型交流发言。文化的凝聚力、民生服务力、经济推动力和对外影响力得到明显提升，为建设"田园松阳"提供了有力支撑。一是完善公共文化服务体系。基础设施日臻完善。以乡镇综合文化站为依托，村级文化礼堂、文化活动室为辐射点，扎实推进"半小时公共文化服务圈"建设。县文化馆被评定为国家一级馆。新增农村文化礼堂9个、"茶乡天天乐"活动点55个。省级文化强镇1个，省级文化示范村4个，市级文化强镇4个，民间艺术之乡2个。文化队伍蓬勃发展。全县文体系统副高以上职称13人，中级职称29人，县级以上非遗传承人61人（其中国家级3人，省级17人，市级32人），各类业余文艺团队850支，各类民间手工艺大师257人，各类传统工匠293人，业余文保员39名。每个乡镇（街道）均有1名文化分管领导，401个村均有文化员，成为发展繁荣基层文化事业的中坚力量。文化下乡惠及百姓。全年累计送戏下乡235场，送书下乡1.32万余册，送电影下乡1900场，开展文化走亲活动10次。二是加强文化遗产保护利用。古村落保护走在前列。被中国文物保护基金会确定为"拯救老屋行动"项目全国唯一一个整县推进试点县，全面开展拯救老屋行动。截至年底，项目初显成效，全县107幢老屋的产权人开展了申报，96幢老屋完成方案编制，16个乡镇（街道）28个村的56幢老屋开工修缮。非遗文化活态传承。新增省级非遗项目1项，市级非遗项目4项。全市首个县非遗馆开设"每周剧场"和"每周影院"，实现常态化开放。文物保护亮点纷呈。出台历史文化建筑保护管理办法，全县修缮历史文化建筑52处。完成全国第一次可移动文物普查工作、博物馆平屋面修缮工程、省保松阳三庙（文庙、城隍庙）维修工程、石仓乡土建筑修缮工程及县城邮电局旧址修缮工程。三是提升文化产业发展及文化市场管理水平。重点项目推进有序。全力推进重点文化产业项目建设。松阳县玉石文化城项目建成并投入使用，田园文化创意园推进有序。文化执法措施有力。办理许可事项46件，变更18件，经营性演出许可1件，到期换证16件。执法大队出动检查 581 人次，检查经营单位 629 家，查获违规单位 12 家次，受理群众举报件 5 件，实施行政处罚 12 件，市场良好率 98％，有效保护了全县文化市场规范有序、繁荣发展。四是创新文化精品。民俗节庆扎根乡土。"乡乡有节会、月月有活动"民俗文化展演机制不断完善，成为宣传"田园松阳"品牌的新平台和重要窗口，全年举办各类民俗节庆活动 30 余场。文化赛事彰显魅力。以田园风光为特色，以大型赛事为平台，大力推动文化与旅游等相关产业融合发展。举办全国乡村春晚百县联盟区域联动暨丽水市第九届乡村文化艺术节开幕式、月宫调道教音乐会等赛事。精品创作层出不穷。结合松阳丰富的民间艺术，通过整合资源、重新编排的方式将松阳高腔、庙会、婚嫁习俗、民间体育竞技、畲族文化等非遗文化搬上舞台，在省市比赛中屡获大奖，实现了有效传承。与浙江越剧团合作，精心打造大型原创历史剧《张玉娘》，荣获浙江省第十三届戏剧节剧目大奖，成功申报浙江省文化精品扶持工程，其专题片在 CCTV-11《戏曲采风》栏目播出，并在浙江、丽水、松阳上演，广受社会好评。

（李为芬）

【景宁畲族自治县文化广电新闻出版（体育）局】 内设职能科室 5 个，直属单位 7 个、国企 2 个。2016 年末人员 74 人（其中：公务员 7 人，参公 6 人，事业 61 人；具有高级技术职务资格的 14 人，中级 15 人）。

2016 年，景宁县文化广电新闻出版工作紧紧围绕县委、县政府提出的"文化名县"战略部署和"文化引领"工作要求，全力推动文化项目化、有形化和精品化，在公共文化理念创新、重大文化活动开展、特色文化品牌打造、传统文化保护传承、文化精品创作提升等方面取得了可喜成果，为打造全国畲族文化总部，实现"三个走在前列"奋斗目标提供了坚强的文化保障和智力支持。一是完善政策法规。在全国 120 个民族自治县中率先启动了公共文化立法，制定出台了《贯彻落实〈中共浙江省委办公厅 浙江省人民政府办公厅关于加快构建现代公共文化服务体系的实施意见〉方案》《景宁畲族自治县现代公共文化服务体系建设协调机制》《景宁畲族自治县关于实施"文化引领"建设"文化高地"推动文化发展走在全国民族自治县前列的若干意见》。完成了《景宁畲族自治县公共文化服务保障条例》初稿，推进全国公共文化立法进程。二是紧抓示范创建。全县 21 个乡镇文化站顺利通过全省文化站定级。完成浙江省民间文化艺术之乡、丽水市文化强镇申报工作，"马仙信俗文化"被命名为省级民间文化艺术之乡。景宁县在全省公共文化服务评估中排名第 14 位。景宁特色文化小镇"畲乡小镇"荣获浙江省首批特色小镇文化建设示范点。"百村闹春·乡村春晚"精选优秀节目《畲乡三月三》参加全省"我们的村晚"节目录制，在中央电视台新闻联播播出。三是加强设施建设。全国规模最大的县级非遗馆"千年山哈宫"工程启动建设，总投资 5.8 亿元。畲族歌舞互动馆、畲族民间博物馆、山哈大剧院等文化标志性工程先后完成或顺利推进。新建成 12 个文化礼堂，沙湾镇、英川镇、东坑镇图书分馆先后落成并投入使用。国保时思寺整体维修工程通过省级专家验收。完成省保单位潘家大屋修缮工程方案设计，并通过省文物局论证。国保单位时思寺、处州廊桥（景宁部分）安防系统工程设计方案委托浙江中安电子科技有限公司编制完成，并上报国家文物局审批。四是丰富活动开展。举办、协办 2016 中国畲乡三月三系列活动、第三届中国（浙江）畲族服饰设计大赛、丽水市"乡村春晚"暨乡村文化旅游精品线路开通启动仪式、让乡村春晚与旅游实现无缝对接，打造岗石、大均精品春晚路线，"畲乡春晚邀您过大年"品牌逐渐打响，同时在全县范围内成功举办乡村春晚近百台，极大地丰富了全县人民春节文化生活。举办了第八届中国畲族民歌节暨"凤鸣古镇·情满千峡"原生态畲族风情秀等省市级重大节庆活动。承办浙江省"文化礼堂杯"村干部才艺大赛，景宁县"畲香、花香、稻香＋书香"创新模式获省级专家高度肯定。举办大型项目申报答辩会，368 个项目参加，30 个"一乡一品"项目入围，项目补助资金 281.25 万元。成功举办"马仙故里文化旅游节""千峡湖垂钓节""雁溪古风摄影节"等特色节事活动 20 余项。"畲家飘歌""小小故事林""书友聊吧"等公共文化品牌活动继续常态化开展。五是加强文化遗产保护。在《2015 年全省非物质文化遗产保护发展指数指标数据（试行）》评估排名中，景宁非遗保护工作居全省第六。持续巩固"中国民间文化艺术之乡"

品牌形象，全国畲族文化生态保护区创建工作取得阶段性进展，完成畲族文化生态保护区总体规划省级专家论证工作。景宁县马仙信俗和畲族银饰制作技艺入选第五批浙江省非物质文化遗产代表性项目名录；景宁畲乡功夫、菇民防身术、山哈酒酿造技艺、畲族手工布鞋制作技艺、编梁木拱桥营造技艺、毛氏祭祀入选市级第六批非物质文化遗产代表性项目名录；景宁蓝延兰畲族彩带工作室、景宁畲祖烧非遗馆入选丽水市首批非物质文化遗产展示体验点；景宁县大均畲乡之窗入选丽水市首批非遗主题小镇，景宁县鹤溪街道东弄村被公布为丽水市首批民俗文化村。畲族文化遗产保护创新团队入围浙江省文化创新团队。孔庙保护利用案例入围浙江省18个不可移动文物保护利用优秀案例名单。博物事业有力推进。畲族博物馆举办了畲族风情服饰展、畲族儿童传统饰品展、未成年人生态教育巡展等5个展览，荣获省级社会科学普及基地称号；藏品增加903件（套），总量4591件（套），文物征集工作取得阶段性成果；选送的文化衍生品《涅槃》在第11届中国（义乌）文化产品交易会上获得国家级工艺美术金奖。国家民委副主任李昌平，省委副书记、代省长车俊考察畲族博物馆。帮扶民办馆，畲乡民俗博物馆于5月正式开馆，收藏畲族民间艺术珍品2万余件。六是加强精品创作。全

年演出大型风情旅游剧《印象山哈》57场次，接待游客1.2万余人。组织《印象山哈》到上海、杭州、台州等地进行旅游市场推广宣传21场次。推出大型畲族魔幻服饰秀《传奇凤凰装》，是全国首部以少数民族服饰为主题的演艺剧目。全国第一部由县级单位制作的畲族音乐剧《畲娘》，代表浙江省参加第五届全国少数民族文艺会演获得音乐创作金奖。原创作品《畲山风情》《畲族彩带》《非遗传承 路在何方》参加浙江省文化礼堂杯村干部才艺大赛，获得团队金兰花奖，县文化广电新闻出版局获优秀组织奖。原创作品《魅力畲乡》获浙江省特色小镇题材音乐新作展演银奖。排舞《欧洲挪威》获浙江省文化礼堂排舞大赛银奖。排舞《凤舞·畲山》获浙江省第十届排舞大赛银兰花奖。原创舞蹈《最后的舞鞋》获浙江省原创舞蹈大赛入围奖。原创作品《畲乡味 畲乡情》参加浙江省文化礼堂优秀节目展演。畲族民歌《彩带歌》《盘古开天》获第四届中国非物质文化遗产博览会民歌大赛多人组合组优秀演唱奖。畲族民歌《畲酒飘歌》获第三届长三角民歌邀请赛二等奖。景宁县畲族彩带《彩带王》获浙江传统服饰精品展"薪传奖"，景宁县非遗中心获优秀组织奖。七是深化文化惠民。景宁县文化馆积极开展"畲家飘歌"进校园活动，受训人数2500余人。全年开展"凤舞畲山大舞台"系列活动63场，参与

演员1.3万人次，观众近11万人次。开展文化走亲11场。开展暑期免费培训活动，开设9个课程。景宁县图书馆新增图书7507册，馆藏图书量11.47万册，新增读者借阅证980本。到馆人数14.26万人次，图书借阅13.33万册次，数字图书借阅6.01万册次。积极建设"县、乡、村"三级图书服务网络，推进乡镇分馆建设，举办了14场公益讲座、8场展览，9场培训班。畲族博物馆全年免费接待各类团体500余个，观众25.6万人次，全程讲解531场次。开展送戏下乡、送戏进社区146场次，送书下乡1.37万册，送电影下乡1690场，全县上下举办大小文化活动共计5000余场。八是强化文化执法。采取日常检查与集中行动相结合、现场检查与网络监管相结合、独立执法与联合执法相结合，不断加大对全县文化市场检查的频度、密度和力度，全年检查各类文化经营场所857家次，立案14起，结案16起，本年度案件全部结案。接到群众举报1起并办结。坚持法治和德治并行，大力开展法规宣传教育，全年开展了"安全生产月""文明上网校园行""文物法律法规宣传月"等主题宣传活动，举办全县文化经营单位大型消防安全演练，召开全县文化市场经营业主会议7次。县文化市场执法大队荣获市级"扫黄打非"先进单位。

（徐 冰）

文献资料

ZHEJIANG CULTURE YEARBOOK

中华人民共和国国民经济和社会发展第十三个五年规划纲要（节选）

第十六篇　加强社会主义精神文明建设

坚持社会主义先进文化前进方向，坚持以人民为中心的工作导向，坚持把社会效益放在首位、社会效益和经济效益相统一，加快文化改革发展，推动物质文明和精神文明协调发展，建设社会主义文化强国。

第六十七章　提升国民文明素质

以社会主义核心价值观为引领，加强思想道德建设和社会诚信建设，弘扬中华传统美德和时代新风，倡导科学精神和人文精神，全面提高国民素质和社会文明程度。

第一节　培育和践行社会主义核心价值观

用中国梦和社会主义核心价值观凝聚共识、汇聚力量，增强国家意识、法治意识、道德意识、社会责任意识、生态文明意识。加强理想信念教育，深化中国特色社会主义理论体系的学习研究宣传，把社会主义核心价值观贯穿融入经济社会发展各领域和社会生活各方面。通过教育引导、舆论宣传、文化熏陶、行为实践、制度保障，使社会主义核心价值观内化为人们的坚定信念，外化为人们的自觉行动，增强全社会的道路自信、理论自信、制度自信。加强和改进基层宣传思想文化工作。推进公民道德建设，培育正确的道德判断和道德责任。

第二节　推进哲学社会科学创新

实施哲学社会科学创新工程，构建哲学社会科学创新体系。加强思想理论工作平台和学科建设，深入实施马克思主义理论研究和建设工程。深化治国理政新理念新思想新战略的研究阐释。发展中国特色社会主义政治经济学。重点建设 50－100 家国家高端智库。

第三节　传承发展优秀传统文化

构建中华优秀传统文化传承体系，实现传统文化创造性转化和创新性发展。广泛开展优秀传统文化普及活动并纳入国民教育，继承五四运动以来的革命文化传统。大力推行和规范使用国家语言文字。加强文物保护利用，杜绝破坏性开发和不当经营。加强非物质文化遗产保护与传承，振兴传统工艺，传承发展传统戏曲。发展民族民间文化，扶持民间文化社团组织发展。

第四节　深化群众性精神文明创建活动

广泛开展文明城市、文明村镇、文明单位、文明家庭、文明校园等群众性精神文明创建活动，深化学雷锋志愿服务活动。发挥重要传统节日、重大礼仪活动、公益广告的思想熏陶和文化教育功能。普及科学知识，推动全民阅读，公民具备科学素质的比例超过 10％。深入开展惠民演出、艺术普及等活动。培育良好家风、乡风、校风、行风，营造现代文明风尚。

第六十八章　丰富文化产品和服务

推进文化事业和文化产业双轮驱动，实施重大文化工程和文化名家工程，为全体人民提供昂扬向上、多姿多彩、怡养情怀的精神食粮。

第一节　繁荣发展社会主义文艺

扶持优秀文化作品创作生产，推出更多传播当代中国价值观念、体现中华文化精神、反映中国人审美追求的精品力作。更好发挥政府投入和各类基金作用，鼓励内容和形式创新，支持文艺院团发展，加强排演场所建设。加强文艺理论和评论工作。建设德艺双馨的文艺队伍。

第二节　构建现代公共文化服务体系

推进基本公共文化服务标准化、均等化。完善公共文化设施网络，加强基层文化服务能力建设。加大对老少边穷地区文化建设帮扶力度。加快公共数字文化建设。加强文化产品、惠民服务与群众文化需求对接。鼓励社会力量参与公共文化服务。继续推进公共文化设施免费开放。繁荣发展文学艺术、新闻出版、广播影视和体育事业。加强老年人、未成年人、农民工、残疾人等群体的文化权益保障。

第三节　加快发展现代文化产业

加快发展网络视听、移动多媒体、数字出版、动漫游戏等新兴产业，推动出版发行、影视制作、工艺美术等传统产业转型升级。推进文化业态创新，大力发展创意文化产业，促进文化与科技、信息、旅游、体育、金融等产业融合发展。推动文化企业兼并重组，扶持中小微文化企业发展。加快全国有线电视网络整合和智能化建设。扩大和引导文化消费。

第四节　建设现代传媒体系

加强主流媒体建设，提高舆论引导水平，增强传播力公信力影响力。以先进技术为支撑、内容建设为根本，推动传统媒体和新兴媒体在内容、渠道、平台、经营、管理等方面深度融合，建设"内容＋平台＋终端"的新型传播体系，打造一批新型主流媒体和传播载体。优化媒体结构，规范传播秩序。

第五节　加强网络文化建设

实施网络内容建设工程，丰富网络文化内涵，鼓励推出优秀网络原创作品，大力发展网络文艺，发展积极向上的网络文化。创新符合网络传播规律的网上宣传方式，提升网络舆情分析和引导能力。加强互联网分类管理，强化运营主体的社会责任。推进文明办网、文明上网，引导广大青年争当"中国好网民"，倡导网络公益活动，净化网络环境。

第六节　深化文化体制改革

健全党委领导、政府管理、行业自律、社会监督、企事业单位依法运营的文化管理体制。深化公益性文化单位改革。推动文化企业建立有文化特色的现代企业制度。健全国有文化资产管理体制。降低社会资本进入门槛，鼓励非公有制文化企业发展。开展新闻出版传媒企业特殊管理股试点。健全现代文化市场体系，落实完善文化经济政策。深入开展"扫黄打非"，加强市场监管，提升综合执法能力。

第六十九章　提高文化开放水平

加大中外人文交流力度，创新对外传播、文化交流、文化贸易方式，在交流互鉴中展示中华文化独特魅力，推动中华文化走向世界。

第一节　拓展文化交流与合作空间

推动政府合作和民间交流互促共进，增进文化互信和人文交流。推进国际汉学交流。完善海外中国文化中心建设运营机制。支持海外侨胞开展中外人文交流。鼓励文化企业对外投资合作，推进文化产品和服务出口，努力开拓国际文化市场。积极吸收借鉴国外优秀文化成果、先进文化经营管理理念，鼓励外资企业在华进行文化科技研发和服务外包。维护国家文化安全。

第二节　加强国际传播能力建设

拓展海外传播网络，丰富传播渠道和手段。打造旗舰媒体，推进合作传播，加强与国际大型传媒集团的合资合作，发挥各类信息网络设施的文化传播作用。打造符合国际惯例和国别特征、具有我国文化特色的话语体系，运用生动多样的表达方式，增强文化传播亲和力。

专栏 **25**　文化重大工程

（一）公民道德建设

扎实开展道德模范评选表彰和宣传学习，实施诚信社会、诚信中国建设行动，开展节俭养德全民行动，修订完善乡规民约、学生守则等社会规范。

（二）文化精品创作

组织实施精神文明建设"五个一"工程、国家舞台艺术精品创作工程、国家重大出版工程、国家影视精品工程、中国当代文学艺术创作工程、优秀剧本扶持工程、国家美术发展和收藏工程等，加大对原则精品扶持力度。

（三）公共文化设施建设

改善市县公共文化馆、图书馆、博物馆设施条件。提高村级综合文化中心功能和使用效率。贫困地区县县配有流动文化车。加快推进广播电视户户通，加强中央广播电视节目无线数字化覆盖，重点加强边疆少数民族地区广播电视覆盖和译制能力建设，完善应急广播体系。实施少数民族新闻出版东风工程、少数民族电影工程。推进国家美术馆、中国工艺美术馆、"平安故宫"及国家文献战略储备库等国家级重大文化设施建设。完善档案馆库设施。

（四）传统文化和自然遗产保护传承

加强国家重大文化和自然遗产地、全国重点文物保护单位、中国历史文化名城名镇名村、国家级非物质文化遗产等遗产资源的保护利用，建设国家文化公园，完善相关保护利用设施。实施国家记忆工程。推进山东曲阜优秀传统文化传承发展示范区、甘肃华夏文明传承创新区建设。加强考古工作，推进二里头夏朝遗址博物馆、景德镇御窑厂遗址等重要文化遗产保护项目。

（五）传统戏曲传承和传统工艺振兴

开展戏曲剧种普查，资助数字化影像化保存，扶持京剧、昆曲、地方戏等开展"名家传戏"、建设区域性演艺中心，加强戏曲专业人才培养。制定实施中国传统工艺振兴计划，扶持传统工艺项目，推动形成一批具有民族特色的知名品牌。

（六）中华典籍整理

实施中华古籍保护计划。基本完成古籍普查工作，推动古籍原生性和再生性保护，推出300种国家重点古籍整理出版项目，建设国家古籍资源数据库。支持《中华续道藏》《大藏经》等宗教典籍整理抢修。加强修史修志。实施民国时期文献保护计划。系统整理出版近代以来重要典籍文献。

（七）传播能力建设

加强重点新闻媒体建设，打造融媒体运行平台。加强重要网站内容建设，发展政务新媒体。加快文化资源数字化建设，推动中华优秀文化网上传播。统筹对外传播资源，扩大高端覆盖、本土化覆盖、口岸覆盖。建设讲好中国故事队伍。

（八）全民阅读

举办"书香中国"系列活动，在充分利用现有设施基础上，统筹建设社区阅读中心、数字农家书屋、公共数字阅读终端等设施，实施儿童阅读书报发放计划、市民阅读发放计划、盲文出版工程、支持实体书店发展。

中共中央办公厅　国务院办公厅
印发《关于进一步深化文化市场综合执法改革的意见》

中办发〔2016〕20号

为贯彻落实《中共中央关于全面推进依法治国若干重大问题的决定》《国务院关于促进市场公平竞争维护市场正常秩序的若干意见》，进一步深化文化市场综合执法改革，促进文化市场持续健康发展，现提出如下意见。

一、重要意义

2004年以来，按照党中央、国务院决策部署，文化市场综合执法改革由试点逐步向全国推开，各直辖市和市、县两级基本完成文化（文物）、新闻出版广电（版权）等文化市场领域有关行政执法力量的整合，组建文化市场综合执法机构，提升了执法效能，规范了市场秩序，推动了优秀文化产品的生产和传播，促进了社会效益和经济效益有机统一。

当前，文化市场发展与管理面临许多新形势新要求。文化体制改革向纵深拓展，文化开放水平不断提高，各类文化市场主体迅速发展，新型文化业态大量涌现，迫切需要创新文化市场管理体制机制，丰富方式手段。行政执法体制、市场准入制度等方面改革逐步深入，迫切需要文化市场综合执法改革同步跟进、有效衔接。文化市场存在一些突出问题，如不良文化产品和服务时有泛滥，有害文化信息不断出现，损害未成年人文化权益、侵犯知识产权等行为屡禁不止，广大人民群众反映十分强烈，迫切需要进一步提高文化市场综合执法能力和水平。文化产品既具有经济属性，也具有意识形态属性，必须坚持把社会效益放在首位、社会效益和经济效益相统一。要高度重视文化市场管理问题，进一步完善文化市场综合执法，推动现代文化市场体系建设，更好地维护国家文化安全和意识形态安全，更好地促进文化事业文化产业繁荣发展。

二、总体要求

（一）指导思想

全面贯彻党的十八大和十八届三中、四中、五中全会精神，以邓小平理论、"三个代表"重要思想、科学发展观为指导，深入贯彻习近平总书记系列重要讲话精神，围绕"四个全面"战略布局，建立健全符合社会主义核心价值观要求、适应现代文化市场体系需要的文化市场综合执法管理体制，维护文化市场正常秩序，推动社会主义文化大发展大繁荣。

（二）总体目标

通过深化改革，建设文化市场综合执法法律法规支撑体系；形成权责明确、监督有效、保障有力的文化市场综合执法管理体制；建设一支政治坚定、行为规范、业务精通、作风过硬的文化市场综合执法队伍；进一步整合文化市场执法权，加快实现跨部门、跨行业综合执法。

（三）基本原则

——坚持党的领导。坚持社会主义先进文化前进方向，弘扬社会主义核心价值观，通过有力有效的文化市场综合执法，加强思想文化阵地建设，向社会传导正确价值取向，维护国家文化安全。

——坚持依法行政。坚持法定职责必须为、法无授权不可为，严格规范公正文明执法。加强执法监督，完善执法责任制，提升执法公信力。

——坚持分类指导。针对不同层级综合执法机构职责，确定工作任务和执法重点；针对不同地区经济文化差异，科学设置综合执法机构；针对不同执法事项的特点，采取有效方式加强监管。

——坚持权责一致。落实市场主体守法经营责任、综合执法机构执法责任、行政主管部门监管责任和属地政府领导责任。厘清综合执法机构和行政主管部门关系，减少职责交叉，形成监管合力。

三、重点任务

（一）明确综合执法适用范围

文化市场综合执法机构的职能主要包括：依法查处娱乐场所、互联网上网服务营业场所的违法行为，查处演出、艺术品经营及进出口、文物经营等活动中的违法行为；查处文化艺术经营、展览展播活动中的违法行为；查处除制作、播出、传输等机构外的企业、个人和社会组织从事广播、电影、电视活动中的违法行为，查处电影放映单位的违法行为，查处安装和设置卫星电视广播地面接收设施、传送境外卫星电视节目中的违法行为，查处放映未取得《电影片公映许可证》的电影片和走私放映盗版影片等违法活动；查处图书、音像制品、电子出版物等方面的违法出版活动和印刷、复制、出版物发行中的违法经营活动，查处非法出版单位和个人的违法出版活动；查处著作权侵权行为；查处网络文化、网络视听、网络出版等方面的违法经营活动；配合查处生产、销售、使用"伪基站"设备的违法行为；承担"扫黄打非"有关工作任务；依法履行法律法规规章及地方政府赋予的其他职责。

（二）加强综合执法队伍建设

严格实行执法人员持证上岗和资格管理制度，未经执法资格考试合格，不得授予执法资格，不得从事执法活动。探索建立执法人员资格等级考试制度。健全执法人员培训机制，实施业务技能训练考核大纲和中西部地区执法能力提升计划，定期组织开展岗位练兵、技能比武活动。全面落实综合执法责任制，严格确定不同岗位执法人员执法责任，建立健全责任追究机制，通过落实党内监督、行政监督、社会监督、舆论监督等方式强化文化市场执法监督。落实综合执法标准规范，加强队容风纪管理，严格廉政纪律。使用统一执法标识、执法证件和执法文书，按规定配备综合执法车辆。

（三）健全综合执法制度机制

建立文化市场综合执法权力清单制度和行政裁量权基准制度，完善举报办理、交叉检查、随机抽查、案件督办、应急处置等各项工作流程。严格执行罚缴分离和收支两条线制度，严禁将罚没收入同综合执法机构利益直接或变相挂钩。建立文化市场跨部门、跨区域执法协作联动机制，完善上级与下级之间、部门之间、地区之间线索通报、案件协办、联合执法制度。建立文化市场行政执法和刑事司法衔接机制，坚决防止有案不移、有案难移、以罚代刑现象。推进政务信息公开，向社会公开执法案件主体信息、案由、处罚依据及处罚结果，提高执法透明度和公信力。

（四）推进综合执法信息化建设

加快全国文化市场技术监管与服务平台建设应用，加强与各有关行政部门信息系统的衔接共享，推进行政许可与行政执法在线办理，实现互联互通。通过视频监控、在线监测等远程监管措施，加强非现场监管执法。采用移动执法、电子案卷等手段，提升综合执法效能。推动信息化建设与执法办案监督管理深度融合，运用信息技术对执法流程进行实时监控、在线监察，规范执法行为，强化内外监督，建立开放、透明、便民的执法机制。构建文化市场重点领域风险评估体系，形成来源可查、去向可追的信息链条，切实防范区域性、行业性和系统性风险。

（五）完善文化市场信用体系

建设文化市场基础数据库，完善市场主体信用信息记录，探索实施文化市场信用分类监管，建立文化市场守信激励和失信惩戒机制。建立健全文化市场警示名单和黑名单制度，对从事违法违规经营、屡查屡犯的经营单位和个人，依法公开其违法违规记录，使失信违规者在市场交易中受到制约和限制。落实市场主体守法经营的主体责任,指导其加强事前防范、事中监管和事后处理工作。推动行业协会、商会等社会组织建立健全行业经营自律规范、自律公约和职业道德准则,引导行业健康发展。

(六)建立健全综合执法运行机制

文化市场综合执法机构依据法定职责和程序,相对集中行使文化(文物)、新闻出版广电(版权)等部门文化市场领域的行政处罚权以及相关的行政强制权、监督检查权,开展日常巡查、查办案件等执法工作。有关行政部门在各自职责范围内指导、监督综合执法机构开展执法工作,综合执法机构认真落实各有关行政部门的工作部署和任务,及时反馈执法工作有关情况,形成分工负责、相互支持、密切配合的工作格局。

四、组织领导

(一)加强组织实施

中央文化体制改革和发展工作领导小组统一领导全国深化文化市场综合执法改革工作,领导小组办公室负责组织对改革进展情况进行督促检查。中央宣传部、中央网信办、文化部、国家新闻出版广电总局要根据本意见要求统筹推进改革,涉及互联网信息内容的执法工作由中央网信办统筹协调。各省(自治区、直辖市)党委和政府要高度重视,将深化文化市场综合执法改革工作列入重要议事日程,确保改革各项措施落实到位。

(二)完善文化市场综合执法管理体制

建立由国务院文化行政部门牵头的全国文化市场管理工作联席会议制度,充分发挥各部门职能作用和资源优势,加强统筹、协调和指导。充实完善省、市、县三级文化市场管理工作领导小组,统一领导本行政区文化市场管理和综合执法工作,推动文化领域跨部门、跨行业综合执法;领导小组由同级党委宣传部部长任组长,同级政府有关负责同志任副组长。

国务院文化行政部门负责指导全国文化市场综合执法工作,推动各直辖市和市、县两级文化(文物)、新闻出版广电(版权)等部门整合文化市场领域的执法职能;建立统一规范的综合执法工作规则,建设全国文化市场技术监管体系,推进综合执法队伍建设;协调各有关行政部门对综合执法工作进行绩效考核。

省(自治区)文化行政部门负责指导本地区文化市场综合执法工作,统筹综合执法队伍建设;依法履行执法指导监督、跨区域执法协作、重大案件查处等职责。

(三)明确机构设置、编制、人员和经费

各地应根据中央关于深化行政执法体制改革的有关精神,结合本地实际,探索文化市场综合执法机构设置的有效形式。直辖市文化市场综合执法机构可探索对区县文化市场综合执法工作实行直接管理,整合执法资源,提升执法能力。副省级城市、省辖市可整合市区两级文化市场综合执法队伍,组建市级文化市场综合执法机构。县级市和县的文化市场综合执法机构要加强队伍建设,切实履行监管责任。对经济发达、城镇化水平较高的乡镇,县级市和县文化广电新闻出版行政部门可根据需要和条件通过法定程序委托乡镇政府行使部分文化市场执法权。

文化市场综合执法机构干部任免参照宣传文化单位干部管理规定办理。综合执法人员依法依规纳入参照公务员法管理。在省(自治区、直辖市)范围内,要统一规范综合执法机构名称,并结合本辖区地理范围、执法任务等情况,统筹考虑综合执法机构编制安排。综合执法机构的工作经费和能力建设经费列入同级政府财政预算。

(四)健全考核机制

文化市场综合执法工作要纳入社会治安综合治理成效评价体系,推动各级党委和政府履职尽责。健全文化市场综合执法绩效考评制度,加强对依法行政、市场监管、社会服务效能等方面的监督和评估。充分发挥"12318"文化市场举报电话和网络平台作用,畅通公众意见反馈渠道。建立文化市场综合执法工作第三方评价机制和群众评议反馈机制,制定公众满意度指标,增强综合执法工作评价的客观性和科学性。

(五)推动相关立法

做好文化市场综合执法立法与文化市场综合执法改革重大政策的衔接,加强理论研究,积累改革经验,研究制定文化市场综合执法管理规定,加快制定地方文化市场综合执法相关法规,推动综合执法机构依法行政,提高文化市场综合执法工作法治化水平。

中共中央办公厅
国务院办公厅
2016 年 4 月 4 日

国务院办公厅转发文化部等部门关于推动文化文物单位文化创意产品开发若干意见的通知

国办发〔2016〕36 号

各省、自治区、直辖市人民政府，国务院各部委、各直属机构：

文化部、国家发展改革委、财政部、国家文物局《关于推动文化文物单位文化创意产品开发的若干意见》已经国务院同意，现转发给你们，请结合实际，认真贯彻执行。

国务院办公厅

2016 年 5 月 11 日

关于推动文化文物单位文化创意产品开发的若干意见

文化部　国家发展改革委　财政部　国家文物局

为深入发掘文化文物单位馆藏文化资源，发展文化创意产业，开发文化创意产品，弘扬中华优秀文化，传承中华文明，推进经济社会协调发展，提升国家软实力，根据《国务院关于进一步加强文物工作的指导意见》（国发〔2016〕17 号）有关要求，现提出以下意见。

一、总体要求

文化文物单位主要包括各级各类博物馆、美术馆、图书馆、文化馆、群众艺术馆、纪念馆、非物质文化遗产保护中心及其他文博单位等掌握各种形式文化资源的单位。文化文物单位馆藏的各类文化资源，是中华民族五千多年文明发展进程中创造的博大精深灿烂文化的重要组成部分。

依托文化文物单位馆藏文化资源，开发各类文化创意产品，是推动中华文化创造性转化和创新性发展、使中国梦和社会主义核心价值观更加深入人心的重要途径，是推动中华文化走向世界、提升国家文化软实力的重要渠道，是丰富人民群众精神文化生活、满足多样化消费需求的重要手段，是增强文化文物单位服务能力、提升服务水平、丰富服务内容的必然要求，对推动优秀传统文化与当代文化相适应、与现代社会相协调，推陈出新、以文化人，具有重要意义。

推动文化创意产品开发，要始终把社会效益放在首位，实现社会效益和经济效益相统一；要在履行好公益服务职能、确保文化资源保护传承的前提下，调动文化文物单位积极性，加强文化资源系统梳理和合理开发利用；要鼓励和引导社会力量参与，促进优秀文化资源实现传承、传播和共享；要充分运用创意和科技手段，注意与产业发展相结合，推动文化资源与现代生产生活相融合，既传播文化，又发展产业、增加效益，实现文化价值和实用价值的有机统一。力争到 2020 年，逐步形成形式多样、特色鲜明、富有创意、竞争力强的文化创意产品体系，满足广大人民群众日益增长、不断升级和个性化的物质和精神文化需求。

二、主要任务

（一）充分调动文化文物单位积极性

具备条件的文化文物单位应结合自身情况，依托馆藏资源、形象品牌、陈列展览、主题活动和人才队伍等要素，积极稳妥推进文化创意产品开发，促进优秀文化资源的传承传播与合理利用。鼓励文化文物单位与社会力量深度合作，建立优势互补、互利共赢的合作机制，拓宽文化创意产品开发投资、设计制作和营销渠道，加强文化资源开放,促进资源、创意、市场共享。

（二）发挥各类市场主体作用

鼓励众创、众包、众扶、众筹,以创新创意为动力,以文化创意设计企业为主体,开发文化创意产品,打造文化创意品牌,为社会力量广泛参与研发、生产、经营等活动提供便利条件。鼓励企业通过限量复制、加盟制造、委托代理等形式参与文化创意产品开发。鼓励和引导社会资本投入文化创意产品开发,努力形成多渠道投入机制。

（三）加强文化资源梳理与共享

推进文化文物单位各类文化资源的系统梳理、分类整理和数字化进程,明确可供开发资源。用好用活第三次全国文物普查和第一次全国可移动文物普查数据。鼓励依托高新技术创新文化资源展示方式,提升体验性和互动性。支持数字文化、文化信息资源库建设,用好各类已有文化资源共建共享平台,面向社会提供知识产权许可服务,促进文化资源社会共享和深度发掘利用。

（四）提升文化创意产品开发水平

深入挖掘文化资源的价值内涵和文化元素,广泛应用多种载体和表现形式,开发艺术性和实用性有机统一、适应现代生活需求的文化创意产品,满足多样化消费需求。结合构建中小学生利用博物馆学习的长效机制,开发符合青少年群体特点和教育需求的文化创意产品。鼓励开发兼具文化内涵、科技含量、实用价值的数字创意产品。推动文化文物单位、文化创意设计机构、高等院校、职业学校等开展合作,提升文化创意产品设计开发水平。

（五）完善文化创意产品营销体系

创新文化创意产品营销推广理念、方式和渠道,促进线上线下融合。支持有条件的文化文物单位在保证公益服务的前提下,将自有空间用于文化创意产品展示、销售,鼓励有条件的单位在国内外旅游景点、重点商圈、交通枢纽等开设专卖店或代售点。综合运用各类电子商务平台,积极发展社交电商等网络营销新模式,提升文化创意产品网络营销水平,鼓励开展跨境电子商务。配合优秀文化遗产进乡村、进社区、进校园、进军营、进企业,加强文化创意产品开发和推广。鼓励结合陈列展览、主题活动、馆际交流等开展相关产品推广营销。积极探索文化创意产品的体验式营销。

（六）加强文化创意品牌建设和保护

促进文化文物单位、文化创意设计企业提升品牌培育意识以及知识产权创造、运用、保护和管理能力,积极培育拥有较高知名度和美誉度的文化创意品牌。依托重点文化文物单位,培育一批文化创意领军单位和产品品牌。建立健全品牌授权机制,扩大优秀品牌产品生产销售。

（七）促进文化创意产品开发的跨界融合

支持文化资源与创意设计、旅游等相关产业跨界融合,提升文化旅游产品和服务的设计水平,开发具有地域特色、民族风情、文化品位的旅游商品和纪念品。推动优秀文化资源与新型城镇化紧密结合,更多融入公共空间、公共设施、公共艺术的规划设计,丰富城乡文化内涵,优化社区人文环境,使城市、村镇成为历史底蕴厚重、时代特色鲜明、文化气息浓郁的人文空间。将文化创意产品开发作为推动革命老区、民族地区、边疆地区、贫困地区文化遗产保护和文化发展、扩大就业、促进社会进步的重要措施。鼓励依托优秀演艺、影视等资源开发文化创意产品,延伸相关产业链条。

三、支持政策和保障措施

（一）推动体制机制创新

鼓励具备条件的文化文物单位在确保公益目标、保护好国家文物、做强主业的前提下,依托馆藏资源,结合自身情况,采取合作、授权、独立开发等方式开展文化创意产品开发。逐步将文化创意产品开发纳入文化文物单位评估定级标准和绩效考核范围。文化文物事业单位要严格按照分类推进事业单位改革的政策规定,坚持事企分开的原则,将文化创意产品开发与公益服务分开,原则上以企业为主体参与市场竞争;其文化创意产品开发取得的事业收入、经营收入和其他收入等按规定纳入本单位预算统一管理,可用于加强公益文化服务、藏品征集、继续投入文化创意产品开发、对符合规定的人员予以绩效奖励等。国有文化文物单位应积极探索文化创意产品开发收益在相关权利人间的合理分配机制。促进国有和非国有文化文物单位之间在馆藏资源展览展示、文化创意产品开发等方面的交流合作。鼓励具备条件的非国有文化文物单位充分发掘文化资源开发文化创意产品,同等享受相关政策支持。

（二）稳步推进试点工作

按照试点先行、逐步推进的原则，在国家级、部分省级和副省级博物馆、美术馆、图书馆中开展开办符合发展宗旨、以满足民众文化消费需求为目的的经营性企业试点，在开发模式、收入分配和激励机制等方面进行探索。试点名单由文化部、国家文物局确定，或者由省级人民政府文化文物部门确定并报文化部、国家文物局备案。允许试点单位通过知识产权作价入股等方式投资设立企业，从事文化创意产品开发经营。试点单位具备相关知识和技能的人员在履行岗位职责、完成本职工作的前提下，经单位批准，可以兼职到本单位附属企业或合作设立的企业从事文化创意产品开发经营活动；涉及的干部人事管理、收入分配等问题，严格按照有关政策规定执行。参照激励科技人员创新创业的有关政策完善引导扶持激励机制。探索将试点单位绩效工资总量核定与文化创意产品开发业绩挂钩，文化创意产品开发取得明显成效的单位可适当增加绩效工资总量，并可在绩效工资总量中对在开发设计、经营管理等方面做出重要贡献的人员按规定予以奖励。

（三）落实完善支持政策

中央和地方各级财政通过现有资金渠道，进一步完善资金投入方式，加大对文化创意产品开发工作的支持力度。研究论证将符合条件的文化创意产品开发项目纳入专项建设基金支持范围。认真落实推进文化创意和设计服务与相关产业融合发展、发展对外文化贸易等扶持文化产业发展的税收政策，支持文化创意产品开发。将文化创意产品开发纳入文化产业投融资服务体系支持和服务范围。面向从事文化创意产品开发的企事业单位，培育若干骨干文化创意产品开发示范单位，加强引领示范，形成可向全行业推广的经验。将文化创意产品开发经营企业纳入各级文化产业示范基地评选范围。强化文化市场监管和执法，加大侵权惩处力度，创造良好市场环境。鼓励各级地方政府创新文化创意产品开发机制，用机制创新干事。

（四）加强支撑平台建设

发挥国家级文化文物单位和骨干企业作用，支持实施一批具有示范引领作用的项目，搭建面向全行业的产品开发、营销推广、版权交易等平台。支持有条件的地方和企事业单位建设文化创意产品开发生产园区基地。实施"互联网＋中华文明"行动计划，遴选和培育一批"双创"空间，实施精品文物数字产品和精品展览数字产品推广项目。充分发挥重点文化产业、文物展会作用，促进优秀文化创意产品的展示推广和交易。规范和鼓励举办产品遴选推介、创意设计竞赛等活动，促进文化创意产品展示交易。借助海外中国文化中心、国际展览展示交易活动、文物进出境展览和交流等平台，促进优秀文化创意产品走出去。

（五）强化人才培养和扶持

以高端创意研发、经营管理、营销推广人才为重点，同旅游、教育结合起来，加强对文化创意产品开发经营人才的培养和扶持。将文化创意产品设计开发纳入各类文化文物人才扶持计划支持范围。文化文物单位和文化创意产品开发经营企业要积极参与各级各类学校相关专业人才培养，探索现代学徒制、产学研结合等人才培养模式，并为学生实习提供岗位，提高人才培养的针对性和适用性。通过馆校结合、馆企合作等方式大力培养文化文物单位的文化创意产品开发、经营人才。支持文化文物单位建设兼具文化文物素养和经营管理、设计开发能力的人才团队，并通过多种形式引进优秀专业人才，进一步畅通国有和民营、事业单位和企业之间人才流动渠道。鼓励开展中外文化创意产品设计开发、经营管理人才交流与合作，定期开展海外研习活动。

（六）加强组织实施

地方各级文化、发展改革、财政、文物等部门要按照本意见的要求，根据本地区实际情况，加强对推动文化创意产品开发工作的组织实施，做好宣传解读和相关统计监测工作。部门间、地区间要协同联动，确保各项任务措施落到实处。注意加强规范引导，因地制宜，突出特色，科学论证，确保质量，防止一哄而上、盲目发展。强化开发过程中的文物保护和资产管理，制定严格规程，健全财务制度，防止破坏文物，杜绝文物和其他国有资产流失。充分发挥各级各类行业协会、中介组织、研究机构等在行业研究、标准制定、交流合作等方面的作用。

艺术品经营管理办法（文化部令第56号）

中华人民共和国文化部令

第56号

《艺术品经营管理办法》已经2015年12月17日文化部部务会议审议通过，现予发布。

部　长　雒树刚
2016年1月18日

艺术品经营管理办法

第一章　总　则

第一条　为了加强对艺术品经营活动的管理，规范经营行为，繁荣艺术品市场，保护创作者、经营者、消费者的合法权益，制定本办法。

第二条　本办法所称艺术品，是指绘画作品、书法篆刻作品、雕塑雕刻作品、艺术摄影作品、装置艺术作品、工艺美术作品等及上述作品的有限复制品。本办法所称艺术品不包括文物。

本办法规范的艺术品经营活动包括：

（一）收购、销售、租赁；

（二）经纪；

（三）进出口经营；

（四）鉴定、评估、商业性展览等服务；

（五）以艺术品为标的物的投资经营活动及服务。

利用信息网络从事艺术品经营活动的适用本办法。

第三条　文化部负责制定艺术品经营管理政策，监督管理全国艺术品经营活动，建立艺术品市场信用监管体系。

省、自治区、直辖市人民政府文化行政部门负责艺术品进出口经营活动审批，建立专家委员会，为文化行政部门开展的内容审查、市场监管相关工作提供专业意见。

县级以上人民政府文化行政部门负责本行政区域内艺术品经营活动的日常监督管理工作，县级以上人民政府文化行政部门或者依法授权的文化市场综合执法机构对从事艺术品经营活动违反国家有关规定的行为实施处罚。

第四条　加强艺术品市场社会组织建设。鼓励和引导行业协会等社会组织制定行业标准，指导、监督会员依法开展经营活动，依照章程，加强行业自律，推动诚信建设，促进行业公平竞争。

第二章　经营规范

第五条　设立从事艺术品经营活动的经营单位，应当到其住所地县级以上人民政府工商行政管理部门申领营业执照，并在领取营业执照之日起15日内，到其住所地县级以上人民政府文化行政部门备案。

其他经营单位增设艺术品经营业务的，应当按前款办理备案手续。

第六条　禁止经营含有以下内容的艺术品：

（一）反对宪法确定的基本原则的；

（二）危害国家统一、主权和领土完整的；

（三）泄露国家秘密、危害国家安全或者损害国家荣誉和利益的；

（四）煽动民族仇恨、民族歧视，破坏民族团结，或者侵害民族风俗、习惯的；

（五）破坏国家宗教政策，宣扬邪教、迷信的；

（六）宣扬恐怖活动，散布谣言，扰乱社会秩序，破坏社会稳定的；

（七）宣扬淫秽、色情、赌博、暴力或者教唆犯罪的；

（八）侮辱或者诽谤他人，侵害他人合法权益的；

（九）违背社会公德或者民族优秀文化传统的；

（十）蓄意篡改历史、严重歪曲历史的；

（十一）有法律、法规和国家规定禁止的其他内容的。

第七条 禁止经营以下艺术品：

（一）走私、盗窃等来源不合法的艺术品；

（二）伪造、变造或者冒充他人名义的艺术品；

（三）除有合法手续、准许经营的以外，法律、法规禁止交易的动物、植物、矿物、金属、化石等为材质的艺术品；

（四）国家规定禁止交易的其他艺术品。

第八条 艺术品经营单位不得有以下经营行为：

（一）向消费者隐瞒艺术品来源，或者在艺术品说明中隐瞒重要事项，误导消费者的；

（二）伪造、变造艺术品来源证明、艺术品鉴定评估文件以及其他交易凭证的；

（三）以非法集资为目的或者以非法传销为手段进行经营的；

（四）未经批准，将艺术品权益拆分为均等份额公开发行，以集中竞价、做市商等集中交易方式进行交易的；

（五）法律、法规和国家规定禁止的其他经营行为。

第九条 艺术品经营单位应当遵守以下规定：

（一）对所经营的艺术品应当标明作者、年代、尺寸、材料、保存状况和销售价格等信息。

（二）保留交易有关的原始凭证、销售合同、台账、账簿等销售记录，法律、法规要求有明确期限的，按照法律、法规规定执行；法律、法规没有明确规定的，保存期不得少于 5 年。

第十条 艺术品经营单位应买受人要求，应当对买受人购买的艺术品进行尽职调查，提供以下证明材料之一：

（一）艺术品创作者本人认可或者出具的原创证明文件；

（二）第三方鉴定评估机构出具的证明文件；

（三）其他能够证明或者追溯艺术品来源的证明文件。

第十一条 艺术品经营单位从事艺术品鉴定、评估等服务，应当遵守以下规定：

（一）与委托人签订书面协议，约定鉴定、评估的事项，鉴定、评估的结论适用范围以及被委托人应当承担的责任；

（二）明示艺术品鉴定、评估程序或者需要告知、提示委托人的事项；

（三）书面出具鉴定、评估结论，鉴定、评估结论应当包括对委托艺术品的全面客观说明，鉴定、评估的程序，做出鉴定、评估结论的证据，鉴定、评估结论的责任说明，并对鉴定、评估结论的真实性负责；

（四）保留书面鉴定、评估结论副本及鉴定、评估人签字等档案不得少于 5 年。

第十二条 文化产权交易所和以艺术品为标的物的投资经营单位，非公开发行艺术品权益或者采取艺术品集中竞价交易的，应当执行国家有关规定。

第三章 艺术品进出口经营活动

第十三条 艺术品进出口经营活动包括：

（一）从境外进口或者向境外出口艺术品的经营活动；

（二）以销售、商业宣传为目的在境内公共展览场所举办的，有境外艺术品创作者或者境外艺术品参加的各类展示活动。

第十四条 从境外进口或者向境外出口艺术品的，应当在艺术品进出口前，向艺术品进出口口岸所在地省、自治区、直辖市人民政府文化行政部门提出申请并报送以下材料：

（一）营业执照、对外贸易经营者备案登记表；

（二）进出口艺术品的来源、目的地；

（三）艺术品图录；

（四）审批部门要求的其他材料。

文化行政部门应当自受理申请之日起 5 日内做出批准或者不批准的决定。批准的，发给批准文件，申请单位持批准文件到海关办理手续；不批准的，书面通知申请人并说明理由。

第十五条 以销售、商业宣传为目的在境内公共展览场所举办有境外艺术品创作者或者境外艺术品参加的展示活动，应当由举办单位于展览日 45 日前，向展览举办地省、自治区、直辖市人民

政府文化行政部门提出申请,并报送以下材料:

(一)主办或者承办单位的营业执照、对外贸易经营者备案登记表;

(二)参展的境外艺术品创作者或者境外参展单位的名录;

(三)艺术品图录;

(四)审批部门要求的其他材料。

文化行政部门应当自受理申请之日起 15 日内做出批准或者不批准的决定。批准的,发给批准文件,申请单位持批准文件到海关办理手续;不批准的,书面通知申请人并说明理由。

第十六条 艺术品进出口口岸所在地省、自治区、直辖市人民政府文化行政部门在艺术品进出口经营活动审批过程中,对申报的艺术品内容有疑义的,可提交专家委员会进行复核。复核时间不超过 15 日,复核时间不计入审批时限。

第十七条 同一批已经文化行政部门内容审核的艺术品复出口或者复进口,进出口单位可持原批准文件到进口或者出口口岸海关办理相关手续,文化行政部门不再重复审批。

第十八条 任何单位或者个人不得销售或者利用其他商业形式传播未经文化行政部门批准进口的艺术品。

个人携带、邮寄艺术品进出境,不适用本办法。个人携带、邮寄艺术品超过海关认定的自用、合理数量,海关要求办理进出口手续的,应当参照本办法第十四条办理。

以研究、教学参考、馆藏、公益性展览等非经营性用途为目的的艺术品进出境,应当参照本办法第十四条或者第十五条办理进出口手续。

第四章 法律责任

第十九条 违反本办法第五条规定的,由县级以上人民政府文化行政部门或者依法授权的文化市场综合执法机构责令改正,并可根据情节轻重处 10000 元以下罚款。

第二十条 违反本办法第六条、第七条规定的,由县级以上人民政府文化行政部门或者依法授权的文化市场综合执法机构没收非法艺术品及违法所得,违法经营额不足 10000 元的,并处 10000 元以上 20000 元以下罚款;违法经营额 10000 元以上的,并处违法经营额 2 倍以上 3 倍以下罚款。

第二十一条 违反本办法第八条规定的,由县级以上人民政府文化行政部门或者依法授权的文化市场综合执法机构责令改正,没收违法所得,违法经营额不足 10000 元的,并处 10000 元以上 20000 元以下罚款;违法经营额 10000 元以上的,并处违法经营额 2 倍以上 3 倍以下罚款。

第二十二条 违反本办法第九条、第十一条规定的,由县级以上人民政府文化行政部门或者依法授权的文化市场综合执法机构责令改正,并可根据情节轻重处 30000 元以下罚款。

第二十三条 违反本办法第十四条、第十五条规定,擅自开展艺术品进出口经营活动,及违反第十八条第一款规定的,由县级以上人民政府文化行政部门或者依法授权的文化市场综合执法机构责令改正,违法经营额不足 10000 元的,并处 10000 元以上 20000 元以下罚款;违法经营额 10000 元以上的,并处违法经营额 2 倍以上 3 倍以下罚款。

第五章 附 则

第二十四条 本办法规定的行政许可、备案、专家委员会复核的期限以工作日计算,不含法定节假日。

第二十五条 本办法由文化部负责解释。

第二十六条 本办法自 2016 年 3 月 15 日起施行。2004 年 7 月 1 日公布的《美术品经营管理办法》同时废止。

文化部关于发布行业标准《社区图书馆服务规范》的通知

文科技发〔2016〕1 号

各省、自治区、直辖市文化厅（局），新疆生产建设兵团文化广播电视局，国家图书馆：

《社区图书馆服务规范》（WH/T 73-2016）经审定通过，

现批准为推荐性行业标准，自2016 年 5 月 1 日起实施。

本标准由我部全国图书馆标准化技术委员会组织国家图书馆出版社出版发行。

特此通知。

文化部

2016 年 3 月 11 日

文化部关于贯彻实施《艺术品经营管理办法》的通知

文市发〔2016〕3 号

各省、自治区、直辖市文化厅（局），新疆生产建设兵团文化广播电视局，西藏自治区、北京市、天津市、上海市、重庆市文化市场行政（综合）执法总队：

为贯彻实施《艺术品经营管理办法》（文化部令第 56 号，以下简称《办法》），切实加强艺术品市场管理，促进艺术品市场健康有序发展，现将有关事项通知如下：

一、高度重视艺术品市场管理

近年来，我国艺术品市场快速发展，市场规模、产品种类、经营方式不断拓展，日益成为大众文化消费的重要领域，在满足人民群众精神文化需求、提高国民艺术素养、促进文化产业发展等方面发挥越来越重要的作用。但是，艺术品经营中也存在制假售假、虚假鉴定、虚高评估、投机炒作等问题，艺术品电商、艺术品金

融等新型业态亟待规范。各地要高度重视艺术品市场管理，认真贯彻实施《办法》，明确行业底线，强化主体责任，建立健全监管制度，加强内容监管，切实维护消费者合法权益，不断规范市场经营秩序。

二、明确管理对象，开展行业普查

《办法》所称从事艺术品经营活动的经营单位包括：艺术品收购、销售、租赁经营单位，艺术品拍卖企业、进出口经营单位、商业性展览企业、鉴定评估机构，利用信息网络从事艺术品经营活动的电商平台企业、租赁平台企业等，以艺术品为标的物的投融资企业（含艺术品基金、信托、艺术银行、交易所等），以及其他从事艺术品经营活动的单位。各地要以贯彻实施《办法》为契机，深入行业调研，开展行业普查，摸清行业底

数，准确研判行业现状与趋势，不断提高行业管理能力。

三、规范审批备案工作

省级文化行政部门要按照《办法》规定的审批条件和时限，开展艺术品进出口经营活动审批工作，重新编订审批服务指南，并在办公场所及政府网站相应调整审批公示信息。县级以上文化行政部门要按照全部纳入管理视线的原则，全面开展艺术品经营单位备案工作，对已取得工商营业执照尚未备案的，要指导其依法履行备案手续。艺术品经营单位备案，应当提交营业执照复印件、法定代表人或者主要负责人身份证件并填写备案申请表（见附件）。艺术品进出口经营单位备案还应当提交对外贸易经营者备案登记表。备案机关应当将备案信息录入全国文化市场技术监管与服务平台，并向申请人颁发备案

证明。县级以上文化行政部门应当于2016年9月30日前完成对辖区内艺术品经营单位的备案工作。

四、建立专家委员会制度

省级文化行政部门应当建立专家委员会，为艺术品进出口内容审查及地方各级文化行政部门、文化市场综合执法机构对涉嫌含有禁止内容的艺术品的认定，提供专业意见。专家委员会应当广泛吸收文博、历史、艺术、法律等领域具有较高专业知识和技能的专家参加，人数原则上不少于5名（应为单数）。要加强对专家委员会的规范管理，采用聘任制，与专家签订协议，明确责任及规范。专家委员会不得面向社会开展有偿服务，专家委员会专家不得以专家委员会或者委员会专家名义，承担省级文化行政部门委托之外的项目。

五、推动建立健全经营规范

按照《办法》规定，督促艺术品经营单位落实明示担保和尽职调查制度，做到明码标价、信息全面真实、交易记录保存完整，保障消费者的知情权，促进公平透明交易。各级文化行政部门、文化市场综合执法机构要加强对将艺术品鉴定评估的管理，督促艺术品鉴定评估机构建立鉴定评估规范，做到程序合规、责任明晰、结论可追溯。

六、加强信用监管

加强艺术品经营单位一户一档管理，完善信用信息，积极探索对艺术品经营单位的信用监管，建立警示名单和黑名单制度，完善守信激励和失信惩戒机制，营造良好信用环境。要落实文化产品黑名单管理制度，将含有禁止内容的艺术品信息及时报送文化部。

七、加大案件查处力度

对艺术品市场实施全领域内容监管，合理配置管理和执法力量，加强日常巡查和随机抽查，广辟线索来源，及时查处违法违规行为，每年至少公布一批艺术品市场违法案件，加大对艺术品市场执法的考核力度。要以案说法，加强案件查办的宣传、培训，开展执法服务，定期向企业通报执法情况，明确监管底线，督促行业依法依规经营。

八、加强行业协会建设

各地特别是艺术品市场较为发达的地区，要积极推动成立地方行业协会，鼓励和指导行业协会制定服务标准规范，宣介政策法规，加强行业自律，提高经营者诚信守法经营意识。行业协会要加强行业研究，开展行业培训，促进行业交流，维护行业权益，参与公共服务，探索开展信用评价，为行业发展营造良好环境。

九、加强学习宣传

各地要及时举办管理与执法人员培训班，认真学习领会《办法》的立法精神及基本内容，确保培训到每一名文化市场管理与执法人员。要举办艺术品经营者培训班，宣讲管理政策，督促经营单位履行责任，提高守法经营意识。要通过举办艺术品市场法制宣传周、公益展览、政策咨询、专题讲座、艺术培训等活动，以及广播、电视、报刊、网络媒体等新闻媒体，加强对《办法》的宣传力度，提高《办法》的知晓率，使公众充分了解在艺术消费中应享有的权利，引导合理消费。

《办法》实施中遇到的重要情况和问题要及时报告上级。文化部2016年年内将对《办法》贯彻实施情况开展督查。

特此通知。

附件：艺术品经营单位备案申请表

文化部
2016年3月24日

附件

艺术品经营单位备案申请表

名　　称			
类　　型			
住　　所			
注册资本		成立日期	
电　　话		传　　真	
邮政编码		电子邮箱	
统一社会信用代码			
法定代表人或主要负责人		身份证件类型	
证件号码			

经营活动类型

画廊□　画店□　租赁□　拍卖□　进出口经营□　鉴定□　评估□　商业性展览□　艺术品电商平台□　艺术品网络租赁平台□　以艺术品为标的物的投资经营活动及服务□　其他＿＿＿＿＿＿＿		
是否利用信息网络从事艺术品经营活动		是□　　否□

经营作品类型

绘画作品□　书法篆刻作品□　雕塑雕刻作品□　艺术摄影作品□　装置艺术作品□　工艺美术作品□　上述作品的有限复制品□

申请人（代办人）：

年　月　日

文化部关于发布行业标准《图书馆行业条码》的通知

文科技发〔2016〕5 号

各省、自治区、直辖市文化厅（局），新疆生产建设兵团文化广播电视局，国家图书馆：

《图书馆行业条码》（WH/T 74-2016）经审定通过，现批准为推荐性行业标准，自 2016 年 7 月 1 日起实施。原《图书馆行业条码》（WH0501-1995）同时废止。

本标准由我部全国图书馆标准化技术委员会组织国家图书馆出版社出版发行。

特此通知。

文化部

2016 年 4 月 21 日

文化部关于贯彻《国务院关于修改部分行政法规的规定》的通知

文市发〔2016〕7 号

各省、自治区、直辖市文化厅（局），新疆生产建设兵团文化广播电视局，西藏自治区、北京市、天津市、上海市、重庆市文化市场行政（综合）执法总队：

2016 年 2 月 6 日，国务院印发《关于修改部分行政法规的决定》（国务院令第 666 号），对《互联网上网服务营业场所管理条例》《营业性演出管理条例》《娱乐场所管理条例》（以下统称条例）等行政法规的部分条款予以修改。条例明确，对互联网上网服务营业场所经营单位、营业性演出经营主体、娱乐场所准入审批实施"先照后证"；文化行政部门负责对市场主体擅自从事互联网上网服务、营业性演出、娱乐场所经营活动的行为依法予以查处取缔；文化行政部门对文化市场经营活动实施信用监管。为做好修改后条例的贯彻实施工作，进一步加强文化市场管理，现就有关事项通知如下：

一、落实"先照后证"，规范行政审批

各级文化行政部门要认真落实修改后的条例，依法开展对文化市场经营主体从事互联网上网服务、营业性演出、娱乐场所等经营活动的行政审批。协调工商行政部门建立工商登记信息推送机制，加强与有关部门的沟通协作和信息共享，做好条例修改后的工作衔接。要对照《文化部关于落实"先照后证"改进文化市场行政审批工作的通知》（文市函〔2015〕627 号）的各项工作要求，进一步优化服务，按照便捷、高效、规范的原则，调整完善审批工作流程，做好行政审批事项信息公开。加强对审批人员的业务培训，切实提高文化市场行政审批工作能力和水平。

二、加强执法监管，规范市场秩序

各级文化市场综合执法机构要认真履行条例赋予的职责，进一步加强对互联网上网服务营业场所、营业性演出、娱乐场所的日常巡查和随机抽查。要协同公安部门推动建立案件会商、线索移送、联合执法机制，做好工作配合。根据职责分工，在当地政府的统一领导下，依法加强对文化市场安全生产的监督检查。重点加强对互联网上网服务营业场所、娱乐场所、演出场所等人员密集、进出频繁的文化场所的现场巡查，督促各类文化市场经营主体落实主体责任和主要负责人的安全生产责任，对安全状况较差的无证照场所要加大排查和处置力度，及时消除安全隐患。

三、加强信用监管，审批与执法联动

各级文化行政部门和文化市场综合执法机构要以贯彻实施修改后的条例为契机，进一步树立全领域管理理念，做好审批与执法的协同配合。要建立企业信用监管制度和约束机制，完善经营主体和产品黑名单制度，健全行政处罚信息公示、公开制度。要以守信激励、失信惩戒为原则，探索依据信用等级实施分类监管，提高文化市场监管效能。要全面摸排辖区内无证照场所情况，分类建立经营主体信息台账，确定监管重点，切实做到"看得见，管得住"。对具备设立条件的无证照场所，应当责令其立即停止经营活动，并指导其限期依法办理各项手续，完善经营资质；对确实不具备设立条件的无证照场所，要依法予以取缔。

四、发挥行业组织作用，强化社会和舆论监督

各级文化行政部门和文化市场综合执法机构要建立引导行业协会和社会力量参与市场监督的工作机制。支持行业协会建设，发挥好行业协会在行业自律、信用监管中的作用。利用好"12318"文化市场举报平台，规范文化市场举报投诉受理，及时公开行政处罚信息，强化社会和舆论监督，提高执法透明度和公信力。

省级文化行政部门和文化市场综合执法机构要将条例修改后工作中遇到的新情况新问题及时向文化部报告，并加强对下级部门的工作指导。

特此通知。

文化部
2016 年 5 月 4 日

文化部关于发布行业标准《演出场所扩声用扬声器系统通用规范》的通知

文科技发〔2016〕8 号

各省、自治区、直辖市文化厅（局）、新疆生产建设兵团文化广播电视局、国家京剧院、中国国家话剧院、中国歌剧舞剧院、中国东方演艺集团有限公司、中国交响乐团、中国儿童艺术剧院、中央歌剧院、中央芭蕾舞团、中央民族乐团：

《演出场所扩声用扬声器系统通用规范》（WH/T 75-2016）经审定通过，现批准为推荐性行业标准，自 2016 年 10 月 1 日起实施。

本标准由我部全国剧场标准化技术委员会组织出版发行。

特此通知。

文化部
2016 年 6 月 13 日

文化部关于加强网络表演管理工作的通知

文市发〔2016〕12 号

各省、自治区、直辖市文化厅（局）、新疆生产建设兵团文化广播电视局、西藏自治区、北京市、天津市、上海市、重庆市文化市场行政（综合）执法总队：

网络表演是网络文化的重要组成部分。近年来，我国网络表演市场快速发展，在促进网络文化行业创新，扩大和引导文化消费等方面发挥了积极作用。但是，部分网络表演经营单位责任缺失、管理混乱，一些表演者以低俗、色情等违法违规内容吸引关注，社会影响恶劣，严重危害行业健康发展。为切实加强网络表演管理，规范网络文化市场秩序，必须对网络表演市场实行经常抽查，及时公开，坚决依法查处违法违规行为。根据《互联网文化管理暂行规定》，现就有关事项通知如下：

一、督促网络表演经营单位和表演者落实责任

网络表演经营单位要对本单位提供的网络表演承担主体责任，对所提供的产品、服务和经营行为负责，确保内容合法、经营有序、来源可查、责任可究。网络表演经营单位要健全内容管理制度，配足内容审核人员，严格监督表演者表演行为，加强对用户互动环节的管理。要严密技术监控措施，畅通投诉举报渠道，完善突发事件应急处置机制，确保能够第一时间发现并处置违法违规内容。一经发现含有违法违规内容的网络表演，要及时关闭表演频道，停止网络传播，保存有关记录，并立即向所在地省级文化行政部门或文化市场综合执法机构报告。

表演者对其开展的网络表演承担直接责任。表演者应当依法依规从事网络表演活动，不得开展含有低俗、色情、暴力等国家法律法规禁止内容的网络表演。表演者应当自觉提高职业素养，加强道德自律，自觉开展内容健康向上的网络表演。

各级文化行政部门和文化市场综合执法机构要加强对辖区内网络表演经营单位的管理和培训，依法强化网络表演经营单位直接发现、第一时间处置违法违规内容等主体责任，对逾期不予处理或处理不到位的，要严肃追责，依法查处。

二、加强内容管理，依法查处违法违规网络表演活动

内容管理是网络表演管理工作的重点。各级文化行政部门和文化市场综合执法机构要加强对辖区内网络表演经营单位的日常监管，重点查处提供禁止内容等违法违规网络表演活动，包括：提供含有《互联网文化管理暂行规定》第十六条规定的禁止内容，或利用人体缺陷或者以展示人体变异等方式招徕用户，或以恐怖、残忍、摧残表演者身心健康等方式以及以虐待动物等方式进行的网络表演活动；使用违法违规文化产品开展的网络表演活动；对网络表演活动进行格调低俗的广告宣传和市场推广行为等。

对提供上述违法违规网络表演的网络表演经营单位，文化行政部门和文化市场综合执法机构要依据《互联网文化管理暂行规定》坚决予以查处，没收违法所得，并处罚款；情节严重的，责令停业整顿直至吊销《网络文化经营许可证》；构成犯罪的，依法追究刑事责任。地方文化行政部门和文化市场综合执法机构要按照"谁处罚，谁列入"的原则，根据情形，将违法违规网络表演经营单位列入黑名单或警示名单。

对提供违法违规网络表演的表演者，地方文化行政部门和文化市场综合执法机构要责令所在网络表演经营单位关停表演者频道，并及时将违法违规表演者的信息和证据材料报送文化部。文化部根据情形，将违法违规表演者列入黑名单或警示名单。列入黑名单的表演者，禁止其在全国范围内从事网络表演及其他营业性演出活动，具体时限视违法违规情节轻重确定。

文化行政部门负责将黑名单通报同级有关部门，并建议实施联合惩戒，强化对违法违规网络表演经营单位和表演者"一处违法，处处受限"的信用监管。各级行业协会要在本行业协会范围内，对列入黑名单的网络表演经营单位和表演者予以通报并抵制。

三、对网络表演市场全面实施"双随机一公开"

各地文化行政部门和文化市场综合执法机构要立即对本行政区域内的网络表演经营单位开展一次调查摸底，全面掌握网络表演经营单位情况。在此基础上，充分利用网络文化市场执法协作机制，对网络表演市场全面实施"双随机一公开"，定期开展随机抽查，及时向社会公布查处结果，公布网络表演市场黑名单和警示名单。

各地文化行政部门和文化市场综合执法机构要抓紧制定网络表演随机抽查工作实施方案和随机抽查事项清单，以现场检查、网络巡查为主要抽查方式，以网络表演内容为抽查重点。对投诉举报较多的网络表演经营单位，要加大随机抽查频次，重点监管。要利用全国文化市场技术监管与服务平台，记录随机抽取的检查对象、执法检查人员、检查事项、检查结果等，做到全程留痕，实现过程可溯源、责任可追溯。

本通知所称的网络表演是指将现场进行的文艺表演、网络游戏等文化产品技法展示或解说等，通过信息网络实时传播或者以音视频形式上载传播，供用户在线浏览、观看、使用或者下载的产品和服务。

特此通知。

文化部
2016 年 7 月 1 日

文化部关于印发《文化志愿服务管理办法》的通知

文公共发〔2016〕15 号

各省、自治区、直辖市文化厅（局），新疆生产建设兵团文化广播电视局，本部各直属单位：

为深入贯彻落实《中共中央办公厅　国务院办公厅关于加快构建现代公共文化服务体系的意见》，推动文化志愿服务规范化、制度化，构建参与广泛、内容丰富、形式多样、机制健全的文化志愿服务体系，文化部制定了《文化志愿服务管理办法》，现印发给你们，请结合实际贯彻执行。

特此通知。

文化部
2016 年 7 月 14 日

文化志愿服务管理办法

第一章　总　则

第一条　为发挥文化志愿服务在构建现代公共文化服务体系中的积极作用，鼓励和引导文化志愿服务活动广泛深入开展，推动文化志愿服务常态化、规范化、制度化，根据文化志愿服务特点，制定本办法。

第二条　本办法所称文化志愿者，是指利用自己的时间、知识、技能等，自愿、无偿为社会或他人提供公益性文化服务的个人。

本办法所称文化志愿服务组织单位，是指组织开展文化志愿服务的文化行政部门、文化单位。

本办法所称文化志愿服务组织，是指以开展文化志愿服务为宗旨的非营利性社会组织。

第三条　文化志愿服务应弘扬奉献、友爱、互助、进步的志愿精神，遵循自愿、无偿、利他、平等的原则。

第二章　文化志愿者

第四条　文化志愿者应热心文化事业，具有一定的文化艺术才能和相应的民事行为能力。

鼓励有意愿、有能力的人成为文化志愿者。

鼓励老年人在自愿和量力的情况下参加文化志愿服务活动。

未成年人经其监护人同意或由其监护人陪同，可参加与其年龄、身心状况相适应的文化志愿服务活动。

第五条　文化志愿者可向文化志愿服务组织单位申请实名注册。注册时，应提供真实身份信息、服务技能、服务时间、联系方式等个人基本信息。

第六条　文化志愿者享有下列权利：

（一）根据自己的意愿、时间和能力提供文化志愿服务；

（二）获得文化志愿服务活动真实、准确、完整的信息；

（三）参加文化志愿服务培训；

（四）获得开展文化志愿服务必要的工作条件；

（五）要求文化志愿服务组织单位如实记录参与文化志愿服务的有关信息；

（六）请求文化志愿服务组织单位帮助解决在文化志愿服务过程中遇到的实际困难；

（七）对文化志愿服务工作提出意见和建议；

（八）相关法律、法规及规章制度规定的其他权利。

第七条　文化志愿者履行下列义务：

（一）自觉维护文化志愿者的形象与声誉；

（二）遵守文化志愿服务管理制度；

（三）履行文化志愿服务承诺或协议，完成文化志愿服务组织单位安排的志愿服务任务；

（四）尊重服务对象的意愿、人格和隐私，不得向其收取或者变相收取报酬；

（五）因故不能参加或完成预先约定的文化志愿服务活动时，履行合理告知的义务；

（六）相关法律、法规及规章制度规定的其他义务。

第三章　文化志愿服务组织单位

第八条　文化志愿服务组织单位履行下列职责：

（一）制定文化志愿服务计划；

（二）依法筹集、管理和使用文化志愿服务经费、物资；

（三）组织开展文化志愿服务活动；

（四）负责文化志愿者的招募、注册、培训、服务记录、绩效考核等工作；

（五）为文化志愿者开展文化志愿服务提供必要的工作条件，帮助解决文化志愿服务过程中遇到的实际困难；

（六）根据文化志愿者的要求和相关管理规定，出具文化志愿服务相关证明；

（七）开展文化志愿服务宣传、交流与合作；

（八）履行相关法律、法规规定的其他职责。

第九条　文化志愿服务组织单位可根据实际需求制定招募计划，定向招募或面向社会公开招募文化志愿者。

招募文化志愿者，应当明确公告文化志愿服务项目和文化志愿者的条件、数量、服务内容、保障条件以及可能发生的风险等信息。

第十条　文化志愿服务组织单位应依据文化志愿者本人申请，对于符合条件的予以注册并发放注册服务证，如实记录文化志愿者个人基本信息和服务开展情况。

未经文化志愿者本人同意，文化志愿服务组织单位不得公开或泄露其有关信息。

第十一条　文化志愿服务组织单位应按照专业技能、服务对象等对文化志愿者进行分类管理。

第十二条　文化志愿服务组织单位应定期对文化志愿者开展业务知识、技能培训和安全教育。

第十三条　文化志愿服务组织单位应定期对文化志愿者服务情况进行绩效考核。对未遵守相关规定、不履行本办法第七条规定义务的文化志愿者，建立退出机制。

第四章　文化志愿服务

第十四条　文化志愿服务的范围主要包括：

（一）在公共图书馆、文化馆（站）、博物馆、美术馆等公共文化设施和场所开展公益性文化服务；

（二）深入城乡基层开展文艺演出、辅导培训、展览展示、阅读推广等公益性文化服务；

（三）为老年人、未成年人、残疾人、农民工和生活困难群众等提供公益性文化服务；

（四）参与基层文化设施的管理和群众文化活动的组织等工作；

（五）参与文化行政部门和文化单位开展的文化遗产保护、文化市场监督等工作；

（六）开展其他公益性文化服务。

第十五条　文化志愿服务组织单位应根据工作需要和自身职责开展文化志愿服务，也可根据有文化志愿服务需要的单位或个人的申请提供文化志愿服务。

第十六条　开展文化志愿服务，文化志愿服务组织单位、文化志愿者、文化志愿服务需求方应就文化志愿服务内容、权利义务和法律责任等协商一致，必要时应签订书面协议。

第十七条　有下列情形之一的，文化志愿服务组织单位与文化志愿者、文化志愿服务组织单位与文化志愿服务需求方之间应签订书面协议：

（一）任何一方要求签订书面协议的；

（二）对人身安全、身心健康有较高风险的；

（三）为大型公益文化活动提供文化志愿服务的；

（四）法律、法规规定应签订书面协议的。

第十八条　文化志愿服务协议应包括以下内容：

（一）文化志愿服务的内容、时间、地点；

（二）当事人的权利、义务；

（三）风险保障措施；

（四）协议的变更和解除；

（五）法律责任及争议解决方式；

（六）需要明确的其他事项。

第十九条　开展文化志愿服务，文化志愿服务组织单位应根据实际情况为文化志愿者办理人身意外伤害保险。

第二十条　开展文化志愿服务应使用统一的标识。

第五章　激励和保障

第二十一条　文化志愿服务

组织单位应结合实际建立文化志愿服务激励回馈制度。

有良好服务记录的文化志愿者可获得艺术观摩与培训、文化艺术消费、公益性文化服务等方面的优惠待遇。

文化行政部门应推动文化志愿者在用工、教育、社会保障等方面享受本地区关于志愿者的优惠奖励政策。

第二十二条 文化志愿服务组织单位应建立文化志愿服务嘉许制度。对服务时间较长、业绩突出、社会影响较大的文化志愿者、文化志愿服务团队和文化志愿服务项目给予褒扬。

第二十三条 文化志愿服务组织单位应为文化志愿服务开展提供必要的经费支持。

文化志愿服务经费应主要用于文化志愿服务开展过程中涉及的场地租用、物品制作、人员培训、后勤保障、宣传推广等方面。

文化志愿服务经费使用应严格遵守有关财务制度,接受有关部门的监督。

第二十四条 鼓励和支持社会力量通过捐助设施设备、赞助等方式参与文化志愿服务。

第二十五条 鼓励以政府购买公共文化服务的方式吸引符合条件的文化志愿服务组织参与公共文化服务项目或活动。

第二十六条 文化志愿服务组织单位、文化志愿者开展文化志愿服务,造成对文化志愿服务对象或其他相关人员合法权益损害的,按照法律法规及有关规定承担相应责任。

第六章 附 则

第二十七条 各地文化行政部门可根据本办法制定具体的实施办法。

第二十八条 本办法自公布之日起施行。

文化部关于发布行业标准《流动图书车车载装置通用技术条件》的通知

文科技发〔2016〕16 号

各省、自治区、直辖市文化厅(局),新疆生产建设兵团文化广播电视局,国家图书馆、中国艺术科技研究所:

《流动图书车车载装置通用技术条件》(WH/T 76-2016)经审定通过,现批准为推荐性行业标准,自 2016 年 11 月 1 日起实施。

本标准由我部全国图书馆标准化技术委员会组织国家图书馆出版社出版发行。

特此通知。

文化部
2016 年 7 月 19 日

文化部关于废止部分规范性文件的通知

文政法发〔2016〕19 号

各省、自治区、直辖市文化厅(局),新疆生产建设兵团文化广播电视局,各计划单列市文化局,本部各司局、各直属单位,国家文物局办公室:

根据《国务院办公厅关于做好行政法规部门规章和文件清理工作有关事项的通知》(国办函〔2016〕12 号)及有关文件要求,按照是否存在"不利于稳增长、促改革、调结构、惠民生"问题的清理标准,我部决定废止《革命纪念馆工作试行条例》(文物字(85)第 16 号)等 14 个规范性文件(目录见附件)。

特此通知。

附件:文化部决定废止的规范性文件目录

文化部
2016 年 8 月 25 日

附件

文化部决定废止的规范性文件目录

序号	名称	文号
1	革命纪念馆工作试行条例	文物字(85)第 16 号
2	文化部印发《关于加强老年文化工作的意见》的通知	文社图发〔1999〕27 号
3	文化部、国家民委印发《关于进一步加强少数民族文化工作的意见》的通知	文社图发〔2000〕8 号
4	文化部关于印发《中华人民共和国文化部群星奖奖励办法》的通知	文社图发〔2003〕47 号
5	文化部 国家工商总局 公安部 信息产业部 教育部 财政部 国务院法制办 中央文明办 团中央关于进一步深化网吧专项整治工作的意见	文市发〔2004〕38 号
6	文化部 中央文明办 信息产业部 公安部 国家工商行政管理总局 关于净化网络游戏工作的通知	文市发〔2005〕14 号
7	文化部关于发布《文化部创新奖奖励办法》的通知	文教科发〔2006〕10 号
8	文化部办公厅关于进一步加强出版管理工作的通知	办新闻函〔2007〕280 号
9	文化部 国家工商行政管理总局 公安部关于网吧管理工作有关问题的通知	文市发〔2008〕25 号
10	文化部关于加强和改进网络音乐内容审查工作的通知	文市发〔2009〕31 号
11	文化部关于印发《网吧连锁企业认定管理办法》的通知	文市发〔2009〕35 号
12	文化部关于改进和完善《游戏游艺准入机型机种指导目录》使用管理工作的通知	文市函〔2010〕776 号
13	文化部关于对《网络游戏管理暂行办法》执行情况进行核查的通知	文市函〔2010〕2561 号
14	文化部办公厅关于印发《公共电子阅览室建设试点工作方案》的通知	文社文发〔2010〕31 号

文化部关于推动文化娱乐行业转型升级的意见

文市发〔2016〕26 号

各省、自治区、直辖市文化厅(局),新疆生产建设兵团文化广播电视局,西藏自治区、北京市、天津市、上海市、重庆市文化市场(综合)行政执法总队:

文化娱乐行业是文化产业的重要组成部分,在满足人民群众精神文化需求,扩大和引导文化消费,带动就业,促进经济发展等方面具有重要作用。但是,歌舞娱乐和游戏游艺等传统文化娱乐行业经营模式陈旧、产品类型单一、消费人群狭窄、管理和服务水平不高等问题长期存在,违法违规行为时有发生,不仅导致行业形象和社会评价不佳,也严重影响和制约了行业发展。2013年下半年以来,文化部推动上网服务行业转型升级取得明显成效,形成了一套可借鉴可推广的思路、方法和路径;同时,一些歌舞娱乐和游戏游艺企业先行先试,在拓展消费人群、参与公共文化服务等方面进行了成功探索。这些都为文化娱乐行业转型升级积累了有益经验。为贯彻国家关于"稳促调惠"和"放管服"的决策部署,扩大文化消费,推动文化娱乐行业转型升级,促进行业健康有序发展,现提出如下意见。

一、总体要求

(一)指导思想

全面贯彻党的十八大和十八届三中、四中、五中全会精神,深入贯彻习近平总书记系列重要讲话精神,以社会主义核心价值观为引领,以融合发展、创新供给、拓展受众、提升形象为总体思路,坚持把社会效益放在首位,坚持正确发展导向,改善行业发展环境,增强企业社会责任,着力解决制约文化娱乐行业发展的关键问题,推动行业健康有序发展,不断丰富人民群众文化娱乐生活。

(二)基本原则

坚持监管与服务并重,实现有效监管,主动服务,良性互动,为行业发展创造良好市场环境;注重发挥企业的主体作用和行业协会的服务功能,落实主体责任,维护合法权益,激发企业创新发

展的内生动力,为人民群众提供内容健康、积极向上的文化娱乐产品和服务。

(三)主要目标

提升文化娱乐行业经营管理水平,使之成为场所阳光、内容健康、服务规范、业态丰富、受众多样、形象正面,适合不同消费群体,在公众文化生活中起积极作用的现代文化消费场所。

二、主要内容

(一)加强文化娱乐行业内容建设

文化娱乐行业发展要坚持把社会效益放在首位,努力实现社会效益和经济效益相统一。文化娱乐企业要切实履行社会责任,积极弘扬社会主义先进文化,自觉抵制腐朽落后文化,全面加强从产品创作生产到传播展示等各环节的内容自审。鼓励企业依托中华优秀文化资源,创作生产更多传播当代中国价值观念、体现中华文化精神、反映中国人审美追求的优秀文化娱乐产品。

(二)鼓励生产企业开发新产品

鼓励游戏游艺设备生产企业积极引入体感、多维特效、虚拟现实、增强现实等先进技术,加快研发适应不同年龄层,益智化、健身化、技能化和具有联网竞技功能的游戏游艺设备。鼓励高科技企业利用自身科研实力和技术优势,进入文化娱乐行业,合作开展产品研发生产和娱乐场所改造升级,促进行业吸收新理念、新观念、新技术,增强文化娱乐企业创新创造的动力和活力。要以产品研发促进转型升级,以转型升级带动产品研发,逐步形成产业链上下呼应、合作共赢的格局。

(三)鼓励娱乐场所丰富经营业态

鼓励游戏游艺场所积极应用新设备、改造服务环境、创新经营模式,支持其增设上网服务、休闲健身、体感游戏、电子竞技、音乐书吧等服务项目。鼓励歌舞娱乐场所利用场地和设备优势,依法提供观影、演出、游戏、赛事转播等服务,办成多功能的文化娱乐体验中心。鼓励在大型商业综合设施设立涵盖上网服务、歌舞娱乐、游戏游艺、电子竞技等多种经营业务的城市文化娱乐综合体。顺应"互联网+"发展趋势,鼓励娱乐场所与互联网结合发展,实现场内场外、线上线下互动,增强娱乐场所体验式服务,不断拓展新型文化产业业态。

(四)鼓励娱乐场所发展连锁经营

以发展连锁经营推动场所管理和服务标准化、规范化,形成品牌和规模效应。鼓励娱乐场所跨区域开展连锁经营,鼓励连锁场所入驻城市文化娱乐综合体。鼓励连锁企业提升服务水准,引领行业创新,支持连锁企业上市,做大做强行业品牌。各级文化行政部门对管理规范、守法经营的连锁场所予以扶持,对其新设场所,应当给予行政指导,及时办理审批事项。

(五)支持以游戏游艺竞技赛事带动行业发展

支持中国文化娱乐行业协会和地方各级行业协会、生产企业、娱乐场所等合力打造区域性、全国性乃至国际性游戏游艺竞技赛事,并依托赛事平台开展其他衍生业务,以竞技比赛带动游戏游艺产品的研发推广、经营业态的

转变和行业形象的提升。各级文化行政部门应当结合实际,引导和扶持各种竞技比赛与游戏游艺行业融合发展。

(六)鼓励参与公共文化服务

鼓励娱乐场所面向中老年人、低收入人群及特殊群体开发专项服务产品,提供优惠服务。鼓励娱乐场所参与基层公共文化服务,有条件的可按照政府购买服务相关规定,组织与承接公益性文化艺术活动。鼓励娱乐场所组织开展艺术讲座、声乐器乐舞蹈培训、休闲健身等多种形式的便民利民公共文化服务。支持生产企业开发适合公共文化服务的文化娱乐产品。

(七)探索对娱乐场所开展环境服务分级评定

行业协会要制定娱乐场所环境服务评定标准和程序,逐步开展环境服务分级评定工作,引导场所提高服务品质,优化环境布置,提升规范化管理水平,确保场所敞亮整洁、开放规范。各级文化行政部门、文化市场综合执法机构对环境服务评级较高的场所,要优先给予政策扶持;对环境服务评级较低的场所,要加强检查巡查,加大指导力度。

(八)严格行业自律

娱乐场所要依法经营、诚信经营,严格做到不涉黄,不涉赌,不涉毒,不涉黑,不踩红线,不打擦边球,严格落实安全生产主体责任,自觉维护行业整体形象。不得以转型升级的名义,违法开展娱乐场所经营活动,严禁生产、销售、经营含有禁止内容和赌博功能的游戏游艺设备,严禁在场所播放含有禁止内容的曲目、画面。

三、工作要求

(一)营造良好政策环境

要加快推进《文化部关于落实"先照后证"改进文化市场行政审批工作的通知》《文化部关于允许内外资企业从事游戏游艺设备生产和销售的通知》《文化部公安部关于进一步加强游戏游艺场所监管促进行业健康发展的通知》等已出台的政策措施落地,落实审批制度改革,全面放开游戏游艺设备的生产和销售,全面取消游艺娱乐场所总量和布局要求,不得以总量和布局规划等为由停止娱乐场所的审批受理,不得开展一刀切式全行业停业整顿,切实消除制约行业发展的政策限制和制度壁垒。对娱乐场所出现的新业态、新模式,要审慎监管,积极探索和创新适合其特点的监管方式。要配合财税主管部门落实好娱乐业营改增政策,切实减轻行业税负。

(二)加大行业扶持力度

要用好文化产业领域的金融支持、财政扶持、人才培育等政策手段,支持行业转型升级,创新发展。鼓励品牌企业跨区域经营,引导社会资本进入文化娱乐行业,为企业上市、融资等提供便利。有条件的地区,可以将娱乐场所提供的免费或低收费公共文化服务,纳入本地区政府向社会力量购买公共文化服务的目录。

(三)确定转型升级示范场所

要通过现场观摩、示范引导、论坛交流、行业培训、案例发布、经验推广、行政奖励等多种方式,全面部署、有序推进行业转型升级工作。各省、自治区、直辖市应当确定本地至少3个转型升级重点城市(区),各重点城市(区)应当分别发展3-5家歌舞娱乐转型升级示范场所和游戏游艺转型升级示范场所。示范场所优先享受文化产业优惠政策和政府扶持资金,优先承担政府购买公共文化服务项目,优先享受政府、协会等提供的培训机会。对示范场所开设符合条件的新场所,提供行政审批便利。

(四)加强事中事后监管

各级文化行政部门和文化市场综合执法机构要坚守内容合法这条底线,加强现场巡查和随机抽查,严格内容审核,依法严厉打击踩红线、打擦边球等违法违规行为,不断规范市场秩序。要建立健全信用监管机制,摸清娱乐场所家底,完善场所信用信息,将严重违法的娱乐场所列入黑名单,建立信用约束机制,实施联合惩戒措施。要依法取缔擅自从事娱乐场所经营活动的场所,依法吊销严重违法娱乐场所的娱乐经营许可证。

(五)发挥行业协会作用

各级文化行政部门应当鼓励和支持成立地方文化娱乐行业协会。发挥行业协会在转型升级中的组织协调、行业服务、自律规范等作用。支持中国文化娱乐行业协会制定行业规范、自律公约,开展娱乐场所环境服务分级评定工作,探索建立信用评价体系,引导行业规范发展。支持各级文化娱乐行业协会搭建年会、论坛等行业交流平台,大力开展行业培训,提高行业经营管理水平。

(六)营造良好舆论氛围

要加强对文化娱乐行业转型升级的宣传报道和舆论引导,为转型升级营造良好社会环境。各级文化行政部门要主动对行业转型升级进行宣介,邀请当地主要新闻媒体对转型升级工作进行跟踪报道、专题报道;定期召开新闻通气会,通报转型升级工作进展。建立转型升级试点场所工作档案,利用试点场所的新旧变化进行典型宣传、示范引导。

请各省级文化行政部门于2016年9月30日前将本地区文化娱乐行业转型升级工作实施方案(包括重点城市、示范场所名单、地址、联系人和联系方式及工作措施)报送文化部,并于每个季度末将转型升级工作实施进度、主要成效、存在问题等情况报送文化市场司。文化部将从2016年第四季度开始定期通报工作进展,适时对转型升级工作进行调研督导,并自2017年起对工作突出的地区、协会、企业予以表彰奖励。

文化部

2016年9月13日

文化部关于发布行业标准《舞台管理导则》的通知

文科技发〔2016〕37号

各省、自治区、直辖市文化厅(局)、新疆生产建设兵团文化广播电视局、国家京剧院、中国国家话剧院、中国歌剧舞剧院、中国东方演艺集团有限公司、中国交响乐团、中国儿童艺术剧院、中央歌剧院、中央芭蕾舞团、中央民族乐团、中国艺术科技研究所:

《舞台管理导则》(WH/T 77-2016)经审定通过,现批准为推荐性行业标准,自2017年4月1日起实施。

本标准由我部全国剧场标准化技术委员会组织出版发行。

特此通知。

文化部

2016年12月27日

文化部　国家新闻出版广电总局　国家体育总局　国家发展改革委　财政部关于印发《关于推进县级文化馆图书馆总分馆制建设的指导意见》的通知

文公共发〔2016〕38号

各省、自治区、直辖市文化厅(局)、新闻出版广电局、体育局、发展改革委、财政厅(局)、新疆生产建设兵团文化广播电视局、新闻出版局、体育局、发展改革委、财务局:

经国务院同意,现将《关于推进县级文化馆图书馆总分馆制建设的指导意见》印发给你们,请结合实际认真贯彻执行。

特此通知。

文化部　国家新闻出版广电总局
国家体育总局　国家发展改革委
财政部

2016年12月29日

关于推进县级文化馆图书馆总分馆制建设的指导意见

推进以县级文化馆、图书馆为中心的总分馆制建设，是构建现代公共文化服务体系的重要任务，对于有效整合公共文化资源、提高公共文化服务效能、促进优质资源向基层倾斜和延伸具有重要的推动作用。近年来，地方各级人民政府和有关部门加大政策支持和资金投入力度，文化馆（站）、公共图书馆（室）设施网络不断完善，服务条件显著改善，但仍存在县级馆服务能力不强、县域内公共文化资源缺乏整合、城乡公共文化服务发展不均衡等突出问题。为推进县域公共文化资源共建共享和服务效能提升，促进县级文化馆、图书馆总分馆制建设，经国务院同意，现提出如下意见。

一、指导思想

全面贯彻落实党的十八大和十八届三中、四中、五中、六中全会精神，深入贯彻习近平总书记系列重要讲话精神和治国理政新理念新思想新战略，认真落实党中央、国务院决策部署，坚持以社会主义核心价值观为引领，坚持以人民为中心，以县为基本单位，以乡村为重点，以统筹发展、提高效能、促进均等为原则，推动具备条件的地方因地制宜推进县级文化馆、图书馆总分馆制建设，发挥县级总馆在县域公共文化建设中的中枢作用，通过分馆把优质公共文化服务延伸到基层农村，增加公共文化产品和服务供给，为更好地满足广大群众基本文化需求创造良好条件，提供有力保障。

二、基本原则

政府主导，统筹实施。发挥县级人民政府在总分馆制建设规划、组织和推进方面的统筹作用，优化县域公共文化资源配置，完善配套措施，鼓励社会参与，确保有序推进。

改革创新，提升效能。围绕建、管、用等关键环节，创新管理体制和运行机制，实现文化资源在县域内联动共享，做到物尽其用、人尽其才，发挥整体优势，提升综合效益。

强化基层，促进均等。以乡村两级为重点，以需求为导向，促进公共文化资源向基层特别是农村倾斜，增加基层公共文化资源总量，保障城乡群众普遍均等地享有基本公共文化服务。

实事求是，分类推进。坚持因地制宜、试点先行，根据东中西地区实际，稳步推进、分类指导，及时总结建设经验，发挥典型示范作用，探索具有不同区域特点的总分馆制。

三、工作目标

到 2020 年，全国具备条件的地区因地制宜建立起上下联通、服务优质、有效覆盖的县级文化馆、图书馆总分馆制，广大基层群众享受的基本公共文化服务内容更加丰富，途径更加便捷，质量显著提升，均等化水平稳步提高。

四、主要措施

（一）把总分馆制建设纳入现代公共文化服务体系

坚持政府主导，科学规划，由省级文化行政部门牵头，有关部门参与，统筹制定本地实施方案和建设规划，由县级人民政府具体组织实施。各地根据实际，综合考虑当地经济社会发展水平、自然条件、人口分布和文化基础等因素，合理确定总分馆的布局、规模和标准。已经实施总分馆制的地方，重在总结经验、完善制度和宣传推广；尚未实施但具备条件的地方，要借鉴成功经验，坚持试点先行，积极探索和选择适合本地实际的总分馆建设模式；暂不具备建设条件的地方，要采取有力措施，尽快达到建设总分馆制的基本要求。

（二）明确功能与运行机制

通过县级文化馆总分馆制，整合县域内群众文化艺术资源，加强对县域内文化活动、文艺创作、文艺辅导、送戏下乡、队伍培训以及演出器材设备调配等方面的统筹。通过县级图书馆总分馆制，整合县域内的公共阅读资源，实行总馆主导下的文献资源统一采购、统一编目、统一配送、通借通还和人员的统一培训。总馆对分馆的管理重在业务指导和资源调配。分馆按照总馆的工作安排和服务标准，面向基层群众提供与总馆水平相当的基本服务。有条件的地方可以探索总馆统一管理或参与管理各分馆人财物。

（三）因地制宜推进总分馆制建设

根据地方实际情况，在试点的基础上积极稳妥推进，主要依托县级文化馆、图书馆和乡镇（街道）综合文化站、村（社区）综合性文化服务中心等进行建设，符合条件的县级馆为总馆，在乡村两级基层综合性文化服务中心设置分馆。推动农家书屋与县级图书馆资源整合和互联互通，符合条件的农家书屋成为图书馆分馆。没有成为分馆的其他基层公共文化设施可以设立基层服务点，作为总分馆服务的补充和延伸。

（四）创新服务方式和手段

总馆和分馆要积极畅通群众文化需求反馈渠道，采取"订单"服务方式，实现供需有效对接。充分发挥互联网等现代信息技术优势，利用国家公共数字文化工程和资源，打造县域公共数字文化服务平台。充分利用流动舞台车、流动图书车等设施和手段，广泛开展流动文化服务，扩大公共文化服务的有效覆盖。

（五）引导社会力量参与总分馆制建设

鼓励具备条件的学校、科研机构、企业等的图书馆（室）、职工书屋、文化室等根据自身职能特点，在自愿原则下成为县级文化馆或图书馆的分馆。鼓励符合条件、具有资质的上网服务场所成为总分馆的基层服务点。鼓励企业、社会组织和其他社会力量，通过直接投资、赞助活动、提供产品

和服务，以及采取公益创投、公益众筹等方式，依法依规有序参与总分馆制建设。有条件的地方可探索引入社会专业机构，采取委托管理或连锁运营的方式，通过专业化服务、科学化管理，做好总分馆日常管理运行。大力推进文化志愿服务，动员社会专业人士参与总分馆制管理运行。

（六）进一步健全城乡基层公共文化设施网络

按照填平补齐原则，继续推进县、乡、村三级公共文化设施网络建设。没有县级文化馆、图书馆或设施未达标的县级人民政府，根据实际需要进行必要的新建或改扩建，鼓励充分利用现有设施和资源进行改造。基层综合性文化服务中心建设和运营管理，要主动纳入县级文化馆、图书馆总分馆制统筹推进，优化资源配置，提高服务效能，推动县域内公共文化设施实现有效联通和全覆盖。

五、组织保障

（一）明确工作责任

各地要把建立县级文化馆、图书馆总分馆制作为加快构建现代公共文化服务体系的重要内容，纳入政府重要议事日程，明确时间表、路线图，加快推进实施。各级文化行政部门要加强与有关部门的统筹协调，推动工作开展，形成工作合力。各有关部门要积极配合，加强基层文化资源的共建共享。省级和设区的市级文化馆、图书馆要大力支持县级文化馆、图书馆总分馆制建设，加强业

务指导。

（二）提供投入保障

各地要对本地区基本的公共文化设施建设给予支持，完善设施网络，为实施总分馆制提供必要的基础设施条件。地方各级财政部门要通过现有资金渠道，为总分馆制建设和运营中属于公共财政支持范围的事项提供必要的资金支持。鼓励县级文化馆、图书馆总馆在符合有关规定前提下，统筹利用有关资金渠道，按照规划目标统一采购、调配资源。各省（区、市）要对率先开展试点工作并取得积极成果的县（市、区）给予一定支持。

（三）加强队伍建设

各有关部门要在现有编制总量内，落实《国家基本公共文化服务指导标准》（2015—2020年）规定的乡镇（街道）综合文化站编制政策。根据总分馆的规模、服务人口和服务方式，统筹总馆、分馆的人员配置。加强对总分馆工作人员的培训、考核、管理。有条件的地区可通过政府购买服务方式，解决总分馆人员不足的问题。

（四）完善评估机制

地方各级人民政府要把县级文化馆、图书馆总分馆制建设情况纳入公共文化服务考核指标。县级文化行政部门负责对本县总分馆制建设和运行情况进行日常评估和考核，并积极推动考核结果与相关单位预算安排、收入分配和负责人奖惩挂钩。有条件的地方可引入第三方对总分馆服务效能开展公众满意度测评。

文化部关于印发《文化部"一带一路"文化发展行动计划（2016—2020年）》的通知

文外发〔2016〕40号

各省、自治区、直辖市文化厅（局），新疆生产建设兵团文化广播电视局，本部各司局、各直属单位，国家文物局：

为贯彻落实《推动共建丝绸之路经济带和21世纪海上丝绸之路的愿景与行动》，加强与"一带一路"沿线国家和地区的文明互鉴与民心相通，切实推动文化交流、文化传播、文化贸易创新发展，我部编制了《文化部"一带一路"文化发展行动计划（2016—2020年）》。现印发给你们，请结合本地区、本部门的实际情况贯彻落实。

特此通知。

文化部
2016年12月29日

文化部"一带一路"文化发展行动计划
（2016—2020年）

为深入贯彻十八大和十八届三中、四中、五中、六中全会精神，深入贯彻习近平总书记系列重要讲话精神，落实经国务院授权，由国家发展改革委、外交部、商务部联合发布的《推动共建丝绸之路经济带和21世纪海上丝绸之路的愿景与行动》（以下简称《愿景与行动》），加强与"一带一路"沿线国家和地区的文明互鉴与民心相通，切实推动文化交流、文化传播、文化贸易创新发展，特制定本行动计划。

一、指导思想与基本原则

（一）指导思想

高举中国特色社会主义伟大旗帜，以邓小平理论、"三个代表"重要思想和科学发展观为指导，深入贯彻落实习近平总书记系列重要讲话精神，坚持社会主义先进文化前进方向，认真贯彻落实《愿景与行动》的整体部署，助推"一带一路"沿线国家和地区积极参与文化交流与合作，传承丝路精神，促进文明互鉴，实现亲诚惠容、民心相通，推动中华文化"走出去"，扩大中华文化的国际影响力，为实现《愿景与行动》总体目标和全面推进"一带一路"建设，夯实民意基础。

（二）基本原则

政府主导，开放包容。坚持文化对外开放战略布局，发挥政府引领统筹作用，加强与"一带一路"沿线国家和地区政府间文化交流，着力建立长效合作机制，充分发挥国内各省区市优势，鼓励社会力量积极参与、共同建设。

交融互鉴，创新发展。秉承和而不同、互鉴互惠的理念，尊重"一带一路"沿线国家和地区人民的精神创造和文化传统，以创新为动力，充分运用互联网思维和新科技手段，推动"一带一路"多元文化深度融合。

市场引导，互利共赢。兼顾各方利益和关切，遵循国际规则和市场规律，充分发挥市场在资源配置中的重要作用，调动各方积极性，将文化与外交、经贸密切结合，形成文化交流、文化传播、文化贸易协调发展态势，实现互利共赢。

二、发展目标

准确把握"一带一路"倡议精神，全方位提升我国文化领域开放水平，秉承立足周边、辐射"一带一路"、面向全球的合作理念，构建文化交融的命运共同体。着力实现以下目标：

——文化交流合作机制逐步完善。与"一带一路"沿线国家和地区政府、民间文化交流合作机制进一步健全,部际、部省等工作机制进一步完善。形成政府统筹、社会参与、市场运作的整体发展机制和跨地区、跨部门、跨行业的文化交流合作协调发展态势。

——文化交流合作平台基本形成。加快在"一带一路"沿线国家和地区设立中国文化中心,形成布局合理、功能完备的设施网络。以"一带一路"为主题的各类艺术节、博览会、交易会、论坛、公共信息服务等平台建设逐步实现规范化和常态化。

——文化交流合作品牌效应充分显现。打造文化交流合作知名品牌,继续扩大"欢乐春节"品牌在沿线国家的影响,充分发挥

"丝绸之路文化之旅""丝绸之路文化使者"等重大文化交流品牌活动的载体作用。

——文化产业及对外文化贸易渐成规模。面向"一带一路"国际文化市场的文化产业发展格局初步形成,文化企业规模不断壮大,文化贸易渠道持续拓展,服务体系建设初见成效。

三、重点任务

（一）健全"一带一路"文化交流合作机制

积极与"一带一路"沿线国家和地区签署政府间文件,深化人文合作委员会、文化联委会等合作机制,为"一带一路"文化发展提供有效保障。加强上海合作组织成员国文化部长会晤、中国—中东欧国家文化部长会议、中阿文化部长论坛、中国与东盟"10＋

1"文化部长会议等高级别文化磋商。推动与沿线国家和地区建立非物质文化遗产交流与合作机制。与沿线国家和地区建立文化遗产保护和世界遗产申报等方面的长效合作机制。支持国家艺术基金与沿线国家和地区的同类机构建立合作机制。

完善部省合作机制,鼓励各省区市在文化交流、遗产保护、文艺创作、文化旅游等领域开展区域性合作。发挥海外侨胞以及港澳台地区的独特优势,积极搭建港澳台与"一带一路"沿线国家和地区文化交流平台。充分考虑和包含以妈祖文化为代表的海洋文化,构建21世纪海上丝绸之路文化纽带。引导和扶持社会力量参与"一带一路"文化交流与合作。

专栏1 "一带一路"文化交流合作机制建设

1. "一带一路"国际交流机制建设计划

积极贯彻落实我国与"一带一路"沿线国家和地区签订的文化合作（含文化遗产保护）协定、年度执行计划、谅解备忘录等政府间文件,加强我国与"一带一路"沿线国家和地区文化交流与合作机制化发展,推动成立"丝绸之路国际剧院联盟""丝绸之路国际图书馆联盟""丝绸之路国际博物馆联盟""丝绸之路国际美术馆联盟""丝绸之路国际艺术节联盟""丝绸之路国际艺术院校联盟"等,与"一带一路"沿线地区组织和重点国家逐步建立城际文化交流合作机制。

2. "一带一路"国内合作机制建设计划

建立"一带一路"部省对口合作机制,共同研究制定中长期合作规划,在项目审批、资金、人才、技术等方面予以支持,建立对口项目合作机制和目标任务考核机制,研究提出绩效评估办法。

（二）完善"一带一路"文化交流合作平台

优先推动"一带一路"沿线国家和地区的中国文化中心建设,完

善沿线国家和地区的中心布局。着力打造以"一带一路"为主题的国际艺术节、博览会、艺术公园等国际交流合作平台。鼓励和支持

各类综合性国际论坛、交易会等设立"一带一路"文化交流板块。逐步建立"丝绸之路"文化数据库,打造公共数字文化支撑平台。

专栏2 "一带一路"文化交流合作平台建设

3. "一带一路"沿线国家中国文化中心建设计划

落实《海外中国文化中心发展规划（2012—2020年）》,优先在缅甸、马来西亚、印度尼西亚、越南、匈牙利、罗马尼亚、保加利亚、哈萨克斯坦、白俄罗斯、塞尔维亚、拉脱维亚、土库曼斯坦、以色列等"一带一路"沿线国家设立中国文化中心。

4. "一带一路"文化交流合作平台建设计划

将"中国新疆国际民族舞蹈节""丝绸之路国际艺术节""海上丝绸之路国际艺术节""丝绸之路（敦煌）国际文化博览会""厦门国际海洋周""中国海洋文化节"等活动打造成国际交流合作平台,建设"海上丝绸之路（泉州）艺术公园"和"中阿友谊雕塑园"等重点项目平台。

鼓励中国—亚欧博览会、中国—阿拉伯国家博览会、中国—东盟博览会、中国西部国际博览会、中国（深圳）国际文化产业博览交易会、中国西部文化产业博览会等综合性平台设立"一带一路"文化交流板块。

（三）打造"一带一路"文化交流品牌

在"一带一路"沿线国家和地区打造"欢乐春节""丝绸之路文化之旅"等重点交流品牌以及互办文化节（年、季、周、日）等活动，扩大文化交流规模。

与"一带一路"沿线国家和地区共同遴选"丝绸之路文化使者"，通过智库学者、汉学家、翻译家交流对话和青年人才培养，促进思想文化交流。推动中外文化经典作品互译和推广。

积极探索与"一带一路"沿线国家和地区开展同源共享的非物质文化遗产的联合保护、研究、人员培训、项目交流和联合申报。加大"一带一路"文化遗产保护力度，促进与沿线国家和地区在考古研究、文物修复、文物展览、人员培训、博物馆交流、世界遗产申报与管理等方面开展国际合作。

鼓励地方和社会力量参与文化遗产领域的对外交流与合作。

繁荣"一带一路"主题文化艺术生产，倡导与沿线国家和地区的艺术人才和文化机构联合创作、共同推介，搭建展示平台，提升艺术人才的专业水准和综合素质，为丝路主题艺术创作储备人才资源。

专栏3 "一带一路"文化交流品牌建设

5."丝绸之路文化之旅"计划

打造"丝绸之路文化之旅"品牌，到2020年，实现与"一带一路"沿线国家和地区文化交流规模达30000人次、1000家中外文化机构、200名专家和100项大型文化年（节、季、周、日）活动。联合沿线国家和地区共同开发"丝绸之路"文化旅游精品线路及相关文创产品。邀请"一带一路"沿线国家和地区知名艺术家来华举行"意会中国"采风创作活动，推动沿线国家的国家级艺术院团及代表性舞台艺术作品开展交流互访，形成品牌活动。

6."丝绸之路文化使者"计划

开展与"一带一路"沿线国家和地区的智库交流与合作，举办青年汉学家、翻译家研修活动，邀请800名著名智库学者、汉学家、翻译家来华交流、研修。实施"一带一路"中国文化译介人才发展计划。与周边国家举办文化论坛。与沿线国家和地区合办代表国家水准和民族特色的优秀艺术家互访、文化艺术人才培训和青少年交流活动。培养150名国际青年文物修复和博物馆管理人才。

7."一带一路"艺术创作扶持计划

支持与"一带一路"沿线国家和地区文化机构在戏剧、音乐、舞蹈、美术等领域开展联合创作，在国内"一带一路"沿线区域实施"中华优秀传统艺术传承发展计划"，通过国家艺术基金对"一带一路"主题艺术创作优秀项目予以支持。

8."一带一路"文化遗产长廊建设计划

与"一带一路"沿线国家和地区共同实施考古合作、文物科技保护与修复、人员培训等项目，实施文物保护援助工程。举办以"丝绸之路文化遗产"为主题的研讨交流活动。推进海上丝绸之路申遗以及世界文化遗产"丝绸之路：长安—天山廊道的路网"扩展项目。

（四）推动"一带一路"文化产业繁荣发展

建立和完善文化产业国际合作机制，加快国内"丝绸之路文化产业带"建设。以文化旅游、演艺娱乐、工艺美术、创意设计、数字文化为重点领域，支持"一带一路"沿线地区根据地域特色和民族特点实施特色文化产业项目，加强与"一带一路"国家在文化资源数字化保护与开发中的合作，积极利用"一带一路"文化交流合作平台推介文化创意产品，推动动漫游戏产业面向"一带一路"国家发展。顺应"互联网＋"发展趋势，推进互联网与文化产业融合发展，鼓励和引导社会资本投入"丝绸之路文化产业带"建设。持续推进藏羌彝文化产业走廊建设。

专栏 4　"一带一路"文化产业发展

9."丝绸之路文化产业带"建设计划

鼓励国内"一带一路"沿线文化企业跨区域经营,实现文化旅游互为目的地和客源地,建设具有代表性的特色文化产品生产和销售基地。运用文化产业项目服务平台,加强对丝绸之路文化产业重点项目征集发布、宣传推介、融资洽谈、对接落地等全方位服务。将国内"一带一路"沿线区域符合条件的城市纳入扩大文化消费试点范围,逐步建立促进文化消费的长效机制。

10.动漫游戏产业"一带一路"国际合作行动计划

发挥动漫游戏产业在文化产业国际合作中的先导作用,面向"一带一路"各国,聚焦重点,广泛开展。搭建交流合作平台、开展交流推广活动,促进互联互通,构建产业生态体系。发挥中国动漫游戏产业创新能力强、产业规模大的优势,培育重点企业,实施重点项目,开展国际产能合作,实现中国动漫游戏产业与沿线国家合作规模显著扩展、水平显著提升,为青少年民心相通发挥独特作用。

11."一带一路"文博产业繁荣计划

推进"互联网＋中华文明"及"文物带你看中国"项目,提高"一带一路"文化遗产与旅游、影视、出版、动漫、游戏、建筑、设计等产业结合度,促进文物资源、新技术和创意人才等产业要素的国际流通。

（五）促进"一带一路"文化贸易合作

围绕演艺、电影、电视、广播、音乐、动漫、游戏、游艺、数字文化、创意设计、文化科技装备、艺术品及授权产品等领域,开拓完善国际合作渠道。推广民族文化品牌,鼓励文化企业在"一带一路"沿线国家和地区投资。鼓励国有企业及社会资本参与"一带一路"文化贸易,依托国家对外文化贸易基地,推动骨干和中小文化企业的联动整合、融合创新,带动文化生产与消费良性互动。

专栏 5　"一带一路"文化贸易合作

12."一带一路"文化贸易拓展计划

扶持外向型骨干文化企业与"一带一路"沿线国家和地区文化企业围绕重点领域开展项目合作。开展 1000 人次文化贸易职业经理人、创意策划人和经营管理人才的交流互访。在国内举办的国际文化会展推出"一带一路"专馆或专区,支持国内文化企业到"一带一路"沿线国家和地区参加知名文化会展。

四、保障措施

（一）组织保障

运用好对外文化工作部际联席会议机制,在文化部"一带一路"工作领导小组指导下,根据本规划明确职责分工,制定实施方案,强化督促检查,形成工作合力。

（二）政策法规保障

签署和落实国际政府文化合作协定,全面落实国家文化、外交和贸易政策,加强文化领域知识产权保护。建立和完善文化事业、文化产业和对外文化贸易的相关法律法规体系,引导企业自觉遵守国际法律和贸易规则。

（三）资金保障

完善财政投入机制,设立文化部"一带一路"文化交流专项资金。鼓励社会力量参与,引导社会资本投入"一带一路"文化发展建设。鼓励政策性、商业性金融机构发挥优势探索支持"一带一路"文化发展建设的有效模式,为"一带一路"文化项目提供多元化金融服务。

（四）人才保障

培养一支政治坚定、业务精通、外语娴熟、纪律严明、作风过硬的文化外交人才队伍。加大非通用语人才储备,引导文化艺术专业技术人才和复合型经营管理人才投身于"一带一路"文化工作。有针对性地开展"一带一路"文化交流培训工作,加强"一带一路"文化人才队伍建设,提升人才队伍的素质和能力。

（五）评估落实

建立"一带一路"文化发展重点项目库,定期对落实情况进行检查、评估、总结,宣传推广先进经验和有效做法。

文化部办公厅关于印发《文化市场黑名单管理办法(试行)》的通知

办市发〔2016〕1号

各省、自治区、直辖市文化厅(局),新疆生产建设兵团文化广播电视局,西藏自治区、北京市、天津市、上海市、重庆市文化市场(综合)行政执法总队:

为了贯彻落实《国务院关于促进市场公平竞争维护市场正常秩序的若干意见》(国发〔2014〕20号)、《国务院关于印发社会信用体系建设规划纲要(2014-2020年)的通知》(国发〔2014〕21号)等有关规定,建立文化市场信用监管制度,加强文化市场内容监管,加大对严重违法经营主体的惩戒力度,促进行业诚信自律,维护市场秩序,我部制定了《文化市场黑名单管理办法(试行)》,现印发给你们,请结合实际贯彻执行。

当前,国家正在大力推动简政放权、放管结合、优化服务,构建以信用监管为核心的事中事后监管体系。文化市场黑名单制度是文化市场信用监管的基本制度。开展黑名单管理是适应简政放权、先照后证改革、创新文化市场事中事后监管的迫切要求,是完善文化产品准入退出机制、实现文化市场精确管理的有效手段,是强化市场主体责任、加强行业自律、扩大社会监督的重要举措。要通过黑名单管理,完善守信激励、失信惩戒机制,提高文化市场监管效能,营造良好信用环境,保护未成年人合法权益,促进文化市场健康有序发展。

按照试点先行、逐步推开的原则,在全国试行文化产品黑名单管理,在河北、天津、上海、浙江、湖南、广东、广西、重庆、云南等省(直辖市)试点文化市场经营主体黑名单管理,试点期限为一年。试点地区省级文化行政部门可以在现行规定的基础上,适当增加经营主体黑名单的列入情形,探索相关联合惩戒措施。试点期间,省级文化行政部门应当每半年向文化部报送试点工作情况。文化部将在试点结束后进行总结评估,并在完善管理制度和工作机制的基础上,适时在全国推开。

特此通知。

文化部办公厅
2016年1月6日

文化市场黑名单管理办法(试行)

第一条 为了贯彻落实《国务院关于促进市场公平竞争维护市场正常秩序的若干意见》(国发〔2014〕20号)、《国务院关于印发社会信用体系建设规划纲要(2014-2020年)的通知》(国发〔2014〕21号)等有关规定,加强文化市场内容监管,加大对严重违法经营主体的惩戒力度,保护未成年人合法权益,促进行业诚信自律,净化市场环境,根据我国文化市场有关法规规章,制定本办法。

第二条 本办法所称文化市场黑名单管理,是指文化行政部门或者文化市场综合执法机构将含有禁止内容且社会危害严重的文化产品、严重违反文化市场有关法规规章的经营主体列入文化市场黑名单,并向社会公布,实施信用约束、联合惩戒等措施的统称。文化市场黑名单包括文化产品黑名单和经营主体黑名单。

第三条 本办法所称文化产品,包括营业性演出、艺术品、游戏游艺设备、歌舞娱乐场所播放的曲目和画面以及网络音乐美术娱乐、网络游戏、网络动漫、网络演出剧(节)目、网络表演、手机音乐等网络文化产品。

第四条 文化部负责指导全国文化市场黑名单管理工作,负责文化产品黑名单的列入、公布工作,负责建立文化市场黑名单管理系统。县级以上文化行政部门或者文化市场综合执法机构负责本辖区文化市场黑名单管理工作,负责违法文化产品的信息的报送工作,负责本辖区经营主体黑名单的列入、移出等管理工作。

第五条 文化部根据专家审查意见,经依法认定,将含有《营业性演出管理条例》《娱乐场所管理条例》《互联网上网服务营业场所管理条例》《互联网文化管理暂行规定》《网络游戏管理暂行办法》《美术品经营管理办法》等文化市场有关法规规章禁止内容且社会危害严重的文化产品,列入文化产品黑名单。

第六条 县级以上文化行政部门、文化市场综合执法机构按照"谁处罚,谁报送"的原则,将含有禁止内容的文化产品的信息,自行政处罚决定生效之日起5日内,通过文化市场黑名单管理系统或者其他方式报送文化部。

报送内容应当包括违法文化产品名称、类型、经营者、统一社会信用代码、案由、处罚信息及违法文化产品内容(含视频、音频、游戏、歌词、剧本等)。

第七条 县级以上文化行政部门或者文化市场综合执法机构按照属地管理及"谁处罚,谁列入"的原则,将有下列严重违法情形之一的经营主体,列入黑名单。

(一)因擅自从事文化市场经营活动,被文化行政部门或者文化市场综合执法机构行政处罚两次以上的;

(二)被文化行政部门或者文化市场综合执法机构吊销许可证的;

(三)因欺骗、贿赂等不正当手段取得的许可证、批准文件被文化行政部门撤销或者因伪造、变造许可证、批准文件被文化行政部门或者文化市场综合执法机构行政处罚的;

(四)法规规章规定的其他情形。

第八条 符合本办法第七条规定情形的,文化行政部门或者文化市场综合执法机构自行政处罚决定或者行政决定生效之日起5日内,将经营主体列入黑名单。

经营主体跨区域从事文化市场违法经营活动,被异地文化行政部门或者文化市场综合执法机构行政处罚,符合本办法第七条规定的,由做出行政处罚的文化行政部门或者文化市场综合执法机构通报经营主体所在地同级文化行政部门或者文化市场综合执法机构,由其负责将经营主体列入黑名单。

第九条 经营主体被列入黑名单后,列入机关应当于列入当日将有关信息录入文化市场黑名单管理系统。录入信息应当包括经营主体名称、法定代表人或者主要负责人、统一社会信用代码、地址、案由、处罚信息、列入日期、列入机关等。

第十条 除依法不宜公开的之外,文化部统一向社会公布全国文化市场黑名单。地方各级文化行政部门、文化市场综合执法机构可以根据各地实际情况,将本辖区的经营主体黑名单,同时通过官方网站、报纸、广播、电视等方式予以公布。文化市场黑名单全国适用。

第十一条 经营主体被列入黑名单满5年的,由列入机关组织监督检查,未发现在列入期间有违反文化市场有关法规规章行为的,移出黑名单并予公布。

第十二条 经营者对其文化产品被列入黑名单有异议的,或者经营主体对被列入黑名单有异议的,可以自公布之日起30日内,向列入机关提出书面申请并提交相关证明材料。列入机关应当在5日内决定是否受理。予以受理的,应当在20日内核实,并将核实结果书面告知申请人;不予受理的,将不予受理的理由书面告知申请人。

通过核实发现列入黑名单存在错误的,应当自查实之日起5日内予以更正。

第十三条 列入经营主体黑名单所依据的行政决定或者行政处罚决定被撤销的,列入机关应当在知道相关决定后3日内,将经营主体移出黑名单并报告文化部。

第十四条 文化行政部门或者文化市场综合执法机构向涉嫌严重违法经营主体下达《行政处罚事先告知书》时,应当提示其可能被列入黑名单的风险。

第十五条 禁止传播、经营被列入黑名单的文化产品。文化行政部门进行行政审批时,对申请中含有黑名单文化产品的,不予批准;对传播、经营过黑名单文化产品的经营者提交的申请予以重点审查。

第十六条 经营主体被列入黑名单期间,其法定代表人或者主要负责人依法不得担任新设立文化市场经营主体的法定代表人或者主要负责人。

第十七条 各级文化行政部门、文化市场综合执法机构应当将被列入黑名单的文化产品及经营主体纳入重点监管对象,加大执法检查频次,对再次发生违法违规行为的,依法从重处罚。

第十八条 文化行政部门、文化市场综合执法机构不得将被列入黑名单的文化产品纳入评奖评优的范围,不得将被列入黑名单的经营主体纳入表彰奖励、政策试点、政府采购、政策性资金及项目扶持等范围。

第十九条 文化行政部门、文化市场综合执法机构可以将经营主体黑名单通报有关部门,予以联合惩戒。

第二十条 鼓励社会组织和个人对传播、经营黑名单文化产品的行为,对被列入黑名单的经营主体的经营行为进行监督,发现有违反文化市场有关法规规章

行为的,有权向文化行政部门或者文化市场综合执法机构举报。

第二十一条 文化行政部门、文化市场综合执法机构在文化市场黑名单管理过程中,滥用职权、玩忽职守、徇私舞弊的,应当依法依规予以追责。

第二十二条 本办法由文化部负责解释。

文化部办公厅关于印发《文华奖章程》的通知

办艺函〔2016〕177 号

各省、自治区、直辖市文化厅(局),新疆生产建设兵团文化广播电视局:

为贯彻落实中共中央办公厅、国务院办公厅《关于全国性文艺评奖制度改革的意见》(厅字〔2015〕27 号)和中央宣传部印发

的《全国性文艺评奖改革方案》(中宣发〔2015〕34 号),加强和改进文华奖评奖管理,严格评奖标准和程序,切实提高评奖公信力和影响力,我部对《文华奖章程》进行了修订,现印发给你们,请认真贯彻执行。

特此通知。

文化部办公厅
2016 年 5 月 17 日

文华奖章程

第一章 总 则

第一条 中国文化艺术政府奖——文华奖(以下简称"文华奖")是中华人民共和国文化部设立的国家舞台艺术政府奖。

第二条 文华奖评奖贯彻落实党的十八大和十八届三中、四中、五中全会精神,贯彻落实习近平总书记系列重要讲话精神特别是在文艺工作座谈会上的重要讲

话精神,贯彻落实《中共中央关于繁荣发展社会主义文艺的意见》,严格执行中共中央办公厅、国务院办公厅《关于全国性文艺评奖制度改革的意见》等文件规定,坚持"二为"方向和"双百"方针;坚持以人民为中心的创作导向;坚持唱响主旋律、传递正能量,大力弘扬社会主义核心价值观;坚持思想性、艺术性、观赏性有机统一,推动创作更多无愧于民族、无愧于时代的优

秀作品;坚持遵循文艺规律,尊重艺术家的创造性劳动;坚持把社会效益放在首位,努力实现社会效益和经济效益有机统一;坚持公平公正公开,严格标准、严格程序,提高公信力和权威性。

第三条 文华奖每三年评选一次。

第二章 奖项设置

第四条 文华奖设文华大

奖、文华表演奖。

已获文华大奖的剧目,不再参加文华奖评奖。

第三章　评奖对象

第五条　文华大奖的评奖对象为:国内各种所有制艺术表演团体创作排演的京剧、昆曲、地方戏曲、话剧、儿童剧、歌剧、舞剧、音乐剧,杂技、曲艺、木偶、皮影戏类和主题音乐会、歌舞晚会等。

文华表演奖的评奖对象为:国内各种所有制艺术表演团体的演员。

第四章　评奖标准

第六条　文华大奖的评奖标准为:聚焦中国梦的时代主题,培育和弘扬社会主义核心价值观,唱响爱国主义主旋律,传承和弘扬中华优秀传统文化;坚持以人民为中心的创作导向,坚持把社会效益放在首位,努力实现社会效益和经济效益有机统一;体现时代文化成就,代表国家艺术形象,思想精深、艺术精湛、制作精良,人民群众喜闻乐见。

文华表演奖的评奖标准为:德艺双馨,秉持职业操守,具有良好的社会声誉;具有较高的艺术成就,表演艺术风格独特,在本专业艺术领域具有代表性;深入生活、扎根人民,深受人民群众喜爱。

第五章　评奖机构

第七条　文化部设文华奖评奖委员会,下设评奖办公室负责日常工作。办公室设在文化部艺术司。

第八条　文华奖评奖坚持专家评委和群众评委相结合,注重

评委的代表性和权威性,定期更新轮换。专家评委按照统筹兼顾、门类均衡的原则从专家库中抽取产生。群众评委由工青妇等群众组织推荐产生。

第六章　评奖程序

第九条　文华大奖评选分申报、初评、终评三个阶段,文华表演奖评选分申报、评选两个阶段。

(一)申报

各省、自治区、直辖市文化厅(局),新疆生产建设兵团文化广播电视局和中央军委政治工作部宣传局负责本地区、本系统的文华奖申报工作。中央和国家机关有关部委所属艺术表演团体经上级主管部门批准后申报。文化部直属艺术表演团体可直接申报。

(二)文华大奖评奖

1.初评

文华大奖初评以评委观看录像的方式,分京剧昆曲、地方戏曲(含曲艺木偶皮影)、话剧儿童剧、音乐舞蹈杂技四个类别进行。

2.终评

文华大奖终评在中国艺术节期间开展,以评委观看现场演出的方式,分京剧昆曲、地方戏曲(含曲艺木偶皮影)、话剧儿童剧、音乐舞蹈杂技四个类别进行。入围终评的剧目须参加当届中国艺术节,不能参加者视为自动放弃评奖资格。

(三)文华表演奖评奖

文华表演奖评奖以观看录像的方式,分戏剧(含曲艺木偶皮影)和音乐舞蹈杂技两个类别进行。

第十条　进入文华大奖终评的名单和文华表演奖评奖结果须向社会公示,公示期为7天。

第七章　奖励和推广

第十一条　文化部在中国艺术节期间举办文华大奖和文华表演奖颁奖仪式,对获奖剧目和演员颁发证书,奖牌(杯)和奖金。

第十二条　各地文化主管部门和有关单位可以适当方式对获奖剧目和获奖演员进行表彰和奖励,把获奖剧目纳入政府采购和公共文化服务范围,组织、督促获奖剧目和演员继续深入基层演出,加大对获奖剧目和演员的宣传力度,扩大其影响力和辐射面。

第八章　评奖纪律

第十三条　文华奖评奖严格执行《关于全国性文艺评奖制度改革的意见》等文件规定,规范评奖程序,严肃评奖纪律,坚决杜绝暗箱操作、利益交换现象,确保评奖工作风清气正。评委和评奖办公室工作人员不得接受参评单位、个人的宴请和请托,不得接受赠送的任何形式的财物礼品,不得借参加参评作品或个人研讨会之机收取高额报酬,不得徇私舞弊。有上述行为者,一经查实,将严肃追究双方当事人的责任,取消有关剧目、个人的评奖资格、所获奖项,并将有关违纪违法问题线索及时移送纪检部门处理。

第十四条　文华奖评奖严格执行评委遴选、轮换和回避、保密等制度。

第十五条　参评单位和个人应按要求如实申报演出场次等相关材料,不得弄虚作假。如有不实或违规现象,一经查实,将视情节轻重给予通报批评,取消申报资格、参评资格乃至所获奖项等处罚。

第九章 监督检查

第十六条 文华奖评奖工作接受社会监督、舆论监督、群众监督，在评奖过程中接受相关纪检监察机构监督。

第十章 评奖经费

第十七条 文华奖评奖经费由文化部从国家财政申请专项经费予以保障，列入财政预算管理。

第十一章 附　则

第十八条 本章程经文化部批准后，由文化部艺术司负责组织实施。每届文华奖评奖应根据本章程制定评奖办法。

文化部办公厅关于推进社会艺术水平考级专业目录改革的通知

办科技发〔2016〕12 号

各省、自治区、直辖市文化厅(局)：

为进一步深化社会艺术水平考级审批制度"放管服"改革，现就推进社会艺术水平考级专业目录改革有关事宜通知如下：

（一）现有社会艺术水平考级专业目录明确为推荐目录。2016年 12 月 31 日前为过渡期，其间推荐目录以文化部办公厅公布的社会艺术水平考级专业目录等相关文件为准，社会艺术水平考级机构参考执行。自 2017 年 1 月 1 日起推荐目录以国家（或行业）推荐标准形式向社会公布，并根据实际情况实行动态管理。

（二）社会艺术水平考级机构提出开考专业，并报省级文化行政部门备案。

（三）各级文化行政部门要进一步完善备案制度、完善事中事后监管措施，在推进专业目录改革过程中确保社会艺术水平考级活动平稳有序进行。

（四）上述规定自通知印发之日起执行。

特此通知。

文化部办公厅

2016 年 8 月 15 日

文化部办公厅关于进一步完善国家级文化产业示范园区创建工作的通知

办产函〔2016〕320 号

各省、自治区、直辖市文化厅(局)，新疆生产建设兵团文化广播电视局，各计划单列市文化局：

为进一步引导、规范文化产业园区健康发展，提高文化产业规模化、集约化、专业化水平，文化部在总结现有国家级文化产业示范（试验）园区、国家文化产业示范基地建设工作基础上，决定对现有评选命名种类进行合并，突出创建过程和动态管理，进一步完善国家级文化产业示范园区（以下简称示范园区）创建工作，并研究制定了《关于进一步完善国家级文化产业示范园区创建工作方案》（以下简称《工作方案》）。

进一步完善示范园区创建工作，要牢固树立和贯彻落实创新、协调、绿色、开放、共享的发展理念，以供给侧结构性改革为主线，坚持社会主义先进大化前进方向，以培育和弘扬社会主义核心价值观为引领，坚持把社会效益放在首位，实现社会效益与经济效益相统一，按照"价值引领，内容导研""政府引导，市场运作""统筹规划，集约发展""突出特色,辐射带护"的原则,立足本地区文化产业发展优势、工作基础和发展定位,发挥示范园区的辐射带动作用,促进文化产业资源要素合理配置和结构优化升级,优化区域文化产业发展环境,提高区域文化产业竞争力,为实现文化产业成为国民经济支柱性产业战略目标提供有力支撑。通过开展示范园区创建工作,在全国范围内培育一批集聚功能和辐射作用明显的国家级文化产业园区,示范带动各级各类文化产业园区健康发展,避免"空壳园区""僵尸园区"现象。

请各地文化厅(局)高度重视示范园区创建工作,按照本通知和《工作方案》要求,认真组织本行政区域内符合条件的园区地方开展创建申报工作,切实履行好审核推荐和监督指导职责,并着重把握以下几方面要求:

一、突出导向

要按照中央关于文化产业发展的新要求、新部署,结合《工作方案》提出的创建原则、创建要求,突出内容导向和文化含量,注重把社会效益放在首位、社会效益和经济效益相统一,加大对特色发展、融合发展以及新业态、新模式的支持力度,鼓励在文化产业发展方面有创新做法和典型经验的园区申报。

二、严格标准

要严格把关、坚持标准、提高水平,确保所推荐创建园区在全国、区域和行业中的示范性和影响力,着重推荐国内外影响大、文化含量高、规模效益好、管理规范、辐射示范作用强的文化产业园区申报,确保相关材料和数据的真实性和准确性,坚决防止低水平重复建设、土地等资源闲置浪费以及以文化产业园区名义开展其他建设经营活动。

三、控制数量

要从当地文化产业发展实际出发,综合考虑本地区文化产业发展的规划布局和园区建设的功能定位,提前做好审核筛选,严格控制申报数量,防止一哄而上、过多过滥。每省(区、市)每批申报名额不超过1个,条件不成熟的可以不参加此次申报。

四、加强督导

要加强对本地区示范园区创建工作的督促检查和业务指导,突出创建过程,定期评估创建效果,确保创建方案确定的各项工作落到实处、取得实效,并及时向文化部反馈创建工作进展和创建期间的重大事项。

特此通知。

文化部办公厅
2016年8月31日

附件

关于进一步完善国家级文化产业示范园区创建工作方案

为深入贯彻落实"创新、协调、绿色、开放、共享"的新发展理念,推进文化领域供给侧结构性改革,适应我国文化产业发展新形势、新要求,进一步引导、规范文化产业园区健康发展,在总结现有国家级文化产业示范(试验)园区、国家文化产业示范基地建设工作基础上,文化部决定进一步完善国家级文化产业示范园区(以下简称示范园区)创建工作。

现制定如下工作方案。

本方案所称文化产业园区,是以文化产业为主导产业,集聚了一定数量的文化企业,具备一定的产业规模,并具有独立的运营管理机构,为文化企业集聚发展、资源集约利用提供相应基础设施保障和公共服务的特定区域。

一、工作目标

进一步完善示范园区创建工

作,是文化部根据"十三五"时期我国文化产业发展新形势、新要求,进一步提高文化产业规模化、集约化、专业化水平的重要举措。通过在全国创建一批产业集聚度高、发展特色鲜明、创新能力突出、配套服务完善、社会效益和经济效益显著的示范园区,发挥其辐射带动作用,引导和规范各级各类文化产业园区健康发展,坚持把社会效益放在首位,实现社会效益和经济效益相统一,进一步促进资源要素合理配置和产业结构优化升级,优化区域文化产业发展环境,提高区域文化产业竞争力,推动我国文化产业持续健康发展,为满足人民群众多样化精神文化需求,培育和弘扬社会主义核心价值观、完善现代文化产业体系、实现文化产业成为国民经济支柱性产业战略目标提供有力支撑。

二、创建原则

价值引领,内容导向。坚持社会主义先进文化前进方向,以培育和弘扬社会主义核心价值观为引领,坚持把社会效益放在首位,实现社会效益与经济效益相统一,引导和鼓励创作生产内容健康向上、群众喜闻乐见的文化产品和服务。

政府引导,市场运作。充分发挥政府引导作用,通过政策激励、科学管理、协调服务、完善基础设施等方式,营造良好环境,激发市场活力和内生动力,引导创意、技术、资本、人才、信息等在市场机制作用下集聚发展,提高各种资源要素的配置水平和利用效率。

统筹规划,集约发展。根据"十三五"文化产业发展目标和当地文化产业发展实际,科学规划、合理布局,鼓励整合利用现有文化产业园区等资源,高起点、高标准开展示范园区创建工作,提高土地利用效率,防止盲目投入和低水平、同质化建设,避免"空壳园区""僵尸园区"现象。

突出特色,辐射带动。立足当地文化产业发展基础和资源禀赋,明确发展定位,形成主业突出、前景广阔、特色鲜明、生命力强的文化产业园区发展模式,形成示范效应,辐射带动区域文化产业整体发展,促进区域经济社会转型发展。

三、创建要求

(一)创建主体

以地市级(包括直辖市、副省级城市的市辖区)人民政府为创建主体,统筹推进当地示范园区创建工作并提供保障支持。创建主体应在辖区内确定园区边界范围,并在创建方案中予以明确,一般不得将创建范围确定为整个行政区域。

(二)基本条件

1.园区所在地文化产业发展水平居于所在省(区、市)前列,当地政府高度重视文化产业发展,创建积极性高,并已将该园区列为政府重点建设或支持项目;

2.已制定清晰的园区发展规划,规划内容符合当地经济社会发展总体规划、土地利用总体规划、城乡规划、环境功能区规划和产业发展等各项相关规划,并得到当地政府批准,不存在违规占用土地、重复建设和项目建设停滞、大量土地闲置等问题;

3.园区社会效益显著,始终坚持正确的文化产品创作生产导向,在依法纳税、吸纳就业、促进创业、参加公益活动、提供内容健康的文化产品和服务等方面表现良好;

4.园区以演艺娱乐、动漫、游戏、游艺、数字文化、创意设计、文化旅游、艺术品、传统工艺、文化创意和设计服务与相关产业融合发展等为重点领域,有明确的优势行业和发展定位,已集聚不少于100家文化企业,具备一定产业规模,园区内文化企业主营业务总收入、总利润等经济效益指标突出,在本省(区、市)处于领先水平;

5.园区区域范围明确,基础设施较为完善,非文化类商业及其他配套面积不得超过园区总建筑面积的50%;

6.园区有专门管理机构负责日常运营管理,机构组织架构和管理制度健全、运转良好。

四、主要任务

创建工作应立足当地文化产业发展优势和工作基础,按照自身发展定位,围绕以下任务开展创建工作。

(一)制定实施创建方案

根据当地文化产业发展实际,在分析优势条件和制约因素的基础上,做好园区发展的顶层设计,制定发展规划,明确创建工作的目标任务、支持措施和推进计划,形成创建方案。

(二)建立政策保障制度

当地政府制定相关扶持政策,加大园区软、硬件建设的支持力度,完善运营管理规章制度,建立创建效果评价指标体系、服务激励机制和绩效评估考核机制,为创建工作提供有力保障。

(三)健全运营管理机制

在当地政府统一领导下,建立起文化、发展改革、科技、工业和信息化、财政、规划、国土、金融、工商、税务、统计等有关部门指导支持,专门管理机构具体实施,社会力量积极参与的工作机制,确保园区运营管理职责明确、协同推进、管理完善、服务到位。

(四)建设公共服务体系

有效整合文化产业公共服务资源,为园区内文化企业提供创业孵化、融资推介、信息交流、人才培养、市场推广、管理咨询、知识产权保护等公共服务,提高整体服务能力,发挥综合效益。

(五)完善统计监测机制

建立园区内文化企业发展情况监测系统,完善数据采集、分析和推广应用机制,及时掌握和报送企业发展情况,为发现问题、优化服务、考核绩效、总结模式、推广经验提供支持。

五、创建周期

创建周期为3年。从2016年开始,分3批开展示范园区创建工作。期满验收合格的,命名为"国家级文化产业示范园区"。

六、工作程序

(一)申报推荐

符合条件的地方人民政府根据本方案,向省级文化行政部门报送创建申请和创建方案。创建方案经省级文化行政部门审核,并报省级人民政府批准后,由各省级文化行政部门向文化部报送以省级人民政府名义出具的《国家级文化产业示范园区创建推荐函》和创建方案。每省(区、市)每批申报名额不超过1个。

创建方案应包括以下内容:

1. 创建条件。包括园区的四至范围、发展沿革和现状、产业基础、空间和功能布局、管理机构情况,以及创建优势和可行性分析;

2. 发展规划。包括发展定位、主要目标、优势行业、重点任务、具体举措、预期效益等,以及相应的年度推进计划。发展规划要因地制宜、突出特色,任务举措要可落地实施,可验收检查,可总结推广。

(二)组织评审

文化部组织专家对创建方案进行论证和评审,提出专家评审

意见。

(三)确定资格

文化部根据专家评审意见,综合考虑区域、结构、代表性等因素,确定示范园区创建名单并公示。

(四)验收命名

列入创建名单的园区在文化部和省级文化行政部门指导下开展创建工作。3年创建期满,文化部组织专家根据验收方案开展验收工作(验收方案由文化部另行制定)。经专家审查合格、文化部研究决定通过验收的,在文化部政府网站公示7日后,命名为"国家级文化产业示范园区"。未通过验收的,1年内可申请一次复验,仍不通过的,取消创建资格。

(五)动态管理

文化部将对已命名的示范园区进行考核,对后续工作保障不力、有明显退步、在一定期限内经整改达不到标准和要求的,撤销其"国家级文化产业示范园区"命名。

七、工作机制

建立文化部、省级文化行政部门、创建主体联动的示范园区创建管理工作机制,统筹、指导和推进示范园区创建工作,督促检查各园区创建方案落实情况和组织验收,并对示范园区实施动态管理。

(一)文化部

统筹指导示范园区创建管理工作。主要职责是:

1. 制定创建工作方案,确定申报条件和验收标准,组织开展创建申报和评审工作,审核批准创建名单和创建方案;

2. 指导创建工作,推动各地

区、各园区之间开展交流合作,研究总结、宣传推广示范园区创建工作经验;

3. 检查验收创建情况,确定示范园区命名名单,对已命名示范园区实施动态管理。

示范园区创建管理的具体工作,由文化部文化产业司承担。

(二)省级文化行政部门

负责统筹本省(区、市)示范园区创建管理工作。主要职责是:

1. 对本省(区、市)申报的创建方案进行审核,并开展实地考察,经严格程序研究确定后,以省级人民政府名义上报文化部;

2. 督促指导本省(区、市)创建工作,突出创建过程,定期评估创建效果,确保创建方案确定的各项工作落到实处、取得实效,并及时向文化部反馈创建工作进展和创建期间的重大事项;

3. 对本地区创建园区出具验收评估意见,对已命名示范园区开展日常管理。

(三)创建地政府

具体负责本地区示范园区创建和后续发展工作。主要职责是:

1. 制定本地区创建方案,组织建立相应工作机制,加强对创建工作的组织领导和统筹推进;

2. 在资金、土地、人才、审批等方面对本地区示范园区创建和发展工作给予支持,协调解决相关重大问题;

3. 监督本地区创建工作进展,对园区运营管理情况进行绩效考核。

八、激励机制

(一)通过验收的创建园区,命名为"国家级文化产业示范园

区"。

（二）对示范园区管理机构和园区内文化企业、项目，在推荐申报中央财政文化产业发展专项资金、政府和社会资本合作（PPP）示范项目、国家专项建设基金等方面，在同等条件下予以优先考虑。鼓励省级文化产业专项资金、引导资金、投资基金等对示范园区及园区内企业进行重点支持。

（三）支持示范园区及园区内企业建设重点文化产业项目，符合条件的项目优先纳入国家文化产业项目服务平台及相关重点项目库支持和服务范围。

（四）支持示范园区管理机构及园区内企业相关人员参加文化部组织的各类人才扶持计划和培训活动。支持组织开展示范园区之间的交流活动，推动示范园区交流与合作。

九、其他事项

（一）现有国家级文化产业示范园区保留称号，但需按照本方案提出的相关要求和任务进行优化提升，接受考核和动态管理。

（二）现有国家级文化产业试验园区，可按本方案申报创建示范园区，不占所在省（区、市）申报

指标，文化部将在确定创建资格时予以优先考虑。试验园区申报创建并验收通过后命名为"国家级文化产业示范园区"；验收不通过或3批内未申报创建的，取消国家级文化产业试验园区称号。

（三）本方案正式印发后，文化部暂不再开展国家文化产业示范基地申报命名工作。现有国家文化产业示范基地保留称号，并继续按照原有规定进行管理、巡检和支持服务。其中符合条件的集聚类基地可按本方案申报创建示范园区。

国家文物局关于加强革命文物工作的通知

文物政发〔2016〕13号

各省、自治区、直辖市文物局（文化厅），各计划单列市文物局（文化局），新疆生产建设兵团文物局：

革命文物是我国文物资源的重要组成部分，是激发爱国热情、振奋民族精神的深厚滋养，是弘扬革命传统、传承中华文化的重要载体。加强革命文物工作，对培育社会主义核心价值观、实现中华民族伟大复兴的中国梦具有重要意义。为切实加强革命文物工作，根据《国务院关于进一步加强文物工作的指导意见》（国发〔2016〕17号）和《中共中央办公厅 国务院办公厅印发〈关于加强革命历史类纪念设施、遗址和全国爱国主义教育示范基地工作的意见〉的通知》（中办发〔2016〕

28号），现就有关事项通知如下。

一、夯实革命文物工作基础

各地文物部门要依托第三次全国文物普查和第一次全国可移动文物普查成果，梳理形成革命文物资源目录和专题数据库。做好馆藏革命文物的清理、定级、建账和建档工作。制定馆藏革命文物征集计划，加强革命文物调查征集工作。

各地文物部门要将价值突出的革命文物报经当地人民政府核定公布为相应级别的文物保护单位。落实"四有"工作，依法划定保护范围，做出标志说明，建立记录档案，设置专门机构或指定专人负责管理，及时上报完成情况。

各地文物部门要对本辖区革命文物保护情况进行一次全面排

查，掌握革命文物的保存状况、保护需求、项目组织、基础设施和管理使用情况，建立排查档案，并将排查结果报国家文物局备案。对存在险情的革命文物，应视轻重缓急，制订保护修复计划。

二、切实加强革命文物保护

加强革命文物保护利用规划编制，鼓励革命文物分布密集地区、重点省份组织编制区域性革命文物保护利用专项规划，做好延安革命旧址、抗战文物、红军长征遗迹等具有重大影响和纪念意义的革命旧址群保护利用规划编制工作。对革命文物重点省份在项目立项、规划编制、业务指导和经费保障上予以支持鼓励。

实施革命旧址维修保护三年行动计划，组织实施一批具有重

大影响和示范意义的革命旧址保护重点工程，显著改善革命文物的保护状况。实施馆藏革命文物修复计划，及时抢救修复濒危珍贵革命文物，优先保护材质脆弱的珍贵革命文物。对存在重大险情的革命旧址和馆藏革命文物，应及时开展抢救性保护和修复。各地文物部门要在项目报批上开辟"绿色通道"，在资金安排上予以保障。

加强革命文物的安全防范设施建设，完善革命文物监测调控设施，改善革命文物藏品保管、陈列展览条件，确保革命文物安全。新建改扩建纪念设施，要充分论证、从严控制，严格按程序履行报批手续。对与革命文物环境气氛不相协调的经营活动和娱乐设施，要进行清理整顿。

三、充分发挥革命文物的公共服务和社会教育作用

加强对革命文物的研究阐释，深入挖掘革命文物的思想内涵和时代价值。拓展革命文物的展示利用，被列为各级文物保护单位的革命旧址应尽可能对公众开放。尚不具备开放条件的，应

在重点区域开辟宣传展示空间，或在合适位置设立纪念标志或铭牌说明。建立革命旧址、博物馆、纪念馆与周边学校、党政机关、企事业单位、驻地部队、城乡社区的共建共享机制，有计划地组织大中小学生、党员干部、部队官兵和各界群众到革命文物场所参观学习。

坚持有址可寻、有物可看、有史可讲、有事可说，策划一批主题突出、导向鲜明、内涵丰富的陈列展览精品。在保持博物馆、纪念馆基本陈列和革命旧址原状陈列相对稳定的前提下，深化研究、及时补充彰显时代精神的展陈内容。开展省际、馆际间革命文物馆藏资源、主题展览的交流与合作。改进展陈方式，加强大纲撰写、形式设计、实物制作、展品布置，应用现代科技手段，推广移动客户端导览服务，增强革命文物陈列展览的生动性、参与性和体验性。

将革命文物展示利用纳入"互联网＋中华文明"行动计划的支持范围。大力发展红色旅游，培育以革命文物为支撑的研学旅

行和体验旅游精品线路，打造文物旅游品牌，支持革命老区振兴发展。结合中国共产党成立 95 周年和红军长征胜利 80 周年纪念活动，精心设计活动内容和活动载体，拓展社会教育覆盖面。各地文物部门要结合重大历史事件和重要历史人物纪念活动、重要节庆活动，依托革命文物资源，举办面向社会特别是青少年的主题展览和流动展览，开展独具特色的宣传教育活动。

各地文物部门要切实落实保护责任，积极加强与相关部门的协调配合，齐抓共管，形成工作合力。国家文物局将加强对各地革命文物工作的督促检查，建立"双随机"抽查机制，实行革命文物保护情况通报制度。各地文物部门于 2016 年 12 月 1 日前将贯彻落实情况报送我局。

特此通知。

国家文物局
2016 年 6 月 28 日

国家文物局关于印发《文物拍卖管理办法》的决定

文物博发〔2016〕20 号

各省、自治区、直辖市文物局（文化厅）：

为贯彻落实《国务院关于进一步加强文物工作的指导意见》有关精神，加强文物拍卖管理，规范文物拍卖行为，促进文物拍卖

活动健康有序发展，我局制订了《文物拍卖管理办法》，并经 2016 年 9 月 28 日第 28 次党组会议审议通过。现予公布，请遵照执行。

特此通知。

附件：文物拍卖管理办法

国家文物局
2016 年 10 月 20 日

附件

文物拍卖管理办法

第一章　总　则

第一条　为加强文物拍卖管理，规范文物拍卖行为，促进文物拍卖活动健康有序发展，根据《中华人民共和国文物保护法》《中华人民共和国拍卖法》《中华人民共和国文物保护法实施条例》等法律法规，制定本办法。

第二条　在中华人民共和国境内，以下列物品为标的的拍卖活动，适用本办法：

（一）1949年以前的各类艺术品、工艺美术品；

（二）1949年以前的文献资料以及具有历史、艺术、科学价值的手稿和图书资料；

（三）1949年以前与各民族社会制度、社会生产、社会生活有关的代表性实物；

（四）1949年以后与重大事件或著名人物有关的代表性实物；

（五）1949年以后反映各民族生产活动、生活习俗、文化艺术和宗教信仰的代表性实物；

（六）列入限制出境范围的1949年以后已故书画家、工艺美术家作品；

（七）法律法规规定的其他物品。

第三条　国家文物局负责制定文物拍卖管理政策，协调、指导、监督全国文物拍卖活动。

省、自治区、直辖市人民政府文物行政部门负责管理本行政区域内文物拍卖活动。

第二章　文物拍卖企业及人员

第四条　依法设立的拍卖企业经营文物拍卖的，应当取得省、自治区、直辖市人民政府文物行政部门颁发的文物拍卖许可证。

第五条　拍卖企业申请文物拍卖许可证，应当符合下列条件：

（一）有1000万元人民币以上注册资本，非中外合资、中外合作、外商独资企业；

（二）有5名以上文物拍卖专业人员；

（三）有必要的场所、设施和技术条件；

（四）近两年内无违法违规经营文物行为；

（五）法律、法规规定的其他条件。

第六条　拍卖企业申请文物拍卖许可证时，应当提交下列材料：

（一）文物拍卖许可证申请表；

（二）企业注册资本的验资证明，历次股权结构变动情况记录；

（三）《企业法人营业执照》正本及副本复印件；《拍卖经营批准证书》正本及副本（含变更记录页）复印件；

（四）文物拍卖专业人员相关证明文件、聘用协议复印件；

（五）场所、设施和技术条件证明材料。

第七条　省、自治区、直辖市人民政府文物行政部门应当于受理文物拍卖许可证申领事项后30个工作日内做出批准或者不批准的决定。决定批准的，发给文物拍卖许可证；决定不批准的，应当书面通知当事人并说明理由。

第八条　文物拍卖许可证不得涂改、出租、出借或转让。

第九条　省、自治区、直辖市人民政府文物行政部门对取得文物拍卖许可证的拍卖企业进行年审，年审结果作为是否许可拍卖企业继续从事文物拍卖活动的依据。

第十条　省、自治区、直辖市人民政府文物行政部门应当于开展文物拍卖许可证审批、年审、变更、暂停、注销等工作后30日内，将相关信息报国家文物局备案。

第十一条　文物拍卖专业人员不得参与文物商店销售文物、文物拍卖标的审核、文物进出境审核工作；不得同时在两家（含）以上拍卖企业从事文物拍卖活动。

第三章　文物拍卖标的

第十二条　拍卖企业须在文物拍卖会举办前，将拟拍卖标的整场报省、自治区、直辖市人民政府文物行政部门审核。报审材料应当由文物拍卖专业人员共同签署标的征集鉴定意见。

联合开展文物拍卖活动的拍

卖企业,均应取得文物拍卖许可证。

第十三条 省、自治区、直辖市人民政府文物行政部门受理文物拍卖标的审核申请后,应组织开展实物审核,于20个工作日内办理审核批复文件,并同时报国家文物局备案。

参加文物拍卖标的审核的人员,不得在拍卖企业任职。

第十四条 下列物品不得作为拍卖标的:

(一)依照法律应当上交国家的出土(水)文物,以出土(水)文物名义进行宣传的标的;

(二)被盗窃、盗掘、走私的文物或者明确属于历史上被非法掠夺的中国文物;

(三)公安、海关、工商等执法部门和人民法院、人民检察院依法没收、追缴的文物,以及银行、冶炼厂、造纸厂及废旧物资回收单位拣选的文物;

(四)国有文物收藏单位及其他国家机关、部队和国有企业、事业单位等收藏、保管的文物,以及

非国有博物馆馆藏文物;

(五)国有文物商店收存的珍贵文物;

(六)国有不可移动文物及其构件;

(七)涉嫌损害国家利益或者有可能产生不良社会影响的标的;

(八)其他法律法规规定不得流通的文物。

第十五条 拍卖企业从境外征集文物拍卖标的、买受人将文物携运出境,须按照相关法律法规办理文物进出境审核手续。

第十六条 国家对拍卖企业拍卖的珍贵文物拥有优先购买权。国家文物局可以指定国有文物收藏单位行使优先购买权。优先购买权以协商定价或定向拍卖的方式行使。

以协商定价方式实行国家优先购买的文物拍卖标的,购买价格由国有文物收藏单位的代表与文物的委托人协商确定,不得进入公开拍卖流程。

第十七条 拍卖企业应当在

文物拍卖活动结束后30日内,将拍卖记录报原审核的省、自治区、直辖市人民政府文物行政部门备案。省、自治区、直辖市人民政府文物行政部门应当将文物拍卖记录报国家文物局。

第四章 附 则

第十八条 国家文物局和省、自治区、直辖市人民政府文物行政部门应当建立文物拍卖企业及文物拍卖专业人员信用信息记录,并向社会公布。

第十九条 文物拍卖企业、文物拍卖专业人员发生违法经营行为,国家文物局和省、自治区、直辖市人民政府文物行政部门应当依法予以查处。

第二十条 拍卖企业利用互联网从事文物拍卖活动的,应当遵守本办法的规定。

第二十一条 本办法自颁布之日起实施,《文物拍卖管理暂行规定》同时废止。

国家文物局关于印发《全国重点文物保护单位文物保护工程检查管理办法(试行)》的通知

文物保发〔2016〕26号

各省、自治区、直辖市文物局(文化厅):

为加强文物保护工程管理,规范文物保护工程检查工作,我局制定了《全国重点文物保护单位文物保护工程检查管理办法(试行)》(以下简称"《办法》")。

现予印发,并就做好相关工作通知如下:

一、工程检查是加强文物保护工程事中监管的重要手段。各级文物行政部门应提高认识,明确责任,按照《办法》要求,认真组织开展辖区内全国重点文物保护

单位文物保护工程检查工作,确保文物保护工程质量和效果。省级和市县级文物保护单位文物保护工程的检查工作,由地方文物行政部门参照《办法》制定相关规定。

二、工程检查应根据文物保

护工程特点,合理确定检查频率、时间节点和检查重点。

(一)市县级文物行政部门对辖区内的全国重点文物保护单位文物保护工程,应及时开展检查工作,重点检查施工单位岗前培训、人员到岗到位情况、设计交底和施工交底、工程设计变更和洽商、工程进度、基础工程和隐蔽工程、建筑构架安装等方面内容,每季度核实、汇总辖区内工程进展情况,及时发现处理施工过程中存在的问题。

(二)省级文物行政部门对辖区内的全国重点文物保护单位文物保护工程每年度组织开展检查,强化对工程方案关键技术、设计重大变更的审核、指导和管理,督促有关单位加强施工前的岗前培训力度,同时做好中期验收、预验收和整改工作,确保每项文物保护工程在竣工验收前至少检查一次。

(三)省级和市县级文物行政部门可以对辖区内的全国重点文物保护单位文物保护工程联合开展检查工作。

(四)我局负责制订工程检查的管理制度、技术规范,开展监督抽查。

三、各级文物行政部门应根据文物保护工程特点,科学确定检查方式和检查组人员,可委托或组织专业机构开展工程检查工作,也可组织专家参与工程检查工作。参与工程检查的专业机构和专家应具备相应的技术水平和专业能力,并遵守回避制度。

四、各勘察设计、施工、监理和业主单位应牢固树立责任意识和质量意识,积极做好施工单位岗前培训、设计交底和施工交底、工程设计变更和洽商、预验收和整改等重点环节,确保文物保护工程质量和文物、人员安全。

五、各地在执行《办法》中如有问题或意见、建议,请及时反馈我局。

特此通知。

附件:1.全国重点文物保护单位文物保护工程检查管理办法(试行)
2.附表

国家文物局
2016 年 12 月 26 日

附件

全国重点文物保护单位文物保护工程检查管理办法(试行)

第一条 为加强文物保护工程项目管理和质量监督,规范文物保护工程检查工作,根据《中华人民共和国文物保护法》《中华人民共和国文物保护法实施条例》《文物保护工程管理办法》及其他相关法律法规,制定本办法。

第二条 本办法适用于全国重点文物保护单位的修缮、保护性设施建设、迁移等文物保护工程的检查工作(以下简称工程检查)。

第三条 工程检查由国家文物局统一管理,由各级文物行政部门(以下简称工程检查部门)负责实施。

第四条 工程检查内容主要包括工程程序管理情况、工程效果和质量、工程资料、工地安全等。

(一)工程程序管理情况包括:申报审批、招标投标与合同、技术交底、工程组织管理、项目单位及人员资质资格、人员到岗到位和岗前培训情况、工程检查结论、隐蔽工程验收和阶段性验收等。

(二)工程效果和质量包括:技术方案落实情况,文物保护原则遵守情况,传统工艺使用和新技术、新材料试验情况;施工技术、工艺、做法符合质量要求情况,施工材料和构件检验检测情况,工程各分部分项及重点工序的实体质量评定情况,隐蔽工程质量情况,外部观感效果和工程效果评价等。

(三)工程资料包括:与工程相关的勘察设计(如技术方案、施工图、概预算)、施工(如施工组织设计)、监理、审批、管理等方面技术类和经济类文件。

施工前的文物保存状况,拆除、更换的构件,重要施工做法,新技术和新材料的试验过程,隐蔽工程等,应保留影像档案资料。

(四)工地安全包括:工程安全规范执行、安全防护设备配置、文物及人员安全防范措施等。

第五条 工程检查应当遵循以下工作程序:

(一)工程检查部门确定检查项目和检查组人员。

(二)工程检查部门制订检查计划。

(三)现场查验。检查组查看工程现场,业主、勘察设计、施工、监理单位有关负责人提供相关工程资料并接受质询。

(四)召开检查工作会议。检查组听取业主、勘察设计、施工、监理单位工程情况汇报;检查工程档案资料,开展工程技术、程序的合规性核查。

(五)评议并反馈意见。

1.检查组根据现场检查情况,做出合格、基本合格、不合格的检查结论,现场反馈业主、勘察设计、施工、监理单位。

2.检查组现场填写《文物保护工程检查表》《文物保护工程资料核查表》,并由检查组成员签名。

(六)检查组在工程检查过程中发现存在严重质量问题,应当场下达整改通知,并由业主单位及时组织整改。

第六条 检查组应在检查工作结束后10个工作日内向工程检查部门提交检查报告。检查报告应说明检查时间、组成人员、检查过程、工程情况等内容,重点说明检查中发现的问题和整改建议等,并附相关检查表格。

第七条 工程检查部门应根据检查报告,在检查结束后30个工作日内,向被检查工程的业主单位和当地文物行政部门书面反馈检查结果和整改要求,并向社会公布。

被检查工程的业主单位应当按照工程检查部门的要求,协调

督促勘察设计、施工、监理单位及时开展文物保护工程整改工作。

第八条 工程检查和整改的文件资料应纳入工程档案,并作为竣工验收工作的重要依据。

第九条 各省级文物行政部门应及时了解辖区内工程检查工作开展情况,并按年度汇总、编写本省(自治区、直辖市)检查工作总报告,并于下一年度3月底前上报国家文物局。

第十条 文物行政部门未按本规定开展检查或未公布检查结果的,由上一级文物行政部门责令整改,并予以通报批评。

检查组成员存在违反检查程序、弄虚作假、徇私舞弊等行为的,由工程检查部门依法追究相关人员责任。

第十一条 工程检查工作所需经费应列入各级文物行政部门年度部门预算。

第十二条 本办法由国家文物局负责解释,自印发之日起施行。

附表 1　文物保护工程检查表(例表)

工程名称				
业主单位		勘察设计单位		
施工单位		监理单位		
开工时间		合同金额		
拟完工时间		已支付工程款		
工程进度情况				

指标	分类	评定			说明及意见
工程程序管理情况	申报审批	合格□	基本合格□	不合格□	
	招标投标与合同	合格□	基本合格□	不合格□	
	技术交底	合格□	基本合格□	不合格□	
	工程组织管理	合格□	基本合格□	不合格□	
	项目单位及人员资质资格	合格□	基本合格□	不合格□	
	人员到岗到位和岗前培训情况	合格□	基本合格□	不合格□	
	工程检查结论	合格□	基本合格□	不合格□	
	隐蔽工程验收情况	合格□	基本合格□	不合格□	
	阶段性验收情况	合格□	基本合格□	不合格□	
工程效果和质量	工程效果	合格□	基本合格□	不合格□	
	工程质量	合格□	基本合格□	不合格□	
工程档案资料	业主单位	合格□	基本合格□	不合格□	
	施工单位	合格□	基本合格□	不合格□	
	监理单位	合格□	基本合格□	不合格□	
工地安全	工程安全规范执行	合格□	基本合格□	不合格□	
	安全防护设备配置	合格□	基本合格□	不合格□	
	文物及人员安全防范措施	合格□	基本合格□	不合格□	

签字:

年　月　日

附表2 全国重点文物保护单位文物保护工程检查指标及解释

内容			指标解释
工程程序管理情况	申报审批	工程方案论证和审批的规范性	是否按程序上报,并通过审批
		审批意见的落实情况	是否按照方案审批要求进行完善,是否核准
		重大技术变更手续的规范性	重大技术变更是否履行相关报批手续(无重大技术变更,此项满分)
	招标投标与合同	勘察设计、施工、监理招投标和合同签订情况	是否履行招投标程序和签订合同;相关单位资质是否符合要求、是否存在分包、转包和挂靠资质承担项目问题
	技术交底	技术交底等技术服务情况	设计交底、图纸会审、技术洽商、设计变更等是否规范、及时,衔接到位
	工程组织管理	工程开工许可(备案)	工程是否办理开工许可(备案)手续
		施工组织设计的科学性	是否按照要求及时编制施工组织设计具有针对性和可操作性;施工组织设计是否实行动态管理和及时根据工程进展情况调整;是否严格执行施工组织设计要求
		文物防护措施	施工期间文物防护措施的落实情况和效果;文物构件及附属文物的保存防护措施是否到位
		施工现场管理	施工现场管理措施是否到位;施工现场材料堆放、制度标牌设置等现场管理及文明施工情况是否符合要求
		监理工作	是否编制了监理大纲,监理大纲是否科学、全面,符合工程实际需要;对重点部位、关键工序是否执行旁站监理;是否对材料、构件及见证取样等进行审查;是否参与阶段性验收、分部分项质量签认
	项目单位及人员资质资格	项目单位和人员资质资格	业主、施工、监理相关人员与招投标文件是否一致或与备案人员相一致;主要负责人的工程经验
	人员到岗到位和岗前培训情况	人员到岗到位情况	是否到位、是否认真履职;主要负责人的到岗情况
		岗前培训情况	是否进行岗前培训,是否针对工程特点设置培训内容,是否达到培训目标
	工程检查结论	工程检查结论	历次工程检查情况,检查是否合格
	隐蔽工程验收和阶段性验收	阶段性验收情况	隐蔽工程是否进行了检查;是否组织了阶段性验收;勘察设计、监理、业主单位是否出具验收意见;验收结论是否合格

续　表

内容			指标解释
工程效果和质量	工程效果	技术方案落实情况	是否按批复文件进行方案的修改,是否按批复意见组织施工;技术变更和补充设计的合理性如何,补充设计和变更是否符合文物保护需要
		文物保护原则遵守情况	是否符合不改变文物原状和最小干预的保护原则
		传统工艺使用和新技术、新材料试验情况	传统工艺做法是否得到了良好的执行;如需要采用新技术、新材料,是否进行前期试验,实际效果是否符合要求
		外部观感效果和实施效果评价	方案实施后能否达到预期效果,保护措施的有效性和科学性如何;外部观感如何
	工程质量	施工技术、工艺、做法符合质量要求情况	参照材料、设备、构件的质量保证文件、材料与工艺的相关试验、分部、分项工程质量验收记录、隐蔽工程验收记录、工程监理相关记录予以评价
		施工材料和构件检验检测情况	
		工程各分部分项及重点工序的实体质量评定情况	
		隐蔽工程质量情况	
工程资料	业主单位	资料(包括勘察设计文件、审批管理资料等)与工程同步情况	根据施工现场资料核查情况进行评价
	施工单位	资料内容全面情况	
	监理单位	资料手续完整情况	
工地安全	工程安全规范执行	安全规范执行情况	文物及安全教育的落实情况和效果;是否制定了安全制度,是否开展日常安全巡查
	安全防护设备配置	安全防护设施配置情况	是否有必要的安全防护设备;设备是否得到及时维护保养;设备使用情况是否良好
	文物及人员安全防范措施	文物及人员安全情况	工地无重大安全问题;安全监管是否到位;安全用水用火用电是否规范,是否存在隐患;更换下来的原有构建是否登记,是否妥善保管

附表3　文物保护工程资料检查表（例表）

工程名称			
序号		检查内容	齐全/不齐全
1	业主单位	工程开工许可（备案）	齐全□　不齐全□
2		方案批复文件	齐全□　不齐全□
3		设计方案文本	齐全□　不齐全□
4		施工预算书（经费批复文件）	齐全□　不齐全□
5		勘察设计、施工、监理合同	齐全□　不齐全□
6		中标通知书（工程招投标文件）	齐全□　不齐全□
7		业主会议纪要	齐全□　不齐全□
8	施工单位	施工组织设计	齐全□　不齐全□
9		施工日志	齐全□　不齐全□
10		图纸会审记录	齐全□　不齐全□
11		技术交底记录	齐全□　不齐全□
12		设计变更记录	齐全□　不齐全□
13		施工单位及人员资质检查、安全培训记录	齐全□　不齐全□
14		施工洽商文件	齐全□　不齐全□
15		分项、分部工程互检资料	齐全□　不齐全□
16		材料产品、设备合格证明、进场检测报告	齐全□　不齐全□
17		施工工序资料	齐全□　不齐全□
18		工程相关实验报告	齐全□　不齐全□
19		工程停工、复工记录	齐全□　不齐全□
20		隐蔽工程签证、验收记录	齐全□　不齐全□
21		工地例会记录	齐全□　不齐全□
22		分项、分阶段验收记录	齐全□　不齐全□
23		工程整顿、事故处理、会商、申请等相关文件	齐全□　不齐全□
24	监理单位	监理计划	齐全□　不齐全□
25		监理大纲（监理规划）	齐全□　不齐全□
26		监理日志	齐全□　不齐全□
27		监理月报	齐全□　不齐全□
28		材料见证取样记录	齐全□　不齐全□
29		旁站记录	齐全□　不齐全□
30		工程检查及整改资料	齐全□　不齐全□
		……	齐全□　不齐全□
核查意见		核查人：　　　　　　时间：	

附表4 文物保护工程检查意见汇总表（例表）

工程名称：

	检查人员1	检查人员2	检查人员3	检查人员4	检查人员5	……	评价标准
工程评价情况							合格 基本合格 不合格
总体评价及意见							
后续整改建议							
签字							

年　月　日

根据《中华人民共和国文物保护法》《中华人民共和国文物保护法实施条例》《文物保护工程管理办法》及文物保护工程相关规范、标准，并参照有关部门工程项目评价管理方法，确定文物保护工程检查指标及评定标准如下：

一、检查指标

分为三级：

一级指标：

1.工程程序管理情况

2.工程效果和质量

3.工程资料

4.工地安全

二级指标：

1.1 申报审批

1.2 招标投标与合同

1.3 技术交底

1.4 工程组织管理

1.5 项目单位及人员资质资格

1.6 人员到岗到位和岗前培训情况

1.7 工程检查结论

1.8 隐蔽工程验收和阶段性验收

2.1 工程效果

2.2 工程质量

3.1 业主单位

3.2 施工单位

3.3 监理单位

4.1 工程安全规范执行

4.2 安全防护设备配置

4.3 文物及人员安全防范措施

三级指标：

1.1.1 工程方案论证和审批的规范性

1.1.2 审批意见的落实情况

1.1.3 重大技术变更手续的规范性

1.2.1 勘察设计、施工、监理招投标和合同签订情况

1.3.1 技术交底等技术服务情况

1.4.1 工程开工许可（备案）

1.4.2 施工组织设计的科学性

…………

二、检查评定标准

评定标准分为合格、基本合格、不合格。

三、说明

1. 方案未经上报和批准，则此工程不合格。

2. 工地发生重大安全事故，则此工程不合格。

3. 如年度工程的工期较短、不需进行阶段性验收，或检查时尚未进行阶段性验收，在检查组认可后，"阶段性验收情况"项目可评定"合格"。

4. 如工程之前未进行过检查，在检查组认可后，"工程检查结论"项目可评定"合格"。

5.《文物保护工程资料检查表》应据实填写，并可根据各地实际情况调整项目内容，专家根据资料情况确定"工程资料"部分评价。

中共浙江省委办公厅 浙江省人民政府办公厅 关于坚持先进文化前进方向 推动国有文化企业做强做优做大的意见

浙委办发〔2016〕51 号

为全面贯彻党的十八大和十八届三中、四中、五中全会精神，深入贯彻落实习近平总书记系列重要讲话精神，始终坚持先进文化前进方向，推动国有文化企业做强做优做大，根据《中共中央办公厅国务院办公厅印发〈关于推动国有文化企业把社会效益放在首位、实现社会效益和经济效益相统一的指导意见〉的通知》精神，现提出如下具体意见。

一、总体要求

紧紧围绕"四个全面"战略布局，坚持党的领导，坚持中国特色社会主义文化发展道路，坚持以人民为中心的创作生产导向，牢固树立五大发展理念，坚定文化自信，遵循社会主义市场经济规律，遵循精神文明建设要求，遵循文化产品生产传播规律，以社会主义核心价值观为引领，在国有企业改革大框架下，充分体现文化例外要求，深化国有文化企业改革，建立有文化特色的现代企业制度，推动国有文化企业健全

确保把社会效益放在首位、实现社会效益和经济效益相统一的体制机制，推动国有文化企业做强做优做大，打造一批具有核心竞争力的国有骨干文化企业，为建设文化强省贡献更大力量。

二、完善企业内部运行机制

明确把社会效益第一、社会价值优先的经营理念体现到企业章程和各项规章制度中，形成体现国有文化企业特点、符合现代企业制度要求的资产组织形式和经营管理模式。

优化国有文化企业内部组织结构，企业党委成员与董事会、监事会和经营管理班子实行双向进入、交叉任职。企业党委书记兼任董事长，为内容导向管理第一责任人。制定直接涉及内容创作的部门和岗位的职责纪律，规范内容生产程序。从事内容创作生产传播的国有文化企业，要建立和完善编辑委员会、艺术委员会等专门机构，设立总编辑、艺术总监等岗位，强化内容审核把关岗

位职责，对涉及内容导向问题的事项，具有否决权。党报党刊、电台电视台、时政类报刊等新闻单位，可以依法依规开展有关经营活动，但必须做到采编与经营分开，禁止采编播人员与经营人员混岗。

直接涉及内容创作的部门和岗位要以社会效益考核为主，收入分配和奖励也要适当予以倾斜。已经引入非国有资本的国有文化企业，要建立一致行动人制度。

三、推动国有文化企业做强做优做大

支持符合条件的国有文化企业上市融资，推动发行、影视、演艺集团交叉持股或进行跨地区跨行业跨所有制并购重组，利用市场资源和社会力量做强做优做大核心主业，用优秀文化产品提高市场占有率，培育同行业中的领军企业。国有文化企业要为全社会提供更多思想性、艺术性、观赏性俱佳的文化产品，为经济转型

升级提供有意义、有品位、有市场的文化服务。

推动党政部门逐步与所主管主办的非时政类报刊社等企业脱钩,可以整合资源组建出版传媒集团,由集团履行相应主管主办职责,也可以划转给党报党刊所属的非时政类报刊和其他国有文化企业来主管主办,推动政企分开。已经转企的出版社、非时政类报刊出版单位、新闻网站等,实行国有独资或国有文化企业控股下的国有多元。新闻媒体中的广告、印刷、发行、传输网络部分等剥离进行转企改制时,必须由国有资本绝对控股。在坚持出版权、播出权特许经营前提下,探索制作和出版、制作和播出分开。推动传统媒体与新兴媒体融合发展,强化互联网思维,实现新闻出版传媒领域跨媒体、全媒体发展。

四、完善资产监管和评价考核机制

建立党委和政府监管有机结合、宣传部门有效主导的国有文化资产管理模式,推动实现管人管事管资产管导向相统一。省国有文化资产管理委员会为省委、省政府监管国有文化资产的议事协调机构,负责审议国有文化资产管理重大事项,统筹协调相关问题。推动主管主办制度和出资人制度的有机衔接。

省国有文化资产管理委员会组织实施省属国有文化企业考核,完善考核办法,明确社会效益指标考核权重占 60%,经济效益指标考核权重占 40%。完善国有文化企业社会效益、经济效益考核标准,规范考核程序,科学设置政治导向、文化创作生产和服务、受众反应、社会影响、内部制度和队伍建设等具体考核指标,逐步建立第三方机构评估机制。将国有文化企业社会效益纳入党委意识形态工作责任制考核内容。

制定国有文化企业无形资产评估、国有资产指定入场交易等工作制度,建立健全国有文化企业国有资本审计监督体系和资产损失责任追究制度。建立国有文化企业社会责任和国有资产管理年度报告制度,省属国有文化企业法定代表人每年向省国有文化资产管理委员会报告年度社会效益、承担社会责任和国有资产经营管理等情况。

五、发挥政策支撑和扶持作用

落实文化经济政策。完善各级文化产业发展专项资金使用管理,对社会效益突出的产业项目予以倾斜。加大省属国有文化企业国有资本经营预算投入力度,探索以国有资本金注入的方式推动企业兼并重组,培育骨干文化企业。省属国有文化企业上缴的国有资本收益由省国有文化资产管理委员会提出安排使用意见。省级重点国有文化企业如申请免缴国有资本收益,需经省政府批准。

创新财政资金使用方式。鼓励有条件的地方组建或改组国有文化资本投资公司,设立国有文化资本投资基金,发挥财政资金和国有资本的杠杆作用,带动社会资本参与,支持创新型企业和小微企业,更好地引导文化产业发展。

落实和完善税收优惠政策。继续执行推动经营性文化事业单位转制和文化企业发展的有关政策。贯彻实施文化内容创意生产、非物质文化遗产项目经营等方面的税收优惠政策。引导民营文化企业注重提升社会效益,实现社会效益和经济效益双丰收。

六、健全企业干部人才管理制度

受省委委托,省属国有文化企业省管干部由省委宣传部会同省委组织部共同负责提名、考察和管理。省属国有文化企业中的非省管领导班子成员及重要岗位和重要舆论阵地领导干部按有关规定进行管理。

根据国有企业负责人薪酬制度改革的要求,建立健全国有文化企业负责人绩效考核和薪酬管理办法。按照国家有关规定,开展国有控股上市文化公司股权激励试点,健全确保把社会效益放在首位的激励机制。探索建立国有文化企业职业经理人制度,健全职业经理人考核奖惩机制。

七、加强组织领导

各地区各有关部门要高度重视,加强领导,强化措施,切实解决国有文化企业改革发展中的问题,为推进国有文化企业把社会效益放在首位、实现社会效益和经济效益相统一、推动国有文化企业做强做优做大营造良好发展环境。

国有文化企业要健全党的组织,大型企业应设立专门工作机构,中小型企业根据实际情况设立党群综合工作部门,配备专职工作人员。要落实党风廉政建设责任制,党委负主体责任,纪委负监督责任,严明纪律和规矩,经常性开展党风党纪教育,加强对重点岗位和关键环节的监管。要维护党员、职工主体地位,掌握干部群众思想动态和利益诉求,帮助解决思想问题和实际问题。

省直单位、省属国有文化企业和各市、县(市、区)要认真执行国家现行有关政策法规和行业管理规定,重大问题要及时请示报告,重大改革举措要严格按照有关要求和程序报批。

中共浙江省委办公厅
浙江省人民政府办公厅
2016 年 8 月 3 日

浙江省人民政府办公厅转发省文化厅等部门关于政府向社会力量购买公共文体服务的实施意见的通知

浙政办发〔2016〕3 号

各市、县(市、区)人民政府,省政府直属各单位:

省文化厅、省财政厅、省新闻出版广电局、省体育局制定的《关于政府向社会力量购买公共文体服务的实施意见》已经省政府同意,现转发给你们,请认真贯彻执行。

浙江省人民政府办公厅
2016 年 1 月 8 日

关于政府向社会力量购买公共文体服务的实施意见

省文化厅　省财政厅　省新闻出版广电局　省体育局

根据《国务院办公厅关于政府向社会力量购买服务的指导意见》(国办发〔2013〕96 号)、《国务院办公厅转发文化部等部门关于做好政府向社会力量购买公共文化服务工作的意见》(国办发〔2015〕37 号)精神,为加快推进我省各级政府向社会力量购买公共文体服务工作,现提出如下实施意见:

一、目标任务

公开发布全省各级政府向社会力量购买公共文体服务指导推广目录,完善相关政策规范,充实服务内容,不断提升公共文体服务质量、效率和社会化参与程度。力争通过 5 年的努力,在全省基本建立比较完善的政府向社会力量购买公共文体服务体系,形成与全省经济社会发展水平相适应、与人民群众精神文化和体育健身需求相符合、具有浙江特色的公共文体服务资源配置机制、供给机制和公众评价机制。

二、购买主体和承接主体

(一)购买主体为提供公共文体服务的全省各级行政机关,以及参照公务员法管理、具有行政管理职能的事业单位

纳入行政编制管理且经费由财政负担的文化与体育群团组织,也可根据实际需要,通过购买服务方式提供公共文体服务。

(二)承接主体主要为具备提供公共文体服务能力,依法登记或按规定免予登记的社团,符合条件的事业单位,以及依法在工商行政管理或行业主管部门登记成立的企业、其他经济组织、机构等社会力量

承接主体应具有独立承担民事责任的能力,具备提供公共文体服务所必需的设施、人员、专业技术,以及健全的法人治理结构和规范的财务、资产管理制度等基本条件。

三、购买机制和保障

(一)购买机制和方式

按照程序规范简便、方式灵

活、标准明确、合同约束、全程监管、结果评价、动态调整的原则,将政府购买公共文体服务纳入政府采购管理。坚持公开、公平、公正的遴选原则,明确承接主体的具体条件,科学选定承接主体。按照政府采购有关规定,采用公开招标、邀请招标、竞争性谈判、竞争性磋商、单一来源等方式,规范购买公共文体服务流程,规范合同签订行为。

各级购买主体要根据具体购买服务特点,分类制定内容明确、操作性强、便于考核的购买服务标准,完善与之相适应的采购方式、评价机制和合同类型,方便承接主体掌握,便于购买主体监管。同时,建立购买价格或财政补贴的动态调整机制,根据承接主体服务内容和质量,合理确定价格。鼓励提供特定公共文体服务的事业单位与具备条件的社会力量公开、公平参与政府购买服务的竞争。

（二）资金来源和保障

政府向社会力量购买公共文体服务所需资金列入财政预算,原有服务内容支出从既有预算中统筹安排,新增服务内容所需资金按照新增预算管理。各级政府要逐步加大现有财政资金向社会力量购买公共文体服务的投入力度,对新增的服务内容,凡适于以购买服务方式实现的,原则上都要通过政府购买服务方式实施。

四、管理机制

（一）绩效评价机制

加强财政支出绩效评价管理,以服务受众满意度为重点,将绩效评价贯穿公共文体服务实施全过程,逐步建立健全长效的综合评价体系。评价结果作为年度编制预算和选择服务承接主体的重要参考依据。

（二）信息公开

充分利用现有资源,建立内容全面、方便快捷的政府购买服务平台。各级财政、文化、新闻出版广电、体育部门应及时发布政府向社会力量购买公共文体服务的有关政策、实施办法、购买信息及绩效评价结果。

（三）监管机制

建立健全政府向社会力量购买公共文体服务的监督制度,完善事前、事中、事后监管体系,坚决遏制和预防腐败现象。购买主体对承接主体提供的服务进行跟踪监督,在项目完成后组织开展验收和绩效评价,并建立健全内部监督管理制度,按规定公开购买服务的相关信息,自觉接受审计监督、社会监督和舆论监督。承接主体应健全财务报告制度,严格按照服务合同履行服务任务,严禁服务转包行为。

五、诚信评价和环境营造

（一）诚信评价

建立政府向社会力量购买公共文体服务信用档案。在购买或实施过程中,发现承接主体不符合资质要求、歪曲服务主旨、弄虚作假、冒领财政资金等违法违规行为的,记入信用档案,并依法予以追究;对造成社会重大恶劣影响的,列入黑名单,禁止其再次参与政府向社会力量购买公共文体服务工作。

（二）环境营造

各地要加大对承接主体的培育扶持力度,促进承接主体健康有序发展。做好相关政策宣传解读,加强舆论引导,充分调动社会参与的积极性,为推进政府向社会力量购买公共文体服务营造良好的工作环境和舆论氛围。

附件:政府向社会力量购买公共文体服务指导推广目录

附件

政府向社会力量购买公共文体服务指导推广目录

一、公益性文体产品的创作与传播

（一）公益性广播影视作品的制作与宣传

（二）公益性出版物和宣传品的编辑、印刷、复制与发行

（三）公益性数字文化产品、公益性广告的制作与传播

（四）全民健身和公益性运动训练竞赛的宣传与推广

（五）政府资助的传统戏剧剧本创作、传统戏曲电影制作、体育

科研服务

（六）面向特殊群体的公益性文体产品的创作与传播

（七）通用性广播电视对农节目制作、征集

（八）其他公益性文体产品的创作与传播

二、公益性文体活动的组织与承办

（一）公益性电影放映活动的组织与承办

（二）公益性全民阅读活动的组织与承办

（三）公益性文化艺术活动（含演出、展览陈列活动）的组织与承办

（四）公益性体育竞赛活动的组织与承办

（五）全民健身活动的组织与承办

（六）政府组织的公益性文化艺术培训（含讲座）的组织与承办

（七）公益性体育展览、培训、健身指导、国民体质监测与体育锻炼标准测验达标活动的组织与承办

（八）公益性青少年文体活动的组织与承办

（九）面向特殊群体的公益性文体活动的组织与承办

（十）其他公益性文体活动的组织与承办

三、中华优秀传统文化与民族民间传统体育的保护、传承与展示

（一）文化遗产日、国际博物馆日等系列活动的组织和承办

（二）传统表演类非遗项目的保护、传承和展演的组织和承办

（三）文化遗产项目数字化保存、利用及数字平台的运行和管理

（四）公益性文化遗产的培训（含讲座）的组织与承办

（五）民族民间传统文体项目的保护、传承与展示

（六）其他优秀传统文化和传统体育的保护、传承与展示

（七）不可移动文物保护的辅助性工作及相关技术咨询服务

（八）公共博物馆陈列展示活动的组织与承办

（九）文物系统安防、消防系统的运行和管理

（十）文物科技保护项目的实施服务

四、公共文体设施的运营和管理

（一）公共图书馆（室）、文化馆（站）、乡镇流动文化站的运营和管理

（二）村（社区）文化活动中心（含农村文化礼堂、农家书屋）的运营和管理

（三）广播电视村村通、户户通等接收设备的维修维护

（四）公共电子阅览室、数字农家书屋等公共数字文化设施的运营和管理

（五）公共文化数字平台的运行和管理

（六）面向特殊群体提供的有线电视免费或低收费服务

（七）公共剧院（剧场）、公共电影放映场所的运营和管理

（八）公共体育设施、户外营地的运营和管理

（九）公共体育健身器材的维修维护和监管

（十）公共体育场馆免费或低收费对外开放服务

（十一）其他公共文体设施的运营和管理

五、民办文体机构提供的免费或低收费服务

（一）民办图书馆、美术馆、博物馆等面向社会提供的免费或低收费服务

（二）民办演艺机构面向社会提供的免费或低票价演出

（三）互联网上网服务场所面向社会提供的免费或低收费上网服务

（四）民办农村（社区）文化服务中心（含书屋）面向社会提供的免费或低收费服务

（五）民办体育场馆设施、民办健身机构面向社会提供的免费或低收费服务

（六）其他民办文体机构面向社会提供的免费或低收费服务

六、对外、对港澳台文体交流

（一）在境外举办的演出、展览等文化交流活动的承办

（二）引进境外演出、展览等文化交流活动的承办

（三）对外、对港澳台文体交流活动配套服务（含物流、食宿行安排等）

（四）在境外举办图书、影视文化（产品）交流活动的承办

浙江省人民政府办公厅关于支持戏曲传承发展的实施意见

浙政办发〔2016〕20号

各市、县(市、区)人民政府,省政府直属各单位:

为贯彻落实《国务院办公厅印发关于支持戏曲传承发展若干政策的通知》(国办发〔2015〕52号)精神,进一步推进我省戏曲传承发展,经省政府同意,现提出以下实施意见:

一、总体目标

进一步健全戏曲艺术传承发展工作体系,加强越剧、婺剧、绍剧等代表性地方戏曲剧种发展规划,提高全省戏曲非物质文化遗产项目整体保护发展水平。在长三角地区形成以浙江为核心的中国越剧文化中心,到2020年,率先建成国家级戏曲传承发展示范区。

二、主要任务

(一)扶持戏曲剧种传承

1. 开展戏曲剧种普查。2017年6月完成全省地方戏曲剧种普查,建立省级戏曲剧种数据库和信息共享交流平台。

2. 振兴地方戏曲。实施戏曲非物质文化遗产项目的分级保护与分类管理,建设地方戏曲生态保护区,支持嵊州市越剧原生地建设,鼓励各地设立地方戏曲剧种区域生态保护区,打造"戏曲小镇""戏曲谷"。抢救濒危剧种,对省级以上戏曲非物质文化遗产项目进行抢救性记录,整理复排濒危剧种传统剧目。振兴发展越剧等代表性地方戏曲剧种,加强对京剧、昆曲的扶持。支持浙江戏曲"走出去"。

3. 推动学校戏曲通识教育。鼓励学校结合音乐课程、地方课程或校本课程开展戏曲教育教学,鼓励组织校园戏曲社团和兴趣小组等形式推动戏曲普及活动。全省大中小学争取每年让学生免费欣赏到1场优秀的戏曲演出。增加"浙江省高雅艺术进校园"演出活动中的戏曲演出比重,扶持面向师生的低票价惠民性戏曲演出。

4. 强化农村文化礼堂功能作用。充分利用农村文化礼堂等公共文化设施设备举办戏曲传习与演出活动,将农村基层戏曲演出场地纳入村级公共服务平台建设。

5. 鼓励引导社会力量支持戏曲传承发展。鼓励引导企业、社会团体和个人通过多种形式参与支持戏曲保护传承。支持各级文化馆(站)和乡镇文化综合体组织发动群众参与戏曲活动,提供戏曲培训服务。积极发挥社会组织在戏曲传承发展中的重要作用。

(二)扶持戏曲团体发展

6. 改善戏曲创作生产场地条件。鼓励各级群艺馆、文化馆(站)等通过资源共享、项目合作等方式,为戏曲艺术表演团体免费或低价提供排练演出场所。鼓励采取灵活的产权形式或政府购买演出场所的演出时段、提供场租补贴等形式,帮助戏曲艺术表演团体解决演出场所问题。

7. 扶持基层和民营戏曲艺术表演团体。对符合条件的县级以下基层和民营戏曲艺术表演团体,在购置和更新服装、灯光音响器材等方面给予适当支持。鼓励民营戏曲艺术表演团体开展原创剧目创作演出。

8. 保障重点戏曲院团。加大对国家级和省级重点戏曲院团的支持,发挥地方特色戏曲优势,推出戏曲精品剧目,集聚优秀戏曲人才,打造名团名剧名角,引领全省戏曲艺术表演团体繁荣发展。

(三)扶持戏曲剧本创作

9. 加大原创剧本创作扶持力度。加大中青年编剧扶持力度,培养本土编剧人才,孵化省内原创剧本。鼓励面向全国征集购买优秀戏曲剧本。

(四)扶持戏曲人才培养

10. 完善戏曲教育教学体系。加强戏曲教育教学,对中等职业教育戏曲表演专业学生实行免学费,落实大中专戏曲职业教育生均拨款制度。支持浙江音乐学院、浙江艺术职业学院等院校加强戏曲相关学科专业建设。加强艺术院校与戏曲艺术表演团体的协同合作,创新发展戏曲教育新模式。

11. 打造戏曲浙军。深入实施青年艺术人才培养"新松计划"和拔尖艺术人才培养计划,努力推出新一代浙江戏曲领军人才。支持戏曲非物质文化遗产传承人带徒授艺,大力培养新生代戏曲非物质文化遗产传承人。

(五)扶持戏曲市场培育

12.加大政府购买戏曲演出力度。通过政府购买服务等方式,支持戏曲艺术表演团体"送戏下乡""引戏进城",提供免费或低票价的戏曲演出。

13.建设戏曲演出综合体。以文化资本为纽带,结合实际,推动建设集聚戏曲艺术表演团体、经纪机构和消费市场为一体的戏曲演出综合体。

(六)扶持戏曲创新发展

14.推进戏曲艺术改革。深化国有戏曲艺术表演团体改革。鼓励戏曲艺术表演团体、艺术院校、研究机构在剧目创作、唱腔音乐、表演程式、理论研究等方面开展创新实践。

15.创新戏曲传播方式。建设戏曲演出网上交易平台和观众交流平台,推动戏曲网络传播,拓展戏曲传承发展新空间。

三、保障措施

16.加强组织领导。各市、县(市、区)政府要强化主体责任,将其纳入国民经济和社会发展"十三五"规划,统筹各方面力量,做好政策落地和督查工作。各级文化部门要强化责任意识,加强工作指导,加大督促检查力度,开展目标任务考核。各级文联等相关组织要加强协作,共同推进戏曲传承发展取得实效。

17.加大财政保障力度。各级财政应加大对戏曲传承发展的扶持力度,确保全省每个乡镇年均送戏2场以上。有条件的地方可参照中央财政的做法,对国有戏曲艺术表演团体捐赠收入实行财政配比政策。

18.畅通引进优秀戏曲专业人才的通道。采取保障事业编制、灵活薪酬、住房补贴、柔性合作等多种措施,按照特人特招、特事特办原则,吸引引进优秀戏曲专业人才。

19.实行差别化的戏曲教学排练演出设施用地政策。加快解决国有戏曲艺术表演团体演出排练场所问题,安排资金支持省级以上非物质文化遗产保护利用设施建设,增加戏曲类保护利用项目的比重。支持戏曲教学排练演出设施建设,符合《划拨用地目录》的,可以划拨方式提供国有建设用地使用权。支持现有戏曲教学排练演出设施改造建设,在符合城乡规划、土地利用总体规划的前提下,现有戏曲教学排练演出设施改造可兼容一定规模的零售、餐饮等商服用途,并按规定办理用地手续。

20.加强戏曲宣传普及。各级新闻媒体要加大戏曲宣传力度,鼓励开设、制作戏曲专栏、节目,广泛报道戏曲创作演出活动,扩大戏曲社会影响力。

浙江省人民政府办公厅
2016年2月19日

浙江省人民政府办公厅关于推进基层综合性文化服务中心建设的实施意见

浙政办发〔2016〕55号

各市、县(市、区)人民政府,省政府直属各单位:

为贯彻落实《国务院办公厅关于推进基层综合性文化服务中心建设的指导意见》(国办发〔2015〕74号),不断提升全省基层基本公共文化服务能力水平,经省政府同意,现提出如下实施意见。

一、总体目标

到2020年,全省乡镇(街道)和村(社区)普遍建成基层综合性公共文化设施和场所,形成布局合理、功能齐全、服务规范、保障有力、群众满意度较高的基层综合性文化服务中心网络,建立规范有序、科学高效的运行管理机制,培养具有较高专业素养、扎根基层的专兼职文化队伍,使基层综合性文化服务中心成为文化建设的重要阵地、提供公共文化服务的综合平台、弘扬社会主义先进文化的精神家园,推动我省基层公共文化服务水平继续位居全国前列。

二、加强规划建设

(一)科学规划布局

基层公共文化设施建设要根据城乡人口发展和分布,结合当地公共文化设施存量和使用状况,坚持均衡配置、严格预留、规模适当、功能优先、经济适用、绿色共享的原则,以补短板、惠民生为导向,科学合理规划布局,并与当地经济社会发展总体规划、土地利用总体规划、城乡规划及其他相关专项规划相衔接。

(二)落实标准体系

按照国家及省有关文件要求,落实基本服务项目、硬件设施、人员配备等各项标准,加强公共文化服务体系标准化建设,力争到2020年,基层综合性文化服务中心达标率100%。加快基层综合性文化设施标准化建设,制定基层综合性文化服务中心基本服务项目目录,围绕政策宣传、教育培训、文化娱乐、体育健身等内容,明确服务种类、数量、规模和质量要求,为城乡居民提供大致均等的基本公共文化服务。

(三)分类推进建设

基层综合性文化服务中心建设主要采取盘活存量、调整置换、集中利用等方式,不搞大拆大建。凡是现有设施能够满足基本公共文化需求的,一律不再进行改扩建和新建。乡镇(街道)综合文化站建设重在完善服务功能和提升服务水平,对个别尚未建成的进行集中建设。村(社区)综合性文化服务中心主要依托现有农村文化礼堂、文化活动室、村(社区)党组织活动场所、闲置中小学校、住宅小区公共服务配套设施以及其他城乡综合公共服务设施,在明确产权归属、保证服务质量的基础上进行集合建设,并配备相应器材设备。有条件的地区,建设与乡镇(街道)和村(社区)综合文化设施相配套的文体广场。逐步推进社区文化家园建设,鼓励城市社区因地制宜利用自有资源或社会资源建设24小时图书馆。

三、提升服务功能

(一)整合公共文化资源

整合不同部门、分散孤立、用途单一的基层公共文化资源,实现人、财、物统筹使用。将宣传文化、党员教育、科学普及、普法教育、体育健身等纳入基层综合性文化服务中心,提升基层公共文化服务效能。以基层综合性文化服务中心为依托,推动各级各类文化信息资源共建共享和文化体育设施综合管理利用;推进广播电视户户通,提供应急广播、广播电视器材设备维修、农村数字电影放映等服务;整合县域内公共图书资源,提高图书利用率,有效推进全民阅读。

(二)丰富服务内容

积极开展"三下乡""千镇万村种文化""文化走亲"和区域文化互动交流。挖掘地方特色文化,打造基层文化品牌,形成一镇一品、一村一色的群众特色文化格局。传承优秀传统文化,推进民间文化艺术之乡、传统戏剧之乡等建设。支持群众自办文化,鼓励群众自发兴办各类文体社团。利用中华传统节日、重大节假日活动等,结合地方传统习俗,组织开展形式多样的文体活动。引导广场舞等群众文体活动健康、规范、有序发展。为特殊群体提供有针对性的特色文化服务。配合当地党委政府做好其他公共服务、开展相关社会管理工作。

(三)创新服务形式

建立群众文化需求反馈机制,采取订单式、众筹式等多种方式,实现文化服务供需有效对接。发挥互联网优势,建设全省公共图书馆数据中心和浙江文化供需网、网上文化礼堂等公共文化数字服务平台;推动无线网络进基层综合性文化服务中心,实现无障碍获取数字信息资源。推广流动"文化加油站""淘文化""文化有约"等公共文化服务品牌。推动县级以上优质文化资源下沉、服务延伸,加强省市文化体育机构、专业文艺团体与基层综合性文化服务中心结对帮扶,探索图书馆和文化馆总分馆制度。

四、创新运行管理机制

(一)建立健全管理制度

加强对基层综合性文化服务中心的管理和指导。结合群众实际需求,实行错时开放。制定活动开展、服务规范、设施维护、安全管理等规章制度,形成服务管理长效机制,不断提升群众满意度。建立村(社区)综合性文化服务中心由市县统筹规划、乡镇(街道)组织推进、村(社区)自我管理的工作机制。完善突发事件应急预案,最大限度消除各类安全隐患。

(二)探索社会化管理模式

加大政府向社会力量购买公共文化服务力度,拓宽社会供给渠道,丰富基层公共文化服务内容。引导社会力量参与基层综合性文化服务中心建设和管理。鼓励实行农村文化礼堂理事会制以及结对共建、村企联建、集资兴建等不同投入主体的建设运行管理模式。探索开展社会化运营试点,按照政府采购有关规定,通过公开招投标等方式,由具备一定条件的社团、企事业单位以及其他经济组织、机构等承担基层公共文化设施的运营或管理。

(三)鼓励群众参与管理

发挥基层群众自治组织作用,引导城乡居民积极参与村(社区)综合性文化服务中心的建设使用,加强群众自主管理和自我服务。畅通民意表达渠道,开展形式多样的民主协商,充分听取群众意见建议,鼓励群众参与基层公共文化项目的规划、建设、管理和监督。发挥文化能人、各类乡贤在基层综合性文化服务中心建设中的积极作用。探索建立乡镇(街道)综合文化站法人治理结构等适合自身发展的管理体制。

五、加强组织领导

(一)强化政府主导作用

县级政府是基层综合性文化服务中心的建设主体,要实事求是地确定存量改造和增量建设任务,推动各级各类面向基层的公共文化资源纳入基层综合性文化服务中心建设发展。县级政府要

制定具体的实施方案,于2016年9月底前向社会公布。宣传、文化部门要发挥牵头作用,加强协调指导,及时研究解决建设中存在的问题;各相关部门要立足职责、分工合作;公共文化体育机构要加强业务指导,共同推动工作落实。

(二)加大资金保障力度

各级政府要根据实际需要和相关标准,将基层综合性文化服务中心建设资金纳入财政预算。省级财政要加大投入力度,整合资金补短板,通过转移支付对基层综合性文化服务中心建设予以适当补助,同时对绩效评价结果优良的地区予以奖励。发挥政府投入的带动作用,落实社会力量参与公共文化服务的各项优惠政策,吸引社会资金支持基层综合性文化服务中心建设。

(三)强化队伍建设

每个乡镇(街道)综合文化站配备编制人员1—2名,规模较大的乡镇(街道)适当增加。乡镇(街道)综合文化站站长任职期间享受乡镇中层相应待遇。村(社

区)综合性文化服务中心由村委会或社区居委会确定1名兼职工作人员,鼓励县乡两级政府通过统筹和购买服务等方式解决人员不足问题。鼓励"三支一扶"大学生、大学生村官、志愿者等专兼职从事基层综合性文化服务中心管理服务工作。鼓励实施县级文化员下派制度,带动提升基层宣传文化队伍整体水平。

(四)健全考核评价制度

把基层综合性文化服务中心建设纳入对政府公共文化服务的考核指标。各级文化行政主管部门会同有关部门建立动态监测和绩效评价机制,由县级文化行政主管部门对基层综合性文化服务中心建设、使用和管理情况进行督促检查,及时协调解决存在的问题。引入第三方开展公众满意度测评;对群众满意度较差的进行通报批评,对好的做法和经验及时总结、推广。

浙江省人民政府办公厅
2016年6月1日

浙江省人民政府办公厅关于加强传统村落保护发展的指导意见

浙政办发〔2016〕84号

各市、县(市、区)人民政府,省政府直属各单位:

为贯彻落实中央和省委、省政府关于加大传统村落和民居保护力度、传承和弘扬优秀传统文化的精神,经省政府同意,现就加强我省传统村落保护发展工作提

出如下指导意见。

一、总体要求

(一)指导思想

坚持创新、协调、绿色、开放、共享五大发展理念,按照加快建设"两富""两美"浙江的决策部署,全面加强传统村落文化遗产

保护,合理利用,适度开发,努力实现传统村落活态保护、活态传承、活态发展。

(二)基本原则

——整体保护,活态传承。坚持村落空间、历史和价值完整性的有机统一,做到村落结构肌

理保护与山水格局保护并重,物质文化遗产保护与非物质文化遗产保护并重,生产生活环境保护与生产生活方式保护并重,力求见人、见物、见生活。

——保护优先,合理利用。坚持保护第一,做到能保即保、应保尽保,整体保护、全面保护。同时,注重合理发挥传统村落的经济价值、社会价值和文化价值,努力实现以保护促发展,以发展强保护。

——居敬行简,最少干预。坚持以人为本,尊重自然、尊重传统,慎砍树、禁挖山、不填湖、少拆房,不搞大拆大建,防止嫁接杜撰,为自然"种绿",为村落"留白",努力做到望得见山、看得见水、记得住乡愁。

——因地制宜,分类推进。着眼于传统村落的地域条件、文化特征、资源禀赋等方面的差异性,区分轻重缓急,采取差异化的保护措施和发展模式,切忌保护发展模式简单化、单一化,避免千篇一律、千村一面。

——政府主导,村民自主。充分发挥各级政府主导作用,将传统村落保护发展纳入当地经济社会发展总体规划。充分发挥村民主体作用,保证村民的知情权、话语权、决策权和监督权,切实维护村民权益。

(三)总体目标

全面摸清我省传统村落保有现状,完整记录传统村落文化遗产,加快建立健全有利于传统村落保护发展的各项机制。力争2017年底前,全省列入国家、省和地方名录的传统村落数量分别达到 400 个、1000 个和 2000 个以上。同时,每年选择 100 个左右传统村落开展重点保护,打造"两美"浙江建设样板。

二、重点任务

(一)实施全面普查建档行动

发掘一个,调查一个,登记一个,建档一个,全面摸清全省传统村落家底,加快建立全省传统村落数据库。

1. 开展全面普查。各地要在2012 年开展传统村落初步调查的基础上,进一步扩大调查覆盖面,重点对上一轮调查未覆盖或不充分的区域开展补充调查,努力发掘有保护价值的传统村落。积极发动社会团体、学校院所、专家学者、村民群众等各方力量,共同参与调查工作。

2. 深入调查登记。对历次调查发掘的传统村落,各地要按国家和省有关要求,对传统村落的物质和非物质文化遗产尽可能准确、深入、完整地进行调查和登记。省建设厅要牵头制定《浙江省传统村落调查登记表》,统一调查表式、标准和要求,指导各地开展调查。

3. 规范建档立案。各地要根据调查成果和登记信息,以"一村一档"的形式,及时组织编制传统村落档案,完整保存调查登记过程中形成的文本及数字档案。省建设厅要牵头建立全省传统村落管理信息平台,组织市县及时录入调查数据和村落档案信息,为全省传统村落的研究、保护和发展提供基础数据支撑。各级国家综合档案馆要及时接收当地传统村落档案,并建立专题数据库。

(二)实施分级名录保护行动

建立健全传统村落、传统建筑和非物质文化遗产的名录保护机制,加快形成省市县分级认定、分类保护、相互衔接、各有侧重的传统村落保护体系。

1. 加强传统村落保护。加快建立省市县三级名录保护机制。省建设厅要参照住房城乡建设部《传统村落评价认定指标体系(试行)》,牵头制定省级传统村落评价标准,组织开展省级传统村落评审认定。各市、县(市、区)也要结合本地实际,制定市、县级传统村落认定标准,开展评审认定。建立传统村落名录警示和退出机制。对违反保护要求或因保护工作不力、造成传统文化遗产资源破坏的,提出警告并进行通报批评;对在开发活动过程中造成传统建筑、选址和格局、历史风貌破坏性影响的,发出濒危警示,并取消名录认定和项目支持,情节严重的,依法查处。严格执行传统村落迁并规定,严禁迁并国家级传统村落,因重大原因确需迁并的其他传统村落,须经省级有关部门同意并按规定报备。

2. 加强传统建筑保护。省建设厅要组织制定省级传统建筑认定标准和保护办法,指导各地开展传统建筑调查,制定市、县级传统建筑认定标准和保护办法,分批分级公布保护名单。对列入保护名单的传统建筑,由公布部门统一制作并在显要位置悬挂保护标识,按其保护级别采取相应的保护措施,特别要注重满足消防安全和白蚁防治要求。对于愿意放弃传统建筑住房而选择在传统村落保护区域外建房安置的农户,鼓励通过村集体收回、村集体经济组织内部调剂等方式进行以旧换新或产权置换,坚决制止就地拆除、盲目改造等破坏性行为。

3. 加强传统文化保护。注重传统文化的真实性,加强传统文化依存场所和载体保护,支持和鼓励村民按照传统习俗开展文化活动。注重传统文化的整体性,加强民俗文化、耕读文化、宗族文化、地名文化等各类非物质文化遗产的挖掘与保护。注重传统文化的延续性,运用现代技术手段加强对各种传统文化特别是濒临消失文化遗产的抢救性记录整理,积极开展乡土文献的数字化工作,加快推进非物质文化遗产传承人认定和传承人群培育。

(三)实施规划设计全覆盖行动

从传统村落规划编制、村庄设计、农房设计全方位入手,强化规划落地、项目实施、农民建房全过程监管,确保保护工作的科学性、有效性和可操作性。

1.推进保护规划全覆盖。各地要及时组织编制或修编传统村落保护发展规划,严格履行规划审批程序。国家级和省级传统村落保护发展规划须按要求组织技术审查同意后方可进入审批程序。保护发展规划未经批准前,影响整体风貌和传统建筑的建设活动一律暂停。

2.推进村庄设计全覆盖。各级传统村落在重大保护项目实施前,要按照《浙江省人民政府办公厅关于进一步加强村庄规划设计和农房设计工作的若干意见》(浙政办发〔2015〕84号)要求,组织编制村庄设计,避免重复规划。村庄设计要突出宗祠、水口、塔阁、水源、古树、遗址等村内重要空间节点,或沿街、沿河、传统建筑连片区域等集中反映村落保护价值的重点地段,围绕项目落地开展深化设计。设计成果要突出历史风貌的真实性、完整性、延续

性,切实防止造成建设性破坏,并做到经济实用、简明易懂。

3.推进农房设计全覆盖。各县(市、区)要根据不同传统村落民居的不同风格,有针对性地组织编制传统村落新建农房设计图集和既有农房改造设计图集,维护村落整体风貌。农房设计要处理好传统与现代、继承与创新的关系,有序构建村庄院落、住宅组团等空间,加快形成"浙派民居"新范式。

(四)实施风貌保护提升行动

坚持保护传统风貌与改善人居环境并重,遵循保护、修复、更新相结合的理念,每年重点选择100个左右传统村落开展风貌保护提升。

1.修复格局与肌理。依据村落历史形成时的规划营建理念并结合现状实际,对遭受破坏的山体、水体、植被、田园、坡岸等村落环境,积极开展生态修复治理,努力保持村落与周边环境相协调。尽可能梳理优化街巷空间结构,恢复水系原貌和功能,整治提升空间形态,延续传统村落脉络肌理。有条件的传统村落可适度恢复或引入乡村景观。

2.彰显风貌与特色。严格按照保护发展规划和村庄设计开展农房建筑风貌整治和公共空间节点打造,着力彰显传统村落特色。对核心保护范围内的建筑和公共空间节点,优先修缮修复重要建筑和公共空间节点,稳妥推进一般建筑和公共空间节点的整治工作,慎重开展历史遗迹遗址的恢复重建活动。对严重影响整体风貌的现代建筑,可采取迁出、置换、补偿等多种方式予以拆除或整体改造;对核心保护范围外的建

筑和公共空间节点,要加强整治提升村落风貌,适度有机更新,但要避免将广场、公园、草坪、喷泉等城市景观生硬嫁接到传统村落。

3.完善设施与功能。在最大限度发挥传统村落内现有各类设施功能的前提下,综合考虑生态承载力和资源承受力,统筹开展基础设施建设,完善公共服务功能。对以木质结构为主的传统村落,还要同步开展白蚁防治和消防设施建设,强化传统村落防灾安全保障。根据村庄产业发展需要,适度建设商业、旅游等服务设施,防止盲目开发和过度商业化。

(五)实施特色产业培育行动

充分发挥传统村落的资源禀赋优势,大力扶持发展特色产业。要结合实施传统建筑改造利用项目,促进发展乡村旅游、乡村民宿、户外运动等相关产业。尤其是利用互联网、物联网等现代技术,形成"互联网＋传统村落"的产业发展态势,不断提高村民和村集体经济收入,着力激发传统村落的生机与活力。

三、保障措施

(一)加强组织保障

建立由省级部门牵头的全省传统村落保护发展工作协调机制,结合我省历史文化村落保护利用工作切实加强对传统村落保护发展工作的统筹协调和组织推进。各市、县(市、区)政府要切实承担起传统村落保护工作的主体责任,建立相应的组织协调工作机制,做到责任到位、保障到位、监管到位。有关乡镇政府(街道办事处)要明确专人具体管理和实施项目,并做好保护工作的日常监管和跟踪服务。各传统村落要将保护要求纳入村规民约,村

"两委"主要负责人要承担传统村落管理的具体工作。

(二)加强法规保障

严格执行《中华人民共和国城乡规划法》《中华人民共和国土地管理法》和《浙江省城乡规划条例》。凡是传统村落保护发展规划范围内的建设项目,必须按照规定严格执行乡村建设规划许可。加快推进传统村落保护相关法规规章的制(修)订工作,增强传统村落保护刚性。

(三)加强政策保障

各级政府和有关部门要在财政支持、用地保障、规费减免、工商登记等方面出台政策,为传统村落保护发展创造良好的政策环境。对每年 100 个左右列入重点保护范围的传统村落,省财政整合有关专项资金,用于支持开展全面普查建档、规划设计覆盖、风貌保护提升和特色产业培育等行动。各地要将传统村落保护发展工作费用纳入地方财政预算,并加强资金整合,加大对传统村落保护的投入。省国土资源厅每年单列下达的农民建房专项新增建设用地计划指标,各地要重点保障传统村落中无房户、危房户、住房困难户等农户异地搬迁建房用地需求,切实防止因农户拆旧建新破坏整体风貌;在利用山坡地且不占用耕地的情况下,可适当放宽宅基地和人均建设用地控制指标。要积极推广政府与社会资本合作(PPP)模式、社区营造、合作社主导传统村落建设等模式。鼓励采取村民自保、私保公助,产权转移、公保私用,认领、认养、认保等方式,加快形成多元化、社会化、转移性的传统村落保护机制。

(四)加强技术保障

省建设厅要抓紧制定《浙江省传统村落保护发展规划编制导则》《浙江省传统村落保护技术指南》,加强规划编制和项目实施技术指导;组织全省传统村落保护专家,负责提供保护决策咨询,提出保护政策建议,开展理论研究和实践指导。有关市、县(市、区)也要建立相应的传统村落保护专家咨询机制。传统村落所在地县(市、区)要建立传统村落保护"五个一"机制:县(市、区)政府要确定 1 名领导,负责统筹协调;乡镇政府(街道办事处)要确定 1 名领导,负责具体管理和实施;每个传统村落要落实 1 名以上对口指导专家,涉及重要节点和传统建筑的修缮改造方案必须经专家签字同意;每个传统村落要聘请 1 名以上有丰富实践经验的带班工匠主持保护项目实施,并指定 1 名以上热心保护工作的本村常住居民担任村级联络员,负责宣传保护政策、反映项目进展情况等工作。

(五)加强人才保障

定期开展针对从事传统村落保护发展工作相关人员特别是基层规划建设管理人员和村干部的教育培训活动,增强保护的主动性、自觉性。积极发挥农村建筑工匠作用,加强行业管理和教育培训,推进乡村建设工程领域招投标体制创新,努力提高农村建筑工匠收入和地位,促进优秀传统建筑技艺传承与创新。每年组织开展以传统村落保护为主题的"大学生再下乡"社会实践活动,从全省高校选拔一批规划建设专业的优秀大学生,利用假期深入传统村落驻村实习,帮助开展保护工作,为传统村落保护和乡村规划建设做战略人才储备。

本意见自 2016 年 10 月 1 日起施行。

浙江省人民政府办公厅
2016 年 7 月 26 日

浙江省人民政府办公厅关于印发浙江省文化产业发展"十三五"规划的通知

浙政办发〔2016〕122 号

各市、县(市、区)人民政府,省政府直属各单位:

《浙江省文化产业发展"十三五"规划》已经省政府同意,现印发给你们,请结合实际,认真贯彻实施。

浙江省人民政府办公厅
2016 年 9 月 28 日

浙江省文化产业发展"十三五"规划

加快发展文化产业,是繁荣发展社会主义文化、保障人民群众文化权益、提升文化软实力的重要途径,是我省适应经济发展新常态、推进新旧动能转换、促进经济转型升级的战略选择。为推动我省文化强省和高水平全面小康社会建设,根据《国家"十三五"时期文化改革发展规划纲要》《浙江省国民经济和社会发展第十三个五年规划纲要》,编制《浙江省文化产业发展"十三五"规划》,规划期限为 2016 至 2020 年。

本规划所称文化产业是指文化及相关特色产业,产业范畴依据国家统计局《文化及相关产业分类(2012)》,并结合我省实际界定。

一、现实基础

(一)发展现状

"十二五"以来,我省认真贯彻落实中央有关精神,高度重视文化产业发展,立足区域禀赋条件,加强特色产业培育,全面提升文化软实力,文化产业对经济社会发展的引领带动作用日益显现,为"两富""两美"现代化浙江建设提供了有力支撑。

产业规模持续扩大。深入实施文化强省战略和文化产业倍增计划,产业规模迅速增长。全省文化产业增加值由 2010 年的 1056.09 亿元增加到 2015 年的 2490 亿元,年均增长 18%;文化产业增加值占全省地区生产总值的比重由 2010 年的 3.88% 提高到 2015 年的 5.81%,文化产业已成为我省国民经济支柱性产业之一,综合实力位居全国第 4 位。

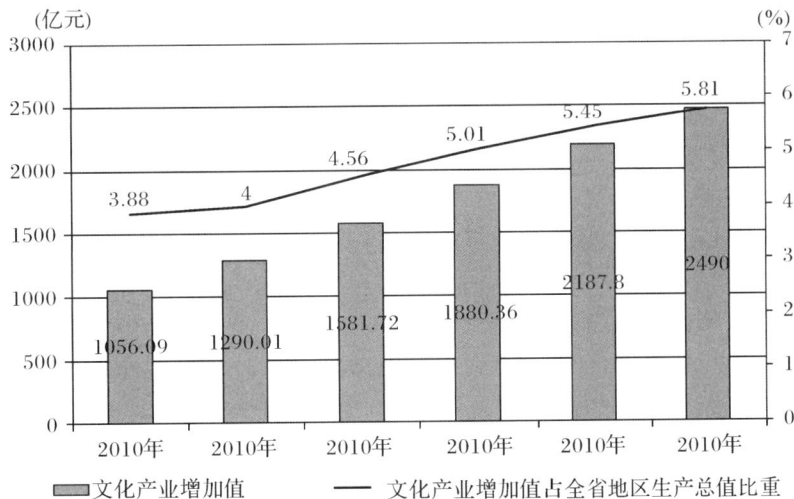

图1 2010—2015 年文化产业增加值和占地区生产总值比重

产业特色加快形成。广播影视、新闻出版、动漫游戏、文化演艺和文化产品制造等领域优势凸显。2015 年,全省电视剧、动画片、电影产量分别居全国第 1、第 2 和第 3 位,浙江出版联合集团、宋城演艺、华策影视等 3 家企业入选全国文化企业 30 强;全省涌现出《温州一家人》《国家命运》《大圣归来》《主义之花》等一大批文化精品,荣获全国"五个一工程"等各类国家级奖项的精品数量位居全国前列。

集聚效应日趋显现。中心城市文化产业发展的集聚辐射功能进一步增强。2015 年,杭州、宁波、金华三市文化产业增加值总和占全省的比重达到 60% 左右;全省建成各类文化产业园区 150 多个,形成影视动漫、文化创意、工艺美术品生产、文化产品制造等一批具有较强影响力的特色文化产业集群。

要素支撑不断增强。文化产

业与资本市场对接持续深入，浙报传媒、长城影视、思美传媒、海伦钢琴等一批文化企业成功登陆资本市场，全省设立了东方星空、杭州文投等一批文化产业投资基金，杭州市、宁波市、温州市、嘉兴市、绍兴市、台州市设立一批文创银行；文化与科技融合日趋深入，杭州、宁波、横店获批国家级文化与科技融合示范基地；大力实施文化人才培养计划，培养了一批懂文化、善经营、会管理的复合型人才，多层次文化产业要素市场初步形成。

文化贸易大幅提升。文化产品交易市场更加活跃，中国国际动漫节、中国义乌文化产品交易博览会、浙江（温州）国际时尚消费博览会等重点文化会展交易额逐年增加。互联网文化贸易快速发展，咪咕传媒等互联网文化企业和浙江联合出版集团、杭州力合数码等文化跨境电商茁壮成长。培育打造一批文化出口重点企业和重点项目，2015年全省文化产品进出口总额102.55亿美元，同比增长19.2%，文化服务进出口总额5.03亿美元，同比增长15.1%，文化企业"走出去"取得显著成效。

政策环境日益优化。出台《中共浙江省委浙江省人民政府关于进一步加快文化产业发展的若干意见》（浙委发〔2013〕28号）、《浙江省人民政府办公厅关于进一步推动我省文化产业加快发展的实施意见》（浙政办发〔2015〕49号）、《浙江省深化文化体制改革实施方案》等政策文件。全面深化文化体制改革，深入推进文化领域审批制度改革，建立集中统一的文化市场综合执法机构，设立省国有文化资产管理委员会，构建有利于文化产业发展的体制机制。

"十二五"以来，我省文化产业实现健康快速发展，但发展中仍存在一些突出的矛盾和短板，主要体现在：市场主体规模偏小，全省"三上"文化企业4476家，仅占全省文化企业总数的4.2%，低于全国平均水平；产品结构相对低端，文化产品创意和特色不足，文化产品制造业法人单位数占全省文化及相关产业法人单位数的33.2%，且以中低端文体用品制造为主，产品附加值较低、市场竞争力不强；产业布局不够合理，文化产业规划的引导作用尚未得到充分发挥，各地文化产业发展存在同质化倾向，文化产业园区建设尚未形成错位发展格局；要素保障受到制约，文化企业融资难现象仍普遍存在，创意人才和复合型高端人才相对匮乏，文化产权、版权的评估体系和交易市场尚未形成；发展合力尚未形成，对文化产业在经济社会发展中重要性的认识有待提高，管理方式尚显粗放，资金投入力度不大，统筹协调的体制机制需要进一步完善。

（二）发展趋势

展望"十三五"，中央对文化发展赋予新使命、提出新要求，文化产业将更多地承担起弘扬社会主义核心价值观、传播中华优秀传统文化、推动经济转型升级的重任，发展面临一系列新机遇和新挑战。

消费结构加速升级推动文化服务形成新供给。随着我国经济进入新常态和供给侧结构性改革的推进，国民收入水平提升将扩大文化消费需求，文化产业在促进消费升级和产业转型中发挥出越来越重要的作用。我省人均地区生产总值正从1万美元向2万美元迈进，即将进入高收入经济体行列，人民群众对文化产品与服务的消费需求加速升级，文化产业成为推进经济社会转型的重要着力点和突破口。

新一代信息技术革命催生文化产业新变革。新一轮科技革命和产业革命浪潮兴起，大数据、云计算、移动互联网、虚拟现实和人工智能等新一代信息技术广泛应用，给文化产业的内容生产、表现形式、商业模式带来深刻变革。互联网为文化产业创新提供了便捷、经济、多渠道的技术平台，以创意和新技术为特征的文化产业新内容、新业态层出不穷，数字内容产业呈现爆炸式增长。我省已成为全国信息经济发展高地，互联网为经济植入新基因，也为文化产业的创新创业带来广阔空间。

金融资本大发展助推文化企业实现新跨越。国家积极推动金融体制改革，鼓励发挥金融政策、财政政策与文化经济政策的协同效应，为文化企业规模化、集团化发展提供大量资金的同时，也为新兴文化创意企业的培育和成长提供风险资本。在金融资本的推动和融合下，文化企业的兼并重组将进一步加剧，产业集约化程度进一步提高。我省民间资本雄厚，资本市场活跃，随着金融资本和文化产业的深度融合，将有一批"航母级"大企业在众多文化企业中脱颖而出。

文化产业跨界融合拓展产业发展新空间。顺应文化产业与相关产业融合发展的趋势,文化产业与制造业、信息产业、建筑业、现代农业、服务业等产业的跨界融合日趋深入,产业边界日趋模糊;文化元素日益融入相关产业,文化越来越成为产业创新的源泉和转型升级的动力。我省是制造业大省,文化产业的蓬勃发展,将为"浙江制造"向"浙江创造"和"浙江智造"转型提供强力引擎。

"一带一路"倡议为文化"走出去"提供新机遇。世界多极化和经济全球化深入发展,越来越多的国家把提高文化软实力作为重要发展战略。随着我国综合实力和国际地位的稳步提升,文化"走出去"的步伐将不断加快,文化对外贸易进入快速增长期。"一带一路"倡议将推动我国和沿线国家的文化交流,扩大中华文化的对外输出和影响力。我省以外向型经济为主,在"一带一路"倡议中处于重要地位,未来文化产品和服务出口将不断扩大,文化企业参与海外竞争合作的机遇进一步增多。

二、总体思路

(一)指导思想

高举中国特色社会主义伟大旗帜,以马克思列宁主义、毛泽东思想、邓小平理论、"三个代表"重要思想、科学发展观为指导,深入贯彻习近平总书记系列重要讲话精神,以"四个全面"战略布局为统领,以创新、协调、绿色、开放、共享五大发展理念为引领,以"八八战略"为总纲,以"干在实处、走在前列、勇立潮头"为新使命,以满足人民群众日益增长的文化需求和推动经济发展方式转变为着眼点,坚持社会主义先进文化前进方向,坚持中国特色社会主义文化发展道路,紧紧围绕建成文化强省的总目标,全面深化改革、加快转型升级、促进创新融合、聚力打造"三区",推动文化产业成为国民经济的重要支柱性产业,为高水平全面建成小康社会、建设"两富""两美"现代化浙江提供有力支撑。

专栏:浙江省文化产业"十三五"发展"三区"定位

全国文化内容生产先导区	大力倡导文化创新,积极打造文化精品,力争影视剧生产、舞台表演、音乐制作、书报刊出版和数字内容等文化内容生产保持国内领先水平,不断延伸拓展以内容生产为核心的文化产业链,筑强文化产业发展的核心竞争力。
全国文化产业融合发展示范区	充分发挥文化产业在促进经济结构调整和发展方式转变等方面的重要作用,围绕七大万亿产业,推动文化产业与相关产业的深度融合,加快建设文化产业园区、文化创意街区等融合发展新平台,树立具有鲜明浙江特色的全国文化产业融合发展示范样板。
全国文化产业新兴业态引领区	以改革创新和科技进步为动力,推动文化产业技术进步、效率提升和模式变革,加快文化产业领域大众创业、万众创新,打造文化产业转型动力强劲、文化创新氛围浓郁、文化市场主体富有活力的全国文化产业新兴业态引领区。

(二)总体要求

坚持内容先导,繁荣社会主义先进文化。积极培育和践行社会主义核心价值观,坚持以人民为中心的工作导向,大力发展符合先进文化前进方向的文化原创内容生产,构建以内容生产为核心的文化产业链,最大限度地满足人民群众日益增长的精神文化需求,实现社会效益和经济效益相统一和双提升。

坚持改革创新,激发文化产业发展活力。全面深化文化体制改革,加快简政放权,健全市场体系,提高供给效率,进一步解放和发展文化生产力;始终将提高自主创新能力摆在文化产业发展的突出位置,加强理念创新、科技创新、业态创新和载体创新,切实转变文化产业发展方式,推动文化产业结构优化升级。

坚持协调发展,促进文化产业结构优化。推动文化产业在城乡之间、产业门类之间、市场主体之间协调发展,引导和规范各类文化要素合理配置和有序流动。积极调整优化文化产业结构,走规模化、集约化、专业化路子,努力构建结构合理、门类齐全、科技含量高、富有创意、竞争力强的现代文化产业发展体系。

坚持多元融合,助推国民经济转型升级。牢固树立"文化+"理念,促进文化产业与相关产业的深度融合,发挥文化产业作为绿色产业在经济结构调整和转变经济发展方式中的战略作用,推动文化产业成为我省国民经济的重要支柱性产业。

坚持开放融入，拓展国内国际文化市场。推进省内外文化资源整合和高端要素集聚，加强产业链上下游和区域间分工协作。积极对接"一带一路"倡议，坚持"走出去"和"引进来"并重，大力发展对外文化贸易，不断增强文化产业国际竞争力。

坚持文化惠民，推动文化发展成果共享。立足全省各地特色文化资源和区域功能定位，因地制宜构建具有鲜明地域特色的文化产业集群，进一步凸显文化产业在促进地方经济繁荣、推动公共文化服务体系建设、推进城乡统筹发展等方面的重要作用，充分发挥文化产业育民、富民、乐民功能。

（三）发展目标

到2020年，力争全省文化产业增加值占生产总值的比重达到8%以上，文化产业总产出达1.6万亿元，形成较为健全的文化产业发展体系、现代文化市场体系、文化要素支撑体系和文化政策保障体系，文化产业发展主要指标位居全国前列，为建成文化强省奠定坚实的产业基础。

——文化产业发展体系。广播影视、新闻出版、动漫游戏、文化创意与设计服务、文化休闲娱乐、文化产品流通、文化产品及装备制造等重点领域发展水平位居全国前列，文化产业与相关产业全方位、深层次、宽领域的融合发展格局基本建立，"文化＋"新模式和新业态快速发展，基本形成"一核三极三板块"的文化产业空间布局。

——现代文化市场体系。国有文化企业市场竞争力和综合实力大幅提升，民营文化企业活力得到进一步释放，多元市场主体共同推动文化产业发展的格局基本形成；文化消费升级进程不断加快，在城乡居民消费结构中的比重明显增加，文化市场监管能力不断增强；文化产品和服务的国际市场不断拓展，对外文化贸易综合竞争力进一步提升。

——文化要素支撑体系。突破一批文化产业领域的共性关键技术，创新一批文化金融产品，培育一批行业领军企业和复合型人才，建成一批具有鲜明地域特色的文化小镇、文化产业园区、文化创意街区等产业集聚区块，搭建一批文化产业公共服务平台，文化产业发展的人才、资金、科技、知识产权、土地等要素支撑和产业创新能力不断增强。

——文化政策保障体系。文化产业发展的战略地位得到广泛认同，重点领域和关键环节改革取得实质性突破，文化管理体制和运行机制逐步健全，文化经济政策不断完善，形成具有浙江特色的文化法规体系，文化产业统计制度进一步规范。

三、重点领域

（一）广播影视

巩固我省广播影视业在全国的领先优势，推动以内容生产为核心的全产业链发展，确立在全国影视产业发展中的副中心地位，将广播影视业打造成为我省文化产业发展的重要增长点。

提升影视产品制作水平。加大对影视产品原创生产的引导扶持，发挥我省影视制作机构集聚、影视产业园区众多的优势，重点抓好电影、电视剧、纪录片、网络剧等影视精品的创作生产，打响一批大型综艺节目新品牌，实现影视内容生产由数量增长向质量提升的转变。在坚持播出权特许经营前提下深化制播分离，培育一批参与国际市场竞争的影视产品制作经营主体，扶持一批富有活力和较强竞争力的成长型、创新型中小影视制作企业。引进国内外高新技术团队和人才，打造一批以后期制作为特色的文化科技企业，提升全省影视产品的后期制作水平。

推动广电网络融合发展。加快推进下一代广播电视网建设和标准应用，推动广电有线、无线、卫星网络的互联互通和智能协同覆盖，提升广播影视立体化传播能力和智能化服务水平。推动广播电视全媒体网络化制播技术与移动互联网、云计算、大数据、社交媒体等新一代信息技术的融合创新，面向标清、高清、超高清、3D等电视终端、互联网终端和手机移动终端等多种网络传输应用，加快构建全媒体融合制播平台，积极发展基于开放互联网的视频服务（OTTTV）、虚拟现实（VR）、增强现实（AR）等新兴业务。构建省市县三级联动，集节目监管、技术监测、安全指挥于一体的广播电视安全播出监管体系，保障"三网融合"环境下内容源的安全可控。

健全完善影视产业链。推动横店影视产业实验区、中国影视产业国际合作实验区、象山中国海影城、湖州影视城等国家级和省级影视产业基地错位发展、优势互补，强化影视产品创意策划、展示交易、后期制作及国际合作等功能。支持浙江时代、浙江横店、浙江星光、温州雁荡等电影院线进一步拓展空间，鼓励通过资本纽带增强发展合力；加快推进中心镇数字影院建设和农村电影院线整合，提升城乡影院终端网络覆盖水平。促进影视衍生产品开发，推动影视产业与旅游、时尚等相关产业的融合渗透，提升专业节展的品牌价值，加强影视产品的多重市场开发。

（二）新闻出版

加快传统媒体与新兴媒体的融合发展，大力发展数字出版和绿色出版，建设以内容生产和文化传播为特色、具有全国影响力的新闻出版强省。

建设新型主流新闻媒体。适应分众化、差异化传播趋势，加快构建舆论引导新格局。创新理念、内容、体裁、形式、方法、手段、业态、体制、机制，推动报纸期刊与网络、手机等新兴媒体在内容、渠道、平台及业务开发、经营管理、体制机制等方面深度融合、优势互补、一体发展。将浙江日报报业集团、浙江广电集团分别打造成为全国一流的互联网枢纽型传媒集团和全媒体化的新型广播电视主流媒体。以省级和杭州市、宁波市、温州市主要媒体集团为重点，推动新闻出版资源向大型传媒集团聚集，推进媒体资源聚合、生产流动融合、采编力量整合，逐步建立顺畅高效、适应市场竞争和一体化发展的内部运行机制，提高我省主流媒体传播力、公信力、影响力、舆论引导力，着力打造一批形态多样、手段先进、具有竞争力的新型主流媒体。

推进数字出版加快发展。将传统出版的专业采编优势、内容资源优势延伸到新兴出版，综合运用微博、微信、移动客户端等多媒体表现形式，生产满足用户多样化、个性化需求和多终端传播的出版产品。建设聚合精品、覆盖广泛、服务便捷、交易规范的数字出版内容发布投送平台和出版资源数据库，发展移动阅读、在线教育、知识服务、按需印刷、电子商务等新业态。支持杭州建设国家数字出版产业基地，壮大咪咕数字传媒、天翼阅读等数字内容生产企业。支持实体书店与电子商务合作，构建线上线下一体化发展的内容传播体系，将实体书店建设成为集阅读学习、展示交流、聚会休闲、创意生活等功能于一体的复合式文化消费场所。推动浙江出版联合集团建成集内容集聚、平台推送、电子商务为一体的国际化内容服务提供商。

推动印刷产业绿色创新发展。积极推动传统印刷行业向绿色化、数字化、智能化、融合化方向发展，发挥杭州、宁波、苍南、义乌四大印刷产业区块优势，重点打造具有国际竞争力的龙头企业。推广应用数字化印刷、绿色印刷技术，鼓励规模以上的印刷企业建立绿色环保印刷体系。支持企业探索应用 3D 打印等新技术、新材料。发展私人订制按需印刷业态，不断提高印刷产品附加值，推动印刷复制业向高新技术产业转变。

（三）动漫游戏

发挥我省动漫游戏产业在全国的先发优势，以内容创意为核心引领，注重知识产权保护利用，推动产业链上下游良性对接，打造全国领先的以动漫游戏为特色的数字娱乐基地和国内具有重要影响力的动漫游戏产业中心。

支持原创动漫创作生产。依托杭州滨江、宁波鄞州国家级动漫产业园区，建立动漫原创企业集群，打造动漫产品的研发和创新基地。实施浙江动漫品牌建设和保护计划，发挥骨干企业领军作用，培育中小动漫企业健康成长。推进动漫拍摄、后期制作技术变革创新，加快创作生产具有示范和引领作用的优秀原创动漫作品，推进动漫内容创作、形象设计、音乐创作、节目制作、版权交易的发展。继续做强中国国际动漫节，搭建国内外优秀动漫企业交流、产品推介和展示交易平台。

推动游戏行业健康壮大。强化游戏产业的知识产权和商标保护，搭建行业公共服务和技术平台，提升对内容创作、素材资源库管理、产品交易、渠道发行与版权保护的服务能力和水平，推动行业高标准化发展。重点支持具有民族文化特色的原创游戏产品，具有自主知识产权的网络游戏技术和游戏运营平台的研发推广。支持举办高品质、国际性电子竞技大赛，提升行业影响力。

加快动漫游戏衍生产品开发。促进高新技术和动漫游戏产业深度融合，支持数字高清技术和三维动画电影技术的研发推广，培育一批动漫游戏衍生产品的设计研发企业，推动其与制造业无缝对接。建立制造企业和动漫游戏企业双向数据库，制定市场跟踪与反馈机制，实现投放精准的产业嫁接。以本土原创为核心，扩大产业外延，多形式、多途径开发版权价值，打造动漫影视作品、舞台剧、服装、玩具、文具、游乐设备、技术运用、动漫主题购物中心等系列新增长点。

（四）文化创意与设计服务

把发展文化创意和设计服务

作为助推高端制造业发展的重要突破口，增强文化创意与设计服务对相关产业的渗透提升和带动能力，推动实现从"浙江制造"向"浙江创造"转变。

推动专业设计服务高端化发展。落实《中国制造 2025 浙江行动纲要》，大力发展智能设计、时尚设计、品牌设计、新媒体和体验交互设计等领域，推动工艺美术品、服装服饰、皮革制品、家居用品、珠宝首饰等消费品制造业向时尚产业转型，鼓励依托专业设计服务发展创意农业、体育文创等新兴业态。因地制宜培育服务于区域经济发展的设计服务集群。培育和引进优秀设计主体，创造条件吸引国外先进设计研发中心、设计机构等落户我省，支持骨干企业设立独立设计机构。推动网络众创众包设计发展，建立中小微企业与个人设计师、设计机构需求对接及线下项目孵化机制。

提升城乡设计服务水平。促进文化创意和设计服务与新型城市化建设紧密结合，提升城乡规划、建筑设计和园林设计的文化品位，丰富美丽城市和美丽乡村建设的文化内涵，打造"浙派民居"，优化"诗画江南"人居环境。加强传统文化理念和文化创意元素的应用，延续城市历史文脉，科学设计城镇人居环境、景观风貌和建筑色彩，加强城镇生态景观保护和建设，发展有浙江记忆和地域特色的美丽城镇，推进生态人文小城市试点，建设一批具有江南风情的小镇。加大历史文化名城、街区、名镇、名村和传统村落的保护开发力度，提升农村规划和村居设计水平，积极培育特色文化村，把美丽乡村打造成为传承优秀传统文化和展示社会主义新农村文化的重要载体。

激发广告服务发展活力。推动传统广告业务与新媒体的深度融合，规范有序发展网络广告、移动媒体广告、社交媒体广告、嵌入式广告、二维码广告等新兴业态，鼓励传统广告企业开展跨界运营。充分发挥国家互联网广告监测中心、区域性广告产业教育研究中心、广告产业园信息交流中心等三大行业中心的引领和辐射效应，加快推进杭州、宁波、温州等地的国家广告产业试点园区建设，吸引行业高端要素集聚，打造广告产业发展高地。支持龙头广告企业做大做强，鼓励通过兼并、重组、合作等方式组建具有国际竞争力的大型广告集团。

（五）文化休闲娱乐

发挥我省文化资源丰富、文化市场活跃等优势，把握大众文化消费需求升级的机遇，大力发展文化演艺、文化旅游和文化体育，推动文化休闲娱乐产业发展迈上新台阶。

做优文化演艺。深化国有文艺院团改革，加大对民营院团的扶持力度，培育有竞争力的市场主体。强化文化演艺与科技、旅游深度融合，进一步提升优秀演艺产品的市场影响力，推动演艺市场向多元化、品牌化方向发展，引导 5A 级旅游景区和国家级旅游度假区积极打造文化演艺节目，形成一批精品演艺节目。整合全省剧院资源，完善剧院联盟，培育演艺中介机构，健全演出市场网络体系，提高演艺市场资源配置能力。

做精文化旅游。加快文化与旅游的整合发展，逐步构建主题突出、特色鲜明、产业联动发展的文化旅游产业发展新格局。充分利用博物馆、艺术馆、美术馆、农村文化礼堂等公共文化场所和文化创意园区（街区），古城、古镇、古村落等文化旅游资源，加快发展特色文化旅游。培育壮大文化旅游经营主体，积极引导有实力的大企业、大集团参与文化旅游示范区和非物质文化遗产等旅游景点景区的建设运营，培育若干个年产值超 10 亿元的文化旅游集团。强化精品意识和品牌意识，打造戏曲小镇、越剧小镇等一批在全国具有较强影响力的文化旅游项目，推动文化与旅游的深度融合。

做强文化体育。以承办 2022 年亚运会等重大赛事为契机，促进体育场馆建设运营、体育赛事和文化体育产品开发相结合，搭建体育产业互动交流平台。创新体育产品和服务，大力发展体育传媒、体育影视、体育动漫、电子竞技等体育文创产业，规划建设一批体育创意产业园和体育文创产业发展集聚区。大力培育品牌体育赛事，打造以杭州国际马拉松赛、环太湖国际公路自行车赛、亚太汽车拉力赛中国（龙游）汽车拉力锦标赛、北仑世界女排大奖赛为代表，具有社会知名度和市场影响力的浙江体育赛事品牌。支持国有企业参与体育赞助和市场开发，鼓励民间和境外资本投资体育产业，鼓励大企业大集团整合产业链上下游打造文化体育产业集群。

（六）文化产品及装备制造

加快大众文化用品制造业的转型升级，振兴历史经典产业和工艺美术品制造业,推动文化装备制造向智造发展,打造全国文化产品及装备制造高端区。

加快提升大众文化用品制造水平。大力提高传统办公用品、木制玩具、体育休闲用品的产品档次和技术含量,综合利用工业设计、品牌策划、营销推广等文化创意手段,加快将文化元素融入制造业研发、设计等价值链高端环节,提升产品制造的文化附加值。提高制造业创新能力,大力实施品牌创新、质量创新和标准创新工程。引导企业运用新技术改造研发、生产、管理、营销等各个环节,促进管理方式创新、工艺装备提升、产品质量改进以及生产效率提高。

传承发展历史经典产业。振兴青瓷、宝剑、木雕、根雕、石刻、文房等历史经典产业,加强非物质文化遗产保护与生产技术的研发,加大对非物质文化遗产项目代表性传承人和民间文化艺术团体的扶持力度,推动历史文化遗产抢救性保护成果的利用和传播,鼓励文化文物单位加强文化创意产品开发。坚持市场化发展道路,切实发挥龙头企业和行业协会的作用,加强名企名品名家培育,通过建立产业发展联盟等方式,不断激发产业发展内生动力。通过文化嫁接拓展衍生产品制造,推动艺术品与日用品、旅游产品的有机融合,主动适应大众消费新特点,深入挖掘文化内涵,提供个性化定制服务。充分挖掘和利用本土文化资源优势,建设一批具有鲜明产业特色和独特风格的集设计制作、旅游购物等为一体的特色小镇,使历史经典产业焕发新的生机和活力。

做大做强先进文化装备制造业。重点依托产业集群,鼓励文化装备制造向现代舞台装备、新型影院系统、数字多媒体娱乐设备、多功能集成化音响、游戏游艺设备等领域转型,加快培育一批高端文化设备制造基地。实施智能制造产品与装备开发计划,开展新一代信息技术与制造装备融合的集成创新和工程应用,实现制造业骨干企业的装备智能化、设计数字化、生产自动化、管理现代化、营销服务网络化。加快推动企业上市,鼓励有条件的企业围绕全球资源配置、提升产业集中度、完善市场网络等开展并购重组,鼓励企业跨界、跨所有制融合发展为综合性大型企业集团。

(七)文化产品流通

坚持国内国际市场并举,推进文化产品流通业现代化改造,同步推进文化产品实体市场和文化贸易网络交易平台建设,规范有序发展艺术品交易市场,提升文化会展品牌影响力,推动文化贸易优化升级,建设文化产品大流通格局。

有序发展艺术品交易。鼓励画廊、艺术品经营公司、艺术事务所等各类经营主体,拓展鉴赏、收藏、拍卖、交易及会展业务,丰富艺术品交易品种,推动多元化经营。鼓励社会资本参与民办博物馆、民办艺术馆建设,加快个性化定制服务,拓展大众消费市场。积极探索"艺术品＋互联网＋金融"模式,依托社交媒体等网络平台,发展"微拍""艺术电商"等新型流通组织和流通形式。依托中国美术学院、浙江大学和西泠印社等机构,提高各类艺术品鉴赏和创作水平,培育和壮大一批美

术经纪、艺术品鉴定、法律咨询等中介服务机构。支持企业开展海外业务咨询和市场开拓,打造文化艺术品保税区和贸易基地。

提升文化会展影响力。加快推进杭州白马湖、义乌商贸城等重大文化会展平台建设,打造以中国国际动漫节、中国义乌文化产品交易博览会、宁波特色文化产业博览会、浙江(温州)国际时尚消费博览会等为代表的具有影响力的品牌文化展会。围绕我省七大万亿产业以及文化创意产业发展趋势,培育新型专业会展产品,提升会展服务的专业化水平。鼓励政府投资性展览场馆产权和运营权分离,加大政府向社会购买服务的力度,提高会展场馆的市场化运营水平。创新发展基于互联网和大数据应用的新型展览业态,鼓励实体展览会举办网上展览。

大力发展文化产品和服务贸易。贯彻落实"一带一路"倡议,加快文化"走出去"步伐,重点发展创意设计、影视制作、数字出版、游戏动漫等文化版权贸易,加大我省版权项目对外推广力度,推动报刊、图书、印刷业加强对外合作出版、开设实体书店等海外业务。积极参与"丝绸之路国际电影节"等文化交流活动,加快发展演出演艺、艺术品交易、休闲娱乐等文化服务贸易,做大做强以影视传播、动漫制作等国家级文化贸易平台。结合全省文化出口重点企业和文化出口项目认定工作,培育一批创新能力强、拥有自主品牌和核心文化产品的对外文化贸易重点企业。开展跨国经营和对外推介,加快海外文化产品和服务交易营销中心布局,争创

国家对外文化贸易基地,将本土文化产品和服务拓展至"一带一路"沿线市场。以杭州市、绍兴市、丽水市等文化服务贸易试点城市为抓手,积极开展文化贸易改革创新。

四、空间布局

（一）总体布局

按照依托产业基础、优化资源配置、形成差异竞争、促进集群发展的布局思路,构筑"一核三极三板块"的全省文化产业发展格局,推进形成以杭州为中枢的全省文化产业核心,宁波市、温州市、金华市为节点的区域文化产业增长极,以及浙中北文化内容生产与创意设计板块、浙东沿海沿湾文化产品智造板块、浙西南历史经典与文化旅游板块,引导特色优势产业集聚,带动湖州、嘉兴、绍兴、衢州、舟山、台州、丽水等城市协同发展。

1."一核":杭州市——全省文化产业发展核心引擎

充分发挥杭州市作为全国文化创意中心的先发优势,打响联合国教科文组织全球创意城市网络"工艺和民间艺术之都""国际级文化和科技融合示范基地""两岸文化创意产业合作实验区""国家文化产业创新实验区"等文化品牌,打造全省文化产业发展核心引擎。引导发展数字内容、新闻出版、影视服务、动漫游戏、创意设计、演艺娱乐、艺术品交易等特色行业。重点依托"环西湖、环西溪湿地、沿运河、沿钱塘江"的"两圈两带"人文环境优势,夯实完善中国(浙江)影视产业国际合作实验区(总部)、国家广告产业园、之江文化中心、浙江国际影视中心、西溪创意产业园、西湖艺创

小镇、余杭艺尚小镇、运河天地文创产业区等国家级和省级文化产业发展平台,不断提升对全省文化产业发展的辐射带动能力。

2."三极":宁波市、温州市、金华市——区域文化产业增长极

宁波市:发挥全省文化产品制造和贸易优势,打响"国家级文化与科技融合示范基地"文化品牌,打造浙东文化产业增长极、国内著名的创意智造基地。加快文化产业与制造业、科技服务业的渗透融合,转型发展高端文化用品制造业、文化创意与设计服务业两大优势行业,提升发展文化演艺、影视制作业、文化贸易、文化旅游、工艺美术等五大潜力行业。重点发展宁波和丰创意广场、宁波广告产业园区、宁波市国家大学科技园、宁波软件与服务外包产业园、象山影视城等国家级和省级文化产业园区。

温州市:发挥现有创意设计、文化旅游、印刷服务优势,打造浙南文化产业增长极、全省时尚产业设计中心。加快促进制造业转型升级,引导发展数字动漫、影视制作等特色行业,巩固提升印刷业集群优势,重点发展浙江创意园、黎明92文化产业集聚区、红连文创园、国智文化创意产业园、温州国家广告产业试点园区、智慧谷文化创意园等平台。

金华市:联动义乌市、东阳市,推动信息产业与文化产业融合发展,打造浙中文化产业增长极、全国互联网娱乐文化中心、全国影视制作中心、区域性文化进出口贸易中心。其中,金华市区以网络信息、视频娱乐为主导,重点发展浙中信息产业园、金华高新技术产业园、北大科技园等平

台;东阳市以影视、木雕为主导,重点发展横店影视产业实验区;义乌市以文化会展、创意设计、工艺品生产交易为主导,重点发展义乌商贸城、创意园、中国小商品创新设计城等平台。

3."三板块":三大特色文化产业发展板块

浙中北文化内容生产与创意设计板块。涵盖杭州市、湖州市、嘉兴市以及绍兴西南部、金华中部地区,重点发展广播影视、新闻出版、文化创意与设计服务、动漫游戏、文化演艺等优势行业,壮大发展文化产品交易和文化旅游产业,不断增强文化创意设计、文化内容生产、文化流通贸易对文化产业发展的带动作用,成为我省文化产业发展的引领区。绍兴市打造鉴湖文化创意特色中心,引导发展文化旅游、影视动漫、创意设计、历史经典特色产品制造等行业,重点建设鉴湖水街文化创意产业园、金德隆文化创意园、水墨兰亭书法小镇、中国轻纺城创意产业基地、杭州湾花田小镇、东方山水主题乐园。嘉兴市打造南湖文化创意特色中心,引导发展影视动漫、艺术创作、文化旅游等行业,重点建设南北湖影视文化产业园、百里钱塘国际旅游长廊、平湖九龙山旅游度假区。湖州市打造太湖文化创意特色中心,引导发展创意设计、影视服务、文化休闲娱乐、文化产品制造等行业,重点建设省自然博物园、湖州影视城、上影(安吉)影视文化产业园和德清钢琴产业园等平台。

浙东沿海沿湾文化产品智造板块。沿东部海岸、海岛、海湾发展带,涵盖宁波市、温州市、舟山市、台州市和绍兴北部地区,积极

发挥临海物流便利优势,强化文化创意和设计服务对消费品工业转型的引领作用,加快文化产品制造向文化产品智造转型。围绕宁波市、温州市两大增长极,突出差异发展,特色引导,带动舟山市、台州市一体化发展。台州市打造工业智造中心,加快发展文体休闲智造、工业设计等行业,重点建设台州市文化创意产业集聚区、中国模具工业博览园、路桥区广告创意印刷产业园区、石塘半岛文化旅游区、天台山和合文化小镇等平台。舟山市打造海洋文化特色中心,引导发展海洋旅游、海洋节庆会展、文化创意等行业,重点建设伍玖文化产业园、桃花岛影视文化产业基地、舟山渔民画产业基地、普陀船舶设计服务中心、新城创意软件产业园等特色平台。

浙西南历史经典与文化旅游板块。以浙西南山区为生态屏障,以钱塘江、瓯江等主要水系为纽带,在衢州市、丽水市、金华西南部、杭州西南部等地区谋划建设文化产业发展走廊,将浙西南绿色生态环境和历史文化积淀结合起来,凸显衢州儒学、开化根雕、龙泉青瓷宝剑、云和木制玩具、青田石雕等特色文化板块优势。衢州市打造南孔文化旅游中心,以衢州城市区为核心,以龙游、常山、开化三个县为拓展区,引导发展文化旅游、文化产品制造、创意设计等特色行业,重点建设衢州儒学文化园、开化根宫佛国文化旅游区、常山观赏石产业园、龙游红木家居文化园等平台。丽水市打造历史经典工艺品制造中心,引导发展文化用品制造业、文化旅游、艺术品交易等特色行

业,重点建设绿谷信息产业园、古堰画乡、龙泉青瓷宝剑文化园、青田石雕文化产业园、云和木制玩具产业基地等平台。

(二)重点区块

加快推进文化产业重点县(市、区)、文化小镇、重点文化产业园区和文化创意街区等文化产业重点区块建设,提高文化产业规模化、集约化、专业化发展水平,推动各级文化产业平台规范有序建设。

20个文化产业重点县(市、区)。在文化产业增加值超10亿元、占地区生产总值比重达到5%以上、文化产业园区和文化产业展示交易平台发展较好的县(市、区)中,滚动确定20个省级文化产业重点县(市、区)。对文化产业重点县(市、区)在新闻宣传、土地保障、政策扶持、项目推进、企业上市、银行信贷、品牌推介、人才培养等方面给予重点扶持。

30个文化小镇。坚持政府引导、企业主体、市场化运作的发展模式,鼓励各地谋划文化产业项目,扩大有效投资,弘扬传统文化,促进产业、文化、旅游协同发展,集聚高端要素,推动资源整合、项目组合、产业融合。聚焦文化产业重点领域,培育30个左右文化积淀深厚、文化特色鲜明、产业带动能力较强的文化小镇。

40个重点文化产业园区。发布全省文化产业园区评价标准,对重点文化产业园区实行动态管理,推动文化产业园区规范发展。加强重点文化产业园区规划,依据主导产业、规模体量、发展潜力等条件,重点培育遴选文化艺术、影视服务、新闻出版、数

字内容与动漫、创意设计等社会效益突出、经济效益明显、服务标准先进的园区,作为省级重点文化产业园区予以培育扶持。积极推动文化产业园区建设运营模式创新,加强政策支持和融资服务,不断提升园区发展能力。

50个重点文化创意街区。围绕特定文化主题,以特色文化产品(服务)的设计、研发、生产、销售为主要业态,以促进文化消费与贸易为手段,以城镇、乡村一条或多条街巷构成的开放空间为主要载体,分批建成50个左右特色鲜明、服务完善、产业繁荣、活力充足、氛围浓郁、生活丰富的创意文化街区,打造在全国具有较大影响力和较高知名度的文化品牌和综合性文化消费场所。

五、支撑平台

顺应"文化+"和"互联网+"的发展趋势,推动新型业态、高端要素加快集聚,着力打造一批支撑我省文化产业未来发展的创业创新平台、公共服务平台和要素保障平台。

(一)创业创新平台

文化产业孵化平台。充分发挥文化产业适宜创业、带动就业的优势,优化产业扶持政策,培育一批特色鲜明、服务优质、创业生态圈完善的孵化平台。努力引进创业人才和团队,力争实现每个重点文化产业园区都有文化产业孵化平台。加快提升企业孵化器、加速器,引进和培育高水平的园区运营企业,实现规模化和专业化运营。积极鼓励大学生从事文化领域的创业项目,逐步提高大学生创业扶持力度,鼓励发展众创空间和众包平台,力争在财政支持、导师辅导、中介服务等方

面创新模式、提升水平,培育一批功能完善、成效显著的省级文化产业孵化平台。加大对文化产业创业成功案例的宣传推广力度,营造良好的创业创新氛围。

文化科技创新平台。应对新技术发展潮流,实施"文化＋科技"行动计划,积极推广应用数字技术、网络技术,加快建设一批文化技术创新平台。鼓励高校、科研机构及有条件的骨干企业开展文化创新研究,引导跨国企业和海外高端人才在我省设立文化技术服务机构。建立健全共享机制,实现国家重点实验室、国家工程中心等技术平台向文化企业开放。建立省级文化与科技协同创新机制,加快推进中国艺术科技研究所浙江协同创新平台建设,加大对文化领域科技创新的支持力度。进一步支持杭州、宁波、横店三个国家级文化和科技融合示范基地建设,打造一批文化与科技融合示范项目和示范园区,鼓励有条件的地区创建国家级示范基地。

(二)公共服务平台

文化产权交易平台。围绕文化产品提供方和需求方的有效对接,强化产权交易平台建设。鼓励浙江文化艺术品交易所、杭州市文化产权交易所等创新交易模式和产品,打通社会资本与文化产业对接渠道。建立文化艺术品保税中心(仓库),以艺术品保税展示、仓储、交易为重点,促进高端文化艺术品引进来和走出去。完善具有浙江特色的版权创新、保护和服务体系,加快建立版权交易中心,提升服务企业的能力。

文化信息服务平台。借助省内大数据、虚拟技术领先的优势,

建设省文化产业发展服务云平台,强化文化信息数据中心和数据交换系统功能,实现文化信息服务的智慧化。建设省文化资源多媒体数据库,整合政府资源、文化资源、技术资源,建立图像库、音频库、3D全景图、虚拟现实库、非物质文化遗产库等数据库。加快发展智能制造、众创众设、云服务等新型生产方式和产业形态,基本实现广播影视、新闻出版、动漫游戏、文化演艺等领域的数字化和网络化发展。谋划成立由报刊、广电、出版、影视等单位共同参与的知识产权(IP)综合开发利用联盟。

(三)要素保障平台

文化金融服务平台。鼓励各级政府投资设立文化产业发展投资基金,扩大省级文化产业发展专项资金规模,提高资金使用效率。推动设立省级文化产业投资机构,创新文化产业投融资服务方式,在重大文化产业项目投资、文化企业融资平台搭建、文化资本运作等方面做精做深。鼓励银行设立文化产业支行、文创产业专营机构,支持文化企业开展投融资业务。支持文化企业依法合规运用互联网支付平台、网络借贷平台、股权众筹融资平台等手段,创新融资方式。充分发挥我省上市公司、企业集团融资渠道优势,引导投资文化产业。培育一批知名文化产业风险投资基金,推动初创文化企业发展。积极利用好证券交易市场,推动文化企业上市。探索建立地方政府和文化、金融等多部门沟通协作机制,积极创建国家级文化金融合作试验区。

文化人才引进培养平台。深

入实施文学、影视、戏剧、造型艺术等青年人才培育的"新荷""新光""新松"和"新峰"计划,打造一支素质优良、结构合理的文艺浙军。推进浙江大学、中国美术学院、浙江传媒学院、浙江音乐学院等高校开展校企合作和校际合作,创新产学研模式,培养一批适应文化产业发展需要的创新型、高层次的文化产业人才。鼓励文化产业职业教育和师徒传承,弘扬工匠精神,强化技能培训,培养一批文化产业实用型人才。以文化小镇、文化产业园区、文化创意街区和重点文化企业等为重要载体,引进和培养一批文化产业领军人才、经营管理人才和创新团队。

六、重大工程

(一)文化精品生产工程

推进文学、美术、书法、戏曲、音乐等艺术创作和影视精品生产,着力打造国家级戏曲传承发展示范区和全国文学重镇、美术书法重镇、影视重镇和网络文艺重镇,将我省建设成为具有全国影响力和辐射力的文化内容生产先导区。

加强文学创作与出版。发挥我省中青年作家群优势,加大对优秀文学作品扶持力度,激发文学创作活力,深入挖掘重大革命和历史题材、当代现实题材、浙江本土题材,推动我省原创文学走在全国前列。制定实施重点出版物规划和重点出版物年度计划,重点打造文艺类、少儿类、教育类、美术类、财经类等浙产出版品牌和优势出版门类,力争每年有10种以上出版物在全国产生较大影响。

提升影视生产质量水平。实

施影视剧本孵化计划,加强选题规划、策划、征集、创作和推出一批重点项目,提高精品剧目持续供给能力,打造一批具有全国影响力的精品力作。完善重大题材、重点影视项目激励机制,对重点影视创作项目给予立项扶持。加大纪录片精品创作生产力度,力争"十三五"期间打造10部左右在全国有较大影响力的浙产纪录片。

打造文化演艺特色品牌。重点打造有浙江风格、中国气派、在国际市场适销对路的戏曲、民乐、杂技等文化演艺作品。实施"一市一品"工程,鼓励发展地方戏,力争每年有1—2台(部)作品在国家舞台艺术精品工程、精神文明建设"五个一工程"、文华奖、群星奖等重大艺术评选中取得优秀成绩。组建浙江舞台艺术演出院线,培育戏曲演出市场和年轻消费群体,打响中国越剧文化中心品牌。

构筑美术书法音乐高地。实施"百年追梦"浙江美术创作精品项目和重点美术书法主题创作项目,创作更多优秀美术书法作品。办好浙江美术作品展、兰亭书法双年展等品牌活动,推动美术书法作品的收藏和交易。推进重大题材音乐创作计划,举办"未来音乐家双年赛",推出一批体现时代精神、具有浙江特色和较强市场影响力的影视音乐、动漫音乐、舞台音乐等作品。

推动网络文艺繁荣发展。培育网络文学、网络剧、网络音乐等新兴文艺类型,促进传统文艺和网络文艺创新性融合。发挥新媒体的独特优势,用好微博、微信、移动客户端等载体,推动优秀作品多渠道传输、多平台展示、多终端推送。发挥网络作家协会的作用,争取每年有一批网络作家获得全国性奖项,5部以上网络作品改编成为影视作品,1—2部产生重大影响。加大对网络文艺人才引进、培育和扶持力度,支持杭州打造成为全国知名的网络文艺之都。

(二)文化消费促进工程

把握消费升级大趋势,以文化新消费引领新供给,优化文化产品供给结构,完善文化消费设施和环境,以文化消费推动文化产业繁荣发展。

加快文化消费供给侧改革。优化文化产品供给结构,打造各具特色的文化精品,满足多样化、多层次的文化消费需求。通过政府购买服务、消费补贴等途径,引导和支持文化企业开发新技术、新产品、新业态和新商业模式,培育新的文化消费增长点。引导文化企业适应数字化、网络化发展趋势,发展文化电子商务,减少流通环节和成本,为消费者提供更多质优价廉的文化产品和服务、更加便捷高效的文化消费体验。

优化文化消费设施环境。建立健全社会资本参与机制,改进和完善政府投入方式,多渠道加大对文化消费配套设施的投入力度,加快推进之江文化中心、浙江自然博物园等重大文化设施建设。实施农村文化礼堂建设工程,有序推进城市文化公园和社区文化家园建设,支持图书出版、影视、演艺、动漫等文化企业开展文化消费进社区、进校园、进乡村等活动,积极创建国家级文化消费试点城市。培育文化消费卡、阿里票务、"淘文化"等平台载体,打造一批线上线下融合的文化消费综合体。

加强文化消费权益保护。加大文化市场综合执法力度,严厉打击侵害消费者权益的行为,提高市场监管效能。加快推进文化消费领域产品、服务标准化体系建设,发挥标准化对建设安全可信消费环境的支撑作用。建立健全简便、灵活、高效的文化消费争议解决机制,充分发挥消费者权益保护委员会的调解功能,适时建立民间文化消费仲裁机构。

(三)知识产权发展工程

深入实施知识产权战略,进一步提升文化领域知识产权创造、运用、保护与管理能力,强化知识产权制度对推动文化产业发展的促进作用,优化文化产业发展环境。

推进知识产权管理创新。探索知识产权管理体制机制改革,放宽知识产权服务业准入。研究制定知识产权评议制度,建立重点领域知识产权评议报告发布制度。创新文化企业无形资产管理模式,规范无形资产保护、开发、利用及转让,探索建立以知识产权为重要内容的创新驱动发展评价制度。鼓励传统知识、民间文艺等文化知识产权的传承与发展,支持有条件的县(市、区)开展国家知识产权强县创建等活动,拓展省版权登记保护区域试点范围。引导重点文化产业园区、重点文化企业建立健全知识产权管理制度,支持在文化产业领域建设一批国家级知识产权示范单位、知识产权保护规范化培育市场和知识产权示范企业。

培育知识产权优势领域。探索开展知识产权服务行业协会组织"一业多会"试点,加强文化产业重点领域知识产权保护。推进优势与特色版权产业发展,着力推进我省优秀出版物和原创影视作品输出,加快培育以动漫游戏、网络传媒、文化娱乐、广告设计、文化软件服务、工业品外观设计等为重点的版权产业。积极实施品牌战略,充分发挥产业集群优势,推进产业集群商标和区域品牌集群建设,加快创立和培育文化演艺、文化创意、专业设计、文化节展等文化服务品牌。

加强知识产权风险防控。强化国内外知识产权相关信息的动态分析与对策研究,开展文化领域重点行业、重点企业、重点技术和出口产品的知识产权预警工作。开展网络文学、音视频、游戏、动漫、软件等行业侵权盗版专项治理,查处侵权和传播制售假冒伪劣商品信息的网站,曝光违法违规网络接入企业。建立版权与公安、文化、工商、通信管理等相关部门的协同执法机制,形成共同参与的版权执法工作格局。加强国际贸易中的文化知识产权保护,打击出入境知识产权违法犯罪行为。

(四)对外文化贸易工程

紧紧围绕"一带一路"倡议,全面提升对外文化贸易的质量和能级,将文化产品和服务输出培育成为新的经济增长点和提升区域文化软实力的重要手段。

推进文化出口提质增量。鼓励文化企业开发具有自主知识产权的原创产品,推动文化企业与境外知名企业开展战略合作,打造具有国际水准的特色优势文化品牌。完善对外文化贸易政策体系,健全文化出口重点企业和项目目录年度更新和发布机制,积极培育外向型文化出口重点企业和重点项目,培育打造一批省级文化产品和服务出口基地,建设一批文化服务贸易示范城市,力争全省每两年有20家以上文化企业入选年度国家文化出口重点企业名单,每两年有10个项目入选年度国家文化出口重点项目名单。

创新国际贸易合作模式。构建产品输出和资本输出双轮驱动的"走出去"格局,建设国际营销网络,提升我省文化国际市场占有率。发挥行业协会作用,研究国际文化消费市场空间,寻求文化产品、服务和资本与国际市场的最佳对接口。鼓励文化企业通过独资、合资、控股、参股和并购等多种方式在海外创建分支机构,兴办文化经营实体,实现海外落地经营,拓宽营销渠道。支持文化出口企业加强与国际著名文化制作、经纪、营销机构合作,开拓国际市场。扩大国际版权出口贸易规模,支持华策影视、中南卡通等重点文化企业集团加快海外版权输出。

增强文化品牌国际影响力。构建对外文化贸易和海外版权交易服务平台,拓宽文化企业境内外交流渠道。提升中国国际动漫节、中国义乌文化产品交易博览会等大型综合性文化展会的国际化程度,扩大品牌影响力。积极为外向型文化企业开拓海外主流贸易渠道,组织文化企业参加各类国际性文化贸易活动或综合性服务贸易展览会,搭建国际贸易和项目合作的对接平台。依托跨境电商的先发优势,借助博库网、天猫书城网等线上交易平台和新兴交易模式拓展国际业务。

七、保障措施

(一)培育多元市场主体

深化国有经营性单位改革。推进重点国有文化企业公司股份制改造,推动出版、发行、影视、新闻网站、已改制非时政类报刊等进一步完善公司法人治理结构,形成有文化特色的现代企业制度。推动国有文化企业跨地区跨行业跨所有制兼并重组,培育一批具有强大实力和竞争力、影响力的现代文化企业集团。鼓励上市国有文化企业开展股权激励试点,进一步激发企业活力。

推进文化事业单位内部机制改革。按照国家关于事业单位分类改革的总体部署,明确不同事业单位功能定位,建立法人治理结构,推动图书馆、博物馆、文化馆、科技馆等公共文化机构组建理事会,吸纳有关方面代表、专业人士、各界群众参与管理和监督。继续深化文化事业单位劳动人事、收入分配、社会保障、经费保障等制度改革,完善绩效考核机制,强化文化服务功能。

大力扶持民营文化企业发展。落实鼓励民间资本进入文化领域的政策,引导社会资本投资、兴办文化企业。加大小微文化企业扶持力度,指导小微文化企业以创意创新为驱动,走"专、精、特、新"和与大企业协作配套发展的道路。鼓励文化企业依托电子商务、第三方支付平台拓展经营领域,利用互联网创业平台、交易平台等载体拓宽发展渠道,支持文化企业集聚形成特色文化产业集群。

(二)完善宏观管理体制

推动政府简政放权。按照政企分开、政事分开的原则,推动政府部门由"办文化"向"管文化"转变,推动有关部门与其所属文化企事业单位进一步理顺关系,赋予企事业单位更多的法人自主权。继续推进政府职能转变,加快文化领域审批制度改革。发挥文化改革发展工作领导小组协调作用,整合相关部门资源,推动形成工作合力。

加大市场监管力度。加快推进文化法治建设,巩固深化文化市场综合执法改革,推动执法重心下移,加强县、乡综合执法能力建设。坚持放管并重,加强事中事后监管,完善"扫黄打非"工作机制,规范文化市场秩序。健全文化产品和服务评价体系,建立市场准入和退出机制,降低市场准入门槛,鼓励各类市场主体公平竞争、优胜劣汰。定期开展文化市场集中整治行动,进一步提高文化经营业主的法规知识和安全意识。发挥文化行业协会自律作用,促进文化市场健康有序发展。

(三)加大政策扶持力度

完善投融资政策。支持组建省级文化产业投资基金,鼓励社会资本参与,逐步扩大基金规模。大力引进社会资本,鼓励在我省设立辐射长三角的文化产业分支机构。鼓励文化产业创业创新,积极引进和对接各类风险投资机构,加强对民营文化企业的扶持。探索政府和社会资本合作(PPP)文化公共设施建设新模式,提高文化设施的建设运营效率。

完善配套政策。推动出台《浙江省文化产业促进条例》,整合我省文化经济政策,继续在用地、高端人才引进等方面加大扶持力度。加大对重大文化产业项目的用地倾斜力度,优先考虑列入省重大产业项目库,鼓励利用闲置工业厂房、仓储用房、老旧建筑等存量资源兴办文化创意产业项目,在特色小镇建设中合理确定文化产业的用地比例。加大文化人才子女就学、人才用房等方面的支持力度,落实文化企业的税收优惠、补贴等扶持政策。

(四)完善统计考核体系

完善文化产业统计体系。进一步提高对文化产业统计工作重要性的认识,切实加强对文化产业统计工作的组织领导。围绕文化产业活动加强调查研究,及时了解掌握文化产业新业态及发展情况。进一步完善文化产业统计调查制度,建立全省文化及相关特色产业统计监测体系,定期开展统计调查监测,适时发布全省文化产业发展情况。

健全文化产业考核制度。强化责任传导、协同推进和激励约束机制,制定绩效考核目标和考核办法。强化考核结果的应用,定期通报考核结果。

浙江省发展改革委关于印发浙江省文化创意服务业发展"十三五"规划的通知

浙发改规划〔2016〕597号

各市、县(市、区)人民政府,省级有关单位:

现将《浙江省文化创意服务业发展"十三五"规划》印发给你们,请结合实际,认真组织实施。

浙江省发展改革委
2016年9月19日

浙江省文化创意服务业发展"十三五"规划

文化创意服务业具有高知识性、高增值性和低消耗、低污染等特征，推进文化创意服务等新型、高端服务业发展，推动文化创意与相关产业深度融合，将对浙江省促进经济转型升级和发展方式转变、推进文化强省和"两富""两美"浙江建设产生深远影响。为加快发展文化创意服务业，根据《国务院关于推进文化创意和设计服务与相关产业融合发展的若干意见》以及《浙江省国民经济和社会发展第十三个五年规划纲要》《浙江省服务业发展"十三五"规划》《浙江省文化产业发展"十三五"规划》等精神，特编制《浙江省文化创意服务业发展"十三五"规划》，规划期限为 2016 至 2020 年。

一、发展背景

（一）发展现状

产业规模持续扩大。2015年，全省实现文化创意服务业增加值502.14亿元，约占全省文化及相关产业增加值的比重达到21%，占全省第三产业增加值的比重达到2.4%，文化创意服务业已成为全省文化及相关产业重要组成部分，基本形成以影视制作、软件设计、动漫游戏开发、工业设计、互联网信息服务等为特色的产业发展格局。

产业集聚效应凸显。目前全省已建成各类文化创意园区（含集聚区）150余个，容纳文化企业15万家，吸纳就业30余万人。依托中心城市集聚发展的文化创意产业空间格局初步形成，辐射功能进一步加强。文化创意服务业以节展促发展，成功依托中国义乌文化产品交易会、中国国际动漫节、杭州文化创意产业博览会、温州国际时尚文化创意产业博览会等重大节展活动，推动区域性文创品牌和效益双提升。

跨界融合日趋深入。文化创意服务业与互联网、科技等领域的融合不断加强，新兴业态不断涌现。杭州、宁波、横店获批国家级文化与科技融合示范基地，杭州国家数字出版产业基地、中国移动手机阅读基地和中国电信数字阅读基地相继建成。数字出版、移动阅读、网络游戏等新兴文化业态发展迅猛，全省网络游戏消费规模和年新增企业数量均位居全国第四位；2015年浙江原创动画产量位居全国首位。

产业支撑不断增强。文化创意服务业市场主体培育取得显著成效，多元主体参与的发展格局逐步形成，民营资本运作的文化产业园区占全省文化产业园区总数的比重超过50%。文化企业对接资本市场步伐加快，浙报传媒、华策影视、美盛创意等文创企业成功登陆资本市场，杭州、宁波、温州、绍兴、嘉兴在全国首创文创银行。文创科技研发服务平台、信息技术服务平台、产权产品交易平台和人才培养平台等逐步健全。

同时也应该看到，我省文化创意服务业发展仍然面临着一些突出问题。一方面，产业发展模式仍显粗放，同质化发展较为普遍，缺乏投资规模大、科技含量高、带动能力强的大项目和"精品"项目，总体竞争实力落后于北京、上海、广东等地；另一方面，产业发展环境有待优化，文化创意资本运营、经纪代理、经营管理等高端复合型人才较为缺乏，创意成果的知识产权保护等制度亟须完善。

（二）发展机遇

改革深化提供了发展动力。随着文化体制改革的深入推进，以及"简权放权"持续深化，为文化创意服务业的发展提供了新的动力。各类资本将在更深层、更广泛的领域参与文化创意服务业发展，更多企业将跨地区、跨行业、跨所有制发展。

产业融合拓展了发展空间。在新型工业化、信息化、城镇化和农业现代化进程中，文化创意和设计服务已贯穿在经济社会各领域各行业，呈现出多向交互融合态势，文化创意服务业加速向制造业、农业、旅游、体育、时尚等产业跨界发展。

消费升级释放了发展潜力。"十三五"时期我省处于人均GDP从1万美元向2万美元迈进的阶段，消费需求持续增长、消费结构加速转型，对文化创意服务业发展牵引力不断增强，尤其是创意设计、网络文化、数字内容等新兴领域蕴藏巨大的市场潜力。

创新创业激发了发展活力。以众创空间为代表的低成本、便利化、全要素的创业服务平台蓬勃发展,新一代信息技术使市场信息的传递更加便捷,大大降低了非专业人员参与创新的成本,为文化创意领域的创业创新创造有利条件。

扩大开放提升了发展水平。随着国家综合实力和国际地位的稳步提升,文化"走出去"的步伐将不断加快,文化对外贸易进入快速增长期,而 G20 峰会、2022 年亚运会的举办将极大地提升我省的文化影响力,为文化创意服务企业"走出去"和"引进来"创造机遇。

二、总体要求

(一)指导思想

深入贯彻党的十八届五中全会精神,以"八八战略"为总纲,切实落实中央与省委、省政府关于文化体制改革及文化创意服务业发展的各项重大部署,紧紧围绕"两富""两美"现代化浙江建设,以推动经济发展方式转变和满足人民群众日益增长的文化需求为着眼点,以培育优势产业、打造融合发展示范、形成文化创意品牌为抓手,切实将发展文化创意服务业作为浙江破除低端制造、传统市场、县域经济路径依赖的重要突破口,推进文化创意服务业规模化、品牌化、高端化发展,增强文化创意服务对其他产业的渗透提升和带动能力,推动从"浙江制造"向"浙江创造"转变,为加快建成"文化强省"奠定坚实的产业基础。

(二)基本原则

坚持市场导向。进一步放宽市场准入,加大知识产权保护,大力培育专业中介机构和行业组织,建立更高层次、更高效率的市场化机制;吸引各类社会资本进入文化创意服务业领域,积极培育多元主体。

坚持开放合作。紧紧抓住国家实施"一带一路"倡议和杭州打造全国文化创意产业中心等契机,整合全球资源,开拓国际市场,加快集聚文化创意服务业领域的国际化人才、技术、资本等产业要素,不断扩大我省文化创意服务业的国际影响力。

坚持融合发展。以提升产业附加值为导向,促进文化创意和设计服务跨产业、跨部门渗透融合,形成融合性的产业链;提升文化创意产业园区建设水平,叠加文化休闲体验和文化创意消费等功能,打造融合型产业空间。

坚持重点突破。集中优势资源,重点扶持发展渗透性、关联性强,有助于产业链延伸、价值链提升的高端领域和环节,提升优势行业竞争优势,推进文化创意服务业的特色化与品牌化发展,努力扩大行业影响力。

(三)发展目标

规模不断壮大。到 2020 年,力争全省文化创意服务业增加值达到 800 亿元以上,年均增速达到 10% 左右,成为现代服务业重要组成部分和产业转型升级的重要支撑。

结构更加完善。广告业、动漫游戏设计开发和制作、建筑和景观设计服务等优势行业持续壮大,与农业、装备制造业、旅游等重点行业加快融合,新业态、新模式更趋完善,产业链上下游分工协作和跨行业融合有效推进。

质量持续提升。科技、信息、人才、金融、知识产权等支撑体系更加健全,促进产业发展的政策体系逐步完善,企业发展环境进一步改善,骨干企业"走出去"步伐不断加快,龙头文化创意服务企业进入全国文化企业 30 强。

三、主要任务

做大做强文化软件服务、设计服务、广告服务、新闻出版物和影视制作、文化艺术和休闲娱乐服务、知识产权服务、会议展览服务等七大重点领域,推动文化创意服务与农业、体育、旅游、消费品工业等相关产业及互联网等领域的深度融合,不断增强文化创意服务业的核心竞争力。

(一)做大做强文化创意服务

文化软件服务。围绕提升软件技术创新能力、产品研发能力、市场拓展能力、服务创新能力、系统集成能力等综合竞争力,加大对行业应用软件、电子商务、数字印刷、动漫影视、游戏、数字阅读以及服务外包的扶持力度。加快移动互联网应用,重点发展和推广移动阅读、移动社交和移动电子商务服务,以及基于地理信息的移动位置服务等热门软件应用。推进各类移动支付工具应用,完善移动金融服务。推进动漫、影视原创基地建设,扶持优秀原创动漫作品创作生产,发展动漫内容创作、音乐创作、形象设计、节目制作、版权交易,开拓衍生产品市场。支持具有自主知识产权的网络游戏技术、游戏运营平台和原创游戏产品的研发、推广与出口。

设计服务。充分利用浙江大学、中国美术学院等院校的学科优势,大力发展建筑设计、工程设计、环境规划设计等服务,积极引进国际建筑设计机构,形成良性竞争的市场格局。结合"美丽浙江"和新型城镇化建设,加大对历史文化名城名镇名村、历史文化街区和文物保护单位、历史建筑以及传统村落保护力度,加强城市建筑设计和景观风貌规划,提升园林绿化、建筑设施、公共艺术的设计质量水平,引导和鼓励各地在"美丽乡村"建设中彰显地域文化特色。大力发展工业设计、平面设计、品牌设计,提升动漫设计、工艺美术设计、时尚设计、服装设计、集成电路设计等行业发展水平,培育发展智能设计、新媒体和体验交互设计等高端领域。鼓励建立设计资源共享平台,推动网络众创众包设计发展。

广告服务。大力发展广播影视广告、报刊广告、户外广告和新媒体广告,扶持发展网络广告、移动媒体广告和社交媒体广告等新型广告业态。推进广告业与新媒体融合,不断创新商业模式与营销模式,提高广告产品中的科技含量和创意水平。着力提升市场研究、营销企划、广告创意、媒介投放、效果评估、产品展示等产业链关键环节的发展水平。支持浙报集团、浙江广电集团、杭报集团、华数传媒、杭州文广、思美传媒等企业做大做强,提高其在品牌传播、创意策划、媒体广告策划与投放等领域的竞争力与行业影响力,鼓励发展网络广告、嵌入式广告、互动广告、二维码广告等新颖广告形式。

新闻出版物和影视制作。致力建设中国影视副中心,延伸新闻出版物与影视制作产业链,运用"众包""分享"等方式,激活与

切入创意资源,强化文化创意在产业前端的引领和在产业后端的品牌提升作用。加大技术接口的攻关,推动商业模式渗透,推广弹幕、社交、互动教育等可参与、可互动、可体验的产品,融合线上和线下,打通实体与虚拟。利用"粉丝经济"、IP授权等多种资源,对市场需求进行整合,实现立体化新闻出版与影视制作。鼓励企业增强创意设计能力,向规模化、专业化、品牌化方向发展。面向网络视听、网络文学、网络出版、网络音乐等领域,建设海量内容加工处理平台、内容发布流通平台、实现高清播放的内容播控平台。鼓励新闻出版与影视制作向其他产业进行深度跨界合作,建立资源整合、创意产品延伸、信息服务推广的内容数据库。

文化艺术和休闲娱乐服务。加快发展文化艺术创意、文化艺术表演、文化艺术培训,促进文化艺术与创意相融合,丰富多元化、多样性的文化艺术表现形式,打造一批具有创意感、竞争力的文化艺术精品。引入创新理念,植入创意资源,拓展非物质文化遗产保护传承和开发利用、群众文化活动、文化艺术研究与社团服务的内容与形式,使传统文化艺术、民间文化艺术融入更多时代特点、流行元素,打造一批具有影响力的群众性文化艺术产品。加强娱乐休闲的创意化设计,糅合艺术创意、休闲体验、互动娱乐等多种业态,增强娱乐休闲消费的新体验、新功能。大力发展文化经纪代理服务,培养一批高水准的经纪代理人与经纪代理公司,规范文化艺术和休闲娱乐市场。加快建设一批综合性的文化艺术

场馆、娱乐主题公园、文化艺术小镇,优化文化艺术与娱乐休闲发展环境。

知识产权服务。深入实施知识产权战略,建立市场化的知识产权运作模式,发展一批知识产权密集型或控制型产业,支持建立一批专利联盟,构建专利池。培育和规范知识产权服务市场,培育一批知识产权运营机构,以专利、商标、版权等为重点,发展登记、成果转化等知识产权市场化服务。推进知识产权评价机构发展,建立健全贯穿于创意产品创作、生产、流通和消费全过程的知识产权保护体系,积极发展有助于专利、版权等成果转化的知识产权支撑服务。推动知识产权创业、孵化和产业化基地发展。引导龙头企业进行海外专利布局、储备和运营。发展知识产权金融,建立知识产权质押融资及风险补偿机制,建设知识产权投融资服务平台,探索开展知识产权证券化业务。

会议展览服务。利用G20国际峰会、世界互联网大会等重大会展的带动效应,提升一批具有较好基础的文化会展,扩大浙江会展业国际知名度与品牌影响力。推动本土展会与国际知名会展组织的合作,吸引一批国际大型展览展示、交易博览、品牌发布、贸易洽谈等商务活动来浙举办,打造成为国际会议目的地。提升会展业精细化服务能力,构建完整的会展服务产业链。推进会展服务与国际标准接轨,培育一批高水平的会展运营主体与专业性会展服务公司,大力培养高素质的专业展览人才,加快建设一批大体量、高标准的会展中心。

超前规划设计杭州亚运村等亚运会场馆的后续会议展览功能,培育成为全省文化会展的标志性区域。发挥互联网优势,打造网上文化会展。

（二）推动文化创意与相关产业融合发展

文化创意＋农业。依托我省的特色农业,充分挖掘茶文化、竹文化、渔文化、农耕文化、生态文化等传统文化资源和文化元素,加强农业文化遗产发掘和保护,积极开发富有浙江特色和历史文化内涵的创意农业产品和特色农事节庆活动,推动创意农业发展。加强都市休闲农业与乡村旅游经营场所的创意设计,支持建设集农耕体验、田园观光、教育展示、文化创意于一体的休闲农业创意园。鼓励举办农业嘉年华等活动,塑造农业知名品牌,打造特色鲜明、兼具休闲娱乐和科普教育功能的农业主题公园。发挥地方院校和科研机构对创意农业的综合规划、产品设计、技术研发、组织管理等作用,挖掘、创造能够成为本地区标志的创意农业产品和服务,积极注册使用原产地标识和地理标志。

文化创意＋体育。借助举办2022年亚运会等契机,提升现有体育场馆综合利用水平,为开展各类赛事、展会、演出等提供场所。实施体育服务业精品工程,积极鼓励体育文创类企业申报省级体育服务业示范企业,拓展场馆服务、中介培训、体育旅游、体育会展商贸、体育经纪等体育服务领域,加强对品牌赛事的策划和运作。以杭州国际马拉松、环太湖国际公路自行车赛、龙游亚太汽车拉力赛、宁波北仑国际女

排精英赛为引领,积极培育和打造以义乌国际电子竞技大赛（IET）、宁波国际电子竞技女子俱乐部大奖赛（EWG）等为代表的体育文创精品赛事。充分发挥浙江影视、信息、动漫等产业发达的优势,扶持发展体育影视、体育传媒、体育动漫、电子竞技等体育文创产业。

文化创意＋旅游。深度挖掘吴越文化、南宋文化等传统文化旅游资源,发展具有地域特色的戏剧、文学、绘画、音乐以及传统民俗、传统商业、传统娱乐等文化主题旅游项目。促进发展参与式、体验式等新型旅游业态。发展新型乡村生态旅游,支持开发康体、养生、运动、娱乐、体验等多样化、综合性旅游休闲产品,建设一批休闲街区、特色村镇、旅游度假区。深入挖掘非物质文化遗产,推动非物质文化遗产与文化创意及旅游业多元融合,积极开发设计融传统文化、地域风俗、游客喜好为一体的旅游商品等旅游衍生产品。注重体验类、演艺类产品的深度开发设计。推动旅游营销的广告创意应用,用文化创意赋予旅游营销新活力,加速旅游产业的转型升级。

文化创意＋互联网。加快互联网虚拟集聚平台建设,将分散的文化创意企业进行全方位展示,整合碎片化的用户需求、挖掘用户的潜在需求,实现文化创意供需结合、营销融合、资源整合。鼓励小微文化创意企业利用"创客""众筹""众包"等方式,获取用户信息、对接创业投资、分解生产制造过程、接受专业化服务等。利用大数据分析用户行为,将市场需求引入前期创意过程,加强

用户的消费满足感和文化认同感。支持文化创意企业拓展互联网服务新方式,发展根据特定人群需求的推送服务,引导用户文化创意产品消费习惯的改变。加大对创新性互联网文化创意企业的扶持,鼓励一定规模企业平台开放或主营业务端口开放接入。

文化创意＋消费品工业。充分发挥浙江消费品工业优势,顺应消费升级趋势,以工艺美术品、箱包、服装、皮革制品、珠宝、鞋类、家纺、家具等为主攻方向,加快传统手工技艺与现代科技、时代元素的融合,以专业设计服务提升消费品工业的文化内涵和品牌价值,推进传统消费品工业向时尚产业转型,着力打造浙江本土的国际品牌。充分发挥互联网和大数据在把握个性化消费潮流方面的作用,促进消费品工业与信息、文化软件服务的融合,推动商业模式创新,培育形成快速更新产品、快速投入市场和快速响应市场的快速流行时尚产品研发、生产和营销体系。

四、重点举措

（一）完善市场促进机制

积极放宽市场准入。推进文化创意服务业领域有序开放,引导社会资本进入,放开建筑设计等领域外资准入限制。支持民营资本参与部分国有文化单位的股份制改造,引导民营企业兴办各类文化创意产业园,或以政企合作的形式共同兴办。鼓励政府投资的产业集聚区,通过出让、出租、合作等形式,由民营企业承办文化创意"园中园"。

有效开发市场需求。积极培育大众文化消费市场,鼓励有条件的地区补贴居民文化消费,适

当补贴高水平的文艺演出和艺术活动。加大政府对文化创意服务的采购力度，各级政府采购原则上在同等条件下应首购、订购和优先购买我省文化创意服务。完善产权市场体系建设，推动文化产权投融资服务和资产证券化业务的开展。

培育壮大市场主体。加大政策、资源整合力度，培育一批具有核心竞争力的文化创意企业，发挥带动引领作用，提升我省文化创意服务相关行业整体竞争力。实施中小企业成长工程，支持专业化的创意服务企业向专、精、特、新方向发展，打造中小企业集群。鼓励挖掘、保护、发展中华老字号等民间特色传统技艺和服务理念，培育具有地方特色的创意和设计企业，支持小微企业发展。

（二）增强产业创新能力

提升产业科技水平。推动政府与高校、行业协会、企业合作，推动文化创意科技资源直接配置到重点企业、重点领域、重点环节。鼓励有条件的行业骨干企业设立文化创意研究院，积极引导跨国公司和海外高端人才在我省设立文化创意技术服务机构。建立健全共享机制，实现国家重点实验室、国家工程中心等各类共性技术平台向文化创意服务企业开放。加强文化创意元素的数字化采集、整合、加工与利用，重视文化创意衍生产品的创新性开发。支持建设文化创意服务实体交易或数字化平台。

加大人才培养力度。进一步办好高等院校艺术、设计、传媒、广告、营销等专业，加大文化科技融合型人才培养，支持高等院校

开设文化科技领域的跨界学科，强化数字媒体艺术特色领域的专业学科建设。在省"151"人才工程、钱江人才计划、技能大师工作室等重大人才工程中，加大对文化创意服务业人才的支持力度。推进与海外高校和培训机构的交流与合作，培养具有国际视野的创意设计、营销和管理人才。研究制定促进文化创意人才队伍建设的意见，健全海外高层次文化创意人才引进体系。

推进文化创业创新。全面推广实施"创新券""创业券"，鼓励创业学院、众创空间与各类创业平台以及风投机构建立长期合作机制，为文化创意服务业领域创业人员提供创业孵化、项目推介、补贴申报、法律维权、政策咨询等一站式创业服务，提高创业成功率。支持开展各种形式的国际性创意大赛，加快搭建网络交流合作平台。鼓励社会力量举办文化创意创业项目专业管理机构、创业交流平台、创业训练营、年轻企业家成长组织、创业社区、创业媒体等各种创业服务机构。

（三）加强品牌保护建设

培育文化创意品牌。突出品牌在提升文化创意服务业核心竞争力的作用，促进企业提升品牌培育意识以及创造、运用、保护和管理能力。引进与培育文化创意专业品牌运营团队，依托区域特色文化资源，整合本土品牌元素，扶持一批文化创意服务领军企业，培育拥有较高知名度和美誉度的文化创意品牌。发挥浙江省文化产业品牌研究基地作用，注重文化创意的品牌差异化发展，推动跨区域文化创意品牌合作与资源整合。

加大品牌营销力度。紧密结合城市特色和城市品牌，促进文化创意服务业与城市休闲、城市文化和城市经济的有机结合，鼓励结合重大会议、展览、主题活动、节庆等开展文化创意服务推广营销。创新文化创意服务营销推广理念、方式和渠道，促进线上线下融合。积极探索文化创意服务的体验式营销。建立健全品牌授权机制，扩大优秀品牌产品生产销售。加强国际品牌营销，推动文化创意服务企业"引进来"和"走出去"。注重品牌形象维护。加大品牌建设理念宣传，加强对产品品牌、企业品牌与区域品牌的维护与协调，引导企业重视产品品牌与企业品牌的长期维护，强化政府在文化创意区域公共品牌维护上的主导责任，防范损坏区域品牌现象的发生。充分发挥品牌晕轮效应、辐射效应，加快形成具有核心竞争力、不可仿制的产业集聚。

（四）强化政策要素保障

完善财税政策。优化财政资金对文化创意服务业扶持方式，加强文化产业发展专项资金、发展与改革专项资金等对文化创意服务业的支持力度。重点扶持一批龙头企业、优质项目和潜力企业做大做强。优化政策调适及资金使用方式，财政资金以直接补助为主更多向拨改投、拨改贷、拨改保、共有知识产权等间接补助转变。推动众创空间、孵化器与天使投资、股权投资无缝对接。

加大投融资扶持。鼓励金融机构通过创新金融产品，提高发放贷款的风险容忍度等途径，缓解文化创意服务企业的融资难题。鼓励金融机构拓展贷款抵

(质)押物范围,探索开办版权质押贷款业务,完善无形资产和收益权抵(质)押权登记公示制度。支持金融机构选择文化创意服务项目贷款开展信贷资产证券化试点。鼓励省内文创银行等金融机构加大对文化创意服务企业的金融支持。

强化用地保障。结合"腾笼换鸟""三改一拆"等工作,支持利用工业厂房、仓储用房、礼堂、剧场、影院、老旧商业设施等存量房地资源转型兴办文化创意企业,以及中小企业的孵化培育。支持以划拨方式取得土地的单位利用存量房产、原有土地兴办文化创意服务,在符合城乡规划前提下土地用途和使用权人可暂不变更,连续经营一年以上,符合划拨用地目录的,可按划拨土地办理用地手续;不符合划拨用地目录的,可采取协议出让方式办理用地手续。

五、实施保障

(一)健全组织领导体系

成立由行业主管部门和相关行业专家组成的文化创意服务发展指导委员会,加强对全省文化创意服务发展的研究和指导,组织实施基础性、引导性重大工程和重点项目。加快建立文化创意服务与农业、制造、体育、旅游等产业融合的工作机制。加强地区间、部门间、行业间的联动工作机制,建立区域协调机制与合作平台。完善文化创意服务业统计、考核制度。各地区要科学制定本地区文化创意服务发展的专项规划或行动计划,完善相关政策配套。

(二)建设多元产业平台

支持各地区综合利用现有园区集聚发展文化创意服务,支持产业集聚区、经济技术开发区、高新技术产业园区等开辟专业的文化创意服务园区。鼓励文化资源丰富的市县因地制宜发展特色文化创意服务,打造一批文化特点鲜明、产业带动性强的文化小镇和文化创意街区。加快推进区域性文化创意创新中心和成果转化中心建设,打造公共创新服务平台。加快构筑市场化的资源共享模式,培育结构合理、分工明确、功能互补的专业服务网络。

(三)增强政府服务效能

充分发挥政府在文化创意服务发展的支持和引导作用,积极搭建相关产业融合发展的公共服务平台,为各类文化创意服务企业和个人提供信息、交流、展示、设计交易、中介服务和信息服务的统一的网络信息平台,加强公共服务平台对知识产权、信息集散、人才培训、成果转化、评估交易、风险投资等方面的配套服务能力。推进"四张清单一张网"建设,进一步精简审批程序,优化政府服务。依托政府招商服务平台,积极开展文化创意服务业招商工作,编印投资指导目录和招商手册,推动重大项目落地。

(四)推进行业组织建设

打造好省文化产业促进会、省服装行业协会、省建筑设计行业协会等一批特色行业协会,加大对行业协会的政府购买服务,充分发挥行业协会在行业咨询、行业自律和中介服务等方面的作用,着重搞好信息、招商、人才、法律这四项服务,在政府和企业之间搭建起良好的桥梁。通过建立文化创意行业协会,加强行业的联合与协作,提高整体竞争能力。

浙江省文化厅关于加快推进特色小镇文化建设的若干意见

浙文法〔2016〕7 号

省市、县(市、区)文化广电新闻出版局,省文物局,杭州、绍兴、金华市文物主管部门,厅属各单位,厅机关各处室:

为贯彻落实中央领导重要批示精神和省委、省政府关于特色小镇规划建设的战略部署,充分发挥文化在特色小镇建设中的积极作用和独特功能,推进文化建设与特色小镇创建工作有机融合,加快推进特色小镇文化建设,根据《浙江省人民政府关于加快特色小镇规划建设的指导意见》(浙政发〔2015〕8 号)、《浙江省特色小镇创建导则》(浙特镇办〔2015

9号)和《浙江省人民政府办公厅关于高质量加快推进特色小镇建设的通知》(浙政办发〔2016〕30号)精神,现提出如下意见:

一、重要意义

特色小镇是具有明确产业定位、文化内涵、旅游和一定社区功能的发展平台。规划建设一批特色小镇,是省委、省政府推动经济转型升级的一项重大决策。在特色小镇建设中塑造文化灵魂,树立文化标识,留下文化印象,是文化作为特色小镇内核的必然要求。加快推进特色小镇文化建设,着力推动"文化＋特色小镇"融合发展,有利于统筹城乡发展和小城镇建设,打造文化与新型城镇化建设有机结合的新样本;有利于强化特色小镇的文化功能、融入特色小镇的文化元素、提升特色小镇的文化品质,实现文化让特色小镇更加美好、特色小镇让文化更具魅力的双重目标;有利于各级文化文物行政部门整合汇聚全省文化资源,更好地服务省委、省政府中心工作,推动特色小镇成为创新、协调、绿色、开放、共享发展的重要功能平台。

二、总体要求

运用"文化＋"的动力和路径有效助推特色小镇建设,充分发挥文化在塑魂、育人、兴业、添乐、扬名等方面不可替代的独特作用,指导特色小镇挖掘文化资源、提供文化服务、提炼文化品质,使特色小镇文化遗产传承有序、人文气息浓郁深厚、文化产业特色鲜明、文化生态优美精致、多种功能互动叠加,实现特色小镇文化功能"聚而合"、文化形态"精而美"、文化产业"特而强"、文化机制"活而新"。

三、主要任务

按照生产、生态、生活"三生融合"和产、城、人、文"四位一体"的要求,强化特色小镇文化遗产保护传承,保护和弘扬优秀传统文化,保护文化遗存和历史遗迹,传承有价值的传统民俗和文化习俗,延续历史文脉,传承文化精神,弘扬文化价值。提升特色小镇公共文化服务效能,加强文化服务功能和导向功能,凸显文化特色服务,营造文化艺术氛围,示范引领所在地区的公共文化服务体系创建。推动特色小镇文化产业跨界融合,立足文化特色,集聚发展文化产业,开发适销对路的特色文化产品,推进文化旅游、文化创意产业的融合发展。推进特色小镇对外文化交流合作,扩大文化开放和文化贸易,传播和推介浙江地域特色文化,活跃双向交流与互鉴,拓展境外文化市场。

四、支持重点

(一)支持特色小镇历史文化资源的保护传承利用

加强特色小镇区域内文物资源的调查、挖掘和保护,通过文物建筑、工业遗产、传统村落、大遗址等的保护修缮和展示利用,鼓励和扶持特色小镇多渠道筹资建设特色博物馆、艺术馆,探索建立若干历史文化资源展示区,彰显文化特色,优化人文环境。推动全省历史文化资源为特色小镇建设服务,充分调动各级文化文物单位积极性,鼓励社会力量参与,发挥市场主体作用,创新合作载体和平台,共同开发文化创意产品,推动形成特色小镇形式多样、特色鲜明、富有创意、竞争力强的文化创意产品体系。支持特色小镇区域内的文物资源申报各级文物保护单位,指导相关历史城镇、街区申报历史文化街区、名镇、名村。

(二)支持特色小镇搭建公共文化服务平台

推动文化走亲等特色文化活动和优质文化资源向特色小镇倾斜,有条件的地方可在特色小镇设立文化站、文化礼堂,派驻文化员,鼓励文化志愿者加入特色小镇文化建设,培育特色小镇居民文化素养,丰富特色小镇文化生活。支持和鼓励民间资本多渠道投资特色小镇图书馆、文化馆特色分馆、美术馆、纪念馆、大剧院、文化中心等相关公共文化设施建设,鼓励各地采取政府购买服务等多种方式加强公共文化产品供给,在特色小镇优先搭建更加有效、更具特色的公共文化服务平台。充分发挥特色小镇文化建设先进典型在推进我省基层公共文化服务体系建设中的示范引领作用,结合省级文化强镇、民间文化艺术之乡、文化示范村(社区)评选,加大对特色小镇文化建设的扶持力度。

(三)支持特色小镇打造文化艺术品牌

强化特色小镇文化品牌创建,扶持文化主题特色小镇建设,立足当地文化积淀和文创产业特色,打造以传统戏曲、音乐舞蹈、美术书画等为特色的文化主题小镇。搭建专业艺术院校、艺术院团与特色小镇的对接平台,依托音乐、舞蹈、戏剧、曲艺、杂技、美术、书法、摄影等适合地方特色的文化载体,搭建文化艺术展示表演平台,为特色小镇建设提供文化艺术人才资源等支持,指导建设一批文化主题特色小镇。支持、鼓励已经形成一定知名度的各类文化节庆活动和文化展会，与特色小镇合作开展展览展示、演出交流等特色文化品牌活动。支持特色小镇申办国际、国内知名文化活动。

（四）支持特色小镇历史经典产业传承发展

深入挖掘茶叶、丝绸、黄酒、中药、木雕、根雕、石刻、文房、青瓷、宝剑等十大历史经典产业的文化内涵，重点挖掘历史文化，保护非物质文化遗产，延续历史文化根脉，传承工艺文化精髓。会同省级有关部门组织开展文化产业项目与特色小镇对接活动，召开历史经典产业现场推进会，建设一批历史经典产业园区，创建一批历史经典产业特色小镇，延伸产业链。以特色非遗资源为基础，创建一批非遗主题小镇和民俗文化村，实施非遗中青年传承人群研修研习培训计划，设立非遗项目生产性保护基地和教学研究基地，在非遗主题小镇试点非遗工作站建设，搭建企业、高等院校与小镇对接平台，培育和孵化新的浙江历史经典产业类特色小镇。

（五）支持特色小镇文化旅游融合发展

强化特色小镇文化、旅游、产业功能融合，以文化资源为内涵，以产业资源为引导，以旅游业态为载体，充分发挥我省历史文化、民俗文化、海洋文化、生态文化、农耕文化等文化资源多样性、丰富性、独特性优势，结合当地文化特色和自然生态，加强静态和活态展示，大力发展文化旅游业，实现文化资源与旅游发展深度融合。鼓励支持文旅企业进驻特色小镇，打造文旅众创空间，开发建设文旅创客综合体，投资开发文旅创客景区、创客街区、创客公寓。以文化创意推动特色小镇旅游产业提升发展，重点开发具有地域特色、民族风情、文化品位的旅游商品、纪念品和文化创意体验产品。支持非遗与旅游融合发展较好的特色小镇申报评选浙江省非物质文化遗产旅游景区。支持具备条件的特色小镇适时申报省级非物质文化遗产生态保护区试点，争创国家文化生态保护实验区。

（六）支持特色小镇文化产业加快发展

支持、指导特色小镇创建省级文化产业示范园区（基地）和申报国家文化产业示范园区（基地）。扶持特色小镇龙头文化企业规模化、产业化发展，帮助指导规范经营，争取政策支持，鼓励上市融资。鼓励和引导规模企业和民间资本投资特色小镇文化产业。支持各地盘活"三改一拆"存量空间，鼓励企业将老厂房、旧仓库、存量商务楼宇等资源改造成新型文化众创空间。鼓励特色小镇企业探索文化新业态，培育新的文化消费增长模式。指导各地运用税收、财政、金融等各种政策措施加强对特色小镇小微文化企业的扶持力度。加强与中国（义乌）文交会、中国国际动漫节、深圳文博会等省内外综合性展会和文化产业展会的联系协调，面向特色小镇文化企业提供针对性服务。促进特色小镇文化市场繁荣健康发展，推进商事制度和审批制度改革，对特色小镇文化经营场所的设立和文化活动的开展给予支持，营造有利于创业创新的市场环境。

（七）支持特色小镇发挥文化创意和设计服务对产业的助推优势

把文化基因植入产业发展全过程，围绕省委、省政府提出的万亿产业框架，推进文化创意和设计服务与特色小镇信息经济、环保、健康、时尚、金融、高端装备制造等产业的融合发展。将"文化＋"理念融入特色小镇建设，在小镇规划、产业布局、项目建设中嵌入文化元素、创新文化发展，支持文化创意与工业设计、建筑设计、农业开发的深度融合，实现文化创意和设计服务对特色小镇产业转型升级的助推作用。不断完善特色小镇文化创意与科技、金融协同创新发展的体制机制，重点培育一批协同创新发展的文创示范企业。支持文化创意设计企业入驻特色小镇，鼓励众创、众包、众扶、众筹，开发文化创意产品。探索建立特色小镇文化资源知识产权许可服务等利益共享机制，打击侵权行为，加强特色小镇文化创意品牌建设和保护。推动高等院校、知名企业、园区、文物文化单位、文创机构等开展联合，培养特色小镇文化创意与设计人才。

（八）支持特色小镇开展文化外贸和交流

鼓励特色小镇探索走国际化道路，支持特色小镇打造精品文化交流项目，开发特色文化产品和服务，借助跨境电子商务等新兴交易模式拓展国际业务，结合"一带一路"倡议、"美丽浙江文化节"等活动走出去，扩大文化产品和文化服务出口。支持特色小镇与国外及台湾地区特色小镇建立交流合作关系。组织特色小镇文化企业参加国际知名会展,邀请海外文化机构、知名人士考察特色小镇,拓展境外文化市场。推进浙江文化服务贸易示范区建设。

五、工作机制

(一)加强组织领导

省文化厅成立加快推进特色小镇文化建设领导小组,厅主要领导任组长,相关厅领导任副组长,相关处室负责人为成员。领导小组下设办公室,办公室设在厅政策法规处,牵头会同相关处室做好各项工作落实,加强组织协调和督促检查。各级文化文物行政部门也要建立相应的工作机制和组织保障,主动对接、融入当地特色小镇建设,争取有所作为。

(二)明确工作职责

省文化厅加快推进特色小镇文化建设领导小组各成员处室要切实落实举措,明确职责内容,注重横向协调,强化上下联动,加强分类指导,主动为特色小镇文化建设出谋划策、添砖加瓦。各级

文化文物行政部门要勇于担当落实,敢于突破创新,充分调动各类文化资源和有利因素,发挥行政和市场两方面的积极性,加快推进特色小镇文化建设。

(三)增强服务引导

省文化厅将从组织领导、发展规划、工作计划、文化项目、文化活动、服务保障等方面研究制定特色小镇文化建设评价办法,并适时择优评选全省特色小镇文化建设示范区,组织召开现场会,推广典型和先进经验。各级文化文物行政部门要推进各类文化专项资金、以奖代补等政策实施上对特色小镇进行倾斜;要成立文化专家指导服务组,人才下沉到一线,资源下沉到基层,蹲点服务指导,帮助特色小镇在规划编制中融入文化元素,提高特色小镇文化发展水平;每半年向省文化厅报送一次特色小镇文化建设进展情况。

(四)加大宣传力度

各级文化文物行政部门要向

党委政府和相关部门汇报沟通特色小镇文化建设各项工作进展,争取支持;要充分借助各类媒体和新型传播媒介,加强对特色小镇文化建设的宣传报道,发布文化信息,组织成果展示,策划主题展览,提升文化形象,扩大示范效应,努力提高特色小镇文化建设的社会知名度和关注度,加快形成人人参与特色小镇文化建设的浓厚氛围。

附件:1.浙江省文化厅关于成立加快推进特色小镇文化建设领导小组的通知

2.浙江省文化厅加快推进特色小镇文化建设 2016 年工作要点

3.两批省级特色小镇汇总名单

浙江省文化厅
2016 年 6 月 7 日

附件 1

浙江省文化厅关于成立加快推进特色小镇文化建设领导小组的通知

为全面贯彻落实省委、省政府特色小镇规划建设的战略部署,高质量挖掘特色小镇的文化内涵,加快打造特色小镇的文化特色,着力强化特色小镇的文化功能,经研究,决定成立浙江省文化厅加快推进特色小镇文化建设领导小组,现将名单通知如下:

组　长:

金兴盛　厅党组书记、厅长

副组长:

陈　瑶　厅党组副书记、副厅长

褚子育　厅党组成员、副厅长、浙江音乐学院党委书记

黄健全　厅党组成员、副厅长

柳　河　厅党组成员、省文物局局长

端木义生　厅党组成员、浙江省纪律检查委员会派驻浙江省文化厅纪律检查组组长

蔡晓春　厅党组成员、副厅长

刁玉泉　厅党组成员、副厅长

李　莎　副巡视员

任　群　副巡视员

办公室、计财处、艺术处、公共文化处、文化产业与科技处、文化市场处、政策法规处、非遗处、外事处、省文物局文物保护与考古处、省文物局博物馆处主要负责人为领导小组成员。

领导小组下设办公室,办公室设在厅政策法规处。以上成员如有变动,由所在部门接任领导自然更替。

职责分工:

(一)领导小组办公室(政策法规处)

1.牵头制订省文化厅贯彻落实省委、省政府特色小镇建设工作的方针政策、规划任务;

2.牵头下发相关通知文件;

3.督查特色小镇文化建设工作;

4.总结推广特色小镇文化建设工作经验和成果。

(二)厅办公室

1.参与组织加快推进特色小镇文化建设相关工作会议;

2.参与宣传推广特色小镇文化建设工作经验和成果;

3.协调其他有关事项。

(三)艺术处

1.统筹指导专业艺术院校、艺术院团与特色小镇的工作对接;

2.指导特色小镇打造文艺演出等特色文化品牌活动;

3.指导建设一批艺术主题特色小镇。

(四)公共文化处

1.推动开展特色小镇文化走亲等相关文化活动;

2.指导推动特色小镇建设各类公共文化服务平台;

3.在省级文化强镇、民间文化艺术之乡、文化示范村(社区)的建设和评选中加大对特色小镇文化建设的扶持力度。

(五)文化产业与科技处

1.推进十大历史经典产业中的文化产业建设,建设一批产业园区,创建一批特色小镇;

2.推动特色小镇中文化产业与旅游等相关产业的融合发展;

3.支持、指导特色小镇创建省级文化产业示范园区(基地)和申报国家文化产业示范园区(基地);

4.扶持特色小镇内各类文化企业的发展;

5.指导推动各地完善相关文化产业扶持政策;

6.指导推进特色小镇文化消费。

(六)文化市场管理处

1.指导督促各地文化市场审批部门为特色小镇文化产业项目、文化经营场所设立和文化活动的开展提供优质服务;

2.指导当地文化行政部门,推动特色小镇文化新业态的发展;

3.会同当地文化市场管理机构,加强特色小镇文化市场管理;

4.协调省级有关部门和当地文化市场管理机构,重点打击侵权行为,加强特色小镇文化创意品牌保护。

(七)非物质文化遗产处

1.创建一批非遗主题小镇和民俗文化村;

2.实施非遗中青年传承人群研修研习培训计划;

3.推出一批非遗项目生产性保护基地和研究教学基地;

4.在非遗主题小镇试点非遗工作站建设,搭建企业、高等院校与小镇对接平台;

5.支持非遗与旅游融合发展较好的特色小镇申报评选浙江省非物质文化遗产旅游景区;

6.继续开展省级非物质文化遗产生态保护区试点建设,争创国家文化生态保护实验区。

(八)外事处

1.支持特色小镇打造精品文化交流项目,加强对外文化贸易;

2.支持特色小镇与国外及台湾地区特色小镇建立交流合作关系;

3.组织特色小镇文化企业参加国际知名会展;

4.邀请海外文化机构、知名人士考察特色小镇。

(九)省文物局文物保护与考古处

1.加强特色小镇区域内文物资源的调查、挖掘和保护;

2.探索建立若干特色小镇历史文化资源展示区;

3.支持指导特色小镇区域内的文物资源申报各级文物保护单位和相关历史城镇、街区申报历史文化街区、名镇、名村。

(十)省文物局博物馆处

1.扶持特色小镇多渠道筹资建设特色文化博物馆;

2.组织指导特色小镇策划文化文物资源主题展览。

其他部门按照各自职责分工做好相关工作。

附件 2

浙江省文化厅加快推进特色小镇文化建设 2016 年工作要点

处室	2016 年工作要点
领导小组办公室（政策法规处）	1. 开展调研，召开座谈会，拟订完善《浙江省文化厅关于加快推进特色小镇文化建设的若干意见》； 2. 拟订《浙江省文化厅关于成立加快推进特色小镇文化建设领导小组的通知》，明确各处室职责分工； 3. 制订加快推进特色小镇文化建设处室 2016 年工作要点； 4. 组织开展特色小镇文化建设督查调研工作。
厅办公室	1. 协调有关重要事项； 2. 宣传特色小镇文化建设工作。
艺术处	1. 指导嵊州越剧小镇、遂昌汤显祖戏曲小镇、西湖艺创小镇等艺术主题特色小镇建设； 2. 支持桐乡乌镇国际戏剧节、莲都古堰新韵国际音乐节、西湖艺创小镇中国青年音乐节等特色小镇文化活动的举行； 3. 开展 5 次以上特色小镇蹲点采风活动； 4. 与有条件的特色小镇合作开展地方文艺精品创作。
公共处	1. 组织文化走亲等活动进特色小镇； 2. 推进特色小镇图书馆、文化馆特色分馆等公共文化服务设施建设； 3. 推荐 2－4 个特色小镇参与民间文化艺术之乡的评选。
产业处	1. 会同省发改委、省经信委、省科技厅等部门开展文化产业项目与特色小镇对接活动，召开历史经典产业现场推进会； 2. 指导特色小镇创建省级文化产业示范园区（基地）； 3. 协调省内外综合性展会和各类文化产业展会面向特色小镇小微文化企业提供有针对性的服务； 4. 指导推动特色小镇中文化产业与旅游等相关产业的融合发展。
市场处	1. 指导督促各地文化市场审批部门为特色小镇文化产业项目、文化经营场所设立和文化活动开展提供优质服务； 2. 指导当地文化行政部门推动特色小镇文化新业态的发展； 3. 会同当地文化市场管理机构加强特色小镇文化市场管理； 4. 协调省级有关部门和当地文化市场管理机构，重点打击侵权行为，加强特色小镇文化创意品牌保护。
非遗处	1. 深化 17 个非遗主题小镇和 13 个民俗文化村建设，试点非遗工作站，搭建设计企业、高等院校与小镇的对接平台； 2. 推出 30 个非遗项目生产性保护基地和教学研究基地； 3. 实施非遗中青年传承人群研修研习培训计划，培训 1000 人次以上； 4. 指导嵊州越剧小镇开展省级非物质文化遗产生态保护区试点建设，争创国家文化生态保护实验区。
外事处	1. 组织有关特色小镇参加"美丽浙江文化节"对外交流活动； 2. 指导特色小镇对外文化交流活动； 3. 邀请一批海外文化机构、知名人士考察特色小镇。
省文物局文物保护与考古处	1. 指导特色小镇文物资源保护，提请省人民政府批准公布第七批省级文物保护单位，提升特色小镇中相应文物资源的保护级别； 2. 推介评选浙江省不可移动文物保护优秀案例，总结推广特色小镇内文物资源保护展示的成功经验； 3. 以特色小镇建设区域为重点，会同省建设厅提请省人民政府批准公布第五批省级历史文化街区、名镇、名村； 4. 指导、协调杭州市余杭区、丽水市莲都区、桐乡市等地做好余杭梦想小镇、梦栖小镇、莲都古堰画乡小镇、桐乡乌镇互联网小镇区划内文物保护单位修缮展示及相关建设工程审核报批等工作。
省文物局博物馆处	1. 支持特色小镇建设特色文化博物馆； 2. 策划特色小镇文化文物资源主题展览。

附件3

两批省级特色小镇汇总名单

一、杭州市

第一批创建名单:上城玉皇山南基金小镇、江干丁兰智慧小镇、西湖云栖小镇、西湖龙坞茶镇、余杭梦想小镇、余杭艺尚小镇、富阳硅谷小镇、桐庐健康小镇、临安云制造小镇

第二批创建名单:下城跨贸小镇、拱墅运河财富小镇、滨江物联网小镇、萧山信息港小镇、余杭梦栖小镇、桐庐智慧安防小镇、建德航空小镇、富阳药谷小镇、天子岭静脉小镇

第二批培育名单:上城吴山宋韵小镇、江干钱塘智造小镇、江干东方电商小镇、拱墅上塘电商小镇、西湖云谷小镇、西湖西溪谷互联网金融小镇、滨江创意小镇、萧山机器人小镇、淳安千岛湖乐水小镇、临安颐养小镇、临安龙岗坚果电商小镇、大江东汽车小镇、大江东巧客小镇

二、宁波市

第一批创建名单:江北动力小镇、梅山海洋金融小镇、奉化滨海养生小镇

第二批创建名单:鄞州四明金融小镇、余姚模客小镇、宁海智能汽车小镇、杭州湾新区滨海欢乐假期小镇

第二批培育名单:海曙月湖金汇小镇、江北前洋E商小镇、鄞州现代电车小镇、宁海森林温泉小镇

三、温州市

第一批创建名单:瓯海时尚智造小镇、苍南台商小镇

第二批创建名单:瓯海生命健康小镇、文成森林氧吧小镇、平阳宠物小镇

第二批培育名单:乐清雁荡山月光小镇、永嘉玩具智造小镇、泰顺氢泉小镇、温州汽车时尚小镇

四、湖州市

第一批创建名单:湖州丝绸小镇、南浔善琏湖笔小镇、德清地理信息小镇

第二批创建名单:吴兴美妆小镇、长兴新能源小镇、安吉天使小镇

第二批培育名单:南浔智能电梯小镇、安吉影视小镇、湖州智能电动汽车小镇、湖州太湖健康蜜月小镇

五、嘉兴市

第一批创建名单:南湖基金小镇、嘉善巧克力甜蜜小镇、海盐核电小镇、海宁皮革时尚小镇、桐乡毛衫时尚小镇

第二批创建名单:秀洲光伏小镇、平湖九龙山航空运动小镇、桐乡乌镇互联网小镇、嘉兴马家浜健康食品小镇

第二批培育名单:秀洲智慧物流小镇、嘉善归谷智造小镇、平湖光机电智造小镇、海盐集成家居时尚小镇、海宁潮韵小镇、海宁厂店小镇、桐乡时尚皮草小镇

六、绍兴市

第一批创建名单:越城黄酒小镇、诸暨袜艺小镇

第二批创建名单:柯桥酷玩小镇、上虞e游小镇、新昌智能装备小镇

第二批培育名单:柯桥兰亭书法小镇、诸暨环保小镇、嵊州领尚小镇

七、金华市

第一批创建名单:义乌丝路金融小镇、武义温泉小镇、磐安江南药镇

第二批创建名单:东阳木雕小镇、永康赫灵方岩小镇、金华新能源汽车小镇

第二批培育名单:金东金义宝电商小镇、永康众泰汽车小镇、浦江仙华小镇、磐安古茶场文化小镇、金华互联网乐乐小镇

八、衢州市

第一批创建名单:龙游红木小镇、常山赏石小镇、开化根缘小镇

第二批创建名单:江山光谷小镇、衢州循环经济小镇

第二批培育名单:龙游新加坡风情小镇、衢州莲花现代生态循环农业小镇

九、台州市

第一批创建名单:黄岩智能模具小镇、路桥沃尔沃小镇、仙居神仙氧吧小镇

第二批创建名单:岭泵业智造小镇、天台天台山和合小镇

第二批培育名单:椒江绿色药都小镇、临海时尚眼镜小镇、玉环生态互联网家居小镇

十、丽水市

第一批创建名单:莲都古堰画乡小镇、龙泉青瓷小镇、青田石雕小镇、景宁畲乡小镇

第二批创建名单:龙泉宝剑小镇、庆元香菇小镇、缙云机床小镇、松阳茶香小镇

第二批培育名单:青田欧洲小镇、庆元百山祖避暑乐氧小镇、遂昌农村电商创业小镇、丽水绿谷智慧小镇

十一、舟山市

第二批创建名单:定海远洋渔业小镇、普陀沈家门渔港小镇、朱家尖禅意小镇

十二、合作创建

第二批创建名单:

省农发集团和上虞区:杭州湾花田小镇

中国美院、浙江音乐学院和西湖区:西湖艺创小镇

第二批培育名单:

省物产集团和余杭区:长乐创龄健康小镇

浙江大学和西湖区:西湖紫金众创小镇

浙江省文化厅关于印发浙江省公共图书馆三年提升计划的通知

浙文法〔2016〕23 号

各市、县(市、区)文化广电新闻出版局,浙江图书馆:

《浙江省公共图书馆三年提升计划》已经厅党组会议研究同意,现印发给你们,请结合实际,认真组织实施。

浙江省文化厅
2016 年 8 月 4 日

浙江省公共图书馆三年提升计划

为全面贯彻落实《关于加快构建现代公共文化服务体系的意见》(中办发〔2015〕2 号)、《浙江省关于加快构建现代公共文化服务体系的实施意见》(浙委办发〔2015〕46 号)精神,完善公共图书馆服务体系,提升公共图书馆服务品质,满足新时期人民群众不断增强的阅读需求,提升人民群众的人文素养,特制订本提升计划。

一、总体目标

通过三年的努力,着力培育一批在国内有知名度和影响力的公共图书馆,打造一批内容丰富、各具特色的公共图书馆服务品牌,培养一支理念领先、业务精湛的公共图书馆人才队伍,基本形成布局合理、设施完善、环境舒适、管理科学、服务优质的公共图书馆服务体系,推动我省公共图书馆整体水平走在全国前列。

表1 浙江省公共图书馆2017—2019年主要发展指标

序号	主要指标	2015年基础值	2019年目标值	属性
1	万人拥有图书馆面积(平方米)	170	200	约束性
2	人均藏书量(册)	1.13	1.3	约束性
3	24小时自助图书馆建成数(个)	33	200	约束性
4	持证读者数量年均提升率	—	10%	约束性
5	外借册次年均提升率	—	5%	约束性
6	流通人次年均提升率	—	10%	约束性
7	数字资源总量(TB)	794.45	1600	约束性
8	地方特色资源数据库建成数(个)	86	120	约束性
9	一级以上图书馆比率	73%	90%	约束性
10	创建示范性公共图书馆(个)	—	10	约束性
11	RFID管理系统覆盖率	36%	60%	约束性
12	自助设施配置率	63.6%	90%	约束性
13	数字阅读体验区建成率	5%	20%	约束性
14	建立法人治理结构图书馆数量(个)	26	80	约束性
15	读者满意率	—	90%	约束性

二、主要任务

(一)推进公共图书馆基础设施建设

1.完善省、市、县级图书馆设施网络。做好浙江图书馆新馆建设前期工作。完成宁波市、衢州市、丽水市公共图书馆新馆建设。推动90%以上的公共图书馆达到部颁一级标准，其他图书馆达到部颁二级以上标准。县级及以上公共图书馆根据实际需要配备汽车图书馆。

2.推进图书馆总分馆建设。省级中心镇和人口超过10万的乡镇(街道)实现公共图书馆分馆全覆盖。探索在省级特色小镇和人口集中的村(社区)建设图书馆分馆。探索在中小学校和幼儿园建设图书馆分馆。将农家书屋纳入公共图书馆服务体系，由县级图书馆对农家书屋进行业务指导。

3.推进24小时自助图书馆建设。在城市社区、外来务工人员集中区等场所，科学规划24小时自助图书馆，打造群众身边的公共阅读空间。24小时自助图书馆采用RFID技术进行业务管理，配各自助图书借还机等设施。力争到2019年，全省建成200家24小时自助图书馆。

4.优化图书馆空间环境。鼓励公共图书馆在新建、改扩建和装修时，在外观造型、室内装修和环境设计上下功夫，注重空间和视觉上的无限延伸，注重时尚和精致的有机结合，注重温馨和舒适的环境营造，努力将公共图书馆打造成为群众喜爱的文化空间、共享空间、创客空间和科技体验空间。

5.统一图书馆标识系统。建设公共图书馆视觉识别系统，全省公共图书馆使用统一标识。所有公共图书馆免费提供WIFI。积极协调相关部门，在图书馆附近公交站名、路标设置中以图书馆名称命名，提升影响力。

(二)优化公共图书馆文献信息资源建设体系

1.加强文献资源建设。加大文献资源建设经费投入，确保文献资源达到省定标准并持续更新。推动浙江图书馆建设成为全省文献资源的保障中心，各市、县(市、区)图书馆为本地的文献资源保障中心。创新资源建设手段，促进文献资源建设的供需对接。

2.完善数字资源架构。统筹整合全省资源，构建以省馆采购为主、市馆采购为辅、县(市、区)馆采购为补充的数字资源购用模式,采购一批可用于全省各级公共图书馆的数据库。全省共享数字资源比例达到50%。整合各级公共图书馆自建和外购的数字资源,全省数字资源总量达到1600TB,形成海量分布式数字资源库群。

3. 推进地方特色资源建设。加强地方文献资源建设,构建涵盖全面、种类完整、结构合理的地方文献保障体系。浙江图书馆每年公布地方特色资源建设指导目录,组织开展地方特色资源立项评审验收工作,形成覆盖全省的地方特色资源总库,供各地共享。推动地方特色文献资源的数字化加工,建设一批地方特色精品数据库。全省每年建成10个专题数据库,到2019年建成120个专题数据库。

4. 推进古籍保护工作。全面完成我省古籍普查工作,巩固古籍普查成果,逐步整理出版一批古籍普查登记书目。公布一批省级重点古籍保护单位和珍贵古籍名录。进一步加大全省古籍修复网络的完善和建设,加强古籍修复人才培养。开展古籍数字化、珍贵文献影印出版工作。

(三)提升公共图书馆服务能力

1. 充分发挥全省公共图书馆联盟作用。完善全省公共图书馆讲座、展览、信息服务、网络技术"四大联盟"和全省视障信息无障碍服务联盟建设,通过资源共享、服务保障、技术支撑、人才培养等方式,实现全省公共图书馆服务水平的全面提升。探索跨区域联盟建设。

2. 深入开展全民阅读推广活动。发挥公共图书馆服务体系的牵引作用,深入开展全民阅读活动,培养人民群众的阅读习惯。打造浙江省公共图书馆全民阅读节系列活动品牌。充分发挥省图书馆学会在阅读推广中的作用,在省、市图书馆学会中配置阅读推广委员会。发掘、培养优秀阅读推广人。加强对用户需求的调查与研究,更好地为读者提供服务。

3. 推动服务特殊群体的平台建设。针对老年人、未成年人、残疾人、农民工、农村留守妇女儿童、生活困难群众等群体的阅读需求,开辟服务渠道,提供个性化服务。各市、县(市、区)公共图书馆要建有少儿阅览室,乡镇分馆建有少儿阅读区,鼓励有条件的市、县(市、区)建设独立建制的少儿图书馆。县级及以上公共图书馆建有盲文阅览室或阅览区域,设有残疾人服务设施。

4. 推动文化创意产品开发。深度发掘公共图书馆馆藏资源,在确保公益目标、做强主业的前提下,采取合作、授权、独立开发等方式,积极开发群众喜爱、市场欢迎的创意产品,推动馆藏文献资源活起来。积极探索合理的收益分配机制,吸引社会力量参与文化创意产品研发、生产和经营。

(四)推进公共图书馆数字化建设

1. 建设全省公共图书馆大数据中心。由浙江图书馆牵头,整合全省公共图书馆的书目数据、用户数据和服务数据,将云服务与关联数据结合起来,推动我省公共图书馆服务数据和数字馆藏的组织和聚合,实现资源的一站式检索。重视公共图书馆数据安全,实施数据异地备份。

2. 提高公共图书馆智能化水平。省、市级公共图书馆及60%的县级馆实现RFID借阅管理。逐步实现省、市级图书馆之间,各市域范围内公共图书馆之间通借通还。提供自助办证、24小时自助借还、自助复印等便民服务。到2019年底,自助设施配置图书馆达到90%,全省20%的图书馆建有数字阅读体验区。县级以上公共图书馆建立信息资源、服务数据可视化展现系统。

3. 实施"互联网+"行动计划。建立基于宽带互联网、移动互联网、广播电视网等跨网络、跨终端的阅读服务推广平台,实现电视、计算机、手机、移动终端等全媒体传播,提升公共图书馆影响力。通过微博、微信等第三方社交媒体建立自己的信息发布和读者互动机制。推进全省各级公共图书馆接入支付宝和微信城市服务等互联网服务机构,利用第三方入口使图书馆服务成为公众日常生活服务的组成部分。引入社会信用体系,鼓励各级公共图书馆开展用户管理平台与第三方平台的对接与应用,开展图书馆的应用创新。

(五)加强公共图书馆人才队伍建设

1. 实施首席专家制度。按照"培养一名、带动一批、影响一片"的原则,在馆藏结构研究、信息服务、古籍保护、数字资源建设和计算机管理等重点业务领域设立首席专家,打造一支在国内有影响力的图书馆专家团队。成立浙江省公共图书馆专家库,承担指导、咨询、讲课等职责。

2. 实施骨干人才培养计划。按照"规范、专业、创新"的要求,培养一批具有现代意识、创新能力强的管理及专业技术人才。实施全省公共图书馆骨干培养计划,储备青年优秀人才,年培训不少于200人。

3.确定一批培训基地。遴选一批公共图书馆作为培训基地,有计划地实施在岗人员挂职锻炼、轮岗轮训交流,在岗位实践中培养人才。确保县级以上公共图书馆工作人员每年参加脱产培训时间不少于15天,镇、村两级图书馆工作人员每年参加集中培训不少于5天。

4.深化理论研究能力。创建一批公共图书馆研究基地,开展服务于事业发展的制度设计研究,为我省公共图书馆的发展提供智力支持和理论支撑。完善科研激励制度和科研成果传播、应用机制。以系统内专业刊物和各类课题申报为平台,鼓励中青年工作人员积极参与,浙江省公共图书馆专家库专家负责指导。

5.提高公共图书馆的国际化水平。进一步加强与国外公共图书馆、其他类型图书馆及高校的交流和合作,开拓我省公共图书馆的国际化视野,提高管理水平。定期组织出国培训,积极鼓励以友好馆建设、书刊交换、人员研修、讲座展览、访问学者、举办国际论坛等方式,开创公共图书馆对外文化交流新局面。

(六)鼓励社会力量参与公共图书馆建设

1.加大政府购买服务力度。落实政府购买公共文化服务政策,公布公共图书馆购买目录,完善购买机制。各级公共图书馆在保障免费开放的基础上,要进一

步推动后勤管理、编目、图书加工、文献整理、文献物流、阅读推广活动以及各类创新服务项目的社会化,降低管理成本,提高运营效率。

2.加强社会合作。以资源整合、优势互补、协同发展为原则,吸引各级政府、社会组织、企业、个人参与公共图书馆建设,促进我省公共图书馆服务体系建设的优化和提升。探索公共图书馆与社会资本合作的新领域、新方法。鼓励建设公共图书馆发展基金。

3.打造志愿服务队伍。健全公共图书馆志愿服务组织,完善注册招募、服务记录、管理评价、激励保障机制。构建以各级图书馆文化志愿者为基础,社会各界人士广泛参与的公共图书馆文化志愿服务体系。广泛开展内容丰富、形式多样的文化志愿活动,加强培训教育,不断提高公共图书馆志愿服务队伍的整体素质和服务水平。

(七)提高公共图书馆管理水平

1.健全公共图书馆政策保障体系。推进公共图书馆制度化、规范化、专业化、现代化建设。深入实施浙江省《公共图书馆服务规范》,不断提升省、市、县、镇、村五级图书馆服务水平。推动我省公共图书馆的立法进程。鼓励有条件的图书馆逐步推行ISO9001质量管理体系认证,推动图书馆专业化管理。

2.推进法人治理结构改革。全省80%的县级及以上图书馆建立法人治理组织结构,完善相关规章制度,逐步构建以公益目

标为导向,内部激励机制完善、外部监管制度健全的现代管理体制和运行机制。实现决策、监督和保障的科学化、民主化、制度化、规范化,提高服务效能。

3.实施"公共图书馆服务示范工程"。坚持典型示范、专业引领,推动全省公共图书馆创新管理模式,提升服务品质。开展示范性公共图书馆和公共图书馆创新项目评选活动,通过三年努力,创建10家具有较高专业化服务水平和较好服务效益的示范性公共图书馆,评选一批公共图书馆创新项目。

三、保障措施

(一)加强组织领导

各地要充分认识公共图书馆在构建现代公共文化服务体系中的重要作用,根据本提升计划要求,制定本地的实施方案,并作为重要工作内容纳入年度工作计划。要按照实施方案明确责任,狠抓落实,务求实效。

(二)落实经费保障

各地要将公共图书馆馆舍建设、资源购置、基本服务提供、日常运行维护、人员开支等经费纳入各级财政预算,并逐步提高经费保障水平。

(三)强化绩效评估

各地要积极推动将公共图书馆建设与服务指标纳入当地政府的考核评价体系。推行公共图书馆效能指标信息公开制度,建立群众评价和反馈机制,探索实施第三方评价机制。省文化厅将定期对本提升计划实施情况进行监督检查。

浙江省文化厅关于印发《浙江省文化市场突发事件应急处置预案（试行）》的通知

浙文市〔2016〕16 号

各市文化广电新闻出版局、文化市场行政执法总（支）队：

现将《浙江省文化市场突发事件应急预案（试行）》印发给你们，请结合工作实际贯彻执行。在执行中如发现问题，请及时反馈至省文化厅文化市场管理处。

特此通知。

浙江省文化厅
2016 年 9 月 8 日

浙江省文化市场突发事件应急处置预案（试行）

一、总则

（一）定义

文化市场突发事件是指在文化市场经营场所、经营活动、行政管理或者综合行政执法工作中发生的，造成或者可能造成重大社会影响或者严重社会危害的，需要采取应急处置措施予以应对的事件。

（二）目的

为加强文化市场突发事件应急管理，有效预防和妥善处置文化市场突发事件，最大限度地减少危害和负面影响，依据《突发事件应对法》《国家突发公共事件总体应急预案》等法律、法规和规章的规定，制定本预案。

（三）适用范围

根据文化市场突发事件的不同性质，本预案适用范围可以分为文化市场经营场所中发生的重大安全事故、文化市场经营活动中发生的突发事件、文化市场行政管理和综合行政执法中发生的造成重大社会影响的事件以及文化市场领域内发生的其他有较大影响的突发事件。具体分为以下情况：

1. 文化市场经营场所、经营活动中发生火灾、爆炸、坍塌、踩踏等安全事故或者重大治安事件的；

2. 文化产品或者服务含有国家法律法规禁止内容，造成严重社会影响的；

3. 文化市场经营、行政管理或者综合行政执法信息通过互联网等途径传播，引起社会公众广泛关注，造成严重负面影响的；

4. 以暴力、恐吓、胁迫等方式阻挠文化市场行政管理和综合行政执法工作，造成人员伤亡的；

5. 因不服从文化市场行政管理或者综合行政执法行为，造成群体性事件的；

6. 其他需要采取应急处置措施予以应对的突发事件。

二、工作原则

文化市场突发事件应急管理应当遵循以下原则：

（一）统一领导、综合协调

在省政府应急办统一指挥和领导下，省文化厅成立文化市场突发事件应急工作领导小组，协调指挥全省文化市场突发事件应急工作。各级在同级人民政府和上级文化市场突发事件应急工作领导小组指挥下，本级文化市场突发事件应急工作领导小组充分发挥职能作用，综合协调各项资源进行应对。

（二）分类管理、分级负责

文化市场突发事件应急工作领导小组应当根据突发事件不同类别采取分类的管理方式，建立健全分类管理、分级负责的应急管理体制。

（三）预防为主、以人为本

高度重视突发事件管理工作，常抓不懈，防患于未然。增强忧患意识,坚持预防与应急相结合,常态与非常态相结合,做好应对突发事件的各项准备工作。各级文化行政部门和综合行政执法机构(以下合并简称执法部门)应当把保障公众健康和生命财产安全作为首要任务,最大程度地减少突发事件及其造成的人员伤亡和危害。

(四)属地管理、协同配合

加强以属地管理为主的突发事件应急处置队伍建设,在同级人民政府领导下,建立和公安、消防和医疗等相关部门联动协调机制,形成一套统一指挥、反应灵敏、功能齐全、协调有序、运转高效的应急管理运转体系。

三、突发事件等级划分

根据突发事件造成的社会危害程度和影响范围等情况,对文化市场突发事件进行等级划分。文化市场突发事件分为特大突发事件(Ⅰ级)、重大突发事件(Ⅱ级)、较大突发事件(Ⅲ级)、一般突发事件(Ⅳ级)四个等级。

(一)特大突发事件(Ⅰ级)

1.在文化市场经营场所或者经营活动中发生特大安全事故,导致或者可能导致30人以上死亡(含失踪),或者100人以上重伤,或者1000万元以上直接经济损失的;

2.因不服从文化市场行政管理或者综合行政执法行为而造成群体性事件,一次参与人数达到300人以上,严重影响社会稳定的。

(二)重大突发事件(Ⅱ级)

1.在文化市场经营场所或者经营活动中发生重大安全事故,导致或者可能导致10人以上死亡(含失踪),或者50人以上重

伤,或者500万元以上直接经济损失的;

2.因不服从文化市场行政管理或者综合行政执法行为而造成群体性事件,一次参与人数在100人以上,严重影响社会稳定的;

3.以暴力、恐吓、胁迫等方式阻挠文化市场行政管理或者综合行政执法工作,造成3人以上死亡或者10人以上重伤的。

(三)较大突发事件(Ⅲ级)

1.在文化市场经营场所或者经营活动中发生重大安全事故,导致或者可能导致3人以上死亡(含失踪),或者10人以上重伤,或者100万元以上直接经济损失的;

2.因不服从文化市场行政管理或者综合行政执法行为而造成群体性事件,一次参与人数在50人以上,严重影响社会稳定的;

3.以暴力、恐吓、胁迫等方式阻挠文化市场行政管理或者综合行政执法工作,造成1人以上死亡或者3人以上重伤的;

4.文化市场经营、行政管理或者综合行政执法信息通过互联网等途径传播,引起公众广泛关注,在全国范围内造成严重负面影响的。

(四)一般突发事件(Ⅳ级)

1.在文化市场经营场所或者经营活动中发生重大安全事故,导致或者可能导致1人以上死亡(含失踪),或者3人以上重伤,或者50万元以上直接经济损失的;

2.因不服从文化市场行政管理或者综合行政执法行为而造成群体性事件,一次参与人数在3人以上,严重影响社会稳定的;

3.以暴力、恐吓、胁迫等方式

阻挠文化市场行政管理或者综合行政执法工作,导致1人以上重伤或者3人以上轻伤的;

4.文化产品或者服务含有国家法律法规禁止内容,造成恶劣社会影响的;

5.文化市场经营、行政管理或者综合行政执法信息通过互联网等途径传播,引起公众广泛关注,在全省范围内造成严重负面影响的;

6.其他需要采取应急处置措施予以应对的突发事件。

四、应急指挥机构的建立与职责

(一)应急指挥机构的建立

各级文化行政部门单独或者联合成立文化市场突发事件应急工作领导小组,统一指挥文化市场突发事件应急处置工作。

文化市场突发事件应急工作领导小组组长由各级文化行政部门领导担任,成员由文化行政部门的综合执法、行政管理、安全生产等相关处(科、队)室负责人组成。

文化市场突发事件应急工作领导小组下设办公室,办公室主任由执法部门负责人担任,负责日常值守、信息采集汇总和综合协调等工作。有条件的区域可成立专家组、后勤保障组等专业工作小组细化分工。

浙江省文化厅文化市场突发事件应急工作领导小组组长由厅领导担任,下设办公室,办公室主任由文化市场管理处负责人担任,成员由厅机关的行政管理、安全生产、后勤保障等相关处室负责人组成。

(二)应急指挥机构职责

1.文化市场突发事件应急工作领导小组负责指挥、组织、协调

本系统有关部门参与应急响应行动,下达应急处置任务;

2.与同级人民政府及相关部门进行联系与协调,及时向同级人民政府和上级主管部门报告、通报有关情况和信息;

3.对外统一发布信息,研究解决突发事件中的重大问题,主动做好新闻媒体的信息沟通工作。

(三)应急指挥机构办公室职责

1.文化市场突发事件发生时,应及时收集情况,向领导小组汇报,并传达领导小组决定;

2.在应急期间督促应急措施和舆情应对的落实和具体执行,与有关部门进行沟通、协调,确保信息传递的及时准确;组织协调应急工作有序开展,根据具体情况派员赴现场参与应急处置工作;收集相关情况,拟定与突发事件相关的文书,及时报送上级领导和相关部门;

3.做好应急信息的发布,组织协调各方力量做好应急保障,妥善处理善后事宜;

4.负责处理应急小组的日常事务,保证预防预警机制的正常运行。

五、预防预警机制

在本级文化市场突发事件应急工作领导小组的指导下,各级执法部门应当加强对文化市场经营场所、经营活动的日常检查,对检查过程中发现的安全隐患,及时通报相关部门。

(一)预防机制

1.各级文化市场突发事件应急工作领导小组应当建立必要的预警和快速反应机制,对各类文化市场经营场所、经营活动加强事前的监督检查。演练各种应急

预案,磨合、协调运行机制;

2.各级执法部门应当督促文化市场经营场所制定必要的日常安全保卫工作预案、安全责任制度,强化日常人力、物力、财力储备,提高应急处理能力;

3.各级执法部门应当督促和指导大型文化市场经营活动的主体在活动举办之前制定相应的安全保卫工作方案和应急预案,报当地政府登记备案;

4.各级执法部门应当建立健全文化市场突发事件应急培训制度,对负有突发事件应急处置责任的文化市场经营管理人员开展必要的培训;

5.各级执法部门应当定期对文化市场经营主体开展法律法规、安全生产及应急知识培训,组织必要的应急演练。

(二)预警系统

文化市场突发事件应急工作领导小组应当注重安全信息的收集与上报,对突发事件隐患和预警信息进行风险评估和预测,认为可能发生突发事件的,应当采取必要的防范措施,同时向同级人民政府和上级文化市场突发事件应急工作领导小组报告,并通报相关部门。

各级执法部门应当督促文化市场经营场所、经营活动主体配备预警通讯和广播设备,对可能发生的突发事件进行预警。

六、应急处置程序

文化市场突发事件发生后,根据突发事件等级,相应的文化市场突发事件应急工作领导小组应当立即启动应急处置程序,根据应急预案的相关规定予以处置。突发事件处理结束后,应急处置程序自动终止。相应的文化

市场突发事件应急工作领导小组负责人应当及时赶赴事发现场,采取下列应急处置措施:

1.迅速了解掌握事件性质、起因、发展程度等基本情况;

2.通知公安、消防、医疗、国家安全、通信等相关部门;

3.在2小时内向同级人民政府和上级文化市场突发事件应急工作领导小组上报;

4.指导执法部门开展应急处置工作。

(一)针对不同类型的突发事件,文化市场突发事件应急工作领导小组应当采取以下应急处置措施

1.文化经营场所中发生的突发事件的处置方法

文化市场经营场所如娱乐场所、演出场所、网吧、剧院等发生火灾、建筑物坍塌,大量有毒、有害气体泄漏,拥挤踩踏等重大安全事故.爆炸、恐怖袭击、恶性斗殴等重大刑事、治安案件发生的,事发地文化市场突发事件应急工作领导小组负责人赶赴现场确认后,第一时间报110、119、120;上级文化市场突发事件应急工作领导小组人员应当根据突发事件等级,视情赶赴事发现场并对应急处置工作给予指导;在文化市场突发事件应急工作领导小组的指挥下,执法部门应当配合公安干警、消防和医务人员开展各项抢救救援工作,把损失降低到最小。

2.文化市场经营活动中发生的突发事件处置方法

(1)文化产品或者服务违反国家相关法律法规或含有禁止内容,造成恶劣社会影响的突发事件发生时,事发地文化市场突发事件应急工作领导小组接报确认

后,应当立即进行调查取证;需要联合执法的,及时通知公安机关协同处理;涉嫌构成犯罪的,依法将案件移送公安机关处理;

(2)文化市场经营设施、设备遭到破坏,造成恶劣社会影响的突发事件发生时,事发地文化市场突发事件应急工作领导小组接报确认后,第一时间派执法部门人员和相关专业人员赶赴现场,配合相关部门对遭受破坏的设施和设备进行必要的抢修和保护,并进行调查取证,尚不构成犯罪的,由执法部门依据相关法律法规进行处罚;涉嫌构成犯罪的,依法移送公安机关处理。

3.文化市场行政管理或者综合行政执法中发生的突发事件

(1)因不服从文化市场行政管理或者综合行政执法行为而造成群体性事件,或者以暴力、威胁等方式阻挠文化市场行政管理或者综合行政执法工作,导致人员伤亡或者造成恶劣社会影响的突发事件发生时,相应的文化市场突发事件应急工作领导小组接报确认后,应当第一时间报110和120;同时,在文化市场突发事件应急工作领导小组的指挥下,执法部门应协助医务人员救治伤员,配合公安机关进行案件调查,配合当地有关部门宣传政策和法律法规,控制事态的进一步发展;视情启动公益法律援助程序。

(2)文化市场经营、行政管理或者综合行政执法信息通过网络、媒体等途径传播,造成严重负面影响,引起公众广泛关注的突发事件发生时,相应的文化市场突发事件应急工作领导小组接报确认后,应当及时了解新闻来源,联系网络、媒体了解事实,协调配合相关部门,及时在新闻媒体、政府相关网站中发布事情真实情况;视情启动公益法律援助程序。

4.其他突发事件

其他文化市场突发事件发生时,相应的文化市场突发事件应急工作领导小组应当在同级人民政府和上级文化市场突发事件应急工作领导小组的指挥下,根据具体情况采取应急处置措施;需要相关部门协同处理的,应当及时通知并提供相应的配合与协助;视情启动公益法律援助程序。

(二)分级应对

县级文化行政部门对本行政区域内突发事件的应对工作负责;涉及两个以上行政区域的,由有关行政区域共同的上级文化行政部门负责,或者由各有关行政区域的文化行政部门共同负责。县级以上文化市场突发事件应急工作领导小组依法负责本辖区突发事件的协调、指导、监督和处置工作。

Ⅰ级、Ⅱ级突发事件发生后,浙江省文化市场应急工作领导小组应当派出工作组赶赴事发地协调、指导、监督应急处置工作。

Ⅲ级突发事件发生后,设区市文化市场应急工作领导小组应当派出工作组赶赴事发地协调、指导、监督应急处置工作;浙江省文化市场应急工作领导小组视情派出工作组赶赴事发地协调、指导、监督应急处置工作。

Ⅳ级突发事件发生后,县级文化市场应急工作领导小组负责人应当赶赴事发地协调、指导、监督应急处置工作。

七、信息上报与公开

(一)信息报送

1.基本原则

(1)统一。各级文化市场突发事件应急工作领导小组在报送信息时应当做到内容、形式、人员方面的统一,各级不应对信息截留、过滤。

(2)准确。报送信息应尽可能真实准确。

(3)及时。突发事件发生时,事发地文化市场突发事件应急工作领导小组接报后,应在第一时间采用电话报送方式向同级人民政府和上级文化市场突发事件应急工作领导小组报告。电话报送时间不应超过2小时。

2.报送内容

(1)事件发生的时间、地点和现场情况;

(2)事件的简要经过、伤亡人数和财产损失情况的估计;

(3)事件原因的初步分析;

(4)事件发生采取的措施、效果及下一步工作方案;

(5)其他需要报告的事项。

3.报送层级

(1)Ⅰ级、Ⅱ级突发事件发生后,应当逐级报告至浙江省文化市场突发事件应急工作领导小组;并上报文化部文化市场突发事件应急工作领导小组。

(2)Ⅲ级突发事件发生后,应当逐级报告至地市级文化市场突发事件应急工作领导小组;视情上报上级文化市场突发事件应急工作领导小组。

(3)Ⅳ级突发事件发生后,应当报告至县市级文化市场突发事件应急工作领导小组;视情上报上级文化市场突发事件应急工作领导小组。

(二)信息发布

1.发布原则

信息发布应按照有关规定向

社会提供客观、准确、及时的信息，不得隐瞒和推迟。

2.发布主体

各级文化市场突发事件应急工作领导小组应当确定一名工作人员，参与突发事件应急处置工作，统一对外发布突发事件信息。

3.发布时间

文化市场突发事件发生后，原则上应当在启动应急处置程序24小时内，经文化市场突发事件应急工作领导小组组长批准，由信息发布人员对外发布突发事件的相关信息，包括事件的基本情况、事件进展及下一步工作方案等基本信息。

突发事件处理期间，在文化市场突发事件应急工作领导小组授权下，信息发布人员应当及时发布相关信息。

4.发布内容

由信息发布人员披露突发事件的相关信息，包括基本情况、政府立场、政府所采取的措施及取得的效果，下一步工作方案以及提示公众应注意的事项等。

5.发布方式

信息发布人员可以通过接受采访、发布新闻稿、召开新闻发布会、情况介绍会、记者招待会以及网络互动、发表声明、谈话等方式及时发布新闻。

八、后期处理

（一）后续措施

突发事件的威胁和危害得到控制或者消除后，在同级人民政府和上级文化市场突发事件应急工作领导小组的指导下，事发地文化市场突发事件应急工作领导小组应当采取或者继续实施必要措施，防止发生次生、衍生事件或者重新引发突发事件。

（二）书面报告

突发事件应急处置工作结束后，事发地文化市场突发事件应急工作领导小组应当立即配合同级人民政府组织对突发事件造成的损失进行评估，查明突发事件的发生经过和原因，总结突发事件应急处置工作的经验教训，制定改进措施，并形成书面材料向同级人民政府和上级文化市场突发事件应急工作领导小组报告。

（三）经验总结

根据突发事件暴露出的有关问题，进一步修改和完善有关防范措施和处置预案，必要时提出修改或补充相关法律法规的意见。

（四）奖励机制

对协调、指导、监督、参与文化市场突发事件应急处置工作表现突出的，文化市场突发事件应急工作领导小组应当依照相关规定给予表彰奖励。

（五）责任追究

在文化市场突发事件应急处置过程中，有下列情形之一的，应当对负有直接责任的负责人或者工作人员依法给予处分，构成犯罪的，应当依法追究刑事责任：

1.未按照规定采取预防措施导致发生突发事件，或者未采取必要防范措施导致发生次生、衍生事件的；

2.迟报、谎报、瞒报、漏报突发事件信息，或者通报、报告、公布虚假突发事件信息，造成严重后果的；

3.未按照规定及时采取预警措施，导致损害发生的；

4.未按照规定及时采取应急处置措施或者应急处置措施不当，造成严重后果的；

5.不服从上级文化市场突发事件应急工作领导小组对突发事件应急处置工作的统一领导、指挥和协调的。

浙江省文化厅关于印发浙江省非物质文化遗产保护发展"十三五"规划的通知

浙文非遗〔2016〕17 号

各市、县(市、区)文化广电新闻出版局,省非遗保护中心,各高校省非遗研究基地:

为进一步推动"十三五"时期我省非物质文化遗产保护工作,根据《浙江省文化发展"十三五"规划》,我厅研究编制了《浙江省非物质文化遗产保护发展"十三五"规划(2016—2020 年)》,现印发给你们,请结合实际,认真组织实施。

浙江省文化厅
2016 年 10 月 31 日

浙江省非物质文化遗产保护发展"十三五"规划(2016—2020 年)

中华优秀传统文化,积淀着中华民族最深层的精神追求,代表着中华民族独特的精神标识。进一步加强非物质文化遗产保护工作,是传承中华文脉、增强国家文化软实力的迫切需要,是构建中华优秀传统文化传承体系,培育弘扬社会主义核心价值观的重要内容,是连接民族情感纽带、增进民族团结、维护社会稳定和国家统一的重要基础。在文化部和省委、省政府的高度重视下,我省非物质文化遗产保护工作,经过各级文化主管部门和社会各界的共同努力,先行先试,大胆创新,在实践中探索,在探索中前进,以敢于担当、勇争一流的精神,创造了非物质文化遗产普查"浙江模式"、非物质文化遗产申报"浙江现象"、非物质文化遗产保护"浙江经验",呈现出持续蓬勃发展的良好态势。为明确"十三五"时期全省非物质文化遗产保护工作目标任务,继续保持浙江非物质文化遗产保护强劲的工作力度与发展速度,根据《中华人民共和国非物质文化遗产法》和《浙江省非物质文化遗产保护条例》精神,结合《文化部"十三五"时期文化改革发展规划》及《浙江省文化发展"十三五"规划》,制定本规划。

一、指导思想

认真贯彻党的十八大和十八届三中、四中、五中全会精神,以习近平总书记关于传统文化系列重要讲话精神为指针,坚持创新、协调、绿色、开放、共享的发展理念,坚持"保护为主、抢救第一、合理利用、传承发展"的工作方针,以"八八战略"为总纲,认真贯彻落实省委《关于建设美丽浙江创造美好生活的决定》精神,紧紧围绕建设文化遗产保护模范区目标,构建我省非物质文化遗产保护事业五大格局,实施保护发展八大行动,完善机制保障五大体系。积极探索现代非物质文化遗产保护传承体系,促进优秀传统文化传承弘扬,推进非物质文化遗产大省向非物质文化遗产强省跨越,实现浙江非物质文化遗产保护事业再出发,推进传统文化活起来、传下去。

二、基本原则

(一)依法保护

依法保护、依法发展,加快推进我省非物质文化遗产保护事业的制度化、规范化、程序化建设。贯彻落实《非物质文化遗产法》精神,研究修订《浙江省非物质文化遗产保护条例》,研究制定具有浙江特色的法治非物质文化遗产建设举措,着力构建科学合理、运行顺畅、充满活力的法治非物质文化遗产事业发展体制机制,依托法制力量,凝聚全民共识,推动保护发展。

(二)创新引领

坚持以制度创新、机制创新为先导,典型引路、率先发展,把握发展机遇,创造新鲜经验,总结保护规律,进一步丰富提升非物质文化遗产保护发展"浙江经验"。创新名录保护机制、考核督查机制、名录项目保护单位和代表性传承人退出机制,尝试建立非物质文化遗产保护发展指数及评估指标数据年报制度,提高科学保护水平,为全国非物质文化遗产保护提供示范,继续走在全国前列。

(三)重点突破

明确重点,补齐短板,精准发力,以点带面。以濒危戏剧保护、传统工艺振兴、传承人群可持续培养以及非物质文化遗产场馆、机构队伍、数字化、非物质文化遗产生态区建设等为重点,在体制机制、平台载体、保护实效、发展水平等方面取得突破,不断夯实全省非物质文化遗产保护工作基础,整体提升非物质文化遗产保护事业发展水平。

(四)激发活力

拓展保护载体,强化活态传承;依托节日节庆,加强宣传推广;开展展演展示,推进产业服务;扩大对外交流,增强国际影响。创新方式、设计载体,以合理利用激发项目保护活力,通过非物质文化遗产与当代生活、生产、生态的融合,彰显特色、焕发魅力、激发活力,促进非物质文化遗产事业的可持续发展。

(五)共享发展

坚持以人为本,全面推进非物质文化遗产保护成果全民共享,努力形成非物质文化遗产保护"见人见物见生活"的良好局面。坚持发掘与培育、保护与利用、继承与弘扬、创业与创新有机结合,深入推进美丽乡村建设中非物质文化遗产保护,继续实施美丽非遗进文化礼堂、进校园、进社区,强化地区间联动互动,延续历史文脉,弘扬优秀传统,树立文化自信。

三、总体目标

到2020年,浙江非物质文化遗产保护事业取得新的全面进步,与我省高水平全面建成小康社会目标相适应。民众深切感受到非物质文化遗产悠久魅力,在全社会形成文化自觉、文化自信、文化自强的意识和氛围。非物质文化遗产保护工作继续走在全国前列,成为我国非物质文化遗产保护重要示范区域。

通过5年努力,在全省建立起比较系统的、具有时代特征、浙江特点和地域特色的现代非物质文化遗产保传承体系。各项保护工作体制机制更加完善,保护传承的基础建设更加扎实,保护水平整体性提高,非物质文化遗产保护成果全面呈现,代表性项目普遍焕发生机活力,形成我省非物质文化遗产传承弘扬与合理利用的五大新格局。

(一)拉高浙江非遗保护发展"新标杆"

在项目申报上,继续加大人类非物质文化遗产代表作名录、国家级非物质文化遗产名录项目申报工作力度,在"四连冠"基础上保持全国领先;在基础建设上,加快浙江省非物质文化遗产馆建设进程,努力推进市县综合性非物质文化遗产馆建设;在保护手段上,巩固非物质文化遗产保护基地建设成果,拓展多种传承载体;在数字化管理上,加快省级非物质文化遗产数据库建设进程,启动"智慧非遗"大数据建设,实施非遗代表性传承人抢救性记录工程;在理论研究上,不断强化保护理论的探索,开展非物质文化遗产保护重大课题研究,启动并完善省非物质文化遗产文献馆建设;在成果编纂上,继续编纂和推广《浙江省非物质文化遗产国遗项目丛书》;在活动品牌上,继续拓展"美丽非遗"品牌活动,深入深化美丽非遗进礼堂、美丽非遗赶大集、美丽非遗志愿服务行动。

(二)推动非遗项目保护基础指标"全覆盖"

实现省级以上非物质文化遗产项目"八个一"保护措施全覆盖;省级以上非物质文化遗产项目代表性传承人认定全覆盖;省级以上项目非物质文化遗产传承基地全覆盖;市级综合性非物质文化遗产馆建设全覆盖;县级以上非物质文化遗产数字化保护全覆盖;市级区域非物质文化遗产生态保护实验区全覆盖;市级区域非物质文化遗产品牌活动全覆盖。

(三)推进非遗名录项目保护利用"可持续"

着力推进人类非物质文化遗产代表作、急需保护的人类非物质文化遗产项目,以及国家级、省级非物质文化遗产名录项目保护;着力推进代表性传承人与传承人群培养,重点解决传承人缺乏的问题;着力推进传统戏剧、传统技艺、传统美术等门类中濒危项目的保护;着力推进特色小镇建设中与十大历史经典产业相关的非物质文化遗产项目保护；着力推进浦江县、嘉善县、安吉县、义乌市等地区在创建"四个全面"战略布局和全面实现小康示范区等方面取得突破。

（四）打造非遗保护融合发展"新优势"

以"两美浙江"建设、生态文明建设等为切入点，使非物质文化遗产保护工作融入全省经济社会发展大局。全面打造非物质文化遗产保护融入公共文化服务体系新优势，非物质文化遗产融入传统文化产业发展新优势，非物质文化遗产融入文化旅游新优势，非物质文化遗产传承融入国民教育新优势，社会各界参与非物质文化遗产保护新优势，非物质文化遗产保护融入美丽乡村和城市文化主题建设新优势。

（五）实现非遗保护事业"再出发"

切实从重申报、轻保护向重申报、更重保护转变，建立非物质文化遗产保护长效机制；从强实践、弱理论到理论与实践并重转变，发挥我省高校非物质文化遗产研究基地学术优势，探索非物质文化遗产学科建设；从区域非物质文化遗产保护工作粗放型评判到数据化评估转变，以科学化管理提升全省总体保护水平；从单项性保护向整体性保护转变，注重文化生态保护区建设和区域间保护联动；从终身制到动态制转变，对因保护不力和措施不当的名录项目保护单位、代表性传承人实施警告或退出机制。重视研究和探索非物质文化遗产保护工作的内在规律，提质增效，转型升级，补短板，求创新，寻突破，实现我省非物质文化遗产保护事业再出发。

表 1　"十三五"浙江非物质文化遗产保护发展主要指标

类别	指标名称	2015 年实际值	2020 年目标值	指标特征
保护机制创新	省级以上非物质文化遗产名录保护示范项目	0	50	预期性
	传统戏剧之乡	42	50	约束性
	非遗主题小镇	17	30	约束性
	民俗文化村	48	80	约束性
	城市非遗主题公园	0	15	预期性
名录体系与传承人建设	国家级非物质文化遗产名录项目	217	247	预期性
	省级非物质文化遗产名录项目	970	1200	预期性
	国家级非物质文化遗产代表性传承人	122	247	预期性
	省级非物质文化遗产代表性传承人	936	1200	预期性
保护载体建设	国家级文化生态保护实验区	1	2	预期性
	国家级非物质文化遗产生产性保护基地	5	10	预期性
	国家级传承人群培训基地（院校）	3	6	预期性
	省级文化生态保护实验区	9	10	预期性
	省级非物质文化遗产生产性保护基地	55	100	预期性
	省级传承人群培训基地	0	20	预期性
基础设施建设	浙江省非物质文化遗产馆	0	基本建成	预期性
	市级综合性非物质文化遗产馆	4	100%	约束性
	县（市、区）非物质文化遗产馆	10	35%	预期性
	省级以上非物质文化遗产项目传习所（展示馆）		50%	预期性

类别	指标名称	2015 年实际值	2020 年目标值	指标特征
保护成果编撰展示展演	浙江省非物质文化遗产节		5 届	约束性
	浙江·中国非物质文化遗产博览会		5 届	约束性
	《浙江通志·非遗卷》		完成	约束性
	《浙江通志·运河卷》(运河民俗)		完成	约束性
	浙江省国家级非物质文化遗产代表性项目丛书	131	217	约束性
非遗保护队伍	浙江省非物质文化遗产保护专家库(名)	152	200	约束性
	县级以上非物质文化遗产保护志愿者队伍建设(支)		50 以上	预期性

四、工作任务

围绕上述发展目标,"十三五"时期全省非物质文化遗产保护的主要工作任务是:

(一)名录项目保护行动

积极做好国家级非物质文化遗产名录项目推荐申报工作,进一步扩充我省国家级名录项目数量。积极推荐申报"人类非物质文化遗产代表作名录"和"急需保护的非物质文化遗产名录",争取有新项目上榜。积极推进优秀保护成果申报联合国教科文组织"非物质文化遗产保护优秀实践名册"项目,进一步提升浙江非物质文化遗产的影响力。

继续推进国家、省、市、县四级非物质文化遗产名录体系建设,进一步构建以市县级名录为基础、省级名录为主体、国家级名录为重点的梯次结构。根据项目不同特点,分类指导,分项保护,强化措施,创新机制,有重点有序地做好保护工作,全面提升省级以上非物质文化遗产项目保护的长效性、整体性、科学性,实施名录项目与保护单位、代表性传承人、传承基地、传承人群的"五位一体"。继续实施人类非物质文化遗产项目和国家级、省级非物质文化遗产项目"八个一"保护措施,一项一策,研究制订项目保护规划的文本规范。积极探索非物质文化遗产活态性保护、生态性保护、生产性保护路径,充分发挥非物质文化遗产保护传承基地、传承教学基地、生产性保护基地、文化生态保护区等八大基地的重要作用。

加快实施国家级非物质文化遗产代表性传承人抢救性记录,启动省级代表性传承人抢救性记录,重点关注濒危项目的抢救性保护。建立动态性的名录项目保护监督检查机制,每年开展一次省级以上项目保护工作的自查互查,加强社会监督,促进项目抢救保护工作取得扎实成效。继续推进传统表演艺术精品项目培育工作,推陈出新,加强交流。组织开展重点门类的"非遗薪传"系列展评活动。

专栏 1 名录项目保护行动重点工作

1.加强对各级非物质文化遗产名录项目的保护管理工作,研究制订《浙江省非物质文化遗产名录项目保护与管理办法》,研究制订《浙江省非物质文化遗产保护发展年度评估标准》。

2.落实人类非物质文化遗产项目保护承诺,建立承诺执行情况年度汇报督查制度。争取有新项目列入人类非物质文化遗产代表作名录。到 2020 年,争取有 30 个左右项目新列入国家级非物质文化遗产名录项目,省级名录项目达到 1200 项左右,市级名录 4000 项左右,县级名录 8000 项左右。

3.完成文化部开展的国家级代表性传承人抢救性记录任务,完成省级以上代表性传承人抢救性记录 100 人以上。

4.继续实施和完善省级以上非物质文化遗产项目"八个一"保护措施,一项一策:一个保护方案、一个专家指导组、一个工作班子、一个传承基地、一个展示平台、一套完备的档案、一册普及读物、一系列保护政策。一抓到底,务求成效,力促成果,"八个一"覆盖率达到 100%。

(二)传承人群研修研习行动

强化各级非物质文化遗产名录项目代表性传承人的认定和管理,进一步明确代表性传承人的权利和义务,进一步明确名录项目的保护主体与传承主体,强化代表性传承人在保护传承中的关键性作用。推行师徒传承协议制度、传承基地责任制度等,有效推进师徒传承、群体传承等多种形式的传承活动。健全各级代表性传承人传习活动资助制度,推行学艺助学制度,鼓励带徒传艺、拜师学艺,促进活态传承。继续开展"服务传承人月"活动,努力维护传承人在传承非物质文化遗产过程中的合法权益,保障相关非

物质文化遗产项目得到传承和延续。探索代表性传承人有效管理办法,逐步建立和完善代表性传承人认定和退出机制,开展优秀传承人评选活动,促进传承工作的深入开展。

开展传承人群研修研习,是代表性传承人制度的进一步完善和补充,对于探索非物质文化遗产名录项目的保护与可持续发展具有重要意义。启动制订《浙江

省非物质文化遗产传承人群研修培训计划》,每年在全省范围内选择并委托部分保护机构、高校及相关单位,组织举办以"强基础、增学养、拓眼界"为目的,以传统戏剧、传统技艺、传统美术类为重点,以代表性传承人、中青年传承人群为主要对象的研习、研究和培训活动。鼓励支持代表性传承人申办国家艺术基金及人力社保部门举办的相关培训活动。

专栏 2　传承人群研修研习行动重点工作

1.研究制定《浙江省非物质文化遗产传承人群研修培训计划》,分步实施,逐步推进。

2.公布 10 个以上非物质文化遗产传承人群培训基地。

3.举办传统戏剧青年传承人群培训班,举办传统技艺、传统美术传承人群研修班、培训班,年培训传承人群 1000 人次以上。

4.每年推荐 10 位以上国家级代表性传承人参加文化部举办的研修研习活动。

5.省级代表性传承人数量达到 1200 人。

6.尝试建立国家级代表性传承人工作站制度,5 年内在高校建立传统戏剧代表性传承人工作站 10 个以上。

7.建立传统戏剧辅导团,对民间剧团、班社传承人群进行对口辅导。

（三）传统戏剧抢救行动

研究制定《浙江省传统戏剧抢救行动实施意见》(2016—2020 年),进一步贯彻落实《浙江省传统戏剧保护振兴计划》,进一步深化浙江省濒危剧种守护行动,通过抢救性记录、扶持性培育、还原性展示和共生性发展,力争到 2020 年,我省的地方戏剧濒危项目生存状况得到根本性改变。建立 56 个非物质文化遗产传统戏剧项目专题数据库,系统开展剧种、剧目、剧本、剧团、剧场、主要演员档案以及戏剧历史资料的抢救性调查和记录。突出政策扶持、资金扶持以及人才培养、专业指导,复排一批地方戏剧经典戏、

压箱戏、看家戏,保存和保护地方戏剧历史原貌,在原真性保护的基础上有所突破、有所发展。依托和借助大剧种、大剧团的发展优势,以大带小、以强扶弱,积极帮助濒危剧种开展人才培训、班社建立、排练演出等合作活动。

进一步深入深化"浙江好腔调"传统戏剧系列活动,把各项传统戏剧保护措施落到实处,取得实效,不断提升活动成效,扩大活动影响。每年开展传统戏剧专场演出,为我省传统戏剧搭建展示展演平台。组织"万场大戏送乡亲",各级文化行政部门要着力加强传统戏剧的普及与推广,继续开展传统戏剧进乡村、进企业、进

学校等活动,在不断满足基层群众精神需求的同时,为项目发展赢得传承平台和空间,营造良好环境和氛围。

深入开展全省传统戏剧保护工作专题调研,认真总结各传统戏剧之乡的有效做法和保护经验,探求传统戏剧在新时期的独特艺术价值与教化功能,强化传统戏剧蕴含的传统价值观与社会主义核心价值观的统一。加强和深化传统戏剧保护理论研究,推动传统戏剧保护成果的传播共享。继续推出影像文献系列,完善充实浙江非物质文化遗产网"浙江非遗大戏台"视频剧目平台。

专栏 3　传统戏剧抢救行动重点工作

1.研究制定《浙江省传统戏剧抢救行动实施意见》(2016—2020 年)。

2.每年开展传统戏剧系列专场演出,为我省传统戏剧搭建展示展演平台。

续 表

3. 培育"五个百"。在全省形成 100 个"戏剧广场"(戏剧角)。在全省非物质文化遗产传承教学基地中,建设 100 所戏剧传承学校(大、中、小学)。在全省培育 100 个濒危剧种民间剧团(剧社)。重点培养 100 名濒危剧种青年传承人。重点支持恢复和排演 100 部传统剧目。

4. 开展"千名弟子共传承"。多种形式开展 56 个非物质文化遗产传统戏剧项目的师带徒,并选送优秀人才进入戏曲艺术院校进行定向培养。省内专业戏曲艺术院校中要开设濒危项目特训班,配备师资力量,切实抓好新生代演员的培养。

5. 组织"万场大戏送乡亲",全省各级文化行政部门要加强传统戏剧的普及与推广,重视地方戏剧观众的培养。

6. 强化传统戏剧之乡设施建设。建设一批地方戏剧活动基础设施,修缮和建设一批地方村落与城市古(仿古)戏台、书场,建设一批地方戏剧展示馆(厅、室),配套一批地方戏剧排练场所,完善一批农村文化礼堂中的戏剧活动室等。

7. 建立 1 个省级传统戏剧生态保护区,探索传统戏剧整体性保护与原真性保护路径,力争成为国家级传统戏剧文化生态保护区。

(四)传统工艺振兴行动

根据文化部即将出台的《中国传统工艺振兴计划(2016—2020年)》,研究制定《浙江省振兴传统工艺实施意见》。鼓励和支持发挥非物质文化遗产资源的特殊优势,推动传统工艺振兴。大力倡导"工匠精神",打造一批传统工艺浙江品牌,在原有"三雕一塑"的基础上,形成新优势,成为创造物质财富与精神财富并重的重要力量,把浙江传统工艺保护发展提高到一个新阶段。

全面贯彻落实省委、省政府特色小镇规划建设的战略部署,支持特色小镇历史经典产业传承发展。深入挖掘茶叶、丝绸、黄酒、中药、木雕、根雕、石刻、文房、青瓷、宝剑等十大历史经典产业的文化内涵,延续历史文化根脉,传承工艺文化精髓。以特色非物质文化遗产资源为基础,培育一批非遗主题小镇和民俗文化村,建设一批传统技艺非遗工作站。

大力提升传统技艺传统美术类传承人群技艺水平以及文化艺术素养、审美能力、创新能力。通过多种形式的研究、研习和培训,开展同业与跨界交流,推进工艺项目更好地融入现代生活。大力提升传统工艺项目的设计、制作与衍生品开发能力。重视搭建非物质文化遗产与现代设计、当代生活的桥梁。正确处理非物质文化遗产保护和利用的关系,深化非物质文化遗产生产性保护理念和内涵,在秉承传统、不失其本的基础上,改良制作,提升传统工艺产品品质。

专栏 4 传统工艺振兴行动重点工作

1. 研究制定《浙江省振兴传统工艺实施意见》及《浙江省非物质文化遗产生产性保护基地建设指导意见》。

2. 每年举办一届浙江·中国非物质文化遗产博览会,组织传统工艺项目参加中国(义乌)文化产品交易会。

3. 继续加强非物质文化遗产生产性保护基地建设,力争国家级非物质文化遗产生产性保护基地数达到 10 个,省级100 个。

4. 尝试建立非物质文化遗产创意设计活化产品众筹平台,开展以高校对接、产品研发、市场营销为主的传统工艺工作站(试点)建设。

5. 开展浙江手工艺品对外交流展示,重点做好"天工遗风"浙江非遗精品展等品牌活动。

(五)美丽非遗乡村行动

开展以乡村为重点的非物质文化遗产保护传承活动。在推进美丽乡村建设中,强调保护传承优秀传统文化和培育发展先进现代文化齐头并进,进一步重视和加强传统村落的保护发展,合理利用,适度开发,使一大批历史文化遗产得到有效保护和利用,一大批具有浓厚乡土色彩和地方特色的文化项目得到快速培育和建设。从全局和长远的战略高度,更加自觉地把建设美丽乡村和在美丽乡村建设中加强非物质文化遗产保护工作,作为当前和今后一个时期基层文化工作的着力点来抓。

美丽乡村建设中的非物质文化遗产保护工作,在保护方向上体现富民性,在保护规划上体现科学性,在保护形态上体现差异性,在保护方式上体现多样性,在保护理念上体现整体性。继续组织开展保护工作经验交流推广活动,每年确定一个主题,推出一批典型。充分利用和拓展美丽乡村建设中非物质文化遗产保护成果,丰富美丽乡村建设的传统文化内涵。

充分整合各地相关非物质文

化遗产资源,深入组织开展美丽非遗进文化礼堂,继续组织开展美丽非遗赶大集、美丽非遗百村行等系列活动,全省各地积极运用文化遗产日、传统节日和文化节庆开展多种形式的传统民俗活动。鼓励不同地区、不同项目之间资源共享,优势互补,做大活动声势,做出品牌效应。

专栏 5　美丽非遗乡村行动重点工作

1. 认真组织开展"文化遗产日"宣传展示活动,每年举办浙江省非物质文化遗产节系列活动。

2. 继续开展美丽非遗进文化礼堂,通过非物质文化遗产传承人、非物质文化遗产演出、非物质文化遗产展览、非物质文化遗产基地、非物质文化遗产馆、经典祖训、人生礼俗、非物质文化遗产信息化等八进活动,把文化礼堂建成非物质文化遗产项目传承的基地、教学的课堂、展示的窗口和非物质文化遗产体验的场所。

3. 继续深入开展"美丽非遗赶大集"活动,扶持 20 个省级传统节日示范地,扶持 20 个省级重点文化节庆活动,支持杭州市举办中国中秋文化节、嘉兴市举办中国端午民俗文化节活动;

4. 继续推进非遗主题小镇与民俗文化村建设,培育 30 个非遗主题小镇与 80 个民俗文化旅游村。

5. 重点培育 100 项左右传统表演艺术精品项目,努力形成"一地一品"或"一地多品"的精品格局。

6. 大力推进浙江省美丽非遗志愿行动,充分发挥非物质文化遗产志愿者队伍在传承历史文脉、传播优秀传统文化、传递社会文明新风尚方面的重要作用。

(六)非遗场馆建设行动

深入贯彻落实科学发展观,立足建设文化强省,切实加强以非物质文化遗产展示馆建设为重点的基础设施建设,推动保护工作深入深化,使珍贵资料和实物得到有效保护、生动展示、活态传承、全民共享。根据非物质文化遗产保护事业发展及公共文化服务体系建设要求,加快探索全省非物质文化遗产馆建设的标准和规范,加快推进浙江省非物质文化遗产馆建设,全面推进市县综合非物质文化遗产馆建设。

加快推进浙江省非物质文化遗产馆建设。省非物质文化遗产馆项目已列入我省"十三五"重点文化基础建设规划,是浙江之江文化中心的重要板块和"浙江记忆"的活态展示中心,将成为文化强省建设的重要标志。围绕保存保护、传承传播、展示展演、教学研究和生产开发五大功能,遵循以人为本、活态展示、生态环保、可持续发展的理念,加快推进省非物质文化遗产馆建设方案的谋划与制定。着力突破传统建设运营体制机制,积极探索社会化投入、市场化运作新模式。

大力推进市县(市、区)非物质文化遗产展示场馆建设。推动各地把非物质文化遗产场馆建设纳入当地经济社会发展规划,统筹各级文化综合体的功能运用以及多种形式文化硬件资源的综合利用,因地制宜,多种形式,有计划、有步骤地实施和推进。有条件的市县应尽快设立具有一定规模、功能齐全、内容丰富、特色鲜明的综合性非物质文化遗产馆,增强群众的文化认同感,唤起民众的保护意识,提升区域文化软实力。加强非物质文化遗产馆建设的理论研究,探索研制定非物质文化遗产馆建设指导意见和考核定级标准。

鼓励支持多种形式的民办非物质文化遗产馆、传习所建设,促进当地历史文化保护和乡村旅游业发展。

专栏 6　非遗场馆建设行动重点工作

1. 积极推进浙江省非物质文化遗产馆建设项目,集中展示全省优秀非物质文化遗产,到"十三五"期末,建成浙江省非物质文化遗产馆。

2. 积极推进市、县(市、区)非物质文化遗产展示场馆建设,11 个设区市全部建成具一定规模的综合性非物质文化遗产馆,全省三分之一的县(市、区)建成综合性或专题性非物质文化遗产馆。

3. 到"十三五"期末,建成民办非物质文化遗产馆、传习所 500 家。

4. 鼓励有条件的地方建设国家级非物质文化遗产名录项目展示馆(传习所)。

(七)保护成果编纂行动

继续编纂出版《浙江省非物质文化遗产代表作丛书》《中国民办非遗馆选粹》,编纂出版《浙江通志·非遗卷》和《浙江通志·运河卷(民俗文化)》。鼓励支持各市、县(市、区)以普查成果为基础,完成当地非物质文化遗产大观(集成)、主要项目校本教材等普及型读物编纂出版工作。

充分发挥省非物质文化遗产保护专家委员会委员专业优势和高校省非遗研究基地科研优势，开展非物质文化遗产重点课题研究。各地积极组织相关专家学者和非物质文化遗产保护工作者，分层次分门类开展重点调查和学术研究，形成一批突破性的研究成果。与杭州市拱墅区合作建立浙江省非物质文化遗产文献馆，收集保存非物质文化遗产文献及其他编纂成果。

专栏 7　保护成果编纂行动重点工作

1.继续编纂出版《浙江省非物质文化遗产代表作丛书》，完成我省第三批、第四批国遗项目88个书目的编纂出版，国遗丛书出版达到217种，基本完成我省四批国遗项目丛书编纂出版工作。

2.编纂出版《浙江通志·非遗卷》，编纂《浙江通志·运河卷》运河民俗文化篇。

3.各市县基本完成当地非物质文化遗产普查大观编纂出版。

4.加强非物质文化遗产专门史研究，推进非物质文化遗产保护实证性研究，完成5—10个课题研究，每年确定1个重点课题。

5.发挥高校省非物质文化遗产研究基地人才、智力密集的优势，加强非物质文化遗产保护学术交流，推动出成果出成效。

（八）智慧非遗建设行动

积极推进非物质文化遗产信息化建设，运用数字化、多媒体现代信息手段，促进非物质文化遗产科学保护。建立健全浙江省非物质文化遗产综合资源数据库，省级以上名录项目资料录入完整、数据齐全、有效及时，资料录入率达到100%。形成文字、图片、音频、视频于一体的，具有普查资源保存系统、名录项目和传承人管理系统、保护载体管理系统、检索系统和信息安全系统的非物质文化遗产数据库网络，成为资料充实、结构合理、操作简便、搜索便捷、运转高效的信息化平台。

建立传统戏剧、传统工艺两个专题数据库。探索建立全省非物质文化遗产保护工作平台、非物质文化遗产发展保护指数及年报考核平台以及保护数据分析平台。在总结各地非物质文化遗产数据库建设试点有效做法的基础上，逐步实现全省"一网式"运行与管理。基本实现全省非物质文化遗产保护信息化工作体系。

专栏 8　智慧非遗建设行动重点工作

1.建立省级非物质文化遗产数据库，省级以上名录项目资料录入率达到100%，逐步建立全省非物质文化遗产保护信息化工作体系。

2.建立以昆曲、越剧、婺剧、绍剧、瓯剧等为重点的56个传统戏剧项目专题数据库。

3.建立浙江省传统工艺专题数据库展示平台，完成传统美术、传统技艺类项目350项数据的录入与整合。

4.建立完善非物质文化遗产发展保护指数及年报评估平台，及时向全省发布年度非物质文化遗产保护发展指数。

5.建立省级以上代表性传承人抢救性记录信息库。

6.继续加强非物质文化遗产网建设，动态信息更新率达到每年2000条以上。重视非物质文化遗产保护工作自媒体建设，共享资源信息。

五、保障机制

（一）健全政策保障体系

进一步加强对非物质文化遗产保护工作的领导，健全各级保护工作领导机构和协调机构，把非物质文化遗产保护摆上各级政府重要议事日程，纳入各级各地国民经济和社会发展、城乡建设规划。全面贯彻落实国家《非物质文化遗产法》《浙江省非物质文化遗产保护条例》，贯彻落实"抢救为主，保护第一，合理利用，传承发展"的指导方针。进一步健全完善非物质文化遗产保护政策措施，加大对保护传承的政策扶持力度。建立责任明确的非物质文化遗产保护工作考核机制，将保护工作纳入各级政府及文化主管部门任期目标及年度目标责任制考核内容，将人文环境的保护与改善状况纳入生态省建设考核体系，加强监督，确保非物质文化遗产保护事业又好又快开展。

（二）健全合力推进体系

已经建立的浙江省文化遗产管理委员会，省发改委、省文化厅、省文物局、省财政厅、省人力社保厅、省教育厅等20多个部门为成员单位，统筹协调文化遗产保护的重大事项，齐抓共管，形成合力，共同推进文化遗产保护事业的健康发展。进一步加大部门之间的协作，与省委宣传部共同推进"美丽非遗进礼堂"，与省委统战部共同推进濒危剧种守护行动，与省政府法制办共同推进《浙江省非物质文化遗产保护条例》修订，与省农办共同推进美丽乡村建设中非物质文化遗产保护，与省文明办共同推进浙江美丽非遗志愿服务行动，与省发改委共同推进非物质文化遗产馆建设，与省人社厅共同推进非物质文化遗产保护队伍建设，与省教育厅共同推进教学传承基地、高校非遗研究基地建设，与省建设厅共同推进历史文化名城、名镇、名村和传统村落建设，与省旅游局共同履行文化与旅游融合发展框架协议，推进非遗旅游景区（民俗文化旅游村、非遗主题小镇）建设。各级要加大对非物质文化遗产保护的资金投入，把非物质文化遗产保护保存经费列入本级财政预算。鼓励从土地出让收入中提取一定比例并按照国家规定用途用于文化遗产保护事业，加大对非物质文化遗产保护的财政扶持倾斜力度；鼓励采取公益性项目财政补助等政策措施，体现财政资金的杠杆作用；鼓励社会资本对非物质文化遗产保护的投入，落实公益捐赠和赞助优惠政策。鼓励设立非物质文化遗产保护社会基金，推动非物质文化遗产保护社会化。

（三）健全创新驱动体系

党的十八大强调，要坚持走中国特色自主创新道路、实施创新驱动发展战略。非物质文化遗产事业是一个新的领域，需要逐步积累经验，探寻规律，更需要科学理论指导。要重视专家委员会、高校非物质文化遗产研究基地作用的发挥，继续深入开展非物质文化遗产保护理论研讨，借鉴、引进国外文化遗产保护的先进理念和做法；要鼓励先行先试，开拓进取，出成绩，出经验。随着形势的发展，非物质文化遗产保护工作的内涵和外延也在逐步丰富和拓展，新的时期抓好非物质文化遗产工作新的思维、新的视角，看准了的行之有效的载体，要抓深抓实抓出成效，常抓常新；要始终坚持群众的首创精神，群众在实践中有许多创造，这是非物质文化遗产保护取之不尽、用之不竭的源泉，及时总结群众在实践活动中创造的新鲜经验和成功做法，并加以提炼、总结、推广，让非物质文化遗产事业不断增添新的活力，不断推向前进。

（四）健全激励导向体系

推动各级政府对在非物质文化遗产保护工作中做出突出贡献的单位和个人按有关规定给予表彰奖励，以鼓励先进，树立典型，推动工作。切实重视和加强非物质文化遗产保护管理机构建设，各市县均经当地编制部门批准，设立非物质文化遗产保护中心，落实人员编制，落实工作场所，落实工作经费，落实工作任务。逐步在市、县文化主管部门设立非物质文化遗产处（科），加强依法行政依法保护的工作力量。全省建立一支职业化的高素质的非物质文化遗产保护工作队伍。采取综合性和专题性培训等方式，不断提高保护工作队伍素质、能力和水平。健全各级非物质文化遗产保护专家库，发挥决策参谋、业务咨询、工作指导的作用。积极推进非物质文化遗产保护社团建设，扩充非物质文化遗产保护志愿者队伍，发挥其积极作用。切实把培养青年人才放到更加突出的位置，把大力培养青年人才贯穿于非物质文化遗产保护的全过程，促进大批优秀青年人才脱颖而出，使青年人才成为非物质文化遗产保护的生力军。

（五）健全宣传推广体系

进一步加大非物质文化遗产保护宣传力度，营造有利于保护工作推进的宣传环境。继续每年举办"文化遗产日"暨浙江省非物质文化遗产节系列活动、浙江非物质文化遗产博览会；积极创设省、市、县级宣传推广平台，形成纸媒、网媒与其他媒体的立体化网络。进一步办好浙江非物质文化遗产网，及时报道全省非物质文化保护工作的新动向新成果，宣传推广各地先进经验；进一步扩大"浙江非遗"微信公众号、新浪微博受众；创办非物质文化遗产宣传刊物继续整理编辑年度《浙江省非遗保护十件大事》画册，继续在省委机关刊物《今日浙江》、文化厅刊物《浙江文化》月刊开设"美丽非遗"专栏。充分发挥各级新闻媒体的宣传推广作用，运用多种手段和形式，大力宣传推广非物质文化遗产保护工作的成果。通过营造声势，营造环境，推动"人人参与，人人共享"，促进非物质文化遗产事业的持续健康发展。

浙江省文化厅关于全面推行文化市场"双随机"抽查监管工作的通知

浙文市〔2016〕22号

各市、县(市、区)文化广电新闻出版局:

为贯彻落实党中央、国务院关于深化简政放权、放管结合、优化服务改革部署和《国务院关于印发2016年推进简政放权放管结合优化服务改革工作要点的通知》(国发〔2016〕30号)、《国务院办公厅关于推广随机抽查规范事中事后监管的通知》(国办发〔2015〕58号)、《浙江省人民政府办公厅关于全面推行"双随机"抽查监管的意见》(浙政办发〔2016〕93号)等文件精神,经研究,现就浙江省文化市场全面推行随机抽取检查对象、随机选派执法检查人员(以下简称"双随机")抽查监管工作有关事项通知如下。

一、工作目标

坚持依法监管、公正高效、公开透明、协同推进的原则,全面推行文化市场随机抽查方式,积极建立符合文化市场监管特点的日常巡查与随机抽查有机结合的工作机制。严格履行法定监管职责,公开文化市场随机抽查事项清单,开展"双随机"抽查,依法查处违法违规经营行为。加强文化市场事中事后监管,做到严格规范公正文明执法,提升文化市场监管效能,规范文化市场经营秩序。

二、工作任务

(一)抽查准备阶段

1.制定文化市场随机抽查事项清单。各级文化行政部门或文化市场综合执法机构依据文化市场法律法规规章,参考我厅制定的《浙江省文化市场随机抽查事项清单》(附件1),结合执法权限,制定本部门或本机构随机抽查事项清单。各级文化行政部门或文化市场综合执法机构要于2016年12月30日前完成清单的编制并上报我厅文化市场管理处。

2.建立"双随机"抽查监管办法。各级文化行政部门或文化市场综合执法机构可依托浙江省文化市场数字化网络监管系统,参考我厅制定的《浙江省文化市场"双随机"抽查监管办法》(附件2),制定本部门或本机构的"双随机"抽查监管办法。各级文化行政部门或文化市场综合执法机构要于2016年12月30日前完成抽查监管办法的制定并上报我厅文化市场管理处。

3.建立"双随机"抽查名录库。各级文化行政部门要按照属地管理以及"谁审批、谁监管"和"谁监管、谁建库"的原则,依托浙江省文化市场数字化网络监管系统,加快随机抽查事项清单中各个事项抽查对象名录库和执法检查人员名录库的建库工作。

抽查对象名录库:抽查对象库应涵盖经审批的文化类所有市场主体。各级文化行政部门要根据各自监管职责,认真填报《浙江省文化部门随机抽查对象名录库》(附件3)相关信息,并按照市场类别划分。

检查人员名录库:检查人员名录库应涵盖文化市场综合执法机构在编在职在岗且取得执法资格证的所有执法检查人员,各级文化行政部门要认真填写《浙江省文化部门随机抽查执法检查人员名录库》(附件4),确保所在单位符合执法检查条件的人员不遗漏。

各级文化行政部门要高度重视上述两库材料报送工作,确保2016年12月30日前,报送至我厅文化市场管理处汇总(可通过浙江省文化市场数字化网络监管系统将数据导出后通过指定邮箱上报),以便及时将两库信息反馈各级部门,实现信息共享。同时,各级文化行政部门要建立名录库的动态调整机制,每季度将所调整的相关名录信息依照上述程序及时做好报备更新。

(二)抽查阶段

1.完善随机"摇号"程序。各级文化行政部门要通过"摇号"方式,从抽查对象和检查人员名录库中分别随机抽取检查对象和执法检查人员,随机抽查要做到全程留痕,同时认真填写《浙江省文化部门随机"摇号"记录单》(附件5)并留存,实现责任可追溯。对抽查工作中需要指定执法检查人员回避的情形,抽查单位要建立

"递补抽取"机制,在抽查检查人员时可适当增加人员数量作为后备递补名单。依托浙江省文化市场数字化网络监管系统进行文化市场经营单位和执法人员的随机抽取工作,提升双随机"摇号"功能。同时,为确保抽查程序公开公平公正,各级文化行政部门可邀请纪检、监察部门等到场监督"摇号"抽查程序。

2.合理确定抽查比例和频次。根据文化部要求、我省文化市场监管领域实际情况,现明确我厅每年结合全省交叉执法和明察暗访工作随机抽查频次原则上不低于4次,市级文化行政部门或文化市场综合执法机构每年结合全市交叉执法和明察暗访工作随机抽查频次原则上不得低于12次,县、市、区文化行政部门或文化市场综合执法机构随机抽查频次原则上每月不得低于2次。抽查比例原则上不得超过20%,在寒暑假、重大节假日、违规经营行为高发时段等重点时间节点,要提高抽查频次,加大随机抽查力度。在文化市场违规经营行为多发的地区,提高抽查频次。根据文化市场经营单位信用情况确定抽查概率,对投诉举报多、违法经营行为多发或有严重违法违规记录等情况的文化市场经营主体,提高抽中概率,以实现分级分类管理的目的。

按照分级管理和属地管理相结合的原则,我厅对全省文化市场经营主体进行随机抽查,市级文化行政部门或文化市场综合执法机构对全市文化市场经营主体进行随机抽查,县、市、区文化行政部门或文化市场综合执法机构对本辖区的文化市场经营主体进

行随机抽查,原则上不组织执法人员进行跨区域执法抽查,确保执法权限的落实;上级文化行政部门或文化市场综合执法机构在组织交叉执法和明察暗访时执法人员可以跨区域执法抽查。

原则上每月抽查2次的,按照上、下旬各组织一次;每年抽查12次的,按照每月各组织一次;每年抽查4次的,按照每季度各组织一次。各级文化行政部门或文化市场综合执法机构在每季度最后一个月的20日前,应将该季度本辖区内"双随机"抽查情况及查处结果汇总上报我厅文化市场管理处,并通报"双随机"抽查结果(见附件6)。

3.规范检查执法行为。经"摇号"程序抽取的检查对象和执法人员的相关信息由抽查部门做好保管和保密工作,防止"跑风漏气"。执法人员到达检查场所后,如发现与检查对象有直接利害关系的或由市场经营单位主动提出回避的,应当及时向抽查部门提出回避申请,经同意后可由抽查部门从"摇号"抽取的后备递补人员名单中指派。执法人员在检查每个市场主体时人数不少于2人,并当场向当事人或有关人员出示有效执法证件。执法人员根据现场检查情况,规范填写《浙江省文化部门随机抽查现场记录表》(附件7),报抽查部门审查。

4.探索开展跨部门联合抽查。县、市、区文化行政部门或文化市场综合执法机构可结合本地实际,探索多部门联合抽查机制,协调组织本行政区域内其他相关部门开展联合抽查,抽查方式和程序等同本部门单独检查。按照"双随机"要求,制定并实施年度

联合抽查计划,对同一市场主体涉及多个部门、多个检查事项的,原则上应一次性完成,提高执法监督效能。

(三)抽查后续阶段

1.及时处理抽查结果。各级文化行政部门或文化市场综合执法机构应对抽查中发现的违法违规行为,依法依规做好惩处,及时纠正抽查对象的违法违规问题。应当给予行政处罚的,抽查部门应在7日内予以立案,坚持处罚与教育相结合,视违法违规情节轻重,依法做出行政处罚决定。违法违规行为涉及犯罪的,抽查部门应依法及时移送公安机关或司法机关查处。

发现被抽查对象有其他违法违规行为的,抽查部门应将检查情况和案件信息及时书面抄送相关职能部门,并积极协助办理。

2.推进"双随机"信息公开。按照"谁抽查、谁公开"原则,抽查部门要充分利用门户网站、办事窗口等载体,设立公示、公告专栏,同时依托"企业信用信息公示平台",及时向社会公布随机抽查事项目录、随机抽查处理结果,主动接受社会监督。

3.加强抽查结果运用。各级文化行政部门或文化市场综合执法机构要建立健全文化市场主体诚信档案、失信联合惩戒制度、黑名单公示制度。在随机抽查工作中,要根据市场主体的信用情况,采取针对性强的监督检查方式,依托有关部门,及时将随机抽查结果纳入市场主体的社会信用记录,让失信者一处违规、处处受限。

三、工作流程

各级文化行政部门和文化市

场综合执法机构可参照《文化市场随机抽查工作流程》(附件8)，细化具体工作流程，同时做好登记备案。

四、工作要求

(一)对实体场所类和非实体场所类文化经营单位区别对待、分类指导

对互联网文化、网络游戏等非实体场所类文化经营单位，要加强随机抽查，提高抽查频次；对歌舞娱乐、游戏游艺、互联网上网服务等人员密集、流动频繁、安全生产事故易发的实体场所类文化经营单位，要严格按照《浙江省文化市场行政执法日常检查项目规范(试行)》的规定，加强日常巡查，震慑闲杂人员，严防安全生产事故，及时处置突发事件。在保证日常巡查频次、市场秩序规范的基础上，对不涉及场所安全的事项，积极推行随机抽查。

(二)科学处理随机抽查和日常监管的关系

随机抽查不代替日常执法巡查、上级交办检查、群众举报核查、责令改正复查、集中整治检查。不得以实施随机抽查为名，削弱文化市场监管工作力度。对于日常执法巡查、上级交办检查、群众举报核查、责令改正复查、集中整治检查等执法检查工作，可推行随机抽取执法人员的检查方式，严格公正开展执法检查。

(三)加强"双随机"抽查的组织领导

各级文化行政部门要高度重视，列入重要工作日程，加强对本区域内随机抽查监管的统筹协调，建立健全相应工作机制，制定明确的年度抽查计划，充实并合理调配一线执法检查力量，推进综合执法，加强跨部门协同配合，不断提高检查水平，切实把随机抽查监管落到实处。各地落实情况将纳入《2017年度文化市场综合执法考评细则》考评项目。

各级文化行政部门要根据本通知要求，抓紧制定推广"双随机"工作协调机制的工作方案，于12月30日前报我厅文化市场管理处。我厅将于2017年开展4次"双随机"抽查，并组织对各级文化行政部门开展"双随机"抽查工作进行专项检查(见附件9)。

五、工作职责

我厅根据文化部抽查事项清单和抽查机制负责制定随机抽查工作实施方案并组织实施，在年底前完成本级"双随机"抽查系统的研发和部署，完善"黑名单"制度的总体方案；各级文化行政部门或文化市场综合执法机构负责制定本部门抽查事项清单并对外公布，具体实施随机抽查工作。

附件：1.浙江省文化市场随机抽查事项清单

2.浙江省文化市场"双随机"抽查监管办法

3.浙江省文化部门随机抽查对象名录库

4.浙江省文化部门随机抽查执法检查人员名录库

5.浙江省文化部门随机"摇号"记录单

6.浙江省文化部门关于××事项随机抽查结果的通报

7.浙江省文化部门随机抽查情况记录表

8.浙江省文化市场随机抽查工作流程及工作流程说明

9.浙江省省文化厅"双随机"抽查计划落实表(2017年)

浙江省文化厅

2016年11月21日

附件1

浙江省文化市场随机抽查事项清单

一、娱乐场所

抽查依据:《娱乐场所管理条例》《娱乐场所管理办法》

抽查主体:县级以上文化行政部门或文化市场综合执法机构

抽查内容:歌舞娱乐场所播放、表演的节目含有禁止内容,使用的歌曲点播系统连接至境外曲库,歌舞娱乐场所接纳未成年人,擅自变更场所使用的歌曲点播系统;游艺娱乐场所设置未经文化主管部门内容核查的游戏游艺设备,擅自变更游戏游艺设备;法律法规规章规定的其他事项。

抽查方式:现场检查

二、艺术品经营单位

抽查依据:《艺术品经营管理办法》

抽查主体:县级以上文化行政部门或文化市场综合执法机构

抽查内容:经营含有禁止内容的艺术品;经营禁止交易的艺术品,特别是伪造、变造或者冒充他人名义的艺术品;向消费者隐瞒艺术品来源等违规经营行为;法律法规规章规定的其他事项。

抽查方式:现场检查

三、互联网上网服务营业场所

抽查依据:《互联网上网服务营业场所管理条例》

抽查主体:县级以上文化行政部门或文化市场综合执法机构

抽查内容:互联网上网服务营业场所接纳未成年人进入营业场所;擅自停止实施经营管理技术措施;未悬挂《网络文化经营许可证》或者未成年人禁入标志;未按规定核对、登记上网消费者的有效身份证件或者记录有关上网信息;变更名称、住所、法定代表人或者主要负责人、网络地址或者终止经营活动,未向文化行政部门办理有关手续或者备案;法律法规规章规定的其他事项。

抽查方式:现场检查

四、经营性互联网文化单位

抽查依据:《互联网文化管理暂行规定》

抽查主体:县级以上文化行政部门或文化市场综合执法机构

抽查内容:经营性互联网文化单位未在网站主页的显著位置标明文化行政部门颁发的《网络文化经营许可证》编号或者备案编号;经营性互联网文化单位经营进口互联网文化产品未在其显著位置标明文化部批准文号、经营国产互联网文化产品未在其显著位置标明文化部备案编号;经营性互联网文化单位擅自变更进口互联网文化产品的名称或者增删内容;经营性互联网文化单位经营国产互联网文化产品逾期未报文化行政部门备案;经营性互联网文化单位提供含有禁止内容的互联网文化产品,或者提供未经文化部批准进口的互联网文化产品;法律法规规章规定的其他事项。

抽查方式:现场检查、网络巡查

五、网络游戏经营单位

抽查依据:《网络游戏管理暂行办法》

抽查主体:县级以上文化行政部门或文化市场综合执法机构

抽查内容:提供含有禁止内容的网络游戏产品和服务;获得《网络文化经营许可证》的网络游戏经营单位变更有关内容未按规定向原发证机关办理变更手续;上网运营未获得文化部内容审查批准的进口网络游戏;进口网络游戏变更运营企业未按照要求重新申报;对进口网络游戏内容进行实质性变动未报送审查;网络游戏经营单位授权无网络游戏运营资质的单位运营网络游戏;网络游戏经营单位在网络游戏中设置未经网络游戏用户同意的强制对战;网络游戏的推广和宣传含有禁止内容;网络游戏经营单位存在以随机抽取等偶然方式,诱导网络游戏用户采取投入法定货币或者网络游戏虚拟货币方式获取网络游戏产品和服务;网络游戏运营企业未要求网络游戏用户使用有效身份证件进行实名注册,并保存用户注册信息;法律法规规章规定的其他事项。

抽查方式:现场检查、网络巡查

附件 2

浙江省文化市场"双随机"抽查监管办法

第一章 总 则

第一条 为规范文化行政执法行为,创新文化市场管理方式,提高监管效能,激发市场活力,根据省文化厅《关于印发推广文化市场随机抽查规范文化市场事中事后监管工作实施方案的通知》(浙文函〔2015〕78 号),结合文化市场实际,制定本办法。

第二条 全省互联网上网服务营业场所、歌舞娱乐场所、游艺娱乐场所、艺术品经营单位、经营性互联网文化单位、网络游戏经营单位等场所"双随机"抽查监管工作,适用本办法。

第三条 本办法所称"双随机"机制,是指随机抽取被检查对象、随机选派检查人员,依照法定职责对被抽查单位日常经营项目进行监督检查的抽查机制。

第四条 随机抽查应当遵循合法、公正、随机和属地等原则。在保证日常巡查频次、市场秩序规范的基础上,对不涉及场所安全的事项,积极推行随机抽查。

第五条 浙江省文化厅负责全省范围内文化市场随机抽查的组织及协调工作。

各级文化行政部门负责本辖区内随机抽查执法的组织和实施工作。

浙江省文化厅根据工作需要可以派执法人员参加各级文化行政部门的随机抽查。

第二章 抽查办法

第六条 浙江省文化厅负责制定及修订全省文化市场随机抽查事项清单、检查对象和执法人员随机抽取规则。

随机抽查的对象为文化市场各类证照齐全正常营业的文化经营单位或者场所。

各级文化行政部门负责建立健全本辖区文化市场主体名录库和执法检查人员名录库。

第七条 文化行政部门从本辖区市场主体名录库中随机抽取检查对象,从执法检查人员名录库中随机选派检查人员,开展执法检查。

第八条 随机抽查执法人员名单由文化行政部门随机抽取产生,每次抽取的随机抽查执法人员不得少于 2 人。

随机抽查可以依托浙江省文化市场数字化网络监管系统随机方式抽取检查对象和执法人员。

执法检查人员与检查对象有利害关系的应当申请回避,文化行政部门应当重新抽取执法检查人员。

第九条 随机抽查的方式应当以实地检查为主,结合书面检查、网络监测等手段。

第十条 随机抽查应当依法进行,法律法规规章没有规定的,一律不得擅自开展检查。

第十一条 浙江省文化厅按照经营单位信用风险,调整随机抽查的比例和频次。

对寒暑假、重大节假日、违规经营行为高发时段和违规经营行为多发的地区等情况,应当开展专项检查。

第三章 分类处理

第十二条 随机抽查发现问题应当按照下列方法进行处置。

(一)立即整改

随机抽查中发现的问题能当场整改的督促责任单位立即整改。对于短期难以整改的,督促责任单位限时整改。触犯相关法律法规的,依据法律法规要求进行处罚。

(二)及时通报

对随机抽查发现严重违规的文化市场经营单位或场所,视情况将其列入文化市场监管"黑名单",并及时向同级公安、工商、通信部门通报,加强协作联合整治。各级抽查情况、抽查结果应通报同级政府。

(三)约谈公示

对违法行为严重的地区,浙江省文化厅要及时约谈当地执法机构;对严重违法的文化市场经营单位应当进行公示,接受社会和媒体监督。

第十三条 对歌舞、游艺、互联网上网服务等人员密集、流动频繁、安全生产事故易发的实体场所类文化经营单位。要严格按照《文化市场日常检查规范（试行）》的规定，加强日常巡查，形成有效震慑，增强市场主体守法的自觉性，加强跨部门的协调配合，不断提高文化行政执法水平，保障全省文化市场健康有序、安全稳定。

第十四条 对检查中发现的不属于本部门职责范围的违法违规行为，要将案件线索移送相应监管部门依法处理，涉嫌犯罪的移送公安司法机关处理。

第四章 纪律要求

第十五条 随机抽查应当严格遵守国家有关法律、法规、规章和党风廉政规定，不得妨碍被检查单位正常的经营秩序。

第十六条 随机抽查人员必须严格遵守相关工作制度，严守工作纪律，不得泄露暗查人员、时间、地点、单位及路线等信息。

第十七条 对违反抽查纪律、事前透露检查内容、接受被检对象贿赂，以及存在包庇隐瞒、徇私舞弊、滥用职权等行为的，一经发现，严肃追究责任。

第十八条 随机抽查不代替日常执法巡查、上级交办检查、群众举报核查、责令改正复查、集中整治检查。

第五章 附 则

第十九条 各级文化行政部门应结合本辖区实际制定"双随机"抽查监管办法，并报上级文化行政部门备案。

第二十条 本办法自2017年1月1日起实施。

附件3

浙江省文化部门随机抽查对象名录库

填报单位：　　　　　　　　　　　　　　　　　　　　　　　　　填报时间：　　年 月 日

类别	序号	企业名称	企业地址	负责人及职务	办公电话	手机号码	历史抽查记录	历史抽查情况	备注
	1								
	2								
	1								
	2								
	1								
	2								
	1								
	2								
	1								
	1								
	...								

注："类别"按照抽查事项清单中抽查对象填写；"历史抽查记录""历史抽查情况"供各地各部门查阅、备案使用。

附件 4

浙江文化部门随机抽查执法检查人员名录库

填报单位：　　　　　　　　　　　　　　　　　　　　　　　　填报时间：　　年　　月　　日

序号	姓名	性别	年龄	职务	所在单位	联系电话	执法类别			执法证号	检查记录	备注
							文化市场	新闻出版	广电			
1	张三						√					
2	李四							√	√			
3	王五						√	√	√			
4												

　　注："执法类别"栏对应进行打"√"；"执法证号"应填写该检查人员所有有关文化新闻出版广电的部门或省政府执法证；"检查记录"供以后"摇号"抽查时参考。

附件 5

浙江省文化部门双随机"摇号"记录单

抽查单位：　　　　　　　　　　　　　　　　　　　　　　　　实施时间：　　年　　月　　日

	序号	姓名	执法证号
"摇号"产生检查人员 及其执法证号			
	序号	名称	地址
"摇号"产生检查对象名称 及地址			
抽查单位 意见（签章）			
"摇号"经办人签字		现场监督 人员签字	

附件 6

浙江省文化部门关于××事项随机抽查结果的通报（参照格式）

××年××月××日至××月××日，××局组织对××事项进行随机抽查，共抽取 家企业（或 项产品、节目、栏目等）开展检查，其中，检查合格企业 家（或 项产品、节目、栏目等），违法违规企业 家（或 项产品、节目、栏目等）。现将检查结果通报如下：

一、总体情况

…………

二、不合格企业（或 项产品、节目、栏目等）情况

（一）A 企业违法情况：

（二）B 企业违法情况：

…………

三、违法违规企业（或 项产品、节目、栏目等）查处情况

（一）对抽检中发现的企业违法违规事项，已移交×××给予行政处罚……

（二）对不合格产品（节目、栏目等），已责令查清产品流向，召回不合格产品，并分析原因进行整改……

特此通报。

×××××××××局

××××年×月××日

附件 7

浙江省文化市场随机抽查情况记录表

抽查单位：   抽查时间：   年   月   日

检查对象名称				
检查对象地址				
检查人员情况	姓名		执法证号	
	姓名		执法证号	
检查情况				
抽查单位处理意见				
被检查对象负责人（签字）				
备注				

执法检查人员（签字）：   管辖单位执法人员（签字）：

附件8

浙江省文化市场随机抽查工作流程

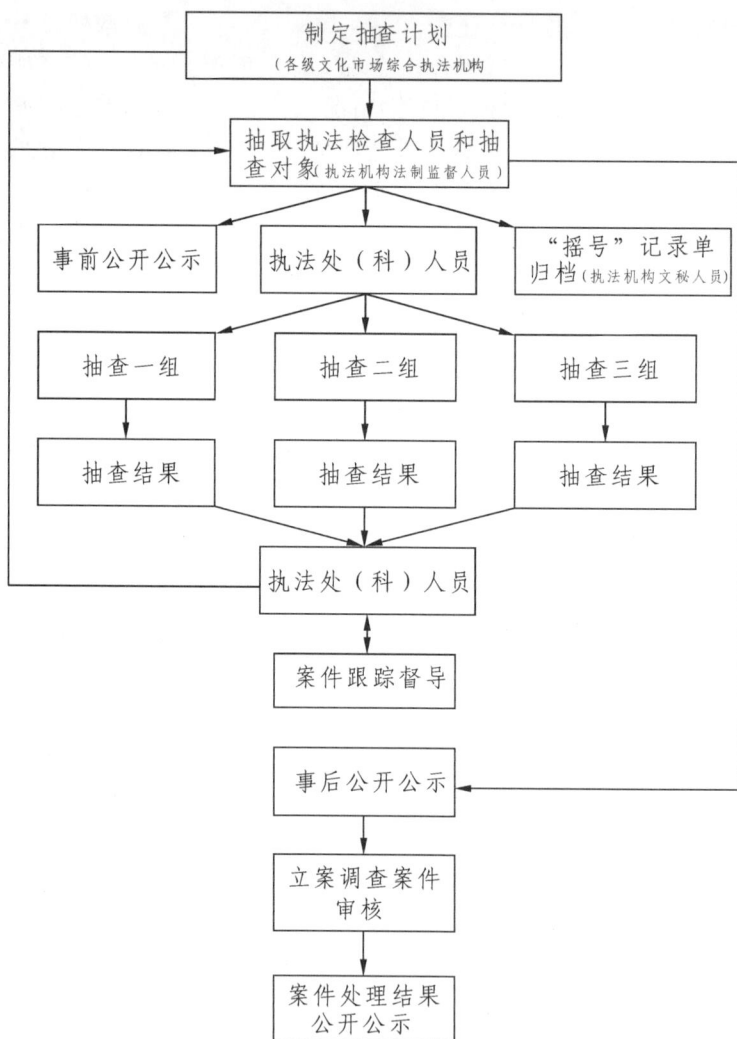

```
┌──────────────────────────────┐
│        制定抽查计划            │
│ （各级文化市场综合执法机构      │
└──────────────────────────────┘
               │
┌──────────────────────────────┐
│   抽取执法检查人员和抽          │
│ 查对象（执法机构法制监督人员）   │
└──────────────────────────────┘
       │         │          │
┌──────────┐ ┌──────────┐ ┌──────────────────┐
│ 事前公开公示│ │执法处（科）│ │ "摇号" 记录单     │
│          │ │   人员    │ │ 归档（执法机构文秘人员）│
└──────────┘ └──────────┘ └──────────────────┘
       │         │          │
┌──────────┐ ┌──────────┐ ┌──────────┐
│ 抽查一组  │ │ 抽查二组  │ │ 抽查三组  │
└──────────┘ └──────────┘ └──────────┘
       │         │          │
┌──────────┐ ┌──────────┐ ┌──────────┐
│ 抽查结果  │ │ 抽查结果  │ │ 抽查结果  │
└──────────┘ └──────────┘ └──────────┘
               │
┌──────────────────────────────┐
│        执法处（科）人员         │
└──────────────────────────────┘
               │
┌──────────────────────────────┐
│         案件跟踪督导           │
└──────────────────────────────┘
               │
┌──────────────────────────────┐
│         事后公开公示           │
└──────────────────────────────┘
               │
┌──────────────────────────────┐
│      立案调查案件              │
│          审核                 │
└──────────────────────────────┘
               │
┌──────────────────────────────┐
│      案件处理结果              │
│        公开公示               │
└──────────────────────────────┘
```

随机抽查工作流程说明

1. 各级文化市场综合执法机构制定抽查活动计划；

2. 执法机构法制监督人员根据抽查计划分别抽取2至3组执法检查人员和抽查对象，并将抽取名单交执法处（科），执法机构文秘人员对"摇号"记录单进行归档保存；

3. 执法处（科）按照抽取结果召集执法人员分配任务，组织开展抽查活动；

4. 抽查任务完成后，各组及

时将《文化部门随机抽查情况记录表》报执法处（科）；

5.执法处（科）负责汇总抽查结果和跟踪督导立案调查案件；

6.执法机构法制监督人员负

责事后抽查结果公开公示；

7.立案调查的案件，各管辖单位要在案件调查终结后将所需案件材料以及拟作出的行政处罚决定报送执法机构法制监督人员

审核；

8.执法机构法制监督人员负责案件查处结果公开公示。

附件 9

浙江省文化厅"双随机"抽查计划落实表（2017 年）

序号	抽查事项名称	抽查对象	抽查比例	抽查频次	抽查方式	抽查内容及要求	抽查计划				抽查模式	完成情况	
							第一次	第二次	第三次	第四次		抽查是否落实	结果是否公布
1	娱乐场所监督检查	娱乐场所	低于20%	4	现场检查	是否存在违反《娱乐场所管理条例》的行为。	2月	5月	8月	11月	分级制		
2	艺术品经营单位监督检查	艺术品经营单位	低于20%	4	现场检查	是否存在违反《艺术品经营管理办法》的行为。	2月	5月	8月	11月	分级制		
3	互联网上网服务营业所监督检查	互联网上网服务营业场所	低于20%	4	现场检查	是否存在违反《互联网上网服务营业场所管理条例》的行为。	2月	5月	8月	11月	分级制		
4	经营性互联网文化单位监督检查	从事互联网文化活动的单位	低于20%	4	现场检查网络巡查	是否存在违反《互联网文化管理暂行规定》的行为。	2月	5月	8月	11月	分级制		
5	网络游戏经营单位监督检查	网络游戏	低于20%	4	现场检查网络巡查	是否存在违反《网络游戏管理暂行办法》的行为。	2月	5月	8月	11月	分级制		

浙江省地方标准《公共图书馆服务规范》

（DB33/T 2011—2016）

《公共图书馆服务规范》（DB33/T 2011—2016）由浙江省

质量技术监督局 2016 年 5 月 26 日发布，2016 年 6 月 26 日实施。

公共图书馆服务规范

1 范围

本标准规定了公共图书馆的设施设备、服务资源、服务内容、服务效能、服务管理和服务监督。

本标准适用于省、市、县（市、区）公共图书馆、乡镇（街道）图书馆分馆（室）、村（社区）图书室。少年儿童图书馆亦可参照执行。

2 规范性引用文件

下列文件对于本文件的应用是必不可少的。凡是注日期的引用文件，仅所注日期的版本适用于本文件。凡是不注日期的引用文件，其最新版本（包括所有的修改单）适用于本文件。

GB/T 28220 公共图书馆服务规范

建标 108 公共图书馆建设标准

3 设施设备

3.1 建设要求

3.1.1 公共图书馆的设置应符合建标 108 的要求。县（市、区）政府所在地设置一座独立建制、部颁二级以上的公共图书馆。省级中心镇或常住人口超过 10 万的乡镇（街道）设立图书馆分馆，其他乡镇（街道）、村（社区）设置图书馆分馆或图书室。

3.1.2 图书馆分馆和图书室内建有标准配置的公共电子阅览室或文化共享工程基层服务点。

3.1.3 有条件的地区建立 24 小时自助图书馆。

3.2 建筑面积

公共图书馆建筑面积应符合建标 108 的要求。图书馆分馆建筑面积不少于 300 平方米。乡镇（街道）图书室建筑面积不少于 100 平方米。村（社区）图书室建筑面积不少于 50 平方米。

3.3 计算机数量

省级馆计算机总数量不少于 500 台，其中读者使用计算机数量不少于 200 台。市级馆计算机总数量不少于 100 台，其中读者使用计算机数量不少于 65 台。县级馆计算机总数量不少于 45 台，其中读者使用计算机数量不少于 30 台。图书馆分馆计算机总数量不少于 10 台。乡镇（街道）图书室计算机总数量不少于 5 台。村（社区）图书室计算机总数量不少于 1 台。

3.4 网络与宽带接入

3.4.1 各级公共图书馆需提供互联网接入服务。省级馆互联网接口不低于 500 兆，局域网主干不低于 1000 兆，局域网分支不低于 100 兆。市、县级馆互联网接口不低于 100 兆，局域网主干不低于 1000 兆，局域网分支不低于 100 兆。图书馆分馆和图书室互联网接口不低于 10 兆。

3.4.2 县级（含）以上公共图书馆设施内免费提供无线网络接入服务。公共电子阅览室免费提供上网服务。

4 服务资源

4.1 文献资源

4.1.1 馆藏文献总量

省级馆、市级馆文献入藏总量分别不少于 600 万册、60 万册。县级馆入藏总量应达到人均藏书 1 册以上或者总藏量不少于 50 万册。图书馆分馆图书入藏总量不少于 1 万册，报刊不少于 100 种。图书室图书不少于 1500 册，报刊不少于 10 种。

4.1.2 年新增文献藏量

省级馆、市级馆年新增文献藏量分别不少于 6 万种、0.6 万种。县级馆人均年新增文献藏量不少于 0.06 册。馆藏电子文献年新增藏量应符合 GB/T 28220 的要求。

4.1.3 古籍和地方文献

县级（含）以上公共图书馆应重视古籍保护和地方文献征集工作，在所在服务范围内逐步建立起完善的古籍保护工作体系和地方文献保障体系。

4.1.4 政府出版物

各级公共图书馆承担当地政府出版物的征集、保存与服务职能。县级（含）以上公共图书馆设置政府公开信息查阅点，并做好服务工作。

4.1.5 数字资源

省级馆、市级馆、县级馆的数字资源总量分别不低于 35TB、15TB、4TB。图书馆分馆和图书室读者可通过计算机平台，共享网上数字资源。

4.1.6 文献资源共建共享

省级馆牵头建立省域范围内的文献资源共建共享平台，市级馆、县级馆参与共建共享工作。市级馆牵头建立市域范围内的文献资源共建共享平台,县级馆参与共建共享工作。县级馆牵头建立县域范围内的文献资源共建共享平台,图书馆分馆和图书室参与共建共享工作。

4.2 服务人员

4.2.1 工作人员

4.2.1.1 数量

县级(含)以上公共图书馆工作人员数量的确定,应符合GB/T 28220的要求。图书馆分馆配备工作人员1~2名,规模较大的乡镇应兼顾服务时间、馆舍规模、馆藏资源数量、年度读者服务量等因素适当增加。图书室设立由政府购买服务的公益文化岗位。

4.2.1.2 学历要求

县级(含)以上公共图书馆应配备学历结构合理的工作人员队伍。市级(含)以上公共图书馆新进正式编制人员应达到大学本科(含)以上学历。县级馆新进正式编制人员应达到大学专科(含)以上学历。

4.2.1.3 职业培训

县级(含)以上公共图书馆应组织实施教育培训。县级(含)以上公共图书馆工作人员每年参加脱产培训时间不少于15天。图书馆分馆、图书室工作人员每年参加集中培训时间不少于5天。

4.2.2 文化志愿者

各级公共图书馆建立具有一定数量的文化志愿者队伍。

5 服务内容

5.1 阅览服务

各级公共图书馆提供图书及报刊开架阅览。

5.2 流通服务

各级公共图书馆提供借书、还书、续借、预约等流通服务,方便读者使用文献资源。

5.3 阅读推广

5.3.1 省级馆每年开展阅读推广活动不少于40次。市级馆每年开展阅读推广活动不少于24次。县级馆每年开展阅读推广活动不少于20次。图书馆分馆每年开展阅读推广活动不少于2次。图书室每年开展阅读推广活动不少于1次。

5.3.2 每年举办全民阅读节系列活动和未成年人读书节等形式多样的阅读推广活动。

5.4 数字服务

5.4.1 门户网站

县级(含)以上公共图书馆建立门户网站。

5.4.2 数字体验区

县级(含)以上公共图书馆建立数字阅读体验区和服务区。

5.4.3 数字图书馆

县级(含)以上公共图书馆充分利用互联网技术,推广和利用浙江网络图书馆。有条件的地区建设具有当地特色的数字图书馆。

5.4.4 移动平台

市级(含)以上公共图书馆建设基于移动终端的服务平台。县级(含)以上公共图书馆推广和利用浙江文化通等公共文化服务平台。

5.5 讲座服务

省级馆每年举办公益讲座不少于80次。市级馆每年举办公益讲座不少于45次。县级馆每年举办公益讲座不少于12次。图书馆分馆每年举办公益讲座不少于6次。图书室每年举办公益讲座不少于1次。

5.6 展览服务

省级馆每年举办免费展览不少于25次。市级馆每年举办免费展览不少于12次。县级馆每年举办免费展览不少于4次。图书馆分馆每年举办免费展览不少于2次。图书室每年举办免费展览不少于1次。

5.7 咨询服务

5.7.1 县级(含)以上公共图书馆开展书目检索、参考咨询、文献提供等信息服务,缩短信息咨询响应时间。

5.7.2 图书馆分馆和图书室应提供一般性咨询服务。

5.8 未成年人服务

各级公共图书馆积极为未成年人提供各项文化服务。有条件的地区建立独立建制的少年儿童图书馆,其他地区设立公共图书馆少年儿童分馆或设立少年儿童服务区域。图书馆分馆应设立少年儿童服务区域。图书室应设立少年儿童图书专架。

5.9 特殊群体服务

各级公共图书馆应注重保障特殊群体享受图书馆服务的权益,在硬件设施、馆藏资源建设、服务措施等方面开展个性化服务,并对特殊人群提供免费或优惠服务。倡导提供无障碍服务。

6 服务效能

6.1 服务能力

6.1.1 服务时间

6.1.1.1 各级公共图书馆应有固定的开放时间,双休日、法定节假日应对外开放,鼓励错时开放。

6.1.1.2 省级馆每周开放时间不少于72小时。市级馆每周开放时间不少于68小时。县级馆每周开放时间不少于56小时。图书馆分馆每周开放时间不

少于 48 小时。图书室每周开放时间不少于 40 小时。

6.1.1.3 县级（含）以上公共图书馆提供 24 小时自助服务。

6.1.2 馆际互借服务

省级馆构建省域范围内的馆际互借服务网络，市级馆、县级馆参与并主动向读者提供该项服务。图书馆分馆和图书室向所在地区县级公共图书馆提出申请。

6.1.3 流动服务

6.1.3.1 县级馆对图书馆分馆每年流通不少于 4 次，每次流通量不少于 500 册。县级馆对乡镇（街道）图书室每年流通不少于 2 次，每次流通量不少于 500 册。乡镇（街道）图书馆分馆（室）对村（社区）图书室每年流通不少于 4 次，每次流通量不少于 100 册。

6.1.3.2 市级馆、县级馆每年组织送书下乡不少于 1 万册次。

6.1.4 总分馆服务

县级（含）以上公共图书馆应建立普遍均等的公共图书馆服务体系，因地制宜地开展形式多样的总分馆服务。总分馆体系内文献资源统一流通、统一检索、通借通还。

6.1.5 服务联盟

各市、县级公共图书馆应加入浙江省公共图书馆的各类联盟组织，以实现资源共享。

6.2 服务效率

6.2.1 文献加工处理时间

文献加工处理时间以文献从到馆至文献上架（或上线）的时间间隔计。县级（含）以上公共图书馆文献加工处理时间应符合 GB/T 28220 的要求。图书馆分馆和图书室文献加工处理时间在 1 个工作日内。

6.2.2 开架图书排架正确率

图书按照中图法分类号顺序排列排架。县级（含）以上公共图书馆开架图书排架正确率均不低于 96％。图书馆分馆和图书室开架图书排架正确率均不低于 90％。

6.2.3 文献提供响应时间

文献提供响应时间以收到读者文献请求至回复读者之间的时间计。响应时间不超过 2 个工作日。

6.2.4 参考咨询响应时间

参考咨询响应时间以收到读者咨询提问至回复读者之间的时间计。现场、电话、网上实时咨询应在服务时间内当即回复读者，其他方式的咨询服务的响应时间不超过 2 个工作日。

7 服务管理

7.1 统一标识

各级公共图书馆使用统一的服务标识。

7.2 免费服务

各级公共图书馆公共空间设施场地免费开放，基本文化服务项目健全并免费提供，为保障基本职能实现的一些辅助性服务全部免费。

7.3 服务告示

7.3.1 告示内容和方式

各级公共图书馆应将服务范围、服务内容、服务时间、服务公约、读者须知、借阅（使用）规则、服务承诺等基本服务政策在馆内醒目位置和图书馆网站的相关栏目向读者公示，其他服务政策及各类服务信息等应通过各种途径方便读者获取。

7.3.2 闭馆告示

7.3.2.1 因故须暂时闭馆，应提前一周向读者公告。

7.3.2.2 如遇公共安全、网络安全等突发事件须临时闭馆或关闭部分区域、暂停部分服务的，应及时向读者公告。

7.4 安全管理制度

各级公共图书馆要制定和落实文献保护、人身财产安全和数据网络安全等方面的安全管理制度。定期组织安全培训，提高工作人员的安全防范意识和安全管理能力。加强安全检查和安全监督，有条件的馆应配备安全检查设备。

7.5 业务管理制度

各级公共图书馆要制定业务管理制度，明确业务流程，规范服务行为，开展业务考核。

7.6 工作记录及统计

各级公共图书馆要根据实际设计工作记录内容，做到内容和数据真实齐全，定期进行统计与分析工作，妥善保存各类统计报表和分析报告，以指导和改进各项工作。

7.7 服务礼仪规范

各级公共图书馆要制定相应的服务礼仪规范，从统一着装、仪容仪表、行为规范、文明用语等方面制定服务礼仪内容，进行规范化的服务。服务礼仪规范要采取不同方式予以公布，便于读者监督。

8 服务监督

8.1 读者意见受理

各级公共图书馆要多渠道接受读者意见或投诉。认真对待并正确处理来自读者的意见或投诉，在 5 个工作日内回复并整改落实。

8.2 读者满意度调查

各级公共图书馆读者满意度调查每年不少于 1 次。可通过本馆或委托第三方的方式开展。

浙江省文物局 浙江省水利厅关于进一步加强文物防洪减灾工作的意见

浙文物发〔2016〕357 号

各市、县(市、区)文化广电新闻出版局、文物局、水利局,杭州市园林文物局:

今年9月,受"莫兰蒂"台风暴雨洪水袭击,全国重点文物保护单位泰顺廊桥之薛宅桥、文重桥、文兴桥损毁,影响重大。为更好应对洪涝台灾害,积极有效地开展文物防洪减灾工作,进一步提高文物防洪能力,现结合我省实际,提出如下意见:

一、高度重视文物防洪减灾工作

我省是文物大省,不可再生的文物资源对传承中华优秀传统文化、扩大浙江影响力、满足人民群众精神文化需求、促进经济社会可持续发展具有重要意义。由于特殊的气候条件和地理位置,我省洪涝台灾害频繁,文物防洪减灾任务十分繁重。全省各级文物、水利部门要牢固树立"安全责任重于泰山"的思想,增强紧迫感和使命感,本着对历史负责、对人民负责、对未来负责的态度,高度重视文物防洪减灾工作,加强统筹协调和合作,在区域性洪涝灾害预防、监测、抢险、灾情评估和文物加固、保护、研究等领域开展全方位合作,建立完善有浙江特色的文物防洪减灾体系,努力将文物因洪涝台等灾害可能受到的影响和损失降到最低程度。

二、切实加强文物汛期安全管理

全省各级文物部门要将汛期防洪减灾作为文物安全管理工作的重点,主动对接各级水利部门,科学分析和评估辖区内文物及周边环境存在的洪涝台灾害风险和薄弱环节,全面开展文物险情排查和抗风险能力评估,有针对性地强化各项安全防范措施,提前部署,落实责任。每年汛前,各级文物部门要对文物防洪减灾工作进行专题部署,组织对辖区内文物防汛情况进行全面检查,对检查中发现的险情隐患,应及时采取有效的遮盖、加固、支顶、排水、防渗等措施,及时控制险情发展,必要时要尽早启动全面维修和保护性设施建设工作,排除文物安全隐患。汛期,各级文物部门要密切关注天气变化,组织人员开展巡查值守,发现问题及时处置。要编制完善针对性、可操作性强的文物防洪减灾预案,重点就组织责任、监测预警、巡查值守、信息报送、文物抢救、人员救援、应急保障、后续处置等做出具体规定。要储备必要的防汛抢险物资,组建应急抢险队伍,并加强应急处置演练,提高突发洪涝台灾害应对能力。各级水利部门应根据文物险情排查和汛前检查情况,结合自身职能,将文物周边,尤其是重点区域的险情隐患纳入排查治理计划,加强技术指导,协助消除威胁文物安全度汛的潜在隐患,要及时提供水雨情监测预报信息,并在洪涝灾害等突发事件出现时给予必要的紧急援助。

三、努力提升文物防洪减灾综合能力

全省各级文物、水利部门要进一步加强联系与沟通,按照统一领导、分级负责、部门协作、协调有序、运转高效的原则,建立相应的协调通报和应急联络机制,实现信息互通、资源共享、应急联动。各级水利部门在编制水利综合规划和防洪减灾规划时,应重视水文化的保护和弘扬,主动做好与文物专项规划的衔接,强化水利技术支持。在涉及各级文物保护单位的水利水电工程建设过程中,要建立有效的协调沟通机制。水利工程建设单位在项目立项、可行性研究阶段应主动征询文物部门意见,认真执行文物保护法规政策。各级文物部门要主动提前介入,配合水利部门把好项目审批关。在编制相关文物修复加固技术方案时,文物部门要主动征求水利部门的意见。在重要文物的周边区域,要及时划定保护范围,禁止可能影响文物防洪安全的开发建设活动。在廊桥等重要文物遗存的上游区域,为确保文物本体安全和环境景观协调,要严格小水电等项目建设程序和准入条件，慎重规划新建小水电项目。在山洪灾害易发且文物资源重要或密集地区，应适当提高防洪工程建设标准，开辟超标准洪水行洪通道，有条件的可在上游建设调蓄水库或规划设置滞洪区以削减洪峰流量，提高文物防洪标准。在推进中小河流治理过程中，要加强对古河道、古桥梁等文物资源的保护，尽量保持河道自然形态特征和文物景观要素，防止随意加高驳岸、侵占河道等行为，确保必要的泄洪行洪能力。

全省各级文物、水利部门要根据本意见要求，结合工作实际，认真抓好贯彻落实。

浙江省文物局
浙江省水利厅
2016 年 12 月 9 日

统计资料

ZHEJIANG CULTURE YEARBOOK

机构数、从业人员

		总　计						事　业					按执行会计
		机构数（个）	从业人员数（人）	专业技术人才	正高级职称	副高级职称	中级职称	机构数（个）	从业人员数（人）	专业技术人才	正高级职称	副高级职称	中级职称	机构数（个）
（甲）		1	2	3	4	5	6	7	8	9	10	11	12	13
总　　计	A	18596	180741	22532	772	1971	4364	2301	28435	12251	705	1794	4009	16295
一、文化合计	B	18153	171635	19826	558	1546	3340	1872	19530	9644	493	1378	3016	16281
艺术表演团体	C	1245	39071	11129	238	653	960	45	2759	2208	184	502	736	1200
其中：公有制艺术表演团体	D	63	4025	3171	238	653	960	45	2759	2208	184	502	736	18
艺术表演场馆	E	326	5811	1382	8	20	160	46	623	231	4	12	101	280
其中：公有制艺术表演场馆	F	76	1495	438	8	20	160	46	623	231	4	12	101	30
公共图书馆	G	102	3616	2156	52	289	995	102	3616	2156	52	289	995	
文化馆	H	102	2224	1842	129	340	726	102	2224	1842	129	340	726	
文化站	I	1364	5194	2127				1364	5194	2127				
其中：乡镇综合文化站	J	957	3451	1528				957	3451	1528				
艺术展览创作机构	K	10	147	69	7	16	30	10	147	69	7	16	30	
其中：美术馆	L	7	129	65	7	13	29	7	129	65	7	13	29	
艺术教育业	M	6	1219	784	84	186	341	6	1219	784	84	186	341	
文化科研机构	N	6	132	92	22	13	27	6	132	92	22	13	27	
文化市场经营机构（不包括非公有制院团和场馆）	O	14733	108921											14733
文化行政主管部门	P	103	2522					103	2522					
其他文化机构	Q	156	2778	245	18	29	101	88	1094	135	11	20	60	68
其中：文化市场执法机构	R	59	889	23			16	59	889	23			16	
二、文物合计	S	443	9106	2706	214	425	1024	429	8905	2607	212	416	993	14
博物馆	T	275	4960	1719	134	274	654	275	4960	1719	134	274	654	
文物保护管理机构	U	94	2816	793	50	119	311	94	2816	793	50	119	311	
文物科研机构	V	5	162	87	24	21	26	5	162	87	24	21	26	
文物商店	W	9	82	25		1	11							9
其他文物机构	X	60	1086	82	6	10	22	55	967	8	4	2	2	5

数综合年报(总表)

制度分类					按单位所属部门分类											
企业					文化部门						其他部门					
从业人员数（人）					机构数（个）	从业人员数（人）					机构数（个）	从业人员数（人）				
	专业技术人才						专业技术人才						专业技术人才			
		正高级职称	副高级职称	中级职称				正高级职称	副高级职称	中级职称				正高级职称	副高级职称	中级职称
14	15	16	17	18	19	20	21	22	23	24	25	26	27	28	29	30
152306	10281	67	177	355	2246	30340	13083	733	1924	4230	16349	150401	9449	39	47	134
152105	10182	65	168	324	1971	22967	10781	554	1543	3322	16181	148668	9045	4	3	18
36312	8921	54	151	224	59	3892	3073	238	653	960	1186	35179	8056			
1266	963	54	151	224	59	3892	3073	238	653	960	4	133	98			
5188	1151	4	8	59	68	1377	395	4	19	142	258	4434	987	4	1	18
872	207	4	8	59	68	1377	395	4	19	142	8	118	43	4	1	18
					101	3608	2156	52	289	995	1	8				
					102	2224	1842	129	340	726						
					1363	5194	2127									
					957	3451	1528									
					9	133	67	7	14	30	1	14	2		2	
					7	129	65	7	13	29						
					6	1219	784	84	186	341						
					6	132	92	22	13	27						
108921											14733	108921				
					103	2522										
1684	110	7	9	41	154	2666	245	18	29	101	2	112				
					59	889	23			16						
201	99	2	9	31	275	7373	2302	179	381	908	168	1733	404	35	44	116
					111	3284	1337	99	230	538	164	1676	382	35	44	116
					92	2806	793	50	119	311	2	10				
					5	162	87	24	21	26						
82	25		1	11	9	82	25		1	11						
119	74	2	8	20	58	1039	60	6	10	22	2	47	22			

机构数、从业人员数

(甲)		总　计						按执行会计 事　业						机构数(个)
		机构数(个)	从业人员数(人)	专业技术人才	正高级职称	副高级职称	中级职称	机构数(个)	从业人员数(人)	专业技术人才	正高级职称	副高级职称	中级职称	
		1	2	3	4	5	6	7	8	9	10	11	12	13
总　计	1	18596	180741	22532	772	1971	4364	2301	28435	12251	705	1794	4009	16295
一、文化合计	2	1988	23352	10924	558	1546	3340	1872	19530	9644	493	1378	3016	116
公有制艺术表演团体	3	63	4025	3171	238	653	960	45	2759	2208	184	502	736	18
公有制艺术表演场馆	4	76	1495	438	8	20	160	46	623	231	4	12	101	30
公共图书馆	5	102	3616	2156	52	289	995	102	3616	2156	52	289	995	
文化馆	6	102	2224	1842	129	340	726	102	2224	1842	129	340	726	
文化站	7	1364	5194	2127				1364	5194	2127				
其中:乡镇综合文化站	8	957	3451	1528				957	3451	1528				
艺术展览创作机构	9	10	147	69	7	16	30	10	147	69	7	16	30	
其中:美术馆	10	7	129	65	7	13	29	7	129	65	7	13	29	
艺术教育业	11	6	1219	784	84	186	341	6	1219	784	84	186	341	
文化科研机构	12	6	132	92	22	13	27	6	132	92	22	13	27	
文化行政主管部门	13	103	2522					103	2522					
其他文化机构	14	156	2778	245	18	29	101	88	1094	135	11	20	60	68
其中:文化市场执法机构	15	59	889	23			16	59	889	23			16	
二、文物合计	16	443	9106	2706	214	425	1024	429	8905	2607	212	416	993	14
博物馆	17	275	4960	1719	134	274	654	275	4960	1719	134	274	654	
文物保护管理机构	18	94	2816	793	50	119	311	94	2816	793	50	119	311	
文物科研机构	19	5	162	87	24	21	26	5	162	87	24	21	26	
文物商店	20	9	82	25		1	11							9
其他文物机构	21	60	1086	82	6	10	22	55	967	8	4	2	2	5
三、市场合计	22	16165	148283	8902										16165
娱乐场所	23	4746	58115											4746
互联网上网服务营业场所(网吧)	24	8884	30305											8884
非公有制艺术表演团体	25	1182	35046	7958										1182
非公有制艺术表演场馆	26	250	4316	944										250
经营性互联网文化单位	27	519	17160											519
艺术品经营机构	28	412	1396											412
演出经纪机构	29	172	1945											172

综合年报（总表）（市场）

制度分类					按单位所属部门分类											
企 业					文化部门						其他部门					
从业人员数（人）					机构数（个）	从业人员数（人）					机构数（个）	从业人员数（人）				
	专业技术人才						专业技术人才						专业技术人才			
		正高级职称	副高级职称	中级职称				正高级职称	副高级职称	中级职称				正高级职称	副高级职称	中级职称
14	15	16	17	18	19	20	21	22	23	24	25	26	27	28	29	30
152306	10281	67	177	355	2246	30340	13083	733	1924	4230	16349	150401	9449	39	47	134
3822	1280	65	168	324	1971	22967	10781	554	1543	3322	16	385	143	4	3	18
1266	963	54	151	224	59	3892	3073	238	653	960	4	133	98			
872	207	4	8	59	68	1377	395	4	19	142	8	118	43	4	1	18
					101	3608	2156	52	289	995	1	8				
					102	2224	1842	129	340	726						
					1363	5194	2127									
					957	3451	1528									
					9	133	67	7	14	30	1	14	2			2
					7	129	65	7	13	29						
					6	1219	784	84	186	341						
					6	132	92	22	13	27						
					103	2522										
1684	110	7	9	41	154	2666	245	18	29	101	2	112				
					59	889	23			16						
201	99	2	9	31	275	7373	2302	179	381	908	168	1733	404	35	44	116
					111	3284	1337	99	230	538	164	1676	382	35	44	116
					92	2806	793	50	119	311	2	10				
					5	162	87	24	21	26						
82	25		1	11	9	82	25		1	11						
119	74	2	8	20	58	1039	60	6	10	22	2	47	22			
148283	8902										16165	148283	8902			
58115											4746	58115				
30305											8884	30305				
35046	7958										1182	35046	7958			
4316	944										250	4316	944			
17160											519	17160				
1396											412	1396				
1945											172	1945				

民族自治地方文化机构数、

按执行会计

(甲)		总计 机构数(个)	从业人员数(人)	专业技术人才	正高级职称	副高级职称	中级职称	事业 机构数(个)	从业人员数(人)	专业技术人才	正高级职称	副高级职称	中级职称	机构数(个)
		1	2	3	4	5	6	7	8	9	10	11	12	13
总　计	A	54	535	125	8	9	17	27	201	76	7	9	14	27
一、文化合计	B	52	510	111	7	6	14	25	176	62	6	6	11	27
艺术表演团体	C	10	208	49	1		3							10
其中：公有制艺术表演团体	D	1	28	14	1		3							1
艺术表演场馆	E													
其中：公有制艺术表演场馆	F													
公共图书馆	G	1	17	10	1	1	5	1	17	10	1	1	5	
文化馆	H	1	23	20	4	5	5	1	23	20	4	5	5	
文化站	I	21	108	30				21	108	30				
其中：乡镇综合文化站	J	20	105	27				20	105	27				
艺术展览创作机构	K													
其中：美术馆	L													
艺术教育业	M													
文化科研机构	N													
文化市场经营机构(不包括非公有制院团和场馆)	O	17	126											17
文化行政主管部门	P	1	24					1	24					
其他文化机构	Q	1	4	2	1		1	1	4	2	1		1	
其中：文化市场执法机构	R													
二、文物合计	S	2	25	14	1	3	3	2	25	14	1	3	3	
博物馆	T	1	19	8		2	1	1	19	8		2	1	
文物保护管理机构	U	1	6	6	1	1	2	1	6	6	1	1	2	
文物科研机构	V													
文物商店	W													
其他文物机构	X													

从业人员数综合年报

制度分类					按单位所属部门分类											
企 业					文化部门						其他部门					
从业人员数（人）					机构数（个）	从业人员数（人）					机构数（个）	从业人员数（人）				
	专业技术人才						专业技术人才						专业技术人才			
		正高级职称	副高级职称	中级职称				正高级职称	副高级职称	中级职称			正高级职称	副高级职称	中级职称
14	15	16	17	18	19	20	21	22	23	24	25	26	27	28	29	30
334	49	1		3	28	229	90	8	9	17	26	306	35			
334	49	1		3	26	204	76	7	6	14	26	306	35			
208	49	1		3	1	28	14	1		3	9	180	35			
28	14	1		3	1	28	14	1		3						
					1	17	10	1	1	5						
					1	23	20	4	5	5						
					21	108	30									
					20	105	27									
126													17	126		
					1	24										
					1	4	2	1		1						
					2	25	14	1	3	3						
					1	19	8		2	1						
					1	6	6	1	1	2						

民族自治地方文化机构数、从业

		总　计						事　业					按执行会计
		机构数（个）	从业人员数（人）				机构数（个）	从业人员数（人）					机构数（个）
				专业技术人才					专业技术人才				
				正高级职称	副高级职称	中级职称			正高级职称	副高级职称	中级职称		
（甲）		1	2	3	4	5	6	7	8	9	10	11	12	13
总　计	1	54	535	125	8	9	17	27	201	76	7	9	14	27
一、文化合计	2	26	204	76	7	6	14	25	176	62	6	6	11	1
公有制艺术表演团体	3	1	28	14	1		3							1
公有制艺术表演场馆	4													
公共图书馆	5	1	17	10	1	1	5	1	17	10	1	1	5	
文化馆	6	1	23	20	4	5	5	1	23	20	4	5	5	
文化站	7	21	108	30				21	108	30				
其中:乡镇综合文化站	8	20	105	27				20	105	27				
艺术展览创作机构	9													
其中:美术馆	10													
艺术教育业	11													
文化科研机构	12													
文化行政主管部门	13	1	24					1	24					
其他文化机构	14	1	4	2	1		1	1	4	2	1		1	
其中:文化市场执法机构	15													
二、文物合计	16	2	25	14	1	3	3	2	25	14	1	3	3	
博物馆	17	1	19	8		2	1	1	19	8		2	1	
文物保护管理机构	18	1	6	6	1	1	2	1	6	6	1	1	2	
文物科研机构	19													
文物商店	20													
其他文物机构	21													
三、市场合计	22	26	306	35										26
娱乐场所	23	9	82											9
互联网上网服务营业场所（网吧）	24	8	44											8
非公有制艺术表演团体	25	9	180	35										9
非公有制艺术表演场馆	26													
经营性互联网文化单位	27													
艺术品经营机构	28													
演出经纪机构	29													

人员数综合年报（市场）

制度分类					按单位所属部门分类											
企 业					文化部门						其他部门					
从业人员数（人）					机构数（个）	从业人员数（人）					机构数（个）	从业人员数（人）				
	专业技术人才						专业技术人才						专业技术人才			
		正高级职称	副高级职称	中级职称				正高级职称	副高级职称	中级职称				正高级职称	副高级职称	中级职称
14	15	16	17	18	19	20	21	22	23	24	25	26	27	28	29	30
334	49	1		3	28	229	90	8	9	17	26	306	35			
28	14	1		3	26	204	76	7	6	14						
28	14	1		3	1	28	14	1		3						
					1	17	10	1	1	5						
					1	23	20	4	5	5						
					21	108	30									
					20	105	27									
					1	24										
					1	4	2	1		1						
					2	25	14	1	3	3						
					1	19	8		2	1						
					1	6	6	1	1	2						
306	35										26	306	35			
82											9	82				
44											8	44				
180	35										9	180	35			

文化部门机构（文化、文物）

| （甲） | | 本年收入合计（千元） | | | | | | | | 本年支出 | | |
| | | | 财政补贴收入 | 基建拨款 | 上级补助收入 | 事业收入 | 经营收入 | 附属单位上缴收入 | 其他收入 | | 基本支出 | 项目支出 |
		1	2	3	4	5	6	7	8	9	10	11
总　计	A	12948922	8267789	651755	572157	579621	80124	1954	3447277	11727667	4529121	6076887
一、文化合计	B	8832101	5811691	366536	235676	235915	74793	926	2473100	8539455	3299316	4175248
艺术表演团体	C	927497	655807	135	29082	101327	710	650	139921	902638	423001	288981
艺术表演场馆	D	392668	154486		9537	39152	17981	274	171238	377305	96641	37316
公共图书馆	E	1124115	1064669	54006	18380	6665	1850		32551	1085761	536768	547143
文化馆	F	749844	669694	12564	21763	20001	50	2	38334	734178	458217	275953
文化站	G	1406142	1226320	230490	154192				25630	1379094	619987	728875
其中：乡镇综合文化站	H	874806	744709	141597	109612				20485	851537	399900	427725
艺术展览创作机构	I	70466	63410		512	5077			1467	85652	18714	66938
其中：美术馆	J	69764	62946		402	4949			1467	84828	18263	66565
艺术教育业	K	501192	424076			63283	762		13071	478115	313002	164309
文化科研机构	L	143023	87712	48741		78	53440		1793	142812	29866	59396
文化行政主管部门	M	2600644	1146280						1454364	2536662	607778	1928684
其他文化机构	N	916510	319237	20600	2210	332			594731	817238	195342	77653
其中：文化市场执法机构	O	185067	182692		1120				1255	183947	165407	18538
二、文物合计	P	4116821	2456098	285219	336481	343706	5331	1028	974177	3188212	1229805	1901639
博物馆	Q	1268720	1144044	200311	35273	37109	3527		48767	1169690	401150	766585
文物保护管理机构	R	2023602	661095	69608	300622	258938	1804	1028	800115	1193476	666762	523097
文物科研机构	S	103786	54619		586	47659			922	102334	69076	33258
文物商店	T	25794	4						25790	17807		
其他文物机构	U	694919	596336	15300					98583	704905	92817	578699

经费收支情况年报

合计（千元）

经营支出	工资福利支出	商品和服务支出					对个人和家庭补助支出		其他资本性支出		资产总计（千元）	
		差旅费	劳务费	福利费	各种税金支出		抚恤金和生活补助		各种设备购置费		固定资产原价	
12	13	14	15	16	17	18	19	20	21	22	23	24
100899	2777423	4597067	69866	419655	80034	34190	666526	23518	2260304	507940	26232702	15650235
95328	2112404	3021775	54151	300736	57321	10900	500026	20045	1635635	460930	17429204	11470772
187	327072	238574	19517	78362	5518	1142	71475	2684	75047	19304	1176743	633167
17745	55014	70128	627	5979	2185	6556	16481	1495	9619	2979	1348356	1154372
1850	385053	305576	4232	41971	10876	640	63769	998	328214	265000	3417343	2727754
1	302914	297822	7191	59737	12093	1132	80215	3704	43639	11021	706780	512410
21180	264624	597281					44258	4434	411122	76326	3849836	3084485
15727	181894	368725					31279	3298	224907	52070	2898953	2294283
	14524	39212	446	5295	379	200	1419		30497	1010	608633	575256
	14198	38737	444	5287	376	168	1404		30489	1010	607759	575198
804	200292	163319	4175	37626	7764	20	46033	384	67667	50204	929244	704851
53550	24607	59080	1323	2256	246	656	9266	248	49859	951	311918	52782
	388481	1166415	14121	59101	14760	262	145849	5792	609963	27171	1259481	603322
11	149823	84368	2519	10409	3500	292	21261	306	10008	6964	3820870	1422373
1	127260	35412	1835	3655	2883	31	17354	296	3896	1971	61192	40503
5571	665019	1575292	15715	118919	22713	23290	166500	3473	624669	47010	8803498	4179463
1955	264601	470747	8425	55506	8254	1981	50114	956	376017	33288	4058328	1993459
3616	308267	541050	2551	28226	12046	19140	99969	2137	168457	1837	4163476	1873945
	20607	71756	2746	28200	821	2083	3024		6947	6947	93703	40313
											90524	21565
	71544	491739	1993	6987	1592	86	13393	380	73248	4938	397467	250181

行政、事业单位主要

（甲）		机构数（个）	从业人员（人）	本年收入合计（千元）	财政补贴收入	基建拨款	上级补助收入	事业收入	经营收入	附属单位上缴收入	其他收入		本年支出 基本支出
		1	2	3	4	5	6	7	8	9	10	11	12
总　计	A	2301	28435	12069093	8195758	652810	592670	595209	108572	2444	2574440	10981866	4655940
文化艺术服务	B	2063	22721	8061375	5776487	616910	591470	531644	107810	2444	1051520	7053948	3458588
文艺创作与表演	C	48	2777	745932	593595	135	29192	101462	710	650	20323	716902	424233
其中：艺术表演团体	D	45	2759	741130	589160	135	29082	101334	710	650	20194	712174	423006
艺术表演场馆	E	46	623	206748	97603		9537	48369	17981	274	32984	175642	115536
文物及非物质文化遗产保护	F	108	2904	2095602	691276	69608	301632	259158	1804	1028	840704	1245391	678499
博物馆、纪念馆	G	275	4960	1412856	1224490	201366	55786	43303	31975	490	56812	1383447	505884
图书馆	H	102	3616	1127678	1068232	54006	18380	6665	1850		32551	1089320	539027
群众文化	I	1466	7418	2155986	1896014	243054	175955	20001	50	2	63964	2113272	1078204
美术馆	J	7	129	69764	62946		402	4949			1467	84828	18263
社会人文科学研究	K	11	294	246809	142331	48741	586	47737	53440		2715	245146	98942
文化社会团体	L												
其他文化艺术	M												
艺术教育	N	6	1219	501192	424076			63283	762		13071	478115	313002
文化、文物行政主管部门	O	156	3472	3243555	1737257	15300					1506298	3203327	696712
文化文物行政执法机构	P	60	897	188282	185907		1120				1255	186852	167520
其他	Q	16	126	74689	72031	20600	80	282			2296	59624	20118

企业单位主要财务

（甲）		机构数（个）	从业人员（人）	资产、负债、所有者权益（千元） 资产总计	固定资产原价	当年提取的折旧总额	负债合计	所有者权益总计	实收资本	国家资本金	营业收入	主营业务收入	损益 营业
		1	2	3	4	5	6	7	8	9	10	11	12
总　计	A	16295	152306	61324211	1456129	74159	1777854	2583375	1382785	936111	42760272	28410866	34749005
文化艺术业	B	1480	41500	11566782	884737	26193	664414	550268	393709	383054	5195568	4638412	3738277
文艺创作与表演	C	1200	36312	9912957	186190	13596	110631	314647	158185	157560	4577832	4460681	3128896
艺术表演场馆	D	280	5188	1653825	698547	12597	553783	235621	235524	225494	617736	177731	609381
文化休闲娱乐服务	E	14733	108921	46610882							36830834	23231333	30385681
娱乐场所	F	4746	58115	9930994							6387847		5375699
互联网上网服务营业场所（网吧）	G	8884	30305	5305907							3234298		2604209
动漫企业服务	H	24	1080	1510018	84439	16295	533221	976797	400309		472263	470186	375514
文化用品、设备及相关文化产品的生产与销售	I	12	82	93730	24812	675	32435	61295	14271	12161	25520	22928	18068
其中：文物商店	J	9	82	90524	21565	503	29476	61048	13258	11178	25519	22928	17791
其他	K	46	723	1542799	462141	30996	547784	995015	574496	540896	236087	48007	231465

财务指标综合表

合计(千元)

项目支出	经营支出	工资福利支出	商品和服务支出					对个人和家庭补助支出		其他资本性支出		资产总计(千元)		增加值(千元)
				差旅费	劳务费	福利费	各种税金支出		抚恤金和生活补助		各种设备购置费		固定资产原价	
13	14	15	16	17	18	19	20	21	22	23	24	25	26	27
6171760	144702	2839097	4693406	72406	427761	83147	35576	686577	24784	2310411	513026	25328085	15533050	4770261
3442355	143897	2037799	2807578	49988	317174	55800	34946	461591	17922	1550656	424029	21889220	13122162	3510253
292482	187	327917	240873	19550	78469	5531	1174	71523	2684	76588	19304	795854	453357	505449
288981	187	327074	238574	19517	78362	5518	1142	71475	2684	75050	19304	752843	448277	504200
42313	17745	56975	77016	692	7775	2985	6591	28362	2241	12781	4862	1011826	624574	134840
563255	3636	317229	561263	2951	31772	12325	19170	101569	2137	169596	2121	4203286	1899365	627158
831815	45748	322544	557029	10854	61704	10547	3332	58201	1476	420138	35204	6880540	3144311	588186
548443	1850	386184	306721	4237	41974	10876	640	63769	998	329497	266283	3427718	2735367	612492
1004828	21181	567538	895103	7191	59737	12093	1132	124473	8138	454761	87347	4556616	3596895	901407
66565		14198	38737	444	5287	376	168	1404		30489	1010	607759	575198	44522
92654	53550	45214	130836	4069	30456	1067	2739	12290	248	56806	7898	405621	93095	96199
164309	804	200292	163319	4175	37626	7764	20	46033	384	67667	50204	929244	704851	323904
2506260		457099	1656659	15959	65919	16190	348	158916	6172	682952	32109	1552014	793944	725085
19330	1	128794	36395	1909	3722	2964	31	17518	296	4120	1971	64259	42256	154547
39506		15113	29455	375	3320	429	231	2519	10	5016	4713	893348	869837	56472

指标综合表

(千元)

成本		差旅费	工会经费	营业利润	营业外收入		营业外支出	利润总额	工资、福利费、税金(千元)			增加值(千元)
养老、医疗、失业等各种社会保险费	住房公积金和住房补贴					政府补助			本年发放工资总额	本年支付的职工福利费	本年应交税金总额	
13	14	15	16	17	18	19	20	21	22	23	24	25
566307	102815	86959	14766	8010682	715074	450429	5399	8720357	9444348	202788	2011218	715019
98058	8829	6408	2128	1457292	349916	253731	2592	1804616	1401461	12609	665178	242000
76220	4711	5854	1615	1448936	160957	130884	941	1608952	1198391	8372	634984	138872
21838	4118	554	513	8356	188959	122847	1651	195664	203070	4237	30194	103128
448126	87328	74865	11638	6444567	316119	157258		6760686	7913000	180687	1247196	
175296				1012173				1012173	1708032		300855	
77778				630205				630205	961116		85944	
9889	2285	3797	388	96749	29580	25227	2301	124028	76451	3680	36677	272670
975	244	253	83	7452	275	4	16	7711	4519	392	974	15701
975	244	253	83	7728	275	4	16	7987	4519	392	974	15529
9259	4129	1636	529	4622	19184	14209	490	23316	48917	5420	61193	184648

企业单位主要财务

（甲）		机构数（个）	从业人员（人）	资产总计	固定资产原价	当年提取的折旧总额	负债合计	所有者权益总计	实收资本	国家资本金	营业收入	主营业务收入	损益 营业
		1	2	3	4	5	6	7	8	9	10	11	12
总　计	1	16295	152306	61324211	1456129	74159	1777854	2583375	1382785	936111	42760272	28410866	34749005
文化艺术业	2	48	2138	1214682	884737	26193	664414	550268	393709	383054	260250	157074	432103
文艺创作与表演	3	18	1266	425278	186190	13596	110631	314647	158185	157560	109823	92041	193752
艺术表演场馆	4	30	872	789404	698547	12597	553783	235621	235524	225494	150427	65033	238351
动漫企业服务	5	24	1080	1510018	84439	16295	533221	976797	400309		472263	470186	375514
文化用品、设备及相关文化产品的生产与销售	6	12	82	93730	24812	675	32435	61295	14271	12161	25520	22928	18068
其中：文物商店	7	9	82	90524	21565	503	29476	61048	13258	11178	25519	22928	17791
其他文化	8	46	723	1542799	462141	30996	547784	995015	574496	540896	236087	48007	231465
市场合计	9	16165	148283	56962982							41766152	27712671	33691855
娱乐场所	10	4746	58115	9930994							6387847		5375699
互联网上网服务营业场所（网吧）	11	8884	30305	5305907							3234298		2604209
非公有制艺术表演团体	12	1182	35046	9487679							4468009	4368640	2935144
非公有制艺术表演场馆	13	250	4316	864421							467309	112698	371030
经营性互联网文化单位	14	519	17160	27792232							26059510	23231333	21481318
艺术品经营机构	15	412	1396	2224808							454568		332933
演出经纪机构	16	172	1945	1356941							694611		591522

文化（文物）机构基本建设投资

（甲）		项目个数（个）	计划总投资（千元）	建筑面积（万平方米）	上年结余资金	本年资金	中央	省级	地市级	国内贷款	债券
		1	2	3	4	5	6	7	8	9	10	11	12
总　计	A	160	8618804	126.231	2397753	527546	1870207	927853	30832	408071	437348	265000	
文化合计	B	119	5901903	93.746	1806308	296763	1509545	635342	6500	197400	385492	265000	
艺术表演团体	C	2	317326	2.685	210316	35700	174616	174616		174616			
艺术表演场馆	D	3	162812	6.230	23239	2337	20902	20600			20600		
公共图书馆	E	13	1099173	17.794	303502	34692	268810	80782			59482	185000	
文化馆	F	2	38418	0.865	227		227	227			227		
文化站	G	24	257579	8.054	171847	19650	152197	69927		440	69487	80000	
艺术教育机构	H	2	59830	2.832	67241		67241	64241			64241		
其他	I	73	3966765	55.286	1029936	204384	825552	224949	6500	22344	171455		
文物合计	J	41	2716901	32.485	591445	230783	360662	292511	24332	210671	51856		
文物科研机构	K												
文物保护管理机构	L	18	859555	9.942	163263	134694	28569	28569	24332	3787	450		
博物馆	M	20	1632440	19.618	336766	93253	243513	228942		176884	46406		
文物商店	N												
其他	O	3	224906	2.925	91416	2836	88580	35000		30000	5000		

指标综合表(市场)

(千元)

成本				营业利润	营业外收入	政府补助	营业外支出	利润总额	工资、福利费、税金(千元)			增加值(千元)
养老、医疗、失业等各种社会保险费	住房公积金和住房补贴	差旅费	工会经费	营业利润	营业外收入	政府补助	营业外支出	利润总额	本年发放工资总额	本年支付的职工福利费	本年应交税金总额	增加值
13	14	15	16	17	18	19	20	21	22	23	24	25
566307	102815	86959	14766	8010682	715074	450429	5399	8720357	9444348	202788	2011218	715019
22553	8829	6408	2128	−171853	179807	160317	2592	5362	148590	12609	17809	242000
14071	4711	5854	1615	−83929	81149	66647	941	−3721	89154	8372	6248	138872
8482	4118	554	513	−87924	98658	93670	1651	9083	59436	4237	11561	103128
9889	2285	3797	388	96749	29580	25227	2301	124028	76451	3680	36677	272670
975	244	253	83	7452	275	4	16	7711	4519	392	974	15701
975	244	253	83	7728	275	4	16	7987	4519	392	974	15529
9259	4129	1636	529	4622	19184	14209	490	23316	48917	5420	61193	184648
523631	87328	74865	11638	8073712	486228	250672		8559940	9165871	180687	1894565	
175296				1012173				1012173	1708032		300855	
77778				630205				630205	961116		85944	
62149				1532865	79808	64237		1612673	1109237		628736	
13356				96280	90301	29177		186581	143634		18633	
176994	86046	70156	11477	4577465	316119	157258		4893584	5095592	178069	812100	
5674	1282	4709	161	121636				121636	44343	2618	7837	
12384				103088				103088	103917		40460	

综合年报

总计(千元)	利用外资	自筹资金			各项应付款合计(千元)	工程款	自开始建设至本年底累计完成投资额(千元)	本年完成投资额	本年新增固定资产(千元)	竣工项目个数(个)	竣工项目面积(万平方米)
来源小计	外商直接投资	自筹资金	单位自有资金	其他资金来源	各项应付款合计	工程款	累计完成投资额	本年完成投资额	本年新增固定资产	竣工项目个数	竣工项目面积
13	14	15	16	17	18	19	20	21	22	23	24
		565149	37303	112205	362306	228341	3212288	1283809	570552	53	15.395
		558378	30548	50825	224592	151201	1745747	912962	558657	46	13.909
					1964	1800	2526	1964			
		302	302		953	787	38605	7440	116	1	0.580
				3028	39322	30072	377898	163568	1359	2	0.660
							1532	227	1532	1	0.077
		1770	1520	500	52617	41612	220007	168647	82030	11	3.934
		3000			1936	466	62561			2	2.832
		553306	28726	47297	127800	76464	1042618	571116	473620	29	5.826
		6771	6755	61380	137714	77140	1466541	370847	11895	7	1.486
					41090		608464		20936	2	0.602
		6771	6755	7800	9114	3770	725052	260012	11895	5	0.884
				53580	87510	73370	133025	89899			

艺术表演团体演出及收支

		剧团数(个)		从业人员(人)		专业技术人才			本团原创首演剧目(个)	本团拥有知识产权数量(个)	演出场次(万场次)	国内演出场次	农村演出场次	国内演出观众人次(万人次)	农村观众人次	本年收
			补贴团数			正高级职称	副高级职称	中级职称								
(甲)		1	2	3	4	5	6	7	8	9	10	11	12	13	14	15
总　计	A	1245	322	39071	11129	238	653	960	47	2	28.866	28.844	20.823	18040.490	14399.026	5479919
按照登记注册类型分类	—															
国有	B	54	54	3696	3000	237	640	926	44	2	1.123	1.101	0.540	1145.373	636.891	901321
集体	C															
其他	D	1191	268	35375	8129	1	13	34	3		27.743	27.742	20.283	16895.118	13762.135	4578598
按隶属关系分	—	—	—	—	—	—	—	—	—	—	—	—	—	—	—	—
中央	E															
省、区、市	F	9	9	973	729	90	156	165	13	2	0.377	0.367	0.115	258.221	74.127	271467
地、市	G	14	14	1402	1161	79	257	356	11		0.294	0.291	0.078	303.701	97.142	384347
县、市、区	H	1222	299	36696	9239	69	240	439	23		28.195	28.187	20.631	17478.568	14227.757	4824105
按管理部门分	—															
文化部门	I	59	59	3892	3073	238	653	960	47	2	1.231	1.209	0.600	1320.120	759.491	927497
其他部门	J	1186	263	35179	8056						27.635	27.635	20.223	16720.370	13639.535	4552422
按剧种分	—	—	—	—	—	—	—	—	—	—	—	—	—	—	—	—
话剧、儿童剧、滑稽剧类	K	120	26	2793	673	8	21	29	3		1.461	1.460	0.852	748.658	525.920	120210
其中:儿童剧团	L	1	1	47	12						0.005	0.005	0.001	0.210	0.080	1650
歌舞、音乐类	M	131	25	4793	1781	51	123	191	6		2.414	2.410	1.654	935.628	592.377	719800
京剧、昆曲类	N	30	9	1291	345	28	39	67	4	2	1.152	1.150	1.079	1037.772	940.928	123411
其中:京剧	O	27	7	1136	231	11	12	26	2	2	1.076	1.076	1.020	992.670	905.848	81748
地方戏曲类	P	670	168	21961	5988	141	435	607	29		15.813	15.810	14.956	12034.528	11040.350	1441378
杂技、魔术、马戏类	Q	14	6	211	128	1	11	30	1		0.196	0.195	0.091	31.301	12.211	21434
曲艺类	R	82	33	1125	347	2	7	12	1		1.180	1.173	0.863	415.501	311.675	41035
乌兰牧骑	S															
综合性艺术表演团体	T	198	55	6897	1867	7	17	24	3		6.651	6.647	1.329	2837.102	975.565	3012651

情况综合年报

入合计(千元)		本年支出合计(千元)		资产总计(千元)		实际使用房屋建筑面积(万平方米)	实际拥有产权面积(万平方米)		流动舞台车演出情况			政府采购的公益演出活动情况			增加值(千元)
财政补贴收入	演出收入	人员支出		固定资产原价		排练练功用房			流动舞台车数量(辆)	利用流动舞台车演出场次(万场次)	利用流动舞台车演出观众人次(万人次)	演出场次(万场次)	演出观众人次(万人次)	演出补贴收入(千元)	
16	17	18	19	20	21	22	23	24	25	26	27	28	29	30	31
720044	4542775	3842011	1605312	10665801	634467	74.390	3.407	9.099	17	0.064	58.946	0.444	450.545	31410	643072
647934	156255	877377	477860	1131043	625659	19.180	2.913	8.927	15	0.056	46.946	0.382	396.475	27160	618710
72110	4386520	2964634	1127452	9534758	8808	55.210	0.494	0.172	2	0.008	12.000	0.061	54.070	4250	24362
198661	54481	280646	122086	475329	229869	4.145	0.917	3.617	6	0.008	12.066	0.133	118.676	10851	174959
259617	74154	355062	191306	485648	243866	9.275	1.166	2.422	3	0.010	8.000	0.106	94.700	6584	247516
261766	4414140	3206303	1291920	9704824	160732	60.971	1.325	3.061	8	0.046	38.880	0.204	237.169	13975	220597
655807	169529	902638	491859	1176743	633167	20.559	3.365	9.077	17	0.064	58.946	0.437	446.115	31410	638384
64237	4373246	2939373	1113453	9489058	1300	53.832	0.042	0.022				0.006	4.430		4688
12568	84897	95869	52620	201580	35049	4.252	0.198	0.705				0.074	52.469	4764	25694
50	750	150	70	1000		0.058									
183006	504266	488559	185776	983319	199031	11.848	0.802	2.765	1		0.066	0.036	53.999	3342	159010
58970	61432	109715	78385	97067	42192	1.417	0.251	0.889	1			0.035	22.079	1887	45602
25813	55114	69123	58182	54162	20703	1.080	0.162	0.615	1			0.027	13.959	1180	18874
408183	958512	1282593	942095	921770	319384	36.779	1.664	4.507	12	0.056	46.880	0.246	276.759	16219	380604
4161	11399	18373	11262	26936	1880	1.606	0.417					0.014	8.640	1519	9577
8050	30430	31119	21668	27243	4516	1.287	0.040	0.130							3914
45106	2891839	1815783	313506	8407886	32415	17.200	0.035	0.104	3	0.008	12.000	0.039	36.600	3679	18671

艺术表演团体基本情况

（甲）		剧团数（个）		从业人员（人）		专业技术人员			本团原创首演剧目（个）	本团拥有知识产权数量（个）	演出场
			补贴团数			正高级职称	副高级职称	中级职称			
		1	2	3	4	5	6	7	8	9	10
总　计	A	45	44	2759	2208	184	502	736	34	2	0.660
按照登记注册类型分类	—	—	—	—	—	—	—	—	—	—	—
国有	B	43	43	2713	2208	184	502	736	34	2	0.654
集体	C										
其他	D	2	1	46							0.006
按隶属关系分	—										—
中央	E										
省、区、市	F	5	5	540	417	55	85	115	7	2	0.073
地、市	G	10	10	904	755	67	190	227	6		0.187
县、市、区	H	30	29	1315	1036	62	227	394	21		0.400
按管理部门分	—										—
文化部门	I	44	44	2729	2208	184	502	736	34	2	0.654
其他部门	J	1		30							0.006
按剧种分	—										—
话剧、儿童剧、滑稽剧类	K										
其中：儿童剧团	L										
歌舞、音乐类	M	4	4	401	297	19	34	90			0.037
京剧、昆曲类	N	3	3	220	184	28	39	67	4	2	0.049
其中：京剧	O	1	1	95	75	11	12	26	2	2	0.029
地方戏曲类	P	35	35	2071	1700	135	422	565	29		0.546
杂技、魔术、马戏类	Q										
曲艺类	R	1	1	30	24	2	7	12	1		0.018
乌兰牧骑	S										
综合性艺术表演团体	T	2	1	37	3			2			0.011

综合年报(事业)(一)

次(万场次)		国内演出观众人次(万人次)		本年收入合计(千元)									本年支出合计(千元)	
国内演出场次	农村演出场次	国内演出观众人次	农村观众人次		财政补贴收入	基建拨款	上级补助收入	事业收入	演出收入	经营收入	附属单位上缴收入	其他收入		基本支出
11	12	13	14	15	16	17	18	19	20	21	22	23	24	25
0.647	0.364	823.746	511.071	741130	589160	135	29082	101334	82093	710	650	20194	712174	423006
—	—	—	—	—	—		—	—	—			—	—	—
0.641	0.358	819.746	507.071	740122	588159	135	29082	101327	82086	710	650	20194	711168	422000
0.006	0.006	4.000	4.000	1008	1001			7	7				1006	1006
—	—	—	—	—	—			—	—			—	—	—
0.071	0.009	47.930	7.369	188620	166870			16156	16144			5594	197234	79781
0.185	0.060	246.671	88.082	307259	238020		20266	38815	33670			10158	276401	158261
0.392	0.296	529.144	415.620	245251	184270	135	8816	46363	32279	710	650	4442	238539	184964
—	—	—	—	—	—		—	—	—			—	—	—
0.641	0.358	819.746	507.071	741123	589160	135	29082	101327	82086	710	650	20194	712169	423001
0.006	0.006	4.000	4.000	7				7	7				5	5
0.037	0.003	26.049	1.818	168931	138185		10068	19826	18878			852	141875	56468
0.047	0.008	28.909	8.565	65492	58471			4024	4012			2997	60726	36608
0.029	0.001	14.807	0.485	27129	25314			994	994			821	22824	16674
0.543	0.341	749.988	489.488	488367	374171	135	19014	77477	59196	710	650	16345	488321	325130
0.011	0.007	11.000	7.200	5443	5443								5443	3979
0.010	0.006	7.800	4.000	12897	12890			7	7				15809	821

艺术表演团体基本情况

（甲）		本年支出合计（千元）											
				在支出合计中：									
					商品和服务支出					对个人和家庭补助支出		其他资本性支出	
		项目支出	经营支出	工资福利支出		差旅费	劳务费	福利费	各种税金支出		抚恤金和生活补助		各种设备、交通工具、图书购置费
		26	27	28	29	30	31	32	33	34	35	36	37
总 计	A	288981	187	327074	238574	19517	78362	5518	1142	71475	2684	75050	19304
按照登记注册类型分类	—	—	—	—	—	—	—	—	—	—	—	—	—
国有	B	288981	187	326650	238546	19517	78362	5512	1142	70924	2579	75047	19304
集体	C												
其他	D			424	28				6	551	105	3	
按隶属关系分	—	—	—	—	—	—	—	—	—	—	—	—	—
中央	E												
省、区、市	F	117453		67803	67381	5380	24004	1274	306	15156	1434	46894	3027
地、市	G	118140		119268	108663	9923	30255	2358	271	30777	171	17693	12873
县、市、区	H	53388	187	140003	62530	4214	24103	1886	565	25542	1079	10463	3404
按管理部门分	—	—	—	—	—	—	—	—	—	—	—	—	—
文化部门	I	288981	187	327072	238574	19517	78362	5518	1142	71475	2684	75047	19304
其他部门	J			2								3	
按剧种分	—	—	—	—	—	—	—	—	—	—	—	—	—
话剧、儿童剧、滑稽剧类	K												
其中：儿童剧团	L												
歌舞、音乐类	M	85407		45815	67750	4564	25505	947	295	13656		14654	4188
京剧、昆曲类	N	24118		30269	21636	1514	7761	501	138	6194	1249	2627	2304
其中：京剧	O	6150		13369	5282	323	1612	48	39	3561	762	612	612
地方戏曲类	P	163004	187	247120	132729	13215	44815	4057	709	51276	1433	57195	12812
杂技、魔术、马戏类	Q												
曲艺类	R	1464		3223	1954	188	251			249	2	17	
乌兰牧骑	S												
综合性艺术表演团体	T	14988		647	14505	36	30	13		100		557	

综合年报(事业)(二)

资产总计(千元)		实际使用房屋建筑面积(万平方米)		实际拥有产权面积(万平方米)	流动舞台车演出情况			政府采购的公益演出活动情况			增加值(千元)
	固定资产原价		排练练功用房		流动舞台车数量(辆)	利用流动舞台车演出场次(万场次)	利用流动舞台车演出观众人次(万人次)	演出场次(万场次)	演出观众人次(万人次)	演出补贴收入(千元)	
38	39	40	41	42	43	44	45	46	47	48	49
752843	448277	15.398	2.212	5.272	12	0.052	42.750	0.257	277.122	16547	504200
—											—
752123	447639	15.169	2.192	5.272	12	0.052	42.750	0.257	276.842	16547	503296
720	638	0.229	0.020						0.280		904
—	—		—								—
286559	111509	2.195	0.527	1.267	2			0.035	18.567	2419	112286
270034	186376	6.858	0.506	1.348	3	0.010	8.000	0.066	64.560	3834	193186
196250	150392	6.345	1.179	2.658	7	0.042	34.750	0.156	193.995	10294	198728
—			—						—		—
752693	448127	15.348	2.192	5.272	12	0.052	42.750	0.257	276.842	16547	504190
150	150	0.050	0.020						0.280		10
—			—								
113278	77490	1.743	0.329					0.011	7.719	2122	90769
74127	42192	0.942	0.251	0.889	1			0.035	22.079	1887	45602
33572	20703	0.615	0.162	0.615	1			0.027	13.959	1180	18874
550702	314696	10.930	1.572	4.254	11	0.052	42.750	0.210	246.245	12538	362745
4707	4516	0.130	0.040	0.130							3914
10029	9383	1.653	0.020					0.001	1.080		1170

文化部门艺术表演团体基本情况

（甲）		剧团数（个）		从业人员（人）					本团原创首演剧目（个）	本团拥有知识产权数量（个）	演出场
			补贴团数		专业技术人员						
						正高级职称	副高级职称	中级职称			
（甲）		1	2	3	4	5	6	7	8	9	10
总　　计	A	44	44	2729	2208	184	502	736	34	2	0.654
按照登记注册类型分类	—	—	—	—	—	—	—	—	—	—	—
国有	B	43	43	2713	2208	184	502	736	34	2	0.654
集体	C										
其他	D	1	1	16							
按隶属关系分	—	—	—	—	—	—	—	—	—	—	—
中央	E										
省、区、市	F	5	5	540	417	55	85	115	7	2	0.073
地、市	G	10	10	904	755	67	190	227	6		0.187
县、市、区	H	29	29	1285	1036	62	227	394	21		0.394
按剧种分	—	—	—	—	—	—	—	—	—	—	—
话剧、儿童剧、滑稽剧类	I										
其中：儿童剧团	J										
歌舞、音乐类	K	4	4	401	297	19	34	90			0.037
京剧、昆曲类	L	3	3	220	184	28	39	67	4	2	0.049
其中：京剧	M	1	1	95	75	11	12	26	2	2	0.029
地方戏曲类	N	35	35	2071	1700	135	422	565	29		0.546
杂技、魔术、马戏类	O										
曲艺类	P	1	1	30	24	2	7	12	1		0.018
乌兰牧骑	S										
综合性艺术表演团体	T	1	1	7	3			2			0.005

综合年报（事业）（一）

次（万场次）		国内演出观众人次（万人次）		本年收入合计（千元）									本年支出合计（千元）	
国内演出场次	农村演出场次	国内演出观众人次	农村观众人次		财政补贴收入	基建拨款	上级补助收入	事业收入	演出收入	经营收入	附属单位上缴收入	其他收入		基本支出
11	12	13	14	15	16	17	18	19	20	21	22	23	24	25
0.641	0.358	819.746	507.071	741123	589160		135	29082	101327	82086	710	650	20194	712169	423001
—	—	—	—							—	—	—	—	—
0.641	0.358	819.746	507.071	740122	588159		135	29082	101327	82086	710	650	20194	711168	422000
				1001	1001									1001	1001
—	—	—	—							—	—	—	—	—
0.071	0.009	47.930	7.369	188620	166870			16156	16144				5594	197234	79781
0.185	0.060	246.671	88.082	307259	238020		20266	38815	33670				10158	276401	158261
0.386	0.290	525.144	411.620	245244	184270	135	8816	46356	32272	710	650	4442	238534	184959
—	—	—	—											
0.037	0.003	26.049	1.818	168931	138185		10068	19826	18878			852	141875	56468
0.047	0.008	28.909	8.565	65492	58471			4024	4012				2997	60726	36608
0.029	0.001	14.807	0.485	27129	25314			994	994				821	22824	16674
0.543	0.341	749.988	489.488	488367	374171	135	19014	77477	59196	710	650	16345	488321	325130
0.011	0.007	11.000	7.200	5443	5443								5443	3979
0.004		3.800		12890	12890								15804	816

文化部门艺术表演团体基本情况

（甲）		本年支出合计（千元）											
				在支出合计中：									
					商品和服务支出					对个人和家庭补助支出		其他资本性支出	
		项目支出	经营支出	工资福利支出		差旅费	劳务费	福利费	各种税金支出		抚恤金和生活补助		各种设备、交通工具、图书购置费
		26	27	28	29	30	31	32	33	34	35	36	37
总　　计	A	288981	187	327072	238574	19517	78362	5518	1142	71475	2684	75047	19304
按照登记注册类型分类	—	—	—	—	—	—	—	—	—	—	—	—	—
国有	B	288981	187	326650	238546	19517	78362	5512	1142	70924	2579	75047	19304
集体	C												
其他	D			422	28			6		551	105		
按隶属关系分	—												
中央	E												
省、区、市	F	117453		67803	67381	5380	24004	1274	306	15156	1434	46894	3027
地、市	G	118140		119268	108663	9923	30255	2358	271	30777	171	17693	12873
县、市、区	H	53388	187	140001	62530	4214	24103	1886	565	25542	1079	10460	3404
按剧种分	—												
话剧、儿童剧、滑稽剧类	I												
其中：儿童剧团	J												
歌舞、音乐类	K	85407		45815	67750	4564	25505	947	295	13656		14654	4188
京剧、昆曲类	L	24118		30269	21636	1514	7761	501	138	6194	1249	2627	2304
其中：京剧	M	6150		13369	5282	323	1612	48	39	3561	762	612	612
地方戏曲类	N	163004	187	247120	132729	13215	44815	4057	709	51276	1433	57195	12812
杂技、魔术、马戏类	O												
曲艺类	P	1464		3223	1954	188	251			249	2	17	
乌兰牧骑	S												
综合性艺术表演团体	T	14988		645	14505	36	30	13		100		554	

综合年报(事业)(二)

资产总计(千元)		实际使用房屋建筑面积(万平方米)		实际拥有产权面积(万平方米)	流动舞台车演出情况			政府采购的公益演出活动情况			增加值(千元)
	固定资产原价		排练练功用房		流动舞台车数量(辆)	利用流动舞台车演出场次(万场次)	利用流动舞台车演出观众人次(万人次)	演出场次(万场次)	演出观众人次(万人次)	演出补贴收入(千元)	
38	39	40	41	42	43	44	45	46	47	48	49
752693	448127	15.348	2.192	5.272	12	0.052	42.750	0.257	276.842	16547	504190
—	—	—	—	—	—	—	—	—	—	—	—
752123	447639	15.169	2.192	5.272	12	0.052	42.750	0.257	276.842	16547	503296
570	488	0.179									894
					—	—	—	—	—	—	—
286559	111509	2.195	0.527	1.267	2			0.035	18.567	2419	112286
270034	186376	6.858	0.506	1.348	3	0.010	8.000	0.066	64.560	3834	193186
196100	150242	6.295	1.159	2.658	7	0.042	34.750	0.156	193.715	10294	198718
113278	77490	1.743	0.329					0.011	7.719	2122	90769
74127	42192	0.942	0.251	0.889	1			0.035	22.079	1887	45602
33572	20703	0.615	0.162	0.615	1			0.027	13.959	1180	18874
550702	314696	10.930	1.572	4.254	11	0.052	42.750	0.210	246.245	12538	362745
4707	4516	0.130	0.040	0.130							3914
9879	9233	1.603						0.001	0.800		1160

艺术表演团体基本情况

（甲）		剧团数（个）		从业人员（人）					本团原创首演剧目（个）	本团拥有知识产权数量（个）	演出场
			补贴团数		专业技术人员						
						正高级职称	副高级职称	中级职称			
		1	2	3	4	5	6	7	8	9	10
总　计	A	18	15	1266	963	54	151	224	13		0.680
按照登记注册类型分类	—	—	—	—	—	—	—	—	—		—
国有	B	11	11	983	792	53	138	190	10		0.469
集体	C										
其他	D	7	4	283	171	1	13	34	3		0.211
按隶属关系分	—										
中央	E										
省、区、市	F	4	4	433	312	35	71	50	6		0.304
地、市	G	4	4	498	406	12	67	129	5		0.107
县、市、区	H	10	7	335	245	7	13	45	2		0.269
按管理部门分	—	—	—	—	—	—	—	—	—		—
文化部门	I	15	15	1163	865	54	151	224	13		0.577
其他部门	J	3		103	98						0.103
按剧种分	—	—	—	—	—	—	—	—	—		—
话剧、儿童剧、滑稽剧类	K	3	3	185	107	8	21	29	3		0.115
其中：儿童剧团	L										
歌舞、音乐类	M	5	5	585	485	32	89	101	6		0.159
京剧、昆曲类	N										
其中：京剧	O										
地方戏曲类	P	6	4	270	226	6	13	42			0.178
杂技、魔术、马戏类	Q	1	1	91	67	1	11	30	1		0.022
曲艺类	R										
乌兰牧骑	S										
综合性艺术表演团体	T	3	2	135	78	7	17	22	3		0.206

综合年报(企业)(一)

次(万场次)		国内演出观众人次(万人次)		资产、负债、所有者权益(千元)							损益(千元)	
国内演出场次			农村观众人次	资产总计			负债合计	所有者权益合计			营业收入	
	农村演出场次				固定资产原价	本年折旧			实收资本(股本)			演出收入
										国家资本		
11	12	13	14	15	16	17	18	19	20	21	22	23
0.671	0.345	571.574	323.620	425278	186190	13596	110631	314647	158185	157560	109823	92041
	—				—			—				—
0.460	0.182	325.627	129.820	378920	178020	12073	93326	285594	134560	134560	90591	74169
0.210	0.163	245.948	193.800	46358	8170	1523	17305	29053	23625	23000	19232	17872
0.296	0.106	210.291	66.758	188770	118360	8008	52263	136507	92000	92000	47366	38337
0.106	0.018	57.030	9.060	215614	57490	4394	52275	163339	58000	58000	47485	40484
0.269	0.221	304.254	247.802	20894	10340	1194	6093	14801	8185	7560	14972	13220
					—				—			—
0.568	0.242	500.374	252.420	424050	185040	13516	110631	313419	158185	157560	105225	87443
0.103	0.103	71.200	71.200	1228	1150	80		1228			4598	4598
	—		—				—					
0.114	0.018	81.077	8.887	120952	35049	2744	37534	83418	40000	40000	21474	18317
0.155	0.075	220.382	125.738	236839	121541	7612	49196	187643	75975	75350	62417	50985
0.178	0.152	151.110	122.510	7800	4688	357	5816	1984	2210	2210	11498	9991
0.021	0.001	12.840	0.600	18071	1880	157	7095	10976	10000	10000	3696	2929
0.203	0.099	106.165	65.885	41616	23032	2726	10990	30626	30000	30000	10738	9819

艺术表演团体基本情况

损益（千元）

项目	代码	养老、医疗、失业等各种社会保险费（营业成本）	住房公积金和住房补贴	差旅费	工会经费	（营业成本）	营业利润	营业外收入	政府补助（补贴收入）	营业外支出	利润总额
（甲）		24	25	26	27	28	29	30	31	32	33
总　计	A	193752	14063	4711	5854	1615	−83929	81149	66647	941	−3721
按照登记注册类型分类	—	—	—	—	—	—	—	—	—	—	—
国有	B	165268	11972	3651	5467	1320	−74677	70608	59775	941	−5010
集体	C										
其他	D	28484	2091	1060	387	295	−9252	10541	6872		1289
按隶属关系分	—	—	—	—	—	—	—	—	—	—	—
中央	E										
省、区、市	F	83348	9443	2361	5419	691	−35982	35481	31791	64	−565
地、市	G	78316	2970	1546	353	814	−30831	29603	21597	345	−1573
县、市、区	H	32088	1650	804	82	110	−17116	16065	13259	532	−1583
按管理部门分	—	—	—	—	—	—	—	—	—	—	—
文化部门	I	189528	14063	4711	5854	1615	−84303	81149	66647	941	−4095
其他部门	J	4224					374				374
按剧种分	—	—	—	—	—	—	—	—	—	—	—
话剧、儿童剧、滑稽剧类	K	37403	2781	824	1793	369	−15929	16483	10930	38	516
其中：儿童剧团	L										
歌舞、音乐类	M	101091	6398	1616	2891	825	−38674	34849	32037	862	−4687
京剧、昆曲类	N										
其中：京剧	O										
地方戏曲类	P	22908	1302	727	9	78	−11410	11545	11479	31	104
杂技、魔术、马戏类	Q	10936	1006	742	125	188	−7240	7527	3861		287
曲艺类	R										
乌兰牧骑	S										
综合性艺术表演团体	T	21414	2576	802	1036	155	−10676	10745	8340	10	59

综合年报（企业）（二）

工资、福利费、税金（千元）			实际使用房屋建筑面积（万平方米）			流动舞台车演出情况			政府采购的公益演出活动情况			
本年发放工资总额	本年支付的职工福利费	本年应交税金总额		排练练功用房	实际拥有产权面积（万平方米）	流动舞台车数量（辆）	利用流动舞台车演出场次（万场次）	利用流动舞台车演出观众人次（万人次）	演出场次（万场次）	演出观众人次（万人次）	演出补贴收入（千元）	增加值（千元）
34	35	36	37	38	39	40	41	42	43	44	45	46
89154	8372	6248	5.272	1.195	3.827	5	0.012	16.196	0.187	173.423	14863	138872
—	—	—	—	—	—	—	—	—	—	—	—	—
72970	7316	5715	4.011	0.721	3.655	3	0.004	4.196	0.125	119.633	10613	115414
16184	1056	533	1.261	0.474	0.172	2	0.008	12.000	0.061	53.790	4250	—
37831	1296	2696	1.950	0.390	2.350	4	0.008	12.066	0.098	100.109	8432	62673
37224	4037	3014	2.417	0.660	1.074				0.040	30.140	2750	54330
14099	3039	538	0.906	0.146	0.403	1	0.004	4.130	0.048	43.174	3681	21869
—	—	—	—	—	—	—	—	—	—	—	—	—
85170	8142	6246	5.211	1.173	3.805	5	0.012	16.196	0.180	169.273	14863	134194
3984	230	2	0.062	0.022	0.022				0.006	4.150		4678
—	—	—	—	—	—	—	—	—	—	—	—	—
15880	1578	1095	0.968	0.198	0.705				0.074	52.469	4764	25694
44237	3128	4193	2.177	0.473	2.765	1		0.066	0.025	46.280	1220	68241
11860	2869	295	0.612	0.092	0.253	1	0.004	4.130	0.036	30.514	3681	17859
7165	168	143	0.916	0.417					0.014	8.640	1519	9577
10012	629	522	0.598	0.015	0.104	3	0.008	12.000	0.038	35.520	3679	17501

文化部门艺术表演团体基本情况

（甲）		剧团数（个）	补贴团数	从业人员（人）		专业技术人员			本团原创首演剧目（个）	本团拥有知识产权数量（个）	演出场
						正高级职称	副高级职称	中级职称			
（甲）		1	2	3	4	5	6	7	8	9	10
总　　计	A	15	15	1163	865	54	151	224	13		0.577
按照登记注册类型分类	—	—	—	—	—	—	—	—	—	—	—
国有	B	11	11	983	792	53	138	190	10		0.469
集体	C										
其他	D	4	4	180	73	1	13	34	3		0.108
按隶属关系分	—	—	—	—	—	—	—	—	—	—	—
中央	E										
省、区、市	F	4	4	433	312	35	71	50	6		0.304
地、市	G	4	4	498	406	12	67	129	5		0.107
县、市、区	H	7	7	232	147	7	13	45	2		0.166
按剧种分	—	—	—	—	—	—	—	—	—	—	—
话剧、儿童剧、滑稽剧类	I	3	3	185	107	8	21	29	3		0.115
其中：儿童剧团	J										
歌舞、音乐类	K	5	5	585	485	32	89	101	6		0.159
京剧、昆曲类	L										
其中：京剧	M										
地方戏曲类	N	4	4	175	131	6	13	42			0.082
杂技、魔术、马戏类	O	1	1	91	67	1	11	30	1		0.022
曲艺类	P										
乌兰牧骑	Q										
综合性艺术表演团体	T	2	2	127	75	7	17	22	3		0.199

综合年报(企业)(一)

次(万场次)		国内演出观众人次(万人次)		资产、负债、所有者权益(千元)							损益(千元)	
国内演出场次				资产总计			负债合计	所有者权益合计			营业收入	
	农村演出场次		农村观众人次	固定资产原价	本年折旧				实收资本(股本)			演出收入
										国家资本		
11	12	13	14	15	16	17	18	19	20	21	22	23
0.568	0.242	500.374	252.420	424050	185040	13516	110631	313419	158185	157560	105225	87443
—	—	—	—	—	—	—	—	—	—	—	—	—
0.460	0.182	325.627	129.820	378920	178020	12073	93326	285594	134560	134560	90591	74169
0.107	0.060	174.748	122.600	45130	7020	1443	17305	27825	23625	23000	14634	13274
—	—	—	—	—	—	—	—	—	—	—	—	—
0.296	0.106	210.291	66.758	188770	118360	8008	52263	136507	92000	92000	47366	38337
0.106	0.018	57.030	9.060	215614	57490	4394	52275	163339	58000	58000	47485	40484
0.166	0.118	233.054	176.602	19666	9190	1114	6093	13573	8185	7560	10374	8622
—	—	—	—	—	—	—	—	—	—	—	—	—
0.114	0.018	81.077	8.887	120952	35049	2744	37534	83418	40000	40000	21474	18317
0.155	0.075	220.382	125.738	236839	121541	7612	49196	187643	75975	75350	62417	50985
0.082	0.056	87.110	58.510	6650	3538	277	5816	834	2210	2210	6998	5491
0.021	0.001	12.840	0.600	18071	1880	157	7095	10976	10000	10000	3696	2929
0.195	0.092	98.965	58.685	41538	23032	2726	10990	30548	30000	30000	10640	9721

文化部门艺术表演团体基本情况

损益（千元）

（甲）	代码	营业成本	养老、医疗、失业等各种社会保险费	住房公积金和住房补贴	差旅费	工会经费	营业利润	营业外收入	政府补助(补贴收入)	营业外支出	利润总额
		24	25	26	27	28	29	30	31	32	33
总　　计	A	189528	14063	4711	5854	1615	−84303	81149	66647	941	−4095
按照登记注册类型分类	—	—	—	—	—	—	—	—	—	—	—
国有	B	165268	11972	3651	5467	1320	−74677	70608	59775	941	−5010
集体	C										
其他	D	24260	2091	1060	387	295	−9626	10541	6872		915
按隶属关系分	—	—	—	—	—	—	—	—	—	—	—
中央	E										
省、区、市	F	83348	9443	2361	5419	691	−35982	35481	31791	64	−565
地、市	G	78316	2970	1546	353	814	−30831	29603	21597	345	−1573
县、市、区	H	27864	1650	804	82	110	−17490	16065	13259	532	−1957
按剧种分	—	—	—	—	—	—	—	—	—	—	—
话剧、儿童剧、滑稽剧类	I	37403	2781	824	1793	369	−15929	16483	10930	38	516
其中：儿童剧团	J										
歌舞、音乐类	K	101091	6398	1616	2891	825	−38674	34849	32037	862	−4687
京剧、昆曲类	L										
其中：京剧	M										
地方戏曲类	N	18778	1302	727	9	78	−11780	11545	11479	31	−266
杂技、魔术、马戏类	O	10936	1006	742	125	188	−7240	7527	3861		287
曲艺类	P										
乌兰牧骑	Q										
综合性艺术表演团体	T	21320	2576	802	1036	155	−10680	10745	8340	10	55

注：第24—28栏为"营业成本"，第30—31栏为"营业外收入"。

综合年报(企业)(二)

工资、福利费、税金(千元)			实际使用房屋建筑面积(万平方米)		实际拥有产权面积(万平方米)	流动舞台车演出情况			政府采购的公益演出活动情况			增加值(千元)
本年发放工资总额	本年支付的职工福利费	本年应交税金总额		排练练功用房		流动舞台车数量(辆)	利用流动舞台车演出场次(万场次)	利用流动舞台车演出观众人次(万人次)	演出场次(万场次)	演出观众人次(万人次)	演出补贴收入(千元)	
34	35	36	37	38	39	40	41	42	43	44	45	46
85170	8142	6246	5.211	1.173	3.805	5	0.012	16.196	0.180	169.273	14863	134194
—	—	—	—	—	—	—	—	—	—	—	—	—
72970	7316	5715	4.011	0.721	3.655	3	0.004	4.196	0.125	119.633	10613	115414
12200	826	531	1.200	0.452	0.150	2	0.008	12.000	0.055	49.640	4250	18780
37831	1296	2696	1.950	0.390	2.350	4	0.008	12.066	0.098	100.109	8432	62673
37224	4037	3014	2.417	0.660	1.074				0.040	30.140	2750	54330
10115	2809	536	0.844	0.124	0.381	1	0.004	4.130	0.042	39.024	3681	17191
—	—	—	—	—	—	—	—	—	—	—	—	—
15880	1578	1095	0.968	0.198	0.705				0.074	52.469	4764	25694
44237	3128	4193	2.177	0.473	2.765	1		0.066	0.025	46.280	1220	68241
7960	2639	295	0.578	0.070	0.231	1	0.004	4.130	0.032	29.364	3681	13279
7165	168	143	0.916	0.417					0.014	8.640	1519	9577
9928	629	520	0.570	0.015	0.104	3	0.008	12.000	0.035	32.520	3679	17403

艺术表演场馆基本

（甲）		机构数（个）	从业人员（人）					座席数（个）	演（映）出场次合计（万场次）		
				专业技术人才						艺术演出场次	
					正高级职称	副高级职称	中级职称				惠民演出
		1	2	3	4	5	6	7	8	9	10
总　　计	A	326	5811	1382	8	20	160	170138	9.816	2.809	0.271
其中：附属剧场	B	157	2336	648	4	3	17	81302	2.770	1.695	0.115
儿童剧场	C	164	3807	747		1	6	49716	3.176	1.919	0.105
按登记注册类型分	—	—	—	—	—	—	—	—	—	—	—
国有	D	64	1049	304	7	16	112	81759	4.475	0.501	0.126
集体	E	1	16	7			1	780	0.029	0.007	0.004
其他	F	261	4746	1071	1	4	47	87599	5.313	2.302	0.142
按管理部门分	—	—	—	—	—	—	—	—	—	—	—
文化部门	G	68	1377	395	4	19	142	63763	6.222	0.528	0.143
其他部门	H	258	4434	987	4	1	18	106375	3.595	2.281	0.128
按机构类型分	—	—	—	—	—	—	—	—	—	—	—
剧场	I	122	2435	635	7	15	91	98136	3.744	1.105	0.126
影剧院	J	21	310	98		4	46	14329	3.218	0.089	0.023
书场、曲艺场	K	2	4					320	0.045	0.045	
杂技、马戏场	L										
音乐厅	M	14	94	39	1		1	2276	0.285	0.185	0.003
综合性	N	45	1290	294		1	22	34610	1.552	0.687	0.085
其他艺术表演场馆	O	122	1678	316				20467	0.972	0.699	0.035
按隶属关系分	—	—	—	—	—	—	—	—	—	—	—
中央	P										
省、区、市	Q	5	141	64	1	9	18	5358	0.665	0.057	0.028
地、市	R	18	532	138	2	7	43	18234	1.081	0.249	0.049
县、市及以下	S	303	5138	1180	5	4	99	146546	8.071	2.504	0.195

情况综合年报

观众人次合计（万人次）		本年收入合计（千元）			本年支出合计（千元）		资产总计（千元）		实际使用房屋建筑面积（万平方米）		实际拥有产权面积（万平方米）	增加值（千元）
	艺术演出观众	财政拨款	艺术演出收入			人员支出		年末固定资产原值		演（映）出业务用房		
11	12	13	14	15	16	17	18	19	20	21	22	23
2237.053	290.244	1013444	220450	195063	786673	292644	2665651	1323121	132.985	64.655	40.440	237968
551.360	60.209	237895	4797	72426	186143	80450	209809	13500	41.994	23.743	1.296	90
536.577	0.225	507943	11189	111958	335252	134324	779246	3753	37.658	18.787		3281
—	—	—	—	—	—	—	—	—	—	—	—	—
1442.913	258.471	316038	130095	57968	284855	112870	1137878	768662	50.126	26.251	26.686	181329
8.300	3.100	3095	860	191	2878	1451	1698	1428	0.745	0.250	0.745	1925
785.840	28.673	694311	89495	136904	498940	178323	1526075	553031	82.114	38.153	13.009	54714
1517.665	282.296	392668	154486	70841	377305	132449	1348356	1154372	65.430	30.839	35.344	206938
719.388	7.947	620776	65964	124222	409368	160195	1317295	168749	67.555	33.816	5.096	31030
—	—	—	—	—	—	—	—	—	—	—	—	—
1553.824	231.353	555984	196555	98489	463148	150775	1817792	1130272	79.421	31.034	31.700	168535
148.099	34.466	69161	8059	4649	65421	26522	143564	78898	10.574	4.554	5.081	41175
5.200	5.200	1159	1074	85	1171	805	245	35	0.207	0.084	0.084	923
31.026	3.430	10590	200	3597	8195	3520	13720	872	3.295	2.533		783
318.896	15.795	203551	14562	53569	142930	60164	466619	113044	27.181	22.631	3.575	26552
180.009		172999		34674	105808	50858	223711		12.308	3.819		
—	—	—	—	—	—	—	—	—	—	—	—	—
59.733	43.611	46931		15047	40869	21511	212142	164339	3.238	1.863	1.557	37466
1162.684	119.780	183056	106419	33366	168968	49203	229664	175643	26.397	9.731	14.440	69650
1014.637	126.853	783457	114031	146650	576836	221930	2223845	983139	103.351	53.060	24.444	130852

艺术表演场馆基本

（甲）		机构数(个)	从业人员(人)	专业技术人才				座席数(个)	演(映)出场次合计(万场次)	艺术演出场次	
					正高级职称	副高级职称	中级职称				惠民演出
		1	2	3	4	5	6	7	8	9	10
总　　计	A	46	623	231	4	12	101	55557	2.178	0.239	0.086
其中:附属剧场	B	5	85	22	4		14	27408	0.018	0.010	0.005
儿童剧场	C	1	14	10		1	6	459	0.006	0.005	0.001
按登记注册类型分	—	—									—
国有	D	43	574	207	4	12	88	54565	1.791	0.238	0.084
集体	E										
其他	F	3	49	24			13	992	0.387	0.002	0.002
按管理部门分	—	—									
文化部门	G	40	531	207		11	85	27822	2.164	0.230	0.083
其他部门	H	6	92	24	4	1	16	27735	0.015	0.009	0.003
按机构类型分	—	—	—	—	—	—	—	—	—	—	—
剧场	I	30	411	142	4	9	62	46563	0.237	0.112	0.066
影剧院	J	12	162	60		2	23	7303	1.854	0.076	0.017
书场、曲艺场	K	1	4					120	0.045	0.045	
杂技、马戏场	L										
音乐厅	M										
综合性	N	3	46	29		1	16	1571	0.042	0.006	0.003
其他艺术表演场馆	O										
按隶属关系分	—	—	—	—	—	—	—	—	—	—	—
中央	P										
省、区、市	Q	2	114	56		8	17	2543	0.507	0.031	0.025
地、市	R	7	134	29		1	21	4392	0.088	0.030	0.017
县、市及以下	S	37	375	146	4	3	63	48622	1.584	0.179	0.044

情况综合年报（事业）（一）

观众人次合计(万人次)		本年收入合计(千元)								
			财政补贴收入		上级补助收入	事业收入		经营收入	附属单位上缴收入	其他收入
	艺术演出观众人次			基建拨款			演出收入			
11	12	13	14	15	16	17	18	19	20	21
249.660	121.070	206748	97603		9537	48369	17333	17981	274	32984
8.477	6.848									
2.475	0.225	4203	2582			1237				384
—	—	—								
238.920	119.360	196136	92124		7654	46086	17333	17832		32440
10.740	1.710	10612	5479		1883	2283		149	274	544
243.798	119.097	159399	63514		9537	39152	17333	17981	274	28941
5.862	1.973	47349	34089			9217				4043
—	—	—	—		—	—	—	—	—	—
136.471	89.278	147362	81237		2903	33363	15666	4975		24884
99.890	24.657	45145	6320		4751	13568	1582	12857		7649
5.200	5.200	1159	1074			85	85			
8.099	1.935	13082	8972		1883	1353		149	274	451
—	—	—	—		—	—	—	—	—	—
37.834	29.881	43233				20188	14260			23045
38.128	16.989	48338	36155		1674	6853	2527	1955		1701
173.698	74.200	115177	61448		7863	21328	546	16026	274	8238

艺术表演场馆基本

本年支出

（甲）		基本支出	项目支出	经营支出	工资福利支出	在支出合计中：商品和服务支出	差旅费	劳务费	福利费	各种税金支出
		22	23	24	25	26	27	28	29	30 / 31
总　　计	A	175642	115536	42313	17745	56975	77016	692	7775	2985 / 6591
其中:附属剧场	B									/
儿童剧场	C	4168	2332	1836		1811	2237	6	1144	46 /
按登记注册类型分	—	—	—	—	—	—	—	—	—	— / —
国有	D	165459	108162	39653	17596	51541	75177	688	7718	2692 / 6576
集体	E									/
其他	F	10183	7374	2660	149	5434	1839	4	57	293 / 15
按管理部门分	—	—	—	—	—	—	—	—	—	— / —
文化部门	G	151750	96641	37316	17745	55014	70128	627	5979	2185 / 6556
其他部门	H	23892	18895	4997		1961	6888	65	1796	800 / 35
按机构类型分	—	—	—	—	—	—	—	—	—	— / —
剧场	I	119222	77816	35177	6181	34101	52980	536	5517	2036 / 3631
影剧院	J	42176	27303	3458	11415	15899	19949	143	964	641 / 2942
书场、曲艺场	K	1171	847	324		522	366		112	14 / 3
杂技、马戏场	L									/
音乐厅	M									/
综合性	N	13073	9570	3354	149	6453	3721	13	1182	294 / 15
其他艺术表演场馆	O									/
按隶属关系分	—	—	—	—	—	—	—	—	—	— / —
中央	P									/
省、区、市	Q	37557	35117	2440		15105	17650	164	2266	765 / 3148
地、市	R	48290	20716	23582	3992	13069	27751	253	2506	507 / 645
县、市及以下	S	89795	59703	16291	13753	28801	31615	275	3003	1713 / 2798

情况综合年报（事业）（二）

合计（千元）				资产总计（千元）		实际使用房屋建筑面积（万平方米）		实际拥有产权面积（万平方米）	增加值（千元）
对个人和家庭补助支出	抚恤金和生活补助	其他资本性支出	各种设备、交通工具、图书购置费		固定资产原价		演（映）出业务用房		
32	33	34	35	36	37	38	39	40	41
28362	2241	12781	4862	1011826	624574	25.508	13.567	15.602	134840
						3.050	1.507	1.296	
119		1		4445	3753	1.100	0.065		3281
—	—	—	—	—	—	—	—	—	—
26844	2180	11389	4732	1001256	618106	23.902	12.464	14.846	127018
1518	61	1392	130	10570	6468	1.606	1.102	0.756	7822
—	—	—	—	—	—	—	—	—	—
16481	1495	9619	2979	559864	456170	22.422	12.145	13.906	108030
11881	746	3162	1883	451962	168404	3.086	1.422	1.696	26810
—	—	—	—	—	—	—	—	—	—
22598	2030	9035	4181	900042	560421	17.272	10.099	12.857	95622
3633	137	2695	681	99171	57957	6.052	2.429	2.661	28308
283	12			245	35	0.155	0.084	0.084	923
1848	62	1051		12368	6161	2.030	0.955		9987
—	—	—	—	—	—	—	—	—	—
4682	68	120	120	207010	163323	1.903	1.144	1.557	34785
4381	26	3089		148149	127084	5.823	3.459	4.643	26439
19299	2147	9572	4742	656667	334167	17.783	8.963	9.402	73616

文化部门艺术表演场馆基本

（甲）		机构数（个）	从业人员（人）					座席数（个）	演（映）出场次合计（万场次）	艺术演出场次	
				专业技术人才							惠民演出
					正高级职称	副高级职称	中级职称				
（甲）		1	2	3	4	5	6	7	8	9	10
总　计	A	40	531	207		11	85	27822	2.164	0.230	0.083
其中:附属剧场	B	1	10	8			4	1202	0.011	0.007	0.005
儿童剧场	C										
按登记注册类型分	—	—	—	—	—	—	—	—	—	—	—
国有	D	37	482	183		11	72	26830	1.776	0.228	0.082
集体	E										
其他	F	3	49	24			13	992	0.387	0.002	0.002
按机构类型分	—	—	—	—	—	—	—	—	—	—	—
剧场	G	25	333	128		9	52	19287	0.228	0.107	0.065
影剧院	H	12	162	60		2	23	7303	1.854	0.076	0.017
书场、曲艺场	I	1	4					120	0.045	0.045	
杂技、马戏场	J										
音乐厅	K										
综合性	L	2	32	19			10	1112	0.037	0.002	0.002
其他艺术表演场馆	M										
按隶属关系分	—	—	—	—	—	—	—	—	—	—	—
中央	N										
省、区、市	O	2	114	56		8	17	2543	0.507	0.031	0.025
地、市	P	6	120	19			15	3933	0.082	0.025	0.016
县、市及以下	Q	32	297	132		3	53	21346	1.575	0.174	0.042

情况综合年报(事业)(一)

观众人次合计(万人次)		本年收入合计(千元)								
	艺术演出观众人次		财政补贴收入	基建拨款	上级补助收入	事业收入	演出收入	经营收入	附属单位上缴收入	其他收入
11	12	13	14	15	16	17	18	19	20	21
243.798	119.097	159399	63514		9537	39152	17333	17981	274	28941
6.600	6.600									
—	—	—	—	—	—	—	—	—	—	—
233.058	117.387	148787	58035		7654	36869	17333	17832		28397
10.740	1.710	10612	5479		1883	2283		149	274	544
—	—	—	—	—	—	—	—	—	—	—
133.084	87.530	104216	49730		2903	25383	15666	4975		21225
99.890	24.657	45145	6320		4751	13568	1582	12857		7649
5.200	5.200	1159	1074			85	85			
5.624	1.710	8879	6390		1883	116		149	274	67
—	—	—	—	—	—	—	—	—	—	—
37.834	29.881	43233				20188	14260			23045
35.653	16.764	44135	33573		1674	5616	2527	1955		1317
170.311	72.452	72031	29941		7863	13348	546	16026	274	4579

文化部门艺术表演场馆基本

（甲）		本年支出合计（千元）								
		基本支出	项目支出	经营支出	在支出合计中：					
					工资福利支出	商品和服务支出				
							差旅费	劳务费	福利费	各种税金支出
		22	23	24	25	26	27	28	29	30	31
总　　计	A	151750	96641	37316	17745	55014	70128	627	5979	2185	6556
其中:附属剧场	B										
儿童剧场	C										
按登记注册类型分	—	—	—	—	—	—	—	—	—	—	—
国有	D	141567	89267	34656	17596	49580	68289	623	5922	1892	6541
集体	E										
其他	F	10183	7374	2660	149	5434	1839	4	57	293	15
按机构类型分	—	—	—	—	—	—	—	—	—	—	—
剧场	G	99498	61253	32016	6181	33951	48329	477	4865	1282	3596
影剧院	H	42176	27303	3458	11415	15899	19949	143	964	641	2942
书场、曲艺场	I	1171	847	324		522	366		112	14	3
杂技、马戏场	J										
音乐厅	K										
综合性	L	8905	7238	1518	149	4642	1484	7	38	248	15
其他艺术表演场馆	M										
按隶属关系分	—	—	—	—	—	—	—	—	—	—	—
中央	N										
省、区、市	O	37557	35117	2440		15105	17650	164	2266	765	3148
地、市	P	44122	18384	21746	3992	11258	25514	247	1362	461	645
县、市及以下	Q	70071	43140	13130	13753	28651	26964	216	2351	959	2763

情况综合年报(事业)(二)

本年支出合计(千元)				资产总计(千元)		实际使用房屋建筑面积(万平方米)		实际拥有产权面积(万平方米)	增加值(千元)
对个人和家庭补助支出		其他资本性支出			固定资产原价		演(映)出业务用房		
	抚恤金和生活补助		各种设备、交通工具、图书购置费						
32	33	34	35	36	37	38	39	40	41
16481	1495	9619	2979	559864	456170	22.422	12.145	13.906	108030
						1.464	0.550		
—	—	—	—	—	—	—	—	—	—
14963	1434	8227	2849	549294	449702	20.817	11.042	13.151	100208
1518	61	1392	130	10570	6468	1.606	1.102	0.756	7822
10836	1284	5874	2298	452525	395770	15.286	8.742	11.162	72093
3633	137	2695	681	99171	57957	6.052	2.429	2.661	28308
283	283			245	35	0.155	0.084	0.084	923
1729	62	1050		7923	2408	0.930	0.890		6706
—	—	—	—	—	—	—	—	—	—
4682	68	120	120	207010	163323	1.903	1.144	1.557	34785
4262	26	3088		143704	123331	4.723	3.394	4.643	23158
7537	1401	6411	2859	209150	169516	15.797	7.606	7.707	50087

艺术表演场馆基本

（甲）		机构数（个）	从业人员（人）					座席数（个）	演（映）出场次合计（万场次）		
				专业技术人员						艺术演出场次	
					正高职职称	副高级职称	中级职称				惠民演出
（甲）		1	2	3	4	5	6	7	8	9	10
总　计	A	30	872	207	4	8	59	38410	4.076	0.310	0.060
其中:附属剧场	B	5	40	13		3	3	4609	0.262	0.098	0.001
儿童剧场	C										
按登记注册类型分	—	—	—	—	—	—	—	—	—	—	—
国有	D	21	475	97	3	4	24	27194	2.684	0.263	0.042
集体	E	1	16	7			1	780	0.029	0.007	0.004
其他	F	8	381	103	1	4	34	10436	1.364	0.040	0.015
按管理部门分	—	—	—	—	—	—	—	—	—	—	—
文化部门	G	28	846	188	4	8	57	35941	4.058	0.298	0.060
其他部门	H	2	26	19			2	2469	0.018	0.012	
按机构类型分	—	—	—	—	—	—	—	—	—	—	—
剧场	I	21	640	154	3	6	29	25589	1.918	0.275	0.048
影剧院	J	5	131	34		2	23	5146	1.354	0.013	0.006
书场、曲艺场	K										
杂技、马戏场	L										
音乐厅	M	2	9	3	1		1	1086	0.040	0.008	0.002
综合性	N	2	92	16			6	6589	0.764	0.015	0.005
其他艺术表演场馆	O										
按隶属关系分	—	—	—	—	—	—	—	—	—	—	—
中央	P										
省、区、市	Q	3	27	8	1	1	1	2815	0.158	0.026	0.003
地、市	R	11	398	109	2	6	22	13842	0.993	0.219	0.032
县、市及以下	S	16	447	90	1	1	36	21753	2.925	0.065	0.026

情况综合年报（企业）（一）

观众人次合计（万人次）		资产、负债、所有者权益（千元）						
	艺术演出观众人次	资产总计			负债合计	所有者权益合计	实收资本（股本）	
			固定资产原值	当年提取的折旧总额				国家资本
11	12	13	14	15	16	17	18	19
1286.566	169.174	789404	698547	12597	553783	235621	235524	225494
67.963	53.361	1832	13500	90	55	1777	1291	1291
—	—	—	—	—	—	—	—	—
1203.993	139.111	136622	150556	4792	114083	22539	27038	27038
8.300	3.100	1698	1428	168	1598	100	30	30
74.273	26.963	651084	546563	7637	438102	212982	208456	198456
—	—	—	—	—	—	—	—	—
1273.867	163.199	788492	698202	12337	553543	234949	235424	225394
12.699	5.974	912	345	260	240	672	100	100
—	—	—	—	—	—	—	—	—
1205.945	142.075	679540	569851	6963	466164	213376	210015	210015
47.282	9.809	41363	20941	1994	10424	30939	11129	1099
8.866	3.430	2020	872	21	299	1721	1350	1350
24.474	13.860	66481	106883	3619	76896	−10415	13030	13030
—	—	—	—	—	—	—	—	—
21.899	13.730	5132	1016	41	918	4214	1350	1350
1124.556	102.791	81515	48559	2117	39193	42322	15140	15140
140.112	52.653	702757	648972	10439	513672	189085	219034	209004

艺术表演场馆基本

损益

（甲）		营业收入	艺术演出收入	营业成本	养老、医疗、失业等保险费	住房公积金和住房补贴	差旅费	工会经费	营业利润	营业外收入	政府补助（补贴收入）
		20	21	22	23	24	25	26	27	28	29
总　计	A	150427	65033	238351	8482	4118	554	513	−87924	98658	93670
其中:附属剧场	B										
儿童剧场	C										
按登记注册类型分	—										
国有	D	77362	40635	117766	4804	2319	184	256	−40404	42540	37971
集体	E	2235	191	2875	131	74	4	12	−640	860	860
其他	F	70830	24207	117710	3547	1725	366	245	−46880	55258	54839
按管理部门分	—										
文化部门	G	137312	53508	223906	8287	4017	535	513	−86594	95957	90972
其他部门	H	13115	11525	14445	195	101	19		−1330	2701	2698
按机构类型分	—										
剧场	I	110230	58570	189571	5772	2723	507	420	−79341	91072	90158
影剧院	J	22062	3052	22808	1087	548	32	13	−746	1629	1629
书场、曲艺场	K										
杂技、马戏场	L										
音乐厅	M	870	627	820	8	8	6	5	50		
综合性	N	17265	2784	25152	1615	839	9	75	−7887	5957	1883
其他艺术表演场馆	O										
按隶属关系分	—										
中央	P										
省、区、市	Q	3698	787	3310	172	37	8	28	388		
地、市	R	63631	30839	120657	3286	1660	306	332	−57026	71087	70264
县、市及以下	S	83098	33407	114384	5024	2421	240	153	−31286	27571	23406

情况综合年报(企业)(二)

（千元）		工资、福利费、税金（千元）			实际使用房屋建筑面积（万平方米）		实际拥有产权面积（万平方米）	增加值（千元）
营业外支出	利润总额	本年发放工资总额	本年发放福利费总额	本年应交税金		演（映）出业务用房		
30	31	32	33	34	35	36	37	38
1651	9083	59436	4237	11561	46.008	20.294	24.838	103128
					2.837	1.980		90
—	—	—	—	—	—	—	—	—
1630	506	32747	1738	6472	26.224	13.787	11.840	54311
3	217	1397	54	89	0.745	0.250	0.745	1925
18	8360	25292	2445	5000	19.039	6.257	12.253	46892
—	—	—	—	—	—	—	—	—
1649	7714	56761	4193	11099	43.008	18.694	21.438	98908
2	1369	2675	44	462	3.000	1.600	3.400	4220
—	—	—	—	—	—	—	—	—
1640	10091	45004	3711	7185	37.840	15.119	18.843	72913
4	879	6527	138	1561	4.062	2.015	2.420	12867
	50	637	3	51	0.771	0.420		783
7	−1937	7268	385	2764	3.335	2.740	3.575	16565
—	—	—	—	—	—	—	—	—
2	386	1677	47	291	1.335	0.719		2681
21	14040	29155	2598	4036	20.574	6.272	9.797	43211
1628	−5343	28604	1592	7234	24.099	13.303	15.042	57236

文化部门艺术表演场馆基本

（甲）		机构数（个）	从业人员（人）	专业技术人员				座席数（个）	演（映）出场次合计（万场次）	艺术演出场次	惠民演出
					正高职职称	副高级职称	中级职称				
（甲）		1	2	3	4	5	6	7	8	9	10
总　计	A	28	846	188	4	8	57	35941	4.058	0.298	0.060
其中：附属剧场	B	5	40	13		3	3	4609	0.262	0.098	0.001
儿童剧场	C										
按登记注册类型分	—	—	—	—	—	—	—	—	—	—	—
国有	D	19	449	78	3	4	22	24725	2.665	0.251	0.041
集体	E	1	16	7			1	780	0.029	0.007	0.004
其他	F	3									
按机构类型分	—	—	—	—	—	—	—	—	—	—	—
剧场	G	19	614	135	3	6	27	23120	1.900	0.263	0.047
影剧院	H	5	131	34		2	23	5146	1.354	0.013	0.006
书场、曲艺场	I										
杂技、马戏场	J										
音乐厅	K	2	9	3	1		1	1086	0.040	0.008	0.002
综合性	L	2	92	16			6	6589	0.764	0.015	0.005
其他艺术表演场馆	M										
按隶属关系分	—	—	—	—	—	—	—	—	—	—	—
中央	N										
省、区、市	O	3	27	8	1	1	1	2815	0.158	0.026	0.003
地、市	P	11	398	109	2	6	22	13842	0.993	0.219	0.032
县、市及以下	Q	14	421	71	1	1	34	19284	2.907	0.053	0.025

情况综合年报（企业）（一）

观众人次合计（万人次）		资产、负债、所有者权益（千元）						
	艺术演出观众人次	资产总计			负债合计	所有者权益合计		
			固定资产原值	当年提取的折旧总额			实收资本（股本）	
								国家资本
11	12	13	14	15	16	17	18	19
1273.867	163.199	788492	698202	12337	553543	234949	235424	225394
67.963	53.361	1832	13500	90	55	1777	1291	1291
—	—	—	—	—	—	—	—	—
1191.294	133.137	135710	150211	4532	113843	21867	26938	26938
8.300	3.100	1698	1428	168	1598	100	30	
—	—	—	—	—	—	—	—	—
1193.246	136.101	678628	569506	6703	465924	212704	209915	209915
47.282	9.809	41363	20941	1994	10424	30939	11129	1099
8.866	3.430	2020	872	21	299	1721	1350	1350
24.474	13.860	66481	106883	3619	76896	−10415	13030	13030
—	—	—	—	—	—	—	—	—
21.899	13.730	5132	1016	41	918	4214	1350	1350
1124.556	102.791	81515	48559	2117	39193	42322	15140	15140
127.412	46.679	701845	648627	10179	513432	188413	218934	208904

文化部门艺术表演场馆基本

损益

		营业收入		营业成本					营业利润	营业外收入	
			艺术演出收入		养老、医疗、失业等保险费	住房公积金和住房补贴	差旅费	工会经费			政府补助(补贴收入)
（甲）		20	21	22	23	24	25	26	27	28	29
总　　计	A	137312	53508	223906	8287	4017	535	513	−86594	95957	90972
其中:附属剧场	B										
儿童剧场	C										
按登记注册类型分	—	—	—	—	—	—	—	—	—	—	—
国有	D	64247	29110	103321	4609	2218	165	256	−39074	39839	35273
集体	E	2235	191	2875	131	74	4	12	−640	860	860
其他	F										
按机构类型分	—	—	—	—	—	—	—	—	—	—	—
剧场	G	97115	47045	175126	5577	2622	488	420	−78011	88371	87460
影剧院	H	22062	3052	22808	1087	548	32	13	−746	1629	1629
书场、曲艺场	I										
杂技、马戏场	J										
音乐厅	K	870	627	820	8	8	6	5	50		
综合性	L	17265	2784	25152	1615	839	9	75	−7887	5957	1883
其他艺术表演场馆	M										
按隶属关系分	—	—	—	—	—	—	—	—	—	—	—
中央	N										
省、区、市	O	3698	787	3310	172	37	8	28	388		
地、市	P	63631	30839	120657	3286	1660	306	332	−57026	71087	70264
县、市及以下	Q	69983	21882	99939	4829	2320	221	153	−29956	24870	20708

情况综合年报（企业）（二）

（千元）		工资、福利费、税金（千元）			实际使用房屋建筑面积（万平方米）		实际拥有产权面积（万平方米）	增加值（千元）
营业外支出	利润总额	本年发放工资总额	本年发放福利费总额	本年应交税金		演（映）出业务用房		
30	31	32	33	34	35	36	37	38
1649	7714	56761	4193	11099	43.008	18.694	21.438	98908
					2.837	1.980		90
—	—	—	—	—	—	—		—
1628	−863	30072	1694	6010	23.224	12.187	8.440	50091
3	217	1397	54	89	0.745	0.250	0.745	1925
1638	8722	42329	3667	6723	34.840	13.519	15.443	68693
4	879	6527	138	1561	4.062	2.015	2.420	12867
	50	637	3	51	0.771	0.420		783
7	−1937	7268	385	2764	3.335	2.740	3.575	16565
—	—	—	—	—	—	—		—
2	386	1677	47	291	1.335	0.719		2681
21	14040	29155	2598	4036	20.574	6.272	9.797	43211
1626	−6712	25929	1548	6772	21.099	11.703	11.642	53016

公共图书馆基本情况

		机构数（个）	从业人员	专业技术人员	正高级职称	副高级职称	中级职称	总藏量	图书	盲文图书	古籍	善本	报刊	视听文献
（甲）		1	2	3	4	5	6	7	8	9	10	11	12	13
总　　计	A	102	3616	2156	52	289	995	6969.148	6058.868	4.816	192.949	21.784	429.691	220.002
其中：少儿图书馆	B	5	198	132	5	18	61	341.041	282.743	0.087	0.081	0.001	13.817	17.367
按隶属关系分	—													
中央	C													
省、区、市	D	1	343	264	14	51	125	673.439	489.253	0.484	82.237	15.007	90.773	10.861
地、市	E	14	1090	700	22	119	318	2063.088	1749.284	1.123	56.864	4.239	115.076	125.864
县、市、区	F	87	2183	1192	16	119	552	4232.621	3820.331	3.209	53.848	2.538	223.842	83.277
县图书馆	G	35	804	484	6	43	232	1345.118	1190.070	0.817	11.070	0.406	81.186	18.321

公共图书馆基本情况

		书刊文献外借册次（万册次）	组织各类讲座次数（次）	参加人次（万人次）	举办展览（个）	参加人次（万人次）	举办培训班（个）	培训人次（万人次）	开展基层培训辅导人次（万人次）	本单位受训人次（万人次）	计算机（台）	供读者使用电子阅览室终端数	图书馆网站访问量（页次）
（甲）		29	30	31	32	33	34	35	36	37	38	39	40
总　　计	A	6520.166	4403	67.780	2199	556.321	4752	16.786	3.391	1.535	11590	7063	64039296
其中：少儿图书馆	B	455.032	893	12.636	53	23.924	232	1.066	0.351	0.303	435	178	5432125
按隶属关系分	—												
中央	C												
省、区、市	D	159.635	230	3.550	61	23.214	36	0.054	0.279	0.001	708	333	19544042
地、市	E	2022.651	1449	21.849	614	157.212	1880	4.695	0.461	0.259	2841	1537	27932290
县、市、区	F	4337.880	2724	42.382	1524	375.895	2836	12.037	2.651	1.275	8041	5193	16562964
县图书馆	G	1228.897	970	15.881	554	139.581	964	3.753	1.407	0.551	2733	1684	4972327

公共图书馆基本情况

		劳务费	福利费	各种税金支出	对个人和家庭补助支出	抚恤金和生活补助	其他资本性支出	各种设备、交通工具、图书购置费	新增藏量购置费	新增数字资源购置费	资产总计（固定资产原值）	固定资产原值	实际使用公用房	书库面积
（甲）		57	58	59	60	61	62	63	64	65	66	67	68	69
总　　计	A	41974	10876	640	63769	998	329497	266283	163451	33132	3427718	2735367	105.643	18.006
其中：少儿图书馆	B	3070	641		4769		6543	6329	5331	187	384933	271317	3.632	0.670
按隶属关系分	—													
中央	C													
省、区、市	D	1814	1567	137	6279	160	39803	38248	22918	11658	643486	539294	5.700	1.775
地、市	E	11703	4062	104	24317	167	118428	85788	48436	13183	1350682	1062098	27.953	4.896
县、市、区	F	28457	5247	399	33173	671	171266	142247	92097	8291	1433550	1133975	71.991	11.335
县图书馆	G	9643	1999	73	11952	211	42095	38516	27064	1773	399273	321501	17.856	3.768

综合年报（一）

（万册）				电子图书（万册）				书架单层总长度（米）	本年新增藏量（万册）	本年新增电子图书（万册）	当年购买的报刊种类（种）	有效借书证数（个）	总流动人次（万人次）	
缩微制品	其他	在藏量中			本馆自建	本馆外购	从其他机构免费共享							书刊文献外借人次
		开架书刊	少儿文献											
14	15	16	17	18	19	20	21	22	23	24	25	26	27	28
0.553	67.086	4056.970	920.397	34178.841	259.502	30084.307	3835.032	827538	710.710	2964.510	83976	8447385	9788.474	2705.863
	27.033	193.223	91.368	399.489	0.850	9.106	389.533	18202	30.507	22.856	3198	595075	461.906	153.983
0.306	0.009	155.878	0.506	174.822	0.509	174.312		111491	26.449	14.167	8135	72369	334.338	39.661
0.009	15.991	1160.415	310.485	28045.382	9.470	27624.879	411.033	278334	162.900	1913.259	23788	2205459	2292.934	879.445
0.238	51.086	2740.678	609.406	5958.637	249.523	2285.116	3423.998	437713	521.361	1037.084	52053	6169557	7161.202	1786.757
0.003	44.468	752.409	193.227	1280.468	103.131	713.302	464.036	149783	185.153	137.849	16334	1732908	1865.273	548.239

综合年报（二）

本年收入合计（千元）									本年支出合计（千元）				在支出合计中：		
	财政补贴收入		上级补助收入	事业收入	经营收入	附属单位上缴收入		其他收入		基本支出	项目支出	经营支出	工资福利支出	商品和服务支出	
	基建拨款	购书专项经费													差旅费
41	42	43	44	45	46	47	48	49	50	51	52	53	54	55	56
1127678	1068232	54006	180343	18380	6665	1850		32551	1089320	539027	548443	1850	386184	306721	4237
46958	46251		5638		269			438	48130	30528	17602		23220	13598	242
125323	117700		34210		3888	1850		1885	117866	56952	59064	1850	43677	28107	491
366305	355990	27741	58854	100	1126			9089	364607	175924	188683		127257	91548	1788
636050	594542	26265	87279	18280	1651			21577	606847	306151	300696		215250	187066	1958
210788	198746	11685	25965	4055	301			7686	185084	113131	71953		79559	51478	989

综合年报（三）

建筑面积（万平方米）				阅览室座席数（个）			志愿者服务队伍数（个）	志愿者服务队伍人数（人）	图书馆延伸服务情况				增加值（千元）
	阅览室面积		实际拥有产权面积（万平方米）		少儿阅览室座席数	盲人阅览室座席数			流动图书车数（辆）	流动服务书刊借阅人次（万人次）	流动图书馆车书刊借阅册次（万册次）	分馆数量（个）	
	书刊阅览室面积	电子阅览室面积											
70	71	72	73	74	75	76	77	78	79	80	81	82	83
29.286	20.041	3.545	47.501	64909	16146	1340	313	27267	66	312.959	622.133	1128	612492
1.393	1.157	0.203	1.511	3251	2351	12	19	1801	5	33.180	41.298	58	42568
—	—	—	—	—	—	—	—	—	—	—	—	—	—
1.132	1.089	0.043	5.173	1359	38	42	3	623	—	—	—	24	75259
7.159	6.206	0.615	11.653	14728	4681	223	72	9838	17	100.395	149.923	193	209888
20.994	12.746	2.887	30.674	48822	11427	1075	238	16806	49	212.564	472.210	911	327345
3.794	2.610	0.807	11.521	13309	3616	373	63	3236	23	66.435	177.464	212	115937

群众艺术馆、文化馆（站）基本

| | | 机构数（个） | 从业人员（人） | 专业技术人才 | | | 组织品牌节庆活动（个） | 文化服务惠及人次（万人次） | | 组织文艺活动次数（次） | | | | | 组织文艺活动参加人次（万人次） | |
| | | | | 正高级职称 | 副高级职称 | 中级职称 | | | | | 为老年人组织专场 | 为未成年人组织专场 | 为残障人士组织专场 | 为农民工组织专场 | | |
（甲）		1	2	3	4	5	6	7	8	9	10	11	12	13	14	15	16
总　　计	A	1466	7418	3969	129	340	726	498	147065	5605.193	78833	1772	1105	385	1433	4164.846	53268
文化馆	B	102	2224	1842	129	340	726	498	44016	1985.470	17546	1772	1105	385	1433	1447.670	20712
其中:省级	C	1	66	60	12	22	13	10	174	9.296	22			1		4.538	136
地市级	D	11	431	367	40	80	133	68	10136	388.478	1651	74	76	33	71	220.495	7732
县市级	E	90	1727	1415	77	238	580	420	33706	1587.695	15873	1698	1028	352	1362	1222.637	12844
其中:县文化馆	F	35	710	568	26	91	232	190	11566	692.695	6270	527	285	124	292	594.810	4130
文化站	G	1364	5194	2127					103049	3619.723	61287					2717.176	32556
其中:乡镇文化站	H	957	3451	1528					54118	2413.137	31204					1799.406	16866

群众艺术馆、文化馆（站）基本

| | | 本年收入合计（千元） | 本年支出合计（千元） | 基本支出 | 项目支出 | 经营支出 | 工资福利支出 | 商品和服务支出 | 差旅费 | 劳务费 | 福利费 | 各种税金支出 | 对个人和家庭补助支出 | 抚恤金和生活补助 | 其他资本性支出 | 各种设备、交通工具、图书购置费 |
| | | 其他收入 | | | | | | | | | | | | | | |
（甲）		34	35	36	37	38	39	40	41	42	43	44	45	46	47	48
总　　计	A	63964	2113272	1078204	1004828	21181	567538	895103	7191	59737	12093	1132	124473	8138	454761	87347
文化馆	B	38334	734178	458217	275953	1	302914	297822	7191	59737	12093	1132	80215	3704	43639	11021
其中:省级	C	3298	26346	15246	11100		8877	12414	357	2273	1002		4622	62	433	
地市级	D	6223	184617	93978	90639		62721	91511	2043	12193	3624	100	18285	282	11250	2540
县市级	E	28813	523215	348993	174214	1	231316	193897	4791	45271	7467	1032	57308	3360	31956	8481
其中:县文化馆	F	14054	203684	135169	68507	1	90819	83336	2430	18542	2728	16	18320	965	11209	4251
文化站	G	25630	1379094	619987	728875	21180	264624	597281					44258	4434	411122	76326
其中:乡镇文化站	H	20485	851537	399900	427725	15727	181894	368725					31279	3298	224907	52070

情况综合年报（一）

次数（次）　　　　　　　　　　　　　　　　　　　　　　本年收入合计（千元）

举办训练班班次（次）	对业余文化队伍开展培训人次（万人次）	举办展览个数（个）	参观人次（万人次）	组织公益性讲座次数（次）	参加人次（万人次）	藏书（万册）	计算机（台）	本单位受训人次（万人次）	本年收入合计（千元）	财政补贴收入	基建拨款	业务活动专项经费	上级补助收入	事业收入	经营收入	附属单位上缴收入
17	18	19	20	21	22	23	24	25	26	27	28	29	30	31	32	33
367.925	148.914	11524	1025.578	3440	46.844	2284.271	19304	12.762	2155986	1896014	243054	807903	175955	20001	50	2
122.048	38.204	2318	368.908	3440	46.844	11.784	2443	0.673	749844	669694	12564	262481	21763	20001	50	2
0.957	0.250	11	3.800	5	0.001	0.890			29009	25300		12001		411		
41.013	4.297	459	113.137	294	13.833	0.140	567	0.122	186237	171684	227	89878	3196	5134		
80.077	33.658	1848	251.971	3141	33.010	10.754	1876	0.551	534598	472710	12337	160602	18567	14456	50	2
23.709	11.302	567	63.786	599	10.390	1.446	753	0.221	206437	181543	3362	70392	9519	1271	50	
245.877	110.710	9206	656.670			2272.487	16861	12.089	1406142	1226320	230490	545422	154192			
151.453	72.124	6048	462.278			1521.613	11098	6.373	874806	744709	141597	343931	109612			

情况综合年报（二）

资产总计（千元）	固定资产原值	实际使用房屋建筑（万平方米）	业务用房面积	对公众开放阅览室面积	实际拥有产权面积（万平方米）	流动舞台车数量（辆）	利用流动舞台车演出场次（场次）	利用流动舞台车演出观众人次（万人次）	志愿服务队伍数（个）	志愿者服务队伍人数（人）	馆办文艺团体（个）	演出场次（场）	观众人次（万人次）	馆办老年大学（个）	群众业余文艺团队（个）	观众业务团队人数（人）	增加值（千元）
49	50	51	52	53	54	55	56	57	58	59	60	61	62	63	64	65	66
4556616	3596895	409.277	311.076	4.895	222.114	31	1411	102.935	1451	46802	381	7199	468.003	20	34872	356517	901407
706780	512410	62.645	43.660	4.895	34.961	31	1411	102.935	1451	46802	381	7199	468.003	20	7283	356517	473609
37763	18136	0.826	0.642	0.008					1	700							17498
266273	216020	13.530	8.531	2.544	14.008	1	97	4.850	22	1160	48	1013	83.040	3	446	137194	105459
402744	278254	48.290	34.487	2.343	20.952	30	1314	98.085	1428	44942	333	6186	384.963	17	6837	219323	350652
166555	104577	19.481	12.500	1.592	10.716	22	1101	84.903	1039	29065	129	2203	162.761	9	2645	95442	133850
3849836	3084485	346.632	267.416		187.153										27589		427798
2898953	2294283	244.431	193.299		143.988										17877		301629

文化站基本情况

		机构数（个）	从业人员（人）				提供文化服务					
			专职人员	在编人员	专业技术人员		文化服务惠及人次（万人次）	组织文艺活动次数（次）	参加人次（万人次）	举办训练班班次（次）	培训人次（万人次）	对业余文化队伍开展培训人次
（甲）		1	2	3	4	5	6	7	8	9	10	11	12
总　　计	A	1364	5194	3473	2925	2127	103049	3619.723	61287	2717.176	32556	245.877	110.710
乡镇文化站	B	957	3451	2328	2043	1528	54118	2413.137	31204	1799.406	16866	151.453	72.124
街道文化站	C	406	1743	1145	882	599	48931	1206.586	30083	917.770	15690	94.424	38.585

文化站基本情况

		本年支出合计（千元）			对个人和家庭补助支出		其他资本性支出		资产总计（千元）		实际使用房屋建筑面积（万平方米）
		经营支出	工资福利支出	商品服务支出		抚恤金和生活补助		各种设备、交通工具、图书购置费		固定资产原值	文化活动用房面积
（甲）		26	27	28	29	30	31	32	33	34	35	36
总　　计	A	21180	264624	597281	44258	4434	411122	76326	3849836	3084485	346.632	267.416
乡镇文化站	B	15727	181894	368725	31279	3298	224907	52070	2898953	2294283	244.431	193.299
街道文化站	C	5453	82730	228556	12979	1136	186215	24256	950883	790202	102.201	74.117

综合年报（一）

次数（次）		藏书（万册）	计算机（台）	本单位受训人次（万人次）	本年收入合计（千元）					本年支出合计（千元）		
举办展览个数（个）						财政补贴收入						
	参观人次（万人次）						基建拨款	业务活动专项经费	上级补助收入		基本支出	项目支出
13	14	15	16	17	18	19	20	21	22	23	24	25
9206	656.670	2272.487	16861	12.089	1406142	1226320	230490	545422	154192	1379094	619987	728875
6048	462.278	1521.613	11098	6.373	874806	744709	141597	343931	109612	851537	399900	427725
3158	194.392	750.874	5763	5.716	531336	481611	88893	201491	44580	527557	220087	301150

综合年报（二）

实际拥有产权面积（万平方米）	本站指导群众业余文艺团队（支）	辖区内社区文化活动场所（个）		辖区内社区文化活动场所面积（万平方米）		辖区内村文化活动场所（个）		辖区内村级文化活动场所面积（万平方米）		辖区内社区个数（个）	辖区内行政村个数（个）	增加值（千元）
			社区文化活动室		社区文化活动室室内面积		村文化活动室		村文化活动室室内面积			
37	38	39	40	41	42	43	44	45	46	47	48	49
187.153	27589	10710	6471	1127.072	256.767	38653	28729	2329.598	838.356	4265	25229	427798
143.988	17877	4290	2601	290.682	117.475	30097	22622	1611.762	626.290	1814	19952	301629
43.165	9712	6420	3870	836.390	139.292	8556	6107	717.837	212.066	2451	5277	126169

文化部门教育机构基本

| | | 机构数（个） | 从业人员（人） | | 专业技术人才 | | | | | 毕业生 中职生人数 | | |
| | | | 双师型 | 正高级职称 | 副高级职称 | 中级职称 | | | | 升学人数 | 就业人数 |
（甲）		1	2	3	4	5	6	7	8	9	10	11
总　　计	A	6	1219	312	784	84	186	341	2212	681	181	61
高等院校	B	2	884	262	574	70	140	268	1640	212	91	5
其中:高等职业院校	C	1	472	152	290	29	81	174	1362	212	91	5
中等专业学校	D	4	335	50	210	14	46	73	572	469	90	56
文化干部学校	E											
其他教育机构	F											

文化部门教育机构基本

| | | 本年收入合计（千元） | | | | | 本年支出 在支出 | | | 商品 | |
| | | 上级补助收入 | 事业收入 | 经营收入 | 附属单位上缴收入 | 其他收入 | 基本支出 | 项目支出 | 经营支出 | 工资福利支出 | 商品 |
（甲）		27	28	29	30	31	32	33	34	35	36	37
总　　计	A		63283	762		13071	478115	313002	164309	804	200292	163319
高等院校	B		57161			10705	399589	259284	140305		161729	140952
其中:高等职业院校	C		38070			8752	164859	116460	48399		68026	65245
中等专业学校	D		6122	762		2366	78526	53718	24004	804	38563	22367
文化干部学校	E											
其他教育机构	F											

情况综合年报（一）

数（人）				在校生数（人）								本年收入合计（千元）		
高职生人数			招生数（人）		戏剧类	戏曲类	舞蹈类	音乐类	美术类	其他	在校生中高职生人数（人）		财政补贴收入	
	升学人数	就业人数												基建拨款
12	13	14	15	16	17	18	19	20	21	22	23	24	25	26
1253	72	1123	2578	7990	604	427	1031	3470	964	1494	2694	501192	424076	
1150	41	1109	1839	5675	438	178	638	2786	756	879	2588	421698	353832	
1150	41	1109	1223	3661	404	178	416	1028	756	879	2588	181439	134617	
103	31	14	739	2315	166	249	393	684	208	615	106	79494	70244	

情况综合年报（二）

合计（千元）								资产总计（千元）		实际使用房屋建筑面积（万平方米）			
合计中：				对个人和家庭补助支出		其他资本性支出			固定资产原值		实际拥有产权面积（万平方米）	增加值（千元）	
和服务支出					抚恤金和生活补助		各种设备、交通工具、图书购置费			教学用房面积			
差旅费	劳务费	福利费	各种税金支出										
38	39	40	41	42	43	44	45	46	47	48	49	50	51
4175	37626	7764	20	46033	384	67667	50204	929244	704851	64.378	38.451	19.483	323904
3705	30295	6642	20	36511	234	60397	44524	664409	535821	48.162	26.842	8.601	260551
1389	18236	4360	16	19304	234	12284	10170	343459	341723	12.095	7.480	8.601	126945
470	7331	1122		9522	150	7270	5680	264835	169030	16.215	11.609	10.881	63353

文化艺术科研机构基本

（甲）		机构数（个）	从业人员（人）					本年完成科研项目（个）				本年度科研项目获奖情况（个）	
				专业技术人才									
				正高级职称	副高级职称	中级职称		国家级	省级	文化科研项目		获国家级奖	获省部级奖
（甲）		1	2	3	4	5	6	7	8	9	10	11	12	13
总　　计	A	6	132	92	22	13	27	11	1	1	7			
按行业分	—	—												
文化科技研究	B	4	106	66	14	7	20	10		1	7			
综合性艺术研究	C	2	26	26	8	6	7	1	1					
地方戏艺术研究	D													
其他科研机构	E													
按经费来源分	—	—	—	—	—	—	—							
科研经费	F	1	7	7	2	2	1							
文化经费	G	4	47	42	12	11	15	11	1	1	7			
其他经费	H	1	78	43	8		11							
按隶属关系分	—	—	—	—	—	—	—							
中央	I													
省级	J	2	97	62	14	4	17	1	1					
地级	K	4	35	30	8	9	10	10		1	7			
县级	L													
按部门分	—	—	—	—	—	—	—							
文化部门	M	6	132	92	22	13	27	11	1	1	7			
其他部门	N													

情况综合年报(一)

本单位拥有知识产权数量(个)	主导技术标准数量(个)	所办刊物(种)	申请专利数(个)	论文及资料		本年收入合计(千元)							
				专著数(册)	论文数(省级及以上刊物公开发表)(篇)		财政补贴收入		上级补助收入	事业收入	经营收入	附属单位上缴收入	其他收入
								基建拨款					
14	15	16	17	18	19	20	21	22	23	24	25	26	27
		6	3	3	23	143023	87712	48741		78	53440		1793
—	—	—	—	—	—	—	—	—	—	—	—	—	—
		5	3	2	3	128532	74847	48741		78	53440		167
		1		1	20	14491	12865						1626
—	—	—	—	—	—	—	—	—	—	—	—	—	—
						2311	2285						26
		6	3	3	23	83644	81955	48741		78			1611
						57068	3472				53440		156
—	—	—	—	—	—	—	—	—	—	—	—	—	—
		1		1	20	69248	14052				53440		1756
		5	3	2	3	73775	73660	48741		78			37
—	—	—	—	—	—	—	—	—	—	—	—	—	—
		6	3	3	23	143023	87712	48741		78	53440		1793

文化艺术科研机构基本

本年支出

在支出

（甲）		基本支出	项目支出	经营支出	工资福利支出	商品和服务支出				
							差旅费	劳务费	福利费	各种税金支出
（甲）		28	29	30	31	32	33	34	35	36	37
总　　计	A	142812	29866	59396	53550	24607	59080	1323	2256	246	656
按行业分	—	—	—	—	—	—	—	—	—	—	—
文化科技研究	B	128346	20592	54204	53550	18550	52673	1309	1918	246	656
综合性艺术研究	C	14466	9274	5192		6057	6407	14	338		
地方戏艺术研究	D										
其他科研机构	E										
按经费来源分	—	—	—	—	—	—	—	—	—	—	—
科研经费	F	2311	1656	655		1056	783	14	338		
文化经费	G	83479	25238	58241		17481	11263	155	538	246	
其他经费	H	57022	2972	500	53550	6070	47034	1154	1380		656
按隶属关系分	—	—	—	—	—	—	—	—	—	—	—
中央	I										
省级	J	69177	10590	5037	53550	11071	52658	1154	1380		656
地级	K	73635	19276	54359		13536	6422	169	876	246	
县级	L										
按部门分	—	—	—	—	—	—	—	—	—	—	—
文化部门	M	142812	29866	59396	53550	24607	59080	1323	2256	246	656
其他部门	N										

情况综合年报(二)

合计(千元)				资产总计(千元)		实际使用房屋建筑面积(万平方米)			
合计中									
对个人和家庭补助支出		其他资本性支出			固定资产原值		科研房屋面积	实际拥有产权面积(万平方米)	增加值(千元)
	抚恤金和生活补助		各种设备、交通工具、图书购置费						
38	39	40	41	42	43	44	45	46	47
9266	248	49859	951	311918	52782	0.859	0.103	2.919	39023
—	—	—		—	—			—	—
7314	248	49809	951	305120	50387	0.781	0.024	2.790	30579
1952		50		6798	2395	0.079	0.079	0.130	8444
—	—	—		—	—	—	—	—	—
472				130	130				1872
5822		48913	5	167869	3358	0.157	0.100	0.130	24232
2972	248	946	946	143919	49294	0.702	0.003	2.790	12919
—	—	—		—	—	—	—	—	—
4452	248	996	946	150587	51559	0.781	0.082	2.919	19491
4814		48863	5	161331	1223	0.078	0.021		19532
—	—	—		—	—	—	—	—	—
9266	248	49859	951	311918	52782	0.859	0.103	2.919	39023

文化市场经营机构基本

（甲）		机构数 （个）	从业人员 （人）	资产总计 （千元）	损益 营业 收入
		1	2	3	4
总　　计	A	16165	148283	56962983	41766154
按城乡分	—	—	—	—	—
城市	B	5056	49724	36202864	30087433
县城	C	6669	78074	17417990	9545320
县以下	D	4440	20485	3342129	2133401
按经营范围分	—	—	—	—	—
娱乐场所	E	4746	58115	9930994	6387847
互联网上网服务营业场所（网吧）	F	8884	30305	5305907	3234298
非公有制艺术表演团体	G	1182	35046	9487680	4468009
非公有制艺术表演场馆	H	250	4316	864421	467310
经营性互联网文化单位	I	519	17160	27792232	26059510
艺术品经营机构	J	412	1396	2224807	454568
演出经纪机构	K	172	1945	1356942	694612

娱乐场所基本

（甲）		机构数 （个）	从业人员 （人）	资产总计 （千元）	损益 营业 收入
		1	2	3	4
总　　计	A	4746	58115	9930994	6387847
按城乡分	—	—	—	—	—
城市	B	1626	21204	3798144	2270937
县城	C	1978	26720	4570380	3154743
县以下	D	1142	10191	1562470	962167
按经营类别分	—	—	—	—	—
歌舞娱乐场所	H	3572	55315	9229379	6125741
游艺娱乐场所	I	1161	2513	616149	201915
其他	J	13	287	85466	60191

互联网上网服务营业场所（网吧）基本

（甲）		机构数 （个）	从业人员 （人）	资产总计 （千元）	损益 营业 收入
		1	2	3	4
总　　计	A	8884	30305	5305907	3234298
按城乡分	—	—	—	—	—
城市	B	2630	9624	1707123	912267
县城	C	2993	10605	1920794	1211826
县以下	D	3261	10076	1677990	1110205

情况综合年报（总表）

（千元）

	营业成本			营业利润	增加值（千元）
	养老、医疗、失业等保险费	本年发放工资总额	本年应交税金		
5	6	7	8	9	10
33691853	523634	9165871	1894563	8073714	
—				—	—
24901072	276412	6034829	991771	5185765	
7072384	183216	2480251	817816	2472938	
1718397	64006	650791	84976	415011	
—					
5375699	175296	1708032	300855	1012173	
2604208	77778	961116	85943	630205	
2935144	62150	1109237	628736	1532866	
371029	13357	143634	18633	96281	
21481318	176994	5095592	812100	4577465	
332932	5674	44342	7836	121636	
591523	12385	103918	40460	103088	

情况综合年报

（千元）

	营业成本			营业利润	游戏游艺设备数量（个）	增加值（千元）
	养老、医疗、失业等保险费	本年发放工资总额	本年应交税金			
5	6	7	8	9	10	11
5375699	175296	1708032	300855	1012173	54542	
—				—		
1959612	68437	578483	123237	311342	22432	
2627350	77340	828454	134623	527394	21884	
788737	29519	301095	42995	173437	10226	
—				—		
5152139	167661	1634219	291152	973617	6785	
169228	5686	62055	6448	32697	47692	
54332	1949	11758	3255	5859	65	

情况综合年报

（千元）

	营业成本			营业利润	经营面积（万平方米）	终端数量（个）	增加值（千元）
	养老、医疗、失业等保险费	本年发放工资总额	本年应交税金				
5	6	7	8	9	10	11	12
2604208	77778	961116	85943	630205	264.593	885782	
—				—			
773392	21308	297802	16552	138991	86.755	295925	
952541	23732	331767	29886	259285	97.332	314124	
878275	32738	331547	39505	231929	80.506	275733	

非公有制艺术表演团体基本

（甲）		机构数（个）		从业人员（人）			国内演出场次（万场次）		国内演出观众人次（万人次）		经营
											营业
			补贴团数	专业技术人才	演员数		农村演出场次		农村观众人次		企业赞助收入
		1	2	3	4	5	6	7	8	9	10	11
总　　计	A	1182	263	35046	7958	23942	27.526	20.114	16645.170	13564.335	4468009	9138
按照登记注册类型分	—	—	—	—	—	—	—	—	—	—	—	—
国有	B											
集体	C											
其他	D	1182	263	35046	7958	23942	27.526	20.114	16645.170	13564.335	4468009	9138
按隶属关系分	—	—	—	—	—	—	—	—	—	—	—	—
中央	E											
省区市	F											
地市	G											
县市区	H	1182	263	35046	7958	23942	27.526	20.114	16645.170	13564.335	4468009	9138
按管理部门分	—	—	—	—	—	—	—	—	—	—	—	—
文化部门	I											
其他部门	J	1182	263	35046	7958	23942	27.526	20.114	16645.170	13564.335	4468009	9138
按剧种分	—											
话剧、儿童剧、滑稽剧类	K	117	23	2608	566	1965	1.346	0.834	667.581	517.033	76149	1380
其中：儿童剧团	L	1	1	47	12	15	0.005	0.001	0.210	0.080	900	150
歌舞、音乐类	M	122	16	3807	999	2224	2.218	1.576	689.197	464.821	438253	770
京剧、昆曲类	N	27	6	1071	161	911	1.103	1.071	1008.863	932.363	57420	
其中：京剧	O	26	6	1041	156	886	1.047	1.019	977.863	905.363	54120	
地方戏曲类	P	629	129	19620	4062	13096	15.089	14.463	11133.430	10428.352	905952	2672
杂技、魔术、马戏类	Q	13	5	120	61	93	0.174	0.090	18.461	11.611	9820	1150
曲艺类	R	81	32	1095	323	813	1.162	0.856	404.501	304.475	32770	1430
乌兰牧骑	S											
综合性艺术表演团体	T	193	52	6725	1786	4840	6.434	1.224	2723.137	905.680	2947645	1736

情况年报

情况（千元）

收入	演出收入		营业成本	养老、医疗、失业等各种社会保险费	本年发放工资总额	本年应交税金总额	营业利润	营业外收入	政府补贴	资产总计（千元）	实际使用房屋建筑面积（万平方米）	增加值（千元）
	农村演出收入	城市演出收入										
12	13	14	15	16	17	18	19	20	21	22	23	24
4368641	1075995	3036888	2935144	62150	1109237	628736	1532866	79808	64237	9487680	53.720	
—	—	—	—	—	—	—	—	—	—	—	—	—
4368641	1075995	3036888	2935144	62150	1109237	628736	1532866	79808	64237	9487680	53.720	
—	—	—	—	—	—	—	—	—	—	—	—	—
4368641	1075995	3036888	2935144	62150	1109237	628736	1532866	79808	64237	9487680	53.720	
—	—	—	—	—	—	—	—	—	—	—	—	—
4368641	1075995	3036888	2935144	62150	1109237	628736	1532866	79808	64237	9487680	53.720	
—	—	—	—	—	—	—	—	—	—	—	—	—
66580	36677	27067	58428	2690	35162	1876	17721	6104	1638	80628	3.284	
750	150	600	150	30	70	20	750	750	50	1000	0.058	
434403	62356	154398	244731	8936	78940	69174	193523	15350	12784	633202	7.928	
57420	52182	5231	48989	640	41922	373	8431	499	499	22940	0.475	
54120	49282	4831	46299	490	41252	253	7821	499	499	20590	0.465	
889325	836912	39253	771333	19249	628970	10178	134619	24016	22533	363268	25.237	
8470	4050	4270	7437	1335	3929	648	2383	391	300	8865	0.690	
30430	22387	6667	25676	1655	18196	886	7094	2822	2607	22536	1.157	
2882013	61431	2800002	1778550	27645	302118	545601	1169095	30626	23876	8356241	14.949	

非公有制艺术表演场馆

（甲）		机构数（个）	从业人员（人）		座席数（个）	国内演出场次（万场次）			国内演出观众人次（万人次）		经营	
				专业技术人才			艺术演出场次			农村观众人次	营业收入	
								惠民演出场次				艺术演出收入
		1	2	3	4	5	6	7	8	9	10	11
总　　计	A	250	4,316	944	76,171	3.562	2.260	0.125	700.827		467,310	112,697
其中:附属剧场	B	147	2,211	613	49,285	2.490	1.587	0.109	474.920		226,470	72,426
儿童剧场	C	163	3,793	737	49,257	3.170	1.914	0.104	534.102		434,019	111,958
按登记注册类型分	—	—	—	—	—	—	—	—	—	—	—	—
国有	D											
集体	E											
其他	F	250	4,316	944	76,171	3.562	2.260	0.125	700.827		467,310	112,697
按管理部门分	—											
文化部门	G											
其他部门	H	250	4,316	944	76,171	3.562	2.260	0.125	700.827		467,310	112,697
按机构类型分	—	—	—	—	—	—	—	—	—	—	—	—
剧场	I	71	1,384	339	25,984	1.589	0.718	0.012	211.408		178,389	24,253
影剧院	J	4	17	4	1,880	0.010			0.927		215	15
书场、曲艺场	K	1			200							
杂技、马戏场	L											
音乐厅	M	12	85	36	1,190	0.245	0.177	0.001	22.160		9,370	2,970
综合性	N	40	1,152	249	26,450	0.746	0.666	0.077	286.323		159,604	50,785
其他艺术表演场馆	O	122	1,678	316	20,467	0.972	0.699	0.035	180.009		119,732	34,674
按隶属关系分	—	—	—	—	—	—	—	—	—	—	—	—
中央	P											
省、区、市	Q											
地、市	R											
县、市及以下	S	250	4,316	944	76,171	3.562	2.260	0.125	700.827		467,310	112,697

基本情况年报

情况（千元）

营业成本				营业利润	营业外收入		资产总计（千元）	实际使用房屋建筑面积（万平方米）		增加值（千元）
	养老、医疗、失业等各种社会保险费	本年发放工资总额	本年应交税金总额			政府补贴			演（映）出业务用房	
12	13	14	15	16	17	18	19	20	21	22
371,029	13,357	143,634	18,633	96,281	90,301	29,177	864,421	61.469	30.794	
186,143	6,129	80,450	8,737	40,326	11,425	4,797	207,977	36.107	20.256	
331,084	12,004	132,394	17,409	102,936	69,721	8,607	774,801	36.558	18.722	
—	—	—	—	—	—	—	—	—	—	—
371,029	13,357	143,634	18,633	96,281	90,301	29,177	864,421	61.469	30.794	
371,029	13,357	143,634	18,633	96,281	90,301	29,177	864,421	61.469	30.794	
—	—	—	—	—	—	—	—	—	—	—
152,715	5,384	45,361	6,696	25,674	28,931	25,160	238,210	24.309	5.816	
433	34	325	6	−218	110	110	3,030	0.460	0.110	
								0.052		
7,375	520	2,880	110	1,995	350	200	11,700	2.524	2.113	
104,698	2,970	44,210	7,271	54,906	7,643	3,707	387,770	21.816	18.936	
105,808	4,449	50,858	4,550	13,924	53,267		223,711	12.308	3.819	
—	—	—	—	—	—	—	—	—	—	—
371,029	13,357	143,634	18,633	96,281	90,301	29,177	864,421	61.469	30.794	

经营性互联网文化单位基本

(甲)		机构数(个)	从业人员(人)	资产总计(千元)	营业收入				损益 营业		养老、医疗、失业等保险费	住房公积金和住房补贴
					网络游戏	网络音乐	网络动漫	其他				
		1	2	3	4	5	6	7	8	9	10	11
总　计	A	519	17160	27792232	26059510	19696554	350912	545026	2638841	21481318	176994	86046
按城乡分	—	—	—	—	—	—	—	—	—	—	—	—
城市	B	447	16341	27469441	25874691	19598676	350912	544896	2608868	21346900	171056	84001
县城	C	59	687	256108	146764	69808			29723	102718	4575	1747
县以下	D	13	132	66683	38055	28070		130	250	31700	1363	298
按经营类别分	—	—	—	—	—	—	—	—	—	—	—	—
网络游戏	E	14	282	433392	306351		124030	1200	166325	182751	2470	1013
网络音乐	F	413	12760	24256125	11473545	8377688	130038	94402	879036	7417706	135621	63248
网络动漫	G	74	3684	2363705	13409970	11309540	95844	410	1361129	13230788	31171	18189
其他	H	18	434	739010	869644	9326	1000	449014	232351	650073	7732	3596

经营性互联网文化单位基本

(甲)		知识产权(种)			注册用户数(个)	运营网络文化		网络游戏数		
		拥有自主知识产权网络游戏数	拥有自主知识产权网络音乐数					PC端网络游戏数	移动端网络游戏数	进口网络游戏数
		22	23	24	25	26	27	28	29	30
总　计	A	9039	3879	1830	9018088005	1887096	126142	20738	75077	9
按城乡分	—	—	—	—	—	—	—	—	—	—
城市	B	8464	3681	1828	8989515168	1863291	102637	20655	51665	9
县城	C	498	180	2	14210820	23490	23474	56	23408	
县以下	D	77	18		14362017	315	31	27	4	
按经营类别分	—	—	—	—	—	—	—	—	—	—
网络游戏	E	43		20	214570816	1335010				
网络音乐	F	5729	2267	1548	7892665248	278108	75955	10715	49933	4
网络动漫	G	3128	1608	201	616072831	257563	50186	10023	25143	5
其他	H	139	4	61	294779110	16415	1		1	

情况综合年报（一）

（千元）

	成本			营业外收入			工资、福利费、税金（千元）			
差旅费	工会经费	营业利润		政府补助	利润总额	本年发放工资总额	本年支付的职工福利费	本年应交税金总额	经营面积（万平方米）
12	13	14	15	16	17	18	19	20	21
70156	11477	4577465	316119	157258		5095592	178069	812100	25.937
		—		—		—			—
67353	11142	4527063	299126	142539		5039946	175019	807820	24.165
2439	322	44046	14735	13819		43308	2823	2482	1.377
364	13	6356	2258	900		12338	227	1798	0.395
		—		—		—			—
2612	240	123600	3188	3004		24710	1278	13987	0.305
55379	8935	4055354	243822	88578		4710808	78427	637718	20.352
8865	1684	178941	56492	52999		304727	95739	121366	4.021
3300	618	219570	12617	12677		55347	2625	39029	1.258

情况综合年报（二）

产品数（个）

网络音乐数			网络动漫数			出口情况		增加值（千元）
	国产网络音乐数	进口网络音乐数		国产网络漫画数	进口网络动画数	出口额（千元）	出口网络文化产品数量（个）	
31	32	33	34	35	36	37	38	39
1335588	479800	654788	22372	22303	68	.7450	13	
—	—	—	—	—	—	—	—	
1335324	479536	654788	22338	22270	68	7450	13	
			14	13				
264	264		20	20				
—	—	—	—	—	—	—		
1335009	479221	654788	1	1				
267	267		145	107	38	7450	13	
286	286		5861	5861				
26	26		16365	16334	30			

艺术品经营机构基本

		机构数(个)	从业人员(人)	资产总计(千元)	损益(千元)						
					营业收入	营业成本					营业利润
							养老、医疗、失业等保险费	住房公积金和住房补贴	差旅费	工会经费	
（甲）		1	2	3	4	5	6	7	8	9	10
总　计	A	412	1396	2224807	454568	332932	5674	1282	4710	161	121636
按城乡分	—	—	—	—	—	—	—	—	—	—	—
城市	B	239	978	1980847	402836	290301	4589	1087	4097	129	112535
县城	C	156	362	219791	44966	36895	902	193	568	32	8071
县以下	D	17	56	24169	6766	5736	183	2	45		1030
按经营类别分	—	—	—	—	—	—	—	—	—	—	—
艺术品销售	E	237	980	1961960	289923	189042	4062	1080	3464	118	100882
艺术品拍卖	F	3	21	12380	790	1630	125	27	49		−840
艺术品展览	G	4	18	46487	7192	4893	28		110		2299
艺术品经纪代理	H	1	2	49913	105812	100000	65	23	824	8	5812
其他	I	167	375	154068	50851	37368	1394	152	262	35	13482

演出经纪机构基本

		机构数(个)	从业人员(人)	资产总计(千元)	损益(千元)						
					营业收入	营业成本					营业利润
							养老、医疗、失业等保险费	住房公积金和住房补贴	差旅费	工会经费	
（甲）		1	2	3	4	5	6	7	8	9	10
总　计	A	172	1945	1356942	694612	591523	12385				103088
按城乡分	—	—	—	—	—	—	—	—	—	—	—
城市	B	114	1577	1247309	626702	530867	11022				95834
县城	C	51	338	98816	51702	46707	1160				4995
县以下	D	7	30	10817	16208	13949	203				2259

情况综合年报

工资、福利费、税金（千元）			经营面积（万平方米）	拍卖情况						增加值（千元）
本年发放工资总额	本年支付的职工福利费	本年应交税金总额		交易量（件）	交易金额（千元）	结算数量（件）	结算金额（千元）	展览/预展场次（次）	艺术活动数量（次）	
11	12	13	14	15	16	17	18	19	20	21
44342	2618	7836	6.920	20779105	4303870	20777155	4294392	5735	542	
—	—	—	—	—	—	—	—	—	—	—
31824	2283	6626	3.639	20756693	3685327	20756062	3682609	2252	377	
10659	281	1103	2.344	22212	618443	20893	611683	3383	165	
1859	54	107	0.937	200	100	200	100	100		
—	—	—	—	—	—	—	—	—	—	—
32688	2184	5430	4.918	20761179	4153772	20759971	4151532	4180	294	
710	16	37	0.040	2410	18710	1838	15250	82	187	
1312	56	210	0.428				2522		11	
418	58	316	0.024	3	92	3	92	100		
9214	305	1843	1.510	15513	131296	15343	124996	1373	50	

情况综合年报

工资、福利费、税金（千元）				演出项目数（个）			演出场次（万场次）		经营面积（万平方米）	增加值（千元）
本年发放工资总额	本年支付的职工福利费	本年应交税金总额		涉外项目	港澳台项目	内地项目		观众人次（万人次）		
11	12	13	14	15	16	17	18	19	20	21
103918		40460					2	1557	27	
—	—	—	—	—	—	—	—	—	—	—
86774		37536					2	1382	15	
13192		2353						162	11	
3952		571						13	1	

艺术展览创作机构基本

（甲）		机构数（个）	从业人员（人）					文物藏品数	藏品				
				专业技术人才						非文物			
				正高级职称	副高级职称	中级职称				国画	油画	版画	雕塑
		1	2	3	4	5	6	7	8	9	10	11	12	13
总　　计	A	10	147	69	7	16	30	26875		26875	14288	895	4117	542
其中：免费开放	B	10	147	69	7	16	30	26875		26875	14288	895	4117	542
按登记注册类型分	—	—	—	—	—	—	—	—		—	—	—	—	—
其中：国有	C	7	136	64	7	15	26	26532		26532	13947	895	4117	542
集体	D													
其他	E	3	11	5		1	4	343		343	341			
按隶属关系分	—	—	—	—	—	—	—	—		—	—	—	—	—
中央	F													
省区市	G	1	64	37	4	8	16	21105		21105	12631	581	3380	534
地市	H	3	62	23	2	7	8	5105		5105	1100	309	737	8
县市区	I	6	21	9	1	1	6	665		665	557	5		
按部门分	—	—	—	—	—	—	—	—		—	—	—	—	—
文化部门	J	9	133	67	7	14	30	26862		26862	14283	895	4117	542
其他部门	K	1	14	2		2		13		13	5			
按机构类型分	—	—	—	—	—	—	—	—		—	—	—	—	—
美术馆	L	4	114	57	5	11	27	25995		25995	13848	856	4087	542
画院	M	3	18	4		3	1	198		198	190			
美术馆（画院）	N	3	15	8	2	2	2	682		682	250	39	30	
剧目创作室	O													

情况综合年报（一）

（件/套）								年度展览总量（个）		参观人次（万人次）		学术成果		
藏品数														
水粉、水彩	设计	连环画、漫画	民间艺术	书法	摄影、多媒体	漆艺	陶艺		自主办展数量		未成年人参观人次	专著或图录（册）	论文数（篇）	学术活动（次）
14	15	16	17	18	19	20	21	22	23	24	25	26	27	28
834	1050	401	1032	2712	761	4	34	135	91	115.227	15.158	10	3	17
834	1050	401	1032	2712	761	4	34	135	91	115.227	15.158	10	3	17
—	—	—	—	—	—	—	—	—	—	—	—	—	—	—
834	1050	401	1032	2710	761	4	34	117	73	107.227	14.158	9	3	14
				2				18	18	8.000	1.000	1		3
—	—	—	—	—	—	—	—	—	—	—	—	—	—	—
642		368	705	1826	438			32	20	50.000	7.500			
190	1050	33	327	786	323	4	33	68	36	51.827	4.658	6	3	11
2				100			1	35	35	13.400	3.000	4		6
—	—	—	—	—	—	—	—	—	—	—	—	—	—	—
834	1050	401	1031	2705	761	4	34	135	91	115.227	15.158	10	3	11
			1	7										6
—	—	—	—	—	—	—	—	—	—	—	—	—	—	—
817	1050	400	1031	2380	761		33	114	70	104.627	11.158	6	3	5
			1	7									1	9
17		1		325		4	1	21	21	10.600	4.000	3		3

艺术展览创作机构基本

		本年收入合计（千元）									本年
			财政补贴收入								
				基建拨款	收藏专项经费	上级补助收入	事业收入	经营收入	附属单位上缴收入	其他收入		基本支出
（甲）		29	30	31	32	33	34	35	36	37		39
总　　计	A	74566	67381		4002	512	5077			1596	89556	19490
其中：免费开放	B	74566	67381		4002	512	5077			1596	89556	19490
按登记注册类型分		—	—	—	—	—	—	—	—	—	—	—
其中：国有	C	72823	66917		4002		4310			1596	87618	17925
集体	D											
其他	E	1743	464			512	767	1938	1565			
按隶属关系分		—										—
中央	F											
省区市	G	43107	39855		503		1786			1466	58425	9833
地市	H	28746	26092		3499		2524			130	28216	7530
县市区	I	2713	1434			512	767	2915	2127			
按部门分		—	—	—	—	—	—	—	—	—	—	—
文化部门	J	70466	63410		3503	512	5077			1467	85652	18714
其他部门	K	4100	3971		499					129	3904	776
按机构类型分		—	—	—	—	—	—	—	—	—	—	—
美术馆	L	65022	58205		3503	402	4949			1466	79986	15882
画院	M	4802	4435		499	110	128			129	4728	1227
美术馆（画院）	N	4742	4741							1	4842	2381
剧目创作室	O											

情况综合年报（二）

支出合计（千元）

项目支出			在支出合计中：									
				商品和服务支出					对个人和家庭补助支出		其他资本性支出	
	收藏经费	经营支出	工资福利支出		差旅费	劳务费	福利费	各种税金支出		抚恤金和生活补助		各种设备、交通工具、图书购置费
40	41	42	43	44	45	46	47	48	49	50	51	52
70066	9038		15041	41036	477	5394	389	200	1452		32027	1010
70066	9038		15041	41036	477	5394	389	200	1452		32027	1010
—	—	—	—	—	—	—	—	—	—	—	—	—
69693	9038		14008	40296	475	5386	386	168	1382		31932	1010
373			1033	740	2	8	3	32	70		95	
—	—	—	—	—	—	—	—	—	—	—	—	—
48592	4984		7834	20611	246	306	237	104	588		29392	
20686	4054		5682	19267	224	4967	123	64	756		2511	981
788			1525	1158	7	121	29	32	108		124	29
—	—	—	—	—	—	—	—	—	—	—	—	—
66938	8057		14524	39212	446	5295	379	200	1419		30497	1010
3128	981		517	1824	31	99	10		33		1530	
—	—	—	—	—	—	—	—	—	—	—	—	—
64104	8057		12334	36143	384	4649	329	168	1160		30349	870
3501	981		843	2299	33	107	13	32	48		1538	
2461			1864	2594	60	638	47		244		140	140

艺术展览创作机构基本

		资产总计(千元)		实际使用房屋建筑面积(万平方米)					公共教育活动		
			固定资产原值		展览用房	库房面积	画室面积	实际拥有产权面积(万平方米)	讲座(次)	教育活动(次)	出版物(种)
(甲)		53	54	55	56	57	58	59	60	61	62
总　　计	A	650770	580278	7.846	2.501	0.471	0.063	3.400	100	119	20
其中:免费开放	B	650770	580278	7.846	2.501	0.471	0.063	3.400	100	119	20
按登记注册类型分	—	—	—	—	—	—	—	—	—	—	—
其中:国有	C	649287	580001	7.236	2.196	0.461	0.037	2.700	97	119	20
集体	D										
其他	E	1483	277	0.610	0.305	0.010	0.026	0.700	3		
按隶属关系分	—	—	—	—	—	—	—	—	—	—	—
中央	F										
省区市	G	455425	431210	3.200	0.900	0.300			75	90	3
地市	H	193356	148544	3.788	1.140	0.155	0.015	2.700	10	25	12
县市区	I	1989	524	0.858	0.461	0.016	0.048	0.700	15	4	5
按部门分	—	—	—	—	—	—	—	—	—	—	—
文化部门	J	608633	575256	6.704	2.041	0.471	0.063	3.400	100	119	20
其他部门	K	42137	5022	1.142	0.460						
按机构类型分	—	—	—	—	—	—	—	—	—	—	—
美术馆	L	602103	570583	5.948	1.687	0.460	0.018	2.700	89	109	7
画院	M	43011	5080	1.392	0.560	0.002	0.020	0.700			
美术馆(画院)	N	5656	4615	0.506	0.254	0.009	0.025		11	10	13
剧目创作室	O										

情况综合年报(三)

创作情况(个)			培训情况		志愿者服务队伍数(个)	志愿者服务队伍人数(人)	学术研究情况(个)			增加值(千元)
							本年承担课题、项目数			
创作项目数量	参加展览数量	获省部级以上奖项的作品数	组织培训次数(次)	培训人次(万人次)			省部级以上课题项目数	结项课题项目数		
63	64	65	66	67	68	69	70	71	72	73
225	632	4	125	0.027	27	796	2	1	2	45771
225	632	4	125	0.027	27	796	2	1	2	45771
—	—	—	—	—	—	—	—	—	—	—
172	622	4	122	0.015	27	796	2	1	2	44613
53	10		3	0.012						1158
—	—	—	—	—	—	—	—	—	—	—
					15	52				26333
22	22	2	120	0.010	10	694	2	1	2	17600
203	610	2	5	0.017	2	50				1838
—	—	—	—	—	—	—	—	—	—	—
222	629	2	125	0.027	27	796	2	1	2	44909
3	3	2								862
—	—	—	—	—	—	—	—	—	—	—
					25	754	2	1	2	41540
56	13	2	3	0.012						1249
169	619	2	122	0.015	2	42				2982

美术馆基本

（甲）		机构数（个）	从业人员（人）	专业技术人才			文物藏品数		藏品 非文物				
				正高级职称	副高级职称	中级职称			国画	油画	版画	雕塑	
		1	2	3	4	5	6	7	8	9	10	11	12	13
总　计	A	7	129	65	7	13	29	26677		26677	14098	895	4117	542
其中:免费开放	B	7	129	65	7	13	29	26677		26677	14098	895	4117	542
按登记注册类型分	—	—	—	—	—	—	—	—	—	—	—	—	—
其中:国有	C	6	122	62	7	13	26	26519		26519	13942	895	4117	542
集体	D													
其他	E	1	7	3			3	158		158	156			
按隶属关系分	—	—	—	—	—	—	—	—	—	—	—	—	—
中央	F													
省区市	G	1	64	37	4	8	16	21105		21105	12631	581	3380	534
地市	H	2	48	21	2	5	8	5092		5092	1095	309	737	8
县市区	I	4	17	7	1		5	480		480	372	5		
按部门分	—	—	—	—	—	—	—	—	—	—	—	—	—
文化部门	J	7	129	65	7	13	29	26677		26677	14098	895	4117	542
其他部门	K													

情况综合年报(一)

（件/套）

藏品数

水粉、水彩	设计	连环画、漫画	民间艺术	书法	摄影、多媒体	漆艺	陶艺	年度展览总量(个)	自主办展数量	参观人次(万人次)	未成年人参观人次	专著或图录(册)	论文数(篇)	学术活动(次)
14	15	16	17	18	19	20	21	22	23	24	25	26	27	28
834	1050	401	1031	2705	761	4	34	135	91	115.227	15.158	9	3	8
834	1050	401	1031	2705	761	4	34	135	91	115.227	15.158	9	3	8
—	—	—	—	—	—	—	—	—	—	—	—	—	—	—
834	1050	401	1031	2703	761	4	34	117	73	107.227	14.158	9	3	8
				2				18	18	8.000	1.000			
—	—	—	—	—	—	—	—	—	—	—	—	—	—	—
642		368	705	1826	438			32	20	50.000	7.500			
190	1050	33	326	779	323	4	33	68	36	51.827	4.658	6	3	5
2			100				1	35	35	13.400	3.000	3		3
—	—	—	—	—	—	—	—	—	—	—	—	—	—	—
834	1050	401	1031	2705	761	4	34	135	91	115.227	15.158	9	3	8

美术馆基本

		本年收入合计（千元）									本年
			财政补贴收入								
				基建拨款	收藏专项经费	上级补助收入	事业收入	经营收入	附属单位上缴收入	其他收入	基本支出
（甲）		29	30	31	32	33	34	35	36	37	38	39
总　计	A	69764	62946		3503	402	4949			1467	84828	18263
其中:免费开放	B	69764	62946		3503	402	4949			1467	84828	18263
按登记注册类型分	—											
其中:国有	C	68723	62946		3503		4310			1467	83714	17149
集体	D											
其他	E	1041				402	639				1114	1114
按隶属关系分	—	—	—	—	—	—	—		—	—	—	—
中央	F											
省区市	G	43107	39855		503		1786			1466	58425	9833
地市	H	24646	22121		3000		2524			1	24312	6754
县市区	I	2011	970			402	639				2091	1676
按部门分	—	—	—	—	—	—	—		—	—	—	—
文化部门	J	69764	62946		3503	402	4949			1467	84828	18263
其他部门	K											

情况综合年报（二）

支出合计（千元）

项目支出			在支出合计中：									
收藏经费	经营支出		工资福利支出	商品和服务支出					对个人和家庭补助支出		其他资本性支出	
					差旅费	劳务费	福利费	各种税金支出		抚恤金和生活补助		各种设备、交通工具、图书购置费
40	41	42	43	44	45	46	47	48	49	50	51	52
66565	8057		14198	38737	444	5287	376	168	1404		30489	1010
66565	8057		14198	38737	444	5287	376	168	1404		30489	1010
—	—	—	—	—	—	—	—	—	—	—	—	—
66565	8057		13491	38472	444	5287	376	168	1349		30402	1010
			707	265					55		87	
—	—	—	—	—	—	—	—	—	—	—	—	—
48592	4984		7834	20611	246	306	237	104	588		29392	
17558	3073		5165	17443	193	4868	113	64	723		981	981
415			1199	683	5	113	26		93		116	29
—	—	—	—	—	—	—	—	—	—	—	—	—
66565	8057		14198	38737	444	5287	376	168	1404		30489	1010

美术馆基本

（甲）		资产总计（千元）		实际使用房屋建筑面积（万平方米）				实际拥有产权面积（万平方米）	公共教育活动		
			固定资产原值	展览用房	库房面积	画室面积			讲座（次）	教育活动（次）	出版物（种）
（甲）		53	54	55	56	57	58	59	60	61	62
总　　计	A	607759	575198	6.454	1.941	0.469	0.043	2.700	100	119	20
其中:免费开放	B	607759	575198	6.454	1.941	0.469	0.043	2.700	100	119	20
按登记注册类型分	—									—	
其中:国有	C	607150	574979	6.094	1.736	0.461	0.037	2.700	97	119	20
集体	D										
其他	E	609	219	0.360	0.205	0.008	0.006		3		
按隶属关系分	—	—	—	—	—	—				—	
中央	F										
省区市	G	455425	431210	3.200	0.900	0.300			75	90	3
地市	H	151219	143522	2.646	0.680	0.155	0.015	2.700	10	25	12
县市区	I	1115	466	0.608	0.361	0.014	0.028		15	4	5
按部门分	—	—	—	—	—	—				—	
文化部门	J	607759	575198	6.454	1.941	0.469	0.043	2.700	100	119	20
其他部门	K										

情况综合年报（三）

创作情况（个）			培训情况		志愿者服务队伍数（个）	志愿者服务队伍人数（人）	学术研究情况（个）			增加值（千元）
							本年承担课题、项目数			
创作项目数量	参加展览数量	获省部级以上奖项的作品数	组织培训次数（次）	培训人次（万人次）			省部级以上课题项目数	结项课题项目数		
63	64	65	66	67	68	69	70	71	72	73
169	619	2	122	0.015	27	796	2	1	2	44522
169	619	2	122	0.015	27	796	2	1	2	44522
—	—	—	—	—	—	—	—	—	—	—
169	619	2	122	0.015	27	796	2	1	2	43751
										771
—	—	—	—	—	—	—	—	—	—	—
					15	52				26333
19	19		120	0.010	10	694	2	1	2	16738
150	600	2	2	0.005	2	50				1451
—	—	—	—	—	—	—	—	—	—	—
169	619	2	122	0.015	27	796	2	1	2	44522

其他文化事业机构基本

（甲）		机构数（个）	从业人员（人）	专业技术人才			本年收入合计（千元）	财政拨款		上级补助收入	事业收入	经营收入	附属单位上缴收入	其他收入	本年
				正高级职称	副高级职称	中级职称			基建拨款						
		1	2	3	4	5	6	7	8	9	10	11	12	13	14	15
总　计	A	74	1006	84	4	12	41	257331	252579	20600	1200	282		3270	241470
其中：文化行政执法机构	B	59	889	23			16	185067	182692		1120			1255	183947
按隶属关系分	—														
中央	C														
省区市	D	1	5	4		1	3	4085	3803			282			3326
地市	E	17	260	50	4	11	22	109296	105845	20600	992			2459	94317
县市区	F	56	741	30			16	143950	142931		208			811	143827
按部门分	—	—	—	—	—	—	—	—	—	—	—	—	—	—	—
文化部门	G	74	1006	84	4	12	41	257331	252579	20600	1200	282		3270	241470
其他部门	H														

其他文化企业机构基本

（甲）		机构数（个）	从业人员（人）	专业技术人才			资产、负债、所有者权益	资产总计		负债合计	所有者权益合计	实收资本		损益	营业收入
				正高级职称	副高级职称	中级职称			固定资产原价	当年提取的折旧总额				国家资本		
		1	2	3	4	5	6	7	8	9	10	11	12	13	14	15
总　计	A	44	604	110	7	9	41	1439992	407433	30701	523604	916388	571759	538279	188081	194659
第一产业	B														
第二产业	C	4	20	4		2	2	13356	4678	209	6311	7045	8553	1553	5699	5690
第三产业	F	40	584	106	7	7	39	1426636	402755	30492	517293	909343	563206	536726	182382	188969
按部门分	—	—	—	—	—	—	—	—	—	—	—	—	—	—	—
文化部门	J	44	604	110	7	9	41	1439992	407433	30701	523604	916388	571759	538279	188081	194659
其他部门	K														

情况综合年报

支出合计(千元)			在支出合计中：										资产总计(千元)		实际使用房屋建筑面积(万平方米)	实际拥有产权面积(万平方米)	增加值(千元)
基本支出	项目支出	经营支出	工资福利支出	商品和服务支出					对个人和家庭补助支出		其他资本性支出			固定资产原值			
					差旅费	劳务费	福利费	税金支出		抚恤金和生活补助		各种设备购置费					
16	17	18	19	20	21	22	23	24	25	26	27	28	29	30	31	32	33
183755	57713	1	140981	64355	2129	6873	3231	262	19711	306	8877	6684	951763	909115	6.972	6.359	207307
165407	18538	1	127260	35412	1835	3655	2883	31	17354	296	3896	1971	61192	40503	2.333	0.058	152626
—	—	—	—	—	—	—	—	—	—	—	—	—	—	—	—	—	—
1028	2298		849	2110	18	110	22	3	99		268		3822	2109			1221
53840	40477		40696	33898	969	2270	1258	240	6015	138	6257	5870	904642	877125	3.074	4.056	85489
128887	14938	1	99436	28347	1142	4493	1951	19	13597	168	2352	814	43299	29881	3.898	2.304	120597
—	—	—	—	—	—	—	—	—	—	—	—	—	—	—	—	—	—
183755	57713	1	140981	64355	2129	6873	3231	262	19711	306	8877	6684	951763	909115	6.972	6.359	207307

情况综合年报

和分配(千元)									工资、福利费、税金(千元)			实际使用房屋建筑面积(万平方米)	实际拥有产权面积(万平方米)	增加值(千元)
营业成本				营业利润	营业外收入		营业外支出	利润总额	本年发放工资总额	本年支付的职工福利费	本年应缴税金总额			
养老、失业等保险费	住房公积金和住房补贴	差旅费	工会经费			政府补助(补贴收入)								
16	17	18	19	20	21	22	23	24	25	26	27	28	29	30
7550	3203	878	521	−6578	16603	11677	234	9791	35958	3925	54314	7.709	6.873	146945
160	40	244		9			3	6	642	76	109	0.361	0.303	1536
7390	3163	634	521	−6587	16603	11677	231	9785	35316	3849	54205	7.348	6.570	145409
—	—	—	—	—	—	—	—	—	—	—	—	—	—	—
7550	3203	878	521	−6578	16603	11677	234	9791	35958	3925	54314	7.709	6.873	146945

文化行政主管部门基本

（甲）		机构数（个）	从业人员（人）	事业编制人员	本年收入合计（千元）	财政补贴收入	文化类经费	基建拨款	行政运行	一般行政管理事务	文化活动等经费	本年	基本支出	项目支出
		1	2	3	4	5	6	7	8	9	10	11	12	13
总　　计	A	103	2522	596	2600644	2514976	1936034	387089	754404	114840	1031440	2536662	607778	1928684
中央	B													
省区市	C	1	59		74503	73743	67346	1784	17314	7412	42620	65583	19356	46227
地市	D	11	426	119	336897	333579	320545	7600	98359	8046	178790	335262	127992	207270
县市区	E	91	2037	477	2189244	2107654	1548143	377705	638731	99382	810030	2135817	460430	1675187

文化行政主管部门基本

（甲）		本辖区内非物质文化遗产名录（个）								本辖区内非物质文化遗产代表性					
		国家级项目	保护单位个数	省级项目	保护单位个数	市级项目	保护单位个数	县级项目	保护单位个数	国家级代表性传承人	学徒人数	省级代表性传承人	学徒人数	市级代表性传承人	学徒人数
		28	29	30	31	32	33	34	35	36	37	38	39	40	41
总　　计	A			886	1076	744	631	7911	5556			936	18000	772	1322
中央	B														
省区市	C	217	233	886	1076					122	2500	936	18000		
地市	D	79	76	286	277	744	631			48	491	307	2271	772	1322
县市区	E	184	185	899	712	3208	2350	7911	5556	84	1248	716	5375	2378	13249

情况综合年报（一）

支出合计(千元)										资产总计(千元)		实际使用房屋建筑面积(万平方米)	实际拥有产权面积(万平方米)
	在支出合计中：												
工资福利支出	商品和服务支出					对个人和家庭补助支出		其他资本性支出			固定资产原值		
		差旅费	劳务费	福利费	税金支出		抚恤金和生活补助		各种设备购置费				
14	15	16	17	18	19	20	21	22	23	24	25	26	27
388481	1166415	14121	59101	14760	262	145849	5792	609963	27171	1259481	603322	16.400	9.683
12109	44494	841	1029	870		4304	447	1104	956	46635	15302	0.551	0.018
84473	162598	3776	8571	3075		35587	1972	42128	594	246235	97999	1.002	0.551
291899	959323	9504	49501	10815	262	105958	3373	566731	25621	966611	490021	14.847	9.114

情况综合年报（二）

传承人(人)		辖区内非物质文化遗产生态保护区(个)				非物质文化遗产保护专项经费投入(千元)						增加值(千元)
县级代表性传承人	学徒人数	国家级	省级	市级	县级		中央财政投入	省级财政投入	市级财政投入	县级财政投入	其他投入	
42	43	44	45	46	47	48	49	50	51	52	53	54
4889	18052		9	11	71	175713	38354	75763	20503	39617	1476	627703
		1	9			72070	25370	46700				18531
		4	11			32105	4524	5634	17167	4780		133897
4889	18052	3	22	42	71	71538	8460	23429	3336	34837	1476	475275

文物业基本情况

(甲)		机构数(个)	从业人员(人)						登记注册志愿者(人)	文物藏品(件/套)			
				专业技术人才			安全保卫人员				一级品	二级品	三级品
					正高级职称	副高级职称	中级职称						
		1	2	3	4	5	6	7	8	9	10	11	12
总　计	A	443	9106	2706	214	425	1024	1528	14947	1446109	3992	12174	80759
按单位类型分	—	—	—	—	—	—	—	—	—	—	—	—	—
文物科研机构	B	5	162	87	24	21	26	19					
文物保护管理机构	C	94	2816	793	50	119	311	265	2524	90845	218	577	4798
博物馆	D	275	4960	1719	134	274	654	1244	12423	1315047	3742	11403	73797
文物商店	E	9	82	25		1	11			21929		13	400
其他文物机构	F	60	1086	82	6	10	22			18288	32	181	1764
按隶属关系分	—	—	—	—	—	—	—	—	—	—	—	—	—
中央	G												
省区市	H	10	595	339	69	86	111	52	1098	305878	1319	5735	36671
地市	I	96	4142	1129	81	166	464	591	2944	345263	1031	2964	17097
县市区	J	337	4369	1238	64	173	449	885	10905	794968	1642	3475	26991
按部门分	—	—	—	—	—	—	—	—	—	—	—	—	—
文物部门	K	275	7373	2302	179	381	908	1112	11572	1043457	2861	11490	78876
其他部门	L	168	1733	404	35	44	116	416	3375	402652	1131	684	1883

文物业基本情况

(甲)		本年收入合计(千元)									本年支出		
											在支出		
		上级补助收入	事业收入	经营收入	附属单位上缴收入	其他收入		基本支出	项目支出	经营支出	工资福利支出	商品和	差旅费
		28	29	30	31	32	33	34	35	36	37	38	39
总　计	A	356994	350070	33779	1518	1023910	3426452	1334689	1987087	49374	723082	1661774	18154
按单位类型分	—												
文物科研机构	B	586	47659			922	102334	69076	33258		20607	71756	2746
文物保护管理机构	C	300622	259108	1804	1028	840115	1213854	666912	543315	3626	308387	541250	2561
博物馆	D	55786	43303	31975	490	56812	1383447	505884	831815	45748	322544	557029	10854
文物商店	E					25790	17807						
其他文物机构	F					100271	709010	92817	578699		71544	491739	1993
按隶属关系分	—												
中央	G												
省区市	H		39580			51972	479535	107842	338459		66357	151158	6617
地市	I	305196	299897	4361	1028	899503	1693888	873407	800308	4133	396247	848423	5082
县市区	J	51798	10593	29418	490	72435	1253029	353440	848320	45241	260478	662193	6455
按部门分	—												
文物部门	K	336481	343706	5331	1028	974177	3188212	1229805	1901639	5571	665019	1575292	15715
其他部门	L	20513	6364	28448	490	49733	238240	104884	85448	43803	58063	86482	2439

综合年报(一)

| 在藏品数中(件/套) 本年新增藏品 | | | 本年修复藏品数(件/套) | | | | 基本陈列(个) | 临时展览(个) | 参观人次(万人次) | | 门票销售总额(千元) | 本年收入合计(千元) | 财政补助收入 | 基建拨款 |
| 本年从有关部门接收文物数 | 本年藏品征集数 | | | 一级品 | 二级品 | 三级品 | | | | 未成年人参观人次 | | | | |
13	14	15	16	17	18	19	20	21	22	23	24	25	26	27
78644	15855	32070	1569	29	72	127	844	1354	8598.832	1939.906	319435	4305555	2539284	286274
—	—	—	212				1	2	50.000	20.000		103786	54619	—
933	101	439	10			4	126	101	2592.284	291.810	291879	2063980	661303	69608
77162	15754	31562	1337	29	72	123	717	1251	5956.548	1628.096	27556	1412856	1224490	201366
											25794		4	
549		69	10									699139	598868	15300
—	—		—	—	—	—								
22532		21205	402	3	4	43	21	50	527.706	245.959		625051	533499	176464
42257	15673	4307	261	2	12	13	178	369	3298.983	708.302	303962	2452470	942485	46038
13855	182	6558	906	24	56	71	645	935	4772.142	985.645	15473	1228034	1063300	63772
—	—		—	—	—	—								
71893	15799	26576	1164	5	10	54	460	1083	6374.070	1603.847	306715	4116821	2456098	285219
6751	56	5494	405	24	62	73	384	271	2224.763	336.059	12720	188734	83186	1055

综合年报(二)

| 合计(千元) 合计中: 服务支出 | | | 对个人和家庭补助支出 | 抚恤金和生活补助 | 其他资本性支出 | 各种设备、交通工具、图书购置费 | 资产总计(千元) | 固定资产原值 | 实际使用房屋建筑面积(万平方米) | 展览用房 | 文物库房 | 实际拥有产权面积(万平方米) | 增加值(千元) |
| 劳务费 | 福利费 | 各种税金支出 | | | | | | | | | | | |
40	41	42	43	44	45	46	47	48	49	50	51	52	53
125127	25016	24641	174637	3993	668798	48930	11632653	5331709	178.733	75.682	12.075	94.203	1411149
—	—	—	—		—	—	—	—	—	—	—	—	—
28200	821	2083	3024		6947	6947	93703	40313	1.948		0.558	0.099	57176
28236	12056	19140	100019	2137	168465	1841	4163496	1873965	28.448	11.089	0.606	10.246	611289
61704	10547	3332	58201	1476	420138	35204	6880540	3144311	139.208	64.594	10.827	80.016	588186
							90524	21565	0.444		0.084	0.077	15529
6987	1592	86	13393	380	73248	4938	404390	251555	8.685			3.764	138969
24356	3194	1953	11548	281	213018	23609	1289135	657250	9.908	4.410	1.651	1.449	169820
59656	15153	21981	125374	2874	202739	11876	6912110	3109096	62.512	22.820	3.706	33.308	825356
41115	6669	707	37715	838	253041	13445	3431408	1565363	106.313	48.452	6.718	59.446	415973
118919	22713	23290	166500	3473	624669	47010	8803498	4179463	126.002	50.241	8.906	67.260	1282761
6208	2303	1351	8137	520	44129	1920	2829155	1152246	52.731	25.442	3.169	26.943	128388

文物行政主管部门基本

		机构数(个)	从业人员(人)	实有文物从业人员数	编制数(人)	文物从业人员编制数	藏品数(件/套)	一级品	二级品	三级品	在藏品数中(件/套) 本年新增藏品	本年从有关部门接收文物数	本年藏品征集数	本年修复文物	一级品	二级品
(甲)		1	2	3	4	5	6	7	8	9	10	11	12	13	14	15
总　　计	A	53	950	190	775	177	18288	32	181	1764	549		69	10		
中央	B															
省区市	C	1	18	18	19	19										
其中:独立编制文物局	D	1	18	18	19	19										
行政部门内设机构	E															
地市	F	9	210	54	234	77										
其中:独立编制文物局	G	3	51	42	31	31										
行政部门内设机构	H	6	159	12	203	46										
县市区	I	43	722	118	522	81	18288	32	181	1764	549		69	10		
其中:独立编制文物局	J	1	31	16	16	16	6494	21	114	1083	480					
行政部门内设机构	K	42	691	102	506	65	11794	11	67	681	69		69	10		

文物行政主管部门基本

		本年支出合计(千元) 各种税金支出	对个人和家庭补助支出	抚恤金和生活补贴	其他资本性支出	各种设备购置费	资产总计(千元)	固定资产原值	实际使用房屋建筑面积(万平方米)	实际拥有产权面积(万平方米)	与国外文博机构合作项目数(个)	与国外文博机构签署协议或备忘录数(个)	赴港澳台人员数(人次)	对港澳台交流项目数(个)	参加国际组织活动数(个)
(甲)		32	33	34	35	36	37	38	39	40	41	42	43	44	45
总　　计	A	86	13067	380	72989	4938	292533	190622	7.311	3.764					
中央	B														
省区市	C		1013		770	548	20227	18463	0.327						
其中:独立编制文物局	D		1013		770	548	20227	18463	0.327						
行政部门内设机构	E														
地市	F		2796	231	8899	351	123730	75165	3.834	2.594					
其中:独立编制文物局	G		907	28	4957	222	56079	11764	2.891	2.088					
行政部门内设机构	H		1889	203	3942	129	67651	63401	0.943	0.506					
县市区	I	86	9258	149	63320	4039	148576	96994	3.150	1.170					
其中:独立编制文物局	J	85	367		1388	1388	13748	3841	1.592						
行政部门内设机构	K	1	8891	149	61932	2651	134828	93153	1.558	1.170					

情况综合年报（一）

数(件/套)	本年收入合计(千元)							本年支出合计(千元)			在支出合计中：				
		财政补助收入	文物类经费		在文物类经费中							商品和服务支出			
三级品	本年收入合计	财政补助收入	文物类经费	基建拨款	行政运行	一般行政管理事务	文物保护等经费	本年支出合计	基本支出	项目支出	工资福利支出	商品和服务支出	差旅费	劳务费	福利费
16	17	18	19	20	21	22	23	24	25	26	27	28	29	30	31
	642911	590977	381803	15300	18498	6667	268903	666665	88934	577576	68618	490244	1838	6818	1430
	11440	11440	9835		4475	5160		11086	5518	5568	3509	5794	386	940	317
	11440	11440	9835		4475	5160		11086	5518	5568	3509	5794	386	940	317
	231066	180483	159597		7990	142	151182	229061	24701	204360	20427	186463	439	1003	297
	26117	18595	17203		7990	142	8788	24289	9912	14377	7868	10557	162	545	146
	204949	161888	142394				142394	204772	14789	189983	12559	175906	277	458	151
	400405	399054	212371	15300	6033	1365	117721	426518	58715	367648	44682	297987	1013	4875	816
	9032	8542	2158		212	109	1837	9032	3919	5113	3552	3725	29	229	46
	391373	390512	210213	15300	5821	1256	115884	417486	54796	362535	41130	294262	984	4646	770

情况综合年报（二）

本级举办业务培训情况		本辖区文物点(处)				本辖区对外开放的省级以上文物保护单位数(个)	本级财政专项安排文物保护经费(千元)	本级出台地方性文物业法规、规章(部)	出入境文物审核数(件/套)				文物拍卖标的审核数(个)		增加值(千元)
举办业务培训班(个)	培训业务人员数(人)		全国重点文物保护单位	省级重点文物保护单位	市县级文物保护单位				禁止出境文物数		临时入境文物审核数	临时出境文物审核数		禁止上拍文物标的数	
46	47	48	49	50	51	52	53	54	55	56	57	58	59	60	61
61	3986	73943	231	624	4789	864	324672	4	11486		296	291	31580	103	97382
11	585	73943	231	624	4789	792	170000		11486		296	291	31580	103	6542
11	585	73943	231	624	4789	792	170000		11486		296	291	31580	103	6542
19	1070					13	138450								27327
3	250					13	3800								9919
16	820						134650								17408
31	2331					59	16222	4							63513
10	1200					11	420								4434
21	1131					48	15802	4							59079

文物保护管理机构基本

(甲)		机构数（个）	从业人员（人）					安全保卫人员	登记注册志愿者人数（人）	藏品数（件/套）			
				专业技术人才							一级品	二级品	三级品
				正高级职称	副高级职称	中级职称							
(甲)		1	2	3	4	5	6	7	8	9	10	11	12
总　　计	A	94	2816	793	50	119	311	265	2524	90845	218	577	4798
按隶属关系分	—	—	—	—	—	—	—	—	—	—	—	—	—
中央	B												
省区市	C												
地市	D	24	2210	476	39	76	179	183	332	1074	3	3	26
县市区	E	70	606	317	11	43	132	82	2192	89771	215	574	4772
按部门分	—	—	—	—	—	—	—	—	—	—	—	—	—
文物部门	F	92	2806	793	50	119	311	265	2524	90822	218	577	4798
其他部门	G	2	10							23			
按机构类型分	—	—	—	—	—	—	—	—	—	—	—	—	—
区域性文物保护管理机构	H	75	2064	616	49	104	245	191	2347	89388	207	558	4503
专门为一处或几处文物保护单位设立的保护管理机构	I	19	752	177	1	15	66	74	177	1457	11	19	295

情况综合年报（一）

在藏品数中（件/套）			本年修复文物数（件/套）				基本陈列（个）	临时展览（个）	参观人次（万人次）		门票销售总额（千元）
本年新增藏品				一级品	二级品	三级品				未成年人参观人次	
本年从有关部门接收文物数	本年藏品征集数										
13	14	15	16	17	18	19	20	21	22	23	24
933	101	439	10			4	126	101	2592.284	291.810	291879
—	—	—	—	—			—	—	—	—	
							49	27	1256.007	146.115	290514
933	101	439	10			4	77	74	1336.277	145.696	1365
—	—	—	—	—		—	—	—	—	—	—
933	101	439	10			4	123	100	1927.284	291.105	291879
							3	1	665.000	0.705	
—	—	—	—		—	—	—	—	—	—	—
933	101	439	10			4	100	79	1245.400	225.209	237059
							26	22	1346.884	66.601	54820

文物保护管理机构基本

		本年完成科研成果							本年收入				
		省部级及以上科研课题数（个）	专利（个）	专著或图录（册）	论文数（篇）	古建维修、考古发掘报告（册）	获国家奖（个）	获省、部奖（个）		财政补助收入		上级补助收入	事业收入
											基建拨款		
甲		25	26	27	28	29	30	31	32	33	34	35	36
总　　计	A	4		8	25			1	2063980	661303	69608	300622	259108
按隶属关系分	—												
中央	B												
省区市	C												
地市	D	3		3	10				1688497	370210	30336	267005	254605
县市	E	1		5	15			1	375483	291093	39272	33617	4503
按部门分	—												
文物部门	F	4		8	25			1	2023602	661095	69608	300622	258938
其他部门	G								40378	208			170
按机构类型分	—												
区域性文物保护管理机构	H	2		8	22			1	1774360	513047	68308	280319	181963
专门为一处或几处文物保护单位设立的保护管理机构	I	2			3				289620	148256	1300	20303	77145

情况综合年报(二)

合计(千元)				本年支出合计(千元)									
						项目支出						在支出合计中:	
经营收入	附属单位上缴收入	其他收入		基本支出		文物本体保护	藏品技术保护	展示利用等保护性设施建设	保护管理体系	经营支出	工资福利支出	商品和服务支出	
													差旅费
37	38	39	40	41	42	43	44	45	46	47	48	49	50
1804	1028	840115	1213854	666912	543315	162025	1549	7212	20876	3626	308387	541250	2561
—			—	—	—	—		—	—		—	—	—
1804	1028	793845	881550	590424	289643	30198	193	4492	19025	1482	250425	399040	1404
		46270	332304	76488	253672	131827	1356	2720	1851	2144	57962	142210	1157
—			—	—	—	—		—	—	—	—	—	—
1804	1028	800115	1193476	666762	523097	141875	1549	7212	20876	3616	308267	541050	2551
		40000	20378	150	20218	20150				10	120	200	10
549		798482	930691	522956	406574	141780	1549	4917	2048	1161	225739	412894	2191
1255	1028	41633	283163	143956	136741	20245		2295	18828	2465	82648	128356	370

文物保护管理机构基本

甲		本年支出合计(千元)							资产总计(千元)		实际使用房屋建筑面积(万平方米)		
		商品和服务支出			对个人和家庭补助支出		其他资本性支出			固定资产原值		展览用房	文物库房(含标本室)
		劳务费	福利费	各种税金支出		抚恤金和生活补贴		各种设备、交通工具、图书购置费					
甲		51	52	53	54	55	56	57	58	59	60	61	62
总　计	A	28236	12056	19140	100019	2137	168465	1841	4163496	1873965	28.448	11.089	0.606
按隶属关系分	—												
中央	B												
省区市	C												
地市	D	19054	10740	19058	91455	1949	65232	675	3989380	1792410	16.136	5.213	0.083
县市	E	9182	1316	82	8564	188	103233	1166	174116	81555	12.313	5.876	0.523
按部门分	—	—	—	—	—	—	—	—	—	—	—	—	—
文物部门	F	28226	12046	19140	99969	2137	168457	1837	4163476	1873945	28.023	11.082	0.606
其他部门	G	10	10		50		8	4	20	20	0.425	0.007	
按机构类型分	—	—	—	—	—	—	—	—	—	—	—	—	—
区域性文物保护管理机构	H	21812	8448	16218	75239	493	141086	1837	3377710	1607760	20.936	8.164	0.577
专门为一处或几处文物保护单位设立的保护管理机构	I	6424	3608	2922	24780	1644	27379	4	785786	266205	7.512	2.924	0.029

情况综合年报（三）

实际拥有产权面积(万平方米)	文物保护规划和方案设计(个)	文物保护维修情况				进行考古发掘情况				主办刊物(种)	国际合作项目数(个)	增加值(千元)
		国保单位保护维修项目数(个)	保护维修面积(平方米)	省保单位保护维修项目数(个)	市、县保单位保护维修项目数(个)	考古发掘面积(万平方米)	出土器物(件/套)	原址保护展示面积(万平方米)	异地保护展示面积(万平方米)			
63	64	65	66	67	68	69	70	71	72	73	74	75
10.246	103	57	1091458	54	137	1.911	1429	1.236	0.029			611289
—												
5.896	10	10	24665	11	14	0.256						530505
4.350	93	47	1066793	43	123	1.655	1429	1.236	0.029			80784
—	—	—	—	—	—	—	—	—	—	—	—	—
10.246	101	56	1089908	54	137	1.911	1429	1.236	0.029			611098
	2	1	1550									191
—	—	—	—	—	—	—	—	—	—	—	—	—
7.735	90	45	1042847	44	124	1.911	1429	1.236	0.029			481744
2.511	13	12	48611	10	13							129545

博物馆基本

（甲）		机构数（个）	从业人员（人）					安全保卫人员	登记注册志愿者人数（人）	藏品数（件/套）		
				专业技术人才								
				正高级职称	副高级职称	中级职称				一级品	二级品	三级品
		1	2	3	4	5	6	7	8	9	10	11	12
总　计	A	275	4960	1719	134	274	654	1244	12423	1315047	3742	11403	73797
其中：免费开放	B	254	4308	1539	123	243	595	1115	11982	1181821	3629	10760	67478
按机构类型分	—												
综合性	C	82	2324	973	67	158	378	605	3787	620800	1587	8795	61050
历史类	D	59	613	167	8	22	79	199	2197	46978	941	775	1320
艺术类	E	63	682	225	17	27	80	151	4190	127326	274	548	3568
自然科技类	F	22	405	143	24	39	34	68	1249	312596	837	1067	1883
其他	G	49	936	211	18	28	83	221	1000	207347	103	218	5976
按隶属关系分	—												
中央	H												
省区市	I	3	381	225	45	63	75	46	1098	305878	1319	5735	36671
地市	J	52	1589	593	39	86	272	397	2612	322260	1028	2948	16671
县市区	K	220	2990	901	50	125	307	801	8713	686909	1395	2720	20455
按系统分	—												
文物部门	L	111	3284	1337	99	230	538	828	9048	912418	2611	10719	71914
其他部门	M	37	643	130	9	10	51	165	379	45608	9	29	450
民办	N	127	1033	252	26	34	65	251	2996	357021	1122	655	1433

情况综合年报（一）

在藏品数中（件/套）			本年修复文物数（件/套）				基本陈列（个）	临时展览（个）	参观人次（万人次）		门票销售总额（千元）
本年新增藏品										未成年人参观人次	
本年从有关部门接收文物数	本年藏品征集数		一级品	二级品	三级品						
13	14	15	16	17	18	19	20	21	22	23	24
77162	15754	31562	1337	29	72	123	717	1251	5956.548	1628.096	27556
54500	15684	31260	1174	28	62	114	661	1128	5074.326	1520.140	172
—							—	—	—		—
46274	15315	4154	568	2	1	10	273	664	2279.720	738.141	10063
906	36	809	42	2	16	14	132	148	1411.327	276.820	66
3592	39	2644	262	23	52	64	128	269	829.828	240.968	1793
23840		22816	94		1	8	79	57	624.314	250.813	12025
2550	364	1139	371	2	2	27	105	113	811.360	121.354	3609
—	—	—	—	—	—	—	—	—	—	—	—
22532		21205	402	3	4	43	21	50	527.706	245.959	
42257	15673	4307	261	2	12	13	128	340	1992.976	542.187	13448
12373	81	6050	674	24	56	67	568	861	3435.866	839.950	14108
—	—	—	—	—	—	—	—	—			
70411	15698	26068	932	5	10	50	336	981	4396.786	1292.742	14836
1304		1299	53	1	10	9	81	88	343.017	73.558	12056
5447	56	4195	352	23	52	64	300	182	1216.746	261.796	664

博物馆基本

		本年完成科研成果							本年收入				
		省部级及以上科研课题数（个）	专利（个）	专著或图录（册）	论文数（篇）	古建维修、考古发掘报告（册）	获国家奖（个）	获省、部奖（个）		财政补助收入	基建拨款	上级补助收入	事业收入
（甲）		25	26	27	28	29	30	31	32	33	34	35	36
总　　计	A	18	9	151	238	2	22	37	1412856	1224490	201366	55786	43303
其中：免费开放	B	17	9	139	225	2	17	34	1292107	1148082	200349	52986	28160
按机构类型分	—	—	—	—				—		—	—	—	
综合性	C	6		76	174	2	4	11	651320	563380	15717	39943	25081
历史类	D			9	6				78466	65480	8284	3347	5386
艺术类	E	1	6	21	27		17	16	94332	76918	716	7104	1407
自然科技类	F	6		29	10			2	270652	220214	7000	4079	3632
其他	G	5	3	16	21		1	8	318086	298498	169649	1313	7797
按隶属关系分	—	—	—	—				—		—	—	—	
中央	H												
省区市	I	9	3	39	54			2	490460	476522	176464		9428
地市	J	6		73	116		15	16	480290	379312	15702	37605	27785
县市区	K	3	6	39	68	2	7	19	442106	368656	9200	18181	6090
按系统分	—	—	—	—				—		—	—	—	
文物部门	L	16	3	129	211	2	8	20	1268720	1144044	200311	35273	37109
其他部门	M	1		15	20		5	4	111320	68545	686	9421	5281
民办	N	1	6	7	7		9	13	32816	11901	369	11092	913

情况综合年报(二)

合计(千元)			本年支出合计(千元)		项目支出						在支出合计中：		
经营收入	附属单位上缴收入	其他收入	本年支出合计	基本支出	项目支出	文物征集	馆藏品保护	陈列展览	教育与科研	经营支出	工资福利支出		差旅费
37	38	39	40	41	42	43	44	45	46	47	48	49	50
31975	490	56812	1383447	505884	831815	89248	25570	80879	21528	45748	322544	557029	10854
8476	490	53913	1230665	439279	779305	89055	20182	76116	19840	12081	283218	488550	9774
—	—	—	—	—	—	—	—	—	—	—	—	—	—
5763		17153	688724	278189	407775	45147	17339	44784	9776	2760	185189	306186	4927
330		3923	104132	59461	41895	2503	1129	4432	1057	2776	30032	33057	1108
5034	490	3379	109947	50468	55498	5385	1490	14401	1779	3981	32505	59506	1272
20573		22154	176804	60422	82078	26310	1840	13182	3277	34304	27560	91025	2076
275		10203	303840	57344	244569	9903	3772	4080	5639	1927	47258	67255	1471
—	—	—	—	—	—	—	—	—	—	—	—	—	—
		4510	360338	55384	304954	40968	10961	28674	10548		46082	95332	3621
2557		33031	538621	236109	299861	26407	8686	21404	6058	2651	120831	240668	2975
29418	490	19271	484488	214391	227000	21873	5923	30801	4922	43097	155631	221029	4258
—	—	—	—	—	—	—	—	—	—	—	—	—	—
3527		48767	1169690	401150	766585	77882	22634	69504	18947	1955	264601	470747	8425
25614		2459	152081	75334	42653	4079	908	6964	388	34094	34866	73020	1136
2834	490	5586	61676	29400	22577	7287	2028	4411	2193	9699	23077	13262	1293

博物馆基本

		本年支出合计(千元)							资产总计(千元)		实际使用房屋建筑面积(万平方米)		
			在支出合计中:										
		商品和服务支出			对个人和家庭补助支出		其他资本性支出			固定资产原值		展览用房	文物库房(含标本室)
		劳务费	福利费	各种税金支出		抚恤金和生活补贴		各种设备、交通工具、图书购置费					
(甲)		51	52	53	54	55	56	57	58	59	60	61	62
总　计	A	61704	10547	3332	58201	1476	420138	35204	6880540	3144311	139.208	64.594	10.827
其中:免费开放	B	55382	9681	2552	51410	1351	381952	34346	5019462	2803228	127.070	59.163	9.557
按机构类型分	—	—	—	—	—	—	—	—	—	—	—	—	—
综合性	C	32153	4865	1715	34912	1145	157206	19497	3010332	1324734	71.284	31.352	5.892
历史类	D	4910	1195	649	4534	83	21108	2022	377444	327750	19.086	8.559	0.991
艺术类	E	8722	863	546	5980	196	11283	1944	654234	507086	20.394	9.858	0.981
自然科技类	F	3995	1233	284	5311		48688	2216	1885030	430018	10.695	5.330	1.543
其他	G	11924	2391	138	7464	52	181853	9525	953500	554723	17.748	9.495	1.421
按隶属关系分	—	—	—	—	—	—	—	—	—	—	—	—	—
中央	H												
省区市	I	9358	2135	324	8647	281	206057	17129	1088218	548633	8.971	4.410	1.552
地市	J	25831	3963	2469	30337	694	127593	9835	2701416	1215884	39.907	17.607	3.200
县市	K	26515	4449	539	19217	501	86488	8240	3090906	1379794	90.330	42.576	6.076
按系统分	—	—	—	—	—	—	—	—	—	—	—	—	—
文物部门	L	55506	8254	1981	50114	956	376017	33288	4058328	1993459	88.081	39.159	7.658
其他部门	M	5088	1579	974	7106	332	21788	705	1791306	349169	16.461	7.189	0.579
民办	N	1110	714	377	981	188	22333	1211	1030906	801683	34.666	18.246	2.590

情况综合年报(三)

实际拥有产权面积(万平方米)	文物保护规划和方案设计(个)	文物保护单位维修情况				进行考古发掘情况				国际合作项目数(个)	主办刊物(种)	增加值(千元)
		国保单位保护维修项目数(个)	保护维修面积(平方米)	省保单位保护维修项目数(个)	市、县保单位保护维修项目数(个)	考古发掘面积(万平方米)	出土器物(件/套)	原址保护展示面积(万平方米)	异地保护展示面积(万平方米)			
63	64	65	66	67	68	69	70	71	72	73	74	75
80.016	81	17	194006	31	74	0.644	1100	0.133		3	31	588186
70.905	78	15	192776	27	69	0.644	1100	0.133		2	31	520373
—	—	—	—	—	—	—	—	—	—	—	—	—
38.036	62	10	154122	27	61	0.644		0.133		2	15	315047
14.361	11						1100				2	54644
14.033	7									1	11	68862
3.460											2	57865
10.126	1	7	39884	4	13						1	91768
—	—	—	—	—	—	—	—	—	—	—	—	—
1.350											2	90828
24.741	6	8	40784		1					1	8	232052
53.926	75	9	153222	31	73	0.644	1100	0.133		2	21	265306
—	—	—	—	—	—	—	—	—	—	—	—	—
53.073	65	17	194006	31	72	0.644	300	0.133		3	20	462546
7.802											6	67074
19.141	16				2		800				5	58566

文物保护科学研究机构基本

（甲）		机构数（个）	从业人员（人）					安全保卫人员	登记注册志愿者人数（人）		藏品数（件/套）		
				专业技术人才							一级品	二级品	三级品
				正高级职称	副高级职称	中级职称							
（甲）		1	2	3	4	5	6	7	8	9	10	11	12
总　　计	A	5	162	87	24	21	26	19					
按性质分	—	—	—	—	—	—	—	—	—	—	—	—	—
考古研究	B	5	162	87	24	21	26	19					
古建研究	C												
其他研究	D												
按隶属关系分	—	—	—	—	—	—	—	—	—	—	—	—	—
中央	E												
省区市	F	1	107	54	18	13	14	6					
地市	G	3	42	20	3	4	7	11					
县市区	H	1	13	13	3	4	5	2					
按经费来源分	—	—	—	—	—	—	—	—	—	—	—	—	—
文物经费	K	4	150	83	24	21	24	11					
科研经费	L	1	12	4			2	8					
其他经费	M												

情况综合年报（一）

在藏品数中（件/套）			本年修复文物数（件/套）				基本陈列（个）	临时展览（个）	参观人次（万人次）		门票销售总额（千元）	本年完成科研成果		
本年新增藏品				一级品	二级品	三级品				未成年人参观人次		省部级以上科研课题数（个）	专利（个）	专著或图录（册）
	本年从有关部门接收文物数	本年藏品征集数												
13	14	15	16	17	18	19	20	21	22	23	24	25	26	27
			212					1	2	50.000	20.000		3		2
—	—	—	—	—	—	—	—	—	—	—	—	—	—	—
			212					1	2	50.000	20.000		3		2
—	—	—	—	—	—	—	—	—	—	—	—	—	—	—
								1	2	50.000	20.000		3		1
			212												1
—	—	—	—	—	—	—	—	—	—	—	—	—	—	—
			212					1	2	50.000	20.000		3		2

文物保护科学研究机构基本

		本年完成科研成果				本年收入合计（千元）							
		论文数（篇）	古建维修、考古发掘报告（册）	获国家奖（个）	获省、部奖（个）		财政补助收入	基建拨款	上级补助收入	事业收入	经营收入	附属单位上缴收入	其他收入
（甲）		28	29	30	31	32	33	34	35	36	37	38	39
总　　计	A	53	15	2	3	103786	54619		586	47659			922
按性质分	—	—	—	—	—	—	—	—	—	—	—	—	—
考古研究	B	53	15	2	3	103786	54619		586	47659			922
古建研究	C												
其他研究	D												
按隶属关系分	—	—	—	—	—	—	—	—	—	—	—	—	—
中央	E												
省区市	F	43	5			71143	40178			30152			813
地市	G	8	1	2	3	28797	10595		586	17507			109
县市区	H	2	9			3846	3846						
按经费来源分	—	—	—	—	—	—	—	—	—	—	—	—	—
文物经费	K	53	15	2	3	102627	53889		238	47659			841
科研经费	L					1159	730		348				81
其他经费	M												

情况综合年报(二)

			本年支出合计(千元)								
		项目支出					经营支出	在支出合计中:			
基本支出			文物征集	馆藏品保护	陈列展览	教育与科研		工资福利支出	商品和服务支出		
										差旅费	劳务费
40	41	42	43	44	45	46	47	48	49	50	51
102334	69076	33258	21040					20607	71756	2746	28200
—	—	—	—	—	—	—	—	—	—	—	—
102334	69076	33258	21040					20607	71756	2746	28200
—	—	—	—	—	—	—	—	—	—	—	—
69871	43057	26814	21040					13840	48537	2455	13889
28617	22173	6444						4564	22252	264	13768
3846	3846							2203	967	27	543
—	—	—	—	—	—	—	—	—	—	—	—
101175	68366	32809	21040					19995	71267	2746	27776
1159	710	449						612	489		424

文物保护科学研究机构基本

		本年支出合计(千元)						资产总计(千元)		公用房屋建筑面积(万平方米)		
		在支出合计中:										
		商品和服务支出		对个人和家庭补助支出		其他资本性支出			固定资产原值		文物库房(含标本室)面积	实验室面积
		福利费	税金支出		抚恤金和生活补贴		各种设备购置费					
(甲)		52	53	54	55	56	57	58	59	60	61	62
总　计	A	821	2083	3024		6947	6947	93703	40313	1.948	0.558	0.397
按性质分	—	—	—	—	—	—	—	—	—	—	—	—
考古研究	B	821	2083	3024		6947	6947	93703	40313	1.948	0.558	0.397
古建研究	C											
其他研究	D											
按隶属关系分	—	—	—	—	—	—	—	—	—	—	—	—
中央	E											
省区市	F	580	1629	1562		5932	5932	75756	30595	0.414	0.099	
地市	G	153	454	786		1015	1015	16479	8250	1.454	0.399	0.387
县市区	H	88		676				1468	1468	0.080	0.060	0.010
按经费来源分	—	—	—	—	—	—	—	—	—	—	—	—
文物经费	K	809	2083	2966		6947	6947	92003	39022	1.849	0.459	0.397
科研经费	L	12		58				1700	1291	0.099	0.099	
其他经费	M											

情况综合年报（三）

实际拥有产权面积（万平方米）	文物保护规划和方案设计（个）	进行考古发掘情况				国际合作项目数（个）	主办刊物（种）	增加值（千元）
		考古发掘面积（万平方米）	出土器物（件/套）	原址保护展示面积（万平方米）	异地保护展示面积（万平方米）			
63	64	65	66	67	68	69	70	71
0.099		3.223	8241	1.069				57176
—	—	—	—	—	—	—	—	—
0.099		3.223	8241	1.069				57176
—	—	—	—	—	—	—	—	—
0.099		1.500	6822					33420
		0.773	869	1.069				20186
		0.950	550					3570
—	—	—	—	—	—	—	—	—
0.099		3.221	8212	1.069				56018
		0.003	29					1158

其他文物事业机构基本

		机构数（个）	从业人员（人）					安全保卫人员	登记注册志愿者（人）	藏品数（件/套）			在藏品数中（件/套）		
				专业技术人才									本年新增藏品		
				正高级职称	副高级职称	中级职称				一级品	二级品	三级品	在本年从有关部门接收文物数	本年藏品征集数	
（甲）		1	2	3	4	5	6	7	8	9	10	11	12	13	14	15
总　　计	A	2	17	8	4	2	2									
按隶属关系分	—	—	—	—	—	—	—	—	—	—	—	—	—	—	—	—
中央	B															
省区市	C	2	17	8	4	2	2									
地市	D															
县市区	E															
按部门分	—	—	—	—	—	—	—	—	—	—	—	—	—	—	—	—
文物部门	F	2	17	8	4	2	2									
其他部门	G															

其他文物事业机构基本

		本年收入合计（千元）	本年支出合计（千元）												
			基本支出	基本支出	经营支出	在支出合计中：									
						工资福利支出	商品和服务支出				对个人和家庭补助支出		其他资本性支出	
		其他收入					差旅费	劳务费	福利费	各种税金支出	抚恤金和生活补贴		各种设备购置费	
（甲）		34	35	36	37	38	39	40	41	42	43	44	45	46	47	48
总　　计	A	281	5006	3883	1123		2926	1495	155	169	162		326		259	
按隶属关系分	—	—	—	—	—	—	—	—	—	—	—	—	—	—	—	—
中央	B															
省区市	C	281	5006	3883	1123		2926	1495	155	169	162		326		259	
地市	D															
县市	E															
按部门分	—	—	—	—	—	—	—	—	—	—	—	—	—	—	—	—
文物部门	F	281	5006	3883	1123		2926	1495	155	169	162		326		259	
其他部门	G															

情况综合年报（一）

本年修复文物数(件/套)			本年完成科研成果								本年收入合计(千元)						
一级品	二级品	三级品	省部级及以上科研课题数(个)	专利(个)	专著或图录(册)	论文数(篇)	古建维修、考古发掘报告(册)	获国家奖(个)	获省、部奖(个)			财政补助收入	基建拨款	事业收入	上级补助收入	附属单位上缴收入	经营收入
16	17	18	19	20	21	22	23	24	25	26	27	28	29	30	31	32	33
											5640	5359					
—	—	—	—	—	—	—	—	—	—	—							
											5640	5359					
—	—	—	—	—	—	—	—	—	—	—							
											5640	5359					

情况综合年报（二）

资产总计(千元)	固定资产原值	实际使用房屋建筑面积(万平方米)	展览用房	文物库房	实际拥有产权面积(万平方米)	文物保护规划和方案设计(个)	文物保护单位保护维修情况				进行考古发掘情况				国际合作项目数(个)	增加值(千元)
							国保单位保护维修项目数(个)	保护维修面积(平方米)	省保单位保护维修项目数(个)	市、县保单位保护维修项目数(个)	考古发掘面积(万平方米)	出土器物(件/套)	原址保护展示面积(万平方米)	异地保护展示面积(万平方米)		
49	50	51	52	53	54	55	56	57	58	59	60	61	62	63	64	65
5844	2978	0.056														3712
—	—															—
5844	2978	0.056														3712
—	—															—
5844	2978	0.056														3712

文物商店基本情况

		机构数（个）	从业人员（人）					库存文物数（件/套）			
				专业技术人才							
					正高级职称	副高级职称	中级职称		一级品	二级品	三级品
（甲）		1	2	3	4	5	6	7	8	9	10
总　　计	A	9	82	25		1	11	21929		13	400
按隶属关系分	—	—	—	—	—	—	—	—	—	—	—
中央	B										
省区市	C										
地市	D	7	69	18			6	21929		13	400
县市区	E	2	13	7		1	5				
按系统分	—										
文物部门	F	9	82	25		1	11	21929		13	400
其他部门	G										

文物商店基本情况

		损益（千元）						营业外收入			
		营业成本					营业利润			营业外支出	利润总额
			养老、医疗、失业等各种社会保险费	住房公积金和住房补贴	差旅费	工会经费			政府补助（补贴收入）		
（甲）		20	21	22	23	24	25	26	27	28	29
总　　计	A	17791	975	244	253	83	7728	275	4	16	7987
按隶属关系分	—	—	—	—	—	—	—	—	—	—	—
中央	B										
省区市	C										
地市	D	14162	975	244	253	83	7405	275	4	13	7667
县市区	E	3629					323			3	320
按系统分	—										
文物部门	F	17791	975	244	253	83	7728	275	4	16	7987
其他部门	G										

综合年报(一)

资产、负债、所有者权益(千元)							损益(千元)	
资产总计			负债合计	所有者权益合计			营业收入	
	固定资产原价	当年提取的折旧总额			实收资本			主营业务收入
						国家资本		
11	12	13	14	15	16	17	18	19
90524	21565	503	29476	61048	13258	11178	25519	22928
			—					—
76104	17105	367	27679	48425	11758	9678	21567	18976
14420	4460	136	1797	12623	1500	1500	3952	3952
—	—					—		—
90524	21565	503	29476	61048	13258	11178	25519	22928

综合年报(二)

工资、福利费、税金(千元)			实际使用房屋建筑面积(万平方米)			实际拥有产权面积(万平方米)	增加值(千元)
本年发放工资总额	本年支付的职工福利费	本年应缴税金总额		营业用房	库房		
30	31	32	33	34	35	36	37
4519	392	974	0.444	0.334	0.084	0.077	15529
—							
3760	392	974	0.304	0.254	0.024	0.077	14311
759			0.140	0.080	0.060		1218
—	—		—	—			—
4519	392	974	0.444	0.334	0.084	0.077	15529

其他文物企业机构基本

（甲）		机构 数(个)	从业人员（人）				资产、 资产
				专业技术人才			
				正高级 职　称	副高级 职　称	中级 职称	
		1	2	3	4	5	6	7
总　　计	A	5	119	74	2	8	20	106013
按隶属关系分	—							
中央	B							
省区市	C	3	72	52	2	8	20	99090
地市	D	1	22	22				5001
县市区	E	1	25					1922
按系统分	—	—	—	—	—	—	—	—
文物部门	F	3	72	52	2	8	20	99090
其他部门	G	2	47	22				6923

其他文物企业机构基本

（甲）		营业成本			投资 收益	营业 利润	营业外收入	损益
		住房公积 金和住房 补贴	差旅费	工会经费			政府补助 （补贴收入）	
		18	19	20	21	22	23	24
总　　计	A	926	758	8		10924	2581	2532
按隶属关系分	—	—	—	—	—	—	—	—
中央	B							
省区市	C	838	754			13384	4	
地市	D	63		8		−1768	1882	1881
县市区	E	25	4			−692	695	651
按系统分	—	—	—	—	—	—	—	—
文物部门	F	838	754			13384	4	
其他部门	G	88	4	8		−2460	2577	2532

情况综合年报（一）

负债、所有者权益（千元）						损益（千元）			
总计		负债合计	所有者权益合计			营业收入		营业成本	
固定资产原值	当年提取的折旧总额			实收资本	国家资本金		主营业务收入		养老、医疗、失业等各种社会保险费
8	9	10	11	12	13	14	15	16	17
57955	467	27139	78874	3750	3600	48007	48007	37083	1709
—	—	—	—	—	—	—	—	—	—
56581	300	18556	80534	1950	1800	46364	46364	32980	1414
282	56	4091	910	800	800	96	96	1864	142
1092	111	4492	−2570	1000	1000	1547	1547	2239	153
									—
56581	300	18556	80534	1950	1800	46364	46364	32980	1414
1374	167	8583	−1660	1800	1800	1643	1643	4103	295

情况综合年报（二）

（千元）		工资、福利费、税金（千元）			实际使用房屋建筑面积（万平方米）		实际拥有产权面积（万平方米）	增加值（千元）
营业外支出	利润总额	本年发放工资总额	本年支付的职工福利费	本年应缴税金总额		业务用房		
25	26	27	28	29	30	31	32	33
256	13249	12959	1495	6879	1.318	1.088		37875
—	—	—	—	—	—	—	—	—
254	13134	11401	1147	6786	0.140	0.140		35318
	114	501	194	11	0.879	0.879		975
2	1	1057	154	82	0.300	0.070		1582
—								
254	13134	11401	1147	6786	0.140	0.140		35318
2	115	1558	348	93	1.179	0.949		2557

文物拍卖企业基本

（甲）		机构数（个）	从业人员（人）	资产、负债、所有者权益（千元）								损益		
				资产总计			负债合计	所有者权益合计			营业收入		营业	
				固定资产原价	当年提取的折旧总额				实收资本			主营业务收入		养老、医疗、失业等各种社会保险费
										国家资本				
		1	2	3	4	5	6	7	8	9	10	11	12	13
总　　计	A	7	107	205546	42395	1565	95588	109958	62500	6600	44240	43830	24036	1649
按隶属关系分	—	—	—	—	—	—	—	—	—	—	—	—	—	—
中央	B													
省区市	C	6	85	178820	33657	1185	81166	97654	52000	6600	41227	40817	21639	1535
地市	D	1	22	26726	8738	380	14422	12304	10500		3013	3013	2397	114
县市区	E													
按文物拍卖经营资质类型分	—	—	—	—	—	—	—	—	—	—	—	—	—	—
第一、二、三类文物	F	5	74	147509	39761	1339	61263	86246	42500		17691	17691	15510	1360
第二、三类文物	G	2	33	58037	2634	226	34325	23712	20000	6600	26549	26139	8526	289
按登记注册类型分	—	—	—	—	—	—	—	—	—	—	—	—	—	—
国有	H													
集体	I													
其他	J	7	107	205546	42395	1565	95588	109958	62500	6600	44240	43830	24036	1649

情况综合年报

（千元）

| 成本 | | | 营业利润 | 营业外收入 | 政府补助（补贴收入） | 营业外支出 | 利润总额 | 工资、福利费、税金（千元） | | | 文物标的拍卖情况 | | | | | 经营面积（万平方米） |
住房公积金和住房补贴	差旅费	工会经费	营业利润	营业外收入	政府补助（补贴收入）	营业外支出	利润总额	本年发放工资总额	本年支付的职工福利费	本年应缴税金总额	拍卖会场次（场）	上拍标的件数（件/套）	成交量（件/套）	成交额（千元）	佣金额（千元）	经营面积（万平方米）
14	15	16	17	18	19	20	21	22	23	24	25	26	27	28	29	30
139	527	96	20204	822	6	25	21001	6654	263	13756	11	8221	4878	354475	28343	0.414
—	—	—	—	—	—	—	—	—	—	—	—	—	—	—	—	—
139	490	81	19588	456	6	13	20031	5722	248	13195	8	7080	4303	353134	28252	0.300
	37	15	616	366		12	970	932	15	561	3	1141	575	1341	91	0.114
—	—	—	—	—	—	—	—	—	—	—	—	—	—	—	—
16	493	27	2181	409	3	14	2576	3152	89	4518	10	7795	4477	74475	2615	0.314
123	34	69	18023	413	3	11	18425	3502	174	9238	1	426	401	280000	25728	0.100
—	—	—	—	—	—	—	—	—	—	—	—	—	—	—	—	—
139	527	96	20204	822	6	25	21001	6654	263	13756	11	8221	4878	354475	28343	0.414

文物保护资金支持项目基本

（甲）		项目数（个）	项目总预算（千元）	累计拨入项目经费（千元）				本年
					中央补助	省级专项补助	市、县级补助	
		1	2	3	4	5	6	7
总　　计	A	287	817905	357365	119688	63600	153867	297257
按部门分	—	—	—	—	—	—	—	—
文物部门	B	250	773530	337016	115605	53564	150707	275886
其他部门	C	17	32653	16448	3283	7230	2865	15288
按文物保护单位级别分	—	—	—	—	—	—	—	—
全国重点文物保护单位	D	82	485459	166987	96338	16793	52006	151175
省级文物保护单位	E	63	143254	80660	480	38088	33473	52407
市、县级文物保护单位	F	91	93266	51520	14690	2760	29301	45804
非文物保护单位	G	46	53127	35532	8180	800	21580	36968
按项目内容分	—	—	—	—	—	—	—	—
文物维修保护工程	H	227	733563	302310	96225	45887	139988	257079
文物考古调查、发掘	I	5	17690	15390	13890	1000	500	6045
安全消防及防雷等保护性工程	J	20	20345	11722	358	7825	3539	12421
可移动文物保护	K	12	22249	17664	8180	7117	2367	13538
陈列展览	L	6	14033	1475		360	1115	1343
其他	M	17	10025	8804	1035	1411	6358	6831

情况综合年报

项目资金来源合计（千元）					本年支出合计（千元）	项目累计支出（千元）	维修面积（万平方米）	本年修复文物数（件）
	财政拨款			其他资金				
	中央补助	省级补助	市、县级补助					
8	9	10	11	12	13	14	15	16
258446	78976	39325	122320	36225	189694	252556	268.940	93
—	—	—	—	—	—	—	—	—
244714	75693	32599	118597	28586	174453	237060	266.237	93
11008	3283	4710	3015	4280	10106	10801	2.231	
—	—	—	—	—	—	—	—	—
144175	65771	13099	50305	7000	73828	90582	234.026	10
40665	480	21258	16102	9156	40784	60398	12.514	
32155	4545	1830	25780	13649	42882	58823	17.722	15
30548	8180	800	21568	6420	21987	22452	2.678	33
—	—	—	—	—	—	—	—	—
219438	64858	25804	110951	35055	166996	216612	265.097	60
6045	4545	1000	500		6045	15390		
11471	358	7574	3539	950	6962	7309	3.590	1
13538	8180	3711	1647		4377	7793	0.131	32
1343		125	1218		1075	1213		
6611	1035	1111	4465	220	4239	4239	0.122	

情况综合年报

非物质文化遗产保护

		机构数（个）	工作人员数（人）			专业技术人才				宣传展示			
				专职人员	在编人员		正高级职称	副高级职称	中级职称	举办展览（个）		举办演出（场）	
											参观人次（万人次）		观众人次（万人次）
（甲）		1	2	3	4	5	6	7	8	9	10	11	12
总　　计	A	102	404	274	254	249	25	46	106	1404	377.935	5974	313.371
中央	B												
省区市	C	1	7		7	7	4	2	1	3	25.060	11	3.000
地市	D	11	81	51	43	54	9	10	18	234	51.600	575	64.530
县市区	E	90	316	223	204	188	12	34	87	1167	301.275	5388	245.841

非物质文化遗产保护

		展示传习场所								
		展示场所					传习场所			
		非物质文化遗产博物馆（个）		收藏实物数（件/套）	展示及演出面积（万平方米）	培训学徒（人）		民办传习所（个）	传习所面积（万平方米）	培训学徒（人）
			民办非物质文化遗产博物馆							
（甲）		27	28	29	30	31	32	33	34	35
总　　计	A	636	381	271385	57.922	31467	828	596	25.272	52555
中央	B									
省区市	C									
地市	D	34	17	36623	4.636	8880	26	23	1.732	2550
县市区	E	602	364	234762	53.286	22587	802	573	23.540	50005

非物质文化遗产保护

					本年支出					
					在支出					
		基本支出	项目支出	经营支出	工资福利支出	商品和服务支出				
							差旅费	劳务费	福利费	税金支出
（甲）		45	46	47	48	49	50	51	52	53
总　　计	A	11587	19940	10	8842	20013	390	3536	269	30
中央	B									
省区市	C	1722	8507		1435	8479	126	849	54	
地市	D	4727	1161		3223	1977	69	550	88	
县市区	E	5138	10272	10	4184	9557	195	2137	127	30

情况综合年报（一）

培训活动						普查成果							
举办民俗活动（次）	参与人次（万人次）	开展非遗工作人员培训班次（次）	培训人次（万人次）	开展传承人群培训班次（次）	培训人次（万人次）	项目资源总量（累计）	征集实物（件/套）	征集文本资料（册）	录音资料（小时）	录像资料（小时）	调查报告（篇）	出版成果（册）	资源清单（册）
13	14	15	16	17	18	19	20	21	22	23	24	25	26
1050	350.818	2006	18.967	1379	5.147	257560	8912	5522	4456	5040	490	5587	1259
		2	0.022	1	0.003		36	100	40	70	22	3	
30	6.960	317	11.169	15	0.096	10121	2026	749	641	800	39	4314	592
1020	343.858	1687	7.776	1363	5.048	247439	6850	4673	3775	4170	429	1270	667

情况综合年报（二）

本年收入合计（千元）	财政补贴收入	基建拨款	上级补助收入	事业收入	经营收入	附属单位上缴收入	其他收入	本年支出合计（千元）
36	37	38	39	40	41	42	43	44
31622	29973		1010	50			589	31537
11333	11255						78	10229
5869	5519			50			300	5888
14420	13199		1010				211	15420

情况综合年报（三）

合计（千元）合计中: 对个人和家庭补助支出	抚恤金和生活补助	其他资本性支出	各种设备、交通工具、图书购置费	资产合计（千元）	固定资产原值	实际使用房屋建筑面积（万平方米）	实际拥有产权面积（万平方米）	增加值（千元）
54	55	56	57	58	59	60	61	62
1550		1131	280	39790	25400	6.719	4.706	15869
171		144		8524	1865	0.040		2633
563		125	54	6378	3659	2.007	1.508	4662
816		862	226	24888	19876	4.672	3.198	8574

非物质文化遗产保护中心

		机构数(个)	工作人员数(人)				专业技术人才			宣传展示			
			专职人员	在编人员			正高级职称	副高级职称	中级职称	举办展览(个)	参观人次(万人次)	举办演出(场)	观众人次(万人次)
(甲)		1	2	3	4	5	6	7	8	9	10	11	12
总　计	A	91	367	252	233	227	22	37	99	1259	353.490	5829	292.021
中央	B												
省区市	C	1	7		7	7	4	2	1	3	25.060	11	3.000
地市	D	9	72	49	41	48	7	7	18	218	46.800	564	59.030
县市区	E	81	288	203	185	172	11	28	80	1038	281.630	5254	229.991

非物质文化遗产保护中心

		展示传习场所								
		展示场所					传习场所(个)			
		非物质文化遗产博物馆(个)	民办非物质文化遗产博物馆	收藏实物数(件/套)	展示及演出面积(万平方米)	培训学徒(人)		民办传习所(个)	传习所面积(万平方米)	培训学徒(人)
(甲)		27	28	29	30	31	32	33	34	35
总　计	A	588	356	252913	55.248	30303	755	574	23.362	50864
中央	B									
省区市	C									
地市	D	32	16	33123	4.516	8730	23	20	1.172	2470
县市区	E	556	340	219790	50.732	21573	732	554	22.190	48394

非物质文化遗产保护中心

		本年支出								
		在支出								
		基本支出	项目支出	经营支出	工资福利支出	商品和服务支出		差旅费	劳务费	福利费	税金支出
(甲)		45	46	47	48	49	50	51	52	53
总　计	A	11587	19940	10	8842	20013	390	3536	269	30
中央	B									
省区市	C	1722	8507		1435	8479	126	849	54	
地市	D	4727	1161		3223	1977	69	550	88	
县市区	E	5138	10272	10	4184	9557	195	2137	127	30

情况综合年报（一）

培训活动						普查成果							
举办民俗活动（次）	参与人次（万人次）	开展非遗工作人员培训班班次（次）	培训人次（万人次）	开展传承人群培训班班次（次）	培训人次（万人次）	项目资源总量（累计）	征集实物（件/套）	征集文本资料（册）	录音资料（小时）	录像资料（小时）	调查报告（篇）	出版成果（册）	资源清单（册）
13	14	15	16	17	18	19	20	21	22	23	24	25	26
984	324.735	1808	17.708	1194	4.557	254749	8441	5282	4315	4727	460	5569	1252
		2	0.022	1	0.003		36	100	40	70	22	3	
25	5.860	311	11.147	11	0.068	9621	1725	669	516	646	23	4309	590
959	318.875	1495	6.539	1182	4.485	245128	6680	4513	3759	4011	415	1257	662

情况综合年报（二）

本年收入合计（千元）								本年支出合计（千元）
	财政补贴收入	基建拨款	上级补助收入	事业收入	经营收入	附属单位上缴收入	其他收入	
36	37	38	39	40	41	42	43	44
31622	29973		1010	50			589	31537
11333	11255						78	10229
5869	5519			50			300	5888
14420	13199		1010				211	15420

情况综合年报（三）

合计（千元） 合计中：				资产合计（千元）				
对个人和家庭补助支出	抚恤金和生活补助	其他资本性支出	各种设备、交通工具、图书购置费		固定资产原值	实际使用房屋建筑面积（万平方米）	实际拥有产权面积（万平方米）	增加值（千元）
54	55	56	57	58	59	60	61	62
1550		1131	280	39790	25400	6.674	4.696	15869
171		144		8524	1865	0.040		2633
563		125	54	6378	3659	2.007	1.508	4662
816		862	226	24888	19876	4.627	3.188	8574

动漫企业基本情况

（甲）		机构数（个）	从业人员（人）		资产、负债、所有者权益（千元）				所有者权益合计	
				具有大专以上学历人员	资产总计		负债合计		实收资本（股本）	
					固定资产原值	当年提取的折旧总额				国家资本金
（甲）		1	2	3	4	5	6	7	8	9	10
总　　计	A	24	1080	920	1510018	84439	16295	533221	976797	400309	
按城乡分	—	—	—	—	—	—	—	—	—	—	—
城市	B	21	878	737	1419924	56988	12020	454998	964926	341319	
县城	C	3	202	183	90094	27451	4275	78223	11871	58990	
县以下	D										
按登记注册类型分	—	—	—	—	—	—	—	—	—	—	—
内资企业	E	24	1080	920	1510018	84439	16295	533221	976797	400309	
港澳台商投资企业	F										
外商投资企业	G										
按部门分	—	—	—	—	—	—	—	—	—	—	—
文化部门	H	22	968	815	1389325	80425	14782	518265	871060	379309	
其他部门	I	2	112	105	120693	4014	1513	14956	105737	21000	
按机构类型分	—	—	—	—	—	—	—	—	—	—	—
漫画创作企业	J	1	10	10	44413	636	285	−299	44712	3333	
动画创作、制作企业	K	21	913	767	1397380	57483	11619	460018	937362	351986	
网络动漫（含手机动漫）创作制作企业	L	1	11	11	1422	556	427	200	1222	1000	
动漫舞台剧（节）目创作演出企业	M										
动漫软件开发企业	N										
动漫衍生产品研发设计企业	O	1	146	132	66803	25764	3964	73302	−6499	43990	

综合年报（一）

				损益（千元）			
营业总收入			营业总成本				
	主营业务收入			养老、失业等保险费	住房公积金和住房补贴	差旅费	工会经费
		自主开发生产动漫产品收入					
11	12	13	14	15	16	17	18
472263	470186	271497	375514	9889	2285	3797	388
—	—		—				—
433108	433050	257422	322418	8617	2059	3125	378
39155	37136	14075	53096	1272	226	672	10
472263	470186	271497	375514	9889	2285	3797	388
—	—		—	—		—	—
394569	392492	214895	347265	9042	2121	3621	344
77694	77694	56602	28249	847	164	176	44
—	—		—	—		—	—
9246	9246	9246	7947	96		235	1
435847	433770	262251	326933	8679	2059	1997	376
4109	4109		4118	56		906	1
23061	23061		36516	1058	226	659	10

动漫企业基本情况

（甲）		损益（千元）						工资、福利费、税金（千元）		
		营业总成本	营业利润	营业外收入		营业外支出	利润总额	本年发放工资总额	本年支付的职工福利费	本年应缴税金总额
		动漫产品研究开发经费			政府补助（补贴收入）					
		19	20	21	22	23	24	25	26	27
总　计	A	56186	96749	29580	25227	2301	124028	76451	3680	36677
按城乡分	—	—	—	—	—	—	—	—	—	—
城市	B	45205	110690	29560	25227	686	139564	65118	3465	35713
县城	C	10981	−13941	20		1615	−15536	11333	215	964
县以下	D									
按登记注册类型分	—	—	—	—	—	—	—	—	—	—
内资企业	E	56186	96749	29580	25227	2301	124028	76451	3680	36677
港澳台商投资企业	F									
外商投资企业	G									
按部门分	—	—	—	—	—	—	—	—	—	—
文化部门	H	49857	47304	28304	25008	2073	73535	69246	3622	27954
其他部门	I	6329	49445	1276	219	228	50493	7205	58	8723
按机构类型分	—	—	—	—	—	—	—	—	—	—
漫画创作企业	J	28	1299	690	640	5	1984	335	34	729
动画创作、制作企业	K	55746	108914	28840	24587	668	137086	69475	3401	35079
网络动漫（含手机动漫）创作制作企业	L	412	−9	30		13	8	388	81	
动漫舞台剧（节）目创作演出企业	M									
动漫软件开发企业	N									
动漫衍生产品研发设计企业	O		−13455	20		1615	−15050	6253	164	869

综合年报（二）

经营面积（万平方米）	本单位拥有知识产权数量（个）	自主知识产权动漫软件	原创漫画作品（部）	原创动画作品（部）	网络动漫（含手机动漫）下载次数（次）	动漫舞台剧演出场次（次）	增加值（千元）
28	29	30	31	32	33	34	35
3.340	2672	205	1083	115	9585329217	300	272670
—	—	—	—	—	—	—	—
2.250	2371	193	1080	111	9584779217	300	254332
1.080	301	12	3	4	550000		18338
—	—	—	—	—	—	—	—
3.340	2672	205	1083	115	9585329217	300	272670
—	—	—	—	—	—	—	—
3.210	2631	164	1083	109	9585329217	300	204655
0.130	41	41		6			68015
—	—	—	—	—	—	—	—
0.050	135		50		7965518800		2794
2.390	2253	202	132	114	1619809567	300	256279
0.020	2	2	900		850		1011
0.880	282	1	1	1			12586

文化产业示范（试验）园区和产业示范

（甲）		机构数（个）	从业人员（人）				资产、负债、		
				具有大学专科以上学历人员	具有中级职称以上人员	技术研发岗位人员	资产总计		
								固定资产原值	当年提取的折旧总额
（甲）		1	2	3	4	5	6	7	8
总　　　计	A	16	11399	3532	361	619	18236852	4872015	365426
按机构类型分	—	—	—	—	—	—	—	—	—
国家级文化产业示范园区	B	2	2486	196	32	78	4329622	120454	39732
国家级文化产业试验园区	C								
国家文化产业示范基地（单体企业）	D	12	8410	3124	309	477	13397549	4383030	306724
国家文化产业示范基地（集聚类）	E	2	503	212	20	64	509681	368531	18970
省级文化产业示范园区	F								
省级文化产业示范基地	G								
按隶属关系分	—	—	—	—	—	—	—	—	—
中央	H								
省区市	I								
地市	J								
县市区	K	16	11399	3532	361	619	18236852	4872015	365426
按部门分	—	—	—	—	—	—	—	—	—
文化部门	L	16	11399	3532	361	619	18236852	4872015	365426
其他部门	M								

基地基本情况综合年报（一）

所有者权益（千元）				损益（千元）					
负债合计	所有者权益合计			营业收入		营业成本			
		实收资本（股本）			主营业务收入		养老、医疗、失业等各种社会保险费	住房公积金和住房补贴	差旅费
			国家资本						
9	10	11	12	13	14	15	16	17	18
4501455	13735397	2928059	24841	6246951	5738404	4630360	54181	8969	29746
—	—	—	—	—	—	—	—	—	—
790645	3538977	496000		682852	285749	513296	2151		
3335478	10062071	2321794	24841	5468608	5357235	4023994	51336	8969	29476
375332	134349	110265		95491	95420	93070	694		270
—	—	—	—	—	—	—	—	—	—
4501455	13735397	2928059	24841	6246951	5738404	4630360	54181	8969	29746
—	—	—	—	—	—	—	—	—	—
4501455	13735397	2928059	24841	6246951	5738404	4630360	54181	8969	29746

文化产业示范(试验)园区和产业示范

		损益(千元)							
		营业成本		营业利润	营业外收入		营业外支出	利润总额	
		工会经费	技术研发经费			政府补助			净利润
(甲)		19	20	21	22	23	24	25	26
总　　计	A	4191	137829	1616591	101880	83819	41106	1677365	1300941
按机构类型分	—		—	—	—	—	—	—	—
国家级文化产业示范园区	B	15	10936	169556	9203	1586	30445	148314	113645
国家级文化产业试验园区	C								
国家文化产业示范基地(单体企业)	D	4118	124356	1444614	89123	78814	10268	1523469	1191052
国家文化产业示范基地(集聚类)	E	58	2537	2421	3554	3419	393	5582	—3756
省级文化产业示范园区	F								
省级文化产业示范基地	G								
按隶属关系分	—		—	—	—	—	—	—	—
中央	H								
省区市	I								
地市	J								
县市区	K	4191	137829	1616591	101880	83819	41106	1677365	1300941
按部门分	—								
文化部门	L	4191	137829	1616591	101880	83819	41106	1677365	1300941
其他部门	M								

基地基本情况综合年报（二）

工资、福利费、税金（千元）			经营面积（万平方米）	获得国家级文化奖项数量（个）	向社会捐赠总额（千元）	获得著作权、发明专利总数（项）	辖区内单体企业数量（个）
本年发放工资总额	本年支付的职工福利费	本年应缴税金总额					
27	28	29	30	31	32	33	34
519977	35045	499680	150.356	29	2720	722	5167
—	—	—	—	—	—	—	—
52982		21807	10.000		674	20	
455475	34764	474238	127.196	14	2046	624	19
11520	281	3635	13.160	15		78	5148
—	—	—	—	—	—	—	—
519977	35045	499680	150.356	29	2720	722	5167
—	—	—	—	—	—	—	—
519977	35045	499680	150.356	29	2720	722	5167

文化产业增加值

（甲）		总产出 （千元） 1	中间消耗 （千元） 2	增加值 （千元） 3
总　　计	A	9906061	4420781	5485280
艺术业	B	1111214	230174	881040
其中：艺术表演团体	C	766327	123255	643072
艺术表演场馆	D	344887	106919	237968
图书馆	E	865456	252964	612492
群众文化	F	1723087	821680	901407
艺术教育	G	441547	117643	323904
文化市场经营机构	H			
动漫企业	I	472263	199593	272670
文艺科研	J	94860	55837	39023
文物业	K	2917094	1505945	1411149
其他	L	2280540	1236945	1043595

经营性文化产业增加值

（甲）		总产出 （千元） 1	中间消耗 （千元） 2	增加值 （千元） 3
总　　计	A	994120	279101	715019
文化艺术服务	B	260250	18250	242000
文艺创作与表演	C	109823	−29049	138872
艺术表演场馆	D	150427	47299	103128
文化休闲娱乐服务	G	94	25	69
娱乐场所	H			
互联网上网服务营业场所（网吧）	I			
动漫企业服务	O	472263	199593	272670
文化用品、设备及相关文化产品的生产与销售	P	25520	9819	15701
其中：文物商店	Q	25519	9990	15529
其他	R	236088	51268	184820

综合年报

劳动者报酬（千元）	生产税净额（千元）	固定资产折旧（千元）	营业盈余（千元）
4	5	6	7
4377817	152229	695454	259780
769163	25542	69107	17228
598648	7390	31527	5507
170515	18152	37580	11721
502074	640	109417	361
756158	1132	143844	273
291598	20	28194	4092
92781	36677	16295	126917
36212	656	2112	43
1068365	32494	211059	99231
861466	55068	115426	11635

综合年报

劳动者报酬（千元）	生产税净额（千元）	固定资产折旧（千元）	营业盈余（千元）
4	5	6	7
361392	116653	74159	162815
194269	17809	26193	3729
117653	6248	13596	1375
76616	11561	12597	2354
66	3		
92781	36677	16295	126917
6195	974	675	7857
6195	974	503	7857
68147	61193	31168	24312

文化部门增加值

（甲）		总产出 （千元）	中间消耗 （千元）	增加值 （千元）
		1	2	3
总　　计	A	9570485	4319627	5250858
第一产业	B			
第二产业	C	7152	4331	2821
制造业	D		−172	172
建筑业	E			
第三产业	F	9563333	4315296	5248037
其中:文化产业	G	5771639	2243270	3528369
批、零、餐饮业	H	25961	10224	15737
房地产业	I	17990	−32317	50307

文化部门文化产业增加值

（甲）		总产出 （千元）	中间消耗 （千元）	增加值 （千元）
		1	2	3
总　　计	A	9570485	4319627	5250858
艺术业	B	1062429	217107	845322
其中:艺术表演团体	C	761719	123335	638384
艺术表演场馆	D	300710	93772	206938
图书馆	E	862875	251822	611053
群众文化	F	1723087	821680	901407
艺术教育	G	441547	117643	323904
文艺科研	I	94860	55837	39023
文物业	J	2713153	1430392	1282761
其他	K	2672534	1425146	1247388

統計資料

综合年报

劳动者报酬 （千元）	生产税净额 （千元）	固定资产折旧 （千元）	营业盈余 （千元）
4	5	6	7
4268136	141563	640150	201009
2208	109	219	285
		172	
4265928	141454	639931	200724
2881065	50543	509792	86969
6400	975	505	7857
3098	38089	7639	1481

综合年报

劳动者报酬 （千元）	生产税净额 （千元）	固定资产折旧 （千元）	营业盈余 （千元）
4	5	6	7
4268136	141563	640150	201009
746227	25043	62025	12027
594424	7388	31441	5131
151803	17655	30584	6896
500940	640	109112	361
756158	1132	143844	273
291598	20	28194	4092
36212	656	2112	43
991727	31050	164856	95128
945274	83022	130007	89085

附　录

ZHEJIANG CULTURE YEARBOOK

浙江省国家历史文化名城

杭州	国家级	第一批 1982 年		金华	国家级	2007 年
绍兴	国家级	第一批 1982 年		嘉兴	国家级	2011 年
宁波	国家级	第二批 1986 年		湖州	国家级	2014 年
衢州	国家级	第三批 1994 年		温州	国家级	2016 年
临海	国家级	第三批 1994 年				

浙江省省级历史文化名城

余姚	省级	第一批 1991 年		瑞安	省级	第二批 2000 年
舟山	省级	第一批 1991 年		龙泉	省级	第二批 2000 年
东阳	省级	第一批补 1996 年		海宁	省级	单独 2010 年
兰溪	省级	第二批 2000 年		丽水	省级	单独 2014 年
天台	省级	第二批 2000 年		平阳	省级	单独 2015 年
松阳	省级	第二批 2000 年				

浙江省全国文化先进单位

1995 年　诸暨市、萧山市

1996 年　慈溪市、嵊州市

1997 年　东阳市、平阳县、海宁市、宁波市海曙区

1998 年　嘉善县、义乌市、宁波市镇海区、上虞市

2000 年　乐清市、宁波市北仑区

2002 年　鄞县、兰溪市、海盐县

2005 年　长兴县、桐庐县、德清县

2009 年　平湖市、临海市、杭州市拱墅区

2014 年　江干区、玉环县、瑞安市

全国文化工作模范地区

1995 年　余姚市、桐乡市

全国文化工作先进地区

1991 年　绍兴县、杭州市余杭区

浙江省文化先进县（市、区）

1997 年

　　余杭市、萧山市、慈溪市、余姚市、宁波市海曙区、东阳市、嵊州市、绍兴县、诸暨市、海宁市、平阳县

2000 年

　　桐庐县、宁波市镇海区、宁波市北仑区、鄞县、乐清市、瑞安市、海盐县、上虞市、浦江县、兰溪市

2002 年

　　德清县、临海市、玉环县

2003 年

　　长兴县、平湖市、台州市椒江区

2005 年

　　杭州市西湖区、富阳市、象山县、嘉兴市秀洲区、嘉兴市南湖区、永康市、舟山市普陀区

2007 年

　　杭州市拱墅区、温岭市

2009 年

　　杭州市江干区、建德市、奉化市、宁海县、安吉县、常山县

2011 年

　　龙泉市、景宁畲族自治县区

2013 年

　　杭州市下城区、临安市、宁波市江北区、宁波市江东区、温州市龙湾区、永嘉县、苍南县、文成县、武义县、开化县、江山市、岱山县、台州市路桥区、三门县

2014 年

　　温州市瓯海区、遂昌县、缙云县、云和县、松阳县

浙江省中国民间文化艺术之乡

（2014—2016 年度）

浙江省绍兴市嵊州市	嵊州越剧	浙江省杭州市西湖区蒋村街道	蒋村龙舟竞渡习俗
浙江省嘉兴市秀洲区	秀洲农民画	浙江省金华市永康市方岩镇	方岩庙会文化
浙江省湖州市南浔区善琏镇	湖笔制作	浙江省温州市泰顺县	木偶戏
浙江省湖州市长兴县	长兴百叶龙	浙江省舟山市普陀区	渔民画
浙江省嘉兴市嘉善县	嘉善田歌	浙江省嘉兴市海宁市	硖石灯彩
浙江省舟山市定海区白泉镇	舟山锣鼓	浙江省宁波市象山县	象山竹根雕
浙江省温州市乐清市	细纹刻纸、黄杨木雕	浙江省湖州市德清县新市镇	蚕花庙会文化
浙江省丽水市景宁畲族自治县	畲族民间歌舞	浙江省嘉兴市海盐县	海盐滚灯
浙江省杭州市萧山区瓜沥镇	萧山花边	浙江省宁波市奉化市	奉化布龙

浙江省民间文化艺术之乡

（2014—2016 年度）

序号	地　区	类　别	申报项目名称	申　报　单　位
1	杭州市	表演艺术	淳安竹马	淳安县人民政府
2	宁波市	表演艺术	姚北滩簧	慈溪市坎墩街道办事处
3	宁波市	表演艺术	奉化布龙	奉化市人民政府
4	温州市	表演艺术	泰顺木偶戏	泰顺县人民政府
5	温州市	表演艺术	平阳木偶戏（单档布袋戏）	平阳县人民政府
6	湖州市	表演艺术	长兴百叶龙	长兴县人民政府
7	嘉兴市	表演艺术	嘉善田歌	嘉善县人民政府
8	嘉兴市	表演艺术	海盐滚灯	海盐县人民政府
9	衢州市	表演艺术	苏庄香火草龙	开化县苏庄镇人民政府
10	舟山市	表演艺术	布袋木偶戏	定海区双桥街道办事处
11	丽水市	表演艺术	畲族民间歌舞	景宁县人民政府
12	嘉兴市	造型艺术	秀洲农民画	秀洲区人民政府
13	嘉兴市	造型艺术	篆　刻	桐乡市人民政府
14	舟山市	造型艺术	渔民画	普陀区人民政府
15	杭山市	手工技艺	萧山花边	萧山区瓜沥镇人民政府
16	宁波市	手工技艺	象山竹根雕	象山县人民政府
17	温州市	手工技艺	细纹刻纸	乐清市人民政府
18	湖州市	手工技艺	湖笔制作	南浔区善琏镇人民政府
19	台州市	手工技艺	台州刺绣（为主）	椒江区前所街道办事处
20	台州市	手工技艺	仙居花灯	仙居县人民政府
21	杭州市	民俗活动	龙　舟	西湖区蒋村街道办事处
22	宁波市	民俗活动	龙　舟	鄞州区云龙镇人民政府
23	温州市	民俗活动	太公祭	文成县南田镇人民政府
24	衢州市	民俗活动	马金灯日	开化县马金镇人民政府
25	台州市	民俗活动	送大暑船	椒江区葭沚街道办事处
26	绍兴市	表演艺术	嵊州越剧	嵊州市人民政府
27	舟山市	表演艺术	舟山锣鼓	定海区白泉镇人民政府
28	舟山市	表演艺术	渔　歌	岱山县人民政府
29	台州市	表演艺术	鳌龙鱼灯舞	玉环县坎门街道办事处

序号	地 区	类 别	申报项目名称	申 报 单 位
30	嘉兴市	造型艺术	硖石灯彩	海宁市人民政府
31	绍兴市	造型艺术	书 画	诸暨市人民政府
32	温州市	手工技艺	黄杨木雕	乐清市人民政府
33	舟山市	手工技艺	普陀船模	普陀区人民政府
34	宁波市	民俗活动	前童元宵行会	宁海县前童镇人民政府
35	温州市	民俗活动	周岙正月十三挑灯节	瓯海区泽雅镇人民政府
36	湖州市	民俗活动	蚕花庙会	德清县新市镇人民政府
37	嘉兴市	民俗活动	平湖西瓜灯会	平湖市人民政府
38	金华市	民俗活动	炼 火	磐安县深泽乡人民政府
39	宁波市	表演艺术	犴 舞	余姚市泗门镇人民政府
40	金华市	表演艺术	浦江乱弹	浦江县人民政府
41	衢州市	表演艺术	山 歌	江山市廿八都镇人民政府
42	温州市	造型艺术	书 法	龙湾区人民政府
43	湖州市	造型艺术	书 画	安吉县鄣吴镇人民政府
44	金华市	造型艺术	浦江剪纸	浦江县人民政府
45	金华市	造型艺术	浦江书画	浦江县人民政府
46	杭州市	手工技艺	竹 笛	余杭区中泰街道政府办事处
47	杭州市	手工技艺	合村绣花鞋	桐庐县合村乡人民政府
48	宁波市	民俗活动	孝文化	余姚市小曹娥镇人民政府
49	舟山市	民俗活动	渔民文化节	普陀区虾峙镇人民政府
50	绍兴市	表演艺术	上虞民间吹灯	上虞区人民政府
51	嘉兴市	民俗活动	网船会	秀洲区王江泾镇人民政府
52	金华市	民俗活动	方岩庙会	永康市方岩镇人民政府
53	丽水市	表演艺术	月山春晚	庆元县举水乡人民政府
54	台州市	表演艺术	朱溪灯舞	仙居县朱溪镇人民政府
55	衢州市	造型艺术	余东农民画	柯城区沟溪乡人民政府
56	台州市	民俗活动	花桥龙灯	三门县花桥镇人民政府
57	金华市	表演艺术	义乌道情	义乌市人民政府
58	舟山市	造型艺术	渔民画	岱山县人民政府
59	台州市	造型艺术	摄 影	玉环县人民政府
60	绍兴市	表演艺术	长乐农民吹打乐	嵊州市长乐镇人民政府
61	杭州市	民俗活动	莪山"三月三"畲族文化节	桐庐县莪山畲族乡人民政府
62	嘉兴市	表演艺术	戏 剧	桐乡市人民政府
63	舟山市	手工技艺	渔绳结	嵊泗县黄龙乡人民政府

浙江省国家级非物质文化遗产生产性保护示范基地

企业或单位名称	项目类别	项目名称	批次（时间）
东阳市陆光正创作室	传统美术	东阳木雕	第一批（2011年）
青田县二轻工业总公司	传统美术	青田石雕	第一批（2011年）
杭州王星记扇业有限公司	传统技艺	制扇技艺（王星记扇）	第二批（2014年）
湖州市善琏湖笔厂	传统技艺	湖笔制作技艺	第二批（2014年）
金星铜集团有限公司	传统技艺	铜雕技艺	第二批（2014年）

浙江省第四批国家级非物质文化遗产代表性项目保护单位

项目编号	项目名称	申报地区（单位）	文化部认定的保护单位
Ⅰ-129	刘阮传说	天台县	天台山文化研究会
Ⅰ-155	常山喝彩歌谣	常山县	常山县文化馆
Ⅴ-119	丽水鼓词	丽水市莲都区	莲都区非物质文化遗产保护中心
Ⅷ-214	婺州窑陶瓷烧制技艺	金华市婺城区	金华婺州窑陶瓷研究所
Ⅷ-231	传统制糖技艺（义乌红糖制作技艺）	义乌市	义乌市五亭现代农业开发有限公司
Ⅰ-78	童谣（绍兴童谣）	绍兴市	绍兴市文化馆（绍兴市非物质文化遗产保护中心）
Ⅱ-139	道教音乐（苍南正一派科仪音乐）	苍南县	苍南县玉音乐团
Ⅲ-4	龙舞（鳌江划大龙）	平阳县	平阳县鳌江大龙文化研究会
Ⅲ-44	竹马（淳安竹马）	淳安县	淳安县文物管理委员会办公室（淳安县文物保护管理所、淳安县非物质文化遗产保护中心）
Ⅲ-45	灯舞（上舍化龙灯）	安吉县	安吉县上舍龙舞艺术团
Ⅲ-45	灯舞（青田百鸟灯舞）	青田县	青田县非物质文化遗产研究保护中心
Ⅳ-87	目连戏（绍兴目连戏）	绍兴市	绍兴市文化馆（绍兴市非物质文化遗产保护中心）
Ⅵ-6	线狮（草塔抖狮子）	诸暨市	诸暨市文化馆
Ⅶ-16	剪纸（桐庐剪纸）	桐庐县	桐庐县非物质文化遗产保护中心
Ⅶ-44	木偶头雕刻（泰顺木偶头雕刻）	泰顺县	泰顺县方圆木偶工艺有限公司
Ⅶ-50	灯彩（乐清首饰龙）	乐清市	乐清市非物质文化遗产保护中心

项目编号	项目名称	申报地区（单位）	文化部认定的保护单位
Ⅷ-24	蓝印花布印染技艺	桐乡市	桐乡市文化馆（桐乡市金仲华纪念馆、桐乡市非物质文化遗产保护中心）
Ⅷ-71	竹纸制作技艺（泽雅屏纸制作技艺）	温州市瓯海区	温州市瓯海区文化馆
Ⅷ-77	木版水印技艺	杭州市下城区	杭州十竹斋艺术馆
Ⅸ-2	中医诊疗法（董氏儿科医术）	宁波市海曙区	宁波市中医院
Ⅸ-3	中药炮制技艺（武义寿仙谷中药炮制技艺）	武义县	金华寿仙谷药业有限公司
Ⅸ-4	中医传统制剂方法（方回春堂传统膏方制作技艺）	杭州市上城区	杭州方回春堂国药馆有限公司
Ⅸ-5	针灸（杨继洲针灸）	衢州市	衢州市中医医院
Ⅹ-68	农历二十四节气（三门祭冬）	三门县	三门县非物质文化遗产保护中心
Ⅹ-71	元宵节（河上龙灯胜会）	杭州市萧山区	杭州市萧山区河上龙灯胜会协会
Ⅹ-71	元宵节（前童元宵行会）	宁海县	宁海县文化馆
Ⅹ-85	民间信俗（孝子祭）	富阳市	富阳市周雄孝文化研究会
Ⅹ-85	民间信俗（潮神祭祀）	海宁市	海宁市文化馆（海宁市非物质文化遗产保护中心）
Ⅹ-90	祭祖习俗（诸葛后裔祭祖）	兰溪市	兰溪市诸葛旅游发展有限公司
Ⅹ-139	婚俗（畲族婚俗）	景宁畲族自治县	景宁畲族自治县非物质文化遗产保护中心

浙江省第四批国家级非物质文化遗产代表性项目名录

序号	项目名称	类别	申报地区（单位）	备注
1	刘阮传说	民间文学	天台县	第四批
2	常山喝彩歌谣	民间文学	常山县	第四批
3	丽水鼓词	曲艺	莲都区	第四批
4	婺州窑陶瓷烧制技艺	传统技艺	婺城区	第四批
5	传统制糖技艺（义乌红糖制作技艺）	传统技艺	义乌市	第四批
6	童谣（绍兴童谣）	民间文学	绍兴市	第四批扩展
7	道教音乐（苍南正一派科仪音乐）	传统音乐	苍南县	第四批扩展
8	龙舞（鳌江划大龙）	传统舞蹈	平阳县	第四批扩展
9	竹马（淳安竹马）	传统舞蹈	淳安县	第四批扩展
10	灯舞（上舍化龙灯）	传统舞蹈	安吉县	第四批扩展

续 表

序号	项目名称	类别	申报地区(单位)	备注
11	灯舞(青田百鸟灯舞)	传统舞蹈	青田县	第四批扩展
12	目连戏(绍兴目连戏)	传统戏剧	绍兴市	第四批扩展
13	线狮(草塔抖狮子)	传统体育、游艺与杂技	诸暨市	第四批扩展
14	剪纸(桐庐剪纸)	传统美术	桐庐县	第四批扩展
15	龙档(乐清首饰龙)	传统美术	乐清市	第四批扩展
16	木偶头雕刻(泰顺木偶头雕刻)	传统美术	泰顺县	第四批扩展
17	木版水印技艺	传统技艺	下城区	第四批扩展
18	竹纸制作技艺(泽雅屏纸制作技艺)	传统技艺	瓯海区	第四批扩展
19	蓝印花布印染技艺	传统技艺	桐乡市	第四批扩展
20	中医传统制剂方法(方回春堂传统膏方制作技艺)	传统医药	上城区	第四批扩展
21	中医诊疗法(董氏儿科医术)	传统医药	海曙区	第四批扩展
22	中药炮制技艺(武义寿仙谷中药炮制技艺)	传统医药	武义县	第四批扩展
23	针灸(杨继洲针灸)	传统医药	衢州市	第四批扩展
24	元宵节(河上龙灯胜会)	民俗	萧山区	第四批扩展
25	民间信俗(孝子祭)	民俗	富阳市	第四批扩展
26	元宵节(前童元宵行会)	民俗	宁海县	第四批扩展
27	民间信俗(潮神祭祀)	民俗	海宁市	第四批扩展
28	祭祖习俗(诸葛后裔祭祖)	民俗	兰溪市	第四批扩展
29	农历二十四节气(三门祭冬)	民俗	三门县	第四批扩展
30	婚俗(畲族婚俗)	民俗	景宁畲族自治县	第四批扩展

浙江省第四批国家级非物质文化遗产项目代表性传承人名单

类别号	序号	姓名	性别	民族	出生年月	项目编码	项目名称	申报地区或单位
2	04-1512	郑云飞	男	汉族	1939年3月	Ⅱ-34	古琴艺术(浙派)	杭州市
2	04-1513	徐晓英	女	汉族	1937年10月	Ⅱ-34	古琴艺术(浙派)	杭州市
3	04-1563	汪妙林	男	汉族	1945年9月	Ⅲ-16	余杭滚灯	杭州市余杭区
4	04-1595	叶全民	男	汉族	1956年10月	Ⅳ-9	宁海平调	宁海县
4	04-1672	季桂芳	男	汉族	1942年1月	Ⅳ-92	木偶戏(泰顺提线木偶戏)	泰顺县
4	04-1678	杨柳汀	男	汉族	1947年11月	Ⅳ-107	甬剧	宁波市
4	04-1679	章宗义	男	汉族	1924年3月	Ⅳ-109	绍剧	绍兴市

类别号	序号	姓名	性别	民族	出生年月	项目编码	项目名称	申报地区或单位
4	04-1680	刘建杨	男	汉族	1961年6月	Ⅳ-109	绍剧	绍兴市
4	04-1681	张建敏	女	汉族	1963年8月	Ⅳ-110	婺剧	金华市
4	04-1682	陈美兰	女	汉族	1964年9月	Ⅳ-110	婺剧	金华市
5	04-1704	陈志雄	男	汉族	1937年10月	Ⅴ-13	温州鼓词	瑞安市
7	04-1781	张爱廷	男	汉族	1939年2月	Ⅶ-33	青田石雕	青田县
7	04-1787	虞金顺	男	汉族	1949年8月	Ⅶ-42	乐清黄杨木雕	乐清市
7	04-1788	高公博	男	汉族	1949年10月	Ⅶ-42	乐清黄杨木雕	乐清市
7	04-1789	吴初伟	男	汉族	1946年3月	Ⅶ-43	东阳木雕	东阳市
7	04-1818	许谨伦	男	汉族	1948年2月	Ⅶ-104	宁波金银彩绣	宁波市鄞州区
7	04-1822	黄才良	男	汉族	1957年7月	Ⅶ-109	宁波泥金彩漆	宁海县
8	04-1833	夏侯文	男	汉族	1935年8月	Ⅷ-9	龙泉青瓷烧制技艺	龙泉市
8	04-1834	毛正聪	男	汉族	1940年10月	Ⅷ-9	龙泉青瓷烧制技艺	龙泉市
8	04-1850	汤春甫	男	汉族	1952年9月	Ⅷ-53	天台山干漆夹苎技艺	天台县
8	04-1855	万爱珠	女	汉族	1951年4月	Ⅷ-67	皮纸制作技艺(龙游皮纸制作技艺)	龙游县
8	04-1858	李法儿	男	汉族	1950年8月	Ⅷ-71	竹纸制作技艺	富阳市
8	04-1900	岑国和	男	汉族	1956年1月	Ⅷ-137	传统木船制造技艺	舟山市普陀区
8	04-1917	嵇锡贵	女	汉族	1941年12月	Ⅷ-187	越窑青瓷烧制技艺	杭州市
8	04-1923	包文其	男	汉族	1951年9月	Ⅷ-193	中式服装制作技艺(振兴祥中式服装制作技艺)	杭州市
9	04-1946	张玉柱	男	汉族	1947年12月	Ⅸ-6	中医正骨疗法(张氏骨伤疗法)	富阳市
10	04-1956	陈其才	男	汉族	1942年12月	Ⅹ-4	七夕节(石塘七夕习俗)	温岭市
10	04-1974	胡文相	男	汉族	1931年6月	Ⅹ-84	庙会(张山寨七七会)	缙云县

第五批浙江省非物质文化遗产代表性项目名录

民间文学(7项)

序　号	项　目　名　称	申　报　地
1	谜语(杭州灯谜)	杭州市
2	严子陵传说	桐庐县
3	半浦民间故事	宁波市江北区
4	镇海口海防历史故事	宁波市镇海区
5	乾隆与海宁的传说	海宁市
6	香榧传说	嵊州市
7	毕矮的故事	兰溪市

传统音乐(3项)

序　号	项　目　名　称	申　报　地
8	荻港民间丝竹	湖州市南浔区
9	绍兴清音班	绍兴市柯桥区
10	新昌十番	新昌县

传统舞蹈(7项)

序　号	项　目　名　称	申　报　地
11	彰坞狮毛龙舞、上方节节龙	桐庐县、衢州市衢江区
12	跳净童	建德市
13	永康拱瑞手狮	永康市
14	浦江鱼灯	浦江县
15	磐安长旗	磐安县
16	院桥高台狮舞	台州市黄岩区
17	天皇花鼓	温岭市

传统戏剧(3项)

序　号	项　目　名　称	申　报　地
18	绍剧	杭州市萧山区
19	瑞安高腔	瑞安市
20	京剧	浙江京剧团

曲　艺(2项)

序　号	项　目　名　称	申　报　地
21	宁波走书	象山县
22	鼓词(玉环鼓词)	玉环县

传统体育、游艺与杂技(8项)

序　号	项　目　名　称	申　报　地
23	雁荡山飞渡	乐清市
24	绍兴民间棋类游戏	绍兴市越城区
25	桌凳农具花	绍兴市上虞区
26	南太极拳	台州市黄岩区
27	缩山拳	临海市
28	天台山易筋经	天台县
29	翻龙泉	丽水市莲都区
30	云和八步洪拳	云和县

传统美术（14 项）

序　号	项　目　名　称	申　报　地
31	杭州机绣	杭州市上城区
32	骨木镶嵌	宁波市江北区
33	凤桥竹刻	嘉兴市南湖区
34	纸凉伞灯彩	嘉兴市秀洲区
35	乌镇竹编	桐乡市
36	棕编	诸暨市
37	剪纸（金华剪纸、柯城剪纸、路桥保安剪纸）	金华市婺城区、衢州市柯城区、台州市路桥区
38	木版年画	金华市金东区
39	东阳竹根雕	东阳市
40	舟山贝雕	舟山市定海区
41	临海犀皮漆艺	临海市
42	缙云木雕	缙云县
43	松阳豺虎画	松阳县
44	金石碑刻	浙江图书馆

传统技艺（34 项）

序　号	项　目　名　称	申　报　地
45	古画（籍）修缮及墨拓技艺	杭州市上城区
46	万隆腌腊食品制作技艺	杭州市上城区
47	全形拓技艺	杭州市西湖区
48	三家村藕粉制作技艺	杭州市余杭区
49	绿茶制作技艺（径山茶炒制技艺、开化御玺贡芽制作技艺）	杭州市余杭区、开化县
50	蔬菜腌制技艺（倒笃菜制作技艺、邱隘咸齑腌制技艺）	建德市、宁波市鄞州区
51	竹盐制作技艺	临安市
52	青柯鸟笼制作技艺	临安市
53	宁波天一阁古籍修复技艺	宁波市
54	棠岙纸制作技艺	宁波市奉化区
55	宁海传统戏台建造技艺	宁海县
56	王顺发船模技艺	温州市鹿城区
57	郑家园麦麦酒酿造技艺	温州市龙湾区
58	夏益锦戏曲盔头制作技艺	苍南县
59	东林柳编	湖州市吴兴区
60	老恒和酿造技艺	湖州市吴兴区
61	马村蚕桑生产技艺	安吉县

续 表

序 号	项 目 名 称	申 报 地
62	南湖画舫制作技艺	嘉兴市南湖区
63	盘窑技艺	嘉善县
64	桐乡桑剪锻制技艺	桐乡市
65	绍兴腐乳制作技艺	绍兴市
66	会稽铜镜制造技艺	绍兴市越城区
67	绍兴修缸补甏技艺	绍兴市柯桥区
68	嵊州木鱼制作技艺	嵊州市
69	孔明锁制作技艺	兰溪市
70	永康铸铁（铁锅、铁壶）	永康市
71	武义大漆髹饰技艺	武义县
72	衢州乌米系列食品制作技艺	衢州市
73	古砖瓦烧制技艺	衢州市衢江区
74	德顺坊老酒酿制技艺	舟山市普陀区
75	夹苎脱胎漆艺	临海市
76	"一根藤"制作技艺	天台县
77	缙云烧饼制作技艺	缙云县
78	畲族银饰制作技艺	景宁畲族自治县

传统医药（6 项）

序 号	项 目 名 称	申 报 地
79	传统中医药文化（万承志堂中医药养生文化、天一堂中药文化、朱丹溪中医药文化、三溪堂中医药文化）	杭州市上城区、兰溪市、义乌市
80	一指禅推拿	温州市
81	叶同仁中药炮制技艺	温州市鹿城区
82	鼻宝传统治疗术	乐清市
83	陆氏医验	德清县
84	吴氏中医内科	嘉善县

民 俗（14 项）

序号	项 目 名 称	申 报 地
85	江南时节	桐庐县
86	咸祥八月半渔棉会	宁波市鄞州区
87	石浦十四夜	象山县
88	周岙挑灯	温州市瓯海区
89	南浔三道茶	湖州市南浔区
90	长兴花龙船	长兴县
91	南孟祭礼	诸暨市
92	汤溪城隍庙摆胜	金华市婺城区
93	海岛传统婚礼习俗	舟山市定海区

序　号	项　目　名　称	申　报　地
94	石塘元宵习俗	温岭市
95	陈十四信俗	丽水市莲都区
96	龙泉石马"抢灯（丁）"习俗	龙泉市
97	马仙信俗	景宁畲族自治县
98	灵隐腊八节习俗	省民宗委

第四批浙江省非物质文化遗产项目代表性传承人名单

（项目名称以公布的 1—4 批浙江省非物质文化遗产名录项目为准）

民间文学（7 人）

序　号	项　目　名　称	类　别	姓　名	申　报　地
1	孙权传说	民间文学	孙文达	富阳市
2	卖技（瑞安卖技）	民间文学	许道春	瑞安市
3	王十朋传说	民间文学	王新棋	乐清市
4	上林湖传说	民间文学	杜松根	慈溪市
5	熊知县的故事	民间文学	王冰	长兴县
6	黄大仙传说	民间文学	邵雁南	金华市本级
7	刘伯温传说	民间文学	叶则东	青田县

传统音乐（8 人）

序　号	项　目　名　称	类　别	姓　名	申　报　地
8	江南丝竹	传统音乐	顾骏	杭州市本级
9	道教音乐（东岳观道教音乐）	传统音乐	苏立锋	平阳县
10	十番锣鼓（余姚十番）	传统音乐	杨松炎	余姚市
11	嘉善田歌	传统音乐	高建中	嘉善县
12	吹打（上虞吹打）	传统音乐	屠仲道	上虞市
13	道教音乐（太极祭炼音乐）	传统音乐	董连根	上虞市
14	十番锣鼓（新桥十番）	传统音乐	王良勇	常山县
15	渔工号子	传统音乐	叶宽兴	普陀区

传统舞蹈（21 人）

序　号	项　目　名　称	类　别	姓　名	申　报　地
16	跳仙鹤	传统舞蹈	徐祖年	富阳市
17	神兽花灯	传统舞蹈	周军胜	临安市
18	草龙（横街草龙）	传统舞蹈	郎国章	临安市
19	九狮图（深澳高空狮子）	传统舞蹈	申屠振兴	桐庐县

续 表

序 号	项 目 名 称	类 别	姓 名	申 报 地
20	大头和尚	传统舞蹈	马宝春	鄞州区
21	造趺	传统舞蹈	周翠珠	北仑区
22	木偶摔跤	传统舞蹈	刘永章	余姚市
23	长兴旱船	传统舞蹈	陈龙泉	长兴县
24	乌龟端茶	传统舞蹈	陈伟玉	磐安县
25	板龙(全旺板龙)	传统舞蹈	黄基康	衢江区
26	龙舞(滚花龙)	传统舞蹈	杨振国	龙游县
27	草龙(横山稻草龙)	传统舞蹈	王允文	龙游县
28	脱节龙	传统舞蹈	吴根松	龙游县
29	马灯舞(洗马舞)	传统舞蹈	严水金	常山县
30	狮象舞(狮象灯舞)	传统舞蹈	朱传廉	开化县
31	狮象舞(狮象灯舞)	传统舞蹈	朱振龙	开化县
32	龙舞(开化香火草龙)	传统舞蹈	程华德	开化县
33	坎门鳌龙鱼灯舞	传统舞蹈	李孙谦	玉环县
34	处州板龙	传统舞蹈	武良满	丽水市本级
35	青田鱼灯	传统舞蹈	郭秉强	青田县
36	青田百鸟灯舞	传统舞蹈	詹民清	青田县

传统戏剧（21人）

序 号	项 目 名 称	类 别	姓 名	申 报 地
37	昆曲(新叶昆曲)	传统戏剧	叶金香	建德市
38	昆曲(新叶昆曲)	传统戏剧	叶志昌	建德市
39	瓯剧	传统戏剧	翁墨珊	温州市本级
40	瓯剧	传统戏剧	孙来来	温州市本级
41	单档布袋戏	传统戏剧	陈尔白	苍南县
42	单档布袋戏	传统戏剧	刘传代	苍南县
43	提线木偶戏	传统戏剧	陈光庭	苍南县
44	平阳木偶戏	传统戏剧	应爱芳	平阳县
45	马灯戏(南湖马灯戏)	传统戏剧	周开村	平阳县
46	木偶戏	传统戏剧	徐细娇	泰顺县
47	花鼓戏	传统戏剧	屈娟如	桐乡市
48	湖剧	传统戏剧	肖明芳	湖州市本级
49	越剧	传统戏剧	吴素英	绍兴县
50	徽戏	传统戏剧	朱云香	金华市本级
51	跳魁星	传统戏剧	朱福龙	金华市本级
52	浦江乱弹	传统戏剧	赵福林	浦江县
53	提线木偶戏	传统戏剧	翁柏根	衢江区
54	徽戏	传统戏剧	李昂	龙游县
55	衢州摊簧戏	传统戏剧	傅少程	衢州市本级
56	提线木偶戏	传统戏剧	胡金洪	丽水市本级
57	单档布袋戏(岱山布袋木偶戏)	传统戏剧	王嘉定	岱山县

曲　艺（18 人）

序　号	项　目　名　称	类　别	姓　名	申　报　地
58	杭州评话	曲艺	朱建萍	杭州市本级
59	温州鼓词	曲艺	陈忠达	鹿城区
60	温州莲花	曲艺	林彩琴	鹿城区
61	唱新闻	曲艺	朱秀定	鄞州区
62	宁波走书	曲艺	闻海平	鄞州区
63	嘉善宣卷	曲艺	沈王荣	嘉善县
64	嘉善宣卷	曲艺	袁云甫	嘉善县
65	绍兴平湖调	曲艺	沈　麟	绍兴市本级
66	绍兴平湖调	曲艺	彭秋红	绍兴市本级
67	绍兴莲花落	曲艺	沈包炎（宝贤）	绍兴县
68	绍兴宣卷	曲艺	叶传友	绍兴县
69	兰溪摊簧	曲艺	吴一峰	兰溪市
70	金华道情	曲艺	吴洵梅	东阳市
71	金华道情	曲艺	袁耀明	龙游县
72	鼓词（丽水鼓词）	曲艺	黄景农	莲都区
73	鼓词（丽水鼓词）	曲艺	章永金	莲都区
74	苏州评弹	曲艺	朱良欣	省曲杂团
75	苏州评弹	曲艺	周剑英	省曲杂团

传统体育、游艺与杂技（13 人）

序　号	项　目　名　称	类　别	姓　名	申　报　地
76	鹰爪功	传统体育、游艺与杂技	殷祖炎	下城区
77	船拳（西溪船拳）	传统体育、游艺与杂技	沈庆漾	西湖区
78	南拳（平阳白鹤拳）	传统体育、游艺与杂技	温从富	平阳县
79	水火流星	传统体育、游艺与杂技	王耀国	慈溪市
80	龙舟竞渡	传统体育、游艺与杂技	水春华	鄞州区
81	精武拳（械）技	传统体育、游艺与杂技	符永江	余姚市
82	船拳（南湖船拳）	传统体育、游艺与杂技	韩海华	南湖区
83	九狮图	传统体育、游艺与杂技	胡根基	永康市
84	罗汉班	传统体育、游艺与杂技	葛世华	义乌市
85	大成拳	传统体育、游艺与杂技	倪保强	金东区
86	菇民防身术	传统体育、游艺与杂技	吴辉锦	庆元县
87	操石磉	传统体育、游艺与杂技	吴昌明	景宁县
88	线狮（草塔抖狮子）	传统体育、游艺与杂技	赵伯林	诸暨市

传统美术（36 人）

序 号	项 目 名 称	类 别	姓 名	申 报 地
89	杭州刺绣	传统美术	金家虹	上城区
90	剪纸（杭州剪纸）	传统美术	宋胜林	江干区
91	昌化鸡血石雕	传统美术	凌东辉	临安市
92	剪纸（桐庐剪纸）	传统美术	朱维桢	桐庐县
93	瓯塑	传统美术	郑建琴	温州市本级
94	瓯塑	传统美术	陈茅	温州市本级
95	瓯绣	传统美术	黄香雪	温州市本级
96	瓯绣	传统美术	李小红	温州市本级
97	青田石雕	传统美术	陈顺德	鹿城区
98	彩石镶嵌	传统美术	谢炳华	瓯海区
99	雕版印刷术（瑞安纸马雕版印刷术）	传统美术	王钏巧	瑞安市
100	乐清黄杨木雕	传统美术	王笃芳	乐清市
101	乐清黄杨木雕	传统美术	虞定良	乐清市
102	乐清细纹刻纸	传统美术	余忠惠	乐清市
103	青田石雕	传统美术	潘锡存	乐清市
104	竹壳雕	传统美术	吴涛林	乐清市
105	乐清龙档	传统美术	黄北	乐清市
106	米塑	传统美术	杨继昆	苍南县
107	平阳太平钿剪纸	传统美术	柯娟娥	平阳县
108	木偶头雕刻	传统美术	季天渊	泰顺县
109	宁波金银彩绣工艺	传统美术	史翠珍	鄞州区
110	宁波灰雕	传统美术	朱英度	鄞州区
111	剪纸（象山剪纸）	传统美术	谢才华	象山县
112	石雕（大隐石雕）	传统美术	金星乔	余姚市
113	民间绘画（秀洲农民画）	传统美术	张金泉	秀洲区
114	硖石灯彩	传统美术	孙杰	海宁市
115	嘉兴灶画艺术	传统美术	沈华良	桐乡市
116	绍兴花雕制作工艺	传统美术	王文俊	绍兴市本级
117	嵊州竹编	传统美术	袁亚琴	嵊州市
118	灰塑（嵊州灰塑）	传统美术	王明星	嵊州市
119	东阳竹编	传统美术	胡正仁	东阳市
120	东阳竹编	传统美术	何大根	东阳市
121	东阳木雕	传统美术	马良勇	东阳市
122	东阳木雕	传统美术	徐土龙	东阳市
123	青田石雕	传统美术	张爱光	青田县
124	船模艺术	传统美术	钱兴国	定海区

传统技艺（52 人）

序　号	项　目　名　称	类　别	姓　名	申　报　地
125	南宋官窑瓷制作技艺	传统技艺	金益荣	上城区
126	木版水印技艺	传统技艺	魏立中	下城区
127	萧山花边	传统技艺	赵锡祥	萧山区
128	中泰竹笛制作技艺	传统技艺	董仲彬	余杭区
129	余杭纸伞制作技艺	传统技艺	房金泉	余杭区
130	竹纸制作技艺	传统技艺	蔡玉华	富阳市
131	富阳纸伞制作技艺	传统技艺	吴荣奎	富阳市
132	绿茶制作技艺 （临安天目云雾茶制作技艺）	传统技艺	郎利方	临安市
133	合村绣花鞋制作技艺	传统技艺	陈爱华	桐庐县
134	畲乡红曲酒酿制技艺	传统技艺	廖阿根	桐庐县
135	瓯菜烹饪技艺	传统技艺	周　雄	鹿城区
136	泽雅屏纸制作技艺	传统技艺	林志文	瓯海区
137	瑞安木活字印刷术	传统技艺	王志仁	瑞安市
138	蓝夹缬技艺	传统技艺	黄其良	瑞安市
139	传统造纸技艺（南屏纸制作技艺）	传统技艺	尹寿连	瑞安市
140	首饰龙制作技艺	传统技艺	朱观呈	乐清市
141	蓝夹缬技艺	传统技艺	钱云汤	乐清市
142	木活字印刷术	传统技艺	李先笔	苍南县
143	编梁木拱桥营造技艺	传统技艺	曾家快	泰顺县
144	红铜炉制作技艺	传统技艺	郑飞民	慈溪市
145	慈溪传统建筑营造技艺	传统技艺	郭永尧	慈溪市
146	戏台螺旋娥罗顶营造技艺	传统技艺	张立群	鄞州区
147	平湖糟蛋制作工艺	传统技艺	尤明泰	平湖市
148	杭白菊传统加工技艺	传统技艺	曹鉴清	桐乡市
149	湖州小吃制作技艺 （“诸老大”粽子制作技艺）	传统技艺	周潮根	吴兴区
150	紫砂烧制技艺	传统技艺	程苗根	长兴县
151	绍兴黄酒酿制技艺	传统技艺	邹慧君	绍兴市本级
152	绍兴黄酒酿制技艺	传统技艺	高秀水	绍兴县
153	绍兴菜烹饪技艺	传统技艺	茅天尧	绍兴市本级
154	绿茶制作技艺 （平水珠茶制作技艺）	传统技艺	宋孔才	绍兴县
155	永康锡艺	传统技艺	盛一原	永康市
156	金华酒酿造技艺	传统技艺	吕敏湘	金华市本级
157	金华火腿传统制作工艺	传统技艺	方锡潜	金华市本级
158	金华酥饼传统制作技艺	传统技艺	黄维健	金华市本级
159	木杆秤制作技艺 （永康钉秤制作技艺）	传统技艺	应生林	永康市
160	浦江剪纸	传统技艺	杨新花	浦江县

序　号	项　目　名　称	类　别	姓　名	申　报　地
161	高照马制作技艺	传统技艺	陈益民	磐安县
162	永康铜艺	传统技艺	应业德	永康市
163	古琴制作工艺	传统技艺	沈华龙	柯城区
164	传统建筑营造技艺 （三门源古民居营造技艺）	传统技艺	翁海金	龙游县
165	延绳钓捕捞技艺	传统技艺	李阿益	玉环县
166	编梁木拱桥营造技艺	传统技艺	吴复勇	庆元县
167	编梁木拱桥营造技艺	传统技艺	胡　森	庆元县
168	香菇砍花法技艺	传统技艺	刘世祥	景宁县
169	龙泉青瓷	传统技艺	张绍斌	龙泉市
170	龙泉青瓷	传统技艺	陈坛根	龙泉市
171	龙泉青瓷	传统技艺	徐定昌	龙泉市
172	龙泉青瓷	传统技艺	陈爱明	龙泉市
173	龙泉青瓷	传统技艺	卢伟孙	龙泉市
174	龙泉宝剑	传统技艺	郭家兴	龙泉市
175	龙泉宝剑	传统技艺	郑国荣	龙泉市
176	舟山螺钿镶嵌制作工艺	传统技艺	夏雨缀	定海区

传统医药（6人）

序　号	项　目　名　称	类　别	姓　名	申　报　地
177	茶亭伤科	传统医药	陈锦昌	萧山区
178	董氏儿科	传统医药	董幼祺	海曙区
179	绍兴"三六九"伤科	传统医药	傅宏伟	绍兴县
180	衢州杨继洲针灸	传统医药	金　瑛	衢州市本级
181	畲族医药	传统医药	鄢连和	丽水市本级
182	寿仙谷中药文化	传统医药	李明炎	武义县

民　俗（15人）

序　号	项　目　名　称	类　别	姓　名	申　报　地
183	元宵灯会（河上龙灯胜会）	民俗	傅叶茂	萧山区
184	传统婚礼（水乡婚礼）	民俗	朱兆源	余杭区
185	抬阁（蒲岐抬阁）	民俗	臧喜滔	乐清市
186	刘伯温春秋二祭	民俗	刘妙柏	苍南县
187	婺州南宗祭孔典礼	民俗	孔火春	磐安县
188	金华斗牛	民俗	董锡清	婺城区
189	清明祭祖灯会	民俗	朱小良	龙游县
190	老佛节（唐头古佛节）	民俗	方顺隆	开化县
191	大溪边祈水节	民俗	余章雄	开化县
192	保苗节	民俗	赖正兴	开化县

序　号	项　目　名　称	类　别	姓　名	申　报　地
193	景宁畲族祭祀仪式	民俗	雷梁庆	景宁县
194	台阁(遂昌台阁)	民俗	朱可风	遂昌县
195	台阁(遂昌台阁)	民俗	李水松	遂昌县
196	太平庙会	民俗	吴文德	莲都区
197	畲族服饰(畲族刺绣)	民俗	蓝瑞桃	苍南县

浙江省非物质文化遗产中华老字号保护传承基地名单

序　号	企　业　名　称	项　目　名　称
1	杭州胡庆余堂国药号有限公司	胡庆余堂中药文化
2	杭州王星记扇业有限公司	王星记制扇技艺
3	杭州张小泉集团有限公司	张小泉剪刀锻制技艺
4	杭州金星铜世界装饰材料有限公司	杭州铜雕技艺
5	杭州方回春堂国药有限公司	方回春堂传统膏方制作工艺
6	杭州信源银楼有限公司	杭州金银饰艺
7	杭州华东大药房连锁有限公司	张同泰道地药材文化
8	会稽山绍兴酒股份有限公司	绍兴黄酒酿制技艺
9	浙江塔牌绍兴酒有限公司	绍兴黄酒酿制技艺
10	湖州王一品斋笔庄有限责任公司	湖笔制作技艺
11	浙江雪舫工贸有限公司	金华火腿腌制技艺
12	衢州市邵永丰成正食品厂	邵永丰麻饼制作技艺

浙江省中国历史文化名镇(村)

中国历史文化名镇(20个)

第一批

桐乡市乌镇

嘉善县西塘镇

第二批

宁波市慈城镇

象山县石浦镇

湖州市南浔镇

绍兴县安昌镇

第三批

宁海县前童镇

绍兴市越城区东浦镇

义乌市佛堂镇

江山市廿八都镇

第四批

德清县新市镇

富阳市龙门镇

永嘉县岩头镇

仙居县皤滩镇

第五批

景宁畲族自治县鹤溪镇

海宁市盐官镇

第六批

嵊州市崇仁镇

永康市芝英镇

松阳县西屏镇

岱山县东沙镇

中国历史文化名村（28个）

第一批

武义县武阳镇郭洞村

武义县俞源乡俞源村

第三批

桐庐县江南镇深澳村

永康市前仓镇厚吴村

第四批

龙游县石佛乡三门源村

第五批

建德市大慈岩镇新叶村

永嘉县岩坦镇屿北村

金华市金东区傅村镇山头下村

仙居县白塔镇高迁村

庆元县松源镇大济村

乐清市仙溪镇南阁村

宁海县茶院乡许家山村

金华市婺城区汤溪镇寺平村

绍兴县稽东镇冢斜村

第六批

苍南县桥墩镇碗窑村

浦江县白马镇嵩溪村

缙云县新建镇河阳村

江山市大陈乡大陈村

湖州市南浔区和孚镇荻港村

磐安县盘峰乡榉溪村

淳安县浪川乡芹川村

苍南县矾山镇福德湾村

龙泉市西街街道下樟村

开化县马金镇霞山村

遂昌县焦滩乡独山村

安吉县鄣吴镇鄣吴村

丽水市莲都区雅溪镇西溪村

宁海县深甽镇龙宫村

说明：

第一批 2003 年 10 月 8 日公布

第二批 2005 年 9 月 16 日公布

第三批 2007 年 5 月 31 日公布

第四批 2008 年 10 月 14 日公布

第五批 2010 年 7 月 22 日公布

第六批 2014 年 2 月 19 日公布

浙江省中国历史文化街区

杭州市中山中路历史文化街区　国家级　第一批　2015 年

龙泉市西街历史文化街区　国家级　第一批 2015 年

兰溪市天福山历史文化街区　国家级　第一批 2015 年

绍兴市蕺山（书圣故里）历史文化街区　国家级　第一批　2015 年

浙江省历史文化街区、名镇、名村

浙江省历史文化街区（55个）

第一批

绍兴县柯桥街道

第二批

平湖市南河头

台州市路桥区十里长街

第三批

台州市椒江区章安街道

海宁市南关厢

第四批

平阳县坡南街

2010年

嘉兴市梅湾、月河、芦席汇、新塍、梅溪、一里街

2013年

湖州市小西街、衣裳街、顿塘故道、南市河

2014年

龙泉市西街、北河街

2015年

平湖市南混堂弄

平阳县东门街

第五批

杭州市清河坊

杭州市小营巷

杭州市中山中路

杭州市湖边邨

杭州市北山街

杭州市西兴老街

杭州市思鑫坊

杭州市小河直街

杭州市拱宸桥

杭州市长河老街

杭州市笕桥路

杭州市泗水坊

杭州市安家塘

杭州市五柳巷

杭州市中山南路—十五奎巷

宁波市海曙区秀水街

宁波市海曙区南塘河

宁波市海曙区郁家巷

宁波市海曙区月湖

宁波市海曙区伏跗室

宁波市江北区天主教堂外马路

温州市鹿城区朔门

温州市鹿城区庆年坊

温州市鹿城区城西街

温州市鹿城区五马—墨池

海宁市干河街

海宁市横头街

浦江县民主路

浦江县解放西路

常山县里择祠街区

仙居县东门街

丽水市莲都区刘祠堂背

丽水市莲都区酱园弄

丽水市莲都区高井弄

龙泉市东街

浙江省历史文化名镇（80个）

第一批

余杭市塘栖镇

萧山市衙前镇

宁波市慈城镇

余姚市梁弄镇

象山县石浦镇

永嘉县岩头镇

湖州市南浔镇

海宁市盐官镇

桐乡市乌镇镇

绍兴县东浦镇

绍兴县安昌镇

诸暨市枫桥镇

江山市廿八都镇

温岭市箬山镇

第二批

萧山市进化镇

富阳市龙门镇

临安市河桥镇

宁海县前童镇

慈溪市鸣鹤镇

永嘉县枫林镇

平阳县腾蛟镇

嘉善县西塘镇

嵊州市崇仁镇

金华县曹宅镇

义乌市赤岸镇

浦江县郑宅镇

温岭市新河镇

仙居县皤滩乡

舟山市马岙镇

第三批

瑞安市林垟镇

苍南县金乡镇

德清县新市镇

嘉兴市新塍镇

义乌市佛堂镇

兰溪市永昌镇

江山市清湖镇

龙游县湖镇镇

温岭市温峤镇

天台县街头镇

遂昌县王村口镇

岱山县东沙镇

第四批

富阳市新登镇

平阳县顺溪镇

泰顺县泗溪镇

泰顺县筱村镇

海宁市长安镇

平湖市新埭镇

永康市芝英镇

兰溪市女埠镇

玉环县楚门镇

龙泉市小梅镇

2009 年

景宁县鹤溪镇

2015 年

建德市梅城镇

宁波市鄞江镇

湖州市菱湖镇

湖州市双林镇

桐乡市崇福镇

永康市象珠镇

松阳县古市镇

第五批

余姚市临山镇

奉化市溪口镇

苍南县矾山镇

安吉县孝丰镇

平湖市新仓镇

平湖市乍浦镇

桐乡市石门镇

兰溪市游埠镇

东阳市虎鹿镇

衢州市衢江区杜泽镇

衢州市衢江区全旺镇

常山县球川镇

常山县芳村镇

开化县马金镇

临海市桃渚镇

仙居县横溪镇

丽水市莲都区碧湖镇

龙泉市住龙镇

龙泉市上垟镇

松阳县玉岩镇

缙云县壶镇镇

浙江省历史文化名村（143 个）

第一批

余姚市横坎头村

乐清市南阁村

永嘉县苍坡村

遂昌县独山村

第二批

建德市新叶村

诸暨市斯宅村

金华县山头下村

武义县郭洞村

武义县俞源村

缙云县河阳村

庆元县大济村

松阳县石仓村

第三批

桐庐县深澳村

淳安县芹川村

奉化市岩头村

温州市水碓坑、黄坑村

永嘉县屿北村

苍南县碗窑村

泰顺县百福岩、塔头底村

嵊州市华堂村

嵊州市竹溪村

武义县岭下汤村

永康市厚吴村

兰溪市虹霓山村

浦江县嵩溪村

江山市清漾村

龙游县三门源村

开化县霞山村

仙居县高迁村

丽水市莲都区西溪村

松阳县界首村

青田县阜山村

龙泉市上田村

第四批

富阳市大章村

宁海县许家山村

乐清市黄檀硐村

乐清市黄塘村

乐清市北阁村

永嘉县岩龙村

湖州市南浔区荻港村

安吉县郎吴村

绍兴市冢斜村

金华市婺城区寺平村

武义县陶村村

武义县山下鲍村

武义县上坦村

义乌市倍磊村

义乌市田心村

浦江县新光村

磐安县榉溪村

磐安县管头村

磐安县横路村

磐安县大皿村

江山市大陈村

江山市南坞村

龙游县庙下村

龙游县泽随村

龙游县灵山村

舟山市定海区里钓山村

舟山市定海区大鹏岛

丽水市莲都区曳岭脚村

松阳县吴弄村

松阳县山下阳村

松阳县靖居村

松阳县横樟村

龙泉市大窑村

龙泉市下樟村

第五批

杭州市余杭区山沟沟村

桐庐县茆坪村

桐庐县石舍村

桐庐县环溪村

桐庐县荻浦村

桐庐县徐畈村

桐庐县梅蓉村

桐庐县翙岗村

桐庐县引坑村

建德市上吴方村

建德市李村村

宁波市江北区半浦村

宁波市鄞州区走马塘村

宁波市鄞州区大西坝村

宁波市鄞州区李家坑村

宁波市鄞州区凤岙村

宁波市鄞州区蜜岩村

宁波市鄞州区新庄村

余姚市柿林村

余姚市中村村

余姚市金冠村

慈溪市方家河头村

慈溪市山下村

奉化市葛竹村

宁海县东岙村

宁海县龙宫村

宁海县力洋村

象山县黄埠村

象山县溪里方村

象山县儒雅洋村

象山县东陈村

永嘉县埭头古村

苍南县矴步头村

苍南县龙门—金城村

平阳县鸣山村

平阳县青街—睦源村

安吉县双一村

安吉县鹤鹿溪村

桐乡市民合村

绍兴市柯桥区王化村

嵊州市泉岗村

兰溪市诸葛村

兰溪市长乐村

兰溪市芝堰村

东阳市李宅村

永康市舟山村

浦江县古塘村

浦江县潘周家村

磐安县梓誉村

衢州市衢江区破石村

衢州市衢江区车塘村

江山市张村村

开化县龙门村

临海市岭根村

临海市张家渡村

天台县张思村

天台县山头郑村

仙居县羊棚头村

仙居县厚仁中街村

仙居县李宅村

龙泉市金村村

龙泉市大舍村

龙泉市官埔垟村

龙泉市溪头村

龙泉市锦安村

龙泉市柳山头村

龙泉市季山头村

云和县桑岭村

缙云县黄碧村

遂昌县黄沙腰村

遂昌县蕉川村

遂昌县长濂村

遂昌县苏村村

遂昌县大柯村

松阳县西田村

景宁畲族自治县高演村

说明：

1.第一批：1991年10月7日公布，共18处（历史文化名镇15处、历史文化保护区3处）

2.第二批：2000年2月18日公布，共25处（当时称为历史文化保护区）

3.第三批：2006年6月2日公布，共35处（历史文化街区2处、历史文化村镇33处）

4.第四批：2012年6月18日公布，共45处（历史文化街区1处、历史文化名镇10处、历史文化名村34处）

5.2009年9月8日，单独公布景宁县鹤溪镇为省级历史文化名镇

6.2010年8月26日，公布嘉兴市梅湾、月河、芦席汇、新塍、梅溪、一里街等6个街区为省级历史文化街区

7.2013年10月17日，公布湖州市小西街、衣裳街、顿塘故道、南市河等4个街区为省级历史文化街区

8.2014年11月4日，省政府公布龙泉市西街、北河街等2个街区为省级历史文化街区

9.2015年2月17日，公布省历史文化街区2处、省历史文化名镇7处

10.第五批：2016年7月12日公布，共132处（名镇21处，名村76处，街区35处，其中非名城内街区4处）（浙政发〔2016〕21号）

浙江省全国重点文物保护单位分类名单

一、古遗址（42处）

序　号	名　　　称	时　代	地　　　址	批次
1-1-1	七里亭遗址	旧石器时代	长兴县	7
2-1-2	上马坎遗址	旧石器时代	安吉县	7
3-1-3	乌龟洞遗址	旧石器时代	建德市	7
4-1-4	上山遗址	新石器时代	浦江县	6
5-1-5	跨湖桥遗址	新石器时代	杭州市萧山区	6
6-1-6	小黄山遗址	新石器时代	嵊州市	7
7-1-7	河姆渡遗址	新石器时代	余姚市	2
8-1-8	田螺山遗址	新石器时代	余姚市	7
9-1-9	鲻山遗址	新石器时代	余姚市	7
10-1-10	罗家角遗址	新石器时代	桐乡市	5
11-1-11	谭家湾遗址	新石器时代	桐乡市	6
12-1-12	马家浜遗址	新石器时代	嘉兴市南湖区	5
13-1-13	南河浜遗址	新石器时代	嘉兴市秀洲区	6
14-1-14	良渚遗址	新石器时代	杭州市余杭区、德清县	4
15-1-15	庄桥坟遗址	新石器时代	平湖市	7
16-1-16	新地里遗址	新石器时代	桐乡市	7
17-1-17	好川遗址	新石器时代	遂昌县	7
18-1-18	曹湾山遗址	新石器时代	温州市鹿城区	7
19-1-19	小古城遗址	新石器时代	杭州市余杭区	7
20-1-20	钱山漾遗址	新石器时代至周	湖州市吴兴区	6
21-1-21	塔山遗址	新石器时代至周	象山县	7
22-1-22	毘山遗址	新石器时代至周	湖州市吴兴区	7
23-1-23	德清原始瓷窑址	商至战国	德清县	7
24-1-24	富盛窑址	周至战国	绍兴市越城区	6
25-1-25	茅湾里窑址	周至战国	杭州市萧山区	6
26-1-26	小仙坛窑址	汉	绍兴市上虞区	6
27-1-27	上林湖越窑遗址	东汉至宋	慈溪市	3、6、7
28-1-28	凤凰山窑址群	三国至晋	绍兴市上虞区	7
29-1-29	大窑龙泉窑遗址	宋至明	龙泉市、庆元县	3、7

序 号	名 称	时 代	地 址	批次
30-1-30	郊坛下和老虎洞窑址	宋至元	杭州市西湖区	6
31-1-31	天目窑遗址群	宋至元	杭州市临安区	7
32-1-32	铁店窑遗址	宋、元	金华市婺城区	5
33-1-33	泗洲造纸作坊遗址	宋	杭州市富阳区	7
34-1-34	大溪东瓯古城遗址	西汉	温岭市	7
35-1-35	城山古城遗址	东汉	长兴县	7
36-1-36	下菰城遗址	春秋	湖州市吴兴区	5
37-1-37	安吉古城遗址、龙山越国贵族墓群	春秋至南北朝	安吉县	6、7
38-1-38	临安城遗址	南宋	杭州市上城区	5
39-1-39	永丰库遗址	元	宁波市海曙区	6
40-1-40	小南海石室	宋至清	龙游县	7
41-1-41	云和银矿遗址	明	云和县	7
42-1-42	花岙兵营遗址	明至清	象山县	7

二、古墓葬（15 处）

序 号	名 称	时 代	地 址	批次
43-2-1	浙南石棚墓群	商、周	瑞安市、平阳县、苍南县	5
44-2-2	东阳土墩墓群	周	东阳市	6
45-2-3	绍兴越国贵族墓群	春秋至战国	绍兴市柯桥区	7
46-2-4	吕祖谦及家族墓	宋	武义县	7
47-2-5	宋六陵	南宋	绍兴市越城区	7
48-2-6	东钱湖墓葬群	宋至明	宁波市鄞州区	5、7
49-2-7	高氏家族墓地	明	乐清市	6
50-2-8	印山越国王陵	春秋、战国	绍兴市柯桥区	5
51-2-9	长安画像石墓	汉至三国	海宁市	7
52-2-10	吴越国王陵	五代	杭州市上城区、临安市	5、6
53-2-11	大禹陵	清	绍兴市越城区	4
54-2-12	岳飞墓	南宋	杭州市西湖区	1
55-2-13	赵孟頫墓	元	德清县	7
56-2-14	吴镇墓	元	嘉善县	7
57-2-15	于谦墓	明至清	杭州市西湖区	6

三、古建筑（122 处）

序　号	名　称	时　代	地　址	批次
58-3-1	台州府城墙	宋至清	临海市	5
59-3-2	衢州城墙	明至清	衢州市柯城区	6
60-3-3	安城城墙	明至清	安吉县	6
61-3-4	桃渚城	明、清	临海市	5
62-3-5	永昌堡	明	温州市龙湾区	5
63-3-6	蒲壮所城	明至清	苍南县	4、6
64-3-7	俞源村古建筑群	元至清	武义县	5
65-3-8	诸葛、长乐村民居	明、清	兰溪市	4
66-3-9	芙蓉村古建筑群	明至清	永嘉县	6
67-3-10	芝堰村建筑群	明至民国	兰溪市	6
68-3-11	寺平村乡土建筑	明至清	金华市婺城区	7
69-3-12	鸡鸣山民居苑	明至清	龙游县	7
70-3-13	河阳村乡土建筑	明至清	缙云县	7
71-3-14	新叶村乡土建筑	明至民国	建德市	7
72-3-15	崇仁村建筑群	清	嵊州市	6
73-3-16	斯氏古民居建筑群	清	诸暨市	5
74-3-17	郑义门古建筑群	清	浦江县	5
75-3-18	顺溪古建筑群	清	平阳县	6
76-3-19	东阳卢宅	明至清	东阳市	3
77-3-20	慈城古建筑群	明至清	宁波市江北区	6
78-3-21	泰顺土楼	清至民国	泰顺县	7
79-3-22	吕府	明	绍兴市越城区	5
80-3-23	七家厅	明	金华市婺城区	7
81-3-24	莫氏庄园	清	平湖市	6
82-3-25	黄山八面厅	清	义乌市	5
83-3-26	林宅	清	宁波市海曙区	7
84-3-27	雪溪胡氏大院	清	泰顺县	7
85-3-28	陈阁老宅	清	海宁市	7
86-3-29	马上桥花厅	清	东阳市	7
87-3-30	三门源叶氏民居	清	龙游县	7
88-3-31	王守仁故居和墓	明	余姚市、绍兴市柯桥区	6
89-3-32	孔氏南宗家庙	南宋至清	衢州市柯城区	4
90-3-33	刘基庙及墓	明	文成县	5
91-3-34	榉溪孔氏家庙	清	磐安县	6

序 号	名 称	时 代	地 址	批次
92-3-35	关西世家	明	龙游县	7
93-3-36	绍衣堂和横山塔	明	龙游县	7
94-3-37	西姜祠堂	明	兰溪市	7
95-3-38	楠溪江宗祠建筑群	明至清	永嘉县	7
96-3-39	南坞杨氏宗祠	明至清	江山市	7
97-3-40	玉岩包氏宗祠	明至清	泰顺县	7
98-3-41	华堂王氏宗祠	明至清	嵊州市	7
99-3-42	世德堂	明至清	兰溪市	7
100-3-43	上族祠	明至清	兰溪市	7
101-3-44	积庆堂	明至清	兰溪市	7
102-3-45	余庆堂	明至清	兰溪市	7
103-3-46	吴氏宗祠	明至清	衢州市衢江区	7
104-3-47	三槐堂	明至清	龙游县	7
105-3-48	北二蓝氏宗祠	清	衢州市柯城区	7
106-3-49	宁海古戏台	清至民国	宁海县	6
107-3-50	青藤书屋和徐渭墓	明	绍兴市越城区、柯桥区	6
108-3-51	天一阁	明至近代	宁波市海曙区	2、5
109-3-52	文澜阁	清	杭州市西湖区	5
110-3-53	玉海楼	清	瑞安市	4
111-3-54	嘉业堂藏书楼及小莲庄	清	湖州市南浔区	5
112-3-55	白云庄和黄宗羲、万斯同、全祖望墓	明至民国	宁波市海曙区、奉化区、余姚市	6
113-3-56	庆安会馆	清	宁波市鄞州区	5
114-3-57	玉山古茶场	清	磐安县	6
115-3-58	胡庆余堂	清	杭州市上城区	3、6
116-3-59	兰亭	清	绍兴市柯桥区	7
117-3-60	四连碓造纸作坊	明	温州市瓯海区	5
118-3-61	三卿口制瓷作坊	清	江山市	6
119-3-62	庙沟后、横省石牌坊	宋、元	宁波市鄞州区	5
120-3-63	南阁牌楼群	明	乐清市	5
121-3-64	金昭牌坊和宪台牌坊	明	永嘉县	7
122-3-65	舜王庙	清	绍兴市柯桥区	7
123-3-66	周宣灵王庙	清	衢州市柯城区	7
124-3-67	西洋殿	清	庆元县	7
125-3-68	保国寺	北宋	宁波市江北区	1

序　号	名　　称	时　代	地　址	批次
126-3-69	延福寺	元	武义县	4
127-3-70	天宁寺大殿	宋至元	金华市婺城区	3
128-3-71	时思寺	元至清	景宁县	5
129-3-72	阿育王寺	元至清	宁波市鄞州区	6
130-3-73	法雨寺	清	舟山市普陀区	6
131-3-74	国清寺	清	天台县	5
132-3-75	天童寺	明、清	宁波市鄞州区	6
133-3-76	凤凰寺	元至清	杭州市上城区	5
134-3-77	圣井山石殿	明至清	瑞安市	6
135-3-78	普陀山普济寺	清	舟山市普陀区	7
136-3-79	宁波天宁寺	唐	宁波市海曙区	6
137-3-80	功臣塔及功臣寺遗址	唐、五代	杭州市临安区	5、7
138-3-81	闸口白塔	五代	杭州市上城区	3
139-3-82	瑞隆感应塔	五代	台州市黄岩区	7
140-3-83	灵隐寺石塔和经幢	五代、北宋	杭州市西湖区	7
141-3-84	保俶塔	五代、明、民国	杭州市西湖区	7
142-3-85	湖镇舍利塔	宋	龙游县	5
143-3-86	松阳延庆寺塔	宋	松阳县	6
144-3-87	二灵塔	宋	宁波市鄞州区	7
145-3-88	国安寺塔	宋	温州市龙湾区	7
146-3-89	观音寺石塔	宋	瑞安市	7
147-3-90	护法寺桥和塔	宋	苍南县	7
148-3-91	东化成寺塔	宋	诸暨市	7
149-3-92	龙德寺塔	宋	浦江县	7
150-3-93	南峰塔和福印山塔	宋	仙居县	7
151-3-94	乐清东塔	宋	乐清市	7
152-3-95	八卦桥和河西桥	宋	瑞安市	7
153-3-96	栖真寺五佛塔	宋	平阳县	7
154-3-97	六和塔	南宋	杭州市上城区	1
155-3-98	飞英塔	南宋	湖州市吴兴区	3
156-3-99	普陀山多宝塔	元	舟山市普陀区	6
157-3-100	真如寺石塔	元	乐清市	7
158-3-101	普庆寺石塔	元	临安市	7
159-3-102	千佛塔	元	临海市	7

续　表

序　号	名　称	时　代	地　址	批次
160-3-103	绮园	清	海盐县	5
161-3-104	镇海口海防遗址	明至近代	宁波市镇海区、北仑区	4
162-3-105	赤溪五洞桥	宋	苍南县	6
163-3-106	绍兴古桥群	宋至民国	绍兴市越城区、绍兴市柯桥区	5、7
164-3-107	德清古桥群	宋、元、明	德清县	6、7
165-3-108	古月桥	宋	义乌市	5
166-3-109	西山桥	南宋	建德市	7
167-3-110	新河闸桥群	宋至清	温岭市	6
168-3-111	处州廊桥	明至民国	庆元县、龙泉市、景宁畲族自治县、青田县、松阳县	5、7
169-3-112	古纤道	明至清	绍兴市柯桥区	3
170-3-113	潘公桥及潘孝墓	明至清	湖州市吴兴区	7
171-3-114	泰顺廊桥	清	泰顺县	6
172-3-115	仕水碇步	清	泰顺县	6
173-3-116	双林三桥	清	湖州市南浔区	7
174-3-117	通济堰	南朝至清	丽水市莲都区	5
175-3-118	它山堰	唐	宁波市鄞州区	3
176-3-119	狭獴湖避塘	明至清	绍兴市柯桥区	7
177-3-120	盐官海塘及海神庙	清	海宁市	5
178-3-121	独松关和古驿道	宋至清	杭州市余杭区、安吉县	6
179-3-122	大运河	春秋至中华人民共和国	杭州市、宁波市、湖州市、嘉兴市、绍兴市	6、7

四、石窟寺及石刻（15 处）

序　号	名　称	时　代	地　址	批次
180-4-1	仙居古越族岩画群	春秋、战国	仙居县	7
181-4-2	安国寺经幢	唐	海宁市	6
182-4-3	法隆寺经幢	唐	金华市婺城区	6
183-4-4	龙兴寺经幢	唐	杭州市下城区	7
184-4-5	惠力寺经幢	唐	海宁市	7
185-4-6	梵天寺经幢	五代	杭州市上城区	5
186-4-7	大佛寺石弥勒像和千佛岩造像	南北朝	新昌县	7
187-4-8	飞来峰造像	五代至元	杭州市西湖区	2、6
188-4-9	柯岩造像及摩崖题刻	宋、清	绍兴市柯桥区	7
189-4-10	宝成寺麻曷葛剌造像	元	杭州市上城区	5
190-4-11	南山造像	元	杭州市余杭区	7

序　号	名　　称	时　代	地　　址	批次
191-4-12	南明山摩崖题刻	晋至民国	丽水市莲都区	7
192-4-13	石门洞摩崖题刻	南北朝至民国	青田县	7
193-4-14	顾渚贡茶院遗址及摩崖	唐至宋	长兴县	6
194-4-15	仙都摩崖题记	唐至近代	缙云县	5

五、近现代重要史迹及代表性建筑物（36处）

序　号	名　　称	时　代	地　　址	批次
195-5-1	太平天国侍王府	1861年	金华市婺城区	3
196-5-2	乍浦炮台	清	平湖市	7
197-5-3	中国共产党第一次全国代表大会会址——嘉兴南湖中共"一大"会址	1921年	嘉兴市南湖区	5
198-5-4	红十三军军部旧址	1930年	永嘉县	7
199-5-5	浙东抗日根据地旧址	1942—1945年	余姚市、慈溪市	6
200-5-6	新四军苏浙军区旧址	1943—1945年	长兴县	5
201-5-7	蒋氏故居	清至民国	宁波市奉化区	4、6
202-5-8	绍兴鲁迅故居	1881—1898年	绍兴市越城区	3
203-5-9	浙江秋瑾故居	1907年（民国）	绍兴市越城区	3、6
204-5-10	蔡元培故居	近代	绍兴市越城区	5
205-5-11	章太炎故居	民国	杭州市余杭区	6
206-5-12	尊德堂	1877年	湖州市南浔区	7
207-5-13	王国维故居	1886—1898年	海宁市	6
208-5-14	茅盾故居	1896—1910年	桐乡市	3
209-5-15	马寅初故居	清至民国	杭州市下城区、嵊州市	6
210-5-16	龙山虞氏旧宅建筑群	1916—1929年	慈溪市	5
211-5-17	南浔张氏旧宅建筑群	1899—1906年	湖州市南浔区	5
212-5-18	莫干山别墅群	清至民国	德清县	6、7
213-5-19	江北天主教堂	清	宁波市江北区	6
214-5-20	嘉兴文生修道院与天主堂	1903年、1930年	嘉兴市南湖区	7
215-5-21	曹娥庙	1936年	绍兴市上虞区	7
216-5-22	陈英士墓	1916年	湖州市吴兴区	6
217-5-23	钱塘江大桥	民国	杭州市西湖区	6
218-5-24	钱业会馆	民国	宁波市海曙区	6
219-5-25	浙江兴业银行旧址	1923年	杭州市上城区	7
220-5-26	西泠印社	近代	杭州市西湖区	5
221-5-27	利济医学堂旧址	1885—1902年	瑞安市	6

续　表

序　号	名　称	时　代	地　址	批次
222-5-28	大通学堂和徐锡麟故居	清	绍兴市越城区	6
223-5-29	春晖中学旧址	清至民国	绍兴市上虞区	7
224-5-30	锦堂学校旧址	1909 年	慈溪市	7
225-5-31	之江大学旧址	民国	杭州市西湖区	6
226-5-32	笕桥中央航校旧址	民国	杭州市江干区	6
227-5-33	浙江大学龙泉分校旧址	1939 年	龙泉市	7
228-5-34	仓前粮仓	清至中华人民共和国	杭州市余杭区	7
229-5-35	浙东沿海灯塔	清至民国	舟山市定海区、普陀区、嵊泗县、岱山县，宁波市镇海区、北仑区、象山县	5、7
230-5-36	坎门验潮所	1929 年	玉环县	7

六、其他（1 处）

序　号	名　称	时　代	地　址	批次
231-6-1	西湖十景	南宋至清	杭州市西湖区	7

浙江省省级文物保护单位分类名单

一、古遗址（82 处）

序　号	名　称	时　代	地　址	批次	内涵备注
1	邱城遗址	新石器时代	湖州市白雀乡	2	
2	郭家石桥遗址	新石器时代	海宁市庆云镇	3	
3	大往遗址	新石器时代	嘉善县姚庄镇展幸村	3	
4	洪城遗址	新石器时代	湖州市马腰镇洪城村	3	
5	下汤遗址	新石器时代	仙居县横溪镇下汤村	3	
6	大舜庙后墩遗址	新石器时代	岱山县岱山镇北二村	3	
7	王坟遗址	新石器时代	海盐县西塘桥镇西塘村	4	
8	安乐遗址	新石器时代	安吉县递铺镇	4	
9	马鞍遗址	新石器时代	绍兴市柯桥区马鞍镇寺桥村	4	
10	凉帽蓬墩遗址	新石器时代	舟山市定海区马岙镇	4	
11	塘山背遗址	新石器时代	浦江县黄宅镇	5	
12	盛家埭遗址	新石器时代	海宁市盐官镇	5	
13	普安桥遗址	新石器时代	桐乡市屠甸镇	5	

序 号	名 称	时 代	地 址	批次	内涵备注
14	城堂岗遗址	新石器时代	桐庐县钟山乡	6	
15	大麦凸遗址	新石器时代	桐庐县横村镇	6	
16	童家岙遗址	新石器时代	慈溪市横河镇	6	
17	名山后遗址	新石器时代	宁波市奉化区江口镇	6	
18	刘家墩遗址	新石器时代	嘉兴市南湖区凤桥镇	6	
19	戴墓墩遗址	新石器时代	平湖市乍浦镇	6	
20	崔家场遗址	新石器时代	海宁市海昌街道	6	
21	荷叶地遗址	新石器时代	海宁市周王庙镇	6	
22	小六旺遗址	新石器时代	桐乡市屠甸镇	6	
23	江家山遗址	新石器时代	长兴县林城镇	6	
24	庙山遗址	新石器时代	永康市经济开发区	6	
25	太婆山遗址	新石器时代	永康市古山镇	6	
26	葱口洞穴遗址	新石器时代	衢州市衢江区上方镇	6	
27	白坟墩遗址	新石器时代至春秋战国	嘉兴市凤桥镇	5	
28	大坪遗址	新石器时代至商周	瑞安市北龙乡	6	
29	凤山遗址	新石器时代至商周	平阳县腾蛟镇	6	
30	楼家桥遗址	新石器时代至商周	诸暨市次坞街道	6	
31	施家墩遗址	新石器时代至商周	海宁市长安镇	6	
32	达泽庙遗址	新石器时代至商周	海宁市马桥街道	6	
33	漂母墩遗址	新石器时代至商周	海盐县通元镇	6	
34	空山遗址	新石器时代至商周	长兴县泗安镇	6	
35	新安遗址	新石器时代至商周	长兴县泗安镇	6	
36	台基山遗址	新石器时代至商周	长兴县雉城镇	6	
37	张家桥遗址	新石器时代至商周	长兴县雉城镇	6	
38	三合潭遗址	商周	玉环县朱港镇	5	
39	西施山遗址	春秋战国	绍兴市五云门外	2	
40	黄梅山窑址	商、周	湖州市青山乡	3	
41	龙山窑址	西周至战国	长兴县林城镇	6	
42	纱帽山窑遗址	春秋战国	杭州市萧山区进化镇	5	
43	白洋垅窑址群	东汉	龙游县东华街道	6	
44	溪口、涌泉窑址群	东汉晚期至南朝	临海市溪口乡、涌泉镇	3	
45	鞍山龙窑遗址	三国	绍兴市上虞区上浦镇	5	
46	吕步坑窑址	南朝至唐	丽水市莲都区	6	
47	墅元头窑址	隋、唐	德清县洛舍镇	3	

序号	名 称	时 代	地 址	批次	内涵备注
48	方坦窑址	唐	龙游县东华街道	6	
49	汉灶窑址	唐	金华市婺城区雅畈镇	6	
50	歌山窑址	唐至北宋	东阳市歌山镇象塘村	3	
51	九龙山窑址	唐至宋	长兴县水口乡	6	
52	葛府窑址	五代、北宋	东阳市南马镇葛府村	3	
53	窑寺前青瓷窑址	五代、宋	上虞市上浦镇	2	
54	沙埠青瓷窑址	五代、宋	台州市黄岩区沙埠镇	2	
55	正和堂窑址	五代、宋	温州市鹿城区下桥村	3	
56	外山甲窑址群	宋	瑞安市梅屿乡外山甲村	3	
57	大白山窑址	宋	建德市新安江街道	6	
58	两弓塘窑址群	宋、元	衢州市衢江区金旺镇官塘村	3	
59	大溪滩窑址群	宋、元	缙云县壶镇大溪滩村	3	
60	达河窑址群	宋、元	江山市碗窑乡	4	
61	潘里垄瓷窑址	南宋	庆元县竹口镇	6	
62	安仁窑址	宋至明	龙泉市安仁镇	6	
63	凤阳窑址	宋至清	苍南县凤阳乡	6	
64	源口窑址	元	龙泉市道太乡源口村	3	
65	越王城遗址	春秋战国	杭州市萧山区城厢镇	3	
66	鉴湖遗址、大王庙	东汉至清	绍兴市越城区、绍兴市柯桥区	6	
67	东湖石宕遗址	汉至民国	绍兴市越城区皋埠镇	6	
68	长屿石宕遗址	六朝至中华人民共和国	温岭市新河镇	6	
69	铜山铜矿遗址	唐	淳安县枫树岭镇	[81]	
70	湖南银矿遗址	唐至明	衢州市衢江区湖南镇	6	
71	湖州子城城墙遗址	唐至宋	湖州市吴兴区爱山街道	6	
72	吴越郊坛遗址	五代	杭州市天真山	5	
73	雷峰塔遗址	五代	杭州市西湖区	4	
74	方腊洞	北宋	淳安县叶家山	2	
75	牛头山军事遗址	宋	安吉县良朋镇	6	
76	东园遗址	南宋	桐乡市石门镇	6	
77	山皇城遗址	明	瑞安市仙降镇	6	
78	健跳所城遗址（含蒲西巡检司城）	明	三门县健跳镇、六敖镇	6	
79	安澜园遗址	明、清	海宁市盐官镇	6	
80	通明堰遗址群	明、清	绍兴市上虞区丰惠镇	6	
81	大隐石宕遗址（含山王庙）	明至民国	余姚市大隐镇	6	
82	矾山矾矿遗址	明至现代	苍南县矾山镇	5	

二、古墓葬（28 处）

序　号	名　　称	时　代	地　　址	批次	内涵备注
1	弁山墓群	西周至春秋	湖州市白雀乡、龙溪乡	4	
2	笔架山墓葬群	春秋战国	安吉县安城镇	4	
3	胜利山石室土墩墓群	春秋战国	绍兴市禹陵乡	5	
4	马臻墓	东汉	绍兴市府山街道	2	
5	王充墓	东汉	宁波市上虞区章镇林岙村	2	
6	皇坟山墓葬群	东汉	嘉兴市秀洲区新城街道	6	
7	西峰坝画像石墓	东汉	长兴县雉城镇	6	
8	郑虔墓	唐至清	临海市大田镇白石村	4	
9	叶适墓	宋	温州市鹿城区海坛山	3	
10	王十朋墓	宋	乐清市四都乡梅岙村牛塘山	3	
11	胡瑗墓	宋	湖州市道场乡	3	
12	赵抃墓、祠	宋、清	衢州市衢江区、柯城区	6	
13	朱丹溪墓	元	义乌市赤岸镇东朱村	3	
14	荥阳侯夫人墓	元	衢江区九华乡下坦村	4	
15	螃蟹形山墓群	明	义乌市赤岸镇乔亭村	4	
16	大溪边余公墓	明	开化县大溪边乡	6	
17	卜家岙李氏家族墓	明	仙居县南峰街道	6	
18	卫匡国墓	明、清	杭州市留下镇	3	
19	张煌言墓（含张煌言故居）	明、清	杭州市南屏山荔枝峰下、宁波市中山广场	1、5	
20	卢金峰墓（含卢氏宗祠）	明、清	瑞安市永安乡	6	
21	陈洪绶墓	明末清初	绍兴市鉴湖镇官山岙村	2	
22	葛云飞墓（含葛云飞故居）	清	萧山区所前镇、进化镇	1、5	
23	龚佳育墓	清	杭州市西湖区	4	
24	王羲之墓	清	嵊州市金庭镇	4	
25	陈傅良墓、祠	宋至清	瑞安市罗凤镇凤川村、瓯海区仙岩镇	4	
26	张琴墓	清	苍南县马站镇山边村	4	
27	同归域	清	舟山市定海区龙峰山	4	
28	雅阳林一牧墓	清	泰顺县雅阳镇	6	

三、古建筑（325 处）

序 号	名 称	时 代	地 址	批次	内涵备注
1	处州府城墙	元至清	丽水市市区	5	
2	新昌城墙	明	新昌县南明街道	6	
3	嘉兴子城	宋至民国	嘉兴市南湖区	5	
4	嵊县古城墙	明、清	嵊州市市区	5	
5	狮城水下古城	明、清	淳安县千岛湖	6	
6	崇德城旧址及横街	明至民国	桐乡市崇福镇	6	
7	游仙寨	明	象山县丹城镇赤坎村	3	
8	苔山寨城遗址	清	玉环县清港镇	6	
9	寨楼寨墙及张氏家族墓	清	洞头县大门镇	6	
10	总台山烽火台	明	宁波市北仑区郭巨镇	4	
11	公屿烽堠	明	象山县爵溪街道	6	
12	金鸡山炮台	清	象山县石浦镇	6	
13	昱岭关	宋至民国	杭州市临安区清凉峰镇	5	
14	银岭关、壕岭关	清	开化县杨林镇	6	
15	慈城大耐堂等古建筑	明、清	宁波市慈城镇	4	含刘家祠堂、大耐堂、姚镆宅、桂花厅、莫驸马宅、冬官坊、贞节坊、彭山塔
16	花坦古建筑群	明、清	永嘉县花坦乡	4	
17	李宅村古建筑群	明、清	东阳市城东街道	5	
18	长濂古建筑群	明、清	遂昌县云峰镇	5	
19	马金街古建筑群	清	开化县马金镇	6	
20	西塘建筑群	清、民国	嘉善县西塘镇	6	
21	龙南菇民建筑群	清、民国	龙泉市龙南乡	6	
22	紫微山民居	明	东阳市黄田畈镇	4	
23	爱敬堂、孙氏堂楼	明	兰溪市诸葛镇、女埠街道	5	
24	王村花厅	明	武义县白洋街道	6	
25	龙游楼上厅建筑	明	龙游县塔石镇、横山镇	6	
26	叶溥故宅	明	龙泉市西街街道	6	
27	刘氏祖居门楼	明	松阳县古市镇	6	
28	陈家大屋	明、清	遂昌县妙高镇北街四弄	4	
29	许家南大房	明、清	萧山区党山镇	5	
30	花街大夫第（含正心堂）	明、清	永康市花街镇	5	

序　号	名　　称	时　代	地　　址	批次	内涵备注
31	张文郁旧居	明、清	天台县城关镇	5	
32	梅坦谷宅	明、清	永嘉县西源乡	6	
33	溪口李氏大屋	明、清	永嘉县溪口乡	6	
34	鹤溪潘家大屋	明、清	景宁畲族自治县鹤溪镇	6	
35	志棠雍睦堂	明、清	龙游县横山镇	6	
36	福舆堂	清	东阳市巍山镇白坦一村	4	
37	务本堂	清	东阳市巍山镇白坦二村	4	
38	九进厅	清	缙云县壶镇工联村	4	
39	黄坛三堂	清	宁海县黄坛镇	5	
40	青街李氏、池氏大屋	清	平阳县青街乡	5、6	
41	谢林大宅院	清	文成县西坑镇	5	
42	钮氏状元厅	清	湖州市勤劳街	5	
43	上新居、新谭家民居	清	诸暨市斯宅乡	5	
44	新一堂、继述堂	清	诸暨市磺山镇	5	
45	古山胡氏旧宅	清	永康市古山镇	5	
46	新桥爱吾庐	清	台州市路桥区新桥镇	5	
47	谭宅	清	丽水市莲都区大众街	5	
48	山口林宅	清	青田县山口镇	5	
49	鸣鹤新五房	清	慈溪市观海卫镇	6	
50	矴步头谢氏民居	清	苍南县桥墩镇	6	
51	前坪张氏厝屋	清	泰顺县泗溪镇	6	
52	吴昌硕故居	清	安吉县鄣吴镇	6	
53	大有桥街章宅	清	桐乡市濮院镇	6	
54	魏塘叶宅	清	嘉善县魏塘街道	6	
55	长乐钱氏大新屋	清	嵊州市长乐镇	6	
56	方梅生故居	清	金华市婺城区罗店镇	6	
57	履坦徐氏民居	清	武义县履坦镇	6	
58	石板巷陈家厅	清	武义县武阳镇	6	
59	朱店朱宅	清	义乌市赤岸镇	6	
60	雅端容安堂	清	义乌市赤岸镇	6	
61	厦程里位育堂	清	东阳市虎鹿镇	6	
62	上安恬懋德堂	清	东阳市南马镇	6	
63	双峰清德堂	清	磐安县双峰乡	6	
64	石佛探花厅	清	龙游县石佛乡	6	

序　号	名　　称	时　代	地　　址	批次	内涵备注
65	下田畈黄氏民居	清	龙游县湖镇镇	6	
66	灵下应氏民居	清	龙游县溪口镇	6	
67	刘家永和堂	清	龙游县模环乡	6	
68	莲塘瑞森堂	清	龙游县塔石镇	6	
69	碧湖建筑群	清、民国	丽水市莲都区碧湖镇	6	
70	道门进士第	清	缙云县壶镇镇	6	
71	前岙村卢氏民居	清	缙云县壶镇镇	6	
72	黄沙腰李氏大屋（含李氏宗祠）	清	遂昌县黄沙腰镇	6	
73	敕木山村畲族民居	清	景宁畲族自治县鹤溪镇	6	
74	徐氏旧宅	清、民国	常山县球川镇	5	
75	黄家大院	清、民国	松阳县望松乡	5	
76	苏村苏氏大屋（含苏氏家庙）	清、民国	遂昌县北界镇	6	
77	石塘陈宅	清、民国	温岭市石塘镇	6	
78	西畈花门楼	清	丽水市莲都区太平乡	6	
79	滕氏宗祠	明	金华市琅琊镇	5	
80	忠孝堂	明	武义县壶山镇	5	
81	岭下汤石祠	明	武义县大田乡	5	
82	荻浦咸和堂	明	桐庐县江南镇	6	
83	上唐承庆堂	明	兰溪市黄店镇	6	
84	李泽李氏大宗祠	明	衢州市衢江区峡川镇	6	
85	高朱致福堂	明	开化县塘坞乡	6	
86	蔡氏宗祠（含钟英堂、下厅民居）	明、清	磐安县双溪乡	4、6	
87	吴清简祠	明、清	庆元县举水乡月山村	4	
88	白溪朱氏宗祠	明、清	长兴县雉城镇	5	
89	章氏家庙	明、清	兰溪市女埠街道	5	
90	生塘胡氏宗祠	明、清	兰溪市水亭乡	5	
91	嘉庆堂	明、清	兰溪市孟湖乡	5	
92	里择祠	明、清	常山县天马镇	5	
93	泗门谢氏始祖祠堂	明、清	余姚市泗门镇	6	
94	太平邢氏宗祠	明、清	嵊州市长乐镇	6	
95	石楠塘徐氏宗祠	明、清	金华市婺城区雅畈镇	6	
96	朱家绍德堂	明、清	兰溪市黄店镇	6	
97	黄余田杨氏宗祠	明、清	磐安县仁川镇	6	
98	楼山后骏惠堂	明、清	衢州市衢江区全旺镇	6	

序　号	名　　称	时　代	地　　址	批次	内涵备注
99	底角王氏宗祠（含世美坊）	明、清	常山县东案乡	6	
100	西垣蒋氏宗祠	明、清	龙游县石佛乡	6	
101	霞山爱敬堂	明、清	开化县马金镇	6	
102	小溪边余氏宗祠	明至民国	开化县村头镇	6	
103	霞山永锡堂	明至民国	开化县马金镇	6	
104	志棠邵氏宗祠	明至民国	龙游县横山镇	6	
105	边村祠堂	清	诸暨市同山镇	3	
106	徐震二公祠	清	永康市古丽镇武义街	4	
107	樊氏大宗祠	清	常山县五里乡	4	
108	申屠氏宗祠（含跌界厅）	清	桐庐县江南镇	5	
109	陈家祠堂	清	杭州市临安区马啸乡	5	
110	余氏、汪氏家厅	清	淳安县汾口镇	5	
111	严氏宗祠	清	金华市金东区孝顺镇	5	
112	陈大宗祠	清	永康市芝英街道	5	
113	占鳌公祠（含仁寿堂、慈孝堂、燕贻堂）	清	永康市古山镇	5	
114	张氏宗祠	清	浦江县浦阳镇	5	
115	孝子祠	清	杭州市临安区清凉峰镇	6	
116	张璁祖祠	清	温州市龙湾区永中街道	6	
117	王瓒家庙	清	温州市龙湾区永中街道	6	
118	溪下金氏宗祠	清	永嘉县溪下乡	6	
119	蓬溪谢氏宗祠	清	永嘉县东皋乡	6	
120	南湖赵氏宗祠	清	平阳县南湖乡	6	
121	吕家吕氏宗祠	清	诸暨市次坞镇	6	
122	蒲塘王氏宗祠	清	金华市金东区澧浦镇	6	
123	傅村傅氏宗祠	清	金华市金东区傅村镇	6	
124	后龚永锡堂	清	兰溪市赤溪街道	6	
125	郎家葆滋堂	清	兰溪市游埠镇	6	
126	山背吴氏宗祠	清	兰溪市赤溪街道	6	
127	塘下方大宗祠	清	义乌市后宅街道	6	
128	凤里姜氏宗祠	清	江山市凤林镇	6	
129	新塘边姜氏宗祠	清	江山市新塘边镇	6	
130	公淤丰氏宗祠	清	开化县大溪边乡	6	
131	正大永言堂	清	开化县塘坞乡	6	
132	大溪边余氏宗祠	清	开化县大溪边乡	6	

续　表

序　号	名　　称	时　代	地　　址	批次	内涵备注
133	妙山陈氏宗祠	清	天台县赤城街道	6	
134	北山吴氏宗祠	清	青田县北山镇	6	
135	王家祠堂	清	云和县云和镇	6	
136	黄坛季氏宗祠	清	庆元县竹口镇	6	
137	霞山汪氏宗祠（含启瑞堂）	清、民国	开化县霞山乡	5	
138	楠溪江宗祠建筑群	明、清	永嘉县	6	含王氏大宗祠、文岩祠、谷氏大宗祠、胡氏小宗祠、乌府
139	三门宗祠群	清	三门县	6	
140	水南许氏宗祠群	清、民国	天台县福溪街道	6	
141	江心寺文天祥祠	宋	温州市鹿城区江心屿	2	
142	戚继光祠	清	椒江区戚继光路	3	
143	三忠祠	清	舟山市定海区	3	
144	烈妇祠	清	永康市西城街道	6	
145	琐园村乡土建筑	明、清	金华市金东区澧浦镇	6	
146	上吴方村乡土建筑	明至民国	建德市大慈岩镇	6	
147	李村乡土建筑	明至民国	建德市大慈岩镇	6	
148	厚吴村乡土建筑	明至民国	永康市前仓镇	6	
149	九华乡土建筑	明至民国	衢州市柯城区九华乡	6	
150	柴村乡土建筑	明至民国	江山市峡口镇	6	
151	张思村乡土建筑	明至民国	天台县平桥镇	6	
152	南垟村乡土建筑	清	永嘉县五尺乡	6	
153	屿北村乡土建筑	清	永嘉县岩坦镇	6	
154	碗窑村乡土建筑	清	苍南县桥墩镇	6	
155	藏绿乡土建筑	清	诸暨市五泄镇	6	
156	西溪村乡土建筑	清	丽水市莲都区雅溪镇	6	
157	蕉川乡土建筑	清	遂昌县新路湾镇	6	
158	石仓乡土建筑	清	松阳县大东坝镇	6	
159	张村乡土建筑	清、民国	江山市张村乡	6	
160	埭头村乡土建筑	清、民国	永嘉县大若岩镇	6	
161	大陈村乡土建筑	清至中华人民共和国	江山市大陈乡	5、6	
162	铁佛寺	宋	湖州市劳动路	2	
163	千佛阁（含镇海塔）	元至清	海盐县武原镇	3、6	
164	普陀山文化景观	元至清	舟山市普陀区普陀山	6	不含普济寺

序　号	名　称	时　代	地　址	批次	内涵备注
165	德清云岫寺	明	德清县三合乡石井山	3	
166	白龙山石殿	明	乐清市虹桥镇	5	
167	圣寿禅寺	明、清	瓯海区仙岩镇南村	4	
168	云岫庵	清	海盐县澉浦镇	5	
169	七塔禅寺	清	宁波市江东区	6	
170	江心寺	清	温州市鹿城区江心屿	6	
171	纯阳宫	清	湖州市吴兴区道场乡	5	
172	沃洲山真君殿大殿、配殿	清	新昌县大市聚镇	6	
173	杭州天主教堂	清	杭州市下城区天水街道	6	
174	月湖清真寺	清	宁波市海曙区月湖街道	6	
175	长兴孔庙	明、清	长兴县雉城镇	6	
176	黄岩孔庙	清	黄岩区城关镇	3	
177	平水王社庙	明	龙泉市龙渊街道	6	
178	汤和庙	明、清	温州市龙湾区海滨街道	6	
179	嵊县城隍庙及溪山第一楼	清	嵊州市城关镇	3	
180	汤溪城隍庙	清	金华市汤溪镇	3	
181	金华府城隍庙	清	金华市婺城区	4	
182	石浦城隍庙	清	象山县石浦镇	5	
183	礼贤城隍庙	清	江山市淤头镇	6	
184	忠训庙	清	平阳县腾蛟镇	4	
185	萧王庙	清	宁波市奉化区萧王庙镇	5	
186	枫桥大庙	清	诸暨市枫桥镇	5	
187	大乌石雷公殿	清	乐清市虹桥镇	5	
188	峡口大公殿	清	江山市峡口镇	5	
189	卢福庙	清	庆元县松源镇	5	
190	松阳三庙	清	松阳县西屏镇	6	
191	藻溪杨府宫	清	苍南县藻溪镇	6	
192	妈祖宫	清	洞头县北岙镇	4	
193	东门天后宫	清	象山县石浦镇	6	
194	天皇巷天后宫	清	衢州市柯城区	6	
195	下埠头天后宫	清	衢州市衢江区樟潭街道	6	
196	严子陵钓台	东汉	桐庐县富春江镇	2	
197	沈园	宋	绍兴市洋河弄	2	
198	金山飞亭	宋	苍南县马站镇	6	

续　表

序　号	名　　称	时　代	地　　址	批次	内涵备注
199	花亭（含丽水桥）	明	永嘉县岩头镇下村	4	
200	丁鹤年墓亭	明	杭州市南山路	5	
201	罗阳石亭	明	泰顺县罗阳镇	5	
202	西源三官亭	明	永嘉县西源乡	6	
203	爵溪街心戏亭	清	象山县爵溪镇十字街	4	
204	曝书亭	清	嘉兴市王店镇	2	
205	郭庄	清	杭州市西山路	3	
206	八咏楼	南朝创建	金华市八咏路	[81]	
207	五桂楼	清	余姚市梁弄镇学堂弄	3	
208	千甓亭（含皕宋楼）	清	湖州市月河街	4	
209	浩然楼	清	温州市鹿城区江心屿	6	
210	宁波鼓楼	清、民国	宁波市海曙区鼓楼街道	6	
211	鹿田书院	清	金华市双龙乡北山	4	
212	五峰书院	清	永康市方岩镇橙麓村	4	
213	戴蒙书院（含戴蒙故居）	清	永嘉县溪口乡	5	
214	会文书院	清	平阳县南雁镇	5	
215	仁山书院	清	兰溪市芝堰乡	5	
216	鹿门书院	清	嵊州市贵门乡	6	
217	鼓山书院	清	新昌县七星街道	6	
218	心兰书社	清	瑞安市玉海街道	6	
219	独峰书院	清	缙云县仙都风景区	6	
220	永康考寓	清	金华市婺城区	6	
221	文昌阁	清	江山市廿八都镇	4	
222	王守仁讲学处	清	余姚市龙泉山	5	
223	衍芬草堂	清	海宁市硖石街道	6	
224	尚德当铺	清	绍兴市戢山街	5	
225	布业会馆	清	绍兴市越城区	6	
226	达源号钱庄	清	衢州市柯城区	6	
227	土库	明、清	浦江县白马镇	6	
228	詹宝兄弟牌坊（含市口进士坊）	明	松阳县西屏镇	3、5	
229	白茅云衢坊	明	缙云县前路乡白茅村	4	
230	独山石牌坊	明	遂昌县焦滩乡	4	
231	秋官里进士牌坊	明	绍兴市柯桥区陶堰镇	6	
232	樊家尚书坊	明、清	常山县何家乡	6	

序　号	名　　称	时　代	地　　址	批次	内涵备注
233	郭氏节孝坊	清	兰溪市灵洞乡洞源村	3	
234	张家堡双牌坊	清	苍南县龙港镇张家堡村	4	
235	灵芝塔	五代	安吉县递铺镇	3	
236	双林铁塔	五代	义乌市塔山乡	4	
237	垟坑石塔	北宋	瑞安市仙降镇	5	
238	宝胜寺双塔	宋	平阳县钱仓镇	2	
239	大安寺塔	宋	义乌市稠城街道	6	
240	南屏塔	宋、清	杭州市临安区昌化镇	4	
241	灵鹫寺石塔	南宋	杭州市丽水区万象山	3	
242	净土寺塔	元	台州市黄岩区北洋镇南瑞岩村	4	
243	西天目山墓塔群	元至民国	杭州市临安区西天目山	5	
244	安洲山塔	明	仙居县城关镇管山村	3	
245	大善寺塔	明	绍兴市越城区	4	
246	发宝象龙塔	明	武义县武阳镇	4	
247	联魁塔	明	杭州市富阳区新登镇	5	
248	龙门塔（含余四山墓）	明	淳安县汾口镇	5	
249	瑞安东塔	明	瑞安市安阳真	5	
250	昌文塔	明	磐安县安文镇	5	
251	厦河塔	明	丽水市莲都区碧云山	5	
252	舒公塔	明	杭州市余杭区余杭镇	6	
253	南峰塔、北峰塔	明	建德市梅城镇	6	
254	含山塔	明	湖州市南浔区善琏镇	6	
255	香山寺塔	明	兰溪市香溪镇	6	
256	黄甲山塔	明	衢州市衢江区云溪乡	6	
257	龙游风水塔	明	龙游县	6	
258	兴贤塔	明	常山县球川镇	6	
259	水口石塔	明	台州市黄岩区茅畲乡	6	
260	巾山东大塔、南山殿塔	明、清	临海市巾山	5	
261	安乐塔	明、清	杭州市余杭区余杭镇	6	
262	江心屿东、西塔	明、清	温州市鹿城区江心屿	6	
263	占鳌塔	明、清	海宁市盐官镇	6	
264	丽水巾山塔	明、清	丽水市莲都区富岭街道	6	
265	香积寺塔	清	杭州市拱墅区	3	
266	报本塔	清	平湖市当湖镇鹦鹉洲	4	

序 号	名 称	时 代	地 址	批次	内涵备注
267	文明塔	清	平阳县昆阳镇	5	
268	东村桥	北宋	金华市长山乡	5	
269	石门桥	宋	云和县云和镇	6	
270	源洪桥	宋	湖州市吴兴区东林镇	6	
271	忠义桥	南宋	杭州市留下镇	5	
272	寺前桥	南宋	温州市鹿城区藤桥镇	6	
273	德清古桥群	宋、元、清	德清县乾元镇、武康镇、新市镇	5	含清河桥、万安桥、僧家桥、上邻桥、追远桥、德武桥、圣济桥
274	西岙石拱桥	宋至清	宁海县长街镇	5	
275	广济桥	元	宁波市奉化区江口镇南渡村	3	
276	九狮桥	元	绍兴市上虞区丰惠镇	4	
277	恩波桥	明	杭州市富阳区城关镇	4	
278	种德桥	明	湖州市菱湖镇	5	
279	南浦桥	明	建德市寿昌镇	6	
280	潮音桥	明	湖州市吴兴区朝阳街道	6	
281	梁村河桥	明	丽水市莲都区老竹镇	6	
282	仙都石梁桥	明、清	缙云县五云镇	5	
283	万桥	明、清	乐清市天成乡	6	
284	东安硐桥	明、清	瑞安市玉海街道	6	
285	陈宅古桥群	明、清	青田县阜山乡	6	含派岩桥、木廊桥、汇源桥、店前桥、上马桥
286	西跨湖桥	清	绍兴市柯桥区湖塘街道	6	
287	五洞桥	清	黄岩区城关镇	3	
288	熟溪桥	清	武义县武阳镇	3	
289	迎仙桥	清	新昌县拔茅镇	4	
290	金清大桥	清	温岭市新河镇	4	
291	通洲桥	清	兰溪市墩头镇	4	
292	西津桥	清	永康市古丽镇	4	
293	玉成桥	清	嵊州市谷来镇	5	
294	慕义桥	清	缙云县前路乡	5	
295	百梁桥	清	宁波市鄞州区洞桥镇	5	
296	泰闽桥、红军桥、岭北水屋桥	清	泰顺县	5	

序 号	名 称	时 代	地 址	批次	内涵备注
297	通济桥与舜江楼	清	余姚市凤山街道	6	
298	白云桥	清	余姚市鹿亭乡	6	
299	金华通济桥	清	金华市婺城区	6	
300	贤母桥、竞爽桥	清	缙云县壶镇镇、东渡镇	6	
301	龙泉廊桥	清、民国	龙泉市	6	含双溪桥、蛟龙廊桥（含垟尾钟楼）、福善桥（含回龙寺院钟楼）、永庆桥、济川桥、遂龙桥、合兴桥、永安桥、坤德桥、宝车桥
302	濮院古桥群	清、民国	桐乡市濮院镇	6	
303	幻溇古桥群	清、民国	湖州市南浔区双林镇	6	
304	塔石溪桥群	清、民国	龙游县小南海镇	6	
305	九遮山埠桥群	清、民国	天台县街头镇	6	
306	庆元廊桥	清、民国	庆元县	6	含白云桥、济川桥、护龙桥
307	白沙堰	三国	金华市婺城区琅琊镇	6	
308	双河堰	唐至清	慈溪市桥头镇	6	
309	钱塘第一井	五代	杭州市大井巷	5	
310	铁栏井	宋	温州市鹿城区	4	
311	姜席堰	元	龙游县龙洲街道	6	
312	三江闸	明	绍兴市斗门镇	2	
313	新市河埠群及南圣堂	明、清	德清县新市镇	6	
314	镇海后海塘	明、清	宁波市镇海区城关东北	3	
315	萧绍海塘（绍兴段）	明、清	绍兴市孙端镇、马山镇、斗门镇、马鞍镇、安昌镇、上虞区	3	
316	杭州海塘	明、清	杭州市上城区、江干区、西湖区、余杭区	6	
317	李渔坝	清	兰溪市孟湖乡夏里村	3	
318	宏济桥码头	清	金华市婺城区城东街道	6	
319	钱氏船坞	清	嘉善县干窑镇	6	
320	五里渡斗门群	清	长兴县泗安镇	6	
321	小浃江碶闸群	清、中华人民共和国	宁波市北仑区小港街道、戚家山街道	6	
322	石灯柱	明	仙居县城关镇	4	
323	杉青闸遗址（含落帆亭）	北宋至民国	嘉兴市南湖区解放街道	6	

续　表

序　号	名　　称	时　代	地　　址	批次	内涵备注
324	清水闸及管理设施	清、中华人民共和国	上虞市曹娥街道	6	
325	姚江水利航运设施及相关遗产群	清至中华人民共和国	宁波市江北区、余姚市	6	含姚江大闸、陆埠浦口闸、丈亭运口与老街

四、石窟寺及石刻（31 处）

序　号	名　　称	时　代	地　　址	批次	内涵备注
1	通玄观造像	南宋	杭州市七宝山东南麓	3	
2	大百丈岩画	宋、元	象山县鹤浦镇	6	
3	建初买地摩崖题刻	东汉	绍兴市越城区富盛镇乌石村	2	
4	石马山岩刻	南朝	瑞安市林溪乡溪坦村石马山西坡	4	
5	贺知章《龙瑞宫记》摩崖刻石	唐	绍兴市稽山街道望仙桥村	2	
6	雁荡山龙鼻洞摩崖题记	唐至民国	乐清市雁荡山灵岩龙鼻洞	3	
7	北山摩崖题记	唐至中华人民共和国	金华市婺城区罗店镇	6	
8	刘光求雨摩崖题记	北宋	仙居县广度乡	6	
9	司马光家人卦摩崖刻石	宋	杭州市南屏山北麓	2	
10	大麦岭摩崖题记	北宋	杭州市大麦岭东麓	3	
11	仙岩洞摩崖题记	宋	衢江区樟潭镇	3	
12	石梁摩崖题记	宋至清	天台县石梁镇	5	
13	太鹤山摩崖题记	宋至清	青田县鹤城镇	5	
14	达蓬山摩崖石刻	宋至清	慈溪市龙山镇	6	
15	海云洞摩崖题记	宋至民国	杭州市余杭区塘栖镇	6	
16	翠阴洞摩崖题记	宋至民国	瑞安市汀田镇	6	
17	董村水晶矿摩崖题记	元	新昌县沙溪镇	3	
18	石佛山摩崖石刻	元	瑞安市高楼乡	6	
19	山海奇观摩崖题记	明	嵊泗县枸杞乡	6	
20	胡公岩摩崖石刻	明至民国	余姚市胜归山	5	
21	双港桥贞节坊石刻	清	缙云县新建镇	4	
22	纪恩诗摩崖题记	清	玉环县芦浦镇	6	
23	浙江体育会摩崖题记	民国	杭州市云居山	3	
24	杭州碑林	南宋	杭州市劳动路	1	
25	吴芾"赐谥救牒"碑	南宋	仙居县官路镇	6	
26	西水驿碑	元	嘉兴市南湖区建设街道	6	
27	宁波水利航运遗址碑	元、清	宁波市海曙区、江东区、镇海区	6	

序　号	名　　称	时　代	地　　址	批次	内涵备注
28	东湖谭纶画像及戚继光表功碑	明	临海市城关镇	2	
29	界牌浙闽界碑	明	苍南县沿浦镇	6	
30	塘栖乾隆御碑与水利通判厅遗址	明、清	杭州市余杭区塘栖镇	6	
31	许村奉宪严禁盐枭扰害碑	清	海宁市许村镇	6	

五、近现代重要史迹及代表性建筑物（143 处）

序　号	名　　称	时　代	地　　址	批次	内涵备注
1	金钱会起义遗址	1861 年	平阳县钱仓镇	1	
2	慈城大宝山朱贵祠	近代	宁波市慈城镇	2	
3	英国驻温州领事馆旧址	1894 年	温州市鹿城区江心屿	4	
4	中国共产党浙江省第一次代表大会会址——平阳冠尖及马头槇村	1939 年	平阳县凤卧村	1	
5	宁波市总工会旧址	现代	宁波市演武街	2	
6	亭旁起义旧址	民国	三门县亭旁乡胜和村	4	
7	中共浙皖特委旧址	1936—1937 年	开化县何田乡柴家村	4	
8	丽水中共浙江省委机关旧址	1939—1942 年	丽水市城区	4、5	
9	开化新四军整编旧址	1938 年	开化县城关镇、华埠镇	6	
10	衢州侵华日军细菌弹投放点旧址	1940 年	衢州市柯城区	6	
11	抗战时期浙江省政府及相关机构旧址	1938—1942 年	永康市方岩镇、芝英镇、前仓镇	6	
12	台湾义勇队旧址	民国	金华市婺城区城东街道	6	
13	玉壶中美合作所旧址	民国	文成县玉壶镇	6	
14	王村口革命纪念建筑群	1935—1937 年	遂昌县王村口镇	4	
15	龙泉革命纪念建筑群	民国	龙泉市安仁镇、住龙镇、城北乡、宝溪乡	6	
16	上甘塔红军标语	现代	武义县溪里乡上甘塔村	3	
17	抗日救亡干部学校旧址	现代	平阳县山门镇凤岭	3	
18	衙前农协旧址（包括李成虎墓）	现代	杭州市萧山区衙前镇	3	
19	丁家山毛泽东读书处	现代	杭州市丁家山	4	
20	金九避难处	1932—1936 年	嘉兴市梅湾街、日晖桥	5	
21	受降厅	1945 年	杭州市富阳区受降镇	4	
22	国民革命军陆军第八十八师淞沪抗日阵亡将士纪念坊	1946 年	杭州市西溪路	5	
23	一江山岛战役遗址	现代	台州市椒江区	1、6	
24	陈英士故居	清末	湖州市五昌里	5	
25	程让平祖居	清末	温州市鹿城区临江镇	6	
26	司徒雷登故居	清、民国	杭州市下城区天水街道	6	

序 号	名 称	时 代	地 址	批次	内涵备注
27	张人亚故居	清、民国	宁波市北仑区霞浦街道	6	
28	童第周故居	清、民国	宁波市鄞州区塘溪镇	6	
29	周尧故居	清、民国	宁波市鄞州区塘溪镇	6	
30	潘天寿故居	清、民国	宁海县桃源街道	6	
31	吴超征故居	清、民国	永嘉县西溪乡	6	
32	岙内叶宅	清、民国	洞头县东屏镇	6	
33	苏步青故居	清、民国	平阳县腾蛟镇	6	
34	沈曾植旧居	清、民国	嘉兴市南湖区建设街道	6	
35	张宗祥故居	清、民国	海宁市硖石街道	6	
36	陈建功旧居	清、民国	绍兴市越城区	6	
37	陶成章故居	清、民国	绍兴市越城区陶堰镇	6	
38	竺可桢故居	清、民国	上虞市东关街道	6	
39	胡愈之故居	清、民国	上虞市丰惠镇	6	
40	邵飘萍旧居	清、民国	金华市婺城区	6	
41	陈望道故居	清、民国	义乌市城西街道	6	
42	陈诚故居	清、民国	青田县高市乡	6	
43	何文庆故居	近代	诸暨市赵家镇	2	
44	余秀松故居	近代	诸暨市次坞镇	5	
45	柔石故居	民国	宁海县城关镇西门柔石路	3	
46	翁文灏故居	民国	宁波市大书院巷	5	
47	夏鼐故居	民国	温州市鹿城区五马街道	6	
48	汪胡桢旧居	民国	嘉兴市南湖区建设街道	6	
49	徐志摩旧居	民国	海宁市硖石街道	6	
50	严济慈故居	民国	东阳市横店镇	6	
51	陈肇英故居	民国	浦江县黄宅镇	6	
52	华岗故居	民国	龙游县庙下乡	6	
53	黄绍竑公馆	民国	云和县云和镇	6	
54	夏超旧居	民国	青田县万阜乡	6	
55	裕堂别墅	民国	青田县阜山乡	6	
56	沙氏故居	民国、现代	宁波市鄞州区塘溪镇	5、6	
57	冯雪峰故居	现代	义乌市赤岸镇神坛村	4	
58	杨贤江故居	现代	慈溪市长河镇贤江村	4	
59	沈钧儒故居	现代	嘉兴市环城南路	4	
60	周恩来祖居	现代	绍兴市劳动路	4	

序　号	名　　　称	时　代	地　　　址	批次	内涵备注
61	王任叔故居及墓	现代	宁波市奉化区大堰镇	5	
62	艾青故居	现代	金华市金东区傅村镇	5	
63	施复亮、施光南故居	现代	金华市金东区源东乡	5	
64	吴晗故居	现代	义乌市上溪镇	5	
65	北山路近代建筑群（含新新饭店中、西楼,第一届西湖博览会工业馆旧址,静逸别墅）	近代	杭州市北山路	5	
66	江北岸近代建筑群	清、近代	宁波市江北区	5	（含浙海关旧址、英国领事馆旧址、谢氏旧宅、宁波邮政局旧址）
67	蒋庄	1901—1923年	杭州市西湖区	4	
68	三垟周氏旧宅	近代	温州市瓯海区三垟街道	5	
69	龙现吴氏旧宅（含家庙、宗祠）	近代	青田县方山乡	5	
70	澄庐	近代	杭州市南山路	5	
71	景村姚家大院	清、民国	安吉县天荒坪镇	6	
72	祁家祁宅	清、民国	三门县海游镇	6	
73	鲍氏旧宅建筑群	民国	绍兴市马山镇	5	
74	嘉欣园	民国	桐庐县富春江镇	6	
75	逍路沿徐氏旧宅	民国	慈溪市逍林镇	6	
76	飞鹏巷陈宅	民国	温州市鹿城区五马街道	6	
77	阳岙朱宅	民国	永嘉县沙头镇	6	
78	鹤溪诸家大院	民国	安吉县递铺镇	6	
79	佛堂吴宅	民国	义乌市佛堂镇	6	
80	史家庄花厅	民国	东阳市巍山镇	6	
81	石佛胡氏民居	民国	龙游县石佛乡	6	
82	海山许氏民居	民国	舟山市定海区解放街道	6	
83	三池窟大寨屋	中华人民共和国	温岭市大溪镇	6	
84	东陈陈氏宗祠	清、民国	浦江县浦南街道	6	
85	祝宅祝氏宗祠	民国	兰溪市梅江镇	6	
86	城西基督教堂	1898年	温州市鹿城区城西街	4	
87	温州天主教总堂	清末	温州市鹿城区五马街道	6	
88	麻蓬天主教堂	清、民国	衢州市柯城区石梁镇	6	

序　号	名　称	时　代	地　址	批次	内涵备注
89	基督教青年会会所旧址	1918—1919年	杭州市上城区	4	
90	秋瑾墓	近代	杭州市孤山西泠桥南	1	
91	杭州辛亥革命烈士墓群	近代	杭州市凤篁岭下	1、2	
92	章太炎墓	近代	杭州市南屏山荔枝峰下	2	
93	吴昌硕墓	近代	余杭区超山	3	
94	苦马塘岩葬墓群	民国	文成县黄坦镇	6	
95	张秋人烈士墓	1898—1928年	诸暨市牌头镇	[81]	
96	刘英烈士墓	1906—1942年	永康市方岩镇	[81]	
97	史量才墓	1936年	杭州市西湖区	4	
98	陈安宝烈士陵园（含陈氏旧宅）	民国、中华人民共和国	台州市路桥区横街镇	6	
99	四明山区烈士纪念塔及墓	现代	宁波市鄞州区章水镇	2	
100	双烈园	现代	杭州市富阳区颧山	3	
101	马寅初墓	现代	嵊州市浦口镇	4	
102	于子三墓	1952年	杭州市万松岭	4	
103	朱明粮仓	中华人民共和国	永康市东城街道	6	
104	县前粮仓群	中华人民共和国	江山市双塔街道	6	
105	和丰纱厂旧址	清末	宁波市江东区福明街道	6	
106	灵桥	1936年	宁波市三江口	5	
107	马厩庙大桥	民国	平湖市曹桥街道	6	
108	道德桥	民国	磐安县安文镇	6	
109	百岁亭	民国	乐清市南岳镇	6	
110	宁波中山公园旧址	民国	宁波市海曙区鼓楼街道	6	
111	双魁巷	民国	嘉兴市南湖区解放街道	6	
112	东沙菜市场	1953年	岱山县东沙镇	6	
113	浙江省高等法院及杭县地方法院旧址	近代	杭州市延安路	5	
114	永川轮船局旧址	民国	温州市鹿城区江滨街道	6	
115	清泰第二旅馆旧址	1933年	杭州市仁和路	5	
116	仁爱医院旧址	民国	杭州市环城东路	5	
117	华美医院旧址	民国	宁波市海曙区鼓楼街道	6	
118	求是书院	1897年	杭州市上城区	4	

序　号	名　称	时　代	地　址	批次	内涵备注
119	浙江图书馆旧址（含孤山馆舍和大学路馆舍）	近代	杭州市西湖孤山、大学路	3、4	
120	古越藏书楼	近代	绍兴市胜利西路	3	
121	伏跗室	近代	宁波市孝闻街	5	
122	总理纪念堂、中正图书馆旧址	民国	宁波市奉化区锦屏街道	6	
123	热诚学堂旧址	清、民国	绍兴市东浦镇	6	
124	武岭学校旧址	民国	宁波市奉化区溪口镇	6	
125	善庆学校旧址	民国	绍兴市柯桥区柯岩街道	6	
126	省立实验农业学校旧址	民国	金华市金东区塘雅镇	6	
127	浙江省第一师范旧址	现代	杭州市凤起路	2	
128	越剧诞生地旧址	清、民国	嵊州市甘霖镇	6	
129	《民族日报社》旧址	民国	杭州市临安区於潜镇	6	
130	谯楼	民国	温州市鹿城区五马街道	6	
131	乐清碉楼	民国	乐清市	6	
132	玉环碉楼	民国	玉环县楚门镇、芦浦镇、干江镇、清港镇、海山乡	6	
133	温岭碉楼	民国	温岭市坞根镇、石塘镇	6	
134	定海测候所旧址	民国	舟山市普陀区沈家门街道	6	
135	海山潮汐电站	中华人民共和国	玉环县海山乡	6	
136	江厦潮汐试验电站	中华人民共和国	温岭市温峤镇、坞根镇	6	
137	新安江水电站（含白沙大桥）	中华人民共和国	建德市新安江街道	6	
138	马渚横河水利航运设施	清至中华人民共和国	余姚市马渚镇	6	
139	钱塘江与运河运口水利航运设施	中华人民共和国	杭州市上城区、江干区	6	
140	红旗渡槽	中华人民共和国	天台县白鹤镇	6	
141	坦岐炼铁厂旧址	中华人民共和国	文成县珊溪镇	6	
142	梅山盐场旧址	中华人民共和国	宁波市北仑区梅山岛	6	
143	中美联合公报起草处旧址	1972 年	杭州市西湖风景名胜区	6	

六、其他（18 处）

序　号	名　称	时　代	地　址	批次	内涵备注
1	荆州、绿幛太阴宫壁画	清	永嘉县大箬岩镇、上塘镇	5	
2	石湖坑村成氏民居壁画	1958 年	永康市唐先镇	6	

续　表

序　号	名　称	时　代	地　址	批次	内涵备注
3	刘王庙戏台题记	清、民国	德清县新市镇	6	
4	大岭背古道	唐	衢州市柯城区石梁镇	6	
5	仙霞古道	唐至民国	江山市	2、6	
6	大会岭、道岭古道	元至民国	文成县	6	
7	大济古驿道	明、清	庆元县松源镇	5	
8	圣井	六朝	长兴县雉城镇	6	
9	金山古井	南宋	苍南县马站镇	6	
10	泉井(含周氏宗祠)	明、清	江山市石门镇	6	
11	窑墩	清	嘉善县干窑镇	5	
12	和睦陶窑群	清至中华人民共和国	江山市清湖镇	6	
13	龙泉窑制瓷作坊	清至中华人民共和国	龙泉市八都镇、上垟镇、宝溪乡	6	
14	东沙海产加工作坊	1951年	岱山县东沙镇	6	
15	梅源梯田	宋至中华人民共和国	云和县崇头镇	6	
16	南尖岩梯田	清	遂昌县王村口镇	6	
17	俞家湾桑基鱼塘	约明至中华人民共和国	桐乡市市河山镇	6	
18	会稽山古香榧种植园		绍兴市柯桥区、诸暨市、嵊州市	[13]	

[81]关于调整和重新公布省级重点文物保护单位的通知(浙政〔1981〕43号),1981年4月13日,浙江省人民政府

[13]关于将绍兴会稽山古香榧种植园列为省级文物保护单位的复函,2013年4月1日,浙江省人民政府办公厅(浙政办函〔2013〕25号)

公共文化服务体系示范区(项目)名单

第一批国家公共文化服务体系示范区(项目)名单

(一)示范区

宁波市鄞州区

(二)示范项目

1.嘉兴市:城乡一体化公共图书馆服务体系建设

2.温州市:苍南农村文化中心建设创新模式

第一批浙江省公共文化服务体系示范区(项目)名单

(一)示范区

1.杭州市余杭区

2.慈溪市

3.长兴县

4.海宁市

5.绍兴县

6.诸暨市

7.临海市

(二)示范项目

1.杭州市上城区:文艺团队联合会运行机制与管理模式的创新

2.桐庐县:城乡一体化公共电子阅览室建设

3.宁波市北仑区:基层群众文艺团队建设机制

4.安吉县:中国美丽乡村——农村地域文化展示馆工程

5.嘉善县:以县带镇、打造乡村艺术团建设嘉善模式

6.平湖市:欢乐平湖,城乡互动

7.东阳市:东阳市农民工文化权益保障项目

8.常山县:欠发达地区特色群众文化活动持续开展模式与机制

9.舟山市定海区:大型群众文化活动参与机制创新

10.丽水市莲都区:莲都区"天天乐"文体广场

第二批国家公共文化服务体系示范区(项目)名单

(一)示范区

嘉兴市

(二)示范项目

1.杭州市余杭区:乡镇综合文化站服务效能提升工程

2.绍兴市:电视图书馆绍兴模式

第二批浙江省公共文化服务体系示范项目名单

1.杭州市下城区:社区文化动态评估体系

2.宁海县:民间节庆机制建设

3.瑞安市:"书香瑞安"三大提升工程

4.平阳县:"文化丁台"惠民品牌新模式

5.吴兴区:"车间好声音"公共文化推进新居民管理创新平台建设

6.海盐县:文化工作员下派制度建设

7.江山市:"天天阅读天天向上"全民阅读节

8.舟山市定海区:基层文化馆数字化建设

9.温岭市:乡镇公共文化服务动态评估系统

10.丽水市:乡村春晚

11.景宁县:文化"自治"、"五权"圆梦——公共文化建设中的群众主体地位保障机制

12.杭州市拱墅区(综合性项目)

13.杭州市萧山区(综合性项目)

14.宁波市镇海区(综合性项目)

15.舟山市普陀区(综合性项目)

第三批国家公共文化服务体系示范区(项目)创建名单

(一)示范区

台州市

(二)示范项目

1.丽水市:乡村春晚

2.温州市:"城市书网"公共图书馆现代服务模式

第三批浙江省公共文化服务体系示范项目创建名单

一、综合性示范项目

1.宁波市江东区人民政府

2.杭州市西湖区人民政府

3.温州市瓯海区人民政府

二、单项示范项目

1.杭州市江干区文广新局:文化团队标准化建设

2.杭州市下城区文广新局:公共文化服务群众需求征集和评价反馈机制

3.温州市鹿城区文广新局:社会力量参与街道(乡镇)文化中心管理

4.台州市黄岩区文广新局:农村文化礼堂理事负责制

5.江山市文广新局:江山村歌,中国乡村好声音的流行曲

6.玉环县文广新局:乡镇综合文化站管理运营创新模式

7.德清县文广新局:书香德清——以乡镇"特色分馆"建设带动公共文化服务均等化

8.龙泉市文广新局:乡村特色文化漫游

9.长兴县文广新局:乡村文艺辅导团

10.舟山定海区文广新局:公共文化服务与美丽乡村建设融合发展

11.乐清市文广新局:百姓舞台

12.舟山市文广新局:"淘文化"——公共文化服务社会化运作平台

浙江省国家文化产业示范基地

杭州宋城旅游发展股份有限公司
龙泉市金宏瓷业有限公司
华宝斋富翰文化有限公司
浙江乐富创意产业投资有限公司
杭州金海岸文化发展股份有限公司
台州市绣都服饰有限公司
西泠印社集团有限公司
浙江大丰实业股份有限公司

浙江中南卡通股份有限公司
海伦钢琴股份有限公司
浙江台绣服饰有限公司
宁波音王集团有限公司
美盛文化创意股份有限公司
杭州神采飞扬娱乐有限公司
衢州醉根艺品有限公司
华鸿控股集团有限公司

浙江省全国爱国主义教育示范基地

浙江省第一批全国爱国主义教育示范基地名单（1997 年公布）
　　南湖革命纪念馆
　　鲁迅故居及纪念馆
　　镇海口海防遗址
　　禹陵
　　河姆渡遗址博物馆
浙江省第二批全国爱国主义教育示范基地名单（2001 年公布）
　　解放一江山岛烈士陵园

　　鄞县四明山革命烈士陵园
　　舟山鸦片战争纪念馆
浙江省第三批全国爱国主义教育示范基地名单（2005 年公布）
　　侵浙日军投降仪式旧址（千人坑遗址）
浙江省第四批全国爱国主义教育示范基地名单（2009 年公布）
　　浙江省博物馆、新四军苏浙军区纪念馆、温州浙南平阳革命根据地旧址群

浙江省全国博物馆十大陈列展览精品获奖项目名单

第二届（1998 年度）
　　"恐龙与海洋动物精品陈列"（浙江自然博物馆）
第四届（2000 年度）
　　"浙江七千年"（浙江省博物馆）

最佳创意奖：
　　"宁波清代官宅陈列"（浙江省宁波天一阁博物馆）
最受观众欢迎奖：
　　"浙江七千年"（浙江省博物馆）

第五届（2001—2002 年度）

"中国茶叶文化展"（中国茶叶博物馆）

第六届（2003—2004 年度）

"中国丝绸文化陈列"（中国丝绸博物馆）

最佳内容设计奖：

"温州人"（温州博物馆 ）

最佳服务奖：

"江南水乡文化陈列"（杭州中国水乡文化博物馆）

第七届（2005—2006 年度）

"吴兴赋——湖州历史与人文陈列"（浙江湖州市博物馆）

第八届（2007—2008 年度）

"良渚文化——实证中华五千年文明"（良渚博物院 ）

最佳创意奖：

"东方'神舟'——宁波海上丝绸之路主题展"（宁波博物馆）

最佳服务奖：

"东方'神舟'——宁波海上丝绸之路主题展"（宁波博物馆）

第九届（2009—2010 年度）

"'自然·生命·人'浙江自然博物馆基本陈列"（浙江自然博物馆）

"越地长歌——浙江历史文化陈列"（浙江省博物馆）

第十届（2011—2012 年度）

"南湖革命纪念馆新馆基本陈列"（嘉兴南湖革命纪念馆）

"钱塘匠心·天工集萃——杭州工艺美术精品陈列"（杭州工艺美术馆）

"惠世天工——中国古代发明创造文物展"（浙江省博物馆）

优秀奖

"珍藏杭州——杭州博物馆馆藏文物精品陈列"（杭州博物馆）

第十二届（2014 年度）

优胜奖

"港通天下"中国港口历史陈列（宁波港口博物馆）

"禾兴之源——史前时期的嘉兴"（ 嘉兴博物馆）

第十三届（2015 年度）

"中兴纪胜—— 南宋风物观止"（浙江省博物馆）

"生命·超越——中原文化中的动物映像"（浙江自然博物馆）

优胜奖

"最忆是杭州——杭州通史陈列"（杭州博物馆）

浙江省博物馆名录

博物馆名称	博物馆性质	质量等级	地　址
浙江省博物馆	文物	一级	杭州市孤山路 25 号
浙江自然博物馆	文物	一级	杭州市下城区西湖文化广场 6 号
中国丝绸博物馆	文物	一级	杭州市玉皇山路 73—1 号
宁波博物馆	文物	一级	宁波市鄞州区首南中路 1000 号
温州博物馆	文物	一级	温州市鹿城区市府路 491 号

续　表

博物馆名称	博物馆性质	质量等级	地　　址
杭州博物馆	文物	一级	杭州市上城区粮道山 18 号
余姚市河姆渡遗址博物馆	文物	二级	余姚市河姆渡镇芦山寺村
宁波市天一阁博物馆（冯孟颛纪念馆、银台第官宅博物馆、浙东学术文化陈列馆）	文物	二级	宁波市天一街 5 号、宁波市海曙区孝闻街 91 号、宁波市海曙区迎凤街 133 号、宁波市海曙区前丰村管江岸 34 号
保国寺古建筑博物馆	文物	二级	宁波市江北区洪塘街道
杭州南宋官窑博物馆	文物	二级	杭州市上城区南复路 60 号
中国茶叶博物馆	文物	二级	杭州市龙井路 88 号
杭州市余杭博物馆	文物	二级	杭州市余杭区临平南大街 95 号
杭州胡庆余堂中药博物馆	非国有	二级	杭州市上城区大井巷 95 号
绍兴鲁迅纪念馆	行业	二级	绍兴市鲁迅中路 235 号
绍兴市上虞博物馆	文物	二级	绍兴市上虞区人民中路 228 号
嘉兴南湖革命纪念馆	行业	二级	嘉兴市烟雨路 186 号七一广场前
嘉兴博物馆	文物	二级	嘉兴南湖区海盐塘路 485 号
衢州市博物馆	文物	二级	衢州市新桥街 98 号
湖州市博物馆	文物	二级	湖州市仁皇山新区吴兴路 1 号
江山市博物馆	文物	三级	江山市鹿溪北路 297 号
舟山博物馆	文物	三级	舟山市定海区环城南路 453 号
庆元县香菇博物馆	文物	三级	丽水市庆元县咏归路 6 号
缙云县博物馆	文物	三级	缙云县五云街道黄龙路 140 号
龙泉市博物馆	文物	三级	龙泉市剑川大道 258 号
诸暨市博物馆	文物	三级	诸暨市东一路 18 号
越剧博物馆	文物	三级	嵊州市百步阶 8 号
乐清市博物馆	文物	三级	温州市乐清市乐成街道乐湖路 26 号
桐乡市茅盾纪念馆	文物	三级	桐乡市乌镇观前街 17 号
桐乡市丰子恺纪念馆	文物	三级	桐乡市石门镇大井路 1 号
桐乡市博物馆	文物	三级	桐乡市环园路 399 号
李叔同纪念馆	文物	三级	平湖市当湖街道叔同路 29 号
平湖莫氏庄园陈列馆	文物	三级	平湖市当湖街道人民西路 39 号
海宁市博物馆	文物	三级	海宁市西山路 542 号
德清县博物馆	文物	三级	德清县武康镇云岫南路 7 号
长兴县博物馆	文物	三级	长兴县雉城镇台基路 9 号
新四军苏浙军区纪念馆	文物	三级	长兴县槐坎乡温塘村 55—1
吴昌硕纪念馆	文物	三级	安吉县递铺镇天目路 572 号
绍兴博物馆	文物	三级	绍兴市越城区偏门直街 75 号

博物馆名称	博物馆性质	质量等级	地 址
杭州市萧山区博物馆	文物	三级	杭州市萧山区北干山南路 651 号
西溪湿地博物馆	行业	三级	杭州天目山路 402 号
桐庐博物馆	文物	三级	桐庐县城南街道学圣路 646 号
镇海口海防历史纪念馆	文物	三级	宁波市镇海区沿江东路 198 号
奉化溪口博物馆	行业	三级	宁波市奉化区溪口镇武岭西路 159 号
浙东海事民俗博物馆	文物	三级	宁波市江东北路 156 号
余姚博物馆	文物	三级	余姚市龙泉山西麓广场
慈溪市博物馆	文物	三级	慈溪市浒山街道寺山路 352 号
柔石纪念馆	文物	三级	宁海县柔石路 1 号
宁波中国港口博物馆	文物	三级	宁波市北仑区春晓街道港博路 6 号
十里红妆博物馆	非国有	三级	宁海县徐霞客大道 1 号
青田石雕博物馆	行业	无级别	青田县江南新区四号区块
遂昌汤显祖纪念馆	文物	无级别	丽水市遂昌县北街四弄 12—14 号
义乌市博物馆	文物	无级别	义乌市城中北路 126 号
安吉县博物馆(诸乐三艺术馆)	文物	无级别	安吉县递铺镇东庄路 2 号
潘天寿故居	文物	无级别	宁海县冠庄建设村
良渚博物院	文物	无级别	杭州市余杭区良渚街道美丽洲路 1 号
杭州工艺美术博物馆(杭州中国刀剪剑、扇业、伞业博物馆)	文物	无级别	杭州市小河路 450 号、336 号、334 号
杭州孔庙	文物	无级别	杭州市上城区府学巷 8 号
杭州名人纪念馆(唐云艺术馆)	文物	无级别	杭州市南山路 2—1 号
杭州西湖博物馆	文物	无级别	杭州市上城区南山路 89 号
杭州市余杭章太炎故居纪念馆	文物	无级别	杭州市余杭仓前街道仓前塘路 59 号
连横纪念馆	文物	无级别	杭州市葛岭路 17 号
杭州京杭大运河博物馆	文物	无级别	杭州市拱墅区运河文化广场 1 号
杭州市萧山跨湖桥遗址博物馆	文物	无级别	杭州市萧山区湘湖景区湘湖路 978 号
马一浮纪念馆	文物	无级别	杭州市西湖区杨公堤 10 号花港公园蒋庄内
韩美林艺术馆	文物	无级别	杭州市西湖区玉泉桃源岭 3 号
叶浅予艺术馆	文物	无级别	桐庐县城南街道大奇山路 519 号
中国财税博物馆	行业	无级别	杭州市吴山广场 28 号
中国水利博物馆	行业	无级别	杭州市萧山区水博大道一号
中国印学博物馆	行业	无级别	杭州市孤山后山路 10 号
浙江辛亥革命烈士纪念馆(林风眠旧居、盖叫天故居)	文物	无级别	杭州市西湖区龙井路南天竺、灵隐路 3 号、赵公堤 8 号
岳飞纪念馆(俞曲园纪念馆)	文物	无级别	杭州市西湖区北山路 80 号、孤山路 32 号

续　表

博物馆名称	博物馆性质	质量等级	地　　址
浙江革命烈士纪念馆	行业	无级别	杭州市上城区万松岭路 100—1 号
龚自珍纪念馆	行业	无级别	杭州市上城区马坡巷 16 号
浙商博物馆	行业	无级别	杭州市西湖区教工路 149 号
杭州西湖博览会博物馆	行业	无级别	杭州市西湖区北山路 41—42 号
钱塘江大桥纪念馆	行业	无级别	杭州市西湖区之江路 6 号
潘天寿纪念馆	行业	无级别	杭州市西湖区南山路 212 号
大韩民国临时政府杭州旧址纪念馆	行业	无级别	杭州市上城区长生路 55 号湖边村内
宁波服装博物馆	文物	无级别	宁波市鄞州区下应街道湾底村西江古村
浙海关旧址博物馆	文物	无级别	宁波市江北区中马路 542 号
宁波市张苍水纪念馆	文物	无级别	宁波市海曙区苍水街 194 号
宁波帮博物馆	文物	无级别	宁波市镇海区庄市街道思源路 255 号
余姚农机博物馆	行业	无级别	余姚市马渚镇
浙东革命根据地纪念馆	行业	无级别	余姚市梁弄镇横坎头村
宁波市鄞州滨海博物馆	行业	无级别	宁波市鄞州区滨海投资创业中心合兴路 188 号
王康乐艺术馆	行业	无级别	宁波市奉化区溪口镇溪南园林路
温州文天祥纪念馆	文物	无级别	温州市鹿城区江心屿
瓯海区博物馆	文物	无级别	温州市瓯海区将军桥繁新路 1 楼
温州市龙湾区文博馆	文物	无级别	温州市龙湾区机场大道 501 号
泰顺县博物馆	文物	无级别	泰顺县罗阳镇文祥一路科技文化中心 4 楼
瑞安市博物馆	文物	无级别	温州市瑞安市罗阳大道瑞安广场东首
平阳县博物馆	文物	无级别	平阳县昆阳镇西城下南路 8 号
苍南县博物馆	文物	无级别	苍南县灵溪镇车站大道 563—583 号
平阳县烈士纪念馆	行业	无级别	温州市平阳县昆阳镇南丰村
洞头先锋女子连纪念馆	行业	无级别	温州市洞头县北岙街道海霞村
红十三军军部旧址纪念馆	行业	无级别	温州市永嘉县岩头镇五尺村
平阳县闽浙边抗日救亡干部学校纪念馆	行业	无级别	温州市平阳县山门镇凤岭山
嘉善县吴镇纪念馆	文物	无级别	嘉善县魏塘街道花园路 178 号
嘉善县博物馆	文物	无级别	嘉善县魏塘街道花园路 178 号
桐乡市钟旭洲钱币艺术博物馆	文物	无级别	桐乡市振兴东路植物园内北侧
君匋艺术院	文物	无级别	桐乡市庆丰南路 59 号
平湖市博物馆	文物	无级别	平湖市当湖街道新华南路 372 号
平湖市陆维钊书画院	文物	无级别	平湖市当湖街道乐园路 80—136 号
嘉兴美术馆（嘉兴市蒲华美术馆、嘉兴画院）	文物	无级别	嘉兴市南湖区中和街 28 号

博物馆名称	博物馆性质	质量等级	地　　址
海盐县博物馆	文物	无级别	海盐县武原街道新桥北路 122 号
张乐平纪念馆	文物	无级别	海盐县武原街道文昌东路 10 号
钱君匋艺术研究馆	行业	无级别	海宁市西山路 493 号
海宁市徐邦达艺术馆	行业	无级别	海宁市建设路 122 号
海宁市张宗祥书画院（海宁市张宗祥纪念馆）	行业	无级别	海宁市仓基街 41 号
嘉兴船文化博物馆	行业	无级别	嘉兴市南湖区栅堰路 278 号
嘉兴地方党史陈列馆	行业	无级别	嘉兴新塍中北大街 11 号
嘉善县孙道临电影艺术馆	行业	无级别	嘉善县罗星街道人民大道 567 号
湖笔博物馆	行业	无级别	湖州市莲花庄路 258 号
长兴金钉子博物馆	行业	无级别	长兴县槐坎乡新槐村
中国竹子博物馆	行业	无级别	安吉县递铺镇城南
绍兴陆游纪念馆	行业	无级别	绍兴市鲁迅中路 318 号
绍兴市柯桥区博物馆	文物	无级别	绍兴市柯桥区柯桥明珠路 398 号
绍兴周恩来纪念馆	行业	无级别	绍兴市劳动路 369 号
新昌县博物馆	文物	无级别	新昌县七星街道鼓山西路 130 号
太平天国侍王府纪念馆	文物	无级别	金华市将军路鼓楼里
兰溪市博物馆	文物	无级别	兰溪市横山路 11 号
东阳市博物馆	文物	无级别	东阳市城南东路 77 号
永康市博物馆	文物	无级别	永康市文博路 1 号
浦江博物馆	文物	无级别	浦江县浦阳街道新华东路 68 号
磐安茶文化博物馆	文物	无级别	磐安县玉山镇马塘村
何氏三杰陈列馆	文物	无级别	金华市东市街 66 号
台湾义勇队纪念馆	行业	无级别	金华市酒坊巷 84 号
艾青纪念馆	行业	无级别	金华市婺江东路 238 号
永康五金博物馆	行业	无级别	永康市五湖路 1 号
金华市黄宾虹故居纪念馆	行业	无级别	金华市八咏路 192 号
严济慈纪念馆	行业	无级别	金华市永康街 288 号
潘絜兹艺术馆	行业	无级别	武义县柳城畲族镇龙山公园
浦江县吴茀之纪念馆	文物	无级别	浦江县浦阳街道书画街 5 号
武义县图书馆（叶一苇艺术馆、吴远谋绘画陈列馆、吴有发绘画陈列馆）	文物	无级别	武义县武川中路 18 号
王伯敏艺术史学馆	文物	无级别	温岭市太平街道锦屏公园内
天台县博物馆	文物	无级别	天台县赤城街道田思村
台州市椒江区戚继光纪念馆	文物	无级别	台州市椒江区戚继光路 100 号

续 表

博物馆名称	博物馆性质	质量等级	地 址
临海市郑广文纪念馆	文物	无级别	临海市望天台 24 号
三门县博物馆(亭旁起义纪念馆)	文物	无级别	三门县海游镇玉城路 8 号、亭旁镇杨家村
临海市博物馆	文物	无级别	临海市东郭巷 73 号
椒江博物馆	文物	无级别	椒江海门老街 87 号
黄岩区博物馆	文物	无级别	黄岩城关学前巷 4 号
普陀区博物馆	文物	无级别	舟山市普陀区沈家门街道缪家塘路 50 号
岱山县海洋文化博物馆	文物	无级别	岱山县高亭镇人民路 97 号
舟山鸦片战争纪念馆	行业	无级别	舟山市舟山鸦片战争遗址公园
马岙博物馆	行业	无级别	马岙白马街 199 号
舟山市名人馆	行业	无级别	舟山市定海城区总府路 132 号
岱山县灯塔博物馆	行业	无级别	岱山县高亭镇竹屿新区长剑大道 201 号
丽水市博物馆	文物	无级别	丽水市莲都区括苍路 701 号
松阳县博物馆	文物	无级别	松阳县文化广电新闻出版局(体育局)
景宁畲族自治县畲族博物馆	文物	无级别	景宁畲族自治县鹤溪街道人民南路 350 号
庆元县廊桥博物馆	文物	无级别	丽水市庆元县石龙街 1—1 号
丽水摄影博物馆	行业	无级别	丽水市括苍路 583 号
平湖市吴一峰艺术馆	文物	无级别	平湖市当湖街道当湖东路 161 号
开明街鼠疫灾难陈列馆	文物	无级别	宁波市海曙区江厦街道华楼街 5 号
杭州李叔同纪念馆	文物	无级别	杭州市西湖区虎跑路 39 号虎跑公园内
奉化历史文物陈列馆	文物	无级别	宁波市奉化区体育场路 56 号
龙游县博物馆	文物	无级别	龙游县东华街宝塔路 46 号
台州市路桥区博物馆	文物	无级别	路桥街道翼文苑 38 幢 203 室
周尧昆虫博物馆(沙孟海书学院)	文物	无级别	鄞州区东钱湖钱湖东路 99 号
文成县博物馆	文物	无级别	文成县文化中心
绍兴市兰亭书法博物馆	行业	无级别	绍兴市柯桥区兰亭风景区内
金华市博物馆	文物	无级别	金华市东市北街 128 号
台州市博物馆	文物	无级别	台州市椒江区爱华路 168 号
台州市椒江区一江山岛登陆战纪念馆	行业	无级别	台州市椒江区青年路 518 号
平阳县苏步青励志教育馆	文物	无级别	平阳县腾蛟镇腾带村励志路
温州教育史馆	行业	无级别	温州市鹿城区松台街道胜昔桥 54 号
浙江中鑫艺术博物馆	非国有	无级别	绍兴市上虞区舜耕大道 1111 号
绍兴酱文化博物馆	非国有	无级别	绍兴市柯桥区平水镇新桥村
湖州菰城博物馆	非国有	无级别	湖州市乌盆巷 1 弄 3 号
湖州知青博物馆	非国有	无级别	湖州市吴兴区妙西镇楂树坞村

博物馆名称	博物馆性质	质量等级	地　　址
海宁市谢氏艺术收藏馆	非国有	无级别	海宁市西山路 1000 号
德清蛇文化博物馆	非国有	无级别	德清县新市镇子思桥
德清县陆有仁中草药博物馆	非国有	无级别	德清县武康镇舞阳街东段
德清桃花庄博物馆	非国有	无级别	德清县武康镇临溪街 778 号
德清水样年华婚俗文化艺术馆	非国有	无级别	德清县武康镇舞阳街 939 号
德清县陆放版画藏书票馆	非国有	无级别	德清县莫干山镇黄郛西路 48 号
金华市剪纸博物馆	非国有	无级别	金华市东市街 50 号
金华满堂书画博物馆	非国有	无级别	金华市飘萍路 98 号
永康市一原锡雕博物馆	非国有	无级别	永康市总部中心金山大厦 25 楼
浦江民间工艺博物馆	非国有	无级别	浦江县浦阳街道江滨西路 15 号
永康市神雕铜文化博物馆	非国有	无级别	永康市望春东路 172 号
严军艺术馆	非国有	无级别	金华市古子城熙春巷 39 号
浙江林炎古陶瓷博物馆	非国有	无级别	永康市武义巷 50 号
衢州人文博物馆	非国有	无级别	衢州市柯城区九华乡沐二村
台州市心海书画艺术博物馆	非国有	无级别	台州市台州大道与市府大道交界处
台州刺绣博物馆	非国有	无级别	台州市椒江区前所椒北大街 20 号
浙江启明艺术博物馆	非国有	无级别	三门县海游镇朝晖路 71 号
临海市羊岩山茶文化博物馆	非国有	无级别	临海市羊岩山茶文化园内
临海市兰文化博物馆	非国有	无级别	临海市古城街道紫砂岙九畹兰花专业合作社
临海市府城灯具博物馆	非国有	无级别	临海市古城街道灵江山
台州府城民俗博物馆	非国有	无级别	临海市赤城路 7 号
岱山海曙综艺珍藏馆	非国有	无级别	岱山县高亭镇银舟公寓 14 号楼（海曙楼）
丽水市处州青瓷博物馆	非国有	无级别	丽水市学院路 1 号丽水学院东校区 15 栋 1 楼
丽水市处州三宝博物馆	非国有	无级别	丽水市莲都区中山街 1—9 号
景宁畲族自治县畲乡民俗博物馆	非国有	无级别	景宁畲族自治县红星街道人民北路 37 号
景宁畲族自治县晓琴畲族民间陈列馆	非国有	无级别	景宁畲族自治县鹤溪镇体育路 8 号
遂昌竹炭博物馆	非国有	无级别	遂昌县上江工业园区炭缘路 1 号
杭州东方圆木博物馆	非国有	无级别	杭州市江干区五堡二区 159 号
杭州江南明清古建筑博物馆	非国有	无级别	杭州西溪国家湿地公园西区
宁波市鄞州区知青博物馆	非国有	无级别	宁波市鄞州区鄞县大道横街段 1699 号
宁波市鄞州区金银彩绣艺术馆	非国有	无级别	宁波鄞州区启明路 818 号创新 128 园区 9 幢 68 号
玉环县龙山民俗博物馆	非国有	无级别	玉环县玉城街道外马道村龙山乐园
杭州土火斋古陶瓷博物馆	非国有	无级别	杭州市江干区九堡镇杭海路 1191 号
宁波市鄞州区沧海农耕博物馆	非国有	无级别	宁波市鄞州区首南街道桃江村

续　表

博物馆名称	博物馆性质	质量等级	地　　　址
永嘉县吴超征烈士纪念馆	非国有	无级别	永嘉县桥下镇韩埠村
宁波鄞州陶瓷文化艺术馆	非国有	无级别	宁波市鄞州区云龙镇云莫路 88 号
宁波市鄞州区地质宝藏博物馆	非国有	无级别	宁波市鄞州区钱湖南路 928 号
宁波市鄞州区黄古林草编博物馆	非国有	无级别	宁波市鄞州区鄞县大道古林段 312 号
华茂美术馆	非国有	无级别	宁波市鄞州区鄞县大道中段 2 号
宁波市鄞州区紫林坊艺术馆	非国有	无级别	宁波市鄞州区日丽中路 666 号
宁波市鄞州区朱金漆木雕艺术馆	非国有	无级别	宁波市鄞州区横溪镇横溪水库大坝西侧
宁波市鄞州区王升大粮油工艺博物馆	非国有	无级别	宁波市鄞州区高桥镇新庄村新庄路 185 号
宁波鄞州居家博物园	非国有	无级别	宁波市鄞州区高桥镇民乐村
黄岩区永宁书画博物馆	非国有	无级别	台州市黄岩区西城黄轴路 159 号
瑞安市叶适纪念馆	非国有	无级别	温州市瑞安市莘塍街道莘塍东街
海宁市晴雨楼藏砚馆	非国有	无级别	海宁市盐官观潮景区景区古邑路 9 号
临海市梦宝来民俗博物馆	非国有	无级别	临海市望江门平海楼
慈溪市赵府檀艺博物馆	非国有	无级别	慈溪市天元镇天潭路 86 号
余姚市寿宝斋工艺藏品博物馆	非国有	无级别	余姚市城区丰山路 358 号 4 楼
舟山市妙有堂艺术馆	非国有	无级别	舟山市定海区临城街道海月道 34 号
湖州瑞一红色博物馆	非国有	无级别	湖州市望湖花园天韵三路 21—25 号
浙江朱炳仁铜雕艺术博物馆	非国有	无级别	杭州市上城区河坊街 211 号
马寅初纪念馆	非国有	无级别	杭州市庆春路 210 号
杭州万事利丝绸文化博物馆	非国有	无级别	杭州市江干区秋涛北路 72 号三新银座 19 楼
杭州西湖本山龙井茶叶博物馆	非国有	无级别	杭州市云栖路 7 号
萧山区湘湖吴越古文化博物馆	非国有	无级别	杭州市萧山区文化路 104 号
萧山区吴越历史文书博物馆	非国有	无级别	杭州市萧山区北干山南路 650 号
杭州江南锡器博物馆	非国有	无级别	杭州笕桥镇机场路 250 号 3 幢 2 楼
浙江观吟艺术博物馆	非国有	无级别	杭州市丽水路 126 号
温州叶同仁中医药博物馆	非国有	无级别	温州市瓯江路望江公园
杭州高氏照相机博物馆	非国有	无级别	杭州市拱墅区米市巷 12—4—302、303,拱北永和坊 7 幢一楼
嘉兴毛泽东像章书画展览馆	非国有	无级别	嘉兴市海盐塘路市档案馆内
杭州世界钱币博物馆	非国有	无级别	杭州市上城区河坊街 178 号
宁波市鄞州区雪菜博物馆	非国有	无级别	宁波市鄞州区鄞县大道东吴段 58 号
宁波市鄞州区婚俗博物馆	非国有	无级别	宁波市鄞州区石契街道冯家村
宁波市鄞州区耕泽石刻博物馆	非国有	无级别	宁波市鄞州区高桥镇岐阳村下边 1 号(通余西路)
余姚市看云楼科举文化博物馆	非国有	无级别	余姚市泗门镇东山弄 24 号

博物馆名称	博物馆性质	质量等级	地　　址
余姚市大呈博物馆	非国有	无级别	余姚市梁弄开发区中兴路 1 号
余姚市金桥奇石艺术馆	非国有	无级别	余姚市城区舜宇路 84 号
浙江省浙东越窑青瓷博物馆	非国有	无级别	余姚市北滨江路 43 号
慈溪市东方博物馆	非国有	无级别	慈溪市孙塘南路(南段)378—382
慈溪市越韵陈列馆	非国有	无级别	慈溪市上林湖水库北
慈溪市吴越青瓷博物馆	非国有	无级别	慈溪市桥头镇周塘路 860 号
浙江省中立古陶瓷博物馆	非国有	无级别	慈溪市坎墩大道 155 号
慈溪市东方红像章博物馆	非国有	无级别	慈溪市横河镇泰堰村
慈溪市上林湖越窑青瓷博物馆	非国有	无级别	慈溪市新浦镇老街路 389 号
慈溪市上林遗风博物馆	非国有	无级别	慈溪市浒山街道世纪花园 21 号
慈溪市民间古文化博物馆	非国有	无级别	慈溪市观海卫镇方家村
慈溪市徐福红木博物馆	非国有	无级别	慈溪市龙山镇范市湖滨路北路工业开发区 26 号
宁海东方艺术造像博物馆	非国有	无级别	宁海县跃龙街道桃园南路 22 号城隍庙
宁海县海洋生物博物馆	非国有	无级别	宁海县强蛟镇旅游集散中心旁
宁海环球海洋古船博物馆	非国有	无级别	宁海县强蛟镇
宁海县江南民间艺术馆	非国有	无级别	宁海县打佳何镇佳何镇村
德和根艺美术馆	非国有	无级别	象山县丹东街道东谷湖景区湖滨路 1 号
永嘉县瓯渠民俗博物馆	非国有	无级别	永嘉县桥下镇前山村龙里湾巷 9—5 号
温州市采成蓝夹缬博物馆	非国有	无级别	温州市瑞安市马屿镇净水村
瑞安市叶茂钱收藏馆	非国有	无级别	温州市瑞安市公园路 84 号
温州市醉壶楼紫砂博物馆	非国有	无级别	温州市龙湾区永中街道城北村新路胡宅巷 38 号
乐清市三科非物质文化博物馆	非国有	无级别	温州市乐清经济开发区纬十一路 258 号(三科集团内)
温州市龙湾区永中白水民俗博物馆	非国有	无级别	温州市龙湾区永中白水民俗博物馆
刘基文化博物馆	非国有	无级别	苍南县桥墩镇莒溪社区桥南村刘基庙
苍南县鹅峰古籍馆	非国有	无级别	苍南县桥墩镇古树村 181 号
嘉兴市丝绸博物馆	非国有	无级别	嘉兴中山西路 2710 号嘉欣丝绸工业园嘉欣丝绸文化广场
嘉兴粽子文化博物馆	非国有	无级别	嘉兴市月河街小猪廊下 61—67 号
浙江东方地质博物馆	非国有	无级别	嘉兴市南湖区广益路 555 号国际中港城五楼
嘉兴邮电博物馆	非国有	无级别	嘉兴市环城南路穆家洋房
嘉兴电力博物馆	非国有	无级别	嘉兴环城西路 671 号
浙江淳德中医药博物馆	非国有	无级别	杭州市中山南路 453 号
浙江安贤生命博物馆	非国有	无级别	杭州市半山临半路 181 号
杭州华夏紫砂博物馆	非国有	无级别	杭州市上城区长生路 58 号 622 室
杭州眼镜博物馆	非国有	无级别	杭州市上城区延安路 238 号

续　表

博物馆名称	博物馆性质	质量等级	地　　址
宁波鄞州鱼文化博物馆	非国有	无级别	宁波市海曙区鄞江镇悬慈鲍家墈村 293 号
宁波市奉化区布袋弥勒博物馆	非国有	无级别	宁波市奉化区锦屏街道中塔路 12 号
余姚市四明山书画院	非国有	无级别	余姚市大岚镇丁家畈村丹山路 1 号
洞头区东海贝雕艺术博物馆	非国有	无级别	温州市洞头区南塘工业区飘香路 1 号九亩丘海创园
瑞安市维加斯服装文化博物馆	非国有	无级别	瑞安市经济开发区开发三路 588 号
温州市维日康树贤艺术博物馆	非国有	无级别	温州市瓯海区娄桥工业园区森茂路 28 号 1 号楼第五层
苍南县天韵奇石博物馆	非国有	无级别	苍南县澡溪镇公园路
姚珠珠舞蹈艺术博物馆	非国有	无级别	湖州市南浔镇江南水乡一条街
德清县莫干山艺术邮票馆	非国有	无级别	湖州市德清县莫干山镇黄郭西路 48 号
安吉和也睡眠文化博物馆	非国有	无级别	安吉县健康产业园光竹山路
长兴一品堂雕刻博物馆	非国有	无级别	长兴县雉城街道太平洋商贸城 15 幢 25 号
嘉兴五四文化博物馆	非国有	无级别	嘉兴市运河新区栖川路
嘉善东方博物馆	非国有	无级别	嘉善县木业大道 777 号
嘉善东方美术馆	非国有	无级别	嘉善县木业大道 777 号
绍兴市镜湖湿地自然科学博物馆	非国有	无级别	绍兴市镜湖湿地儿童乐园内
绍兴市美术馆	非国有	无级别	绍兴市城市广场
绍兴市越龙钱币博物馆	非国有	无级别	绍兴市笔飞弄 7 号（钱业会馆）
诸暨市裕昌号民间艺术馆	非国有	无级别	诸暨市东白湖镇斯宅村 160 号
金华市木版年画博物馆	非国有	无级别	金华市金东区塘雅镇
金华婺州博物馆	非国有	无级别	金华市婺城区乾西乡工贸街 167 号
三门县章一山纪念馆	非国有	无级别	三门县海游街道朝晖路 8 号
台州市永红珍珠博物馆	非国有	无级别	温岭市城市新区中心大道 688 号
缙云县石文化博物馆	非国有	无级别	缙云县五云街道官店村红岩粮库
温州矾矿博物馆	非国有	无级别	苍南县矾矿镇灯光篮球后面
苍南县碗窑博物馆	非国有	无级别	苍南县桥墩镇碗窑村
春山收藏馆	非国有	无级别	安吉县竹博园旁
上张山民文化生态博物馆	非国有	无级别	湖州市安吉县报福镇上张村
舟山市徐正国博物馆	非国有	无级别	舟山市定海区环城南路 453 号
舟山市千岛奇石博物馆	非国有	无级别	舟山市定海区中大街 63—1 号
杭州南宋钱币博物馆	非国有	无级别	杭州市上城区酱园弄 12 号
舟山瀛洲民间博物馆	非国有	无级别	舟山市定海区临城街道金岛路 153—155 号、长崎岛香樟园步行街
绍兴市荷湖乡土文化博物馆	非国有	无级别	绍兴市越城区斗门镇荷湖村
绍兴市会稽金石博物馆	非国有	无级别	绍兴市越城区鉴湖镇坡塘

资讯录:浙江省文化机构简址

单　位	地　址	邮　编	主要负责人
浙江省文化厅	杭州市曙光路 53 号	310013	金兴盛
浙江省文物局	杭州市教场路 26 号	310006	柳　河
浙江省文物监察总队	杭州市教场路 26 号	310006	吕可平
浙江音乐学院	杭州市西湖区转塘街道浙音路 1 号	310012	褚子育
浙江艺术职业学院	杭州市滨江区滨文路 518 号	310053	朱海闵
浙江图书馆	杭州市曙光路 73 号	310007	徐晓军
浙江省文化馆	杭州市下城区武林路 71 号	310006	裘国樑
浙江省文化艺术研究院	杭州市西溪路 550 号西溪新座 7 幢 B 座 5 楼	310013	贾晓东
浙江美术馆	杭州市南山路 138 号	310002	斯舜威
中国丝绸博物馆	杭州市玉皇山路 73—1	310002	赵　丰
浙江省博物馆	杭州市孤山路 25 号	310007	陈　浩
浙江自然博物馆	杭州市西湖文化广场 6 号	310014	严洪明
浙江省文物考古研究所	杭州市拱墅区假山路假山新村 26 号	310014	刘　斌
浙江省文物鉴定审核办公室（国家文物进出境审核浙江管理处）	杭州市教场路 26 号	310006	柴眩华
浙江省非物质文化遗产保护中心	杭州市环城北路 22 号包杭大厦 5 楼	310004	郭　艺
浙江省文化信息中心	杭州市曙光路 53 号	310013	高超云
浙江交响乐团	杭州市马塍路 31 号	310006	陈西泠
浙江小百花越剧院（浙江小百花越剧团）	杭州市教工路 95 号	310012	茅威涛
浙江小百花越剧院（浙江越剧团）	杭州市西湖文化广场 C 区 8 号	310006	陶铁斧
浙江京昆艺术中心（浙江京剧团）	杭州市上城区 126 号耀江广厦 A 座四楼	310005	翁国生
浙江京昆艺术中心（浙江昆剧团）	杭州市上塘路 118 号	310014	周鸣岐
浙江歌舞剧院有限公司	杭州市曙光路 33 号	310007	严圣民
浙江话剧团有限公司	杭州市湖墅南路 138 号	310005	王文龙
浙江曲艺杂技总团有限公司	杭州市西湖文化广场 C 区 8 号 1A/2A	310014	吴杭平
浙江新远文化产业集团有限公司	杭州市体育场路 370 号浙江文化大厦 10 楼	310006	张　翼
杭州剧院	杭州市武林广场 29 号	310006	沈振天
浙江胜利剧院	杭州市延安路 279 号	310006	沈振天
浙江文化艺术品交易所股份有限公司	杭州市体育场路 370 号文化大厦 10 楼	310006	方德惠
杭州电影拍摄基地	杭州市教工路影业路 2 号	310012	翟继业

单　位	地　址	邮　编	主要负责人
浙江舞台设计研究院有限公司	杭州市滨康路 680 号	310053	方德惠
浙江文艺音像出版社有限公司	杭州市湖墅南路 146 号	310005	翟继业
浙江卡尔曼物业管理有限公司	杭州市体育场路 366 号 3 楼	310006	曾定建
杭州市文化广电新闻出版局	杭州市富春路 188 号	310016	钮　俊
上城区文化广电新闻出版局	杭州市上城区惠民路 3 号	310002	郑　平
下城区文化广电新闻出版局（体育局）	杭州市下城区东晖路 101 号	310014	王仙桃
江干区文化广电新闻出版局	杭州市江干区庆春东路 1 号	310020	步汉英
拱墅区文化广电新闻出版局	杭州市拱墅区北城街 55 号 A 座 13 楼	310015	黄　玲
西湖区文化广电新闻出版局	杭州市古墩路 413—1 号	310012	王菡蓉
高新区（滨江）社会发展局	杭州市滨江区春晓路 580 号钱塘春晓大厦	310051	孙灿平
经济技术开发区社会发展局	杭州经济技术开发区金沙大道 600 号	310018	袁　月
萧山区文化广电新闻出版局	杭州市萧山区市心中路 958 号	311200	董茶仙
余杭区文化广电新闻出版局（体育局）	杭州市余杭区南苑街道东湖南路 52—2 号	311100	何军芳
富阳区文化广电新闻出版局	杭州市富阳区江滨西大道 358 号 A 座	311400	周亦涛
建德市文化广电新闻出版局	建德市新安江街道国信路 166 号	311600	邱剑娟
临安市文化广电新闻出版局	临安市广电路 98 号	311300	张发平
桐庐县文化广电新闻出版局	桐庐县城南街道白云源路 1388 号	311500	方劲松
淳安县文化广电新闻出版局	杭州市淳安县千岛湖镇环湖北路 651 号	311700	王圣慧
宁波市文化广电新闻出版局	宁波市解放北路 91 号 3 号楼	315000	汪志铭
海曙区文化广电新闻出版局	宁波市海曙区县前街 61 号	315010	毛　培
江东区文化广电新闻出版局	宁波市演武街 8 号	315040	王帅锋
江北区文化广电新闻出版局	宁波市江北区新马路 61 弄	315020	方　文
镇海区委宣传部（文化广电新闻出版局）	宁波市镇海区骆驼街道民和路 569 号	315200	胡华峰
北仑区文化广电新闻出版局（体育局）	宁波市北仑新碶四明山路 775 号	315800	郑　亮
鄞州区文化广电新闻出版局（风景旅游管理局、体育局）	宁波市鄞州区惠风东路 568 号	315100	林　楠
奉化区文化广电新闻出版局（体育局）	宁波市奉化区中山路 138 号	315500	阮敏娜
余姚市文化广电新闻出版局（旅游局）	余姚市南雷南路 388 号	315400	方其军
慈溪市文化广电新闻出版局（体育局）	慈溪市新城大道北路 99 号	315300	任思帅
象山县文化广电新闻出版局（体育局）	象山县天安路 999 号南部新城商务楼 3 号楼 7—8 层	315700	宋国光
宁海县文化广电新闻出版局	宁海县跃龙街道塔山路 8 号	315600	邵颖玢
温州市文化广电新闻出版局	温州市行政中心 19 楼	325000	张纯芳
鹿城区文化广电新闻出版局	温州市鹿城区学院中路 212 号鹿城文化中心北幢	325000	周　园
龙湾区文化广电新闻出版局	温州市龙湾区永中街道龙康路 91 号 8 楼	325000	潘旭宏

单 位	地 址	邮 编	主要负责人
瓯海区文化广电新闻出版局	温州市瓯海区娄桥街道瓯海区行政管理中心3号	325041	王珧珽
洞头区文化广电新闻出版局	温州市洞头区北岙街道县前路12号	325700	甘海选
乐清市文化广电新闻出版局	乐清市行政管理中心三楼A区	325600	施旭晨
瑞安市文化广电新闻出版局	瑞安市万松东路安阳大厦13层	325211	李 刃
永嘉县文化广电新闻出版局	永嘉县行政中心18楼	325100	陈贤立
文成县文化广电新闻出版局	文成县文化中心6楼	325300	蒋海波
平阳县文化广电新闻出版局	平阳县昆阳镇天来巷8号	325400	林海丹
泰顺县文化广电新闻出版局	泰顺县罗阳镇洋心街132号	325500	陈体注
苍南县文化广电新闻出版局	苍南县行政中心3楼	325800	李晖华
湖州市文化广电新闻出版局	湖州市仁皇山路666号行政中心4号楼	313000	宋 捷
吴兴区文化体育局	湖州市吴兴区行政中心1号楼10楼	313000	蒋立敏
南浔文化体育局	湖州市南浔区南浔镇向阳路601号图书馆3楼	313009	卫 良
德清县文化广电新闻出版局	湖州市德清县武康镇千秋东街1号行政中心B座8楼	313200	姚明星
长兴县文化广电新闻出版局	湖州市长兴县龙山新区广场路1号行政中心D座6楼	313100	曾善赐
安吉县文化广电新闻出版局	湖州市安吉县递铺镇祥和路新闻中心6楼	313300	彭忠心
嘉兴市文化广电新闻出版局	嘉兴市中山东路922号	314001	金琴龙
南湖区教育文化体育局	嘉兴市秀州路266号	314000	俞新华
秀洲区教育文化体育局	嘉兴市大德路368号	314031	陈雅琴
嘉善县文化广电新闻出版局（体育局）	嘉善县罗星街道亭桥南路248号	314100	倪学庆
平湖市文化广电新闻出版局（体育局、文物局）	平湖市当湖街道胜利路380号	314200	严周萍
海盐县文化广电新闻出版局（体育局）	海盐县武原街道新桥北路199号	314300	郁惠祥
海宁市文化广电新闻出版局	海宁市海州西路226号	314400	陆靖英
桐乡市文化广电新闻出版局（体育局）	桐乡市振东新区环园路578号	314500	吴利民
绍兴市文化广电新闻出版局	绍兴市越城区洋江西路530号	312000	徐之澜
越城区文化广电新闻出版局（旅游局）	绍兴市越城区前观巷168号	312000	蒋金耿
柯桥区文化广电新闻出版局	绍兴市柯桥区百花路1号	312030	钱清华
上虞区文化广电新闻出版局	上虞区市民大道二路1号文化艺术中心	312300	王忠良
诸暨市文化广电新闻出版局	诸暨市暨阳街道高湖路39号	311800	陈仲明
嵊州市文化广电新闻出版局	嵊州市剡湖街道百步阶6号	312400	陈 君
新昌县文化广电新闻出版局	新昌县南明街道江滨中路280号	312500	竺健庭
金华市文化广电新闻出版局	金华市双龙南街801号	321000	钟世杰
婺城区文化体育新闻出版局	金华市婺城区宾虹西路2555号	321000	周文虎
金东区教育（文化体育）局	金华市金东区光南路836号	321015	郭文洁
兰溪市文化广电新闻出版局	兰溪市振兴路500号企业服务中心13楼	321100	郑益新
义乌市文化广电新闻出版局（体育局）	义乌市南门街302号	322000	楼小明

单　　位	地　　址	邮　编	主要负责人
东阳市文化广电新闻出版局	东阳市行政服务中心东楼 202	322100	马景斌
永康市文化广电新闻出版局	永康市金城路 25 号	321300	丁月中
武义县文化广电新闻出版局	武义县解放北路 57 号	321200	董三军
浦江县文化广电新闻出版局	浦江县人民东路 38 号（老县府内）	322200	严龙顺
磐安县文化广电新闻出版局	磐安县安文镇海螺街 1 号	322300	张大华
衢州市文化广电新闻出版局	衢州市柯城区开明坊 9 号	324000	应　雄
柯城区体育教育局（文化局）	衢州市柯城区紫荆东路 81 号	324000	吴玉珍
衢江区文化广电新闻出版局	衢州市衢江区府前路 9 号	324022	赖光娟
江山市文化广电新闻出版局	江山市中山路 30 号	324100	毛有祥
常山县文化广电新闻出版局	常山县天马镇定阳北路 18 号	324200	徐良其
开化县文化旅游委员会	开化县城关镇江滨南路 10 号	324300	齐忠伟
龙游县文化广电新闻出版局	龙游县文化东路 536 号	324400	方玉林
舟山市文化广电新闻出版局（体育局）	舟山市新城海天大道 681 号东 2 号楼	316021	陆深海
定海区文化体育新闻出版局	舟山市定海区昌国路 61 号	316000	冯季红
普陀区文体广电新闻出版局	舟山市普陀区东港昌正街 169 号	316100	蔡敏波
岱山县文体广电新闻出版局	岱山县高亭镇兰秀大道 481 号	316200	徐武尧
嵊泗县文体广电新闻出版局	嵊泗县菜园镇菜圃路 88 号	202450	洪映雪
台州市文化广电新闻出版局	台州市行政中心 2 号楼 6 楼	318000	吕振兴
椒江区文化广电新闻出版局	台州市椒江区建设路 16 号	318000	何昌廉
黄岩区文化广电新闻出版局	台州市黄岩区政府大楼 15 楼	318020	张　良
路桥区文化广电新闻出版局（体育局）	台州市路桥区腾达路 1300 号图书馆 4 楼	318500	潘方地
临海市文化广电新闻出版局	临海市崇和路 299 号国土大厦七楼	317000	苏小锐
温岭市文化广电新闻出版局	温岭市太平街道星光路 28 号	317500	李东飞
玉环县文化广电新闻出版局	玉环县三潭路科技文化艺术中心	317600	舒建秋
天台县文化广电新闻出版局	天台县始丰街道玉龙路 1 号县行政中心 19 楼	317200	王正炳
仙居县文化广电新闻出版局	仙居县解放街 2 号	317300	丁永德
三门县文化广电新闻出版局	三门县人民政府 5 楼（广场路 18 号）	317100	陈钱明
丽水市文化广电新闻出版局	丽水市莲都区花园路 1 号市行政中心 19 楼	323000	周一红
莲都区文化广电新闻出版局（体育局）	丽水市莲都区解放街 288 号 5 楼	323000	叶青春
龙泉市文化旅游委员会（体育局、文物局）	龙泉市中山东路 114 号移办大楼	323700	胡武海
青田县文化广电新闻出版局	青田县新大街 58 号	323900	徐啸放
云和县文化广电新闻出版局（体育局）	云和县中山路 3 号	323600	官军军
庆元县文化广电新闻出版局（体育局）	庆元县云鹤路 24 号	323800	胡元胜
缙云县文化广电新闻出版局（体育局）	缙云县黄龙路 48 号广电大楼 14 楼	321400	杜新南
遂昌县文化广电新闻出版局（体育局）	遂昌县妙高街道上南门路 6 号体育馆	323300	邱根松
松阳县文化广电新闻出版局（体育局）	松阳县西屏街道白露岭 29 号文化中心 4 楼	323400	叶云宽
景宁畲族自治县文化广电新闻出版（体育）局	景宁县鹤川路 1 号畲族文化中心	323500	蓝利明

索 引

ZHEJIANG CULTURE YEARBOOK

索　引